江阴年鉴

2022

JIANGYIN ALMANAC

江阴市人民政府　主办

江阴市档案史志馆 编

方志出版社
Publishing House of Local Records

图书在版编目(CIP)数据

江阴年鉴. 2022 / 江阴市档案史志馆编.—北京 : 方志出版社, 2022.9

ISBN 978-7-5144-5285-3

Ⅰ. ①江… Ⅱ. ①江… Ⅲ. ①江阴—2022—年鉴 Ⅳ. ①Z525.34

中国版本图书馆CIP数据核字(2022)第202180号

责任编辑：高孟君
责任校对：刘玉霞
责任印制：梅中英
出 版 者：方志出版社
地　　址：北京市朝阳区潘家园东里9号（国家方志馆4层）
邮　　编：100021
网　　址：http://www.zgfzcb.cn
发　　行：方志出版社图书营销中心（010-67110500）
印　　刷：南京凯德印刷有限公司
开　　本：889毫米×1194毫米 1/16
印　　张：31.75
字　　数：1010千字
版　　次：2022年9月第1版
印　　次：2022年9月第1次印刷
定　　价：180.00元

地址：江苏省江阴市澄江西路159号　电话：0510-86849900（传真）　邮编：214431

江陰市获得的全国性2021年荣誉

【全国健康城市建设样板市】

【通过国家卫生城市复审】

【国家慢性病综合防控示范区】

【2021中国数字治理百佳县市】

【全国儿童青少年近视防控改革试验区】

【水系连通及水美乡村建设试点县】

【2016—2020年度全国科普示范县（市、区）总结评估优秀单位】

【2021—2025年度第一批全国科普示范县（市、区）】

【全国农作物病虫害“绿色防控示范县”】

【中国工业百强县（市）“五连冠”】

【全国县域经济与县域综合发展“十九连冠”】

▲ 实事一

全年新增就业岗位7.15万个，促进5.51万名本地劳动力就业，扶持8400人自主创业。城乡居民基础养老金调整为每人每月423元。被征地农民养老年龄段人员政府保养金调整为每人每月1015元。出台《江阴市推进养老服务助餐水平实施意见》，研发助餐服务信息系统，通过人脸识别等加强监管，17个镇（街道）实现居家养老服务中心、助餐中心全覆盖。图为临港经济开发区招聘会现场

▲ 实事二

滨江幼儿园主体竣工，室内装饰及外部场地施工基本完工。敔山湾第二实验学校与华东师范大学合作办学，启动建设程序，进行勘察设计工作。青阳金桥实验学校小学部于2021年6月底完成建设施工，9月1日正式投入使用。图为青阳金桥实验学校小学部

实事三 ▶

《关于调整江阴市城乡居民基本医疗保险有关政策的通知》2021年1月1日起执行，明确住院报销比例：20万元封顶费用以下，二级75%、三级65%。市人民医院敔山湾院区疫情防控改造工程完成污水处理池及污水处理房建设，并同步完成综合管线迁移工作。图为江阴市政务服务中心医保窗口

▼ 实事四

组织554名困难职工家庭学生参加"关爱圆梦"活动，"助学千人和低保助学"项目完成。帮扶特困、困难职工家庭学生570人，发动全市企事业单位163个，征集勤工俭学岗位1120个。图为"关爱圆梦"计划为南闸街道学生改造的"梦想小屋"

▼ 实事五

实施老旧小区改造11个，新开工棚改项目4项，天鹤社区改造样板工程基本完成。整治提升背街小巷28条。完成供水管网及户表改造7870户。新增天然气居民用户2.3万户，建成燃气管线150千米。图为天鹤社区改造样板工程

实事六

锡澄运河公园二期主体景观、绿化工程按计划完成，额外增加的西岸保留廊架装饰和东岸智慧淋浴房建设处于收尾阶段。蟠龙山森林公园（一期）工程量全部完成并开园。锡澄运河定波水利枢纽完成土建验收，附属工程收尾，芙蓉大道以北段河道整治工程基本完成。小石湾明清古炮台修缮工作抓紧推进，其余炮台修缮工作完工。图为蟠龙山森林公园（一期）

实事七

虹桥南路延伸段（花北路—新澄杨线）全线完工，具备通车条件。滨江路城区段快速化改造开工建设。杏春公交站交评获审查通过，设计方案系统正式申报，2021 年 12 月 8 日开标，随即开工建设。图为虹桥南路延伸段（花北路—新澄杨线）

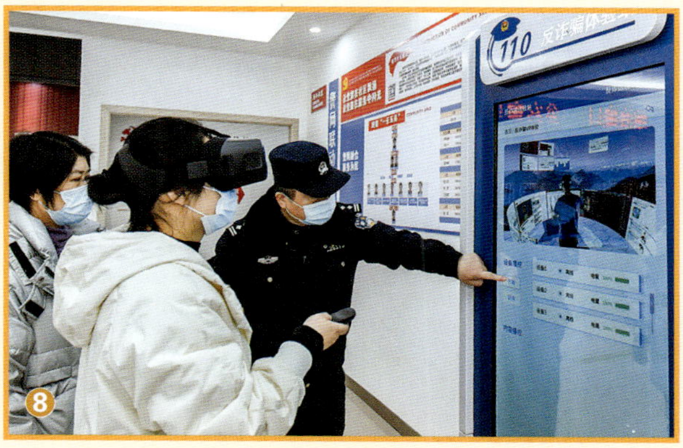

实事八

完成 1600 个 5G 基站建设，实现城镇区域信号全覆盖。交通指挥中心改造工程装潢和弱电设备安装基本完成，交付使用。部门联动协作开展全覆盖反诈防诈工作，引进多套反诈预警系统，实现精准拦截。完成信用监管一体化平台改造升级，归集信用基础信息 5 亿条（含社保、公积金、特定信用信息），全市 43 个领域（含镇街、园区）的部门行业信用数据实现联网共享。出生、入学等 10 个“一件事”上线运行，群众通过“澄之窗”“江苏政务服务”“最江阴”APP 实现多个联办事项一次申请、一次办理。图为位于澄江街道新华社区的反诈骗体验站

实事九

水气天网监测升级中的水质自动站、气自动站均完成验收，正常投运。“测管治”智能预警平台一期项目完成验收，二期项目软硬件开发建设全部完成。完成沿江 10 千米范围内 20 项废弃矿山治理项目，并通过省级验收。被列入年度任务的 10 条美丽示范河湖建设全部完成。图为改造后的应天河

实事十

开展文化惠民活动，送电影 3036 场，另外送电影进消防大队 144 场，为农民工送电影 50 场，送演出 85 场，送评弹 255 场，送文化、送电影、送演出进“残疾人之家”300 余场次，为全市农家书屋配送图书 2.5 万册。175 套（副）室外公共健身器材的新建、更新全部完成。图为利港街道农家书屋

（摘自《江阴日报》）

① 2021年2月26日，江阴市召开全市"南征北战、东西互搏"三年行动誓师大会（张 岚 摄）

② 2021年3月11日，江阴市召开全市党史学习教育动员会议（张 岚 摄）

③ 2021年9月3日，江阴市召开全市中期综合考核结果评议会暨"南征北战、东西互搏"战略推进会（张 岚 摄）

④ 2021年7月26日，中国共产党江阴市第十四次代表大会召开（沈思远 摄）

① 2021年10月19日，江阴市举办第31届科技节·人才创新周暨江阴高新区“国批”十周年发展汇报会

（张　岚 摄）

② 2021年10月30日，第三届江阴发展大会暨2021经贸洽谈会召开　（沈思远 摄）

③ 2021年11月3日，江阴市举行“暨阳红—盟红江阴”党建联盟发布暨乡村振兴·共富基金启动仪式

（张　岚 摄）

④ 2021年10月25日，江阴市第八届全民运动会开幕

（张予希 摄）

2021年江阴市启动以霞客湾科学城、绮山湖科创谷、苏南国家自主创新示范区核心区、长三角（江阴）数字创新港为引领的一湾一谷一区一港建设。

1 霞客湾科学城（徐国锋 摄）
2 绮山湖科创谷（顾 强 摄）
3 苏南国家自主创新示范区核心区（庞志健 摄）
4 长三角（江阴）数字创新港（丁家骏 摄）

1

2

3

4

世界最高输电铁塔——凤城至梅里500千伏长江大跨越塔全景　　（褚澄刚　摄）

世界最高输电铁塔建设中的美丽景色　　（褚澄刚　摄）

电力工人在输电铁塔333米的作业层面上工作　　（金晓峰　摄）

1 2021年9月6日，建设中的虹桥南路向南延伸工程 （丁家骏 摄）

2 2021年7月14日，江阴长山大道快速化改造工程敔山湖隧道建设段 （沈思远 摄）

3 2021年7月6日，建设中的锡澄城际轨道S1线 （丁家骏 摄）

4 2021年，南门商业街鸟瞰 （丁家骏 摄）

1 江阴靖江长江隧道加速建设中 （丁家骏 摄）

2 2021年12月，蟠龙山公园（一期）工程竣工 （张 岚 摄）

3 2021年9月15日，锡澄城际轨道S1线建设全速“掘进”。图为盾构机在掘进作业 （沈思远 摄）

4 2021年，八字桥公园竣工开园 （方建清 摄）

2021年，运河公园之夏　（丁家骏 摄）

2021年11月3日，滨江路京沪高速至东外环路段快速化改造工程。图为施工人员在安装围挡　（丁家骏 摄）

2021年12月1日，滨江路快速化改造工程首根桩基开钻　（丁家骏 摄）

2021年11月8日，南沿江城际铁路江阴段与新长铁路江阴段顺利交会　（丁家骏 摄）

2021年，高铁综合枢纽建设现场　（丁家骏 摄）

2021年，定波水利枢纽竣工　（丁家骏 摄）

2021年6月23日，月城镇双泾村新农村建设项目　　（丁家骏 摄）

2021年7月8日，江阴临港经济开发区金江花苑四期安置房鸟瞰　（沈思远 摄）

2021年7月21日，位于锡澄运河畔的水芝苑二期、水芙苑一期安置房小区　　（沈思远 摄）

2021年10月12日，申港街道横塘村农房改造项目
（张予希 摄）

2021年11月1日，璜土镇璜土村“胡子小镇”项目在原有村落基础上，通过艺术创作，建成1条小街和11个主题微广场，推动农旅文融合发展，带动村民增收致富 （沈思远 摄）

2021年11月16日，璜土镇北湖西村上榜2021年度第四批无锡市特色田园乡村。图为该村全貌 （张予希 摄）

2021年11月16日，青阳镇新秀园小区安置房建设项目
（沈思远 摄）

2021年7月3日，江阴市庆祝中国共产党成立100周年座谈会暨"两优一先"表彰会议举行　　（张 岚 摄）

2021年6月26日，"百年风华　我心向党"江阴市庆祝中国共产党成立100周年歌咏文艺演出在大剧院举行（张 岚 摄）

2021年5月26日，"家国丹心旗帜颂"特色党建主题活动在海澜美术馆举行　　（市委宣传部提供）

2021年4月1日，抗战老兵王永康在“理响江阴”学习驿站宣讲《百年党史 红色记忆》 （市委宣传部提供）

2021年6月5日，“红色教育进田间 乡村振兴建新功”月城镇双泾村道德讲堂在阿洪果品合作社举行 （市委宣传部提供）

2021年6月21日，“四史”知识专题宣讲在江阴市新时代文明实践中心举行

（市委宣传部提供）

2021年“七一”期间，江阴市民在文明广场庆祝建党100周年主题布景前合影留念 （丁家骏 摄）

2021年7月1日晚，澄江街道举行题为“庆百年华诞、颂百年辉煌”庆祝中国共产党成立100周年文艺会演。图为演出现场 （丁家骏 摄）

2021年4月7日，江阴初级中学开展“书香诗韵迎百年 同心向党颂英雄”诗文朗诵暨诵读学传展示活动 （市委宣传部提供）

2021年9月7日，市委宣讲团成员走进江阴—靖江工业园区宣讲习近平总书记“七一”重要讲话精神 （市委宣传部提供）

2021年9月18日，“永远跟党走 奋进新征程”“理响江阴”宣讲走进企业　（市委宣传部提供）

2021年12月9日，城西中心小学师生举行十岁成长仪式，聆听渡江战役历史，许下“强国有我　请党放心”的红色誓言

（沈思远 摄）

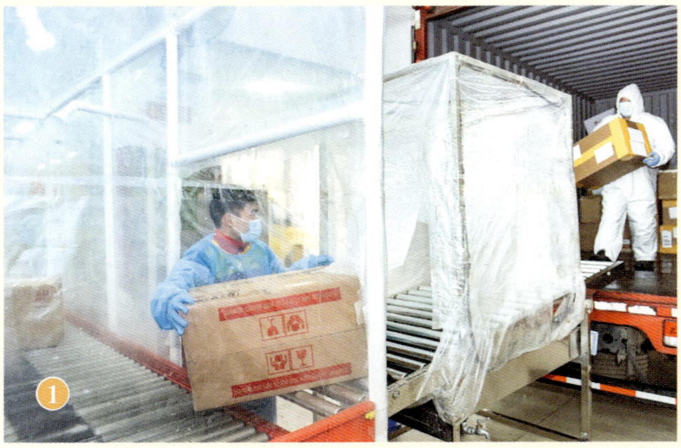

1. 2021年，江阴织密快递物流防疫网 （丁家骏 摄）
2. 2021年7月20日，江阴海关苏南码头监管点查验现场，海关工作人员对货物进行检疫 （丁家骏 摄）
3. 2021年8月2日，在江阴收费站防疫点，工作人员对过往车辆驾驶人员进行健康码查验、体温测量 （丁家骏 摄）
4. 2021年8月3日，江阴新建“火眼”实验室 （丁家骏 摄）

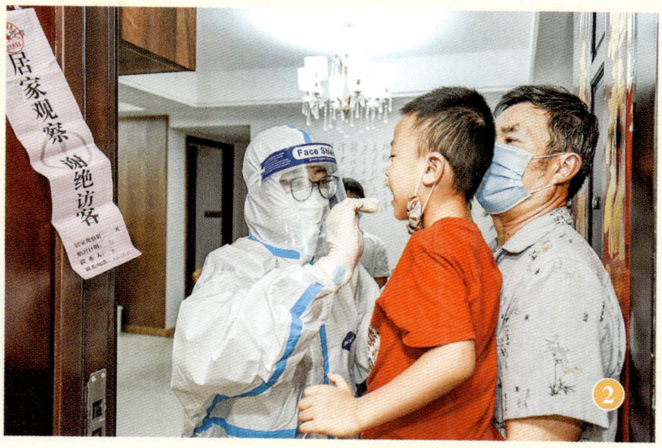

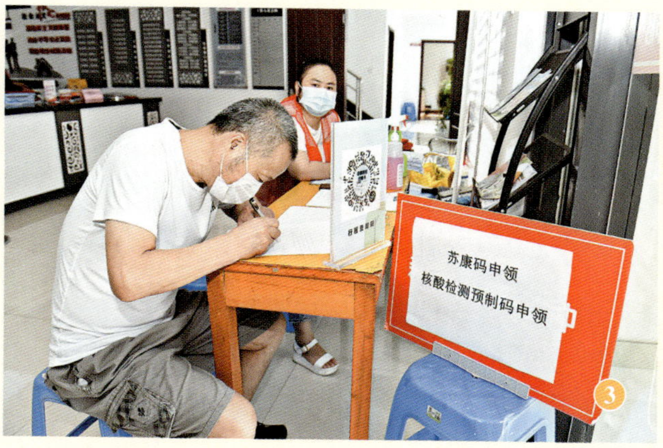

① 2021年8月4日，澄江街道北大街社区工作人员指导居民申领核酸检测个人预制码　（沈思远　摄）

② 2021年8月5日，医护人员上门为市民进行核酸检测　（张予希　摄）

③ 2021年8月6日，澄江街道城中社区设立“爱心通道”，为有出行需求的老年人办理纸质版“苏康码”，并帮助他们申领纸质版核酸检测预制码　（丁家骏　摄）

④ 2021年8月6日，在某购物广场的入口处，工作人员引导顾客有序进行扫码、测体温　（丁家骏　摄）

⑤ 2021年8月7日，江阴蓝天救援队队员为社区进行防疫消杀　（沈思远　摄）

⑥ 2021年8月9日，江阴市中医院药剂科人员熬制清肺排毒汤药，制作防疫香囊，并送至全市21个隔离点。图为医护人员在制作香囊　（张予希　摄）

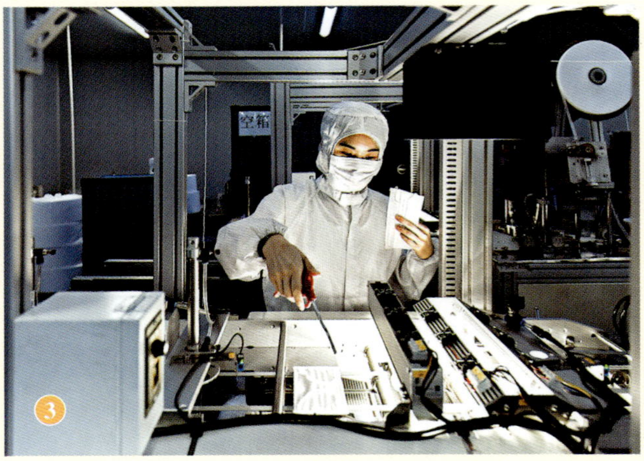

① 2021年8月10日，澄康路社区大学生志愿者为居家隔离户贴封条　（沈思远　摄）

② 2021年8月10日，社区工作人员帮助居民申领“彩虹卡”，助力核酸检测　（丁家骏　摄）

③ 2021年8月11日，企业工作人员对成品口罩进行检测　（张予希　摄）

④ 2021年8月13日，工作人员对进入仓库的货运车辆进行防疫消杀　（张予希　摄）

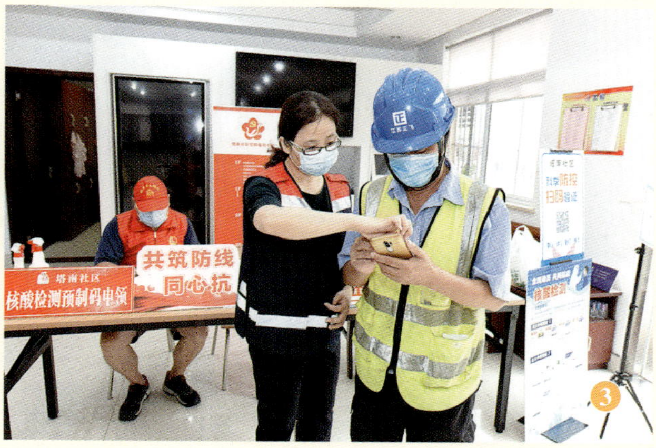

1. 2021年8月13日，京沪高速江阴道口，江阴交警铁骑队整装列队，暖心护行，欢迎援外的“白衣战士”回家　（丁家骏 摄）
2. 2021年8月16日，在江阴北高速道口，工作人员核对过往人员信息　（丁家骏 摄）
3. 2021年8月16日，塔南社区工作人员帮助在建工地外来人员申领核酸检测预制码　（沈思远 摄）
4. 2021年8月16日，塔南社区父女志愿者协助社区做好抗疫工作　（沈思远 摄）
5. 2021年8月17日，芙蓉社区工作人员对辖区内的快递柜、收货架进行消杀　（沈思远 摄）

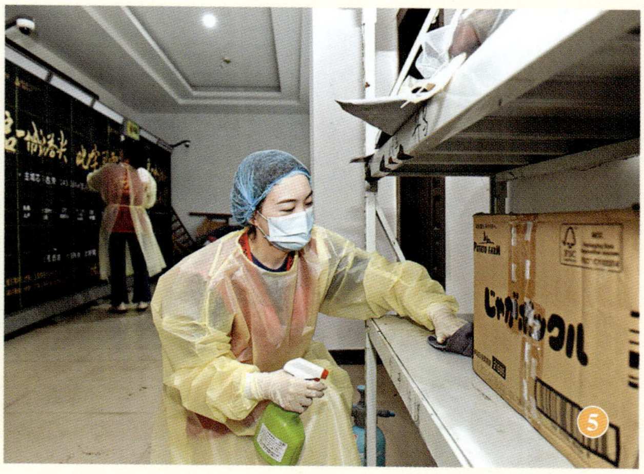

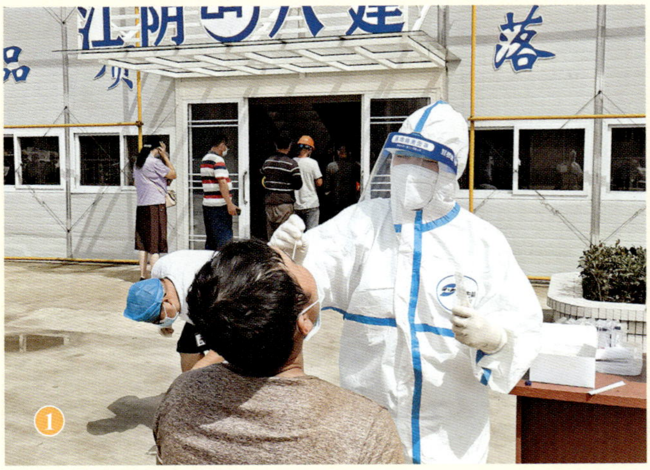

① 2021年8月17日，医务人员按照“应检尽检”原则，为山观实验小学本部改扩建工程项目的一线建筑工人进行核酸检测　（沈思远 摄）

② 2021年8月18日，江阴市公共交通有限公司保障市民出行安全，做到一趟一消杀。图为工作人员对车辆进行防疫消杀　（张予希 摄）

③ 2021年8月26日，江阴市花园实验小学教职员工对教室进行防疫消杀　（丁家骏 摄）

④ 2021年9月15日，江阴出入境边防检查站组织多支小分队，利用警用无人机对港区、锚地实施全时段、全方位监管巡查，确保疫情期间口岸安全稳定　（张予希 摄）

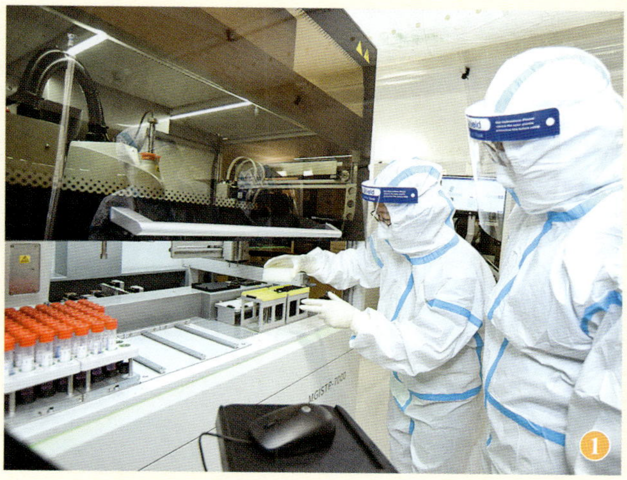

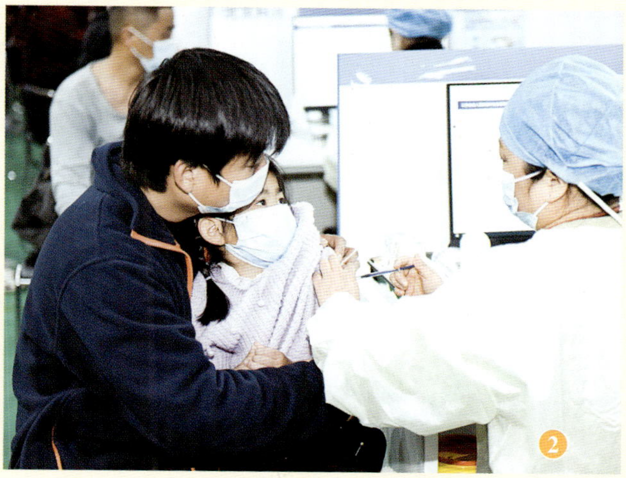

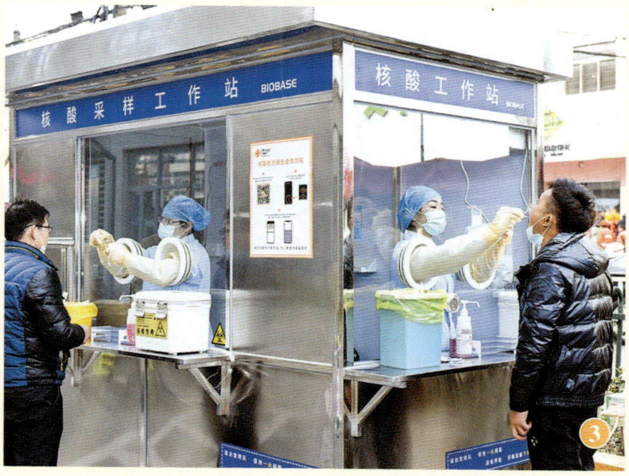

1 2021年12月16日，江阴举行核酸检测基地应急演练 （丁家骏 摄）

2 2021年12月16日，一名孩子在家长的陪同下接种新冠疫苗 （丁家骏 摄）

3 2021年12月20日，城东社区卫生服务中心内的可移动核酸采样工作站启用 （丁家骏 摄）

4 2021年12月24日，江阴市市场监督管理局澄南分局工作人员在八佰伴城市超市，对超市内售卖的进口冷链食品进行专项检查 （丁家骏 摄）

5 2021年12月29日，澄江街道革新社区全民核酸检测现场 （张予希 摄）

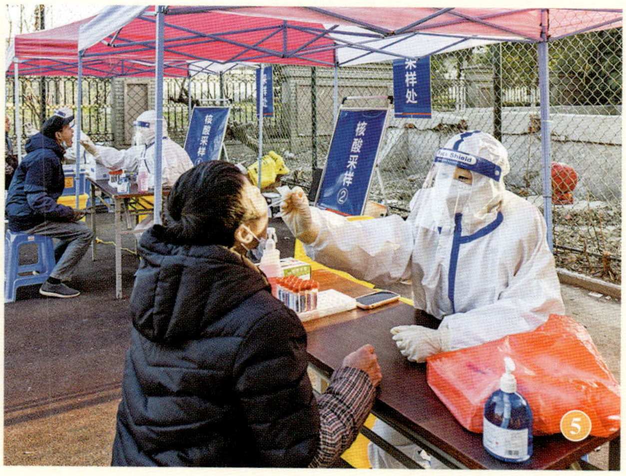

编辑说明

一、《江阴年鉴》是由中共江阴市委领导、江阴市人民政府主办、江阴市档案史志馆负责逐年编辑的江阴地方年度资料性文献。

二、《江阴年鉴（2022）》是《江阴年鉴》于1993年创刊后的第30卷。该部年鉴以马克思列宁主义、毛泽东思想、邓小平理论、“三个代表”重要思想、科学发展观、习近平新时代中国特色社会主义思想为指导，坚持辩证唯物主义和历史唯物主义的立场、观点和方法，紧扣年度时代特征，准确把握新时代的丰富内涵，全面系统、准确翔实地记载2021年江阴市自然、政治、经济、文化、社会、生态文明建设等方面取得的新进展、新成就和新经验，以及在经济社会发展中所遇到的新问题、新矛盾，充分反映这一年度江阴市各项建设中的大事、要事、新事、特事，为江阴建设现代化滨江花园城市，继续当好新时代县域高质量发展排头兵、社会主义现代化建设先行军、区域一体化发展领跑者，提供最全面、最及时、最可靠、最权威、信息量最大的地情资料。该部年鉴的编辑，旨在为各级领导决策提供参考依据，为江阴经济社会发展服务，为中外人士了解和研究江阴提供可靠信息，也为编史修志积累资料。

三、《江阴年鉴（2022）》按分类记事体例，设40个类目。类目下共设238个分目、1493个条目。总篇幅101万字，彩色插页64页，随文图片74幅，表格127张。为便于检索，除卷首设详细目录外，卷尾还设有主题分析索引。

四、《江阴年鉴（2022）》与《江阴年鉴（2021）》相比，取消类目“农业农村”，设类目“农业”“乡村振兴”。类目“商贸流通服务业”下增设分目“电子商务”，分目“邮政业”改为“邮政・快递”，分目“居民服务业”下增设“养老服务”条目。类目“江阴市人民政府”下分目“退役军人事务”移至类目“社会事务”。设类目“数字经济”，取消类目“信息化建设”。类目“城乡建设与管理”改为“城市建设与管理”，其下分目“村镇建设”移至类目“乡村振兴”。类目“群众团体”下增设分目“江阴市哲学社会科学界联合会”。彩色插页新设“庆祝中国共产党成立100周年”“防疫抗疫”“生态江阴”等专栏。其他框架基本不变。

五、《江阴年鉴（2022）》人物类目收录2021年度江苏省级以上劳模和先进个人简介及江阴市级以上先进个人名录。

六、《江阴年鉴（2022）》部分条目涉及缩略语（注有“*”号），其注释列于目录前。书名由中国书协名誉主席、江阴籍书法家沈鹏题写。

七、《江阴年鉴（2022）》采用的稿件，由各单位提供，并由各单位领导审定。各类目编辑署名于该类目尾页。封面封底图片由丁家骏提供，前环衬图片由陈亚娣提供，扉页图片由沈思远提供，后环衬图片由顾强提供。彩色插页编辑为纪晓华。

八、《江阴年鉴（2022）》正文所用统计数据，因统计来源、口径、方式、方法和时间不同而有一定差异，使用时请以江阴市统计局提供的《经济社会发展统计资料》数据为准。

九、因水平有限，《江阴年鉴（2022）》难免有疏漏之处，敬请读者指正。该年鉴的出版得到各单位和撰稿者的支持，在此谨表谢意。

各单位审稿领导名单

（以姓名首字笔画为序）

万小溪	万国锋	王　青	王　凯	王　敏	王　馥	王光华	王雨鸥
王建新	仇　丰	孔晓燕	邓国平	卢　刚	卢　芳	冯　健	冯明刚
朱立新	朱桉颖	朱富强	朱锡军	朱新开	华　江	华　锋	刘永刚
刘建军	关开城	江国虔	汤建影	许　晨	许海英	孙国良	严军明
李　宁	李伟刚	李宏兵	李俊伟	李啸天	杨　洁	肖朱东	时　平
吴　锋	吴　燕	吴泽昱	吴雅英	何　恺	何忆芳	何志强	余　江
邹鹏辉	宋　萍	张　伟	张　芳	张　坡	张　峰	张　悦	张志浩
张学春	张建忠	张桂清	张晓东	陆　欣	陆晓燕	陈　奕	陈　峰
陈　鹏	陈　煜	陈晓锋	陈海峰	陈雪源	陈解平	陈福良	邵伟锋
季　震	金丹菁	周　翀	周　琛	周建良	周海平	郑　元	胡莹洁
俞均彦	姜澄华	宦雪忠	夏　彬	夏建辉	夏茵茵	顾　敏	顾行行
顾洪伟	钱　晴	倪　琨	徐　飞	徐　勇	徐　斌	徐佳琰	徐前锋
徐洪伟	郭　诚	唐晓峰	谈海平	谈海燕	陶郁峻	黄　宇	黄　葵
梅海荣	曹文杰	梁　柱	董积微	蒋万春	程卓强	程学仨	程建明
傅建荣	谢　挺	谢映军	蔡　高	蔡晓华	缪　慧	潘少峰	潘文伟
薛建国	魏　锋						

各单位分管领导名单

（以姓名首字笔画为序）

王　晖	王　辉	王　新	王君明	王雨鸥	毛　亚	卢　宏	叶志伟
包凯凯	冯士伟	邢　盈	朱　斌	朱立新	朱桉颖	朱琳琳	朱锡军
仲国良	任　洁	邬海江	刘智超	江龙平	许铁军	那华芳	孙国良
孙明丰	孙维亚	苏晓华	苏曦泓	李　亮	李　焱	李华兴	杨　洁
杨　峰	杨红波	杨荣国	时军文	吴　洁	吴卫东	吴春华	何　炬
何　恺	佘晓萍	余益平	邹凤翔	沈　强	沈全龙	沈利兴	沈桂祥
沈锁荣	宋　键	张　华	张　芳	张　丽	张　荣	张　蓝	张成奇
张海华	陆洵瑜	陆海能	陈　开	陈　刚	陈　怡	陈　亮	陈文奇
陈正华	陈晓东	陈晓锋	陈海峰	武传刚	范　荣	林贤青	郁晴红
季克军	周　麒	周佳能	周逸岗	宗　泽	赵云飞	赵建新	赵晓敏
胡正伟	胡振芳	俞　健	施丽娟	施晔新	洪向宇	费　倩	姚陈颖
姚剑刚	勇晓东	耿海建	耿澄娟	夏　凯	夏　晓	倪　琨	徐　迅
徐红英	徐佳琰	徐岳明	徐福民	高　立	高　恒	高慧敏	郭琳榕
浦　强	谈海燕	陶晓东	黄　琳	梅士强	曹卫卫	曹文杰	曹海凌
盛建强	渠立岗	董李锋	蒋　莉	蒋　峰	蒋全俊	程　晔	楚海芹
蔡　高	蔡凌燕	臧　庆	缪敏华	潘　薇	檀春节		

缩略语注释

“PPP” Public-Private Partnership，又称PPP模式，即政府和社会资本合作，是公共基础设施中的一种项目运作模式。在该模式下，鼓励私营企业、民营资本与政府进行合作，参与公共基础设施的建设。

“12345”民生热线 指“非紧急救助服务系统”，用来帮助诉求人解决生活、生产中所遇困难和问题，是市委、市政府关注民生、倾听民意的平台。

“1310工程” 指江阴市在“十三五”期间实施的滨江亲水、靓山亲山、江阴绿道、文化提升、交通畅通、城际轨道、环境整治、五网升级、城市管理、民生实事等十大重点工程。

“1+2+N”城市更新政策体系 “1”是《关于扎实开展江阴城市更新工作的实施意见》；“2”是《关于进一步推进城市更新工作的操作办法》和《城市更新专项规划》；“N”是指根据实施意见和操作办法制定的“一揽子”涉及规划土地、项目审批、产业培育、财政税收等方面的配套政策。

“1+3+12+N” 指1个市级招商机构、3个开放园区、12个镇街以及N个职能部门共同发力的大招商格局。

“22212”制度 指各级党委每年至少两次专题研究意识形态工作，每半年向上级党委汇报一次意识形态工作，每半年召开一次意识形态分析研判会议，定期在党内通报意识形态领域情况，全年中心组学习不少于12次。

“345”现代产业体系 指高端纺织服装、石化新材料、金属新材料等3个千亿级产业，新能源、集成电路、高端装备、生物医药等4个战略性新兴产业，5G通信、智能制造、节能环保、现代物流、健康文旅等5个未来产业。

“442”空间比例格局 指40%高质量城市产业发展空间、40%绿色田园精致农业发展空间、20%生态涵养功能保护空间。

“5+2”课后服务 指学校每周5天（周一至周五）都要开展课后服务，每天至少提供2小时的课后服务，课后服务结束时间原则上不早于当地正常下班时间。

“8个示范区” 指苏南国家自主创新示范区、全国制造业高质量发展示范区、南京国家农业高新技术产业示范区、全域旅游示范区、长三角生态绿色一体化发展示范区、现代化建设先行示范区、交通运输现代化示范区、沿海可再生能源发展示范区。

“10个强省” 指科技、人才、制造、网络、交通、文化、教育、中医、体育、开放等“10个强省”。

“10分钟体育健身圈” 指居民以正常速度步行10分钟左右、直线距离在800至1000米范围，就有一处可供开展健身活动的场馆、场地或设施。

“一带一路” 指丝绸之路经济带和21世纪海上丝绸之路。

“一岗双责” “一岗”指一个领导干部的职务所对应的岗位；“双责”指一个领导干部既要对所在岗位应当承担的具体业务工作负责，又要对所在岗位应当承担的党风廉政建设责任制负责。

“一江两河” 指长江江阴段、锡澄运河、应天河。

“一推三治五化” 持续推进农村住房和美丽乡村建设；全面治理农村垃圾、污水、河塘；加快实现厕所净化、道路优化、路灯亮化、村庄绿化、管理长效化。

“一湾一谷一区一港” 指霞客湾科学城、绮山湖科创谷、苏南国家自主创新示范区核心区、长三角（江阴）数字创新港。

“一年一个样、三年一扫光” 指2021—2023年，以污防攻坚的一年一个样，实现污染设施短板、督查交办问题、环境信访积案三个一扫光。

“两会” 指全国人民代表大会和中国人民政治协商会议。

“两委” 指村共产党员支部委员会和村民自治委员会。

“两个维护” 指坚决维护习近平总书记党中央的

核心、全党的核心地位，坚决维护党中央权威和集中统一领导。

“两个责任” 指党委负主体责任、纪委负监督责任。

“两山”理念 指绿水青山就是金山银山。

“两新”组织 指新经济组织、新社会组织。

“两纵三横” “两纵”是指公安侧“公安局—派出所—社区警务室”、政府侧“市、镇街、村社区网格”；“三横”是指“两纵”的三个层级横向互通、情报共享、力量联动。

“两在两同”建新功行动 指中共江苏省委在全省党员干部中开展的“同人民想在一起、干在一起，风雨同舟、同甘共苦，在现代化新征程上建新功”行动。

“两高三快七普”道路体系 “两高”是指扩建锡澄高速、锡张高速；“三快”是指快速化改造海港大道、徐霞客大道、长山大道；“七普”是指优化提升锡澄路、长安大道—锡东大道、锡沙线、暨南大道—西环路、新锡澄路—惠暨大道、新长路—飞凤路、世纪大道—友谊路。

“双减” 指有效减轻义务教育阶段学生过重作业负担和校外培训负担。

“双循环” 指国内国际双循环。

“双强双优” 指党建工作强、业务能力强，队伍作风优、服务效能优。

“双随机、一公开”监管 在监管过程中随机抽取检查对象，随机选派执法检查人员，抽查情况及查处结果及时向社会公开。

“三不” 指不敢腐、不能腐、不想腐。

“三农” 指农业、农村和农民。

“三资” 指农村集体经济中的资金、资产、资源。

“三公”消费 指政府部门人员在因公出国（境）经费、公务车购置及运行费、公务招待费（即“三公”经费）产生的消费。

“三进三退” 指高端进、低端退，治理进、污染退，生态进、生产退。

“三年大灶” 指在全国范围内开展的为期三年的安全生产专项整治（2020—2022 年）。

“三无”船舶 无船名船号、无船舶证书、无船籍港的“三无”渔业船舶。

“三务”公开 指定期对村级党务、村务、财务进行公开。

“三项机制” 干部鼓励激励、容错纠错、能上能下机制。

“三转一提” 即让机关干部通过培训，转变工作思路、工作方法、工作作风，提升工作效能。

“三大攻坚战” 防范化解重大风险、精准脱贫、污染防治。

“三大光荣使命” 指争当表率、争做示范、走在前列。

“三高两低”企业 指附加值低、技术水平低、能耗高、污染物排放高、安全生产风险高的企业。

“三为主一报告” 纪委书记、纪检组长的人选提名和考察，以市纪委监委会同市委组织部为主；查办腐败案件以市纪委监委领导为主；纪委书记、纪检组长的管理、培训、考核，以市纪委监委会同市委组织部为主；线索处置和案件查办在向同级党委报告的同时必须向上级纪委报告。

“四风” 指形式主义、官僚主义、享乐主义和奢靡之风。

“四史” 指党史、新中国史、改革开放史、社会主义发展史。

“四方”责任 指在疫情期间，全面落实属地、部门、单位、个人的四方责任。

“四个全面” 指全面建成小康社会、全面深化改革、全面依法治国、全面从严治党。

“四个意识” 指政治意识、大局意识、核心意识、看齐意识。

“四个一同” 指意识形态工作要与经济建设、政治建设、文化建设、社会建设、生态文明建设和党的建设工作紧密结合，一同部署、一同落实、一同检查、一同考核。

“四个自信” 指中国特色社会主义道路自信、理论自信、制度自信、文化自信。

“四早”措施 指早发现、早报告、早隔离、早治疗。

“四种形态” 指经常开展批评和自我批评、约谈函询，让“红红脸、出出汗”成为常态；党纪轻处分、组织调整成为违纪处理的大多数；党纪重处分、重大职务调整的成为少数；严重违纪涉嫌违法立案审查的成为极少数。

“四化”工作法 工作项目化、项目目标化、目标考核化、考核绩效化。

“五率” 指签约项目备案率、备案项目开工率、开工项目投资完成率、项目竣工投产率、最终产能达效率。

“五个过硬” 指信念过硬、政治过硬、责任过硬、能力过硬、作风过硬。

“五个纳入” 指把意识形态工作责任制落实情况，纳入党委（党组）重要议事日程、各级各部门党建工作责任制、领导班子和领导干部目标管理、党的纪律监督检查范围、领导干部民主生活会和述职述廉报告。

“五位一体” 指经济建设、政治建设、文化建设、社会建设、生态文明建设为一体的总体布局。

“六保” 保居民就业、保基本民生、保市场主体、保粮食能源安全、保产业链供应链稳定、保基层运转。

“六稳” 指稳就业、稳金融、稳外贸、稳外资、稳投资、稳预期。

“六个老有” 指对老年人生活需求的高度概括，即“老有所养、老有所医、老有所为、老有所学、老有所教、老有所乐”。

“六攻坚六突破” 打赢协同开放攻坚战，在区域一体发展上实现新突破；打赢重大项目攻坚战，在产业转型升级上实现新突破；打赢创新驱动攻坚战，在新旧动能转换上实现新突破；打赢城乡建设攻坚战，在滨江城市打造上实现新突破；打赢污染防治攻坚战，在长江生态保护上实现新突破；打赢风险防控攻坚战，在社会治理共享上实现新突破。

“七种能力” 指政治能力、调查研究能力、科学决策能力、改革攻坚能力、应急处突能力、群众工作能力、抓落实能力。

“七大专项整治” 指基础设施、文明交通、停车秩序、犬类管理、市容环境卫生、乱张贴、小区物业管理等专项整治。

“七个一”系列活动 开展一年专题学习、举办一场知识竞赛、组织一次英烈祭扫、进行一轮谈心谈话、举办一场廉洁锡剧会演、重走一次“长征路”、解决一批群众反映强烈的操心事烦心事揪心事。

“八严禁” 一、严禁有与“两个维护”、党的政治纪律政治规矩和全面从严治党要求不一致的言行。二、严禁利用职权或职务影响搞特权、谋私利。三、严禁接受可能影响公正执纪执法的礼品礼金、有价证券和宴请等活动安排。四、严禁压案不查、拖案不办、办人情案关系案、越权执纪执法等不作为乱作为行为。五、严禁非因工作需要谈论、透露纪检监察工作秘密和可能影响纪检监察工作正常开展的内部信息。六、严禁以权压人、以势压人等粗暴执纪执法行为。七、严禁酗酒、公务活动期间饮酒和酒后参与公务活动。八、严禁出入私人会所、营利性陪侍场所消费。

“八大本领” 指学习本领、政治领导本领、改革创新本领、科学发展本领、依法执政本领、群众工作本领、狠抓落实本领、驾驭风险本领。

“八不”行为规范 指出行不违规、车辆不乱停、垃圾不乱扔、守序不插队、节俭不浪费、养宠不扰民、友爱不冷漠、言语不喧哗。

“十大专项行动” 指时代新风培育、基础设施完善、人居环境整治、文明行为规范、行业服务优化、生态治理攻坚、民生保障提升、平安法治建设、创建氛围营造、典型选树示范等行动。

“十大专项提升行动” 指江阴市按照文明城市创建测评体系标准要求，深入开展小区管理、背街小巷、城郊接合部、城乡河道、建筑工地、公共场所、社会秩序、市政设施、美丽乡村、文明素养十大专项提升行动。

残疾人“两项补贴” 指困难残疾人生活补贴和重度残疾人护理补贴。

“雏鹰企业” 指依托一定数量的科技人员从事科学技术研究开发活动，取得自主知识产权并将其转化为高新技术产品或服务的科技型中小企业。

“独角兽”企业 指在境内注册且具有法人资格，成立时间不超过10年，获得过私募投资且尚未上市，企业估值超过（含）10亿美元的企业。

“党建引领+N” 指以党建联盟为核心驱动，充分发挥基层党组织战斗堡垒和党员先锋模范作用，在乡村振兴、基层治理、改革攻坚、科技创新、区域协同等经济社会发展各领域，打造推动全域高质量发展的红色引擎。

“瞪羚企业” 指以科技创新或商业模式创新为支撑进入高成长期的科技型中小企业。

“打伞破网” “伞”指黑恶势力“保护伞”，“网”指黑恶势力背后的“关系网”。

党员联户“1+10+N”制度 指一名先锋党员，联系10名普通党员，联系N户群众，发挥党员先锋模范作用，直接联系服务群众，积极参与基层治理。

“放管服” 指简政放权、放管结合、优化服务。

个人全生命周期10个“一件事”项目 指围绕个人从出生、入学、就业、失业、结婚、离婚、人才引进、退役军人、退休乃至死亡10个不同阶段，建成个人全生命周期“一件事”服务平台，构建“一次申请、统一受理、并联审批”的全流程线上套餐式办理模式。

河湖“清四乱” 指全面摸清和清理整治河湖管理范围内乱占、乱采、乱堆、乱建等“四乱”突出问题。

“江小澄”口袋公园 指以城市闲置地块、街旁绿地打造富有江阴地域文化、生活温度的特色口袋公园，具体分为活力街巷、通学街廊、形象街角、艺术建筑、疗愈花街、共享街亭等类型。

“暨阳英才计划” 指江阴市为深化人才发展体制机制改革、策应无锡市“太湖人才计划”，推进江阴“人才强企”战略而打造的新一轮人才政策，从2017年开始，实施产业领军人才汇智工程、特色乡土人才育智工程、青年人才创智工程、高技能人才强智工程、社会事业人才聚智工程，打造具有江阴特色的人才新高地。

“科技副总” 指江苏首创的引导企业柔性引进科研人才的机制，主要从全国高校院所引进专家教授，到企业兼任技术副总或副总工程师。

“美丽河湖三年行动” 开展入河排污口专项整治、推进污水收集管网设施建设、全面清除河湖水面垃圾杂物、依法治理河湖岸线违规行为、拆除河湖非法围网管桩、绿化美化河湖岸线、严厉打击河湖“三无”船舶、系统整治河湖住家船舶、整治船舶码头环境、规范船舶运行管理、开展美丽河湖示范创建。2020年10月为动员部署阶段；2020年10月至2021年12月为全面推进阶段；2022年1月至2022年6月为巩固提升阶段。

“苗圃计划” 指构建具有江阴特色的“选苗、育苗、墩苗、用苗”全链条培养体系，强化村、社区干部队伍建设。

“南征北战、东西互搏”战略 2021年2月26日，江阴市正式实施“南征北战、东西互搏”战略，旨在把江阴打造成全球资源集聚之地、科技创新应用之地、高端产业承载之地、开放枢纽拓展之地、金融贸易活跃之地，让“产业更高端、创新更澎湃、城市更美好、人民更幸福”的美好愿景早日从梦想走进现实。“南征”主要指高起点规划建设霞客湾科学城；“北战”主要是加快沿江产业转型，高标准建设滨江花园城市；“东西互搏”是推动各镇街园区比学赶超、取长补短，继而推动全市经济实力、城乡建设、文化发展、生态环境等各方面争创一流。

“强富美高” 指经济强、百姓富、环境美、社会文明程度高。

“青苗计划” 指用5年时间，每年充实150名左右江阴籍大学生、镇街园区编外用工人员到村（社区）“两委”副职、委员和专职工作者岗位。

省“双创博士” 指江苏省创新、创业博士。

省“双创计划” 指江苏省高层次创新、创业人才引进计划，包括“双创人才”“双创团队”和“双创博士”三项项目。

省“双创人才” 指江苏省高层次创新、创业人才。

省“双创团队” 指江苏省创新、创业团队。

省市“十项规定” 指中共江苏省委关于改进工作作风、密切联系群众的十项规定：一、要切实改进调查研究，每年到基层调研时间不少于两个月；二、要着力解决民生难题，每年安排5～7天开展驻点调研；三、要大力精简会议活动，提倡开短会、讲短话，未经省委、省政府批准，不在省辖市任职的省领导一律不出席各地各部门主办的各类剪彩、奠基活动和庆祝会、纪念会、表彰会及各类论坛等；四、要大幅减少文件简报，没有实质内容、可发可不发的文件简报一律不发；五、要严格规范出访活动；六、要着力简化接待工作；七、要简化改进新闻报道，省领导出席会议和活动应根据工作需要、新闻价值、社会效果决定是否报道，进一步压缩报道的数量、字数、时长；八、要从严控制文稿发表，除省委统一安排外，省领导个人不公开出版著作，不发贺信、贺电，不题词、题字；九、要带头厉行节约，工作会议一律不摆放花草、不制作背景板，就餐不上高档菜肴，不安排宴请，住宿一律安排在定点接待宾馆；十、要始终坚持廉洁从政，从严要求配偶、子女、亲属和身边工作人员，自觉加强道德修养，培养健康的生活情趣。中共无锡市委依据省委上述规定也出台关于改进工作作风、密切联系群众的十项规定。

“巡察反馈‘三方通报’、问题整改‘三方履责’、整改成效‘三方评价’工作机制”　将被巡察党组织、监管（主管）部门和分管市领导作为反馈重点对象；明确被巡察党组织主体责任、纪检监察机关和组织部门监督责任以及派驻纪检监察组、派出监察员办公室的协同责任；建立“群众评、自己评、考核评”巡察整改三方评估体系。

“霞客之光”创新攻关计划　江阴2021年首次启动实施，根据企业创新发展需求，以“市场主导、政府引导”为原则，按照“建榜、发榜、揭榜、奖榜”流程，鼓励支持国内外科研团队到江阴开展项目攻关。

“新三板”　指全国中小企业股份转让系统。

“准独角兽”企业　指市场估值不低于10亿元，有望在较短时期成长为“独角兽”的企业。

“智改数转”　指智能化改造和数字化转型。

专精特新“小巨人”企业　“专精特新”是国家为引导中小企业走专业化、精细化、特色化、新颖化发展之路，增强自主创新能力和核心竞争力，不断提高中小企业发展质量和水平而实施的重大工程。专精特新“小巨人”企业是“专精特新”中小企业中的佼佼者，是专注于细分市场、创新能力强、市场占有率高、掌握关键核心技术、质量效益优的排头兵企业。

中央“八项规定”　指中央政治局关于改进工作作风、密切联系群众的八项规定：一、要改进调查研究，切忌走过场、搞形式主义；要轻车简从、减少陪同、简化接待，不张贴悬挂标语横幅，不安排群众迎送，不铺设迎宾地毯，不摆放花草，不安排宴请；二、要精简会议活动，严格控制以中央名义召开的各类全国性会议和举行的重大活动，未经中央批准一律不出席各类剪彩、奠基活动和庆祝会、纪念会、表彰会、博览会、研讨会及各类论坛；提高会议实效，开短会、讲短话，力戒空话、套话；三、要精简文件简报，没有实质内容、可发可不发的文件、简报一律不发；四、要规范出访活动，出访活动严格控制出访随行人员，严格按照规定乘坐交通工具，一般不安排中资机构、华侨华人、留学生代表等到机场迎送；五、要改进警卫工作，减少交通管制，一般情况下不得封路、不清场闭馆；六、要改进新闻报道，中央政治局领导出席会议和活动应根据工作需要、新闻价值、社会效果决定是否报道，进一步压缩报道的数量、字数、时长；七、要严格文稿发表，除中央统一安排外，个人不公开出版著作、讲话单行本，不发贺信、贺电，不题词、题字；八、要厉行勤俭节约，严格遵守廉洁从政有关规定，严格执行住房、车辆配备等有关工作和生活待遇的规定。

类　目

目　录

重要文献

大事记

江阴概况

中共江阴市委

江阴市人民代表大会

江阴市人民政府

政协江阴市委员会

纪检·监察

民主党派

群众团体

法治·军事

人力资源

农　业

工　业

数字经济

开放型经济

开发区建设

上市企业

建筑业

房地产业

商贸流通服务业

金融业

港口　口岸

乡村振兴

城市建设与管理

生态环境

水利建设

交通运输

经济事务管理

科学技术

教　　育

文　化

卫生健康

体　育

社会事务

公共安全

街道·镇概况

组织机构和领导人员名录

人　　物

附　　录

索　　引

彩色插页

Content

Important Literature

Chronicle of Events

Brief Introduction of Jiangyin

Jiangyin Municipal Committee of the Communist Party of China

The Standing Committee of Jiangyin Municipal People's Congress

Jiangyin Municipal People's Government

Jiangyin Municipal Committee of the Chinese People's Political Consultative Conference

Discipline Inspection & Supervision

Democratic Parties

Social Group and Organization

Rule of Law & Military

Human Resource

Agriculture

Industry

Digital Economy

Open—Oriented Economy

Construction of Development Zones

Listed Enterprises

Architecture

Real Estate Industry

Commodity Circulation

Finance

Port & Harbor

Rural Revitalization

Urban Construction and Administration

Ecological Construction

Water Conservancy Construction

Transportation

Economic Affairs Management

Science Technology

Education

Culture Construction

Health

Sports

Social Work

Public Safety

Survey of Blocks & Towns

Name List of the Organizations and the Leaders

Personages

Appendix

Index

Colored Inserts

依托长江经济带　面向太湖科创湾
深度融入长三角　聚焦奋进十四五
奋力书写现代化滨江花园城市建设新篇章

——在中国共产党江阴市第十四次代表大会上的报告

（2021年7月26日）

无锡市委常委、江阴市委书记　许　峰

中国共产党江阴市第十四次代表大会，是在中国共产党建党百年、“十四五”发展全面推进、现代化征程全面开启的关键时期召开的一次十分重要的会议。大会的主要任务是：高举习近平新时代中国特色社会主义思想伟大旗帜，贯彻落实中央和省委、无锡市委战略部署，回顾总结江阴市第十三次党代会以来的工作，研究部署今后五年的奋斗目标和主要任务，选举产生中共江阴市第十四届委员会和纪律检查委员会，动员全市上下继往开来、埋头实干，依托长江经济带，面向太湖科创湾，深度融入长三角，聚焦奋进十四五，奋力书写现代化滨江花园城市建设新篇章。

一、过去五年的工作回顾和基本经验

市第十三次党代会以来的五年，是江阴直面重大风险、经受重大考验、实现重大发展的五年。五年来，市委团结带领全市各级党组织和广大党员干部群众，攻坚克难、砥砺前行，在大战大考中保持了经济社会的稳健发展，推动了各项事业的协调并进，实现了小康社会的高水平全面建成。

过去的五年，我们积极应对挑战，综合实力稳步提升。面对严峻复杂的宏观形势和突如其来的疫情冲击，江阴全面落实“六稳”*“六保”*，主要经济指标稳健增长，地区生产总值连跨两个千亿台阶，2020年达到4114亿元。各类市场主体实现倍增，总数超过23万户，四大类“500强”企业增加17个、累计达到50个，上市公司总数净增20个、累计达到55个。江阴连续两年获评全省推进高质量发展先进县（市、区），实现全国县域经济基本竞争力“十八连冠”、中国工业百强县“四连冠”。

过去的五年，我们致力转型升级，新旧动能加速转换。农业农村现代化迈出坚实步伐，“345”现代产业体系*加快构建，战略性新兴产业产值占比提升15.9个百分点，达到39.5%。“一湾一谷一区一港”*建设、工业园区升级改造全面启动，全社会研发投入占比从2.9%提高到3.3%，累计新增诺奖得主研究院3个、国家技术标准创新基地1个、省级工程技术研究中心41个、省级企业技术中心40个，全市人才总量由32.7万人增加到44.5万人，高新技术企业总数增长86%、达到650个。

过去的五年，我们注重功能品质，城乡建设扎实推进。国土空间、锡澄协同发展区等规划加快编制，镇村布局等规划完成修编。“一江两河”*等重点片区形态初显，锡澄S1线、南沿江铁路江阴段、江阴靖江长江隧道工程加快推进，芙蓉大道快速化改造工程建成通车。城市更新和精细管理不断深化，累计完成拆迁796万平方米，建成安置房303万平方米，改造老旧小区215万平方米，高分创成并蝉联全国文明城市。乡村振兴战略全面实施，农房建设试点全面推进，美丽宜居乡村建设达标率100%。

过去的五年，我们攻坚污染防治，生态环境持续改善。长江生态安全示范区建设加快推进，中央、省环保督察信访交办问题整改到位。累计关停“散乱污”企业

3750个、化工企业170个，节能减排任务超额完成。蓝天、碧水、净土三大保卫战成效明显，长江3个集中式饮用水源地达标建设、长江流域江阴段退捕工作全面完成，新沟河延伸拓浚工程、绮山应急备用水源地、华能江阴燃机项目、光大电厂三期扩建等建成投运，空气质量优良率、国省考断面水质优Ⅲ比例分别提升13个和44.5个百分点，完成造林绿化1066.67公顷。

过去的五年，我们深化改革开放，动力活力更加强劲。县级集成改革试点任务顺利完成，现代化建设试点扎实推进，16项集成改革经验在无锡复制，镇街"1+4"基层治理新模式在全省推广，884项县域治理江阴标准基本形成，党政机构、事业单位、招商体制、国资国企、行政审批制度等重点改革不断深化，"澄心办·办澄事"营商品牌初步打响。开放园区体制机制持续优化，江阴综保区正式封关运营。累计完成进出口1081亿美元，其中出口656亿美元，累计实际利用外资48.1亿美元。累计对外投资33.7亿美元，位居全省同类城市第一。

过去的五年，我们坚持民生优先，社会事业不断进步。财政支出民生占比每年保持75%左右，城镇居民、农村居民人均可支配收入分别增长42.4%、47.7%，农民人均收入实现全省县市"二十一连冠"。各类社保标准逐年提高，各项社会事业协调发展，精准帮扶脱困任务全面完成，村级医疗互助获评全国脱贫攻坚奖。市人民医院敔山湾院区建成投运，市中医院异地新建稳步推进。南理工江阴校区建成投用、江大江阴校区签约落地。常态化疫情防控走向深入，安全生产专项整治持续推进，扫黑除恶专项斗争成效明显，公众安全感和法治建设满意度名列全省前茅。

过去的五年，我们从严管党治党，党的建设全面加强。"两学一做"学习教育和"不忘初心、牢记使命"主题教育成效明显，党史学习教育全面展开，省委巡视反馈意见整改深入推进，十三届市委巡察工作实现全覆盖。"两个责任"*层层压实，"三转一提"*活动扎实开展，党的建设质量整体提升。人大、政协作用充分发挥，法院、检察院职能持续强化，统战、群团、老干部、党校、关心下一代、对口援建等工作积极有效，人武、双拥、退役军人等工作迈上新台阶。

五年来取得的成绩，来自党中央和省委、无锡市委的正确领导，来自历届市委和广大老领导、老同志打下的坚实基础，来自全市各级党组织和广大党员干部群众的扎实工作，来自市各民主党派、工商联、人民团体、无党派人士、驻澄部队、驻澄单位、社会各界的共同奋斗。

奋斗蕴含艰辛，经验弥足珍贵。五年来的发展历程深刻启示我们：必须坚持以新思想为理论指导。五年来，我们不断增强"四个意识"*、坚定"四个自信"*、做到"两个维护"*，始终在思想上政治上行动上同以习近平同志为核心的党中央保持高度一致，确保了各项事业乘风破浪、行稳致远。必须坚持以新发展理念为科学指引。五年来，我们坚定不移地崇尚创新、注重协调、倡导绿色、厚植开放、推进共享，有效探索出一条更具活力、更显公平、更可持续、更广空间、更加安全的高质量发展之路。必须坚持以造福人民为不变初心。五年来，我们始终把人民对美好生活的向往作为奋斗目标，顺应民心、尊重民意、关注民情、致力民生，不仅让全市人民充分地共享发展成果，更让我们的事业赢得了深厚的群众基础。必须坚持以江阴精神为强大动力。五年来，我们始终强化精神引领，持续释放"人心齐、民性刚、敢攀登、创一流"的志气、底气、锐气，推动全市上下在比学赶超中，把责任扛在肩上，把困难踩在脚下，把工作落到实处。必须坚持以党的领导为根本保证。五年来，我们切实发挥市委"总揽全局、协调各方"的领导作用，各级党组织和广大党员干部负重奋进谋发展的精气神更加饱满，社会各界和广大企业家上下一心促跨越的正能量更加充沛。所有这些，都必须在今后的新征程中切实加以坚持和发扬。

在肯定成绩的同时，我们更要清醒看到存在的问题和制约：主要经济指标增速放缓，重大产业项目储备不足，经济结构性矛盾依然突出；城市功能品质、生态环境质量亟待提升，民生短板依然不少，公共安全体系还不健全，各类风险化解还有较大压力；少数干部的能力、作风与高质量发展要求还不匹配，全面从严治党还需纵深推进。对此，我们必须高度重视，采取切实有效措施，认真加以解决。

二、今后五年的指导思想和奋斗目标

今后五年，是全面开启现代化建设新征程的第一个五年。纵观大局，危与机同生并存，我们要在准确识变中开启新征程。当前，世界百年未有之大变局加速演变，我们面临的挑战前所未有，但机遇也千载难逢。"双循环"*格局的加快构建，"一带一路"*倡议、碳达峰碳中和、长江经济带、长三角一体化、锡澄一体化、太湖科创湾等国家级和区域性重大战略的多重叠加，形成了难得的机遇"窗口期"，只要我们善于辨机、敏于择机、勇于抢机，就能有效应对变局、顺利开创新局。放眼未来，时与势交织激荡，我们要在科学应变中奋进新征程。我们既要把握宏观大势，更要看到自身优势。我们有高水平全面小康的过硬成果，有全省现代化建设试点的率先探索，有对"十四五"发展的科学谋划，如今的江阴，稳的态势在持续、进的力度在加大、新的动能在成长、好的因素在累积，勇闯深海、搏击蓝海，其时已至；冲出江尾、勇立海头，其势已成。环顾周边，竞与合风起云涌，我们要在主动求变中领跑新征程。在区域协同的大背景下，城市之间呈现出竞争加剧、合作加速的双重特征，我们既要以敢为人先、奋楫扬帆的胆识豪气和突出业绩，在百舸争流中抢占制高点、打赢主动仗；更要以融入一体化、服务一体化的宏大格局和扎实举措，在千帆竞发中下好先手棋、打开新空间，切实把不可多得的黄金机遇，转化为不可替代的竞争实力，昂首站在现代化建设最前沿、攀上高质量发展最高峰。

根据这样的形势，今后五年的指导思想是：高举习近平新时代中国特色社会主义思想伟大旗帜，深入贯彻党的十九大和十九届二中、三中、四中、五中全会精神，全面落实习近平总书记在庆祝中国共产党成立100周年大会上的重要讲话精神和对江苏工作重要讲话指示精神，统筹推进"五位一体"*总体布局，协调推进"四个全面"*战略布局，准确把握新发展阶段，深入践行新发展理念，积极融入新发展格局，以满足人民日益增长的美好生活需要为根本目的，以扎实推进"南征北战、东西互搏"*为总战略，以依托长江经济带、面向太湖科创湾、深度融入长三角、聚焦奋进"十四五"为总路径，着力推进高质量发展、创造高品质生活、实现高效能治理，继续当好新时代县域高质量发展排头兵、社会主义现代化建设先行军、区域一体化发展领跑者。

围绕这一指导思想，今后五年的总目标，就是建设现代化滨江花园城市。"现代化"，就是要加快实现经济发展、民主法治、文化发展、社会发展、生态文明和人的现代化，打造一座具有国际气质、现代气息、江阴气派的现代之城、文明之城。"滨江"，就是要充分依托临江望海、枕山负水的独特区位，全面推进港口资源整合、城区品质突围、长江生态保护，打造一座拥江而美、山清水秀的特色之城、魅力之城。"花园"，就是要始终坚定绿色发展、精明增长的导向，打造一座四季有花、随处见景、规划一流、特色鲜明的生态之城、宜居之城。具体地说：

——在产业更高端上取得突破性进展。"345"现代产业体系更加成熟，开放园区全面升格进位，"中国制造业第一县""华夏A股第一县"品牌持续打响、质量持续提升。到2025年，地区生产总值和一般公共预算收入年均增长6%左右，人均地区生产总值突破4.5万美元，上市公司总数超过70个，科创板上市实现重大突破。

——在创新更澎湃上迈出标志性步伐。霞客湾科学城基本成城，"一湾一谷一区一港"创新格局基本形成，全面深化改革继续走在全省前列，成为全国最优营商环境城市之一。到2025年，全社会研发投入占比超过3.5%，高新技术产业产值占比达到45%，高新技术企业数达到3000个，人才总量达到55万人，其中，高技能人才达到13.5万人，顶尖人才累计达到80人。

——在城市更美好上实现根本性跨越。城乡功能品质显著提升，生态环境质量明显改善，长江生态安全示范区基本建成，国家生态文明建设示范市和国家生态园林城市创建成功。到2025年，空气质量优良率超过82%，国省考断面和69条重点河道水质优Ⅲ比例达到100%，林木覆盖率达到24.7%。

——在人民更幸福上展现引领性成就。城乡居民收入增长和经济增长基本同步，社会保障体系更加健全，公共服务供给更加优质，村级集体经济长效增收机制持续巩固，县域治理体系更加完善，建成高水平平安江阴、法治江阴。到2025年，居民人均可支配收入突破8万元，成为百姓认可的最具幸福感城市之一。

实现上述总目标，必须牢牢把握以下总路径：

一是更加坚定地依托长江经济带。充分发挥承启东西、贯通南北的独特区位优势，充分利用长江黄金水道、长江生态屏障，充分依托长江立体交通走廊、沿江广阔发展空间，推动港口发展，深化跨江融合，畅通内外交通，在共抓大保护中，打造最具竞争力的长江经济带重要节点城市。

二是更加主动地面向太湖科创湾。全面加快锡澄一体化进程，全面参与太湖科创湾建设，以"科创+智造""科创+总部""科创+研发"等模式，全方位承接溢出效应，通过霞客湾科学城、绮山湖科创谷、苏南国家自主创新示范区核心区、长三角（江阴）数字创新港的加快打造，锻造永续发展的最强引擎。

三是更加自觉地深度融入长三角。紧扣一体化、高质量两个关键，立足全域一体对接上海龙头、促进城市互动，全力打造综合交通枢纽区、先进制造核心区、科技创新先导区、绿色发展标杆区、公共服务协同区、体制创新样板区，在长三角一体化发展中走出江阴路径、形成江阴优势、提升江阴地位。

四是更加系统地聚焦奋进"十四五"。科学研判世界科技变革和产业发展的最新动态，持续跟踪国家、省和无锡市"十四五"发展动态，推动重大战略、重大产业、重大项目、重大平台、重大设施、重大民生、重大改革、重大政策，在江阴落地落实落细，确保"十四五"发展、现代化建设蹄疾步稳。

落实好以上总路径，需要科学统筹"七个关系"：

一是产业发展立与破的关系。坚持全市层面先立后破与板块局部边立边破、先破后立相结合，树牢"以亩均甚至以平方米论英雄"的理念，强化规划引领、项目带动、考核推动，以优质增量的"立"，为低效存量的"破"奠定基础；以落后产能的"破"，为高端产业的"立"提供空间，让江阴的传统产业"老树发新芽"，让新兴产业和未来产业"小苗成树、新树成林"。

二是科技创新凤与巢的关系。始终把创新作为现代化建设的第一动力，把人才作为高质量发展的第一资源，"筑巢""引凤"两手齐抓，紧密对接产业所需、企业所急，以世界级科学家、国内外领军人才、各类专业人才和优秀大学生的近悦远来，"一湾一谷一区一港"和各类企业创新载体平台的建设提升，推动天下英才"千凤还巢"，实现江阴科技创新"花开满园"。

三是发展格局内与外的关系。主动跳出江阴看江阴、放眼全局谋江阴，鼓励和引导更多企业，通过大力发展总部经济，稳步走出江阴、跨出国门，深度融入国内大循环、国内国际双循环，找到更广阔的发展空间；推动经济社会发展各方面，全方位融入无锡、对接上海，紧跟长三角一体化步伐，为江阴找到更多的"城市合伙人"，为全市人民赢得更多的一体化红利。

四是城市发展城与乡的关系。对于江阴这样的县级城市来说，现代化的进程，就是城市与乡村深度融合、互促并进的过程。我们既要大力推动城市建设更新，持续增强主城区的首位度和辐射力；又要全面推进乡村振兴，大力实施乡村建设行动，让更多村庄留得住浓浓乡愁，让广大居民享受到现代生活，真正做到城市让生活更美好、农村让城市更向往。

五是生态环境表与里的关系。聚焦建设人与自然和谐共生的现代化，以零容忍的态度对待一切破坏生态的行为，系统谋划生态治理，以污染防治攻坚的"一年一个样"，实现治污设施短板、督查交办问题、环境信访积案"三年一扫光"；持续做好"生态+"文章，有序释放生态效益，形成以生态引产业、以产业保生态的互利格局，让美丽江阴既有"面子"更有"里子"。

六是民生事业有与优的关系。随着小康社会的高水平全面建成，广大群众的生活需要已经从解决"有没有"转向追求"好不好""优不优"，我们要主动顺应这一趋势，用足用好政府有形之手、市场无形之手、群众勤劳之手，高标准托底、全领域覆盖、精细化服务，让新一轮发展成果更多更好地惠及广大群众，让全市人民的生活年年都有新变化、一年更比一年好。

七是党的建设管与治的关系。既要把党的领导贯穿江阴新一轮发展的全过程、现代化建设的各方面,确保市委决策部署推进到位、落实到位;又要纵深推进全面从严治党,推动各级党组织特别是党组织书记,刚性落实主体责任、一岗双责,以鲜明的思想教育、科学的选人用人、严格的监督考核、合理的容错免责树好导向,为江阴奋进新征程提供坚强政治保证。

三、今后五年的主要任务和重点举措

实现今后五年的奋斗目标,要突出"六个聚力",做到"六个持续",让现代化的美好画卷在江阴大地徐徐铺展。

(一)聚力转型升级,持续夯实现代化的产业根基。始终坚定实体为本、制造为根,让全市产业体系更加自主可控、安全高效。一要建强产业集群。"345"产业上,落实一条产业链(群)、一位挂钩市领导、一个工作专班、一个专家团队、一支产业基金的发展机制,推动高端纺织服装、石化新材料、金属新材料等千亿级产业加快强链、扩大优势;支持新能源、集成电路、高端装备、生物医药等战略性新兴产业精准补链、壮大规模;引导5G通信、智能制造、节能环保、现代物流、健康文旅等未来产业有序建链、抢先布局。现代服务业上,加快打造与制造业深度融合、支持创新创业的生产性服务业品牌,加快推动生活性服务业向精细化和高品质提升,培育更多服务经济新增长点。高效农业上,围绕一镇一业、一村一品,推动粮食稳产保供,推动一、二、三产业深度融合,延长产业链,提升附加值。二要壮大企业舰队。支持头部企业开展全产业链垂直整合,做强总部经济和基地型特色园区,培育更多千亿级企业、"500强"企业。促进中小微企业走"专精特新"之路,深耕细分市场,成为产业链重要节点的配套专家。引导更多企业加快上市、挂牌步伐,全力做大产值、市值,不断形成科创板"江阴军团",实现江阴板块量质并举。三要强化数字赋能。按照"产业数字化、数字产业化"要求,深化数字技术在传统产业研发创新、生产加工、仓储物流、营销服务中的应用,加快推动企业数字化改造、信息化建设和智能化生产;积极发展物联网、大数据、云计算、人工智能、区块链等数字化产业,建设数字园区、培育数字企业,让江阴经济加快转入数字时代。四要狠抓项目投入。完善"1+3+12+N"协同发力、"驻点+委托+代理"多点布局的招商体制,强化重大项目全生命周期管理,精准对接跨国公司、重点央企、知名民企、高端研发机构、顶尖创新人才,引进一批做强产业链的总部型高端项目、基地型产业项目、园区型平台项目,布局一批前沿技术产业化项目,落地一批科技含量高、增长潜力大的创新创业项目,深入推进"千企技改",稳步提升外资质态,确保每年重大项目数量只多不少、投资只增不减、质量只升不降。五要优化营商环境。以"一件事"改革、"拿地即开工"等为重点,深化"放管服"改革,当好政策更大力度、审批更快速度、服务更有温度的"金牌保姆、金牌店小二",全面打响"澄心办·办澄事"营商品牌。综合运用市场、行政、司法手段,科学压降不良贷款,依法打击逃废债行为,确保不发生区域性系统性金融风险。深入实施企业家国际化素质提升工程、中生代企业家基业长青工程、新生代企业家常青藤工程,培养更多高素质的"压舱石"。

(二)聚力创新驱动,持续锻造现代化的硬核支撑。坚持创新在现代化建设全局中的核心地位,全面推进"霞客之光"产业自主创新攻关计划,打造具有全国影响力的先进制造业科创中心。一要做强创新"主引擎"。始终把霞客湾科学城作为头号工程,全面推进水系疏通,全力争办省园艺博览会,持续做好"生态+"文章;高标准、数字化完善教育、医疗、交通、文旅等基础配套,打造更时尚的生活环境和国际社区,建成江大江阴校区;与中科院、"双一流"高校等大院名校深化合作,加快实现先进科技从策源孵化到加速成长、从前端研发到中试量产的全链条、全周期发展。全力推进绮山湖科创谷建设,打造霞客湾科学城先导区、高铁新城核心区、产城融合引领区。深化苏南国家自主创新示范区核心区建设,打造科技驱动的创新高地。加快长三角(江阴)数字创新港建设,打造工业互联网数字经济重镇。二要集聚创新"集团军"。支持企业牵头组建创新联合体,推动产业链上中下游的大中小企业融通创新,量质并举壮大以创新型领军企业为龙头、以高新技术企业为骨干、以科技型中小企业为基础的创新型企业集群,走出一条"雏鹰""瞪羚""准独角兽""独角兽"的梯次提升培育之路。三要打造创新"丰产田"。加快重大科创载体建设,依托"一湾一谷一区一港",建设和引进一批国家级、省级产业创新中心、制造业创新中心和大科学设施等高能级创新平台。支持更多企业联合高校院所,共建高水平新型研发机构,组建行业研究院和产业研究院,打造境内外科创飞地。支持社会资本投资运营各类众创空间、孵化器、加速器,为江阴科技创新蓄势赋能。四要引育创新"金种子"。全面落实"暨阳英才计划"升级版2.0,实施"百千万"引才专项行动,设立长三角人才工作站,完善海外引才引智工作站,集聚更多创新创业领军人才。深化江阴工匠培育工程,推动产教融合、工学一体,壮大高技能人才队伍。大力实施"澄才归巢引凤"计划,推动更多江阴籍人才回澄、在澄优秀大学生留澄,让我们的城市更青春、更科技、更开放、更包容。五要营造创新"生态圈"。大力吸引头部风投机构落地江阴,鼓励骨干企业发起设立创投机构、并购基金,用足用好科技贷款、科技保险等,形成全链条金融支持。精准引进科技咨询、检验检测认证、知识产权保护等专业机构,不断提升科技服务能力,让江阴科创之花尽情绽放。

(三)聚力改革开放,持续释放现代化的蓬勃活力。坚定推动改革再出发,加快融入开放大格局,为江阴发展提供更优机制、打开更广空间。一要全力打造集成改革升级版。围绕推进县域治理现代化,系统总结县级集成改革成果,持续加强攻策研发,不断丰富县域治理总架构、基层治理新模式,形成更多引领性的改革风景。围绕激发镇街基层积极性,完善新一轮市镇财政管理体制,深化农村综合体制改革、集体产权制度改革,高标准完成全国乡村治理体系建设试点。围绕调动市场主体积极性,深化国资国企市场化改革,加快资产证券化步伐,做大规模、做强实力、做优品牌。深化投融资体制改革,规范实施PPP模式,支持社会资本通过合作合资、公办民营等形式参与城乡建设、民生工程。二要紧密对接国内国际双循环。引导企业主动参与国内大循环，加强与长三角城市产业链供应链协同，加强质量、品牌、标准建设，以高水平供给抢占内需大市场。推动企业创新外贸业态、发展跨境电商，深耕欧美日等传统市场，拓展“一带一路”沿线地区和新兴市场，巩固提升国际市场份额。鼓励企业有序抱团“走出去”，由单纯境外投资向研产销全链条拓展，支持境外并购项目回归江阴，实现双向互动发展。三要深度融入区域发展一体化。向南，全面推进锡澄协同发展先行区建设，完善锡澄“两高三快七普”*道路体系，加强与无锡各板块在产业、文旅等领域的协同合作，加快实现锡澄空间共构、功能共生、产业共谋、设施共建。向北，推动江阴靖江跨江融合发展，支持江阴—睢宁工业园创建省级特色园区。向东，加强与黄浦区、张江科学城、漕河泾开发区等地的实质性合作，深化与上海港、宁波港战略合作，在港口发展、产业科技、对外开放、公共服务等领域，全面融入上海大都市圈。向西，加强与长江经济带沿线城市合作，不断提高江阴的区域影响力和辐射带动力。四要持续建强开发开放主阵地。三大开放园区要加快去行政化改革，强产业、攻项目、抓环境、优机制，确保高新区早日进入全国高新区前40位，临港开发区力争2023年创成国家级开发区，靖江园区加快创成高质量跨江融合发展试验区。江阴综保区要深化政企分离、区港联动，全力打造加工制造、物流分拨、销售服务“三大中心”，成为产业转型、科技创新、外资外贸的强大助推器。各镇街园区要按照“一年启动、两年主攻、三年总攻”的工作进度，主题式、连片式、多模式推进工业园区升级改造，盘活腾退提升超10万亩土地空间，改出一批主题突出、产城融合、配套完善的优质增长极。

（四）聚力城乡建设，持续彰显现代化的功能品质。始终保持定力、精雕细琢，让城市功能更完善、特色更鲜明、品位更高端。一要前瞻眼光强化规划引领。以国土空间总体规划编制为统领，围绕构建“干字型”市域空间格局，全面修编各镇街、各重点区域控制性详规、各类专项规划，开展“多规合一”实用性村庄规划编制，精心着色、科学留白。完善城市色彩、滨水岸线、天际线、建筑立面等控制要求，全面加强城市设计、协调景观风貌。完善规划落实保障和责任追究机制，确保规划刚性执行。二要补短攻坚加快城市更新。加快滨江地区、锡澄运河地区、国乐岛、南门商业街区、北大街历史文化街区等重点片区建设，完成跨锡澄运河七座桥梁建设，基本建成环城公园体系、环城绿道体系。按照“实施一批、谋划一批、储备一批”的原则，加快老旧街区、老旧工业片区、传统商圈、公共服务设施与公共空间、城中村改造提升，让城区不断出新出彩。全力推进拆迁安置，做到凡拆必净，力争过渡清零。三要内外兼修推进乡村振兴。有序推进规划发展村庄农房更新改善，加快升级农村公共基础设施，持续深化经济薄弱村帮扶，稳步建设璜土、徐霞客、顾山三个农业农村现代化先导镇和临港、澄南两个美丽乡村示范带，实现全市建制镇美丽宜居城镇建设、被撤并乡镇集镇区整治提升“两个全覆盖”。四要多措并举构建快速路网。持续打通城乡断头路，加快建设快速内环、外环，全面完善市域路网体系。建成投运江阴高铁站综合交通枢纽、锡澄S1线、南沿江铁路江阴段、江阴靖江长江隧道工程，加快推进盐泰锡常宜铁路江阴段、第三过江通道、沿江高速江阴段拓宽改造工程，让江阴交通枢纽地位更加巩固。五要刚柔并济优化城市管理。以加快城市数字化转型为引领，聚焦经营秩序、交通秩序、施工秩序、小区秩序等重点，在健全大城管机制、建强“城市大脑”上持续发力，做到严格执法、堵疏结合，实现“一屏统览、一网统管”，让市容市貌焕然一新。

（五）聚力生态环保，持续厚植现代化的绿色基底。全面开展自然资源领域生态产品价值实现机制试点，加快建设人与自然和谐共生的美丽江阴。一要强化绿色低碳发展。制定落实全市碳达峰碳中和方案，全面实施碳排放总量和强度“双控”，大力创建绿色工厂、生态园区，全力优化能源结构、推广节能措施、减少煤炭消费，加快实现产业生态化、生活低碳化、能源绿色化，勇当全省全国“双碳”先行区。二要强化污染防治攻坚。治水上，全力建设美丽河湖，强化截污纳管，确保工业园区、集镇区、村庄全面建成污水零直排区，国省考断面、主要入江支流全部达标，全市其他所有河道水质达到或优于Ⅳ类。治气上，全面加强燃煤烟气、有机废气、车船尾气、城市扬尘、油烟废气治理，推动高值区域、高值企业深度减排，实现$PM_{2.5}$和臭氧浓度“双控双减”，让“江阴蓝”永驻天空。治土上，全面深化固废危废、污染地块治理，加快秦望山产业园国家资源循环利用基地建设，整体推进生活垃圾分类收集处置、建筑垃圾资源化利用，全力打造无废城市、最干净城市。三要强化生态保护修复。按照“442”空间比例*，强化全域生态管控。全面加强化工园区规范管理，继续压减化工生产企业数量，加快建设绿色安全、现代高端的化工产业。稳步降低沿江生产岸线占比，严格落实“十年禁渔”，完成白屈港、新老桃花港综合整治。深入推进湿地保护、国土绿化、废弃矿山整治、环城森林公园建设，完善城乡公园布局，让群众推窗见绿、出门见景。四要强化环保责任落实。深化“测管治”一体化改革，严格落实河湖长制、断面长制、点位长制、林长制，继续以“蜗牛警示牌”形式督促各板块、各部门知耻后勇、奋勇争先。加强行政司法联动，完善企业污染负责清单，推动企业环保积分制管理，用绿色杠杆、法律重拳督促企业时刻扛好环保责任。

（六）聚力民生改善，持续创造现代化的美好生活。扎实推进惠民实事，持续补齐民生短板，让全市人民享有品质生活、感受发展温度、拥有归属认同。一要以优质的公共服务暖民心。持续扩充普惠性学前教育资源，提升幼儿园师资规模质量，加快实现幼有善育；稳步推进集团化办学、“县管校聘”改革，大力推进义务教育均衡化、高中教育特色化、职业教育融合化，加快实现学有优教；以高校毕业生、就业困难人员、退役军人、被征地农民等为重点，完善常态化就业帮扶机制，实施全民创业工程和终身职业技能提升行动，加快实现劳有厚得；强化紧密型医共体建设，推进优质医疗资源区域均衡布局，完善分级诊疗体系，深化家庭医生签约服务，振兴江阴中医药事业，加快实现病有良医；积极推进社区、居家、机构一体化融合式养老，提升医养康养水平，培育壮大养老服务产业，加快实现老有颐养；优化保障性住房长效管理机制，分类构建物业长效管理机制，租购并举保持房地产市场稳健发展，加快实现住有宜居;以城乡低保为基础、专项救助为支撑、慈善救助为补充、村级互助为拓展,全面构建涵盖各类困难群体的分层分类救助体系,加快实现弱有众扶。二要以长效的文明创建促民享。以争创全国文明典范城市为引领,全面深化新时代文明中心(所、站、点)建设,深入开展“十大专项提升行动”*和系列文明创建活动。健全公共文化、全民健身服务体系,保护传承地域特色传统文化,广泛开展各类文体惠民活动和承办有影响力的赛事,实现文商体旅融合发展。三要以系统的社会治理解民忧。围绕完善“大数据+网格化+铁脚板”治理机制,扎实推进全国乡村治理体系建设试点,完善市域治理现代化指挥体系,建强基层议事协商平台,实现“大事全网联动、小事格内解决”。深入开展“八五”普法,全面建设法治江阴。巩固深化政法队伍教育整顿成果,健全扫黑除恶长效机制,完善社会治安防控体系,确保社会和谐稳定。四要以坚实的安全屏障保民安。常态化抓好疫情防控,实现卫生应急15分钟响应城乡全覆盖。以创建省级安全发展示范城市为引领,扎实推进安全生产专项整治“三年大灶”*,推进食品药品、道路交通、群租房、特种设备等领域集中整治,充分发挥行业协会、保险公司作用,构建全域覆盖的公共安全体系。大力推进韧性城市建设,高标准建成江苏省沿江(江阴)危险化学品应急救援基地,完善应急管理和防灾减灾救灾体系,全面保障人民生命安全。

四、纵深推进全面从严治党

实现未来五年的宏伟蓝图,关键在党的领导,重点在党员干部。全市各级党组织要认真落实新时代党的建设总要求,以永远在路上的坚韧和执着,弘扬伟大建党精神,坚决扛起首要之责,以高质量党建助力高质量发展、引领现代化征程。

(一)坚持政治引领,永葆“两个维护”的忠诚本色。党的政治建设是党的根本性建设,必须时刻放在首位。一要全面加强理论武装。用好中心组学习、党员干部培训轮训、江阴大学堂等形式,用好各级党校、华西干部学院、“学习强国”等阵地和各类红色教育资源,深入学习新思想,扎实开展党史学习教育和“四史”*宣传教育,筑牢奋进新征程的思想根基。二要全面强化政治监督。认真开展政治生态监测评估,持续深化政治巡察,严格执行党章党规党纪,从严规范党内政治生活,推动党员干部在严守政治纪律、政治规矩中体现坚强党性。三要全面挺进主战场。推进媒体深度融合,不断创新传播手段,广泛开展宣传宣讲,持续壮大主流思想舆论。坚持“五个纳入、四个一同”*,加强网络、高校、民宗等重要阵地和领域管理,牢牢掌握意识形态工作领导权。

(二)坚持严管厚爱,锻造堪当重任的干部队伍。目标任务明确后,干部就是决定性因素。一要树立更鲜明的用人导向。突出政治标准,系统加强干部队伍建设规划,既注重个体优选,更注重整体优化,统筹配备优秀年轻干部、女干部、党外干部,精准实现人岗相适,真正做到以实绩论英雄、让英雄有舞台。二要培养更全面的能力素质。围绕提升“八大本领、七种能力”*,以市镇村三级全面换届为契机,分层分类实施干部专业化能力提升行动计划,推动全市领导干部专业能力和领导班子结构功能同步提升。三要健全更有效的激励机制。找准教育与管理、激励与约束的结合点,用好用活“三项机制”*,优化镇街园区、机关部门综合考核评价体系,强化结果运用,推动广大党员干部敢于斗争、善于斗争,汇聚起攻必克、战必胜的强大精气神。

(三)坚持大抓基层,构筑本固基强的战斗堡垒。做好党的工作,最坚实的力量支撑在基层。一要持续提升组织力。实施新一轮“暨阳红”基层党建先锋行动,深化开展“双强双优”*党支部创建,以“一领域一特色、一支部一品牌、一镇街一矩阵、一市域一集群”,推动各领域党的组织和党的工作有形覆盖、有效覆盖。二要持续激发战斗力。深化落实“县乡共管”制度,完善村书记专职化管理,探索向村干部延伸,实施“苗圃计划”*“青苗计划”*,加强党建指导员、党务工作者专业化建设,深化党员教育“百千万”工程,锻造群众信赖依靠的“硬脊梁”。三要持续增强服务力。深入推动党员联户、党员联职、党员联群,全面强化党建联盟建设,大力推动党群中心、先锋驿站、红色车间、商圈楼宇等新型阵地建设,加快构建全市域15分钟党建服务圈,全面打响“暨阳红——盟红江阴”*党建品牌。

(四)坚持标本兼治,巩固风清气正的政治生态。党风廉政建设是攻坚战,更是持久战,必须把严的主基调贯穿始终。一要一着不让强监督。继续推动管党治党“两个责任”贯通联动,深化纪检监察体制改革,推进纪律、监察、派驻、巡察“四项监督”贯通融合,用好监督执纪“四种形态”*,最大限度消除监督真空地带和用权任性空间。二要一抓到底纠“四风”*。锲而不舍落实中央八项规定精神,严查各类隐形变异“四风”问题,健全基层减负长效机制,推动各级各部门和广大党员干部持之以恒转思路、转方法、转作风、提效能。三要一以贯之惩贪腐。坚持严惩腐败与严密制度、严格要求、严肃教育紧密结合,严查重点领域违纪违法案件,严惩群众身边腐败和不正之风,做实以案促改,做深警示教育,一体推进不敢腐、不能腐、不想腐,让全市政治生态更加风清气正。

(五)坚持总揽全局,汇聚携手奋斗的磅礴合力。目标越宏伟,任务越艰巨,就越需要画好团结奋斗同心圆。一要全面加强全委会、常委会自身建设,完善各级党委、党组议事和决策规则,严格执行民主集中制,不断提高决策的科学化、民主化水平。二要支持保障人大、政府、政协和监察、审判、检察机关依法依章程履行职责。三要强化“大统战”思维,支持各民主党派、工商联和无党派人士参政议政,做好民族、宗教、对台、侨务等工作,不断巩固和壮大最广泛的爱国统一战线。四要加强群团组织政治性先进性群众性建设,更好发挥工会、共青团、妇联等的桥梁纽带作用。五要坚持党管武装,深化双拥共建,从而为江阴现代化建设凝聚最广泛的共识、汇聚最强大的力量。

在市委十四届二次全体(扩大)会议上的讲话

(2022年1月8日)

无锡市委常委、江阴市委书记　许　峰

这次全会的主要任务是,深入贯彻中共十九大、十九届历次全会和习近平总书记对江苏工作重要指示精神,认真落实中央、江苏省委经济工作会议和省、无锡市第十四次党代会精神,按照无锡市委十四届二次全会的部署,总结2021年工作,安排2022年任务,审议市委关于深入学习宣传贯彻中共十九届六中全会和省第十四次党代会精神的决议,动员全市上下扛起使命、狠抓落实,努力开创现代化滨江花园城市建设新局面,以优异成绩迎接党的二十大胜利召开。

一、积极应对困难挑战,"十四五"发展实现良好开局

2021年,全市上下团结一心、砥砺奋斗,精心描绘"十四五"发展蓝图,协调推进经济社会发展和党的建设各项工作,"十四五"发展顺利开局,现代化建设扎实起步。

经济运行稳中有进。面对复杂严峻的宏观形势、持续不断的疫情影响,我们政企同心、合力应对,主要指标基本完成预期目标。预计全年地区生产总值增长7.5%左右;完成一般公共预算收入274亿元、增长5.5%;全社会固定资产投资增长7%;实际利用外资9.7亿美元;完成进出口总额226亿美元、增长18%。各类市场主体总数达到24万个,新增营收超千亿企业1个。大招商格局持续完善,第三届江阴发展大会成功召开,北京、上海、深圳等城市和韩国、以色列等国驻点招商办事处设立运行,完成备案百亿项目1项、50亿项目2项。完成"三资"* 投农20亿元。

创新转型扎实推进。"一湾一谷一区一港"规划建设加快推进,"霞客之光"创新攻关计划全面启动,高新技术企业数达到712个,国家科技型中小企业入库1198个,长电科技荣获国家科技进步一等奖。创新平台持续构建,霞客湾科学城科教孵化中心正式开工,长三角(江阴)数字创新港一期投运,武汉大学长三角科技创新中心落地运营,长三角太阳能光伏技术创新中心签约落地,新增科创载体33.8万平方米。暨阳英才计划深入实施,新增领军人才(团队)109个、高层次人才720名、高技能人才1.4万名。江阴板块持续扩容,新增上市公司3个。

城乡建设打开新局。国土空间规划编制基本完成,启动城市更新单元23个。锡澄S1线、南沿江铁路江阴段、江阴靖江长江隧道工程顺利推进,长山大道、新澄杨线一期、大桥南路、滨江路快速化改造有序实施。应天河风光带全面建成,蟠龙山公园一期顺利开园。锡澄运河定波水利枢纽建成投用,临江路桥正式通车,滨江公园全面贯通。全市完成拆迁512万平方米,新建安置房103万平方米。农房建设试点、农村人居环境整治扎实推进,新建省级绿美乡村示范村10个,通过省生态园林城市创建验收。

生态环境持续改善。自然资源领域生态产品价值实现机制、整县屋顶光伏开发两个全国试点有序开展。蜗牛警示牌制度常态运行,省级以上环境信访下降43%。能耗"双控"任务刚性落实,多污染物协同治理成效明显,单位地区生产总值能耗下降3.4%,$PM_{2.5}$平均浓度下降10%,空气质量优良率79.2%,首次达到国家二级标准,国省考断面水质优Ⅲ比例首次达到100%,大气、水环境质量改善幅度高于全省、无锡平均水平。全市造林绿化199.27公顷,城市建成区绿化覆盖率达到40.6%。

改革开放不断深化。"放管服"改革成效明显,个体工商户开业登记实现即时办理。供给侧结构性改革深入推进,预计全年为企业降本减负75亿元。中央和省级事业单位改革试点任务圆满完成,市属国企顺利重组,四大国资集团全新亮相。工改强力推进,盘活腾退提升土地1266.67公顷。农村集体产权制度改革有力实施,46个"村社分离"改革试点全部完成。高新区、综保区获批江苏自贸区联动创新发展区,临港开发区零碳开发区启动建设,靖江园区新批岸线利用项目数全省第一。江阴港货物吞吐量达到3.3亿吨,升至全国内河港第三,均创历史新高。

民生民计稳步提升。持续扩大富民增收渠道,全年新增就业岗位7.2万个,扶持自主创业8400人,预计城镇和农村居民人均可支配收入分别增长8%、8.8%。各类社会保障标准提升到位,"乡村振兴·共富基金"总盘子超2亿元。高分通过国家卫生城市复审,为民办十件实事顺利完成,江南大学江阴校区开工建设。市域治理现代化指挥中心挂牌成立,镇街综合执法"一队伍"实现全覆盖。安全生产"一年小灶"和"三年大灶"衔接深化,平安江阴、法治江阴建设扎实推进,社会大局和谐稳定。

防控网络持续织密。严格执行"外防输入、内防反弹"总策略和"动态清零"总方针,不断健全平急转换、平战结合长效机制,"火眼""移动方舱"等检测装置建成投运,全市日检测能力达10万管以上,全年累计核酸检测213万人次、集中隔离7085人,疫苗全程接种率达到97.7%。特别是"12·28"以来,细化深化疫情防控的颗粒度和黏合度,应急工作机制不断完善,协调联动能力显著提升。

党的建设全面加强。庆祝建党百年系列活动、党史学习教育扎实开展,"两在两同"建新功行动*、"三转一提"*行动取得积极成效。理论武装和舆论宣传持续加强,意识形态工作责任制持续压实。市镇村三级党组织顺利完成换届,"暨阳红——盟红江阴"基层党建三年行动启动实施,组建党建联盟609个,蒲市村红色美丽村庄建设入围中组部试点。积极配合省委、无锡市委涉粮问题专项巡视巡察,高标准完成十三届市委巡察全覆盖,十四届市委巡察全面启动,“两个责任”*持续压实,“四种形态”*有效运用。保持反腐高压态势,严肃查处一批典型案件,深化“三不”*一体建设,全市政治生态风清气正。

此外,市人大、市政协作用充分发挥,法院、检察院职能持续强化,市各民主党派、工商联和知联会完成换届,统战、群团、老干部、党校、关心下一代、对口援建等工作积极有为,人武、双拥、退役军人等工作成效明显。

与此同时,也清醒看到发展中存在的问题:主要指标增长压力加大,项目投资后劲仍显不足;新兴产业的规模贡献不够大,科技创新的动能支撑不够强;能耗压力、环境容量制约进一步加大,各类风险隐患依然较多,城乡面貌、民生保障、社会治理亟待提升;少数干部能力、作风与发展要求还不匹配。对此,必须高度重视,采取有力措施,切实加以解决。

二、坚决扛起光荣使命,全面掀起争第一、创唯一大干热潮

2022年是党的二十大召开之年,也是江阴撤县建市35周年。回顾35年的奋斗历程,永不服输的江阴人,正是凭着事事争第一的胆识豪气,才取得了处处创唯一的骄人业绩。如今,站在“两个大局”交织、“两个百年”交汇的关键时点,面对习近平总书记赋予江苏“争当表率、争做示范、走在前列”的光荣使命,我们必须比以往任何时候,都要更加勇争第一、更加善创唯一。

勇争第一、善创唯一,必须以观大势、识变局的宽广眼界,聚焦“四争”抢先机。综观全年,虽然外部环境更趋复杂严峻和不确定,中国经济发展面临需求收缩、供给冲击、预期转弱三重压力,但随着一带一路、长江经济带、长三角一体化、苏南国家自主创新示范区等诸多国家战略的深入实施,随着中央经济工作会议对今年工作的定调部署,随着省党代会“10个强省”*“8个示范区”*等重大部署的细化分解,从国家到全省,围绕继续做好“六稳”“六保”、适度超前开展基础设施投资、推动科技创新、实现碳达峰碳中和等等,一系列的新政策、新部署必将陆续出台、迭代升级,我们要把对上争取作为工作常态,竭尽所能争政策、争项目、争资金、争试点,真正做到借力打天下。

勇争第一、善创唯一,必须以现代化、国际化的更高标准,一张蓝图绘到底。随着2021年以来的深化实践,江阴“十四五”发展的总目标、总路径、总战略已然深入人心。我们既要坚定信心、保持定力,以不变应万变,一以贯之抓到底、一鼓作气干到底;也要提高站位、拉高标杆,以变应变,全力打造国际街区、国际小区、国际公寓、国际学校、国际医院;全力招引世界500强、培育世界500强,用好全球资源、拓展全球市场;全力加大诺奖得主、海归人才、海外专家院士等的引进力度,以现代化的更高要求勇开新局,以国际化的更宽视野再谱新篇。

勇争第一、善创唯一,必须以少开会、多开工的鲜明导向,求真务实埋头干。放眼当下、着眼未来,我们身处伟大复兴的新时代、拥有干事创业的好舞台。要把“南征北战、东西互搏”的艰巨任务完成好,把“产业更高端、创新更澎湃、城市更美好、人民更幸福”的目标愿景实现好,就必须把少开会、多开工作为最鲜明的导向,就必须把重实干、求实效作为最坚定的态度,全面推行工作项目化、项目目标化、目标考核化、考核绩效化,月月有检查、季季有督导,拉出排名表、挂出红黑榜,在苦干实干、快干巧干中,确保各项工作天天都有新变化、周周都有新进展,把引人入胜的“大写意”变成精雕细琢的“工笔画”。

勇争第一、善创唯一,必须以齐努力、共江阴的磅礴合力,全员挺进主战场。“人心齐、民性刚、敢攀登、创一流”,改革开放中孕育的江阴精神,过去是引领发展最为珍贵的“传家宝”,今天依然是探索新路最为锋利的“开山斧”。走好新的赶考路,我们仍然要大力弘扬江阴精神,最充分地提振党员干部精气神,最充分地调动企业家积极性,最充分地激发全社会创新创造活力。市委坚信,有这么多信念如磐、作风过硬的“领头羊”,有这么多深耕实业、拼搏奋进的“压舱石”,有这么多爱岗敬业、勤劳智慧的“主力军”,我们就没有实现不了的目标,没有战胜不了的困难,没有完成不了的任务。

三、牢牢把握重点关键,奋力推动各项事业迈上新台阶

新的一年,全市上下要坚持以习近平新时代中国特色社会主义思想为指导,全面贯彻党的十九大、十九届历次全会精神和总书记对江苏工作重要指示精神,认真落实党中央和省市委各项决策部署,弘扬伟大建党精神,坚持稳中求进工作总基调,坚持改革创新,完整、准确、全面贯彻新发展理念,积极服务构建新发展格局,着力推动高质量发展,坚持以供给侧结构性改革为主线,统筹疫情防控和经济社会发展,统筹发展和安全,扎实做好“六稳”“六保”工作,坚决扛起“三大光荣使命”*,全面推进“南征北战、东西互搏”,加快建设现代化滨江花园城市,奋力谱写“强富美高”新江阴现代化建设新篇章,以优异成绩迎接党的二十大胜利召开。

2022年经济社会发展的主要预期目标是:地区生产总值增长6%以上;一般公共预算收入增长5%左右;规上工业增加值增长7.5%左右;规上服务业营业收入增长10%左右;固定资产投资完成980亿元;外贸进出口稳中提质;居民收入与经济增长保持同步;节能减排和大气、水环境质量完成上级下达的目标任务。

围绕以上目标要求,重点做好七个方面的工作。

(一)*持续实施创新驱动,在打响科创江阴品牌上实现新突破。*全面启动科创江阴三年行动,力争通过国家首批创新型县(市)验收,把科技创新的关键变量,转化为高质量发展的最大增量。一要加快载体建设。“一湾”方面,全面推进科教孵化中心一期、江南大学江阴校区一期、武汉大学长三角科技创新中心建设,扎实开展水系连通及水美乡村建设试点,加快500千伏超高压线路迁改,全力申办省第十三届园博会、推进增设S1线站点。“一谷”方面,深化优化绮山湖科创谷、高铁新城规划设计,全面推进腾地拆迁、基础设施建设和重大科创项目招引,长三角太阳能光伏技术创新中心创成省级技术创新中心并向国家级攀升。“一区”方面,基本建成星河科创园,开工建设生物医药创新港,启动建设中国上合组织技术转移中心江阴协同中心、航天卫星物联网研究院、西安电子科大产教融合基地。“一港”方面，加快建设南理工工业互联网创新中心，启动数字港三期、中法科创园建设，加快规划建设国际人才社区，实现科创、居住、服务充分融合。全年启动建设科创载体200万平方米以上。二要布局高端平台。常态化对接大院大所，深化与江苏省产业技术研究院和哈工大、中科大未来技术学院的战略合作，探索建设科创综合体。以“载体+资本+人才+基金+运营团队”五位一体，高效运营北京、上海、深圳、西安“科创飞地”，建成武汉、成都异地孵化器。支持国资公司、龙头企业等建设新型研发机构、孵化载体，加快创建省纺织技术标准创新基地、省特殊钢技术标准创新基地，全年新建省级以上研发机构15个、市级研发机构100个。三要引育科创企业。深入实施“霞客之光”创新攻关计划*，支持企业参与省市“揭榜挂帅”、科技攻关，年内净增高新技术企业250个、国家科技型中小企业入库超1500个，新增省级企业技术中心8个以上、专精特新“小巨人”企业8个以上，新增无锡市准独角兽企业5个、瞪羚企业80个、雏鹰企业150个。四要推动千凤还巢。大力实施“澄才归巢引凤”计划，依托专业机构运营人才科创天使基金，提升人才创新周、产业技术人才合作恳谈会、高校招才、“智汇澄”招才引智系列活动成效，持续打造青年和人才友好型城市，全年新引育创新创业领军团队10个、各类创新创业领军人才250名，人才总量达到52万人。五要突出金融赋能。出台落实新型复合产业用地管理办法，用好锡科贷、苏科贷，大力引入各类头部基金和顶尖GP团队，完善全生命周期金融服务体系，助推优质企业抢滩资本市场，力争注册基金规模达到300亿元，争取专项债券30亿元，新增信贷投放200亿元，新增上市公司3个、力争5个，努力实现科创板零的突破。

（二）持续加快转型升级，在构建现代产业体系上实现新突破。坚持把实体经济作为江阴发展的看家本领，抢占“智”高点，做强产业链，推动规模与效益同步跃升。一要加大项目攻坚力度。项目是发展的源头活水。聚焦“345”产业链核心领域、关键节点，研发专项政策，强化驻点招商、基金招商、以商引商；支持本土企业加快技改催生项目、兼并重组整合项目、深化合作嫁接项目，全年实施重点技改项目100项、完成技改投入100亿元。加快打造懂产业、通政策、善服务的“招商劲旅”，实现全流程帮办、全生命周期保障，切实提高项目“五率”*完成度，全力稳投资、稳预期。二要加大工改推进力度。工改是乡村振兴的关键一招。编制完成并严格执行工业园区空间、产业、控制性详规、城市设计等各类规划，按照“整体规划、分步实施”的原则，加快建设一批定位准、功能优、配套全的特色主题产业园项目。强化政策研发和产业招商，实体化运作工改公司，全面统筹资金筹措、项目建设、产业招引、园区运营。深化资源利用绩效评价及结果应用，全年盘活腾退提升土地1600公顷，形成超千亩连片可开发区域3个以上。三要加大产业转型力度。产业是一座城市的命脉。以智能化、绿色化、服务化、高端化为引领，实施数字经济核心产业加速和制造业数字化转型升级行动，推动企业“上云用数赋智”，引导企业争创各级质量奖，参与国际、国家、行业标准制修订，全力创建省制造业高质量发展示范区。深化“两业”融合，促进生产性服务业提质增效，优化生活性服务业业态结构，提档升级江阴消费季促销活动，推动线上线下消费双向提速。大力发展智慧农业、高效设施农业，启动粮库移建，力保粮食安全。以“公司+合作社+农户”模式，促进农业全产业融合、全链条增值，年内新增农业投入20亿元。四要加大风险防范化解力度。坚持“属地主责、多方联动”，压实企业自救主体责任，充分应用行政、司法、市场化手段，“一企一策”精准施策，依法打击恶意逃废债，不良贷款率压降至1.5%以下。有效防范处置地方政府债务、非法金融等领域风险，牢牢守住不发生系统性风险的底线。

（三）持续深化改革开放，在拓展区域竞争优势上实现新突破。更加突出改革系统集成，着力扩大双向开放优势，高水平、全方位融入和服务新发展格局。一要打造最优营商环境。围绕保市场主体，全面推进“一网通办”、政银通办、“一件事”改革和联合竣工验收，优化“拿地即开工”审批模式，完善重大项目、重点企业“双挂钩”制度和招商护商服务专员制度，深化企业家英才培养十项行动，上线运营“澄策之窗”惠企平台，持续打响“澄心办·办澄事”营商环境品牌。二要深化重点领域改革。完善新一轮财政管理体制，优化市与镇街园区事权与支出责任划分。深化国企市场化改革三年行动，推动国企深度参与“南征北战、东西互搏”，做大规模、提升贡献。完善农村承包地“三权分置”办法，稳慎推进农村宅基地改革、推进集体经营性建设用地入市，推广省级“村社分离”试点经验。三要促进“三外”提质增效。发挥境外驻点招商作用，鼓励外资企业设立地区总部和功能性机构，着力在外资股权投资、境外发债上求突破，确保全年实际使用外资8亿美元。稳定外贸30强企业进出口份额，加快推进苏美达、苏豪等合作平台投入运营，实施品牌发展战略，大力发展跨境电商，持续推动外贸转型升级。四要全面加强区域合作。加快建设锡澄协同发展先行区、锡常协同发展先行区，探索建设澄张虞县域发展试验区，精准挖掘上海科创、金融、人才等资源，更好融入长三角产业链创新链供应链。加快建设江阴—靖江高质量跨江融合发展示范区，推动新能源、高端装备、智能制造、节能环保、现代物流等主导产业量质齐升。继续做好霍城、延川对口帮扶工作，为全国东西协作贡献江阴力量。五要增强开放平台贡献。各开放园区要深化“去行政化”改革，强配套、攻项目、优治理，实现排名明显前移、贡献明显增大。江阴综保区要打好绩效评估翻身仗，加快建立以物流分拨为基础、加工制造为主导、销售服务为特色、设计研发和检测维修为补充的完备产业功能体系，用好药品进口口岸、进境肉类指定监管场地、省级跨境电商产业园等平台优势，深化区港联动。江阴港要加强与上海港深度合作，推进港口发展公司稳健运营，加快港口资源整合，加密水上巴士，积极争取启运港退税政策，提升集疏运能级，确保完成货物年吞吐量3亿吨、集装箱年吞吐量60万标箱。

(四)持续推进城乡融合,在提升全域功能品质上实现新突破。以创建国家生态园林城市为引领,聚焦功能品质,突出内外兼修,有力促进城市让生活更美好、农村让城市更向往。一要加快城市更新步伐。扎实推进省美丽宜居城市建设试点,深化城市T台建设,建成锡澄运河公园三期南段园林景观工程和毗陵路桥、塘前路桥、花北路桥,启动建设白屈港公园,确保年内国乐岛主体结构完成过半。加快推动锡澄运河西侧、北大街历史文化街区、中心城区传统商圈、徐霞客文化旅游片区等城市更新项目,启动城区老旧小区改造项目10项、36.8万平方米,打造天鹤社区样板工程。按照"划分片区、集中安置、国资参与"原则,调优安置房建设模式,全年完成拆迁520万平方米、其中主城区180万平方米,启动建设安置房163万平方米、建成59万平方米。二要着力推进乡村振兴。以农业农村现代化先导镇和美丽乡村示范带建设为引领,同步推进各集镇区和被撤并镇区整治提升。持续释放"乡村振兴·共富基金"效能,深化第11轮24个经济相对薄弱村帮扶。全面推进农村人居环境整治提升五年行动,全力推进美丽农居建设,建成无锡市级农村人居环境整治提升示范村15个、特色田园乡村8个。三要持续完善交通网络。加快推进长山大道、新澄杨线一期、大桥南路、滨江路快速化改造,开工建设锡澄路快速化改造工程,有序推进暨南大道西延、长山大道南延工程,持续畅通快速路。加快建设江阴高铁站综合交通枢纽、锡澄S1线,力争南沿江铁路江阴段年底具备通车条件,深化第二第三过江通道连接线研究,做好盐泰锡常宜铁路江阴段和沿江高速江阴段改扩建前期工作,全力构建大动脉。四要全面深化文明创建。常态推进"十大专项行动""七大专项整治"*,持续开展"美丽江阴·美家美户"系列创建活动,深化拓展新时代文明实践中心(所、站)建设。推进"一网统管"平台建设,构建"数字城市运行图",推行"红黑榜"机制、物业化片区模式和微路长制管理,强化商贸综合体、农贸市场、居民小区、建筑工地、背街小巷、城郊接合部等重点区域,道路交通、违法建设、犬类管理等重点问题专项整治,全力争创全国文明典范城市。

(五)持续强化绿色发展,在改善生态环境质量上实现新突破。以创建国家生态文明建设示范区为引领,深入建设长江生态安全示范区,确保"一年一个样、三年一扫光"*。一要推进减污降碳。科学务实推进碳达峰碳中和,编制碳达峰行动方案,全面启动零碳开发区建设和零碳示范工程,加强企业节能低碳技术推广应用。继续做好能耗"双控",扎实开展整县屋顶光伏开发全国试点,大力推进煤炭清洁高效利用和减量替代,推进工业园区限值限量管理,推进印染行业整治提升,连片式整治"散乱污"企业,促进减污降碳协同增效。二要深化污防攻坚。治气上,推动高值区域、高值企业深度减排,强化工业窑炉整治、移动源监管,确保$PM_{2.5}$和臭氧浓度"双控双减",空气质量优良率达到81.1%。治水上,深化美丽河湖建设,全力完成入江入湖排污口排查整治,高标准推进控源截污,完成66个污水处理达标区建设、50个村庄生活污水治理,加快建设锡澄运河河道工程和白屈港综合整治、新桃花港江边枢纽、老桃花港整治工程,确保国省考断面优Ⅲ比例保持100%。治土上,深化固废危废处理能力提升,加快污染地块治理,推进秦望山产业园国家资源循环利用基地建设,整体推进生活垃圾分类收集处置、建筑垃圾资源化利用、一般工业固废综合处置,全力创建"无废城市"。三要加强生态修复。启动省第四轮农村改革试验区任务,探索长江十年禁渔快速响应机制。常态化开展河湖"清四乱"*,年内"重化围江"问题全部闭环销号。按照公园城市建设理念,推进林地、绿地、湿地、自然保护地"四地"同建,实施城乡造林绿化工程,加快窑港口、桃花港等湿地保护小区建设,加强永久性绿地保护,持续提升生态系统碳汇能力。四要严格生态治理。扎实做好新一轮中央环保督察交办和反馈问题整改工作,全面执行污防攻坚不力最严惩戒措施,每季发放"蜗牛警示牌"并公开见报,推动河长制、断面长制、点位长制、林长制落实落细。加强行政司法联动,严厉打击各类违法行为,让绿色低碳成为全市企业的自觉追求。五要释放生态效益。高质量推动生态产品价值实现机制试点,积极对接国家绿色发展基金,健全生态补偿机制,围绕文体旅游、健康休闲持续做好"生态+"文章,大力培育节能环保、资源循环利用等绿色产业,探索生态经济化的江阴路径。

(六)持续增进民生福祉,在扎实推进共同富裕上实现新突破。始终坚持人民至上,用心用情力保基本民生、办好民生实事,着力在探索共同富裕上走在前列。一要拓宽居民增收渠道。实施中等收入群体壮大行动和居民收入十年倍增计划,以高校毕业生、退役军人、困难人员等为重点,常态化开展援企稳岗、就业帮扶,全年提供就业岗位6万个以上、城镇新增就业3万人以上,零就业家庭动态清零。实施全民创业工程,发挥市创业大学作用,加快大学生创业园扩容提效,释放创业带动就业的倍增效应。二要完善社会保障体系。健全养老、医疗、失业、工伤、生育保险和城乡最低生活保障等制度,健全全民参保精准扩面长效机制,居民医保人均筹资标准提高到每人每年1400元,城乡居民养老保险基础养老金增幅不低于10%。建立返贫监测机制,实现对低保、特困、低保边缘、支出型困难家庭分层分类救助。聚焦"一老一小",落实三孩配套支持政策,发展普惠性婴幼儿照护服务,完善居家社区机构相协调、医养康养相结合的养老服务,建立覆盖全生命周期的人口服务体系。加大保障性住房供给力度,筹集保障性租赁住房5500套,加快老旧小区物业管理全覆盖,多措并举促进房地产市场平稳健康发展。三要提升公共服务质量。全面落实"双减"*要求,大力推进高品质学校和优质特色学校建设,深化教育集团化改革,推进实施校安工程,深度推进职业教育校企融合,争创江苏省智慧教育示范区。扎实开展国家级紧密型医共体和省级医改示范市创建工作,深化医疗、医保、医药联动改革,实施办名院、建名科、增名医战略,加快推进市中医院异地新建和市妇幼保健院改建工程。加快建设省级体育消费试点城市,广泛开展全民健身活动。四要打造文化发展高地。提档升级"文化走基层·服务进万家"主题惠民活动,升级市公共文化云平台二期，提升农家书屋服务效能。大力推进锡剧、二胡、书法进校园，加强文化遗产保护利用。加快培育规上文化企业，招引建设重大文化项目，切实提高文化产业增加值占比。

（七）持续提升治理效能，在营造和谐稳定氛围上实现新突破。深入推进县域治理体系和治理能力现代化，以高效能治理、高水平安全保障高质量发展。一要加强民主法治建设。全力支持人大、政协依法依章程履职，充分发挥民主党派、人民团体和社会组织积极作用。全面落实党管武装要求，持续深化双拥共建。全面推进依法治市，完善重大决策程序，深化镇街行政执法体制改革、司法责任制综合配套改革，精心实施“八五”普法，推动全社会尊法学法守法用法。二要常态抓好疫情防控。坚持“外防输入、内防反弹”，压实属地、部门、单位、个人“四方”责任，落实早发现、早报告、早隔离、早治疗“四早”要求，完善应急预案、疾控体系，加强物资储备、实战演练，做到核酸检测应检尽检、新冠疫苗应接尽接，全面提升应急处置能力，筑牢疫情防控的铜墙铁壁。三要筑牢平安稳定防线。加强专职网格员队伍建设，推进网格与警格、与社区管理、与安全监管深度融合。提档升级“最多跑一地、服务零距离”矛盾纠纷多元化解体系，落实领导干部“接访变下访”制度、包案化解制度和积案清零要求，构建“两纵三横”[*]合成维稳工作体系。加快新一代“雪亮工程”建设应用，升级水陆空网全域覆盖的现代化治安防控体系，推动扫黑除恶、全民反诈常态化，严厉打击各类违法犯罪，确保社会长治久安。四要全面保障公共安全。高标准推进“三年大灶”，确保安全生产事故起数和亡人数持续下降。加强食品药品监管，加强生物安全建设，完善重大环境风险、自然灾害、极端天气等的应急预案。加强江苏省沿江（江阴）危化品应急救援基地和市应急指挥中心建设，不断提高防灾减灾抗灾救灾能力。

四、弘扬伟大建党精神，扎实推动全面从严治党向纵深发展

党建工作是一切工作的基础。全市各级党组织要全面落实新时代党的建设总要求，从党的百年奋斗重大成就和历史经验中汲取前进力量，坚决扛好管党治党第一责任，为完成全年目标任务提供坚强政治保证。

（一）严把政治方向，坚守绝对忠诚的生命线。坚持把学习新思想作为首要政治任务，完善理论中心组、党员干部培训轮训、江阴大学堂等学习制度，巩固拓展党史学习教育成果，全面开展十四届市委巡察工作，忠诚捍卫“两个确立”、坚决做到“两个维护”，自觉做新思想的坚定信仰者和忠实实践者。严格执行民主集中制，严格执行“三会一课”、民主生活会、双重组织生活会等制度，在经常性的“熔炉”淬炼中，净化政治灵魂、锤炼坚强党性。严格落实意识形态工作责任制，加强新闻媒体、讲座论坛、文化市场、民族宗教、网络空间、校园内外等阵地建设和舆论引导，在唱响主旋律中聚民心强信心筑同心。

（二）严管厚爱干部，锻造堪当大任的领头羊。认真落实新时代好干部标准，全面实施干部现代化建设能力提升三年行动。加强换届后各级领导班子建设，健全班子运行动态分析机制。加强年轻干部培养使用，统筹配备各领域、各年龄段干部，加大外出学习培训、上挂外挂交流、基层实践历练、交叉任职兼职等工作力度，让更多干部在发展前沿经风雨、吃劲岗位壮筋骨、攻坚一线练本领。强化干部日常监管，用好用活“三项机制”，优化年度综合考核评价体系，持续开展“揭榜挂帅联盟攻坚”行动，深入开展“争第一创唯一季季评”活动，推动全市党员干部真正把岗位当平台、当舞台、当擂台。

（三）严密组织体系，筑牢克难攻坚的强堡垒。以全面增强基层党组织的组织力、战斗力、服务力和攻坚力为目标，深入实施“暨阳红——盟红江阴”基层党建三年行动，围绕乡村振兴、基层治理、改革攻坚、科技创新、区域协同等，深化“党建引领 + N”[*]模式，打造推动全域高质量发展的红色引擎。全面推行村书记专职化管理、“两新”[*]党务工作者专业化建设，试点开展村（社区）干部专职化管理，深化村社党员联户、企业党员联职、机关党员联群制度，充分发挥党员先锋模范作用。高质量建成并运行市级党群服务中心，高标准推进蒲市村红色美丽村庄建设，高水平构建快递物流业“一体两翼”党建工作格局，加快党建公园、商圈、楼宇、商会等新型阵地建设，着力构建 15 分钟党群服务圈，全面提升党建品牌集群效应。

（四）严明纪律规矩，巩固正气充盈的好生态。持续推进纪检监察体制改革，完善纪律、监察、派驻、巡察“四项监督”统筹衔接机制，纵深推进正风肃纪反腐。“正风”要巩固拓展落实中央八项规定精神成果，深入开展“两在两同”建新功行动[*]、“三转一提”行动，健全基层减负常态化机制，加强家庭家教家风建设，常态长效纠“四风”、转作风、树新风。“肃纪”要精准运用监督执纪“四种形态”，经常性对干部咬耳扯袖、谈话提醒。“反腐”要坚持“不敢腐、不能腐、不想腐”一体推进，深入整治群众身边腐败和不正之风，紧盯金融、资源、工程等重点领域，从严惩治腐败，堵塞制度漏洞，强化教育警示，建设廉洁文化，让广大党员干部更加心齐劲足，让江阴政治生态更加风清气正。

政府工作报告

——在江阴市第十八届人民代表大会第一次会议上

(2022年1月11日)

江阴市市长 包 鸣

2021年和过去五年工作回顾

2021年,面对复杂多变的宏观经济形势和新冠肺炎疫情影响,市政府以习近平新时代中国特色社会主义思想为指导,深入贯彻党的十九大和十九届历次全会精神,在中共江阴市委的坚强领导下,在市人大、市政协的监督和支持下,认真落实中央和省市决策部署,立足新发展阶段、贯彻新发展理念、融入新发展格局,统筹疫情防控和经济社会发展,全力推进现代化滨江花园城市建设,“十四五”发展顺利开局,现代化建设扎实起步,较好地完成了市十七届人大五次会议确定的目标任务。

一、重大战略强势推进。全面实施“南征北战、东西互搏”总战略,霞客湾科学城战略规划与概念性城市设计完成国际招标和编制工作,绮山湖科创谷产业发展和科创载体等专项规划编制工作加快推进。霞客湾科学城科教孵化中心一期开工,江南大学江阴合作办学项目启动,武汉大学长三角科技创新中心落地运营。新组建全国资港口发展公司,江阴港货物吞吐量达到3.3亿吨、升至全国内河港第三位。全面落实长江大保护,完成沿江10千米范围内20个废弃矿山宕口治理。启动工业园区升级改造三年行动,推进工业园区信息管理平台建设,完成2万余个工业企业上图入库,盘活腾退提升土地1266.67公顷。

二、经济运行稳中向好。预计地区生产总值增长7.5%左右,完成一般公共预算收入273.94亿元,江阴实现全国县域经济基本竞争力“十九连冠”。预计完成规上工业增加值1220亿元、增长8%以上,江阴市荣获中国工业百强县(市)“五连冠”。新增上市企业3个,“江阴板块”实现股权融资105.62亿元。预计完成规上服务业营业收入235亿元、增长15%,预计贸易总额增长36%,双良节能入围国家首批两业融合企业试点。完成农业重大项目投资16亿元,预计实现农业总产值63亿元。完成农田连片整治720公顷、高标准农田建设560公顷,建成国家绿色食品原料标准化生产基地,创成国家农作物病虫害“绿色防控示范县”。

三、活力后劲持续增强。大力实施科技创新,净增高新技术企业62个,新增国家级专精特新“小巨人”企业6个,入库国家科技型中小企业1198个,预计高新技术产业产值占规上工业产值比重达39%。新增产学研项目80项,与清华大学签约启动“创新引领行动计划”,与江苏省产业技术研究院合作共建长三角太阳能光伏技术创新中心,与哈工大未来技术学院签订战略合作协议。新建无锡市级以上院士工作站4个、工程技术研究中心64个。发放科技贷款超5亿元。入选省“双创计划”人才6人、无锡市“太湖人才计划”创新创业领军团队6个。获评新一轮全国科普示范县(市、区)。成功召开第三届江阴发展大会暨2021经贸洽谈会,全年备案百亿元项目1项、50亿元项目2项,签约私募股权基金16支、总规模达588亿元,高新区科技创新港、中联重科建筑起重机械华东基地等项目顺利开工,盛合晶微3D集成芯片、远景动力锂电池等项目加快建设,预计固定资产投资增长4.8%。预计完成进出口总额226亿美元、增长18%,实际利用外资9.7亿美元,实现对外直接投资6.8亿美元。重点领域改革持续推进,个人全生命周期10个“一件事”项目上线运行;中央和省级事业单位改革试点任务圆满完成;市属国企顺利重组,成立四大国资集团;46个“村社分离”试点全部完成。

四、城乡建设扎实开展。基本完成国土空间总体规划编制,完成江阴市“十四五”综合交通发展等专项规划编制,完成11个“多规合一”实用性村庄规划编制。江阴靖江长江隧道、长山大道快速化改造等工程顺利推进,滨江路快速化改造(城区段)、新锡澄路北延等项目启动建设,第三过江通道、长山大道南延等项目前期工作有序开展,临江路桥、建新路等建成通车。全面启动北大街历史文化街区、高铁新城等23个城市更新单元,实施老旧小区改造11个,新开工棚改项目4项。锡澄运河公园、跨锡澄运河桥梁等加快建设,蟠龙山公园一期、八字桥公园、应天河风光带等建成开放。芙蓉大道快速化改造配套绿化、黄山路景观提升改造等工程顺利完成。锡澄运河定波水利枢纽正式投用。江阴市通过省生态园林城市创建验收,获批江苏省美丽宜居城市建设第二批试点城市。完成拆迁512万平方米、攻坚拔点项目28项,建成安置房103万平方米,完成安置房发证1.6万余本。成立市域治理现代化指挥中心,查处清理户外广告和店招店牌3.6万平方米,拆除违建73.5万平方米,完成主要道路包装出新15条、背街小巷整治提升29条,市综合执法平台依法处置各类事件18.4万件。新建燃气管道160千米,完成农村供水管网及户表改造7870户。完成45个重要节点村庄环境整治提升,建成无锡市级特色田园乡村8个。

五、生态环境有效改善。节能减排深入推进,完成81台工业窑炉深度治理或清洁能源替代,建成重点节能与循环经济项目20项,全年压降非公煤炭消费65万吨,江阴市获批整县屋顶光伏开发全国试点。完成7294项治气重点工程、4218 个重点企业挥发性有机物综合治理，$PM_{2.5}$年均浓度下降 10%、首次达到国家二级空气质量标准，空气质量优良天数比率提高 1.3 个百分点、改善幅度超过全省和无锡平均水平。完成滨江第二污水处理厂、西利污水处理厂新建工程，整治完成长江、太湖流域入河排污口 1379 个。“美丽河湖”三年行动、新一轮河道环境综合整治启动实施，建成美丽示范河湖 10 条，国省考断面水质优Ⅲ比例首次达到 100%。在全省率先试点推行小微企业危废集中收集处置工作，环太湖城乡有机废弃物处理利用示范区建设有序推进。城市建成区绿化覆盖率达到 40.6%。江阴市通过省生态文明建设示范区创建验收。

六、安全监管全面深化。推进镇街安委办实体化运作，全面建立板块、部门履责考核评价指标体系。深入实施安全生产专项整治“三年大灶”，清单化推进 167 项重点任务，排查整治隐患 4.3 万余项，1.4 万余个企业完成首次安全生产风险报告，在全省率先对未公示较大以上安全风险的企业实施行政处罚，安全生产事故起数、亡人数实现双下降。扎实推进道路交通安全专项整治，整改重大交通安全隐患 23 个。高标准建设江苏省沿江（江阴）危险化学品应急救援基地和应急救援队伍，成功举办长三角危险化学品重大生产安全事故联合应急演练。

七、民生保障不断加强。全年提供就业岗位 7.2 万个，扶持自主创业 8400 人。社保扩面新增 4 万人，城乡居民基本养老保险、基本医疗保障、最低生活保障、特困人员供养等待遇稳步提高。开展新一轮经济相对薄弱村帮扶工作，设立规模超 2 亿元的“乡村振兴·共富基金”。预计城镇、农村居民人均可支配收入分别增长 8% 和 8.8%。落实“双减”要求，全市小学、初中全部开展延时服务。华东师范大学江阴实验学校、南京师范大学附属江阴实验学校顺利签约，澄西高中、先锋幼儿园等启动建设。市中医院异地新建、市妇幼保健院改建等工程加快推进，完成市人民医院传染病大楼改扩建前期工作。完成国家医保信息平台切换上线工作。高分通过国家卫生城市复审。养老服务提质增效，“澄颐享”银龄暖餐项目实现镇街全覆盖。建成运行“残疾人之家”37 个。开展文化下乡活动 3500 余场。成功举办市第八届全民运动会，新增体育公园 2 个、健身步道 16 千米。社会矛盾纠纷多元化解体系持续完善，镇街矛调中心实现全覆盖。深化平安江阴建设，扫黑除恶斗争常态化开展，通信网络诈骗、非法金融活动等违法犯罪行为得到有力遏制，社会大局安定有序。

我们始终把人民生命安全和身体健康放在第一位，坚持疫情常态化防控和应急处置相结合，强化 180 项应急能力、150 项基层防控能力建设，“火眼”“移动方舱”等核酸检测装置建成投运，新冠疫苗全程接种率达 97.7%、加强针实时接种率达 67.9%。特别是“12·28”以来，江阴进一步健全市、镇、村三级疫情防控体系，强化全流程无缝衔接、并联推进、闭环管理，疫情防控网持续织密扎牢。

2021 年，我们始终坚持以习近平新时代中国特色社会主义思想武装头脑、指导实践，扎实开展党史学习教育，深入推进“两在两同”建新功行动、“三转一提”行动，政府系统自身建设有力加强、服务效能不断提升。自觉接受市人大及其常委会法律监督、工作监督和市政协民主监督，定期向市人大报告工作、向市政协通报情况，184 件人大代表建议、277 件政协委员提案全部按期办结，办理满意和基本满意率均达 100%。全年“12345”热线、市长信箱办理群众和企业诉求 35 万余件，“微幸福”民生工程办结 1179 件。严格落实党风廉政建设责任制，认真贯彻中央八项规定及其实施细则精神，严肃查处群众身边的腐败和作风问题，政府系统党风廉政建设得到全面深化。

2021 年全市主要目标任务的完成，标志着本届政府工作画上了圆满句号。过去五年，是江阴直面重大风险、经受重大考验的五年，特别是面对突如其来的新冠肺炎疫情，我们万众一心、众志成城，夺取了大战大考的“双胜利”，实现了“十三五”规划的圆满收官和小康社会的如期高水平全面建成。

*五年来，我们保持定力、专注发展，综合实力稳步提升。*地区生产总值连续三年突破 4000 亿元大关，一般公共预算收入持续增长，固定资产投资年均增长 6%。市场主体数较 2016 年末增长 83%，49 个企业入围各类中国“500 强”榜单、数量稳居全省同类城市前列，净增上市公司 14 个、总数达 56 个，营收千亿级企业达到 3 个。获评中国质量奖 1 个、中国质量奖提名奖 1 个、中国工业大奖 2 个。金融机构存贷款余额分别较 2016 年末增长 29.28% 和 39.13%。

*五年来，我们致力创新、加快转型，发展动能不断积蓄。*高新技术企业总数较 2016 年末增长 123.9%，省级工程技术研究中心、企业技术中心分别达 188 个和 98 个。累计获得国家科学技术奖 4 项、国家技术发明奖 1 项，万人有效发明专利拥有量较 2016 年末增长 61.6%。累计制修订国际、国家、行业标准 133 项，新增中国驰名商标 4 个。国家级专家总数达 69 人，累计入选省“双创计划”团队 11 个，全市人才总量由 2016 年末的 33.65 万人增加到 47.23 万人。

*五年来，我们深化改革、扩大开放，动力活力有效激发。*供给侧结构性改革成效明显，累计减税降费超 300 亿元，关停取缔“散乱污”企业 4214 个、关闭化工生产企业 181 个，单位地区生产总值能耗较 2016 年末下降 20%。全省社会主义现代化建设试点顺利推进，县级集成改革试点经验全省推广。“放管服”改革持续深化，下放行政权力事项 810 项。累计完成进出口总额超 1100 亿美元，实际利用外资 47 亿美元，对外投资保持全省同类城市前列。江阴综保区正式封关运营。三大开放园区累计完成固定资产投资 2277.62 亿元，完成进出口总额在全市占比达 65%。

*五年来，我们统筹谋划、建管并举，城乡面貌持续改善。*完成绮山水源地周边、高铁枢纽等重点地区城市设计。南沿江铁路江阴段、锡澄 S1 线等轨道交通工程稳步推进，芙蓉大道快速化改造等工程建成通车，滨江公园、环城绿道等建成开放，引进仁恒、建发等一批品质房企。改造老旧小区 145.65 万平方米，建成城乡污水主管网 104 千米，新增主城区停车位 1.1 万余个。创成并高分

蝉联全国文明城市。41 个农房建设试点村庄竣工 2351 户,建成省级绿美村庄 18 个、省级特色田园乡村 5 个。

五年来,我们强化治理、系统修复,生态底色更加鲜明。完成 37 个污水处理厂两轮提标改造、2029 个村庄生活污水治理、城区 186 个片区控源截污改造。在全省率先建成水气一体化天网工程,$PM_{2.5}$ 年均浓度、空气质量优良天数比率创有监测数据以来最好水平,整治黑臭及劣 V 类河道 67 条。初步建成秦望山产业园国家资源循环利用基地,餐厨生活垃圾、固危废处置能力有效提升。长江流域江阴段退捕工作全面完成,清退长江生产型岸线 2.8 千米,完成城区渡口外迁及 298 座内河码头清理整治。沿江 3 个集中式饮用水水源地达标建设全面完成,绮山应急备用水源地顺利运行。完成造林绿化 1360 公顷,自然湿地保护率提升至 27.5%。

五年来,我们聚焦民生、增进福祉,发展成果普惠共享。累计提供就业岗位 32 万个,扶持自主创业 3 万人。城乡居民基本养老保险待遇、基本医疗保险筹资标准分别较 2016 年末提高 51% 和 46%。组建教育集团 21 个,新建、改建学校 67 所,南京理工大学江阴校区建成投用。在全省率先建立两个事业法人性质医疗集团,市人民医院敔山湾院区建成投运。获评全国健康城市建设样板市。城乡一体"10 分钟体育健身圈"基本建成。创成全国双拥模范城。平安江阴、法治江阴建设跃上新台阶,群众安全感连续五年保持在 99% 以上。

五年来,民族、宗教、外事、对台事务、侨务、档案史志、统计、审计等工作取得新进展,工会、妇女、青少年、红十字、关心下一代、对口支援等各项事业实现新进步。

在总结成绩的同时,我们也清醒地认识到,经济社会发展中还存在一些问题和挑战:一是产业转型面临较大压力,主要经济指标增速放缓,土地、能耗、环境等要素制约进一步加大,科技创新动能支撑不够强,重大项目招引成效不明显,产业"三为主"*问题尚未根本解决,区位、港口优势还没有充分发挥,推动传统产业转型提升、新兴产业培育壮大、工业园区升级改造任重道远。二是城市建设存在明显短板,现代化城市经营理念尚未确立,城市规划设计还不够优、刚性执行还不够强,城市功能品质、基础设施配套与现代化、国际化标准存在较大差距,农村整体面貌改善幅度还不大,生态环境保护形势依然严峻,城市反哺产业、集聚人才、吸引投资等功能还不够强劲。三是民生改善仍有薄弱环节,对照人民群众对美好生活的向往,社会保障水平亟待进一步提升,教育、医疗、养老、住房等优质公共服务供给还存在不平衡、不充分问题,公共安全体系还不健全,各类风险化解还有较大压力。四是作风效能尚待全面改进,政府部门的服务意识、干事激情还不强,少数干部的创新意识、担当能力与高质量发展的要求还不匹配,贯彻市委、市政府决策部署还不够坚决有力,"庸懒散浮拖"现象还一定程度上存在。这些问题,我们一定高度重视,采取有力措施,切实加以解决。

今后五年展望和 2022 年主要工作

今后五年,是江阴乘势而上推动现代化滨江花园城市建设取得重大成果的重要阶段。展望今后五年,挑战前所未有。世界百年未有之大变局加速演进,新冠肺炎疫情影响广泛深远,世界发展不确定性、不稳定性进一步凸显;中国经济发展正面临需求收缩、供给冲击、预期转弱三重压力,"碳达峰、碳中和"对发展提出新的更高要求。与此同时,江阴仍处在转型升级、爬坡过坎的关键时期,与区位相邻、产业相似、能级相近的兄弟城市,在同类赛道上的竞争将更加激烈,实现高质量跨越式发展,需要我们凝聚更多智慧和力量、付出更多努力和汗水。展望今后五年,机遇亟待把握。中国经济发展和疫情防控保持全球领先地位,经济稳中向好、长期向好的基本面没有改变;省、无锡市党代会相继勾勒了未来发展的美好蓝图,一批新政策、新部署将陆续出台。同时,随着长江经济带、长三角一体化等国家战略的深入实施,以及南沿江铁路、锡澄 S1 线、江阴靖江长江隧道等重大交通工程的加快建成,也给江阴带来在更大范围融入产业链、创新链、消费链、生态链的重大机遇。我们只有牢牢把握机遇,才能在新一轮发展中抢抓主动、构筑优势。展望今后五年,实干正当其时。市第十四次党代会全面部署了"建设现代化滨江花园城市"的总目标和"南征北战、东西互搏"的总战略,为我们做好各项工作指明了方向、提供了遵循。只要我们汇聚起"勇争第一、善创唯一"的磅礴合力,围绕既定目标、坚定发展信心、积极求变求新,就一定能在灵活应对各种变化变局中,创造出无愧于时代、无愧于历史、无愧于人民的业绩。

今后五年,政府工作要坚持以习近平新时代中国特色社会主义思想为指导,全面贯彻党的十九大、十九届历次全会精神和习近平总书记对江苏工作重要指示精神,按照省、无锡市和我市第十四次党代会部署要求,弘扬伟大建党精神,坚持稳中求进工作总基调,坚持改革创新,完整、准确、全面贯彻新发展理念,积极服务构建新发展格局,着力推动高质量发展,坚持以供给侧结构性改革为主线,统筹疫情防控和经济社会发展,统筹发展和安全,扎实做好"六稳""六保"工作,坚决扛起"三大光荣使命",全面推进"南征北战、东西互搏",加快建设现代化滨江花园城市,奋力谱写"强富美高"新江阴现代化建设新篇章。

围绕以上总体要求,新一届政府将紧扣市第十四次党代会提出的"突出六个聚力、做到六个持续"具体部署,奋力在产业更高端上取得突破性进展、在创新更澎湃上迈出标志性步伐、在城市更美好上实现根本性跨越、在人民更幸福上展现引领性成就,让现代化的美好画卷在江阴大地徐徐铺展。

一是牢牢把握产业强市首要战略。始终坚定实体为本、制造为根,瞄准智能化、绿色化、服务化、高端化方向,加快推动产业基础高级化、产业链现代化,不断夯实以新兴产业为主导、先进制造业为基础、现代服务业为支撑的"345"现代产业体系,五年内上市公司总数超过 75 个,"中国制造业第一县""华夏 A 股第一县"品牌持续打响、质量持续提升。

二是牢牢把握科技创新关键变量。坚持创新在现代化建设全局中的核心地位,全面推进"霞客之光"创新攻关计划,持续优化"科创+智造""科创+总部""科创+研发"模式,加快构建"一湾一谷一区一港"创新格局,五年内高新技术产业产值占比达到45%、高新技术企业数达到3000个、人才总量达到60万人,打造具有全国影响力的先进制造业科创中心。

*三是牢牢把握改革开放强大动力。*坚定不移推动改革再出发,加大"放管服"、国资国企、社会民生等方面改革力度,全面深化改革继续走在全省前列,成为全国最优营商环境城市之一。深度融入国内大循环、国内国际双循环,紧扣一体化、高质量两个关键,全方位融入无锡、对接上海,在长三角一体化发展中走出江阴路径、形成江阴优势、提升江阴地位。

*四是牢牢把握城乡融合发展方向。*统筹推进新型城镇化和乡村振兴,构建更加科学合理的国土空间总体格局。加强城市设计、协调景观风貌,让城市更加灵动、更有质感。加快"一湾一谷"、高铁枢纽、滨江等重点片区开发建设,完善内畅外联、立体快捷的现代化综合交通运输体系,加快城市更新进程,推进城市数字化转型、精细化管理,不断增强主城区的首位度和辐射力。完善城乡融合发展体制机制,大力实施乡村建设行动,促进公共服务资源城乡均衡配置,做到城市让生活更美好、农村让城市更向往。

*五是牢牢把握绿色发展鲜明导向。*把"碳达峰、碳中和"纳入经济社会发展整体布局,深入践行长江大保护,全力推进污染防治攻坚,系统谋划生态治理,持续做好"生态+"文章,有序释放生态效益,形成以生态引产业、以产业保生态的互利格局,推动生态环境质量明显改善,基本建成长江生态安全示范区,成功创建国家生态文明建设示范区和国家生态园林城市。

*六是牢牢把握人民至上根本立场。*坚持把人民群众对美好生活的向往作为奋斗目标,更大力度兜牢民生底线、办好惠民实事、补齐民生短板,实现城乡居民收入增长和经济增长基本同步,确保村级集体经济长效增收机制持续巩固,促进公共服务供给更加优质、县域治理体系更加完善,推动共同富裕取得明显成效,努力成为百姓认可的最具幸福感城市之一。

2022年是党的二十大召开之年,是江阴撤县建市35周年,也是新一届政府的起步之年,做好各项工作意义重大、责任重大。2022年经济社会发展的主要预期目标是:地区生产总值增长6%以上;一般公共预算收入增长5%左右;规上工业增加值增长7.5%左右;规上服务业营业收入增长10%左右;固定资产投资完成980亿元;外贸进出口稳中提质;居民收入与经济增长保持同步;节能减排和大气、水环境质量完成上级下达的目标任务。

围绕上述目标,2022年重点做好七个方面的工作:

一、聚焦创新驱动,奋力打响科创江阴品牌

坚持把创新作为发展的第一动力,实施科创江阴三年行动计划,力争高水平通过国家首批创新型县(市)验收。

*打造高能级创新载体。*全力推进"一湾一谷一区一港"建设,加快霞客湾科学城科教孵化中心一期、江南大学江阴合作办学项目建设步伐,推动武汉大学长三角科技创新中心产学研基地建设;发挥绮山湖科创谷先行先试作用,全力优化战略规划、实施腾地拆迁、完善基础设施,加快落地一批重大科创项目;深化苏南国家自主创新示范区核心区建设,基本建成星河科创园,开工建设生物医药创新港,中国—上合组织技术转移中心江阴中心投入运营;推进长三角(江阴)数字创新港二期建设,重点实施南理工工业互联网创新中心、纳力新材料研发中心等科创项目。持续引育各类科创综合体、新型研发机构,启动建设科创载体200万平方米以上,投入使用30万平方米。鼓励企业联合高校、科研院所承担国家、省重大科技项目,推动企业工程技术研究中心、重点实验室等平台向省级、国家级攀升,新建省级以上研发机构15个、无锡市级研发机构100个。市场化运营北京、上海、深圳、西安等异地孵化器,建成武汉、成都异地孵化器。

*壮大高水平创新主体。*深入实施创新型企业培育计划,净增高新技术企业250个,入库国家科技型中小企业1500个,新增无锡市准独角兽、瞪羚、雏鹰入库企业分别达5个、80个、150个,确保规上工业企业中有研发活动企业数占比达65%、全社会研发投入占地区生产总值比重达3.1%以上。引导企业深入推进知识产权战略,年内江阴企业主导、参与完成国内外标准制修订40项,力争万人高价值专利拥有量突破9.5件。

*引育高层次创新人才。*深入实施"暨阳英才计划升级版2.0""澄才归巢引凤"计划、"百千万"专项引才行动,新引育各类创新创业领军团队10个、领军人才250人,新增青年人才2.5万人、高技能人才7000人,人才总量达到52万人。拓宽柔性引才路径,柔性合作教授专家总量超1000人。打造全方位覆盖、个性化服务、全生命周期的人才保障体系,切实解决好人才住房、医疗、子女就学等需求,新建、改建人才公寓589套、3.6万平方米。

*营造高效能创新生态。*全面落实国家、省市各项科技创新政策措施,出台新型复合产业用地管理办法,持续加大科技创新领域财政投入。深入推进"霞客之光"创新攻关计划,实施重点"揭榜挂帅"项目60项。大力引入各类头部基金和顶尖普通合伙团队,力争注册基金规模达到300亿元。发挥科技贷款、科技保险支撑作用,力争发放科技贷款突破6亿元。积极引进品牌技术转移机构,推动技术转移要素互联互通、开放共享,完成技术合同成交额70亿元。

二、聚焦转型升级,全面构建现代产业体系

坚定实施产业强市战略,持续培育壮大增量、改造提升存量,进一步筑牢实体经济根基。

*着力推动产业转型。*深化产业转型升级三年行动,深入落实"产业强市30条",培优做强"345"产业集群,确保新兴产业产值占规上工业产值比重提高0.5个百分点。加快推进先进制造业和现代服务业深度融合发展,新增省级以上两业融合试点单位2个。大力发展生活性服务业,加快商文旅体融合步伐,提档升级各类促消费活动,实现社会消费品零售总额增长8%。举办第十七届中国徐霞客国际旅游节。坚决遏制耕地"非农化"和防

止耕地“非粮化”,新增农业重大项目投资20亿元、省级以上龙头企业2个,新建高标准农田533.33公顷以上。扎实推进金融生态环境建设,持续完善金融风险防控工作机制,全力筑牢金融风险“防火墙”。

切实加大项目投入。深化招商体制改革,强化驻点招商、基金招商、以商引商,精准对接重点央企、知名民企、外资企业,加快引进一批超50亿元、超百亿元重大项目,确保实际利用外资8亿美元。落实重大项目领导联系挂钩制度,畅通联审通办绿色通道,推动佩尔生物医疗镍合金、恒润重工风电配件等项目建设,确保长庚功能性薄膜、采纳科技等项目竣工投产。实施重点技改项目100项,完成技改投入100亿元。

发展培育优势企业。全力支持大企业大集团兼并重组、整合资源、做大做强,培育更多千亿级、“500强”企业。支持中小企业走专精特新发展之路,打造更多细分行业单打冠军、隐形冠军,确保新增无锡市级以上专精特新“小巨人”企业超25个。积极推动企业开展“智改数转”*,力争新增省级以上智能车间5个、标杆类企业(项目)100个(项)。持续壮大“江阴板块”,新增上市企业3个以上,力争科创板、北交所上市实现零的突破。全面优化“投贷联动”“知识产权抵押融资”“银保合作”“供应链融资”等金融模式,新增信贷投放200亿元。

升级改造工业园区。按照“空间减量化、产业集群化、园区社区化”要求,完成各工业园区空间规划、产业定位,同步开展控制性详规编制和城市设计。实体化运作工改公司,因地制宜创新园区商业盈利模式,编制完成符合实际、操作性强的园区资金平衡整体方案。根据各工业园区特色定位,严格企业、项目准入标准,实施土地资源全市统一调度、统一使用,确保优质项目不缺地、腾出地块不闲置。坚持“效益优先、整园谋划、成片开发”,力争腾退低效工业用地1万亩以上,亩均税收1万元以下企业原则上全部完成腾退;力争盘活存量土地1万亩以上、拆迁非工业用地4000亩以上,形成超千亩连片可开发区域3个以上。

三、聚焦改革开放,持续激发发展动力活力

更加突出改革系统集成,着力扩大开发开放优势,为高质量发展提供更优机制、打开更广空间、注入更强动能。

实施重点领域改革。深化“放管服”改革,推进“一网通办”“企业全生命周期一件事”改革,落实“拿地即开工”“报建即开工”“联合竣工验收”常态化审批模式,力争“企业开办0.5天”完成率超95%,进一步打响“澄心办·办澄事”营商环境品牌。实施重大项目全生命周期管理机制改革,统一精准适配全市项目信息、土地资源、要素指标,提高项目“五率”完成度。加快“一网统管”平台一期建设。推进财政管理体制改革,持续优化市与镇街园区的事权与支出责任划分。深化国企市场化改革,市属国有企业资产总额达到500亿元。有序实施自然资源领域生态产品价值实现机制试点、水系连通及水美乡村建设试点工作。稳步推进农村宅基地改革、集体经营性建设用地入市,推广省级“村社分离”试点经验。

促进区域协同发展。全面融入长三角一体化发展,持续发挥上海科创飞地作用,与黄浦区、张江科学城、漕河泾开发区等地在产业科技、对外开放、公共服务等领域开展深度合作,有效承接高端资源溢出。深度融入锡澄一体化发展,主动对接太湖湾科创带,全力打造锡澄S1科技创新带。深化“江阴—靖江”联动发展机制,加快建设高质量跨江融合发展示范区。加强与周边县市协同合作,融入锡常协同发展先行区建设,推进澄张虞县域发展试验区建设。

提升开发开放水平。抢抓区域全面经济伙伴关系协定生效契机,优化稳外贸政策措施,支持跨境电商等外贸新业态发展,加快推进苏美达、苏豪等外贸合作平台投入运营,全力稳住外贸基本盘。推进江阴综保区建设加工制造、研发设计、物流分拨、检测维修、销售服务“五大中心”,完成进出口总额超7亿美元,全国综保区发展绩效评估达到B类。加快江阴港资源整合、区港联动,持续深化与上海港合作,新增开放码头泊位2个,完成货物吞吐量3亿吨、集装箱吞吐量60万标箱。鼓励企业走出江阴、走出国门,完成对外直接投资3亿美元。

增强园区发展质效。坚持以产业发展为核心,按照“一区多园”模式,统筹优化功能园区发展,着力打造优势更优、强项更强、特色更特的园区经济。高新区要加快东久国际智能制造产业园、环普江阴国际产业园等专业主题园区建设,新增科创载体20万平方米,备案超百亿元、超50亿元项目各1项,实际利用外资4亿美元,奋力打造国内一流的创新型国际化园区。临港开发区要加快规划建设智慧能源产业园、高端装备产业园、氢能产业园等一批特色主题产业园,备案超百亿元、超50亿元项目各1项,实际利用外资3.8亿美元。靖江园区要加快编制完成园区国土空间规划,推进高端装备产业园、节能环保产业园等特色园区建设,备案超50亿元项目1项,实际利用外资5000万美元。

四、聚焦城乡建设,不断提升城市品质能级

以创建国家生态园林城市为引领,进一步优化城市建设管理,不断提升城市现代化、特色化、国际化水平。

优化规划布局。高标准完成全市国土空间总体规划编制,组织开展控制性详规编制,动态调整镇村布局等专项规划,持续优化“一湾一谷”、高铁枢纽等重点片区城市设计。深化内外环快速路网研究,进一步完善交通专项规划。全面完成镇级国土空间总体规划编制,扎实推进“多规合一”实用性村庄规划编制,推动有条件、有需求的村庄实现应编尽编。

完善功能配套。推进江阴靖江长江隧道、锡澄S1线等工程建设,力争南沿江铁路江阴段及站房年内完工、北广场主体形象初现。全力做好盐泰锡常宜铁路、沿江高速江阴段改扩建前期工作,优化调整新长铁路功能定位。开工建设锡澄路快速化改造一期工程,加快推进滨江路(城区段)、长山大道、大桥南路、新澄杨线一期等市域快速路网建设。加快北门国乐岛、锡澄运河公园三期(南段)、大桥路景观提升改造等工程建设,启动建设白屈港公园,新建“江小澄”口袋公园*3个。扎实推进拆迁安置,全年完成拆迁520万平方米,启动建设安置房163万

平方米、建成59万平方米。

加快城市更新。因地制宜完善“1+2+N”城市更新政策体系*，全面优化城市更新专项规划和行动方案，持续推进23个已启动城市更新单元，实施老旧街区、老旧传统商业区及老旧工业园区的更新改造。加快北大街历史文化街区改造、高铁新城核心区建设，稳步推进既有多层住宅加装电梯，启动大桥绿洲、青果花苑等10个老旧小区改造项目。加大公共设施更新力度，改造提升农贸市场3个，完成路灯节能改造8000盏。

强化精细管理。着力推进市容环境综合治理，扎实开展垃圾分类、小区环境、宠物管理等5个“小专项”整治，建成城区生活垃圾分类小区150个，确保老旧小区改造后物业管理实现全覆盖。深化城管委实体化运作，全面落实“红黑榜”机制，推行城市管理物业化片区模式，整治提升背街小巷30条，打造市容管理示范路30条，拆除违建60万平方米，查处清理户外广告和店招店牌4万平方米。巩固深化全国文明城市创建成果，努力争创全国文明典范城市。

推动乡村振兴。持续开展“村企共发展、同奔现代化”行动，大力发展物业租赁、资源开发、合作商务等新型农村经济，推动“乡村振兴·共富基金”精准投放，促进24个经济相对薄弱村帮扶转化。以农业农村现代化先导镇和美丽乡村示范带建设为引领，推进各集镇区和11个被撤并镇街环境整治提升，启动50个规划发展村“美丽农居”建设。加快升级农村公共基础设施，改造农村道路危桥179座，建成美丽乡村公路示范线8条，完成农村供水管网及户表改造1万户，实施农村生活污水治理50个。纵深推进农村人居环境整治提升五年行动，建成无锡市级农村人居环境整治提升示范村15个，争创省级绿美村庄6个。

五、聚焦生态改善，扎实推进美丽江阴建设

强化生态环境一体保护、系统治理，推动减污降碳协同增效，加快经济社会发展全面绿色转型，积极争创国家生态文明建设示范区。

坚持绿色低碳发展。积极践行“双碳”战略，制定碳达峰行动方案，启动建设能碳监控平台，推进临港零碳开发区建设，打造零碳示范工程7个。加快印染行业整治提升，关停化工生产企业8个。深入开展能源、水资源等总量和强度“双控”行动，实施重点节能与循环经济项目20项，实现节能量8万吨标煤，创建省、市级节水载体6个。新增省级以上绿色工厂2个、绿色港口3个。加快打造以环境质量为核心的环保审批制度，深化排污企业积分制管理，严格落实环境质量不达标地区、集中工业区外项目管控，确保全市污染物排放总量持续下降。

狠抓环境综合治理。扎实推进污染防治攻坚“一年一个样、三年一扫光”*专项行动，完善“河长”“断面长”“点位长”制管理，优化“蜗牛警示牌”认定，全面执行污染防治攻坚不力最严惩戒措施，坚决完成新一轮中央、省环保督察交办的各项工作。推进$PM_{2.5}$和臭氧浓度“双控双减”，统筹加强多污染物协同控制，全面实施高值区域、高值行业、高值企业深度减排，确保$PM_{2.5}$年均浓度下降至34微克/立方米，空气质量优良天数比率达到81.1%。启动城乡水环境治理三年行动，全面完成长江、太湖流域入河排污口整治，建成66个污水处理提质增效达标区，确保新一轮69条环境综合整治河道水质优Ⅲ比例提升至81.2%，国省考断面和主要入江支流水质全面实现优Ⅲ。落实危废全过程规范管理，推进一般工业固废综合处置，强化土壤污染防治，确保污染地块安全利用率达90%以上。

实施生态保护修复。深化国土空间全域综合整治，加快构建“442”空间比例格局，更高标准推进长江生态安全示范区建设，年内“重化围江”问题全部闭环销号。深化“美丽河湖”三年行动*，常态化开展河湖“清四乱”，推动锡澄运河、白屈港、老桃花港等河道整治，完成新桃花港江边枢纽水下工程，全力打造美丽示范河湖10条。全面完成生物多样性调查，建成长江水上综合执法码头，探索建立长江禁捕退捕快速响应机制。深入推进山水林田湖草系统治理，基本实现重点区域自然资源确权登记全覆盖，加快窑港口、桃花港等湿地保护小区建设，完成绿化面积55万平方米。

六、聚焦安全生产，稳步提高本质安全水平

深化省级安全发展示范城市创建，推动安全生产治理体系和治理能力现代化，促进全市安全生产形势持续平稳向好。

压实工作责任。进一步完善安全生产“党政领导、部门监管、属地管理、企业主体”四张责任清单，明晰新兴行业、领域监管职责，健全安全风险会商研判、防控协同和安全保障体系。强化安全生产“网格化”管理，落实村(社区)安全协管责任。压实企业“全员、全岗位、全过程、全天候”主体责任，严格执行企业第一责任人安全承诺制，构建更加严密的安全生产责任体系。

推进专项整治。深化安全生产“三年大灶”专项行动，纵深推进重点行业领域专项整治，坚决杜绝较大及以上和有影响力的事故发生，确保安全生产事故起数、亡人数实现双下降。扎实开展瓶装燃气登记造册，完成油气管道质量检测200千米。全面排查消防安全隐患，分级建成城市消防大数据库。年内化工生产企业信息化平台建成投用率达97.4%，安全标准化创建全部达到三级以上。全市建筑工地起重机械智慧监测实现全覆盖。

健全长效机制。深入推进信息化、工业化与安全风险管控、隐患排查治理等融合发展，落实高危行业、高危企业、高危岗位“机械化换人、自动化减人、智能化无人”措施。狠抓安全生产末端管理，完成2万名工贸、危化品企业职工安全生产培训。常态化开展综合执法业务培训、应急演练，推动江苏省沿江(江阴)危险化学品应急救援基地争创国家级实训中心、国家级实验室，持续提升日常监管和应急处置能力。

七、聚焦共同富裕，努力开创人民美好生活

坚持以人民为中心的发展思想，突出民生工作的普惠性、基础性、兜底性，积极探索共同富裕新路径，让现代化建设成果更多惠及群众。

提升社会保障水平。实施中等收入群体壮大行动和居民收入十年倍增计划,提供就业岗位6.4万个,扶持自主创业5500人,城镇登记失业率控制在3%以内。完成社保扩面3.5万人,各项保障待遇实现稳步提标。推进低收入人口认定工作,有效构建分层分类社会救助体系。全面落实残疾人"两项补贴"*制度。着力解决好"一老一小"问题,完成特殊困难老年人家庭适老化改造500户,落实三孩配套支持政策,实现每千人口拥有3岁以下婴幼儿托位数达3个。筹集5500套(间)保障性租赁住房,着力解决新市民、青年人等住房难题。推动镇街示范型退役军人服务站实现全覆盖。

优化公共服务供给。深入推进教育集团化改革,完善"5+2"课后服务*,加快高品质学校和优质特色学校建设,促进职业教育校企融合发展,努力创成省义务教育优质均衡发展县(市、区)。启动建设华东师范大学江阴实验学校、南京师范大学附属江阴实验学校,推进澄西高中等学校建设,确保人民东路小学、敔山湾第二幼儿园等建成投用,完成校舍加固工程7个。优化市人民医院一院两址运营模式,组建江阴市口腔医院,推动市中医院创成三甲中医医院。开展国家级紧密型医共体和省级医改示范市创建工作,加强中医传承创新,深化医疗、医保、医药联动改革。广泛开展全民健身和文化下乡活动,加快建设省级体育消费试点城市。

维护社会和谐稳定。科学精准做好常态化疫情防控工作,坚持"外防输入、内防反弹"总策略、"动态清零"总方针,压实"四方"责任*,落实"四早"措施*,强化"人、物、环境"同防,完善平战结合和平急转换机制,加强应急能力建设和各类物资储备,守牢港口口岸、冷链物流等重要关口,做到重点人群应管尽管、核酸检测应检尽检、新冠疫苗应接尽接,筑牢疫情防控的铜墙铁壁。创新社会治理,进一步提升"大数据+网格化+铁脚板"治理机制效能,推进"网格+警格""网格+社区管理""网格+公共服务"深度融合。提档升级"最多跑一地、服务零距离"矛盾纠纷多元化解体系,落实领导干部"接访变下访"制度、包案化解制度和积案清零要求。全面开展"八五"普法工作。持续强化食品药品安全监管,织密人民群众饮食用药安全防线。纵深推进涉黑涉恶专项整治,严厉打击各类违法犯罪行为,确保社会长治久安。

2022年,江阴市将首次采用人大代表票决形式确定民生实事项目。按照"群众议、代表定、政府办、人大评"的要求,市政府认真编制2022年民生实事项目,通过前期广泛征求、充分论证,形成25项候选项目提交大会,请各位代表审议并票决。对代表票选确定的项目和群众反映集中的事项,市政府将细化分解、精心实施,确保办实办好。

全力建设人民满意政府

各位代表,我们将主动适应发展新形势和人民新期盼,以忠诚干净担当的实际行动,推动政府各项工作再上新台阶。

坚决做到对党忠诚。坚持把政治建设放在首位,始终胸怀"两个大局",时刻牢记"国之大者",自觉践行、忠诚捍卫"两个确立",增强"四个意识",坚定"四个自信",做到"两个维护",始终在思想上政治上行动上同以习近平同志为核心的党中央保持高度一致,确保中央和省市各项决策部署不折不扣落实到位。

坚决做到依法行政。严格按照法定权限行使权力、履行职责,深化行政复议体制改革,开展镇街法治增能行动,提升法治政府建设水平。自觉接受人大及其常委会的法律监督、工作监督,主动接受政协的民主监督,认真接受社会和舆论监督,加强审计和统计监督,让权力在阳光下运行。

坚决做到务实高效。自觉增强"八个本领"、锤炼"五个过硬"*、提高"七种能力",全面提升执行力、战斗力、创造力。深化"三转一提"行动,树立"少开会、多开工"鲜明导向和"马上就办、真抓实干"工作理念,全面推行"四化工作法"*,着力完善督查督办机制,确保重大决策、重点工作立说立行、速决速行。用好用活"三项机制",给改革创新、担当作为者撑腰鼓劲,营造干事创业良好氛围。

坚决做到执政为民。牢固树立为民情怀,时刻站在群众角度想问题、作决策、办事情,持续畅通市长信箱、"12345"热线、"政风热线"等渠道,深入实施"微幸福"民生工程,着力解决群众"急难愁盼"问题。构建亲清新型政商关系,当好服务企业的"金牌保姆""金牌店小二",全力帮助企业解决发展中的困难。

坚决做到清正廉洁。贯彻落实中央八项规定及其实施细则精神,切实担起全面从严治党主体责任。加强财政资金绩效管理,严控"三公"经费和一般性支出,把更多财力用到保民生、补短板上。强化对权力集中、资金密集、资源富集、资产聚集的重点领域、重点部门和关键岗位的监督,坚决查处侵害群众利益的腐败和作风问题,营造风清气正的良好政治生态。

使命呼唤担当,奋斗铸就辉煌。让我们更加紧密地团结在以习近平同志为核心的党中央周围,全面贯彻习近平新时代中国特色社会主义思想,在中共江阴市委的坚强领导下,不负重托、继往开来,埋头实干、勇毅前行,奋力开创高质量发展新局面、谱写现代化建设新篇章,以优异成绩迎接党的二十大胜利召开。

■类目编辑 邢 盈

大事记

1月

1日 全面启动长江流域重点水域“十年禁渔”工作。

是日 江阴市禁止生产和销售一次性发泡塑料餐具、一次性塑料棉签；禁止生产含塑料微珠日化产品。

是日 江阴市启用电子版江苏省医疗门诊/住院收费票据，进入医疗票据无纸化。市人民医院和市中医院为首批试点单位。

是日 首批国家集中采购心脏冠状动脉支架在江阴市实施，市人民医院、中医院和第三人民医院参与国家集中采购。支架从原价上万元降至千元以下，让心血管疾病患者减轻负担。

6日 全国优秀农民工和农民工工作先进集体表彰大会在北京召开，江阴市长达钢铁有限公司电气班班长袁振和江苏新扬子造船有限公司电焊工蒋志刚被授予“全国优秀农民工”称号。

10日 首个中国人民警察节，也是全国第35个110宣传日。江阴市公安机关举办升警旗、重温入警誓词、“向人民报告”等系列活动。

11日 江阴市首个“智慧农贸市场”——立新农贸市场正式投入运营。

12日 “智慧记者”——智能机器人“江小美”采访部分市政协委员。该智能机器人全身白色，身高1.5米，腹部有一个长方形显示屏。“江小美”以市融媒体中心记者身份，在“两会”*期间采访代表、委员，实现新闻播报、服务查询、天气预报、代表和委员形象展示等功能，同时承担个人防疫提醒、“两会”直播提醒等工作。

12—15日 中国人民政治协商会议江阴市第十五届委员会第五次会议召开，362名市政协委员出席会议。会议听取中共无锡市委常委、江阴市委书记许峰所作的题为《携手“十四五”奋进新征程，让“县域高质量发展看江阴”底气十足》讲话；听取并审议江阴市政协主席徐冬青代表政协江阴市第十五届委员会常务委员会所作的工作报告和市政协副主席张英毅所作的提案工作情况报告；列席市第十七届人民代表大会第五次会议，听取并讨论包鸣代表市人民政府所作的《政府工作报告》、协商讨论《江阴市国民经济和社会发展第十四个五年规划和二〇三五年远景目标纲要草案》、讨论其他有关报告；举行大会专题发言等。

13—15日 江阴市第十七届人民代表大会第五次会议召开，会议应到代表394人，实到代表376人。会议选举包鸣为江阴市人民政府市长；听取财政经济委员会主任委员张光伟所作的财政预算审查报告和“十四五”规划纲要审查报告；听取并通过议案审查委员会主任委员朱敏所作的议案审查报告；通过《关于政府工作报告的决议》《关于江阴市国民经济和社会发展第十四个五年规划和二〇三五年远景目标纲要的决议》《关于江阴市2020年国民经济和社会发展计划执行情况及2021年国民经济和社会发展计划的决议》《关于江阴市2020年财政预算执行情况和2021年财政预算的决议》《关于扎实推进美丽江阴建设的决议》《关于江阴市人大常委会工作报告的决议》《关于江阴市人民法院工作报告的决议》《关于江阴市人民检察院工作报告的决议》。由于新型冠状病毒肺炎疫情防控需要，部分列席和邀请列席人员在现场参加会议，其他列席人员在分会场观看大会实况直播。

15日 江苏省文化和旅游厅公布“江苏省庆祝中国共产党成立100周年舞台艺术精品创作工程”入选作品名单。江阴市小锡剧《一碗馄饨》和评弹表演唱《漂亮MM找上门》作为小型节目入选，参加江苏省庆祝中国共产党成立100周年优秀剧（节）目展演。

17日 前晨汽车智能网联新能源商用车项目在江阴高新区签约，该项目总投资51.8亿元。

20日 江苏省农村工作会议在南京市召开，省委农村工作领导小组对2020年度乡村振兴实绩考核情况进行通报，江阴市获县级综合排名第一等次。

21日 交通运输部发布最新数据，江阴港2020年完成货物吞吐量2.47亿吨，比2019年增长10.3%，排名居全国第19位。

25日 江阴市首个智慧灯杆在澄江中路与花园路路口正式落地。智慧灯杆通过信息感知和大数据交互技术,实现智能照明、智慧交通、信息发布等功能。

28日 中船澄西船舶修造有限公司自主研发的4万吨自卸船顺利下水。该船专为加拿大轮船公司(CSL)量身定做的新一代自卸船,也是中船澄西船舶修造有限公司第一艘自主研发的新船型,船长190米,船宽29米,满载货物在7小时内完成卸货。

是月 江苏省市场监督管理局发布首批技术标准创新基地名单,江苏阳光集团有限公司作为承担单位,获批筹建江苏省纺织技术标准创新基地。

2月

2日 江阴市专家远程评审浙江省安吉县省级高新技术产业园区的配套设施项目。次日,安吉县专家远程评审江阴一项民生项目。此次远程评标为市内首次完成长三角地区县域城市间跨省评标工作。

3日 江阴市新型冠状病毒感染的肺炎疫情防控工作应急指挥部发布《外地在澄员工留澄过春节的奖励实施方案的通知》,为积极做好新冠肺炎疫情防控工作,鼓励企业外地员工留在江阴过春节,减少人员聚集和跨区域流动。

是日 全市274个村(社区)全面完成村(社区)党组织和村(居)民委员会换届工作,选举产生村(社区)"两委"*委员2084人。

5日 江阴市"北战"战略推进指挥部召开第一次工作会议。"南征北战、东西互搏"战略是市委、市政府立足全局、着眼长远所作的重大决策,其中,"北战"战略是坚持市场化导向,统筹规划利用岸线资源,全面修复沿江生态,全力唱好"长江之歌",坚决打好长江大保护之战。

9日 江阴市法学会成立大会暨第一次会员代表大会召开。

10日 江阴市"南征"战略推进指挥部召开第一次全体成员单位会议,贯彻市委"南征北战、东西互搏"总路径,以打造霞客湾科学城的实际行动,开启新征程。

20日 江阴市公安局向境内狮子山狮涧久田民宿发放市首张民宿特种行业许可证,实施民宿行业规范化管理。

是日 中央电视台新闻频道《新闻直播间》栏目以《跨江输电,长江大跨越的建设守护》为题,报道江阴境内的凤城至梅里500千伏线路长江大跨越工程作业现场。该工程起自泰州凤城500千伏变电站,止于无锡梅里500千伏变电站,新建及改造500千伏线路178.1千米,跨越长江段档距2550米,是江苏境内第六条穿越长江的高等级电力通道。

25日 全国脱贫攻坚总结表彰大会在北京人民大会堂举行,江苏省江阴高级中学教务副主任颜忠元获评全国脱贫攻坚先进个人,福村宝医疗科技有限公司获评全国脱贫攻坚先进集体。

是月 《无锡市锡澄协同发展区规划》编制完成,锡澄协同发展区范围包括无锡的玉祁、前洲、堰桥、长安4个街道以及江阴的青阳、徐霞客、祝塘3个镇,总面积约375平方千米,自西向东分为3个发展区域。

是月 江苏省人力资源和社会保障厅公布经国务院批准的2020年享受政府特殊津贴人员名单中,江苏阳光集团有限公司技术中心主任曹秀明榜上有名。至此,全市有22名专家获该奖励。

是月 江苏省植物保护植物检疫站公布2020年度全省农作物病虫害"绿色防控示范县"创建名单,江阴市榜上有名。

是月 江苏省农村产权交易信息服务平台公布2020年全年农村产权工作相关情况,江阴市以农村产权交易成交项目数4444笔,累计16127笔,成交金额4.2亿元,累计20.3亿元,被评为江苏省农村产权交易年度之星。

3月

1日 江苏必得科技股份有限公司股票"必得科技"在上海证券交易所A股主板上市,成为"江阴板块"第54位成员。

是日 《中华人民共和国长江保护法》施行。江阴市举行长江放流活动,用生态修复金购买1.5万余尾、计1600余公斤的鲢鱼苗,放流长江。

3日 江阴高新区举行重点重大外资项目集中签约仪式,签约重点重大外资项目10项,总投资13.65亿美元。

4日 江阴市哲学社会科学界联合会揭牌成立。

5日 2021江阴(上海)产业合作恳谈会在上海市举行,前晨智能运输装备、润元20万立方米LNG清洁能源、沪澄靖高端装备创新协同平台等14项项目集中签约,总投资93.68亿元。

8日 该日为明代地理学家、旅行家和文学家徐霞客逝世380周年纪念日。徐霞客镇、江阴市徐霞客研究会和社会各界人士代表在徐霞客故居仰圣园内举行公祭仪式。

10日 临港经济开发区举行"南征北战、东西互搏"重大项目签约仪式,签约重大项目24项,总投资194.4亿元。

11日 江阴市委召开全市党史学习教育动员会议。

是日 江阴市政法队伍教育整顿领导小组召开第一次会议,全面启动全市政法队伍教育整顿工作。

12日 埃塞俄比亚驻沪总领事馆总领事魏澜一行到江阴市考察外向型经济发展情况,并重点拓展江阴和埃塞俄比亚在投资、贸易、旅游等领域合作。

17日 江阴、靖江两地联合开展非法捕捞专项执法巡查行动,重点打击长江刀鲚非法捕捞行为。

19日 国家标准化管理委员会下发《关于批准成立国家技术标准创新基地(金属线材制品国际标准化)的函》,批准法尔胜泓昇集团有限公司成立国家技术标准创新基地(金属线材制品国际标准化)。该基地是全国首批获准筹建、省内首个获批成立的国家技术标准创新基地。

22日 江苏长龄液压股份有限公司股票"长龄液压"在上海证券交易所A股主板上市,成为"江阴板块"的第55位成员。

是日 农业农村部办公厅下发《关于公布全国农机使用一线"土专家"名录第一批入选人员名单的通知》,306人入选。江阴市周庄镇程雪峰入选,为无锡市唯一入选的"土专家"。

23日 全球风能理事会(GWEC)公布2020年全球风电整机商排名,远景能源(江苏)有限公司排名第四。该公司于2020年新增装机容量超10吉瓦,在装机规模上进入全球第一梯队。

24日 江阴市、常州经济开发区、无锡惠山区三地根据《长江三角洲区域一体化发展规划纲要》战略部署要求,签订食品安全区域合作协议,构建"定期研讨、信息共享、信用共建、监管互动、应急联动"毗邻地区食品安全"大监管"工作模式,打造食品安全高质量发展共建共享新格局。

27日 江苏大学江阴临床医学院正式揭牌成立,江阴市人民医院与江苏大学合作签约。

29日 远景科技集团与红杉资本中国基金宣布,共同成立总规模为100亿元的碳中和技术基金,投资和培育全球碳中和领域的领先科技企业,构建零碳新工业体系。该基金为国内首个绿色科技企业携手创投机构成立的百亿规模碳中和技术基金。

30日 全国农业技术推广服务中心公布第二批全国农作物病虫害"绿色防控示范县"创建推评名单,江阴市上榜。

是月 根据《江阴市既有住宅加装电梯暂行办法》,首个由业主提出申请,相关部门审查通过,澄江街道贯庄一村61幢2单元、3单元两部既有住宅加装电梯正式投入使用。

是月 江阴市根据国家、省统一部署,全面启动全民免费接种新冠病毒疫苗工作,全市开放接种点28个。

是月 中粮麦芽(江阴)有限公司成功研发的全国首个进境大麦副产品蒸热设备投入运转。该设备按特定参数指标下的蒸汽湿热处理方式,有效杀灭进境大麦加工产生下脚料中的杂草籽和真菌,减少有害生物传播的检疫风险,同时保持麦麸作为饲料原料的品质。

是月 江苏省文明办发布"江苏好人榜",江苏江阴高级中学教师颜忠元榜上有名,获评敬业奉献"江苏好人"。

是月 中央文明办发布2021年1—2月"中国好人榜",江阴市勇救落水幼童的84岁老人陈杏妹获评见义勇为类"中国好人"。

4月

1日 江阴市首个新冠病毒疫苗集中接种点——江阴体育馆集中接种点正式启用。该接种点占地面积约1600平方米,设有询问登记台40个、接种台40个、留观座位1500个,每日接待8000~10000人次。

8日 江阴市举行长三角资本市场服务基地江阴分中心启动仪式,同时举行产业资本融合项目签约仪式。该分中心为全国县级首个。

10日 以"知识产权与县域经济高质量发展"为主题的2021年扬子江知识产权论坛在江阴市举行,国家、江苏省知识产权局和江苏大学等单位领导出席,政府部门、行业协会、高校和科研院所、银行、企业、服务机构代表约150人参加。

是日 江阴市智能制造创新研究院揭牌仪式暨产学研合作洽谈会在江阴高新区启星智能制造产业园举行。中国科学院院士、华中科技大学学术委员会主任丁汉等参加活动。

11日 江阴市举行霞客湾科学城数字产业与智慧城市研讨会,华云数据控股集团有限公司、中国信息通信研究院、中通服咨询设计研究院有限公司、南京工程学院、上海网赢信息系统有限公司、中国电信江苏分公司的专家分别进行主旨演讲。

12日 长三角(江阴)数字创新港蓝皮书《长三角(江阴)数字创新港发展战略规划纲要》在临港经济开发区发布。

14日 由中国能源研究会、中关村储能产业技术联盟、中国科学院工程热物理研究所主办的ESIE 2021第十届储能国际峰会暨展览会在北京国家会议中心召开。远景能源有限公司的远景智慧储能全栈解决方案,成为全球首个也是唯一的能够提供智慧风、光、储绿色能源全产业链技术解决方案的科技企业。

15日 全国人大常委会委员、全国人大农业与农村委员会副主任委员王宪魁率全国人大农委调研组到江阴,调研华西都市农业电商研发中心、高品质稻米生产基地和周庄镇山泉村农村集体产权制度改革情况。

16日 江阴市查处长江干流江阴段申港水域使用鱼叉进行非法捕捞案件。该案件为全省首件涉渔行政执法委托查处的案件。

19日 南京师范大学附属江阴实验学校项目签约仪式在江阴市举行,南京师范大学、江阴市政府、新桥镇政府三方共同签署联合办学协议书。

是日 应急管理部考核组调研江阴市应急救援体系和化工园区建设、危化品安全生产等。

是日 2021年国际桥梁大会(IBC)奖项评审工作完成,3座中国桥梁获奖。其中,法尔胜泓昇集团有限公司参建的沪苏通长江公铁大桥、平塘大桥分别获"乔治·理查德森奖"和"古斯塔夫斯·林德撒尔奖"。

19—20日 江阴市党政代表团赴广东省佛山市顺德区、东莞松山湖高新区学习考察,学习借鉴两地在村级工业园升级改造、高端科创载体构建、践行新发展理念等方面的先进经验。

26日 江苏振江新能源装备股份有限公司的"振江号"主起吊机在约110米的高空将直径158米的风机叶轮与机舱精准对接,完成广东揭阳国家电投神泉海上风电项目的首台风机安装。"振江号"是国内首座1200吨自航自升式风电安装平台,能独立完成6兆瓦、8兆瓦级风机的安装和其他50米水深工程施工的起重、打桩、吊装、运输等作业。

28日 "听黄河涛声"——徐惠君作品展在中国美术馆开幕,画展由云亭街道花山村主办,展出"黄河”“海浪”“重彩”3 个系列作品。

29 日 由中国美术馆、中国书法家协会共同主办的“闻道未迟”——沈鹏诗书作品展在中国美术馆开幕。该展览展出其近 80 件作品。

30 日 江阴市举办青年大学生发展论坛,同时举行“高校引才联络站”“企业大学生实训基地”授牌仪式,为高校“校园招聘大使”颁发聘书。

是月 江阴市社会治理领域的《基层治理网格化管理考核规范》《社会救助联动工作规范》被批准为省级地方标准并公告发布。

5 月

2021 年 5 月 10 日,2021 江阴(上海)对外产业合作恳谈会在上海市举行
(市政府外事办提供)

7 日 江阴市启动党史学习教育巡回指导工作,推动全市党史学习教育走深走实。

8 日 江阴—靖江工业园区举行重大项目签约仪式,江苏扬子江船业集团在园区投资 33 亿元建设高端装备制造产业园。该产业园项目包含港口贸易及物流、高端清洁能源装备制造、技术研发中心及配套人才公寓等方面。

是日 由新华社民族品牌工程办公室等单位主办的 2021 品牌信用建设高峰论坛在上海市举行,论坛举办首届 2020 年度中国金信品牌发布仪式,双良集团有限公司获中国品牌金信学院奖。

9 日 2021 中国品牌价值评价信息发布暨中国品牌建设高峰论坛在上海市举行。其间,中国品牌建设促进会发布 2021 中国品牌价值评价信息,江阴兴澄特种钢铁有限公司居“冶金有色”榜单第四位,江苏阳光集团有限公司居“纺织服装鞋帽”榜单第四位。

10 日 “潮起江海 携手未来”2021 江阴(上海)对外产业合作恳谈会在上海市举行,各国驻沪领事馆、机构代表处、外资银行、外资企业、商会及机构的代表出席恳谈会。

是日 全国人大常委会副委员长吉炳轩率全国人大调研组到江阴市调研江苏阳光集团有限公司,考察该公司技术创新、智能化改造等方面的最新成果。

12 日 江阴市委、市政府印发《江阴市“南征”战略推进三年行动方案(2021—2023)》《江阴市“北战”战略推进三年行动方案(2021—2023)》《江阴市“东西互搏”战略推进三年行动方案(2021—2023)》。

是日 江阴兴澄特种钢铁有限公司牵头组织的首项盘条领域专用国际标准《桥梁缆索钢丝用盘条》被国际标准化组织批准立项,并填补国际标准空白。

13 日 中国工程院张佳宝院士工作站在临港经济开发区中向旭曜科技有限公司成立。该公司与中国科学院南京土壤研究所、农业农村部耕地质量监测保护中心、先正达(中国)投资有限公司等 11 个单位签订战略合作协议。

14 日 江阴市召开全市工业园区升级改造大会战三年行动动员大会。

是日 江阴市切换上线江苏省人力资源社会保障一体化信息平台,在市政务服务中心人社办事大厅内新增自助服务区、填表区等,相关业务实现在家办、随时办、自助办、掌上办。

15 日 江阴市节流装置厂有限公司与上海核工程研究设计院有限公司研制的核电厂高精度文丘里管流量计与高性能限流文丘里管样机通过专家鉴定会验证。专家鉴定委员会认为,该成果属国内首创,达到国际先进水平,精度指标国际领先。

17 日 海澜之家集团股份有限公司与中国国家男子足球队独家正装合作伙伴发布会在上海举行。发布会现场,海澜之家国足定制西服首次亮相。

19 日 江阴市举行霞客湾科学城规划建设启动暨首批重点重大项目集中签约仪式,启动霞客湾科学城建设。活动现场集中签约江南大学江阴校区、江阴市政府与武汉大学科技产业合作、中国(江阴)新东方华东霞客研学中心等重点重大项目 8 项,发布霞客湾科学城科技创新战略研究报告。

是日 2021 海峡两岸纪念徐霞客公祭典礼在江阴溯江纪源广场举行,来自海峡两岸的徐学专家以及社会各界人士共同纪念“千古奇人”徐霞客。中国台湾徐霞客研究会副会长蒋维泰宣读祭文,参与人员向徐霞客像敬献花篮。

22—23 日 江苏省第二届传统武术大赛暨海澜飞马水城首届武术文化节在新桥镇海澜飞马水城举行。

24 日 以体育旅游融合发展为主题的 2021 江苏体育产业大会在江阴市举行,会上正式启动第十六届中国徐霞客国际旅游节。

27日 江阴市委举行学习报告会，专题学习中国共产党江阴地方史。

是日 江阴市见义勇为基金会表彰勇救落水中学生的任鑫伟、李敏刚，为其颁发见义勇为证书和奖金。

是日 江苏省自然资源厅发布2020年度江苏省自然资源节约集约利用模范市、县（市、区）表扬激励名单，江阴市上榜。

30日 “感党恩、听党话、跟党走”村歌文化产业助推全面乡村振兴座谈会、幸福村歌万里行启动仪式暨全国村歌文化产业孵化总部基地揭牌仪式在顾山镇举行。

是月 江苏布点网络技术有限公司与交通运输部公路科学研究院旗下全资子公司中公华通（北京）科技发展有限公司达成“95128叫了个车”全国推广合作协议。至此，“叫了个车”全国运营中心落户临港经济开发区。

是月 教育部公布2020年全国儿童青少年近视防控试点县（市、区）和改革试验区遴选结果名单，江阴市入选。

是月 江苏省科技资源统筹服务中心发布《关于2021年度江苏省科技创新券服务机构（第一批）及联动地区入库的公告》，江阴市纤维检验所、江苏澄信检验检测认证有限公司、江阴市计量测试检定所、无锡金诚工程技术服务有限公司、江阴新东南航天检测服务公司、江苏万标检测有限公司6个检验检测服务机构获批入库。

是月 自然资源部批复同意《江阴市自然资源领域生态产品价值实现机制试点实施方案》，江阴市成为全国7个自然资源领域生态产品价值实现机制试点地区之一，同时也是唯一的试点县级市。

是月 “江苏好人榜”发布，“棉鞋阿婆”赵六宝获评孝老爱亲“江苏好人”。

6月

1日 江阴市启动结婚登记跨省通办试点工作，即非江阴户籍的常住人口领结婚证直接在江阴办理，试点期限2年。

是日 2021年“乐昌桃花杯”全国象棋女子甲级联赛在江阴市开赛，全国10支代表队、30名选手参加比赛。

3日 江苏省民政厅、省委党史工作办公室、省文化和旅游厅、省退役军人事务厅、省地方志编纂委员会办公室联合发布省首批100个红色地名，江阴要塞（黄山炮台）、华西村入选。

是日 江苏省商务厅公布2021—2022年度江苏省电子商务示范基地名单，江阴市澄江跨境电商产业园入选。

4日 江苏省自贸办宣布江苏自贸试验区联动创新发展区57个重点开放平台名单，江阴高新技术产业开发区位列其中。

是日 人力资源和社会保障部发布《关于表彰第十五届中华技能大奖和全国技术能手的决定》，江阴兴澄特种钢铁有限公司获评国家技能人才培育突出贡献单位，成为唯一上榜的特钢企业。

5日 是第50个世界环境日，江阴市法院、检察院、公安局和利港街道联合签署发布《江阴市窑港口长江生态湿地司法修复基地生态修复资金管理办法》，并启动窑港口“鸟岛”建设。

是日 江阴警史馆开馆仪式在市公安局举行。该馆展览面积约600平方米，展陈历代警用装备等各类藏品100余件、老照片300余张。

8日 2021年江阴（北京）产业合作恳谈会在京举行。活动现场，江阴（北京）创新中心、江阴高新区（北京）人才创新港、江阴临港经济开发区（北京）中科创新中心揭牌，集中签约15项项目，其中产业项目12项，总投资近170亿元。同时，签约基金合作项目1项，清华大学科研院与江阴市政府签订创新引领行动计划框架协议。

是日 长泾第二中学举行已故退休教师季梅英捐赠100万元仪式，该笔资金注入江阴东舜教育发展基金，设立季梅英奖学金。同时，季梅英家属捐赠位于长泾中学附近一套住房的永久使用权，用于支持学校教育工作。

14日 “东西互搏 奋楫争先”江阴市第八届全民运动会龙舟大赛暨“美澄杯”“我们的节日·端午”长三角地区邀请赛在月城镇双泾雷介泾河畔举行，参赛龙舟队16支，其中江阴龙舟队8支。月城镇龙舟队获江阴市第八届全民运动会龙舟大赛冠军，浙江大凯健龙南塘俱乐部龙舟队获“美澄杯”长三角地区邀请赛冠军。

16日 江阴市商务局与阿里巴巴、江阴传媒集团等合作，在淘宝“超级原产地”平台上开设的特色展馆“江阴好物”正式上线，并同步推出“江阴特色品牌馆”企业店铺。

16—17日 江阴市委、市人大常委会、市政府、市政协开展集中学习暨党史学习教育专题读书班，举行学习报告会，组织党员重温入党誓词，参观“辉煌百年路”——中国共产党江阴历史主题展览、中共江阴一大会址纪念馆、新四军六师驻地旧址纪念馆等，实地调研农村住房更新改善项目和重大产业项目情况，召开市委理论学习中心组学习会，围绕“赓续初心勇担当、接续奋斗再出发”主题交流心得体会。

17日 经过20个月施工建设，锡澄运河定波水利枢纽工程启动机组试运行。该水利枢纽建立一套工程安全状态在线监测系统，该系统首次在江阴市水利工程上运用。

22日 南沿江城际铁路最大跨度连续梁——跨京沪高速公路特大桥、跨芙蓉大道的连续梁顺利合龙。该梁为预应力混凝土双线连续梁，主跨135米，连续梁全长276.5米，位于芙蓉大道辅路中。

26日 锡澄城际轨道交通S1线在江阴外滩站实现首台盾构始发，比计划提前55天。

27日 首届长三角（江阴）现代中药大健康产业创新峰会暨中华中医药学会专科专病合作发展平台年会在江阴市开幕。

28日 在全国“两优一先”表彰大会上，中信泰富特钢集团股份有限公司党委获评全国先进基层党组织。

是日 农业农村部、国家发改委、财政部、水利部等8部门联合公布2020年国家农民合作社示范社名单,江阴市雪峰农业专业合作社榜上有名,成为江阴市第四个国家农民合作社示范社。

29日 在北京举行的全国优秀县委书记表彰会议上,无锡市委常委、江阴市委书记许峰获授全国优秀县委书记荣誉称号。会前,许峰等获奖代表受到习近平总书记的亲切接见。

31日 锡澄城际轨道交通S1线节段拼装梁在徐霞客站南侧成功起架。

是月 双良集团有限公司与国网综合能源服务集团有限公司达成战略合作,双方围绕综合能效、多能供应、清洁能源、新兴用能等重点领域开展更为紧密的战略合作,共同推进国家能源战略转型。

是月 中共中央组织部颁发"光荣在党50年"纪念章,这是中国共产党成立100周年庆祝活动的重要组成部分。江阴市获该纪念章的老党员共有7600余人。

7月

1日 在北京天安门广场举办的庆祝中国共产党成立100周年大会上,获评全国优秀县委书记的无锡市委常委、江阴市委书记许峰与山泉村党委书记李全兴,中信泰富特钢集团党委书记、董事长钱刚在现场亲历盛况。

是日 江阴资本参与投资的电影《1921》正式公映,首日票房破亿元。

是日 江苏省人社厅、财政厅公布2021年江苏省博士后科研资助项目名单,江阴市有12项入选,数量创历史新高,位列无锡市各区县第一。

2日 奚佐尧烈士纪念馆在徐霞客镇北渚村揭牌。奚佐尧在1922年赴法国勤工俭学期间,由周恩来介绍加入中国共产党,是江阴第一位共产党员。1926年10月,在领导上海工人第一次武装起义时被捕牺牲。该馆成为江阴市又一处红色教育基地。

3日 2021年江苏省青少年马术锦标赛在江阴市开幕,比赛为期3天,来自7个城市超过100匹赛马、超过300对人马组合参赛。

是日 江阴籍赴南苏丹(朱巴)执行维和任务的步兵营三连副班长周亚丰成为《人民日报》、"央视新闻"微信公众号推送新闻的主角之一。

5日 江阴市举行以"保护长江生态、建设美丽江阴"为主题的2021年江阴长江渔业资源增殖放流活动,这是江阴市连续放流第20年,此次放流鱼苗超过1.7亿尾。

6日 江阴高新区举行11项现代服务业项目集中签约仪式,总投资54.6亿元,打造现代产业体系"升级版"。

7日 "凤凰姐姐讲绘本"首场活动在江阴市新华书店中心门店举行,拉开第十一届江苏书展江阴分展的帷幕,开启市民书香之旅。

8日 麻省理工长三角(江苏)国际创新中心在长三角(江阴)数字创新港正式揭牌成立,为临港经济开发区打造竞争力一流的国际化开放园区积聚能量。

是日 中国江阴第四届科技创新创业大赛正式启动,来自全球创新创业团队,以及江阴新秀企业展开激烈比拼,获奖团队入围江阴高新技术企业培育库。

是日 江阴市公用事业局下属的市环境卫生管理中心、市公用事业服务中心、市市政园林管理中心正式揭牌成立。

9日 大型对话栏目《问道"南征北战、东西互搏"》正式启动,无锡市委常委、江阴市委书记许峰等全体市领导出席活动。

是日 江苏省科学技术厅下发《关于下达2021年度省级院士工作站建设项目的通知》,认定圣华盾防护科技股份有限公司范维澄院士工作站和江苏法尔胜缆索有限公司张喜刚院士工作站为省级院士工作站。

是日 江苏省财政厅发布《关于2021年度"百城百园"行动项目立项的通知》,立项17项。海澜智云科技有限公司承担的"海澜智云工业互联网平台"项目获得立项,为无锡市获得立项的2项项目之一。

10日 安姆科亚太研发中心项目签约落户临港经济开发区,成为安姆科集团除美国总部外打造的全球首个研发中心。

是日 第十四届全运会江苏江阴女子足球全运队成立暨出征仪式举行,江苏省体育总会向该全运队授旗。9月,该队摘得金牌,这是江苏队在全运会群众比赛足球项目中获得的首枚金牌。

16日 江阴高新区携手省环保集团、国家开发银行江苏省分行建设水环境综合治理样板工程,举行水环境综合整治工程签约仪式。

是日 4.3兆瓦风力发电机总装在临港经济开发区江苏振江新能源装备股份有限公司下线,为江阴市实现碳达峰、碳中和目标做贡献。

是日 江阴市举行南京海事法院巡回审判基地揭牌暨江阴市人民法院临港经济开发区人民法庭的投入使用仪式,发挥"化解矛盾纠纷于第一线"的优势,为社会维稳提供司法保障。

16—19日 2021年"东方美谷之夏"管乐嘉年华暨"中华杯"中国第十四届优秀管乐团队展演活动中,江阴市兴澄特钢管乐团获得展演最高荣誉"示范乐团"称号。

17日 江苏省文化和旅游厅主办的江苏省庆祝中国共产党成立100周年"百年百场"优秀群众文艺作品巡演走进江阴,在月城大戏院演出全国"群星奖"、江苏省"五星工程奖"的优秀作品。

19日 江阴市举行城市重点建设项目管理中心揭牌仪式,标志着江阴市正式启运政府投资项目集中组织建设模式。

是日 工业和信息化部公示第三批专精特新"小巨人"企业名单,江阴市有6个企业名列其中,分别为江苏长龄液压股份有限公司、江苏风和医疗器材股份有限公司、江阴江化微电子材料股份有限公司、江苏力博医药生物技术股份有限公司、江苏必得科技股份有限公司、江苏振江新能源装备股份有限公司。

20日 "才聚江阴"2021年青年人才就业创业服务季启动暨"暨阳英才计划"升级版2.0青年人才政策推介会召开,促进高校毕业生充分就业、回江阴市就业。

是日 江阴睢宁工业园区创建南北共建省级特色园区方案正式获批。

21 日 由中国医院协会县(市)医院分会主办的首届县域院感管理能力提升师资培训班在江阴市开班。

22 日 江阴市红十字会启动为河南抗灾募捐活动,江苏新潮科技集团有限公司第一时间捐款 100 万元。江阴消防救援大队出动 4 辆车 12 名队员,紧急赴河南开展排涝抢险救灾。

24 日 江阴市人民政府与安徽省铜陵市枞阳县人民政府签署战略合作框架协议,深化两地合作,努力打造长三角合作示范区。

26 日 江苏省科学技术厅公示 2021 年拟备案的 178 个省级众创空间,江阴高新区"军创之家"众创空间上榜,成为全市唯一一个上榜的众创空间。

26—28 日 中国共产党江阴市第十四次代表大会在江阴大剧院召开,出席会议的代表应到 321 人,实到 311 人,符合法定人数。许峰代表中共江阴市第十三届委员会作题为《依托长江经济带 面向太湖科创湾 深度融入长三角 聚焦奋进十四五 奋力书写现代化滨江花园城市建设新篇章》的报告。包鸣致开幕词。陈兴华主持会议。会议通过《中国共产党江阴市第十四次代表大会关于中国共产党江阴市第十三届委员会报告的决议》和《中国共产党江阴市第十四次代表大会关于中国共产党江阴市第十三届纪律检查委员会工作报告的决议》。许峰致闭幕词。选举产生中国共产党江阴市第十四届委员会委员 33 人、中国共产党江阴市第十四届纪律检查委员会委员 15 人和出席中国共产党无锡市第十四次代表大会代表 74 人。其中 28 日,中共江阴市第十四届委员会举行第一次全体会议以无记名投票的方式,差额选举产生许峰、包鸣、陈兴华、程政、靳佳高、宋新春、赵强、黄宇、杨晓妮、郁秋皓、张韶峰 11 人为常务委员会委员,选举许峰为中共江阴市第十四届委员会书记,选举包鸣、陈兴华为中共江阴市第十四届委员会副书记;中共江阴市第十四届纪律检查委员会举行第一次全体会议选举靳佳高为中共江阴市第十四届纪律检查委员会书记,陆欣、徐岳明为副书记。

是月 江阴市司法部门探索建立镇村非诉讼纠纷调解联盟。申港街道率先成立"成方元+"非诉讼纠纷调解联盟,成为解决镇村非诉讼纠纷新平台。

是月 远景科技集团联手日产汽车在英国建设全球首个集成电动汽车生产、动力电池制造、零碳智能电网、可再生能源电力系统的零碳新工业区,又与法国雷诺集团达成全面战略合作。

是月 绝缘涂层涂覆机器人亮相江阴市,首次带电施工作业区在祝塘镇楼下村 10 千伏蒲长线。

是月 全国内河港上半年货物吞吐量数据呈现,江阴港上半年完成货物吞吐量 1.55 亿吨,排名升至全国内河港口第三位。

8 月

3 日 江阴市火速建设可以进行大规模核酸检测的"火眼"实验室,该临时气膜实验室分 3 个舱,可容纳 30 余台检测设备,每天可检 3 万管。于 8 月 5 日交付使用。

4 日 江阴市调派 30 名医护人员驰援扬州市,开展疫情防控。8 日,再派 4 人赴扬州。11 日,又派 22 名医护人员急赴扬州救治重症患者。

5 日 江苏省住房和城乡建设厅公布 2019—2020 年度省级宜居示范居住区创建项目评价结果,江阴市兴澄锦苑、扬子华都、南门首府 3 个小区名列其中。

6 日 中国服装协会发布 2020 年服装行业百强企业名单,江阴市有海澜集团有限公司、江苏阳光集团有限公司、江苏贝德服装集团有限公司 3 个企业入选。

7 日 徐霞客镇电视党史馆落成,分党史百科、党史百年、红色霞光、党员风采、视频直播、霞客动态 6 个板块。

13 日 临港经济开发区完成首个"不见面开标"项目女家湾农村人居环境整治提升工程,打通全流程电子化招标"最后一公里"。

是日 江阴市首批支援南京医疗队经过 20 天工作凯旋。江阴交警铁骑队整装列队到京沪高速江阴道口迎接并护行。

15 日 江阴市第十七届人民代表大会第五次会议设定每年 8 月 15 日为"江阴生态文明日",简称"江阴生态日",创全省先例。

19 日 2021 年第二季度"无锡好人"发布,江阴两位平民英雄李敏刚和任鑫伟上榜。至此,江阴市有"无锡好人"113 人。

20 日 2021 年度中国最具创新力知识型组织(MIKE)大奖获奖名单发布,江阴兴澄特种钢铁有限公司荣获该项大奖。

是日 江苏省服装协会发布 2020 年江苏省服装行业五十强企业名单,分别对营业收入、利润总额、营业收入利润率 3 项指标进行排序,全省有 60 个企业上榜。江阴市有海澜集团有限公司、江苏阳光集团有限公司、江苏贝德服装集团有限公司、江阴苏派服装集团有限公司榜上有名。其中,海澜集团位列营业收入、利润总额第一。

21 日 2021 年度全国冶金科学技术奖获奖名单揭晓,共有 113 项项目入选,江阴市有法尔胜泓昇集团有限公司、江苏法尔胜缆索有限公司、江阴兴澄特种钢铁有限公司参与的 4 项项目上榜。

23 日 江苏省科技厅发布 2021 年度江苏省农业科技型企业名单,江阴市企业江苏佰澳达生物科技有限公司入选。

24 日 跨锡澄运河桥梁之一的临江路桥建成通车,全长 163 米,桥面宽 28 米,为双向四车道,设计车速 40 千米每小时,走向为从西南往东北,起点与通江北路平交,终点与君山路平交。

是日 江阴高新区金童停车场项目在江苏省农村产权交易平台(三期)进行线上竞标成功,是江阴市首笔农村产权线上交易。

26 日 滨江路快速化改造(城区段)工程合同签约仪式暨开工动员会举行,标志着滨江路快速化改造启动。

是日 江阴市退役军人就业创业联盟在市退役军人双创学院揭牌成立。同时,无锡首个专注于退役军人就业促进和创业扶持工作的线上服务平台也正式运行,推进江阴退役军人就业创业服务工作。

是日 江阴市工业互联网标识解析二级节点上线仪式在临港经济开发区长三角(江阴)数字创新港举行。

是日 “争当城市啄木鸟 争做文明新使者”市民巡访行动启动仪式在市新时代文明实践中心举行。

28日 在全国第十四届运动会群众体育展演项目健身气功决赛上,江阴市徐霞客镇代表队、江阴职业技术学院代表队分别获健身气功·易筋经比赛农村乡镇组和企事业单位组的三等奖。

是月 双良节能系统股份有限公司与华能集团北方联合电力有限责任公司在包头达成战略合作。双方计划在内蒙古自治区光伏电站、民生供热、大容量火电建设、节能改造等领域展开全方位合作。

是月 中建材浚鑫科技有限公司获得印度BIS认证证书。该证书是光伏组件进入印度市场必备“通行证”,在印度及其周边国家有广泛的认可度。

是月 江阴代办服务平台升级版上线,助力涉企政务服务事项实现全流程帮办代办。

是月 江阴工业仓储项目审批实现“报建即开工”,3个工作日完成全部审批流程。

9月

1日 新修订的《中华人民共和国安全生产法》正式施行。江阴市要求企业建立全员安全责任制,全面推进双重预防机制建设。

是日 江阴市被中国科协命名为2021—2025年度第一批全国科普示范县(市、区)。全国有53个县(市、区)获此殊荣,其中江苏省仅有3个。

是日 “艺风书房”启用仪式在中山公园学政衙署仪门旧址举行。该书房以被称为中国图书馆之父的江阴人缪荃孙晚号命名,带动更多的人参与阅读、推广阅读,让更多孩子爱上阅读。

是日 全国28个城市开始推广应用机动车驾驶证电子化,为驾驶人以及相关行业和管理部门提供“亮证”“亮码”服务,江阴名列其中。

2日 “百年风华 艺心向党”——庆祝建党100周年书法作品邀请展开幕,展出沈鹏、顾明远等52位书法艺术家的55幅作品。

是日 江阴—靖江长江隧道南接线工程和北接线工程项目建设用地预审获得省自然资源厅批复,为项目施工许可的核准立项奠定坚实基础。

3日 江阴市正式启动“揭榜挂帅”联盟攻坚行动,进一步激励全市广大党员干部在更高层面、更多领域、更强平台上争第一、创唯一。

是日 开始受理三孩生育登记。澄江街道板桥社区成功办理全市首张三孩生育服务登记证明。

5日 东京残奥会上中国女子坐式排球队决赛中,江阴市华士镇女将龚彬助中国队获得银牌,这是她第三次参加残奥会。

是日 江阴邮政管理局与市公安局在江阴邮政同城投递部开展快递专用电动三轮车“智慧车牌”安装活动,首批200余辆快递专用电动三轮车安装带有芯片的“智慧车牌”。

是日 中央广播电视总台大型文化节目《典籍里的中国》第八期以《徐霞客游记》为主线,带领观众感受一场穿越时空、古今对话的“霞客行”。

6日 江阴市武汉大学长三角科技创新中心举行签约暨颁证仪式,标志该中心在江阴市正式落户。

是日 “美家美户 最美书房”颁奖活动在市图书馆举行,全市有10户家庭书房入选江阴“最美书房”,20户家庭书房入选江阴“美丽书房”。

8日 南沿江城际铁路江阴段跨白屈港连续梁顺利合龙。至此,中铁二十二局南沿江项目部承建的江阴段15联连续梁全部合龙,往江阴站方向架梁通道全部打通。

10日 江阴市最后一批援扬医护人员平安凯旋。至此,江阴120名驰援南京、扬州抗击疫情的医护人员全部平安归来。

12日 江阴市某工程塑料有限公司210台可燃气体报警器检定到期未重新检测,违反新修订的《中华人民共和国安全生产法》相关规定,被处以5万元的行政处罚,为新法实施后江阴市开出的首张“罚单”。

是日 江苏省美丽宜居城市建设第二批试点名单出炉,江阴市被确定为15个试点城市(县、区)之一。

15日 江阴启动包括市农业农村局、公安局、市场监管局、江阴海事局、长航公安江阴派出所和沿江各镇(街道、园区)等在内的长江干流“金秋护渔”联合执法行动,合力打击长江江阴段涉渔违法行为。

16日 “农工党与江阴要塞起义”农工党中央党史教育基地在江阴渡江战役纪念馆揭牌成立。

是日 智建美住智慧移动建筑总部基地项目举行智美云工厂启用仪式,开启国内智慧移动建筑发展的新篇章,标志着江阴移动建筑产业向更广、更深层次发展。

是日 《百年党史寻初心,方寸之间忆辉煌》——“邮票上的党史”巡展活动在市新时代文明实践中心启动。

是日 江阴市科协党支部、江阴长江港口综合物流园区党总支、南京理工大学江阴校区教师党支部等5个基层党组织进行现场签约,正式成立长三角(江阴)数字创新港科创服务党建联盟。

是日 江苏省第二届专利(成果)拍卖季江阴·南航专场暨技术交易供应链金融项目启动仪式在江阴高新区举行,助力江阴企业瞄准需求、精准对接,不断提升科技成果转化率。

21日 海澜马术队队员包英凤在第十四届全运会马术比赛三项赛个人赛决赛中代表江苏省马术队摘得桂冠。

是日 新桥镇先后与中国电信江阴分公司、中国移动江阴分公司,就“5G智慧小镇”建设签订战略合作协议,标志着新桥镇智慧化管理水平继续保持领先优势。

22日 江苏省政府印发有关决定,赋予54个开发区(自由贸易试验区、联动创新发展区)14项省级管理事项。这是江苏首次将省级权限赋予开发区,江阴高新技术产业开发区、江阴临港经济开发区榜上有名。

是日 江阴综保区在省内首创跨境进口新零售模式,美国别样海外购在江阴综保区内进行一场保税仓直播,3个小时卖出84%的上架货品。

24日 江苏省社会教育服务指导中心公布第三批省级社区教育“名师工作室”名单,澄江街道成人教育中心校申报的菁存阁文化艺术工作室名列其中。这是江阴市首个获批立项的社区教育“名师工作室”。

25日 由中国企业联合会、中国企业家协会主办的2021年中国500强企业高峰论坛在吉林省长春市举行,会上发布中国企业500强、中国制造业企业500强和中国服务业企业500强榜单,江阴分别有10个、15个和10个企业入围。

是日 全国工商联发布2021年中国民营企业500强、中国制造业民营企业500强榜单,江阴市分别有14个、13个企业入围。

是日 “瑞鹤知时”——鲁晓波绘画展在江阴市展览馆开幕,展出清华大学美术学院院长、中国美术家协会副主席鲁晓波近几年以“鹤”为主题的40幅精品画作。

27日 历时11个月,南沿江城际铁路江阴段跨锡澄运河连续梁顺利合龙。至此,南沿江城际铁路江阴段27联连续梁施工全部合龙。

是日 工业和信息化部办公厅发布2021年新一代信息技术与制造业融合发展试点示范名单,海澜智云科技有限公司、爱波瑞(江阴)科技发展有限公司榜上有名。

28日 江阴市举行第31届科技节·人才创新周新闻发布会,标志着科技节相关活动正式拉开帷幕。

是日 由中国科协青少年科技中心组织评选的2021年度“全国青少年人工智能活动特色单位”名单揭晓,江阴3所学校上榜,分别为市城南中心小学、城中实验小学和青阳实验小学。

29日 中国工程院院士、中国交通建设股份有限公司总工程师张喜刚工作站在临港经济开发区正式揭牌,为“科创江阴”建设提供强大支撑。

30日 “恰百年风华 书时代华章”第十二回秦望雅集暨全国100名家主题手卷书法作品邀请展在市展览馆开幕。

是月 江阴市与17个地区签署跨省通办合作协议,有492项政务事项实现跨省通办,其中包含内资有限公司设立、经营范围变更、注销等高频事项。

10月

1—3日 2021年江阴市第31届科技节“霞客之光”科技展在天华文化中心举办。天江药业有限公司、贝瑞森生化技术有限公司等全市21个消费类科技企业的“江阴智造”亮相。

5日 位于澄杨路206号的江阴市上市公司展示馆建成启用,成为江苏省内首个以上市公司为题材的数字化展示馆。

8日 临港经济开发区举行重大项目集中开竣工暨恒润大型风电轴承生产线项目开工仪式,此次集中开竣工重大项目共42项,其中开工项目25项,总投资100.99亿元。

是日 双良集团旗下上市公司双良节能系统股份有限公司全资子公司双良硅材料(包头)有限公司大尺寸单晶硅棒实现批量生产,标志着双良硅材料向达成40吉瓦单晶硅片目标迈出坚实的第一步。

9日 临港经济开发区与远景科技集团举行“共建零碳示范工程 探索零碳开发区建设”战略合作协议签约暨零碳开发区建设启动仪式。双方携手打造中国首个省级开发区能碳双控管理平台,全面开展零碳示范工程建设,争创全国开发区经济社会发展全面绿色转型的示范样板。

是日 工业和信息化部中小企业局公示2021年度国家中小企业公共服务示范平台名单,江苏澄信检验检测认证有限公司入选。

11日 《财富》杂志2021年“改变世界的50家企业”榜单正式发布。江阴企业远景科技集团因其在解决气候危机方面取得的零碳技术创新成就而名列榜单第二,在独立企业排名中位列全球第一。

12日 临港经济开发区企业远景能源的EN-161/5.2兆瓦海上智能风机,在江苏启东800兆瓦海上风电场项目现场率先完成吊装,是国内单体容量最大、风机安装种类最多、技术难度最复杂的海上风电项目。

13日 作为江阴特色群众文化活动品牌之一的2021年江阴市民文化节在市公共文化艺术发展中心艺术剧场开幕,为市民献上文化大餐。

14日 “深化合作·锡心以待”2021年无锡—粤港澳大湾区投资合作大会举行,江阴市在现场签约盛合晶微高端研发制造中心项目、华科电子项目、Newrizon Limited智能网联汽车二期项目、深业·蟠龙科创Hub项目等7项优质项目,总投资252亿元。

是日 作为第31届科技节系列活动之一的“霞客杯”中国江阴第四届科技创新创业大赛举行总决赛。

15日 中央宣传部、退役军人事务部、中央军委政治工作部联合发布2021年度“最美退役军人”先进事迹,江阴澄港拖轮船务有限公司董事长窦正满榜上有名,并在央视科教频道播出的“闪亮的名字——2021年度最美退役军人发布仪式”中亮相。

是日 江阴市举行见义勇为志愿服务驿站成立暨首批驿站授牌仪式,首批6个见义勇为志愿服务驿站正式成立。

16日 江阴市于8月正式启动的首届电商直播带货主播大赛决赛在江阴市电子商务公共服务中心落下帷幕,经过海选、初赛、半决赛等环节层层筛选,10名各具特色的主播从近200名报名的选手中脱颖而出。

是日 江阴市盛宣怀研究会正

式成立。该研究会致力于挖掘保护开发盛宣怀历史遗存,丰富江阴城市文化内涵,传承弘扬实业报国精神,助推江阴现代化建设。

17日 “南闸杯”2021年江苏省滑翔伞俱乐部联赛(江阴花山站)在南闸街道开幕,吸引来自江苏省内6个航空俱乐部的40名运动员和飞行爱好者参加活动。江苏省滑翔伞俱乐部联赛已连续举办4届。

18日 南理工工业互联网研究院投运暨长三角工业互联网深化应用合作大会在长三角(江阴)数字创新港举行。

19日 以“澎湃青阳 向南出征”为主题的第31届江阴市科技节青阳分会场活动举行。活动现场,江阴市知识产权服务业集聚区青阳工作站揭牌成立,标志着市知识产权服务工作向基层乡镇延伸拓展。

是日 江苏标榜装饰新材料股份有限公司的“美丽板及乐调安装系统”获广交会出口产品设计奖银奖,即CF奖银奖。

是日 国际减碳及清洁技术论坛在临港经济开发区管委会举行。活动现场,江阴临港开发区零碳服务中心揭牌成立。

20日 长三角智能制造专业技术论坛在临港经济开发区举行。论坛上揭牌成立江阴高端轴承工程技术中心,河海大学、南京理工大学、江苏理工学院与部分企业进行项目签约。

是日 “相约暨阳·才耀高新”2021年江阴高新区高层次人才对接洽谈会举行,通过项目路演、现场洽谈、政策推介等方式,广泛汇聚各方专家智慧,持续推动高质量人才项目合作。

21日 由江苏省应急厅、人防办联合省卫健委、住建厅、科协、红十字会、地震局、消防救援总队等共同主办的江苏省安全应急科普环省行活动,2021年首场活动走进江阴。

22日 第十二届中国商品市场峰会在浙江省义乌市召开。会上由中国社会科学评价研究院发布“中国商品市场综合百强”榜单,江阴市贯庄金属材料市场有限公司列第91位,是江阴市唯一一个上榜企业。

是日 中国民主促进会江阴市第五次会员大会召开。全体与会代表听取并审议中国民主促进会江阴市第四届委员会工作报告,选举产生中国民主促进会江阴市第五届委员会。

是日 2021年世界物联网博览会智慧能源绿色制造高峰论坛在江阴市举行。全国相关行业协会负责人、专家学者、企业精英齐聚一堂,围绕“绿色技术、低碳未来”主题,聚焦碳达峰、碳中和战略目标,交流新能源应用趋势。

是日 江阴农村商业银行党委与市自然资源和规划局党委结成党建联盟,并正式启动“线上抵押直通车”。

23日 江阴市长者运动健康之家投运,是无锡市首个长者运动健康之家,成为江阴探索全社会共同参与的运动促进健康模式的积极实践。

24日 新时代集成电路强国青年论坛暨中国科学院微电子研究所2021年“惟精惟一”青年论坛在江阴市举行。来自国内外知名企业、高校和科研机构的微电子领域青年科研人员参加此次论坛,共同探讨中国集成电路行业的发展方向和路径。

25日 江阴市第八届全民运动会在市体育中心开幕,集中检阅全市竞技运动和体育事业发展成果,充分展示江阴经济社会发展成就和人民群众良好精神风貌。

是日 农业农村部种植业管理司发布第一批全国农作物病虫害绿色防控示范县和统防统治百强县名单,江阴市入选。

是日 中国民主同盟江阴市第七次代表大会召开。全体与会代表听取并审议中国民主同盟江阴市第六届委员会工作报告。选举产生中国民主同盟江阴市第七届委员会。

26日 中国民主建国会江阴市第六次会员大会召开。全体与会代表听取并审议中国民主建国会江阴市第五届委员会工作报告,选举产生中国民主建国会江阴市第六届委员会。

是日 九三学社江阴市第五次社员大会召开。全体与会代表听取并审议九三学社江阴市第四届委员会工作报告,选举产生九三学社江阴市第五届委员会。

是日 中国农工民主党江阴市第六次党员大会召开。全体与会代表听取并审议中国农工民主党江阴市第五届委员会工作报告,选举产生中国农工民主党江阴市第六届委员会。

是日 江苏省商务厅发布2021年度江苏省跨境电子商务产业园名单,江阴市综合保税区跨境电商产业园、澄江跨境电商产业园和江苏云蝠跨境电商产业园3个单位上榜。

28日 市市场监督管理局要塞分局与澄江跨境电商产业园开展党建结对,会上,江阴市首个商标品牌指导站在澄江跨境电商产业园揭牌。

29日 第十四届中国·江阴徐霞客国际学术研讨会举行,来自海内外的著名徐学研究专家和学者齐聚霞客故里江阴。

是日 全省工会法律援助工作经验交流会在江阴市召开,与会人员就创新工会法律援助方式方法、提高依法维权能力水平进行交流探讨。

30日 第三届江阴发展大会暨2021经贸洽谈会开幕式在江阴大剧院举行。参会嘉宾300余人,其中发展大会特邀嘉宾95人。经贸洽谈会期间,签约重大产业项目182项,总投资1363亿元。

是日 江阴市武汉大学长三角科技创新中心揭牌成立,首批科技与人才项目现场签约,标志该科创中心正式启用。

是日 江阴市中医药文化节在八字桥公园开幕,旨在进一步推动中医药文化的创新传播,增进全社会对传统中医药核心价值理念的认知和认同。

11月

1日 江苏华兰药用新材料股份有限公司股票“华兰股份”在深圳证券交易所创业板上市,是年内江阴市进军资本市场的第三个企业,成为“江阴板块”第56位成员,并创下江阴市A股上市公司首发募集资金额新高。

是日 江阴市见义勇为主题公园开园,第五届“见义勇为宣传周”活动启动。

2日 农业农村部发布关于2020—2021年度神农中华农业科技奖的表彰决定,江阴升辉新材料股份有限公司参与的“生鲜肉精准保鲜数字物流关键技术及产业化”项目获科学研究类成果一等奖。

3日 2020年度国家科学技术奖励大会在北京人民大会堂举行。会上,江苏长电科技股份有限公司参与的“高密度高可靠电子封装关键技术及成套工艺”项目荣获国家科学技术进步奖一等奖。

是日 江阴市举行“暨阳红—盟红江阴”党建联盟发布暨乡村振兴·共富基金启动仪式。

5—10日 第四届中国国际进口博览会在上海国家会展中心举办,江阴市报名参加的企事业单位有235个。

6日 中国陶行知研究会在华中师范大学举行“生活·实践”教育学术研究大会,4所学校入选全国首批“生活·实践”教育基地,江阴高新区山观实验小学名列其中。

9日 中央农村工作领导小组办公室、农业农村部、中宣部、民政部、司法部、国家乡村振兴局联合发布《关于公布第二批全国乡村治理示范村镇名单的通知》,江阴市璜土镇璜土村、顾山镇红豆村入选第二批全国乡村治理示范村。

是日 武汉大学动力与机械学院院长刘胜率队参观调研江阴市武汉大学长三角科技创新中心,并签署长电科技管理有限公司、武汉大学刘胜教授团队、江阴市武汉大学长三角科技创新中心合作框架协议和备忘录,共建芯片成品制造联合研究中心。

10日 江阴市中医惠侨基地在市龙砂医学传承研究院揭牌,该基地宗旨是弘扬龙砂医学流派特色优势,创新中医惠侨工作模式。

是日 2021年“烟霞迎客 聚力南征”徐霞客镇“霞客E家”金秋文化节启动,展示江阴市乡村振兴成果。

10—14日 2021江阴外贸直销节在南门八佰伴举行。天江药业有限公司、江苏雪豹日化有限公司等20个企业参展。

11日 “美丽江阴 共读经典”——江阴市农家书屋阅读推广示范活动暨农民读书节在新时代文明实践中心艺术剧场启动。

12日 江阴市第十一届职业技能大赛养老护理员和育婴员2个工种的比赛在天安数码城开赛。该届职业技能大赛选定焊工、电工、中式烹调师、电子商务师等10个职业工种作为竞赛工种。

13日 “澄张虞”一体化党建协作区启动暨项目发布仪式在顾山镇共享文体中心举行。

是日 国家医疗保障信息平台正式在江阴市切换上线,标志着江阴市医保信息化建设迈上标准化、一体化的新台阶。

14日 2021江阴市阅读马拉松拉开帷幕,市图书馆总馆联动全市17个分馆同时开赛,近400名市民参赛。

15日 江阴市首条发光斑马线在江阴高新区金山路与带钢路路口试点运行,为行人“点亮”过街通道。

16日 “江城如画里”江阴市优秀美术书法摄影作品汇报展在江苏省现代美术馆开幕,集中展示江阴市以“江上风骨”“江山揽胜”和“江花胜火”老中青文艺人才培养为重点的文艺家队伍“三江工程”创作成果。

是日 由江阴—靖江工业园区企业中建钢构江苏有限公司和大明重工有限公司参建的埃及苏伊士运河平旋铁路大桥的东西桥同步试转并顺利合龙,这是世界上最大跨度平旋铁路大桥。

是日 江阴港港口集团股份有限公司获2021年“亚太绿色港口”荣誉称号。

是日 江苏省工业和信息化厅、发展和改革委员会、科学技术厅、财政厅、税务局等五部门联合公布2021年省级企业技术中心名单,江阴市名鸿车顶系统有限公司、百通塑业发展有限公司等10个企业技术中心上榜。

17日 是世界早产儿日。市人民医院新生儿监护病房,一名出生体重仅743克的超早产儿经过一个月的精心救治,情况良好,刷新江阴救治存活最小体重超早产儿的纪录。

18日 2021年“两院”院士增选结果正式揭晓,江阴人徐政和成功当选中国工程院院士。

是日 江阴市举行“金融+”中小企业党建联盟成立暨“红色先锋贷”发布仪式,汇聚金融系统的资源和力量服务市内中小企业发展,推动金融党建工作再上新台阶。

是日 “无锡公积金”微信公众号增设公积金缴存流水自助下载功能,实现在线办理。

20日 “奋进‘十四五’ 开启新征程”江阴市第五届全澄欢乐跑暨云亭街道文体展示活动在敔山湖举行。

是日 “童心向党 翰墨飘香”江阴市第十九届少儿书画现场比赛在市公共文化艺术发展中心举办,100名少儿现场泼墨挥毫,在展示书法艺术才能的同时,用作品抒发爱党爱国情怀。

22日 江苏省农业农村厅、财政厅发布《关于公布第四轮省农村改革试验区评定结果的通知》,江阴市“探索长江‘十年禁渔’快速响应机制”入选江苏省第四轮农村改革试验区试验任务。

是日 江阴市海归创新创业港揭牌仪式在长三角(江阴)数字创新港举行,旨在让更多优秀海归人才扎根江阴,为全市经济社会高质量发展积蓄更多中坚力量。

是日 2021江阴市第十一届职业技能大赛(快递员赛区)暨第二届快递员技能比赛开赛,来自邮政、顺丰、申通等12个单位的36名选手同台竞技,展示专业风采。

23日 由江苏省、浙江省、安徽省、上海市应急管理厅(局)主办,无锡市、江阴市人民政府承办的2021年长三角危险化学品重大生产安全事故联合应急演练在江苏省沿江(江阴)危化品应急救援基地举行。

24日 2021中国网络媒体论坛展示会在广州市开幕。江阴市融媒体中心成为江苏省唯一参展的县级融媒体中心。

25日 江苏"独角兽"企业暨高新区"独角兽"企业和"瞪羚"企业评估结果线上发布会在南京市举行,会上发布评估结果。江阴市企业盛合晶微半导体(江阴)有限公司获评省"独角兽"企业,还有2个企业获评潜在"独角兽"企业,8个企业获评"瞪羚"企业。

是日 2021年江阴市政务服务技能竞赛在市图书馆举行,对全市政务服务系统工作人员进行全方位能力水平检测。

是日 江阴新杰科技有限公司新厂建成投运并举行揭牌仪式。

26—27日 由中国科学学与科技政策研究会数字创新与管理专业委员会、南京理工大学、江阴市联合主办的首届中国数字创新高峰论坛暨第二届数字创新与管理学术年会,在长三角(江阴)数字创新港召开。

27日 海澜智云亮相CCTV《大国匠心》特别节目《企业家精神》。海澜智云科技有限公司通过自主研发的"海澜智云实时优化控制系统RTO",深入企业工艺端,对生产全流程实施多变量系统优化,实现企业节能减排与数字化转型升级的目标,提升企业竞争力。

是日 临港经济开发区举办"先锋港"党建联盟暨"揭榜挂帅"攻坚行动启动仪式。

是日 科技部公布2021年国家外国专家项目立项名单,江苏长电科技股份有限公司、江阴挪能材料科技有限公司、江苏普莱医药生物技术有限公司3个江阴企业申报的高端外国专家引进计划获国家立项资助,实现江阴市在该项目上"零的突破"。

是日 2021年中国体育文化博览会、中国体育旅游博览会在广州市举行,会上宣布2021中国体育旅游精品项目获奖名单,海澜飞马水城榜上有名。这是海澜飞马水城继获评国家体育旅游示范基地后,得到的又一殊荣。

28日 江阴市举行共建长三角太阳能光伏技术创新中心签约仪式。江苏省产业技术研究院与江阴市共同建设长三角太阳能光伏技术创新中心,助力江阴抢抓国家"双碳"战略机遇、加快"科创江阴"建设,实现产业更高端、创新更澎湃。

29日 江苏长江产业经济研究院院长刘志彪一行到江阴市实地调研战略性新兴产业集群发展工作情况,并与江阴社科联签订战略合作协议。

是日 江阴市工贸企业安全生产技术服务行业协会揭牌成立,首批共27个机构入会,标志着全市安全生产工作创新管理方式,推动监管关口前移。

是月 江阴港货物吞吐量首次突破3亿吨,同比增长33.07%,升至全国港口第十二名、内河港口第三名。

12月

1日 江苏省发展和改革委下发《关于认定江阴市金顾山物流基地等8家基地为江苏省省级重点物流基地的通知》,江阴市金顾山物流基地获评省级重点物流基地。同时,临港经济开发区江苏航吉国际货运代理有限公司、江苏思远国际物流有限公司获评2021年度省级重点物流企业。

是日 江阴高新区举行重大产业项目集中开竣工暨谷田新材料主体封顶冲刺倒计时仪式,吹响高新区"30天攻坚冲刺大会战"的冲锋号。

2日 江阴市以高分通过2021年国家卫生城市复审。

是日 江苏省科技厅公示2021年度江苏省科学技术奖奖励项目名单,江阴市有3项科技项目获奖。其中,江苏方程电力科技有限公司的"区域分布式能源柔性互联运行控制关键技术及应用"项目、江苏中煤矿山设备有限公司的"岩浆构造热演化区煤层瓦斯动力灾害防治理论与关键技术"项目获二等奖,江苏华宏科技股份有限公司的"废弃锂离子电池全组分高效资源化理论与关键技术"项目获三等奖。

3日 扬子江船业举行24000TEU超大型集装箱船项目启动仪式,第一批两艘新船正式开工。

是日 "文明暨阳城 志愿共江阴"2021年国际志愿者日主题活动暨江阴市志愿者赋能课堂在新时代文明实践中心艺术剧场启动。

4日 中央电视台财经频道播出工业纪录片《钢铁脊梁》第六集《钢筑未来》,把镜头对准江阴企业中信泰富特钢集团和法尔胜泓昇集团,讲述超越国外实桥应用最高强度三个级别的高强钢丝诞生的故事。

是日 由江阴市人民对外友好协会和韩国群山市政府共同主办的第四届新万金文化学堂在江阴职业技术学院开班。活动现场还举行群山市新万金文化学堂揭牌仪式。

是日 2021年第六届全国象棋业余棋王赛"乐在棋中"江苏赛区总决赛在江阴市开赛,来自全省12支代表队的近170名选手参赛。

是日 江苏省市场监督管理局公布352个省级"名特优"食品小作坊名单,青阳公和永糕团店、月城鑫宸年糕加工场、新城东御香食品店等8个食品小作坊名列其中。

7日 江阴市创建省生态园林城市交流反馈会举行。省生态园林城市专家考核组根据实地考核情况,认为江阴市创建省生态园林城市工作达到考核标准。

是日 以"双碳目标下的智慧方案与行业机遇"为主题的第十七届中国分布式能源国际论坛于陕西省西安市召开。双良节能系统股份有限公司获2021年度中国分布式综合能源优秀项目特等奖,还获分布式综合能源优秀项目一等奖和2021年度中国分布式综合能源优秀运维管理奖。

是日 江苏省人力资源和社会保障厅公布2021年批准设立江苏省博士后创新实践基地名单,江阴市有江苏华兰药用新材料股份有限公司、江苏安凯特科技股份有限公司、江苏苏利精细化工股份有限公司、江苏新申奥生物科技有限公司4个企业入选。至此,江阴市拥有全国博士后管委会批准设立的博士后科研工作站16个,省人社厅批准设立的博士后创新实践基地22个。

8日 全国妇联公布100个全国巾帼现代农业科技示范基地,江阴市阿洪果品专业合作社获得该项荣誉。全省仅3个单位上榜。

9日 江阴市工商业联合会第十一次会员代表大会召开。全体与会代表听取并审议市工商业联合会第十届执行委员会工作报告，选举产生市工商业联合会第十一届执行委员会。

是日 江苏省文化和旅游厅发布通知，认定全省16个单位为江苏省工业旅游区，兴澄特钢工业文化旅游区榜上有名。

10日 无锡市首个仅销售预包装食品备案在江阴市办结。该项备案申请业务实现全程线上办理，在全省领先。

是日 "景秀天澄"文旅体农党建联盟成立暨区域旅游线路发布仪式在南闸街道举行，活动现场举行党建联盟单位授牌仪式，并推出区域旅游精品线路，该线路串联起查家湾、焦溪古镇、狮山湖、丁果湖、卓远果园、花山滑翔伞基地等景点。

13日 江阴市公证处为解决因疫情导致市民无法到现场办理公证的难题，全面实施区块链电子赋强公证和远程视频公证，开启公证服务区块链时代。

15日 江阴市政府与华东师范大学共同签署联合办学协议书。

是日 江阴市举行第四届"创响江阴·创赢未来"全民创业大赛总决赛。

16日 中国县域工业经济发展论坛(2021)在山东省青岛西海岸新区举办，发布中国工业百强县(市)、百强区榜单。江阴市蝉联中国工业百强县(市)第一名，实现在该榜单的"五连冠"。

19日 江苏省发改委公布全省首批30个省物流行业先进集体名单，临港经济开发区的江阴长江港口综合物流园名列其中。

20日 由中共中央机关刊物《求是》主管主办的《小康》杂志社，发布"2021年中国数字治理百佳县市"榜单，江阴以95.64分的高分位列全国第四、江苏省第一。

是日 江阴市首批5个可移动核酸采样工作站完成安装调试并投入使用。

21日 江阴农村商业银行战略合作伙伴中国供销海外购长山店正式营业，成为全市首个"江银吉市"。

是日 在全国老干部工作先进集体和先进个人表彰大会上，江阴市委老干部局被中共中央组织部、人力资源和社会保障部授予"全国老干部工作先进集体"称号。江苏省有3个单位受表彰。

22日 国家新闻出版署公布2021年中国报业深度融合发展创新案例名单，江阴市融媒体中心(传媒集团)报送的《新时代江阴融媒基层治理新平台》名列其中，是全国唯一一个入选的县级媒体创新案例。

是日 锡常区域一体化党建联盟集群启动暨璜土镇党建品牌发布仪式在璜土镇举行。

23日 江阴市知识产权公共法律服务站正式成立，有效预防和解决涉知识产权民事行政法律纠纷，帮助企业更有效地建立技术优势。

24日 由江阴市民政局牵头、颐乐居集团参与建设的全市首个市级集中供养机构正式揭牌投运。

是日 江阴市举行"银龄暖餐"项目助餐车捐赠仪式，由市慈善总会捐赠38辆送餐车，为全市70周岁及以上和特殊困难家庭有供餐需求的老年人送去暖心饭菜。

25日 江阴市举行霞客湾科学城科教孵化中心开工暨江南大学江阴合作办学启动仪式，为全面推进"南征"战略、打响"科创江阴"品牌注入动能。

28日 江苏省新闻出版局公布"第三届江苏省新闻出版政府奖"获奖出版物、出版传媒融合项目、出版单位和出版人物名单。"江阴融媒移动端内容矩阵建设"项目荣获出版传媒融合创新奖，选送单位江阴市融媒体中心成为全省唯一获此殊荣的县级媒体。

31日 江苏省发改委正式批复盐泰锡常宜铁路江阴站至惠山站段可行性研究报告。

是月 中信泰富特钢集团旗下兴澄特钢二炼钢分厂，直径1.2米的连铸圆坯面世。这是中信泰富特钢集团继世界首创直径0.8米、0.9米、1米的连铸圆坯后，再次刷新连铸圆坯最大规格世界纪录。

是月 江阴农村商业银行首笔"苏农贷"业务成功落地放款，成为有效解决新型农业经营主体融资难、融资贵问题的开端。

是月 江阴市首个爱心助残驿站——月城镇秦皇村爱心助残驿站建成投用。

是年 南闸街道的江苏安科瑞电器制造有限公司先后向举办冬奥会冰球比赛项目的国家体育馆提供电力滤波器、电能计量表等各类设备近9000套，并定制云监控平台。

■类目编辑 成苏萍 王萍芳

江阴概况

市情简介

【建置沿革】 江阴古称暨阳，位于长江三角洲，有7000年人类生息史、5000年文明史、2500年文字记载史。西晋太康二年（281年）置暨阳县，属毗陵郡，治所在今江阴市东南。南梁绍泰元年（555年）废县置郡，建治君山之麓，因地处长江之南，遂称江阴郡，下辖江阴、利城、梁丰3县，为“江阴”名称之开始。此后，江阴分别为郡、国、军、路、州治，建置几经变化。元至正二十七年（1367年），恢复县建置。1949年4月23日江阴解放后，属苏南行署常州专区。1953年，改属苏州地区。1983年3月，实行市管县体制，改属无锡市。1987年4月，经国务院批准撤县建市。

【地理位置】 江阴市位于北纬31°40′34″至31°57′36″、东经119°59′至120°34′30″。北枕长江，南近太湖，东接常熟、张家港，西连常州，地处苏锡常“金三角”几何中心，交通便捷，历来为大江南北的重要交通枢纽和江海联运、江河换装的天然良港。

【区域面积】 江阴市总面积986.97平方千米，陆地面积829.66平方千米，水域面积157.31平方千米，其中长江水面56.7平方千米。沿江深水岸线长35千米。城市建成区面积125平方千米。

【行政区划】 2021年，全市有镇10个、街道7个，村民委员会191个、社区居民委员会82个。市政府设在澄江中路9号。

【人口】 2021年，全市户籍人口126.96万人，常住人口178.2万人。全年出生人口6294人，出生率4.96‰；死亡人口9933人，死亡率7.82‰，人口自然增长率－2.87‰。全市人均预期寿命为82.49岁。

（澄　鉴）

【气候】 2021年，江阴市气候总特点：气温偏高，降水正常，日照正常。年平均气温17.9℃，比常年高1.2℃。极端最低气温－8.1℃，出现在1月8日；极端最高气温38.3℃，出现在7月14日。全年出现35℃以上的高温日数14天。年总降水量1364.4毫米，比常年多10.6%，降水时空分布不均，其中7月明显偏多，10月降水量179.3毫米，是常年同期的2.8倍；6月明显偏少，12月降水量2.8毫米，比常年同期少92.7%。出现大于等于0.1毫米的雨日128天，雾日15天，大风1天。最长连续降水日数9天，过程雨量104.3毫米，出现在7月2—10日；最长连续无降水日数21天，出现在2020年12月31日至2021年1月20日。年日照时数1927.1小时，比常年少1.6小时；年日照百分率44%。地面（0厘米）年平均温度19.7℃，地面最低小于等于0℃的日数37天。地面极端最高温度61.5℃，出现在7月14日；地面极端最低温度－5.2℃，出现在12月28日。年最大风速7.7米/秒，风向W（正西），出现在11月30日；年极大风速19.7米/秒，风向NNW（北西北），出现在5月1日。梅雨：6月13日至7月10日为梅雨期，入梅偏早，出梅正常。入梅以来呈现非典型的特点，降水呈过程性、间歇性，雨量分布不均。梅雨期长28天，梅雨量140.3毫米，比常年梅雨量少43.6%。暴雨：全年出现5次暴雨，分别是7月28日61毫米、8月11日84.3毫米、8月25日69.7毫米、9月1日88.8毫米、10月7日80.2毫米。台风：全年出现2次台风影响过程，受202106号台风“烟花”影响，7月24—29日江阴市出现较明显风雨天气，全市极大风7～8级，城区过程雨量182.3毫米，最大过程雨量236.1毫米（新桥镇站）；灾情：经市农业农村局反映，农作物受灾面积141.12公顷，主要为梨、桃、蔬菜等；设施大棚受损217个，受损面积55.27公顷；直接经济损失86.06万元；受202114号台风“灿都”外围影响，9月13—14日，江阴市普降中到大雨，并出现6～7级阵风，无明显灾情。寒潮：全年6次寒潮，分别是1月5—7日、2月28日至3月2日、11月7—9日、11月29日至12月1日、12月16—18日和12月24—26日，均无明显灾情。冰雹：7月15日午后出现强对流天气，16时30～43分，城区出现冰雹，最大冰雹直径约3厘米，平均重量约4克；璜土镇、城东街道、云亭街道、周庄镇等地也出现冰雹；全市23个观测站中，5个站出现短时强降水，最大小时雨量在城东街道白屈港，为44.2毫米；6个站极大风速8级以上，最大风速9级出现在城东街道白屈港,为 22.5 米/秒;灾情:部分路段树枝被折断,部分在建工地设施受损,部分农作物受损,直接经济损失达 12 万元。初终期:无霜期 230 天,霜初终间日数 109 天,雪初终间日数 17 天。

2021 年江阴市气象资料一览表

表 1

项目			1月	2月	3月	4月	5月	6月	7月	8月	9月	10月	11月	12月	全年
平均气温(℃)	2021年		4.9	9.6	11.8	16.4	22.2	26.2	28.9	28.1	26.5	20.1	12.8	6.7	17.9
	1957—2020年	平均值	3.1	4.7	9.1	14.9	20.2	24.3	28.2	27.8	23.4	17.9	11.9	5.6	15.9
		最高值	6.1	9.0	12.5	17.9	23.2	27.2	32.0	31.5	25.6	21.1	15.7	7.9	17.6
		年份	2002	2007	2002/2020	2005/2018	2007	2005	2013	2013	1999/2018	2006	2011	1968/1994	2007
		最低值	-0.2	0.7	5.5	12.1	17.7	22.1	25.4	24.3	20.6	15.1	7.7	0.5	14.5
		年份	1977	1964	1970	1965	1977	1983	1976	1980	1957	1981	1976	1967	1957/1980
最高气温(℃)	2021年		18.9	25.8	26.3	31.5	35.3	36.1	38.3	36.4	35.6	33.5	23.4	17.4	38.3
	日期		14	21	29	30	10	7	14	31	23	4	1	6/21	7月14日
	1957—2020年	最高值	20.8	26.8	30.4	34.3	37.7	38.2	40.6	41.3	37.8	33.3	28.8	23.2	41.3
		日期	31	12	9	21/28	16	21	23	6	7	4	1/2	10	8月6日
		年份	2014	2009	2013	2004/2005	2018	2006	2017	2013	1995	2002	1979/2003	2008	2013
最低气温(℃)	2021年		-8.1	-1.2	1.8	4.8	13.8	17.3	21.9	21.5	19.5	8.5	0.4	-4.8	-8.1
	日期		8	18	2	5	1/2	4	10	14	30	18	24	28	1月8日
	1957—2020年	最低值	-14.2	-11.4	-7.5	-1.0	3.8	11.7	15.5	17.1	9.3	1.3	-4.6	-10.0	-14.2
		日期	31	6	3	4	5	6	5	30	29	30	30	29	1月31日
		年份	1977	1969	1958	1962	1961	1969	1976	1968	1972	1986	1971	1991	1977
降水量(毫米)	2021年		39.8	52.5	52.9	62.0	122.7	44.4	343.9	268.2	138.9	179.3	57.0	2.8	1364.4
	1957—2020年	平均值	44.9	53.5	72.1	85.0	99.5	177.7	190.7	156.8	103.7	61.3	53.8	33.5	1132.5
		最多值	136.8	147.6	206.7	180.9	249.5	868.4	481.7	552.0	358.6	372.8	162.3	110.0	2217.5
		年份	2006	2014	1991	1958	2002	2015	1991	2011	2016	2016	1967	1959	2016
		最少值	—	5.2	13.3	21.0	22.6	19.2	8.8	9.5	1.4	0.4	0.0	—	581.8
		年份	1963	1968	1962	2011	2003	2010	1971	1978	1997	1979	1995	1973/1987	1978
日照时数(小时)	2021年		160.6	153.0	130.4	145.0	171.9	136.8	155.6	140.7	162.5	170.5	191.9	208.2	1927.1
	1957—2020年平均值		136.5	129.5	152.7	170.0	185.7	161.2	207.8	220.5	170.2	176.9	151.9	153.1	2015.9

(马恒俊　曹卫卫)

经济发展

【综合实力】 2021 年,江阴市实现地区生产总值4580.33 亿元,按可比价格计算,比 2020 年增长 8.1%。人均地区生产总值 25.72 万元。全年实现第一产业增加值 38.3 亿元,增长 2%;第二产业增加值 2383.33 亿元,增长 8.5%;第三产业增加值 2158.7 亿元,增长 7.7%。三次产业比例调整为 0.8∶52∶47.2。全年实现一般公共预算收入 273.94 亿元,增长 5.5%;其中,税收收入 226.7 亿元,增长 5%。一般公共预算支出 268.8 亿元,增长 13%。

【企业上市】 2021 年,江阴市拥有上市公司 56 个,包括境外上市 20 个,境内上市 36 个,其中上海主板 16 个、深圳主板 13 个、创业板 7 个。

【农林牧渔业】 2021 年,江阴市农林牧渔及农林牧渔服务业总产值 64.06 亿元。全年粮食总产量 13.05 万吨,比 2020 年增长 6.1%,其中谷物总产量 12.40 万吨,增长 6%。蔬菜总产量 39.26 万吨,增长 1.1%。水果产量 7.44 万吨,下降 11.6%。全年粮食种植面积 19.01 千公顷,比 2020 年增加 1.85 千公顷。蔬菜种植面积12.28千公顷,比2020年增加0.05千公顷。水果种植面积2.57千公顷,比2020年减少0.17千公顷。全年出栏生猪2.79万头,下降47%;猪肉产量2212吨,下降45.5%;奶牛存栏699头,下降24.8%;牛奶产量2963吨,下降34.7%;水产品产量2.01万吨,下降16.7%。

【工业】 2021年,江阴市规模以上工业实现营业收入6862.28亿元,比2020年增长14.1%;产品销售率98.1%,利润总额394.95亿元。在全市跟踪统计的19种重点产品中,有11种产品的产量实现正增长。全年工业用电量248.73亿千瓦时。全市工业百强企业全年完成营业收入4552.12亿元,实现利润318.05亿元,分别占全市规模以上工业企业的66.3%和80.5%。中信泰富特钢集团股份有限公司、海澜集团有限公司税务销售超1000亿元,江苏新长江实业集团有限公司、三房巷集团有限公司税务销售超500亿元,远景能源有限公司、江苏西城三联控股集团有限公司、江苏阳光集团有限公司、江苏华西集团有限公司税务销售超300亿元。

【建筑业】 2021年,江阴市实现建筑业总产值115.63亿元。全年获国家优质工程奖2个,江苏省"扬子杯"优质工程奖6个,江苏省标准化星级工地22个,无锡市市政基础设施工程"太湖杯"优质工程奖3个,无锡市优秀物业管理项目5项,江苏省优秀住宅项目3项。

【水利建设】 2021年,江阴市实施重点水利工程(含续建)12项,实际完成水利工程建设投资6.96亿元,投资完成率129%。疏浚整治河道22条,清淤109万立方米;建成无锡市级美丽示范河湖10条、江阴市级美丽示范河湖11条;维修养护农田灌排泵站31座;建成农村生态河道141条(段),总长度308.53千米。

【房地产业】 2021年,江阴市房地产开发投资比2020年增长8.3%。房屋建筑施工面积1309.01万平方米,房屋新开工面积350.36万平方米,房屋建筑竣工面积143.75万平方米。商品房销售面积334.44万平方米,其中住宅销售面积300.97万平方米。

【金融业】 2021年末,江阴市金融机构各项本外币存款余额4685.92亿元,各项本外币贷款余额3828.05亿元。存款中,住户存款余额1766.45亿元。住户贷款中,人民币短期贷款140.78亿元,中长期贷款637.9亿元。全市证券交易开户总数42.46万户,证券机构交易金额12819.5亿元。实现保费收入86.65亿元,其中财产险收入24.99亿元,人寿险收入61.66亿元。

【国内贸易业】 2021年,江阴市社会消费品零售总额704.84亿元,其中限额以上零售额246.23亿元。限额以上批发和零售业零售额231.04亿元,限额以上住宿和餐饮业零售额15.18亿元。在限额以上批发和零售业零售额中,汽车类下降5.1%,粮油食品类增长31.7%,服装鞋帽针纺织类增长60.8%,中西药品类下降24.3%。

【邮电通信业】 2021年,江阴市邮政业务总收入6.33亿元。年末移动电话用户221.67万户,其中4G移动电话用户140.51万户,5G移动电话用户54.52万户。

【交通运输业】 2021年,江阴市完成客运量4523.71万人次,完成货运量6346万吨。完成港口货物吞吐量33757.17万吨。年末全社会拥有车辆63.74万辆,其中汽车58.92万辆。私人汽车拥有量49.71万辆。

【固定资产投资】 2021年,江阴市实现固定资产投资923.32亿元,比2020年增长4.8%。分产业投向看,第一产业投资2.52亿元,下降19.7%;第二产业投资418.99亿元,下降1.1%;第三产业投资501.8亿元,增长10.4%。分投资主体看,国有投资82.48亿元,下降0.8%;民间投资726.82亿元,增长7.4%;外商及中国港澳台投资73.02亿元,下降13.4%。

【外向型经济】 2021年,江阴市实现进出口总额233.2亿美元,其中出口148.64亿美元,进口84.56亿美元。29个出口品牌获批2021—2022年度无锡市重点培育和发展的国际知名品牌。全年实际使用外资9.71亿美元(上报数)。新批外资项目91项,协议外资超3000万美元项目22项,总投资超亿美元项目11项。新批境外投资项目28项,完成对外直接投资总额7.36亿美元。对"一带一路"* 国家投资项目13项,中方协议投资额3013.8万美元。

【旅游业】 2021年,江阴市接待国内游客979.22万人次,旅游总收入318.3亿元。拥有国家A级景区7个,星级饭店8个,旅行社44个;拥有江苏省级乡村旅游区13个,全国乡村旅游重点村1个,江苏省乡村旅游重点村1个,江苏省工业旅游区1个,无锡市美丽乡村休闲旅游示范村4个。

【所有制结构】 2021年,江阴市拥有各类工商登记市场主体总数24.28万户,比2020年增长6.2%。企业总数8.28万个,增长8.9%;其中,国有及集体控股企业3875个,外商投资企业1204个,私营企业77683个。个体工商户总数159463个,增长5.1%。农民专业合作社总数580个。

社会事业

【科技】 2021年,江阴市全年新认定高新技术企业55个,高新技术企业总数达711个;国家科技型中小企业入库1198个,江阴市高新技术企业培育库入库622个;通过省评估遴选"瞪羚企业"* 8个、潜在"独角兽企业"* 2个、"独角兽企业"1个,无锡市评价遴选"雏鹰企业"* 16个、"瞪羚企业"21个、"准独角兽企业"* 1个。高新技术产业产值占规模以上工业产值比重达38.8%。发明专利授权量769件,比2020年增长31.2%。万人有效发明专利拥有量28.38件。全年获批江苏省院士工作站2个,无锡市院士工作站2个。新增江阴市工程技术研究中心178个,无锡市工程技术研究中心49个,江苏省级工程技术研究中心15个。江苏省级工程技术研究中心累计达188个。全市获省科技成果转化项目4项,"百城百园"行动(指科技部、财政部推动的"科技抗疫——先进技术推广应用'百城百园'行动")项目1项,江苏省碳达峰碳中和科技创新专项项目1项,江苏省政策引导类计划项目1项,江苏省重点研发计划项目

1项,江苏省"科技副总"*17名,引进外国专家人才专项2项,江苏省"外国专家工作室"1项;无锡市"太湖人才计划"创业人才18项、创业团队4项、创新人才3项、创新团队2项。获评国家科技进步奖1项、江苏省科学技术进步奖3项、江苏省科技创新发展奖2项。

【教育】 2021年末,江阴市有普通高校1所、普通高中12所、中等专业学校2所、初中38所(含九年一贯制学校8所、联办体育学校1所)、成人教育中心校15所、小学46所、幼儿园118所。在校学生19.25万人,在园幼儿4.74万人。公办教职工1.7万人(不含南京理工大学江阴校区),其中公办专任教师1.38万人;正高级职称教师39人、高级职称教师3574人、中级职称教师8005人;全市中等职业教育在校生1.28万人(含技校)。小学和初中普及率均为100%,初中毕业生升学率达97.6%。九年义务教育巩固率99.3%,普及高中阶段教育。2所高等学校招收研究生1288人、全日制本科生420人、高职生1499人、国际教育学生500余人。7247人参加省学业水平合格性(六门学科)考试,3345人参加省学业水平合格性(语数外)考试。6654人参加高考,本一进线2749人,进线率55.59%;600分以上192人,理科最高分677分,列全省理科第7名;5人进清华大学、北京大学录取分数线,2人通过"强基计划"被清华大学录取(无锡市4人)。教育经费总支出66.11亿元,其中一般公共教育经费43.93亿元,占一般公共预算支出的16.34%。义务教育阶段公用经费拨款总额19530.99万元。教育现代化建设监测综合得分95.08分。

【文化】 2021年,江阴市组织"文化下乡"活动3500余场,开展"书香江阴"读书节、市民文化节系列活动172项。"三味书咖"阅读联盟增至12个,建成24小时图书馆7个,微书房8个。开通覆盖全市的"滴答借书"手机网借服务、"澄艺快递"全民艺术普及配送服务。参加第五届江苏省文华奖,获优秀节目奖1项,书法奖1项,1人获编剧奖。5个企业的6项项目获得文化产业专项资金扶持203万元。

【卫生】 2021年,江阴市有各类医疗卫生机构663个,其中医院39个,卫生院15个,社区卫生服务中心12个,开放床位9683张。年末,有卫生技术人员12433人。全市医疗服务总诊疗1078.7万人次,收治住院28.31万人次。

【体育】 2021年,江阴市新建健身步道16千米,体育公园2个。举办江阴市第八届全民运动会,承办中国足球甲级联赛、中国足协杯赛等省级以上赛事13项次,获省级及以上体育赛事金牌53枚。组织各类群众体育活动856场,被命名为首批省级体育消费城市试点单位。海澜飞马水城获评2021年国家体育旅游示范基地、2021中国体育旅游精品项目。体彩销售超过8亿元。

城市建设

【基础设施建设】 2021年,江阴市高铁综合客运枢纽站开工,南沿江城际铁路江阴段、无锡至江阴城际轨道交通、江阴第二过江通道、长山大道快速化改造等工程建设加快推进,盐泰锡常宜铁路、沿江高速江阴段改扩建前期工作稳步推进。滨江路城区段快速化改造开工建设。江阴锚地、长江水上综合执法码头建设提速。临江路桥、应天河风光带、黄山路改造、锡澄运河公园二期南段、洗消中心、沿江危化品应急救援基地实训大楼等13项项目竣工。年末公路总里程2409.37千米,其中高速公路72.7千米。全市征收拆迁完成512万平方米,其中主城区完成181万平方米;完成无锡市房屋征收攻坚拔点项目28项;建成安置房103万平方米,其中城区建成29万平方米。

【公用事业】 2021年,江阴市全社会用电量292.91亿千瓦时,比2020年增长6.9%;公司完成售电量264.15亿千瓦时。安全供水2.83亿立方米,日均供水77.66万立方米,水质合格率100%。新建燃气管线150千米、新增居民用户2万户。安全供应天然气9.2亿立方米、液化气3.2万吨,汽车加气累计售气1408万立方米。焚烧处理生活垃圾73.3万吨,无害化处理率100%,资源化利用建筑垃圾20.5万吨,处置有机垃圾6.9万吨。新增省级生活垃圾分类达标小区50个,建成"三定一督"(定时开放、定点投放、定人督导)分类小区32个,建成区生活垃圾分类设施覆盖率达88.78%,小区垃圾分类设施覆盖率达100%。完成城区664千米市政排水管网测绘信息采集,建成市政排水管网GIS(地理信息系统)系统。

【环境保护与治理】 2021年,江阴市$PM_{2.5}$平均浓度33.4微克/立方米,比2020年下降9.7%,首次达到国家二级空气质量标准;空气质量优良天数比率79.2%,比2020年提高1.3个百分点,改善幅度超过全省和无锡市平均水平。国、省考断面水质优Ⅲ比例首次达到100%,比2020年提升11.1个百分点;土壤环境质量总体保持稳定。

【造林绿化】 2021年,江阴市森林覆盖率20.14%,林木覆盖率25.01%。城市建成区绿化覆盖面积5499.17公顷,绿地面积5086.19公顷,公园绿地面积591.45公顷。人均公园绿地面积15.88平方米,建成区绿化覆盖率43.99%。

人民生活

【就业创业】 2021年,江阴市提供就业岗位7.15万个,本地劳动力实现就业5.51万人,城镇新增就业3.10万人,城镇困难人员再就业15560人,城镇登记失业率低于3%。扶持自主创业8400人,带动就业3.02万人,发放各类创业补贴1170万元,发放创业担保贷款0.34亿元。

【社会保障】 2021年,江阴市企业职工基本养老保险扩面新增4.95万人,净增1.85万人;养老、工伤、失业缴费人数分别为66.65万人、59.02万人、57.38万人,医疗、生育保险参保人数分别为95万人和59.09万人。居民养老保险和居民医疗保险参保人数分别为2.42万人和53.69万人。年末全市拥有养老床位8511张。城乡居民最低生活保障对象3195人,发放最低生活保障 3032.83 万元。全年实施直接救助 11.96 万人次,直接医疗救助支出 2516.72 万元;实施临时救助 37 户次,发放救助金 32.55 万元。国家抚恤、补助各类优抚对象人数 4934 人。

【居民收入】 2021 年,江阴市居民人均可支配收入 6.76 万元,增长 9.2%;其中城镇居民人均可支配收入 7.84 万元,增长 8.6%;农村居民人均可支配收入 4.25 万元,增长 10.7%。城镇居民家庭恩格尔系数 27.1%,农村居民家庭恩格尔系数 29.5%。城镇居民人均消费性支出 4.05 万元,增长 18.1%;农村居民人均消费性支出 2.74 万元,增长 23.2%。

(刘叶军)

人文风情

【民族宗教】 江阴市居民绝大部分是汉族。20 世纪 80 年代中期起,四川、云南、广西、贵州、湖南等地农村少数民族女子婚嫁到域内农村,成为常住少数民族人口主要来源。1990 年第四次全国人口普查全市有 24 个少数民族、1415 人。20 世纪 90 年代后期起,新疆、宁夏、甘肃、青海、内蒙古等地少数民族群众到江阴市经商务工,暂住少数民族人口增加。2000 年第五次全国人口普查全市有 34 个少数民族、5253 人。2010 年第六次全国人口普查全市有 40 个少数民族、12129 人。2020 年第七次全国人口普查全市有 43 个少数民族、24819 人。

江阴民间信奉的宗教主要有佛教、道教、天主教、基督教。佛教在三国时传入江阴,隋唐达鼎盛,至近代渐衰。中华人民共和国成立后,寺庵改为学校和粮仓较多。“文化大革命”期间佛教活动停止,1979 年后恢复,佛教信徒日增。江阴著名高僧有唐代道松、清代通琇、当代巨赞等。道教传入江阴及兴盛的年代与佛教一致,明中叶后走向衰落。1949 年后,道士、道姑改行,道观充公。1978 年后,少数非职业道士恢复活动,以做法事为主。2001 年起,政府逐步把散居道士纳入管理。天主教在清康熙初年传入,1913 年建造的青阳圣母主教堂是江南教区规模最大的一座教堂。1949 年后,天主教徒参加爱国运动,施教活动一直正常开展。“文化大革命”期间停止,1978 年后恢复活动。基督教在清光绪年间传入,后逐步发展。中华人民共和国成立后,实行自治、自养、自传的革新运动。“文化大革命”期间停止活动,部分教徒在家过宗教生活,1981 年恢复。2021 年末,全市有合法宗教活动场所 105 个。

【民风方言】 江阴地处江尾海头,沃野平畴,气候宜人,远古就有先民在这大江大海融合之地繁衍生息。在不断抗争中,勤劳而充满智慧的江阴人民,创造出悠久的人类文明史。自古以来,江阴人民滨江而居,依江而生,在奔腾不息、永不回头的长江哺育下,铸就宽广博大、直爽豪放、勇往直前的秉性。江阴有着得天独厚的自然环境,城北黄山插入江心,与江对岸仅距 1.25 千米,形成山锁大江之势,因此自古被称为“锁航要塞”,历来是兵家必争之地。早在春秋时期就建烽火台,明清时期建炮台,抗日战争和解放战争时期都在这里发生过著名战斗。战火洗礼、忧患纷扰,赋予江阴人民坚韧不拔、顽强拼搏的精神和民性刚毅、负有担当的气质。有文字记载以来,江阴即有“延陵古邑”“春申旧封”之称,春秋战国时期先后为吴国公子季札、楚国春申君黄歇封地,既是吴文化的发源地之一,又受楚文化的熏陶。杏花烟雨、吴韵楚风成就江阴人灵秀儒雅、讲究礼仪的品性。明清时期江苏学政驻节江阴近 300 年,按试八府三州秀才,素有“风教总持”之地美称,尚文重教之风根植于民间。中华人民共和国成立后,特别是改革开放后,勤劳智慧的江阴人民勇立潮头,敢为人先,创造了辉煌业绩,获得 230 余项全国性荣誉。同时也总结出“人心齐、民性刚、敢攀登、创一流”的江阴精神,昭示每个江阴人不断开拓创新,与时俱进、争取新的辉煌。

江阴在隋朝起长期隶属常州府,主要方言归属吴语太湖片毗陵小片,俗称江阴话。非吴语地区有利港下乡片及零星渔民集居村落,属江淮方言,俗称滩里话。方言按地域差异大致分为澄西片、澄中片、澄东片、澄南片和江淮片。江阴方言在发展中有内部变异情况,也有受周边张家港、常熟、无锡等地语言影响产生的变化,并因年龄不同而有差异。近 30 年来,江阴话发生比较大的变化,一些显著特征在逐渐消失和消退,声调调类减少,一些特色词消失,固有词变得更趋近普通话。江阴话在家庭中使用比例最高,工作中次之;普通话在其他环境中使用比例最高,工作中次之。

【名胜古迹】 江阴是吴文化发祥地之一,域内考古发掘证明,这里在新石器时代就有先民活动。见证江阴历史悠久的遗存有祁头山、高城墩、佘城(全国重点文物保护单位)等古遗址 20 余处;有兴国塔、徐霞客故居、适园、黄山炮台旧址、刘氏兄弟故居、国民党江阴要塞司令部旧址、江阴蚕种场(以上 7 处均为全国重点文物保护单位)、文庙、梁武堰遗址、江苏学政衙署遗址等古代和近现代建筑;有舜过井、虎跑泉、广济泉(四眼井)、万安桥、犀带桥、五云桥等古井古桥;有王羲之换鹅碑、心经碑、晴山堂石刻、倪云林山水石刻等古碑刻 150 余块,有吴季札墓、吴王八子墓、楚春申君黄歇墓、酒圣杜康墓、三国大将凌统墓、梁敬帝墓、徐霞客墓、杨名时墓等古墓葬 40 余座;有中共江阴“一大”会址、渡江战役纪念馆、陈毅演讲处、新四军六师驻地旧址等革命遗址遗迹 30 余处。千古奇人徐霞客、狂草巨碑心经碑、梁代昭明太子萧统手植之红豆树被誉为“江阴三奇”,享誉海内外。

江阴旅游资源丰富,主要有滨江要塞旅游区(国家 AAAA 级景区)、江苏学政文化旅游区(国家 AAAA 级景区)、长泾古镇文化旅游区(国家 AAA 级景区)、双泾生态园(国家 AAA 级景区)、国家工农业旅游示范区(华西新市村、海澜工业园)、徐霞客故里文化旅游区等旅游板块。

【历史名人】 江阴钟灵毓秀,历代人才辈出。唐代有诗人魏璞;宋代有葛氏一族出进士 33 人,其中有词人、国子监祭酒葛胜仲,诗论家、词人、吏部侍郎葛立方,左丞相葛邲等;明代有杰出的地理学家、旅行家、探险家徐霞客;清代有理学家,兵部、吏部、礼部尚书杨名时，词人蒋春霖，诗人金武祥，小说家夏敬渠和屠绅，画家缪炳泰，创办京师、江南两图书馆（后为国家图书馆和南京图书馆）的中国近代图书馆之父、目录学家、史学家、方志学家缪荃孙等。宋至清，域内出进士415人、武进士14人。近现代则涌现众多政治家、军事家、科学家、教育家、文学家、艺术家、实业家和一大批其他精英人物。其中，中国科学院和中国工程院院士13人、国际宇航科学院和美国纽约科学院院士3人、高等院校校长100余人、共和国将军20余人。杰出代表有：现代文学家、语言学家刘半农，民族音乐家、国乐一代宗师刘天华，爱国高僧、佛学家巨赞，社会学家、人类学家、民族学家吴文藻，药物化学家赵承嘏，中医学家、针灸学家承淡安，化学家张大煜、钱保功，地理学家章申，建筑材料与土木工程专家吴中伟，“中国现代机器人之父”蒋新松，电影表演艺术家上官云珠，教育家吴研因，油画家吕斯百，中国妇女运动领导人罗琼等。（澄　鉴）

2021年江阴市全国性荣誉

【概况】 1978—2020年，江阴市先后获得全国性荣誉223项。2021年，面对复杂多变的宏观经济形势和新冠肺炎疫情影响，全市上下以习近平新时代中国特色社会主义思想为指导，深入贯彻中共十九大和十九届历次全会精神，认真落实中央和省市决策部署，坚持稳中求进总基调，立足新发展阶段、贯彻新发展理念、融入新发展格局，统筹疫情防控和经济社会发展，全力推进现代化滨江花园城市建设，“十四五”发展顺利开局，现代化建设扎实起步。是年，江阴市被评为全国健康城市建设样板市、国家慢性病综合防控示范区、2021中国数字治理百佳县市、全国农作物病虫害“绿色防控示范县”、水系连通及水美乡村建设试点县，通过国家卫生城市复审，入选全国儿童青少年近视防控改革试验区，被评为2016—2020年度全国科普示范县（市、区）总结评估优秀单位，被命名为2021—2025年度第一批全国科普示范县（市、区），蝉联全国县域经济与县域综合发展“十九连冠”、中国工业百强县（市）“五连冠”等，总计获全国性荣誉11项。至年末，累计获全国性荣誉234项。（澄　鉴）

【被评为全国健康城市建设样板市】 2008年，江阴市在实现卫生城镇村创建“满堂红”的基础上，启动健康城市建设，实现从“卫生创建”到“全过程健康管理”的工作理念转变。至2021年末，实现国家卫生镇全覆盖，建成省级健康镇7个，健康村（社区）192个、健康单位44个，拥有健身步道178千米、体育公园45个，无烟机关建成率100%；在全国生态环境领域率先实施横向到边、纵向到底的分类分级分档考核；共享中药房覆盖全市，基层医疗机构达到国家“优质服务基层行”推荐标准比例达38%；基本医保参保率98.7%。紧扣《健康中国行动2019—2030》《“健康江苏2030”规划纲要》，坚持“把健康融入所有政策”工作理念，全方位、全生命周期关爱群众健康。2021年，全国爱卫办评选出2020年度全国健康城市建设样板市40个，其中，地级市30个，县级市10个。江阴市再度入选，是继2018年被评为首批全国健康城市建设示范市后第二次获得该项荣誉。

【通过国家卫生城市复审】 2021年，江阴市把巩固国家卫生城市创建成果作为提升城市品位、改善城乡环境卫生面貌、提升市民健康水平的重要民生工程抓紧抓实。各镇（街道、园区）、市各部门单位均成立复审工作专班，形成“市镇联动、部门协作、制度保障、全民覆盖”的复审工作模式。在长效管理上下功夫，大力开展市容市貌提升、小区管理提升、基础设施完善、“五小行业”（指小食品经营及加工单位、小理发美容店、小旅店、小浴室、小歌舞厅）提升、集贸市场提标、城（镇）中村攻坚、除害防病巩固、文明卫生知识普及等八大专项行动。城市卫生基础设施建设日趋完善，环境卫生面貌不断改善，市民文明健康意识进一步提升。2021年12月，江阴市高分通过国家卫生城市复审，是自1994年被命名为江苏省首批国家卫生城市以来，连续10次通过国家卫生城市复审。

【被确认为国家慢性病综合防控示范区】 自2014年创建为第三批国家慢性病综合防控示范区以来，江阴市持续推进示范区建设，全市慢性病防控水平得到明显提升。至2021年，人均期望寿命由慢性病示范区创建之初的81.47岁增长至82.49岁，重大慢性病早死率由10.50%下降至8.72%，高血压、糖尿病规范管理率和控制率均高于全省平均水平。紧密型医联体建立双向转诊和分级诊疗工作制度，探索家庭医生签约服务，完善“防、治、管、康”一体化的慢性病联防联控工作模式。利用“互联网+”和健康大数据，实现慢性病全程管理。鼓励社会力量参与慢性病防控，将“医防融合”“医养结合”“医体结合”概念融入工作目标。是年，国家卫生健康委对第三批国家慢性病综合防控示范区进行复审，江阴市在示范区复评审省级验收中名列全省第一。12月，国家卫生健康委公布复审结果，江阴市被重新确认为国家慢性病综合防控示范区。（潘　燕）

【被评为2021中国数字治理百佳县市】 2021年12月，中共中央机关刊物《求是》主管主办的小康杂志社发布“2021中国数字治理百佳县市”榜单，江阴市以95.64分位列全国第四、江苏省第一。该榜单从数字政务服务、数字公共服务、数字产业服务三个维度，选取包括数字政务办公、数字政企服务、社会保障、便民服务等12个二级指标进行全网数据解析，全程采集的客观资讯信息超过1亿条，由网络数据分析、县域专题调研、社会公众态度和专家评审意见4项加权得出排名。江阴市多年来充分挖掘创新潜力，坚持“产业数字化、数字产业化、治理数字化、数据价值化”的数转思维，统筹推进大数据共建共享，聚全市之力、集各方之智，不断丰富数字治理场景，有效提升社会治理的广度、深度、精度和温度。至年末，全市大数据平台汇聚全市58个单位部门，超20亿条数据，累计交换量超120亿条，支撑经济社会治理应用项目累计超100项。（陈　玲）

【入选全国儿童青少年近视防控改革试验区】 2015年以来，江阴市持续加强和改进新时代儿童青少年近视防控工作，先后制定《江阴市中小学生近视防控工作三年行动计划(2015—2018)》和《江阴市儿童青少年近视防控工作五年行动计划(2018—2023)》，持续健全预测、预防、科普、干预、追踪为一体的工作体系。2021年，全市投入1536.9万元用于教室采光与照明达标工程，更新课桌椅配置等，改善学生视觉环境。把近视防控工作纳入教育事业发展规划，将儿童青少年近视防控工作、总体近视率和体质健康状况纳入年度高质量评估体系，确保防控工作有效开展。全市各中小学、幼儿园推进"健康校长制"，制定近视防控工作方案，开展多层次、多角度、全方位的宣传活动，广泛普及近视防控和健康用眼知识，倡导儿童和青少年科学用眼，培养良好的用眼习惯。统筹控制作业量，在课后服务中加强体育户外锻炼。5月7日，教育部办公厅公布《2020年全国儿童青少年近视防控试点县(市、区)和改革试验区遴选结果名单的通知》明确，江阴市入选。

(史建青)

【水系连通及水美乡村建设试点县】 2021年11月9日，水利部办公厅、财政部办公厅印发《关于公布2022年水系连通及水美乡村建设试点县名单的通知》，江阴市入选，江苏省有2个县(市)入选。江阴市试点县项目于2022—2023年实施，建设范围为青阳、徐霞客、祝塘三镇，面积237.3平方千米，通过水系连通、河道清障、清淤疏浚、岸坡整治、水源涵养及水土保持、防污控污、景观人文等综合措施，对永仓港、璜塘河等27条河道进行综合整治，建设6个水美乡村，工程估算总投资4.39亿元。项目的实施为霞客湾科学城建设打下良好的生态环境基础。(王广美)

【被命名为2021—2025年度第一批全国科普示范县(市、区)】 "十三五"期间，江阴市全面加强科普基础建设，探索实施"共享科普馆"提升行动，推动科普设施建设共建共享、科普展品展具常展常新，科普场馆的利用率持续提升，被评为2016—2020年度全国科普示范县(市、区)总结评估优秀单位。全市建成村(社区)科普馆11个、学校科普馆5个和各类专题科普教育基地41个，创成全国科普示范社区1个，省级科普教育基地2个、科普示范社区4个、科普惠农服务站6个，无锡市级科普教育基地17个、科普示范镇(街道)16个、科普示范社区80个，具有江阴特色的科普示范体系逐步形成。全民科学素质得到普遍提高，全市公民具备科学素质比例由2015年的10.4%提高至2020年的15.8%。2019—2021年，江阴市青少年学生获得省级及以上科技奖项近2000项。不断深化新时代文明实践科技与科普服务平台建设，"科普中国"信息员注册人数超2.9万人、传播量近170万次，受益群众超50万人。9月1日，中国科协发布《关于命名2021—2025年度第一批全国科普示范县(市、区)的决定》，江阴市获得该项命名。(陈　芬)

【被评为全国农作物病虫害"绿色防控示范县"】 2021年，江阴市以创建"绿色防控示范县"为抓手，坚持农药减量增效和农业绿色高质量发展，推广农作物病虫害绿色防控技术，提高绿色防控的示范效益和覆盖面，推动农业绿色高质高效发展。全年建成省级水稻和水蜜桃绿色防控示范区各1个、无锡市级水稻绿色防控示范区1个、江阴市级水稻绿色防控示范区4个。其中，周庄镇水稻绿色防控示范区被省农业农村厅评为2021年度省级农作物病虫害绿色防控A级示范区。是年，江阴市被农业农村部种植业管理司评定为第二批全国农作物病虫害"绿色防控示范县"。(邵益栋)

【蝉联中国工业百强县(市)"五连冠"】 2021年，江阴市加快建设列入省工信厅重大项目计划的10项项目，完成投资50亿元，投资完成率130%；实施重点技改项目超100项，技改投入110亿元。1—11月，完成制造业投资376.9亿元，比2020年同期增长3.4%，总量位列无锡市第一，高技术产业投资占固定资产投资的15.3%；完成规模以上工业产值5501.4亿元，比2020年增长16.2%；完成重点智能化建设项目投资超54亿元，新增省示范智能车间8个、省星级上云企业76个、省级及以上标杆类企业(项目)4个、省"两化"(指工业化、信息化)融合贯标试点企业30个，2个企业获评工信部新一代信息技术与制造业融合发展试点示范；江阴临港经济开发区被评为省"互联网+先进制造业"特色产业基地；新增国家专精特新"小巨人"企业6个、省级企业技术中心10个；新增上市公司3个，"江阴板块"扩容至56个。12月16日，中国县域工业经济发展论坛(2021)在山东省青岛市举办，发布中国工业百强县(市)、百强区榜单，江阴市蝉联中国工业百强县(市)第一名，实现"五连冠"。(谭滔涛)

【蝉联全国县域经济与县域综合发展"十九连冠"】 2021年，江阴市以建设产业更高端、创新更澎湃、城市更美好、人民更幸福的现代化滨江花园城市为总目标，推进"南征北战、东西互搏"*总战略，构建"345"现代产业体系*，奋力当好新时代县域高质量发展排头兵、社会主义现代化建设先行军、区域一体化发展领跑者。1—10月，江阴市完成规模以上工业增加值1001.3亿元，比2020年同期增长9.3%，比2019年同期增长15%，两年平均增长7.2%；完成固定资产投资762.61亿元，比2020年增长6.7%，比2019年增长17%，两年平均增长8.2%；完成社会消费品零售总额566.3亿元，比2020年增长5%；完成进出口总额188.92亿美元，比2020年增长20.4%，其中出口额119.96亿美元，比2020年增长18.6%。12月6日，全国县域经济与县域发展专业研究机构、社会智库北京中郡研究所发布《2021县域经济与县域发展监测评价报告》，江阴市居全国县域经济基本竞争力前100名县市名单首位，实现"十九连冠"。(澄　鉴)

■类目编辑　朱其涛

市委常委分工

2021年7月29日市委常委分工调整

许　峰　主持市委全面工作。联系市人大常委会、市政协工作。

包　鸣　主持市政府全面工作。

陈兴华　主持江阴国家高新区工作。协助书记抓党的建设工作，负责全面深化改革、政策研究、机要保密、接待、档案史志、双拥、“东西互搏”战略推进工作。受书记委托处理市委有关工作。分管市委研究室、市委改革办、市委机要局、市档案史志馆。

程　政　主持市委宣传部工作。负责意识形态、宣传、文化、文明创建工作和教育、卫生、体育方面党的工作。分管市委教育工委、市文明办、市委网信办、市融媒体中心、市文联、市社科联、市红十字会。

靳佳高　主持市纪律检查委员会、市监察委员会工作。负责纪检、监察、巡察工作。分管市委巡察办。

宋新春　主持市委组织部、市委统战部工作。负责组织、干部、人才、老干部、公务员管理、机关党建和作风建设、统战、民宗、侨务、对台、党校工作。分管市委编办、市委老干部局、市委党校、市关工委、市侨联、市工商联。

赵　强　负责市政府常务工作。负责“南征”战略推进工作。

黄　宇　负责人武部工作。负责人民武装建设、国防动员、驻江阴部队联系工作。

杨晓妮　协助分管金融监管工作以及市政府其他分工。分管市总工会、团市委、市妇联、市科协、市残联。

郁秋皓　主持市委政法委工作。负责政法、维稳、信访、社会治理、国安工作、农业农村、乡村振兴、对口支援工作。分管市委国安办、市委农办、市法学会。

张韶峰　主持临港经济开发区工作。负责“北战”战略推进工作。

姜　锵　协助分管政策研究、城乡规划、招商、金融工作以及政府其他分工。

重要会议

【市委十三届十二次全体(扩大)会议】　2021年4月23日，无锡市委常委、江阴市委书记许峰主持召开市委十三届十二次全体会议，讨论确定召开中国共产党江阴市第十四次代表大会的有关事宜。全会审议通过《关于召开中国共产党江阴市第十四次代表大会的决议》，并决定在7月下旬召开中国共产党江阴市第十四次代表大会。市领导包鸣、孙小虎、徐冬青等以及市委委员、候补委员出席会议。市纪委委员列席会议。许峰强调，全市上下要按照省委、无锡市委的统一部署和该次全会通过的决议，进一步统一思想，明确任务，扎实做好各项工作，确保市委换届取得圆满成功。要提高政治站位，深刻认识召开党代会的重大意义。要站在提高党的执政能力、巩固党的执政地位、完成党的执政使命的高度，深刻学习领会中央和省、市委部署要求，立足贯彻新发展理念、构建新发展格局、推动高质量发展，认真做好市委换届工作，开好市第十四次党代会。要周密部署安排，扎实做好市委换届各项工作。要精心起草工作报告，使报告鲜明体现江阴特点、时代特征，成为指导“十四五”各项目标和“南征北战、东西互搏”各项任务顺利实现的重要引领；要认真做好党代表选举，严把代表选举程序，充分彰显代表的先进性，为圆满召开大会奠定坚实的组织基础；要严格执行换届纪律，坚决落实中央和省、市委严肃换届纪律的工作要求，开展深入的思想政治工作和广泛的谈心谈话，扎实开展换届风气巡回督查、会风会纪现场监督，营造风清气正的换届环境。要严格落实责任，加强对换届工作的领导和指导。要加强组织领导，党代会筹备工作领导小组要发挥牵头抓总作用，各工作小组要按照职责任务，精心准备，明确分工，严谨细致地做好各项工作；要落实工作责任，牢牢把握换届工作的正确方向，及时研究解决换届中的重要问题，形成齐抓共管、协同推进的合力；要注重舆论引导，把换届工作与江阴市庆祝建党100周年系列活动以及开展党史学习教育紧密结合起来，广泛宣传换届工作的重要意义、有关政策和纪律要求，广泛宣传全市发展成就、党的建设成效和先进典型，在全社会营造良好的换届氛围。

【市委十三届十三次全体会议】 2021年7月23日,江阴市委召开十三届十三次全体会议,回顾总结十三届市委五年来的主要工作,通报市第十四次党代会的有关组织筹备情况,听取和征求全体委员对市委报告、市纪委工作报告以及党费收缴、使用和管理情况报告的意见建议,讨论酝酿并表决确定出席无锡市第十四次党代会代表候选人预备人选名单,表决确定市第十四次党代会于7月26—28日召开。无锡市委常委、江阴市委书记许峰主持会议,市领导包鸣、孙小虎、徐冬青、计军、陈兴华、邵文松、程政、靳佳高、宋新春、赵强、杨晓妮、张韶峰、姜锵等参加会议。市委委员28人、市委候补委员3人出席会议,市纪委委员19人列席会议。许峰总结十三届市委五年来的主要工作。会上,市委组织部作关于中共江阴市第十四届委员会委员、候补委员和纪律检查委员会委员候选人预备人选,出席中共无锡市第十四次代表大会代表候选人初步人选的说明。与会人员分组讨论市委报告,市纪委工作报告,党费收缴、使用和管理情况报告,以及江阴市第十四届“两委”*候选人预备人选名单,出席无锡市第十四次党代会代表候选人初步人选名单,《关于确定出席无锡市第十四次党代会代表候选人预备人选名单的表决办法(草案)》和监票人员建议名单。讨论结束后,市委常委会听取各小组讨论情况汇报。随后,会议通过表决办法、代表候选人预备人选名单和监票人员名单,并以无记名投票方式表决确定出席无锡市第十四次党代会代表候选人预备人选名单。

【中国共产党江阴市第十四次代表大会】 2021年7月26日,中国共产党江阴市第十四次代表大会在江阴大剧院开幕。这次大会的主要任务是:高举习近平新时代中国特色社会主义思想伟大旗帜,贯彻落实中央和省委、无锡市委战略部署,回顾总结全市第十三次党代会以来的工作,研究部署之后五年的奋斗目标和主要任务,选举产生中共江阴市第十四届委员会和纪律检查委员会,动员全市上下继往开来、埋头实干,依托长江经济带,面向太湖科创湾,深度融入长三角,聚焦奋进“十四五”,奋力书写现代化滨江花园城市建设新篇章。出席大会的正式代表311名,符合法定人数。大会主席团常务委员会委员许峰、包鸣、陈兴华、程政、靳佳高、宋新春、赵强、黄宇、郁秋皓、张韶峰在主席台前排就座。市老领导,市政府、市政协领导班子中的非中共党员领导干部,民主党派、无党派知识分子联谊会负责人,驻江阴市单位、部队、高校、新闻单位有关负责人,国家、江苏省、无锡市在江阴市“两代表一委员”等应邀出席大会。大会由陈兴华主持。包鸣致开幕词。许峰代表中共江阴市第十三届委员会作题为《依托长江经济带 面向太湖科创湾 深度融入长三角 聚焦奋进十四五 奋力书写现代化滨江花园城市建设新篇章》的报告。同日,无锡市委常委、江阴市第十四次党代会主席团常务委员许峰率领相关部门负责人,赴集中隔离观察点、基层社区、水利枢纽等处,检查全市防汛防台、疫情防控工作。28日,中共江阴市第十四次代表大会闭幕。闭幕会由陈兴华主持。会议通过《中国共产党江阴市第十四次代表大会关于中国共产党江阴市第十三届委员会报告的决议》和《中国共产党江阴市第十四次代表大会关于中国共产党江阴市第十三届纪律检查委员会工作报告的决议》。许峰致闭幕词。同日,市第十四次党代会举行选举大会,出席会议的代表应到321名,实到311名,符合法定人数。会议选举产生33名中共江阴市第十四届委员会委员、15名中共江阴市第十四届纪律检查委员会委员和74名出席中共无锡市第十四次代表大会代表。同日,中共江阴市第十四届委员会举行第一次全体会议。会议以无记名投票的方式,差额选举产生11名中共江阴市第十四届委员会常务委员会委员,分别是:许峰、包鸣、陈兴华、程政、靳佳高、宋新春、赵强、黄宇、杨晓妮、郁秋皓、张韶峰。选举许峰为中共江阴市第十四届委员会书记,选举包鸣、陈兴华为中共江阴市第十四届委员会副书记。同日,中共江阴市第十四届纪律检查委员会举行第一次全体会议。会议选举产生中共江阴市第十四届纪律检查委员会常务委员会委员;选举靳佳高为中共江阴市第十四届纪律检查委员会书记,陆欣、徐岳明为副书记。

【全市“三转一提”主题活动交流推进会】 2021年1月4日,江阴市召开全市“三转一提”*主题活动交流推进会,深入贯彻落实市委十三届十一次全会精神,总结“三转一提”主题活动阶段性成果,对下阶段活动进行部署。市委书记许峰动员全市上下坚定不移转思路、多措并举转方法、驰而不息转作风、持之以恒提效能,以昂扬向上的工作氛围和朝气蓬勃的工作状态,激情开启新一年、精心开局“十四五”、携手奋进新征程。市委副书记、代市长包鸣主持会议,孙小虎、徐冬青等全体市领导参加会议。

【全市重大项目攻坚大会】 2021年2月18日,市委、市政府召开全市重大项目攻坚大会。无锡市委常委、江阴市委书记许峰在会上强调,全市上下要高度认识强攻重大项目的极端重要性和紧迫性,以开局就是决战、起步就要冲刺的战斗姿态,全面挺进主战场,奋力打赢主动仗,为江阴产业发展的转型升级注入澎湃动能。包鸣、孙小虎、徐冬青等市四套班子全体领导参加会议。

【“南征北战、东西互搏”三年行动誓师大会】 2021年2月26日,江阴市举行“南征北战、东西互搏”三年行动誓师大会。无锡市委常委、江阴市委书记许峰动员全市上下以攻必克、战必胜的坚定意志,迅速掀起“南征北战、东西互搏”的大战热潮,再造一个激情燃烧、干事创业的火红年代。市委副书记、市长包鸣主持大会,孙小虎、徐冬青等市四套班子领导出席大会。许峰指出,实施“南征北战、东西互搏”,就是要把江阴打造成全球资源集聚之地、科技创新应用之地、高端产业承载之地、开放枢纽拓展之地、金融贸易活跃之地,让“产业更高端、创新更澎湃、城市更美好、人民更幸福”的美好愿景,早日从梦想走进现实。“南征”是成就城市梦想的强劲动能,是抢抓时代机遇的重要路径，是学习先进经验的务实举措。要突出产业支撑，打造优质增长极。围绕产业质态好、投入产出高两条标准，聚焦“345”产业体系，确保霞客湾科学城实现创新生态、产业生态、自然生态“三生联动”，成为江阴产业发展的新空间、未来智慧城市的新展现、产城人融合的新样板。要集聚资源要素，打造活力创新源。集聚最具活力的科创载体，让霞客湾科学城成为全市高新技术企业和科创平台密度最大、水平最高的地方；集聚最具活力的科创人才，面向全国、面向世界，招引青年才俊、初创团队、高端人才，加快形成霞客湾科学城“一核居中”、其他板块“多点发力”的全市科创版图。要营造最佳环境，打造美丽生态区。厚植生态底色，做好湖面、岸线、河道、田野、湿地的保护和借景文章；做好“生态＋”文章，打通绿水青山向金山银山转化的通道。要强化智慧互联，打造数字新高地。运用数字思维、拓展数字视野、植入数字基因，实现“经济、生活、治理”三大领域数字化的集成协同、互为促进。“北战”是深入践行长江大保护的重要抓手，是积极融入新发展格局的重要举措，是建设现代化滨江花园城市的重要阵地，要以沿江区域为重点，建设通江达海、美丽宜居的花园之城、现代化之城。要打好港口资源整合战。加快实现港口码头由货主码头向公用码头转型、由传统码头向智能绿色码头转型、由通用码头向专业码头转型，以一体化的思维深化合作，努力成为长江下游江海联运不可或缺的枢纽港。要打好城区品质突围战。在滨江亲水空间建设上加快突围，加快完善环城公园和绿道体系，锡澄运河片区要围绕运河文化、水文化，加快河道整治、建筑整修、景观打造；在城市更新上加快突围，面貌换新、点位出新、功能更新，让老城老得更加自信优雅、彰显岁月风华；在巩固枢纽地位上加快突围，以交通一体化全面深度融入长三角。要打好长江生态保护战。加快岸线整治，以最严要求抓好沿江岸线保护和开发利用；加快生态修复，在岸上要大力推进长江沿岸造林绿化，在水里要严格落实“十年禁渔”；加快减危减化，确保长江江阴段生态安全、生产安全。“东西互搏”是江阴再创辉煌的宣言书，是江阴推进高质量发展的突破口，是江阴攀高比强的大比武。全市上下要抓住“比、学、赶、超”四个关键字。在比上，要全面比，各镇街园区的机关部门、村（社区）、骨干企业，都要与结对板块攀高比强；要精准比，根据《“东西互搏”重点比拼指标表》，逐一找差距、查不足、定目标。在学上，要在学中转思路，对路径方法再优化、再提升；要在学中转方法，为区域竞争占得先机；要在学中转作风，提振党员干部、基层群众和企业家的精气神；要在学中提效能，持续打响“澄心办·办澄事”营商品牌。在赶上，要在赶中推进高质量发展，推动产业、企业、项目发展再上新台阶；要在赶中创造高品质生活，把一件件“民生实事”办成一项项“民心工程”；要在赶中实现高水平治理，形成更多基层治理现代化的江阴样本。在超上，各开放园区要围绕目标拼出加速度、搏出高质量，各镇街要奋力跻身“全国百强镇”，全力攀升排名。

【全市党史学习教育动员会议】 2021年3月11日，市委召开全市党史学习教育动员会议。无锡市委常委、江阴市委书记、市委党史学习教育领导小组组长许峰作动员讲话，强调要深入学习贯彻习近平总书记在党史学习教育动员大会上的重要讲话精神，按照中央和省委、无锡市委部署要求，迅速兴起党史学习教育热潮，学史明理、学史增信、学史崇德、学史力行，以更加昂扬、更加果敢的精神状态，开局“十四五”、奋进新征程。市领导包鸣、孙小虎、徐冬青等出席会议。

【全市农村工作会议】 2021年3月12日，市委、市政府召开全市农村工作会议，全面贯彻中共十九届五中全会和习近平总书记视察江苏重要讲话指示精神，落实中央和全省、无锡市农村工作会议部署要求，总结过去成绩，安排2021年任务。无锡市委常委、江阴市委书记许峰强调，全市上下要牢牢把握新任务新要求，深刻理解习近平总书记的重要论断，全面推进乡村振兴，加快推动农业农村现代化，奋力开创江阴“三农”*工作新局面。市领导包鸣、孙小虎、徐冬青、计军、吴芳、程政、靳佳高、郁秋皓参加会议。

【全市深入打好污染防治攻坚战动员大会】 2021年3月19日，江阴市召开全市深入打好污染防治攻坚战动员大会，总结近三年来污染防治攻坚战成效，排查生态建设和环境保护问题，部署新一轮污染防治攻坚战任务。无锡市委常委、江阴市委书记许峰强调，全市上下要以习近平生态文明思想和“两山”*理论为指引，为江阴发展长远计，以铁的决心、铁的手腕、铁的作风，深入打好污染防治攻坚战，夯实美丽江阴建设的绿色基底。市委副书记、市长包鸣作具体部署，省生态环境厅驻无锡督查专员刘明到会指导，市领导孙小虎、徐冬青等出席会议。

【全市2020年度综合考核总结大会】 2021年4月16日，市委、市政府召开全市2020年度综合考核总结大会，总结成绩，表彰先进，在全市激发学习先进、争当先进的强劲热潮，树牢创新可贵、担当可敬的鲜明导向，营造千帆竞发、大干当前的浓厚氛围。无锡市委常委、江阴市委书记许峰号召全市上下把奋斗装进行囊，对标先进，勇攀高峰，以无坚不摧的顽强作风、敢打善拼的果敢行动，推动江阴发展开新局、展宏图、谱新篇。市委副书记、市长包鸣主持会议，孙小虎、徐冬青等全体市领导参加会议。

【全市工业园区升级改造大会战三年行动动员大会】 2021年5月14日，江阴市召开全市工业园区升级改造大会战三年行动动员大会。无锡市委常委、江阴市委书记许峰在会上强调，全市上下要以超常的意志、超常的举措、超常的付出，啃下工业园区升级改造这块“硬骨头”，改出一番新天地，再造一个新江阴，攀上发展新高峰。市委副书记、市长包鸣作工作部署，孙小虎、徐冬青等全体市领导出席会议。许峰强调，在工业园区升级改造大会战工作推进过程中，必须突出目标引领，加强统筹协调，坚持市场导向，强化底线思维，牢牢把握工作主动权。一要摸清底数。做到底数要清、涵盖面要广、行动要快、内容要实，彻底把全市的工业企业家底搞清楚，为升级改造提供翔实的数据支撑。二要绘好蓝图。规划方面要强化龙头引领、刚性控制，让工业园区的生产、生活、生态功能分区，做到科学合理、一目了然，让升级改造的每一项工作都有规划引领；操作层面要做到周密细致、系统全面，按照“工作目标化、目标项目化、项目节点化”要求，迅速形成“你追我赶、争先恐后”的工作氛围。三要选准路径。要因地制宜、因企施策，一体推进拆改建留，全面盘活存量资源，兼顾各方合理利益，规范用好综合手段，清理腾退低效用地，加快利用闲置土地，实现多方参与、共建共享。四要做深运营。园区形象要焕然一新，实现基础设施网络化、便捷化和整体环境的绿化、亮化、美化；园区产业要特色鲜明，围绕园区主导产业打造产业生态链，实现特色发展、集群发展、错位发展；入园项目要统一调配，严把准入门槛，让项目按照主题落地；园区管理要注重长效，健全管理机构，实现智能化管理、数字化治理。五要造浓氛围。要强化思想共识，强化舆论引导，充分激发想拆迁、要腾退、快升级的内生动力，形成全时空、全天候、全覆盖的强大声势和人人关心、全民支持的良好氛围。

【江阴市第31届科技节】 2021年10月19日，江阴市举行第31届科技节·人才创新周暨江阴高新区“国批”十周年发展汇报会。中国科学院院士孙和平，欧洲科学院外籍院士金国新，挪威技术科学院院士白勇，俄罗斯工程院外籍院士白杰，南京理工大学党委常委、江阴校区执行校长陈钱，南京农业大学党委常委、副校长丁艳锋，科技部火炬高技术产业开发中心副主任盛延林等出席大会。无锡市委常委、江阴市委书记、江阴高新区党工委书记许峰出席大会并致欢迎辞。市领导孙小虎、徐冬青、陈兴华、靳佳高、宋新春、赵强、黄宇、杨晓妮、张韶峰、姜锵等参加大会。

【第三届江阴发展大会暨2021经贸洽谈会】 2021年10月30日，以“奋战‘十四五’·启航新征程”为主题的第三届江阴发展大会暨2021经贸洽谈会在江阴大剧院开幕。无锡市委常委、江阴市委书记许峰在开幕式上致欢迎辞并为江阴城市发展顾问颁发聘书。市委副书记、市长包鸣主持大会。孙小虎、徐冬青等市领导出席大会。经洽会期间，江阴市签约各类基金16只，总规模588亿元，签约重大产业项目182项，总投资1363亿元。

【市委工作务虚会】 2021年12月8—9日，市委召开工作务虚会，全面回顾2021年工作，系统谋划2022年工作。全体市领导和各镇街园区、有关部门主要负责人出席会议。无锡市委常委、江阴市委书记许峰指出，2021年全市各级各部门取得的工作成绩来之不易，2022年是二十大召开之年，是江阴撤县建市35周年，全市上下要认清形势，牢牢把握、积极抢抓宏观大势形成的机遇、重大设施建设带来的机遇和自身努力创造的机遇，科学谋划好2022年工作。针对2022年工作的重点，许峰要求，要把“争先、创新、提升、保障”四个主题贯穿始终。“争先”就是要勇争第一、善创唯一。“创新”就是要持续打响“科创江阴”品牌。“提升”就是要系统提升高质量发展水平。“保障”就是要全面加强党的建设。市委副书记、市长包鸣表示，下一步，江阴在产业转型上要聚焦实体、聚力提质。要优存量、扩增量、拓容量，加快产业结构调整和新旧动能转换，全力构建自主可控、安全高效的现代产业体系。在城市建设上要提优品质、提升效益。在生态治理上要全力降碳、全面减污。在资金筹措上要多路并进、多措并举。围绕2022年经济社会发展目标、“南征北战、东西互搏”战略、城市建设、生态环保、社会事业、党建工作等，与会领导干部积极发言、献计献策，为市委、市政府更好地确定2022年工作思路打下坚实基础。

【全市领导干部警示教育大会】 2021年12月18日，江阴市召开全市领导干部警示教育大会，与会人员集体观看警示教育片《一念贪廉两重天》。市委书记许峰出席会议并讲话。市长包鸣主持会议。全体市领导出席会议。

重要活动

【党史学习教育】 2021年3月6日，无锡市委召开全市党史学习教育动员会议。市领导许峰、孙小虎、徐冬青等在江阴分会场参加会议。10日，市委党史学习教育领导小组召开扩大会议，研究全市开展党史学习教育有关准备事项，筹备召开全市党史学习教育动员会议，正式启动江阴党史学习教育工作。市委书记许峰主持会议并讲话。市领导包鸣、孙小虎、徐冬青等出席会议。11日，市委召开全市党史学习教育动员会议。市委书记、市委党史学习教育领导小组组长许峰作动员讲话。市领导包鸣、孙小虎、徐冬青等出席会议。22日，党史学习教育中央宣讲团宣讲报告会在南京市举行。中央宣讲团成员、原中央党史研究室副主任李忠杰作宣讲报告。包鸣、孙小虎、徐冬青等市领导在江阴分会场收听收看宣讲报告会。

4月1日，市委理论学习中心组举行专题学习会，学习贯彻习近平总书记在党史学习教育动员大会上的重要讲话精神。无锡市委常委、江阴市委书记许峰主持学习会，市领导孙小虎等参加会议。26日，市委书记许峰赴基层社区、生物医药企业、国有企业开展党史学习教育专题调研。

5月8日，市委书记、市委党史学习教育领导小组组长许峰主持召开市委党史学习教育领导小组第二次(扩大)会议，听取无锡市委党史学习教育第一巡回指导组工作要求的汇报，审议通过《市委常委会开展党史学习教育的建议方案》《关于在党史学习教育中开展“四学四悟”主题活动的实施方案》《关于在党史学习教育中开展“学习党史悟思想、弘扬精神开新局”主题活动的实施方案》《“节日里的党史教育”工作方案》《关于在党史学习教育中开展“我为群众办实事”实践活动的实施方案》。市领导徐冬青等参加会议。20日，市委书记许峰主持召开市委理论学习中心组学习会，专题学习习近平《论中国共产党历史》并交流心得体会。江阴市领导孙小虎等参加会议，无锡市委党史学习教育第一巡回指导组组长冯雷列席会议。27日，市委举行学习报告会，专题学习中国共产党江阴地方史。市委党史学习教育理论宣讲团成员、市档案史志馆副馆长邢盈以“中国共产党江阴地方史（1921—1949）”为题主讲。无锡市委常委、江阴市委书记许峰，市政协主席徐冬青等市领导参加报告会。市委常委、宣传部部长程政主持报告会。

6月4日，市委书记、江阴市委党史学习教育领导小组组长许峰主持召开市委党史学习教育领导小组第三次（扩大）会议，传达无锡市委党史学习教育领导小组第三次（扩大）会议精神，听取下阶段党史学习教育重点工作安排的通报和市级班子领导干部“三联三解”* 活动联系对象安排的汇报。市领导孙小虎、徐冬青等参加会议。16—17日，市委、市人大常委会、市政府、市政协党员领导干部开展集中学习暨党史学习教育专题读书班，举行学习报告会，重温入党誓词，参观“辉煌百年路”——中国共产党江阴历史展、中共江阴一大会址纪念馆、新四军六师驻地旧址纪念馆等，实地调研农村住房更新改善项目和重大产业项目情况，并召开市委理论学习中心组学习会，围绕“赓续初心勇担当、接续奋斗再出发”主题交流心得体会。市委书记许峰主持会议，无锡市委党史学习教育第一巡回指导组组长冯雷到会指导，市领导孙小虎、徐冬青等参加集中学习。

7月8日，无锡市委常委、江阴市委书记许峰主持召开十三届市委常委会第162次（扩大）会议，学习贯彻习近平总书记在庆祝中国共产党成立100周年大会和在“七一勋章”颁授仪式上的重要讲话精神；学习贯彻习近平总书记在中央政治局第三十一次集体学习时的重要讲话精神；学习贯彻习近平总书记在参观“‘不忘初心、牢记使命’中国共产党历史展览”时的重要讲话精神；学习贯彻省委书记娄勤俭在党史学习教育专题党课和在江苏省庆祝中国共产党成立100周年座谈会暨“两优一先”表彰会议上的讲话精神。16日，市委办党总支第一党支部围绕“学党史、悟思想、办实事、开新局”主题，开展党史学习教育专题组织生活会。许峰以普通党员身份参加会议并讲授专题党课。无锡市委党史学习教育第一巡回指导组组长冯雷列席会议。

8月27日、28日、30日，9月1日、3日，市委、市人大常委会、市政府、市政协党员领导，开展集体学习暨党史学习教育第二期专题读书班，听取两场学习报告会，参观远望展览馆，调研长三角（江阴）数字创新港，观看革命历史题材电影《1921》，并两次召开市委理论学习中心组学习会，围绕深入学习贯彻习近平总书记在庆祝中国共产党成立100周年大会上的重要讲话精神、践行“两在两同”建新功行动*、在高质量发展中促进共同富裕等交流心得体会。市委书记许峰讲话，市领导包鸣、孙小虎、徐冬青等参加集体学习。无锡市委第一巡回指导组副组长钱夏列席市委理论学习中心组学习会。市人大常委会、市政府、市政协党外领导应邀参加。

9月16日，“农工党与江阴要塞起义”农工党中央党史教育基地在江阴渡江战役纪念馆揭牌成立。农工党中央专职副主席杨震，省政协副主席、农工党江苏省委主委周健民，无锡市委常委、组织部部长、统战部部长柏长岭，无锡市委常委、江阴市委书记许峰，无锡市政协副主席、农工党无锡市委主委韩晓枫，市领导宋新春、许晨出席揭牌仪式。

10月11日，无锡经济开发区党工委书记、管委会主任杨建平率无锡经济开发区党政代表团一行到江阴市开展党史学习教育相关活动。无锡市委常委、江阴市委书记许峰，市领导包鸣、陈兴华陪同考察。25—26日，省委党史学习教育第二巡回指导组到江阴市督导党史学习教育工作，并召开汇报会。省委党史学习教育第二巡回指导组组长刘广忠、副组长吴雪晴出席会议。无锡市委常委、江阴市委书记、市委党史学习教育领导小组组长许峰主持会议并汇报工作。市领导陈兴华、程政参加会议或陪同调研。

【领导干部学习活动】 2021年1月5日，市委书记许峰到徐霞客镇，为徐霞客镇党员干部作学习贯彻中共十九届五中全会精神宣讲报告会。市领导赵强、郁秋皓、张国兴、张韶峰出席宣讲报告会。27日，无锡市委常委、江阴市委书记许峰主持召开市委理论中心组学习会，传达学习习近平总书记在中央政治局第二十六次集体学习时的重要讲话精神、无锡市“两会”精神，讨论研究贯彻落实无锡市委书记黄钦、无锡市市长杜小刚在参加江阴代表团审议时的讲话精神。市领导包鸣、孙小虎、徐冬青等参加会议。29日，市委常委会召开2020年度民主生活会。会议以“认真学习贯彻习近平新时代中国特色社会主义思想，加强政治建设，提高政治能力，坚守人民情怀，夺取决胜全面建成小康社会、实现第一个百年奋斗目标的伟大胜利，开启全面建设社会主义现代化国家新征程”为主题，紧密联系班子和个人实际深入查摆问题，严肃认真开展批评和自我批评。许峰主持会议并作总结讲话。无锡市纪委常委、无锡市委巡察办主任李晓以及无锡市纪委监委、无锡市委组织部有关人员到会指导。

2月8日，无锡市委常委、江阴市委书记许峰主持召开市委理论中心组学习会，学习贯彻习近平总书记在中央政治局常委会会议、中央政治局会议上的重要讲话精神，传达学习省“两会”精神。市领导包鸣、孙小虎、徐冬青等参加会议。

3月10日，无锡市委常委、江阴市委书记许峰主持召开市委理论中心组学习会，学习贯彻习近平总书记在中央政治局会议、中央政治局第二十八次集体学习、全国脱贫攻坚总结表彰大会上的重要讲话精神。市领导包鸣、孙小虎、徐冬青等出席会议。10日，许峰主持召开市委常委会第148次（扩大）会议暨市委农村工作领导小组会议，传达学习中央和省、无锡市党史学习教育动员会议上的讲话精神。23日，“江阴大学堂”举行第45次专题讲座，邀请中国社会科学院经济研究所所长黄群慧作题为《新发展阶段、新发展格局与“十四五”时期的中国经济》的专题讲座。孙小虎、徐冬青、袁秋中等市领导听取讲座。

4月1日,市委理论学习中心组举行专题学习会,学习贯彻习近平总书记在党史学习教育动员大会上的重要讲话精神。无锡市委常委、江阴市委书记许峰主持学习会,市领导孙小虎等参加会议。8日,许峰主持召开市委理论学习中心组学习会,专题学习《中国共产党地方委员会工作条例》《中国共产党党组工作条例》《中国共产党工作机关条例(试行)》《中国共产党地方组织选举工作条例》。市领导包鸣、孙小虎、徐冬青等参加会议。12日,无锡市委书记黄钦到江阴市,深入村、企业、创新基地,开展党史学习教育专题调研。无锡市和江阴市领导柏长岭、许峰、计军、邵文松参加调研。13日,市委理论学习中心组举行专题学习会,传达学习习近平总书记在福建考察期间重要讲话精神。许峰主持学习会,市领导包鸣、孙小虎等参加会议。14日,"江阴大学堂"举行第46次专题讲座,邀请科技政策领域专家、科技部重大科技计划评审专家、高新区升级特聘专家陈文丰,作题为《国内外科学城(科技城)建设经验与江阴霞客湾科学城发展》的专题讲座。许峰、孙小虎、袁秋中、计军、吴芳、陈兴华、程政、赵强、姜锵等市领导以及各级领导干部听取讲座。23日,许峰主持召开市委常委会第152次(扩大)会议,传达学习国务院总理李克强在江苏考察时的重要讲话和在经济形势部分地方政府主要负责人视频座谈会上的重要讲话精神、无锡市民生专项资金清理整治动员部署会精神,市领导包鸣、孙小虎、徐冬青等参加会议。

5月8日,无锡市委常委、江阴市委书记许峰主持召开市委常委会第154次(扩大)会议,传达学习贯彻习近平总书记对深化东西部协作和定点帮扶工作作出的重要指示精神,习近平总书记对职业教育工作作出的重要指示、李克强总理对职业教育工作作出的重要批示以及全国职业教育大会精神,习近平总书记对打击治理电信网络诈骗工作作出的重要指示精神,市领导徐冬青等参加会议。27日,许峰主持召开市委常委会第158次(扩大)会议暨市委理论学习中心组学习会,传达学习中央和省市委财经委员会会议精神,研究部署市领导挂钩联系工作;学习贯彻习近平总书记在广西考察时的重要讲话精神、习近平总书记在推进南水北调后续工程高质量发展座谈会上和在河南考察时的重要讲话精神。市领导徐冬青等参加会议。28日,江苏省举行省市县三级中心组安全生产学习交流会。许峰在无锡分会场参加会议,市领导袁秋中、陈兴华、邵文松、靳佳高、赵强、郁秋皓、杭成在江阴分会场参加会议。

6月11日,无锡市委常委、江阴市委书记许峰主持召开市委常委会第159次(扩大)会议暨市委理论学习中心组学习会,学习贯彻习近平总书记《用好红色资源,传承好红色基因,把红色江山世世代代传下去》重要文章精神,习近平总书记在中国科学院第二十次院士大会、中国工程院第十五次院士大会、中国科学技术协会第十次全国代表大会和中央政治局会议上的重要讲话精神以及给淮安市新安小学重要回信精神,传达学习2021年度长三角地区主要领导座谈会精神,学习《中国共产党和国家机关基层组织工作条例》等党内相关条例。市领导孙小虎等参加会议。21日,许峰主持召开十三届市委常委会第160次(扩大)会议,传达学习习近平总书记对湖北省十堰市燃气爆炸事故重要指示精神。26日,许峰主持召开市委常委会第161次(扩大)会议,学习贯彻习近平总书记在中央政治局第三十次集体学习时的重要讲话精神和习近平总书记在青海考察时的重要讲话精神。市领导包鸣、孙小虎等参加会议。

7月1日,庆祝中国共产党成立100周年大会在北京举行,中共中央总书记、国家主席、中央军委主席习近平在会上发表重要讲话。无锡市委常委、江阴市委书记许峰在北京参加大会,孙小虎、徐冬青等市领导在机关综合楼集中收看庆祝大会现场直播。6日,"江阴大学堂"举行第48次专题讲座,邀请清华大学公共安全研究院院长、中国工程院院士范维澄,作题为《总体国家安全观视角下的韧性城市》的专题讲座。徐冬青、袁秋中、邵文松、程政、靳佳高、赵强、杨晓妮、姜锵等江阴各级领导干部听取讲座。8日,许峰主持召开市委理论学习中心组学习会,围绕学习贯彻习近平总书记在庆祝中国共产党成立100周年大会上的重要讲话精神交流心得体会。市领导包鸣、孙小虎、徐冬青等参加会议,无锡市委第一巡回指导组副组长钱夏列席会议。同日,许峰主持召开十三届市委常委会第162次(扩大)会议,学习贯彻习近平总书记在庆祝中国共产党成立100周年大会和在"七一勋章"颁授仪式上的重要讲话精神;学习贯彻习近平总书记在中央政治局第三十一次集体学习时的重要讲话精神;学习贯彻习近平总书记在参观"不忘初心、牢记使命"中国共产党历史展览时的重要讲话精神;学习贯彻省委书记娄勤俭在党史学习教育专题党课和在江苏省庆祝中国共产党成立100周年座谈会暨"两优一先"表彰会议上的讲话精神。

8月3日,市委理论学习中心组召开学习会,邀请行业专家朱寒松作《抓住结构调整机遇,以资本为抓手,建设新江阴》专题讲座。无锡市委常委、江阴市委书记许峰会见朱寒松一行,包鸣、孙小虎、徐冬青等市领导听取讲座。同日,许峰主持召开十四届市委常委会第1次(扩大)会议,学习贯彻习近平总书记在中央政治局会议、党外人士座谈会、中央政治局第三十二次集体学习时、西藏考察时的重要讲话精神以及习近平总书记对深入推进农村厕所革命作出的重要指示精神。21日,无锡市举行2021年梁溪大讲堂第五讲,邀请上海WTO(世界贸易组织)事务咨询中心理事长王新奎以"经济全球化发展新趋势与我国新发展格局下的浦东对外开放新模式"为主题作报告。许峰在无锡主会场聆听报告,市领导包鸣、孙小虎、徐冬青、计军、陈兴华、邵文松等在江阴分会场收听收看报告。

9月2日,无锡市委常委、江阴市委书记许峰主持召开市委常委会第3次(扩大)会议,学习贯彻中共江苏省委十三届十次全会精神,市领导包鸣、孙小虎、徐冬青等参加会议。4日,“江阴大学堂”举行第49次专题讲座,邀请江苏省苏豪控股集团有限公司副总裁、江苏省国际商会副会长周谦作题为《认识把握新发展阶段的新趋势 谋划构建县域经济发展新格局》的专题讲座。许峰主持讲座。讲座以电视电话会议形式举行,包鸣、孙小虎、徐冬青等全体市领导在主会场听取讲座,市级机关综合楼设分会场。13日,江阴大学堂举行第50次专题讲座,邀请安永大中华区城镇化与经济咨询服务合伙人余泠作题为《绿色发展 科创引领 区域共赢》的专题讲座。许峰、包鸣、孙小虎、徐冬青等市领导以及各级领导干部听取讲座。18日,许峰主持召开市委理论学习中心组学习会,传达学习贯彻习近平总书记在中央政治局会议、中央民族工作会议、中央党校(国家行政学院)中青年干部培训班开班式上的重要讲话精神和在中共中央办公厅《关于贯彻新发展理念专项督查调研的情况报告》上的重要批示精神。市领导孙小虎、徐冬青等参加会议。28日,许峰主持召开十四届市委常委会第8次(扩大)会议,学习贯彻习近平总书记在陕西考察调研时的重要讲话精神;学习贯彻中央深改委第二十一次会议精神和省委深改委第十七次会议精神;传达学习省委《关于加强对“一把手”和领导班子监督的实施意见》主要精神;传达学习中国共产党无锡市第十四次代表大会精神;听取2021年以来全市党风廉政建设情况的汇报。

10月11日,市委理论学习中心组举行学习活动,组织领导干部集中观看革命历史题材影片《长津湖》。无锡市委常委、江阴市委书记许峰,市长包鸣,市人大常委会主任孙小虎,市政协主席徐冬青等市领导参加观影活动。12日,许峰主持召开十四届市委常委会第9次(扩大)会议,学习贯彻习近平总书记在中央政治局第三十三次集体学习时的重要讲话精神;学习贯彻习近平总书记在中央人才工作会议上的重要讲话精神;传达全省人才工作专题会议精神。25日,许峰主持召开十四届市委常委会第10次(扩大)会议,学习贯彻习近平总书记在中央政治局第三十四次集体学习时的重要讲话精神;传达省纪委书记王常松在涉粮问题专项巡视巡察动员部署会上的讲话精神。

11月3日,无锡市委常委、江阴市委书记许峰主持召开十四届市委常委会第11次(扩大)会议暨市委理论中心组学习会,学习习近平总书记在中央政治局会议上的重要讲话精神;传达省委财经委员会第八次会议精神。15日,许峰主持召开十四届市委常委会第12次(扩大)会议暨市委理论中心组学习会,传达学习中共十九届六中全会精神;学习贯彻习近平总书记在参观国家“十三五”科技创新成就展时的重要讲话精神;学习贯彻中共中央《关于加强新时代检察机关法律监督工作的意见》、中共江苏省委办公厅《关于深入学习贯彻中共中央关于加强新时代检察机关法律监督工作意见的通知》;传达学习中央纪委国家监委赴省到锡督导调研主要精神;传达学习省委常委、省纪委书记、省监委主任王常松到无锡市调研讲话精神;传达学习中组部、省委组织部关于加强换届风气监督工作会议精神;传达学习无锡市委书记杜小刚在无锡市2021年度优秀年轻干部挂职锻炼动员大会暨第40期中青班开班式上的讲话精神。21日,许峰主持召开十四届市委常委会第13次(扩大)会议暨市委理论中心组学习会,学习贯彻中共十九届六中全会精神;学习贯彻习近平总书记在中央政治局会议上的重要讲话精神;学习贯彻习近平总书记在《求是》杂志发表的重要文章《坚定理想信念 补足精神之钙》《坚持用马克思主义及其中国化创新理论武装全党》;传达学习省委十三届十一次全会精神。29日,学习贯彻中共十九届六中全会精神中央宣讲团宣讲报告会在南京举行。中央宣讲团成员、全国人大财政经济委员会副主任委员娄勤俭作宣讲报告。许峰、包鸣、孙小虎、徐冬青等市领导在江阴分会场收听收看宣讲报告会。同日,许峰主持召开十四届市委常委会第14次(扩大)会议,传达学习中国共产党江苏省委第十四次代表大会精神;学习习近平总书记关于网络强国的重要思想,传达中央《党委(党组)网络意识形态工作责任制实施细则》及省委相关通知精神;传达学习《中国共产党领导国家安全工作条例》、省委实施意见及无锡市委实施办法。

12月1日,学习贯彻中共十九届六中全会精神省委宣讲团宣讲报告会在无锡市举行。省委宣讲团成员、省社科院党委书记、院长夏锦文作宣讲报告。许峰、包鸣、孙小虎、徐冬青等市领导,市法院、检察院主要负责人在江阴分会场收听收看宣讲报告会。10日,2021年梁溪大讲堂第十讲开讲。北京航空航天大学教授翟志勇作题为《元宇宙前传:关于数字空间与数字社会的思考》的专题讲座。许峰、包鸣、孙小虎、计军、陈兴华、邵文松等市领导分别在无锡主会场或江阴分会场听取讲座。11日,江阴大学堂举行第54次专题讲座。邀请中央财经大学教授、博士生导师、国家社科基金评审专家、国家自然科学基金评审专家温来成作题为《政府投资基金的理论与实务》的专题讲座。孙小虎、计军、陈兴华、邵文松、程政、靳佳高、宋新春、赵强、杨晓妮、郁秋皓、张韶峰等市领导以及各级领导干部听取讲座。15日,江阴市举行学习贯彻中共十九届六中全会精神澄江街道专场宣讲报告会。许峰围绕学习贯彻中共十九届六中全会精神,为澄江街道党员领导干部作专题宣讲。17日,市委书记许峰主持召开市委理论学习中心组学习会,学习贯彻习近平总书记在中央经济工作会议、第三次“一带一路”*建设座谈会上的重要讲话精神,传达学习应急管理部部长黄明、省委书记吴政隆、代省长许昆林在安全生产和应急管理工作座谈会上的讲话精神,学习贯彻中国共产党江苏省第十四次代表大会精神。市领导包鸣、孙小虎等参加会议。24日,无锡市举行学习贯彻省第十四次党代会精神宣讲报告会。无锡市委常委、江阴市委书记许峰,市长包鸣在无锡主会场参加会议。孙小虎、徐冬青等市领导在江阴分会场收听收看会议。

【重要工作推进活动】 2021年1月4日,市委书记许峰主持召开十三届市委常委会第143次(扩大)会议,听取省委巡视整改进展情况报告,审议通过《中共江阴市委巡视整改总结报告》,讨论研究市“两会”有关事项和相关报告。28日,市委常委会召开会议专题听取2020年度全市党(工)委书记抓全面从严治党述职。无锡市委常委、江阴市委书记许峰主持会议并讲话。无锡市纪委常委、市监委委员杨百海,以及无锡市纪委监委、无锡市委组织部、无锡市委宣传部、无锡市应急管理局有关人员到会指导,包鸣、袁秋中、计军、吴芳、陈兴华、邵文松、程政、靳佳高、赵强、黄宇、姜锵等市领导出席会议。29日,市委常委会召开2020年度民主生活会。许峰主持会议并作总结讲话。无锡市纪委常委、无锡市委巡察办主任李晓以及无锡市纪委监委、无锡市委组织部有关人员到会指导。

2月8日,市委、市政府召开全市安全生产工作会议暨深化安全生产专项整治和安全发展示范城市创建动员部署会。无锡市委常委、江阴市委书记许峰出席会议并讲话。无锡市安全生产派驻督导第一组组长吴早春到会指导。市长包鸣作工作部署。市领导孙小虎、徐冬青等出席会议。9日,中共江阴市第十三届纪律检查委员会举行第六次全体会议。许峰出席会议并讲话。市领导包鸣、徐冬青等出席会议。市委常委、市纪委书记、市监委主任靳佳高主持会议并作工作报告。18日,许峰带队开展全市一季度项目观摩与集中开工活动,深入企业一线了解项目推进情况。包鸣、孙小虎、徐冬青等市领导参加活动。25日,江阴市举行公安工作会议。市委书记许峰、市长包鸣分别对此次会议作出批示。市委常委、政法委书记吴芳,副市长、市公安局局长王庆春参加会议。

3月2日,江阴市优秀年轻干部政治素养、能力素质“双提升”培训班在市委党校开班。无锡市委常委、江阴市委书记许峰作开班动员。市委常委、组织部部长邵文松主持开班仪式。4日,江阴市哲学社会科学界联合会揭牌成立。许峰出席会议并讲话。江苏省哲学社会科学界联合会党组书记、副主席张新科,江苏省哲学社会科学界联合会党组成员、副主席周瑞峰出席会议。市委常委、宣传部部长程政主持会议。5日,江阴市召开全市城乡建设工作会议暨城市更新工作动员会。市委书记许峰对此次会议作出批示,市长包鸣就抓好2021年各项任务落实作出部署。市领导郁秋皓、张国兴、张少波、叶韩清参加会议。11日,全市政法队伍教育整顿领导小组召开第一次会议。许峰出席会议并讲话。市领导包鸣、吴芳、程政、靳佳高、王庆春,市法院院长徐振华、市检察院检察长胡洪平参加会议。同日,许峰主持召开市委全面深化改革委员会会议,学习贯彻中央深改委第十八次会议精神,审议市委深改委2020年工作总结和2021年工作要点。市领导包鸣、孙小虎、徐冬青等参加会议。26日,江阴市召开全市镇领导班子换届工作会议,市委书记许峰出席会议并讲话。市委常委、组织部部长邵文松主持会议。30日,江阴市举行全市政法队伍教育整顿专题党课暨集体谈心谈话。市委书记许峰为全市政法系统上专题党课,并作集体谈心谈话。市领导吴芳、王庆春,市法院院长徐振华,市检察院检察长胡洪平参加党课和集体谈心谈话。

4月16日,无锡市委常委、江阴市委书记许峰主持召开全市政法队伍教育整顿领导小组第二次会议暨政法队伍教育整顿工作推进会。市领导包鸣、吴芳、邵文松、程政、靳佳高、王庆春,市法院院长徐振华、市检察院检察长胡洪平参加会议。22日,江阴市举行全市经济运行分析会,研究分析一季度经济运行和重大项目建设情况,全面部署下阶段工作举措。许峰出席会议并讲话。包鸣、孙小虎、徐冬青等市领导参加会议。27日,江阴市举行全市食品安全工作(扩大)会议。市委书记许峰、市长包鸣对食品安全工作分别作出批示。市委常委、副市长赵强参加会议。

5月14日,江阴市召开全市工业园区升级改造大会战三年行动动员大会。无锡市委常委、江阴市委书记许峰出席会议并讲话。市委副书记、市长包鸣作工作部署,孙小虎、徐冬青等全体市领导出席会议。24日,以体育旅游融合发展为主题的2021江苏体育产业大会在江阴市举行,会上正式启动第十六届中国徐霞客国际旅游节。国家体育总局体育经济司副司长、一级巡视员彭维勇,省体育局局长陈少军,省文化和旅游厅副厅长李川,省体育局副局长王志光,市领导许峰、孙小虎、徐冬青、程政、张韶峰出席活动。25日,江阴召开深化全国文明城市创建工作推进会。市委书记许峰、市政协主席徐冬青等市领导参加会议。26日,由新桥镇党委和海澜集团共同主办的“家国丹心旗帜颂”特色党建主题活动在海澜美术馆举行。许峰、邵文松、程政、靳佳高、姜锵等市领导出席活动。

6月8日,2021江阴(北京)产业合作恳谈会在北京举行。中国工程院院士曹湘洪,中国航空器材集团董事长、党委书记贾宝军,中信集团原副总经理、中信泰富原董事长张极井,海关总署原党组成员、国家口岸管理办公室原主任、中国开发区协会陆港分会顾问叶剑,中德友好协会会长史明德等来自央企、知名科研院所的嘉宾客商以及部分在京江阴籍知名人士出席恳谈会。市领导许峰、计军、陈兴华、赵强、姜锵、张韶峰、顾文瑜、杭成参加恳谈会。13日,湖北省十堰市张湾区艳湖社区集贸市场发生重大燃气爆炸事故。市委书记许峰就全市安全生产工作作出批示,对安全生产工作进行再强调、再部署。16日,市委政法委全体(扩大)会议召开,宣布市委关于市委政法委主要领导调整的决定:郁秋皓任市委政法委员会书记,免去吴芳市委政法委员会书记、委员职务。17日,市公安局领导干部会议召开,宣布无锡市委、江阴市委关于江阴市公安局主要领导调整的决定:提名许昌为江阴市副市长人选、任市公安局局长;王庆春不再担任江阴市副市长、市公安局局长职务。18日,市检察院全院干警大会召开,宣布无锡市委、江阴市委关于江阴市检察院主要领导调整的决定:提名关开城为江阴市检察院检察长候选人,任江阴市检察院党组书记;胡洪平不再担任江阴市检察院检察长职务,免去江阴市检察院党组书记职务。21日,全市政法队伍教育整顿领导小组召开第三次会议。许峰出席并讲话。市领导孙小虎、袁秋中、计军、程政、赵强、姜锵、郁秋皓、张国兴、张韶峰、顾文瑜、杭成参加会议。27日,首届长三角(江阴)现代中药大健康产业创新峰会暨中华中医药学会专科专病合作发展平台年会在江阴市开幕。中国工程院院士樊代明、顾晓松,江苏省卫健委副主任、江苏省中医药管理局局长朱岷出席活动。市委书记许峰出席开幕式并致辞,市长包鸣主持开幕式,市领导陈兴华、赵强参加活动。

7月9日,大型对话栏目《问道"南征北战、东西互搏"》正式启动。许峰、包鸣、孙小虎、徐冬青等全体市领导出席活动。13日,临港经济开发区召开领导干部会议,宣布市委关于临港经济开发区主要领导调整的决定:张韶峰任中共江阴市委常委、江阴临港经济开发区党工委副书记、管委会副主任,不再担任江阴市副市长职务。免去计军的中共江阴市委常委、江阴临港经济开发区党工委副书记、管委会主任职务。市委书记许峰出席会议并讲话。市委常委、组织部部长宋新春主持会议并宣读任免文件。同日,全市统战工作干部会议召开,宣布江阴市委关于市委统战部主要领导调整的决定:宋新春任市委统战部部长,免去袁秋中市委统战部部长职务。许峰宣读任免文件并讲话。14日,江阴—靖江工业园区召开领导干部会议,宣布江阴—靖江工业园区主要领导调整的决定:提名翟菁为江阴市副市长人选,任江阴市政府党组成员、江苏江阴—靖江工业园区党委书记;提名杭成为江阴市副市长人选,免去江阴高新技术产业开发区党工委委员、管委会副主任职务和江苏江阴—靖江工业园区党委书记职务。许峰出席会议并讲话。市委常委、组织部部长、统战部部长宋新春主持会议并宣读任免文件。16日,江阴市举行南京海事法院巡回审判基地揭牌暨江阴市法院临港经济开发区法庭迁址仪式,并召开座谈会。无锡市市长杜小刚、南京海事法院院长李后龙为南京海事法院巡回审判基地揭牌,无锡市委常委、江阴市委书记许峰和无锡市中级人民法院院长钱斌为江阴市法院临港经济开发区法庭揭牌。市领导郁秋皓、张韶峰,江阴市法院院长徐振华参加活动。

8月11日,江阴市举行全市经济运行分析会暨工业园区升级改造工作推进会,研究分析上半年经济运行和工业园区升级改造工作,全面部署下阶段任务和疫情防控工作。无锡市委常委、江阴市委书记许峰出席会议并讲话。市委副书记、市长包鸣主持会议。市领导孙小虎、徐冬青等参加会议。17日,无锡市委书记杜小刚在江阴市主持召开企业家座谈会,围绕起草好无锡市第十四次党代会报告、进一步做好无锡市委工作听取意见建议。无锡市委常委、常务副市长朱爱勋,无锡市委常委、江阴市委书记许峰参加座谈会。18日,市委书记、市委全面依法治市委员会主任许峰主持召开市委全面依法治市委员会会议,传达学习省委、无锡市委专项会议精神,听取关于2020年市委全面依法治市委员会工作开展情况的汇报,审议通过《法治江阴建设规划(2021—2025年)》《江阴市法治社会建设实施方案(2021—2025年)》《江阴市党政主要负责人履行推进法治建设第一责任人职责考评方案(试行)》《中共江阴市委全面依法治市委员会2021年工作要点》。市领导孙小虎、徐冬青等参加会议。同日,许峰主持召开市委应对疫情工作领导小组会议。市领导孙小虎等参加会议。25日,江阴市召开全市政法队伍教育整顿总结大会。市委书记、市政法队伍教育整顿领导小组组长许峰出席会议并讲话。市委副书记、市长包鸣主持会议,市领导程政、靳佳高、郁秋皓,市法院院长徐振华、市检察院代检察长关开城参加会议。31日,市委召开全面依法治市工作会议。市委书记、市委全面依法治市委员会主任许峰出席会议并讲话。市长、市委全面依法治市委员会副主任包鸣主持会议。市领导徐冬青、计军等参加会议。

9月3日,江阴市召开全市中期综合考核结果评议会暨"南征北战、东西互搏"战略推进会。无锡市委常委、江阴市委书记许峰出席会议并讲话。市委副书记、市长包鸣主持会议,市领导孙小虎、徐冬青等出席会议。22日,十四届市委召开第一轮巡察工作动员部署会,认真学习习近平总书记关于巡视巡察工作的重要论述,深入贯彻落实中央、省委和无锡市委有关会议要求,部署新一届市委巡察工作。市委书记、市委巡察工作领导小组组长许峰出席会议并讲话。无锡市委巡察指导督导组组长江杰到会指导,市领导靳佳高、宋新春出席会议。23日,华西村举行2021年农民丰收节暨建村60周年座谈会。国务院原副秘书长、无锡市委原书记刘济民,中国作家协会副主席何建明,市领导许峰、徐冬青、计军等参加活动。同日,江阴市召开全市人大换届选举工作会议。许峰出席会议并讲话。孙小虎、计军、陈兴华、程政、靳佳高、宋新春、黄宇、张韶峰等市领导出席会议。24日,市法院召开全院干警大会,宣布无锡市委、江阴市委关于江阴市法院主要领导调整的决定:提名陆晓燕为江阴市法院院长候选人,任市法院党组书记;徐振华不再担任市法院院长职务,免去市法院党组书记职务。

10月7日,江阴市召开工业园区升级改造工作推进会和全市经济运行分析暨冲刺全年目标部署会,听取前期工作情况汇报,研究部署下阶段推进举措。市领导许峰、包鸣、陈兴华、赵强、顾文瑜参加会议。14日,"深化合作·共谋发展"2021无锡—粤港澳大湾区科技创新合作交流会在深圳举行。无锡市领导杜小刚、周凤琴、陆志坚、许峰、丁四海、周常青、高亚光参加交流会。13—15日,2021江阴(深圳)招商考察活动举行,无锡市委常委、江阴市委书记许峰率队,深入大湾区部分头部企业,与企业负责人会晤洽谈,推动产业、投资、创新、项目等多领域合作打开新局面。市领导陈兴华、张韶峰、顾文瑜参加活动。29日,无锡市举行"争第一创唯一季季评"三季度重大项目观摩活动。无锡市委书记杜小刚率无锡市领导和各市(县)区、市有关部门、市属国企、省级以上开发区主要负责人到江阴,集中检阅重大项目建设最新成果。无锡市和江阴市领导赵建军、徐一平、周敏炜、朱爱勋、许峰、包鸣、陈兴华、张韶峰、翟菁等参加观摩活动。31日,市委、市政府召开"大干60天 暂夺全年红"动员大会,贯彻落实无锡市开展"争第一创唯一季季评"活动动员大会暨三季度经济运行分析会精神,部署安排当前具体工作。市委书记许峰出席会议并讲话。市长包鸣主持会议。市政协主席徐冬青等市领导出席会议。

11月16日,江阴市召开专精特新"小巨人"企业'座谈会。无锡市委常委、江阴市委书记许峰出席会议并讲话。市领导宋新春、顾文瑜、翟菁参加会议。27日,由中国科学学与科技政策研究会数字创新与管理专业委员会、南京理工大学、江阴市联合主办的首届中国数字创新高峰论坛暨第二届数字创新与管理学术年会,在长三角(江阴)数字创新港开幕。大会名誉主席、中国科学学与科技政策研究会理事长穆荣平,大会名誉主席、南京理工大学党委书记、紫金战略研究院院长张骏现场出席或通过视频连线的方式参加开幕式,许峰发来书面致辞,市委常委、临港经济开发区党工委副书记张韶峰出席活动。

12月2日,大型对话栏目《问道"南征北战、东西互搏"》围绕"凭江而战"主题,共同探讨"北战"战略的实施路径,展现"北战"三年行动计划阶段性成效,凝聚全市力量,全力唱好"长江之歌"。许峰、包鸣、孙小虎、徐冬青等市领导出席活动。11日,江阴市召开深化全国文明城市创建工作推进会,全力争创全国文明典范城市。无锡市委常委、江阴市委书记许峰对此次会议作出批示。市领导包鸣、程政、靳佳高、张国兴、许昌参加会议。14日,江阴市举行市委常委议军会暨领导干部"军事日"活动。市委书记、市人武部党委第一书记许峰出席活动并讲话。市领导包鸣、孙小虎、徐冬青等参加活动。17日,市委常委会召开专题民主生活会,结合全市2021年以来发生的严重违纪违法典型案例,联系思想和工作实际,联系履行党风廉政建设"一岗双责"情况,进行党性分析和对照检查,进一步筑牢廉洁自律防线,加强市委常委会班子自身建设,推动全面从严治党向纵深发展。许峰主持会议并讲话。18日,"弘扬企业家精神 推进高质量发展"江阴市企业家协会2021年年会隆重举行。许峰出席并讲话。江苏省企业联合会副会长、无锡市企业联合会、企业家协会会长林国忠,包鸣、孙小虎、徐冬青等市领导及部分老领导参加年会。25日,江阴市召开2021年度全市党(工)委书记抓基层党建工作述职会,通过现场述职、现场点评、现场评议,推动全市党(工)委书记更好履行"第一责任人"职责,不断推进全市基层党建工作迈上新台阶,为江阴新一轮发展提供坚强的组织保障。许峰主持会议。无锡市委市级机关工委书记谢军以及无锡市委组织部有关人员到会指导。市领导程政、靳佳高、宋新春、赵强、黄宇、杨晓妮、郁秋皓、张韶峰、姜锵参加会议。27日,无锡市举行四季度重大项目观摩。无锡市委书记杜小刚率无锡市领导和各市(县)区、市有关部门、市属国企、省级以上开发区主要负责人到江阴,集中检阅全市重大项目建设最新成果。无锡市委常委、江阴市委书记许峰,市委副书记、高新区党工委副书记陈兴华,副市长、江阴—靖江工业园区党委书记翟菁参加观摩。29日,江阴市疫情防控应急指挥部召开研判会,分析全市疫情防控最新形势,研究部署下一步工作。市委书记许峰,江阴市应急防控工作机制执行副总指挥、无锡市副市长秦咏薪,江阴市领导包鸣、陈兴华、程政、靳佳高、宋新春、赵强、黄宇、杨晓妮、郁秋皓、张韶峰等出席会议。同日,市疫情防控应急指挥部召开视频点调会,强化责任落实,及时查漏补缺,动员全市上下以强有力的举措坚决打好疫情防控歼灭战。市领导许峰、包鸣、陈兴华、程政、靳佳高、宋新春、黄宇、杨晓妮、郁秋皓、张韶峰等出席会议。30日,江阴市疫情防控应急指挥部召开点调会,听取当前疫情防控工作汇报,分析研判全市疫情防控形势,研究部署下一步工作。市领导许峰、包鸣、陈兴华、程政、靳佳高、宋新春、赵强、黄宇、杨晓妮、郁秋皓、张韶峰等参加会议。31日,江阴市疫情防控应急指挥部召开视频点调会,回顾总结前阶段疫情防控工作,对下一步防控举措再部署、再推进、再压实。市领导许峰、包鸣、陈兴华、程政、靳佳高、宋新春、赵强、黄宇、杨晓妮、郁秋皓、张韶峰等出席会议。

【走访调研活动】 2021年1月11日,无锡市委常委、江阴市委书记许峰赴月城镇调研经济社会发展情况。副市长郁秋皓陪同调研。12日,市委书记许峰带领相关部门负责人,赴江阴—靖江工业园区调研经济社会发展情况。市领导袁秋中、张少波、杭成参加调研。

2月1日,无锡市人大常委会主任徐一平率队到江阴市开展春节前走访慰问活动。无锡市委常委、江阴市委书记许峰,无锡市人大常委会秘书长黄蓉华,江阴市领导孙小虎、计军、程政、许晨陪同走访。2日,许峰走访慰问困难党员、中国好人、困难劳模和结对人才。市领导陈兴华、邵文松、叶韩清陪同走访慰问。3日,市委书记许峰前往长泾镇,看望慰问阳光扶贫结对户,同时走访调研挂钩帮扶村蒲市村,副市长郁秋皓陪同走访慰问。同日,省委常委、常务副省长樊金龙率省有关部门负责人到江阴市,走访慰问困难群众。无锡市和江阴市领导黄钦、朱爱勋、许峰、许晨陪同走访慰问。4日,许峰、包鸣、孙小虎、徐冬青等市领导分组走访慰问老领导。9日,市委书记许峰和市长包鸣分别带队走访保供单位、加班单位、信访维稳单位,检查企业安全生产工作。市领导袁秋中、计军、吴芳、靳佳高、赵强、郁秋皓、张韶峰、许晨、王庆春、叶韩清分别陪同走访慰问。12日,许峰、包鸣分组开展春节走访慰问活动,检查重点岗位值班值守情况并慰问一线工作人员。市领导陈兴华、赵强、张国兴、张韶峰、许晨、王庆春、叶韩清参加走访慰问活动。22日，无锡市委书记黄钦到江阴，深入调研企业运行和重大项目进展情况。无锡市和江阴市领导许峰、丁四海、包鸣、计军、陈兴华、赵强参加调研。

3月4日，无锡市委常委、统战部部长、组织部部长柏长岭到江阴市调研统战工作。市领导许峰、袁秋中、计军、邵文松陪同调研或参加座谈会。15日，无锡市委常委、江阴市委书记许峰带领相关部门负责人调研城区黑臭河道整治、工地扬尘管控、大气环境质量监测等打好污染防治攻坚战相关工作。市领导郁秋皓、叶韩清陪同调研。16日，省政法队伍教育整顿驻点指导组组长、省委巡视组原组长庄同保率队到江阴市调研，推进江阴政法队伍教育整顿。市领导许峰、吴芳、王庆春陪同调研。

4月1日，江阴首个新冠病毒疫苗集中接种点江阴市体育馆接种点正式投入使用。无锡市委常委、江阴市委书记许峰实地检查该接种点运行情况，并带头接种新冠病毒疫苗。市领导包鸣、孙小虎、袁秋中、程政、赵强等也在现场接种新冠病毒疫苗。2日，许峰带领有关部门负责人走访慰问烈士遗属。市领导陈兴华、张韶峰、叶韩清陪同走访慰问。6日，无锡市市长杜小刚到江阴市调研政府投资项目工作。市领导许峰、包鸣、郁秋皓、张国兴参加调研。15日，全国人大常委会委员、全国人大农业与农村委员会副主任委员王宪魁率全国人大农委调研组到江阴市调研粮食生产和农村集体产权制度改革情况。省人大常委会副主任魏国强参加调研。无锡市和江阴市领导徐一平、许峰、丁四海、吴峰枫、孙小虎、张光伟、郁秋皓陪同调研。同日，无锡市委常委、常务副市长朱爱勋率领相关部门负责人一行到江阴市调研经济社会发展情况。市领导许峰、包鸣、陈兴华、赵强参加调研。16日，许峰到市公安局车辆管理服务中心和市法院滨江法庭，调研督导政法队伍教育整顿工作，看望慰问专班工作人员。市领导吴芳、王庆春，市法院院长徐振华参加调研。19日，应急管理部党委委员、副部长刘伟率考核组一行到江阴市，考核调研江阴市应急救援体系和化工园区建设、危化品安全生产等方面情况。应急管理部总工程师、调查统计司司长李万春，省政府副秘书长张叶飞参加调研，无锡市及江阴市领导黄钦、朱爱勋、许峰、包鸣、计军、赵强陪同调研。25日，无锡市人大常委会主任徐一平率调研组到江阴市调研锡澄运河河长制工作，全面推动锡澄运河沿线水环境治理取得新成效。无锡市委常委、江阴市委书记许峰，市人大常委会主任孙小虎，副市长郁秋皓陪同调研或参加座谈会。29日，许峰带领相关部门负责人深入江阴汽渡、江苏省沿江（江阴）危险化学品应急救援基地、高速道口、重点路段，检查节前交通和安全工作。

5月7日，无锡市委常委、江阴市委书记许峰率领相关部门负责人，专题调研全市交通重点工程建设情况。市领导张国兴、叶韩清陪同调研。11日，国家防汛抗旱总指挥部副秘书长、中国气象局副局长余勇率检查组到江阴市检查防汛备汛工作，在许峰的陪同下，检查组先后来到新沟河延伸拓浚江边枢纽工程和锡澄运河定波水利枢纽工程，详细了解江阴防汛备汛工作开展情况。无锡市副市长李秋峰、江阴市副市长郁秋皓陪同检查。13日，在第31个全国助残日来临之际，江阴市举行“同心贺百年 携手铸辉煌”全国助残日活动暨“我为残疾群众办实事”项目发布仪式，并开展走访慰问活动，表彰助残先进，点赞自强之星，发布助残实事。市委书记许峰，无锡市残联党组书记、理事长金卓青出席活动，市领导孙小虎、徐冬青、陈兴华、邵文松、顾文瑜参加活动或陪同走访。25日，许峰赴澄江街道天鹤社区开展“三联三解”活动。

6月1日，无锡市委常委、江阴市委书记许峰，市人大常委会主任孙小虎，市政协主席徐冬青分组走访慰问部分幼儿园和小学，与少年儿童共庆“六一”。市领导邵文松、程政、杨晓妮、张韶峰参加走访慰问活动。6日，市委书记许峰、市长包鸣分别率领相关部门负责人，到部分高考考点、考生住宿酒店等地，实地检查全市高考准备工作。副市长张韶峰陪同检查。18日、21日，许峰分别走访慰问部分老党员、省道德模范和生活困难党员。

7月6日，省委常委、统战部部长杨岳率队到江阴市走访调研江阴市新联会中心基地香山书屋、民主党派中心基地吴文藻冰心纪念馆，实地考察基层统战工作开展情况。无锡市委书记黄钦，无锡市委常委、统战部部长、组织部部长柏长岭，无锡市委常委、江阴市委书记许峰陪同调研。市领导袁秋中、计军、赵强参加调研。8—11日，市委副书记、统战部部长袁秋中到澄江街道、南闸街道、临港开发区利港街道开展“三联三解”活动。15日，省纪委常委、无锡市委常委、市纪委书记、市监委主任王唤春率队到江阴市调研重大项目建设监督保障工作。市委书记许峰，市长包鸣，市委常委、市纪委书记、市监委主任靳佳高陪同调研。23日，无锡市人大常委会主任徐一平率队到江阴市走访慰问驻江阴市部队。无锡市和江阴市领导许峰、黄蓉华、孙小虎、翟菁参加走访慰问。30日，市领导许峰、计军、许昌、翟菁一行先后到解放军驻江阴市某部、优秀现役军人代表家庭、武警江阴中队进行走访慰问。

8月3日，无锡市委常委、江阴市委书记许峰，市长包鸣分组带队深入生产车间、工程建设现场、疫情防控一线等地，代表市委、市政府向坚持奋战在各行各业的劳动者送去慰问。市领导孙小虎、徐冬青、陈兴华、赵强、杨晓妮、顾文瑜、许昌参加走访慰问。10日，无锡市委副书记、代市长赵建军到江阴市专题调研经济发展和安全生产工作。无锡市委常委、常务副市长朱爱勋，无锡市委常委、江阴市委书记许峰，无锡市政府秘书长张立军，江阴市领导包鸣、赵强、张韶峰、顾文瑜陪同调研或参加座谈。11日，市委书记许峰和市长包鸣，以不发通知、不打招呼、不听汇报、不用陪同接待、直奔基层、直插现场的“四不两直”方式开展夜查，深入部分街道、交通卡口和集中隔离点等地，实地督导检查疫情防控工作,并慰问疫情防控一线人员。17日,无锡市委书记杜小刚到江阴,调研江阴市经济社会发展情况,无锡市和江阴市领导朱爱勋、陆志坚、许峰、包鸣、孙小虎、徐冬青等陪同调研或参加座谈会。18日,许峰以市人大代表的身份,到高新区参加市人大代表"履职活动周"专题视察活动,聚焦基础设施建设、生态环境保护、科创载体引育等工作重点,深入发展一线开展现场视察。市领导陈兴华、朱敏、杭成、季相云参加活动。19日,无锡市委常委、市纪委书记、市监委代主任周凤琴到江阴市调研,考察乡村振兴、企业发展、生态环境保护等工作。江阴市领导许峰、靳佳高、张韶峰陪同调研。24日,市委书记许峰以无锡市人大代表的身份,到挂钩联系的澄江街道天鹤社区开展"两进两问"(走进村和社区、走进住户群众,问民生需求、问意见建议)活动。市人大常委会主任孙小虎参加活动。

9月7日,无锡市委常委、江阴市委书记许峰率领相关部门负责人,实地检查涉外疫情防控、文明创建、美丽河湖建设等工作。市领导陈兴华、程政、顾文瑜、杭成陪同检查。8日,省人大常委会副主任、党组副书记王燕文率队到江阴市开展就业促进立法调研。无锡市和江阴市领导许峰、丁四海、袁飞、王传军、孙小虎、杨晓妮、吴国忠陪同调研或参加座谈会。同日,无锡市委副书记、代市长赵建军到江阴市调研江阴经济高质量发展情况。无锡市委常委、江阴市委书记许峰,市委常委、临港开发区党工委副书记张韶峰陪同调研。9日,市委书记许峰、市长包鸣分组开展教师节走访慰问活动。市领导孙小虎、徐冬青、程政、许晨参加走访慰问。29日,许峰率领相关部门负责人,实地检查安全生产、疫情防控、节日保供、文明城市创建等重点工作。市领导赵强、张韶峰、张国兴陪同检查。

10月11日,无锡市委常委、江阴市委书记许峰率领相关部门负责人走访调研挂钩企业、挂钩项目,现场查看企业经营运行、项目推进等方面的情况。市领导赵强、张韶峰参加走访调研活动。12日,市委书记许峰、市长包鸣分组走访慰问部分养老机构和老年人。市领导孙小虎、徐冬青、杨晓妮、许晨、翟菁参加走访慰问。26日,省委常委、宣传部部长张爱军率队到江阴市,调研江阴市融媒体中心建设工作等情况。省委宣传部副部长徐宁、杨力群,无锡市和江阴市领导许峰、李秋峰、程政陪同调研。

11月2日,无锡市委常委、江阴市委书记许峰带领相关部门主要负责人到粮食储备仓库、粮食生产加工合作社等地调研全市秋收秋种和粮食安全工作情况。副市长杭成参加调研。11日,无锡市委书记杜小刚到江阴市开展人大代表"两进两问"活动,调研无锡市人大工作。无锡市人大常委会主任徐一平汇报人大工作和换届选举工作推进情况。无锡市和江阴市领导许峰、徐劼、陈德荣、曹佳中、袁飞、华博雅、魏多、沈建,以及王传军、蔡叶明,无锡市人大常委会秘书长黄蓉华,江阴市人大常委会主任孙小虎、副主任朱敏参加相关活动。12日,省住房和城乡建设厅厅长周岚率队到江阴市调研历史文化保护工作等情况。江阴市委书记许峰,无锡市副市长张立军,江阴市领导包鸣、张国兴参加调研。16日,许峰带领相关板块和部门主要负责人,到澄江街道、夏港街道,实地检查乡风文明和未成年人思想道德建设工作推进情况。市委常委、宣传部部长程政参加检查。17日,许峰带领相关板块和部门主要负责人,到防疫工作专班和企业生产一线,看望防疫工作人员,实地检查安全生产及疫情防控工作开展情况。市领导赵强、张国兴参加检查。27日,许峰率相关部门负责人,现场调研绮山湖科创谷高铁枢纽站建设情况。市领导赵强、张国兴参加调研。

【学习考察活动】 2021年3月3日,无锡市委常委、江阴市委书记许峰带领有关部门负责人和企业代表,赴苏州市考察国际社区建设相关工作。市领导包鸣、计军、陈兴华、张国兴、张韶峰参加考察活动。5日,无锡市委常委、江阴市委书记许峰带领有关部门和镇(街道)主要负责人赴上海,学习考察历史建筑改造更新相关工作。市领导计军、张韶峰、杭成参加学习考察活动。

4月19—20日,江阴市党政代表团在无锡市委常委、江阴市委书记许峰的带领下,赴广东省佛山市顺德区、东莞松山湖高新区,学习借鉴两地在村级工业园升级改造、高端科创载体构建、践行新发展理念等方面的先进经验,为推动全市"南征北战、东西互搏"战略凝聚信心、积蓄动力。市领导袁秋中、计军、张少波、叶韩清和相关部门、镇(街道)主要负责人参加学习考察。

5月26日,无锡市委常委、江阴市委书记许峰带领有关部门和板块负责人赴南京市江宁区,学习考察城市规划建设相关工作。市领导赵强、张国兴、张韶峰参加考察活动。

6月7日,江阴市党政代表团赴徐州市睢宁县学习考察,进一步贯彻习近平总书记"做好区域互补、跨江融合、南北联动大文章"重要指示精神,落实省委、省政府区域协同发展战略,学习考察睢宁在推进高质量发展等方面的经验做法,巩固深化江阴睢宁结对共建关系,共同推进江阴睢宁工业园区稳健发展,推动双方合作向更高层次拓展提升。是日上午,江阴睢宁工业园区开发建设启动仪式举行,徐州市委书记周铁根宣布江阴睢宁工业园区开发建设启动,江阴市委书记许峰为江阴睢宁工业园区管理委员会(筹)揭牌。徐州市委常委、市委秘书长王强,徐州市副市长高圣华,睢宁县委书记苏伟,睢宁县委副书记、县长薛永,江阴市副市长郁秋皓参加相关活动。8日,许峰率队在北京考察参观小米产业园和清华大学,积极推介江阴,增进各方友谊,并对接科技创新、产学研等工作,推动全方位合作。其间,清华大学副校长、中国工程院院士尤政会见许峰一行。市领导赵强、姜锵、张韶峰、顾文瑜参加考察参观活动。22—24日,无锡市委书记黄钦率无锡(江阴)市党政代表团到江阴市对口援疆地区——新疆伊犁哈萨克自治州霍城县,考察对口支援工作,看望慰问援疆干部和援疆人才,与霍城县党委政府共商深化对口支援合作大计。伊犁哈萨克自治州党委副书记、代州长哈丹·卡宾，伊犁哈萨克自治州党委副书记、江苏省对口支援新疆伊犁州前方指挥部总指挥朱斌，无锡市和江阴市领导柏长岭、许峰、丁四海、李秋峰、郁秋皓，霍城县领导马龙、艾斯克尔参加考察和座谈会。

10月15—17日，无锡市委常委、江阴市委书记许峰率江阴市党政代表团赴陕西省延川县学习考察。延川县委书记王湛鸿，延川县委副书记、代县长高汉武，江阴市副市长杭成，赴延川县挂职的江阴市人民政府党组成员，延川县委常委、副县长尹志华等领导参加学习考察活动。

11月10—11日，无锡市委常委、江阴市委书记许峰率江阴市党政代表团赴苏州市相城区、昆山市、太仓市考察，学习借鉴三地在科创载体建设、新兴产业引育、工业园区升级改造、招商引资、城市规划、新农村建设等方面的先进经验。昆山市委书记周伟，太仓市委书记汪香元，相城区委副书记、代区长张伟陪同学习考察。市领导包鸣、孙小虎、徐冬青等参加学习考察。

【表彰活动】 2021年4月9日，江阴举行全市政法系统“举旗帜筑忠诚”主题报告会暨最美平安卫士、最美网格员颁奖活动。省政法队伍教育整顿驻点指导组副组长陈旭、联络员钱森，无锡市委常委、江阴市委书记许峰，无锡市委政法委常务副书记徐盛希，江阴市领导孙小虎、徐冬青、吴芳、张国兴出席活动。30日，江阴市召开“致敬百年 奋斗最美”庆祝“五一”国际劳动节大会。许峰出席会议并讲话。市领导包鸣、孙小虎、徐冬青、邵文松参加活动。

5月24日，江阴市举行“坚持党建领航 共创科学之城 庆祝‘全国科技工作者日’”活动暨党建引领科建“四个十佳”风采展示会，激励全市广大科技工作者为江阴当好高质量发展排头兵、现代化建设先行军、一体化发展领跑者注入澎湃动能。省科协党组书记、副主席孙春雷，无锡市委常委、江阴市委书记许峰，无锡市科协党组书记、主席陈晓华，市领导孙小虎、徐冬青、邵文松、程政、杨晓妮出席活动。

6月29日，在北京举行的全国优秀县委书记表彰会议上，无锡市委常委、江阴市委书记许峰获授全国优秀县委书记荣誉称号。会前，许峰等获奖代表受到习近平总书记的亲切接见。

7月3日，江阴市举行庆祝中国共产党成立100周年座谈会暨“两优一先”（优秀党员、党务工作者、先进基层党组织）表彰会议，深入学习贯彻习近平总书记在庆祝中国共产党成立100周年大会上的重要讲话精神，全面落实省、无锡市相关座谈会和表彰会的最新要求，回顾党的光辉历程，讴歌党的丰功伟绩，表彰各类先进典型。无锡市委常委、江阴市委书记许峰出席会议并讲话。市委副书记、市长包鸣主持会议，孙小虎、徐冬青等全体市领导出席会议。

11月9日，无锡市委常委、江阴市委书记许峰，市长包鸣会见2020年度国家科技进步一等奖获奖企业长电科技股份有限公司代表和全国应急管理系统先进集体江阴市应急管理局代表。市领导陈兴华、赵强参加会见。

12月6日，全国县域经济与县域发展专业研究机构、社会智库北京中郡研究所完成并发布《2021县域经济与县域发展监测评价报告》，2021年全国县域经济基本竞争力前100名县市名单揭晓，江阴蝉联第一，实现“十九连冠”。13日，江阴市举行第八届全民运动会闭幕式暨群众体育先进颁奖大会。无锡市委常委、江阴市委书记许峰会见群众体育先进集体和先进个人，并与大家合影留念。市长包鸣致闭幕词并宣布江阴市第八届全民运动会闭幕。市领导程政、吴国忠、许晨、张晓东参加活动。

【项目签约、奠基、竣工活动】 2021年1月17日，总投资51.8亿元的前晨汽车智能网联新能源商用车项目成功签约，落户江阴高新区。无锡市委常委、常务副市长朱爱勋，无锡市委常委、江阴市委书记许峰出席签约仪式。市领导陈兴华、赵强、张韶峰参加签约仪式。

2月18日，无锡市委常委、江阴市委书记许峰带队开展全市一季度项目观摩与集中开工活动，深入企业一线了解项目推进情况，听介绍、看进度、评项目。包鸣、孙小虎、徐冬青等市领导参加活动。

3月3日，江阴高新区举行重点重大外资项目集中签约仪式，总投资13.65亿美元的10项重点重大外资项目成功签约。市领导许峰、陈兴华、赵强、张韶峰出席签约仪式。5日，2021江阴（上海）产业合作恳谈会在上海举行，前晨智能运输装备项目、润元20万方LNG（液化天然气）清洁能源、沪澄靖高端装备创新协同平台等14个总投资93.68亿元的项目集中签约。市领导许峰、计军、陈兴华、张韶峰、杭成参加恳谈会。10日，临港开发区举行“南征北战、东西互搏”重大项目签约仪式，总投资194.4亿元的24项重大项目成功签约。市领导许峰、包鸣、计军、张韶峰出席签约仪式。18日，澄江街道举行“南征北战、东西互搏”重点重大项目集中签约仪式，总投资超50亿元的11项重点重大项目签约。市领导袁秋中、叶韩清参加签约仪式。

4月2日，法尔胜泓昇集团与中电海康集团举行战略合作签约仪式。市领导许峰、包鸣、陈兴华、姜锵、张韶峰出席签约仪式。19日，南京师范大学附属江阴实验学校项目签约仪式在江阴市举行。南京师范大学、江阴市政府、新桥镇政府三方共同签署联合办学协议书。南京师范大学党委书记胡敏强，江阴市委副书记、市长包鸣出席签约仪式。市委常委、宣传部部长程政主持签约仪式，副市长张国兴参加签约仪式。22日，高新区举行总部经济项目集中签约仪式，总投资48.5亿元的10项总部经济项目集中签约落户高新区。市领导许峰、陈兴华、赵强、张韶峰出席签约仪式。

5月13日，中国工程院张佳宝院士工作站在临港开发区中向旭曜科技有限公司正式成立。中国工程院院士、中国土壤学会理事长张佳宝，无锡市委常委、江阴市委书记许峰，市委常委、临港开发区管委会主任计军出席揭牌仪式。19日，江阴市举行霞客湾科学城规划建设启动暨首批重点重大项目集中签约仪式。无锡市委书记黄钦宣布霞客湾科学城规划建设启动，无锡市委常委、江阴市委书记许峰，无锡市副市长高亚光，江阴市领导孙小虎、赵强、杨晓妮、姜锵、郁秋皓、张国兴、叶韩清出席签约仪式。

6月21日，“生态岸线、绿色港口、零碳园区”绿色联盟行动在临港开发区正式启动，倡议广大企业守好生态岸线建设主阵地、争当绿色港口建设主力军、挺进零碳园区建设主战场，坚决打赢长江大保护之战。无锡市市长杜小刚宣布绿色联盟行动启动。无锡市委常委、江阴市委书记许峰，交通运输部水运科学研究院环境保护与节能技术研究中心党支部书记李庆祥，江阴市领导计军、赵强、张韶峰参加启动仪式。同日，江阴市“北战”重大项目——嘉盛LNG(液化天然气)清洁能源项目在临港开发区开工，为江阴推动化工码头绿色转型注入强大动能。无锡市市长杜小刚宣布项目开工，无锡市委常委、江阴市委书记许峰，江阴市领导计军、赵强、张韶峰参加开工仪式。

7月6日，江阴高新区举行现代服务业项目集中签约仪式，总投资达54.6亿元的11项现代服务业项目成功签约。无锡市委常委、江阴市委书记许峰致辞，市领导包鸣、陈兴华出席签约仪式。16日，江阴高新区举行水环境综合整治工程签约仪式。市委书记许峰，江苏省环保集团总经理许峰，国家开发银行江苏省分行副行长诸晓珺，市领导包鸣、陈兴华参加签约仪式。

9月16日，智建美住智慧移动建筑总部基地项目举行智美云工厂启用仪式。无锡市委常委、江阴市委书记许峰宣布智美云工厂启用。松下电器产业株式会社代表董事、副社长兼松下中国东北亚公司总裁本间哲朗，东南大学党委常委、副校长吴刚，广联达科技股份有限公司董事长、上海智建美住科技有限责任公司董事长刁志中，联动天翼新能源有限公司董事长阎紫电，愿景集团CEO仓梓剑，市领导包鸣、陈兴华、顾文瑜出席启用仪式。

9月29日，张喜刚院士工作站在临港开发区正式揭牌。中国工程院院士、中国交通建设股份有限公司总工程师张喜刚，中国工程院院士、中国人民解放军陆军工程大学教授王景全，中国工程院院士、重庆大学原校长、教授周绪红，中国工程院院士、北京科技大学教授岳清瑞，无锡市政协主席周敏炜，省交通运输厅党组成员、省交通工程建设局局长蒋振雄，无锡市委常委、江阴市委书记许峰，市领导宋新春、张韶峰、顾文瑜参加活动。

10月8日，临港开发区举行重大项目集中开竣工暨恒润大型风电轴承生产线项目开工仪式。无锡市委常委、江阴市委书记许峰宣布项目开工。市领导徐冬青、宋新春、赵强、张韶峰、翟菁参加活动。9日，临港开发区与远景科技集团举行“共建零碳示范工程 探索零碳开发区建设”战略合作协议签约暨零碳开发区建设启动仪式。无锡市委常委、江阴市委书记许峰，远景科技集团CEO张雷，上海环境能源交易所总经理刘杰，市领导赵强、张韶峰出席仪式。14日，“深化合作·锡心以待”2021无锡—粤港澳大湾区投资合作大会在深圳举行。无锡市委书记杜小刚讲话，并与商务部驻深圳特派员寇亚南共同为无锡—粤港澳大湾区经济科技联络处揭牌。无锡市领导周凤琴、陆志坚、蒋敏、许峰、丁四海出席大会。江阴市委副书记、高新区党工委副书记陈兴华列席大会。合作大会期间，江阴现场签约盛合晶微高端研发制造中心项目、华科电子项目、Newrizon Limited智能网联汽车二期项目、深业·蟠龙科创Hub(中心)项目等7项项目，总投资252亿元。

11月3日，江阴市举行“暨阳红—盟红江阴”党建联盟发布暨乡村振兴·共富基金启动仪式。无锡市委常委、组织部部长柏长岭，无锡市委常委、江阴市委书记许峰，江阴市领导宋新春、郁秋皓出席活动。16日，江苏国范智能科技有限公司在江阴高新区正式运营投产，并发布MES(制造执行管理)系统、自动投纱设备、智能仓储集成系统等产品。市委副书记、高新区党工委副书记陈兴华出席活动。同日，氢能源装备·船用罐生产基地项目建设奠基仪式在高新区青阳园区举行。陈兴华参加奠基仪式。25日，江阴新杰科技有限公司新厂建成投运并举行揭牌仪式。陈兴华参加活动。28日，江阴市举行共建长三角太阳能光伏技术创新中心签约仪式。江苏省产业技术研究院将与江阴市共同建设长三角太阳能光伏技术创新中心。长三角国家技术创新中心主任、江苏省产业技术研究院院长刘庆，江苏省科技厅二级巡视员景茂，无锡市委常委、江阴市委书记许峰，无锡市副市长高亚光，江阴市领导包鸣、顾文瑜参加活动。

12月1日，高新区举行重大产业项目集中开竣工暨谷田新材料主体封顶冲刺倒计时仪式。无锡市委常委、江阴市委书记许峰为高新区“30天攻坚冲刺大会战”授旗，市领导包鸣、孙小虎、徐冬青、陈兴华、顾文瑜参加活动。25日，江阴举行霞客湾科学城科教孵化中心开工暨江南大学江阴合作办学启动仪式，为全面推进“南征”战略、打响“科创江阴”品牌注入澎湃动能。无锡市委书记杜小刚宣布霞客湾科学城科教孵化中心开工。江南大学党委书记朱庆葆，中国工程院院士、江南大学校长陈卫，无锡市委常委、江阴市委书记许峰，无锡市副市长高亚光，江阴市领导包鸣、孙小虎、徐冬青等参加活动。（吴通扬 庞 军）

【接待工作】 2021年，江阴市接待各类宾客242批次4843人次，其中党和国家现任领导和原领导3人次，部省级领导29人次，军队将领2人次。

2021年，国家现任领导和原领导到江阴视察指导工作的有3人次。现任领导有十三届全国人大常委会副委员长吉炳轩，原领导有全国人大常委会原副委员长、中国关工委主任顾秀莲，全国政协原副主席张怀西等。

2021年，到江阴考察调研工作的江苏省委、省政府领导有杨岳、樊金龙、王常松、张黎鸿、张爱军、赵世勇、惠建林、潘贤掌等；江苏省人大常委会领导有王燕文、陈震宁、魏国强等；江苏省政协领导有王荣平。到江阴考察指导工作的老领导有任彦申、弘强、张九汉等。

2021年，据不完全统计，到江阴

考察调研工作的国家各部委及各省省级领导和原领导有14人，其中在职领导13人，先后为全国人大常委会委员、全国人大农村与农村委员会副主任王宪魁，应急管理部副部长刘伟，中央统战部副部长、国务院侨务办公室主任、中央社会主义学院第一副院长潘岳，国家防总副秘书长、中国气象局副局长余勇，全国人大常委会委员、全国人大农业与农村委员会副主任委员刘振伟，全国人大农业与农村委员会委员张沁荣，中央纪委国家监委驻全国人大机关纪检监察组组长、全国人大常委会机关党组成员王立山，农工党中央专职副主席杨震，中国作家协会副主席何建明，中央纪委副书记、国家监委副主任傅奎，青海省委常委、秘书长于丛乐，全国人大常委会委员、民盟中央副主席龙庄伟，第十三届全国人大民族委员会主任委员、中国科学院原院长白春礼等。老领导1人，为国务院原副秘书长、无锡市委原书记刘济民。

2021年，据不完全统计，到江阴参观考察的军队将领有2人，先后为江苏省委常委、省军区司令员、少将张黎鸿，江苏省军区政委、少将张孟滨等。

2021年，据不完全统计，到江阴的其他重要人士有10余人，先后为南京理工大学党委书记张骏，以色列驻沪总领馆总领事爱德华，中国科学院院士孙和平，欧洲科学院外籍院士金国新，挪威技术科学院院士白勇，俄罗斯工程院外籍院士白杰，中国企业联合会、中国企业家协会党委书记、常务副会长兼理事朱宏任，全国政协十三届委员、北京汽车集团有限公司原党委书记、董事长徐和谊，南京理工大学校长付梦印，中国科学院院士、南京理工大学教授芮筱亭，全国政协原委员、原新华社香港分社社长、中国香港新闻工作者联会理事会会长张国良，中国台湾华新丽华集团董事长焦佑伦，中国教育学会名誉会长、国家教育咨询委员会委员、北京师范大学资深教授顾明远，南方科技大学工学院院长、加拿大工程院院士、加拿大皇家科学院院士徐政和，江南大学党委书记朱庆葆，江南大学校长、中国工程院院士陈卫等。

（於冠文）

组织工作

【概况】 2021年，江阴市任免市管领导干部8批次537人次，提拔市管正科职领导干部26人，提拔市管副科职领导干部108人（其中市管正职26人），晋升职级98人次。召开中国共产党江阴市第十四次代表大会，选举产生中共江阴市第十四届委员会委员33人、候补委员6人；中共江阴市第十四届纪律检查委员会委员15人；出席中共无锡市第十四次代表大会代表74人。召开中共江阴市第十四届委员会第一次全体会议，选举产生江阴市委书记、副书记、常委；召开中共江阴市第十四届纪律检查委员会第一次全体会议，选举产生江阴市纪委书记、副书记、常委。基层党建以实施“暨阳红—盟红江阴”基层党建三年行动为抓手，以党建联盟为载体，构建“党建引领+N”模式，打造推动全域高质量发展红色引擎。全面落实乡村振兴战略，在全国县域城市中创新成立首个“乡村振兴·共富基金”，基金总规模超2亿元，推进中组部试点——长泾镇蒲市村红色美丽村庄建设试点工作。落实“县乡共管”制度，全面深化村书记专业化管理，探索村干部专业化管理试点工作，创新实施“5150”青苗计划（计划用5年时间，通过市级统一社会化招聘和定向选任2种方式，每年充实150名江阴籍大学生、镇街园区编外用工人员等到村社“两委”副职、委员和专职工作者岗位），首批招录村（社区）专职工作者97名。构建“两新”（新经济组织、新社会组织）党务工作者“选育管用”专职化建设体系，完成187名“两新”党务工作者资格认证，选聘620名专兼职“两新”党建工作指导员。以“驿路先锋·五红行动”为抓手，打造以市级快递物流业党群服务中心为主体、以快递业党建实训基地和物流业党建示范阵地为两翼的“一体两翼”快递物流业党建格局，形成“小蜜蜂驿站”服务圈，获评全国“2021年度百个两新党建优秀案例”。建成海澜集团党建馆、跨境电商产业园、安徽商会等一批新型党建阵地。大力实施党建创新项目18项，基层党建“书记项目”348项。完善人才政策体系，制定出台《江阴市“十四五”人才发展规划》，全方位升级暨阳英才计划，制定青年人才、高技能人才、创新创业领军人才等配套实施细则，创新实施企业家英才培养计划、高层次人才贡献奖励、“引才合伙人”等举措，引育留用政策优势进一步彰显。提升载体平台能级，建成启用长三角（江阴）数字创新港、武汉大学长三角科创中心，在北京、深圳、西安等中心城市新建异地孵化器，首创建立异地孵化器全球创新联盟，全年新引进人才科创项目109项。扩大品牌活动影响，举办人才创新周、江阴（杭州）科技人才合作恳谈会、创新创业大赛、百名博士江阴行等活动56场次，深入清华大学、南方科技大学等72个高校院所进行招才引智，全年新入选省“双创人才”6名、无锡“太湖人才计划”项目47项，全市人才总量达47.23万人。优化人才生态环境。组建首期2亿元人才科创天使基金，推进人才领域“一件事”集成服务改革，开发完成青年人才补贴网上申请平台，高质量运行高层次人才一站式服务中心，提供项目申报、安居住房、子女教育、健康医疗等分类保障服务，增强人才归属感。至年末，全市有基层党组织4231个，其中党（工）委166个，党总支132个，党支部3770个，党员90578名。

【“暨阳红—盟红江阴”基层党建三年行动】 2021年，江阴市委出台《关于开展“暨阳红—盟红江阴”基层党建三年行动的实施意见》，以党的政治建设为统领，以全面增强基层党组织功能为目标，通过创新构建上下贯通、左右联通、全域融通的互联式党建联盟体系，推动全市各类党支部或党小组深化落实“南征北战、东西互搏”总战略，围绕工业园区升级改造、污染防治攻坚、全国文明典范城市创建等重大任务，围绕人民群众急难愁盼、基层治理痛点难点等方面组建党建联盟，切实增强党组织资源整合的能力、攻坚克难的能力、引领示范的能力,为江阴而战、为江阴而拼,为奋力书写现代化滨江花园城市建设新篇章提供坚强组织保证。实施“暨阳红—盟红江阴”党建品牌“345 培育工程”,即:利用 3 年时间,按照“一支部一品牌、一领域一特色、一镇街一矩阵、一市域一集群”4 个层级,培育打造 500 个“主题内涵深、品牌叫得响、工作措施实、示范带动强”的党建联盟。至年末,全市域围绕乡村振兴、基层治理、改革攻坚、科技创新、区域协同等工作,组建党建联盟 810 个。

【快递物流业党建】　2021 年,江阴市以党建引领赋能快递物流行业,开展“驿路先锋 · 五红行动”,为行业高质量发展蓄势赋能。注重条块联动,牵头市邮政管理局、商务局、公安局、申通快递江阴公司、江阴飞达供应链服务有限公司等单位组建快递物流业党建联盟,拓展金融企业、机关部门、村社区、学校等“红色朋友圈”,实现组织联建、活动联办、资源联用、产业联促。注重阵地联建,整合各级党群服务中心、银行网点、加油站、连锁商超等场所,因地制宜打造 131 个“小蜜蜂驿站”,为快递从业人员提供休憩、饮水、充电等十项基本服务和健康义诊、联谊沙龙等十大定制服务,开展“春送岗位、夏送清凉、秋送助学、冬送温暖”等贴心活动。注重项目联抓,联盟单位深度合作,整合各个快递公司资源,创新物流运作模式,打造“统仓共配中心”,降低物流成本,提升运行质效。注重效能联促,引导快递员参与群防群治、融入基层治理,当好防范电信诈骗“宣传员”、守法行驶“示范员”、违法线索“信息员”、城市治理“前哨员”和江阴形象“展示员”,推动生活物流网与城市治理网“双网合一”。

【市镇两级换届】　2021 年,江阴市根据中央和省、市委统一部署,精心组织、周密安排、规范操作,完成市镇两级换届工作。坚持高站位部署推动,市委常委会专题研究部署镇领导班子换届工作,制定《镇领导班子换届工作安排表》,开展 4 轮集中督导,抓好换届工作的组织实施。聚焦高质量选人用人,开展镇领导班子“专项调研 + 综合研判 + 分析比选”,统筹考虑年龄、知识、专业和能力结构,整体编制镇领导班子优化方案。5 月,完成全市 10 个镇党委换届工作,选举产生 92 名镇党委委员、52 名镇纪委委员。落细落实市“四套班子”换届工作,配合无锡市委做好换届集中考察,加强人选把关,从严产生程序,做好各类人选审查考察工作。7 月,召开中共江阴市第十四次代表大会,选举产生新一届市委委员 33 名、候补委员 6 名、纪委委员 15 名,出席中共无锡市第十四次代表大会代表 74 名。

【健全选人用人机制】　2021 年,江阴市认真践行新时代党的组织路线,坚持正确选人用人导向,制定出台《加强新时代领导班子和干部队伍建设再创激情燃烧火红年代的实施意见》《深化“三转一提”* 行动实施方案》等系列文件,着力打造堪当江阴现代化建设重任的高素质专业化干部队伍。全年任免市管领导干部 8 批次 537 人次,提拔市管科级干部 134 人(其中市管正职 26 人),晋升职级 98 人次。突出关键抓担当,制定《关于加强和改进镇(街道)党政正职队伍建设的实施细则》,推行镇街党政正职带班值班、积分管理等制度。实施国有企业经营管理层“揭榜挂帅”,推动 9 个市属国有企业改革重组为 4 个,选优配强领导班子。坚持精准识别,开展常态化分析研判,建立年度综合考核、平时跟踪考核、重点专项考核、任前德才考核“四位一体”考评机制,组建“一线考察员”“一线督导员”,常态化开展“家访 + 暗访 + 夜谈”活动,近距离了解干部工作状态、乡语口碑。

【培养选拔年轻干部】　2021 年,江阴市深入贯彻落实《关于大力发现培养选拔优秀年轻干部的若干措施》,始终坚持把优化干部队伍结构、选拔培养年轻干部放在重要位置。启动实施“澄就未来”系列行动,举办年轻干部政治素养、能力素质“双提升”培训班;选派 121 名年轻干部到“南征北战、东西互搏”、乡村振兴、污染防治等一线扛重活打硬仗;选派 12 名年轻干部赴北京、上海、广州、深圳及世界 500 强企业、科研院所跟班学习;选派 4 名年轻科级领导干部至上海、深圳、上级部门挂职锻炼。开设年轻干部论坛,围绕产业转型、生态文明、治理现代化等专题,引导年轻干部开展大讨论。拓宽来源畅通渠道,接收省委组织部名校优生 2 人、选调生 6 人。持续开展海内外优秀青年人才专项选调,面向“双一流”(世界一流大学、世界一流学科)建设高校和世界名校,引进经济金融、城建规划、信息技术等专业性公开选调人才 35 人。加强年轻干部选拔培养,全年共选配 35 岁及以下市管党政正职 3 人、副科职 38 人,其中“90 后”9 人。

【干部监督管理】　2021 年,江阴市坚持严的主基调不动摇,以换届风气监督为重点,以履职监督为抓手,全面加强政治监督,持续加强对领导班子和干部队伍管理监督,做到真管真严、敢管敢严、长管长严。制定出台《关于严肃换届纪律加强换届风气监督的实施方案》,组建换届风气巡回督查组,先后赴镇(街道)督查 26 次、现场督导 20 次,累计签订承诺书 1.2 万余份,印发提醒卡 9000 余份,谈心谈话 1065 人次。深化拓展干部监督“八早”模式(对选人用人风气“早研判、早预警”,对执行选拔任用制度规定“早指导、早完善”,对拟提拔对象政治素质“早甄别、早把关”,对干部苗头性倾向性问题“早发现、早处理”),强化干部政治素质考察,深入推进干部任前“政治体检”,对市管党政正职开展“三圈”(工作圈、社交圈、生活圈)延伸考察。制定《关于进一步加强家庭家教家风建设的实施办法》,对镇(街道)党政正职和拟提拔重用对象实现家庭走访全覆盖,累计开展干部家访 2000 余人次。深化“三转一提”* 行动,以“四不两直”* 方式赴镇(街道)开展“暗访 + 夜谈”行动。施行任职谈话关爱提醒,向 65 名新提拔干部发放关爱提醒单。强化提醒函询诫勉,对存在不如实报告个人有关事项情形的提醒 1 人、诫勉 3 人,对存在信访举报情形的提醒 3 人。结合市委巡察,对 8 个街道、市级机关等单位的选人用人工作进行专项检查。严格领导干部社团兼职审批，对确因工作需要在社团兼职的31名市管领导干部进行上会审批或备案。对9名市管主要领导开展任期经济责任审计。优化信访举报受理核查流程，办结收到的全部信访举报40件次。夯实干部工作基础，推进干部管理信息系统建设，对市管领导干部学历信息开展专项审查，完成20693卷国有企事业单位工作人员人事档案专项审核全覆盖工作。

【干部教育培训】 2021年，江阴市以全面提升干部把握新发展阶段、贯彻新发展理念、构建新发展格局的专业素质和能力为落脚点，高标准、高水平、高质量推进干部教育工作，持续为干部“赋能充电”。围绕中央、省市委决策部署，组织开展学习贯彻中共十九届五中、六中全会，习近平总书记“七一”重要讲话，省、无锡市、江阴市党代会精神学习培训，制定下发《江阴市新时代干部现代化建设能力提升三年行动方案（2022—2024年）》。聚焦市委“南征北战、东西互搏”总战略，举办新发展阶段、新发展格局与“十四五”时期的中国经济、国内外科学城（科技城）建设经验与江阴霞客湾科学城发展、推进战略性新兴产业发展的合肥实践等专题讲座，开设“北战”做示范“互搏”争标杆、重大项目建设攻坚青年骨干专题培训班。围绕提升年轻干部“七种能力”（政治能力、调查研究能力、科学决策能力、改革攻坚能力、应急处突能力、群众工作能力、抓落实能力），专题开展全市优秀年轻干部政治素养、能力素质“双提升”培训、中层公务员任职培训等。围绕长三角区域一体化发展战略，开展交流培训，举办江阴—常熟“智能化改造数字化转型”主题论坛。全年举办“江阴大学堂”专题讲座10场，各类主体培训班16个，开展“科创江阴”主题学习周活动1次，培训干部9800余人次，选送科级以上干部参加上级举办的各类培训班29个75人次，申报中组部全国好课程1门，中国干部网络学院在线课程2门。

【年度综合考核】 2021年，江阴市充分发挥综合考核的“指挥棒”作用，科学设定考核内容，改进考核方法，压实工作责任，精心组织、精准考评，确保考核工作区分优劣、奖优罚劣、激励担当、促进发展。强化顶层设计，制定出台《江阴市2021年度综合考核实施办法》，进一步规范综合考核组织实施、考核环节、评定等次、结果反馈等程序，对镇街园区创新设立“1+X”（“1”是指镇街园区推进高质量发展年度成效考核，“X”是指域内比拼、域外对标以及特色工作成效考核）综合考核体系，强化互搏比拼、对标赶超。强化日常推进，在全市开展“担使命作贡献季季评”活动，明确建立市委常委会定期点调制度，市委常委会会议原则上每季度专题听取省、无锡考核指标推进情况，进一步明确督查督办、约谈提醒、奖惩挂钩等常态化考核推进机制。强化服务中心，开展首批揭榜挂帅联盟攻坚行动，梳理确定“重大项目、重要创新、重要指标、重要转型、污染防治、重要民生、重要保障、重要争取”等8大类52项第一批联盟攻坚项目清单。组织对全市84个单位开展综合满意度评价，选取社会公众、“两代表一委员”（党代表、人大代表、政协委员）、在职市领导三类对象开展评议，累计发放纸质评议表88份、网上测评5485人次、电话抽样测评4000人次。

【江阴市武汉大学长三角科技创新中心】 2021年10月30日，江阴市武汉大学长三角科技创新中心正式揭牌成立，该中心由江阴市人民政府与武汉大学合作共建，从初次对接、签约到注册、揭牌落地仅历时161天。中心聚焦碳达峰与碳中和、先进制造领域，承担新型研发机构、科技人才服务、科技成果转化、产投孵化运营四大职能，致力于打造立足江阴、面向长三角、辐射全国的国家级科技成果产业化基地和人才培养基地，吸引一流创新人才，突破关键核心技术，推动江阴市与武汉市科技创新服务生态资源合作与科技成果转化。中心设立当年成功签约入驻包括“碳中和”与先进制造、人工智能、科技人才平台、金融平台等在内的科技人才项目10项，组建发布武汉大学长三角科技创新中心党建联盟，承办“澄珈立业”碳中和与先进制造创新创业大赛、“碳中和与经济金融”主题论坛等活动。

【公务员队伍建设】 2021年，江阴市全面贯彻落实《中华人民共和国公务员法》，推进公务员职务与职级并行制度，不断加强高素质专业化公务员队伍建设，持续提升公务员管理水平。科学规范招录公务员，全年考试录用公务员（参公人员）136人，其中市级机关117人（含公安警校招录44人）、镇（街道）11人、选调生8人。优化人员配备，严格公务员队伍日常管理，年内办理公务员调动62人，其中市外调入13人、调出市外8人、市内调动41人。严格执行公务员辞职、辞退等各项制度，严肃行政机关纪律，规范公务员行为，年内辞去公职9人，有88人因违反党纪政纪受到处分，其中开除公职6人。强化公务员年度考核，上年度全市有5785人参加公务员年度考核，其中评定优秀1533人、称职4124人、基本称职2人、不定等次126人。有序推进公务员平时考核，其中评定好等次的6603人次、较好等次的10214人次、一般等次的32人次、较差等次的2人次、不定等次的452人次。持续推进公务员职务与职级并行制度，完成2021年度公务员常态化职级晋升工作，晋升职级非市管公务员58人，其中晋升三级主任科员22人、三级主办4人、四级主任科员24人、四级主办8人。至年底，全市有公务员（参公人员）5633人，其中：市级机关3937人（含公安1870人、法院199人、检察院106人）、镇街815人、群团62人、参公人员819人。

2021 年江阴市党的基层组织设置一览表

表 2 单位:个

党(工)委						党总支部					党支部					党组
总数	其中					总数	其中				总数	其中				
	党工委	企业	事业单位	机关	其他		机关	事业	企业	其他		机关	事业	企业	其他	
156	10	32	15	30	79	310	44	30	54	182	3770	409	508	1551	1302	30

2021 年江阴市党员队伍结构情况一览表

表 3 单位:人

总数	性别		年龄					学历					
	男	女	35岁及以下	36岁至45岁	46岁至55岁	56岁至60岁	61岁及以上	研究生	大学本科	大学专科	中专	高中	初中及以下
88247	62441	25806	19967	16468	15592	7336	28884	3285	26444	17663	3465	13258	24132

2021 年江阴市发展新党员情况一览表

表 4 单位:人

总数	性别		年龄				学历					
	男	女	35岁及以下	36岁至45岁	46岁至60岁	61岁及以上	研究生	大学本科	大学专科	中专	高中	初中及以下
1101	673	428	669	390	42	0	20	622	278	97	69	15

(孔浩宇)

宣传工作

【概况】 2021 年,江阴市宣传思想文化战线坚持以习近平新时代中国特色社会主义思想为指导,深入贯彻中共十九大和十九届历次全会精神,全面落实中央、省市委部署和省市党代会要求,围绕中心、服务大局,把牢正确方向导向,紧扣鲜明主题主线,以守正之心高擎思想旗帜,以创新之举汇聚奋进力量,各项工作取得显著成效。聚焦学习宣传贯彻习近平新时代中国特色社会主义思想这一首要政治任务,党委(党组)理论学习中心组学习制度化规范化水平持续提升。全市 57 个党委(党组)理论学习中心组巡学旁听实现全覆盖。党员冬训参训率超过 99%。在“学习强国”无锡以上平台供稿 1664 篇,列无锡市第一。围绕习近平总书记“七一”重要讲话精神、党史学习教育、中共十九届六中全会精神、省第十四次党代会精神,开展四轮集中宣讲累计达 260 场次。建成“理响江阴”青阳驿站、新桥驿站。组织“永远跟党走 奋进新征程”百姓名嘴宣讲 4000 余场次,获无锡市百姓名嘴风采展示一等奖。编发《党员之友》80 多万册。成立市社科联,召开庆祝中国共产党成立 100 周年理论研讨会。《关于江阴“十四五”时期发展总方略的思考》被省委宣传部评为优秀专题读书调研活动成果。市图书馆、香山书屋获评省级社科普及示范基地。高质高效推进庆祝建党 100 周年各项活动。扎实开展党史学习教育,围绕“六专题一实践”(开展专题学习、专题培训、专题党课、专题宣讲、专题研究宣传阐释、专题民主生活会和组织生活会、“我为群众办实事”实践活动)重点任务,突出“学、讲、赛、写、访、谈、送、帮、挂、办”十字工作法,规定动作做到位,自选动作有特色。举办“百年风华、我心向党”歌咏文艺演出、“辉煌百年路——中国共产党江阴历史”主题展览。组织庆祝建党百年文艺精品创作,累计推出美术、书法、摄影、歌曲、舞蹈等作品 1300 多件。开展“永远跟党走”群众性主题宣传教育活动,举办“追寻红色足迹、传承红色基因”党史学习教育体验教学线路发布暨“辉煌百年路、奋进新征‘澄’”大型全媒体新闻行动。开展“四史”(党史、国史、改革开放史、社会主义发展史)教育电影党课、党史教育电影百村千场放映活动、“我心向党、共享荣光”百场公益电影展映活动。举办千人二胡演奏会等群众性文化活动。组织“奋斗百年路、启航新征程”主题采访和“恰是风华正茂、百年大党正青春”网上主题宣传。推出党史学习教育简报150多期、新闻报道4100余篇。开设“牢记初心使命、争取更大光荣”专题专栏，深入宣传习近平总书记“七一”重要讲话精神，广泛宣传中共十九届六中全会精神，做好省、无锡市第十四次党代会精神宣传报道。紧扣中心大局，开设“开局十四五、奋战新征程”“南征北战、东西互搏”等22个主题新闻专栏，累计刊播新闻报道近8000篇。在中央和省级主流媒体发稿4200余篇，对外宣传持续领跑全省县市。推出《霞客故里 美丽江阴》城市形象宣传片。推进县级网络评论战略支撑点试点建设工作，抖音网评平台“最江阴评论部”粉丝量突破500万人。组织“我心向党”主题快闪暨第五季“喜欢江阴的理由”主题网络文化活动。“江阴发布”“最江阴”微信公众号粉丝数分别达到44万人和70万人，“最江阴”APP（应用程序）建设经验被中宣部专报刊发。市融媒体中心成为全国唯一获中宣部（国家新闻出版署）中国报业深度融合发展创新案例奖和全省唯一入选国家网信办公布的互联网新闻信息稿源单位名单的县级媒体。推进“十大专项行动”（时代新风培育、基础设施完善、人居环境整治、文明行为规范、行业服务优化、生态治理攻坚、民生保障提升、平安法治建设、创建氛围营造、典型选树示范），深入开展“七大专项整治”*，健全常态化创建机制，高质量推进文明典范城市创建工作。市领导深入挂钩网格督查创建工作80余次，组织常态测评和季度社会文明程度指数测评，发布红黑榜、问题通报39期，整改问题1.5万余个。培养选树一批先进典型，获评江苏省道德模范提名奖1人、全国最美人物1人、中国好人2人、江苏好人3人、新时代江苏好少年1人。做好未成年人思想道德建设工作，组织开展“请党放心、强国有我”教育实践活动。持续推进新时代文明实践工作，深化“全澄有爱”志愿服务活动日，组织开展“美丽江阴、志愿全澄”主题活动，实施重点项目12期2100余项。拓展公共文化空间，完成市图书馆升级改造、艺风书房自助图书馆改造。开通覆盖全市的“滴答借书”手机网借服务、“澄艺快递”全民艺术普及点单配送服务。实施农家书屋“一二三”提升工程（“一”，即100本新书，指为全市每个农家书屋配送100本新书；“二”，即2000余场活动，指全市235个农家书屋每年举办阅读活动2000场以上，平均每个书屋每月至少1场；“三”，即30个星级示范农家书屋，重点培育打造30个三星级以上示范农家书屋，全面推进全市农家书屋提档升级），开展“最美书房”评选表彰活动。新增无锡市四星级示范农家书屋5个。“让一座城变成一间书房”阅读推广项目被中宣部（国家新闻出版署）评为全民阅读优秀项目。在中国美术馆举办“闻道未迟”沈鹏诗书作品展、“听黄河涛声”徐惠君美术作品展。组织开展纪念刘半农诞辰130周年系列活动，出版《澄怀之音》。举办“共画长江好”艺术家写生采风活动。举办“我心向党 共读经典”第25届“书香江阴”读书节系列活动。全年送演出、送电影3300多场，送图书2.35万册。传承优秀传统文化，校园小锡班、二胡班基础建设扎实推进。文化产业蓄力提速，新增500万元以上项目（企业）108项（个）。结合十三届市委第十二轮巡察和十四届市委第一轮巡察，对8个单位开展意识形态专项检查，对18个单位开展整改情况督查评估。新闻媒体、讲座论坛、文化市场、民族宗教、网络空间、校园内外等各类意识形态阵地可管可控。与南理工江阴校区建立联动协调机制。严格宗教场所管理，抵御境外非法宗教渗透。完成涉疫情等相关舆情应急处置工作。开展维护意识形态安全专项行动，深入推进“扫黄打非”工作，开展“正道”“新风”集中行动，全年检查出版印刷单位等市场主体1500余个次。璜土镇璜土村获评全省“扫黄打非”进基层示范标兵和先进集体，新桥镇获评全省“扫黄打非”进基层示范点。

【举办庆祝中国共产党成立100周年活动】 2021年，江阴市委宣传部将庆祝建党百年宣传教育贯穿全年，召开庆祝建党100周年座谈会，做好各级“两优一先”（表彰一批全国优秀共产党员、全国优秀党务工作者和全国先进基层党组织）评选表彰工作，举办“百年风华、我心向党”歌咏文艺演出、“辉煌百年路——中国共产党江阴历史”主题展览。组织庆祝建党百年文艺精品创作，累计推出美术、书法、摄影、歌曲、舞蹈等作品1300余件。开展“永远跟党走”群众性主题宣传教育活动，组织“请党放心、强国有我”教育实践活动，开展“四史”教育电影党课、党史教育电影百村千场放映活动、“我心向党、共享荣光”百场公益电影展映活动。举办千人二胡演奏会等群众性文化活动。充分运用户外大屏、墙体围挡、灯箱展板、灯杆道旗、车厢车身等形式多样的载体开展庆祝建党百年公益宣传，累计布设景观50余处、制作各类宣传版面4000余个，营造“党的盛典、人民的节日”浓厚氛围。

【开展党史学习教育】 2021年，江阴市委宣传部有力有序推进党史学习教育，紧扣“六专题一实践”重点任务，突出“学、讲、赛、写、访、谈、送、帮、挂、办”十字工作法，规定动作做到位，自选动作有特色。制定市委常委会专题学习安排表，清单式推进专题学习。开展“四学四悟”（天天自学，持之以恒悟；旬旬议学，深入思考悟；月月研学，相互交流悟；季季践学，身临现场悟）主题活动，举办党史学习教育专题读书班2期。发布“追寻红色足迹、传承红色基因”党史学习教育体验教学点位21个。深入开展“我为群众办实事”实践活动，开展“两在两同”建新功行动*，发布4批123项实事项目，举办现场观摩暨新闻发布会5场，开展“三联三解”（联企解烦难、联村解疑难、联户解困难）走访活动2轮，全市市管领导干部领办实事项目1000余项。编印“我为群众办实事”项目案例汇编。举行“辉煌百年路、奋进新征‘澄’”大型全媒体新闻行动，开设“领导干部学习笔谈”专版，累计刊发学习笔谈100篇并汇编成册。推出党史学习教育简报150余期、新闻报道4100余篇。

【学习宣传贯彻中共十九届六中全会精神】 2021年11月21日,市委召开市委理论学习中心组学习会,深入交流学习贯彻中共十九届六中全会精神的心得体会。12月2日,市委宣传部召开学习贯彻中共十九届六中全会精神宣讲动员会暨市委宣讲团备课会,下发《关于做好学习贯彻中共十九届六中全会精神宣讲工作的通知》,组建由市委常委、宣传部部长程政为团长,市有关部门领导、镇(街道)党(工)委书记和专家学者组成的48人宣讲团。11月29日、12月1日分别组织收听收看学习贯彻中共十九届六中全会精神中央、省委宣讲团宣讲报告会。无锡市委常委、江阴市委书记许峰和市长包鸣分别结合调研在澄江街道和临港经济开发区带头宣讲六中全会精神。全年开展集中宣讲活动109场次,受众2万余人,各级党组织结合党史学习教育、党员冬训活动开展理论学习、专题讲座、支部党课等活动,全市累计宣讲2000余场次,受众10万余人。

【省委常委、宣传部部长张爱军调研市融媒体中心】 2021年10月26日,省委常委、宣传部部长张爱军率队到江阴市,深入新闻媒体一线,实地调研江阴市融媒体中心建设工作等情况。省委宣传部副部长徐宁、杨力群,无锡市和江阴市领导许峰、李秋峰、程政陪同调研。在市融媒体中心,张爱军一行实地参观1200平方米演播厅、高清开放式演播室、大数据股份有限公司筹建场所和"中央厨房"等处。

【主题新闻宣传】 2021年,江阴市委宣传部唱响主旋律,当好主力军,全面挺进主战场,为江阴经济社会发展汇聚磅礴动力。宣传中共十九届六中全会精神,做好省、无锡市和江阴市第十四次党代会精神宣传报道。紧扣中心大局,持续做好主题宣传,统筹经济社会发展与疫情防控工作的新闻宣传,围绕"南征北战 东西互搏"总战略,策划举行"问道'南征北战 东西互搏'"大型对话栏目3期,开设"开局十四五、奋战新征程""南征北战、东西互搏""开启新征程 奋进十四五 共建现代化滨江花园城市""啃下硬骨头 攀上新高峰——全力打赢工改攻坚战""新时代文明实践 我们奋进在路上"等22个主题新闻专栏,累计刊播新闻报道近8000篇。

【意识形态工作】 2021年,江阴市按照中央决策要求和省市委的部署安排,把牢政治方向、坚持守正创新,切实加大意识形态领域引导和管理力度,持续增强社会主义主流意识形态的凝聚力引领力,牢牢掌握意识形态工作的领导权主动权,意识形态领域总体平稳有序、积极向上。坚持党管意识形态不动摇,强化各级党委(党组)的政治责任和领导责任,切实把握意识形态工作的极端重要性。进一步健全责任体系、拧紧责任链条,坚持"五个纳入"*"四个一同"*,常态化落实"22212制度"*,推动意识形态工作责任制落实落细。全年市委常委会专题研究意识形态工作4次,召开意识形态领域情况分析研判联席会议2次,向无锡市委汇报2次,开展意识形态责任制落实情况检查2次。市委中心组集中学习36次,交流研讨10次,对全市57个一级党委全覆盖开展巡学旁听。党史学习教育深入推进,8个巡回指导组下沉全市89个参学单位精准指导。完善督查、考核、通报、问责等机制,全年对5个单位、3个镇街开展市委巡察意识形态专项检查。以每月上报、每季督查、每半年调研的形式,督导各级党委(党组)认真分析研判意识形态领域的安全形势,扎实开展维护意识形态安全专项行动,有效防范化解意识形态领域风险,确保新闻媒体、讲座论坛、文化市场、民族宗教、网络空间、校园内外等各类意识形态阵地可管可控。

【对外宣传】 2021年,江阴市委宣传部精心策划外宣主题,大力开展"霞客故里、美丽江阴"城市形象整体推介,《人民日报》、新华社、央视新闻联播、《光明日报》等中央省级主流媒体聚焦报道达到3800余篇。其中,《人民日报》10篇,新华社27篇(《半月谈》1篇、《瞭望》1篇),中央电视台36条(新闻联播6条),《光明日报》6篇(头版1篇),《新华日报》95篇(头版头条1篇、头版7篇、专版2篇),江苏卫视41条(江苏新时空39条),继续保持全省县市领先地位。《光明日报》发文《江苏江阴:郁郁书香,点亮文明之光》、"新华每日电讯"发文《喝"翻跟头水"的江阴人,掀起科创发展浪潮》,为江阴的"诗与远方"点睛提气。加强境外宣传报道,与新华社、央视国际频道、中国日报社等媒体加强对接,10月举行的第三届江阴发展大会暨经治会由新华社海外推介给"一带一路"众多国家,进一步提升江阴的国际传播影响力。编印《2021江阴概览》《2020记者眼中的江阴》等外宣出版物,制作《霞客故里 美丽江阴》等城市宣传片,不断提升城市美誉度。 (周甜甜)

统战工作

【概况】 2021年,在市委的坚强领导下,全市统战系统坚持以习近平新时代中国特色社会主义思想为指导,围绕中心、服务大局,凝心聚力、守正创新,努力推进全市统一战线工作提质增效,统战工作不断取得显著成效。坚持党管统战主基调,把中心所在、大局所需与统战所能相结合,全力构建大统战工作格局。把学习贯彻《中国共产党统一战线工作条例》贯穿统战工作的全过程,纳入基层党建考核,形成齐抓共管、共同落实的格局。市委常委会3次研究统战工作,市委统战工作领导小组、市民族宗教工作领导小组召开21次会议,专题研究部署统战工作。加强政治引领,深化政党协商,市委召开民主协商会7次,落实市委领导与党外人士联系交友制度,11名市委领导与29名党外人士结对交友。深化教育强共识,依托"统战大学堂""暨阳同舟"等平台,组织统战成员学习习近平总书记"七一"重要讲话精神、中共十九届六中全会精神,广泛开展"永远跟党走、共绘同心圆"等主题教育活动,举办"话三次分配、奔共同富裕"系列主题沙龙,用好红色资源,开展现场教学,汲取奋进力量,增进社会各界的思想自觉、行动自觉、责任自觉。发挥统一战线人才荟萃、智力密集、联系广泛的优势，找准坐标，凝心聚力，合力推动江阴高质量发展开创新局。打造“同心智汇”平台，畅通建言献策参政议政渠道，各民主党派高质量完成中共江阴市委16项调研课题，提交“两会”提案161件，其中7项被列为市委、市政府年度重点项目推进实施。加强党外干部人才储备，坚持“凡进必评”，各民主党派发展新成员58人。加强培养使用，25个市级部门配备党外干部33人，政府部门正职全部配备到位。加强政治安排，高质量完成各民主党派、工商联和知联会换届，10名年轻干部新提拔进领导班子，新一届人大代表、政协委员中党外人士数量均比往届增加。推进党派组织建设，通过星级支部创建，39个支部获三星级以上称号，各民主党派荣获党派中央集体荣誉3项、个人荣誉5项。立足党派资源特色，全力推进实践创新基地建设，“农工党中央党史教育基地”在江阴渡江战役纪念馆揭牌。组织“同心”社会服务月活动，各民主党派开展活动49场，服务群众2万多人次。完成中央统战部确定的新的社会阶层代表人士综合评价试点任务，探索创新，构建综合评价和长效管理2个“1+N”制度体系(一是综合评价“1+N”制度体系，“1”是指综合评价试点的整体方案，“N”是指试点工作的组织领导、协调会议、实施细则、流程指南四个配套制度；二是长效管理“1+N”制度体系，“1”是指《进一步加强新时代新的社会阶层人士统战工作的实施意见》，“N”是指新的社会阶层人士的政治引导、教育培训、联系联谊、分类指导和结果使用等五项制度)，形成“暨阳新联数据云平台”，全面提升新的社会阶层人士统战工作质效。相关做法得到中央统战部部长尤权批示，并发文全国推广。坚持底线思维，统筹抓好政治安全和生产安全，推动民宗领域团结和顺。严密防范意识形态风险，抢占意识形态制高点，通过学习交流、书画展览等活动，促进中央民族工作会议和全国宗教工作会议精神入脑入心、凝聚共识。江阴市桐岐中心小学被授牌“铸牢中华民族共同体意识示范学校”。推进基层宗教工作网格化管理，全市105个宗教活动场所和7个民间信仰活动场所全部入网入格。开展宗教领域专项整治，打击非法宗教活动，持续开展112个未批场所关闭整治“回头看”，推动23个场所更新为党群服务站或民生服务公益坊。推进安全生产专项整治三年行动，创新制定宗教场所安全检查标准(试行)，得到无锡安全生产督导组的肯定。不定期开展拉练演练，常态化开展安全督导，组建5个督导组在全市宗教场所进行不定期督查，既查风险隐患，又查责任落实，累计发现安全隐患245处，全部整改处置到位。从严从实抓好民族宗教场所疫情防控，深入督查检查，开展防疫培训，确保四方责任落到实处。持续深化民族团结进步创建“六进”(进机关、进乡村、进学校、进企业、进社区、进宗教活动场所)活动，开展文艺联欢会、主题征文等丰富多彩活动，提升各族人民的获得感、幸福感、安全感，打造共同精神家园。成立1个民促会分会，1个单位创成省级“红石榴家园”，7个单位创成江阴市“红石榴家园”，实现民促会分会和“红石榴家园”建设两个全覆盖。把握非公经济领域统战工作着力点，围绕“南征北战、东西互搏”夯实江阴高质量发展基石，引领壮大民企主力军，助推民营经济茁壮成长，促进非公有制经济健康发展和非公有制经济人士健康成长。大力弘扬江阴企业家精神，实施企业家英才培养计划，市领导和百强、百佳企业挂钩服务，开通政企直通车，深化政企、银企、法企对接，引导创新发展的强烈使命担当，新增“中国民营经济500强”1个、上市企业3个，长电科技获国家科技进步奖一等奖，江阴市作为唯一县级市入选首批“全国民营经济示范城市”。组建江阴市工商联代表队参加无锡市“百家商会学党史”知识竞赛及演讲比赛，荣获演讲比赛第一名和团体三等奖。组织65名新生代企业家赴南通市开展“弘扬张謇精神 助力创新发展”理想信念教育实践活动，组织97名新生代企业家参观中共川康特委旧址。持续推动党的组织和工作全覆盖，是年，先后指导江阴市青年商会等15个商会协会成立党支部，全市累计有商会协会党组织41个，实现所属商会党的组织全部覆盖。以重点课题调研为抓手，切实增强参政议政实效，提交《关于对我市长泾粗纺呢绒产业发展的建议》等3件集体提案。完成《关于传承弘扬张謇精神 厚植企业家爱国情怀的建议》等3件人大建议、政协提案答复。打好双招双引主动仗，牵头承办第三届江阴发展大会，汇聚乡贤资源力量，签约182项重大项目，投资总额达1363亿元。建立江阴市海归人才创新创业港，数字化燃烧系统等一批科技领军人才创业项目陆续进驻。鼓励欧美同学会学长积极主动创新创业。常务理事符宇强团队在江苏省侨联主办的“创业中华·筑梦江苏”侨界创新创业大赛中获“最具市场价值奖”；会员虞桂平团队在“科创无锡”“创响无锡”创新创业大赛中荣获一等奖。开展对台招商，新增台资项目9项，实际到账外资4800万美元，总投资8亿美元的华科电子项目签约。瀚宇博德股份有限公司、信邦电子股份有限公司等8个台资企业入选2020年度江阴市重点骨干企业名录。见龙国际股份有限公司、见龙投资集团以及瀚宇博德股份有限公司被认定为无锡市级总部企业。精准服务侨界侨胞，成立“江阴海外留学生服务联盟”“江阴市中医惠侨联盟”，打响“澄心惠侨”品牌。挖掘欧美同学会资源，在英国、美国、澳大利亚等国建成海外引才工作站23个。召开江阴市台属联谊会第六次会员代表大会，选举产生江阴市台属联谊会第六届理事会，举办2021年海峡两岸纪念徐霞客公祭典礼、“澄台一家亲 共画同心圆”中秋联谊、“艺术结缘·姐妹情深”——江阴天华艺校与中国台湾华冈艺校结盟'15周年庆联合线上音乐会等交流活动，架设文化连心桥。开展“百人走台企 聚力办实事”活动，累计走访企业86个次，协调处理台企台商台胞各类困难问题26个。在是年疫情防控、河南灾情、乡村振兴中，全市统战系统组织1200余名志愿者参与疫情防控，积极开展慈善公益事业，全市非公企业向“乡村振兴·共富基金”捐款超1.8亿元。

【党史学习教育成果丰硕】 2021年,江阴市委统战部成立统战部党史学习教育领导小组,制定《市委统战部党史学习教育实施方案》《关于在全市统战系统中开展“永远跟党走 共绘同心圆”主题活动的实施意见》等文件。开展党史学习研讨交流26场,举办统战系统党史学习教育专题宣讲报告会8场,发放党史学习教育材料1400多余册,印发《党史学习知识100问答》1200余本。开展“党史天天学”线上阅读活动,参与线上阅读的统战成员超过4000多人次。成立统战系统党史巡讲团,开展巡讲22场,覆盖统战成员及统战对象4542人次。代表无锡市参加江苏省统战系统演讲比赛获一等奖。组织广大统战成员开展“追寻红色的足迹”教育实践活动,开展“永远跟党走 共绘同心圆”社会服务活动,组织“健康江阴行”“励志基金”助学助困,“送法典、送健康、送祝福”活动、急救知识培训、少数民族青少年“同心”课堂等49场活动,超过850名统一战线成员参与其中,服务群众1万余人。开展“百人走百企 聚力办实事”主题活动,累计走访企业100多个,协调处理台企台商台胞各类困难问题22个,优化台企台胞发展环境,有力推动澄台融合发展。

【举办第三届江阴发展大会暨2021经贸洽谈会】 2021年10月30日,以“奋战十四五·启航新征程”为主题的第三届江阴发展大会暨2021经贸洽谈会在江阴大剧院开幕。来自海内外的300余名工商金融界、科技界、教育界、医药卫生界、文化体育界等领域的江阴人和在江阴学习、工作过的知名人士,以及为江阴经济社会发展做出突出贡献、获得江阴荣誉市民称号的友人和客商应邀出席大会,共叙友情、共谋发展、共话未来。无锡市委常委、江阴市委书记许峰在开幕式上致欢迎辞。现场还举行基金项目和重大产业项目集中签约仪式,5只基金规模达263亿元,52项重大产业项目投资总额达659亿元,其中先进制造业及科技创新项目41项,服务业及服务平台项目11项,单项项目平均投资额达12.67亿元。经洽会期间,签约各类基金16只,总规模588亿元,签约重大产业项目182项,总投资1363亿元,涉及新能源、集成电路、高端装备、生物医药、智能制造等领域。其中内资项目146项,投资总额781亿元;外资项目36项,投资总额91亿美元。

【市各民主党派、工商联和知联会换届工作】 2021年,江阴市委统战部按照市各民主党派、工商联和知联会有关章程及上级有关换届的文件精神,严格换届程序,落实换届政策,协助市各民主党派和知联会于10月21—26日,指导工商联于12月9日,分别召开换届会议,顺利完成换届工作,深化政治交接。

【民主协商、参政议政】 2021年,江阴市政协制定年度江阴市委政党协商计划并按计划召开民主协商会7次,市政协召开政情交流会3次。指导各民主党派、工商联和知联会拟定并完成年度重点调研课题16个,利用“两会”平台提交提案161件,占总数的56.7%,其中重点提案11件,占总数的68.7%。

【民主党派基层组织建设】 2021年,江阴市委统战系统获三项集体荣誉,民进江阴市委获评民进全国反映社情民意信息工作先进集体,“有了爱就有了一切——班级书柜捐赠计划”获评民进全国社会服务暨脱贫攻坚工作优秀成果,农工党江阴市委获评农工党中央脱贫攻坚工作先进集体。深入挖掘要塞起义中统一战线作用,建成“一馆一台一楼”(一馆指江阴渡江战役纪念馆、一台指黄山炮台、一楼指望江楼)农工党中央党史教育基地。民盟中央“农村教育烛光行动”校长培训班在江阴市举办。“星级支部”创建评选出39个支部获三星级以上称号,其中五星级支部17个,四星级支部13个,三星级支部9个。

【党外干部培养】 2021年,江阴市委统战部完成政府必配部门、政府部门正职以及检察院党外干部配备,选派2名党外干部参加无锡市党外干部中青班。发展党派新成员58人,6名党派成员获得民主党派全国性个人荣誉。

【政协换届组织工作】 2021年,江阴市委统战部政协换届协商产生委员426名,其中党外委员261名,占总人数的60%;女委员142名,占总人数的32.6%;少数民族委员7名,残疾人委员2名。平均年龄43.4岁,比上届下降0.4岁。本科以上362名,比上届增加79名。

【举行“中医惠侨联盟”启动暨“中医惠侨基地”揭牌仪式】 2021年11月10日下午,“江阴市中医惠侨联盟”启动暨“江阴市中医惠侨基地”揭牌仪式在龙砂医学传承研究院举行。无锡市委统战部常务副部长、侨办主任金卓青,江阴市委常委、统战部部长、组织部部长宋新春,江阴市委统战部常务副部长周琛等出席活动,江阴市归侨侨眷、留学生代表参加活动,江阴市委统战部副部长、侨办主任王熹主持活动。“江阴市中医惠侨联盟”由市委统战部、市卫健委、市人民医院医疗集团、市中医院医疗集团、江阴天江药业有限公司5个单位联合成立,借助联盟活动的品牌化运作、项目化实施、精细化管理,丰富“中医惠侨”活动内涵,推进中医药“走出去”,进一步提升江阴地方医学的文化影响力。

【举行“江阴市海归创新创业港”揭牌仪式】 2021年11月22日,“江阴市海归创新创业港”揭牌仪式在长三角(江阴)数字创新港隆重举行。无锡市委统战部常务副部长、无锡市侨办主任金卓青,南京理工大学江阴校区党工委书记、副校长孔捷,江阴市委常委、统战部部长、组织部部长宋新春,江阴市委常委、江阴临港经济开发区党工委副书记、管委会副主任张韶峰等领导出席活动。金卓青对江阴市欧美同学会成立以来的思想引领、组织建设工作予以充分肯定,要求海归创新创业港依托长三角(江阴)数字创新港平台,全面深化校地合作,牢抓南京理工大学人才引育优势,聚集创新资源、聚汇创新人才、聚焦创新产业,打造江阴产学研合作新标杆。

【台资企业受到全市表彰】 2021年4月16日,江阴市召开2020年度综合考核总结大会，多个台资企业表现突出受到全市表彰。见龙投资有限公司、江阴信邦电子有限公司获评2020年度百强明星企业。见龙投资有限公司获评2020年度上缴税金净增超亿元企业。瀚宇博德科技（江阴）有限公司、见龙投资有限公司获评2020年度上缴税金超亿元企业。见龙投资有限公司获评2020年度十佳外商投资企业。见龙投资有限公司许丽芳、江阴信邦电子有限公司刘叶分别荣获2020年度优秀企业家、优秀总经理。

【台属联谊会第六次会员代表大会】 2021年5月22日，江阴市台属联谊会第六次会员代表大会召开。大会通过市台属联谊会第五届理事会工作报告，选举产生市台属联谊会第六届理事会理事，产生会长、副会长、秘书长，聘请荣誉会长和顾问。江苏省台属联谊会发来贺信。江阴市委副书记、统战部部长袁秋中，无锡市台办副主任曹泳敏、无锡市台属联谊会会长吴盘中到会并讲话。江阴市委统战部副部长王熹、江阴市委台办有关领导，各镇街统战委员，高新区、临港开发区党群工作部有关领导应邀出席。

【举办2021年海峡两岸纪念徐霞客公祭典礼和徐霞客文化线上交流座谈会】 2021年5月19日，2021年海峡两岸纪念徐霞客公祭典礼在江阴溯江纪源广场举行。江阴市徐霞客研究会执行会长陈捷元、名誉会长陈楠，中国台湾徐霞客研究会副会长蒋维泰、副秘书长彭崇耕等参加公祭典礼。江阴市政协副主席张晓东、无锡市台办副主任汪克强等相关领导出席公祭典礼。江阴台资企业见龙国际下设的江阴见龙廖有章爱心基金会资助该次活动。作为徐霞客文化宣传周的重头戏——江阴职业技术学院徐霞客文化研究中心揭牌暨海峡两岸徐霞客文化交流线上座谈会隆重举行。该次线上座谈会主会场设在江阴职业技术学院，分会场设在中国台湾东南科技大学。江阴市徐霞客研究会领导、中国台湾徐霞客研究会嘉宾和两岸高校师生代表等嘉宾出席线上座谈会。

【“石榴花开暨阳城 同心共筑中国梦”主题宣传教育活动】 2021年，江阴市民宗局围绕“石榴花开暨阳城 同心共筑中国梦”的主题，锐意进取，开拓创新，争先创优，切实推动党的民族政策落地落实，不断开创江阴民族团结进步事业新局面。全年举办“感恩心向党、民族一家亲”江阴市少数民族庆祝中国共产党成立100周年文艺联欢会1场。组织少数民族代表参加无锡市民促会第六次代表会议。全年7个单位创成江阴市“红石榴家园”，其中青阳镇毓秀社区创成江苏省第二批“红石榴家园”，江阴市桐岐中心小学被授牌“铸牢中华民族共同体意识示范学校”。贯彻落实中央民族工作会议精神，持续深化民族团结进步创建“六进”活动，组织开展“民族交融 共建暨阳”主题征文活动和江阴农商行杯民族团结进步主题书画展活动等。

【宗教管理】 2021年，江阴市委统战部开展宗教基础信息调查，全面摸清宗教领域底数。推进基层宗教工作网格化管理，全市105个宗教活动场所和7个民间信仰活动场所全部入网入格。持续深化宗教场所“四进”（国旗、宪法和法律法规、社会主义核心价值观、中华优秀传统文化进宗教活动场所）工作。新建宗教场所档案室6个，其中省三星级5个、省二星级1个。开展扶贫帮困活动，坚持18年开展助学活动，“乡村振兴·共富基金”募捐资金160万元。

【全市宗教场所安全工作】 2021年，江阴市委统战部扎实推进安全生产专项整治三年行动，创新制定宗教场所安全检查标准，得到无锡安全生产督导组的肯定，并建议在无锡全市推广。坚持指导+督导模式高效推进场所安全生产工作。成立5个督导组，在全市宗教场所进行不定期督查，既查风险隐患，又查责任落实。与第三方签订安全顾问协议，会同第三方专家对全市开展分组督导检查，累计发现安全隐患245处，全部整改到位。持续开展112个未批场所回头看，23个场所转化为党群服务站和助残助老民生服务公益坊。坚决守稳疫情防控底线，常态化开展“双随机”检查，开展防疫培训，切实维护好信教群众和教职人员的生命安全。开展全市宗教活动场所既有建筑安全隐患排查整治工作。（周立君）

保密工作

【概况】 2021年，江阴市保密工作继续发挥“保安全、保发展”的保障作用，结合建党百年庆祝活动组织保密宣传教育，通过层次推进、重点督查，扎实开展保密自查自评，加强微信工作群保密管理，强化互联网出口、政务网站等巡查监控，确保党和国家秘密的安全。

【纪念建党100周年保密宣传】 2021年4月，为庆祝中国共产党成立100周年，在江阴新闻综合频道分早、中、晚三个时段持续播放保密宣传片1个月。江阴市保密局组织全市机关干部参加全国保密知识竞赛和《中华人民共和国保密法》答题活动，2.8万人次参赛。长泾镇、祝塘镇在市民广场开展保密法制宣传。6月，组织参加无锡市保密密码宣传海报征集评选活动，江阴职业技术学院等18个单位报送作品80余件，华士镇等单位3件作品获评优秀奖。

【保密干部培训】 2021年5月，江阴市保密局组织26名保密干部参加无锡市保密局组织的杭州保密干部研修班学习。年内，首次邀请市机关单位保密干部参与自查自评现场督查，自然资源和规划局、江阴高新技术开发区等单位14名保密干部参加，互学互鉴。9月，市保密局2名干部参加无锡市（县）区保密局业务培训班。11月，江苏省及无锡市举办首届保密知识技能竞赛，选派市公安局和保密局各1名保密干部参加，以赛促学。

【保密工作自查自评】 2021年6月，江阴市保密局组织召开全市保密自查自评工作会议，部署分“内设机构和个人自查、单位核查、全面检查”三个阶段开展自查自评。市交通运输局为适应“局队合一”执法体制改革，召开专题会议推进保密工作；市委编办、徐霞客镇、顾山镇等召开专门部署会议。市纪委监委邀请无锡市保密局领导作保密专题讲座,华士镇组织年轻干部能力提升培训班、新桥镇及长泾镇通过大讲坛等开展保密知识培训。市公安局采取现场检查和大数据筛查方式对全局90个部门单位开展检查,江阴边检站清查计算机87台;市纪委监委、临港经济开发区和江阴—靖江工业园区等新购或借用计算机专用检查工具开展重点督查。7月,无锡市保密局对政协办公室等3个单位进行重点抽查,9—11月,市保密局组织对部分市级机关和各镇(街道)园区开展重点抽查,抽查26个单位,检查计算机120余台、台账150余卷,并及时印发抽查情况总结,通报突出问题,明确整改要求。

【微信工作群集中清理】 2021年4月,江阴市保密局印发微信使用保密管理相关规定和微信泄密警示教育案例,开展微信工作群清理统计,市检察院组织警示教育讲座,市法院开展裁判文书上网清查和涉敏感案件信息清理,申港街道、新桥镇等积极完善制度,全员签订保密承诺,全市汇总上报微信公众号70余个、工作群4300余个。

(李朝阳　韩镇阳)

机构编制工作

【概况】 2021年,市委机构编制委员会办公室坚持以习近平新时代中国特色社会主义思想为指导,深入贯彻中共十九大和十九届历次全会以及习近平总书记对江苏工作重要讲话指示精神,围绕省市委中心工作,在市委、市委编委的坚强领导下,认真落实上级部署要求,扎实开展工作,为谱写"强富美高"新江阴的现代化篇章提供坚实的体制机制和机构编制保障。先后荣获江阴市先进基层党组织、人民满意机关、安全生产先进单位、督查信息保密工作先进集体等荣誉。

【行政管理体制改革】 2021年,江阴市组建市域治理现代化指挥中心,将各镇(街道)综合管理服务指挥中心作为市域治理现代化指挥中心的板块分中心,市级有关部门保留单独运转的专业指挥中心以及联动、执法、管理等系统平台作为专业分中心,接受市市域治理现代化指挥中心全天候综合指挥调度,做到一个中心汇集群众诉求、一个中心统筹社会管理、一个中心实施综合指挥,全面构建"大数据+指挥中心+N"的市域治理现代化指挥体系。完成澄江街道基层治理体系改革先行先试省级试点任务,协调8个市级部门(单位)制定实施派驻机构考核方案,镇(街道)园区考核权重占比不低于50%,指导镇(街道)完善隶属职能机构及派驻机构的统筹指挥协调机制。根据省、无锡市权力清单调整情况和工作部署,公布市《各部门行政权力清单(2020版)》。出台《江阴市镇(街道)行政权力事项清单》,载列行政权力事项885项,其中法定权力事项75项、行政审批类赋权事项45项、相对集中行政处罚权及其他职权调整事项765项。通过省委编办组织的审批服务便民化第三方评估。

【事业单位改革】 2021年,江阴市按照中央和省事业单位改革试点工作要求,研究制定《江阴市深化事业单位改革试点实施方案》等文件,完成各项改革任务,妥善处理机构撤并的后续问题,探索构建公益事业高质量发展新格局。跨部门跨层级优化重组事业单位5个,部门内整合组建38个,撤并"小散弱"部门34个,新设立1个,除学校、医院外,市本级事业单位从改革前242个减少至117个,精简比例为51.7%,精简事业编制1834个,精简比例为28.4%。同步推进参公编制精简工作,精简参公编制341个。改革中,复核103个部门所属事业单位政事权限清单,审核印发108个事业单位机构职能编制规定,核准备案108个事业单位章程,领导班子职数从674个减少至424个,精简率为37.1%。

【综合行政执法改革】 2021年,江阴市出台《关于进一步强化镇街(开发区)综合行政执法工作效能的实施办法(试行)》,理顺综合执法协作机制,在镇(街道)建立综合执法协调联动机制,推动条线专业力量融入网格解决专业问题。将108名市级城管执法参公事业编制人员和112名编外人员划转下沉澄江街道,实现全市镇(街道)综合执法"一队伍"全覆盖。探索交通运输局"局队合一"执法体制改革,实施《江阴市交通运输局(江阴市交通运输综合执法大队)"局队合一"执法体制改革实施方案(试行)》,进一步压实执法责任,推进执法力量下沉一线。

【开发区规范管理】 2021年,江阴市贯彻落实市委"南征北战、东西互搏"战略,推进开发区体制机制改革,上报《江阴市关于规范开发区管理机构促进开发区创新发展的实施方案》,优化开发区运行体制,强化开发园区经济建设主体功能,支持开发园区探索"管委会+公司"的运行模式,进一步优化开发区管理机构的职能配置,突出主责主业,推进"一区多园"管理模式。对高新区副厅建制后,科学设置内设职能机构和功能园区管理机构进行调研论证。为加快霞客湾科学城、绮山湖科创谷建设,谋划设置相应管理机构。对临港经济开发区内设职能机构编制进行调整,设立社会事业管理局、科学技术局。

【机构编制创新管理】 2021年,江阴市制定出台《关于创新事业编制周转管理提高使用效益的实施办法》,从改革核减上收的存量事业编制内拿出800个空编,建立事业编制"周转池",实施"基本编制+"管理模式,对事业编制进行动态科学化管理,统筹调配编制资源向民生领域、高层次人才和基层一线倾斜。实施"基本编制+定向编制",投放210个周转编制用于保障定向委培的乡村教师用编需求,投放100个周转编制用于招录社区卫生服务站(村卫生室)工作人员,投放120个周转编制用于选任优秀村(社区)书记到镇(街道)所属事业单位;实施"基本编制+人才编制",投放150个周转编制用于公开选调国内"双一流"建设高校和国(境)外世界名校优秀青年人才,投放100个周转编制用于引进各类高端人才和全市发展急需的各类紧缺人才。实施"基本编制+动态编制",投放120个周转编制用于解决部分事业单位老龄化、结构性矛盾突出的问题。

研究制定《关于进一步加强全市机关事业单位编外用工管理的实施意见》,将原7大类16个岗位整合为2类,明确编外用工使用范围,归口招录,落实实名制管理,建立日常考核、绩效分配制度、年度收入调控“三项制度”。创新制定《支持本市引进新型研发机构进行事业单位登记的暂行规定》,破解全市传统产业转型提升、战略性新兴产业发展壮大和未来产业孵化培育相关科研机构落地难的体制机制和政策障碍,突出体制机制创新,重点支持国内外著名科研机构、高等院校与地方政府共建项目。先后为长三角太阳能光伏技术创新中心和南理工工业互联网(江阴)创新中心核发事业单位法人证书,助力“科创江阴”建设。严格按照单位自查、群众监督、数据比对、实地核实、数据更新5个环节开展核查工作,按照“机构清、编制清、领导职数清、实有人员清”的要求,全面完成全市机构编制核查工作。 (王 珏)

老干部工作

【概况】 2021年,江阴市坚持以习近平新时代中国特色社会主义思想为指导,深入学习贯彻中共十九大和十九届历次全会精神,按照全国、省市老干部局长会议要求,坚持精准服务工作理念,坚持求真务实工作作风,统筹抓好离退休干部党的建设、思想政治建设、服务管理、发挥作用、自身建设等各项工作,以优异成绩庆祝中国共产党成立100周年。以争创“五星级”党支部为目标,持续推进局机关党支部标准化、规范化、星级化建设,深入开展“一支部一品牌”建设,深化拓展“五心服务·情暖桑榆”(思想意识上热心、工作作风上诚心、服务措施上贴心、排忧解难上倾心、工作标准上细心)品牌内涵,局机关获评市“十佳书香机关”称号。把开展好党史学习教育作为重要政治任务,通过围绕重点深入学、组织参观现场学、分类分层全面学等不同形式开展学教活动,坚持把“我为群众办实事”作为党史学习教育的重要内容,推动党史学习教育走深走实、落地见效。开展“学史励行·夺取双胜利”、“三转一提”*学习研讨主题党日活动、“三学三强”(学党章党史,强党性,学政策理论,强素质,学实用技术,强技能)创新提能行动等,局机关“情暖桑榆”高质量发展先锋服务队,深入澄江街道梅园社区开展志愿服务活动,做好南闸街道花果村贫困户结对扶贫等工作。全力推进“素质提升”工程,通过举办、参加老干部工作业务骨干培训班、信息工作培训班、干部专题轮训班等各类培训,强化专兼职老干部工作者的培养和锻炼,有力促进老干部工作者队伍的健康可持续发展。对全市33个建制性离退休干部党支部、5个老干部协会分会党支部、5个涉老团体、5个社区开展走访调研,在此基础上,形成交流材料16篇,专题调研文章4篇。针对当前制约老干部工作的突出矛盾和关键问题,开展完成3项2021年度老干部工作创新重点项目,其中,1项获无锡市最佳项目,2项获无锡市优秀项目。加强对局机关网站、“江阴老干部”微信公众号的建设和管理,全年上报各类工作信息51篇,被“江苏老干部”微信公众号录用6篇,更新微信公众号内容67期,发布信息196条,更新网站信息29篇。作为江阴市第八届全民运动会组委会成员单位,与有关部门紧密协作,积极参与,完成各项工作任务,获优秀组织奖。在12月21日召开的全国老干部工作“双先”表彰大会上,江阴市委老干部局被授予“全国老干部工作先进集体”称号。至年末,老干部局管理服务离退休干部1482人,其中离休干部98人、市管退休干部1384人。

【离退休干部党组织建设】 2021年,江阴市继续深化“六有一提升”(有党的组织、有领导班子、有组织活动、有作用发挥、有工作制度、有工作保障,提升离退休干部党组织组织力)工程,开展达标创优“回头看”活动,以“六查六看”(查主体责任,看组织领导;查换届选举,看班子建设;查组织设置,看规范运行;查活动开展,看政治引领;查志愿服务,看作用发挥;查保障落实,看阵地建设)为主要内容,对全市76个离退休干部党支部达标创优工作开展督查考评。按照支部工作条例相关要求,对市工信局、公安局、法院、澄江街道4个离退休干部党支部进行升格调整,完善组织设置。围绕市委“南征北战、东西互搏”战略,融入生态保护、城镇建设、乡村振兴等主题,以“一带一路一镇”为架构,将全市32个镇街(园区)离退休干部党组织划分成立为“长江文明带”“乡村振兴路”“美丽新城镇”3个党建联盟,积极参与长江大保护,助力“霞客湾科学城”建设,助力美丽乡村建设,推动离退休干部党建高质量发展。开展“支部亮品牌、书记亮绝活”党建特色工作创建活动,培育澄江街道“澄江银领先锋,共建城市文明”、云亭街道“四抓四促,银领先锋”支部工作法、长泾镇“泾水银辉”奉献余热风采等3个离退休干部党建工作品牌,云亭街道离退休干部党支部获评省“百佳离退休干部党支部”。实施党支部书记“素质提升”工程,举办离退休干部党支部书记(骨干)学习班,开展集中学习培训4次,引导党支部书记壮筋骨、强素质、增干劲。

【离退休干部思想政治建设】 2021年,江阴市组织老干部开展党史学习教育,举办“回顾党的百年历史,感悟党的初心使命”离退休干部党史学习教育专题讲座、党史学习教育市委宣讲团宣讲报告,开设“云端课堂”之“党史故事100讲”系列党课。下发《加强离退休干部政治建设18条》,编发《老干部学习通讯》4期,收看中组部老干部局、省委老干部局举办的离退休干部网上专题报告会14期,举办学习习近平总书记“七一”重要讲话精神市委宣讲团离退休干部专场报告会,切实强化离退休干部思想政治引领。举办“回望百年路,助力新征程”全市离退休干部庆祝中国共产党成立100周年主题党日活动,表彰宣传100个离退休干部优秀共产党员、优秀党务工作者和先进基层党组织。推荐选送离退休干部党支部主题党日微视频9个,其中2个被省委老干部局微信公众号录用展播。全面推行干部荣誉退休制度,举办“开启新征程,银发再出发”2021年市管干部荣誉退休仪式,健全完善干部教育管理闭环体系,落实党内政治关怀要求,及时把新退休党员编入离退休干部党支部。

【老干部服务工作】 2021年,江阴市深入实施“情暖桑榆,助老有我”项目,从生活助老、健康助老、文化助老三方面为全市老干部办实事做好事,不断提升老干部的幸福感获得感。进一步做好“三有一落实”(有就医绿色通道、有签约家庭医生、有医疗特困帮扶机制,落实好离休干部提高享受医疗待遇政策)工作,两次对全市离休干部上门走访慰问,发放求助服务卡115本。为85名离休干部家庭签约医生团队服务。投入10.5万元为25户离休干部家庭进行适老化改造。全年上门走访慰问离退休干部及遗属等635人次。组织全市1465名离退休干部体检,并开展健康咨询活动。看望慰问住院老干部75人,协助处理37名老干部后事。围绕庆祝中国共产党成立100周年主题,举办“忆光荣岁月·颂建党百年”书画展、集邮展、摄影展和“爱长江看江阴”摄影大赛。组织参与无锡市“百年荣光颂党恩”主题书画创作及展示活动。老干部通过集邮摄影、书画征文等形式,抒发对党的无限忠诚和热爱之情,进一步坚定永远跟党走的理想信念。主动适应疫情防控常态化要求,灵活举办“相约虹园”系列老干部文化娱乐活动3次。挂牌成立市老干部大学,举办2期智能手机培训班,帮助老干部学习使用信息化终端。编印《七彩人生》6期,包括庆祝中国共产党成立100周年专刊和创刊第100期专刊,召开《七彩人生》创刊100期座谈会。进一步加强安全生产工作,定期开展局机关及市老干部活动中心安全生产大检查。持续抓好疫情防控,在出入通道、扫码测温、清洁消杀和活动组织等方面加强管理和设施配备。不断提高工作人员应急管理能力,组织开展急救知识与技能、国家应急救援员、红十字救护员等培训,为市老干部活动中心阵地配备自动体外除颤仪,担架、急救包等急救设施。市老干部协会各分会在做好防疫工作的前提下,灵活安排线上线下活动,日常活动基本正常化。市老干部协会文艺分会获评江阴市“敬老文明号”。

【发挥老干部作用】 2021年,江阴市推进“党支部+志愿服务”作用发挥模式,完善离退休干部志愿服务组织网络,在离退休干部党支部中建立15个“银领先锋”离退休干部志愿服务队,充分发挥离退休干部党支部战斗堡垒作用和党员先锋模范作用。出台《关于在全市离退休干部党员中落实“两在两同”建新功行动*、开展“三强三促”开新局主题活动的实施方案》,组织离退休干部开展聚力讲好党的故事、聚力促进乡村振兴、聚力完善基层治理、聚力助推科技创新、聚力培育时代新人“五个聚力”志愿服务行动,合力打造“银领先锋”品牌,全市老干部开展各类志愿服务活动900余次,服务群众5万余人次。举办“永远跟党走”主题征文活动,征集体会文章81篇,其中,1篇获省征文比赛一等奖,2篇获省三等奖,17篇在无锡市征文比赛中得奖。开展“我看建党百年新成就”专题调研活动,全市召开座谈会50余场,形成调研报告28篇,提出意见建议30余条。联合市关工委组织老干部与青少年学生开展“寻访红色人物,传承红色基因”主题活动,让青少年在看得见摸得着的寻访体验中筑牢信仰之基。建立红色宣讲团,制定宣讲课单,围绕“颂建党百年,做时代新人”主题,老干部结合自身经历阅历,进支部、进学校、进社区、进企业,开展“四史”教育及党课宣讲活动241场,3堂党课入选“百堂红色党课巡讲”精品党课。制作展播《我做先锋,我担当》《永远跟党走》等离退休干部风采短片,宣传离退休干部志愿者典型,激励广大离退休干部崇尚先进、学习先进、争当先进。 (贺东海)

党校工作

【概况】 2021年,江阴市委党校坚持以习近平新时代中国特色社会主义思想为指导,深入贯彻中共十九大和十九届历次全会精神,根据《中国共产党党校(行政学院)工作条例》最新要求,紧紧围绕市委、市政府中心工作,不断优化主责主业,持续深化内涵建设,推动教学、科研、咨政等各项工作继续走在省、无锡市前列,荣获“节约型机关”、江苏省党校(行政学院)系统第十届优秀决策咨询二等奖、无锡市党校系统第八届优秀科研工作组织奖、江阴市改革工作先进集体一等奖等荣誉。通过2019—2021年江苏省文明单位复评。年内,高质量完成全市市管领导干部中共十九届五中、六中全会精神轮训班、全市优秀年轻干部政治素养能力素质“双提升”培训班等,培训人数创历史新高,评教整体满意率在98%以上;围绕中央和省市委部署要求,强化宣讲队伍,优化宣讲专题,细化宣讲菜单,完成党史学习教育、全会精神等宣讲任务,受到广泛好评;严格做好对外培训班次的疫情防控,调整办班思路,加强校际协作,扩大“高质量发展江阴样本”的影响力;紧贴发展实际,优化科研咨政。全年各类科研课题立项27项,结项29项,公开发表论文26篇,出版《江阴县级集成改革发展报告(2020)》。科研咨政取得突破,1份研究报告获中央统战部肯定并发文推广,1份调研报告通过高层次行业内参对上报送;抓好队伍建设,注重人才培养,严格执行干部选拔任用程序;完善校园软硬件建设,提供服务保障能力,教学楼改造工程完成并投入使用,学员培训条件、教职员工工作条件均得到较大改善。

【干部培训】 2021年,江阴市委党校坚持把习近平新时代中国特色社会主义思想作为干部培训的中心内容和首要任务。结合江阴实际,将党史学习教育、“三转一提*”“四千四万”*精神等主题纳入教学计划,开发党史学习教育专题19个,组织教研活动5次,市领导进党校上课13人次;以主体班为重点,创新培训内容和培训形式,在中青班开展素质拓展、辩论赛、无领导小组讨论、结构化研讨等活动,创新“政风面对面·新闻发言人”等培训内容。全年举办全市市管领导干部中共十九届五中、六中全会精神轮训班、全市优秀年轻干部政治素养能力素质

“双提升”培训班等班次64期8987人次，再创历史新高。

【理论宣讲】 2021年，江阴市委党校紧扣党史学习教育、“5·10”思廉月主题教育、习近平总书记“七一”重要讲话精神和中共十九届五中、六中全会精神等宣讲主题，统筹谋划、精心组织，通过集体备课、集中研讨、专题试讲、现场评课等方式，不断完善宣讲课程。组织教师参加无锡市党校系统精品课评选，《回眸与展望——中国共产党独立自主的发展历程与现实启示》以决赛第一名的成绩获评2021年无锡市党校（行政学院）系统青年教师赛课精品课。结合基层实际，编制宣讲菜单，为基层提供听得懂、能领会、可落实的“理论套餐”，让理论宣讲更接地气。深入开展党的创新理论成果“七进”（进企业、进农村、进机关、进校园、进社区、进军营、进网站）活动，以渗透式、嵌入式、融合式宣讲，不断增强理论宣讲的实效性，为全市党员干部学党史、悟思想、办实事、开新局贡献党校力量。全年完成基层宣讲280余场次，听众超过2.5万人次，受到基层群众广泛好评。

【开放办学】 2021年，江阴市委党校严格落实疫情防控要求，及时调整对外培训思路方向。以党史学习教育为契机，优选党校优质品牌课程，用好用活江阴革命烈士纪念馆、渡江战役纪念馆、黄山炮台等红色资源，推出“渡江战役”“要塞风云”等沉浸式红色培训项目，通过“课堂教学+现场教学+实境课堂”，讲好党史故事，传承红色基因。加大对外宣传力度，不断提升“高质量发展的江阴样本”美誉度，持续放大江阴市在县域经济、集成改革、村级治理、党建创新等领域的影响力。深挖江阴资源，新增《弘扬江阴“四千四万”精神 当好排头兵先行军领跑者》《江阴市加强农村基层党建促经济发展的经验与启示》《践行乡村振兴 促进城乡融合》等教学专题，新开发江阴城市记忆馆、夏港街道五心党建文化阵地、青阳政务服务中心、无锡第一支部、宜兴善卷村等现场教学点和教学案例14个，全年完成对外培训32期（其中省内班23个、省外班9个），培训学员1570人次。

【科研咨政】 2021年，江阴市委党校重点围绕市委、市政府重大战略部署、江阴经济社会发展关键问题、人民群众关注的热点难点问题开展调研，在理论研究、科研资政等方面持续发力。全年在《新华日报》《无锡日报》《群众》和人民日报社主管内刊《党建参阅》等平台发表理论文章26篇，实现数量质量双提升。出版《江阴县级集成改革发展报告（2020）》，《新的社会阶层代表人士综合评价的江阴实践》获无锡市社科联年度课题研究一等奖，研究报告获中央统战部肯定并发文全国推广，并获省委常委、统战部部长惠建林肯定性批示；在国家级智库培育单位长江产经研究院主办刊物《长江产经内参》和无锡市委党校内参《领导参阅》刊发咨政报告2篇；全年各类科研课题立项27项，1项课题入选中央党校“深入贯彻习近平新时代中国特色社会主义思想实践案例”；全年有29项课题顺利结项，2021年度无锡市哲学社会科学招标课题统战专项课题获得一等次结项；省委党校专项课题《“一核两网三化”：农村治理体系现代化的新探索》、省委党校调研课题《绿色发展理念下水生态环境治理的创新路径研究》均获得良好结项；无锡党校系统科研课题有5项获得优秀结项；7篇论文获得无锡市党校系统2021年科研协作会议优秀论文，3篇论文入选环太湖发展研究中心2021年年会，1篇获评大会优秀论文；3篇论文在无锡市哲学社会科学界第十二届学术大会征文中获奖，其中一等奖1项、三等奖2项；2篇论文入选无锡市党校系统庆祝中国共产党成立100周年理论研讨会，1人作大会交流发言；在江阴市庆祝建党百年理论征文活动中获一等奖2人、二等奖1人、三等奖1人；1人在省委统战部“新发展阶段统一战线的新变化新趋势新布局研究”主题征文活动中获二等奖。

【队伍建设】 2021年，江阴市委党校持续优化师资队伍，公开招录硕士研究生4名，调进博士生1名。完善兼职师资队伍，从村（社区）、企业等基层一线选聘带头人、致富能人、优秀企业家等走进党校课堂，充实党校兼职师资库；注重运用现代信息技术加强教师能力建设，组织教师参加中国干部网络学院线上培训、中央党校学习贯彻中共十九届六中全会精神网络讲座、中共十九届六中全会精神精品课线上培训等；邀请省内外名师名家到校作专题示范课及精品课程建设专题培训；组织教师参加无锡市党校（行政学院）系统（江西省委党校）师资培训班，参加无锡市党校（行政学院）系统青年教师赛课活动等。1名教师入选第三批江苏省党校系统“三个一批·教研新秀”人才培养工程，3名教师通过高级讲师职称评审；按照“用人审批、考察报告、全程纪实”的要求，以任人唯贤、德才兼备标准，选拔使用综合素质过硬、群众信得过的优秀教师，年内新提拔副校长1名，中层正职2名、副职1名。

【党校建设】 2021年，江阴市委党校规范党建工作制度机制，全面提升党群工作质效。组织申报“三联惠民暖人心”我为群众办实事项目，通过结对帮扶、志愿服务等形式，切实帮助解决基层困难事、群众烦心事。向月城镇、塔南社区捐赠课桌椅300余套、课本教案百余本；完成校党总支及下属各支部换届工作；组织开展“让雷锋精神永放光彩”“追思峥嵘岁月缅怀革命先烈”“百年风华廉心向党”等主题党日活动10余次；组织开展“云”览百年征程汲取奋进力量、“弘扬伟大抗美援朝精神”主题观影活动以及各类专题学习会30余场次；参加党建联盟、党校联合、文明联创“三联”式共建活动20余场次；组织开展“学习讨论全国两会精神”“光荣在党50年纪念章颁发仪式”“浓浓敬老情欢庆重阳节”等老干部活动12场次；组织参加志愿服务、疫情防控等公益活动，常态化参加“全澄有爱”文明城市创建志愿活动累计150余人次，无偿献血3人次，充分展现党校干部职工良好精神风貌。王坡绪获评江阴市“最美志愿者”，唐宗宜家庭书房获评“江阴市最美书房”，邵燕入选“江阴市第二批公益阅读推广人”；与中共青阳镇成人教育中心校支部、中共周庄镇成人教育中心校支部、中共新桥中教支部共同组建“信仰 · 力量 · 希望”党建联盟，与市委统战部机关党支部、无锡市委统战部机关第一党支部组建“揭榜挂帅”党建联盟，与高校（中共南京理工大学江阴校区分党校）、社区（迎瑞社区）结成党建联盟；参加江阴临港开发区璜土镇“锡常区域一体化”党建联盟集群、长泾镇机关第一党支部“长虹”党建联盟；教学楼改造工程顺利完工。项目占地面积4500平方米，包含35间办公室，4间教室，4间讨论室，4间科室会议室，2间报告厅、智慧阅览室、党员活动室等功能区域，学员培训条件和教职工工作条件得到较大改善；严格执行财务管理制度，切实加强对资金使用、固定资产管理、物资采购、工程建设、节能环保、垃圾分类等日常工作的管理，营造文明、和谐、安全的校园氛围。　（申静文）

档案史志工作

【概况】　2021年，江阴市档案史志馆紧紧围绕市委、市政府工作重点和建设目标，以“为党管档、为国守史、为民服务”为己任，以打基础、强业务、优服务为重点，认真履责，扎实工作，有力推动江阴档案史志事业健康快速发展，先后获评江苏省方志文化宣传工作先进集体、无锡市档案信息报送工作优秀单位，《江阴年鉴（2020）》被评为第八届全国地方志优秀成果（年鉴类）三等年鉴、江苏省年鉴质量评定二等年鉴，民生档案服务平台延伸至村（社区）、全力打造地方志类“红色书屋”获评无锡市（县）区档案史志工作创新创优项目。

【基层档案业务指导】　2021年，江阴市档案史志馆开展新上岗档案人员应知应为培训，对84个村、社区新上岗档案人员进行业务培训。以进馆单位为重点，以星级测评为抓手，按系统分条线加强档案的指导工作，对117个单位档案管理星级测评进行专项指导，108个单位通过星级复查。加强全市新冠肺炎疫情防控材料的接收、清点、归档工作，市新冠肺炎疫情联防联控指挥部、市卫健委、市疾病预防控制中心等14个单位的新冠肺炎疫情防控文件材料约1.8万件，照片近500张，视频15个收集进馆，并实现所有归档文件的数字化管理。根据江苏省档案局关于《江苏省精准扶贫档案管理办法》的文件要求，加强全市有关单位脱贫攻坚材料的收集和归档工作，接收文书档案414件，照片档案52张。同时，加强重点项目档案工作的监管，完成兴澄特钢有限公司“重大装备用轴钢关键技术研发及应用项目”档案专项验收。探索非国有企业档案工作的指导模式，以澄江街道、高新区作为试点区域，分别组建非国有企业档案工作协作组，以协作组的形式开展档案工作业务指导，并统一印发规范企业档案工作的相关文件，开展线上指导，规范非国有企业档案管理工作。完成海澜集团有限公司等3个单位的重点建设项目备案。

【档案保管利用】　2021年，江阴市档案史志馆全年接待查档1万余人次，调阅案卷1.2万卷次，提供证明材料3万余张，完成异地查档17人次；在民生档案服务平台提供检索36729次，出证12208次。完成43个单位档案移交进馆前目录数据和原文数据的抽检、核查工作，接收整理档案3227卷、338175件。其中包括56个单位到期档案1463卷、187277件；出生医学证明档案411卷、137194件；收养档案45卷、423件；婚姻登记档案9911件。进一步加强馆内基础工作，新增档案检索工具163册。加快到期档案鉴定工作，年内鉴定政府办全宗到期档案3165件，经鉴定后重新整理档案1840件；及时做好档案库房进出登记，定期做好库房安全检查工作，完成5万余件档案倒库和重新排架工作。

【档案信息化建设】　2021年，江阴市档案史志馆持续做好档案信息化工作，不断提升各业务系统服务功能，多手段保障档案信息资源安全，主动探索档案信息资源共享新模式，加速推动数字档案室建设。全年接收67个单位数据进馆，馆藏档案数字化119个全宗，合计新增目录约55万条，原文297万页，数据量1.05TB。根据档案业务需求，馆、室档案系统新增出生医学证明、医保、脱贫攻坚等档案类型。完善网络信息安全应急预案，在馆中心机房搭建馆室备份服务器，使用双机备份架构确保信息安全。馆藏档案管理系统顺利通过等级保护二级年度测评。赴新疆霍城县档案馆完成异地备份工作。创新拓展民生档案服务平台应用范围，档案利用窗口延伸至村（社区），打造“群众家门口的档案馆”，并在徐霞客镇北渚村、峭岐村成功试点，该项工作作为市第四批“我为群众办实事”项目之一向社会公布。支持政务服务“只要跑一次”项目，提供独生子女档案调用接口，完善“退休一件事”平台。新增省AAA级数字档案室达标单位26个，全市省级数字档案室达标单位累计49个，其中省AAAAA级2个。全年门户网站发布信息71篇，浏览量20183人次，未出现任何网络信息安全事故。

【党史工作】　2021年，江阴市档案史志馆完成《中共江阴历史大事记（1919—2020）》《新时期江阴党史专题集（1978—2011）》的编写工作。开展红色故事的资料收集和编写，积极宣传江阴党史，协助市委组织部《穿越百年——只为与你相见》之《一封遗书》的拍摄采访，参与江苏省广播电视总台与江阴市融媒体中心共同推出的“百年初心，重走信仰之路”的直播活动等。全年赠送各类党史书籍1280册。为市委“江阴党建”微信公众号“百年红色印记寻访”专栏、“江阴纪事”“江阴政协”微信公众号“百年党史之江阴风华”专栏提供相关资料12期，为《党员之友》提供文稿36篇、图片12幅。为庆祝中国共产党成立100周年，扎实开展党史学习教育，与市委宣传部联合举办辉煌百年路——中国共产党江阴历史主题展览，全面展示中国共产党在江阴的光荣历史和辉煌成就，更好地激励全市上下学党史、悟思想、办实事、开新局。

【《江阴年鉴（2021）》出版】　2021年10月，江阴市地方综合系列年鉴第29卷《江阴年鉴（2021）》由方志出版社出版。该部年鉴全面系统、准确翔实地记载2020年度江阴市自然、政治、经济、文化、社会、生态文明建设等方面取得的新进展、新成就、新经验，反映全市各行各业贯彻中共十九大精神，在有序推进城乡建设、实施各项改革、改善生态环境、协调发展社会事业等方面的新思想、新举措、新亮点和统筹开展疫情防控工作情况。该部年鉴按分类记事体例，设40个类目。类目下设256个分目、1412个条目。总篇幅113.8万字，彩色插页44页，随文图片63幅，内芯表格96张，附表29张。卷首设详细目录，卷尾设主题分析索引。为体现时代特色、年度特色、地方特色和与时俱进的要求，《江阴年鉴(2021)》与《江阴年鉴(2020)》相比，增设“特载”类目，专门记述2020年度江阴市防疫抗疫工作；彩页设置“防疫抗疫”专题，实景展现江阴市防疫抗疫工作情形。

【地方志工作】 2021年，江阴市档案史志馆继续做好全市地方志工作，完成《璜土村志》《云亭街道志》《江阴市供销合作总社续志》指导审阅工作，提出修改意见2000余条，并及时到璜土镇璜土村、云亭街道、市供销合作总社反馈审阅意见。持续做好《南闸街道志》《周庄镇志》《长泾镇志》《红豆村志》《景阳村志》《建南村志》以及徐霞客镇各村志等志书的指导工作。年内，《南闸街道志》《云亭街道志》和祝塘镇《景阳村志》出版发行，徐霞客镇21个村完成村志的内部印刷。督促夏港街道、利港街道、申港街道启动街道志编撰工作，并赴夏港街道、利港街道、申港街道、周庄镇、高新区开展修志辅导工作。开展企业志编纂情况调研工作，《申达集团志》启动编纂工作。做好明永乐《常州府志》中涉及宋代江阴军内容资料的整理工作。启动江阴历代旧志点校出版工作，计划用9年时间(每年一部)，完成全部旧志点校工作；协助省志办做好《江苏援藏援疆志》援疆部分的补充修改工作、江苏援藏援疆亲历者资料征集工作，做好江阴市援建新疆霍城县工作资料整理归档工作。5月，方志工作科一行3人赴新疆霍城县收集完善资料，并向省志办提交补充文字资料1.5万余字。参与市民政局、华夏村落研究会《江阴二十四城七十二墩》地情书籍的编纂工作，该书6月出版发行。向“方志江苏”微信公众号供稿4篇。2篇专稿《社会主义的试验田——江苏华西村》《江尾海头“第一要隘”——江阴要塞(黄山炮台)》在《江苏地方志》红色地名增刊刊登；配合江阴市融媒体中心完成大型新闻类纪事节目《号角》采访并提供相关资料。按时完成年度《江阴市委大事记》的编撰工作，累计3.5万余字。完成省志办要求的全省地方志统计工作，做好省志办要求的全省镇村志书编纂出版情况摸底调查工作，配合市委统战部开展江阴市在外乡贤信息征集工作。完成志澄书屋(市档案史志馆图书室)的布馆工作，上架各类图书资料1000余册，并按时对公众开放。协助市委宣传部做好江苏省“记录小康工程”数据库完善工作。参加江苏省2021年书展有关工作，送展《江阴年鉴》《文鼎江阴三百年——明清江苏学政传略》《三房巷村志》《青阳镇志》等书籍，参与江阴市全民阅读工作和社科联相关工作。扩大地方志工作宣传力度，订阅100份2021年《江苏地方志》杂志赠阅给全市82个单位，上报《中国地方志年鉴(2021)》江阴市篇目2000余字。

【档案资料征集编研】 2021年，江阴市档案史志馆制定并印发《江阴市档案史志馆档案资料征集活动管理工作细则》，组建由18名热心档案事业、熟悉当地人文历史的顾问组成的档案资料征集队伍。高质量完成征集任务，征集到蒋云、李维选、朱杏南、缪谷稔等一批江阴籍革命烈士的珍贵档案资料，“恰似百年风华正茂”人物档案资料41人262件；与市关工委、团市委、教育局等单位联合开展“党旗下的少年梦”特别专题梦想档案征集寄存活动，发放梦想档案卡1.6万余份，并从中筛选1000份优秀“梦想档案”入馆寄存。全年征集各类书籍资料418卷、志书8部，家谱19部267卷，实物16件，其中包含256卷特色剪报、文徵明《登君山》图(复制件)、知青活动资料等特色档案资料。挖掘馆藏档案资源，用档案讲好江阴故事，档案编研取得新成果。采访渡江战役亲历者王永康、王根、许珍，挖掘、整理相关馆藏资料，拍摄完成《足迹——“江阴渡江战役”口述历史征集纪实》短片；围绕庆祝中国共产党成立100周年，以馆藏档案资料为主体，以展示中国共产党在江阴的光荣历史和辉煌成就为重点，制作《江阴·忆》系列明信片，编印《档案见证江阴百年》画册，推出“百年党史之江阴风华”微信专栏；完成第二季《江阴档案之乡村记忆》专题纪录片10期；“江阴纪事”微信公众号全年推送微文55次60篇。 (陈　忠)

■类目编辑　党　辉

江阴市人民代表大会

重要会议

【概况】 2021 年，江阴市召开第十七届人民代表大会第五次会议，市十七届人大常委会召开常委会会议 11 次、主任会议 18 次、工作专题会 3 次，审议市人大常委会和“一府一委两院”（市政府、市监察委员会、法院、检察院）工作报告、专项报告 33 项，依法作出决议、决定 24 项。

【市十七届人大五次会议】 江阴市第十七届人民代表大会第五次会议于 2021 年 1 月 13—15 日在江阴大剧院举行，正式会期 3 天。出席会议的代表应到 394 人，实到 377 人。会议列席和邀请人员有市委、市人大、市政府、市政协有关领导；市委、市政府各部门，群众团体及有关单位主要负责人；驻江阴有关单位主要负责人；在江阴的全国人大代表、省人大代表和无锡市人大代表小组组长；江阴高新区、临港经济开发区和靖江园区有关负责人；各镇政府主要负责人、各街道人大工委专职副主任；市人大常委会各办事机构有关人员；往届市人大常委会主任和市政协主席；出席市政协会议的政协委员和列席人员。会议期间，代表听取和审议《政府工作报告》，审查并批准《江阴市国民经济和社会发展第十四个五年规划和二〇三五年远景目标纲要（草案）》《关于江阴市 2020 年国民经济和社会发展计划执行情况与 2021 年国民经济和社会发展计划草案的报告》《关于江阴市 2020 年财政预算执行情况和 2021 年财政预算草案的报告》，审议市政府《关于 2020 年列入市人大资金监督的政府投资重点项目资金计划执行情况和 2021 年重点项目资金计划安排情况的报告》《关于城乡建设“1310 工程”* 决议和高质量建设长江生态安全示范区决议执行情况、市十七届人大四次会议代表建议办理情况的报告》，听取并审议《江阴市人大常委会工作报告》《江阴市人民法院工作报告》《江阴市人民检察院工作报告》，审议《江阴市人民代表大会法制、监察和司法委员会工作报告》《江阴市人民代表大会财政经济委员会工作报告》《江阴市人民代表大会社会建设委员会工作报告》，审议通过《关于扎实推进美丽江阴建设的决议》等。会议选举产生江阴市政府市长 1 人，补选江阴市第十七届人民代表大会常务委员会委员 7 人，并举行宪法宣誓仪式。会议期间，收到代表建议、批评和意见 184 件。

【市人大常委会会议】 江阴市十七届人大常委会第三十三次会议于 2021 年 1 月 5 日召开。会议听取市政府《关于江阴市国民经济和社会发展“十三五”规划执行情况和“十四五”规划纲要（草案）》说明的报告，审议《江阴市国民经济和社会发展第十四个五年规划和二〇三五年远景目标纲要（草案）》；审议通过代表资格审查委员会关于代表变动情况的审查报告，确认有关补选市人大代表的代表资格；审议并表决通过市十七届人大五次会议有关文件及名单（草案）、市人大常委会工作报告和市人大各专门委员会工作报告（讨论稿）；审议市法院《关于市十七届人大常委会第三十一次会议审议意见落实情况的报告》。会议补选个别无锡市第十六届人大代表，审议并表决通过有关人事任免事项，并举行宪法宣誓仪式。

市十七届人大常委会第三十四次会议于 2021 年 3 月 11 日召开。会议集体学习全市“南征北战、东西互搏”三年行动誓师大会精神；审议并表决通过《江阴市人大常委会 2021 年工作要点》；听取代表资格审查委员会有关报告；审议并表决通过有关代表工作事项和人事任免事项，并举行宪法宣誓仪式。

市十七届人大常委会第三十五次会议于 2021 年 5 月 8 日召开。会议审议市政府《关于高新技术企业集群培育工作情况的报告》《关于江阴市长江禁捕退捕工作情况的报告》《关于 2020 年生态环境保护工作情况的报告》《关于 2020 年法治政府建设情况的报告》；听取部分无锡市人大代表履职情况报告并开展民主测评；审议并表决通过有关人事任免和代表工作事项，并举行宪法宣誓仪式。

市十七届人大常委会第三十六次会议于 2021 年 6 月 29 日召开。会议听取和审议市政府《关于 2020 年财政决算和财政同级审情况的报告》、市人大财经委相关审查报告；听取和审议市政府《关于 2020 年国有资产管理情况的综合报告》；听取和审议市人大常委会执法检查组

《关于检查〈优化营商环境条例〉实施情况的报告》。会议听取市城市综合管理局、水利局、医疗保障局主要负责人履职情况报告并开展民主测评；审议市政府《关于市十七届人大常委会第三十五次会议审议意见落实情况的报告》；审议并表决通过有关人事任免和代表工作事项，并举行宪法宣誓仪式。

市十七届人大常委会第三十七次会议于2021年7月16日召开。会议审议并表决通过市政府有关人事任免事项和无锡市人大代表工作有关事项，并举行宪法宣誓仪式。

市十七届人大常委会第三十八次会议于2021年8月31日召开。会议听取和审议市政府关于2021年上半年国民经济和社会发展计划执行情况、财政预算执行情况、政府投资重点项目资金管理情况和项目建设进展情况的报告以及市人大财经委相关调查报告；听取和审议市政府《关于安全生产主体责任落实情况的报告》以及市人大社会建设委员会相关调查报告；听取和审议市政府《关于交通建设工作情况的报告》以及市人大常委会专项工作评议组相关调查报告。会议审议市政府《关于市十七届人大常委会第三十六次会议审议意见落实情况的报告》，表决通过有关人事任免事项，并举行宪法宣誓仪式。

市十七届人大常委会第三十九次会议于2021年9月18日召开。会议传达学习江苏省、无锡市人大换届选举工作会议精神以及江阴市委常委会专题研究江阴市人大换届选举工作有关要求。会议审议并表决通过《关于全市市镇两级人民代表大会换届选举工作有关问题的决定》《关于江阴市第十八届人大代表名额分配的决定》《关于各镇新一届人大代表名额确定的决定》，任命江阴市选举委员会及其办公室、各镇选举委员会组成人员。

市十七届人大常委会第四十次会议于2021年10月29日召开。会议听取和审议市政府及市科学技术局、公用事业管理局、利港街道等部门单位关于2020年度财政同级审查出问题整改情况的报告，并开展满意度测评；听取和审议市政府《关于扎实推进美丽江阴建设决议执行情况的报告》《关于高质量建设长江生态安全示范区决议执行情况的报告》《关于市十七届人大五次会议代表建议办理情况的报告》、市检察院《关于检察公益诉讼工作情况的报告》；审议市政府《关于市十七届人大常委会第三十六次会议审议意见落实情况的报告》；表决通过《关于召开市十八届人大一次会议的决定》及有关人事任免事项和有关代表工作事项，并举行宪法宣誓仪式。

市十七届人大常委会第四十一次会议于2021年11月25日召开。会议审议并表决通过有关人事任免事项，并举行宪法宣誓仪式。按照全市人大换届选举工作进程，会议审议并表决通过市选举委员会和各镇选举委员会组成人员调整名单。

市十七届人大常委会第四十二次会议于2021年12月14日召开。会议审议市政府《关于提请调整2021年财政收支预算和列入人大资金监督的政府投资项目计划的议案》，表决通过有关决议；听取市选举委员会《关于市镇两级人大代表换届选举工作情况的报告》，审议并通过代表资格审查报告，确认市十八届人大代表的代表资格；审议并表决通过有关人事任免事项，并举行宪法宣誓仪式。会议专题学习江苏省第十四次党代会精神、省委书记吴政隆在省人大常委会的专题辅导报告、省人大常委会《关于深入学习贯彻习近平总书记中央人大工作会议重要讲话精神加强和改进新时代地方人大工作的决定》。

市十七届人大常委会第四十三次会议于2021年12月31日召开。会议审议通过关于开展第八个五年法治宣传教育的决议、市十八届人大一次会议有关文件及名单（草案）、市人大常委会工作报告稿和市人大各专门委员会工作报告稿；审议市政府《关于2022年民生实事候选项目情况的报告》；审议市政府、市检察院《关于市十七届人大常委会第三十八次、第四十次会议审议意见落实情况的报告》；审议通过代表资格审查报告，确认另选的市十八届人大代表的代表资格；表决通过有关人事任命事项，并举行宪法宣誓仪式。会上，市人大常委会主任孙小虎为市人大常委会全体组成人员颁发履职纪念牌。

【市人大常委会主任会议】 2021年，江阴市第十七届人大常委会召开主任会议18次。主要议题有：讨论研究《江阴市人大常委会2021年工作要点》《关于2021年基层人大工作的指导意见》《关于2021年市人大代表小组活动的意见》和重点督办的市十七届人大五次会议代表建议、基层人大年度工作考核情况、2021年“代表建议督办月”活动方案、市人大常委会“南征北战、东西互搏”战略监督推进工作组名单、《优化营商环境条例》执法检查工作方案、市人大常委会监督推进深入打好污染防治攻坚战工作方案、审计查出问题整改情况满意度测评方案、2021年市人大代表履职能力提升培训方案、市人大常委会固体废物污染环境防治法执法检查方案、市人大代表约见行政机关部门负责人相关事宜、关于在全市各级人大代表中开展“我为群众办实事”实践活动方案、市人大常委会开展交通建设工作评议活动方案、关于联动开展安全生产主体责任落实情况专题审议工作方案、“8·15江阴生态文明日”主题实践活动方案、2021年度市人大代表“履职活动周”活动实施意见、无锡市人大代表述职人员名单、“一府两院”述职评议人员名单；听取“代表履职活动周”活动情况汇报、各季度基层人大分片交流情况汇报、《江阴市人大代表约见地方国家机关负责人暂行办法》、市政府2022年民生实事候选项目；听取并审议市政府《关于2020年度财政决算情况和财政同级审情况的报告》《国有资产管理情况的报告》《关于国民经济和社会发展计划2021年执行情况与2022年计划草案》《财政预算2021年执行情况和2022年草案》《政府投资重点项目资金2021年计划执行情况和2022年安排情况的报告》和《关于江阴市通信网络诈骗打防工作情况的报告》《关于江阴市创建国家生态园林城市工作情况的报告》《关于医养结合养老服务工作情况的报告》《关于加强农村一二三产业融合推进美丽乡村建设情况的报告》;听取并审议市法院《关于加强商事审判的报告》,市交通运输局、文体广电和旅游局《关于政府专项资金绩效跟踪管理情况的报告》;讨论通过市人大常委会各办事机构专题调研报告;集中学习中共十九届六中全会精神、中央人大工作会议精神,全国、江苏省、无锡市人代会精神,中国共产党无锡市第十四次代表大会主要精神,江苏省、无锡市关于人大换届选举有关文件精神。

【市人大常委会与"一府一委两院"联席会议】 2021年3月24日,市人大常委会与"一府一委两院"召开联席会议,听取市政府、市监察委员会、市法院和市检察院对《江阴市人大常委会2021年工作要点》的意见建议。会议要求市人大常委会与"一府一委两院"加强协作配合,凝聚共识、齐心协力构建良好工作生态,强化推动高质量发展新担当;靶向发力、精准施策,彰显服务大局新实效;科学统筹、完善机制,有效落实法定职责,提升履职联动新合力,为江阴市开启现代化建设新征程、谱写"十四五"发展新篇章发挥积极作用。会议还交办市十七届人大五次会议代表建议。

监督工作

【概况】 2021年,江阴市人大常委会围绕现代化滨江花园城市建设蓝图,依法履行职责,综合运用各种监督方式,听取和审议"一府一委两院"专项工作报告33项,开展执法检查1次、工作评议1次,组织视察活动11次,切实加强工作监督和法律监督,助推全市经济社会高质量发展。

【行使重大事项决定权】 2021年,江阴市人大常委会依法行使重大事项决定权,适时对预算调整、"八五"普法、换届选举等事项作出决议决定12项,有效推进决策科学化、民主化。按照"依托长江经济带、面向太湖科创湾、深度融入长三角、聚焦奋进'十四五'"的总路径,全力服务推动市委重大决策部署贯彻执行。成立"南征""北战""东西互搏"3个监督推进工作组,制定监督推进战略实施工作方案,从行使好法定职权、督办好代表建议、履行好监督职责、建言好战略实施、反馈好监督情况五方面发挥人大职能主体作用,并以此为主题组织市人大代表开展集中视察、调研、审议等"人大代表履职活动周"活动。

【监督推动经济高质量发展】 2021年,江阴市人大常委会围绕助推产业强市战略实施,加强对江阴产业发展方向调研,向市委提出"345"现代产业(高端纺织服装、石化新材料、金属新材料3个千亿级产业;新能源、集成电路、高端装备、生物医药4个战略性新兴产业;5G通信、智能制造、节能环保、现代物流、健康文旅5个未来产业)发展方向的建议,并专题视察重大产业投资项目建设情况,督促推动构建现代产业体系;紧盯工业园区升级改造,组织专班对内深入调研和视察检查、对外学习取经,形成专题报告供市委决策参考;紧扣"科创江阴"课题,听取审议市政府《关于增强企业创新能力、培育高新技术企业集群情况的报告》;市镇联动开展《优化营商环境条例》执法检查,听取审议市法院《关于加强商事审判工作的报告》,推动解决营商环境难点痛点堵点问题。持续推进预算审查监督重点向支出预算和政策拓展,深化落实国有资产管理向人大常委会报告制度,首次对市政府10个重点部门单位审计整改情况开展满意度测评。

【监督推动深入打好污染防治攻坚战】 2021年,江阴市人大常委会对全市生态环保工作、长江流域禁捕退捕等工作开展专项审议或视察,上下联动开展固体废物污染环境防治法执法检查;聚焦产业转型、国省考断面以及大气、水、土壤及固废治理等重点,每季度开展污染防治攻坚专项督查,清单式交办4批次90个突出环境问题,跟踪督促整改落实。围绕打赢污染防治攻坚战目标,听取年度环境状况和环境保护目标完成情况报告,配合上级人大联动开展《中华人民共和国土壤污染防治法》执法检查,以清单制方式形成13条检查意见反馈政府整改落实。履行"河长制"职责,持续关注污水处理资源整合、城市黑臭河道治理、农村村庄生活污水治理工程等重点工作,推动水系、水域、水体治理。

【促进民生改善提升】 2021年,江阴市人大常委会监督民生实事落实,推动改革发展成果普惠均等,社会事业发展共建共享。持续关注民办教育发展,强调要系统规划教育布局,研究完善全市相关政策制度体系,通过改革手段破解民办教育发展瓶颈,坚持建管并重,促进全市教育水平整体提升。听取和审议市政府关于医养融合机构养老工作的情况,督促政府完善全市配套政策,形成多渠道、多方位支持医养结合发展政策体系。围绕《关于扎实推进美丽江阴建设的决议》,专题听取审议市政府关于国家生态园林城市创建工作,城市更新,一、二、三产业融合,推进美丽乡村建设等情况,督促政府高质量完成美丽江阴建设年度各项任务;首次启动"8·15江阴生态文明日"活动。对华泰御花园老旧小区改造和蟠龙山森林公园、江阴高铁综合客运枢纽站、美丽示范河湖应天河建设等年度民生实事项目建设情况开展视察检查和专题审议。视察生猪稳产保供工作,要求市政府按照"稳产量、提质量、增效益"发展思路,科学进行资源统筹保供,推动江阴生猪产业稳定健康发展。

【促进社会治理创新】 2021年,江阴市人大常委会深入调研行政执法"三项制度"(行政执法公示制度、执法全过程记录制度、重大执法决定法制审核制度)推行情况,对检察公益诉讼工作、通信网络诈骗打防工作情况开展专题审议,全力监督支持"一府一委两院"依法行政、公正司法,推动成立市域治理现代化指挥中心。修订江阴市人大常委会规范性文件备案审查工作规定,完成规范性文件备案审查10件,依法办理群众来信来访21件(次)。

【执法检查】 2021年3—6月,江阴市人大常委会对国务院《优化营商环境条例》和《江苏省优化营商环境条例》贯彻实施情况进行执法检查。市人大常委会成立执法检查组,拟定执法检查方案，召开会议动员部署执法检查工作，邀请专家专题讲解《江苏省优化营商环境条例》；通过市人大常委会网站、微信公众号、新闻媒体公布监督举报电话，征求意见建议。执法检查组召开4次企业代表专题座谈会，先后赴江阴高新区、临港经济开发区、澄江街道、徐霞客镇开展检查调研，听取企业和基层一线意见反馈；召开调研检查座谈会，听取市工商联、行政审批局、法院等14个部门、单位情况汇报。对于执法检查中发现的责任落实和协调机制有待强化、贯彻落实举措"虚多实少"现象、观念陈旧和能力不足等问题，提出要强化担当压实责任、靶向发力解决问题、创新举措力求突破、优化诚信法治环境等建议，督促市政府着力解决全市营商环境难点痛点堵点问题，提升江阴发展软实力，构筑竞争新优势。受无锡市人大常委会委托，以市镇两级人大联动方式，对江阴市贯彻实施《中华人民共和国固体废物污染环境防治法》情况进行执法检查。针对宣传解读仍需进一步加强、工作合力仍需进一步提升、执法标准仍需进一步明确等问题，执法检查组要求压紧压实部门和镇（街道）责任，在重点领域，做好固废污染防治工作，积极推动生活垃圾分类，分行业、分人群开展普法宣传活动，提升全民生态环保意识。

【组织开展述职评议】 2021年6月29日，根据《江阴市人民代表大会常务委员会述职评议工作实施办法》，市十七届人大常委会第三十六次会议听取和审议市城市综合管理局局长沈军、水利局局长傅建荣、医疗保障局局长胡莹洁的工作述职报告并进行民主评议测评。评议组通过召开征求意见座谈会、问卷调查等方式，对述职对象的德、能、勤、绩、廉等方面情况进行前期调研并形成报告。市人大常委会组成人员从政策理论水平、民主意识、全局观念、人大意识、思想作风和廉洁自律、决策能力和工作质效等方面，以无记名投票方式对述职人员进行民主测评，3人测评结果均为优秀。

【组织无锡市人大代表述职评议】 2021年，江阴市人大常委会根据无锡市人大常委会《关于市人大代表向原选举单位报告履职情况的意见》，组织部分无锡市人大代表以口头或书面形式向江阴市人大常委会报告履职情况。5月8日，市十七届人大常委会第三十五次会议听取王洪明、叶惠丽、李满良、夏宏武、蒋美琴、李国良、吴国忠、胡士勇、顾文浩、钱德洪、王利峰、宋建新、徐勇、蒋青、缪志强、万庆涛、吕勤彬、刘杰、顾金辉、蒋群联、朱敏、张光伟、范春燕、赵强、徐伟军25名无锡市十六届人大代表的履职情况报告并进行民主测评，测评结果均为满意。

人事任免

【概况】 2021年，江阴市人大常委会认真审议各项人事任免议案，依法规范做好人事任免工作。全年任免国家机关工作人员94人次。

2021年江阴市人大常委会任免国家工作人员一览表

表5

时间	会议名称	任免名单
3月11日	市十七届人大常委会第三十四次会议	任命李煜为市人大常委会环境资源城乡建设工作委员会副主任；任命缪宇强为市人大常委会人事代表联络工作委员会副主任，免去其市人大常委会环境资源城乡建设工作委员会副主任职务 任命陆晓燕为市法院副院长、审判委员会委员、审判员；任命章见良为市法院副院长；任命刘丹为市法院审判委员会委员，免去其市法院临港经济开发区法庭副庭长职务；任命蔡晓波为市法院审判员；免去夏明丰市法院副院长职务；免去蔡林市法院滨江法庭庭长职务；免去程涛、刘焱市法院审判员职务
5月8日	市十七届人大常委会第三十五次会议	决定任命杨晓妮、顾文瑜为市政府副市长；任命王凯为市财政局局长；任命张学春为市公用事业管理局局长；免去张少波市财政局局长职务；免去陈国君市公用事业管理局局长职务 任命徐立刚为市人大常委会农业农村工作委员会主任；任命严伟荣为市人大常委会城东街道工作委员会主任；任命徐建锋为市人大常委会利港街道工作委员会主任；免去陈骏市人大常委会农业农村工作委员会主任职务；免去刘平华市人大常委会城东街道工作委员会主任职务；免去王顺元市人大常委会利港街道工作委员会主任职务；免去吴国平市人大常委会夏港街道工作委员会副主任职务 任命李峰为市法院民事审判第二庭副庭长，免去其市法院民事审判第一庭副庭长职务；免去冯强市法院审判员职务
6月29日	市十七届人大常委会第三十六次会议	决定任命许昌为市政府副市长、市公安局局长；免去王庆春市政府副市长、市公安局局长职务 任命徐岳明为市监察委员会副主任；免去朱佳虎市监察委员会副主任职务 任命李峰为市法院劳动争议审判庭副庭长，免去其市法院立案庭副庭长职务；任命顾永刚为市法院立案庭副庭长 任命关开城为市检察院副检察长、检察委员会委员、检察员，决定其代理市检察院检察长职务

续表5

时间	会议名称	任免名单
7月16日	市十七届人大常委会第三十七次会议	决定任命杭成、翟菁为市政府副市长;决定免去郁秋皓、张韶峰市政府副市长职务
8月31日	市十七届人大常委会第三十八次会议	决定免去顾文浩市政府副市长职务 免去丁宏斌、周巍市监察委员会委员职务 任命吴海强为市法院华士法庭庭长,免去其市法院长泾法庭庭长职务;任命陈教智为市法院周庄法庭庭长,免去其市法院华士法庭庭长职务;任命刘尧宇为市法院长泾法庭庭长,免去其市法院青阳法庭庭长职务;任命刘俊为市法院临港开发区法庭庭长,免去其市法院徐霞客法庭庭长职务;任命王芳为市法院滨江法庭庭长,免去其市法院知识产权审判庭庭长职务;任命计珉为市法院劳动争议审判庭庭长,免去其市法院临港经济开发区法庭庭长职务;任命曹鸣红为市法院知识产权审判庭庭长,免去其市法院劳动争议审判庭庭长职务;任命徐芝若为市法院知识产权审判庭副庭长,免去其市法院青阳法庭副庭长职务;任命施君晟为市法院执行裁判庭副庭长;免去陈忠宇市法院副院长、审判委员会委员、审判员职务;免去巴益军市法院周庄法庭庭长、审判员职务 任命陈忠宇为市检察院副检察长、检察委员会委员、检察员;免去朱彩娟市检察院副检察长、检察委员会委员、检察员职务;免去何建云市检察院检察员职务
10月29日	市十七届人大常委会第四十次会议	决定任命曹兴华为市政府副市长(挂职) 任命周逸岗、吴灏为市监察委员会委员 决定陆晓燕代理市法院院长职务
11月25日	市十七届人大常委会第四十一次会议	任命华江为市人大常委会办公室(研究室)主任;任命张纲为市人大常委会南闸街道工作委员会主任;任命缪建伟为市人大常委会申港街道工作委员会主任;任命吴钢为市人大常委会利港街道工作委员会主任;免去梅海荣市人大常委会办公室主任职务;免去陆峥嵘市人大常委会南闸街道工作委员会主任职务;免去严伟荣市人大常委会城东街道工作委员会主任职务;免去吴建兵市人大常委会申港街道工作委员会主任职务;免去徐建锋市人大常委会利港街道工作委员会主任职务 决定任命王青为市城市综合管理局局长;任命钱晴为市文体广电和旅游局局长;免去沈军市城市综合管理局局长职务;免去周晓虹市文体广电和旅游局局长职务 任命李宇璐、沈汉坤、黄正海为市法院审判员;免去杨庆红、陈红英市法院审判员职务 任命曹青青为市检察院副检察长、检察委员会委员、检察员;免去周峰市检察院检察委员会委员、检察员职务
12月14日	市十七届人大常委会第四十二次会议	决定任命尹志华、朱晓峰为市政府副市长;任命顾敏为市审计局局长;免去许忠新市审计局局长职务
12月31日	市十七届人大常委会第四十三次会议	决定任命陈涵杰、金丹菁为市政府副市长

代表工作

【概况】 2021年,江阴市人大常委会以"人大代表在行动"主题实践活动为统领,以"学习调研年、建议督办月、履职活动周、联系接待日"等闭会期间代表集中履职活动为抓手,统筹开展各类代表活动,鼓励和引导代表积极督政议政。全年代表建议督办184件,代表接待联系群众2200人次,收集意见建议450条,督促解决群众反映问题260个;建议办理满意率100%。

【拓展代表履职新载体】 2021年,江阴市人大常委会加强"家、站、点"等代表履职平台建设,采用"1+N"模式,以代表之家、代表联络站、代表联系点为载体,建成面向173个市人大代表选区和全体选民的代表履职联系网络;采取线上线下互动形式,畅通代表联系群众渠道,代表接待联系群众2200人次,收集意见建议450条,督促解决群众反映问题260个。组织代表集中履职培训,结合换届选举开展"老代表带新代表"结对活动。

【探索代表履职新方式】 2021年,江阴市人大常委会坚持并落实"常委会组成人员联系代表、代表联系选民"制度,组织开展"回选区见选民""千名代表访千企"和代表信访接待等活动,密切代表与选民群众联系。组织代表参加"8·15江阴生态文明日"主题系列活动,发布《江阴市人大代表"复眼监督"重点河道治理共同约定》,形成市镇两级人大代表和选民代表全方位监督生态治理新格局。制定《江阴市人大代表约见地方国家机关负责人暂行办法》,并在乡村旅游发展相关建议督办中予以实践,提高对国家机关工作监督的效率。

【提升建议督办新成效】 2021年,江阴市人大常委会按照"内容高质量、办理高质量"要求,推动代表建议办理落实工作提质增效。针对184件代表建议办理落实,首次采取人大与"一府一委两院"联席会议交办方式,将代表建议办理作为贯穿人大全年履职的重点工作；依托“建议督办月、履职活动周”，定向视察、代表约见，推动建议办理。加快工业园区改造、推进城市更新等事关江阴市转型发展、民生改善的一批重要建议得到有效办理，全年建议办理满意率100%。

【设立“江阴生态文明日”】 2021年1月，江阴市第十七届人民代表大会第五次会议通过决议，将每年8月15日设立为“江阴生态文明日”，向全体市民和人大代表发出“生态优先、绿色发展”动员，推进美丽江阴建设。8月，市人大常委会组织开展首个“8·15江阴生态文明日”主题实践活动，通过集体倡议动员、专项工作督办、普法宣传实践、生态体验宣介、志愿服务行动、论坛培训调研、调研建言献策、活动成果展示等系列活动，发挥人大代表在参与和监督推进生态文明建设中的桥梁纽带和示范引领作用，推动构建生态环境治理全民行动体系。

【实施民生实事项目人大代表票决制】 2021年起，江阴市人大常委会按照江苏省人大统一部署要求，推进全过程人民民主，启动实施市级层面政府民生实事项目人大代表票决制工作，并在市十八届人大一次会议上首次票决，425名代表投票产生2022年度20项民生实事项目，以民生实事项目“群众提、代表决、政府办、人大评”为抓手，实现从“政府做主”到“民意做主”“为民做主”到“让民做主”转变。

【首次开展审计整改满意度测评】 2021年，江阴市人大常委会持续推进审查监督重点向支出预算和政策方向拓展，加强对列入人大资金监督的政府投资项目建设的常态化监督，提高财政资金使用绩效。常委会会议首次对市政府10个重点部门和单位的审计查出问题开展满意度测评，促进整改销号率大幅提升，对尚未整改到位和长期“挂号”问题，督促市政府持续抓好跟踪督查，加强审计领域、审计范围全覆盖和常态化，发挥审计监督“治已病、防未病”作用，做到以点促面、规范一片、警钟长鸣，建立堵漏补缺、严控风险的长效管理机制。

图为选民榜公布之日，新桥镇六保村80岁退休教师蔡叙江第一时间到公告栏，认真找寻自己的名字 （市人大办提供）

【人大代表履职活动周】 2021年9月，江阴市人大常委会开展以“南征北战、东西互搏”战略为主题的2021年度“人大代表履职活动周”活动，集中开展听取审议专项工作报告、视察、调研等履职活动。活动期间，全市22个代表小组视察检查各类点位72个，提出意见建议60条。

【完成换届选举工作】 2021年9—12月，江阴市完成市镇两级人大换届选举工作。市选举委员会坚持以《中华人民共和国选举法》《江苏省各级人民代表大会选举实施细则》为依据，经选民登记和资格审查、选区划分、提名推荐和协商确定及考察审查代表候选人、投票选举等各阶段，依法选举产生市十八届人大代表445人和新一届镇人大代表992人，完成市镇两级人大代表换届选举任务。江阴市第十八届人大代表法定名额445人，该次选举产生代表445人。其中，妇女代表135人，占30.5%；非中共党员代表161人，占36.2%；企业负责人代表42人，占9.5%。新一届镇人大代表法定名额992人，本次选举产生992人。其中，妇女代表347人，占35%；非中共党员代表341人，占34.4%；企业负责人代表119人，占12%。有143名市人大代表连任，占32.1%，有302名镇人大代表连任，占30.4%，保持市镇两级代表工作整体连续性。从文化程度看，市人大代表中本科以上学历代表占75.5%，镇人大代表中占45.5%；从年龄结构看，市人大代表中35周岁以下代表占11.7%，镇人大代表中占18.8%。 （李华兴 何思施）

■类目编辑 徐文辉

江阴市人民政府

市政府领导成员分工

2021 年 2 月 1 日调整

包　鸣　主持市政府全面工作，兼管财政、审计、城乡规划、国有资产监管、税务方面工作。分管市财政局、市审计局。联系市监委、江阴税务局。

赵　强　负责市政府常务工作，分管发展改革、重大项目、社会信用、能源、粮食、物资储备、军民融合、科技、工业和信息化、大数据管理、民营经济、金融监管、资本经营、应急管理、市场监管、知识产权、统计、通信方面工作，协助分管财政、国有资产监管、税务工作以及与人大、政协联络方面工作。分管市发展和改革委员会、市科学技术局、市工业和信息化局、市应急管理局、市市场监督管理局、市统计局，协助分管市财政局。联系市科协、市工商联、江阴烟草专卖局、人民银行江阴市支行、江阴银保监组、各银行保险机构、国家统计局江阴调查队、江阴供电公司、中国电信江阴分公司、中国移动江阴分公司、中国联通江阴分公司、江阴盐业公司。

姜　锵　协助分管城乡规划、金融监管、资本经营、政策研究、招商方面工作。

郁秋皓　负责水利、农业农村经济、生态环境、经济协作、对口支援、扶贫方面工作，协助分管审计工作。分管市水利局、市农业农村局、市供销合作总社，协助分管市审计局。联系江阴生态环境局、江阴气象局。

张国兴　负责自然资源、林业、住房和城乡建设、人防、城市管理、交通运输、公用事业管理、公共资源交易方面工作，协助分管城乡规划工作。分管市自然资源和规划局、市住房和城乡建设局、市公用事业管理局、市城市综合管理局、市交通运输局、市土地储备中心。联系江阴住房公积金中心、江阴邮政管理局、中国邮政江阴分公司。

张韶峰　负责教育、商务、口岸、文化、旅游、体育、广播电视、双拥、退役军人事务、人民武装、国防动员、行政审批、政务服务方面工作。分管市教育局、市商务局、市文体广电和旅游局、市退役军人事务局、市行政审批局、市招商局。联系市侨联、市文联、市社科联、关工委、江阴海事局、江阴海关、江阴边检站、长江引航中心、船级社江阴办事处、驻江阴部队。

许　晨　负责民政、司法、人力资源、社会保障、退管、卫生健康、老龄、医疗保障、政务公开、机关事务、民族宗教、地方志、档案方面工作。分管市政府办公室、市民政局、市司法局、市人力资源和社会保障局、市卫生健康委员会、市医疗保障局。联系市法院、市检察院、市民政局、市档案史志馆、市总工会、团市委、市妇联、市残联、市红十字会、市慈善总会、老龄委。

王庆春　主持市公安局全面工作，负责信访方面工作。分管市公安局、市信访局。

许迎春　负责科技镇长团工作。协助赵强同志分管工信、科技工作。

顾文浩　赴新疆维吾尔自治区伊犁哈萨克自治州霍城县挂职工作。

张少波　主持市财政局全面工作。

尹志华　赴陕西省延安市延川县挂职工作。

叶韩清　主持澄江街道全面工作。

杭　成　主持江苏江阴—靖江工业园区工作。

7 月 16 日调整

郁秋皓、张韶峰不再担任市人民政府副市长职务。

7 月 21 日调整

包　鸣　主持市政府全面工作，兼管财政、审计、城乡规划、国有资产监管、税务方面工作。分管市财政局、市审计局。联系市监委、江阴税务局。

赵　强　负责市政府常务工作，分管政务公开、机关事务、发展改革、政策研究、重大项目、工业园区升级改造、社会信用、能源、军民融合、金融监管、资本经营、应急管理、行政审批、政务服务、消防、统计、霞客湾科学城（含绮山湖科创谷）建设方面工作，协助分管财政、国有资产监管、税务工作以及与人大、政协联络方面工作。分管市政府办公室、市发展和改革委员会、市应急管理局、市统计局，协助分管市财政局。联系江阴供电公司、江阴烟草专卖局、市消防救援大队、国家统计局江阴调查队。

杨晓妮　负责人力资源、社会保障、卫生健康、老龄、医疗保障工作，协助分管金融监管、资本经营工作。分管市人力资源和社会保障局、市卫生健康委员会、市医疗保障局。联系市总工会、团市委、市妇联、老龄委、人民银行江阴市支行、江阴银保监组、各银行保险机构。

姜　锵　协助分管城乡规划、金融监管、资本经营、政策研究、招商方面工作。

张国兴　负责自然资源、林业、住房和城乡建设、人防、城市管理、交通运输、公用事业管理、公共资源交易方面工作，协助分管城乡规划工作。分管市自然资源和规划局、市住房和城乡建设局、市公用事业管理局、市城市综合管理局、市交通运输局、市土地储备中心。联系江阴住房公积金中心、江阴邮政管理局、中国邮政江阴分公司。

许　晨　负责教育、民政、文化、旅游、体育、广播电视、民族宗教、地方志、档案方面工作。分管市教育局、市民政局、市文体广电和旅游局。联系市民政局、市档案史志馆、市文联、市社科联、市红十字会、市残联、市慈善总会、关工委。

顾文瑜　负责科技、工业和信息化、大数据管理、民营经济、通信、商务、口岸、外事和港澳事务、市场监管、知识产权方面工作，协助分管应急管理、工业园区升级改造工作。分管科学技术局、市工业和信息化局、市商务局、市市场监督管理局，协助分管市应急管理局。联系市科协、市侨联、市工商联、江阴海事局、江阴海关、江阴边检站、长江引航中心、船级社江阴办事处、中国电信江阴分公司、中国移动江阴分公司、中国联通江阴分公司、江阴盐业公司。

许　昌　主持市公安局全面工作，负责司法、信访方面工作。分管市公安局、市司法局、市信访局。联系市法院、市检察院。

杭　成　负责水利、农业农村经济、生态环境、粮食、物资储备、经济协作、对口支援、扶贫方面工作，协助分管审计工作。分管市水利局、市农业农村局、市供销合作总社，协助分管市审计局。联系江阴生态环境局、江阴气象局。

翟　菁　主持江苏江阴—靖江工业园区工作，负责双拥、退役军人事务、人民武装、国防动员方面工作。分管市退役军人事务局。联系驻江阴部队。

许迎春　负责科技镇长团工作，协助分管工信、科技工作。

顾文浩　赴新疆维吾尔自治区伊犁哈萨克自治州霍城县挂职工作。

尹志华　赴陕西省延安市延川县挂职工作。

7 月 24 日调整

顾文浩不再担任江阴市人民政府副市长职务。

8 月 27 日调整

江阴市人民政府副市长许迎春挂职结束。

10 月 9 日调整

曹兴华　负责科技镇长团工作，协助分管自然资源、科技工作。

年度重点工作

【实施重大战略】　2021 年，江阴市全面实施“南征北战、东西互搏”总战略，霞客湾科学城科教孵化中心一期开工，江南大学江阴合作办学项目启动，武汉大学长三角科技创新中心落地运营。新组建国有资本港口发展公司，江阴港货物吞吐量达到 3.38 亿吨、升至全国内河港第三位。启动工业园区升级改造三年行动，盘活腾退提升土地 1266.67 公顷。

【推进经济运行】　2021 年，江阴市完成地区生产总值 4580.33 亿元，完成一般公共预算收入 273.94 亿元，完成规模以上工业增加值 1233.39 亿元。新增上市企业 3 个，“江阴板块”实现股权融资 105.62 亿元。完成规模以上服务业营业收入 242.66 亿元，比 2020 年增长 25.5%。实现贸易总额 12528.6 亿元，增长 27.35%。完成农业重大项目投资 16 亿元，实现农业总产值 63 亿元。江阴实现全国县域经济基本竞争力“十九连冠”。

【增强活力后劲】　2021 年，江阴市大力实施科技创新，净增高新技术企业 62 个，新增国家级专精特新“小巨人”企业 6 个，入库国家科技型中小企业 1198 个。新建无锡市级以上院士工作站 4 个、工程技术研究中心 64 个。召开第三届江阴发展大会暨 2021 经贸洽谈会，全年备案百亿元项目 1 项、50 亿～100 亿元项目 2 项。重点领域改革持续推进，个人全生命周期 10 个“一件事”项目上线运行；中央和省级事业单位改革试点任务圆满完成；市属国企顺利重组，成立四大国资集团。

【开展城乡建设】　2021 年，江阴市基本完成国土空间总体规划编制，完成江阴市“十四五”综合交通发展等专项规划编制。江阴靖江长江隧道、长山大道快速化改造等工程顺利推进，滨江路快速化改造（城区段）、新锡澄路北延等项目启动建设。全面启动北大街历史文化街区、高铁新城等 23 个城市更新单元，实施老旧小区改造 11 个。完成拆迁 512 万平方米，建成安置房 103 万平方米，完成安置房发证 1.6 万余本。成立市域治理现代化指挥中心，拆除违建 73.5 万平方米。完成 45 个重要节点村庄环境整治提升，建成无锡市级特色田园乡村 8 个。

【改善生态环境】　2021 年，江阴市建成重点节能与循环经济项目 20 项，获批整县屋顶光伏开发全国试点。完成 7294 项治气重点工程、4218 个重点企业挥发性有机物综合治理，$PM_{2.5}$年均浓度下降 10%，空气质量优良天数比率提高 1.3 个百分点。新一轮河道环境综合整治启动实施，建成美丽示范河湖 10 条，国省考断面水质优Ⅲ比例首次达到 100%。江阴市创成省生态文明建设示范区。

【深化安全监管】　2021 年，江阴市推进镇街安委办实体化运作，全面建立板块、部门履责考核评价指标体系。实施安全生产专项整治三年行动，清单化推进 167 项重点任务，排查整治隐患 4.3 万余项，安全生产事故起数、亡人数实现双下降。建设江苏省沿江（江阴）危险化学品应急救援基地和应急救援队伍，举办长三角危险化学品重大生产安全事故联合应急演练。

【加强民生保障】　2021 年，江阴市全年提供就业岗位 7.2 万个，扶持自主创业 8400 人。社保扩面新增 4 万人，城乡居民基本养老保险、基本医疗保障、最低生活保障、特困人员供养等待遇稳步提高。澄西高中、先锋幼儿园等启动建设,市中医院异地新建、市妇幼保健院改建等工程加快推进。举办市第八届全民运动会,新增体育公园2个、健身步道16千米。深化平安江阴建设,通信网络诈骗、非法金融活动等违法犯罪行为得到有力遏制,社会大局安定有序。

政府重要会议

【政府常务会议】 2021年1月28日,江阴市政府召开第十七届政府第八十二次常务会议。会议讨论并原则通过《江阴市公共安全体系“1+26”规划(2019—2025)》《关于全面加强危险化学品安全生产工作的实施方案》《江阴市危险化学品使用安全专项治理行动工作方案》《江阴市安全生产行政执法工作实施意见》《江阴市安全生产人民监督员制度》《关于成立江阴市减灾委员会的方案》《江阴市突发事件总体应急预案》《江阴市突发地质灾害应急预案》《江阴市地震应急预案》《江阴市雨雪冰冻灾害应急预案》《江阴市大面积停电事件应急预案》《江阴市粮食应急预案》《关于华能江阴燃机热电有限责任公司燃机供热价格的制定方案》《江阴市2021年度重大项目安排计划》《2021年度全市重大项目建设市领导挂钩联系制度》《市政府拟废止的规范性文件目录》《市政府拟宣布失效的规范性文件目录》《江阴市高速公路出入口和普通国省道绿化及环境整治提升长效机制工作方案》《江阴市食品安全事故应急预案》《第十三届江阴市市长质量奖评定情况》《苏南国家自主创新示范区江阴高新区“一区多园”协同创新管理办法》《关于推动江阴睢宁园区高质量发展的支持政策》《2021年度江阴市工业“双百企业”(百强企业和百佳企业)名单》《江阴市房屋征收(拆迁)安置工作年度考核意见》《关于对江阴市城区房屋征收(拆迁)安置工作指挥部进行调整的方案》《江阴市市级政府投资项目集中组织建设实施办法(试行)》《关于调整城区生活污水治理管理体制的方案》等议题。

2月23日,江阴市政府召开第十七届政府第八十三次常务会议。会议讨论并原则通过《江阴市“南征”战略推进三年行动方案(2021—2023)》《江阴市“北战”战略推进三年行动方案(2021—2023)》《江阴市“东西互搏”战略推进三年行动方案(2021—2023年)》《2020年度江阴市重点骨干企业名单及奖励方案》《江阴市打好污染防治攻坚战2020年度成效考核实施方案》《江阴市打好污染防治攻坚战2020年度成效考核细则》《江阴市安全生产各专业委员会及其组成人员调整方案》《关于加快推进个人全生命周期“一件事”改革的实施方案》《江阴市企业政府服务专员工作方案》《关于困难精神残疾人住院救助政策的补充意见》《关于修订〈江阴市市属国有企业投资管理办法〉有关条款的建议》等议题。

3月4日,江阴市政府召开第十七届政府第八十四次常务会议。会议讨论并原则通过《关于进一步做好争取国家、省真抓实干激励支持工作的汇报》《2021年全市农业农村工作要点》《2020年度全市农业农村工作先进集体和先进个人名单》《关于扩大农业农村有效投资加快补上“三农”领域突出短板的实施意见》《江阴市农田连片整治三年行动方案(2021—2023)》《关于深入推进农村人居环境整治提升健全完善长效管护机制的实施意见》《关于扶持集体经济相对薄弱村发展助力乡村振兴的实施意见》《关于加快推进农业机械化和农机装备产业转型升级的实施意见》《2021年江阴市长江禁渔工作责任书》《江阴市突发公共卫生事件应急预案》《江阴市政府投资基金管理暂行办法》《关于建立江阴市政府投资基金下属子基金投资体系的工作意见》《镇(街)、开发区和部门2021年深入打好污染防治攻坚战目标任务书》《江阴市2021年度污染防治攻坚战“蜗牛警示牌”认定办法》《污染防治攻坚战“蜗牛警示牌”认定名单(第1期)》《2020年度镇街园环境质量月度考核奖励分配方案》《2021年度政府挂牌督办问题清单》等议题。

3月24日,江阴市政府召开第十七届政府第八十五次常务会议。会议学习《中华人民共和国长江保护法》,讨论并原则通过《江阴市城市照明专项规划(2020—2030)》《江阴市开展安全发展示范城市创建工作的实施意见》《江阴市安全生产委员会成员调整名单》《2021年度江阴市政府重大行政决策事项目录》《江阴市道路交通死亡事故领导到场制度》《江阴市道路交通事故预防工作“红黄黑榜”警示通报制度》《2021年江阴市社会信用体系建设工作意见》《江阴市社会信用体系建设领导小组成员名单调整方案》《关于江阴市全面建立信用承诺机制的实施意见》《江阴市深化重点领域信用监管,打造“行业+信用”县域治理样本的实施方案》《江阴市关于推进水、电、气、物流、通讯、社保、公积金等公共信用数据归集共享的实施意见》《关于创建全国信用建设示范城市的可行性研究报告》《江阴市产业转型升级三年行动方案(2021—2023)》《江阴市“3+4+5”产业集“群”强“链”三年行动计划》《2021年江阴市盘活存量土地工作实施意见》等议题。

4月20日,江阴市政府召开第十七届政府第八十六次常务会议。会议学习《政府督查工作条例》,讨论并原则通过《2021年一季度污染防治攻坚战“蜗牛警示牌”认定情况》和《2021年江阴市各镇(街)、开发区污染防治重点指标及工作月度考核办法》《江阴市第八届全民运动会总体方案》《关于实施“暨阳英才计划”升级版2.0打造人才引育新高地的实施意见》《江阴市2021年国民经济和社会发展重点管理目标责任分解》《危险化学品、冶金等工贸行业安全生产专项整治三年行动工作进展情况汇报》《关于进一步深化安全生产三年专项整治工作的实施方案》《2021年各开发区党(工)委、管委会、镇(街道)党(工)委、人民政府(办事处)、市安委会成员单位及其他有关部门和单位履行安全生产工作责任考核评价指标》《江阴市安全生产领域违法行为和事故隐患举报奖励实施办法》《关于扎实开展全市被撤并镇街市容环境整治提升工作的实施意见》《江阴市特种设备事故应急预案》《关于大力推进产业强市建设 构建现代产业体系的若干政策意见》《江阴市新一轮河道环境综合整治水质达标攻坚行动实施方案》《2021 年江阴市国家卫生城市复审工作实施方案》《江阴市危险房屋解危治理暂行办法》等议题。

5 月 6 日，江阴市政府召开第十七届政府第八十七次常务会议。会议学习《中华人民共和国招标投标法》，讨论并原则通过《江阴市工业园区升级改造大会战三年行动实施方案》《江阴市工业园区升级改造大会战 2021 年度重点任务计划安排》《江阴市工业园区升级改造实施细则》《关于成立江阴市工业园区升级改造领导小组的建议》《江阴市推进长江经济带高质量发展 当好长江大保护排头兵 2021 年重点工作》等议题。

5 月 15 日，江阴市政府召开第十七届政府第八十八次常务会议。会议学习《政府投资条例》，讨论并原则通过《江阴市政府投资管理办法》《江阴市市级政府投资项目概算管理办法》《2021 年江阴市深化“放管服”改革优化营商环境工作要点》《关于建立全市政策研发联席会议制度的建议》《江阴市成品油市场综合整治方案》《江阴市质量基础设施“一站式”服务实施方案》《江阴市征收集体土地涉及住宅及其他建筑物构筑物补偿安置办法》《武汉大学、江阴市人民政府科技创新合作协议》《〈关于大力推进产业强市建设推动经济高质量发展的政策意见—资本运作〉的实施细则》等议题。

6 月 19 日，江阴市政府召开第十七届政府第八十九次常务会议。会议学习《中华人民共和国食品安全法实施条例》，传达学习党中央、国务院、江苏省、无锡市主要领导对湖北十堰事故重要指示批示和 6 月 15 日省安委会会议、6 月 17 日全国安全生产电视电话会议精神，讨论并原则通过《全市安全生产工作情况汇报》《江阴市工矿企业生产安全事故应急预案》《江阴市危险化学品生产安全事故应急预案》《江阴市森林火灾应急预案》《江阴市自然灾害救助应急预案》《关于江阴市 2021 年价格调控目标责任制的实施意见》《4 月 30 日无锡市道路交通安全生产现场会精神再明确再推进再落实的任务清单》《江阴市化工企业整治提升三年行动方案（2021—2023）》《关于进一步加大房屋征收督查考核的办法》《江阴市 1—5 月份大气污染防治工作进展情况汇报》《江阴市 2021 年大气污染防治工作“36 条”》《江阴市大气污染防治工作联席会议成员单位工作职责》《江阴市辐射事故应急预案》《江阴市突发环境事件应急预案》《江阴市城市绿线划定规划》《第六批江阴市级非物质文化遗产代表性项目名录》《“大棚房”问题专项清理整治行动“回头看”工作情况汇报》等议题。

7 月 12 日，江阴市政府召开第十七届政府第九十次常务会议。会议学习《保障农民工工资支付条例》，讨论并原则通过《江阴市突发火灾事故应急预案》《江阴市深化社会主义现代化建设试点 2021 年度工作计划》《江阴市推进长三角一体化当好区域发展排头兵 2021 年工作要点》《江阴市道路路域养护、保洁和环境长效管理实施办法（试行）》《江阴市“十四五”水利发展规划》《江阴市防止耕地“非粮化”稳定粮食生产的工作方案》《江阴市深入打好污染防治攻坚战三年行动计划（2021—2023）》《关于推进生态环境治理体系和治理能力现代化的实施方案》《江阴市生态环境保护责任清单》《江阴市农村宅基地和房屋确权登记历史遗留问题处理意见（试行）》等议题。

7 月 29 日，江阴市政府召开第十七届政府第九十一次常务会议。会议学习《中华人民共和国基本医疗卫生与健康促进法》，讨论并原则通过《江阴市集中式饮用水水源地突发环境事件应急预案》《江阴市全面推行证明事项告知承诺制工作方案》《江阴市重大行政决策目录管理办法》《江阴市党政主要负责人履行推进法治建设第一责任人职责考评方案（试行）》等议题。

8 月 20 日，江阴市政府召开第十七届政府第九十二次常务会议。会议学习《江苏省禁毒条例》，讨论并原则通过《江阴市首届“生态日”活动工作方案》《江阴市 1—7 月大气环境质量情况汇报》《2021 年二季度污染防治攻坚战“蜗牛警示牌”认定情况》《关于收回 2021 年一季度污染防治攻坚战“蜗牛警示牌”的情况》《关于深化新时代教育督导体制机制改革的实施方案》《江阴市公办幼儿园保教费调整方案》《关于进一步加强违法建设治理工作的意见》《江阴市安全生产第三方服务工作实施意见》《关于建设“1 + N”安全生产行业协会体系的实施方案》《江阴市政府领导班子成员 2021 年安全生产重点工作清单》《江阴市市属国有企业改革重组实施意见》等议题。

8 月 31 日，江阴市政府召开第十七届政府第九十三次常务会议。会议学习《中华人民共和国预算法实施条例》，讨论并原则通过《澄江街道城市管理相对集中行政处罚权事项清单》及《其他职权调整事项清单》《市政府拟废止的规范性文件目录》《市政府拟修改的部分规范性文件》《江阴市加快推进农村物流发展的实施意见》《江阴市农村集体经营性建设用地入市管理办法（试行）》《江阴市农村集体经营性建设用地入市土地增值收益调节金征收和使用管理办法（试行）》《江阴市农村集体经营性建设用地入市净收益管理办法（试行）》等议题。

9 月 17 日，江阴市政府召开第十七届政府第九十四次常务会议。会议学习《城市房地产开发经营管理条例》，讨论并原则通过《江阴市深化美丽河湖专项整治三年行动计划（2021—2023）》《江阴市“十四五”教育事业发展规划》《江阴市智慧城市综合管理平台网格化管理业务工作考核细则》《江阴市既有建筑安全隐患排查整治工作方案》《关于调整江阴市市区国有土地上房屋征收与补偿相关费用标准的方案》《关于调整江阴市国有土地上住宅房屋征收补偿最低标准的方案》《江阴市第 31 届科技节 · 人才创新周活动方案》《江阴市人民政府、睢宁县人民政府南北挂钩深化合作协议》《江阴睢宁工业园区高质量发展合作商务协议》《江阴睢宁工业园区高质量发展总体方案任务分解》《江阴市建筑项目综合治税工作方案(试行)》《关于贯彻落实政府过紧日子要求严格规范预算追加的实施意见》等议题。

9月29日,江阴市政府召开第十七届政府第九十五次常务会议。会议学习《中华人民共和国安全生产法》,讨论并原则通过《江阴市安全生产委员会成员调整方案》《关于进一步强化镇街(开发区)综合行政执法工作效能的实施办法(试行)》《关于加强江阴市"十四五"社会消防救援事业发展的实施意见》《关于进一步加强城市消防安全工作的意见》《江阴市消防安全委员会成员单位工作职责》《市消防安全委员会成员单位名单》《关于进一步加强全市行政机关负责人出庭应诉有关工作的通知》《江阴市行政复议体制改革实施方案》《市政府委托下放一批行政权力和公共服务类事项目录》《江阴市人才科创天使基金等四只子基金设立方案》《江阴市工业园区升级改造有限公司操作办法》《江阴高新区打造国内一流的创新型国际化园区三年行动计划实施方案(2021—2023)》《江阴临港经济开发区打造竞争力一流国际化开放园区三年行动方案(2021—2023年)》《江阴—靖江工业园区加快建设高质量跨江融合发展试验区三年行动方案(2021—2023)》等议题。

10月28日,江阴市政府召开第十七届政府第九十六次常务会议。会议学习《中华人民共和国退役军人保障法》,讨论并原则通过《江阴市重污染天气应急预案》《污染防治攻坚战"蜗牛警示牌"2021年三季度认定和一、二季度收回情况》《关于对污染防治攻坚不力的责任单位实施严格惩戒措施的有关办法》《关于进一步加强全市机关事业单位编外用工管理的实施意见》《关于进一步深化工业企业资源利用绩效评价工作的实施方案》《江阴市"十四五"科技创新发展规划》《江阴市推进职业教育改革创新 打造高质量发展样板实施方案》《关于困难精神残疾人住院救助政策的补充意见》《2021年江阴市重大产业项目专项资金申报项目初审结果》《江阴市既有多层住宅加装电梯实施办法(试行)》《江阴市永久性绿地保护管理办法》《关于我市机关事业单位住房公积金和逐月住房补贴计提基数调整的建议方案》等议题。

11月17日,江阴市政府召开第十七届政府第九十七次常务会议。会议学习《江苏省优化营商环境条例》,讨论并原则通过《关于进一步加强党政领导干部包案制化解突出社会矛盾和信访问题的意见》《中共江阴市委宣传部、江阴市司法局关于开展法治宣传教育的第八个五年规划(2021—2025)》《江阴市深化农村公路管理养护体制改革实施方案》《江阴市政务服务便民热线归并优化实施方案》《关于创新模式强化政府数据开发应用的事宜》《关于全面推行高危行业领域安全生产责任保险制度的实施意见》等议题。

12月2日,江阴市政府召开第十七届政府第九十八次常务会议。会议学习《排污许可管理条例》,讨论并原则通过《江阴市长江太湖入河排污口分类整治工作方案》《江阴市市级河湖保护规划》《江阴市促进3岁以下婴幼儿照护服务发展实施方案》《江阴市镇(街道)行政权力事项清单》《关于调整江阴市物业管理补贴标准的意见》《市区老旧小区物业全覆盖实施方案》《江阴市商品房预售资金监管办法》等议题。

12月15日,江阴市政府召开第十七届政府第九十九次常务会议。会议学习《无锡市生活垃圾分类管理条例》,讨论并原则通过《关于调整全市机关事业单位编外用工经费标准和审核办法的方案》《关于构建更加完善的要素市场化配置体制机制的实施意见》《江阴市"十四五"营商环境发展规划(2021—2025年)》《江阴市"十四五"现代服务业发展规划》《江阴市"十四五"开放型经济发展规划》《江阴市气象探测环境保护专项规划(2020—2035)》《关于2021年财政预算预计执行情况和2022年财政预算安排情况的汇报》等议题。

12月23日,江阴市政府召开第十七届政府第一百次常务会议。会议讨论并原则通过《2022年政府工作报告》《江阴市2022年度政府投资项目计划》《关于扎实推进美丽江阴建设的决议落实情况报告》《江阴市人大常委会关于高质量建设长江生态安全示范区的决议》《江阴市"十四五"智慧城市发展规划》《江阴市"十四五"先进制(智)造业发展规划》《江阴市深化政务服务改革三年行动方案》等议题。

【市长办公会议】 2021年1月28日,江阴市政府召开十七届政府第七十三次市长办公会议。会议讨论并原则通过《关于徐霞客镇梦东方文化创意产业园项目(一期第一批次)水域占补平衡方案的情况汇报》《江阴市建筑垃圾资源化处理项目(一期)特许经营协议》《关于鼓励外地在澄人员留澄过春节的实施方案》《关于确认江阴市老年协会为行政背景社会团体的方案》等议题。

2月23日,江阴市政府召开十七届政府第七十四次市长办公会议。会议讨论并原则通过《滨江路快速化改造(河豚路—东外环路)建设优化方案》《滨江路快速化改造(河豚路—东外环路)设计费调整方案》《周庄镇山泉村村民住宅不动产确权登记发证有关事宜》《霞客湾科学城战略规划与概念性城市设计国际方案征集工作方案》等议题。

3月4日,江阴市政府召开十七届政府第七十五次市长办公会议。会议讨论并原则通过《江阴市人民政府、南京师范大学、江阴市新桥镇人民政府联合办学协议书》《江阴市房屋征收清点清障工作考核奖惩办法》《江苏云蝠跨境电商产业园扶持政策调整事宜》等议题。

4月7日,江阴市政府召开十七届政府第七十六次市长办公会议。会议讨论并原则通过《关于调整机关干部体检标准的情况汇报》《关于高新区新城镇综合开发PPP项目补充合同有关情况的汇报》《关于成立江阴港口发展(股份)有限公司的方案》《芙蓉大道快速化改造配套绿化建设项目相关事宜》等议题。

4月20日,江阴市政府召开十七届政府第七十七次市长办公会议。会议讨论并原则通过有关公司搬迁补偿有关事宜。

5月15日,江阴市政府召开十

七届政府第七十八次市长办公会议。会议讨论并原则通过《尊阳集成电路封测产业基地项目建设方案》《长电5G封测产业园项目相关事宜》《江阴市党群服务中心布展工作方案》《江南大学、江阴市人民政府江阴校区合作办学协议》《江南大学与江阴市人民政府共建江阴校区合作备忘录》等议题。

6月19日，江阴市政府召开十七届政府第七十九次市长办公会议。会议讨论并原则通过《江阴市长江河道采砂管理联席会议制度》等议题。

7月12日，江阴市政府召开十七届政府第八十次市长办公会议。会议讨论并原则通过《关于对2020年部分绩效评价D类企业差别化水电气政策执行豁免的报告》等议题。

7月29日，江阴市政府召开十七届政府第八十一次市长办公会议。会议讨论并原则通过《江阴高中教学楼建设项目总投资调整方案》《共同建设江阴市武汉大学长三角创新中心合作协议》《江阴—清华创新引领行动计划合作协议》《关于江阴市出资参与无锡市太湖产业发展投资基金的情况汇报》《江阴市重大产业项目招引“一事一议”实施意见》《关于江阴泰富临港医院新建项目免征城市基础设施配套费的处理意见》等议题。

8月31日，江阴市政府召开十七届政府第八十二次市长办公会议。会议讨论并原则通过《229省道青阳段工程设计变更方案》《关于出具江阴靖江长江隧道南接线工程资本金承诺函的情况汇报》《关于调整我市上市公司原始股托管减持奖励政策的建议》《关于三房巷公司税费返还申请事项批办情况的报告》等议题。

9月29日，江阴市政府召开十七届政府第八十三次市长办公会议。会议讨论并原则通过《关于敔山湾仁恒项目投资合作事宜的汇报》《江阴市人民政府 哈尔滨工业大学(威海) 无锡市科学技术局关于培育未来技术的合作协议》等议题。

9月29日，江阴市政府召开十七届政府第八十三次市长办公会议。会议讨论并原则通过《关于华西集团处置光伏资产及回收资金用途计划的情况汇报》等议题。

10月12日，江阴市政府召开十七届政府第八十四次市长办公会议。会议讨论并原则通过《关于盛合晶微高端封测项目需市政府支持的报告》等议题。

10月28日，江阴市政府召开十七届政府第八十五次市长办公会议。会议讨论并原则通过《关于成立江阴市口腔医院的工作方案》《关于调整中南文化控股股东内部合伙份额及上市公司后续发展的事项》等议题。

11月8日，江阴市政府召开十七届政府第八十六次市长办公会议。会议讨论并原则通过《江阴市人民政府、华东师范大学联合办学协议书》等议题。

11月15日，江阴市政府召开十七届政府第八十七次市长办公会议。会议讨论并原则通过有关公司股权处置、排污许可证申办等议题。

11月22日，江阴市政府召开十七届政府第八十八次市长办公会议。会议讨论并原则通过《共建国家太阳能光伏技术创新中心(筹)的战略合作协议》等议题。

12月2日，江阴市政府召开十七届政府第八十九次市长办公会议。会议讨论并原则通过《江阴市城镇公交企业成本规制财政补贴办法》《光大环保能源(江阴)有限公司垃圾服务费调价实施方案》《关于远景AESC智能电池项目优惠政策延期》《关于给予中建材异质结项目“一事一议”政策》等议题。

12月23日，江阴市政府召开十七届政府第九十次市长办公会议。会议讨论并原则通过有关地块竞拍、有关公司证照资质完善等议题。

(钱晓瑜)

外　事

【概况】 2021年，江阴市人民政府外事办公室在“外防输入，内防反弹”的疫情防控新常态下，落实市委、市政府各项部署要求，将涉外疫情防控作为最重要的工作来抓，是年转运入境回江阴人员1564人。在坚持抓紧抓实抓细各项涉外防控措施的同时，大力推动国际合作和友城交流，围绕更好地服务地方经济、营造良好的发展环境做出积极贡献。是年，接待外国驻华机构和团体客人7批72人次；保障和推进APEC商务旅行卡申报工作，新受理并上报3个企业13人次；妥善处理涉外事件25件；接听疫情防控热线电话3000余个；推选无锡市荣誉市民1名，推选无锡市人民友好使者2名。

【外宾接待】 2021年，江阴市人民政府外事办公室接待外国驻华机构和团体客人7批72人次。

3月12日，埃塞俄比亚驻沪总领事魏澜一行5人到江阴参加埃塞俄比亚—江阴投资洽谈会。市长包鸣会见客人。

3月24日，韩国庆尚南道驻上海代表处总代表柳丁实一行5人到江阴签署友好交流意向书并赴无锡参加2021无锡国际赏樱周。

5月10日，以色列驻沪总领事爱德华、德国驻沪副总领事唐孟思、日本驻沪副总领事福田高干、韩国驻沪总领馆商务领事朱原奭、丹麦驻沪总领馆商务领事哈勒等外国驻华机构高级官员26人参加2021江阴(上海)对外产业合作恳谈会。市长包鸣会见客人。

7月21日，以色列驻沪总领事爱德华一行6人访问江阴，参观江阴天江药业有限公司、海澜集团有限公司。市长包鸣会见客人，副市长顾文瑜陪同考察。

9月28日，在江阴外籍高管一行20人赴无锡参加无锡市国庆招待会。无锡市代市长赵建军会见客人。

10月11日，韩国群山市驻中国代表处新任总代表宋明哲一行5人访问江阴，参观临港开发区。

12月3日，韩国群山市驻中国代表处总代表宋明哲一行5人到江阴参加第四届韩国群山新万金文化学堂开班仪式。

【友城交流】 2021年，江阴市人民政府外事办公室面对全球疫情风险持续高位的形势，克服各种不利因素，推进对外交流合作。邀请韩国友城群山市代表参加2021无锡国际赏樱周活动，进一步深化落实两市友好交流协议,连续四年在江阴举办韩国群山新万金文化学堂;配合江苏省人民政府外事办公室开展江苏—加州(美国)结好10周年活动,与美国友城阿拉米达市互致贺信;与日本友城藤冈市商讨中日友谊樱花林建设事宜;与日本友好交流城市南城市商讨教育系统友好交流事宜。（邱佳珩）

行政审批

【概况】 2021年,江阴市行政审批局贯彻落实市委、市政府决策部署和全市政务服务工作会议精神,紧盯"放权、分流、减负、服务"方向,纵深推进行政审批制度改革,持续推动政务服务创新发展,打响"澄心办·办澄事"营商品牌。是年,江阴市行政审批局受理并办结投资建设类审批事项1408件,收取各类规费逾4.1亿元;年度新开办企业11492个,全市市场主体突破24万户;开展公共资源交易1059项,实现交易额140.65亿元。

【市场准入领域】 2021年,江阴市行政审批局致力"更快"服务效能,推进"企业开办全链通"模式,对江阴所有新开办企业免费赠送全套5枚印章,全面实现企业开办零成本。全年"0.5天"企业开办数10771个,覆盖率达93.7%。内资登记变更、注销业务承诺时间由5个工作日压缩至1个工作日,做到"实时受理、当场审核、当天出照、免费邮送",实现"变更登记一日达"工作常态化。承接智慧商事登记改革试点、住所与经营场所分离改革试点、市场主体登记电子档案查询3项省级改革试点工作,智慧商事改革作为无锡地区唯一试点,在全省先行先试,数据库在11月初正式上线。

【投资建设领域】 2021年,江阴市行政审批局深入开展工程建设项目审批制度改革,探索"自审承诺"+"审图后置"改革,推动"拿地即开工""报建即开工"常态化。全年扬皓新材料安全装备等10项项目实现"拿地即开工",赛胜新材料PTA仓库等10项项目实现"报建即开工",投资建设类事项审批全流程优化压缩至工业项目、政府投资项目、一般社会投资项目分别为25个、40个、50个工作日。组建重大项目建设审批服务工作专班,为15个板块安排11名区域总管,为120项重大产业项目配备专属管家,累计走访企业180余次,编印《江阴市政府投资项目和重大产业项目审批服务专报》12期,建立项目服务"专群"72个,对企业和项目实现"一对一"精准服务。

【公共资源交易】 2021年,江阴市行政审批局完成建设工程网上招投标系统、水利工程网上招投标系统"一市一平台"建设,完善市、镇(街)二级交易体系,规范镇(街道)全流程电子化交易,推进镇(街)限额以下工程"不见面开标"、投标保函试点工作。在全省首批完成建设项目招投标、政府采购系统5.0向7.0的升级改造,远程异地评审向长三角地区联合延伸,其中建设工程、政府采购跨省异地评标均为无锡首例。全面推广"不见面"开标,全年完成"不见面"开标698个;在市重大项目招标中推行事前承诺制、有限容缺受理、"绿色通道"等措施,有力保障霞客湾科学城等一批重点项目按期完成招投标;推动"金融助跑",其中投标电子保函服务每年为投标企业释放投标保证金超10亿元;推广新一期农村产权线上交易平台服务,全市平台交易覆盖率达100%。

【政务服务改革创新】 2021年,江阴市行政审批局发挥市政府推进政府职能转变和"放管服"改革协调小组办公室作用,推动建立健全协调小组工作例会制度、联络员制度、信息报送制度,会商改革遇到的堵点、难点。与上海市宝山区等11个地区行政审批局代表团签署跨地域通办合作协议,实现26项涉企类事项"跨省通办"。在市级层面,开发个人全生命周期"一件事"平台,出生、入学、结婚、离婚、就业、失业、人才引进、军人退役、退休以及身后10个"一件事"全部在"一件事"平台上线运行;在开发区层面,全链委托下放商事登记和投资建设类权力事项;在镇(街道)层面,拓宽市级高频服务事项下沉委托办理渠道,下放3000万元以下企业注册开业审批登记行政权力。（周明明）

2021年11月25日,2021年江阴市政务服务技能竞赛在市图书馆举行

（市行政审批局提供）

医疗保障

【概况】 2021年,江阴市医疗保障局坚持以人民健康为中心,以中央和江苏省、无锡市关于深化医疗保障制度改革的意见为遵循,优化制度、完善政策、健全机制、提升服务,不断增强医疗保障的公平性、协调性,推进医疗保障和医药服务高质量协同发展。全市基本医疗保险参保148.67万人,其中职工医保94.99万人、居民医保53.68万人、生育保险参保

59.04万人，基本医疗保险参保率达98.7%。全市有定点医疗机构412个、定点零售药店572个。至年末，职工医保（含生育）基金累计结余47.66亿元，其中统筹基金结余24.86亿元，个人账户结余22.8亿元；居民医保基金累计结余3.82亿元。是年，市医保局做好常态化疫情防控工作，延续执行疫情防控期间医保"长处方"政策，落实核酸检测省定价格和医保结算政策；按照重大疫情医疗救治费用保障机制，对2月6日以后发生的新冠肺炎疫苗及接种费用由医保基金全额承担，全年支出2.24亿元。继续实行医保阶段性降费政策，职工基本医保和补充医保单位缴费比例降低1.4%，为用人单位及灵活就业人员减负4.16亿元。全面推广应用国家医保电子凭证，在省内首批实现定点医药机构免卡扫码便捷支付。年内累计激活医保电子凭证约82万人。市医保咨询服务热线电话整体并入"12345"市民热线。全年受理"12345"群众诉求4213件、办结3921件，答复满意率100%。开展党史学习教育，发布12项"我为群众办实事"项目，牵头落实3项市级办实事项目。落实事业单位改革要求，撤销下属事业单位江阴市医疗保障服务中心。

【建立防范和化解因病致贫因病返贫问题的长效机制】 2021年，市医保局进一步完善以基本医保为主体、大病保险为延伸、医疗救助为托底的多层次医保制度体系，巩固医保脱贫攻坚成果，有效衔接乡村振兴。职工医保（含生育）、居民医保累计结报1437万人次、支付待遇40.84亿元；大病保险结报3.2万人次、8474万元；医疗救助10.6万人次、2310万元。深入推进长期护理保险制度实施，全市有长护险服务网点21个，定点护理机构17个，发放长护险待遇6935人、7427万元。支持"医惠锡城"普惠型商业医疗保险产品在江阴落地，进一步减轻重特大疾病医疗费用负担，满足群众多元化医疗保障需求。

【优化医保筹资结构】 2021年，市医保局进一步完善医保筹资分担机制，均衡各方缴费责任。7月1日起，企业职工医保缴费基数下限从3368元上调至3800元。稳步提升居民医保筹资标准和财政补助标准，居民医保人均筹资标准达1150元，财政补助达到老年居民830元、其他参保人810元，促进各类人群应保尽保。

【提升待遇水平】 2021年，江阴市职工医保、居民医保政策范围内住院结报比例分别达85%、72%，居民医保二、三级医疗机构政策范围内住院报销比例提高10%至30%。落实无锡市统一的职工医保门诊慢性病政策。开展居民医保高血压、糖尿病门诊用药保障专项行动，自9月1日起，对纳入卫生健康部门规范化管理的居民医保两病患者整体纳入慢性病门诊用药保障范围，保障对象增加8万余人。全年累计补助门诊慢性病患者以及恶性肿瘤放化疗、重症尿毒症透析等门诊特殊病种患者3.39亿元；抗肿瘤靶向药等高价门诊特药增加至97种，特药补助3236万元，有效减轻大重病患者和困难人员负担。

【基金监管】 2021年，市医保局认真贯彻《医疗保障基金使用监督管理条例》，开展"宣传贯彻条例，加强基金监管"宣传月活动，向全市定点医药机构发布基金监管公开信，分类组织培训，编发典型案例，推进医保诚信体系建设。出台《行政处罚案件集中审理暂行规定》，完成首例医疗保障行政处罚；落实举报奖励、综合监管、行刑衔接等工作制度，向公安机关移送案件线索2条，向市纪委监委报送案件线索15条，形成全流程、全方位监管格局。

【打击欺诈骗保】 2021年，市医保局持续推进"智慧医保监管4+1体系"建设，提升监管效能。对基层医院、大型综合医院、零售药店，分别围绕"三假"（假病人、假病历、假票据）、重复分解收费、违规套现、套取药品等行为进行重点整治，扎实开展基金监管"清零行动"、不规范医疗服务行为专项治理，抽查医保病历2万余份，审核药店外配处方2万余张，对定点机构"双随机"（随机抽取被检查对象、随机选派检查人员）检查全覆盖，追回违规资金1782万元，处理违规定点机构116个，其中取消定点19个、暂停53个、整改44个。

【医保支付方式改革】 2021年，市医保局按照国家医保DRG（疾病诊断相关分组）付费试点工作要求，进一步做好分组器调整和模拟测算、电子病历关键信息交换等工作。全市12个二级以上综合医院全部被列为无锡国家试点观察点医院，实现全覆盖。会同市卫健委规范居民医保异地就医转诊制度，引导参保人有序就医。加大医保对分级诊疗制度的支持力度，促进医疗资源有效配置利用。

【药品和医用耗材集中采购制度改革】 2021年，市医保局组织全市医药机构常态化开展药品和医用耗材集中采购，先后参加5批国家药品集中带量采购以及冠脉支架等7轮高值医用耗材集中采购，集采药品和医用耗材达245种，年节约医药费约2亿元。组织开展阳光采购工作督查，压实医疗机构主体责任。建立国家谈判药"双通道"（定点医疗机构和定点零售药店两个渠道）保障机制，首批遴选4个国家谈判药定点机构。

【医疗服务价格改革】 2021年，市医保局全面执行无锡市公立医疗机构医疗服务项目价格标准，规范营利性医疗机构医药价格政策，理顺医疗服务价格体系。进一步完善分级定价机制，适时调升市人民医院医疗服务价格，自3月起执行三类医院价格标准；支持中医发展，统一上调104项中医医疗服务项目价格，更好体现医务人员技术劳务价值。率先推行定点零售药店常规药品价格监测和信息发布制度，发挥市场调节和价格引导作用。

【上线国家医保信息平台】 2021年10月，国家医保信息平台核心功能在江阴上线。为确保新系统顺利切换、平稳运行，市医保局推动15项国家医保信息业务编码落地，组织全市定点医药机构完成信息接口改造和信息编码贯标，累计维护疾病诊断、手术操作、医疗服务项目、药品耗材等各类信息编码1300余万条，清洗迁移医保基础信息2亿余条。梳理适配7大类28小类医保待遇政策，根据信息平台功能架构改造业务流程28项。对接江苏"医保云"平台，改造"最江阴"医保服务,逐步开放信息查询、异地就医备案等功能,确保参保群众正常享受医保待遇。

【医保参保征缴独立运行】 2021年,市医保局组织医保社保参保征缴业务拆分和系统改造工作,实现医保参保征缴独立经办。健全工作协同机制,通过数据回流方式,实现"社保前台一站受理、医保后台自动办结";开发医保网报系统,助力全市3.3万个企业医保参保"零次跑"。

【构建"15分钟医保服务圈"】 2021年,市医保局构建"15分钟医保服务圈",在30个定点医疗机构规范设置"一窗受理、一单结算"医保服务站,推动异地就医备案、住院费用报销等13项医保政务便民服务项目延伸至镇(街道)为民服务中心办理,其中8项高频事项进一步延伸至村(社区)办理,实现全覆盖;建成徐霞客镇、华士镇2个基层医保经办服务示范点,实现医保"小事不出村,一般业务不出镇"。

【异地就医联网结算】 2021年,市医保局深入推进江苏省内及长三角异地就医门诊、住院"一单制"直接结算,普通门诊费用跨省直接结算扩展至全国29个省市,实现定点零售药店省内异地购药直接结算,有效解决老百姓"垫资、跑腿"难题。完成江阴市下达的"异地就医门诊费用直接结算率"揭榜挂帅联盟攻坚项目任务。 (张 伟)

信访工作

【概况】 2021年,江阴市信访局学习贯彻习近平总书记关于加强和改进人民信访工作的重要思想,扎实开展党史学习教育,紧抓疫情防控,围绕全市"南征北战、东西互搏"战略部署和村级工业园区升级改造等中心工作,加强信访法治化、规范化、信息化建设,积极打造品牌,推动信访工作高质量发展持续走在前列。

【畅通信访渠道】 2021年,江阴市信访局对群众来访接待实行"一统、二分、三跟进"的服务模式,对接待登记、分流转办、政策解答、矛盾调处等环节实行全流程规范管理,对涉法涉诉事项进行诉访分离,正规信访秩序,提升矛盾化解质效。加强业务规范、接待礼仪规范及信访业务标准化建设培训,全面提升信访干部综合素质和能力水平,更好地方便群众、服务群众、维护群众利益。全年市级层面接待来访群众420余批2200余人次,办理人民来信220余件次,处理网上投诉1800余件次,初信初访一次性办结率100%。

【业务标准提升】 2021年,江阴市信访局积极应对形势任务变化和群众需求提升,规范"阳光系统"应用管理,不断完善工作机制和办理流程,及时受理、按期办结、规范回复。对标"最多跑一地、服务零距离",积极构建矛盾多元化解体系,市人民来访接待中心与综治中心合署办公,6个部门进驻开展联合接访。坚持和发展"枫桥经验",打造"网格化+信访"模式,做到矛盾问题第一时间发现、第一时间预警、第一时间处置。推进信访接待"人民满意窗口"建设质量提升工程,全市实现无锡市级"人民满意窗口"全覆盖,2个镇(街道)信访窗口获评省级"人民满意窗口"。

【信访改革创新】 2021年,江阴市信访局坚持问题导向,顺应时代需求,解放思想、主动作为,在保质保量完成各项工作任务的基础上,积极探索信访工作改革创新。在全省率先自主研发来访接待管理系统,将登记、分流、接待、评价等所有环节均纳入信息化管理,促进工作人员和信访群众双向规范,提高接待效率,增加接访场所安全系数。通过数据赋能,定期分析研判,准确反映真实数据,掌握全市信访工作动态。用好领导接访平台,创新工作机制,在全省率先实行群众来访预约登记、责任单位参与接访、信访部门全程跟踪和融媒体加强监督的运行模式,狠抓选案、商案、接案、解案各环节,不断提升信访工作质效。

(邱志勇)

对口支援与帮扶

【概况】 2021年,江阴市学习贯彻第三次中央新疆工作座谈会、第八次对口支援新疆工作会议精神和新时代党的治疆方略,认真贯彻落实江苏省和无锡市对口支援工作决策部署,以"聚焦总目标、干在最实处、走在最前列"为目标定位,努力克服新冠肺炎疫情影响,真情援建、科学援建,有力有序推动新一轮援疆工作开展。年内江阴市财政安排上缴江苏省援疆统筹资金9018万元。深入贯彻落实江苏省和无锡市的工作要求,坚持以更高标准、更大力度、更实举措全力推进东西部协作工作,确保苏陕协作平稳有序开展。年内江阴市财政安排上缴省东西部协作统筹资金8172万元。落实省委、省政府南北共建战略,深化与徐州市睢宁县合作关系,加强产业协同发展,不断提高共建水平。江阴市财政安排帮扶睢宁资金500万元。

【对口援疆】 2021年3月24日,新疆霍城县委书记马龙率党政代表团赴江阴学习考察,双方举行会谈,对接产业和人才援疆工作,霍城与江阴相关企业单位签署战略合作协议和投资协议。6月22日,无锡市委常委、江阴市委书记许峰率党政代表团赴新疆霍城县,考察对口支援工作,并参加无锡(江阴)市对口支援伊犁哈萨克自治州霍城县工作座谈会。在霍城期间,双方签订深化对口支援合作协议,向霍城捐赠职业技术教育项目资金,举行江阴市人民医院霍城医疗协作中心揭牌仪式。年内实施援疆项目29项,其中基建类项目14项,非基建类15项,总投资3.41亿元,全年投入援疆资金1.51亿元。江阴前方工作组牵头统筹霍城县招商引资工作,先后举办各类招商推介活动20余次,招商意向总投资额超70亿元。深圳纽斯达光电产业园、江苏众网数字产业园、圣华盾防护工装、新疆斯派尔新材料、中超电缆二期等10项项目开工建设,总投资约35亿元。实施"澄远英才361计划",培训党政干部3250余人次,培训专技人才1730人次。实施"医疗援疆245计划",引进州级公益医疗援助项目2项,开展示范性手术300余台、义诊30场、讲座40场,填补霍城县医疗空白8项,实施多学科远程

2021 年 11 月，江阴市援建霍城的江阴初级中学艺体楼竣工并交付使用
（市发改委提供）

会诊 16 场。发挥后方资源优势，深化两地机关单位、乡镇、重点村、企业结对共建，全年捐赠累计价值 900 万元。是年，江阴市对口支援新疆霍城县前方工作组被评为江苏省脱贫攻坚暨对口帮扶支援合作先进集体，颜忠元获评全国脱贫攻坚先进个人，徐卓文获评江苏省脱贫攻坚暨对口帮扶支援合作先进个人。

【东西部协作】 2021 年 3 月 15 日，延川县党政代表团在延川县委副书记、县长宋满红的带领下到江阴开展对口交流协作及招商活动。10 月 16 日，无锡市委常委、江阴市委书记许峰率江阴市党政代表团赴陕西省延川县考察调研，召开两地对口联席会议，会上向延川县捐赠 500 万元教育振兴资金。年内，江阴市选派教育、医疗、农业“三支”专技人才 18 名赴延川县开展工作，延川县选派 27 名专业人才到江阴学习交流。助推产业发展，新促成延川中石油昆仑能源有限公司与金坛港华储气库有限公司运输储气 5000 万立方米的合作；江苏企业在延川投资 1.1 亿元建设嘉硕空气源热泵项目正式投产；协调推进总投资 1000 万元的鑫运农业科技项目；总投资 18 亿元的远景能源零碳产业园区及新能源项目签订合作框架协议。统筹援建项目，落实苏陕协作专项资金 1176 万元，主要支持工业园区标准化厂房二期建设及危化停车场建设、杨家圪坮镇稍道河移民安置社区配套工程建设、永坪镇现代循环农牧业建设 3 项项目。推进劳务协作，完成 1 项人才交流与劳务协作工作项目。江阴市人社部门组织法尔胜泓昇集团有限公司、圣华盾防护科技股份有限公司、江苏天华色纺有限公司等 16 个企业赴延川县参加“春风送岗位，就业暖人心”现场招聘会，并通过线上、线下多种渠道向延川县精准发布用工需求，提供就业岗位 800 多个。协助组织劳务技能培训 1 次，培训人数 100 人。推动结对帮扶，组织共献爱心，全市各镇（街道）、部门和企事业等单位向延川县累计捐款捐物价值 1309 万元。是年，江阴市对口帮扶延安市延川县联络组被评为江苏省脱贫攻坚暨对口帮扶支援合作工作表现突出的集体。

【南北合作】 2021 年，江阴市与睢宁县推动新一轮共建园区发展，重新划定 4.6 平方千米共建实施范围，构建齐抓共管、互利共赢、运行高效、市场运作的管理模式，开启合作共建新局面。园区按照“苏南三为主、苏北三到位”（苏南方人员、资金、项目“三为主”，苏北方确保规划建设、社会管理、政府服务“三到位”）要求，发挥两地优势，打造淮海经济区高端装备制造新兴基地。6 月 7 日，江阴、睢宁两地党委、政府为园区举办开发建设启动仪式并召开江阴睢宁第二次党政联席会议。7 月 8 日，经江苏省政府同意，省发改委、商务厅批复同意《江阴睢宁工业园区高质量发展总体方案》。园区全年完成营业销售收入 6.8 亿元，工业固定资产投资 1.59 亿元，基础设施建设投入 4071 万元，一般公共预算收入 1182 万元，新增注册企业 8 个。两地深化各领域合作，江阴在睢宁建立生猪保供基地，完成 7.7 万头生猪存栏指标任务。江阴市财政安排帮扶资金 500 万元，实施生猪养殖基地建设、村道改善等项目，助力睢宁乡村振兴工作。开展消费扶贫工作，加强农产品购销衔接，睢宁县企业江苏佳盛源公司在江阴市设立农产品直销店，销售大米、西瓜等优质农产品，销售额达 1000 万元。江阴市 10 个企业与睢宁县 10 个村建立联建关系，实施共建项目，采购当地农产品，增强睢宁村集体发展能力。
（李开章）

机关事务管理

【概况】 2021 年，江阴市机关事务管理工作部门贯彻国家、省、无锡市机关事务管理办法，指导、监督全市机关事务管理工作，落实职责范围内行政事业单位机关事务的管理、保障、服务。配合全市疫情防控工作，全力做好集中办公区、隔离酒店等防疫保障工作；完成 22 个代记账单位的日常财务报销、工资及各项补贴的发放；及时缴纳职工社保、养老保险、职业年金、住房公积金；加强和完善国有资产管理，升级资产管理系统，补录账外资产；保障离退休老领导住房和机关房改房报修维修，完成北干、南干小区墙面修补、屋面治漏和天鹤四村 7 幢屋面大修工程；保障市“两会”等全市性重大活动 42 次，保障各类会议 5964 场，公务用车 3304 台次，行驶里程 33 万千米，其中重大活动用车保障 46 场次 415 台次；车辆年检 165 台次；机关大楼、行政事业中心、市民中心完成维修类项目招标采购 47 项，日常设备报修维修 2328 次，房屋报修维修 8225 平方米，完成机关大楼和事业中心就餐卡升级、外卖服务平台升级、道闸系统升级改造等工程。

加强应急处置演练、落实能源双控工作。

【市级机关服务中心组建】 2021年5月19日,根据江阴市委、市政府《关于印发〈江阴市深化事业单位改革试点实施方案〉的通知》精神,组建江阴市市级机关服务中心,为市政府办下属公益一类事业单位,相当于副科级建制。主要职责是承担政府网站管理与维护、政府网站的信息发布与管理工作;承担保障范围内各代记账部门的财务服务工作,承担单位资产管理工作;承担市级公务用车平台的运行管理工作;承担单位公务用车车辆购置、报废更新;承担保障范围内办公用房及设备设施的大中修工作;承担保障范围内物业服务的引入、管理与考核工作;承担市级周转房服务保障工作;承担保障范围内餐饮服务工作;承担交办的接待服务工作,参与市级有关重要会议、重大活动的接待服务工作;落实单位安全生产主体责任。

【党政机关办公用房管理】 2021年,江阴市机关事务管理部门组织实施市政府东侧大桥桥底停车场项目建设,新增停车位131个;集中审核办公用房维修改造项目42项;完成市公安局等24处不动产权证办理;完成市城市综合管理局、市园林绿化管理所等26处固定资产划拨及报损;完成机关大楼、事业中心、信访楼部分办公用房调配工作。

【党政机关公务用车管理】 2021年,江阴市机关事务管理部门开展全市公车监管自查自纠,印发《关于进一步加强公务用车监督管理工作的通知》,及时配合市纪委监委开展专项治理工作;利用公车信息化管理平台数据分析功能,加强对特定时间内公车行驶和停放情况的监管,梳理长期离线车辆并责令限期整改,维修北斗车载设备300余台套。统计分析公车运行轨迹200余台次,实现监督管理可视化、运行档案电子化;完成市公务车载定位管理系统升级改造项目、市公车定点维修公开招标采购;上报2022年度公车更新计划128辆,严格审核购车经费,节资率43.4%;完成公务车辆集中处置54辆,采用网上动态报价模式集中公开拍卖12辆,成交8辆,平均溢价率15.78%,实现国有资产收益最大化;完成全市公车报损审核56辆,公车更新购置审核60辆,公车资产划拨审核45辆,公务出行长期租车审核28份。

2021年8月23—29日,“节能降碳,绿色发展”节能宣传周在市政大楼举行
(市政府办提供)

【公共机构节能管理】 2021年,江阴市机关事务管理部门开展“节能降碳,绿色发展”节能宣传周、“低碳生活,绿建未来”低碳日、节约粮食、垃圾分类等系列主题宣传活动;贯彻落实中央关于党政机关带头“过紧日子”的要求,72个党政机关率先建成“节约型机关”,市检察院通过省节能示范单位复核;完成市人社局、市市场监管局、靖江园区管委会、市老干部局能源审计,准确合理分析评价用能单位能源利用状况和水平,提出节能技术改造建议,为加强节能管理提供科学依据。

【行政事业单位物业服务集中管理】 2021年,江阴市机关事务管理部门深化行政事业单位物业定点采购,完成新一轮30个定点供应商招标入库工作和后续监管;从严落实20个物业经费审核,节约经费169.65万元;完成行政事业单位2022—2023年度定点公务印刷招标采购;完成第二批7个单位“无烟机关”创建申报。 (钱晓瑜)

■类目编辑 邢 盈

政协江阴市委员会

重要会议

【概况】 2021年，江阴市政协以习近平新时代中国特色社会主义思想为指导，坚决贯彻中共江阴市委决策部署，坚持围绕中心服务大局，坚持建言资政和凝聚共识双向发力，为推动全市经济社会高质量发展贡献政协智慧和力量。全年举行全体会议1次、常委会议7次、主席会议11次、委员论坛1次、民主议政会1次。

【市政协十五届五次会议】 2021年1月12—15日举行。362名政协委员出席会议。市委、市人大、市政府有关领导，担任过政协主要领导职务的老领导应邀出席开幕会和闭幕会。根据市委常委会议精神，因疫情防控需要，此次政协全会不安排列席人员和市民代表列席。会议由市十五届政协常务委员会召集并主持，主席、副主席担任执行主席。根据会议议程，委员们听取市委书记许峰讲话；审议并通过市政协主席徐冬青代表政协江阴市第十五届委员会常务委员会所作的工作报告和副主席张英毅所作的提案工作报告；列席市十七届人大五次会议，听取并讨论代市长包鸣所作的《政府工作报告》和其他报告；讨论《江阴市国民经济和社会发展第十四个五年规划和二〇三五年远景目标纲要草案》；补选王熹、张光明、周琛、徐勇为常务委员；听取关于市政协十五届五次会议期间提案审查情况报告；通过大会决议；徐冬青在会议闭幕时讲话。

会议期间，举行大会专题发言；收到提案360件，其中集体提案124件。

【市政协十五届常委会二十五次至三十一次会议】 江阴市政协十五届二十五次常委会议于2021年1月13日召开。会议听取并同意市委常委、组织部部长邵文松关于市委有关人事安排提名和说明；协商提出《选举办法（草案）》和补选市十五届政协常务委员候选人建议名单。

第二十六次常委会议于1月14日召开。会议听取市政协十五届五次会议各组讨论情况汇报；确定补选市十五届政协常务委员正式候选人名单；审议《江阴市政协十五届五次会议决议（草案）》和《提案审查情况报告（草案）》。

第二十七次常委会议于3月17日召开。会议认真学习贯彻全国“两会”精神、全市“南征北战、东西互搏”三年行动誓师大会、重大项目攻坚大会精神；协商通过2021年政协工作要点和政协委员学习意见；协商决定有关人事事项；协商通过市十五届政协委员届中调整名单。市政协主席徐冬青就做好新一年政协工作提出要求。

第二十八次常委会议于7月15日召开。市委常委、常务副市长赵强到会通报上半年经济社会发展情况。会议协商决定有关人事事项；民主评议市人社局工作，听取市人社局局长王光华关于全市人社工作情况汇报，市政协社会法制与海外联络委主任吕涛作调研情况发言，常委会组成人员进行现场评议投票，市委常委、副市长杨晓妮到会听取意见建议。市政协主席徐冬青对上半年市政协常委会工作进行总结，部署下半年政协重点工作。

第二十九次常委会议于9月29日召开。会议专题评议市政府提案办理工作；民主评议市公安局、公用事业局提案办理工作，听取市公安局政委严会东、市公用事业局局长张学春关于部门提案办理工作情况汇报，市政协常委、委派公安局民主监督员小组组长、市人民法院副院长王新达和市政协常委、委派公用事业局民主监督员小组组长、社会法制与海外联络委主任吕涛分别发言，常委会组成人员进行现场评议投票。市委常委、常务副市长赵强到会通报2021年政协提案办理情况，市政府党组成员曹兴华到会听取民主评议部门提案办理工作意见和建议。市政协主席徐冬青对进一步做好提案办理工作提出要求，部署下阶段政协工作。

第三十次常委会议于11月16日召开。会议学习中共十九届六中全会精神；协商通过《政协江阴市委员会关于江阴市第十六届政协委员规模、界别设置的决定》；协商决定有关人事事项。

第三十一次常委会议于12月23日召开。会议协商通过市十六届政协委员名单；协商讨论市十六届政协第一次会议议程、日程，通过关于召开市十六届政协第一次会议的决定；通过市十五届政协常委会工作报告和提案工作报告，并委托报告人;协商讨论《市政府工作报告(征求意见稿)》;协商提出市十六届政协第一次会议主席团和秘书长、主席团常务主席、各次会议执行主席、提案审查委员会委员建议名单;协商确定市十六届政协第一次会议委员分组名单和各组召集人名单。市政协主席徐冬青总结五年工作,对召开市十六届政协第一次会议做出部署。

【委员论坛】 2021年9月23日,江阴市政协举办“北战”战略推进委员论坛,市“北战”战略指挥部办公室和市自然资源规划局、住建局等单位分管负责人到会听取意见建议。蒋屹、龚学东、耿澄娟、梅玉珍、潘少峰、李倩、华晔7名政协委员围绕优化航运体系、提升数据治理能力、发展现代服务业、推进城市更新、打造最美长江生态岸线、加强生活污水治理、抓好长江禁捕禁渔等方面提出建议。市政协主席徐冬青指出,要加快港口资源整合,提升港口功能现代化业态;突出城区品质,提升滨江城市现代化形态;抓好长江生态保护,提升沿江产业现代化质态。

【民主议政会】 2021年10月25日,江阴市政协举行“东西互搏”战略推进民主议政会。市委副书记、高新区党工委副书记陈兴华和市委组织部,市政府办、发改委等部门负责人到会听取意见建议。会议由市政协党组成员孙志红主持。会议听取市“东西互搏”战略推进指挥部办公室专职副主任项勇关于全市“东西互搏”战略推进情况介绍,民主党派、工商联、知联会代表进行议政建言。市政协主席徐冬青指出,要统一思想、提高认识,以决胜的勇气、必胜的信念开启“东西互搏”新征程;要把握重点、狠抓关键,以目标的引领、攻坚的行动实现“东西互搏”新突破;要强化领导、凝聚合力,以有效的保障、过硬的作风激发“东西互搏”新动力。

协商议政

【概况】 2021年,江阴市政协聚焦全市党政工作要事、民生改善实事、社会治理难事,积极开展多种形式的政治协商和参政议政活动。市政协领导就道路交通事故一体化处理、创新型企业培育、重大交通工程建设等工作开展视察活动3次。市政协举行“十四五”规划编制、“南征”战略推进等政情交流会2次。完善履职党支部、委员工作室、协商议事室、社情民意直报联系点、政协书房“五位一体”平台,有效发挥“3232”有线电视平台(“有事好商量”有线电视平台)作用,围绕工业园区升级改造等重点工作和农村人居环境整治等民生热点,开展协商议事活动620次,解决各类问题563个,形成“全澄商量”新常态,长泾镇村规民约协商议事案例入选全省典型案例。

【专题调研】 2021年,江阴市政协组织各参加单位,专门委员会、镇街园区工委围绕“南征北战、东西互搏”战略和现代化滨江花园城市建设,就经济发展、教育医疗、生态环保、乡村振兴、社会治理等深入调研,全年形成调研报告43篇,评选优秀调研报告36篇,《关于推进“东西互搏”战略,实现经济发展高质量的调查建议》获评无锡市政协优秀调研成果。

【重要视察】 2021年4月16日,江阴市政协领导视察城区、澄东南道路交通事故处理综合服务中心,听取市交警大队相关工作汇报。市政协领导建议市政府和有关部门要提高政治站位,进一步重视道路交通安全工作;坚持问题导向,进一步提升交通事故一体化处理工作质效;树立大局意识,进一步汇聚道路交通安全工作合力。

7月19日,市政协领导视察无锡贝塔医药科技有限公司、江阴集成电路设计创新中心、牛商众创园,听取市科技局关于创新型企业培育工作情况汇报。市政协领导建议市政府和有关部门要提高站位,坚定信心,进一步认清创新型企业培育工作重要性和紧迫性;抓住重点,找准路径,加快创新型企业培育步伐;强化组织保障,加强统筹协调,优化创新创业环境。

10月27日,市政协领导视察长山大道快速化改造、毗陵路桥、锡澄轨道S1线江阴外滩站等重大交通工程建设情况,听取市交通运输局、住建局相关工作汇报。市政协领导建议市政府和有关部门要进一步提高认识、提升站位,切实扛起服务大局的使命担当;进一步把握定位、找准方位,推动交通事业高质量发展;进一步集聚众智、汇聚众力,形成协同推进的强大合力。

【政情交流】 2021年5月26日,江阴市政协举行“十四五”规划编制工作政情交流会。出席会议的市政协领导和部分政协常委、委员听取市发改委关于全市“十四五”规划编制工作情况介绍,就推进工业园区升级改造、加快规划建设霞客湾科学城、做大做强“江阴板块”等提出建议。市政协主席徐冬青指出,要提高站位,做到有远见、知不足、增定力、留空间,精准把握“十四五”发展新方向;突出重点,统筹推进,科学谋划“十四五”发展新蓝图;强化组织,健全机制,广泛汇聚“十四五”发展新合力。

8月18日,市政协举行“南征”战略推进政情交流会。出席会议的市政协领导和部分政协常委、委员听取“南征”战略推进指挥部工作情况介绍,就“一湾一谷”规划与定位、霞客湾科学城产业布局、水系规划等问题提出建议。市政协主席徐冬青指出,要坚定信心、保持定力,把霞客湾科学城作为头号工程,构建江阴高质量发展新引擎;攻坚克难、激发动力,有力有序加快建设;凝聚共识、集聚合力,共同打赢恢宏之战,全面挺进“主战场”、守好“主阵地”。

【政协协商与基层协商有效衔接工作】 2021年3月16日,江阴市政协召开全市“有事好商量”协商议事工作巩固提升推进会,实地考察无锡市梁溪区黄巷街道广石社区、广益街道广丰社区“有事好商量”协商议事室建设管理以及“3232”有线电视平台运用等情况,传达学习省政协《“有事好商量”协商议事工作规则(试行)》、无锡市政协《关于深化推进“有事好商量”协商议事工作的指导意见》精神,听取江苏有线江阴分公司“3232”有线电视平台具体操作讲解,月城镇、青阳镇旌秀社区作经验交流。会议要求,要坚持在党的领导下提升协商议事效能;坚持在“五位一体”工作模式中弘扬协商议事文化；坚持在为民履职中多创协商议事实绩。8月27日，市政协召开“五位一体”巩固提升暨“有事好商量”、政协书房工作推进会，现场观摩徐霞客镇“五位一体”平台和新须毛村村级协商议事室、政协书房建设情况，徐霞客镇、申港街道、青阳镇、华士镇、新桥镇、澄江街道、顾山镇作经验交流。会议要求，要把牢方向，推动“五位一体”平台各项工作巩固提升、常态长效；围绕中心，做实“征、研、商、办、督、评”等环节；强化担当，在助力现代化滨江花园城市建设中展现政协新作为。

民主监督

【概况】 2021年，江阴市政协通过提交提案和民主监督建议书、反映社情民意、专项民主监督、开展民主评议等民主监督活动，服务高质量发展。全年收到提案360件，审查立案277件，确定重点提案16件，集体提案124件。所有提案在规定日期前全部答复完毕，所提问题解决或基本解决的有158件，占57.1%；所提问题正在解决或列入计划、规划逐步解决的有112件，占40.4%；所提问题因条件限制或与现行政策规定不符暂时不能解决的有7件，占2.5%，无不满意提案。全年向市委、市政府报送《社情民意》14期，上报信息59条。市委、市政府主要领导高度重视，批示要求相关部门认真研究，积极办理。继续开展“提案督办宣传月”活动，对年度提案办理工作进行督办落实。

【重点提案】 2021年4月2日，市十五届政协第四十九次主席会议协商确定16件提案为2021年重点提案，分别是：《关于加快发展旅游业，促进美丽江阴建设的建议》《关于加快构建自主可控现代产业发展体系的建议》《关于“互联网+”助力传统企业转型升级的建议》《关于推进我市老旧小区加装电梯工作的建议》《关于创新体制机制，优化资源布局，促进全市基础教育优质均衡发展的建议》《关于提升我市拆迁安置、保障性住房及老旧小区物业管理的建议》《关于金融支持“创新江阴”发展的建议》《关于建好无锡(江阴)港，筑牢“北战”主阵地的建议》《关于抢抓新基建机遇，布局江阴未来产业的建议》《关于合力打造霞客湾科学城，构建江阴高质量发展新引擎的建议》《关于推进数字赋能基层治理现代化的建议》《关于进一步提升基本公共卫生服务能力的建议》《关于深入推进我市紧密型医联体建设的建议》《关于我市迎接高铁时代，打造高铁新城的建议》《关于共筑风险防控“防火墙”，共促江阴经济稳发展的建议》《关于整体提升城市形态的建议》。16件重点提案由市政府主办，相关部门协办，市政府、市政协联合督办，至8月31日全部办复。9月16日，市委书记许峰围绕重点提案《关于合力打造霞客湾科学城，构建江阴高质量发展新引擎的建议》，专题视察并听取办理情况汇报，向提案人、政协委员征询意见建议。许峰指出，要从全局高度谋略，充分认识以霞客湾科学城建设为核心的“南征”，是江阴转型发展的胜负之手、重塑发展格局的点睛之笔、抢抓战略机遇的关键之招；在规划设计、空间布局、建管模式、政策制定上更开放；用重点突围破局，强攻大项目、好项目、标志性工程，紧抓重点打开局面、鼓舞斗志。9月26日，市长包鸣围绕重点提案《关于我市迎接高铁时代 打造高铁新城的建议》，专题视察并听取办理情况汇报，向提案人、政协委员征询意见建议。包鸣指出，打造高铁新城，要站高望远，深刻认识高铁新城建设是提升城市能级、推动片区开发、顺应群众期盼的迫切需要；精谋细划，科学确定高铁新城发展定位；真抓实干，加快推进高铁新城前期工作。10月11日，市政协主席徐冬青围绕重点提案《关于建好无锡(江阴)港，筑牢“北战”主阵地的建议》，专题视察并听取办理情况汇报，向提案人、政协委员征询意见建议。徐冬青指出，要提高认识、提升站位，进一步认清“北战”战略是党政所谋更是民心所向；加快港口资源整合，充分释放综保区功能优势，深度推进区港联动；加快城市更新，提升城市公共服务质量，完善道路交通建设；加快长江生态保护，把长江江阴段建设成为全省沿江美丽生态带样板中的典范。

【专项民主监督】 2021年，江阴市政协成立“南征”“北战”“东西互搏”战略推进专项民主监督小组，与市人大常委会就深入打好污染防治攻坚战成立联合监督工作组，召开推进会3次，对口协商会3次，提交社情民意专报7期35条，调研报告3篇，专项民主监督建议案5期。关于充分发挥综保区作用、扩大利用外资等13条意见建议获肯定。“五专”(专班工作小组、专家委员组成、专项视察调研、专题监督报告、专门民主评议)“五项”(督办一批“南征北战、东西互搏”战略推进相关提案，每月一期社情民意信息专报，每季度一次对口协商，每半年度一份民主监督建议案专报，各专班小组提交一份年度综合调研报告)专项民主监督被评为2021年度无锡市政协工作优秀创新案例。

【民主监督员工作会议】 2021年3月25日，江阴市政协举行民主监督员工作会议，部署年度民主监督员工作，下发《江阴市十五届政协关于调整市政协委派市政府工作部门和市属国资公司民主监督员小组的决定》。会上向新任民主监督员颁发聘书，市政协民主监督员小组组长代表、民主监督员代表、受派部门代表作交流发言。会议要求，民主监督员要提高思想认识、把握工作原则，准确把握民主监督员小组工作性质定位和原则要求；加强能力建设、突出监督重点，牢固树立“双主业”意识；注重工作协同、完善制度机制，落实“五个一”(提交一件提案、反映一条社情民意信息、参加一次调研或视察、为群众办一件实事好事、承担一项专门任务)工作要求。7月13日，市政协召开民主监督员小组工作交流会。会议指出，监督形式要进一步多样化，监督内容要进一步丰富化，监督效果要进一步实效化。

【民主评议】 2021年4月，江阴市政协成立民主评议市人社局工作调研小组，制定《关于民主评议市人社局方案》，组织召开多次座谈会，发放870份民主测评表展开测评。7月15日，召开市十五届政协第二十八次常委会议，对市人社局工作进行评议。会议建议，市人社局要围绕中心，以更加强烈的担当服务大局，不断扎牢织密社会保障网；深化改革创新，以更加有力的举措提质增效；坚持以民为本，以更加务实的作风改进民生，助力实现“人民更幸福”。

8月，市政协先后成立民主评议市公安局、市公用事业局提案办理工作调研小组，分别制定民主评议两个部门提案办理工作方案，开展多次调研并召开座谈会，听取提案人对办理工作意见。9月29日，召开市十五届政协第二十九次常委会议，对市公安局、公用事业局提案办理工作进行民主评议。会议建议，市公安局要进一步加强和改进公安提案办理工作，确保流程规范，质效提升，服务大局，更好地促进公安工作在原有基础上创新发展；市公用事业局要强化牵头抓总作用，积极和协办单位形成合力，汇聚多方资源共同提高办理质量，坚持办以致用原则，加强对B类提案的长期跟踪，不断推动解决人民群众关心的热点难点问题。会议指出，做好提案办理工作要把好“质量关”“协商关”“服务关”“落实关”，推动提案办理工作由“答复型”向“落实型”“实效型”转变。

（胡陶林　花迪伟）

附：政协江阴市第十五届委员会2021年度优秀提案

1.《关于培育壮大我市“专精特新”民营企业的思考与建议》（楚健健）

2.《关于加快发展旅游业，促进美丽江阴建设的建议》（市政协教文卫体委）

3.《关于加快构建自主可控现代产业发展体系的建议》（市政协经济科技和农业农村委）

4.《关于融入长江经济带发展战略，打造江阴外滩文化地标的建议》（市政协社会法制与海外联络委）

5.《关于“互联网+”助力传统企业转型升级的建议》（民进江阴市委）

6.《关于进一步推进高端制造业发展的建议》（民进江阴市委）

7.《关于推进我市老旧小区加装电梯工作的建议》（民进江阴市委）

8.《关于加快高质量推进江阴综保区建设的建议》（冯佳佳）

9.《关于持续唱响长江大保护“江阴之歌”，服务“北战”新战略的实施与发展的建议》（民盟江阴市委）

10.《关于创新体制机制，优化资源布局，促进全市基础教育优质均衡发展的建议》（民盟江阴市委）

11.《关于制定“碳中和江阴3060”十四五规划及远景规划的建议》（管宇翔）

12.《关于进一步优化全市交通布局的建议》（民盟江阴市委）

13.《关于进一步提升食品安全监管的建议》（何　炬）

14.《关于提升我市拆迁安置、保障性住房及老旧小区物业管理的建议》（顾　琳）

15.《关于加快推进长江大保护，打造长江生态修复样板的建议》（市政协利港街道工委）

16.《关于进一步完善江阴市居家养老体系的建议》（薛花娟）

17.《关于加快城市更新，提升江阴城市品质的建议》（钱　晴）

18.《关于金融支持“创新江阴”发展的建议》（宋　萍）

19.《关于持续推进农村人居环境整治的建议》（青阳镇政协工委）

20.《关于积极探索“物业服务+养老服务”新模式的建议》（民建江阴市委）

21.《关于建好无锡江阴港，筑牢“北战”主阵地的建议》（民建江阴市委）

22.《关于抢抓新基建机遇，布局江阴未来产业的建议》（民建江阴市委）

23.《关于合力打造霞客湾科学城，构建江阴高质量发展新引擎的建议》（九三学社江阴市委）

24.《关于推进数字赋能基层治理现代化的建议》（九三学社江阴市委）

25.《关于推进我市产业链现代化的思考和建议》（九三学社江阴市委）

26.《关于全力构建现代创新体系，打造江阴科创之城的建议》（九三学社江阴市委）

27.《关于对老城区历史文化街区进行保护性开发，加快推进江阴文化新地标建设的建议》（九三学社江阴市委）

28.《关于加强江阴市公共卫生应急管理体系建设的建议》（农工党江阴市委）

29.《关于进一步提升基本公共卫生服务能力的建议》（农工党江阴市委）

30.《关于深入推进我市紧密型医联体建设的建议》（农工党江阴市委）

31.《关于破解生活垃圾分类“困局”，打造绿色生活新时尚的建议》（农工党江阴市委）

32.《关于科学运用PPP模式，进一步提升我市民生工程项目建设管理水平的建议》（市无党派知识分子联谊会）

33.《关于我市迎接高铁时代，打造高铁新城的建议》（市无党派知识分子联谊会）

34.《关于加快建设江阴—靖江跨江融合发展试验区，全力打造跨江融合发展重要节点城市的建议》（市工商联）

35.《关于共筑风险防控“防火墙”，共促江阴经济稳发展的建议》（市工商联）

36.《关于加快出台〈江阴市民宿管理办法〉的建议》（市政协南闸街道工委）

37.《关于促进江阴文化产业高质量发展的建议》（许振芳）

38.《关于主动融入太湖科创湾、加快建设S1科创带的建议》（柳　蔚）

39.《关于我市持续打造最优营商环境的几点建议》（李克雨）

40.《关于整体提升城市形态的建议》（市政协澄江街道工委）

41.《关于全国文明城市创建长效化管理的工作建议》（市政协经济科技和农业农村委）

■类目编辑　邢　盈

纪检·监察

综　述

【概况】　2021年，江阴市纪委监委在上级纪委监委和市委的坚强领导下，深入学习贯彻习近平新时代中国特色社会主义思想，全面贯彻落实中共十九大、十九届历次全会和中央纪委五次全会，江苏省纪委六次全会，无锡市纪委六次全会和江阴市第十四次党代会精神，忠实履行党章和宪法赋予的职责，持之以恒正风肃纪反腐，充分发挥监督保障执行、促进完善发展作用，纪检监察工作在高质量发展上取得新进展新成效。政治监督力度持续加大，聚焦贯彻新发展理念，统筹疫情防控和经济社会发展，对“南征北战、东西互搏”战略*等重大部署加强政治监督，确保政令畅通、令行禁止；推动“两个责任”*贯通融合，对主体责任落实不力的7名党组织负责人、3个党组织实施党内问责；配合无锡市委做好专项巡察，稳妥推进常规巡察，发现问题369个，移送问题线索51条。坚决纠治“四风”*顽疾，查处形式主义、官僚主义问题24个30人，查处享乐主义、奢靡之风问题67个113人，通报曝光11批50人，做到持续从严、一严到底；聚焦民生民意，精准查找问题，查处群众身边腐败和作风问题61个80人。保持惩治腐败高压态势，立案560件、党纪政务处分349人、移送审查起诉25人、挽回经济损失8434万余元；制发纪检监察建议书66份，推动健全制度机制38项；举办廉洁教育小锡班专场演出，打造创业大学廉洁文化教育基地、廉洁公交专线，廉洁文化建设不断加强。是年11月，市纪委监委被江苏省纪委监委、省人社厅评为全省纪检监察系统先进集体。

【坚决做到“两个维护”】　2021年，江阴市纪委监委坚持用新思想武装头脑、指导实践、推动工作，把坚定捍卫“两个确立”*、坚决做到“两个维护”*的要求落实到工作全过程、各方面。胸怀“两个大局”*，心系“国之大者”，做到中共中央、省市委重大决策部署到哪里，政治监督就跟进到哪里。聚焦贯彻新发展理念、推动高质量发展、深入打好污染防治攻坚战、安全生产三年“大灶”、能耗“双控”等战略部署，聚焦“南征北战、东西互搏”战略实施、工业园区升级改造等重点工作，抓深抓实政治监督，查处违反政治纪律案件23件。全面规范和加强请示报告工作，提请市委常委会专题研究部署党风廉政建设和反腐败工作20次。

【扎实开展党史学习教育】　2021年，江阴市纪委监委坚持把党史学习教育作为一项重要政治任务，精心筹划、周密部署、有序推进。坚持班子领学，市纪委监委理论学习中心组先后8次专题研学习近平总书记系列重要讲话精神，班子成员、各室（办、组）负责人围绕《论中国共产党历史》等交流学习心得20余人次，营造良好学习氛围。坚持专题讲学，举办党史学习教育专题宣讲7

2021年10月28日，江阴市纪委监委中层以上干部赴中共江阴一大会址纪念馆接受革命传统教育　（张一天 摄）

次,邀请南京大学、南京理工大学等高校老师授课,增强历史认知,坚定历史自信。坚持活动促学,开展“江阴纪检人,永远跟党走”“七个一”系列活动*,组织赴中共江阴一大会址纪念馆、“江抗”祝塘纪念馆等进行现场教学,举办全市纪检监察系统迎接建党100周年“学党史、强素质、走前列”知识竞赛活动,开展“不忘初心听党话,牢记使命跟党走”庆祝建党100周年主题征文活动,有效提升学习的新鲜感、实践性、参与度。扎实开展“我为群众办实事”实践活动,推进“信访直办惠民生”活动,把好信访举报入口关、质量关、时限关,受理群众信访举报492件;组织开展“办实事、解民忧、惠民生”主题党员实践活动,督办推进南闸农贸市场停车难、公安小区改造等6项民生实事项目,着力解决群众所急所忧所盼的民生问题。

【压紧压实管党治党责任】 2021年,江阴市纪委监委协助市委制定2021年度全面从严治党“五张清单”*,推动“两个责任”一体履行、“一岗双责”落地落实。坚持权责统一、失责必问、精准问责,严格落实问责主体责任,建立问责情况定期报告等制度。依托“信息化+”手段,运用江阴市落实全面从严治党“两个责任”纪实平台,对主体责任落实情况开展督导考核,倒逼主动问责、规范问责。年内问责履责不力的党组织3个、党员领导干部7人。加强对“一把手”和领导班子监督,认真贯彻落实《中共中央关于加强对“一把手”和领导班子监督的意见》精神,把“一把手”履行职责和廉洁自律情况作为政治监督重要内容,综合运用线索处置、约谈提醒、谈话函询、列席民主生活会、建立廉政档案等多种方式,将监督前移。年内查处违纪违法“一把手”37人。

“三不”体制机制建设

【概况】 2021年,江阴市纪委监委深刻把握腐败问题的政治本质和政治危害,始终保持战略定力和严的主基调,坚持不敢腐、不能腐、不想腐一体推进,惩治震慑、制度约束、提高觉悟一体发力,持续深化标本兼治,不断巩固发展反腐败斗争压倒性胜利。年内把依纪依法、实事求是贯穿于查办案件始终,切实提升查办案件质效;用好纪检监察建议等有力武器,有针对性地筑牢制度防线,规范权力运行;推进警示教育常态化、精准化,努力做到查处一案、警示一片,进一步强化不敢腐的震慑、扎紧不能腐的“笼子”,自觉形成不想腐的思想防线。

【执纪审查】 2021年,江阴市纪委监委坚持全面从严、一严到底,以不敢腐的高压,为不能腐、不想腐创设条件。坚持有案必查、有腐必惩,年内处置问题线索1007条,立案560件,党纪政务处分349人。其中乡科级干部24人,移送审查起诉25人,挽回经济损失8434万余元。清除市公安局原副局长陆某、市法院周庄庭原庭长巴某等政法系统害群之马,查办广播电视广告有限公司原经理顾某、江苏有线江阴分公司新桥站原站长陆某等靠企吃企的“硕鼠”“蛀虫”,查处江锋村原党总支书记许某、原村主办会计陈某等蝇贪蚁腐,取得良好政治效果、纪法效果、社会效果。牢牢守住案件质量关,制作《江阴市纪委监委模拟案卷》,为案件办理提供清单化、模板化参考,有效提升案件审理质量。坚持安全至上,紧盯审查调查安全各个环节,多形式、全覆盖开展监督检查,年内制发安全风险提醒单28份,编发《审查调查安全工作情况专报》4期,牢牢守住安全底线。

【以案促改】 2021年,江阴市纪委监委精准查找问题、堵塞漏洞,以治本强化治标,持续巩固不敢腐、不想腐战略成果。年内通过查处一类案件、总结一类规律,梳理归纳水利工程领域违规分包、内外勾结等作案手法,教育领域侵占食堂资金、挪用“助教助学”资金等“薅羊毛”情形,涉粮领域收购环节赚取差价、保管环节虚增费用等腐败手段,提高以案促改的针对性、实效性。深化源头治理、扎密制度笼子,针对重点领域有关案件和专项检查发现的司法执行、农村集体资产管理、民生专项资金使用等问题,深入剖析案件背后的深层次原因,提出治理对策,制发纪检监察建议书66份,同时探索运用建议落实情况评估机制,构建整改闭环。是年,对委机关制发的14份纪检监察建议落实情况进行评估。坚持受贿行贿一起查,依法查办“围猎”党员干部的不法分子12人,占受贿行贿案件的40%,社会风气得到有效净化。

【廉洁教育】 2021年,江阴市纪委监委筑牢思想堤坝、不断强化党章党规党纪教育和廉政警示教育,让党员干部从思想源头上清除贪腐之念。升级优化“江上清风”宣讲团,推出《留置案件中的党纪和国法》等22个全新课题,深入机关、企事业单位等基层一线开展“点单式”宣讲60

2021年5月9日,江阴市纪委监委举办“学党史·唱廉洁·守正气”廉洁教育小锡班专场演出 (市纪委监委提供)

余场次，受教育党员干部8000余人次。做深做实同级同类警示教育，公开通报典型案例31个，编印《政法系统违纪违法典型案例汇编》《政法系统违纪违法党员干部忏悔书》，拍摄警示教育片《一念贪廉两重天》，协助市委召开全市领导干部警示教育大会，用身边事教育身边人。赋予廉洁文化新的载体和内涵，开设"江上清风"视频号，制作"大巍说纪"短视频栏目12期，"江上清风"微信公众号发布信息200余条，不断扩大廉洁文化覆盖面。打造廉洁文化新阵地，建立市创业大学廉洁文化教育基地、投运"江上清风"廉洁文化公交专线、创作"江上清风"廉洁文化手绘地图，持续丰富廉洁文化品牌库。深入推进锡剧廉洁教育进校园活动，举办"学党史·唱廉洁·守正气"廉洁教育小锡班专场演出。

正风肃纪

【概况】 2021年，江阴市纪委监委发扬"钉钉子"精神，持续加固中央八项规定堤坝；锲而不舍纠"四风"树新风，打好作风建设攻坚战和持久战，做到真管真严、敢管敢严、长管长严。年内，深化运用查处违反中央八项规定精神问题会商机制，对12批115件"四风"问题调查处置情况，开展会商会审。认真对待群众反映强烈的问题，重点纠正损害群众利益的行为，严肃整治以权谋私、以影响力谋私等腐败和不正之风，有力回应群众关切，让人民群众的获得感成色更足、幸福感更可持续、安全感更有保障。

【纠治"四风"】 2021年，江阴市纪委监委紧盯重要节点开展明察暗访，深入整治违规吃喝、收送礼品礼金等反复出现的"常见病"，严查收送电子红包、"一桌餐"*等隐形变异问题。年内，查处享乐主义、奢靡之风问题67件，批评教育帮助和处理113人，党纪政务处分90人。深入治理贯彻落实党中央、省市委决策部署只表态不落实、维护群众利益不担当不作为、服务基层"只讲不能办、不讲怎么办"等群众反映强烈的问题，查处形式主义、官僚主义问题24件，批评教育帮助和处理30人，党纪政务处分26人。加大通报曝光力度，持续释放越往后盯得越紧、要求越高、执纪越严的强烈信号，年内通报曝光11批45件"四风"典型问题。协助市委深化"三转一提"*行动，组织开展行政审批领域以权谋私问题专项治理，以"钉钉子"精神监督推动解决民宿办证难问题，工作成效获无锡市委、市政府主要领导批示肯定。坚持纠树并举，拍摄《浩然正气·廉养一生》《澄心办·办澄事》等公益片，引导广大党员干部树立正确的权力观、政绩观、事业观，把纠治"四风"的成果更好转化为树立新风、弘扬正气的综合效能。

【整治群众身边的腐败和作风问题】 2021年，江阴市纪委监委围绕群众关切发现问题、解决问题、深化治理，查处侵害群众利益的腐败和作风问题案件61件，处理80人。配合开展政法队伍教育整顿，紧盯政法系统问题易发多发的执法、审判等重点部门、重点岗位、重点人员，查处违纪违法政法干警17人，留置4人。常态化推进扫黑除恶"打伞破网"*，强化纪法协同，坚持逐案过筛，对42名重点对象倒查涉黑涉恶腐败及"黄赌毒"保护伞问题。开展粮食购销领域腐败问题专项整治，立案3件3人。深入推进村级集体资金违规出借和资产出租问题专项清理整治，督促有关单位催缴收回出借资金及欠缴租金5.35亿元。监督跟进城区黑臭河体改造及村庄生活污水管网PPP（政府和社会资本合作）项目建设，精准开展花园三村黑臭河体改造等项目督导。监督全市公办幼儿园和义务教育学校食堂深化改革，聘请18名特别监督员，有力监督和保障师生饮食安全。

【民生专项资金清理整治】 2021年，江阴市纪委监委紧紧围绕"全面覆盖、问题见底、查纠并举、长效治理"的工作目标，牵头市民政局、残联、退役军人事务局等相关部门成立工作专班，并外聘21名专业审计人员协助，全面梳理2013年后直接发给群众的69类民生专项资金，对资金规模较大、涉及对象较多的残疾人两项补贴、城乡低保等10类资金开展集中整治，梳理出自查问题70个，信访举报问题18个，重点核查问题18个。深挖彻查问题背后的违规违纪问题，查处民生专项资金问题24个，批评教育帮助和处理26人，其中党纪政务处分11人。向各镇（街道）反馈突出问题42个，整改涉及资金250余万元。在统筹推进问题整改的同时，约谈镇（街道）负责人9人次、发放工作提示函10份、制发纪检监察建议书4份，督促属地镇（街道）、相关职能部门建立健全制度规范，形成长效机制，从源头堵塞监管漏洞，确保群众的"活命钱""救命钱"不被侵占挪用。

巡察工作

【概况】 2021年，江阴市委巡察机构承上启下，全力打好第十三届市委巡察收官战，全面打响第十四届市委巡察开局战，构建联动工作格局，稳妥推进常规巡察，探索和提升巡察整改质效。年内，巡察机关单位、镇（街道）、村（社区）26个，推动党纪政务立案92件，留置4人，挽回经济损失2031万余元。对30个被巡察单位整改情况，开展集中督查，进一步深化巩固巡察整改成果。不断提升巡察工作规范化水平，梳理完善巡察全流程工作模板92件，汇编巡察法规库制度规范488项。

【构建联动工作格局】 2021年，江阴市委巡察机构全面贯彻中央巡视工作方针，加强上下联动，密切横向协同，推动巡察有形覆盖和有效覆盖相统一。积极配合省市委巡视巡察工作，成立工作专班，抽调40人次参与省市委巡视巡察组一体化巡察。协助省市委开展涉粮问题专项巡视巡察，发现问题线索7件。配合做好无锡市委对市公安局、生态环境局一体化巡察工作，直查快办问题线索8件，配合无锡市委对临港经济开发区、靖江园区巡察整改情况进行专项督查，全面完成无锡市委巡察指导督导12件反馈问题的整改，确保巡察监督更加精准、规范、有效。健全巡察机构与纪委监委、组织、审计等部门协作配合机

2021年11月8日,江阴市委巡察机构工作人员实地走访部分粮仓,查看实际储备、日常管护等情况 (市委巡察办提供)

制,制定《巡察发现问题线索会商工作机制(试行)》《江阴市委巡察机构与市委组织部工作协作机制》等制度,抽调纪委、组织、审计等单位专业人员47人次,向组织、纪委监委、信访等部门收集汇总相关问题线索258条,组建150余人的巡察财务审计专业人才库,为发挥巡察监督"利剑"作用提供有力支撑。

【稳妥推进常规巡察】 2021年,江阴市委巡察机构高标准完成第十三届市委巡察,组织对夏港街道(金属新材料产业园)及下属2个社区、申港街道(新能源产业园)、利港街道(机械装备产业园)及下属7个社区等单位党组织,开展常规巡察;对市侨联、工商联、残联、文联等4个单位党组织开展巡察"回头看",实现该届市委巡察机关单位、镇(街道)全覆盖。全面启动第十四届市委首轮巡察,组织对市融媒体中心(传媒集团)、财政局、交通运输局、信访局和江苏省南菁高级中学5个机关事业单位党组织以及华士镇向阳村,周庄镇三房巷村、山泉村、宗言村、华宏村5个村级党组织开展常规巡察。年内巡察发现问题369个,移送问题线索51条。

【提升巡察整改质效】 2021年,江阴市委巡察机构抓实巡察整改和成果运用,完善巡察反馈"三方通报"、问题整改"三方履责"、整改成效"三方评价"工作机制*,通过列席会议、重点抽查、跟踪督办等方式强化日常监督,开展专项督导,压实整改主体责任,推动巡察反馈问题真改实改、全面整改。深化巡察成果应用,对巡察工作书记专题会指出的问题,以《重点事项整改交办单》形式进行整改督办并通报监管(主管)部门,推动治理违法建设拆而不绝、国有粮食企业资产管理严重失范等问题的深入研究和及时处理。

日常监督

【概况】 2021年,江阴市纪委监委牢牢把握监督基本职责、第一职责,精准监督、创新监督,不断提高监督质效。统筹运用党性教育、政策感召、纪法威慑,坚持实事求是,精准运用"四种形态"*批评、教育、帮助和处理1311人次,其中第一、二、三、四种形态占比分别为71.3%、22%、3%、3.7%。加强换届纪律和选人用人监督,回复党风廉政意见89批2506人次,提出暂缓或否定性意见9人次,坚决防止"带病提拔"。严格落实"三个区分开来"*要求,实施容错免责4件、创新备案11件,为1名受到不实举报的干部澄清正名,充分调动和保护干部干事创业的积极性。

【建立健全监督网络】 2021年,江阴市纪委监委着力推动纪律监督、监察监督、派驻监督、巡察监督"四项监督"的统筹衔接,推动党内监督与职能监督贯通融合,实现力量整合、成果共享、工作接力。协助市委出台《关于建立健全"全面挺进主战场、联动监督促担当"工作机制的实施意见(试行)》,建立线索移交、联查联办、定期通报等机制,以党内监督引领带动职能监督。充分运用派驻机构改革成果,聚焦医保基金、体育专项资金、直管公房管理等10项项目,开展嵌入式监督,督促职能部门党委(党组)在体系内发现问题、防范风险、提升效能。年内各派驻纪检监察组通过嵌入式监督,发现问题线索39条,党纪政务立案23件;发现廉政风险事项46件,推动完善制度规范事项38件。深化市属国有企业纪检监察体制改革,实践探索"监督检查室+国企纪委(派出监察专员)"工作模式,强化绩效考核,督促职责履行,市属国有企业纪检监察机构处置问题线索12条,立案8件。

【疫情防控专项监督】 2021年,江阴市纪委监委自觉服从服务新冠肺炎疫情防控大局,对疫情防控工作预案是否细致、工作流程是否规范、力量投入是否充分、防控措施是否到位等情况,从"点、线、面"三个层次开展专项监督检查,找准问题、推动整改,深挖责任空转、作风不实等深层次病根,编报督查专报37期,向市委、市政府提出意见建议80余条,问责履行防控责任不力相关公职人员16人。健全疫情防控常态化监督和应急快速响应机制,特别是"12·28"后,组建"1个工作专班+10个监督检查小组+2个机动监督小组"的监督架构,对重点点位防控、重点人群管控、重点问题整改等开展精准监督,开展监督检查60人次,查看点位70余个,发现问题20余个,及时督促防控责任、措施和纪律等各项要求落细落实。

纪检监察队伍

【概况】 2021年,江阴市纪委监委主动适应新时代、新任务、新要求,

2021 年 8 月 3 日，江阴市纪委监委工作人员深入港口码头开展疫情防控督查 （张予希 摄）

持续加强思想淬炼、政治历练、实践锻炼、专业训练，不断提升服务保障纪检监察工作高质量发展的能力和水平。把学懂弄通做实习近平新时代中国特色社会主义思想贯穿全年工作始终，市纪委监委领导班子开展集体学习 14 次，跟进学习中共中央总书记习近平最新重要讲话和指示批示精神。深入学习中共十九届六中全会精神，引导全市纪检监察干部深刻领会“两个确立”的决定性意义，进一步提高政治判断力、政治领悟力、政治执行力。完成市镇两级纪委换届工作。修订《中共江阴市纪委常委会江阴市监委议事决策规则（试行）》，召开市纪委常委会市监委会议 29 次，研究讨论案件办理、人事任免、“三重一大”* 等各类事项 360 项。

【堡垒建设】 2021 年，江阴市纪委监委更加突出党建引领，持续深化“江上清风”特色党建品牌内涵，努力把巡察组、审查调查组临时党支部建设成为坚强的战斗堡垒。加强机关党支部党建工作标准化、规范化、星级化建设，市纪委监委机关党委获评无锡市先进基层党组织。推动党建工作与业务工作深度融合，丰富网站机关党建栏目内容，收集整理《审理问答 100 问》《政务处分法有关文章汇编》《笔录制作要点和易错点》等 13 个专题参考资料，供业务工作参考。落实党内关怀激励机制，组织开展“光荣在党 50 年”纪念章颁发工作，安排专门人员走访慰问老党员并颁发纪念章。走访慰问长期外出办案的干部家庭，详细掌握干部家庭生活情况，全面做好关爱帮扶工作。

【学习培训】 2021 年，江阴市纪委监委把提升干部队伍整体素质和综合能力，作为推进专业化建设的重要内容，深化全员培训和实践锻炼，举办“做纪检铁军，为党旗增辉”专题学习年活动 29 期，累计培训 4000 余人次。选派 44 人上挂中央纪委、省市纪委参与案件办理工作，组织 21 名基层纪检干部到市纪委监委跟班锻炼，不断在实战中提升业务能力。推行青年干部成长导师制，将 15 名青年干部作为帮带对象，由室主任或业务骨干担任导师进行“一对一”传帮带，全方位促进青年干部成长成才。组织青年干部开展“学榜样，走前列”主题学习活动，通过赴市公安局办案中心等现场参观、座谈交流，激发年轻干部担当尽责、干事创业的热情和干劲。

【内部监督】 2021 年，江阴市纪委监委不断加大严管严治、自我净化力度，主动接受最严格的约束和监督。严格执行党章、监察法及实施条例、监督执纪工作规则、监督执法工作规定等党内法规和国家法律，坚决落实省纪委“八严禁”* 要求，制订《江阴市纪检监察系统“打铁必须自身硬”专项行动实施方案（2021 年度）》《江阴市纪委监委管理制度汇编》，着力强化内部监督管理。开展岗位廉政风险排查，落实廉政风险防控措施 311 条。做好廉政档案填报工作，收集全市纪检监察干部廉政档案 241 份，个人重大事项报告 32 份。分层级开展纪检监察干部家访，进一步了解掌握干部的家庭情况和八小时以外活动情况。组织开展全员谈心谈话，实时掌握干部思想动态和工作状态。推进警示教育常态化，定期组织纪检监察干部参加视频庭审活动、参观廉政教育基地，时刻紧绷法纪“红线”。树牢主动接受监督的意识，邀请特约监察员参与各类活动 27 人次。

（赵王峰）

■类目编辑 赵修平

中国民主同盟江阴市委员会

【概况】 2021年，中国民主同盟江阴市委员会（以下简称“民盟江阴市委”）按照“四新”（多党合作要有新气象、思想认识要有新提高、履职尽责要有新作为、参政党要有新面貌）“三好”（做中国共产党的好参谋、好帮手、好同事）新时代参政党建设要求，学习贯彻习近平新时代中国特色社会主义思想，以及中国民主同盟第十二次代表大会精神，加强自身建设，推动履职建言，为江阴经济社会发展和多党合作事业做出贡献。是年，庆祝中国共产党成立100周年、中国民主同盟成立80周年，开展中共党史学习教育，号召全体盟员通学党史、盟史，回顾党盟同心同行历程，增强践行初心使命的自觉行动，实现理想信念新提升。民盟江阴市委获民盟中央群言杂志社发行工作突出成绩奖，获评民盟江苏省委庆祝中国民主同盟成立80周年模范集体，高新区支部获评民盟江苏省委庆祝中国民主同盟成立80周年先进基层组织。

【思想建设】 2021年，民盟江阴市委组织集中学习12次，各支部理论学习80余次。开展学唱红歌、红色印迹寻访、“信·念”演诵会、主题书画展、主题征文、老盟员文化寻根等活动。以《江阴民盟》杂志和民盟江阴市委会网站、微信公众号为阵地，借助民盟江苏省委、民盟无锡市委、江阴市政协、江阴市委统战部“暨阳同舟”等网站和媒体，宣传党的方针政策、盟员先进事迹、盟务工作动态等。全年江阴民盟网站刊发稿件147篇，微信公众平台发稿198篇，被《人民政协报》《团结报》和中国统一战线、中国民主同盟网站等媒体录用稿件53篇。

【组织建设】 2021年6月，民盟江阴市委组建成立青年盟员工作委员会。9月，市二中支部完成届中调整，南华中专支部整体并入江阴中专支部。10月25日，召开中国民主同盟江阴市第七次代表大会，选举产生民盟江阴市委第七届委员会，钱晴任主委，邹凤翔、陈栋辉、姜少伯任副主委，黄宇昕任秘书长，常务委员9人，市委委员23人，新一届市委委员平均年龄43.3岁，其中“80后”“90后”9人，均为本科及以上学历。是年，吸收新盟员19人，调出1人，去世3人，盟员总数380人，平均年龄53.3岁。其中，江苏省政协委员1人，无锡市人大代表3人、政协委员2人，江阴市人大代表6人、政协委员34人。盟员中，教育界224人，文化界33人，科技界35人，教科文界别占76.8%，其他界别88人，占23.2%；本科以上学历313人，占82.3%，其中博士研究生5人、硕士研究生82人；高级职称210人，占55.3%，中级职称105人，占27.6%，中高级职称315人，占82.9%；副科级以上干部14人，有17名盟员分别担任政府各部门民主监督员、行风监督员。全年有32人次参加无锡市级以上各类培训。至年末有基层支部18个，支部主委平均年龄44.1岁，支委平均年龄42.3岁；有16个支部获评中共江阴市委统战部三星级及以上支部。

【参政议政】 2021年1月“两会”期间，民盟江阴市委提交集体提案12件，其中《关于创新体制机制，优化资源布局，促进全市基础教育优质均衡发展的建议》被列为重点提案，其他立案交办提案36件。《关于江阴深度融入长三角区域一体化发展的思考与建议》被评为优秀提案，《关于疫情期间尽快恢复城市生产生活功能保障物资运输的若干建议》《关于加强整治改建车库的建议》《关于在锡澄运河公园打造锡剧主题文化园的建议》被评为优秀社情民意。冯德强、汤仁彪、奚龙、黄宇昕、龚学东、潘韦达被评为市优秀政协委员，卢青被评为市优秀民主监督员，郁倩被评为市人大代表活动积极分子。盟市委主委钱晴代表民盟江阴市委参加中共江阴市委民主协商会、党外人士座谈会，紧扣市委、市政府重大决策部署，为全面建设现代化滨江花园城市建言献策；参加市政协“南征”战略推进政情交流会、“十四五”规划编制工作政情交流会、“东西互搏”战略推进民主议政会、“北战”战略推进委员论坛等协商议政活动，副主委邹凤翔以及市政协委员龚学东、朱皓、耿峥嵘等主动建言。盟市委提出的《关于促进全市基础教育优质均衡发展的建议》为编制《江阴市教育设施布局“十四五”专项规划》、持续深化教育领域体制机制改革提供重要参考。

是年，盟市委探索实施基层支部年度课题“申报、立项、跟踪、评估、汇编”全流程管理模式，推动全市民盟组织深入开展调查研究，形成一批高质量调研报告。全年向盟省委、江阴市委统战部等部门报送信息95条，其中被盟省委录用8条，被中共无锡市委及无锡市级以上统战部门采用4篇。发动盟员参加第十二届江苏教育发展论坛，石陈云获二等奖，杨晓丽、朱蔚琦获三等奖。

【社会服务】 2021年，民盟江阴市委深入推进品牌建设，持续开展“烛光行动”，为实现教育优质均衡发展贡献力量。10月，承办民盟中央“农村教育烛光行动”校长培训班，全国人大常委会委员、民盟中央副主席龙庄伟出席开班仪式。发挥“江阴民盟教育基金”帮困助学作用，持续资助徐霞客中学贫困学生。培育打造“江阴民盟志愿者”品牌，开展文化惠民、送教下乡、送课上门等公益活动。响应江阴市委“乡村振兴·共富基金”捐赠倡议，发动盟员筹集善款42.9万元。年内，河南省洪涝灾害发生之际，及时组织捐款捐物。省内新型冠状病毒肺炎疫情再次出现之际，第一时间响应号召，调动资源筹措物资，参与社区志愿服务，协助卡口执勤，助力江阴疫情防控。是年，与徐霞客镇政协工委结对共建，联合举办徐霞客镇青少年国际象棋擂台赛。

【盟员成果和荣誉】 2021年，民盟江阴市委盟员获省级以上表彰28人次。其中，薛迅获评民盟中央脱贫攻坚先进个人，周禹珺获评民盟中央反映社情民意信息工作先进个人，刘嘉薏获评民盟中央思想政治建设和宣传工作先进个人；王剑、石陈云、冯德强、邹凤翔、金荣蕾、钱晴、薛花娟被评为民盟江苏省委庆祝中国民主同盟成立80周年先进个人；沙智慧被评为民盟江苏省委2020—2021年度组织建设工作先进个人。教育界盟员谢建民获评第十六批江苏省特级教师，龚虎获评江苏省优秀青少年科技辅导员，周燕萍指导编排的学生情景诗朗诵作品《永不忘却的81192》在江苏省第七届中小学生艺术展演中获中学组（朗诵类）特等奖、优秀创作奖。蔡晓英指导编排的《冰封的传奇》等作品先后获江苏省第五届文华奖、编剧奖、江苏省第七届中小学生艺术展演（中学组）特等奖。 （*石陈云*）

中国民主建国会江阴市委员会

【概况】 2021年10月26日，中国民主建国会江阴市委员会（以下简称“民建江阴市委”）召开第六次会员大会，选举产生民建江阴市第六届委员会，张晓东当选为主委，缪志强、李克雨、章希为副主委，耿澄娟为秘书长。吸收新会员11人，平均年龄34.3岁，均为本科以上学历；经济界人士9人，政府机关公务员2人。年内，组织企业家会员对接南京航空航天大学、南京邮电大学等高校，为产学研合作搭建平台。继续办好“江阴民建”微信公众号，编辑出版《江阴民讯》会刊4期，全年刊登和推送各类稿件近300篇，其中150篇次被中央、江苏省、无锡市统战部门和民建组织网站、刊物录用，被民建中央采用4篇，被新华网采用1篇。是年，9个支部参评星级支部，财经支部获评五星级支部，澄东支部、教工支部、法尔胜支部获评四星级支部，综合支部、城交支部获评三星级支部。12月，民建江阴市委被民建江苏省委评为社情民意信息工作优秀直报点。年末，会员总数256人。

【江阴民建组织40周年纪念】 2021年，民建江阴市委围绕江阴民建组织成立40周年，举办“五个一”系列庆祝活动，即开展一次书法、绘画、摄影、篆刻作品征集活动，征集作品25件；组织一次征文活动，收到文稿16篇；召开一次座谈会，畅叙民建参与多党合作光荣历史；编印一本纪念册，记录江阴民建组织成立40年来的历程和成果；举办一台庆祝江阴民建组织成立40周年文艺演出。同时，带领全体会员开展“学党史”活动，通过学习中共党史，铭记党的丰功伟绩，不忘多党合作初心，坚定听党话、跟党走。“七一”前夕，组织市委委员、支部主委赴周庄镇参观中共江阴一大会址纪念馆。各支部通过网络学习、培训讲座、参观交流等方式开展内容丰富的“学党史”活动。

【参政议政】 2021年1月，民建江阴市委在市政协十五届五次会议专题发言会上，副主委缪志强代表民建江阴市委作题为《建好无锡江阴港，筑牢“北战”主阵地》的发言。会议期间，民建江阴市委提交《建好无锡江阴港，筑牢“北战”主阵地》《抢抓新机遇，布局未来产业》《关于加快推进我市既有多层住宅加装电梯工作的建议》《积极探索“物业服务+养老服务”新模式的建议》《关于加强学生抑郁症防治工作的建议》《多举措缓解我市上下学时段交通压力》《关于控制房价过快上涨的建议》7件集体提案。是年，民建江阴市委及会员21件提案被市政协立案交办，集体提案《建好无锡江阴港，筑牢“北战”主阵地》《抢抓新机遇，布局未来产业》、会员顾琳个人提案《关于提升我市拆迁安置、保障性住房及老旧小区物业管理的建议》被列为重点提案。10月中旬，市政协主席徐冬青、副主席张晓东分别督办民建江阴市委提交的2件集体提案。参与“南征北战、东西互搏”专项民主监督工作，作为“北战”专项民主监督小组成员单位，民建江阴市委组织会员撰写提案和社情民意，参与政协委员论坛，为助推“北战”战略实施献计献策。组织会员参加市政协“十四五”规划编制工作政情交流会，会员宋立人和管宇翔分别就“十四五”期间怎样提高江阴市上市公司质量、在城市空间上如何更好地融入长三角、霞客湾科学城建设进展情况等作提问发言。

【社会服务】 2021年3月，民建江阴市委会员姚刚、薛立新、夏杭参加夏港街道长江村举办的“巾帼暖人心、普法润万家”——长江村大型惠民活动，为民解答法律咨询；5月，会员范建芬、张玄、费中秋参加在祝塘镇世纪公园举行的江阴市统一战线志愿服务活动，分别为当地群众提供口腔病咨询、防范金融风险咨询、消费维权咨询等服务；民建志愿者走进要塞社区关爱失独家庭，与失独家庭一起包粽子、迎端午；10月，响应江阴市“乡村振兴·共富基金”捐赠倡议，90名会员捐款总额60.4

万元;春节前,向宿迁市花园村结对帮扶孤儿王子豪送上慰问金1000元。是年,继续响应民建中央对河北省承德市丰宁满族自治县实施“精准扶贫”号召,连续两年出资1万元用于该县胡麻营镇后大庙村“爱心超市”物资补给。 (耿澄娟)

中国民主促进会江阴市委员会

【概况】 2021年,中国民主促进会江阴市委员会(以下简称“民进江阴市委”)始终坚持爱国、民主、团结、求实优良传统,认真履职尽责,加强自身建设,各项工作取得新成绩。年内,推动政治学习全覆盖,邀请社区老党员讲党史,结合学习新中国史、改革开放史、社会主义发展史、统一战线史、多党合作史和民进会史。深入开展“不忘合作初心,继续携手前进”主题教育活动,参观上海民进成立旧址、盐城新四军纪念馆等,增进会员对民进组织的认同感及归属感。全年在各级各类网站、杂志发表活动新闻、人物专访、党派建设等报道90余篇,其中《依托会史基地厚植家国情怀》《社会学界巨擘吴文藻》等文章在民进中央《民主》杂志发表。编辑出刊《江阴民进》2期。在“抖音”“微信”视频号和“江苏统一战线”“江苏民进”“暨阳同舟”等网络平台发布宣传短片20余部。是年,吸收新会员9人,有会员199人,基层支部11个。民进江阴市委中心基地参加江苏省委统战部组织的“庆百年华诞 创同心家园——江苏百家统战基地巡礼”活动,组织拍摄《我爱你中国》献礼短片,制作《我对祖国说》支部祝福短片,礼赞中国共产党建党100周年。

【组织建设】 2021年10月22日,民进江阴市委召开第五次会员大会,选举产生民进江阴市第五届委员会,金丹菁任主委,梅士强、陈佳、刘梦晓任副主委,何炬任秘书长。年内,推进“虚拟机关”和“会员之家”建设,民进江阴市委获评民进全省“虚拟机关”“会员之家”建设工作先进地方组织,机关支部、经济综合支部、南菁支部、澄东支部获评民进江苏省委“会员之家”建设工作先进基层组织,高保君、姜伟、李蕾芳、潘晓岚、秦英、孙丁峰获评民进全省“虚拟机关”建设工作先进个人,蒋屹、孙军卫获评民进全省“会员之家”建设工作先进个人。举办新会员前置培训班,组织会员参加宣传思想、参政议政、反映社情民意信息等专题学习培训。临港支部“小桔灯”、小教支部“研因学堂”、教联支部“书香教联”、经济支部“会员有限,链接无限”、澄东支部“澄东微云”等逐步形成特色品牌。推动党建+统战、创新+融合,开展多领域交流与合作,经济支部与华士镇华益村党支部、临港支部与夏港街道夏东村党支部、机关支部与云亭街道花山村党支部结对。深入学习中共江阴市委统战部“星级支部”评选条例要求,开展“争星创星”活动,机关、学院、教联、经济等7个支部获评五星级支部,小教支部获评四星级支部,要塞支部获评三星级支部。不断完善基地建设,基地成为民进宣传思想主阵地、民进会史教育主渠道、民进志愿服务主平台。年末,拥有中心基地1个、会史教育基地2个、社会实践基地3个、共建共享基地4个、“会员之家”13个。

【参政议政】 2021年,民进江阴市委逐步完善支部和会员履职标准,履职机制从“四个一”(一支部一篇调研报告,一会员一条模拟提案、一条社情民意、一条信息)转向高质量提升,建立以1个骨干为核心、带动3个参政议政能手、提升N个会员建言献策能力的“1+3+N”参政议政队伍培养机制。是年,提交集体提案18件,个人提案46件,在市政协第十五届五次会议上提交的《全力打造新兴产业生态圈 聚力建设以高端制造业为特质的新兴中心城市》调研报告获一等奖,《关于尽快部署建立一次性口罩集中处理“三大体系”的建议》《关于饲养意味责任“大型犬”管理亟需重视的建议》获评市政协优秀社情民意,《关于解决我市传统制造业发展瓶颈的建议》等7件提案获评优秀提案;朱澄、吴江、解舟获评优秀政协委员,吴江、何炬、陈佳获评优秀民主监督员。《关于加快我省岸电推广建设工作的建议》获民进江苏省委参政议政成果二等奖,并形成提案上交省政协。全年被各级部门录用社情民意信息121条次,其中被民进中央采用5条,被省统战部采用17条,被民进省委采用99条。民进江阴市委、南菁支部获评民进全国反映社情民意信息工作先进集体;主委金丹菁、副主委梅士强获评民进全国反映社情民意信息工作先进个人。开展协商调研,建设长江世纪图书馆政协书房,打造“五合一”(政协书房、机关支部活动室、委员活动室、协商议事室、社情民意直报点)示范品牌,举行纪念吴文藻诞辰120周年读书会、庆祝中国共产党成立100周年党史讲座。班子成员参加市检察院、公安局、法院工作情况通报会,赴市教育局、自然资源和规划局、交通运输局、人力资源和社会保障局开展专题调研,与九三学社江阴市委开展联合调研。

【社会服务】 2021年,民进江阴市委深化社会服务工作,集聚品牌力量,“有了爱,就有了一切——班级书柜捐赠计划”获民进全国社会服务暨脱贫攻坚工作优秀成果奖。临港支部“再读小桔灯”开展第四届活动,小教支部“研因学堂”、教联支部“阳光教育”持续教育公益服务。开展彩虹助学,为贵州省沙土县、四川省凉山州等地小学捐赠图书、班级书柜。“益家人公益坊”获评民进全省社会服务暨脱贫攻坚工作先进集体,朱澄、吴江获评民进全省社会服务暨脱贫攻坚工作先进个人。民进江阴市委与民进河南省委对接商议,由经济支部发动企业家会员驰援河南灾区应急和防疫物品,价值12.5万元。满庭芳共享基地承办江苏民进第三届书画精品巡展。

(何 炬)

中国农工民主党江阴市委员会

【概况】 2021年,中国农工民主党江阴市委员会(以下简称“农工党江阴市委”)围绕庆祝中国共产党成立100周年,立足抗疫情、促发展,带领全体党员用实际行动践行使命担当，为现代化滨江花园城市建设做贡献。号召全体农工党党员学习中共党史、农工党史，增强思想、信仰和实践力量，全年市委组织集中学习8次，各支部理论政治学习50余次。围绕“重走红色道路，弘扬优良传统”主题，组织市委委员开展“百年之路”学习参观活动，赴上海中共“一大会址”、农工党“一干旧址”等地开展现场教育。各支部分别参观江阴革命烈士纪念馆、天华国防教育园、泰州白马庙海军诞生地、台儿庄战役纪念馆等。10月26日，召开农工党江阴市委第六次党员大会，选举产生第六届委员会和新一届领导班子，许晨任主委，高恒、顾敏、奚海明任副主委，薛艳芳任秘书长。年内，吸收新党员7人，均为本科以上学历，其中博士研究生学历1人，硕士研究生学历1人，中、高级职称5人，平均年龄38.7岁。组织7名新党员参加无锡市委新党员培训班，3人参加无锡市委宣传骨干培训班，4人参加无锡市委学习中共十九届六中全会培训班；组织44名年轻骨干党员开展“初心永向党，共绘同心圆”能力提升培训活动。创作党史剧本《爱国革命家——邓演达》，开展“学党史”剧本朗读活动5次。录制8集《邓演达瑰奇的一生》，制作成党史学习资料，由农工党江苏省委在全省党员中推广。全年刊发各类稿件63篇，其中江苏省统一战线、江苏农工网站及微信号等省级平台录用39篇，2篇征文分获农工党中央2021年理论研究优秀论文二、三等奖。是年，农工党江阴市委被农工党中央评为脱贫工作先进集体，市委“农工之家”被农工党江苏省委授予首批“示范农工之家”；市人民医院四支部获评农工党无锡市委示范支部，环保支部、中医院一支部获评农工党无锡市委先进支部；环保支部、综合一支部蝉联中共江阴市委统战部五星级支部。至年末，党员总数186人，其中无锡市人大代表3人、政协委员2人，江阴市人大代表7人（含常委3人）、政协委员17人（含常委4人）。

【农工党中央党史教育基地在江阴挂牌】 2021年9月16日，“农工党与江阴要塞起义”农工党中央党史教育基地（编号025）在江阴渡江战役纪念馆揭牌成立，农工党中央副主席杨震出席仪式。该基地由江阴渡江战役纪念馆、黄山炮台旧址、望江楼“一馆一台一楼”3个部分组成，展陈农工党与江阴要塞起义事件、农工党党史资料，要塞起义炮台遗址，印刻农工党在统一战线旗帜下开展地下武装斗争的光辉历史，兼具统一战线和农工党党史双重要素，具有革命活动史迹价值和党史教育意义，为党史学习教育增添新内容和平台，为统一战线同心教育发挥积极作用。是年，先后接待农工党中央、农工党青海省委、江苏省委等各类参观13批次200余人。

【参政议政】 2021年1月，农工党江阴市委在市政协十五届五次会议上，提交集体提案12件；调研报告《构建美丽江阴养老新格局，开启老有颐养幸福新生活》获优秀调研报告一等奖，由副主委顾敏代表市委会作大会专题交流发言；3件提案获评优秀提案，2条信息获评优秀社情民意信息；4名党员获评优秀市政协委员；1名党员获评优秀民主监督员。年内，党员奚海明在市政协“东西互搏”战略推进工作民主议政会上作《关于全面开展“污水零直排区”建设的建议》专题发言，黄国强代表市委在“南征”战略推进政情交流会发言。承接镇（街道）公立医院可持续发展和融入“双循环”新格局两项重点调研课题，由朱晓强执笔的《智构新格局赋能新发展，助力镇街公立医院走出江阴路径》获市政协年度优秀调研报告二等奖。

【社会服务】 2021年，农工党江阴市委与市红十字会、市疾病预防控制中心联合实施针对耐药性结核病人援助计划，助资20万元；向市残联“灿烂梦工坊”项目捐款5万元；持续资助市特殊教育中心校、徐州市睢宁县岚山小学等优秀学子1.3万余元；党员林乾隆向“乡村共富基金”捐赠20万元。在常态化疫情防控形势下，医药卫生界党员全力奋战在疫情防控一线，曹磊等4人驰援扬州，援鄂“战士”崔娣再次出征。朱建等6名党员先后赴新疆维吾尔自治区霍城县、陕西省延川县，开展为期3个月至1年半的医疗援助工作。组织义诊、捐书等公益活动13次，参加市政协“五送一助”（送医、送教、送文化、送健康、送器械，助残）义诊、江阴健康讲师团等社会服务117人次，助力健康江阴建设。

【党员成果及荣誉】 2021年，党员许振芳获评农工党中央脱贫工作先进个人，高恒获2021年度首届中国市县医院杰出管理人物奖，赵茹获评无锡市医院感染质量控制中心2021年度医院感染管理先进个人，蒋美琴获无锡市人大十佳代表建议奖，张翼获评2019—2020年度无锡市优秀青年律师。林乾隆申报发明专利3件，张磊、曹磊等申报国家级实用新型专利7件，费方忠等14人在重要期刊发表论文15篇。

（薛艳芳）

九三学社江阴市委员会

【概况】 2021年，九三学社江阴市委员会（以下简称“九三学社江阴市委”）自觉融入全市发展大局，履职尽责，思想政治建设、组织建设、参政议政和社会服务等方面取得新提升。全年吸收新社员7人，其中硕士研究生3人，大学本科3人；高级职称3人。社员总数145人，平均年龄51.08岁；高级职称73人，占社员总数50%。年内，6名新社员参加无锡市委统战部党外新成员培训班及九三学社无锡市委新社员培训班，4名社员分别参加九三学社中央、社江苏省委和社无锡市委及统战系统组织的培训班。在微信公众号推送文稿60余篇，其中被社中央录用1篇、社省委录用8篇、社无锡市委录用20篇；被省级以上媒体录用14篇、无锡市级以上媒体录用26篇；被中共江阴市委统战部“暨阳同舟”录用30篇。是年，社市委获评社省委2021年度全省组织工作先进集体，综合支社获评社省委2021年度全省宣传工作先进集体；农业技监支社获评社无锡市委先进集体。社员梁丹、耿柯镠、周晓东分别获评社省委2021年度全省组织建设先进个人、思想宣传先进个人、社会服务先进个人；王盛校等10人获评社无锡市委先进个人。

【九三学社江阴组织成立30周年纪念】 2021年,九三学社江阴市委围绕庆祝中国共产党成立100周年、九三学社江阴组织成立30周年主题,组织开展党史、社史学习教育系列活动。年内,开展“学党史,重走革命路暨妇女节”主题活动、江阴革命烈士纪念陵园祭扫活动,参观江阴革命烈士纪念馆和渡江战役纪念馆。组织“重回1919”主题活动,观看爱国主义教育影片《长津湖》。邀请市档案史志馆副馆长邢盈讲述中共江阴地方史。微信公众号开设“党史社史学习园地”,收集整理党史和社史资料。围绕“学党史悟思想办实事开新局”等主题开展征文活动,收到文稿12篇。组织50余名社员参加社中央线上党史知识竞赛,拍摄《唱支山歌给党听》《九三学社江阴组织成立30周年回眸》等短视频。召开九三学社江阴组织成立30周年纪念会,为20年以上社龄的社员颁发纪念章。编印《印迹:2016—2021五年回顾》画册,追忆共同奋斗的流金岁月。

【第五次社员大会召开】 2021年10月26日,九三学社江阴市委在市政府综合楼召开第五次社员大会。会议审议和通过时平代表社江阴市第四届委员会所作的工作报告和第五次社员大会决议,选举产生九三学社江阴市第五届委员会委员15人,时平任主委,荣朝晖、李倩、张成奇任副主委,郁昉任秘书长。

【九三学社无锡市级以上大会代表】 2021年,九三学社江阴市委按照社无锡市第十四次代表大会代表的提名条件和产生办法,选举产生曹霞莉、郁昉、周晓东、张成奇、胡宪、陆岸、耿柯锣、郭春辉、冯军、郭英才、喻伟力、时平12名社员代表。11月7—9日,时平等10名代表参加社无锡市第十四次代表大会,会上时平、郁昉当选为社无锡市第十四届委员会委员,时平当选为社无锡市委副主委,同时当选为社江苏省第九次代表大会代表。

【组织建设】 2021年,九三学社江阴市委综合、电子电力、学院3个支社完成换届工作,选举产生新一届支社委员会委员。新成立青年工作委员会和妇女、老龄工作委员会2个工作处室。各支社参加江阴市委统战部“星级支部”创建活动,综合支社获评五星级支社,农业技监支社获评四星级支社,学院、经贸2个支社获评三星级支社。年内,副主委张成奇利用挂职契机,参加庆祝清华大学九三学社成立70周年大会,搭建双方交流合作桥梁;学院支社与市知联会法尔胜小组依托江阴职业技术学院承办“技·艺21+江阴职业技术学院艺术设计系师生作品展”,开展结对共建活动;综合支社与市交通运输局第一党支部开展“共建谋发展、互补谱新篇”学习交流活动。

【参政议政】 2021年1月,九三学社江阴市委在市政协十五届五次会议上提交集体提案8件、委员提案12件;重点课题《关于推进数字赋能基层治理现代化的建议》获优秀调研报告三等奖,会上,社主委时平就该调研报告作专题发言;《关于合力打造霞客湾科学城,构建江阴高质量发展新引擎的建议》《关于推进我市产业链现代化的思考和建议》《关于全力构建现代创新体系,打造江阴科创之城的建议》《关于对老城区历史文化街区进行保护性开发,加快推进江阴文化新地标建设的建议》等获评优秀提案;《关于以滨江路快速化改造为契机整治提升天华轴线的建议》获评优秀社情民意信息;王京冉、范恩卓、郁昉3名社员获评优秀政协委员。年内,社员俞妍君在市政协“南征”战略推进情况政情交流会发言,李倩在市政协“北战”委员论坛、“东西互搏”民主议政会发言。社市委年度重点课题《做好“水”文章打造“三生”融合的霞客湾科学城》《聚焦“澄心办·办澄事”擦亮江阴营商环境品牌》《创新招商模式、提高招商质效》形成调研成果。与社省委老龄工作委员会赴顾山镇红豆村、新桥镇海澜集团有限公司、周庄镇山泉村开展“乡村产业振兴”专题调研,提供江阴经验。持续加强民主监督工作,参加市政协政情交流会,民主评议市人社局工作,民主监督对口联系部门市交通运输局、水利局工作,赴对口镇祝塘、长泾、顾山3个镇开展结对联系活动。

【社会服务】 2021年,九三学社江阴市委组织志愿者社员参加全市统战系统“永远跟党走　共绘同心圆”党史学习教育暨社会服务活动,赴祝塘镇开展义诊活动和讲解社保政策、急救知识等;与南京理工大学九三学社专家教授开展联合活动,组织智库专家服务企业,助力江阴发展;在贝卡尔特研发中心开展普及性应急救护培训;联系环保专家赴周庄镇金湾村开展垃圾分类科普宣讲活动;为市城市公交公司员工宣讲防疫知识,开展普及性急救知识及技能培训。全年开展各类社会服务10余次,服务群众2000余人次。是年,建成社会服务实践基地3个,即与南理工九三学社联合成立九三学社江阴兴澄专家工作站,农业技监支社、综合支社分别在狮山湖生态园、大众医药旗下会馆龙砂荟成立社会服务实践基地。

【社员成果及荣誉】 2021年,九三学社江阴市委社员邵淑艳负责的“高品质海洋、风力发电及页油岩开采钢制造技术和应用”项目获中国钢铁工业协会中国冶金科学技术奖;邓斌参与的“四位一体的风险控制体系建设与实施”项目获中国钢铁工业协会第二十届(2021年)冶金企业管理现代化创新成果三等成果;蔡菁申报“一种用于超声理疗的超声探头”“一种带测温功能的高强度聚焦超声诊疗系统”“一种HIFU诊疗系统的便携式精度检测装置”3件发明专利,范恩卓申报“一种人工浮岛用基桩固定连接机构”1件发明专利;陆卫宇摄影作品《早春三月》在《中国摄影》杂志举办的2020“品味歙县　自在乡村”全国摄影大展中获评入展作品;李宗保入选第五批无锡市非物质文化遗产代表性传承人名单;陆卫宇2幅摄影作品、曹亚明1幅油画作品入选市政协庆祝中国共产党成立100周年书画摄影展。

(郁　昉)

■类目编辑　成苏萍

江阴市总工会

【概况】 2021年,江阴市总工会以习近平新时代中国特色社会主义思想特别是习近平总书记关于工人阶级和工会工作的重要论述为指引,深入贯彻市委和上级工会部署要求,围绕中心,服务大局,全面加强职工思想政治引领,稳步推进产业工人队伍建设改革,聚力做好维权服务主业,持续深化工会自身建设,各项工作取得新进展。是年,市总工会被评为2016—2020年全国普法工作先进单位、全国工会财务会计工作先进单位。至年末,全市有基层工会3136个,涵盖单位17633个;城镇职工总数90.38万人,其中工会会员88.06万人。

【职工思想政治引领】 2021年,江阴市总工会坚持把理论武装作为首要政治任务,引导广大职工听党话、跟党走。围绕庆祝中国共产党成立100周年,组织开展"致敬百年·奋斗最美"系列活动,设计"劳动光荣·生活美好"年度主题活动,专题推出"奋进2021　逐梦十四五""我们E起在澄过新年"等学习答题活动18次,线上举办党史知识竞赛、微视频、配音秀等党史学习活动,有3.52万名职工参与。大力弘扬劳模精神、劳动精神和工匠精神,推荐选树全国五一劳动奖章获得者1人、江苏省劳动模范18人、无锡市劳动模范46人;编撰出版《匠心筑梦——江阴工匠风采录》,开展劳模精神进基层宣讲活动57场次,江阴电视台"凡星闪烁"专栏宣传34名劳模先进事迹。围绕职工思想政治课程、求学圆梦计划、职业技能培训、送教进企活动、职工周末课堂五个模块,全新开发"职工心向党,建功新时代"系列培训课程,组织开展送教进企业活动140场次,推出职工周末课堂160场次,班组长岗位能力提升计划25期94场次,累计培训职工1.3万余人,农民工学历与能力提升"求学圆梦行动"招收新学员200人。是年,《新时代职工思想政治工作的探索与实践——以江阴市总工会为例》被评为2021年度无锡市哲学社会科学课题(工会专项)一等奖。

【产业工人队伍建设改革】 2021年,江阴市总工会坚持党建带工建、促产改,推动产业工人队伍建设改革工作被纳入江阴市"十四五"规划,2021年市委、市政府重点工作和市委党建工作要点。年内,成立市产改政策研究室,牵头制定2021年度全市产改工作要点,设立100万元产改工作专项资金,建强产改指导员、联络员和观察员队伍,推动条件成熟的镇(街道)、园区在中小微企业集中的党群服务中心、新时代文明实践所建立产改指导站。分类组建省级产改试点江阴兴澄特种钢铁有限公司、无锡市级产改试点法尔胜泓昇集团、8项江阴市级产改试点项目和38个镇级试点企业的"2+8+N"试点企业样本集群,培育"一镇一品"区域板块品牌和产业园区特色方阵亮点,选定江阴高新区生物医药产业园、澄江街道跨境电商产业园为产改试点特色园区。是年,编发《产改工作专报》12期,在《江苏工人报》刊发相关产改工作文章16篇;撰写试点单位案例文稿14篇,江苏贝德集团、江阴市供电公司、中建钢构江苏有限公司3件案例被评为2021年度无锡产改十佳案例,产改课题《新时代产业工人队伍建设研究——以江阴市为例》获无锡市哲学社会科学课题三等奖。

【构建和谐劳动关系】 2021年,江阴市总工会为打通职工法律援助"最后一米",整合工会网上资源和业务应用系统,构建集工会普法、监督、调解、援助、信访"5+N"为一体的法律维权服务云平台项目,于6月开通。至年末,有18254人次职工参与云普法,178人在线接受律师"一对一"法律服务,该项目被评为2021年度法治江阴建设惠民实事工程优胜项目、2021年度无锡工会创新工作项目第二等次,《职业病维权遇困境　娘家人援助显真情》被评为全国总工会互联网+工会维权服务优秀案例。集中开展工资集体协商、集中要约行动,全市签订工资专项集体合同企业8036个,有15个企业被评为无锡市工资集体协商三星级企业。持续开展"百人千企"法律监督服务,全年服务企业1060个,发现劳动用工隐患158处,有效化解劳动纠纷事件112件,有12个企业被评为无锡市工会劳动法律监督工作先进单位。是年,全省工会法律援助工作经验交流会在江阴市召开,市总工会在会上作交流发言。

【基层组织建设】 2021年,江阴市总工会扎实开展"'争当表率、争做示范、走在前列'党员我先行"服务基层活动、"两在两同"建新功行动"、"我为职工办实事"等实践活动,机关干部深入基层420人次,开展联系982人次,解决企业和职工实际问题145个。以江阴市被确定为全省货车司机建会入会试点单位为契机,稳妥推进货车司机建会入会和维权服务工作,组织开展"新就业形态劳动者法治护航行动""工会进万家·新就业形态劳动者温暖行动"等维权服务工作。推动市工人文化宫建设项目被列入市"十四五"规划,探索实践开放式工人文化宫运行模式,市、镇两级工会签约合作单位63个,举办线上线下活动1200余次,参与职工24.1万人次。是年,"打造普惠开放型工人文化宫"项目获2021年度无锡市工会创新工作项目第一等次。

【"互联网+"工会建设】 2021年,江阴市总工会继续深入"网上工会"建设,升级改版"江阴职工之家"微信公众号,打造融思想引领、生活服务、权益维护、就业创业、职工学校、工人文化宫等为一体的"互联网+"工会工作载体。至年末,"江阴职工之家"微信公众号录入工会会员、职工信息49.1万条,实名认证绑定31.3万人,发布推文328期、1214篇,总阅读量253.4万人次,传播力指数稳居全市政务微信前列。依托"江阴职工之家"微信公众号平台,做大做强"惠购蛋糕""欢乐观影""惠购书籍"项目,全年充值资金3000余万元,服务职工50.84万人次,优惠461.05万元;推出"天天购""周周享""月月乐"生活普惠项目,累计参与职工34.82万人次;线上线下发布407个企业1.79万条用工信息。是年,江阴市总工会获2021年江苏省"互联网+"工会普惠性服务城市评价县(市)第一名。 (安世者)

共青团江阴市委员会

【概况】 2021年,共青团江阴市委员会(以下简称"团市委")带领各级团组织、团干部和广大团员青年以习近平新时代中国特色社会主义思想为指导,全面贯彻共青团第十八次全国代表大会精神,深入落实江阴市第十四次党代会精神要求,聚焦主责主业,服务中心大局,服务青年发展,全面从严治团,各项工作取得新进展。年内,发挥组织化动员优势,开展"建党一百年"系列主题团日活动;聚力乡村振兴和疫情防控,强化青年社会使命感,服务于社会治理;关注青年需求,不断探索青少年权益和青年发展路径,打造品牌项目,推动团的各项事业新发展。是年,原创党史学习教育情景音诗画剧《要塞记忆》获江阴市庆祝中国共产党100周年优秀文艺作品奖(戏剧曲艺类);4名青年获评无锡市"最美青年工匠""安全生产·青春之星",1名青年农民获选2021年度无锡市"最美新型青年农民"。

【坚定青年政治信仰】 2021年,江阴团市委加强理论武装,坚定青年政治信仰,不断夯实核心价值观,围绕"全团抓思想政治引领"要求,研究部署意识形态工作,选配专职机关干部负责"江阴青年汇"微信公众号、"抖音"号等新媒体平台的思想舆情引导工作,开启"江阴青年汇"微信视频号,唱响主旋律,传播正能量。发挥组织化动员优势,在各级团组织中开展"学党史、强信念、跟党走"主题团日活动,组织青年讲师团赴各镇(街道)、园区宣讲党史及解读中共十九届五中全会精神,覆盖青年10万余人次。组建"红领巾巡讲团"队伍,挖掘身边红色资源,开展党史巡讲。创作青春原创情景音诗画剧《要塞记忆》,用沉浸式演绎鼓励青年在学中研、学中悟、学中创,勇担历史使命,书写青春奋斗亮丽篇章,有6500余人次观看演出。创作《一起打疫苗,一起喵喵喵》《0碳生活》等青少年文化歌曲,拓宽政策宣传渠道。

【服务青年创新创业】 2021年,江阴团市委为拓宽青年企业家视野和营造良好创新创业环境,依托"青商之家",组织举办青年企业家沙龙4期,邀请优秀企业家举办"论道"讲坛,赴四川大学参加专题培训,赴深圳参访知名企业,与广东江阴商会、深圳商会交流互鉴。举办以"青税青创青伙伴,创新创业创未来"为主题的"青穗助企"沙龙活动,解读政策,帮助青年创业者迅速成长。聚力乡村振兴,做优"新农菁英"品牌,协调各方资源,鼓励返乡青年投入农业发展,培养有文化、懂技术、会经营的新型青年农民队伍,年内有1人入围"全国乡村振兴青年先锋",1人获评无锡市"最美青年农民"。承办无锡市青年助力乡村振兴网络直播大赛(江阴专场),挖掘打造江阴青年农民网络红人6人,帮助销售江阴农特产品。持续发行"新农菁英贷"专项金融服务产品,鼓励创业青年农民立项、提档。推进"村企共发展,同奔现代化"行动,依托青商资源,匹配村企资源供需意向,结对签约项目14项,计划投资6.3亿元,至年末,完成投资约4000万元。贯彻执行"青春四进"(推动青年人才进乡村、推动青商企业进乡村、推动青融资本进乡村、推动青年风尚进乡村)行动,跟踪服务村企联建项目48项,帮助项目落实见效。开展"才聚江阴"青年人才就业创业服务季,组织青年人才大型招聘会、青年人才直播招聘会、校企人才合作洽谈会、"百企千岗高校行"等活动,满足青年对就业创业等方面的需求。组织青年参加"你点我检""网格微体验,共筑大平安"等活动,引领青年投身基层社会治理。

【服务青年发展】 2021年,江阴团市委结合全市经济社会发展总体目标要求和青年发展需求,制定《江阴市"十四五"青年发展规划》;举办"青澄有I"青年相亲交友联谊活动3场、高知青年联谊会1场;在第十六届大学生暑期勤工助学"阳光行动"期间,联系市内315个企事业单位提供社会实践岗位1000余个。深化困难青少年帮扶救助工作,启动"梦想改造+"关爱计划,在孤儿群体困难青少年中,建成"梦想小屋"32间;开展全链条、矩阵式、常态化关爱服务,实施"'益'帮到底·'澄'就梦想"关爱服务项目,构建"333"(3项服务、3类保护、3个计划)立体式关爱服务体系,点亮困难青少年梦想之灯,筑就温暖港湾。持续开展"我要上大学"圆梦行动,筹集善款6万元,资助12名困难青少年圆梦大学;开展"暖冬行动",针对不同阶段困难青少年，分层分类开展“微心愿”“微公益”“微课堂”“微关爱”“微体验”5项“温暖微系列”帮扶活动，筹集并赠送爱心暖包199个，价值9.95万元。服务青少年新需求，邀请省内外知名高校学生500余人参加江阴青年大学生发展论坛；举办“行走的美丽江阴”青年文化创意集市、“国潮音乐节”等文娱类活动；开展“益+青”自护自理夏令营，接受预约课程139节，受益青少年近4000人；组织开展江阴市中职学校在校生模拟法庭大赛，江阴中专代表队参加无锡市级比赛并获金奖，江阴团市委获优秀组织奖；持续参与江苏省青少年禁毒宣传教育“双百计划”（在省、市、县三级拟资助青少年禁毒宣传教育项目100项，由100个社会组织负责实施），与市青少年权益保护协会联合实施“青橙护航　远离毒品——江阴市青少年禁毒教育”项目。

【青年组织建设】 2021年，江阴团市委以县域共青团基层组织改革试点为契机，印发《江阴市共青团基层组织改革试点实施方案》，构建青年工作骨干“选育管用”全流程培养机制，及激励团干部锐意进取、担当作为的机制体制，进一步增强团干部力量配备，促进团干部健康成长。与市委组织部联合开展“5150青苗计划”，每年向全社会招录江阴籍大学毕业生、青年致富带头人、青年退役军人等150人，充实并参与基层青年工作。建立团干部“成长档案”，全面记录个人信息、教育培训、学习锻炼、奖励惩处、目标责任等内容。按照服务中心大局、服务青年需求、基础团务三个大类，结合村（社区）等不同特点，制定可量化赋分的团干部目标责任清单。进一步完善组织架构，优化运行模式，延伸团工作触角，深化团建联盟，建立市电商行业团工委和市葡萄行业团工委2个行业团工委，新设“线上+线下”团员青年集聚模式，通过团建带动、行业推动、区域联动，推动行业重点企业普遍建立团组织，不断扩大团组织覆盖面。创新资源配置方式社会化，推动“青年之家”成为新组织形态，统筹市级资源，青少年自护自理、实践体验等课程落户“青年之家”，实现“青年之家”与青年零距离。推进青年网上建群工作，结合疫情防控，有利于青年间联系，按照“团干部管理、验证准入、实名登记”3步入群原则，建立防疫青年突击队微信群20个。按照坚持标准、控制规模、提高质量、发挥作用的总要求，加强发展团员和团员教育管理工作，增强团员先进性和光荣感。细化团校管理制度，实现全市中学、中职学校团校全覆盖，成立江阴市“星火相澄”青年讲师团，围绕团史、基础团务、青年建功等主题，录制精品团课8节。至年末，全市有各级团组织3902个，其中团委121个、团总支273个、团支部3508个，团员49675人。

【江阴青年大学生发展论坛】 2021年4月30日，江阴市科技和人才工作领导小组，市委组织部、统战部，市教育局、科技局、人社局，团市委及市青联联合主办江阴青年大学生发展论坛，市有关部门主要负责人、各镇（街道）园区分管副书记、团委负责人，学校代表、企业代表，青年大学生代表500余人参加。该论坛以时代需求为导向，拓展青年发展路径，推介青年人才政策，成立企业大学生实训基地，设立高校引才联络站，为高校“校园招聘大使”颁发聘书，邀请青年企业家、优秀大学生和企业技术能手等参与现场沙龙。围绕“345”现代产业体系*重点企业开展研学活动，助力大学毕业生回到江阴、建设江阴，有效满足青年对就业创业等方面需求。

【情景音诗画剧《要塞记忆》】 2021年，江阴团市委为庆祝中国共产党成立100周年，教育引导全市青年在党史学习教育实践中厚植爱党爱国情怀，与市文联等单位联合主创原创情景音诗画剧《要塞记忆》，5月1—2日、7月8—10日在江阴大剧院公演。该剧以江阴要塞为视角地标，全景式回顾鸦片战争以来，江阴人民奋起斗争的光辉历程，有《屈辱的悲鸣》《陈毅演讲》《光辉要塞》《青春誓言》等7个以时间线衍生的故事，生动还原江阴首位共产党员奚佐尧与姐姐异地重逢、解放军雄渡长江解放江阴全境等历史场景，再现江阴要塞这方热土的巨大变迁，鼓舞江阴人民建设现代化滨江花园城市的热情与期待。该剧获江阴市庆祝中国共产党成立100周年优秀文艺作品奖（戏剧曲艺类）。

（耿子钰）

江阴市妇女联合会

【概况】 2021年，江阴市妇女联合会（以下简称“市妇联”）把握当好桥梁纽带和得力助手的政治定位，围绕庆祝中国共产党建党100周年，找准服务党和政府工作大局切入点、结合点、着力点，团结引领广大妇女忠诚于党、岗位建功，为勇当新时代县域高质量发展排头兵、社会主义现代化建设先行军、区域一体化发展领跑者贡献“半边天”力量。是年，市妇联入选全国妇联网络信息传播中心发布的全国妇联宣传舆论阵地建设先进榜，在第三届江苏女性融媒体创意大赛全国邀请赛中获优秀组织奖；市综合管理服务指挥中心被全国妇联授予“全国巾帼文明岗”称号；月城镇阿洪果品专业合作社获评全国巾帼现代农业科技示范基地。

【妇联基层组织建设】 2021年，江阴市妇联改建、新建和调整江阴高新区、江阴职业技术学院、市自然资源规划局等妇联组织8个。完成村（社区）妇联换届工作，确保“两委”*班子中至少有1名女委员，村（社区）妇联主席100%进“两委”班子。新建江阴女性公益联盟妇联等新兴领域妇联组织23个。加强市女性社会组织指导中心和孵化园建设，指导成立江阴市澄露家庭成长指导服务中心、萤火虫阅读中心等女性社会组织3个，累计24个。推动打造“女性社会组织（优秀女性人才）+项目+妇女微家”新模式，新增各类“妇女微家”63个，累计203个。开展“巾帼心向党　永远跟党走”百个红色“妇女微家”共庆建党百年活动，凝聚妇女人心，激发“巾帼向党”新力量，“秋瑾之光”等15个“妇女微家”入围无锡市“群众最喜爱的妇女微家”，获各级奖补11万元。实施基层妇联“领头雁”女性公益“芳舟”训练营，提升开发实施项目、参与妇联工作能力,全年培训女性社会组织和女性公益团队负责人50余人次。发动社会力量关注妇女儿童家庭,实现公益项目"众推"、资金"众筹","99公益日"募集资金249.4万元。连续3年依托"99公益"平台累计募集资金453.4万元,实施"澄家有爱""'学习强国'进家庭""儿童友好社区建设""幸福全澄爱"等妇女儿童家庭公益项目50项,惠及5万余人。是年,市妇联获评省妇女儿童福利基金会"江苏妇女儿童慈善优秀组织奖"和"99公益"最佳组织奖,周庄镇妇联获评"99公益"优秀组织奖,"巾帼5G微家"等3项项目获评"99公益"优秀项目奖;"七色花开"关爱社区学生成长、"芬芳助残"等8项项目获评无锡市"童她益起来"优秀公益项目。"周庄妈妈·爱在路上"项目获评江苏省巾帼志愿服务十大优秀项目;微电影《周庄妈妈·爱在路上》获评江苏省巾帼志愿服务十佳微电影。

【妇女思想政治引领】 2021年,江阴市妇联加强妇女思想政治引领,举行"巾帼心向党 奋斗新征程"纪念三八国际劳动妇女节暨"党旗引领巾帼红"党建带妇建项目发布活动,及百支巾帼志愿团队、百个红色"妇女微家"授旗授牌仪式;启动"党旗引领巾帼红"党建带妇建项目19项。庆祝中国共产党成立100周年,举办百个红色"妇女微家"共庆建党百年集中展示;深入开展"高举旗帜学党史 红色基因我传承"系列行动,深化"十百千巾帼大宣讲"活动,组建巾帼志愿宣讲员队伍,依托巾帼党性教育(示范)基地、妇女儿童之家、红色"妇女微家"等平台,开展"她说·红色记忆""红色家风我传承"等线上线下宣讲活动500余场,覆盖家庭10万余户。深化"'学习强国'进家庭"内涵,主办"学习赋能新生活 家庭共筑强国梦"——"学习强国"进家庭展示挑战赛。制定下发《关于进一步推进新时代巾帼志愿服务工作的实施方案》,成立"益家盟"巾帼阳光志愿服务联盟,新增巾帼志愿者4000余人,融入镇(街道)、村(社区)新时代文明实践服务网络,初步形成"在你身边"的"9+N"("9"即九带头:带头宣讲理论政策,传播党的声音;带头维护妇儿权益,促进男女平等;带头服务城乡发展,助推创新创业;带头倡导绿色环保,共建美丽庭院;带头教子孝老爱亲,促进家家幸福;带头汇集妇情民意,联系服务群众;带头化解矛盾纠纷,促进邻里和谐;带头参与文体活动,促进移风易俗;带头践行公益慈善,弘扬文明新风等。"N"即若干具有自身特色和优势的志愿服务项目)巾帼志愿服务体系。契合学雷锋纪念日、"5·15"国际家庭日等重要节点,开展"民法典进家庭""红色女声微课堂"微宣讲、"党耀我成长"等贴近群众需求的巾帼志愿服务1200余场。《"妇联+社会组织+新时代文明实践+特色服务"巾帼志愿服务新模式》文稿被《中国妇女报》、"学习强国"平台、"江苏女性"微信公众号等国家、省级媒体刊登转载。开展"立足岗位、争做最美巾帼奋斗者"主题活动,发挥先进典型示范引领作用。成立江阴市"三八红旗手(集体)"联盟,选送2019—2020年度无锡市"三八红旗手"11个、"三八红旗集体"7个;评选2018—2020年度江阴市"三八红旗手"102人、"三八红旗集体"30个;命名"最美巾帼奋斗者"129人,评选"最美巾帼抗疫先锋"70人,"最美妇联干部"25人,"最美巾帼网格员"34人,"巾帼建功标兵"44人。汪静莉、宋桃英获评无锡市2021年一季度"最美人物"。

【服务妇女发展】 2021年,江阴市妇联提供女大学生就业创业指导服务,搭建交流学习支持平台,启动女大学生创业就业支持项目,举办巾帼创业雏鹰班。持续实施"走好新时代长征路"研学项目,组织女企业家协会会员赴浙江省杭州等地举办巾帼"领头雁"培训班,聆听浙江大学教授"关于宏观经济、新兴产业发展"课程,学习考察杭州海康威视数字技术股份有限公司、万事利集团有限公司,充分认识科创、智造、研发、创新对企业成功转型升级的重要作用;赴嘉兴南湖开展"永远跟党走,奋进新征程"主题活动,踏访红色足迹,追忆建党历史,感悟初心使命。年内,发动女企业家认捐"共富基金"400万元。继续推动"巾帼创业贷""巾帼荣誉贷",发放女性创业贷款1100万元,为40余名女性成功创业提供资金支持。常态化举办"LADY创智汇"沙龙活动,开展绘画艺术鉴赏活动和"美丽心灵、魅力人生"心理健康知识讲座。围绕"巾帼建功"活动创办30周年,召开推进会,实施"科技创新巾帼行动",牵头城乡妇女"岗位建功"活动领导小组9个成员单位,联合发布女科技工作者支持服务清单。表彰江阴市"十佳巾帼文明岗"10个、巾帼文明岗70个。举办"春风送岗"女性专场招聘会,邀请36个女企业家协会会员企业进场,提供岗位182个,招聘女性员工1143人。开展家政服务市场需求问卷调查,组织巾帼家政服务联盟成员单位走进小区公益行活动。持续开展"特色田园乡村·美丽家园"建设,江阴神宇果品专业合作社获评省级巾帼示范专业合作组织,夏港街道长江村、周庄镇山泉村获评省级"美丽家园"示范点。获评无锡市"美丽庭院"示范户30户,江阴市"美丽庭院"示范户30户、"美丽庭院"达标户100户。开展农村妇女劳动力转移培训,举办家政服务、美妆、编织、茶艺等技能培训班20余场,惠及农村妇女500余人次。开展全市村(社区)女书记结对共建引领行动,成立"巾帼红"村(社区)女书记党建联盟,助力乡村振兴社区治理。

【依法维护权益】 2021年,江阴市妇联全力做好妇女儿童发展纲要规划终期评估,发布《江阴市2016—2020年妇女和儿童发展规划实施状况终期监测报告》。召开维护妇女儿童合法权益联席会议暨"澄家有爱、护航幸福"妇女儿童维权项目发布活动,成立"护航幸福"巾帼维权志愿服务联盟,表彰江阴市优秀妇女议事会7个、标准化家事调解社区工作室18个、妇女儿童维权示范岗2个。市婚姻家庭指导中心成立至是年末累计接待1.38万对准备协议离婚夫妻,成功劝返4350对,劝返率32%。打造"百合缘"婚前教育品牌,实施法治惠民实事项目——"幸福澄双对"和谐婚姻家庭指导项目,受益群众2000人。建好用活普法宣传阵地,因地制

2021 年 9 月，江阴市获评 2021—2025 年度第一批全国科普示范县（市、区）

（市科协提供）

宜组织开展宣传、宣讲、法律咨询活动 130 余场，辐射群众 5 万余人。落实党史学习教育“我为群众办实事”，发布“我为妇女儿童办实事”项目清单 10 项。开展“走进春天、玫瑰有约”妇女约访和“妇联邀您回娘家”“代表委员面对面”等活动，多方听取妇女儿童相关提案和建议。

【家庭文明建设】 2021 年，江阴市妇联结合全国文明典范城市创建，常态化开展“最美家庭”“五好家庭”等各类典型家庭寻访活动，评选江阴市级最美家庭 101 户，“五好家庭”60 户。全年获评全国“五好家庭”1 户（缪培家庭），省级最美家庭 3 户（袁梅芬家庭、周湘钟家庭、缪振兴家庭），无锡市级最美书香家庭 4 户、最美绿色家庭 4 户。举办“学党史、颂党恩、传家风、办实事”2021 年江阴市家风家教主题宣传月活动暨首届巾帼志愿阳光行动“家”年华、第二届家庭亲子迷你马拉松赛，邀请最美家庭讲述红色家风传承，推介红色亲子研学路线。关注“双减”（减轻义务教育阶段学生作业负担和校外培训负担）、“三孩”（一对夫妻可以生育三个子女）政策，回应家庭需求关切，提档升级“澄家有爱”家庭工作品牌。“三全”（社区全域、父母全程、家庭全类型）社区家庭教育支持行动列入全市第二批“我为群众办实事”项目，新桥镇黄河社区等 11 个社区（村）入选省级家庭教育指导示范社区。打造特色点位——环境创设点 191 处，绘制社区家庭服务地图 17 幅。推行“妇联干部 + 网格员 + 家教志愿者 + 巾帼志愿者”联合家访模式，招募志愿者 331 人，发放宣传折页 6800 余份，摸排 0～18 周岁儿童家庭 5029 户，收集反馈基础信息表 3289 份，分年龄段形成家庭档案 2132 宗。优化“澄家有爱”婚姻家庭课程清单，向社区配送百堂精选家庭教育课程，线上线下开展特色家庭教育活动 276 场，惠及 8300 余人。实施家庭阅读推广人项目，命名江阴市亲子阅读体验基地 10 个，培育无锡市亲子阅读示范基地 2 个。实施 2021 年省妇女儿童公益社工服务项目——“幸福澄双对”和谐婚姻家庭指导项目，获省级扶持资金 12 万元，开展“爱的宣言”“幸福加油站”等特色活动 50 余场。开通“幸福热线”，为市民提供恋爱择偶、新婚适应、家庭危机处理等公益咨询服务，小组工作 5 次，个案服务 2 例，直接受益 660 人。构建妇女儿童友好环境，培树儿童友好示范社区 1 个。落实“小市长议事会”政校社结对项目，开展“我的社区我做主”等主题活动，以儿童视角关注基层社会治理，解锁儿童成长、家庭发展、社区建设共享密码，推动儿童发展公共空间“点、线、面”全线升级。深化“小桔灯”困境儿童帮扶行动，开展微心愿征集，发放慰问物资 10.2 万元。援助“春晖”单亲贫困母亲和“两癌”（乳腺癌、宫颈癌）特困妇女项目，慰问单亲贫困母亲 100 人、“两癌”特困妇女 17 人，分别发放慰问金 20 万元、8.5 万元。 （黄丽娟）

江阴市科学技术协会

【概况】 2021 年，江阴市科学技术协会（以下简称“市科协”）深入学习贯彻习近平新时代中国特色社会主义思想，围绕全市改革发展大局，认真履行“四服务一加强”（服务科技工作者、服务创新驱动发展战略、服务公民科学素质提高、服务党委政府科学决策，加强自身建设）职责，增强科协组织政治性、先进性和群众性，工作体制机制实现新突破，服务职能得到新增强。年内，经市委批准，市科协机关内设机构增设组织宣传部。是年，江阴市获评 2021—2025 年度第一批全国科普示范县（市、区）、2016—2020 年度全国科普示范县（市、区）总结评估优秀单位，被江苏省科学技术协会列为“科创江苏”首个试点县（市）；市科协获评全国科技工作者状况调查“优秀调查站点”、中国科协 2021 年科普中国信息员队伍建设优秀组织单位、中国科协 2021 年全国科普日活动优秀组织单位，全省 2021 年县级科协创新发展能力提升计划项目实施优秀单位等。至年末，全市有镇（街道）科协 16 个，开放园区科协 2 个，市级学会（协会、研究会）29 个，院校科协 2 个，企业科协（联盟）188 个。

【服务科技工作者】 2021 年，江阴市科协持续放大“1 + 3 + N”（1 是指江阴市科技工作者服务中心，3 是指与社会公益组织香山书屋联合打造 3 个科技工作者服务站点，N 是指 N 个各具特色、覆盖城乡的“科技工作者之家”实体阵地）科技工作者服务体系效能，做优“科技工作者之家”升级版，动员全市科协系统开展科技沙龙、走访慰问、学习考察等活动，新建利港街道、申港街道等“科技工作者之家”服务站点 3 个，累计 18 个。举办江阴市庆祝“全国科技工作者日”暨党建引领科建“四个十佳”(十佳党员科创先锋、十佳科创服务团队、十佳基层科协组织、十佳科技志愿服务项目)风采展示会,及“爱党、爱国、爱岗”主题科技沙龙活动15场。开展党史学习教育,举办江阴市科技工作者庆祝中国共产党成立100周年征文演讲比赛,2篇经验文章被市委《党史学习教育简报》刊发。组织科协系统党员干部和科技工作者前往江阴烈士陵园、渡江战役纪念馆、革命烈士纪念馆和新四军黄桥战役纪念馆开展党史学习教育现场教学,引导科技工作者众心向党、自立自强。组织500余名科技工作者参加趣味运动赛,进一步营造尊重劳动、尊重知识、尊重人才、尊重创造良好氛围。

【助力创新驱动发展】 2021年,江阴市科协紧扣全市构建“345”现代产业体系*需求,举办“科创江苏”江阴试点建设暨科技人才服务对接交流会,开展“院士专家江阴行”、海外专利科技信息推广与应用等活动,推动江苏省学会服务中心在江阴设立科技服务站,江阴海智基地获评2021年度省级优秀海智基地,江阴海外人才离岸创新创业基地通过省科协绩效评估。推进“科创中国”平台注册使用,为企业供需对接提供平台,江阴兴澄特种钢铁有限公司1项技术入选“科创中国”先导技术榜单,江阴集成电路设计创新中心登入“科创中国”2021全球百佳技术转移案例榜单。组织科技创新团队参加上级科协举办的创新创业和创新方法大赛,有3项项目分别获“科创无锡”“创响无锡”创新创业大赛一、二、三等奖;中船澄西船舶修造有限公司、江苏江南水务股份有限公司分别获“科创江苏”创新创业大赛二等奖、三等奖;江阴兴澄特种钢铁有限公司、中船澄西船舶修造有限公司2个公司4项项目分别获中国创新方法大赛江苏赛区决赛一等奖1项、二等奖3项。加强企业科协工作,继续开展“讲理想、比创新、比贡献”活动,予以立项项目34项,获评无锡市级优秀项目7项、2021年“科创江苏”企业创新达人2人。继续抓好金桥工程、企会协作项目、科技兴农富民工程,择优对65项科技创新服务活动项目予以立项,获评无锡市级优秀项目12项、无锡市农业科技(科普)基地3个。是年,江阴市被江苏省科协列为“科创江苏”首个试点市(县)。

【全民科学素质提升】 2021年,江阴市科协切实履行市全民科学素质工作领导小组办公室职责,牵头起草《江阴市“十四五”全民科学素质行动计划纲要实施方案》,通过无锡市对江阴市“十三五”期间《全民科学素质纲要》实施情况评估。开展“共享科普馆”提升行动,持续加强科普阵地设施建设,推动科普场馆、科普展品、科普队伍、科普活动、线上科普等共建共享。分别与省级学会、市应急管理局联合开展《健康江苏——环境与健康》公益科普环省行、江苏省安全应急科普环省行无锡(江阴)站等活动。开展科普示范创建活动,全市累计建成村(社区)科普馆11个、学校科普馆5个和各类专题科普教育基地41个。江阴市天华国防教育馆获评2022—2023年江苏省专业科普场馆扩大开放工作一类项目,入选2021—2025年全国科普教育基地第一批认定名单;长江大保护展示馆等3个单位获评无锡市科普教育基地,江苏雪豹日化有限公司、江阴海关综合技术服务中心获评无锡市优秀科普教育基地。发起成立江阴市新时代文明实践科技志愿者联盟,发动1万余名科技志愿者、8支新时代文明实践科技志愿者服务队,开展党建引领、科普教育、助企惠农、健康生活、线上科普等科技志愿服务,全市科技志愿者注册人数位列全省县级市第一。结合科普志愿者服务月、科普宣传周和全国科普日等时机,组织科技志愿者开展科普“五进”(进学校、进农村、进社区、进企业、进机关)活动,培育科普特色项目24项,举办科普讲座80余场,开展疫情防控应急科普和新时代文明实践科技志愿服务200余项,发放科普资料10万余份,市科协获评江苏省科技志愿服务优秀组织单位、江苏省“科普中国”信息传播工作优秀组织单位。创新培育“和书香作伴、与科学同行”科普阅读活动品牌,“科普书香漂流”“党建引领、阅享科普”“科普阅读成长计划”等项目获得市级立项资助。深化“科普之翼”青少年主题科普活动,开展首届青少年创意编程与智能设计大赛、第二届“明日科技之星”评选、第三届新时代文明实践科普剧大赛、金钥匙科技竞赛,有3所学校获评全国青少年人工智能活动特色单位,1所学校获评省级“十佳科技创新学校”,市科协获评2020—2021年度江苏省全民科学素质大赛优秀组织单位。

【科技智库建设】 2021年,江阴市科协继续加强科技智库建设,为党和政府科学决策提供服务与支撑。加强与国家、省级学会等智库平台交流合作,为省科协开展《“3060”双碳目标背景下江苏省秸秆综合利用的现状、问题及对策建议》等调查研究提供一手素材。加强与市科技人才专家咨询委员会各专家成员的联系与服务,向市委、市政府报送科技工作者建议和动态信息,有1条科技工作者建议得到市委主要领导批示,年度信息工作得分在全市党政、群团机关中名列前位,获评全市信息工作先进集体。凝聚科技人才资源力量,搭建软科学课题研究、学术交流、科技论坛等活动平台。建立智库成果奖励机制,给予10项学术交流项目、20项软科学课题研究及建言献策成果扶持奖励。履行全国科技工作者状况调查站点职责,获评全国优秀调查站点,并作为全国优秀站点代表、全省唯一县级科协代表,分别在2021年全国、全省科技工作者状况调查站点培训班上作经验交流。

【科协基层组织建设】 2021年,江阴市科协继续拓展科协系统深化改革工作成果,进一步提升党建引领作用,加强科协组织力量。是年,市科协改革工作获全省科协系统深化改革专项督查组好评、2021年度全市改革工作先进集体一等奖。“党建引领开新局,科创赋能助发展”等5项改革经验,被中国科协《一周要情》和“科协改革进行时”微信公众号和“学习强国”等平台宣传推广。建立“4+1”(4是指支持引导以医院院长、学校校长、农技站站长和科技型企业家“四长”为代表的基层一线科技者在县乡镇科协组织建设中发挥作用,1 是指加强上级科协对下级科协的指导)工作长效机制,参加全省“四长”工作调研视频会,牵头探索制定县级科协“4 + 1”工作质效评估指标体系,向省科协报送“四长”工作经验和典型案例各 1 篇。加强学会组织建设,坚持科技社团党建联盟联席会议制度,开展星级学会考评,评出五星级学会 5 个、四星级学会 4 个,指导市高新技术企业协会、特种设备安全协会换届工作。放大企业科协组织建设“江阴模式”品牌效应,成立楼宇科协 2 个、企业科协 17 个,总数 188 个。发起组建长三角(江阴)数字创新港科创服务党建联盟,经验做法两次被市委组织部“江阴党建”微信平台宣传推介;实施基层党建“书记项目”,市科协党组“打造党建引领下的科技志愿服务江阴样板”入选 2021 年度全市基层党建“十佳书记项目”;市科协视频党课,被市委组织部“百堂红色党课巡讲”推介;“185”科技志愿服务活动(有 1 万余名科技志愿者,设 8 支服务队,开展“党建引领 + 科普教育 + 助企惠农 + 健康生活 + 线上科普”5 类科技志愿服务活动)被列为市第四批“我为群众办实事”清单,市科技志愿服务大队获评 2021 年度江苏省学雷锋志愿服务“优秀志愿服务组织”、2021 年江苏省科技志愿服务先进典型,经验做法被“学习强国”平台、中国科协“科技志愿服务”、中国江苏网、“文明江苏”和“志愿江苏”等平台宣传。

（陈　芬）

江阴市归国华侨联合会

【概况】 2021 年,江阴市归国华侨联合会(以下简称“市侨联”)继续认真学习习近平总书记关于侨务工作的重要论述,坚持“两个并重”(海内海外工作并重,老侨新侨工作并重),拓展海外工作和新侨工作,各项工作取得新进展。7 月,按照江阴市委关于群团组织改革的决策部署,江阴市归侨侨眷联合会更名为江阴市归国华侨联合会,规范机关职能配置、内设机构和人员编制。开展侨界党史学习教育,组织“侨心向党、同心筑梦”庆祝建党 100 周年系列主题活动。推进华侨文化交流基地梯队建设,江阴市博物馆被确认为江苏省华侨文化交流基地,中共江阴一大会址纪念馆、奚佐尧烈士纪念馆、张大烈故居、吴文藻冰心故居、东方造物馆、东方口琴博物馆、炎黄陈列馆、江阴海澜飞马水城、江阴天华国防教育馆、菁存阁文化艺术工作室被确认为第一批无锡市华侨文化交流基地。至年末,全市有镇(街道)、园区侨联分会 14 个、侨商商会 1 个。

【参政议政】 2021 年,江阴市侨联继续组织发动侨界政协委员和涉侨人大代表围绕市委、市政府的发展大局和人民群众关注的热点、难点问题,深入基层开展调查研究,撰写议案、提案、建议,反映社情民意,反馈侨界心声,为江阴经济社会发展建言献策。江阴市人大、政协“两会”期间,侨界政协委员赵文碧提交的《关于加快江阴产业数字化升级的建议》、王熹提交的《关于发挥乡贤作用,助推江阴高质量发展的建议》、赵薇娜提交的《关于打造“锡澄运河文化休闲景观走廊”的建议》、徐卫忠提交的《关于改善江阴市锡剧、评弹团阵地建设的建议》、沙梅芳提交的《关于进一步切实推进垃圾分类工作实施的建议》等提案均被立案交办。

【为侨服务】 2021 年,江阴市侨联全力做好为侨服务工作,组织开展“双访双促”(走访侨资企业,排忧解难促发展;走访侨胞侨眷,抚慰帮困促和谐)为侨服务活动,该活动入选江阴市“我为群众办实事”第四批项目清单。全市各级侨联组织采取节日慰问、走访调研、座谈交流等形式,帮助协调解决侨资企业发展中的问题阻碍和侨胞侨眷生活中的困难需求,支持侨资企业发展壮大,给侨胞侨眷送去温暖关怀,全年走访侨胞侨眷 130 户、侨资企业 63 个。市侨联组织推荐 4 项新侨创新创业项目参加“创业中华 · 筑梦江苏”侨界创新创业大赛,江阴优燃科技有限公司符宇强团队“优化工业炉窑的燃烧系统”项目获最具市场价值奖,为无锡市唯一决赛奖项。4 名归国创业留学生被增聘为无锡市侨界青年联合会第三届委员会委员。推进村(社区)基层侨联组织建设,年内新增村(社区)侨联小组 100 余个,村(社区)基层侨联组织覆盖率 58%,澄江街道文定社区“侨之家”、新桥镇绿园社区“侨 · 家园”服务站获评无锡市首批“五星侨胞之家”。组织开展“侨心向党、同心筑梦”庆祝中国共产党建党 100 周年系列主题活动,举办“百年初心 · 党建联动”签约仪式暨音乐党课,征集侨界主题文章 26 篇,书画作品 27 幅,摄影作品 49 张,视频作品 10 个。编印《侨心向党 · 砥砺前行》主题画册,收录侨界主题作品 110 余件,在市华侨中心举办“侨心向党爱祖国”主题展览,设立主题展板和侨界群众读书角。加强涉侨法规宣传教育,做好侨界群众的信访上访协调工作和涉侨矛盾纠纷调解,依法依规维护侨益。“侨昕悦”党员志愿服务队参与文明城市建设,进社区开展卫生整治、政策咨询、问卷调查等志愿服务活动 20 余次。

【联谊交流】 2021 年,江阴市侨联加强沟通联动工作,鼓励更多海外同胞回国创业、兴办实体,助力江阴发展。通过网络、电话与海外侨胞、留学生联系交流,传递家乡的关心、关注、关爱,及时解决困难,确保侨界和谐稳定。7 月,与江阴市天华艺术学校联合承办“亲情中华 · 为你讲故事”海外华裔青少年网上夏令营江苏无锡营活动,组织海外华裔青少年学习中文、了解中国国情和中国传统文化,赢得海外侨团和华文媒体赞誉。组织市内在校高中学生参加第二十二届世界华人学生作文大赛,开展初评表彰,遴选报送作文 250 篇。组织侨属侨眷到无锡新四军六师师部旧址纪念馆开展实景课堂活动,联合无锡市侨联党支部祭扫革命烈士周水平,选派 3 名代表参加无锡市侨界先进人物典型事迹宣讲。组织 230 余人次观看《追梦中华 · 百年赤子心》《长津湖》等主题影片,征集编发侨界感言 50 余条。强化市侨联网站宣传窗口作用,开通“江阴侨 e 家”公众号,推送侨界资讯,广泛宣传侨规侨法,展现侨界典型风采,展示侨联工作亮点,全年发布侨情动态信息 190 余条。

(张永振)

江阴市文学艺术界联合会

【概况】 2021 年,江阴市文学艺术界联合会(以下简称“市文联”)坚持以习近平新时代中国特色社会主义思想为指导,贯彻落实习近平总书记关于文艺工作的重要论述,扎实推进市文联“三强一树”(强组织运转、强人才活力、强作品展演,树品牌形象)工作思路,围绕中心,服务大局,聚焦“南征北战、东西互搏”总战略,团结引领广大文艺工作者凝心聚力、务实创新、担当作为,扎实有序推进江阴文艺事业各项工作,为“文化荡漾、品牌响亮”的美丽江阴建设贡献文艺力量。至年末,全市有镇(街道)文联 18 个、开发区文联 2 个、企业文联 2 个、村级文联 1 个;各文艺家协会发展新会员 160 人,新增江苏省级会员 16 人、国家级会员 3 人。

【江阴市文联第七次代表大会】 2021 年 1 月 9 日,江阴市文学艺术界联合会第七次代表大会隆重举行,全市近 300 名文艺工作者参加,回顾过去,展望未来,共商全市文艺事业发展大计。市委书记许峰出席会议并讲话。会议听取并审议通过《江阴市文学艺术界联合会第六届委员会工作报告》《江阴市文学艺术界联合会章程(草案)》《江阴市文联第七届委员会组成办法(草案)》《江阴市文联第七届委员会委员建议名单》,选举产生江阴市文联第七届委员会主席、副主席和常务委员。

【文艺人才队伍建设】 2021 年,江阴市文联为推进全市文艺事业创新发展,繁荣文艺精品创作,培育文艺品牌,持续深化文艺人才培养“三江工程”(江花胜火、江山揽胜、江上风骨),制定《关于建立“三江工程”文艺家人才库健全出作品出展演出人才工作机制方案》,进一步健全文艺人才培养机制,通过文艺培训、吸纳入会、采风创作、搭建展示平台、提供有效扶持等途径,培养和造就各艺术门类文艺创作有生力量、中坚力量和领军人物。年内,建立“三江工程”老中青文艺家人才库,首批入库 200 人。为深入贯彻市第十四次党代会精神,组织文艺工作者走进“南征”战略主战场霞客湾。开展“共画长江好”写生采风创作活动,举办江苏省现代美术馆“江城如画里”江阴市优秀美术书法摄影作品汇报展、中国美术馆“听黄河涛声”徐惠君作品展、江山风骨系列“寻源问道”油画写生作品展、“给新年一束光”青年艺术展、“创造力的再现”首届大字书法展等展览,举办“艺风讲堂”作品鉴赏、创作交流活动等 20 余场次。深化基层文艺创作采风基地建设,长泾镇、新桥镇被无锡市文联评为无锡市文艺家采风创作基地,市作家协会在顾山镇的江阴市丰硕文化有限公司设立创作基地。是年,1 人入选江苏省紫金文化人才培养工程文化优青,10 人入选江苏省第二批群众文化“百千万”工作优秀文艺骨干名单;39 人获江阴市文学艺术奖,45 人获江阴文艺协会奖。

【文艺惠民活动】 2021 年,江阴市文联广泛开展“脚力、眼力、脑力、笔力”教育实践,持续完善“深入生活、扎根人民”主题实践常态化工作机制和文艺志愿服务长效机制。组建“艺风讲堂”讲师团,开设精品讲座公开课 18 堂,系统开展公益性精品文艺展演及讲座进镇(街道)、园区、企事业单位等,文艺惠民向基层延伸、向大众普及。组织“欢乐小舞台”基层巡演、“清风故事会”等,建设覆盖城乡“艺术展厅”14 个、“公益小剧场”10 个,依托江苏有线高清电视机顶盒,为市民群众开设“江阴文艺”展演(电视)点播平台,设有 7 个板块 18 个子栏目,首批上线 400 余件平面作品和 100 余部视频节目,实现互动点播。同时,全市镇(街道)、江阴高新区、临港经济开发区文联立足自身实际,开展各类文艺惠民活动 2000 余场次。

【江阴文艺协会奖】 2021 年 9 月,江阴市文联按照《江阴文艺协会奖实施方案》有关规定,经各协会推荐,组委会评审,评选出 2021 年度江阴文艺协会奖 8 个子奖项获奖者 45 人,分别为优秀创作奖 14 人、佳作奖 16 人、新人奖 15 人。

【江阴市美术书法摄影作品展】 2020 年 12 月 25 日,江阴市委宣传部、市文联、市文体广电和旅游局联合主办的“伟大时代 · 圆梦小康”江阴市美术书法摄影作品展在市展览馆开幕。该展览收到投稿作品 400 余件,经评审,评选出入展作品 116 件,其中 43 件被评为优秀奖。入展的作品题材丰富,内容贴近生活,贴近群众,艺术表现手法或工或写,或浓墨重彩或淡雅清新,或追求现实主义自然之美或呈现浪漫主义艺术之美。作品在立意、构图上别具特色,表现出独特审美追求和风格,描绘小康社会的美好生活,展示全市文艺工作者的文化自信和艺术活力。2021 年 2 月 28 日,该展览结束。

【万联万福进万家活动】 2021 年 1 月 19 日,江阴市委宣传部、市文明办、市网信办、市文体广电和旅游局、市文联联合主办的“文明礼赞 · 福满全澄”2021 年万联万福进万家活动启动。该次活动组织百余名书法志愿者书写春联、福字向市民各界免费发放,联合市旅游文化产业发展有限公司让春联进入城区各公园,进一步弘扬中华优秀传统文化和社会主义核心价值观,营造喜庆祥和的节日氛围。

【江阴女艺术家风采展示作品展】 2021 年 3 月 30 日,江阴市文联、市妇联联合主办的“她”之表情——江阴女艺术家风采展示作品展在江阴立澄艺术馆举行。“她”之表情系列活动历时一个月的线上展示,首次将线上展示与线下展演相结合,汇集书画摄影、美文朗读、器乐奏唱、民间编绣等多种艺术门类,全市各文艺家协会的女文艺工作者通过文艺展演、访谈分享等形式,展现当代女性的巾帼风采。展期至 4 月 15 日。

【建党百年千人二胡演奏会】 2021 年 5 月 13 日,江阴市委宣传部、市教育局、市财政局、市文体广电和旅游局、市文联、新桥镇政府、海澜集团联合主办的“庆祝建党 100 周年江阴市学校二胡班千人演奏会”在海澜美术馆广场举行,2450 名学生演绎《没有共产党就没有新中国》《歌唱祖国》《社会主义好》《中国少年先锋队队歌》《茉莉花》等曲目，展示江阴二胡进校园十年发展成果，共同献礼建党百年。演奏会特邀宋飞、周维、邓建栋、马向华、林感5名艺术家到现场演奏，先后由林感演奏《洪湖人民的心愿》、马向华演奏《南泥湾》、邓建栋演奏《花乡风情》、周维演奏《葡萄熟了》、宋飞演奏《江南春色》，引起现场观众强烈的情感共振和精神共鸣。

【第十六届长三角国际标准舞城市公开赛】 2021年5月15日，江阴市文联主办的第十六届长三角国际标准舞城市公开赛在海澜飞马水城马儿岛酒店开幕。该次赛事为期2天，有来自长三角地区的近40支代表队的800余名选手参加，为全市观众展示高水平国际标准舞。江阴市连续举办16届长三角国际标准舞城市公开赛，已建立一套行之有效舞蹈竞赛机制。该赛事成为市内最具规模的舞蹈品牌赛事之一，带动全市舞蹈事业的发展和繁荣，同时进一步推动长三角地区的舞蹈文化交流。

【刘半农诗歌文学周活动】 2021年5月23—29日，江阴市文联举办刘半农诗歌文学周活动，为纪念刘半农诞辰130周年系列活动之一。活动分为“话说刘半农”“致敬刘半农”“献给刘半农”3个部分，通过文学沙龙、诗集发布、诗歌吟唱、演播剧场等文艺形式纪念刘半农诞辰130周年。

【张锡庚书沈鹏诗词书法捐赠作品展】 2021年6月6日，江阴市委宣传部、市文体广电和旅游局、市文联主办的“传承经典”——张锡庚书沈鹏诗词书法捐赠作品展在市展览馆开幕。书法家张锡庚怀抱着对家乡的深厚情谊，以江阴籍著名书法家沈鹏先生的诗歌为题材，用两年时间创作百余件书法作品，该次展出100件。6月17日，该展览结束。

【薛迅独唱音乐会】 2021年6月12日，江阴市政协、市委宣传部、市教育局、市文体广电和旅游局、市总工会、市文联、民盟江阴市委联合主办的“唱支山歌给党听”庆祝中国共产党成立100周年薛迅独唱音乐会在江阴大剧院举行。青年歌唱家薛迅携手男高音歌唱家陈苏威、男中音歌唱家王艺清、合作钢琴家邱思强、钢琴家李春等，歌唱了歌颂党、祝福党的经典歌曲，还有《山水霞客》《谁是她》等江阴市词曲作家的原创作品，打造了一场横跨美声、民族的精彩演出。

【江阴市庆祝中国共产党成立100周年美术书法摄影作品展】 2021年6月22日，江阴市委宣传部、市文联、市文体广电和旅游局联合主办的“百年辉煌　艺心筑梦”江阴市庆祝中国共产党成立100周年美术书法摄影作品展在市展览馆开幕。该次展览从近千件投稿作品中遴选出书法作品66件、美术作品64件和摄影作品70件展出，该200件作品中有52件为获奖作品。展出作品描绘岁月、记录时代、致敬经典、抒写情怀，是江阴文艺界向中国共产党百年华诞奉上的一份献礼。7月20日，该展览结束。

【江阴文艺家写生采风活动】 2021年9月16日，江阴市委宣传部、市文联主办的“共画长江好”江阴文艺家写生采风活动启动，采风团由25名江阴艺术工作者组成，以“祖国好、长江情”为主题，从家乡启程，沿江而上开展写生创作，途经成都、泸定、康定、雅安、乐山、宜宾、重庆等地，历时14天，行程5000余千米，累计创作作品500余件，用艺术家独特视角和笔触绘写长江及沿岸城市的历史人文、自然风光、风土人情，用优秀的文艺作品献礼建党百年。

【江阴市优秀美术书法摄影作品汇报展在省举办】 2021年11月16日，由无锡市文联、江阴市委宣传部主办，江苏省现代美术馆、江阴市文联承办的“江城如画里”江阴市优秀美术书法摄影作品汇报展在江苏省现代美术馆开幕，展览遴选美术作品51件、书法作品50件、摄影作品70件。这些作品用个性化的艺术语言表现江阴市历史人文、劳动形象、山河新貌、美好生活等方面的进步轨迹，反映全市文艺人才队伍的创作现状和学术面貌。11月26日，该展览结束。11月30日至12月14日，该展览移至江阴市展览馆展出。

（陈　佳）

江阴市工商业联合会

【概况】 2021年，江阴市工商业联合会（以下简称“市工商联”）坚持以习近平新时代中国特色社会主义思想为指导，围绕市委、市政府中心工作，认真履行职能，主动担当作为，奋力开拓进取，在深化理想信念教育、服务企业转型提升、助推营商环境优化、加强基层组织建设等方面持续发力，有效促进非公有制经济健康发展和非公有制经济人士健康成长。年内，扎实开展党史学习教育，党组中心组、党支部学习12次，举办庆祝中国共产党成立100周年、“我为群众办实事”等活动，开好专题民主生活会、组织生活会。深入推进理想信念教育实践活动，组织全市65名新生代企业家赴南通市开展“弘扬张謇精神　助力创新发展”理想信念教育。开展全国工商联上规模民营企业调研，海澜集团有限公司等14个民营企业入围2021中国民营企业500强。持续开展守法诚信示范企业争创活动，江苏新潮创新投资集团有限公司等163个企业获评市工商联2021年度守法诚信示范企业。是年，新建江阴月城包装行业协会，完成南闸商会、月城商会、酒类饮品行业协会3个基层商会（协会）换届工作，至年末，全市有园区、镇（街道）商会18个，市级行业商会（协会）15个，江阴异地商会7个，异地江阴商会6个，青年商会1个；有各类会员5041个，其中企业会员4149个、个人会员892个。市工商联被中华全国工商业联合会评为2020—2021年度全国“五好”（政治引领好、队伍建设好、商会发展好、作用发挥好、工作保障好）县级工商联和2021年民营企业调查点工作先进基层单位，被中华工商时报社评为2021年度构筑民营经济舆论阵地先进单位。

【市工商联第十一次会员代表大会召开】 2021年12月9日，江阴市工商联第十一次会员代表大会召开，278名会员代表参加会议。会议听取审议周江代表市工商联第十届执行委员会所作的工作报告，并审议通过第十一次会员代表大会决议。选举产生市工商联第十一届执行委员会委员152人(其中常委58人),选举周江为主席,陈雪源、刘志伟、赵雁军、胡正伟、浦强、陆正宇、王寅炯、易海红、孙伟、朱永方、周立宸、胡品贤、胡鹏飞、钱德洪、缪志强、宋建新、戴泽新17人为副主席。同时,选配市总商会领导班子,周江为会长,陈雪源、刘志伟、赵雁军、胡正伟、马建忠、叶卫春、任乐天、华锋、孙亚平、孙秉忠、李小荣、李明、吴锦明、余林法、金继阳、周成、周爱明、承立新、俞均彦、黄奇评、薛洪权、薛健22人为副会长。胡正伟兼任市工商联(总商会)秘书长。

【参政议政】 2021年1月,在江阴市政协十五届五次会议上,市工商联党组书记陈雪源作题为《共筑风险防控"防火墙",共促江阴经济稳发展》专题发言;市工商联提交的重点课题调研报告《共筑风险防控"防火墙",共促江阴经济稳发展》获优秀调研报告三等奖,提交的集体提案《关于进一步优化营商环境的建议》被评为优秀提案。8月,在市政协"南征"战略推进政情交流会上,工商联界别政协委员黄奇评就霞客湾科学城未来产业、交通基础设施等方面提出意见和建议。10月,在市政协"东西互搏"战略推进民主议政会上,市工商联党组副书记、副主席刘志伟作题为《聚焦工改抓推进,优化发展促转型》发言。是年,市工商联向市政协提交集体提案3件,上报《高度重视民营企业代际传承 实现江阴民营经济高质量可持续发展》《运用财税大数据分析 发挥对经济运行的科学决策参考作用》2篇调研报告。

【会员培训】 2021年,江阴市工商联发挥"澄商学堂"阵地优势,围绕当前宏观经济与政策分析、发展"专精特新"中小企业、企业用工变化趋势等专题,举办"澄商学堂"线上线下培训6次,培训企业家430余人次。组织举办2021年江阴市新生代企业家"聚力创新发展 建功'南征北战'"四川大学培训班,97名新生代企业家参加学习。与市企业家协会联合举办第三期"江阴企业家论道"讲坛,邀请远景科技集团首席执行官张雷作题为《"碳中和"趋势下企业如何行动》的主旨演讲,分享其创业故事和对"碳中和"发展的趋势分析。举办"华为之变革的力量""民法典改变着营商环境"等企业家沙龙4次,有220余名企业家参加。

【会员服务】 2021年,江阴市工商联搭建政企互动平台,邀请市工信局、行政审批局、市场监督管理局、生态环境局等单位主要负责人,为民营企业家代表宣传解读涉企惠企政策。围绕企业转型升级和企业家素质提升,组织近30名企业家赴深圳学习考察,参观学习深圳"头部"企业在发展战略、产品定位、企业文化等特色亮点和先进经验。与市法院联合成立江阴市法联商会商事调解中心,探索民营经济领域纠纷多元化解机制,全年调解商事纠纷事件3件。参与企业合规改革试点工作,协助市检察院办理企业合规审查拟不起诉案件1件,举办"澄心护航·企业合规论坛",引导民营企业依法合规经营。与市司法局、工信局、长泾镇服装行业协会在长泾镇联合举行"产业链+法律服务"送法进企系列活动,推进惠企利企专项法律服务。依托"纳税人之家"平台,开展助力小微企业发展"春雨润苗"专项行动,为41个基层商会发放"惠苗政策进万家"减税降费政策宣传资料约6000份。

【经贸交流】 2021年4月,江阴市工商联召开异地江阴商会"情系家乡,共谋发展"座谈会,发挥异地江阴商会在项目、资本、人才、信息等方面的资源优势,助力江阴重大项目攻坚。4月、5月,分别组织36名企业家和园区、镇(街道)商会秘书长赴江阴睢宁工业园进行投资考察,促进江阴、睢宁两地项目合作。9月,在北京江阴企业商会组织召开"共叙乡情、共谋发展"北京乡贤座谈会,9名乡贤围绕江阴经济社会发展、招商引资、商会建设等提出意见和建议。10月,组织异地江阴商会代表参加第三届江阴发展大会暨2021经贸洽谈会,为江阴经济发展牵线搭桥。

【光彩事业】 2021年1月,江阴市工商联携手江苏丹禾服饰有限公司、市青年商会、市浙江商会和市盐城商会向陕西省延川县红十字会捐赠防寒服500套,价值14万元,为延川县环卫工人送上关怀温暖。8月,市易制毒化学品行业协会、市福建商会会长企业江苏大经供应链股份有限公司、市安徽商会会长企业江苏余润投资集团有限公司、市山东商会会长企业江苏绿洁生鲜食品有限公司、市酒类饮品行业协会会长企业江阴市康大酒业有限公司联合向江阴市红十字会捐赠20万元,用于慰问江阴市驰援南京、扬州两地抗疫医护工作人员。

【商会党建】 2021年,江阴市工商联大力推动商会党的组织和工作全覆盖,探索单独组建、行业联建、区域共建等商会党组织组建形式,新建江阴市青年商会等商会(协会)党支部15个。9月,召开全市商会(协会)党建工作推进会,市委组织部党支部第三党小组、市司法局机关第三党支部、市法院民事审判第二庭党支部、市检察院第四党支部、市工商联机关党支部、市税务局机关第二党支部、江阴农村商业银行机关第六党支部共同启动"盟红江阴——税银法商企党建联盟",市产业发展中心有限公司党支部、市山西商会党支部、市福建商会党支部、市安徽商会党支部、市浙江商会党支部、市山东商会党支部共同启动"盟红江阴——商会招商党建联盟",举行江阴市安徽商会"徽心聚澄"党群服务中心揭牌仪式。是年,"'商会+党建'彰显澄商魅力"被评为全市2021年度基层党建"十佳书记项目"。至年末,市工商联所属商会(协会)成立党组织41个。

(李盛凉)

江阴市红十字会

【概况】 2021年,江阴市红十字会以习近平新时代中国特色社会主义思想为指导,以服务民生为出发点和落脚点,主动融入"南征北战、东西互搏"战略大局,努力当好党委和政府在人道领域的工作助手。4月,江阴市红十字会按照市委办公室《江阴市红十字会机关职能配置、内设机构和人员编制规定》,调整机关编制及领导职数,内设办公室(组织宣传部、安全管理科)、赈济救护部(捐献服务部)2个科室。扎实开展党史学习教育,5月8日,在青阳镇凝秀湖广场启动“服务主战场 建功新时代——纪念‘5·8’世界红十字日暨红十字系统‘我为群众办实事’实践活动”,现场发布五项惠民举措。“实施人道救助‘五项举措’,提供优质人道服务”被列入江阴市“我为群众办实事”第一批项目清单。年内,募集社会捐赠款物2322万余元;完成初级救护员培训821人,普及性培训8019人;完成造血干细胞血样采集入库186人份,3名志愿者成功实现造血干细胞捐献。市红十字会获2021年度中国红十字会总会报刊宣传先进集体一等奖;1个博爱家园获评江苏省红十字会优秀博爱家园;5个博爱家园获评无锡市红十字会优秀博爱家园。

【红十字宣传】 2021年,江阴市红十字会多措并举抓好宣传工作,进一步展示红十字形象,讲述红十字故事,传播红十字声音。结合红十字纪念日,组织开展主题活动,广泛宣传红十字运动、应急救护、防灾减灾、造血干细胞捐献和人体器官捐献等常识,扩大红十字事业的社会影响力。在“学习强国”平台、中国红十字会网站、江苏省红十字会网站、无锡市红十字会网站和江阴媒体刊稿近200篇。市红十字会获2021年度中国红十字会总会报刊宣传先进集体一等奖。拍摄制作《学好党史必修课,做一名光荣的红十字志愿者》微党课、《博爱家园爱的家园》微视频,均获江苏省红十字会庆祝建党100周年主题宣传活动二等奖。

【博爱系列救助活动】 2021年,江阴市红十字会持续开展救灾救助活动,为党和政府分忧,为群众解难。年内,募集社会捐赠款物2322万余元,其中河南、山西水灾募集爱心款物2067万余元。持续开展人道应急救助、造血干细胞移植救助等博爱系列救助活动,累计发放各类救助金116万余元,其中“红十字博爱送万家”活动,救助全市困难家庭700户。开展民生专项资金自查自纠工作,确保专项资金精准用于符合红十字人道救助条件的困难对象。组织开展“帮你回家”定位手环项目,为165名易走失人员发放定位手环。加强东西部扶贫协作,对口援助陕西省延川县红十字会社会帮扶资金17万元。

【造血干细胞和遗体器官捐献】 2021年,江阴市红十字会加强宣传动员,利用社会资源,进一步推进造血干细胞捐献和遗体器官捐献工作。是年,完成造血干细胞采样186人份,占全年采样任务的372%,3名志愿者成功捐献造血干细胞。2095人在中国人体器官捐献平台登记,遗体捐献登记49人,4人进行器官捐献,器官和遗体捐献登记数名列无锡市红十字会系统前茅。

【红十字救护培训】 2021年,江阴市红十字会印发公益性应急救护培训工作方案,开展应急救护培训进企业、进机关、进学校、进社区、进农村活动,全市培训初级救护员821人,普及性培训8019人。及时完善社会急救者数据库,推动实现全市红十字系统救护培训数据化。利用世界红十字日、防灾减灾日、世界急救日等节点,广泛开展“线上+线下”宣传培训,加大应急救护知识和技能传播普及。参与文化、科技、卫生“三下乡”、市政协“五送一助”(送医、送教、送文化、送健康、送器械,助残)、安全生产咨询日等活动,宣传急救知识,普及救护技能。发挥红十字应急救护培训示范基地平台作用,常态化向市民开放,举办生命安全公益课堂、小记者社会实践等活动。

【红十字志愿服务】 2021年,江阴市红十字会成立市红十字应急救护志愿者服务队、新桥镇红十字应急救援队,及时在“中国红十字志愿者”网络平台进行志愿团体注册。组织红十字冠名医疗机构开展“博爱送健康”活动24次,受益人数2600余人。发挥党建引领作用,利用春节假期、“学习雷锋”集中活动月、红十字博爱周等节日契机,组织动员志愿者开展救护培训、无偿献血、养老照护等志愿服务活动。组织红十字会党员干部赴结对共建单位澄江街道革新社区参与防疫工作,开展学雷锋日广场志愿服务活动、“健康江阴、有你有我”专题志愿服务日活动,以实际行动弘扬传承雷锋精神,践行“两在两同”建新功行动”。推荐优秀志愿者参评先进,市红十字无偿献血志愿者服务队队长高益峰作为无锡市唯一代表,被中国红十字会总会推选为全国红十字志愿服务先进典型。

(韩 斌)

江阴市残疾人联合会

【概况】 2021年,江阴市残疾人联合会(以下简称“市残联”)认真落实国家、江苏省、无锡市残联统一部署要求,围绕省、无锡市残联年度目标任务,统筹推进疫情防控和经济社会发展,把党史学习教育与“我为残疾群众办实事”相结合,把创新服务体系与满足残疾人现实需求相结合,全面加强残疾人康复、就业、教育、维权、文体、生活保障和党建助残工作,实现残疾人幸福感、满意度双提升。年内,开展党史学习教育,组织党员干部参观革命先辈纪念馆、祭扫革命先烈、寻迹红色印记等活动30余次;举办“同心贺百年,携手铸辉煌”江阴市第31次全国助残日活动;组织庆祝中国共产党建党100周年江阴市残疾人书画摄影作品评比活动,有1幅作品获江苏省残疾人书画摄影一等奖;开展“澄心向党、灿悦同行”红色精神“学听跟”系列活动,联合各镇(街道)推广“阅分享·灿成长”残疾人阅读活动,组织观看红色影片、助残广场演出300余场次;推出“澄心助·灿成长”十大实事项目,各镇(街道)同时发布助残实事项目36项;全年走访残疾人服务机构和企业300余次,全覆盖走访残疾群众,解决各类反馈问题300余个;完成全国残疾人基本服务状况和需求专项调查数据动态更新工作;做好残疾人信访维稳工作,接待处理各类来电、来信、来访159件(次);持续改革村(社区)残疾人协会,全年完成目标任务215个。是年,市残联代表江苏省残联参加第五届全国残联专职委员知识竞赛,获全国季军和优秀组织奖;获江苏省残疾人福利基金会2020年公益助残网络募捐工作特别贡献奖；获评无锡市政府2020年度无烟党政机关；在无锡市第六届残疾人职业技能竞赛中，获5项项目第一、2项项目第二、1项项目第三和团体总分第二名；获无锡市第十三届运动会（残疾人部）比赛金牌榜第三名、团体总分第五名和道德风尚奖。华士镇残疾人龚彬获东京残疾人奥运会女子坐式排球比赛亚军、"十佳江阴好人"称号；青阳镇残疾人戴如兴家庭获江阴市"最美书房"称号。经市政府残疾人工作委员会研究决定，表彰"十三五"期间残疾人事业先进集体和先进个人，"生命的力量"励志宣讲团获评残疾人自强模范团队，李彦等14名残疾人获评自强模范，市民政局等30个单位获评扶残助残先进集体，陈婷等26人获评扶残助残先进个人，江阴高新区等19个残联获评残联系统先进集体，刘志华等40人获评残联系统先进工作者。

【市残疾人综合服务中心成立】 2021年，江阴市残联推进事业单位改革，整合原有残疾人就业管理所和残疾人服务中心机构和编制，进一步优化职能设置和人员配备，提高公共服务效能。8月12日，揭牌成立市残疾人综合服务中心。该中心为市残联所属公益一类事业单位，其主要职责是推动开展残疾人康复、就业、培训、文体艺、信访维权等服务支持工作，协助开展困难残疾人帮扶、涉残调查统计和残疾人专门协会、社会组织服务保障等工作。

【残疾人救助保障】 2021年，江阴市残联完善《江阴市残疾人教育、就业和生活保障专项资金实施细则》，继续落实困难残疾人生活补贴、重度残疾人护理补贴政策，核发无业重残救助511人30.3万元，重残托养服务补贴173人35.1万元；教育补贴57人24.1万元；完成残疾人托养1242人，新增托养残疾人180人，为2.8万名残疾人购买意外伤害险。启动建设"残疾人之家"智能管理平台，推进完善江阴市智慧为残服务体系，全面提升为残服务能力和水平。

【优化"残疾人之家"】 2021年，江阴市残联优化"残疾人之家"考核评估办法，实现"残疾人之家"运营水平提档升级，周庄镇长寿社区、青阳镇毓秀社区、南闸街道、澄江街道澄江路社区、祝塘镇文林社区"残疾人之家"分别获评无锡市就业、康复和文体特色类"残疾人之家"。年内，新建周庄镇倪家巷"残疾人之家"，累计运行37个；调配辅助性就业项目14项，服务各类残疾人533人，首次发放辅助性就业出勤补贴81.3万元、劳动奖励8.1万元。

【残疾人康复服务】 2021年，江阴市残联印发《江阴市残疾人康复专项资金实施细则》《关于困难精神残疾人住院救助政策的补充意见》等文件，进一步明确残疾人康复救助对象、救助内容、救助标准、申请流程和经费结算方法，提升精准康复服务水平。全年完成白内障患者复明手术费补助2566人；贫困精神残疾人住院救助209人，门诊服药救助134人；0～14岁残疾儿童康复救助478人；劳动年龄内中风偏瘫患者机构康复救助7人；为824名有辅具需求的残疾人适配基本辅助器具1124件套，为61名劳动年龄内听力残疾人适配助听器，人工耳蜗植入救助4人，为109名肢体残疾人适配假肢、矫形器；筛查青少年脊柱侧凸7.2万人、康复救助2人，盲人定向行走训练65人；残疾人免费体检4198人；康复体育进家庭104户；低收入残疾人家庭无障碍改造63户。优化升级残疾评定为每月一评，全年评定1587人，换发到期残疾人证1320本，新发残疾人证1356本，为行动不便34人进行上门评残，受理残疾人证"跨省通办"35件。新建辅具租赁站6个，实现全市17个镇（街道）辅具器具共享租赁站全覆盖。

【残疾人教育就业培训】 2021年，江阴市残联完善普特融合、医康教结合、随班就读和送教上门等工作机制，全市残疾儿童接受特殊教育185人、随班就读286人、送教上门113人，基本做到义务教育全覆盖。持续开展残疾人就业培训，开设电子商务、初级计算机操作、西式面点、"抖音"直播、园艺制作、职中职业指导等技能培训讲堂9场次，为10581名残疾人建立就业服务档案、1113名残疾人进行文化测试与职业能力测评，实名制培训残疾人513人，其中电商培训30人。全年新增安置残疾人实名制就业214人，向111个企业发放残疾人按比例就业补贴和奖励112.7万元。

【残疾人宣传文体】 2021年，江阴市残联通过微信公众号、报刊、电视专栏等方式，适时发布相关政策解读，利用"全国助残日""残疾预防日""国际残疾人日"等节点，宣传各类助残惠残政策，印发宣传册5万余册。加大民生实事项目宣传推广，拍摄宣传片《致每一个努力的你》《"自强模范"和残疾人事业》，以及残疾人康复、教育、就业、托养、反哺社会的"助残圆梦　爱满全澄"系列短视频11个，在央广网、新华社、江苏网、"学习强国"等省级以上媒体平台发表宣传报道20余篇，打造"澄小灿"品牌文化。开展"残健携手　绿色同行"世界环境日宣传、"爱心同行　明史励志"助残志愿、"巾帼揽芳华、奋进正当时"三八节助残等志愿服务活动10余次，组织"颂党恩　展奋斗　传力量"生命的力量励志主题宣讲20场次。

【党建助残】 2021年，江阴市残联开展走访残疾人之家、走进残疾人家庭、走近残疾人身边活动，深入企业、机构和基层，发挥党员先锋助残模范作用。推进残疾人机构与党团组织结对共建，与中国电信股份有限公司江阴分公司、江阴市公用事业产业发展公司、江阴万达广场等单位结对共建；各镇（街道）主动整合资源，与企事业单位、公益组织对接，累计与120余个单位协议结对共建，形成"红管家""一路阳光""红色集市办实事""同心课堂""益路有你""花开七色""助翼成长""红芯善邻社"等党建助残项目200余项。推进"心智障碍者全生命周期服务平台"特色党建书记项目和"暨阳红"高质量发展先锋服务行动项目。

【公益项目建设】 2021年6月，江阴市残联发起并注册成立民办非企业组织——"灿烂梦工坊"公益服务中心。以此民非组织为主体，在市残疾人综合服务中心办公大楼第一、二、六层，采用全公益模式，筹建江阴市残疾人就业创业服务指导中心，年内，初步建成一期1600平方米的场所，设咖啡工坊、烘焙工坊、鲜花工坊、文创工坊及梦想剧场、就业技能培训、党建助残联盟、助残组织孵化等。开展电商技能培训，扶持带动残疾人就业创业增收，与市商务局共建江阴市扶残助残电商服务中心，在澄江街道、南闸街道、璜土镇、青阳镇、周庄镇、长泾镇、祝塘镇等分别设立电商服务站，共计7个，资助电商直播设备10套。开展“澄心注爱 灿亮星灯”残疾人微心愿征集活动，收集微心愿300余个，筹资10余万元完成百个残疾人微心愿。依托江苏省残疾人福利基金会，发起“助残圆梦益起来”“灿烂梦工坊”“康教融合星宝之家”等公益募捐活动，参与人数超3万人次，筹集和赞助资金350万余元。

【法律助残服务】 2021年，江阴市残联着力打造“澄心解忧·灿语有约”法律助残服务项目，依托“残疾人之家”设立法律助残服务点，构建市、镇（街道）、村（社区）三级联动互补的残疾人公共法律服务网络，建成由残疾人工作者、优秀残疾人代表、村（社区）“老娘舅”等组成的“心语”法律助残志愿服务队17支，深入“残疾人之家”和残疾人家庭，开展“五个一”（建立一支队伍、明确一批项目、开展一系列活动、开通一条专线、办好一件实事）和“四送四助”（送法律服务礼包、助残疾人增强法治思维，送涉残法律讲座、助残疾人融入法治社会，送法治文化宣传、助残疾人参与法治建设，送专业法律服务、助残疾人共享法治成果）法律服务活动，年内，累计法律宣讲30余场次，惠及残疾人2万余人次。该项目入选江阴市2021年度法治惠民实事项目。 （冯 林）

江阴市哲学社会科学界联合会

【概况】 2021年3月4日，江阴市哲学社会科学界联合会（以下简称“市社科联”）揭牌成立，开启江阴市哲学社会科学事业新篇章。市社科联为正科级单位，办公地址设在市机关大楼八楼，有理事39人，其中常务理事12人；为社科类各种协会、学会、研究会的主管部门。是年，在市委、市政府领导下，深入学习宣传贯彻习近平新时代中国特色社会主义思想和中共十九大、十九届历次全会精神，认真贯彻习近平总书记对哲学社会科学工作重要指示精神，围绕新江阴现代化建设，抓住庆祝中国共产党建党100周年的重要契机，把握方向，推动全市社科工作取得新成效。

【社科理论武装】 2021年，江阴市社科联团结全市哲学社会科学工作者，做好新思想的坚定信仰者、忠实践行者和有力传播者，当好新思想的先学者、研究员和宣讲人。深化党史学习教育，与市委宣传部联合开展庆祝中国共产党成立100周年理论征文活动。7月7日，召开江阴市庆祝中国共产党成立100周年理论研讨会，贯彻落实习近平总书记在庆祝中国共产党成立100周年大会上的重要讲话精神，做好党的创新理论研究阐释工作。组织社科工作者深入基层宣讲中共十九届六中全会精神，与基层党员干部面对面互动交流，答疑解惑，推进全会精神得到深入贯彻。

【社科决策咨询和智库研究】 2021年，江阴市社科联在培育新型智库、构建成果转化平台、形成有效机制及努力彰显江阴特色等调研基础上，形成《加强地方智库建设，服务江阴高质量发展》调研报告。依托党校、党政部门政策研究机构和社会专业机构围绕地方经济发展重点难点问题，开展课题攻关，《江阴“十四五”镇街工业园区转型升级路径探析》《新发展阶段“科、产、城、人”深度融合机制研究——江阴从产业区向创新区的转型提升》等6个课题顺利结题。社科工作者形成一批富有价值的研究成果，在以“汲取百年奋斗伟力，勇做社会主义现代化建设排头兵”为主题的无锡市哲学社会科学界第十二届学术大会征文活动中，江阴市获一等奖1人，三等奖6人。与国家高端智库——江苏长江产业经济研究院达成战略合作协议，成立长江产业经济研究院江阴基地，打造新型的“政智企”院地合作平台。

【社科普及】 2021年，江阴市社科联创新开展“特色活动、品牌讲坛、载体创新、创意产品”等四类科普项目资助活动，探索科普主题设定、活动平台搭建、科普网络拓展、科普队伍培育等，促进全市社科普及工作发展。是年，组织社科沙龙活动，汇集高端专家学者，举办小而精、短平快调研研究和学术研讨活动；各镇（街道）相继开展献礼建党百年快闪MV、“听党话、感党恩、跟党走”优秀宣讲员风采展示、国风学诗班、读书分享会等活动；组织社科普及志愿者深入机关、学校、企业、社区、农村、军营，与基层群众面对面开展微宣讲、微展览、微咨询、微公益等社科普及活动20余场。创建市图书馆、香山书屋省级社科普及示范基地2个，中共江阴一大会址纪念馆、市博物馆等无锡市级社科普及示范基地5个，香山书屋和海澜美术馆馆长方宜才分别获评2019—2020年度《江苏省社会科学普及促进条例》实施工作成绩显著单位和个人，5项社科普及项目分获省、无锡市社科联资助。

【社科学术社团管理】 2021年，江阴市社科联按照无锡市委宣传部《关于加强哲学社会科学学术社团建设的意见》的相关要求，加强社科类社团成立、变更、注销、年检、换届等环节全过程管理。是年，成立江阴市盛宣怀研究会、江阴市季札文化研究会社团2个；江阴市内部审计协会的业务主管单位变更为市社科联。加强意识形态管理，对社团内部资料及“两微一端”（微博、微信，新闻客户端）等社科阵地加强督促检查，及时指出存在问题，加强监管各类讲坛、讲座、研讨会等学术活动。 （章 剑）

江阴市无党派知识分子联谊会

【概况】 2021年，江阴市无党派知识分子联谊会（以下简称“市知联会”）以习近平新时代中国特色社会主义思想为指导,紧紧围绕“强富美高”新江阴建设,一手抓思想引领,一手抓自身建设,带领广大会员立足本职爱岗敬业,献智出力双岗建功,各项工作取得新进展。组织会员深入学习贯彻习近平总书记系列重要讲话精神、关于加强和改进统一战线工作的重要思想以及《中国共产党统一战线条例》等内容;扎实开展“不忘合作初心,继续携手前进”主题教育活动,深入开展“永远跟党走、共绘同心圆”主题教育活动,先后组织专题学习、座谈、参观10余次。以中国共产党成立100周年为契机,开展主题征文活动、公祭、爱国主义教育观影等活动,赴无锡参加“学党史、感党恩、跟党走”主题教育活动,参观宜兴潘汉年故居、祝塘炎黄陈列馆和“江抗”纪念馆、长泾新四军六师驻地旧址、江阴革命烈士纪念馆、长江大保护展览馆以及江阴城市记忆馆等,邀请市委党校讲师作中共党史讲座,举办“江上风骨——百年基业红色记忆”大讲堂,向会员发放《习近平谈治国理政》《论中国共产党历史》等书籍。推荐副会长刘丹参加无锡市第32期党外中青年干部培训班暨第五期党外干部“321”人才计划培训班;进一步完善思想政治工作基地建设,为会员提供交流、学习、培训、宣传、履职锻炼平台;城乡建设组获评市委统战部“五星级小组”。与市公安局、检察院、法院、司法局等部门对口联系,主动与申港街道、璜土镇等镇(街道)结对,通过调研、座谈交流等形式,开展各类调研活动12次。全年编发《江阴知联》2期,推送微信公众号信息35条,向市政协、市委统战部等微信公众号、网站等媒体报送信息30余条。年内,吸收新会员3人,申请退会2人,会员去世1人,至年末,会员总数104人,平均年龄46.6岁。会员中担任无锡市人大代表3人、政协委员1人;江阴市人大代表2人,政协委员17人,其中政协常委4人。刘建军获评无锡市优秀政协委员,方容获评无锡市优秀人大代表;王新达、赵志坚等9人获评江阴市优秀政协委员。担任民主监督员18人,安世者等5人获评江阴市政协优秀民主监督员。

【市知联会第五届理事会产生】 2021年10月20日,江阴市知联会第五届第一次会员大会在市机关综合楼召开,审议通过王新达代表市知联会第四届理事会所作的工作报告和第五届第一次会员大会筹备工作报告,选举产生市知联会第五届理事会理事23人。在第五届第一次理事会议上选举刘建军为会长、宋超、武传刚、方容、刘丹为副会长,李钊为秘书长。

【参政议政】 2021年1月,江阴市知联会在市政协十五届五次会议上,《科学运用PPP模式,进一步提升我市民生工程项目建设管理水平的建议》《关于我市迎接高铁时代,打造高铁新城的建议》2件重点提案分别由王新达作交流发言和书面交流,同时提交《关于科学保护和合理利用江阴古建筑文化遗产的建议》《关于防范化解金融风险,保障社会繁荣稳定的相关建议》《关于我市产业结构调整的建议》《关于加强我市公立医院对财政投入改革的建议》等13件集体提案,《关于借力〈民法典〉为我市城市更新提供新动能的建议》《关于强化关注青少年心理健康的建议》《关于全市加快推进公筷公勺使用,把好舌尖上的防疫关的建议》等18件个人提案,《有关推进既有多层住宅加装电梯的思考》等10条社情民意。市长包鸣亲自督办《关于我市迎接高铁时代,打造高铁新城的建议》重点提案,并对市知联会参政议政工作给予充分肯定。

【社会服务】 2021年,江阴市知联会组织会员无偿献血,10余人累计献血4000余毫升;为河南洪灾捐款捐物,累计价值超过10万余元;向江阴市慈善总会乡村振兴共富基金累计捐款5万余元。春节前夕,走访慰问“同心实践基地”澄江街道城中社区贫困户、残疾人家庭20户,送上慰问金和生活用品累计价值1万元。城建组会员开展“金秋助学”活动,向5名困难环卫职工家庭子女捐助上大学1.1万元;经济科技组会员向市交通运输局应急中队送上矿泉水、冰红茶、防暑应急包和洗漱用品等夏季防高温及防疫慰问物资,价值4000余元。“红尘有爱”助学团队持续为贫困学校和孩子募集捐款累计2万余元,义工会员参加义工活动80余人次。

【会员成果和荣誉】 2021年,江阴市知联会会员在江阴市经济社会发展中,展示了良好的时代风采,会员夏坚勇的长篇散文《承天门之灾》入选《钟山》期刊,长篇散文《庆历四年秋》获太湖文学奖;姜彦希获“和乐杯”新加坡国际古琴邀请赛银奖;安世者获评全省工会困难职工解困脱困工作中的优异成绩个人;徐贞庆获全省检察机关优秀检察理论研究成果三等奖;殷风华获全国少年儿童世界和平海报大赛指导老师江苏赛区三等奖。董千玮、王志刚、庞宠、李宗怿等会员撰写的论文、学术报告在国内外期刊发表。(沈海燕)

江阴市关心下一代工作委员会

【概况】 2021年,江阴市关心下一代工作委员会(以下简称“市关工委”)以习近平新时代中国特色社会主义思想为指导,深入学习贯彻习近平总书记“七一”重要讲话及对关心下一代工作的重要指示精神,围绕中心,服务大局,守正创新,求真务实,不断推进关心下一代事业高质量发展。是年,在全市开展“五好”基层关工委建设活动,首批建成新时期“五好”基层关工委31个。在江苏省关工委30周年优秀集体和优秀个人评选中,江阴高新区、周庄镇、市教育局3个关工委获评全省关心下一代工作优秀集体,钱阿兴、吴建元、张静华、蒋云南、钱秋平、周红6人获评全省关心下一代工作优秀个人;王玉泉被教育部关工委评为全国教育系统关心下一代工作先进个人;周永才被江苏省教育系统关工委评为全省教育系统关心下一代工作先进工作者。

【社会主义核心价值观教育】 2021年,江阴市关工委在全市青少年中深入开展“颂建党百年、做时代新人”党史教育活动,活动内容被中国关工委《中国火炬》杂志第11期刊登;组织市关工委报告团进学校、进社区、进校外辅导站宣讲,教育引导青少年学生传承红色基因,坚定理想信念；组织开展“颂建党百年、做时代新人”主题教育“五老”（老干部、老战士、老专家、老教师、老模范）优秀讲稿评选活动，有105名“五老”参与，编写讲稿85篇，有25篇被评为优秀讲稿，俞伟人、孔德彪2人讲稿获无锡市关工委一等奖；宣讲红色故事305场次，受教育青少年29247人次。会同有关部门联合开展老少同台展演、“童声庆党生”主题征文（图）及“对话2035”“梦想档案——写在建党100周年”等活动，收到中小学生征文441篇、微视频12个。开展党史学习教育，组织活动1758次，参与青少年28231人次。组织全市“五老”和青少年共同寻访百年红色印记，请“五老”讲述江阴革命历史和红色故事。周庄镇关工委利用中共江阴一大会址开设“红心课堂”，开展“传承红色基因，初心照亮童心”系列活动；新桥镇关工委组织亲子家庭走进市档案史志馆，开展“档案见证历史　追寻城市印记”活动；祝塘镇关工委利用镇红色教育系列阵地，组织青少年参观学习传承红色基因。全市组织各类寻访体验活动352次，参与“五老”1073人次，参加青少年7758人次。

【校外教育辅导站建设】 2021年，江阴市关工委落实市文明办《关于进一步建立健全校外教育辅导站“校站结合”长效机制的实施意见》精神，注重树立典型示范引领，巩固覆盖面，提升常态化，做深内涵建设，校外教育辅导站高质量发展有新进展。年内，在全市校外教育辅导总站中创建示范站，提升总站统筹协调功能和组织管理水平，周庄镇、华士镇、江阴高新区3个校外辅导总站获评示范站。各镇（街道）关工委发挥总站职能，办好中心站，优化放大集聚示范效应，有效巩固村（社区）辅导站覆盖率和常态化率。以“一站一品牌、一站一特色”为目标导向，市关工委引导各镇（街道）关工委培育校外辅导站特色项目，在市优秀特色班和优秀活动项目评选中，有15个特色班和35项活动项目获评。南闸街道总站书法班有近30名学生在全国中小学生绘画书法作品比赛中获奖，江阴高新区总站“亲子花共育团队”获评无锡市终身教育特色品牌项目，带头人金雅芬获评江苏省社会教育领军人才。进一步建立和完善“校站结合”长效机制，巩固和壮大辅导员队伍，全年参与校外辅导站工作“五老”志愿者1073人，在职教师义工3647人，有一技之长社会志愿者1831人。与市文明办、市教育局联合表彰奖励优秀辅导员200人，各镇（街道）相应表彰奖励域内优秀辅导员。

【青少年犯罪预防】 2021年，全市各级关工委配合政法等部门参与社会治理创新和净化社会文化环境，关爱青少年弱势群体，扎实有效开展预防和减少青少年违法犯罪工作。市关工委会同司法部门深入推进法治教育进校园、进家庭、进校外辅导站，多措并举开展法治宣传活动。与市司法局联合举办全市第三次法治教育报告团成员培训班，进一步提高市镇两级法治教育报告团成员综合素质和宣讲水平，102名报告团成员宣讲241场次。会同市司法局、教育局、法院和振强律师事务所联合编印《青少年法治故事第一辑》3000册赠送全市各中小学校。5月，无锡市法治报告团参观考察云亭街道关工委，对“蒋士凡工作室”给予较高评价。市关工委与市公安局联合制订派出所关爱工作站“三年行动计划”及考核标准，召开专题推进会。申港街道、新桥镇等关爱工作站主动与当地关工委对接，站地融合开展活动。是年，全市有548名“五老”参与结对帮扶工作，帮教转化失足青少年173人。江阴高新区关工委“一对一”“二对一”帮教模式收到良好效果。长泾镇“预减”工作领导小组联席会议制度呈常态化，全镇12个村均建有帮扶小组，有118名“五老”参与帮教。各级关工委关爱“困境儿童”和青少年弱势群体，联合相关部门组织捐资捐物，奉献爱心。华士镇关工委联合镇民政科对困境儿童家庭精准排摸，配合镇慈善分会共募助困助学资金235万元，关爱帮扶困难学生80人。周庄镇63名“五老”与35名贫困生等结对子提供关爱服务。各镇（街道）关工委组织“五老”义务监督员对辖区内网吧开展定期巡查，为青少年健康成长保驾护航。

【企业关工委工作】 2021年，全市各级企业关工委强化组织建设，注重青年职工思想关怀和行动关爱，各项工作有序开展。年初，市关工委、市民营企业关工委在江阴新苏铝科技有限公司组织开展“‘传承红色基因，争当岗位先锋’开工第一课”观摩活动，100多名青工及市青工教育讲师团全体成员参加。市关工委分别召开专题研讨会和推进会，推动“岗位学雷锋、争当好员工”活动切实有效开展，加强各企业“彩虹课堂”建设的指导和支持，全市有35个企业“彩虹课堂”坚持常态化运行。市企业关工委组织策划“传承红色基因，争当岗位先锋”青工教育课题。各镇（街道）企业关工委抓住建党百年契机，立足“传承红色基因”和“岗位学雷锋”，组织青工开展爱党、爱国、爱企、爱岗教育活动。是年，全市组织青工专题讲座75场次，受教育青工近5000人。4月，中国关工委主任顾秀莲、省关工委常务副主任李明朝等陪同调研江阴民营企业关工委工作，实地调研江苏贝德服装集团有限公司和江阴通利光电科技有限公司2个民企关工委，给予充分肯定。年内，在市委组织部支持下，市关工委在江阴苏龙热电有限公司召开“央地联建”（央企国企和地方民企联建）、“党建带关建”示范板块建设现场推进会，专题部署国企抓好“党建带关建”工作。市关工委召开全市企业联合关工委工作现场推进会，推动联合关工委发展与提升，全年有421个企业新建关工组织204个，其中单独组建166个，255个企业联合组建38个。市关工委会同市总商会、企业家协会、青商会、女企业家协会联合推出企业（家）关心下一代公益事业导向目录，为广大企业（家）关心下一代事业拓展更广阔平台。是年，全市新建市五星级示范企业关工委19个。

（周　红）

■类目编辑　成苏萍

政法委

【概况】 2021年，江阴市委政法委坚持以习近平新时代中国特色社会主义思想为指引，认真落实中共十九大和十九届历次全会、习近平总书记关于政法工作的重要指示精神，按照市委、市政府决策部署，一体推进党史学习教育和政法队伍教育整顿，不断深化平安江阴、法治江阴建设，以群众需求为导向推进社会治理工作提质增效，各项工作取得预期成效，为全市高质量发展大局提供有力保障。

【维护社会稳定】 2021年，江阴市深入开展重点领域突出矛盾“清源”等专项行动。建成市全民国家安全教育基地，开展反间谍安全防范宣传教育，维护国家安全进一步健全政治安全体系，筑牢庆祝中国共产党成立100周年安保维稳防线，缓解化解矛盾16件。开展以群租房、“三合一”（指住宿与生产、仓储、经营一种或一种以上使用功能违章混合设置在同一空间内）场所、寄递、校园、危险物品、娱乐场所、网吧等企业场所为重点的安全隐患排查整治行动，消除各类安全隐患。

【深化平安建设】 2021年，江阴市自主研发长江禁捕退捕信息化防控“江盾平台”，实现对沿江区域盗沙、排污、捕捞等违法行为实时监控。升级社会治安防控体系，完成全市11个老旧小区智慧技防改造、85所技防校园和193个平安前哨建设，群众安全感为99.67%，为无锡市第一。组织实施“反诈护澄墙”行动，全市电信网络诈骗警情数比2020年下降31.1%，反诈宣传知晓率和满意度分别为84.84%和93.33%，均为无锡市第一。

【优化法治环境】 2021年，江阴市积极服务“六稳”*“六保”*任务，全力保障江阴“南征北战、东西互搏”战略*的实施。出台《全市政法机关进一步优化法治营商环境的实施办法》，深入开展“百律千企”（百名律师进千企）法律服务活动，相关经验做法入选全国2021（第四届）营商环境高质量发展五十强优秀案例。强化长江生态环境执法司法保护，助力长江生态安全示范区建设。成立知识产权检察保护中心，构建刑事司法与行政执法协同保护体系。建成江阴市刑事案件快速办理中心，实现“侦查、起诉、审判、执行、监督”集约协同办理，减轻刑事诉讼当事人诉累。

【提升治理效能】 2021年，江阴市1123个综合网格均配备一名专职网格员，成立网格学院，组织开展培训20余场，开展“三亮一树”（亮身份、亮责任、亮承诺、树形象）活动，建立网格微信群，开展网上“微宣传”“微巡防”活动；加强专职网格员队伍建设，按照“资源整合、内部挖潜”原则，配强配优专职网格员队伍，转隶外口协管员、村（社区）聘用人员和其他协辅人员1057人，新招录66人，全面承担矛盾纠纷调解、治安隐患排查、安全风险防范、人房信息采集等工作。相关做法作为全省市域社会治理现代化优秀经验在全省政法系统推广，网格服务知晓率和满意率分别为79.17%和98.74%，均为无锡市第一。打造“最多跑一地、服务零距离”工作品牌，健全完善矛盾纠纷多元化解工作体系和运行机制，加快推进县域社会治理工作现代化。承办无锡市矛盾纠纷多元化解体系建设现场推进会，镇（街道）、村（社区）两级社会矛盾纠纷调处服务中心（室）规范化建设达标率分别达100%和96%。依托镇（街道）级矛盾调解中心，培育20个镇（街道）级品牌调解工作室，化解各类矛盾纠纷3.6万余件，矛盾纠纷调解率和解决率分别为68.34%和92%，均为无锡市第一。

【政法队伍建设】 2021年，江阴市纵深开展政法队伍教育整顿和党史学习教育，坚持以政治教育贯穿始终、党史教育坚定信念、英模教育典型引领、警示教育触及灵魂，“一把手”上党课12场次，召开警示教育大会8场次，成立“政法时代先锋”宣讲团，选树政法先进集体10个、先进个人36人，举办英模报告会4场。深挖彻查违纪违法线索，开展谈心谈话4788人次，发现并整改队伍建设问题59个，认定处理违规经商办企、参股或担任董监事22人，314条上级交办线索全部办结。建立健全正风肃纪、执法司法制约监督、政法干部交流轮岗等机制123项，全市政法系统开展轮岗交流174人，源头根治执法司法突出问题。坚持开门教育整顿，召开各层级座谈会20次，采纳意见建议168条。

深入开展“我为群众办实事”系列活动，推出惠企利民措施556条，办理实事6005件次。群众对政法队伍满意度为97.79%，居无锡市第一。全市干警政治忠诚不断筑牢，政法系统政治生态更加优化，执法司法公信力不断提升，管人管事管权的制度笼子进一步扎牢，政法队伍斗志更加昂扬，政法队伍满意度为97.79%，居无锡市第一。

【基层社会治理】 2021年，江阴市大力推进县域社会治理现代化建设，为无锡市争创全国第一批市域社会治理现代化试点合格城市提供支撑。构建社会及信访工作联动机制，成立联合工作组，立足事关政治安全、社会稳定的行业领域，常态化开展情报信息的搜集、分析、研判，切实维护社会稳定。成立江阴市市域治理现代化指挥中心，深度融合社会治理各主要业务平台、信息系统，全面打造综合协调指挥调度中枢。深入贯彻落实“大数据+网格化+铁脚板”治理机制，加强专职网格员队伍建设，让党员干部常态化下沉一线、专业队伍精细化服务管理基层。实施全市11个老旧小区技防设施改造和86所智慧技防校园建设，助力2021年江阴市委、市政府为群众办实事项目之一——城乡改造更新。年内，完成4500路公共视频监控的升级改造，新增2000路视频抓拍系统，持续优化社会治安防控体系立体化、专业化、智能化水平。

【构建矛盾纠纷多元化解体系】 2021年，江阴市委政法委打造“最多跑一地、服务零距离”工作品牌，完成市社会矛盾纠纷调处服务中心、非诉讼服务分中心、检察服务中心、诉讼与非诉讼对接中心规范化建设。全面推进镇级矛调中心与综治中心、人民来访接待中心、公共法律服务中心“一体化”建设。镇、村两级社会矛盾纠纷调处服务中心(室)规范化建设达标率分别达100%和96%。多措并举抓联调，建成社会及信访稳定工作联动平台，专业性审判团队、专业性行政调解队伍、专业性人民调解组织“无缝对接、高效运转”，切实做到风险联判、问题联办、矛盾联调、工作联督、事件联处。依托镇(街道)级矛调中心，成立20个镇级品牌调解工作室(委员会)，其中2个获评省级优秀调解工作室，1个获评全国模范人民调解委员会，1个获评全国人民调解宣传工作先进集体，有效化解各类矛盾纠纷3.6万余件。年内，承办无锡市矛盾纠纷多元化解体系建设现场推进会。

【推动突出矛盾化解】 2021年，江阴市委政法委针对影响全市安全稳定的突出问题，开展精准摸排和攻坚化解，确保社会大局持续安全稳定。强化排查分析，建立重大风险清单。充分发挥大情报、大数据等信息化手段和人力情报资源作用，依托“大数据+网格化+铁脚板”工作机制，开展常态化、拉网式排查，最大力度实现重大涉稳风险清仓见底。强化领导包案，层层压实工作责任。对排查出来的突出矛盾，按照“属地管理、分级负责”“谁主管、谁负责”原则，实行一件突出矛盾、一名包案领导、一个工作班子、一套化解稳控方案、一个解决时限的“五个一”推进机制，推动责任压实落地。强化牵头协调，注重部门协同联动。市社会及信访稳定联动平台每月召集相关责任单位，采取有力措施，最大力度将矛盾化解在当地。强化源头治理，加大行业监管力度。针对矛盾较为突出的房产、欠薪等问题，推动完善落实商品房建设资金专项管理制度、农民工工资支付制度和“黑名单”制度，对恶意欠薪案件移交公安局立案侦查。年内，上级交办矛盾化解稳定率90.9%。

(李细应)

公　安

【概况】 2021年，江阴市公安机关按照省公安厅“六六战略”(指全面实施创新警务、主动警务、融合警务、智慧警务、规范警务、精准警务“六大警务”，大力开展砺剑工程、织网工程、护航工程、强基工程、靖网工程、铸警工程“六大工程”)、无锡市公安局“四场硬仗”(指警务质态高质量整体仗、改革强警高质量纵深仗、科技兴警高质量攻坚仗、警队建设高质量关键仗)和江阴市委、市政府“南征北战、东西互搏”*三年行动部署要求，全面推进风险攻坚、改革突破、融合开放、治理深化、作风提升“五大行动”，各项工作取得预期成效。年内，有69个次集体、905名个人获各级各类表彰，其中30个次集体、201人次受到无锡市公安局以上表彰和奖励。

【维护社会稳定】 2021年，江阴市公安局全力维护社会稳定，研发全市维稳工作平台，在全市运行“两纵三横”[“两纵”即公安侧、政府侧，“三横”即公安局、派出所、社区警务室与市网格化中心、镇(街道)网格中心、村(社区)网格三个层级横向互通，实现涉稳事项采集、转递、研判、预警、交办、反馈内外双循环运作]合成维稳架构。形成防控重大风险和化解重大矛盾工作合力。年内全市各类重大涉稳事件、涉稳风险预警率100%，完成庆祝中国共产党建党100周年、江阴市“两会”*、2021中国足球协会超级联赛、2021无锡太湖人才峰会江阴分会等重大安保维稳任务。防范打击金融犯罪，研发资金查控平台，对全市16.8万余个企业进行风险预警，重点关注企业非法或异常经营、资金链紧张等动态。持续开展打击治理非法集资专项“扫楼扫街”，推动市级层面开展打击恶意逃废债专项行动，全力防控各类金融风险，打击处理涉嫌恶意逃废债企业4个共7人。年内立案侦查经济犯罪案件208件，涉案金额4.85亿元，避免或挽回经济损失1.95亿元。严密公共安全监管，2月，市公安局推动市道路交通安全生产专业委员会实体化动作，开展道路交通安全“两保两降”(指保安全、保畅通、降事故数、降交通事故亡人数)专项行动和90天大会战，该行动获评2021年度法治江阴建设惠民实事工程优胜项目。年内查处交通违法行为131万余起，发生交通亡人事故231起，亡231人，比2020年分别下降18.7%、20.3%，实现重大交通事故亡人数“十八年连降”目标。开展群租房安全“控增去存”“打通第二生命通道”专项行动和出租房屋电动车消防安全专项治理,减少群租房7776户,打通第二生命通道4.7万户,整改出租房安全隐患1439处。健全基层消防安全监管"六联机制"(指联席会议研究、联处火灾隐患、联合执法查处、联宣防火安全、联处重大事故、联训业务技能),开展沿街店铺等"三合一"场所以及违规设置"铁栅栏"专项整治,整改隐患1021个,协助拆除"铁栅栏"1232处。

【维护社会治安】 2021年,江阴市公安局深化巡处一体化改革,在城区试点交警、巡特警、警务工作站、派出所"四警联动"模式,民警到达现场时间由原来的7分钟缩短至5分钟,接警环节耗时平均缩短30%,在镇(街道)探索"社巡处一体"模式,推动锡澄高速江阴南、江阴市镇澄路小湖卡口两个公安检查站开工建设。深化大数据情报指挥体系改革,在全省试点"情指勤舆+N"一体化体系(指以市公安局情指中心为核心,以专业警种指挥调度岗、派出所综合指挥室为两大节点,实行情报研判、指挥处置、勤务工作、舆情管控等要素一体化运行、快速反应的指挥体系),组建"澄锋"情报研判战队。开展警情压降和警情治理,全年违法犯罪警情比2020年下降15.1%。深化侦查办案体系改革,理顺破案职责分工,开展打击文物犯罪、跨境网络赌博和"团圆"专项行动。启动"反诈护澄墙"行动,开展全民反诈行动,全市电信网络诈骗呈现下降拐点。推进派出所工作改革,开展"枫桥式公安派出所"创建活动,要塞派出所被命名全国第二批"枫桥式派出所"。推进"平安前哨"工作站建设,建成示范版工作站49个、基础版工作站186个。年内,全市立刑事案件8374件,破案4340件,破案率51.8%,比2020年上升8.3%;其中,7件命案全破;立"八大类"案件(指故意杀人、故意伤害致人重伤或者死亡、强奸、抢劫、贩卖毒品、放火、爆炸、投毒)168件,比2020年上升27.3%,破案率100%;立电信网络诈骗1905件,比2020年下降50.4%,破544件,破案率28.6%,比2020年上升8.6%。总计损失1.39亿元,追赃挽损2769万元;紧急止付14227笔3.3亿元;冻结5128笔1.65亿元;完成公诉总数3321起,比2020年上升0.18%。

【出入境管理】 2021年7月8日,江阴市智能化、全自助、一站式智慧大厅启用。大厅设立智慧导服区、集成受理区和自助服务区,配套建立智能引导和智能叫号系统,通过"智慧办、一桌办、自助办"模式相结合的受理模式,让群众切身感受智能化、人性化、便利化的出入境办证服务。9月,市公安局出入境管理大队"建设公安智慧服务大厅"项目获2020年度法治江阴建设惠民实事工程项目评选活动三等奖。落实全省公安"放管服"*改革决策部署,将部分出入境证件受理业务延伸至要塞、申港、祝塘等基层派出所。年内,受理审核公民因私出国出境申请21641人次;受理审核境外人员申办各类签证、证件749份,其中停留证件48份,签证延期及换发112份,居留许可518份,补换发台胞证71份。登记境外人员临时住宿4792人次;常住江阴市境外人员2026人;境外人员散居社会面租、购、建房480处718人。处置各类涉外案事件64件,其中组织他人偷越国边境6件、运送他人偷越国边境1件、偷越国边境37件、"三非"(指非法入境、非法居留、非法就业)等出入境行政案件20件。对全市涉外单位证件专管员、涉外宾馆户管员和派出所民警开展集中和分批培训6场,共计42人次。走访派出所46次,走访宾馆饭店17个,走访企业47个。

【交通管理】 2021年,江阴市公安局交警大队聚焦疫情防控、风险防范、改革创新、队伍建设等重点工作,有力服务和保障交通安全和经济发展两个大局。主动参与、介入城市规划、道路建设、路网改造,全力做好锡澄城际轨道交通S1线、南沿江城际铁路江阴段等重点项目服务保障。全力推进全国文明典范城市创建工作,持续开展文明交通专项整治提升行动,启动城市道路护栏一体化建设,精准治理"十大堵点"(锡澄高速江阴收费站入口、寿山路市人民医院南门路段、环城南路南门印象路段、环城北路、迎阳路市城中实验小学东区路段、长江路市花园实验小学路段、环城东路市辅延中心小学路段、迎宾路、老澄杨路云顾路路口、澄江路香山路口至中山路路口、通渡路郑泾路口)。实体化运作市道路交通安全生产专业委员会,持续深化交通事故预防"减量控大"专项工作,部署开展道路交通安全"两保两降"90天大会战、夏季攻势、三轮电动车专项整治等系列行动,严管严控"两客一危一货"(指公路客运、旅游客运、危化品运输车辆及重型货车)重点车辆;纵深推进交通管理属地化改革,实现重点企业、车辆、驾驶人"分级分类、所队联管"。会同市交通运输局、公用事业局、住建局、各镇(街道)建立健全"一路五方"常态化隐患排整机制,治理挂牌督办重大道路隐患23处;紧盯重点企业、重点人群、重点车辆、重点时段和重点违法,靶向发力做好道路交通安全宣传教育提升行动,在各镇(街道)建成1处标准化规范化宣传阵地,联合保险公司、吉麦隆超市在全市建成26个交通安全宣传点位,对全市60岁以上老年人开展"敲门行动",上门宣传道路交通安全。推进交警勤务机制变革,打造"主动、精准、效能"现代交通勤务新模式,推出"两年200铁骑"计划(指2021年、2022年两年内,铁骑人员达到200人),全方位打造"安保先锋、快反力量、执法精兵、处突尖兵";升级改造交通指挥中心,创新建立"情指勤舆"一体化大数据实战查缉体系,搭建重点违法数据分析应用模型,破获全市首件交通事故骗保案;因地制宜在黄山路、大桥路启用信号灯自适应干线协调"绿波"放行。

【车驾管服务】 2021年,全市新增汽车49140辆,汽车保有量589229辆,驾驶证补(换)证9.6万人次。汽车年检26.12万辆。新增汽车驾驶人27325人,总数713198人。参加满分学习4965人,考试通过率50.9%;参加审验学习18069人;办理新国标电动车上牌23347辆;全面落实优化"放管服"*改革措施,实行两个教育(指审验教育、满分教育)"社会化+交警监管+互联网"新模式。将13项车管业务纳入8个派出所"综窗"业务,推行电动自行车上牌、货车通行证"网上办",全年在线业务办理58万余次。

【群租房专项整治】 2021年,江阴市公安局根据《全市群租房安全专项整治三年行动实施方案》要求,大力推进"三集中居住点"和"控增去存"专项行动,在新增一批三集中居住点的同时,通过取缔、停租、拆迁、分流等手段减少群租房存量,群租房数量由2020年的12958户减少至5182户;创新推进"打通第二生命通道",2月,市群租房专委会下发《关于开展打通"第二生命通道"专项行动的通知》,通过畅通逃生通道、配齐逃生器材、开展逃生演练,确保"不起火、烧不大、跑得掉",配备逃生索梯37284个、防烟面具93265个,开展逃生演练539场次;严格督导检查机制,组织公安、住建、资规、供电、公用事业、消防救援等部门业务骨干,对全市出租房屋安全管理工作开展集中督导,以专刊形式将问题下发至各地并限期整改。

【优化营商环境】 2021年,江阴市公安局将"打击整治、风险防范、服务保障"作为惠企利企主攻方向,努力营造公平优质营商环境。主动破解民宿业发展难题,联合推动旅游产业营商环境实现新突破,年内发出全市第一张民宿特种行业经营许可证,全市旅游民宿步入规范化发展轨道。重拳出击侵犯企业合法权益案件,帮助企业解决"急难愁盼"问题。开展"护航2021"专项行动,侦办侵犯知识产权类案件29件,直接避免经济损失800余万元,通过打防结合,把侵权行为造成的负面影响降至最小。结合江阴外向型经济需要,全面加强海外企业底数摸排,多渠道保护企业和员工海外利益。在全市骨干企业建立28个经侦工作站,明确警企联络员,提供预警防范、送法入企等服务。

【智慧赋能长江大保护】 2021年,江阴市公安局立足35.7千米长江水域,坚持"平台牵引、智能驱动、联管共治",研发长江流域禁捕信息化防控"江盾"平台。该平台集案件分流、前端感知、可视指挥、数据分析和人员管理五大功能于一体,成为长江大保护工作的重要桥头堡、信息站,全天候监管沿江区域盗沙、排污、捕捞等违法行为。依托"江盾"平台智慧感知效能,年内侦破非法捕捞案件12件。打通公安、政务、互联"三张网",与9个禁捕退捕执法成员单位联动,与靖江市公安局水警大队、张家港市公安局水警大队、长航公安局江阴派出所协作,实战中首创无人机、红外热成像精准抓捕技战法,在侦办"9·5"特大走私冻品案件中发挥重要作用。相关工作机制和实战成效被《人民日报》《江苏法治报》等部省级媒体聚焦报道,中央、省、无锡市各级领导先后到江阴市视察调研,成果参展2021世界物联网博览会。

【"一站式"办案 刑事速裁再提速】 2021年,江阴市公安局按照司法体制改革要求,联合检、法、司部门,成立刑事案件快速办理中心,发挥政法一体化协同办案优势,推进"侦查、起诉、审判、法律援助"全链条运作的刑事速裁程序。9月7日,江阴市首批速裁案件的速裁法庭开庭,12件危险驾驶案件2个小时即审理完毕。市公安局与市检察院、法院会商,制定《江阴市刑事案件适合速裁程序办理工作意见(试行)》,明确刑事速裁案件适用范围、程序甄别、办案期限及部门职责。联合检察院、法院和司法局建成案件快办区、速裁检察室、律师工作站、控辩协商室、速裁法庭等功能区,搭建公检法数据信息集成平台,对档案数据进行智能规范管理。通过"一体办公、一站办结",使办案周期缩短近50%。

【侦破特大盗掘倒卖文物案】 2020年12月底,江阴市公安局接到群众举报,有两名男子从江阴市出发到江西省倒卖文物。市公安局通过深度走访,了解掌握江阴市文物分布和文玩市场情况,广泛搜集情报线索,发现一犯罪团伙长期从江阴市倒卖文物至江西省、安徽省等地。无锡市、江阴市两级公安机关高度重视,抽调精干警力成立专案组,全面开展专案侦查,运用合成侦查手段,查明一个勘探、盗掘、倒卖"一条龙"的特大文物犯罪团伙。经过在江苏省、江西省、安徽省等地开展多轮集中收网行动,警方累计抓获犯罪嫌疑人58人,破获江阴市江湾城建筑工地宋代古墓葬被盗掘案等盗掘案件5件、倒卖文物案件27件,追缴宋元时期陶瓷器、青铜器、漆木器、金银器等文物1100余件,其中被鉴定为国家一级文物2件、二级文物13件、三级文物49件。公安部、省公安厅对专案组给予充分肯定。

(朱 斌 胡 娟)

检 察

【概况】 2021年,江阴市检察院坚持以习近平新时代中国特色社会主义思想为指导,深入贯彻习近平法治思想,坚决落实中共中央《关于加强新时代检察机关法律监督工作的意见》,依法忠实履行法律监督职责,为大局服务,为人民司法,各项工作取得新业绩。做优刑事检察,全年依法批捕823人、起诉3322人,不起诉294人,立案监督95件,纠正漏捕漏诉32人,书面纠正违法57件次,发出再审检察建议14件。做实民事行政检察,受理民事监督案件144件,对确有错误的生效裁判提请抗诉、发出再审检察建议6件,实质性化解行政争议9件。做好公益诉讼检察,立案128件,发出诉前检察建议116件,提起民事公益诉讼案件5件,追偿公益损害费用512万元。是年,市检察院1名干警获评全国扫黑除恶专项斗争先进工作者,1名干警获评全国优秀办案检察官,5名干警获评省级业务竞赛标兵;1项应用理论课题被最高人民检察院立项,5件案例入选省级以上公告案例、典型案例;市检察院被评为2021年度全国检察宣传先进单位,国家首批节约型机关。

【刑事检察】 2021年,江阴市检察院准确把握严重暴力犯罪下降、轻微刑事犯罪攀升的演变趋势,践行"少捕慎诉慎押"司法政策,依法不批捕214人,不捕率20.64%;依法不起诉294人,不起诉率8.13%,审前羁押率降至23.29%。运用阶梯化抗诉思维,与上级检察机关联动,对3件特大会所色诱诈骗集团案件成功抗诉,并推动30件类案依法改判。构建简案快办新模式,会同市公安局、法院、司法局建成江阴市刑事案件快速办理中心,实现“侦查、起诉、审判、执行、监督”集约协同办理,推动刑事案件办理驶入“快车道”,有效减轻当事人诉累,得到省人大调研组及省检察院的充分肯定。开展“判处实刑未收押”专项监督,监督收监犯罪分子31人,守好刑事诉讼“最后一公里”。

【民事行政检察】 2021年,江阴市检察院将贯彻落实《中华人民共和国民法典》放在重要位置,以“精准监督”为导向开展民事检察监督,全年受理民事监督案件144件,对确有错误的生效裁判提请抗诉、发出再审检察建议6件。综合运用民事、刑事手段,重拳打击虚假诉讼,提请抗诉的一件标的300万元的虚假诉讼案获法院改判,对主要犯罪嫌疑人以虚假诉讼罪追究刑事责任。充分发挥行政检察“一手托两家”(指行政检察既监督法院行政审判和执行活动,又促进行政机关依法行政)功能,实质性化解行政争议9件。针对土地非诉行政执行案件“裁执分离”难以推进问题,向市政府主要领导报送改进工作建议,推动出台办法破除执行“梗阻”。

【公益诉讼检察】 2021年,江阴市检察院深入贯彻省人大常委会《关于加强检察公益诉讼工作的决定》,当好国家利益和社会公共利益的代表,立案128件,发出诉前检察建议116件,提起民事公益诉讼案件5件,追偿公益损害费用512万元。探索以公益活动折抵损害赔偿,办理全国首件以食品捐赠方式代偿的民事公益诉讼案。结合党史学习教育,开展红色资源保护专项行动,深入16个镇(街道),摸排党史遗址和英烈纪念设施24处,针对年久失修、环境脏乱等问题,向相关单位发出诉前检察建议4份。聚焦室外健身器材安全隐患,通过发出诉前检察建议,督促相关部门修缮更新器材884套,并推动修订《江阴市公共体育健身器材管理办法》。

【服务保障重大发展战略】 2021年,江阴市检察院围绕市委“南征北战、东西互搏”[*]总战略,出台《服务保障战略实施的二十条意见》,开展专项检察监督行动,得到市委主要领导批示肯定。聚焦重大工程项目建设,依法对妨碍南沿江铁路江阴段工程施工的2名犯罪嫌疑人快捕快诉。对接工业园区升级改造工程,针对14.47万平方米土地闲置问题,向职能部门发出督促函,推动盘活“沉睡”土地资源。结合“科创江阴”建设,成立知识产权检察保护中心,构建刑事司法与行政执法协同保护体系,办理假冒注册商标等侵犯知识产权案件43件,查处82人,为企业开展普法讲座、提供法律咨询服务25场次,增强企业知识产权意识,助力科技创新和高质量发展。

【优化法治营商环境】 2021年,江阴市检察院着力打好服务民营企业主动仗,依法起诉合同诈骗、挪用资金等侵犯民营企业犯罪32件61人,妥善办理孙某职务侵占案,为受害公司全额追回损失3500万余元。开展涉民营企业“挂案”清理专项活动,清理“挂案”3件,让涉案企业放下包袱、放手发展。审慎办理民营企业涉罪案件,深化办案影响评估机制,对虚开增值税发票等犯罪情节轻微的民营企业负责人、技术骨干不批捕17人、不起诉34人,捕后依法变更强制措施16人。稳步推进企业合规改革试点工作,成立企业合规风险防控中心,举办“澄心护航·企业合规论坛”,出台企业合规工作规范,督促4个涉案企业作出合规承诺,对通过验收的企业依法作出不起诉决定,努力让涉案企业“活下来”“留下来”“好起来”。

【融入美丽江阴建设】 2021年,江阴市检察院构建“打击、修复、预防”一体化生态环境保护模式。参与污染防治攻坚战,起诉污染环境犯罪13件29人,对非法处置1.4万余只危废金属桶的李某等3人依法提起公诉。践行恢复性司法理念,依法对徐某等人非法采矿案提起民事公益诉讼,追索地质环境修复等费用137万元。主动融入“长江大保护”,贯彻“十年禁渔”政策,办理非法捕捞刑事案件15件,查处28人。建立与市农业农村局、生态环境局等单位常态化协作机制,联合开展“携手保护母亲河”增殖放流等特色活动。成立生态环境检察保护中心,开展专业化法律监督和社会化综合治理,为江阴市绿色生态筑牢检察屏障。

【平安江阴建设】 2021年,江阴市检察院依法对涉案金额5800余万元的杨某等15人黑社会性质组织案提起公诉,引导查封房产17套、扣押汽车7辆,彻底摧毁黑恶势力经济基础。1名干警获评全国扫黑除恶专项斗争先进工作者。严厉打击危害群众人身安全犯罪,起诉故意杀人、故意伤害、抢劫等严重暴力犯罪107人。坚决遏制新型毒品蔓延势头,对贩卖处方药复方曲马多片的13个被告人,在全省率先以贩卖毒品罪提起公诉。“零容忍”危害公共安全犯罪行为,批捕13人,起诉687人。参与安全生产专项整治,起诉重大劳动安全事故、重大责任事故犯罪29人,办理的陈某等3人重大责任事故案入选江苏省检察机关公告案例。

【参与社会治理】 2021年,江阴市检察院全面做好群众信访工作,受理信访案件361件,百分百实现7日内程序性回复、3个月内实体性答复。建立公开听证常态化办案机制,举行公开听证60场,以公开促公正赢公信。落实领导包案制,妥善化解10件涉检重信重访“骨头案”。发挥法治参谋作用,深挖案件背后社会问题,报送的建筑安全、涉外知识产权案件频发等情况反映获最高检主要领导批示,推动相关领域源头治理。努力当好普法先锋,获评江阴市第二届国家机关“谁执法谁普法”履职评议优胜单位。

【协同推进反腐败斗争】 2021年,江阴市检察院强化与市纪委监委的配合制约,凝聚反腐合力,审查起诉监委移送的职务犯罪案件25件26人,依法起诉江阴—靖江工业园区管委会原主任梁某、江阴市公安局原副局长陆某等一批重特大案件。坚持受贿行贿一起打,依法严肃办理行贿案件4件、查处5人。强化追赃挽损,扩大反腐成效,检察环节追缴赃款2000余万元，办理江阴市首件帮助掩饰、隐瞒受贿款的陈某洗钱案。加大查办司法工作人员渎职犯罪力度，办理2件、查处4人，依法查处无锡市公安局惠山分局原杨市派出所所长蔡某等3人徇私枉法、滥用职权案，维护司法公信力。

【守好群众“钱袋子”】 2021年，江阴市检察院全链条打击人民群众深恶痛绝的电信网络诈骗犯罪，依法对19个电信网络诈骗团伙、419名犯罪嫌疑人提起公诉，追回赃款1000余万元。在办理一件“保健品”诈骗案中，通过耐心细致做好犯罪嫌疑人家属工作，帮助68名高龄老人追回损失48万元。严惩掩饰、隐瞒犯罪所得、侵犯公民个人信息等电信网络诈骗上下游犯罪，批捕139人，起诉457人，对贩卖公民个人信息200余万条、非法获利480余万元的凌某等5名犯罪嫌疑人依法批捕。注重以案释法，发布普法文章、防诈视频24期，关于“缅北‘杀猪盘’”的深度报道被《人民日报》《中国青年报》等国内30余个媒体刊发，教育引导群众提升反诈防骗意识。

【维护弱势群体权益】 2021年，江阴市检察院倾力维护农民工、刑事被害人、残疾人等弱势群体合法权益。依法打击恶意拖欠农民工工资行为，起诉10人；以支持起诉方式帮助追回劳动报酬96万元，解决好农民工的烦“薪”事。加大对“因案致贫返贫”人员帮扶力度，对51件案件的特困刑事被害人发放司法救助金53万元。在办理一件过失致特殊体质被害人死亡案中，向被害人家属发放10万元司法救助款，主动协调企业帮助承担13万元赔偿款，并对4个犯罪嫌疑人依法作出不起诉决定。针对无障碍设施设计不科学、管理不到位问题，先后向职能部门发出诉前检察建议7份，推动开展专项整治。

【保护未成年人】 2021年，江阴市检察院树立“一切为了孩子、一切为了未来”的理念，依法严惩侵害未成年人犯罪，共批准逮捕43人，起诉46人。坚持“教育、感化、挽救”方针，对涉嫌犯罪的未成年人，起诉19人，不起诉54人，不起诉率74%。开展“阳光少年·乘风破浪”家庭教育指导活动，对涉案未成年人家庭开展322次个性化家庭教育指导，覆盖率90%以上。深化未成年人全面综合司法保护，办理无锡市首例未成年人抚养费民事执行监督案件，督促法定监护人有效履行抚养义务。构建未成年人多元司法救助模式，通过部门联动、跨省联动，一揽子解决2个因监护人服刑而无人抚养的儿童的生活、教育、福利保障问题。

【开展政法队伍教育整顿】 2021年，江阴市检察院以政治建设为统领，扎实推进政法队伍教育整顿。开展专题辅导会、红色诵读、“澄检心向党·建功必有我”演说会等系列特色活动110场次，筑牢干警政治忠诚。深入整治“十大”顽瘴痼疾（指江阴市检察院在政法队伍教育整顿期间，根据上级要求，确定的十个方面需要重点整治的问题：违反防止干预司法“三个规定”，违规经商办企业和配偶、子女及其配偶违规从事经营活动，违规参股借贷，有案不立、压案不查、有罪不究，违规违法减刑、假释、暂予监外执行，检察官离任后违规从事律师执业、充当司法掮客，违规查封扣押处置涉案财物问题，以刑事手段插手经济纠纷问题，因私出国出境管理不规范问题，贯彻落实“少捕慎押”司法政策不到位的问题），组织开展三轮全员查纠，运用“第一种形态”（指监督执纪“四种形态”的第一种，即经常开展批评和自我批评、约谈函询）处理9人，1名离任检察官因在禁业期内违规代理案件，被移送主管部门处理。强化“治建并举”，推出正风肃纪、素能提升等长效机制28项。深入开展“我为群众办实事”活动，全体干警下沉一线服务群众1.2万人次，推出便民利民举措21项，“以人民为中心构建刑事案件全链式简案快办新模式”教育整顿理论成果被全省推广。 （惠建福）

法　院

【概况】 2021年，江阴市法院坚持以习近平新时代中国特色社会主义思想为指导，深入贯彻习近平法治思想，坚决落实中共十九大和十九届历次全会精神，围绕“南征北战、东西互搏”*总战略，锚定争当全省法院高质量司法领跑者目标，坚持政治引领、聚焦主业攻坚、深化顽疾整治，各项工作取得新的进展。全年受理案件42192件，审执结37118件，比2020年分别上升14.62%、17.27%。

【优化法治营商环境】 2021年，江阴市法院研究制定服务“南征北战、东西互搏”战略的意见18条，护航江阴市高质量发展。南京海事法院巡回审判基地落户江阴市法院临港经济开发区人民法院，为江阴国际化港口建设、高水平对外开放贡献司法智慧。发挥破产审判的集中优势，优化资源配置，促进产业向更高端升级。推行破产审查立案登记制，强化执破衔接，审查破产申请115件，比2020年增长40.24%；新收破产案件75件，比2020年增长41.51%。推行破产企业差异化处置，一方面破产清算无挽救可能的企业，清理债务69亿元，盘活资产5.8亿元，释放土地3.4万平方米；另一方面，司法帮助困境企业脱离困局，创新预重整机制，将“法庭外重组”与“法庭内重整”相结合，促进澄星系、海达系等重大疑难复杂破产案件有序推进。创新“营业跟着资产走、员工跟着营业走”的执行资产处置方式，推动江阴远东重工有限公司、江阴联华铸造有限公司资产以2.7亿元成交，实现保护债权人利益、引进优质企业、保障200余名工人原地就业三个统一。是年，江阴市法院新收商事案件9124件，审结8765件，结案金额75.6亿元。审结涉金融借款、融资租赁、证券期货等各类金融案件696件，结案金额31.6亿元，依法维护金融秩序和安全。妥善处理涉新能源、新材料、新装备等买卖合同纠纷3347件，结案金额17亿元，平等保护各种所有制经济权益。依法审理股东知情权、股东资格确认、损害公司利益责任等公司纠纷案件63件，探索中小投资者权利救济新路径。与市工商联等单位联合成立法联商会商事调解中心，共同推进商事纠纷前端治理。贯彻善意文明执行理念，最大限度保障企业正常生产经营,利用鱼眼式电子封条促成执行和解案被评为江苏法院善意文明执行十大典型案例。

【知识产权保护案裁判】 2021 年,江阴市法院新收知识产权案件 220 件,审结 208 件。审结仿冒“科勒”“完美日记”“道恩”等知名商标案件,最高判处有期徒刑 3 年 3 个月,并处相应罚金,严厉打击涉防疫物资等领域的商标侵权行为。贯彻“分类施策、比例协调”的原则,根据当事人侵权情节的不同进行差异化裁判,在 KTV 音乐版权案件中,对属于重复侵权、未签订过著作权许可使用合同的,从重判处赔偿数额,让侵权者付出应有代价。支持新型电子证据固定模式,依法采信当事人使用可信时间戳等防篡改技术收集、固定的证据,提高权利人取证效率。

【生态环境保护案裁判】 2021 年,江阴市法院新收环境资源案件 303 件,审结 299 件,依法支持环境公益诉讼 37 件,深化落实市人大《关于扎实推进美丽江阴建设的决议》。实施《中华人民共和国长江保护法》,严格执行长江“十年禁渔”政策,参与非法采砂专项整治和“美丽河湖”行动,严惩非法捕捞、非法采砂犯罪案件 113 件,依法审结公安部督办的张某等 16 人非法捕捞水产品及掩饰、隐瞒犯罪所得案。打好污染防治攻坚战,通过依法判处监禁刑、慎用非监禁刑、强化罚金刑、适用禁止令等司法手段,持续加大惩治力度,判处监禁刑 271 人。妥善审理环境资源民事、行政案件,制裁土壤污染、噪声扰民等行为,支持行政机关环保行政处罚。坚持恢复性司法理念,使用依法收取的生态修复金支持窑港口“鸟岛”长江生态湿地建设。建立长江流域(江苏段)生态环境保护司法协作机制,与南京市玄武区、南通市如皋市法院签订合作协议。加强野生动物保护、救治、收养等工作,江阴法院长江流域环境资源第一法庭在江苏省常州市淹城野生动物世界与常州市人民检察院等 4 个单位共同签订全省首份动物资源替代性保护资金使用管理协议。

【平安法治江阴建设】 2021 年,江阴市法院严厉打击违法犯罪。新收刑事案件 2340 件,审结 2479 件。落实常态化扫黑除恶工作要求,依法受理省公安厅督办的杨某涉黑案,被评为全省法院扫黑除恶专项斗争先进集体。依法打击危害公共安全、故意伤害、两抢一盗和黄赌毒犯罪,办理案件 1272 件,判处有期徒刑 661 人。深入推进净网、断卡专项行动,审结电信网络诈骗、侵犯公民个人信息、帮助信息网络犯罪案件 600 余件,挽回经济损失 2500 余万元。深入推进反腐败斗争,审结江阴—靖江工业园区原党委副书记、管委会主任梁某受贿案等贪污贿赂、渎职犯罪案件 13 件。贯彻实施未成年人保护法,少年案件审判庭挂牌,严惩针对青少年的暴力、猥亵、遗弃等犯罪,指导市教育局、社会教育培训机构遵循教职员工准入查询性侵违法犯罪信息制度,建立相关人员信息库。成立刑事速裁案件一站式办案中心,审结案件 605 件,刑事速裁案件平均审理天数不到 3 天。发挥司法指引作用。立足审判职能,明规则、扬正气、树新风,坚决担起法定职责,“一对兄弟因未对生母尽赡养义务被判不分遗产案”被人民网等多个国家级媒体报道。坚持将涉诉信访纳入法治轨道,依法对以信访为名编造散发虚假信息 900 余条的张某判处刑罚,维护信访秩序和司法权威。落实普法责任制,贯彻《中华人民共和国预防未成年人犯罪法》,将旁听案件、模拟庭审等法治教育方式融入学校教育,参与青少年 3000 余人次;开展《中华人民共和国长江保护法》、“雷霆执行现场直播”等专题宣传,两部普法作品分别获无锡市首届优秀法治文化作品一、二等奖,“雷霆执行现场直播”浏览量达 530 万人次。提升执行工作成效,全年新收执行案件 15637 件,比 2020 年上升 13.14%;未结 722 件,比 2020 年下降 48.32%,坚定向“切实解决执行难”目标迈进。创建执行队伍分类管理、执行案件闭环管理、执行质效实时管理的精细化管理模式,首次执行案件平均办理天数缩短 22 天,执行到位 26.6 亿元,相关工作经验被省法院在全省推广。严厉打击规避执行和逃废债务行为,移送追究拒不执行判决裁定刑事责任 5 人,为无锡市最多。发布失信被执行人名单 4698 例,限制高消费 9731 例,拘传、拘留、罚款 168 人次,开展雷霆惠民生专项执行行动 15 次,切实增强执行威慑力。严格落实执行款管理发放规定,安全有序发放执行款 17.1 亿元。“‘两中心’(指执行指挥中心和执行事务中心)建设助推执行案件快速有效执结”项目被评为 2021 年度法治江阴建设惠民实事工程优胜项目。

2021 年 6 月 4 日,市法院在江苏省常州市淹城野生动物世界签订全省首份动物资源替代性保护资金使用管理协议 (市法院提供)

【助力法治政府建设】 2021年，江阴市法院收行政诉讼案件209件，审查行政非诉执行案件128件，审结305件，支持、监督行政机关依法行政，配合市政府“放管服”*改革。判决驳回诉讼请求、裁定不予立案、驳回起诉119件，依法引导和规制当事人正确行使诉权。分析行政机关败诉的成因，通过研讨交流、专题讲座、发送司法建议等方式，帮助行政机关提高执法水平。深入推进行政首长出庭应诉工作，出庭率达93.9%，促进政府公信力和司法权威“双提升”。落实土地行政执行案件“裁执分离”工作机制，依法审查涉及国有土地上房屋征收、非法占用集体土地等非诉执行案件23件，为城市更新、乡村振兴提供有力支撑。

【民生权益保护】 2021年，江阴市法院新收普通民事案件8057件，审结7735件，深化民法典贯彻实施。调判结合稳妥处理婚姻家庭、抚养赡养等案件1585件，调撤率66.37%。妥善处置涉“双减”*政策教育培训纠纷，推广示范诉讼、代表人诉讼，提炼裁判规则，明确行为导向。把握国家房地产调控政策，审结房地产案件427件，比2020年增长20.62%，平衡房地产交易各方利益。深入开展根治欠薪专项行动，审结拒不支付劳动报酬案件14件，严厉打击恶意欠薪行为；贯彻“早介入、早执行、早救助”工作思路，快立快审快执涉农民工工资案件1370件，结案金额6313万元，为老年务工人员追回并上门发放劳务费的做法获最高法院肯定。

【拓宽诉讼服务渠道】 2021年，江阴市法院深入开展“我为群众办实事”实践活动，为结案28年后的当事人核查纠正错误登记的个人信息，在案件审理中为29户业主一并解决困扰多年的房产办证问题，高效调解帮助河南老乡及时返家查看灾情，《江苏法治报》对此专题报道。结合“两在两同”建新功行动*，创新诉源治理、诉调对接机制，开创“巡回法庭＋协商议事”矛盾纠纷化解新途径，被“学习强国”平台推广介绍；成立“天平共筑”“法卫安康”等党建联盟，搭建建筑工程、医患纠纷专业化诉调对接平台；联合华士镇总工会在华士法庭设立职工法律援助站。强化诉讼服务网、江苏微解纷、“12368”诉讼服务热线等平台应用，网上立案1638件，跨域立案55件，接听来电6124个次，为群众提供“家门口式”诉讼服务。

【法院队伍建设】 2021年，江阴市法院采取专题党课、专家授课、知识竞赛、演讲比赛、现场教学、以考促学等多种形式，扎实开展政治理论和党史学习教育，深刻领会伟大建党精神的科学内涵，组织集中学习399场次。组织干警从思想、工作实际出发，阅读红色书籍、观看红色影片、撰写心得体会，开展党史知识每周一测，营造学史明理、学史增信、学史崇德、学史力行浓厚氛围，选派的参赛代表赢得江阴市党史知识竞赛一等奖，2篇征文分获全省法院党史学习征文一等奖、二等奖。大力培养选树优秀党员干部，1名干警被最高法院评为人民法院党建工作先进个人。突出实践锻炼，注重在办理重大案件、化解重点风险、防控新冠疫情等急难险重任务中磨砺干警、锻造品格，增强干警特别是年轻干警解决问题的能力。多层次、宽领域开展赋能培训，组织干警参加脱产专业培训60人次，参加“人民法院大讲堂”等视频培训910人次，帮助干警补齐能力上的“短板”。明确司法调研是更高层次审判的定位，把调研作为法官知识更新、思维养成和能力提升的有效途径，组织开展“涉疫情物资交易纠纷审判难点问题分析”专题调研，关于预重整程序制度构建的调研被列入全省法院重点课题，4篇案例、论文获省级以上奖项，被中国法院年度案例录用数量位居无锡法院之首。制定顽瘴痼疾整治方案，落实79条整治措施，完善21项工作制度，从严治理法院队伍。深化“三转一提”*活动，开展长期未结案件专项清理整治，超一年以上未结诉讼案件数量比2020年下降79.03%，超期未结诉前调解案件清零。严格执行防止干预司法“三个规定”（指《领导干部干预司法活动、插手具体案件处理的记录、通报和责任追究规定》《司法机关内部人员过问案件的记录和责任追究规定》《关于进一步规范司法人员与当事人、律师、特殊关系人、中介组织接触交往行为的若干规定》），将之纳入党风廉政建设责任制和绩效考核体系，登记上报情况109条，有效防止干预司法案件行为。坚持以案示警、以案释纪，召开3场警示教育大会，“自查从宽”干警现身说法，得到省法院队伍教育整顿驻点指导组的肯定。（章冬海）

司法行政

【概况】 2021年，江阴市司法局坚持稳中求进总基调和高质量发展总导向，立足统筹法治工作职能，围绕改革发展稳定工作大局，优化法治环境，提升治理能力。年内，压实党建责任，确保党的全面领导贯穿司法行政各层面、各环节；把党史学习教育摆在突出位置，开展庆祝建党百年系列活动，推动全体司法行政干警做到学史明理、学史增信、学史崇德、学史力行。以政法队伍教育整顿为抓手，全面正风肃纪，全面从严管党治警，切实将学习成果转化为工作成效。完成法律服务中心事业单位合并改革。持续开展科学依法防控新冠疫情，助力复工复产；做好经济下行背景下法律保障，服务“六稳”*，落实“六保”*，部署开展防范化解重大风险、法律扶贫、长江大保护专项行动，26个法律服务团深入走访300余个企业，建立服务企业联系点80个，挽回企业经济损失2.5亿元；法律援助2300余次，获评省指导性案例2个；培育2148个法律明白人，提供法律服务31000余次；专项审核清理全市393件涉及长江流域保护、行政处罚内容的规范性文件，29件立法草案及规范性文件收集到反馈意见54条，提供专项法律服务33项，完成各类文件审核和出具法律意见超500件（份）；举办普法主题普法活动60余场，发放普法材料68700余份，“八五”普法全面启动。是年，市司法局获评全省“高质量发展先进司法局”。

【规范政策法规】 2021年，江阴市司法局审查市政府规范性文件16件、重大行政决策事项14项，审查其他政府文件194件，完成上级征求意见53份，审查部门备案规范性文件9件，出具各类法律意见159份。从政策角度把好法律关，为“南征北战、东西互搏”战略*相关政策文件做好法律服务，参与城市更新、工业园区升级改造、政府投资基金管理、产业强市政策等重大政策文件的研究制定，参与各类专题研讨会、推进会25次，为江阴市重大战略发展保驾护航。全力提升法治供给能力，强化重大项目疑难涉法问题处置，为霞客湾科学城开发项目、江阴高新区新城镇综合开发PPP(政府和社会资本合作)项目、建筑垃圾资源化处理项目特许经营协议、集成电路封测产业基地项目、与南师大联合办学等重大事项提供高效优质法律服务，助力重大项目实施。全年审查重大政府合同12份，涉及金额300余亿元。完成市政府规范性文件全面清理，对36件规范性文件予以废止，对22件规范性文件予以宣布失效；组织开展涉及长江流域保护及涉及行政处罚内容的规范性文件专项清理，对全市393件规范性文件逐一审核，废止8件，修改5件；组织开展外商投资、安全生产规范性文件专项清理。在全市推广应用江阴市行政规范性文件制定网上运行管理系统，统筹出台2021年度市政府规范性文件立项计划、重大行政决策和规范性文件后评估工作计划，并规范计划外项目增补程序，实行规范性文件立项动态管理。密切与起草部门沟通，加强业务指导与执行督查，并完善市政府规范性文件数据库，利用信息化手段推进规范性文件制定精细化、规范化管理。依托政府门户网站、“法润暨阳”微信公众号，开展指尖上的立法制规意见征集工作，主动将规范性文件广泛征求社会公众意见，实现与群众交流沟通“零距离”。充分发挥基层立法联系点、立法民意咨询库作用，将《江苏省铁路安全管理条例》《江苏省精神卫生条例》《无锡市电梯安全管理条例》等29件立法草案及规范性文件，通过全市17个立法民意征集区广泛征求群众意见，并向立法民意咨询员征求意见63次，收集到反馈意见54条。落实企业家参与涉企政策制定机制，利用市工商联政府立法联系点，将涉企立法草案征求相关企业、协会意见，推动企业有序参与到立法中来。严格按照重大行政决策程序规定，组织编制江阴市2021年度重大行政决策事项目录。推动重大行政决策规范化管理向镇(街道)延伸，以提升基层司法所履职能力为着力点，选取云亭街道、月城镇、周庄镇开展基层合法性审查规范化建设示范创建，指导示范镇(街道)完善重大决策程序制度，建立健全合法性审查机制，明确审查范围、审查机构、审查人员，优化审查流程，引入法律顾问、公职律师等专业力量为审查工作提供支撑，提升镇(街道)重大行政决策法治化水平。组织市政府法律顾问参与处理市政府重大涉法事务37件，涉及政府重大合同审查、规范性文件和重大行政决策审查、重大项目落地、重点企业破产处置、复议案件讨论等，为政府重要决策提供智力支撑和法律服务，有效防范政府决策风险。

【依法治市】 2021年，江阴市司法局根据省委依法治省委员会、无锡市委依法治市委员会就法治建设部署要求，结合江阴市实际，研究制定法治江阴建设“十四五”规划，提请市委常委会审议通过《法治江阴建设规划(2021—2025年)》《江阴市法治社会建设实施方案(2021—2025年)》。组织召开市委全面依法治市工作会议，市委全面依法治市委员会第三次全体会议审议通过《中共江阴市委全面依法治市委员会2021年工作要点》《江阴市2021年法治政府建设工作计划》。适时调整依法治市委员会成员名单和委员会办公室组成人员名单，确保议事协调机构工作正常有序开展。协调召开委员会办公室会议，4个协调小组工作会议，制规、执法、普法守法、司法协调小组召开第二次全体会议。会同市政府办制定政府常务会议学法计划，全年安排学法科目18次，要求各镇(街道)、各部门制订学法计划。出台《关于学习贯彻习近平法治思想的通知》，明确全市各级党组织和广大党员干部学习贯彻习近平法治思想的标准和要求。制定《党政主要负责人履行推进法治建设第一责任人职责考评办法(试行)》，明确考评工作是在市委全面依法治市委员会领导下，由市委全面依法治市委员会办公室具体组织实施；明确考评对象为各镇(街道)、园区党政主要负责人，市委、市政府工作部门(直属单位)主要负责人；明确党政主要负责人考评内容清单和考评方式。在全市范围内征集到法治建设惠民实施项目47项，15项入选年度法治江阴建设惠民实事工程。重点打造月城镇水韵社区“启民心聚民意”援法议事廊和新桥镇“红管家”援法议事会，前者获评首批全省城乡基层援法议事范例。进行“省级民主法治示范村(社区)建设巩固提升年活动”复核检查，通过实地走访、座谈、提问、台账查看等形式，对党政主要负责人履行推进法治建设第一责任人职责情况进行督察。邀请南京大学法学院副院长王太高作法治建设纲要解读讲座，依法治市所有相关的市级部门分管领导、各司法所所长、市政府法律顾问以及市司法局中层以上干部120人参加。为切实提升人民群众对法治建设满意度，市委依法治市办在全市范围内集中开展提升人民群众对法治建设满意度宣传活动。将法治建设列入各镇(街道)党的建设以及各部门高质量年度考核内容，作为年度市管领导班子和领导干部考核的重要内容。落实领导干部述法考评制度，将党政主要负责人履行推进法治建设第一责任人职责情况作为述法重点内容。更新升级法治江阴建设监测评价系统，各镇(街道)、市级机关各部门通过平台上传法治建设台账资料，市委依法治市办依托此系统评价各单位法治建设成效，完成年度法治建设考核工作。

【矛盾纠纷化解】 2021年，江阴市司法局开展矛盾纠纷排查5204次，排查发现矛盾纠纷2478起，受理矛盾纠纷30262起，调解成功30262起。充分发挥人民调解维护社会和谐稳定的“第一道防线”作用，结合无锡市“风险梳网清格，隐患清仓见底”专项行动，在“两会”*、春节、建党100周年、中秋国庆等关键时间节点，部署矛盾纠纷专项排查调处活动，落实责任，有效预防和化解社会矛盾，最大限度把矛盾纠纷化解在当地、解决在基层、消除在萌芽状态。根据《关于加强江阴市人民调解员队伍建设的实施意见》，部署各司法所加强村（社区）“两委”*换届工作中人民调解员队伍建设，指导村（社区）依法设立人民调解委员会，特别是对因行政村（居）并改、社区新建等原因尚未建立人民调解组织的，加大推进力度，全面摸清基层人民调解组织现状；对全市调解组织和人民调解员重新调整、选聘、备案、年审和发证，优化人民调解员队伍，至年末，全市有调解组织337个（其中村居255个），人民调解员1266人，其中专职调解员421人，兼职调解员845人，发放人民调解员证1266本。根据无锡市委、市政府《关于加快建设“最多跑一地服务零距离”矛盾纠纷多元化解工作体系的意见》中“提升矛盾纠纷调处服务中心规范化建设水平”的要求，镇级矛盾纠纷调处服务中心建成率88%，村级矛盾纠纷调处服务室建成率85%。严格按照《江阴市人民调解个案补贴办法》，进一步规范市人民调解个案补贴制度，审核通过案件16786件，个案补贴发放76万余元，其中市级财政621840元，镇级财政138300元。科学设计调解业务培训“菜单”，组建协会讲师团队，改变教学形式，每半月举办一次小班制培训，进行面对面的教学，全市举办18期小班制培训，456人次参加。大力推广“苏解纷”微信小程序，通过线下、线上活动，多形式多举措让群众知晓并运用该平台办理人民调解、律师调解、行政调解、行政复议、行政裁决、公证、仲裁、司法鉴定8类非讼服务业务。强化非诉讼服务平台定人定责，对江阴市非诉讼纠纷进行及时分流指派和跟踪督导，确保非诉讼纠纷及时受理化解。是年，非诉讼服务平台分流指派非诉讼纠纷21起，受理化解21起。市矛盾调处中心加强对专业性、行业性调委员的业务指导，加大协调沟通力度，推进公调、诉调、检调、访调衔接工作，公调案件3687件，诉调案件782件，检调案件18件，访调案件12件。

【公共法律服务】 2021年，江阴市司法局认真贯彻落实省司法厅、无锡市司法局关于公共法律服务体系建设系列精神，按照“覆盖城乡、便捷高效、均等普惠”要求，围绕建设覆盖全业务、全时空的公共法律服务网络，加大融合办理平台的推广运用，全面推行“一网通办”，提升公共法律服务的便捷度、实效性。优化“12348”公共法律服务功能，增加公证、法律援助、司法鉴定办理等业务办理咨询内容；加强移动端服务功能建设，规范运行“法润民生”微信群，实现法律咨询、服务事项向移动服务、随身服务、个性服务方向发展。“12348”公共法律服务热线平台回复咨询17585次，比2020年增长7.1%；“12348”江阴法网解答回复咨询517次，比2020年增长5.31%；回复“12345”民生热线法律类咨询105项；“法润民生”微信群覆盖258个村（社区），互动频率近25230次，比2020年增长11.3%；全市20个法律夜门诊服务站点平均服务人群19批。制定下发一村（社区）一法律顾问推进方案，严格按照省厅和无锡市局考核要求，对全市一村一法律顾问名单进行新一轮梳理更新，规范一村一顾问人员配备和定位，完成打卡及8小时服务时长累计及事项登记任务。是年，各村（社区）法律顾问提供法律服务3.1万余次，服务时长超2.3万小时，举办各类法治讲座近700场。针对创新、创业型企业较为集中的企业孵化器、创业园、创业大学等创新载体，突破公共法律服务原有模式，与相关企业达成公共法律服务协议，多次走访企业，为企业提供法律体检、法律解答、法律风险防范等，为企业节省成本、提高效率、保驾护航，两大园区服务站为园区企业提供215次法律咨询服务、51次法律文书服务，走访企业调研107次，为50个企业开展法治体检，与9个平台单位达成合作协议，签订30余个公共法律服务试点企业。安排“12348”公共法律服务热线以及窗口律师值班51人次，矛盾调解窗接待群众161批243人，市领导接访30次37人。非诉讼平台全年处理案件21件，其中分流案件19件，自行解决2件，江阴市法院本部调解案件录入430件，参与访调对接案件1件；与无锡市司法局、民政局沟通，完成10个社会组织的注销工作。受理法律援助案件2047件，提供认罪认罚法律帮助664件，接待来访来电法律咨询5000余人次，报送省法律援助基金会案例12篇。深化法律援助质量体系建设，坚持“以案促改”，通过对11批768人群体性讨薪案件进展跟踪督办、1件疑难复杂案件集体讨论、1256件已结案件卷宗自查自评自纠、818个受援人满意度电话回访等工作，倒逼法律援助提升办案质量。落实省厅“法援惠民生·拓展工程”，密织“线下+线上”“中心+站点”的立体式便民援助服务网。推动江阴市见义勇为法律援助中心挂牌成立并规范运行，构建“一中心、一团队、一办法、一品牌”的见义勇为人员法律援助服务保障新平台。深化法律援助事项范围负面清单试点，申报“多元解纷法援全‘澄’省法律援助基金会资助项目”，推动建立以需求为导向的法律援助供给机制。结合“4·8”司法日，开展“法援惠民生、法治惠三农”服务会，通过专题讲座、入户走访、交流座谈等形式开展涉农类法援宣传活动，收集研判基层援助需求，指导农户法律风险防控，受理援助申请。推进残疾人法律援助工作站规范化建设，建立健全工作机制，发挥全市17个基层法律援助工作站与36个“残疾人之家”互助协作、共建共赢的职能优势，推动实现残疾人群体法律援助的精准识别和精准帮扶。市公证处持续做好“文书可邮寄、上门可跨市、周六可办证”服务，综合运用“公证云”APP电子数据保全存证平台、“区块链+电子公证赋强”和“公证惠企码上通”产品，全面梳理公证事项“网上办”清单、拓宽网上服务渠道，助力“最多跑一次”，办理各类公证10239件，区块链电子赋强公证757件，热线电话、窗口、社区、企业等义务解答群众各类公证法律咨询9800余人次。

【法治宣传教育】 2021年，江阴市司法局精心筹划法治宣传教育工作，“八五”普法全面启动，举办普法主题普法活动60余场，发放普法材料 68700 余份。加强“八五”普法调研,起草并修改市委宣传部、市司法局《关于开展法治宣传教育的第八个五年规划(2021—2025 年)》,联合市委宣传部发函,向各单位部门、镇(街道)征求意见,同时在江阴普法网发布征求意见稿,向社会公众征求意见;落实“谁执法谁普法”普法责任制,筹办普法守法协调小组第二次会议暨第二届国家机关集中履职评议会议,组织专家评委对市民政局、住建局、农业农村局、文体广电和旅游局、应急局、检察院、生态环境局 7 个单位进行实地检查,并结合前期线上宣传、网上投票以及评议现场打分评定等级。建立完善国家机关普法“三单一书”(普法责任清单、普法重要工作提示单、普法重点任务督办单、履行普法责任评价书)制度。在全市开展以案释法典型案例征集活动,上报无锡市典型案例 31 例。联合市委组织部开展全市 2019—2020 年提拔非人大任命 87 名副科职领导干部法律知识考试,进一步提高领导干部运用法治思维和法治方式推动工作的能力;联合市委组织部、宣传部开展第四届“百万党员学宪法学党章考法律活动”之“学党章学党史学民法”专项答题活动,全市 59166 名党员参与活动;下发《关于组织 2021 年度全市公务人员网上学法考法的通知》,要求各单位公务人员学法课时完成率及考试合格率达到 90% 以上。联合市教育局举办“漫画法典共话 2035”全市青少年法治绘画演讲比赛,征集法治绘画作品 880 件、演讲作品 100 余件,组织市文联作家、中小学优秀语文老师创作青少年法治故事 20 篇。以民法典宣传为主线,先后集中开展“共学民法典共筑奋斗路”农民工学法活动周、“三八”妇女维权周、“4 · 8 司法日”、“美好生活 · 法典相伴”全市民法典宣传月、“12 · 4”国家宪法日等主题宣传活动,让《中华人民共和国民法典》走进群众生活。指导基层开展“反诈联盟”宣传、“绿书签”护苗行动、“法治三农服务会”等形式多样、内容丰富的普法活动,以点带面促进城乡互动普法。整合资源,激发全市 50 多个部门及社会组织

2021 年 12 月 2 日,江阴市举办国家宪法日广场法治宣传活动,活动现场举行执法队员向宪法宣誓仪式 (市司法局提供)

参与普法活动,开展文化、科技、卫生“三下乡”、全民国家安全教育日、“网络安全‘澄’心守护”2021 年国家网络安全宣传周、“反诈护澄墙”行动、“绿色发展 低碳生活”主题活动以及新《中华人民共和国安全生产法》宣贯等联动普法 60 余场,营造浓厚的法治氛围。制定下发《江阴市“法律明白人”培育工程推进实施方案》《江阴市“法律明白人”培育工作指南(试行)》,召开全市培育“法律明白人”工作现场推进会,下达“法律明白人”培育工作目标任务,并向各镇(街道)发送“法律明白人”培育工作提示单,持续推进“法律明白人”培育工程,至年末,全市登记在册 2030 名“法律明白人”、1364 户“学法中心户”。开展省级民主法治示范村(社区)建设巩固提升年活动,加大对创建停滞的省级民主法治示范村(社区)摘牌力度,联合市民政局、农业农村局组成 4 个检查小组,对 17 个镇(街道)相关工作落实及推进情况进行复核检查,通过培育和创建切实夯实基层治理基础,大力推动法治乡村建设。上报信息 571 篇,其中《江苏省江阴市建立学校学生纠纷调解处置中心》被司法部单篇采用,《进境船舶压舱水排放管理面临四方面困难》被省委单篇采用,各级媒体采用新闻稿件 126 篇,其中省级以上报刊 42 篇,网站、客户端 37 篇。

【特殊人群管理】 2021 年,江阴市司法局以贯彻实施《中华人民共和国社区矫正法》为主线,围绕省厅社区矫正“一三三”模式(指围绕“促进融入社会、预防减少犯罪”一个目标,落实“精细管理、精准矫治、精心帮扶”三项机制,统筹“力量保障、科技支撑、阵地建设”三大要素,高质量推进全省社区矫正工作依法、规范、创新发展),狠抓执法规范化、科学化,切实推进社区矫正工作高质量发展。全市进行各类适用前社会调查评估 424 例、接收社区服刑人员 512 人、解矫 486 人。对违反社区矫正管理规定的矫正对象给予训诫 65 人次、警告处分 15 人次。提请撤销缓刑 4 人,执行 4 人。开展远程亲情视频会见 385 人次,处置各类异情(包括定位异常、人机分离、不假外出、入住宾馆等)1422 次;接收刑满释放人员 522 人,其中重点人员必接必送人员 77 人,达到 100%;安置 522 人、帮教 522 人;接收后续照管对象 11 人。对 2018 年后在矫和解矫 2826 名矫正对象案件完成自查,配合无锡市司法局完成全辖区的案件交叉评查,配合常州市武进区司法局开展对江阴市 2018—2020 年入矫的 1994 名矫正对象案卷省内交叉评查;完成无锡市委政法委对江阴市 2005 年后减刑、假释、暂

予监外执行三类重点案件300件案件评查工作，省委政法委从中抽查25件；上述多次评查发现问题8个（涉及问题卷宗327件），整改问题419个（涉及案卷337件），未发现存在违法违规办理“三类”案件（指危害国家安全犯罪、恐怖活动犯罪、特别重大贿赂犯罪案件）的情况。全市17个镇（街道）均成立社区矫正委员会，力求把政治素质高、业务能力强的人员充实到社区矫正工作者队伍中，确保队伍的稳定性和工作能力。与市法院、检察院、公安局联合出台《关于进一步规范暂予监外执行工作的若干规定》，一揽子解决暂予监外执行人员的管理、收监等环节存在问题，形成社区矫正工作强大合力。与市法院建立联络员及工作例会制度，出台《江阴市社区矫正部门联动工作制度（试行）》，同时与市法院刑庭进行沟通，法院将在判决、裁定生效后5日内将相关法律文书送达社区矫正机构，有效解决矫正对象从判决生效到顺利入矫的衔接问题。与公、检、法联合入驻江阴市刑事司法办案中心，设置社区矫正工作室，开展适用前调查评估和完成在该办案中心被宣告缓刑的社区矫正对象的入矫接收，实现刑事案件“侦、诉、审、监、执”一体化全链式流转。根据《中华人民共和国社区矫正法》及其实施办法，以及省司法厅执法管理工作规范，制作社区矫正全流程、各环节的标准化文书格式，注明文书填报要点、提供文书范例，形成一份案卷样本。下发《关于做好当前疫情防控形势下社区矫正和安置帮教工作的通知》，切实做好节日期间特殊人群的疫情防控工作。以庆祝中国共产党成立100周年为主题，下发《江阴市特殊人群庆祝中国共产党成立100周年爱党爱国主题教育方案》，把主题宣传教育活动与加强对社矫对象监督管理结合起来，引导其感念党恩，助力其回归社会。为进一步发挥安置帮教工作在帮助刑满释放人员顺利回归融入社会，预防和减少重新犯罪中的作用，省司法厅试点开展安置帮教对象社会适应性评估工作。按照省司法厅要求，倒排时序、落实责任，在对全市3500余名安置帮教对象的基本信息梳理的基础上，开展逐一走访，确保评估信息采集准确性和科学性。加强与市公安局、法院、检察院协调机制，加快适用前调查评估进程，密切法院判决与接收入矫的工作衔接，实现撤缓收监案件的一站式办理。与市公安局禁毒大队合作，在江阴市云亭街道司法所打造后续照管融合发展模式，成立社区戒毒、社区康复办公室。

（王军峰）

人民武装

【概况】 2021年，江阴市人武部以习近平新时代中国特色社会主义思想和习近平强军思想为引领，聚焦备战打仗，按照“固强补弱打基础，开拓创新谋发展”的思路，科学筹划，严密组织，狠抓落实，圆满完成各项任务，全面建设稳步推进、整体提高。保障市委常委议军会暨领导干部“军事日”活动。是年，市人武部党委被江苏省军区表彰为先进团级党委；市人武部选派四会（指会讲、会做、会教、会做思想工作）教练员参加无锡军分区竞赛，获团体第二和个人第一。

【政治教育】 2021年，江阴市人武部党委将党史学习教育贯穿全年政治教育始终，把学习党史与学习新中国史、改革开放史、社会主义发展史、军史相结合，把学党史与学习党的创新理论相结合，把学党史同总结经验推动工作相结合，提升全体干部、文员、职工和广大民兵理论水平和工作能力。按照党史学习教育计划，组织全体人员收听收看、跟学跟训，发放党史学习书籍资料。精心策划特色活动，汇编整理《江阴军事故事》，用发生在江阴的革命故事，激发干部群众干事创业的动力；每周收看百家讲坛《党史故事100讲》；组织全体党员参观华东军区海军成立旧址、江阴军事博物馆、江阴渡江战役纪念馆和革命烈士纪念馆，重温入党誓词。邀请军校专家和市委党校教师等进行授课15次30课时。

【战备训练】 2021年，江阴市人武部着眼“平时应急、战时应战”，抓好备战练兵，不断提升国防动员援战能力。加强战备基础建设，规范战备秩序和工作运行机制，对本级战备器材库进行升级改造、调整补充；严格落实战备值班制度，指导沿山各镇（街道）民兵森林防火巡逻，联合市防汛抗旱指挥部实地勘察险工险段，对预案进行修订，并落实防汛值班；结合民兵组织整顿、节日战备等时机组织人员和装备紧急出动，并接受上级拉动和点验；参加江苏省军区组织的抗洪抢险课题和重要目标防卫领学领训及自训；参加江苏省军区军事训练考核，成绩达到良好以上。联合市国动委成员单位，进行跨江轮渡保障演练，提高指挥和遂行任务能力。

【民兵建设】 2021年，江阴市人武部指导各基层武装部进行规范化建设，17个镇（街道）整体建设水平受到上级充分肯定。民兵整组按要求推进，编实建强基干民兵队伍，人员结构得到优化，党员、退伍军人、高中以上文化程度占比和专业对口率进一步提升。民兵训练高标准落实，全年集中组训、选送人员参加上级集训，组织民兵骨干参加无锡军分区森林灭火和防化救援集训，部分专武干事参加无锡市专武干部集训暨资格认证；四会教练员参加无锡军分区集训，在考核竞赛中取得团体第二和个人第一。

【征兵工作】 2021年，江阴市人武部抓好兵役登记、宣传发动、体检政审、走访调查、审批定兵、役前训练等环节，严格规范征兵流程，坚持定性与定量相结合，以报名率、上站率、合格率、择优率、退兵率为量化指标，突出大学在校生和毕业生征集，确保兵员质量。坚持廉洁征兵，教育警示与严格监督相结合，坚持公开、公示制度。圆满完成男、女兵征集任务。男兵中，大学以上文化程度占97%，大学毕业生占51%。全年无责任退兵。

【双拥共建】 2021年，江阴市人武部以争创江苏省双拥模范城为抓手，推动双拥共建水平再上新台阶。军地联合做好拥军优属，为新入伍义务兵家庭赠送人身意外保险；协调官兵子女入学入托，安置率100%；为立功受奖军人家庭送喜报,走访慰问江阴籍现役军人家庭、退役军人家庭;无锡军分区司令员专程到江阴市为立功受奖军人家庭送喜报。发挥桥梁纽带作用,为部队解难纾困。协调市政府出资用于部队整修营区战备通道、建设综合训练场、更换训练器材等。支援地方建设,出动民兵参与江阴市疫情防控、警戒执勤、学生军训、运动会开幕式、文明城市创建等任务。

【市委常委议军会暨领导干部"军事日"活动】 2021年12月14日,江阴市举行中共市委常委议军会暨领导干部"军事日"活动。市领导实地检查指导江阴市民兵备战训练情况,并进行轻武器射击训练,研究加强江阴市武装工作和双拥工作。市委常委会传达学习中央军委国防动员部"十四五"民兵工作规划和无锡市委常委议军会精神,听取全市武装工作情况汇报,审议通过《江阴市民兵工作领导小组成员及职责分工》《关于建立江阴市民兵与地方应急力量统筹建设运用机制的意见》《江阴市关于激励大学生参军入伍若干措施的意见》和《江阴市"一站式"兵役服务站运行管理机制》等文件。

【开展"一站式"兵役服务试点】 2021年初,江苏省政府征兵办对江阴市征兵办下达"一站式"兵役服务试点任务。江阴市征兵办在市人武部附属楼设置服务站,内设"二区四室",分别为征兵宣传区、接待窗口服务区,征兵体检组办公室、政治考核组办公室、退役军人服务办公室和教育培训室。市征兵办深入研究兵役制度改革和退役军人事务工作新形势新要求,激励广大应征青年参军热情,增强现役军人职业荣誉感,提高退役军人服务保障质量,按照"选优入伍、保障在伍、服务退伍"思路,采取人武、公安、教育、司法行政、卫生、退役军人事务等条线合署办公的形式,提供"全周期、一站式"兵役服务。组织应征青年体格初检和政考初审,提供政策法规咨询、体检和政考结果查询等服务;为现役军人提供家庭保险和法律援助服务;为退伍军人快捷办理关系转接和预备役登记,提供安置优惠政策咨询和就业培训扶持。

【企业民兵编建探索】 2021年,江阴市人武部按照国务院、中央军委《关于印发民兵建设"十四五"规划的通知》要求,结合江阴市地方经济发达、民营经济活跃、国防潜力资源雄厚的实际,开展企业编建民兵工作探索。根据江阴区位特点,结合江阴市产业结构和企业发展布局,在编建模式、选好切入点、增强融合度等方面进行探索,通过精准掌握底数、综合筛选企业、区分层级编组,编实建强民兵队伍。妥善处理工训矛盾,利用员工培训、设备整修、生产淡季等时机,采取共同科目集中训,专业科目在岗训,新老结对帮带训,落实训练任务质量,提高快速发动、紧急出动、协同行动能力。完善基层组织,坚持党建引领;规范基础设施,厚实建设根基;落实层级管理,军地企三方各负其责。发挥江阴地方经济领先和拥军氛围浓厚双重优势,通过加强制度约束、注重补偿激励、完善保障体系,全方位保障企业民兵工作长效运行。规范企业民兵动用范围、程序和要求,注重在大项任务中摔打锤炼队伍,实现兴武强企、互利共赢的良好局面。

(符银芬)

武　警

【概况】 2021年,武警无锡支队江阴中队牢固树立思想政治工作首位意识,加强支部建设,狠抓军事训练和战备执勤,注重后勤保障,先后完成江阴市看守所押解勤务40余次,完成春节、国庆等重大节假日巡逻勤务。是年,中队被武警无锡支队评为优秀共产党员2人,训练标兵、执勤能手、后勤专业兵各1人,授予嘉奖11人。

【军事训练】 2021年,武警江阴中队坚持以强军目标为统揽,以军事训练为中心,严格按纲施训,提升部队战斗力。持续深入研学新大纲,把握人员、内容、时间、质量四个重点,落实干部跟班作业要求,确保训练安全和质效。科学组织施训,根据新兵下连,勤训轮换,比武参赛,年终考核等不同阶段,训练相应内容。紧贴任务训练,围绕哨兵反袭击等科目进行训练,加大体能、技战术训练、实战对抗力度,开展冬季大练兵活动,打牢训练基础。

(王　影)

■类目编辑　朱其涛

人力资源

综　述

【概况】　2021年，江阴市人社局聚焦“六稳”*“六保”*，围绕“南征北战、东西互搏”战略*部署，聚力稳市场主体、保重点群体、扩就业渠道、提就业质量，不断提升人力资源服务供给能力。年内，提供就业岗位7.15万个，城镇新增就业3.1万人；扶持自主创业8400人，带动就业3万人，城镇登记失业率控制在3%以内，新增青年人才2万人、高技能人才1.4万人、高层次人才720人，全市人才资源总量超47万人。

【拓宽招引平台载体】　2021年，江阴市人社局不断拓宽人才引育平台，开展“才聚江阴”春季、秋季校园系列招聘活动，组织213个企业走进省内外23所优质高校引才引智，新建10个高校引才联络站。在前程无忧招聘网设立江阴引才专区，网站浏览点击量超60万次，收到简历1.8万份。开通“江阴市人力资源市场”微信视频号，在人力资源市场搭建专业招聘直播间，举办6场“名企优岗”直播带岗活动，累计14.5万人次观看，收到求职简历3000余份。

【打造亲清廉创空间】　2021年，江阴市纪委监委与江阴市人社局联合打造江阴市创业大学廉洁文化教育基地——“亲清”廉创空间，旨在让创业者在始创初期就正确树立“亲清政商关系”理念（“亲”指亲和，领导干部对企业亲切，特别在企业遇到困难时，领导干部要积极作为、靠前服务，帮助解决实际困难。“清”指清廉，厘清边界，领导干部无贪心私心，企业家不想着靠关系）。教育基地面向全市，设有展示区、沙龙区、阅读区等功能区，为创业者提供廉洁宣讲、阅读沙龙、“亲清”培训等活动，并收录近现代著名企业家事迹，引领创业者学习先进榜样，感受廉洁文化熏陶。

2021年7月20日，2021才聚江阴青年人才就业创业服务季启动暨“暨阳英才计划”升级版2.0青年人才政策推介会召开　（市人社局提供）

【鼓励外地职工就地过春节】　2021年，江阴市人社局根据市委、市政府的决策部署，做好新型冠状病毒肺炎疫情相关防控工作，采取系列举措鼓励外地职工留在江阴市过春节，出台《外地在澄员工留澄过春节的奖励实施方案》，实施“稳岗返还”（指政府为稳定就业岗位、鼓励企业不裁员或少裁员而对企业发放的补贴）、“以工代训”（指企业利用自有场所、生产设备，让职工边工作边进行生产技能培训）补贴等多项政策，支持企业春节稳岗留工；发布“致江阴广大企业家的一封信”“致全市企业外地职工的倡议书”，倡导企业以情留工、以岗留工、以薪留工，发放“牛年新春礼包”及“澄味新年礼包”价值2918万元，20万名外地职工留在江阴市过春节。

人才开发

【概况】　2021年，江阴市人社局围绕“暨阳英才计划”*，打造升级版2.0人才引育新高地，全面升级青年人才、技能人才、专技人才、乡土人才等政策,制定紧缺人才政策、高层次人才贡献奖励政策实施细则,推进海澜集团“G42 +”(指江苏省人社厅在 G42 高速沪宁沿线遴选 12 个重点民营企业作为全省首批民营企业人才人事综合改革示范基地)重点民营企业人才人事综合改革任务。全年新增高层次人才 720 人,海外留学回国人才 278 人,新增博士后 14 人,3 人获评“江苏工匠”,2 人获评江苏省“首席技师”,5 人入选无锡市“太湖人才计划”,新增 4 个省级博士后创新实践基地。至年末,全市人才总量超 47 万人。

【人才引育】 2021 年,江阴市人社局注重多途径、广范围招引优秀人才。推进政校战略合作,构建人才联合培养机制,在浙江大学等高校新建 10 个引才联络站,与江阴市武汉大学长三角科技创新中心建立科技人才合作联盟。举办“暨阳英才计划”升级版 2.0 青年人才政策推介会,开发融租房补贴、生活补贴、学费补贴等三位一体的青年人才补贴网上申请 APP,吸引优秀青年人才返乡就业创业。加大高层次人才、高技能人才、留学人员等引育力度,实施职业技能提升三年行动,引导校企合作推行企业新型学徒制。年内,新增青年人才 2 万人,高技能人才 1.4 万人。

2021 年 9 月 26 日,2021“才聚江阴”秋季校园招聘会——内蒙古大学专场(市人社局提供)

就业创业

【概况】 2021 年,江阴市人社局大力实施就业优先战略,强化重点群体帮扶,全力以赴稳就业、促就业。全市提供就业岗位 7.15 万个,城镇新增就业 3.1 万人,促进本地劳动力就业 5.51 万人,实现城乡就业困难人员就业再就业 5450 人,城镇登记失业率控制在 3% 以内,江阴籍应届返乡高校毕业生就业率为 93.3%。大力实施创新驱动战略,通过育载体、造氛围、优服务等多项举措,集聚创业资源,释放创业活力,充分激发全社会创新动力,有效拓宽富民增收渠道。全市扶持自主创业 8400 人,带动就业 3 万人。

【就业服务】 2021 年,江阴市人社局围绕稳定和扩大就业,聚力增效就业优先政策,发放稳岗返还资金 5802 万元,惠及全市 22711 个企业,对 733 个企业发放一次性吸纳就业补贴 88 万元,并发放留岗礼包 2918 万元。建立专项工作服务机制,合力破解招用工的难点痛点,开展各类用工动态监测 26 期。举办网络以及现场招聘会 80 余场,提供就业岗位 7.15 万个,组织重点骨干企业赴云南等地开展系列劳务招聘活动,并新建 2 个劳务基地。开发就业困难人员公益性岗位 349 个,城乡就业困难人员就业再就业 5450 人,“零就业”家庭动态清零。

【创业服务】 2021 年,江阴市人社局大力实施创新驱动战略,育载体、造氛围、优服务,集聚创业资源,释放创业活力。优化富民创业担保贷款政策,扩大贷款对象范围,核发各类创业补贴 1200 万元,发放富民创业担保贷款 3351 万元。推动创业载体建设,对 16 个江苏省、无锡市级创业基地实施综合评估,新认定江阴市级创业孵化基地 3 个;高效运营大学生创业园,新引入创业项目 15 项。组织开展第四届“创响江阴 · 创赢未来”全民创业大赛暨第六届“创业之星”评选活动。全年扶持自主创业 8400 人,带动就业 3 万人。

劳动维权

【概况】 2021 年,江阴市人社局围绕源头治理、多元化解、应急处置、共建共享,不断提升劳动关系治理能力和治理水平,着力构建规范有序、公正合理、和谐稳定的劳动关系。坚持惩防并举,“互联网 + 书面审查”1.2 万余个企业,开展全面整顿人力资源市场秩序“百日行动”、根治欠薪等专项行动 7 次,约谈 29 个劳务派遣单位负责人,向社会公布重大违法欠薪案件 20 件,10 个单位(个人)被列入拖欠农民工工资“黑名单”,向公安部门移送拒不支付劳动报酬案件 14 件。推行签订电子劳动合同,推广“互联网 + 仲裁调解”,开通简易案件“快速通道”。依托党建联盟普法进社区,开展法治体检送法进企业,升级便民设施,提高满意度,打响“馨人社、星服务”人社品牌。全年妥善处理各类社保监察、工伤、仲裁案件 1 万余件。江阴市“治欠保支”工作连续第三年被无锡市考核为优秀等次。

【劳动人事争议仲裁】 2021 年,江阴市人社局坚持优化办案流程、提升服务效能,加强数字监管,实行案件繁简分流,切实念好“高、快、优”办案

"三字经",全力维护劳资领域和谐稳定。全年立案处理各类劳动人事争议案件3517件、工伤待遇等社会保险争议927件、劳动报酬争议864件、确认劳动关系争议162件、经济补偿金、赔偿金以及其他争议1564件。至年末,结案3485件,结案率为99.1%,其中裁决结案569件,调撤结案2916件,调撤率为83.7%。

【工伤认定和劳动能力鉴定】 2021年,江阴市人社局围绕工伤预防、工伤康复、工伤补偿"三位一体"工作体系建设,精细开展工伤认定和劳动能力鉴定工作。全市累计受理工伤认定6666件,认定工伤6061件,开展工伤预防培训5086人;评定伤残等级4021人,受理病退鉴定536人,符合病退条件341人;因果关系鉴定287人。全年完成工伤康复177人。

【劳资矛盾源头防控】 2021年,江阴市人社局坚持系统治理、综合治理,以"清源"行动(指整治和查处侵害群众利益的行动)和根治欠薪为主线,大力防范化解劳动社保领域风险矛盾,组织开展专项行动7次,检查各类用人单位5000余个;坚持惩防并举,"互联网+书面审查"1.2万余个企业,培育无锡市劳动保障诚信企业22个,向社会公布重大劳动保障违法行为20件。

人事管理

【概况】 2021年,江阴市人社局加大事业单位改革指导力度,进一步规范岗位设置、人员聘用、公开招聘等。全年审核102个涉改事业单位重新设岗方案。审核事业人员、编外人员招聘方案26次,公开招聘教师475人、医疗卫生专业技术人员173人、高端和紧缺型人才20人、其他事业单位110人。完成全市事业单位工作人员2020年度考核审核工作,审核优秀4727人、不合格24人,审批嘉奖4529人、记功198人。办理调动142人次,其中市外调入16人,市内调动111人,调往市外15人。办理事业人员辞职辞聘92人,开除6人。

【工资福利管理】 2021年,江阴市完成9815人次事业在职人员正常晋升薪级工资审批(不含学校)。审批办理事业单位工作人员因职务(岗位)变动调整工资1176人。完成新招录事业编制人员工资审核118人。对事业单位427人办理退休审核。办理丧葬抚恤费审核112人、遗属补助审核30人。核定全市85个全额拨款事业单位因工应休未休年休假报酬补贴2763.16万元。

【专技人员职称评审】 2021年,江阴市人社局持续深入推进职称评审改革,继续实施工程系列中级职称电子化评审,年内受理工程系列职称评审882人,通过625人;组织实施全市中小学、幼儿园中级和高级(副高)职称评审,受理中小学、幼儿园教师系列一、二级职称评审332人,160人通过中小学一级教师专业技术资格评审,3人通过中小学二级教师专业技术资格评审,89人通过幼儿园一级教师专业技术资格评审;受理中小学、幼儿园系列副高级职称评审406人,159人通过评审。职称评审申报过程实现不见面服务,全年申报并通过职称初定(含教育系列)1578人。

城镇职工队伍建设

【概况】 2021年,江阴市城镇非私营企业职工总数90.38万人。年内,江阴市人社局举办各类培训班,提高职工人员素质和就业技能,组织企业岗位技能提升培训6500人,完成职业技能鉴定取证22436人,完成统考类职业资格鉴定报名47人。

【职业能力培训】 2021年,江阴市人社局围绕促进产业发展,开展职业能力培训工作,助推企业集聚更多技能人才。全市新增高技能人才取证1.4万人,其中技师和高级技师462人;组织创业培训2327人;企业岗位技能提升培训6500人;组织机关事业单位工勤人员职业素质提升培训考核749人;开展补贴性职业技能培训7.99万人。开展江阴市第十一届职业技能大赛、第五届"江阴市高技能人才成就奖"、"江阴市有突出贡献高技能人才"评选工作。至年末,全市技能人才总量达31.6万人,其中高技能人才总量达12.2万人,每万名劳动力中高技能人才数达1166人。 (李秀永)

■类目编辑 朱其涛

农 业

综 述

【概况】 2021 年，江阴市在全国“三农”*工作实现历史性重心转移、全面推进乡村振兴起步之时，深入贯彻中央、江苏省、无锡市农村工作会议精神，立足新发展阶段、贯彻新发展理念、构建新发展格局，加快农业农村现代化建设；以“争当表率、争做示范、走在前列”的使命担当，全力推动农业高质高效、乡村宜居宜业、农民富裕富足。年内，建成国家绿色食品原料标准化生产基地，创成国家农作物病虫害“绿色防控示范县”、省第四轮“探索长江十年禁渔快速响应机制”农村改革试验区、省首批农业生产全面全程机械化示范县、省生态型犁耕深翻还田试点县、省“互联网+”农产品出村进城工程试点县。

【农业农村发展规划】 2021 年，江阴市完善规划体系，完成全市“十四五”农业农村现代化发展规划，编制“五园五区六带”（五大现代农业产业园、五大城乡融合先导区、六条美丽乡村示范带）发展规划，打造主业突出、特色鲜明、集约高效、乡村美丽的现代农业和乡村发展空间布局体系，制定全市“十四五”农业农村“一张蓝图”。明确璜土镇、徐霞客镇、顾山镇为 3 个农业农村现代化先导镇，积极融入江阴“南征北战、东西互搏”大战略，对接霞客湾科学城规划、全市“三区三线”（城镇空间区、农业空间区、生态空间区；城镇开发边界线、永久基本农田保护红线、生态保护红线）。国土空间规划、全市镇村布局，多规合一，城乡一体，进一步优化江阴乡村振兴的规划体系。统筹乡村振兴要求和镇村资源禀赋，集聚多方要素，梳理优质项目，突出产业发展，加快城乡要素双向流通，力求做优先导区、做强农业园区、做美示范带。

【农业政策性保险】 2021 年，江阴市农业保险建立四级网络服务体系，实现机构在市、网点到镇、网络到村、服务到户。每个镇（街道）都设有农业保险网点和一名农险专管员，每个村都设有农险协保员，更加方便及时地为农民提供投保和理赔服务。全市开设 21 个农业政策性保险险种，涵盖种植、养殖、农业设施、农机等方面，其中主粮作物水稻和小麦的保险覆盖率实现 100%。是年，全市政策性农业保险处理案件 1654 件，累计赔款金额 950.36 万元，赔款惠及农户 3468 户。

【产业融合发展】 2021 年，江阴市大力推动农业供给侧结构性改革，加快构建农业与二、三产业交叉融合的现代产业体系，注重产业链延伸和价值链提升，大力发展“农业+休闲观光”“农业+健康养生”等新兴产业，创成省级主题创意农业园 3 个、农耕实践基地 2 个、康美基地 4 个，临港现代农业产业园获评省级一、二、三产业融合先导区，江阴牧野鲜生食品科技有限公司获评省农业产业化联合体。（许 栋）

【长江禁捕退捕】 2021 年，江阴市继续紧扣中央、省、无锡市有关长江禁捕退捕决策部署，从全链条打击、无缝隙防控、常态化治理入手，坚持严格责任、严厉执法、严肃整治、严密防控，强力推进长江禁捕退捕执法整治攻坚会战。全年开展长江禁捕巡查 14580 次，出动执法人员 45361 人次，联动执法 85 次，检查各类市场 3230 场次、餐饮户 4300 户次，核查整改网络交易违法线索 500 余条；查处涉渔虚假宣传案件 14 件、非法垂钓案件 80 件、非法捕捞案件 21 件，上述查处的 115 件涉渔违法案件中，非法捕捞水产品刑事案件 12 件，采取强制措施 24 人，制止、劝退非法垂钓人员 1300 人次。

种植业

【概况】 2021 年，江阴市突出优良食味品种推广、绿色技术模式集成、绿色物化产品应用等工作，通过典型示范、现场促动、品牌驱动，实现粮食产量、质量、效益齐增，为保障粮食安全、促进粮食产业高质量发展奠定坚实基础。全市粮食种植面积 1.9 万公顷，总产 1.3 亿公斤，其中小麦种植面积 7840 公顷，每公顷产量 4645.5 公斤；水稻种植面积 9233.33 公顷，每公顷产量 9364.95 公斤。全市水稻优良食味品种覆盖率 80.4%，比 2020 年提高 10 个百分点。全市常年蔬菜地面积 3487 公顷，产量 39.26 万吨，叶菜自给率 80% 以上；果品种植面积 2660 公顷，设施化比例 82%，产量 5.8 万吨；建成高标准千亩核心方 7 个；完成农田连片整治720公顷，高标准农田建设360公顷。是年，组织参加省级以上园艺类评比活动11次，获特等奖8项、金奖27项、银奖37项，创历史之最。市农业农村局分获桃、葡萄、枇杷评比“优秀组织奖”各1次。

【绿色高质高效水稻推广】 2021年，江阴市徐霞客、华士、顾山、周庄、青阳、长泾、南闸7个镇（街道）建设千亩示范片7个，总面积680公顷。示范片通过推广优良食味品种、绿色高效生产技术及品牌化销售，实现平均产量每公顷9835.5公斤，比大面积种植增产5%；平均每公顷纯收益14179.5元，比大面积种植增收75.8%。是年，在全省粮食绿色高质高效创建绩效评价中，江阴市位居前列。

【稻米品牌创建】 2021年，江阴市把稻米产业作为农业特色产业之一，深入实施“藏粮于地、藏粮于技”战略，积极探索优质稻米标准化生产、精深化加工、品牌化经营的产业化发展模式，做大做强优质稻米产业，做响做亮“江阴好大米”品牌。全市优良食味品种覆盖率80.4%，“华西大米”被评为“江苏好大米”十大品牌之一；“华西大米”“谷盛大米”连续第四年分别获得“江苏好大米”特等奖、金奖；华士镇、徐霞客镇获评江苏省“味稻小镇”。是年，通过稻米品质提升、产业高质量发展，为推进农业供给侧结构性改革、振兴乡村经济提供政策支撑。

（王坚纲）

【粮油病虫草害防控】 2021年，江阴市以稳定粮食生产、促进农民增收为工作目标，深入贯彻绿色植保理念，推进监测预警信息化、技术应用集成化、病虫防控无害化，提升全市病虫害绿色防控水平，全力保障农业生产安全、农产品质量安全和农业生态安全。年内，稻麦主要病虫害中等发生，轻于2020年。经过科学防控，全市粮油主要病虫草害发生面积12.33万公顷次，防治面积22.4万公顷次；通过防治，挽回损失23863.1吨，尚有损失723吨。是年，江阴市农业技术推广中心植物保护站被省植物保护植物检疫站评为2021年全省植保植检工作（农药使用强度监测）先进单位。

（夏秋霞）

【省级园艺作物标准园创建】 2021年，江阴市以品牌建设为导向，加快推进标准化生产。年内，申报业勤农场、鲜果源农场为省级园艺标准园创建单位；围绕规模化、标准化、商品化、品牌化、社会化等方面为主要考核内容，完成江阴市大康华农业科技发展有限公司、江阴正汉农业科技发展有限公司、江阴市紫荆农业专业合作社、江阴市锡能实业有限公司4个单位的省级园艺标准园创建工作，经市级验收、省级复核，于9月被确定为省级园艺标准园。至年末，江阴市累计完成16个园艺标准园的认定。（周　鹤）

【高标准农田建设】 2021年，江阴市全面推进农田连片整治“四化”（规模化流转、标准化改造、生态化提升、产业化发展）行动，科学合理利用耕地资源，完善基础设施配套，以规模化加快农业农村现代化，努力打造“农田集中连片、环境生态美丽、农业规模经营、产业融合发展”的农业土地利用新格局。是年，拆除130.62公顷土地上的破旧大棚及看护房；完成验收高标准农田项目11项、面积353.33公顷；推进实施高标准农田项目11项、面积565.13公顷。（王　伟）

【高标准农田建设耕地快速培肥试验项目】 2021年，江阴市实施高标准农田建设耕地快速培肥试验项目。该项目由农业农村部耕地质量保护监测中心主持，中国科学院南京土壤研究所、江苏省农业科学院、江苏省耕地质量与农业环境保护站承担试验，中向旭曜科技有限公司和江阴市农业技术推广中心提供合作，在江阴市不同的高标准农田田块开展试验。重点研究高标准农田建设耕地地力提升途径，巩固提高粮食生产能力，保障粮食生产安全。经测产统计，项目试验区实现土壤肥力提高与水稻增产增收双赢。其中，“常规培肥”水稻每公顷产量实测9645公斤，而“中向快速培肥”水稻每公顷产量实测10800公斤，产量增长12%；“常规培肥”土壤有机质每千克含17.85克，“中向快速培肥”土壤有机质每千克含22克，土壤有机质增长23%。

养殖业

【概况】 2021年，江阴市稳定市内养殖业，并与徐州市签订7.7万头存栏生猪的域外保供协议，完成全年生猪存栏11.05万头的任务；落实生猪生产扶持资金1000余万元，促进生猪产业稳产保供。全年市内生猪存栏3.46万头，累计出栏生猪2.78万头，生猪存栏及出栏量稳步提升，新建现代化规模猪场3个。全市建成省级肉鸽保种场1个，市级种鹌鹑场1个、市级种猪场1个。建成省级特色畜禽产业技术体系推广示范基地，在国家畜禽遗传资源名录中的9种鸽品，江阴市占8种，位居国内第一。

【畜牧业生产方式转变】 2021年，江阴市以养殖废弃物综合治理及远程监控、标准化生态健康养殖、品种与资源保护等项目建设为抓手，提升畜禽养殖基础条件和设施设备水平，改善养殖场内外环境，促进畜牧业生产方式转变，提高全市畜牧业的现代化水平。是年，全市在畜牧业现代化建设中使用上级扶持资金400余万元。

【畜禽遗传资源普查】 2021年，江阴市开展畜禽遗传资源普查工作。市农业农村局组队深入全市17个镇（街道）、304个行政村登记；开展线上线下普查培训3期，累计培训90人次；发送普查技术信息、明白纸50余条；完善普查账号18个；畜禽遗传资源普查系统录入信息4大畜种16种品种，群体数据29.33万个，能繁母畜数据657个，种公畜数据20个，蜂定地饲养363箱，转地放蜂65箱。普查资料和数据全部登记保存。（徐向前）

【省级产业技术体系推广示范基地揭牌】 2021年10月，江苏现代农业产业技术体系（特色水产）江阴市推广示范基地揭牌成立。该推广示范基地建设期3年。江阴市瞄准“1234”（即建成1块核心基地；推广河豚、鮰鱼2个特色品牌；攻关鮰鱼的本土化苗种培育、养殖病害预防和水质管理、高效绿色养殖模式构建3项课题;联系4个鮰鱼养殖示范点)发力,依托省级产业技术体系优势平台,塑造全市特色水产产业发展新格局。是年,"冰清牌"鮰鱼、"冰清牌"淡水大黄鱼、"潭辰牌"鮰鱼首次获国家绿色食品认证;鮰鱼政策性农业保险作为新险种出台,助力化解养殖风险。

【养殖池塘生态化改造】 2021年,江阴市针对百亩以上养殖池塘开展生态化改造,采取三池两坝形式,养殖区配备沉淀池、曝气池、净化池,改造后实现养殖尾水达标排放和循环利用。全年开展池塘生态化改造面积155.47公顷,项目验收100.8公顷,改造总水域面积127.79公顷,净化区面积16.85公顷,进度和成效居无锡市前列。是年,江阴市申港三鲜养殖有限公司、华西都市农业科技发展公司2项池塘生态化改造项目代表无锡市入选省级案例,被《新华日报》专题报道。

【首次开展全市水产养殖种质资源普查】 2021年,江阴市组织开展第一次全市水产养殖种质资源普查,制定普查方案,排定各镇(街道)普查员名单,有力有序推进普查工作。全市累计普查面积3066.67公顷,登记主体630个,实现全覆盖,5个水产苗种生产企业资料翔实。江阴市水产畜牧技术推广中心普查工作获省农业农村厅致信表扬。(鲍明明)

【畜禽屠宰管理】 2021年,江阴市强化畜产品质量安全管控力度,落实源头监管、产地检疫、调运监管、屠宰检疫、采样检测、无害化处理全过程监测。组织实施"江阴市病死猪及病害猪产品无害化处理"项目公开招标,由泰兴市友牧生物科技有限公司中标,为江阴市提供为期3年的无害化处理服务。开展畜产品采样15次,抽检样品251份。开展打击违法违规调运生猪行为百日巩固行动,检查生猪运输车辆1194辆、生猪12.83万头;检查兽药饲料相关企业37个次,发现安全生产隐患17处,全部整改到位;指导畜禽屠宰企业完成安全生产风险报告系统上报,督促企业开展安全风险辨识管控,检查屠宰企业47个次,排查发现隐患或问题58处(个),全部整改到位。(任湘莲)

农业产业化建设

【概况】 2021年,江阴市深入推进农业供给侧结构性改革,向品牌要效益,向科技要潜力,向融合要空间,打造优质水稻、特色水果、特种水产和绿色蔬菜、生态畜禽五大优势特色产业,积极推动农业高质量发展,建强璜土国家产业强镇示范项目;建优江阴市省级现代农业产业示范园;整合资源创建临港现代农业产业园,建设观西优质稻米产业园、利港现代农业产业园等10项"百企建百园"项目。全市农业园区化率达59%,全年农业总产值64.06亿元。累计创成省、无锡市级示范家庭农场分别为37个、33个;国家、省级农业专业合作社分别为4个、18个;新增省、无锡市级农业龙头企业分别为3个、4个,累计9个龙头企业在省股权交易中心挂牌。

【省级家庭农场改革试验】 2021年,江阴市作为省第三轮农村改革试验区,在开展农村集体经济与村(居)委会财务事务分离改革试验的基础上,拓展承担"家庭农场特色发展和联合发展"改革试验任务,以家庭农场特色发展为主线,以示范家庭农场为引领,围绕全市"一区两园两带"(澄南城乡融合先导区;江阴华西、临港现代农业产业园;江阴澄南、临港美丽乡村示范带)现代农业和乡村发展空间布局,突出"一镇一品""一村一品"产业特色,制定出台《江阴市家庭农场特色发展与联合发展改革试验实施方案》,推动建设家庭农场公共服务平台,支持家庭农场特色化发展、联合化经营。12月30日,江阴市家庭农场联盟在璜土镇挂牌成立,建立农产品展销中心,提供100个现成摊位,植入营销机制,为各农场主提供创业平台,拓宽农产品销售渠道。

【农业农村重大项目】 2021年,江阴市把抓好农业农村重大项目作为实施乡村振兴战略的重要载体、落实"三农"工作任务的重要抓手。年内,以省委、省政府"扩大农业农村有效投资年"为契机,统筹谋划、高标准推进,充分发挥农业龙头企业"头雁效应",全力以赴谋项目、攻项目、管项目;多措并举优化项目建设管理、强化项目服务水平、深化项目落地落实。是年,入库省农业农村重大项目15项,完成投资16.44亿元,江阴市美天奶业有限公司"奶牛梦工厂三次产业融合"项目被列入省领导挂钩项目。

【新型经营主体培育】 2021年,江阴市推进家庭农场特色联合发展改革,成立家庭农场联盟2个,新增省级示范家庭农场6个、无锡市级示范家庭农场15个,全市县级以上示范家庭农场达218个。推动农民专业合作社规范化建设,全年清理注销合作社392个。新增省级龙头企业3个、无锡市级龙头企业4个,江阴故乡情农业发展有限公司在江苏股权交易中心农业板挂牌。(许栋)

【农业科技创新】 2021年,江阴市深入推进省级农业社会化服务数字化试点工作,初步建成江阴市农业农村大数据中心,形成"1个政务云+N个系统应用"集成模式,2项项目成果入选省数字农业农村新技术新产品新模式优秀案例。打造智慧农业新高地,建成院士工作站2个,农业科技进步贡献率达72.8%。是年,江阴市获评省级现代农业产业技术体系推广示范基地,入选2021年省"互联网+"农产品出村进城工程试点县。(陈光)

【农业特色品牌】 2021年,江阴市以品牌为纽带,以企业为载体,探索产加销一体、种养加循环、产学研融合的发展模式,丰富产业功能形态,提升品牌增值空间。年内,在2020年江阴市鹏程农业科技发展有限公司的"万珉源牌"黄瓜、辣椒、番茄等入选省农业品牌目录基础上,又增加江阴市申港三鲜养殖有限公司的"冰清牌"鮰鱼、江阴市故乡情果业专业合作社的"GXQ牌"葡萄入选省农业品牌目录。是年,"璜土葡萄""华西大米""冰清水产""苏威鸽蛋"等绿色食品获评无锡市十大农产品品牌。(焦钰)

【高素质农民培育与认定】 2021年,江阴市持续加大高素质农民培育力度,按计划、分产业、因农需开展农民培训,围绕现代农业经营理念,针对农民急需的种植、养殖新技术，参加部级培训班3期、省级培训班13期，累计培训1518名农业经营主体带头人和高素质农民，认定新型职业农民260人，为全市现代农业发展培训培育一大批懂技术善经营会管理能创业的高素质农民。是年，江阴市农业技术推广中心农业干部培训站获评年度全省农民教育培训工作先进集体，江阴神宇果品专业合作社获评省级高素质农民培育实训基地（田间学校）。

（王静东）

农业机械化

【概况】 2021年，江阴市农机化工作围绕实施乡村振兴战略，以创建省农业生产全程全面机械化示范县为目标，巩固粮食生产全程机械化成果，加快促进农业机械转型升级。全年落实各级农机化发展资金1525万元，新增和报废更新各类农业机具430台（套）。是年，全市有农机合作社83个、农机维修网点27个。农业机械原值2.69亿元，农业机械净值1.98亿元，农业生产综合机械化水平96%。

【农机购置补贴政策】 2021年，江阴市为进一步促进农业机械装备转型升级，淘汰老旧低效污染重机型，根据江苏省农业农村厅、财政厅《关于印发2021—2023年江苏省农机购置补贴实施意见的通知》，结合全市农机化发展的实际情况，实施农机化发展补贴政策。年内，市农业农村局与市财政局联合制定《关于下发2021年度江阴市农机化发展补贴实施办法的通知》，组织镇（街道）操作人员参加江苏省农机购置补贴业务培训，系统学习新的农机购置补贴申请办理服务系统操作流程及注意事项。同时，市农业农村局联合财政部门加强对重点环节的监督检查，实时公开政策实施的相关信息。为进一步规范农机购置补贴政策科学高效、规范廉洁实施，上述两局重新制定并下发《江阴市农机购置补贴按理规程等制度的通知》《关于下发江阴市农机购置补贴内部控制工作制度的通知》，强化对农机购置补贴工作的监督管理、规范操作、公开透明、资金结算、绩效考核，完善补贴政策长效机制，在规章上有效预防违规违纪行为的发生，同时定期组织农机购置补贴工作人员开展廉政警示教育培训，在人员上确保农机购置补贴政策规范、廉洁实施。是年，农机化总投入1686万元，其中，中央和省级财政补贴218万元、江阴市级财政更新补贴259万元、农民个人投入1105万元；新增和更新各类农业机械270台（套），其中，大中型拖拉机25台、联合收割机10台、测深施肥机13台、粮食烘干机24台、热风炉13台、秸秆还田机13台等。

【农机检验实行"送检"服务】 2021年，江阴市切实落实好农机检验工作，纵深推进农机检验工作有序开展。在农机检验工作中，全市各镇（街道）依次开展"送检下乡""送检上门"服务，将"我为群众办实事"活动与实际业务工作有机结合。是年，检验中拖627台、手扶拖拉机341台、联合收割机225台，年检率分别为95.43%、96.98%、85.04%；淘汰报废拖拉机运输机组488台。

（朱卫娟）

【加速不合格拖拉机运输机组报废】 2021年，江阴市开展拖拉机运输机组整治，保障农机道路交通安全，推进不合格拖拉机运输机组报废。召开拖拉机运输机组整治推进会议，集中宣讲对拖拉机运输机组监管的相关规定、要求。出台政策加大对不合格拖拉机运输机组报废引导力度，在省每台补1000元、江阴市每台补2000元的基础上，各镇、街道、社区根据实际给予配套补贴，报废的拖拉机运输机组由具备资质的企业回收拆解。强化对镇（街道）拖拉机运输机组监管工作的考核督导，将逐步淘汰拖拉机运输机组作为市级重点工作之一列入2021年度镇、街道、园区乡村振兴实绩考评细则，每月月中、月末在全市通报拖拉机运输机组监管工作进度。是年，注销登记的拖拉机540台。

【秸秆机械化还田】 2021年，江阴市针对水稻、小麦和油菜等主要秸秆来源，继续做好秸秆综合利用的宣传工作，进一步提高秸秆综合利用率，切实改善生态环境。大力推进秸秆机械化还田，按照省农业农村厅《关于做好2021年省秸秆机械化还田暨生态型犁耕深翻还田工作实施指导意见的通知》，制定《2021年江阴市秸秆机械化还田实施办法》《江阴市秸秆机械化还田作业补助第三方核查办法》和《江阴市深入推进多种形式秸秆利用实施意见》等文件，依据明确作业技术路线和作业标准，按照省每亩补贴10元、江阴市每亩补贴5元的标准进行补贴。利用农机现场会、技术培训班等活动契机，就麦秸秆机械化还田集成技术和秸秆机械化还田作业补助政策进行现场答疑，发放政策告知书和公开信等材料共计3000份。全年全市共投入大中型拖拉机、配套秸秆还田机1241台（套），完成秸秆机械化还田面积1.49万公顷，还田率达84.75%。积极拓展秸秆能源化利用，在全部完成2018年中央农作物秸秆综合利用试点县项目的基础上，通过项目带动效应以及秸秆按量补助政策引导，着力完善布局合理、运行规范的秸秆收储体系，积极鼓励相关资质企业、农业合作社开发和生产秸秆的生物质燃料能源化利用途径。是年，全市综合利用秸秆量约9.7万吨，综合利用率达95.41%。其中，秸秆机械化全量还田利用秸秆8.62万吨，机械化还田秸秆利用率为84.75%；多种形式利用秸秆1.08万吨数值中，能源化利用0.87万吨、肥料化利用0.11万吨、工业原料化利用0.10万吨，多种形式秸秆利用率为10.66%。

【生态型犁耕深翻】 2021年，江阴市根据省农业农村厅《2021年全省秸秆机械化还田暨生态型犁耕深翻还田工作实施指导意见》、江苏省农机推广站《关于印发生态型犁耕深翻还田技术指导意见》等文件要求，于年内8月制定发布《江阴市农作物秸秆机械化犁耕深翻还田工作试点实施方案》，明确试点范围、目标任务、作业要求、操作流程、保障措施等，确保生态型犁耕深翻还田工作稳步推进、规范运行。全年全市超额完成秸秆机械化犁耕深翻试点县任务面积666.67公顷，最终经第三方审核确认的作业面积895.31公顷，涉及11个镇（街道）。根据第三方提供的核查结果,市农业农村局联合市财政局进行审核,经公示,共计落实省级财政补助资金 53.7 万元。年末,市农业农村局和市财政局联合发文将补贴资金拨付到镇(街道),相关镇(街道)根据补助发放清册及时完成发放。

【农机安全生产监管】 2021 年,江阴市持续做好农机安全监督指导工作,加快推进农机安全生产网格化监管,将农机安全监管增列入网格员的事项清单中,全年共检查合作社 162 个次,发现隐患 2 处,全部整改到位;检查人员 514 人次。加强农机源头监管,规范办理农机牌证监管等各项工作,向逾期 1 ~ 3 年的未检农机机主寄发催检单,累计寄发挂号信 410 封;向 2021 年年龄达 70 周岁的 53 名农机驾驶员寄发告知书,提醒告知年满 70 周岁后不得再继续驾驶、操作农机事项。全年累计检验中拖 625 台、联合收割机 225 台、手扶拖拉机 341 台,检验率分别为 95.42%、96.98%、85.04%;注册登记中拖、联合收割机共 46 台;注销登记中拖 52 台、收割机 42 台、手扶拖拉机 488 台;核发农机驾驶证 24 本。同时,以全市农用车专项整治行动为契机,加大宣传力度,进一步淘汰老旧拖拉机运输机组,降低道路安全风险。加强农机道路联合执法检查,联合市公安、交通等部门开展路面动态检查,全年开展联合行动 16 次,出动检查人员 92 人次,检查道路行驶拖拉机运输机组 29 台次,查处违法违规行为 20 次。加强农机安全隐患排查,打击各类农机违法违规行为。全面摸排在市内的外省籍和无牌无证拖拉机,逐一登记造册,抄报市公安交警大队。大力开展农机安全执法检查,出动检查人员 48 人次,检查作业农机 42 台次,对检查发现的 24 件违法行为案件责令整改并加以行政处罚,其中,简易程序 19 件、一般程序 5 件。

2021 年江阴市农机动力及主要机具保有量一览表

表 6

农机动力、主要机具名称	计量单位	数量	农机动力、主要机具名称	计量单位	数量
一、农机动力			五、其他机械		
柴油机	万千瓦	10.61	高速插秧机	台	533
汽油机	万千瓦	2.35	机械育秧设备	套	120
电动机	万千瓦	14.75	机动植保机械	台	3942
二、农用拖拉机			其中:高效植保机	台	2261
大中型	台	672	农用水泵	台	2584
小型	台	504	六、大中型农具		
三、联合收割机			旋耕机	台	936
半喂入式	台	78	开沟机	台	546
全喂入式	台	170	其中:复式开沟机	台	437
四、粮食烘干机	台	381	秸秆还田机	台	710

2021 年江阴市主要农业机械项目作业面积一览表

表 7　　单位:万公顷

项目	机耕面积	机种面积		机收面积		机械植保面积	机械秸秆还田面积
		小麦	水稻	小麦	水稻		
数值	2.20	0.77	0.85	0.73	0.93	1.67	1.49

(孙　镇)

■类目编辑　王萍芳

工 业

综 述

【概况】 2021年，江阴市工业条线坚持以推进工业经济高质量发展为主线，努力克服新型冠状病毒肺炎疫情冲击，扎实推进"产业强市"战略，工业经济运行总体平稳、稳中有进，工业发展结构优化、质效提升。全年全市完成规模以上工业产值6059.5亿元，比2020年增长14.7%，规模以上工业增加值增长8.1%。工业投资419亿元，技改投资215.4亿元。全年工业税务销售增长13.3%，全市工业用电量增长5.7%。全市规模以上工业利润总额增长6.3%。10个企业入围中国企业500强，15个企业入围中国制造业企业500强。江苏新长江实业集团有限公司营收首次超千亿元，江阴市营收超千亿元企业增至3个。新增6个国家级专精特新"小巨人"企业*、4个省级专精特新"小巨人"企业*。双良集团两种产品获评2021—2023年国家制造业单项冠军产品。江阴天江药业有限公司入选2021年(第28批)国家企业技术中心名单，为无锡市生物医药领域首个入选国家级企业技术中心名单企业，成为无锡市"十四五"*期间首个国家级企业研发平台。江阴市华宏化纤有限公司入围工信部第三批工业产品绿色设计示范企业公示名单；江阴兴澄特种钢铁有限公司和江苏雪豹日化有限公司产品入选国家级绿色产品。江阴高新区获评国家级特钢新材料新型工业化示范基地，江阴临港经济开发区获评江苏省"互联网+先进制造业"特色产业基地。 （周霞男）

【企业技术中心建设】 2021年，江阴市加快创新主体培育，强化创新载体建设。推进国家、江苏省和无锡市三级企业技术中心的创建工作，以创建企业技术中心为抓手，促转型升级。全市新增国家级企业技术中心1个、江苏省级企业技术中心10个、无锡市级企业技术中心31个。全市累计拥有国家级企业技术中心7个、江苏省级企业技术中心97个、无锡市级企业技术中心201个。

【新技术新产品推广应用】 2021年，江阴市有74项新技术新产品研发项目被列入江苏省重点技术创新计划，190项新技术新产品研发项目被列入无锡市重点技术创新计划，43项新产品新技术通过省级新产品新技术鉴定，21项新技术新产品被列入江苏省重点新技术新产品推广应用目录，推动工业经济高质量发展。 （吴 明）

【节能改造】 2021年，江阴市实施32项重点节能改造与循环经济项目，累计投入14.7亿元，年实现节能量超过10万吨标准煤。江苏海伦石化有限公司、江阴华西钢铁有限公司等9个企业绿色化改造升级项目以及江苏亿金环保科技有限公司、江阴市华明电力发展集团有限公司2个企业绿色制造系统解决方案项目获得2021年度江苏省工业和信息产业转型升级专项资金2355万元。是年，全社会综合能耗约1630万吨标准煤(等价法)，其中全社会电力消费量292.91亿千瓦时；全市规模以上工业综合能耗1574.61万吨标准煤，规模以上工业增加值能耗1.277吨标准煤/万元(当量法)，比2020年下降1.9%。

【清洁生产审核】 2021年，江阴市25个企业开展自愿性清洁生产审核，制订各类清洁生产改造方案及措施255项，累计投入4327万元，产生经济效益2038万元。预计所有方案及措施全部实施后，年可节标煤3577吨，其中，节约电862万千瓦时、节约天然气25.5万标准立方米、节约蒸汽4220吨、节约水5.4万吨等；减排二氧化碳6533吨、减排二氧化硫32.8吨、减排氮氧化物81吨、减排废气排放2.1吨。 （祁晓蕾）

【化工产业安全环保整治提升专项行动】 2021年，江阴市继续加大化工行业整治力度，开展新一轮化工企业整治提升三年行动。全年关闭化工生产企业22个，重组7个，重点整治长江岸线1千米范围内、化工园区外的化工生产企业，高标准推动江阴临港化工园区提质升级。 （何海林）

工业性投资

【概况】 2021年，江阴市工业投资418.99亿元，比2020年下降1.1%，增速比2020年降低13.6个百分点。全市技改投资215.37亿元，比2020年下降5.9%，占工业投资比重的51.4%。全市高技术产业投资占固定资产投资比重的15.5%，其中高技术制造业完成投资112.97亿元，占工业投资比重的27%。从投资规模看,全市有10亿元以上项目31项、5亿元至10亿元项目27项、1亿元至5亿元项目152项。按行业结构分:机械行业完成投资占投资总量的30.5%;电子信息行业完成投资占投资总量的8.4%;轻工行业完成投资占投资总量的10.2%;生物医药行业完成投资占投资总量的5.1%;纺织行业完成投资占投资总量的11.03%;新材料、新能源行业完成投资占投资总量的16.3%;金属制品行业完成投资占投资总量的7.4%;冶金行业完成投资占投资总量的2.4%。 (吕 英)

【重点项目】 2021年,江阴市滚动推进148项工业重大项目开工建设,总投资935.2亿元,年计划投资267.1亿元,累计完成投资277.8亿元,占年度计划的104%。全市148项工业重点项目中,盛合晶微半导体(江阴)有限公司中段硅片制造和3D芯片集成加工、远景动力技术(江苏)有限公司智能电池项目(一期)、三房巷集团有限公司薄膜光电基膜新材料、联动天翼新能源有限公司锂电池、江苏智建美住智能建筑科技有限公司智慧移动建筑、江苏深绿新能源科技有限公司深冷储运设备及智能装备、江阴天澄机械装备有限公司高精重载齿轮箱、江苏卓尔诺光电科技有限公司通信专用新材料、江阴康瑞卫智达科技有限责任公司精密零部件、江阴兴澄特种钢铁有限公司钢渣综合利用、丰昂实业(江阴)有限公司项目、江苏海伦石化有限公司节能减排综合技术改造、江阴锕电尔电化设备有限公司板式换热器、江苏远卓设备制造有限公司换热器迁建、江苏广亿信科技有限公司PC构件、大明重工有限公司金属材料深加工、江苏法拉第电气科技有限公司控制阀、江阴华润制钢有限公司高端工模具钢轧板、江阴标榜汽车部件股份有限公司动力系统连接件、江阴芗菲服饰有限公司产业园配套项目、江阴市格美毛纺有限公司金属纺机配件、华能江阴燃机热电有限责任公司联产工程、江阴市三良橡塑新材料有限公司橡塑橡胶新材料、江苏美诺生物科技有限公司美容提升器、江阴名阳高分子新材料有限公司高分子高端多功能薄膜新材料、江阴兴澄特种钢铁有限公司棒材深加工、江苏高通矿山工程新材料有限公司金属结构件、江阴泓联镀锌钢板有限公司高性能特种钢板、大明重工有限公司高端压力容器、江苏中晶晶润科技有限公司新型墙体晶板、江苏大明科技集团有限公司金属材料加工、江阴市锦绣江南环境发展有限公司工业废弃物综合利用、江苏恒顺集团有限公司包装铝制瓶盖、江苏采纳医疗科技有限公司注射器、江阴市华西新材料科技有限公司熔喷布、江阴市华方新能源高科设备有限公司整厂搬迁扩能、江苏联诚精密合金科技有限公司智能及配套加工、江苏阳光股份有限公司智能化仓储自动化改造、江阴骏驰新材料科技有限公司新材料柔性线路板用覆铜板、江阴苏达汇诚复合材料有限公司熔喷布无纺布热风棉口罩、江阴芗菲服饰有限公司跨境电子商务产业园、江苏东尚住宅工业有限公司预制装配式混凝土构件、优彩环保资源科技有限公司功能型复合低熔点纤维、江阴申美包装材料有限公司复合膜、江阴兴澄特种钢铁有限公司风电核电等能源用钢技术研发及应用、江阴远景能源科技有限公司高新智能化传动系统、江苏攀登能源科技有限公司钢结构件、江阴市丰华金属制品有限公司高强度精密紧固件、瀚宇博德科技(江阴)有限公司高精密度多层印刷线路板智能产线及环保治理设施提升、江阴市瑞景供应链管理有限公司废钢资源回收再利用项目二期、江苏沿方医疗科技有限公司丁腈手套、江阴市培迪机械设备有限公司新材料多层共挤塑料薄膜及塑料袋技改扩能、江阴市恒宇网业有限公司电子声学网53项项目基本竣工或试产,全年完成投资129.2亿元。 (陈 松)

新兴产业

【概况】 2021年,江阴市新能源、新材料、车船及机械装备、生物医药、电子信息等新兴产业规模产值增长16%,增速高于传统产业2.3个百分点,占全市规模以上工业产值的比重达45.5%。

【新能源产业】 2021年,江阴市新能源行业规模产值增长0.5%,占全市规模以上工业比重10.5%。全市新能源产业以风电装备制造业和光伏产业为发展重点。至年末,江阴市新能源产业有超百亿级企业1个,超十亿级企业6个。全市风电产业基本形成包括风电特钢、轮毂、塔座、主轴、塔筒、法兰、齿轴、轴承座、机舱罩、特种涂料等关键零部件相互配套发展的格局,其中,风电主机年产能为4000兆瓦。光伏产业涵盖硅料生产、单晶硅拉棒(多晶硅铸锭)、硅片切割、电池片生产、组件封装和专用生产设备制造等多个环节,积极介入分布式电站领域,在终端应用市场占据一定份额,形成较完整的产业链条。

【新材料产业】 2021年,江阴市新材料产业规模以上工业产值增长29.9%,占全市规模以上工业比重8.9%。江阴市新材料产业主要产品有:精对苯二甲酸(PTA)、苯乙烯、可发性聚苯乙烯(EPS)、聚酯切片(PET)、聚酰胺(PA)、乙酸丁酯、沥青、不饱和聚酯树脂及聚苯乙烯上游原料苯乙烯、特种涂料上游偏酐、下游特种薄膜、工程塑料等,产品种类较为齐全。全市具有年产PTA 180万吨、聚苯乙烯66万吨、沥青80万吨等的生产能力。

【车船及机械装备产业】 2021年,江阴市车船及机械装备产业全年规模以上工业产值增长20.3%,占全市规模以上工业比重15.8%。江阴市车船及机械装备产业拥有骨干船厂2个,各类车船、机械类配套规模以上企业近500个;年可生产380万载重吨的大中型民用钢制船舶;配套产品中,汽车保险杠、气门芯等一批“小”产品占据各自细分领域的龙头地位。

【电子信息产业】 2021年,江阴市电子信息产业规模以上工业产值增长19.3%,占全市规模以上工业比重的8.3%。江阴市电子信息产业依托长电科技、瀚宇博德科技(江阴)有限公司两大龙头企业,形成包含集成电路芯片设计及生产、新型电子元器件、光通讯、数码视听、计算机及网络、射频识别（RFID）和特种光缆等在内的产业、产品结构，并借助与中芯国际合作，致力于打造国内乃至国际领先的集成电路先进产业基地。至年末，全市电子信息产业规模以上企业数量60余个，由中芯长电半导体（江阴）有限公司总投资72.2亿元的年产12英寸3D集成芯片及配套测试300万片能力项目进展顺利，一期项目全面投产，二期部分产线投产。

【生物医药产业】 2021年，江阴市生物医药产业规模以上工业产值增长8%，占全市规模工业比重2%。全市生物医药产业规模以上企业数量近30个，拥有江阴天江药业有限公司、江苏华兰药用新材料股份有限公司、江阴苏利化学股份有限公司等一批销售超亿元骨干企业，并借助生物医药产业园培育出江阴贝瑞森生化技术有限公司、江阴力博医药生物技术股份有限公司等潜力股企业，涉足中西医药、医药设备、生物疫苗等多种产品的生产，并在中药配方颗粒、畜牧兽用疫苗领域取得一定市场地位。

规模经济

【概况】 2021年，江阴市有规模以上工业企业2054个。规模以上工业产值增长14.7%；工业增加值增长8.1%（可比价）；利润总额增长6.3%。全市规模工业资产增长1.7%；所有者权益增长8.9%。全市规模工业产品销售率为98.1%，比2020年增长0.2%；成本费用利润率6.1%。年内，全市有10个企业入围2021中国企业500强、15个企业入围中国制造业企业500强。至年末，全市有税务销售收入超百亿元工业企业16个、纳税超亿元工业企业28个。

【“百强”工业企业】 2021年，江阴市“百强”工业企业产值增长12.2%，占全市规模以上工业62%；营业收入增长12.6%，占全市规模以上工业66.3%；利润总额增长2.6%，占全市规模以上工业80.5%。

2021年江阴市工业“百强”企业一览表

表8　　单位：万元

企业名称	税务销售	入库税金
海澜集团有限公司	16612825	171917
中信泰富特钢集团股份有限公司	17133734	197994
远景能源科技有限公司	4242094	131464
江苏扬子江船业集团有限公司	1139618	93711
江苏新长江实业集团有限公司	8909139	95974
江苏利电能源集团	1192967	31994
三房巷集团有限公司	7007692	93384
法尔胜泓昇集团有限公司	2271081	49615
江苏阳光集团有限公司	3934400	36314
瀚宇博德科技（江阴）有限公司	599996	51698
江阴天江药业有限公司	586077	75334
江苏华西集团有限公司	3603670	61722
双良集团有限公司	2655528	52681
江阴江东集团公司	1149386	23478
江阴苏龙热电有限公司	1189390	20996
江苏利安达集团有限公司	659807	24260
江阴模塑集团有限公司	579758	13604
江苏华宏实业集团有限公司	2259640	23369
阿法拉伐（江阴）设备制造有限公司	172323	14601
江阴市恒润重工股份有限公司	232752	20591
帝斯曼工程材料（江苏）有限公司	372478	10491

续表8

企业名称	税务销售	入库税金
江阴福汇纺织有限公司	190072	6644
江阴海达橡塑股份有限公司	219084	13394
江苏云蝠服饰股份有限公司	351978	13206
江苏嘉盛新材料有限公司	300793	8751
江阴热电有限公司	243980	7403
江阴市华方新技术科研有限公司	42291	2154
江苏中印印务集团有限公司	410	2885
江苏西城三联控股集团有限公司	4065018	33885
建滔电子材料(江阴)有限公司	555053	25017
江苏长龄液压股份有限公司	104717	7956
江苏富仁集团有限公司	350990	8226
江苏紫米电子技术有限公司	193781	4904
江阴市华骏机械有限公司	73702	5849
江苏苏青水处理工程集团有限公司	96802	5353
东洋机电(江阴)有限公司	89334	8754
江苏标榜装饰新材料股份有限公司	115805	6921
江苏吉鑫风能科技股份有限公司	181747	8564
江苏耀坤液压股份有限公司	68989	5504
江阴宝柏包装有限公司	213043	5889
江阴信邦电子有限公司	245734	7059
江苏焱鑫科技集团有限公司	217773	7179
江苏红柳床单有限公司	466460	7033
摩拓乐液压机械(江阴)有限公司	191549	4753
优彩环保资源科技股份有限公司	169822	6515
阿尔法(江阴)沥青有限公司	615919	9086
神宇通信科技股份公司	90513	2576
威茨曼金属制品(江阴)有限公司	49870	5562
江苏江顺精密科技集团股份有限公司	92879	7371
江苏必得科技股份有限公司	29999	3981
艾尔姆风能叶片制品(江苏)有限公司	11512	892
江苏爱康科技股份有限公司	83172	603
江苏振江新能源装备股份有限公司	315932	9722
江苏苏利精细化工股份有限公司	97642	5219
中石油江苏燃料沥青有限责任公司	239080	3410
江阴电工合金股份有限公司	280285	5581
江苏长电科技股份有限公司	1992217	44448

续表8

企业名称	税务销售	入库税金
江苏天华纱业集团	231608	10946
江阴机械制造有限公司	61679	4117
升辉新材料股份有限公司	94122	3379
江阴华昌食品添加剂有限公司	17001	1748
江阴华润制钢有限公司	660637	9241
江阴南泰家纺用品有限公司	144807	7522
江阴振宏重型锻造有限公司	95971	3316
江苏康瑞新材料科技股份有限公司	109218	4742
江苏华兰药用新材料股份有限公司	84392	8830
江阴绮星水泥有限公司	169425	3127
江苏向阳集团有限公司	465272	5032
凯澄起重机械有限公司	45394	2544
江阴大地装备股份有限公司	42887	4044
江阴协统汽车附件有限公司	71582	2035
江苏新顺微电子股份有限公司	64491	6042
江苏中基复合材料有限公司	206559	3216
江阴海虹新能源科技有限公司	203253	2477
江阴市惠尔信精密装备股份有限公司	87289	947
无锡鹰贝精密液压有限公司	44811	3257
江阴美纶纱业有限公司	85462	4109
江阴市通利光电科技有限公司	267492	3505
江苏胜达科技有限公司	69560	2225
江苏采纳医疗科技有限公司	22626	1785
江苏申利实业股份有限公司	165535	2945
江阴江化微电子材料股份有限公司	124276	3924
江阴燎原装备制造有限公司	132275	3401
江阴市华盛印刷有限公司	65859	3779
江阴邦特科技有限公司	74773	1760
江阴长江投资集团有限公司	194122	3080
江苏科强新材料股份有限公司	41415	2235
江苏安凯特科技股份有限公司	30632	2025
中建钢构江苏有限公司	114763	4266
无锡圣马科技有限公司	45683	2080
江苏精亚集团有限公司	98261	2411
江阴金童石化装备有限公司	39699	1994
迪瑞克斯座椅制造(江苏)有限公司	23901	1198

续表 8

企业名称	税务销售	入库税金
江阴市大阪涂料有限公司	55690	2753
江阴鑫联金属制品有限公司	54648	4370
江阴裕华铝业有限公司	91056	2409
江苏康妮投资有限公司	129326	5273
江阴德玛斯特钻具有限公司	24344	1718
江苏澄阳投资集团有限公司	44021	2195
无锡翔龙环球科技股份有限公司	35223	1349

说明:税务销售及入库税金数据为江阴市统计口径

【10 个企业入围中国 500 强】 2021 年 9 月 24—25 日,2021 年中国 500 强企业高峰论坛在吉林省长春市举行。会上,2021 中国企业 500 强名单揭晓。江阴市有 10 个企业上榜,分别是:海澜集团有限公司,完成营业收入 1052.2 亿元,列 209 位;三房巷集团有限公司,完成营业收入 632.5 亿元,列 325 位;江苏新长江实业集团有限公司,完成营业收入 584.8 亿元,列 346 位;江苏华西集团有限公司,完成营业收入 461.5 亿元,列 424 位;远景能源科技有限公司,完成营业收入 455.5 亿元,列 428 位;法尔胜泓昇集团有限公司,完成营业收入 409.9 亿元,列 474 位;江苏扬子江船业集团有限公司,完成营业收入 402.6 亿元,列 485 位;双良集团有限公司,完成营业收入 398.3 亿元,列 489 位;江苏华宏实业集团有限公司,完成营业收入 397.8 亿元,列 491 位;江苏阳光集团有限公司,完成营业收入 396.1 亿元,列 495 位。2021 中国制造业企业 500 强名单同步揭晓,江阴市有 15 个企业上榜,除上述 10 个企业外,还有江苏长电科技股份有限公司、江阴江东集团公司、江苏西城三联控股集团有限公司、江阴模塑集团有限公司、阿尔法(江阴)沥青有限公司 5 个企业入围。

【税务销售收入超百亿元企业】 2021 年,江阴市有 16 个工业企业税务销售收入超百亿元。分别是:中信泰富特钢集团股份有限公司、海澜集团有限公司、江苏新长江实业集团有限公司、三房巷集团有限公司、远景能源科技有限公司、江苏西城三联控股集团有限公司、江苏阳光集团有限公司、江苏华西集团有限公司、双良集团有限公司、法尔胜泓昇集团有限公司、江苏华宏实业集团有限公司、江苏长电科技股份有限公司、江苏利电能源集团、江阴苏龙热电有限公司、江阴江东集团公司、江苏扬子江船业集团有限公司。

【纳税超亿元企业】 2021 年,江阴市有 28 个工业企业入库税金超亿元,其中税金超 10 亿元企业有 3 个,分别是:中信泰富特钢集团股份有限公司,入库税金 19.8 亿元;海澜集团有限公司,入库税金 17.2 亿元;远景能源科技有限公司,入库税金 13.1 亿元。税金 5 亿元至 10 亿元的企业有 7 个,分别是:江苏新长江实业集团有限公司,入库税金 9.6 亿元;江苏扬子江船业集团有限公司,入库税金 9.4 亿元;三房巷集团有限公司,入库税金 9.3 亿元;江阴天江药业有限公司,入库税金 7.5 亿元;江苏华西集团有限公司,入库税金 6.2 亿元;双良集团有限公司,入库税金 5.3 亿元;瀚宇博德科技(江阴)有限公司,入库税金 5.2 亿元。税金 1 亿元至 5 亿元的企业有 18 个。

(周霞男)

纺织工业

【概况】 2021 年,江阴市规模以上纺织企业完成开票销售收入 1608.49 亿元,占全市规模以上企业开票销售收入的 24%。据不完全统计,销售收入在 2000 万元以上的江阴市规模纺织企业有 530 个。全市开票销售收入前 50 名工业企业中纺织行业有 12 个,分别是:海澜集团有限公司、江苏三房巷集团有限公司、江苏阳光集团有限公司、江苏华西集团有限公司、江苏华宏实业集团有限公司、江阴市天达针纺织有限公司、江苏利安达集团有限公司、江苏红柳床单有限公司、江苏向阳集团有限公司、江苏云蝠服饰股份有限公司、江苏无染彩实业发展有限公司、江苏天华纱业集团;全市入库税金总额前 50 名工业企业中纺织行业有 12 个,分别是:海澜集团有限公司、三房巷集团有限公司、江苏华西集团有限公司、江苏阳光集团有限公司、江苏利安达集团有限公司、江苏华宏实业集团有限公司、江苏云蝠服饰股份有限公司、江苏天华纱业集团、江阴南泰家纺用品有限公司、江苏红柳床单有限公司、江阴福汇纺织有限公司、优彩环保资源科技股份有限公司。全年纺织行业主要产品产量为:化纤 347.3 万吨,其中涤纶纤维 338 万吨,锦纶 25602.1 吨,腈纶 621 吨;棉纺织行业生产纱 43.8 万吨,其中棉纱 11 万吨,棉混纺纱 22 万吨,纯化纤纱 10.6 万吨;布 31035.85 万米,其中棉布 6600.49 万米,棉混纺布 19322.71 万米,纯化纤布 5112.65 万米,色织布 9568.74 万米;印染布 58876.51 万米;呢绒 6036.074 万米;绒线 4411.04 吨;非织造布 70945.5 吨;口罩 87028.3 万只;服装 39946.74 万件,其中梭织服装 5357.95 万件(含羽绒服装 139 万件,衬衫 669.7 万件),针织服装 34588.79 万件。是年,入围 2021 年度中国民营企业 500

强、制造业民营企业500强榜单中的江阴纺织企业有4个,分别是:海澜集团有限公司、三房巷集团有限公司、江苏阳光集团有限公司、江苏华宏实业集团有限公司。海澜集团有限公司以1052.17亿元的营业收入,位列中国民营企业500强中的第67位、制造业民营企业500强中的第33位,稳居江阴入围企业之首。8月,江苏省服装协会发布"2020年江苏省服装行业五十强企业"名单。根据"会员参与、自愿申报"的原则,协会分别对"营业收入""利润总额"和"营业收入利润率"三项指标进行排序,全省有60个企业上榜,无锡地区7个。江阴市有4个企业入选,分别是:海澜集团有限公司,"营业收入"第1、"利润总额"第1;江苏阳光集团有限公司,"营业收入"第4、"利润总额"第3、"营业收入利润率"第9;江苏贝德服装集团有限公司,"营业收入"第36、"利润总额"第24、"营业收入利润率"第14;江阴苏派服装集团有限公司,"利润总额"第47、"营业收入利润率"第40;其中,海澜集团有限公司、江苏阳光集团有限公司、贝德服装集团有限公司还同时入围"2020年中国服装行业百强企业"。9月23日,2021江苏民营企业百强发布会在南京市举行。发布会上,省工商联发布"2021江苏民营企业200强""2021江苏民营企业制造业100强",省工商联、省科学技术发展战略研究院联合发布"2021江苏民营企业创新100强"。江阴企业分别占据19席、13席和5席。入围"2021江苏民营企业200强"的纺织企业有:海澜集团有限公司、三房巷集团有限公司、江苏阳光集团有限公司、江苏华宏实业集团有限公司、江苏利安达集团有限公司5个企业。入围"2021江苏民营企业制造业100强"的纺织企业有:海澜集团有限公司、三房巷集团有限公司、江苏阳光集团有限公司、江苏华宏实业集团有限公司4个企业。入围"2021江苏民营企业创新100强"的纺织企业是优彩环保资源科技股份有限公司。12月,江苏省工信厅公布2021年江苏省智能制造示范车间名单,江阴市有8个企业车间入选,入选数量位居无锡市第一,江阴市纺织企业有1个——阳光卫生医疗科技江阴有限公司。圣华盾防护科技股份有限公司、江阴市华思诚无纺布有限公司2个江阴纺织企业获2021年度无锡专精特新"小巨人"企业*。阳光卫生医疗科技江阴有限公司、江苏海特服饰股份有限公司、江阴市沙江纺织科技有限公司、圣华盾防护科技股份有限公司4个纺织企业列入2021年度江阴市专精特新"小巨人"企业*名单。在营业收入超过100亿元的企业中(全国11个、全省4个),江阴市纺织企业占据两席,为海澜集团有限公司、江苏阳光集团有限公司。

【技术改造】 2021年,江阴市纺织工业完成工业投资项目89项,占全市工业投入的11.03%。17项列入全市工业重点重大项目,分别是:江阴捷豹针织制衣有限公司针织面料及制衣科技研发中心项目,总投资2.8亿元;江阴远闻纺织有限公司年生产5万台竹节纱、赛络纺及包芯纱智能装置项目,总投资5亿元;江阴联义达纺织科技有限公司年产500万米高档纺织面料项目,总投资1亿元;江阴市无染彩实业有限公司新建环保彩线及总部基地项目,总投资3亿元;江苏金和泰纤维科技有限公司年新增4万吨涤纶短纤维扩能项目,总投资2.3亿元;江阴市新茂纤维科技有限公司年生产5.2万吨增粘差别化学纤维涤纶短纤维项目,总投资1.2亿元;江阴市华西新材料科技有限公司年产1万吨熔喷布新建项目,总投资2.55亿元;江阴龙阳纺织有限公司年产300万米薄型功能性羊毛面料扩能项目,总投资2亿元;海澜之家集团股份有限公司海澜云服高端智能制造平台技术改造项目,总投资1.64亿元;江阴苏达汇诚复合材料有限公司年产熔喷布2400吨,无纺布5400吨,热风棉3600吨,KN95口罩48亿片新建项目,总投资5亿元;江苏凯通纺织科技有限公司年产3万吨特种纱线项目,总投资2.5亿元;优彩环保资源科技股份有限公司年产22万吨功能型复合低熔点纤维项目,总投资10.38亿元;优彩环保资源科技股份有限公司年产11万吨新型功能型复合低熔点纤维技改项目,总投资4.88亿元;江阴汉思雅纺织有限公司年产700万条高档医疗康复用品及1200万条医用高档充气悬浮翻身床单和500万个医用止滑靠垫新建项目,总投资2亿元;江苏申利实业股份有限公司引进关键设备生产高档功能性摇粒绒面料技术改造项目,总投资2.5亿元;江苏新池鑫纺织科技有限公司年产2万吨新型纺织品智能化生产项目,总投资2.8亿元;江苏阳光股份有限公司阳光股份数字化智能化车间技术改造项目,总投资1.5亿元。

【技术创新】 2021年,江阴市纺织行业通过省级鉴定的新产品有江苏阳光集团有限公司、阳光卫生医疗新材料江阴有限公司、江阴芗菲服饰有限公司3个企业的13种产品。

(俞　青)

化工、医药工业

【概况】 2021年,江阴市规模以上化工、医药企业完成开票销售总收入1112.72亿元,占全市规模以上企业开票销售总收入的16.21%。有7个化工、医药企业进入全市开票销售收入前50名,6个化工、医药企业进入全市入库税金前50名。全年化工、医药行业主要产品产量为:化学农药原药9517吨;化学药品原药1067吨;化学试剂41878吨;涂料(油漆)6.63万吨;合成纤维单体210.47万吨;初级形态的塑料92.05万吨。是年,阿尔法(江阴)沥青有限公司分别入围2021年度中国制造业企业500强;江阴市金桥化工有限公司、阿尔法(江阴)沥青有限公司入围2021中国民营企业500强、2021中国民营企业制造业500强企业;江阴天江药业有限公司技术中心被认定为国家企业技术中心,成为无锡市生物医药领域首个国家企业技术中心。江阴市25个企业入围2021年度无锡市专精特新"小巨人"*企业名单,其中化工、医药企业有3个,分别是圣华盾防护科技股份有限公司、江苏新申奥生物科技有限公司、江阴市鸿萌橡塑制品有限公司。

【技术改造】 2021年,全市化工、医药工业投资项目31项,占全市工业投入的5.05%。有4项列入全市工业重点重大项目,分别是:江阴骏友电子股份有限公司年产4500吨聚酰亚胺项目,总投资12亿元;江阴市三良橡塑新材料有限公司年产2.65万吨橡胶新材料(副产1500吨丙酸正丁酯)及400吨太阳能浆料项目,总投资8.07亿元;江苏普非尔塑料科技有限公司年产1.5万吨改性塑料粒子(1500万件)及2000吨注塑件(200万件)项目,总投资1.29亿元;江苏风和医疗器材股份有限公司微创高端医疗耗材及机器人项目的生产制造,总投资10亿元。

轻工工业

【概况】 2021年,江阴市规模以上轻工企业开票销售总收入115.58亿元,占全市规模以上企业工业总产值的1.68%。有3个轻工企业进入全市开票销售收入前50名,3个轻工企业进入全市入库税金前50名。全年轻工行业主要产品产量为:家具50.79万件,皮革服装3.12万件,机制纸及纸板25.31万吨,纸制品6.5万吨,多色印刷品580.99万对开色令。是年,江阴模塑集团有限公司入围2021年度中国制造业企业500强,位列第442位,并名列2021中国民营企业制造业500强第376位。轻工工业企业有2个入围2021年度无锡市专精特新"小巨人"*企业名单,分别是无锡圣马科技有限公司、江苏文明人造草坪有限公司。

【技术改造】 2021年,全市轻工工业有投资项目69项,占全市工业投入的10.2%。列入全市工业重点重大项目的有8项,分别是:江阴长庚高科技材料有限公司功能性聚酯(PET)薄膜及聚酰胺薄膜新型包装材料生产项目,总投资10亿元;江阴市申美包装材料有限公司年产5000吨食品、药品、日化包装复合膜搬迁扩建项目,总投资2.5亿元;江苏艾沐柒柒科技有限公司年包装家具1万套新建项目,总投资1.5亿元;江苏茂林医疗科技有限公司年产50亿只一次性(医用)丁腈手套项目,总投资2.5亿元;江阴市恒顺包装材料有限公司年产6亿只铝制瓶盖扩能项目,总投资2.84亿元;江苏三房巷薄膜有限公司年产6万吨光电基膜新材料项目,总投资7亿元;培迪新材料科技(江苏)有限责任公司年产5000吨多层共挤塑料薄膜及8000万只塑料袋技改扩能项目,总投资1.1亿元;江苏谷田新材料科技有限公司锂电池用铝塑膜生产项目,总投资10亿元。

(马　骏)

机电冶金工业

【概况】 2021年,江阴市机电冶金工业完成销售收入4006.31亿元,比2020年增长19.87%,占全市58.38%。其中,冶金工业完成2084.01亿元,占全市的30.36%;机械工业完成1470.3亿元,占全市的21.43%;电子工业完成452亿元,占全市的6.59%。是年,有机电冶金工业在建重点项目66项,占全市重点项目的44.59%,完成投资总计148.22亿元,占全市工业投资的53.34%。26个机电冶金企业进入全市开票销售收入前50名工业企业,28个机电冶金企业进入全市入库税金前50名工业企业。江苏新扬子造船有限公司评定为全国两化融合管理体系贯标(升级版)AAA级企业。全市机电冶金企业新增工业和信息化部专精特新"小巨人"企业*4个,分别是:江苏长龄液压股份有限公司、江阴江化微电子材料股份有限公司、江苏必得科技股份有限公司、江苏振江新能源装备股份有限公司。江苏长龄液压股份有限公司和江苏必得科技股份有限公司两个企业在上交所挂牌上市。入围2021年中国民营企业500强的江阴市机电冶金企业有8个,分别是:江苏新长江实业集团有限公司、远景能源科技有限公司、法尔胜泓昇集团有限公司、江苏扬子江船业集团、双良集团有限公司、江苏西城三联控股集团有限公司、江阴江东集团公司、江苏华宏实业集团有限公司。

2021年江阴市机电冶金工业重大项目一览表

表9　　单位:万元

序号	企业名称	项目内容	所属区域	计划总投资	2021年完成投资
1	中芯长电半导体(江阴)有限公司	12英寸中段硅片制造和3D芯片集成加工	江阴高新区	721980	91328
2	联动天翼新能源有限公司	联动天翼锂离子动力电池及储能用锂离子电池(一期)	江阴高新区	501500	117083
3	江阴兴澄特种钢铁有限公司	新建棒材深加工项目	江阴高新区	133100	17152
4	瀚宇博德科技(江阴)有限公司	年产24万平方米高精密度多层印刷线板智能产线及环保治理设施提升	江阴高新区	103936	30453
5	江阴佩尔科技有限公司	生物医用镍钛合金材料与器件生产项目	江阴高新区	103500	5319
6	江阴兴澄特种钢铁有限公司	年产30万吨金属耐磨新材料项目	江阴高新区	100000	3037
7	江阴兴澄特种钢铁有限公司	高性能航空轴承钢关键技术研发及应用项目	江阴高新区	37800	8103
8	江阴天澄机械装备有限公司	高精重载齿轮箱的组装	江阴高新区	36568	18208

续表 9

序号	企业名称	项目内容	所属区域	计划总投资	2021 年完成投资
9	江阴兴澄特种钢铁有限公司	钢渣综合利用项目	江阴高新区	30000	14168
10	江苏卓尔诺光电科技有限公司	年产 6 万吨光电通信专用新材料项目	江阴高新区	28000	13852
11	江阴兴澄特种钢铁有限公司	风电、核电等能源用钢技术研发及应用项目	江阴高新区	26280	21201
12	神宇通信科技股份公司	年产 38 万千米 5G 智能终端信号传输用高速低损射频同轴电缆扩建及智能化提升项目	江阴高新区	22800	20917
13	江阴市博江机械成套设备有限公司	船用气体及水处理智能系统装备制造项目	江阴高新区	22000	9280
14	江阴市高德环保装备科技有限公司	车载智能装备及固废环保处置装备的生产项目	江阴高新区	20700	17630
15	江苏必得科技股份有限公司	轨道交通车辆配套产品扩产项目	江阴高新区	20586	6343
16	江阴康瑞卫智达科技有限责任公司	康瑞卫智达精密零部件项目	临港经济开发区	500000	45844
17	远景动力技术(江苏)有限公司	高储能高安全软包装智能电池项目(一期)	临港经济开发区	500000	122346
18	中联重科建筑机械(江苏)有限责任公司	中联重科建筑起重机械华东基地东地块项目	临港经济开发区	129471	11150
19	江苏高通矿山工程新材料有限公司	年加工 20 万吨金属结构件项目	临港经济开发区	123500	25807
20	江阴市恒润传动科技有限公司	年产 4000 套大型风电轴承生产线项目	临港经济开发区	115800	25685
21	江阴天达金属制品有限公司	年产 30 万吨预应力钢绞线项目	临港经济开发区	80000	87165
22	中联重科建筑机械(江苏)有限责任公司	中联重科建筑起重机械华东基地西地块项目	临港经济开发区	72840	8860
23	远景能源科技有限公司	远景高新智能化传动系统项目	临港经济开发区	69252	8792
24	江苏依梯凯动力科技有限公司	新建小型风冷柴油机、发电机组、水泵等机械加工组装项目	临港经济开发区	66500	46410
25	江阴申桦密封技术有限公司	新建高端汽车零部件及研发中心项目	临港经济开发区	100000	37975
26	江苏华眈密封技术有限公司	华眈人工智能和自动化装备制造	临港经济开发区	10000	21570
27	江阴市苏潮钢管有限公司	年加工 20000 吨钢管项目	临港经济开发区	60000	67559
28	江阴尚驰机械设备有限公司	太阳能光伏回转式减速器研发生产基地项目(一期、二期)	临港经济开发区	50000	25345
29	江苏攀登能源科技有限公司	年增产 3500 吨钢结构件扩能项目	临港经济开发区	50000	56514
30	江阴锕电尔电化设备有限公司	年产 2 万台套板式换热器项目	临港经济开发区	48000	19200
31	江苏远卓设备制造有限公司	换热器迁建扩能项目	临港经济开发区	38000	14700
32	江阴市丰华金属制品有限公司	年增产 8000 万只高强度精密紧固件技改扩能项目	临港经济开发区	30000	31334
33	江阴泓联镀锌钢板有限公司	年加工 3 万吨高性能特种钢板技改项目	临港经济开发区	25000	5010
34	双良节能系统股份有限公司	双良数字化驱动转型——绿色智能制造服务项目	临港经济开发区	21300	7508
35	江苏双良硅材料科技有限公司	光伏级、半导体级大尺寸单晶炉项目	临港经济开发区	20000	9436
36	江苏东纲金属制品有限公司	年增产 2.5 万吨超高强度耐久型桥梁缆索用钢丝技改扩能项目	临港经济开发区	15000	9630
37	江阴景众合金科技有限公司	年产各类精密机械零部件 10000 吨项目	临港经济开发区	10000	1758

续表 9

序号	企业名称	项目内容	所属区域	计划总投资	2021 年完成投资
38	大明重工有限公司	年产 4 万吨高端压力容器项目(北厂房)	靖江园区	139200	22228
39	江苏长澄钢构有限公司	年产 50 万吨大型特种钢结构产品建设项目	靖江园区	102000	24156
40	大明重工有限公司	金属材料深加工技术改造项目	靖江园区	59060	6910
41	江苏酸王泵制造有限公司	高端特种环保装备制造项目	靖江园区	55000	7700
42	大明金属科技有限公司	大明金属 22 万吨材料加工项目	靖江园区	45700	7150
43	江苏永益重钢有限公司	永益球墨铸铁管厂房建设项目	靖江园区	30000	6970
44	江苏长强钢铁有限公司	长强钢铁综合料场封闭工程	靖江园区	26426	14678
45	江苏法拉第电气科技有限公司	年产 50 万只电磁控制阀及 20 万套比例控制阀项目	靖江园区	20000	3300
46	江苏盛佳精密机械有限公司	高精度特钢深加工项目	靖江园区	12000	8050
47	江苏长强钢铁有限公司	长强制氧设备节能技术改造项目	靖江园区	11500	5930
48	江阴市惠尔信精密装备股份有限公司	风电设备、工程机械精密部件技改扩能项目	南闸街道	20000	10570
49	江苏长龄液压股份有限公司	高端液压件智能生产及研制中心项目	云亭街道	102800	82645
50	江阴市顺鸿钢结构工程有限公司	年产 50 万台套智能装备和工业自动控制系统装置项目	云亭街道	50000	30380
51	江阴市科安传动机械有限公司	年产 35000 台套军民融合航空发动机关键零部件制造项目	云亭街道	20000	15127
52	江阴春兴合金有限公司	环保升级提升改造项目	月城镇	13500	10020
53	江阴华润制钢有限公司	年产 12 万吨高端工模具钢轧板项目	月城镇	11000	9000
54	阿法拉伐(江阴)设备制造有限公司	年新增 40000 套换热器扩能项目	徐霞客镇	15000	6650
55	江苏尊阳电子科技有限公司	年产 60 亿颗集成电子封装项目	华士镇	52000	21044
56	江阴标榜汽车部件股份有限公司	新能源汽车电池冷却系统管理建设项目	华士镇	20558	4900
57	江阴标榜汽车部件股份有限公司	汽车动力系统连接管路及连接件扩产项目	华士镇	17572	1700
58	江阴方圆环锻法兰有限公司	年深加工 80000 吨风电关键部件项目	周庄镇	18000	3901
59	江阴市华方新能源高科设备有限公司	企业整厂搬迁扩能项目	周庄镇	15247	5826
60	江苏联诚精密合金科技有限公司	联诚精密机械智能及配套加工项目	新桥镇	100000	26280
61	江阴新易达汽车维修有限公司	年产 500 万套刹车盘和 500 万套汽车零部件新建项目	新桥镇	20000	19930
62	江阴亚成金属制品有限公司	年产 6500 吨高性能商品钢丝项目	新桥镇	12500	5500
63	江阴戎辉机械设备制造有限公司	年改装 150 台套特种车辆项目	新桥镇	10000	10000
64	江阴市恒润环锻有限公司	年产 5 万吨 12 兆瓦海上风电机组用大型精加工锻件扩能项目	祝塘镇	53830	9260
65	无锡必克液压股份有限公司	年产 30000 套精密液压零部件扩能项目	祝塘镇	20000	9050
66	无锡鹰贝精密液压有限公司	高精密液压部件项目	祝塘镇	16150	9680
合计				5132456	1482207

【27种产品通过省工业和信息化厅新产品(新技术)鉴定】 2021年,江阴市机电冶金行业有7个企业27种产品通过江苏省工业和信息化厅新产品(新技术)鉴定,分别是:江苏法尔胜路桥科技有限公司的"桥梁缆索用2200MPa锌铝合金镀层钢丝";江阴兴澄合金材料有限公司的"2200MPa级特高强度桥梁缆索用盘条和高耐磨针布钢丝用盘条";江阴德龙能源设备有限公司的"光伏高效电池组件无水无损划片机";江苏新扬子造船有限公司的"12690TEU集装箱船、新一代2700TEU集装箱船、新一代绿色82000DWT散货船、52000DWT散货船、MR50000DWT油轮、绿色环保型40000DWT散货船、绿色环保型38500DWT散货船、绿色环保型9150DWT成品油轮及化学品船、31800DWT大湖型散货船、12200TEU集装箱船和56000DWT散货船";江阴兴澄特种钢铁有限公司的"风电轴承滚动体退火银亮圆钢100GrMnSi6－4、高端风电变速箱滚道行星轮用连铸圆坯、高精度汽车用三销轴叉钢、高韧性低温压力容器用SA537CL2钢板、重型机械用高韧性超高强钢板Q890D和高均质易焊接大厚度海上风电用管桩板DH36－Z35钢";江苏法尔胜缆索有限公司的"悬索桥用φ6.00mm－2060MPa锌－10%铝－稀土多元合金镀层钢丝索股";江苏双良锅炉有限公司的"全自动燃气模块组装水管冷凝蒸汽锅炉SZS75－3.0/300－QT、模块组装式三锅筒中温中压双燃料锅炉SLG40－3.82/450－Q、大型管架结构散装高效节能水管燃气热水锅炉QXS91－1.6/130/70－Y.Q、全自动燃气火管空预冷凝蒸汽锅炉WNS15－1.6－QT和全自动燃气火管空预低氮蒸汽锅炉WNS10－2.5－QT"。 (张浩君)

2021年12月,中信泰富特钢集团开发出世界最大规格连铸圆坯,为世界首创 (市工信局提供)

电力工业

【概况】 2021年,江阴市有电力生产企业14个,其中江苏省调电厂5个,公用电厂5个,自备电厂4个,装机总容量680万千瓦,年发电量358.19亿千瓦时,比2020年增长25.9%;年供汽量2251.17万吨,比2020年减少1.9%;年供热量6753.71万吉焦,比2020年减少2%。全社会用电量292.91亿千瓦时,比2020年增长6.9%。工业用电量248.73亿千瓦时,比2020年增长5.68%。全市供用电总体保持平衡。

【电力安全整治】 2021年,江阴市电力安全生产专委会继续开展电力行业安全生产专项整治行动,强化行业监管责任、属地管理责任、企业主体责任落实,加大电力企业安全风险隐患排查整治力度,督促电力企业整改各级排查风险隐患133处,组织开展电力通道专项整治,消除一批长期存在的风险隐患,确保电网安全可靠运行。

【电力平衡管理】 2021年,根据江苏省、无锡市发改委统一部署,江阴市按58.4万千瓦时电力缺口编制有序用电错避峰方案。9月下旬至11月初,针对电网出现多年不遇的长时间、大面积电力缺口实际,市发改委会同市供电公司果断采取有力举措,在执行编制方案基础上迅速制定实施补充方案,确保电网运行平稳,电力供需平衡,落实国家和江苏省能源保供要求。 (陈　嘉　吴勇翔)

■类目编辑　朱其涛

数字经济

综　述

【概况】 2021 年，江阴市作为县域高质量发展的标兵范例和开局现代化新征程的先锋，主动担当国家使命，奋力抢抓时代机遇，深入学习贯彻中共十九届六中全会精神和中央经济工作会议精神及市委、市政府关于加快推动数字经济高质量发展的部署要求，以“南征北战、东西互搏”战略*为总路径，坚持高端定位、精准服务，推进信息基础设施和新型智慧城市建设，加快产业数字化转型提升，大力推进数字经济高质量发展，全市数字经济营收增幅16.8%，核心产业营收744.68亿元，其中物联网产业营收增幅15%，集成电路产业产值增幅10.4%，软件和信息技术服务产业业务收入增速12.1%，传感器营收50亿元。是年，江阴市入选“2021 中国数字治理百佳县市”；海澜智云科技有限公司、爱波瑞（江阴）科技发展有限公司入选工信部新一代信息技术与制造业融合发展试点示范（特色专业型工业互联网平台）名单。

【入选国家级试点示范名单】 2021年4月，工信部为推动新一代信息技术与制造业全要素、全产业链、全价值链的深度融合，加快制造业技术、模式、业态等创新和应用，在全国开展新一代信息技术与制造业融合发展试点示范实施方案及试点申报工作，针对两化融合管理体系贯标、特色专业型工业互联网平台、工业信息安全能力提升、中德智能制造合作4个方向14项细分项目进行评选。9月27日，遴选出194个试点示范单位，江阴市海澜智云科技有限公司海澜智云工业互联网平台节能环保领域典型应用项目，入选面向重点行业的特色型工业互联网平台示范名单；爱波瑞（江阴）科技发展有限公司精益数字化供应链平台区域典型应用项目，入选面向重点区域的特色型工业互联网平台示范名单。海澜智云工业互联网平台累计为21个行业的11417个企业提供服务，智能制造服务时长累计超3万小时，为江苏华昌化工股份有限公司、晋煤天庆煤化工有限责任公司、江阴兴澄特种钢铁有限公司、仁宝电子科技有限公司等企业打造一批典型的节能减排项目。平台服务的企业综合节能率25%～40%，年节约电量超2亿千瓦时，年节约标煤达7万吨，年减少碳排量达20万吨。爱波瑞（江阴）科技发展有限公司是智能制造领军型服务企业，主要产品与服务有LDC精益数字云、全价值链精益数字化咨询、智能制造人才培养、数字化工厂规划等，为相关40余个企业提供精益数字化转型综合解决方案，诊断测评服务，并为6个中小企业、2个大型企业实施精益数字化管理项目。公司面向制造业提供精益数字化供应链的相关服务，以链上大中小企业协同环节为突破口，基于异常管理最佳实践包（EMBP），分析影响交付状态的人机料法环测多个方面，帮助下游企业及时预测订单影响，调整生产计划及供应商评价；助力上游环节尤其是中小企业改善管理，与头部企业数字化管理水平保持一致，提升竞争力，赢取订单机会。

（孟恒清）

数字基础设施建设

【概况】 2021 年，江阴市全力推进数字经济基础设施建设和以5G为代表的信息化基础设施建设，网络基础设施日趋完备，云网基础支撑能力不断升级，数字经济基础设施建设得到不断完善，应用愈加广泛。至年底，全市累计建成开通5G基站3642个，具备主城区和重点镇区5G网络覆盖的能力，市域信号覆盖率超85%。城乡宽带接入水平持续提升，小区千兆光纤宽带全量升级。新一代信息技术进一步支撑传统产业的数字化、网络化和智能化转型，智慧城市建设、乡村振兴战略推进，形成丰富多样的融合应用场景。

【中国电信江阴分公司】 2021 年，中国电信集团公司江阴分公司（以下简称“电信公司”）深入推进“光网城市·智慧江阴”战略合作，加速5G新基建。全年建设开通5G基站748个，累计建设开通1550个，实现江阴主城区及各镇区的基本覆盖。完成市区新型城域网架构建设，扩容10GPON端口近万个，全量升级小区千兆光纤宽带。实施乡村振兴战略，加快建设信息化农村社会治安防控体系。在全市多个镇（街道）实现数字乡村平台覆盖，打造智慧社区。同时，依托天翼看家平台，助力"平安乡村"建设。推广园区企业5G+工业互联网应用,分别在市内三房巷集团有限公司、双良节能系统股份有限公司等企业车间上线5G+数采及扫码业务;在华兰药用新材料股份有限公司、三房巷集团有限公司等企业实现5G+智能AGV应用落地,利用数字化技术赋能企业转型。在智慧交通、教育和公安等领域,广泛利用信息技术,助推智慧城市建设。搭建覆盖全市范围的超限超载综合信息管理平台,打造江阴交通运输领域5G标杆项目。承接全市40所中小学校技防校园建设项目,全面提升学校信息化应用能力和教学服务水平。深化构筑市智慧城市三级网格化综合管理联动体系,形成智慧城市大脑雏形。建成江阴市网络空间安全实训基地,强化网信安全支撑。运用物联网技术,推广智慧叉车、智慧燃气、油烟监测等应用,提升城市安全水平。围绕网信安全日、建党100周年重大节点保障,开展"护航2021"专项行动。全年完成建党百年通信保障、汛期通信保障、中高考通信保障、物联网高峰论坛、节假日通信保障等11次重要通信保障任务,累计参与保障人员76人次。落实骚扰电话专项整治,强化网络与信息安全。开展"我为客户办实事解难题,全员服务在行动"专项活动,抓好服务质量,推进提升用户满意率。加快"智慧爱心翼站"专区建设,将志愿服务作为"我为群众办实事"的重要实践内容,为户外工作者、老年人提供贴心温暖的智慧化服务,打造有电信特色的智慧化为民服务品牌。　(盛英豪)

【中国移动江阴分公司】 2021年,中国移动通信集团江苏有限公司江阴分公司(以下简称"江阴移动")准确把握数字化时代特征,响应新基建战略号召,围绕江阴市创新驱动核心战略和产业强市主导战略,不断加大信息基础设施建设力度,加强5G、云计算、大数据、物联网、人工智能等新一代信息技术布局和应用研究,在疫情防控保障、5G网络建设、通信服务保障、智慧城市建设、文明城市创建等重点领域贡献智慧力量。推出多种信息化服务,全力支持一线防疫,助力打赢疫情防控阻击战。成立"火眼"党员突击小组第一时间赶赴现场,确保"火眼"实验室网络运行稳定;紧急安装开通262个核酸采样点专线、16条监控线路,助力52场次核酸检测压力测试通信保障和核酸检测点现场保障;完成老体育馆等17处疫苗接种点网络容量扩充;开展40余处"电子封条"安装点位NBiot(窄带物联网)网络调测与优化工作。助力疫情防控指挥调度,主动对接市防疫指挥部、疾控中心和医院等防疫部门,支撑云视讯远程会议系统;为市卫健委、应急中心、医院等防疫关键部门及物业等单位提供"和对讲"服务;高效完成隔离区域视频监控、隔离酒店网络专线等安装部署;开发物联网红外门控和智能门磁,助力社区对居家隔离观察人员进行跟踪;实行24小时双人值班制度,确保市委、市政府疫情防控相关公益短信发送指令"五分钟内响应,半小时内发出",累计发布相关公益短信1000万条,累计为100余万名用户提供防疫视频彩铃服务;利用大数据,助力各镇(街道)精准通知、智慧防疫。大力推进"新基建"落地,至年底,建成5G基站超2000个。重点推进南沿江城际铁路、锡澄轨道S1线、第二过江通道、霞客湾科学城等项目的提前规划。启动数据中心机房建设,总投资超3000万元。推动5G工业互联网融合发展,促进地方产业转型升级和高质量发展,完成5G专网签约项目13项。与海澜集团共同打造的5G智慧工厂项目,在第四届全国"绽放杯"5G应用征集大赛标杆赛中获铜奖;与利电集团共同打造5G智慧电厂项目落地堆取料机远程控制和石子煤AGV搬运两个应用场景。提供优质网络服务保障,持续优化重点场景4G网络质量,高铁、高速、风景区等重要窗口场景覆盖率均在99.9%以上。开展600余个居民区电梯、地下室网络专项工程,解决信号盲区。完成海澜飞马奖颁奖、端午龙舟赛应急通信等数十次网络保障;连续作战15日助力顺丰"双十一"物流扫货。提前准备物资,全力抗击台风"烟花"。完成9次强降雨保障,出动人员137人次、车辆89辆次,抢修基站178个。全面推进"宽带+5G+Wi-Fi"全千兆建设,至年底,江阴移动宽带覆盖家庭超80万户,宽带用户平均接入带宽310Mbps;所有小区具备千兆宽带接入能力;率先将Wi-Fi6技术运用到千兆家庭网中,并推出定制化全屋Wi-Fi升级活动,为用户提供个性化家庭网络优化方案,做到Wi-Fi处处直达。做好适老化服务,在移动营业厅、社区服务中心等开展"老年手机课堂"150余场,服务用户人数1万余人。江阴移动紧密结合江阴新型智慧城市建设要求,发挥网络、资源、品牌优势,融合物联网、云计算、大数据等新一代信息技术服务能力,提供多样化的信息化解决方案。参与江阴市政务云等数字政府应用建设,搭建覆盖全市的政务信息资源汇聚及应用服务平台,加快云计算技术的落地部署,在社会治理、民生应用、行业发展等各类场景推进"上云"。加快全社会"上云"步伐,全年累计新开通桌面云超千台,涵盖制造、教育、金融等行业。与江阴—靖江工业园区和新桥镇、顾山镇等签订5G战略合作协议,与顾山镇红豆村等多个村签订数字乡村战略合作协议,参与市医保局"互联网+监管"项目,保障医保定点机构的有序经营;为市政法委等多个部门提供舆情分析服务;为市文旅局建设旅游大数据服务平台,为市民提供全域旅游大数据服务。与江苏江南水务股份有限公司、天力燃气有限公司合作智能抄表系统,与城兖停车管理有限公司合作NB-IoT智能停车管理系统,与澄江街道合作智能燃气报警管理系统等。与安科瑞电器制造有限公司合作基于远抄的企业能耗管理应用和与云丁网络技术(北京)有限公司旗下鹿客智能化业务(鹿客)合作基于蜂窝网络的智能门锁管理,以及与环卫所、特殊垃圾管理站合作基于LST设备的特种车辆管理系统。针对老旧小区改造,配合居委、村委开展线缆整治、雨污分流、"四乱一高"(线路乱、管沟乱、标识乱、管理乱、安全风险高)整治等工作。其中江阴移动承担改造面积10.29万平方米,至年底,完成华泰御花园、公安宿舍、黄龙三村等9个老小区改造,惠及用户1.6万余户;牵头宜居小区通信配套建设34个,覆盖住户1.7万户。配合做好“美丽乡村”整治工作,投入500万元以上,完成200余个自然村的重点整治。重点攻坚整治长泾镇人民路等街道、小区;完成周庄镇陶城村城头上等119处供电拔杆的迁改。

(汪海欧)

【中国联通江阴分公司】 2021年,中国联合网络通信有限公司江阴市分公司(以下简称“江阴联通”)以“大联接、大计算、大数据、大应用、大安全”思维,服务政府、助力行业、惠及百姓。江阴联通把握数字产业化和产业数字化发展机遇,以信息化、数字化、智能化建设为抓手,通过发挥云网一体化优势,依托大数据技术积极参与智慧城市建设、乡村振兴战略、行业智能数字化转型。在全网开展无线网结构优化调整工程,新建、替代、搬迁、调整904个基站,理顺无线网络结构,实现无线网络结构层+延伸层精准覆盖的工作目标。在城区利用现网资源,采用结构层+延伸层网络布局,调整覆盖,降低干扰,解决深度覆盖问题,在镇(街道)利用L900基站优势,采用创新手段,解决广度覆盖问题。持续推进城域网和千兆光网建设力度,具备200Gbps传输能力的核心骨干网络,宽带用户平均接入带宽达500Mbps。全年新增10G PON口1040个,市区及重点镇(街道)实现千兆宽带接入100%覆盖。完成全市5个社区的飞线整治,77杆千米道路通信线路整治,完成祝塘镇大龚家村、青阳镇小桥头村美丽农村人居环境建设,完成萧山路、文化路、澄山路等18条道路的线路整治、光缆入地工作。深度实施无锡市江阴生态环境局企业污染治理设施环保用电工况项目,提高重点污染企业单位的环保能力与管理水平。参与燃气泄漏报警的物联网在线监控平台项目建设,解决政府的燃气使用安全管理痛点。助力市市场监督管理局智慧叉车项目的签约和落地,提升特种设备的安全生产管控水平。打造周庄镇宗言村的数字乡村平台,创新建立乡村治理的新模式。完成徐霞客镇学校教室照明改造工程,投资建设市公安交警高速公路智慧卡口信息化项目和市公安局、市城市更新有限公司道路智能交通安全设施更新与新增项目,实现道路和车辆的智慧化管控。投资建设江阴部分老旧小区智能化改造30万平方米。为街道和社区提供联通AI机器人、大数据、门磁等物联网和云产品,全面助力抗疫行动。江阴联通按照《政府工作报告》要求,落实提速降费国家战略,通过丰富套餐内容、提升套餐价值、流量加量不加价等举措抓好精准降费的落地实施工作。响应江阴市政府《关于江阴市推进四大行业领域整治工作实施方案》要求,重点在打击电信网络诈骗、用户信息资料保护、加强实名登记管控、强化计收监督管理、行业端口管理和审核治理垃圾短信五方面加强客户权益服务保障,维护客户合法权益。

(石钰婷)

【江苏有线江阴分公司】 2021年,江苏有线网络发展有限责任公司江阴分公司(以下简称“江苏有线江阴分公司”)发挥自身“党媒政网民屏”属性优势,以新应用、新服务满足人民群众日益增长的公共文化需求,以新思路、新技术支撑市委、市政府采用信息化手段执政为民的需要,在智慧城市建设、公共服务、基层社会治理等多个领域创新建设智慧广电项目。全力推进“一云、双网、三用、四统、5G、多屏”产业平台及“4K江苏、智慧广电”业务平台建设,创新推出“智慧家园”综合管理服务平台,依托江苏有线电视网络资源,运用物联网、大数据、智慧化云平台等新一代信息技术解决社会治理难点和监管痛点,全方位、多维度感知、识别和采集区域人员、车辆、公共安全设施等社会治理要素信息,构建涵盖社区建设、管理、服务与小区物业、社会组织、和谐邻里、便民服务等为一体的社区协同管理服务平台,为社区、小区物业的服务和管理提供强有力的信息化支撑。是年,“江阴智慧家园”项目签约18个小区,其中建成在用4个,在建5个,被江苏省广播电视局评为2021年度江苏省智慧广电示范项目。江阴高新区、周庄镇智慧广电乡村工程和江阴市三务公开“户户通”平台升级项目均高分通过省专家组复评验收,为智慧镇村平台在全市复制推广提供保障。筑牢织密疫情“防护网”,全力做好市委、市政府、各部委办局视频会议和应急广播保障,全年参与全市各类视频会议保障138次,发布应急信息2791条,累计播放时长1.4万小时。配合市文明城市创建,开展辖区内线路巡查专项整治工作,参与地下管网巡检2100人次,巡检地下管线长度1600千米,拆除非法安装的“小耳朵”300余套。启动广电网络健康档案平台建设,完成重保期网络安全防护专项工作。着力构建高速、泛在、智慧、安全的新型有线电视网络,围绕“网络提质工程”,加快推进广电网络向光纤化、IP化转型,全面开展BOSS云平台和FTTH网改工程建设,为实现有线电视网络与融合媒体、5G移动网等新兴业态和传播渠道的相互融通及协同服务,为有线电视网络“云、网、端”资源要素的有效整合提供有效支撑。

(张媛媛)

【夯实数字基座】 2021年,江阴市大数据中心进一步提升云网基础支撑能力,加快推进云网融合的政务信息化基础设施建设。不断优化政务云平台,全市政务云核心平台承载包括市大数据中心、融媒体中心、行政审批局等49个部门及其他单位团体的243个应用系统,政务云平台部署虚机数量1181台。政务外网实现全面覆盖,全面完成市、镇(街道)、村三级接入改造工作,电子政务外网实现全网实名制认证上网,接入部门单位286个,实现100%全覆盖。整合集约网络节约线路,严格执行政务网络线路框架协议,对全市各部门分散的网络租赁统建统管,加强整合机柜和专线的同时,严控新增线路及机柜,通过多项措施并行,线路租赁费由2020年的1284万元下降至2021年的1212万元。

(陈　玲)

核心产业发展

【概况】 2021年,江阴市政府制定《江阴市加快推进数字经济高质量发展2021年工作要点》，明确年度任务，要求责任单位认真抓好贯彻落实，统筹推进全市数字经济高质量发展；出台《关于大力推进产业强市建设构建现代产业体系的若干政策意见》《关于实施“暨阳英才计划”升级版2.0打造人才引育新高地的实施意见》等系列数字经济相关支持政策，在产业培育、企业发展、创新平台、创业孵化、人才引培、基金设立等多方面支持数字经济发展，并争取江苏省、无锡市资金和项目支持。年内，围绕物联网、集成电路等关键产业，做实运行监测，强化部门联动，抓细目标任务分解。全市数字经济核心产业营收突破700亿元，增幅超16%。江阴兴澄特种钢铁有限公司轧钢设备故障预警与健康管理APP入选2021年工业互联网APP优秀解决方案，江阴高新技术创业中心被认定为无锡市物联网特色园区，江阴安科瑞电器制造有限公司和海澜智云科技有限公司被认定为无锡市物联网平台型企业；有16个企业获评无锡市数字经济“百家强实力型企业”，有16个企业获评无锡市数字经济“百家高成长型企业”，新增江阴恒峰塑玻有限公司5G＋云MES、华兰生物工程股份有限公司5G＋厂区智能物流、璜土镇智慧葡萄园标准种植信息化建设项目等5G应用项目签约18项。

【打造集成电路产业集群】 2021年，江阴集成电路设计创新中心依托江阴在集成电路封测领域的优势资源，围绕国家产业发展战略与江阴市产业发展需求，先后引进11个企业，江苏尊阳集成电路封测基地首期项目落成打造平台型产业园，进一步稳定产业供应链。4月13日，集成电路材料产业技术创新联盟与江苏长电科技股份有限公司联合主办的封装材料对接研讨会在江阴市召开，会议促进上下游协同发展的创新机制形成，加快推进封装材料的国产化量产应用。江苏长电科技股份有限公司参与的“高密度高可靠电子封装关键技术及成套工艺”项目入选2020年度国家科学技术进步一等奖，江阴集成电路设计创新中心荣登“科创中国”2021全球百佳技术转移案例榜单。

2021年9月，长电科技参与的“高密度高可靠电子封装关键技术及成套工艺”项目获2020年度国家科学技术进步一等奖 （陈 燕 摄）

【数字经济产业发展重点项目建设】 2021年，江阴市根据《江阴市加快推进数字经济高质量发展2021年工作要点》基本目标，围绕新一代信息技术产业、制造业数字化、服务业和农业数字化4个方面15项具体目标，攻坚克难，全力突破，盛合晶微半导体（江阴）有限公司二期项目第一阶段完成投资额4.7亿美元，江阴新杰科技有限公司项目完成投入建设资金1.8亿元，瀚宇博德科技（江阴）有限公司完成设备投资3.05亿元；江苏卓尔诺光电科技有限公司光电材料（不含危险品）、江阴康瑞卫智达科技有限责任公司精密零部件、江苏智建美住智能建筑科技有限公司智慧移动建筑、江苏深绿新能源科技有限公司深冷储运设备等项目顺利推进，部分投产；双良智慧能源管理有限公司能效管控平台、江苏富仁工业物联网有限公司工业互联网、海澜智云科技有限公司工业互联网智慧云平台等应用示范项目顺利推进。大数据中心建设得到大力推进，物联网应用水平不断提升。

【智慧能源绿色制造高峰论坛召开】 2021年10月22日，2021世界物联网博览会智慧能源绿色制造高峰论坛在江阴马儿岛酒店举行。国内相关行业协会负责人、专家学者、企业代表350人参会，围绕“绿色技术、低碳未来”主题，聚焦碳达峰、碳中和战略目标，交流新能源应用趋势，携手展望绿色发展美好未来。中国企业联合会、中国企业家协会党委书记、常务副会长兼理事长朱宏任作视频致辞。中国企业联合会、中国企业家协会党委委员、常务副理事长史向辉等嘉宾出席论坛，中国工程院院士、合肥工业大学教授杨善林，全国政协十三届委员、北京汽车集团有限公司原党委书记、董事长徐和谊，中国投资协会副会长袁英华，中国国际工程咨询有限公司科技委副主任黄峰作主旨演讲。论坛现场，海澜智云科技有限公司发布海澜智云实时优化控制系统HL-RTO。该系统应用于多场景工业现场的实时优化控制软件，贯穿工业生产流程，通过对“人、机、料、法、环”进行建模分析及智控，实现生产过程实时优化，强化企业运营决策能力，实现精益化生产，全面提升企业的综合竞争力。能源和化工行业的专家学者还参加了两场平行论坛，围绕“双碳目标驱动冶金行业高质量发展”和“双碳目标驱动能源化工企业高质量发展”两个主题，展开深入的交流探讨，共同探讨“双碳”目标下的行业变革与发展，以及制造业数字化转型进程，共同感受智慧能源、绿色制造的澎湃浪潮，共同憧憬绿色技术、低碳未来的美好前景。 （陈 燕）

2021 年 10 月,世界物联网博览会智慧能源绿色制造高峰论坛在江阴市举行 (陈 燕 摄)

产业数字化转型

【概况】 2021 年,江阴市紧紧围绕江苏省、无锡市在智能制造领域确定的发展目标、发展方向和重点任务,为加快提升全市企业智能制造水平,出台新一轮产业强市政策,着重支持企业智能制造,对智能制造、工业互联网、两化融合相关省级及以上创牌奖励进行优化。抓住智能示范申报重点,坚持“摸底一批、梳理一批、培育一批、创成一批”的思路,支持更多企业申报国家、省、无锡市级智能制造试点示范项目,更广范围开展“点线面块”式智能化改造,以产业数字化激发经济发展新动能;加快长三角(江阴)数字创新港、启星智能制造产业园发展,推进新桥智能制造示范镇建设。海澜智云科技有限公司、爱波瑞(江阴)科技发展有限公司入选工信部新一代信息技术与制造业融合发展试点示范名单,江苏雪豹日化有限公司获评江苏省工业互联网发展示范企业(标杆工厂类),江苏阳光集团等 34 个企业获评江苏省两化融合管理体系(升级版)贯标试点企业,江阴兴澄特种钢铁有限公司、江苏捷豹针织制衣有限公司获评无锡智能工厂,远景动力技术(江苏)有限公司等 27 个企业车间获评无锡智能车间。

【新桥智能制造示范镇建设】 2021 年,江阴市新桥镇拥有海澜智云科技有限公司、爱波瑞(江苏)科技发展有限公司 2 个国家级创牌企业和 18 个省级创牌企业(项目),传统产业从建立智能生产线向建立智能车间推进,提高产能及整体自动化水平,一批中小骨干型企业向“专精特新”迈进,完成高新技术企业申报 15 个。海澜智云科技有限公司以工业互联网智慧云平台为基础,对企业的生产流程和管理方式进行数字化、网络化、智能化改造,与全国钢铁、石化、煤化工等行业头部企业合作,帮助企业实现降本降耗、提产增效,进军科创板。以海澜“新零售”为代表,全镇服装企业提升个性化定制、综合解决方案等一站式服务,实现全产业链创新。阳光“交管”4.0 项目和智慧精亚等云平台初步搭建完成,引导更多企业在更广阔的云空间,实现裂变发展,形成数字产业新高地。 (孟恒清)

【工业互联网标识解析二级节点上线】 2021 年 8 月 26 日,江阴市工业互联网标识解析二级节点上线仪式在临港经济开发区长三角(江阴)数字创新港举行。由江苏阳光集团有限公司、江苏富仁工业物联网有限公司分别建设的工业互联网标识解析二级节点成功上线,标志全市工业互联网标识解析体系的建设和应用部署进入新阶段,为临港经济开发区及江阴的“产业数字化、数字产业化”注入全新动能,也为临港经济开发区构建“互联网 + 先进制造业”新生态打下坚实基础。工业互联网体系中,网络是基础,而标识是网络的基础。该体系有助于掌握网络主权,实现以国内循环为主、国内国际双循环的自主可控网络体系;有助于推进编码统一,将企业码、行业码趋于统一,达到异构数据互联互通,为数字孪生提供支撑;有助于实现质量全程追溯,从而提升品牌价值,为培育工业互联网电商奠定基础;有助于推动数据确权,为数据归集、分类、可信交易,实现“用数赋智”创造条件。江阴市积极开展工业互联网标识解析二级节点建设工作,联合龙头企业着眼全行业全领域,打造接入企业数、标识注册量、标识解析量全国领先的二级节点标杆,进一步发掘标识应用价值,打造二级节点“江阴品牌”。年内,全市建成工业互联网标识解析二级节点 2 个,开发标识 + 智能化生产追溯、标识 + 产品全生命周期管理、标识 + 供应链优化管理、标识 + 产品追溯、标识 + 防伪防窜货等行业应用场景,为 445 个企业提供标识解析服务,累计标识注册量 10.8 亿个,标识解析量 4 亿次。 (费 希)

【传统商贸向电子商务拓展】 2021 年,江阴市商务局以国家电子商务进农村综合示范工作建设为契机,精准对接、持续发力,全市网络销售额达 189.43 亿元,比 2020 年增长 8.5%;农产品网络销售额 2.25 亿元,比 2020 年增长 8.2%。市级电商公共服务中心各个功能区域全部建设完成并投入使用。成立江阴电子商务法律服务平台,创新实验室正式运行,为企业在产品研发、定价、营销方案上精准定位。打造 10 个镇(街道)级电商公共服务中心和 120 个村级电商服务站。

【推动农业数字化转型】 2021 年,江阴市加快推进物联网、大数据、智能装备、可视农业等现代信息技术在农业生产领域的融合应用,搭建全市农业社会化服务云数据中心平台,推进农业数字化转型和管理现代化发展进程。全市设施农业物联网覆盖率达到江苏省级要求,入选全省“互联网 + ”农产品出村进城工程试点县,江阴市现代农业园区农产品全程品质管控智慧平台、市农业全程社会化服务智慧平台两项成果,入选 2021 年江苏省数字农业农村新技术新产品新模式优秀案例。 (陈 燕)

数字治理

【概况】 2021年,江阴市持续推进数字技术全面赋能社会治理,夯实大数据基础,深化“放管服”*改革,“互联网+政务服务”和“不见面审批(服务)”持续推广,教育、就业、养老、社保、救助等民生领域服务场景数字化应用不断普及,数字治理体系和治理能力现代化水平得到不断提升。

【大数据开放共享与应用试验区建设】 2021年,江阴市以大数据助力实体经济发展为重点,出台《江阴市大数据开放共享与应用试验区建设两年实施方案(2021—2022年)》,重点从产业支撑、开放共享、数据应用、配套机制4个方面24项任务开展数据开放共享与应用探索,实施大数据共享提升工程。年内,发布《江阴市政务信息系统元数据标准》和《江阴市政务信息系统接口设计规范》等规范要求;新增经济治理专题库,围绕江阴市重点攻坚项目工业园区改造,归集企业注册登记信息、税收数据、第四次经济普查、企业占地、不动产抵押等135个市场主体注册经营相关资源累计3400万条数据量。至年底,新增归集数据量超2.75亿条,新增数据集165个,新增交换量超30亿条,为个人全生命周期“一件事”、全国房屋普查、人大代表换届选举等25个应用提供数据服务,累计支撑各类新型应用101个。

【多源异构数据资源归集】 2021年,江阴市加大数据汇聚力度,持续补充全市多源异构数据资源池。通过争取落地10类核心电子证照,包括出生医学证明、结婚证、离婚证、营业执照、残疾人证、身份证、户口本、驾驶证、行驶证、不动产权证等,弥补全市共享电子证照数据的空白,全力支撑2021年江阴市为民办实事工程个人全生命周期“一件事”改革,提供超26万次证照调用,大数据在政务服务领域的改革成效得到进一步巩固。同时,电子证照还用于市电力系统接电办电环节,精简办事材料,营商环境得到优化。争取与省人社和医保新平台资源对接,实时跟进市人社局和医保局切换省业务平台情况,年内争取到30个省人社接口和17个省医保接口,有效弥补江阴系统条线化后数据共享困难。至年底,市大数据平台汇聚全市58个部门超20亿条数据。

【融入全省大数据一体化建设】 2021年,江阴市持续深化大数据资源动态管理模式,主动融入全省大数据一体化建设。年内,江阴市成为目录级联试点区县之一,首次实现锡澄目录级联,全市依托市大数据平台,实现市级75个资源目录,272项数据项的目录级联,助力全省大数据建设一体化。首次开展全市政务服务事项专项目录梳理,大数据中心联合市行政审批局,完成对全市32个部门778项政务服务事项的目录梳理,为支撑“一网通办”、优化营商环境等重点工作打好基础。

【数据标准化建设】 2021年,江阴市大数据中心编制完成《政务信息系统元数据标准》和《政务信息系统接口设计规范》,涉及人员、机构、时间、金融、位置5个大类的46个公共数据元标准,组织市教育局、公安局、民政局、住建局、交通运输局等13个信息化重点建设单位,展开公共数据标准研讨,进行贯标试点,促进各职能部门形成学标准、识标准、用标准的工作意识和习惯,对数据质量决定共享应用成效的关键因素形成共识,从源头上进一步提升数据质量。至年底,数据标准在市统计局、审批局等部门新建信息化系统中实现应用。 (李春香)

【大数据助力疫情防控】 2021年,江阴市大数据中心围绕疫情防控,构筑市县两级疫情敏感数据传输中枢,先后向市公安局推送预制码、核酸检测、采样点等信息492万条。市疫情防控数据专班在数据分析监测、防控调度等方面充分发挥数据支撑作用,以数为盾,助力实现风险地区旅居史人员数据的“接收—研判—分发—反馈—审核”闭环跟踪和全程可溯。专班全年累计接收并核查上级下发涉疫数据1611批42万余条,跟踪督导审核19.76万条数据反馈质量确保质态,以数据核查托底精准疫情防控,用科技硬实力密实网格,扎牢防控底线,为打赢疫情防控阻击战提供高能支撑。 (蒋孙珺)

【“最江阴”生活服务平台优化】 2021年,江阴市融媒体中心以推进全市第一批“我为群众办实事”项目为契机,全面开展“最江阴”APP改版升级工作。通过外出考察调研,结合平台实际运行情况,围绕政务服务、文化教育、交通出行、健康医疗、便民服务、公益服务、舆论引导、社群互动8个方面进行需求梳理,全面提升优化使用功能,实现“大澄小事”简单“一点”,助推服务群众更加高效。8月1日上线全新版本。全年新增“一件事”、少年宫培训报名、网络课堂等14项功能。其中少年宫培训报名功能,解决少年宫培训报名难、排队拥挤等问题,暑期及秋季班累计报名1.4万余人次,涉及报名金额超1400万元。至年底,“最江阴”APP累计下载超120万次,累计注册用户数超80万人,高峰期日活量15万次,功能访问总量超4700万次。 (陶志宇)

【沿江防控网络护航长江大保护】 2021年,江阴市公安局加强全市35千米长江沿线智能化监测网络建设,持续织密和补盲,合理布置视频监控、图像抓拍、电子围栏和制高点探头等物联感知前端设备;新增联网接入海事、水利部门和相关企事业单位的监控资源566路,以及AR鹰眼、重载云台、透雾相机和结构化相机等特种设备22套,架设电围设备4套,实现对重点区域、重点道路、重点单位的多模态数据采集,形成重点航道水域、重点岸线区域和重点道路全封控的“三封控”布局,有力提升长江水域感知能力水平。依托公安水警大队综合指挥室升级改造为长江流域指挥调度中心,配备一键高清点调、无线图传、数字集群等通信调度设施,设置指挥调度、情报研判、信息处理、渔政执法、质态监管、支撑保障6个功能区,供海事、水利、农业农村等职能部门现场办公,便于联动指挥处置。

【水域智能感知“一张网”】 2021年,江阴市公安局扎实做好长江禁捕退捕和综合治理工作,借“智慧警务”改革发展东风,为水域安全防控治理注入科技能量,使水域警务向精细转变、向线上交汇。结合新一代“雪亮工程”建设,谋划符合自身发展定位的水域管理措施,将建设沿江技防网络工程纳入2021年度十大重点工作。市公安警务于年初启动长江禁捕退捕信息化防控“江盾”平台,7月中旬投入试运行,实现对重点水域和沿江地带技防措施的堵漏补盲。该平台通过数据赋能,将公安指挥调度体系与市智慧城市综合管理平台融合对接,发现、接报的江域警情、案事件,通过平台与渔政、海事、商务等部门双向一体流转。该平台最大限度消除“信息孤岛”,打破原先区域间、政府部门间对于涉江警情、案事件处置“各自为战”的格局。在此基础上,通过召开联席会议,建立健全职能部门协作机制,有效提升打击水域违法犯罪、应急处突及水域监管等方面的能力水平。市公安警务立足打造科学高效的水上勤务指挥体系,以升级后的水警综合指挥室为中心枢纽,全面整合融汇海事、水利、沿江企业等单位的视频监控,构建成“封闭成环、汇聚成网”的立体化网络,统筹协调沿江8个派出所涉水案事件的处置。同时增设AR鹰眼、红外热成像、无人机等新型智慧技防装备,制定完善的人防、技防巡查制度,全时段掌握江上动态和沿江地带人车流量情况,确保及时发现、处置潜在安全隐患。 (江亚东)

【“数”聚“一件事”服务改革】 2021年,江阴市行政审批局出台《关于加快推进个人全生命周期“一件事”改革的实施方案》,明确10项个人“一件事”改革任务(出生、入学、退役军人、结婚、离婚、人才引进、就业、失业、退休、身后),同时“一件事”改革被纳入全市2021年为民办实事工程之一。该项目以用户思维为导向,以业务需求为指引,依次梳理业务事项,打通数据壁垒,再造办事流程,逐步联通审批链中各个系统,实现多个事项并联办理,提供江苏政务服务PC端、移动端、“最江阴”、公安微警务等多种申报渠道,业务办理覆盖市、镇(街道)、村三级。其中“出生一件事”融合新生儿户口登记、医保参保登记、社保卡一站式业务办理,实现政务办事少跑腿、“零”跑腿,干群关系近距离、“零”距离。年内,市大数据平台累计为“一件事”应用提供74项共享资源的查询服务,支撑电子证照查询超3.5万次,证照结构化数据查询近2万次,市民卡业务状态协同超7万次,常住人口信息查询超2.9万次。 (陈玲 侯蓓)

【江阴智慧教育/校园建设】 2019年11月8日,江阴市政府下发《江阴市教育高质量发展三年行动计划(2020—2022年)》,该计划项目是以教育部提出的“三全两高一大”(教学应用覆盖全体教师、学习应用覆盖全体适龄学生、数字校园建设覆盖全体学校,信息化应用水平和师生信息素养普遍提高,建成“互联网+教育”大平台)为发展目标,全面实施教育信息化2.0行动计划。计划明确将智慧教育创新发展项目作为三年行动计划中的一项重要项目,3年先后投入配套建设资金6000万元,推进智慧教育建设。2021年8月3日,江阴智慧教育一期项目通过由市工信局组织的竣工验收。该项目主要围绕江阴智慧教育云平台、智慧教育数据中心和智慧教育教学应用系统等方面展开建设,软件平台、“班班通”多媒体教学系统、教室无线扩声系统、智慧课堂、录播教室以及机器人科创空间等项目及应用系统投入使用,云系统部署到位并正常提供服务,教育软硬件设施完成升级,全市教育信息化的保障和支撑体系得到完善。江阴市还积极推进智慧校园建设,引导各级各类学校申报无锡市智慧校园试点校、示范校以及江苏省智慧校园合格校、示范校。至年末,全市有3所江苏省智慧校园示范校,80所江苏省智慧校园合格校,6所无锡市智慧校园示范校,80所无锡市智慧校园试点校。江苏省智慧校园合格校达标率83.3%,提前完成省定目标。市教育局通过智慧校园建设,培育智慧校园示范项目,建设智慧教育云平台,有效推动智慧教育数字化资源共建共享,促进信息技术与教育教学的全面深度融合。 (万增林)

【人社一体化信息平台上线】 2021年,江阴市人社局充分发挥江苏省人社一体化信息平台业务联动、板块协同、数据共享优势,打造省集中一体化信息平台,该平台融合信息化建设最新理念和最新技术的省、市、县(市、区)、街道(乡镇)、社区(村)五级人社经办业务、行政审批和公共服务纵向集中统一、横向集约整合、纵横联动协同的全业务平台。5月,该平台成功上线,在业务板块协同、数据信息共享基础上,办事流程和提供材料大幅精简、业务经办全面提速,80%以上业务实现即办,实现“平台快办”;全面推广“网上办”,实现人社业务在家办、随时办、自助办、掌上办,实现“网上即办”;在全市17个镇(街道)政务服务中心设立人社业务窗口,71项便民业务直通基层、全市通办,实现“就近可办”。 (陈华)

【国家医保信息平台在江阴上线】 2021年,江阴市贯彻落实关于深化医疗保障制度改革的决策部署,为参保人员提供便捷高效的医保服务。5月中旬,启动国家医保信息平台上线准备工作,先后高标准完成

2021年7月中旬投运的长江大保护江盾平台 (江亚东 摄)

医保信息业务编码贯标、接口改造、政策适配、数据清洗转换迁移等工作。建立医保、工信、人社、卫健、税务部门和网信办等多部门工作协调和应急响应机制，严密组织突发事件预警、预防和应急响应。10月25日，该平台在江阴联网上线，促使江阴医保信息化建设工作的规范、统一、高效。（刘向宇）

【智慧住建综合管理平台建设】 2021年，江阴市住建局为实现全市住建数字化转型，助推城市建设管理升级，促进住房和城乡建设事业高质量发展，打造智慧住建监管平台，通过大数据应用，整合全市住房和城乡建设领域的资源，以信息化、数字化、智能化提升管理效率与服务能力，做到"用数据说话、以数据管理、靠数据决策、依数据创新"，为治理模式创新提供数据服务工具和实现路径。该平台汇聚住建全领域、建筑全生命周期纵向业务数据、相关部门横向业务数据，形成江阴住建"大数据"中心，实现数据空间立体、实时动态、翔实权威、共享开放，打造全市唯一的房屋建筑物、幕墙、地下空间、电梯、物业小区、城市部件等对象信息全集，并在此基础上采用地图、二三维可视化专题呈现现状、变化与趋势。（张　建）

数字经济生态培育

【概况】 2021年，江阴市着力于数字经济发展生态环境建设。成立大数据国资公司，推动城市各领域数据的开放流通和价值挖掘；投运南理工工业互联网研究院，进一步放大南理工江阴校区大学的人才优势和科研实力；联合园区、行业协会等搭建数字经济交流沟通平台，定期推送行业动态、政策信息、活动公告、企业动态、供需对接等，营造数字化转型良好氛围。

【江阴市大数据股份有限公司成立】 2021年1月，在国家大数据战略推动下，围绕勇当县域高质量发展排头兵的发展定位，江阴传媒集团有限公司联合市保安服务有限公司、

2021年5月28日，江阴数字化转型高峰论坛现场　　（顾朝娟 摄）

新国联集团有限公司、江苏江南水务股份有限公司、交通产业集团有限公司、公用事业产业发展有限公司、人民医院医疗集团以及中医院医疗集团，共同建立江阴市大数据股份有限公司。公司推动城市各领域数据的开放流通和价值挖掘，丰富共享开放的大数据应用体系；参与全市信息化项目开发、建设、维保等工作；参与智慧城市项目建设、运营、维护和投资管理；负责统一"最江阴"APP城市综合服务平台功能整合、运营维护、宣传推广；参与全市大数据基础设施建设，培育大数据产业链，打造大数据产业园，加强相关企业和人才的引育。公司的成立，为推进新型智慧城市建设提供强劲动力，全市大数据资源的高效采集、有效整合和深化应用也得到进一步加强。（汤默含）

【南理工工业互联网研究院投运】 2021年10月18日，南理工工业互联网研究院投运暨长三角工业互联网深化应用合作大会在江阴临港经济开发区长三角（江阴）数字创新港举行。该院的投运，南理工江阴校区的人才优势和科研实力在江阴得到进一步放大，研究、实训、双创、孵化等功能平台的完善，推动江阴区域教育链、人才链、创新链与产业链的有机深度融合。临港经济开发区以南理工工业互联网研究院投运为契机，充分依托南理工江阴校区科创优势、人才优势以及临港产业资源禀赋，全面促进产学研深度合作、校地企合作发展，使工业互联网成为赋能临港产业的最重要引擎，让科技创新成为临港决胜未来的最核心密码，把长三角（江阴）数字创新港打造成国内外有影响力的工业互联网数字经济重镇。

【举办数字化转型高峰论坛】 2021年5月28日，以"加快数字化服务化转型，赋能制造业高质量发展"为主题的江阴数字化转型高峰论坛在江阴高新区举办。原机械工业部党组成员、总工程师，工信部智能制造专家咨询委员会主任、国家制造强国建设战略咨询委员会委员朱森第；中国中车集团有限公司党委副书记、执行董事楼齐良等围绕数字化赋能制造业高质量发展作主旨发言。会上，江阴新制造促进中心、江苏省服务型制造产教联盟公共服务平台、江苏省服务型制造产教联盟江阴基地揭牌。江苏省现代服务业联合会、爱波瑞（江阴）科技发展有限公司、江阴高新区管委会共同签署三方，浙江大学管理学院与爱波瑞分别签署合作协议。江阴高新区管委会依托江苏省现代服务业联合会、爱波瑞专业的实践支撑，依托浙江大学的智力支持，立足高新区、面向全江阴、辐射长三角，精准提供"私人订制"，加快形成示范案例。江阴高新区主动抢抓数字化发展新机遇，探索数字化转型新路径，以数字化转型促进高质量发展，出台工业数字经济发展、集成电路设计等系列扶持政策，大力引进培育出一批以5G、物联网、云计算、大数据为代表的新一代信息技术产业项目，为区域经济锻造出强引擎、注入新动能，同时推动区内企业数字化转型升级，构建数字驱动的工业新生态。（顾朝娟）

■类目编辑　赵修平

开放型经济

综　述

【概况】 2021年,江阴市全面推进社会主义现代化建设开局,制定出台《江阴市"十四五"开放型经济发展规划》,贯彻新发展理念,加快构建以国内大循环为主体、国内国际双循环相互促进的新发展格局,推动高水平对外开放,促进外贸外资稳中提质,深度参与国际经济合作。对外贸易稳中有进,全年完成进出口总额233.2亿美元,位列全省第4位,比2020年增长21.9%。其中,出口148.6亿美元,增长20%;进口84.6亿美元,增长25.4%;连续12个月保持两位数增长,12月完成进出口22.7亿美元,创近三年历史新高。全年实现服务外包执行金额9.6亿美元,比2020年增长44.16%,其中离岸服务外包执行金额8.25亿美元,增长54.82%。全年完成工商登记协议注册外资28亿美元,上报实际使用外资9.71亿美元,江苏省商务厅确认7.96亿美元,位列全省县级市第二。全年新批境外投资项目28项,完成中方协议投资额4.27亿美元,完成对外直接投资7.36亿美元,完成年计划的245.33%,占无锡市对外直接投资总额的55.05%,在全省同类城市保持领先。其中"一带一路"沿线国家投资项目89项,中方协议出资额17.46亿美元。

【江阴经贸合作洽谈会】 2021年10月30日,第三届江阴发展大会暨2021江阴经贸合作洽谈会开幕。该届洽谈会以"奋战十四五·启航新征程"为主题,与224名国内外客商开展经贸洽谈,共谋发展大计。开幕式现场签约各类基金5只,总规模263亿元;签约重大项目52项,总投资659.15亿元,平均单项项目投资超12亿元,其中外资项目18项,总投资45.84亿美元。经贸洽谈会期间签约各类基金16只,总规模588亿元;签约重大产业项目182项,总投资1363亿元,其中内资项目146项,投资总额781亿元,外资项目36项,投资总额91亿美元。签约项目中,制造业项目112项,涉及芯片制造、集成电路、高端装备、新能源、新材料等领域,总投资712.26亿元;服务业项目61项,涉及智能仓储、交通物流、生物医药、智能产业园区、文创旅游等领域,总投资605.74亿元。签约项目数量、质量、投资额度均为历届经洽会之最。会上,江阴市新聘任城乡规划学家、全国工程勘察设计师、中科院院士段进,上海市社科联主席、中国国际经济交流中心常务理事兼上海分中心理事长王战,高盛中国投资银行部原总裁兼联席主管朱寒松,江苏卓胜微电子股份有限公司首席执行官许志翰,安永大中华区数据智能咨询服务、数字化与新兴科技咨询服务主管合伙人顾卿华,安永大中华区城镇化与经济咨询合伙人余泠6人为城市发展顾问。

【十佳外商投资企业】 2021年,江阴市外商投资企业主动融入全面扩大开放新格局,在稳外资、促增长和支持外贸转型提升等方面做出积极贡献。是年,排名前十位外商投资企业完成进出口额27.05亿美元,实现开票销售收入711.89亿元,上缴税金36.18亿元,被江阴市委、市政府授予"江阴十佳外商投资企业"称号。

图为江苏新扬子造船有限公司外景　　（江苏新扬子造船有限公司提供）

2021 年江阴市十佳外商投资企业一览表

表 10

名　　称	开票销售收入(万元)	上缴税金(万元)	进出口额(万美元)
江苏新扬子造船有限公司	835655	57469	69614
远景能源有限公司	2706811	131307	40213
瀚宇博德科技(江阴)有限公司	599996	51700	15427
贝卡尔特公司	509441	30412	25653
见龙投资有限公司	1096025	28679	19926
建滔电子材料(江阴)有限公司	453308	25071	9317
帝斯曼工程材料(江苏)有限公司	372478	10491	37014
江阴信邦电子有限公司	245734	7059	26729
阿法拉伐(江阴)设备制造有限公司	166279	13746	15160
江阴宝柏包装有限公司	133128	5842	11427

对外贸易

【概况】 2021 年,江阴市外贸进出口稳中有进,全年完成进出口总额 233.2 亿美元,比 2020 年增长 21.9%,位列全省第 4 位,其中出口 148.6 亿美元,增长 20%;进口 84.6 亿美元,增长 25.4%。以人民币计价,完成外贸进出口总值 1507 亿元,增长 13.6%,其中出口 960.5 亿元,增长 11.8%;进口 546.5 亿元,增长 17%。完成服务外包执行金额 9.6 亿美元,增长 44.16%,其中离岸服务外包执行金额 8.25 亿美元,增长 54.82%。是年,市商务局做好政策兑付、展会支持、走访调研、品牌培育、服务贸易发展、进口货物疫情防控等工作,全年兑付到企业外贸扶持资金 8118.68 万元,项目 898 项;优化信用保险统保平台承保方案,持续扩大政策覆盖面,拓展服务内容广度及深度,全市信用保险统保平台覆盖 152 个中小外贸企业,比 2020 年新增 10 个,承保保额 13.22 亿美元。

2021 年江阴市进出口十强企业(集团)一览表

表 11　　单位:万美元

企业名称	实　　绩
江苏长电科技股份有限公司	372624
三房巷集团有限公司	248670
江阴兴澄特种钢铁有限公司	101210
江苏天晨船舶进出口有限公司	69614
中船澄西船舶修造有限公司	67801
江苏华西集团公司	49253
盛合晶微半导体(江阴)有限公司	47837
远景能源有限公司	40213
法尔胜泓昇集团有限公司	38586
帝斯曼工程塑料(江苏)有限公司	37014

【外贸出口结构】 2021 年,江阴市加快外贸转型升级,实施"稳中提质"战略。全年纺织品服装出口 33.6 亿美元,比 2020 年增长 21.6%;机电产品出口 68 亿美元,增长 10.9%;高新技术产品出口 25.3 亿美元,增长 3.1%。

【培育品牌优势】 2021 年,江阴市商务局组织企业申报无锡市重点培育和发展的国际知名品牌,全市 29 个品牌获评,占无锡市总数的 38%。至年末,全市有市级以上国际知名品牌 61 个,品牌数量和质量继续位列全省县级市及无锡市各板块第一。出口基地平稳发展,服装基地通过国家级考核,继续被认定为"国家外贸转型升级基地"。

2021—2022 年度无锡市重点培育和发展的国际知名品牌一览表

表 12

企业名称	商标名称
迪瑞克斯座椅(江阴)有限公司	DXRACER
泓泰复合材料(江阴)有限公司	ALUWELL、ALUMAX、华泓泰
江苏采纳医疗科技有限公司	caina
江苏大东新材料科技有限公司	Easteel
江苏鼎顺医疗用品有限公司	DSMEDICAL SUPPLIES 及图
江苏锋菱超硬工具有限公司	FUNLIN
江苏龙山管件有限公司	龙山及图形
江苏胜达科技有限公司	胜达
江苏文明人造草坪有限公司	文明人造草;WMG GRASS
江苏扬子江船厂有限公司	扬子江;1956
江苏振江新能源装备股份有限公司	JZNEE
江苏紫米电子技术有限公司	ZMI
江阴比图特种纸板有限公司	moontex
江阴滨江医疗设备有限公司	澄医 CHENG YI 及图
江阴道达汽车饰件有限公司	DAODA 道达及图
江阴海虹新能源科技有限公司	海虹新能源图形
江阴华昌食品添加剂有限公司	华昌商标及图
江阴华士医疗器械有限公司	AMBIWELL
江阴尚驰机械设备有限公司	SunSlew
江阴市达菲玛汽配科技有限公司	FASEED
江阴市东方锁业有限公司	JYB、YORK
江阴市华方新技术科研有限公司	H - FANG 及图
江阴市京澄玻璃有限公司	京澄(JING CHENG)
江阴市南方管件制造有限公司	NFF
江阴市长江钢管有限公司	JST
江阴天江药业有限公司	TIANJIAN
江阴友利特智能家居有限公司	友利特及图
无锡共成控制线有限公司	WKS
优彩环保资源科技股份有限公司	优彩、ECER 及图

【加强外贸保障服务】 2021 年,江阴市商务局持续加强企业外贸保障服务,邀请专家重点解读外贸企业关心的热点问题,全年举办“外贸大讲堂”6 期,培训人员超 500 人次;举办“2021 江阴外贸产品直销节”,帮助全市外贸企业加快融入国内国际双循环新发展格局,组织 20 个企业参展,设置展位 27 个,交易额超 200 万元。

【组织参加专业展会】 2021 年,江阴市商务局组织 73 个企业参加第 130 届中国进出口商品交易会(广交会),其中 18 个企业为新型冠状病毒肺炎疫情以来首次参加线下展会。江苏标榜装饰材料股份有限公司获广交会出口产品设计奖(CF 奖)银奖。年内,组织 235 个企事业单位、1530 人次报名参加 2021 第四届中国国际进口博览会,达成意向成交额 3.75 亿美元;制定《2021 年度江阴市线上展会和重点境内国际性展会计划》,全年超 400 个次企业尝试开展线上展会、对接会,数字外贸转型创新能力不断提升。

【推进服务贸易发展】 2021年,江阴市商务局组织江阴高新区、临港经济开发区、澄江街道和青阳镇等重点板块参加无锡市服务贸易高质量发展培训班,推动服贸外包工作提能增效。无锡佰翱得生物科学有限公司、盛合晶微半导体(江阴)有限公司2个企业被评为江苏省级服务贸易重点企业,江苏长电科技股份有限公司、贝卡尔特(中国)技术研发有限公司、星科金朋半导体(江阴)有限公司、无锡佰翱得生物科学有限公司、江阴迈康升华医药科技有限公司5个企业入选无锡服务贸易(服务外包)典型实践案例,江阴市服务贸易企业品牌影响力持续提升,为外贸业态创新注入新动能。

利用外资和对外经济合作

【概况】 2021年,江阴市新设外资项目60项,增资项目31项。其中新设外资项目投资总额超1000万美元项目26项,协议注册外资超3000万美元项目22项,投资总额超亿美元项目11项,工商登记协议注册外资28亿美元,上报实际使用外资9.71亿美元,江苏省商务厅确认7.96亿美元。贝卡尔特(中国)技术研发有限公司被认定为江苏省第十二批跨国公司地区总部。

2021年江阴市十大新设外商投资项目一览表

表13　　单位:万美元

名　　称	协议注册外资
长电微电子(江阴)有限公司	50000
江阴天江企业管理有限公司	46523
江阴联志投资有限公司	20004
江苏前晨汽车科技有限公司	10000
江阴远景投资有限公司	9900
江阴市深业科技产业园有限公司	8000
江苏清之芯技术开发有限公司	6124
美德丰(江苏)科技有限公司	5300
江阴潮俊国际贸易有限公司	5000
也美科技(江阴)有限公司	3500

2021年江阴市十大到位外资项目一览表

表14　　单位:万美元

名　　称	到位注册外资
盛合晶微半导体(江阴)有限公司	10950
江苏双良国际贸易有限公司	10006
江阴远景投资有限公司	9910
江阴潮俊国际贸易有限公司	5051
江阴联志投资有限公司	5001
江阴长强钢管物流有限公司	4430
江苏新扬子造船有限公司	4020
瀚宇博德科技(江阴)有限公司	4000
江苏前晨汽车科技有限公司	3780
长电微电子(江阴)有限公司	3000

【对外投资与经济合作】 2021年9月,远景科技集团与无锡高新区、红杉资本在无锡市签约合作设立百亿规模的远景红杉碳中和基金,主要投资方向为全球碳中和领域领先科技企业,吸纳全球优秀技术,为无锡市打造全国零碳发展示范城市注入强劲动力。10月,阳光集团埃塞俄比亚毛纺织染有限公司纺织车间恢复生产,11月底全面恢复生产。年内,江苏长电科技股份有限公司收购新加坡星科金朋有限公司,聚焦市场热点,做好产能准备,客户订单需求强劲;模塑科技全资子公司墨西哥名华全年销售13704.5万美元,比2020年增长49%;江苏贝德服装集团有限公司新设贝德服装(老挝)有限公司项目,投资总额800万美元。至年末,江阴市完成中方协议投资额4.27亿美元,完成对外直接投资总额7.36亿美元,完成年计划的245.33%,占无锡市对外直接投资总额的55.05%,在全省同类城市保持领先。全市新批境外投资项目28项,其中新兴产业项目12项,中方协议投资额4005.53万美元,涉及新能源、生物医药、集成电路等新兴战略性产业;增资项目11项,中方协议投资额1.67亿美元。全市有境外投资企业(机构)337个,中方协议出资额69.71亿美元。其中"一带一路"沿线国家投资项目89项,中方协议出资额17.46亿美元。组织企业申报各类外经扶持资金,2项国家级项目、3项省级项目、1项市本级项目共补助金额808.98万元。

2021年江阴市十大新批境外投资项目一览表

表15　　　　单位:万美元

境外项目名称	中方单位	中方协议投资额	江阴市辖区
名华模塑墨西哥股份有限公司	江苏聚汇投资管理有限公司	6000	周庄镇
鸿大集团有限公司	江苏双良科技有限公司	5000	利港街道
香港长源国际投资发展有限公司	江阴市长洋贸易有限公司	2000	夏港街道
海澜之家服装(马来西亚/新加坡/泰国/越南)有限公司	江阴海澜之家国际商业有限公司	1903	新桥镇
顺胜国际有限公司	江阴顺越贸易有限公司	1890	夏港街道
双良克莱德贝尔格曼有限公司	江苏双良节能投资有限公司	972.31	利港街道
贝德服装(老挝)有限公司	贝德服装集团股份有限公司	800	祝塘镇
常隆欧洲有限公司	江苏常隆客车有限公司	609	澄江街道
思康科技控股有限公司	江苏新潮科技集团有限公司	467.77	高新区
普莱医药(澳大利亚)有限公司	江苏普莱医药生物技术有限公司	442.02	高新区

【境外疫情防控】 2021年,江阴市对外投资工作坚持"稳住人心、稳在当地"工作方针不动摇,加强境外疫情形势跟踪研判,开展境外企业新冠肺炎疫情调查,落实属地责任,严格执行疫情"零报告"(指从初次上报报表到本次上报报表之间的时段内,即使没有出现新情况,也要将报表填上"0"上报)制度,做好疫情防控期间在外人员信息管理工作,落实108个境外投资企业外派人员紧急接种疫苗1291人次。至年末,全市境外投资企业在境外中方人员720人,接种疫苗560人。

(计　燕　丁文亮　赵　亮　薛金镇)

■类目编辑　徐文辉

江阴国家高新技术产业开发区

【概况】 2021年，江阴国家高新技术产业开发区（以下简称“江阴高新区”）围绕“打造国内一流的创新型国际化园区”的总目标，以“南征北战、东西互搏”*战略为主线，以苏南自创区建设为主题，以园区升级改造为主攻，主动研判形势，科学应对挑战。全年完成地区生产总值778.32亿元，比2020年增长7.5%；规模以上工业产值1157.5亿元，增长13.1%；全社会固定资产投入185.35亿元，增长6.7%，其中工业投入98.35亿元，比2020年增长0.5%，服务业投入87亿元，增长14.9%；一般公共预算收入42.26亿元，增长6.9%；进出口总额85.88亿美元，增长10.7%；到位注册外资4.73亿美元。

【主导产业发展】 2021年，江阴高新技术产业开发区以特钢新材料及制品为主导，集成电路、生命健康、智能装备为特色，新能源汽车及关键零部件为战略的“1+3+1”先进制造业体系进一步发展壮大。特钢新材料及制品方面，江阴兴澄特种钢铁有限公司工业设计中心被认定为江苏省工业设计中心，是高新区第一个省级工业设计中心；法尔胜泓昇集团入围中国企业500强、中国制造业企业500强；全区特钢新材料及制品产业规模以上产值531.4亿元，比2020年增长16.3%。集成电路方面，初步形成集成电路设计、芯片制造、封装及测试的全产业链，同步带动电子产品及零部件、5G通信等细分领域发展；江苏长电科技股份有限公司入围中国制造业企业500强；江苏长电科技股份有限公司基板元器件智能装配车间、星科金朋半导体（江阴）有限公司系统级封装芯片规模测试车间、江阴信邦电子有限公司工业控制类连接模组柔性智能制造车间被授牌2021年江苏省智能车间；江阴信邦电子有限公司技术中心获评省级企业技术中心；神宇通信科技股份公司通过省级专精特新“小巨人”*企业复审；全区集成电路产业规模以上产值340.7亿元，比2020年增长10.9%。生命健康方面，着重构建以中药配方、创新药、诊断试剂盒为一体的产业链，形成现代中药、医疗器械、新药研发、智慧康养四大发展方向，江阴天江药业有限公司技术中心获评国家企业技术中心；江苏风和医疗器材有限公司与江苏力博医药生物技术股份有限公司获评国家专精特新“小巨人”*企业；江阴佩尔科技有限公司工程研究中心获评省级工程研究中心；阳光卫生医疗科技江阴有限公司高速非织造布智能制造车间被授牌2021年江苏省智能车间；全区生命健康产业规模以上产值63.5亿元，比2020年增长19.2%。智能装备方面，大力推进智改数转，江阴新制造促进中心正式建成投运；爱波瑞（江阴）科技发展有限公司“精益数字化供应链平台区域典型应用项目”入选工信部2021年新一代信息技术与制造业融合发展试点示范名单；全区智能装备产业规模以上产值55.7亿元，比2020年增长19.6%。新能源汽车及关键零部件方面，江阴名鸿车顶系统有限公司技术中心获评省级企业技术中心，全区新能源汽车及关键零部件产业规模以上产值45.4亿元，比2020年增长73.5%。

【项目攻坚】 2021年，江阴高新技术产业开发区举办重大外资、总部经济、未来产业、开放创新合作交流会等7场项目集中签约活动，签约超亿元项目71项、总投资550亿元。全年出让产业用地20宗、130.2公顷，新注册项目40项、新备案项目24项、新开工项目25项、新投产项目25项，签约超3000万美元重大外资项目11项、协议注册外资超19亿美元。其中，超百亿元的江苏长电科技股份有限公司晶圆级微系统集成高端制造项目、超50亿元的江阴前晨汽车科技有限公司智能网联运输系统项目和锡澄协同发展区智能制造科创中心项目落地备案。实施“全员起立、竞聘上岗、以绩定酬”的招商招才体制改革，创新实施“拿地即开工”、告知承诺制等审批制度改革，开展揭榜挂帅联盟攻坚行动。

【创新提质】 2021年，江阴高新技术产业开发区聚焦创新提质核心战略，先后建成投用深圳、北京、西安3个异地孵化器，进驻项目24项；“军创之家”入选省级众创空间。科技型中小企业评价入库273个，新增省“独角兽”企业*、潜在“独角兽”

企业、“瞪羚”企业*11个,新入库无锡市准“独角兽”企业、“瞪羚”企业、“雏鹰”企业*55个。引育国家重大人才工程3人,入选江苏省“双创计划”*、无锡市“太湖人才计划”、江阴市“暨阳英才计划”*等各类人才项目74人。迭代升级科技创新政策3.0版,制定出台高新技术企业招引奖励办法、异地孵化器和新型研发机构管理办法,创新实施“蟠龙英才计划”,全面完善“柔性引才”机制。建成长三角资本市场服务基地全国首个县级分中心,全省首创技术交易供应链金融。为庆祝江阴高新区批准升格为国家级高新区十周年,举办扬子江知识产权论坛、第四届创新创业大赛、长三角(江阴)现代中药大健康产业创新峰会等“国批”十年系列活动。江阴高新区创新发展指数成功发布,获批全国第二批企业创新积分制试点园区,获评省自贸区联动创新发展区。江苏长电科技股份有限公司获国家科学技术进步奖一等奖;江阴兴澄特种钢铁有限公司工业(轴承钢)产品质量控制和技术评价实验室获评工信部工业产品质量控制和技术评价实验室;贝卡尔特(中国)技术研发有限公司升级为省跨国公司地区总部。

【社会事业】 2021年,江阴高新技术产业开发区民生事业在补短板、强治理中不断前进。推进“六稳”*“六保”*,全年减税降费超4亿元。完成社保扩面3885人、净增参保1386人,发放低保补助、临时救助等各项补贴800余万元,实现本地劳动力就业2834人、扶持自主创业370人。深化政经分设改革,实现分红3500余万元。居民人均可支配收入达64295元。江阴市长山中心幼儿园、长山消防站、城东社区卫生服务中心门诊楼、江阴市中医外科医院门诊楼建成投用,蟠龙山公园一期开园,青阳园区徐家湾安置房完成分房。完成长山、滨江社区7个老旧小区升级改造和东苑小区环境治理,新建居家养老助餐点2个、综合养老服务中心1个。智慧城市综合管理平台处置办结率达99.7%。“1+1+N”(指1名专职网格员,1名入格协警,“N”表示入格的综合执法人员、环卫工作人员、物业从业人员、楼组长、机关中层干部、志愿者等人员)网格化管理工作体系不断完善,“专职治理、部门联动、全民参与”的基层治理模式基本形成。开展文明创建小区环境“百日攻坚”,清理“三乱”(指乱张贴、乱涂写、乱刻画的各类广告)4000余处。突出常态化防控,制定新冠疫情常态化防控工作方案和应急预案,开展核酸检测实战演练2次、累计检测26000余人;新冠疫苗首针接种率105%,累计接种超25万剂次。长山大会堂危房成功解危,完成企业安全执法检查295个,园区群众安全感及执法满意率测评达100%。

【生态环境】 2021年,江阴高新技术产业开发区编制完成“十四五”美丽高新区专项规划、滨江东路北及萧山路西区段城市设计等规划,开展长山—山观集镇更新城市设计、滨江公园方案设计,全面启动白屈港西滨江路北区域城市更新,为城市发展拓展空间。开展“310”(从2018年起,利用3年左右时间重点开展以生态环境、违章违建、交通秩序等为主要内容的10项专项整治行动)综合整治活动,常态化巡查抓治气工作,$PM_{2.5}$浓度下降11.4%,优良天数比率上升1个百分点。专班化运行抓治水,滨江第二污水处理厂通水调试,建成投用分布式应急处理设施7套,国省考断面水质稳定达标,主要支浜全面消除劣V类水体。完成120公顷空闲土地整治,其中复绿32.33公顷。东横河驳岸和绿化工程一期竣工。开展主次干道、背街小巷市容秩序、环境卫生专项整治,拆除违章建筑3.6万平方米。编制区域能评实施方案、“双碳”行动方案,推进市政排水管网资产市场化运营,创新实施环卫作业市场化改革,完成城东环卫所垃圾分类工程,建成“三定一督”(指定时投放、定点收集、定人督导的生活垃圾分类新模式)垃圾分类试点2个。组织100余个企业环保体检、环保托管54个。深入推进园区升级改造,拆迁签约90万平方米、拆除45万平方米,盘活存量土地110.27公顷,腾退低效用地53.6公顷,整治关停“散乱污小”企业103个。

【青阳园区】 2021年,江阴高新区青阳园区围绕工业园区升级改造和科创微城建设两大主题,推进高质量发展。环普国际产业园所有厂房封顶,竣工验收;江苏必得科技股份有限公司建设项目一期、二期厂房封顶,三期主体结构施工;江苏安凯特股份有限公司建设项目完成基础施工;江苏南阳彩纤股份有限公司建设项目二期完成试桩;江苏苏达汇诚复合材料有限公司开工建设。编制新一轮国土空间规划,编制城市更新概念规划;尝试引进社会资本参与园区升级改造,进行合作共建;完成10公顷挂钩土地复垦。积极争取无锡市国土空间全域综合整治试点;全面完成基础设施提升工程(一期)配套环境整治工程、道路节能改造工程;区内供水、天然气、蒸汽主管网铺设到位;启动农田水利灌溉工程,完成西双流河、对洞河局部拓浚,启动下尖圩河建设,初步形成园区启动区成熟的开发空间。

2021年江阴高新区各社区基本情况一览表

表16

社区名称	户数(户)	人口(人)	社区党支部(党总支、党委)书记	社区主任
山观社区	1508	4791	张宇忠	张宇忠
金山社区	3249	9437	刘奇云	刘奇云
双牌社区	2388	6965	钱春华	钱春华

续表 16

社区名称	户数（户）	人口（人）	社区党支部（党总支、党委）书记	社区主任
锦隆社区	1288	4090	宦华健	宦华健
杨市社区	2021	5909	王　勇	王　勇
滨江社区	1712	4746	陈　屈	陈　屈
长山社区	2004	5823	沈民富	沈民富
石牌社区	2636	7975	黄炜冬	黄炜冬
金童社区	1777	4811	方　勇	方　勇
寿山社区	2306	7563	周云华	周云华
蟠龙社区	1203	4082	刘卫江	刘卫江
山源社区	2108	7068	胡国才	胡国才

（陈　健）

江苏江阴临港经济开发区

【概况】 2021年，江阴临港经济开发区以“争先进位、争创国开”为总目标，当好“南征北战、东西互搏”*战略主力军，打造竞争力一流的国际化开放园区。全年完成地区生产总值936亿元，比2020年增长7%；完成开票销售收入6161亿元；一般公共预算收入48.65亿元；规模以上工业产值1505亿元；限额以上批零业销售额2835亿元，增长36.6%；进出口总额73.11亿美元，增长47.7%；到位注册外资3.8亿美元。经济总量在江苏省91个省级开发区中位列第一。先后被评为国际化高质量发展环境建设标杆园区、江苏省“互联网+先进制造业”示范基地、江苏省军民结合创新示范区和江苏省一体化示范园区。

【港口发展】 2021年，江阴临港经济开发区抢抓“北战”战略机遇期，将港口作为全市发展枢纽经济的主阵地，突出“绿色、开放、共享”理念，坚持“生产、生活、生态”融合。江阴港完成货物吞吐量3.38亿吨，比2020年增长31.74%，其中临港经济开发区完成3.19亿吨，增长32.99%；完成集装箱吞吐量60.51万标箱，增长19.56%。在全国港口排名中，江阴港从2020年的第19名上升至第12名，排名全国内河港口第三，吞吐量与港口排名均创历史新高。成立江阴港口发展有限公司，作为平台公司开展港口资源整合工作。4号、5号内港池岸线利用获批，5号码头中金码头3号泊位通过对外开放省级验收。江苏嘉盛LNG（液化天然气）江阴储备调峰站开工建设。新增“江阴—宁波”精品航线和一条内河航线。持续推进贸易便利化措施，江阴口岸进口整体通关时间平均59.23小时，比2017年减少76.32%，出口整体通关时间为3.16小时，比2017年减少69.79%。全面推进“生态岸线、绿色港口、零碳园区”绿色联盟行动，江苏江阴港港口集团股份有限公司获评2021年“亚太绿色港口”，中信中煤江阴码头有限公司获评四星级“江苏绿色港口”，江阴华西化工码头有限公司、江苏长宏国际港口有限公司获评三星级“江苏绿色港口”，江苏丽天石化码头有限公司的江阴港水上洗舱站项目获评中国物流与采购联合会“低碳绿色管理案例”。

【城乡建设】 2021年，江阴临港经济开发区坚持把品质作为城乡建设的亮点，配套功能逐步提升。3.4千米毗陵路、亚港路等新（改）建道路竣工通车；金江四期、小湖七期安置房1064套竣工交付；新开工建设融城苑B2地块、小周家店（二期）安置房1586套；日处理5万吨污水的西利污水处理厂建成试水；20千米配套污水管网建成；光大澄西污水处理厂“中水回用”工程完成。打好污染防治攻坚战，完成2021年大气污染防治工程项目（第一批）包括工业窑炉提标改造、重点行业VOCs（挥发性有机物）综合治理、餐饮油烟治理、重点行业深度减排、VOCs一点一策等14类750项任务；第二批包括锅炉提标改造或“回头看”、FID（火焰离子化检测仪）安装、储罐治理、餐饮油烟治理或“回头看”等15类640项任务。全面完成2021年治水重点工程包括城镇污水管网及泵站建设改造、雨污分流及改造工程、河道清淤整治工程等19类57项任务。全年辖区内6个国省考断面上级手工监测平均水质达到或优于Ⅲ类水质比例为100%，其中4个断面平均水质达到Ⅱ类。全面开展“散乱污”企业（作坊）排查整治，关停“散乱污”企业（作坊）117个。是年，$PM_{2.5}$年均浓度34.3微克/立方米，比2020年下降16.64%；空气优良天数比率79.2%，持平江阴市平均水平。

【江阴综合保税区】 2021年，江阴综合保税区实现进出口总额5.6亿美元，比2020年增长67.16%；完成开票销售451.33亿元，比2020年增长35.27%；入库税金1.63亿元，比2020年增长20.98%。建有15万平方米保税仓库并开展业务，新建20万平方米厂房即将投入运营。落地建设进出口跨境电商平台、江苏佳利达国际物流江阴有限公司外综服平台、辉采(江阴)供应链管理有限公司东南亚区域运营总部、精拓电子芯片封测、会有新能源技术研发等项目,推进中园慧创(江阴)企业管理有限公司科创产业基地、正融冷链药品华东中心等项目签署协议,总投资额约 58.18 亿元,协议注册外资 2.7 亿美元。江阴康瑞卫智达科技有限责任公司一期、乐晶进口食品预制、会有新能源先后投产。跨境业态持续丰富,苏南龙工场跨境电商产业园载体投入使用;华联集团与辉采联合打造进口商品展示交易及 O2O(线上到线下)免税体验新商业模式;别样海外购、"最江阴"在保税仓举行直播活动。江苏法尔胜研发中心有限公司、江苏法尔胜材料分析测试有限公司落户,为检测维修和研发设计业态打下基础。在船用离心泵保税租赁业务上实现零的突破。加快区港联动建设,依托口岸功能拓展延伸业务,打造"智慧园区""零碳园区",海关无感卡口投入使用,对接双碳智慧管理系统,全面应用光伏照明,一期 12 万平方米屋顶光伏开始铺设。江阴综合保税区被认定为江苏省跨境电商产业园、江苏自贸试验区联动创新发展区。

【招商引项】 2021 年,江阴临港经济开发区通过集中签约、合作恳谈、专场招商推介、小分队招商、经贸洽谈会等模式开展系列招商活动,狠抓项目招引工作,全年签约重大项目 96 项,总投资 816 亿元。在重大项目招引方面,招引超百亿意向项目 1 项、超 50 亿元项目 4 项、超 30 亿元项目 4 项、超 10 亿元项目 17 项,外资超亿美元项目 8 项,突出体量规模、产业集群和内外并举。全年完成工商登记协议注册外资 4.38 亿美元,完成到位注册外资 3.8 亿美元。

【主导产业发展】 2021 年,江阴临港经济开发区加快构筑更具竞争力的临港"123"现代产业体系(指 1 个千亿级新材料特色产业,新能源和高端装备 2 个千亿级新兴产业,节能环保、智能制造和现代物流 3 个未来产业),长三角(江阴)数字创新港一期建成投运,南理工江阴校区工业互联网研究院等 20 个科创平台入驻,举办首届中国数字创新高峰论坛。江苏华兰药用新材料股份有限公司在深圳证券交易所创业板上市,成为"临港板块"第 13 位成员。入库国家科技型中小企业 253 个,比 2020 年增长 29.74%。新增无锡市"雏鹰"企业 29 个,"瞪羚"企业 24 个,"准独角兽"企业*培育库企业 2 个。新增江苏省级研发机构 4 个,获批无锡市研发机构 15 个,累计有效期内高新技术企业 174 个,总数与净增数均位居江阴市首位,有效发明专利拥有量 1062 件。远景能源科技有限公司入选 2021 江苏省百强创新型企业,获评首届江苏省科技创新发展奖优秀企业。江苏振江新能源装备股份有限公司获省科技成果转化专项资金立项。江阴中向旭耀科技有限公司张佳宝院士工作站获评无锡市级院士工作站,江苏法尔胜缆索有限公司张喜刚院士工作站获评江苏省级院士工作站。

【重点重大项目建设】 2021 年,江阴临港经济开发区持续打造新材料、新能源和高端装备、节能环保、智能制造、现代物流等产业集群,全年开工中新智能制造产业园等超亿元项目 37 项,总投资 237 亿元。全年竣工远景动力智能电池一期等项目 55 项,总投资 300.8 亿元。57 项项目被列入江阴市重点项目,其中省重点 2 项、无锡市重点 27 项,全部实质性开工,全面完成高质量考核目标要求。

【社会事业】 2021 年,江阴临港经济开发区城镇职工养老保险、医疗保险、失业保险、被征地农民基本生活保障、最低生活保障"五道保障线"水平超过江阴市平均水平。居民人均可支配收入 6.24 万元,比 2020 年增长 9%。政府兜底、市民参与的大病医疗互助基金参保率 100%,全年大病医疗补助 6906 人次,金额 2588.76 万元。农村面貌不断改善,新建 33 座三类水冲式环保公厕,7 个自然村获评江阴市农村人居环境整治提升示范村。教育规划基本完成,临港实验学校初中部完成搬迁,临港科创实验学校二期建设和澄西中学高中部搬迁稳步推进,南京理工大学江阴校区附属学校进行前期论证。环卫智慧化管理平台正式上线运作,获评 2021 年度国家(住建部)环卫行业"双碳"发展示范项目,环卫一体化改革及环境综合管理项目入选 2021 年环卫行业典型案例并位列第一。加快养老院公建民营体制改革,辖区 4 个养老院"公建民营"全部改制完成。稳步实施申港、利港两个社区卫生服务中心新修工程,其中,申港社区卫生服务中心投用。澄西食品小作坊集中加工区揭牌开业。疫情防控常态化,全年进行防疫检查 60 余次。开展社会事业领域安全检查 122 场次,排查事故隐患 140 余处,全部形成闭环,整改到位。畅通信访渠道,完善联调联控机制,全年化解各类信访积案 43 件,各类纠纷调解成功率达 99%,全年没有发生重大群体性涉稳事件。 (陈喜凤)

江苏江阴—靖江工业园区

【概况】 2021 年,江阴—靖江工业园区完成地区生产总值 108.5 亿元,比 2020 年增长 11%;开票销售收入 688.1 亿元,比 2020 年增长 62.1%,其中工业开票 349 亿元,增长 60.7%,服务业开票 339.1 亿元,增长 64.1%;规模以上工业产值 204 亿元,增长 20.1%;固定资产投资 23.6 亿元,增长 26.5%,其中工业投资 14.7 亿元,增长 20.4%,服务业投资 8.9 亿元,增长 37.9%;一般公共预算收入 8.49 亿元,增长 7.8%;限上批零销售 401.1 亿元,增长 57.8%;进出口总额超 2.5 亿美元,增长 78%;港口货物吞吐量 4275 万吨,增长 22%。

【融合发展】 2021 年,中共无锡市第十四届委员会第二次全体会议提出"建设江阴—靖江高质量跨江融合发展示范区",中共泰州市第六届委员会第二次全体会议提出"加快推进江阴—靖江工业园区建设跨江融合发展试验区",中共江阴市第十四届委员会第二次全体会议提出"加快建设江阴—靖江高质量跨江融合发展示范区,推动新能源、高端装备、智能制造、节能环保、现代物流等主导产业量质齐升",中共靖江市第十三届委员会第二次全体会议提出“推动江阴—靖江工业园区加大政策创新力度，探索市场化运营模式，加快实现产业联盟协同配套、节点空间衔接呼应、城市功能协调联动，努力打造名实相符的高质量跨江融合发展示范区”。1月12日、5月7日、9月6日，江阴市委书记许峰、靖江市委书记张长平、江阴市市长包鸣分别专题调研江阴—靖江工业园区，就园区体制机制问题提出指导性意见；3月12日、8月20日，泰州市发改委、无锡市发改委分别派人到园区专题调研体制机制问题，为园区建立更加顺畅的联动协调机制出谋划策；6月29日，江苏省编办印发文件，支持园区加快建立健全协调沟通机制、推动高质量发展。

【招商引项】 2021年，江阴—靖江工业园区以招商引资和重点项目建设质效提升为目标，全年外出招商60余批次，拜访企业90余个，接待项目考察和座谈70余批次；赴北京、上海、深圳等10余个城市走访对接，主动承接上海、苏州、无锡、常州在产业升级中的高质量项目和企业，推进高校与企业的合资合作，与上海交通大学、清华大学、上海海事大学、复旦大学、北京航空航天大学等10余所大学开展产学研、科技成果孵化和技术交流合作；参加江阴、靖江在北京、上海、深圳、成都举行的9场产业恳谈会活动，组织100余名客商和18场项目签约；拜访涉外中介机构、外资银行、基金、商会和招商中介机构30余个，建立联系并扩大信息朋友圈；10月30日，参加第三届江阴发展大会暨2021经贸洽谈会，举行园区2021年产业发展恳谈会，签约高端装备制造、高端环控装备制造、现代化综合物流平台、静音飞行器、低碳节能环保材料研发制造、电气化铁路电缆、医疗用品、百盛樽宴精品酒店等8项项目，总投资72.5亿元。是年，完成签约项目21项，其中50亿元以上项目1项、30亿元以上项目2项、10亿元以上项目4项；完成重点产业项目招商备案11项，其中50亿元以上项目1项、10亿元以上项目2项。全年处置闲置土地21.13公顷，腾退低效用地39.67公顷。

【主导产业发展】 2021年，江阴—靖江工业园区围绕江阴市“345”现代产业体系*，紧扣主导产业、新兴产业和港口物流业，打造临江先进制造业基地和现代港口物流基地，做大产业、做强企业。园区车船及配件、金属新材料、机械装备三大主导产业增速分别是16.5%、25.8%、31.9%，铁路、船舶、航空航天和其他运输设备制造业实现利润28.31亿元，占规模以上工业利润总额的83.69%，所占比重比2020年下降6.94个百分点，黑色金属冶炼和压延加工业实现利润4.67亿元，占规模以上工业利润总额的13.81%，比2020年提高6.57个百分点。高新技术产业、战略性新兴产业指标取得较大突破，全年实现高新技术产业产值32.8亿元，比2020年增长16%，战略性新兴产业产值占规模以上工业利润总额的13%，比2020年提升2个百分点。园区重点骨干企业运行稳中有进，江苏扬子江船业集团资产管理公司全年新接125艘新船建造订单，合同金额约80亿美元，比2020年增长390%，持有160艘船建造订单，比2020年增长195%。江苏长强钢铁有限公司与北京科技大学、中建钢构江苏有限公司与同济大学、江阴骥鑫船舶设备有限公司与浙江大学、江苏双江能源科技股份有限公司与重庆大学、中铁建电气化局集团康远新材料有限公司与南京航空航天大学分别开展产学研合作，在新产品、新技术应用上进行革新换代。江苏大明轻工制造有限公司落户园区，江苏博联港口有限公司、江苏永益华元物流有限公司的两个码头改扩建项目及大明物流有限公司码头新建项目取得交通运输部岸线批文和水利部长江水利委员会批文，开展施工建设。

【重点重大项目建设】 2021年，江阴—靖江工业园区坚持“项目为王”理念，在产业项目的质量、重大项目的数量、有效投资的总量上强攻突破。全年重点推进“三个一批”（在建一批、拟建一批、意向一批）项目86项、总投资611亿元，其中在建项目16项、总投资87.6亿元。大明高端压力容器和钢结构加工项目西侧厂房竣工投产，东侧厂房进行设备调试试生产，酸王泵高端特种环保装备制造、江苏长澄钢构有限公司、江苏永益重钢有限公司智能化搬迁项目进行厂房施工。高精不锈钢棒深加工、日本精品玩具等5项项目竣工投运。拟建项目19项，总投资192.9亿元，其中大明重工有限公司新能源新材料装备部件制造项目、大明重工有限公司物流码头项目、江苏永益华元物流有限公司综合物流平台项目、百盛樽宴酒店有限公司精品酒店项目、中铁建电气化铁路电缆等一批项目办理施工报建手续，浙江中力机械股份有限公司新能源航空装备项目和钢纤维项目等待进入土地招拍挂程序。意向项目51项，总投资330.5亿元。

【社会事业】 2021年，江阴—靖江工业园区联合园区企业成立乡村共富基金，筹得资金353万元，形成“产业带动、村企联动、村村互动”共建共享新格局。引入“福村宝”群众医疗互助项目，园区群众惠及率90%以上。六圩村新安置区、溢馨苑小区雨污分流、兴业路改造等一批基础设施建设工程启动建设。完成60户1.4万平方米D级危房勘察及群众搬迁工作，启动老八圩集镇改造、六圩村新安置区等项目建设，涉及5.5万平方米区域171户群众。促进就业创业，提供就业服务1700余人次，为16人办理富民创业贷款。推进社保扩面，城乡居民养老保险新增199人，续保576人。办理被征地农民保险退保22人，组织3359名退休人员体检，激活医保电子凭证2.49万次，村民医疗互助收费1.19万人。做好兜底救助，抓好城乡低保动态管理工作，核查低保26户、五保31户，排查困境儿童25名，办理残疾人“两项”补贴（指困难残疾人生活补贴、重度残疾人护理补贴）47人，为143个80周岁以上老人办理尊老金。做好农房登记发证工作，累计发证903户。

（毛　璧）

■类目编辑　朱其涛

上市企业

阵容变化

【概况】 2021年，江阴市企业上市工作领导小组贯彻落实市委、市政府全力打响“江阴板块”品牌要求，积极应对资本市场政策变动新挑战，培育后备力量，打下坚实基础。年内，新增3个上市公司：江苏必得科技股份有限公司、江苏长龄液压股份有限公司、江苏华兰药用新材料股份有限公司；新增2个过会企业：江阴标榜汽车部件股份有限公司、采纳科技股份有限公司；新增1个申报上市材料企业：江苏江顺精密科技集团股份有限公司；新增7个江苏证监局辅导备案企业：江苏江顺精密科技集团股份有限公司、江苏新顺微电子股份有限公司、江苏耀坤液压股份有限公司、江苏大经供应链股份有限公司、江苏安凯特科技股份有限公司、江阴润玛电子材料股份有限公司、升辉新材料股份有限公司；新增5个完成上市股改企业：升辉新材料股份有限公司、江苏三房巷薄膜股份有限公司、江苏康瑞新材料科技股份有限公司、江苏坤奕环境技术股份有限公司、技源集团股份有限公司。至年末，全市累计有上市公司56个，其中境内上市36个（主板29个，创业板7个），境外上市20个。“新三板”*挂牌企业56个。

【“必得科技”】 2021年3月1日，江苏必得科技股份有限公司在上海证券交易所（以下简称“上交所”）主板上市，股票代码605298。公司主营业务为轨道交通车辆配件产品的研发、生产及销售。

【“长龄液压”】 2021年3月22日，江苏长龄液压股份有限公司在上交所主板上市，股票代码605389。公司主营业务为专业工程机械用液压关键零部件的研发、生产及销售。

【“华兰股份”】 2021年11月1日，江苏华兰药用新材料股份有限公司在深圳证券交易所（以下简称“深交所”）创业板上市，股票代码301093。公司主营业务为直接接触药品类橡胶密封件的研发、生产及销售。

国内上市公司动态

【概况】 2021年，“江阴板块”A股上市公司严格按照中国证监会、江苏证监局等监管部门的相关文件要求，规范企业发展，提高公司市值，树立企业良好形象。必得科技、长龄液压、华兰股份、怡达股份、长电科技、三房巷、恒润股份通过首发、定向增发等募资方式，募集资金105.62亿元；模塑科技、华西股份、江苏阳光、海澜之家、三房巷、双良节能、长电科技、百川股份、宝利国际、江南水务、吉鑫科技、华宏科技、海达股份、江阴银行、神宇股份、苏利股份、江化微、恒润股份、电工合金、优彩资源、必得科技、长龄液压等多个公司向全体股东分配年度利润。

【“模塑科技”】 2021年7月8日，公司发布《2020年度权益分派实施公告》：以总股本917052789股为基数，以未分配利润向全体股东每10股派发现金股利2.18元（含税），共拟派发现金股利199917508元。9月14日，公司与PlasmanUSHoldcoLLC签订股权转让协议书，出售全资子公司江苏聚汇投资管理有限公司持有的美国名华100%股权。美国名华估价金额为－3852048.45美元，经交易双方商定，交易价格确定为1美元。

【“＊ST澄星”】 2021年5月6日，鉴于江苏澄星磷化工股份有限公司2020年度经审计的期末净资产为负值，且2020年度财务会计报告被出具无法表示意见，公司被实施退市风险警示，股票简称由“澄星股份”变更为“＊ST澄星”。

【“法尔胜”】 公司股票自2021年5月17日开市起撤销退市风险警示，股票简称由“＊ST胜尔”变更为“法尔胜”，证券代码仍为000890。6月28日，重大资产购买完成过户及工商变更登记，子公司江苏法尔胜环境科技有限公司持有大连广泰源环保科技有限公司51%股权。12月27日，子公司江苏法尔胜精细钢绳有限公司与江阴市利港街道签署拆迁协议书，补偿款合计1.79亿元。12月31日，江苏法尔胜精细钢绳有限公司收到江阴市春申房屋拆迁有限公司第三笔拆迁补偿尾款14476257元，土地收储事项完成。

【“华西股份”】 2021年2月9日，公司控制主体上海启澜企业管理咨询合伙企业（有限合伙）收购DiamondHill，L. P. 部分权益以及由该次交易引发的索尔思光电其他股东共售权交易实施完成。7月2日，公司发布《2020年度权益分派实施公告》：以公司总股本886012887股为基数，向全体股东每10股派发现金红利0.5元（含税）。

【“江苏阳光”】 2021年3月12日，因相关信息披露不及时，上交所上市公司监管一部对江苏阳光股份有限公司及其时任董事会秘书赵静予以监管关注。7月9日，公司发布《2020年度权益分派实施公告》：该次利润分配以方案实施前公司总股本1783340326股为基数，每股派发现金红利0.01元（含税），共计派发现金红利17833403.26元。

【“海澜之家”】 2021年3月1日，公司将中文名称“海澜之家股份有限公司”变更为“海澜之家集团股份有限公司”。6月10日，公司发布《2020年度权益分派实施公告》：该次利润分配以方案实施前公司总股本4319598496股为基数，每股派发现金红利0.256元（含税），共计派发现金红利1105817214.98元。

【“三房巷”】 2021年5月17日，公司子公司江苏海伦石化有限公司收到无锡市行政审批局下发的《关于江苏海伦石化有限公司PTA技改扩能项目环境影响报告书的批复》，同意海伦石化按环境影响报告书所列建设项目的性质、规模、地点和拟采取的环境保护措施实施该项目。5月20日，公司发布《2020年度权益分派实施公告》：该次利润分配以方案实施前公司总股本3657166407股为基数，每股派发现金红利0.1元（含税），共计派发现金红利365716640.7元。5月22日，公司名称变更为“江苏三房巷聚材股份有限公司”。7月26日，公司完成非公开发行股票募集配套资金，总额为5.81亿元。8月6日，公司全资孙公司江苏兴业塑化有限公司（兴业塑化）拟收购江阴新雅装饰布有限公司（新雅公司）100%股权，交易金额为11609.61万元。该次股权转让后，公司将通过兴业塑化间接持有新雅公司100%股权。9月17日，公司以自有资金收购江阴新源热电有限公司（新源公司）25%股权、江阴济化新材料有限公司（济化公司）30%股权和江阴兴仁纺织有限公司（兴仁公司）25%股权，交易金额分别为114720052.7元、109931714.22元、24098388.95元。交易完成后，公司将持有新源公司、济化公司和兴仁公司100%股权。10月29日，公司发布《2021年度非公开发行股票预案》，拟募集资金45亿元，其中42亿元用于投资江苏海伦石化有限公司PTA技改扩能项目，项目建设地点位于江阴临港经济开发区；3亿元用于补充流动资金。

【“双良节能”】 2021年3月12日，公司对外投资并拟签署包头单晶硅项目合作协议。一期项目总投资70亿元，建成年产20GW拉晶、20GW切片生产项目。5月13日，公司以集中竞价交易回购股份，回购股份数量不低于1000万股（含）且不超过2000万股（含）。该次回购的股份拟用于后续实施股权激励或员工持股计划。7月6日，公司发布《2020年度权益分派实施公告》：该次利润分配以利润分配实施公告确定的总股本1627255808股，扣减公司回购专用账户中的回购股份10110000股后，即以1617145808股为基数，每股派发现金红利0.02元（含税），共计派发现金红利32342916.16元（含税）。8月9日，公司发布《2021年度非公开发行股票预案》，拟募集资金35亿元，其中30亿元用于投资40GW单晶硅一期项目（20GW），项目实施主体为双良硅材料（包头）有限公司，项目建设地点位于内蒙古自治区包头市稀土高新区滨河新区；5亿元用于补充流动资金。

【“长电科技”】 2021年1月28日，公司股东国家集成电路产业投资基金股份有限公司通过集中竞价交易方式共减持公司股份32057320股，占公司总股本的2%，减持后持有公司股份比例下降至17%。2月8日，公司发行2021年度第一期超短期融资券，募集资金3亿元，期限89天。4月26日，经审验，公司非公开发行A股股票募集资金总额为50亿元。6月23日，公司全资子公司长电国际（香港）贸易投资有限公司出售其持有的参股公司SJSEMICONDUCTORCORPORATION 4900万股股份，转让对价为6125万美元。7月8日，公司发布《2020年度权益分派实施公告》：该次利润分配以方案实施前公司总股本177955.3万股为基数，每股派发现金红利0.05元（含税），共计派发现金红利88977650元。11月8日，国家集成电路产业投资基金股份有限公司持有长电科技股份比例下降至14%，仍是第一大股东。

【“中南文化”】 2021年3月30日，无锡市中级法院裁定公司重整计划执行完毕，公司子公司江阴中南重工股份有限公司重整计划执行完毕。公司于2021年6月11日撤销退市风险警示及其他风险警示，股票简称由“＊ST中南”变更为“中南文化”。12月3日，通过协议受让，新国联及其一致行动人江阴新国联创业投资有限公司合计持有控股股东江阴澄邦企业管理发展中心（有限合伙）51.08%的份额，该次权益变动完成后公司实际控制人变更为江阴市政府国有资产监督管理办公室。

【“百川股份”】 2021年3月18日，控股股东、实际控制人郑铁江通过深交所大宗交易减持公司股票1034万股，占公司总股本的2%。5月8日，公司全资子公司南通百川新材料有限公司、全资孙公司如皋百川化工材料有限公司和宁夏产业引导基金管理中心（有限公司）共同投资设立宁夏国投新型材料产业壹号投资基金（暂定名）。基金采用有限合伙形式，基金规模4亿元。其中，宁夏产业引导基金作为有限合伙人出资2亿元，南通百川新材料作为有限合伙人出资不超过1.9亿元，如皋百川化工材料作为普通合伙人出资不低于0.1亿元。5月20日，公司发布《2020年度权益分派实施公告》：以实施分配方案时股权登记日（5月26日）收市后的总股本为基数，向全体股东每10股派发现金红利1元（含税）。

【“宝利国际”】 2021年6月22日，公司发布《2020年度权益分派实施公告》：以公司现有总股本9.22亿股为基数，向全体股东每10股派0.1元现金（含税）。

【“江南水务”】 2021年3月29日，为提高投资效率，公司拟通过无锡产权交易所公开挂牌转让所持参股子公司东方骄英海洋发展有限公司37%股权。股权转让后,公司仍持有东方骄英5%股权。6月8日,公司发布《2020年度权益分派实施公告》:该次利润分配以方案实施前公司总股本935210292股为基数,每股派发现金红利0.08元(含税),共计派发现金红利74816823.36元。8月27日,公司拟以现金方式收购江阴清源管网工程有限公司100%股权,收购价格为3200万元。

【“吉鑫科技”】 2021年3月18日,公司发布《2020年度权益分派实施公告》:向全体股东每10股派发现金红利2元(含税),以975311201股计算合计拟派发现金红利195062240.2元(含税)。3月23日,为加快培育发展清洁新能源、智慧能源为代表的战略新兴产业,促进公司主营业务发展,公司拟向上海歆稜企业管理中心(有限合伙)增资2亿元,占基金份额49.88%。5月21日,控股股东包士金及其一致行动人持有上市公司股份比例从30.04%减持至28.45%。

【“爱康科技”】 2021年7月1日,爱康实业及关联方以爱康房地产100%股权抵债,作为以非现金资产偿还对上市公司欠款的交易。爱康房地产100%股权评估价值8762.46万元。9月18日,公司全资子公司无锡爱康电力发展有限公司拟将持有的五家渠爱康电力开发有限公司(五家渠爱康)48.9%股权转让给重庆长盛新能私募股权投资基金合伙企业(有限合伙),转让价14722.32万元;无锡爱康电力发展有限公司拟将持有的五家渠爱康0.1%股权转让给三峡电能(广东)有限公司,转让价30.11万元。转让后,无锡爱康电力不再持有五家渠爱康股权。11月17日,公司收购江阴达康光伏新能源有限公司100%股权,股权转让价款为1元。12月6日,全资子公司无锡爱康电力发展有限公司拟将持有的新疆利源新辉能源科技有限公司48.9%股权(对应注册资本11999.08万元)转让给重庆长盛新能私募股权投资基金合伙企业(有限合伙),转让价格为13819.14万元;拟将持有的新疆利源0.1%股权(对应注册资本24.54万元)转让给三峡电能(广东)有限公司,转让价格为28.26万元。转让后,无锡爱康电力不再持有新疆利源股权。12月31日,子公司苏州中康电力开发有限公司拟将持有的南召县中机国能电力工程有限公司、无棣爱康电力开发有限公司、莒南鑫顺风光电科技有限公司、凤庆县爱康电力有限公司股权,子公司无锡爱康电力发展有限公司拟将持有的嘉祥昱辉新能源有限公司股权转让给长盛私募基金和三峡电能,转让价合计2.48亿元。

【“华宏科技”】 2021年5月10日,控股股东江苏华宏实业集团有限公司一致行动人胡士勤,通过深交所大宗交易系统合计减持公司股份1402774股,占公司总股本的0.24%。5月28日,公司拟公开发行不超过5.15亿元(含本数)可转换公司债券,债券存续期限为自发行之日起6年。其中2.6亿元用于收购江西万弘高新技术材料有限公司100%股权;1.05亿元用于大型智能化再生金属原料处理装备扩能项目(江阴);1.5亿元用于补充流动资金。6月9日,公司发布《2020年度权益分派实施公告》:以公司未来权益分派实施时股权登记日的股本即582691698股为基数,按每10股派发现金股利0.8元(含税),合计派发现金股利46615335.84元。

【“海达股份”】 2021年5月19日,公司发布《2020年度权益分派实施公告》:以公司现有总股本601234191股为基数,向全体股东每10股派现金0.38元(含税)。

【“广信材料”】 2021年4月13日,全资子公司江苏宏泰高分子材料有限公司拟以自有资金1460万元收购东莞中微兴品科技有限公司100%股权,并以此作为华南实验室、调色打样中心。6月7日,控股股东李有明拟减持公司股份不超过11581655股,即不超过公司总股本的6%。6月9日,控股股东权益变动超5%。6月15日,董事朱民、毛金桥分别计划在减持计划公告之日起15个交易日后的6个月内以集中竞价方式减持公司股份不超过143438股(占总股本比例0.07%)、107325股(占总股本比例0.06%)。9月2日,公司发布《2021年度非公开发行股票预案》,拟募集资金5.7亿元,其中5亿元用于投资年产5万吨电子感光材料及配套材料项目;0.7亿元用于补充流动资金。

【“江阴银行”】 2021年5月7日,公司发布《2020年度权益分派实施公告》:以实施分配方案时股权登记日(5月12日)收市后总股本为基数,向全体股东每10股派现金1.8元(含税)。8月6日,经中国银行保险监督管理委员会江苏监管局和中国人民银行批准,公司在全国银行间债券市场发行江苏江阴农村商业银行股份有限公司2021年第一期小型微型企业贷款专项金融债券,发行总规模10亿元,债券品种为3年期固定利率债券,票面利率3.18%。

【“神宇股份”】 2021年1月12日,公司董事会同意使用2500万~3000万元自有资金以集中竞价交易方式回购公司部分社会公众股,用于实施股权激励计划或员工持股计划。4月8日,公司发布《2020年度权益分派实施公告》:以93517119股为基数,向全体股东每10股派发现金股利1.5元(含税),合计派发现金股利14027567.85元。

【“苏利股份”】 2021年4月15日,公司拟公开发行可转换公司债券资金总额不超过10亿元,募集资金拟用于投资苏利(宁夏)新材料科技有限公司年产1.15万吨精细化工产品及相关衍生产品项目。5月18日,公司发布《2020年度权益分派实施公告》:该次利润分配以方案实施前公司总股本1.8亿股为基数,每股派发现金红利0.3元(含税),共计派发现金红利5400万元。7月2日,中国证监会决定对公司公开发行可转债申请予以受理。8月24日,该次拟公开发行可转换公司债券募集资金总额由10亿元调整为9.57亿元。12月20日,公司公开发行可转债申请获中国证监会核准批复。

【“江化微”】 2021年5月6日,公司发布《2020年度权益分派实施公告》:该次利润分配及转增股本以方案实施前公司总股本150747878股为基数,每股派发现金红利0.12元(含税),以资本公积金向全体股东每股转增0.3股,共计派发现金红利18089745.36元,转增45224363股,该次分配后总股本为195972241股。11月19日,公司股东殷福华、季文庆、镇江市杰华投资有限公司拟将其持有的公司股票22448620股转让给淄博星恒途松控股有限公司,转让价格为29.88元/股,转让总价为6.71亿元,合计占公司总股本的11.46%。淄博星恒途松拟以现金方式认购公司向特定对象非公开发行的34739454股股票,占发行后总股本的15.06%。该次非公开发行A股股票募集资金总额为7亿元,完成后淄博星恒途松将持有公司总股本的24.79%,殷福华、季文庆、杰华投资仍合计持股22.27%。公司控股股东将变更为淄博星恒途松,实际控制人为淄博市财政局。

【"恒润股份"】 2021年1月26日,公司实际控制人承立新拟将其持有的公司6%股票协议转让给济宁城投控股集团有限公司,23.99%股票对应表决权委托给济宁城投行使,同时放弃6.01%股票对应表决权。完成后,承立新仍持有上市公司30%股份,但不再持有上市公司股份表决权,济宁城投将持有上市公司6%股份,合计控制公司29.99%股票对应表决权。是日,公司发布《2021年度非公开发行A股股票预案》:拟非公开发行股票61152000股(占公司非公开发行后总股本的23.08%),发行价格26.24元/股,募集资金总额16.05亿元,济宁城投拟以现金认购。2月25日,佳润国际投资有限公司减持公司股票4076760股,占总股本的2%;减持后持有7177700股,占总股本的3.52%。5月31日,公司拟将该次非公开发行募集资金总额由1604628480元调减为1594628416.48元;将发行数量由61152000股调减为60770902股。6月9日,承立新将其持有的公司股票14268800股(占公司总股本的7%)转让给济宁城投控股集团有限公司的手续办理完成。6月16日,公司发布《2020年度权益分派实施公告》:该次利润分配及转增股本以方案实施前公司总股本203840000股为基数,每股派发现金红利0.4元(含税),以资本公积金向全体股东每股转增0.3股,共计派发现金红利81536000元,转增61152000股,分配后总股本为264992000股。7月15日,2021年度非公开发行A股股票募集资金总额由15.7亿元调减为14.84亿元。7月27日,非公开发行A股股票数量由74651054股调减为74129541股,募集资金金额由1484062953.52元调减为1473695275.08元。10月14日,2021年度非公开发行A股股票募集资金到账,总额14.74亿元。10月22日,2021年度非公开发行股份变动办理完成,公司控股股东由承立新变更为济宁城投,实际控制人由承立新变更为济宁市政府国有资产监督管理委员会。

【"电工合金"】 2021年4月7日,公司发布《2020年度权益分派实施公告》:以公司总股本20800万股为基数,向全体股东每10股派发现金红利4元(含税),合计派发现金股利8320万元(含税),同时以资本公积金向全体股东每10股转增6股。5月18日,公司实际控制人陈力皎、冯岳军,与中国国投高新产业投资有限公司签署股权转让协议,拟将其持有的镇江市金康盛企业管理有限责任公司100%股权转让给受让方,受让方进而间接持有电工合金99806720股股份,占公司总股本的29.99%。权益变动后,不会导致公司实际控制人发生变化。11月1日,股权转让事项终止。12月15—20日,公司股东镇江秋炜商务服务有限公司通过深交所大宗交易系统累计减持公司股票4193300股,占公司总股本的1.26%。

【"振江股份"】 2021年3月25日,公司旗下海上工作平台"振江"号维修完成并成功试航,重新取得CCS(中国船级社)证书,具备重新开展海上风电吊装工作条件。4月1日,公司公布《第二期限制性股票激励计划(草案)》:该次激励对象总数73人,授予价格10.5元/股,限制性股票总数123万股,来源为公司从二级市场回购的A股普通股股票。7月6日,调整发布《2020年度非公开发行A股股票预案(修订稿)》。调整后发行对象为不超过35人特定投资者。9月26日,为归还融资款,降低股权质押比例,股东胡震计划在减持计划公告之日起3个交易日后6个月内通过大宗交易方式减持其所持有公司股份不超过5025256股,即不超过公司总股本的4%。

【"怡达股份"】 2021年1月8日,2020年创业板非公开发行A股股票上市。该次发行价格26.86元/股,发行股票数量6031267股,募集资金总额161999831.62元。9月15日,公布《限制性股票激励计划(草案)》:拟向536名激励对象授予不超过3416250股限制性股票,约占公告时公司总股本的3.98%,授予价格24.61元/股。11月24日,股东蔡国庆计划自本公告披露之日起6个月内,通过集中竞价方式增持公司股份,累计增持金额不低于100万元且不超过200万元。

【"优彩资源"】 2021年2月1日,公司拟以自筹资金4150万元收购江阴众才光伏材料科技有限公司100%股权。10月21日,公司发布《2021年半年度利润分配方案》:以公司未来实施分配方案时股权登记日总股本为基数,向全体股东每10股派发现金股利1元(含税)。10月22日,公司IPO(首次公开募股)募集资金投资的年产22万吨功能型复合低熔点纤维二期项目进入试产阶段。

【"必得科技"】 2021年6月23日,公司发布《2020年度权益分派实施公告》:该次利润分配以方案实施前公司总股本1.08亿股为基数,每股派发现金红利0.4元(含税),共计派发现金红利4320万元。

【"长龄液压"】 2021年6月16日,公司发布《2020年度权益分派实施公告》:该次利润分配以方案实施前公司总股本97333400股为基数,每股派发现金红利0.3元(含税),共计派发现金红利29200020元。11月12日,公司拟购买江阴联华铸造有限公司位于江阴市镇澄路1299号工业房地产(含装潢、附着物)、机器设备及江阴远东重工有限公司、江阴华泰机械制造有限公司位于江阴市镇澄路1299号的机器设备相关资产,总价274780万元。

新三板挂牌企业动态

【概况】 2021年,“江阴板块”56个“新三板”挂牌企业借助全国中小企业股份转让系统平台,规范公司治理,严格信息披露,助推产业发展。江阴市新昶虹电力科技股份有限公司、江苏云峰科技股份有限公司、江阴硅普搪瓷股份有限公司3个公司向公司全体股东分配年度利润;江阴市晓达金属制品制造股份有限公司通过非公开发行股份募集资金1275万元;1个公司(华钢网络)卖壳;1个公司(江凌股份)在全国中小企业股份转让系统终止挂牌。

【“新昶虹”】 2021年5月10日,公司发布《2020年度股东大会决议公告》,审议通过《2020年度董事会工作报告》《2020年度监事会工作报告》《2020年度财务报告》。6月25日,公司发布《2020年度权益分派实施公告》:以公司现有总股本110540000股为基数,向全体股东每10股派现金1元。

【“标榜新材”】 2021年5月18日,公司发布《2020年度股东大会决议公告》,审议通过《2020年度董事会工作报告》《2020年度监事会工作报告》《2020年度报告及摘要》《2020年度利润分配方案》:综合考虑2021年度生产规模扩大及业务增长对资金的需求,决定2020年度不进行利润分配,也不进行资本公积金转增股本。

【“海特股份”】 2021年5月28日,公司发布《2020年度股东大会决议公告》,审议通过《2020年度董事会工作报告》《2020年度监事会工作报告》《2020年度报告及摘要》《2020年度利润分配方案》:考虑公司经营情况,公司暂不进行利润分配。

【“万事兴”】 2021年5月14日,公司发布《2020年度股东大会决议公告》,审议通过《2020年度董事会工作报告》《2020年度监事会工作报告》《2020年度报告及年报摘要》《关于公司2020年度利润分配预案》:公司决定2020年度不进行利润分配,也不进行资本公积金转增股本。

【“孚尔姆”】 2021年5月27日,公司发布《2020年度股东大会决议公告》,审议通过《2020年度董事会报告》《2020年度监事会报告》《2020年度报告及摘要》《2020年度利润分配预案》:公司决定2020年度不做利润分配,也不进行公积金转增股本。

【“润达光伏”】 2021年5月17日,公司发布《2020年度股东大会决议公告》,审议通过《2020年度董事会报告》《2020年度监事会报告》《2020年度报告及摘要》《2020年度权益分派方案》:根据公司2020年度经营情况,公司2020年度拟不进行权益分派。

【“万兴股份”】 2021年5月14日,公司发布《2020年度股东大会决议公告》,审议通过《2020年度董事会报告》《2020年度监事会报告》《2020年度报告及年报摘要》《2020年度利润分配预案》:公司决定2020年度不进行利润分配,也不进行资本公积金转增股本。

【“舜阳科技”】 2021年5月17日,公司发布《2020年度股东大会决议公告》,审议通过《2020年度董事会报告》《2020年度监事会报告》《2020年度报告及年度报告摘要》《2020年度利润分配方案》:公司2020年度拟不进行利润分配。

【“江凌股份”】 2021年1月21日,公司发布《关于公司股票在全国中小企业股份转让系统终止挂牌的公告》:根据全国中小企业股份转让系统有限责任公司出具的《关于同意江苏江凌测控科技股份有限公司股票终止在全国中小企业股份转让系统挂牌的函》,公司股票自2021年1月22日起在全国中小企业股份转让系统终止挂牌。

【“奥派装备”】 2021年5月17日,公司发布《2020年度股东大会决议公告》,审议通过《2020年度董事会报告》《2020年度监事会报告》《2020年度报告及摘要》《2020年度利润分配方案》:公司2020年度不进行利润分配。

【“翔龙科技”】 2021年5月12日,公司发布《2020年度股东大会决议公告》,审议通过《2020年度董事会报告》《2020年度监事会报告》《2020年度报告及摘要》《2020年度权益分派方案》:公司2020年度拟不进行权益分派。

【“无锡协力”】 2021年5月19日,公司发布《2020年度股东大会决议公告》,审议通过《2020年度董事会报告》《2020年度监事会报告》《2020年度报告及摘要》《2020年度利润分配方案》:根据公司实际情况,拟定公司2020年度利润不分配,不进行公积金转增股本。

【“华钢网络”】 2021年4月20日,公司发布《2020年度股东大会决议公告》,审议通过《2020年度董事会报告》《2020年度监事会报告》《2020年度报告及摘要》《2020年度利润分配方案》:公司2020年度利润不分配。6月1日,公司发布《关于公司股份完成特定事项协议转让的公告》:股东王旌、李霜霜将其持有的公司100%股份通过特定事项协议转让的交易方式转让给西安通远创新科技企业孵化器集团有限公司和西安通远创新科技企业孵化器合伙企业(有限合伙),过户登记手续完成。

【“力博医药”】 2021年5月28日,公司发布《2020年度股东大会决议公告》,审议通过《2020年度董事会报告》《2020年度监事会报告》《2020年度报告及摘要》《2020年度利润分配方案》:公司基于战略发展考虑,暂不分配2020年度利润。

【“云峰科技”】 2021年4月29日,公司发布《2020年度股东大会决议公告》,审议通过《2020年度董事会报告》《2020年度监事会报告》《2020年度报告及摘要》《2020年度权益分派预案》:拟以权益分派实施时股权登记日应分配股数为基数,以未分配利润向全体股东每10股派发现金红利1.3元(含税),该次权益分派共预计派发现金红利5900700元。

【“博阳智电”】 2021年5月20日,公司发布《2020年度股东大会决议公告》,审议通过《2020年度董事会报告》《2020年度监事会报告》《2020年度报告及摘要》《2020年度利润分配预案》:根据公司战略实施及业务开展需要,结合公司现金流情况,拟定2020年度不进行利润分配、不送红股、不实施公积金转增股本。

【"硅普搪瓷"】 2021年5月24日，公司发布《2020年度股东大会决议公告》，审议通过《2020年度董事会报告》《2020年度监事会报告》《2020年度报告及摘要》。10月20日，公司发布《2021年半年度权益分派实施公告》：以公司现有总股本2410万股为基数，向全体股东每10股送红股5股，每10股派3元。

【"宝得换热"】 2021年5月21日，公司发布《2020年度股东大会决议公告》，审议通过《2020年度董事会报告》《2020年度监事会报告》《2020年度报告及摘要》。

【"四方游泳"】 2021年5月17日，公司发布《2020年度股东大会决议公告》，审议通过《2020年度董事会报告》《2020年度监事会报告》《2020年度报告及摘要》。

【"晓达股份"】 2021年5月12日，公司发布《2020年度股东大会决议公告》，审议通过《2020年度董事会报告》《2020年度监事会报告》《2020年度报告及摘要》《2020年度利润分配方案》：根据公司生产经营状况及持续发展需要，2020年度不进行利润分配。11月10日，公司发布《股票定向发行新增股份在全国股份转让系统挂牌并公开转让的公告》：该次定向发行股份总额为850万股，于2021年11月16日起在全国中小企业股份转让系统挂牌并公开转让。

募集资金使用

【概况】 2021年，江阴A股上市公司及"新三板"挂牌企业通过首发、再融资等方式从资本市场直接融资105.75亿元，借力资本市场，实现企业跨越式发展。

【"必得科技"】 2021年3月1日，江苏必得科技股份有限公司在上交所主板上市，首发募集资金4.32亿元。其中2.06亿元用于轨道交通车辆配套产品扩产项目，0.68亿元用于研发中心建设项目（江阴），1.18亿元用于补充营运资金。

【"长龄液压"】 2021年3月22日，江苏长龄液压股份有限公司在上交所主板上市，首发募集资金9.58亿元。其中3.17亿元用于液压回转接头扩建项目、智能制造改建项目（江阴），0.66亿元用于研发试制中心升级建设项目（江阴），3.51亿元用于张紧装置搬迁扩建项目（泰兴），1.61亿元用于补充流动资金。

【"华兰股份"】 2021年11月1日，江苏华兰药用新材料股份有限公司在深交所创业板上市，首发募集资金19.55亿元，超募14.05亿元。其中3.5亿元用于自动化、智能化工厂改造项目（江阴），0.5亿元用于研发中心建设项目（江阴），1.5亿元用于补充流动资金。

【"怡达股份"】 2021年1月8日，江苏怡达化学股份有限公司非公开发行股份募集资金1.62亿元，用于年产15万吨环氧丙烷项目（泰兴）。

【"长电科技"】 2021年4月26日，江苏长电科技股份有限公司非公开发行股份募集资金50亿元。其中26.6亿元用于年产36亿颗高密度集成电路及系统级封装模块项目（江阴），8.4亿元用于年产100亿块通信用高密度混合集成电路及模块封装项目（宿迁），15亿元用于偿还银行贷款及短期融资券。

【"三房巷"】 2021年7月26日，江苏三房巷聚材股份有限公司非公开发行股份募集资金5.81亿元。4亿元用于海伦石化PTA技改项目（江阴），3.05亿元用于补充流动资金，0.95亿元用于中介机构费用及其他相关费用。

【"恒润股份"】 2021年10月14日，江阴市恒润重工股份有限公司非公开发行股份募集资金14.74亿元。3.62亿元用于年产5万吨12兆瓦海上风电机组用大型精加工锻件扩能项目（江阴市祝塘镇），75462.85万元用于年产4000套大型风电轴承生产线项目（江阴临港经济开发区），36743.45万元用于年产10万吨齿轮深加工项目（江阴市祝塘镇）。

【"晓达股份"】 2021年7月13日，江阴市晓达金属制品制造股份有限公司非公开发行股份募集资金1275万元，用于补充流动资金。

经营业绩

【概况】 2021年，江阴市A股上市公司总资产3729.02亿元，比2020年增加360.35亿元；总股本353.59亿股；实现营业收入1446.76亿元；实现净利润133.14亿元，比2020年增长125.19%；年终市值3108.79亿元，比2020年增加749.01亿元。18个上市公司净利润高于2020年，四环生物、宝利国际、模塑科技、广信材料、爱康科技、哈工智能6个公司亏损。

2021年"江阴板块"国内上市公司业绩汇总一览表

表17

代码	公司名称	每股收益（元）	每股净资产（元）	净资产收益率（%）	每股现金净流量（元）	营业收入（亿元）	净利润（亿元）	总资产（亿元）	净资产（亿元）	负债率（%）	总股本（亿股）	流通股（亿股）	市值（亿元）
000518	四环生物	-0.0338	0.5886	-5.58	-0.0162	3.5096	-0.3827	7.9931	6.4678	19.08	10.2956	10.2954	37.3729
000584	哈工智能	-0.7727	2.3951	-27.85	-0.1768	17.2246	-6.0429	48.0533	19.5932	59.23	7.6094	7.3096	46.1128
000700	模塑科技	-0.2220	2.4822	-7.97	-0.1084	73.8987	-2.0369	83.1699	23.0579	72.28	9.1708	9.1708	46.7709
000890	法尔胜	0.1000	0.1175	87.91	-0.1503	6.6747	0.6933	19.6211	2.2345	88.61	4.1950	3.7963	19.0035
000936	华西股份	0.3900	5.6500	7.03	-0.3399	24.1802	3.6653	67.2314	51.3006	23.70	8.8601	8.8577	55.5530

续表 17

代码	公司名称	每股收益(元)	每股净资产(元)	净资产收益率(%)	每股现金净流量(元)	营业收入(亿元)	净利润(亿元)	总资产(亿元)	净资产(亿元)	负债率(%)	总股本(亿股)	流通股(亿股)	市值(亿元)
002015	协鑫能科	0.7425	4.5963	16.27	0.1806	113.1432	12.7156	275.0166	80.1730	70.85	13.5246	4.0070	222.6151
002445	中南文化	0.0900	0.7900	11.83	0.0565	4.8155	2.0789	26.5046	19.0522	28.12	23.9167	23.7993	78.9251
002455	百川股份	0.4300	3.3108	13.73	0.0438	40.2085	2.3303	71.9996	24.4947	65.98	5.6595	4.5066	74.9883
300135	宝利国际	-0.0800	1.2695	-6.07	-0.0981	22.8209	-0.7841	24.2316	11.5864	52.18	9.2160	7.0977	26.1734
600078	*ST 澄星	3.0410	2.1994	451.05	0.2528	33.3341	21.3484	74.1055	18.5147	75.02	6.6257	6.6257	62.0168
600220	江苏阳光	0.0645	1.1609	5.59	0.2143	19.9247	1.1325	47.4336	23.2475	50.99	17.8334	17.8334	47.4369
600370	三房巷	0.1676	1.6714	10.45	-0.7516	194.7917	6.3714	115.8165	65.1240	43.77	38.9634	9.2594	127.0207
600398	海澜之家	0.5800	3.3443	17.50	0.4639	201.8804	24.0068	315.0592	150.8879	52.11	43.1960	43.1960	276.8865
600481	双良节能	0.1900	1.4786	13.51	-0.0003	38.2978	3.3962	89.9101	24.5833	72.66	16.2726	16.2726	163.7019
600584	长电科技	1.7200	11.8000	16.42	0.3350	305.0242	29.6026	370.9862	209.9972	43.39	17.7955	17.7955	552.0173
601199	江南水务	0.3000	3.5242	8.65	-0.7640	11.1360	2.7640	57.1649	32.9585	42.34	9.3521	9.3521	59.6664
601218	吉鑫科技	0.2142	2.8001	7.79	-0.3482	18.5865	2.0825	40.1316	27.3844	31.76	9.7736	9.7736	53.8525
002610	爱康科技	-0.0906	0.8128	-10.53	0.0139	25.3105	-4.1988	90.9548	37.5950	58.67	44.7953	43.8417	210.5380
002645	华宏科技	0.9371	5.9859	16.18	0.0832	67.7683	5.4117	51.6119	35.9872	30.27	5.8244	4.5811	142.1158
300320	海达股份	0.2500	3.2882	7.76	-0.0394	25.2294	1.5424	31.3886	20.1593	35.77	6.0123	4.9383	97.0392
300537	广信材料	-2.1270	3.5903	-45.73	0.2419	6.1890	-4.1540	11.5833	6.8925	40.50	1.9303	1.3295	31.4056
002807	江阴银行	0.5864	5.8316	10.15	-0.3057	33.6671	12.8473	1531.2760	131.6566	91.40	21.7201	21.6944	83.6224
300563	神宇股份	0.3900	5.2500	7.65	-0.0713	8.3966	0.6970	12.6316	9.3776	25.76	1.7874	1.2238	25.8819
603585	苏利股份	1.2900	12.2470	11.01	-0.4958	22.9165	2.8171	38.7181	26.9965	30.27	1.8000	1.8000	34.5240
603078	江化微	0.2883	5.8941	4.99	-1.1894	7.9214	0.5596	22.4828	11.5318	48.71	1.9597	1.9597	52.0894
603985	恒润股份	1.5586	9.8408	21.39	1.1920	22.9348	4.3970	38.9262	33.3724	14.27	3.3912	2.6499	181.1587
300697	电工合金	0.3200	2.7561	11.90	-0.2750	21.7386	1.0599	14.4328	9.1877	36.34	3.3280	1.5059	41.8330
603507	振江股份	1.4400	12.8658	11.76	1.0032	24.2466	1.8766	48.6886	16.5483	66.01	1.2563	1.2441	51.3832
300721	怡达股份	1.5533	13.1600	13.46	0.7483	14.5041	1.3100	25.4293	11.8126	53.55	0.8576	0.7033	42.9667
002998	优彩资源	0.3100	4.5104	6.96	0.0887	16.2037	1.0082	18.4887	14.7219	20.37	3.2640	1.5201	28.0703
605298	必得科技	0.8200	8.9584	15.30	3.4050	3.0070	0.8491	11.1544	9.6921	13.11	1.0800	0.2700	20.4336
605389	长龄液压	2.2100	18.3076	13.73	5.9783	9.0650	2.0151	20.4990	17.8194	13.07	0.9733	0.2433	45.3184
301093	华兰股份	2.0260	17.9439	26.83	13.4666	8.2087	2.1602	26.3296	24.1644	8.22	1.3467	0.3090	70.2960
合计					1446.76	133.14	3729.02	1208.17	67.60	353.59	298.76	3108.79	
平均	0.5662	5.4673	22.52	0.6860	43.84	4.03	113.00	36.61	67.60	10.71	9.05	94.21	

上市(挂牌)后备企业动态

【概况】 2021年,江阴市对全市上市(挂牌)后备企业继续进行滚动调整,严格筛选审核后备企业名录,挖掘培育发展潜力大、效益高、后劲足的优质企业,优化后备企业资源库,不断做优做强后备企业集群。江苏江顺精密科技集团股份有限公司向中国证监会申报上市材料;江苏江顺精密科技集团股份有限公司、江苏新顺微电子股份有限公司、江苏耀坤液压股份有限公司、江苏大经供应链股份有限公司、江苏安凯特科技股份有限公司、江阴润玛电子材料股份有限公司、升辉新材料股份有限公司7个企业向江苏证监局申报辅导;升辉新材料股份有限公司、江苏三房巷薄膜股份有限公司、江苏康瑞新材料科技股份有限公司、江苏坤奕环境技术股份有限公司、技源集团股份有限公司5个企业完成上市股改工作。

【"江顺精密"】 江苏江顺精密科技集团股份有限公司向中国证监会江苏监管局申报辅导备案，江苏证监局确认江苏江顺精密科技集团股份有限公司辅导备案日为2021年1月11日。辅导验收后，江苏江顺精密科技集团股份有限公司向中国证监会申报上市材料。

【"新顺微"】 江苏新顺微电子股份有限公司向中国证监会江苏监管局申报辅导备案，江苏证监局确认江苏新顺微电子股份有限公司辅导备案日为2021年2月1日。

【"升辉新材料"】 升辉新材料股份有限公司向中国证监会江苏监管局申报辅导备案，江苏证监局确认升辉新材料股份有限公司辅导备案日为2021年6月30日。

【"耀坤液压"】 江苏耀坤液压股份有限公司向中国证监会江苏监管局申报辅导备案，江苏证监局确认江苏耀坤液压股份有限公司辅导备案日为2021年7月12日。

【"安凯特"】 江苏安凯特科技股份有限公司向中国证监会江苏监管局申报辅导备案，江苏证监局确认江苏安凯特科技股份有限公司辅导备案日为2021年10月12日。

【"大经供应链"】 江苏大经供应链股份有限公司向中国证监会江苏监管局申报辅导备案，江苏证监局确认江苏大经供应链股份有限公司辅导备案日为2021年11月5日。

【"润玛电子"】 江阴润玛电子材料股份有限公司向中国证监会江苏监管局申报辅导备案，江苏证监局确认江阴润玛电子材料股份有限公司辅导备案日为2021年12月2日。

政府服务

【概况】 2021年，江阴市高度重视企业上市挂牌工作，从各方面为企业上市提供"一站式"服务。承办上交所组织的上市公司现场交流会，加强与上市监管部门沟通对接，强化交流合作，助力江阴板块高质量发展；举办北京证券交易所（以下简称"北交所"）上市培训交流会，把握改革风向，抢抓发展风口，构建完善多层次资本市场体系；组织企业赴深交所举办培训交流活动，激发后备企业上市热情；做好企业上市挂牌奖励政策兑现工作，调动企业上市挂牌积极性。是年，新增上市公司3个，上市挂牌公司通过定向增发等方式从资本市场直接融资105.75亿元。

【三省一市上市公司交流会】 2021年7月9日，上交所在江阴市举办"提质量、控风险"三省一市（江苏省、浙江省、山东省、上海市）上市公司交流会。中国证监会上市部、上交所领导，三省一市证监局及部分上市公司代表，无锡市及江阴市领导，江阴市A股上市公司相关负责人参加会议。无锡市委常委、江阴市委书记许峰出席会议并致辞。

【北交所上市培训交流会】 为学习贯彻习近平总书记在中国（北京）国际服务贸易交易会上关于"深化新三板改革，设立北京证券交易所"的重要讲话精神，构建完善江阴市多层次资本市场体系，推动"江阴板块"高质量发展，2021年9月7日，江阴市工业和信息化局、市上市公司协会联合组织举办北交所上市培训交流会。市工信局副局长谈海燕，市上市公司协会常务会长王利峰，市上市公司协会新三板分会会长、江苏海特服饰有限公司董事长朱海荣，江苏省高科技投资集团毅达资本投资总监孙吉川，申万宏源证券公司保荐代表人赵智之等出席会议。全市"新三板"挂牌企业负责人及董秘参加会议。会上，孙吉川主讲"资本市场发展趋势与三板企业融资管理"，分析资本市场主要发展趋势，同时与参会企业家分享交流"企业为什么要挂牌上市、上市之后做什么、如何与市场投资人沟通"等相关话题；赵智之主讲"北交所（精选层）及新三板转板制度解析"，介绍"新三板"市场全貌概览及北交所（精选层）概览，解读转板上市相关配套指引，并对企业资本市场发展路径进行全面分析。

【深交所培训交流活动】 2021年11月1日，江苏华兰药用新材料股份有限公司在深交所创业板上市。为发挥引领示范效应，激发全市后备企业上市热情，市工信局组织10个重点上市后备企业主要负责人赴深交所举办培训交流活动。活动现场就创业板改革并试点注册制总体情况进行详细介绍，并就企业改制上市流程及需要重点关注的问题深入讲解。互动交流环节，与会企业代表针对公司治理、板块选择、上市合规性等问题进行深入探讨。该次活动还组织后备企业赴上市企业现场考察交流，参观深圳市捷佳伟创新能源装备股份有限公司生产车间，听取深圳市显盈科技股份有限公司自成立到上市10年成功经验。企业负责人就公司上市后3年规划发展、产业布局、资本运作进行讲解，鼓励江阴市后备企业提前布局、积极推进、规范经营。

【奖励政策兑现】 2021年，江阴市为进一步调动企业首发上市及"新三板"挂牌积极性，推动上市挂牌公司做优做强，按照《关于全力重塑"江阴板块"新优势的若干政策意见》《关于〈全力重塑"江阴板块"新优势的若干政策意见〉的补充意见》《关于大力推进产业强市建设推动经济高质量发展的政策意见》《关于大力推进产业强市建设推动经济高质量发展的政策意见——企业资本运作实施细则》文件精神，根据镇（街道、园区）审核申报，开展全市上市挂牌公司奖励政策兑现工作，兑现3916.2万元。通过兑现政策，大幅度降低企业上市挂牌成本，进一步调动企业登陆资本市场积极性。

（金　飞）

■类目编辑　徐文辉

建筑业

综　述

【概况】 2021 年,江阴市住房和城乡建设部门健全完善诚信体系,加强监管力量配置和管理执法能力。规范企业主体责任,建立工程综合督察制度,推进“智慧住建”平台建设,实现工程施工智能化监管,加大原材料管理,开展工程质量治理行动和安全专项整治,强化工程质量通病防治和原材料、混凝土质量管理,规范既有建筑改造装饰装修、小型建设工程和零星作业,加强综合执法,实现在监项目 346 项,建筑面积 1696.35 万平方米。深化建筑工地扬尘管控治理,严把建设工程消防设计审查验收。执行绿色建筑二星级设计标准,推行装配式建筑和全装修成品住房,制定海绵城市建设意见,新增节能建筑 319.1 万平方米。加强建筑业企业资质管理,全年完成企业资质申报 336 个,其中建筑业企业 245 个,房地产开发企业 71 个,勘察设计企业 16 个,监理企业 4 个。

【建筑工程勘察设计】 2021 年,江阴市城乡和建设部门完成深基坑支护设计方案审查 63 项,新建民用建筑 100% 执行绿色建筑设计标准,总建筑面积 319.1 万平方米;新开工装配式建筑 108.71 万平方米,竣工成品住房面积 59.98 万平方米,海绵城市建成区面积 32 平方千米。

建筑施工

【概况】 2021 年,江阴市有建筑业企业 626 个,其中总承包企业 215 个,专业承包企业 363 个,劳务企业 48 个,平均从业人数 4.6 万人,全员劳动生产率人均 33.9 万元。江阴市住房和城乡建设部门全年新增监督项目 168 项,建筑面积 64.87 万平方米,比 2020 年下降 37.77%;新增提前介入项目 36 项,建筑面积 99.54 万平方米;拥有在监项目 346 项,建筑面积 1696.35 万平方米,比 2020 年增长 63.45%;竣工验收 108 项(单位工程 505 项),建筑面积 413.4 万平方米,比 2020 年增长 15.58%;新增保温节能建筑面积 305.52 万平方米。实施房屋安全鉴定 105 户,出具鉴定报告 18 份,意见书 16 份。全市获得国家优质工程奖 2 项,江苏省“扬子杯”优质工程奖 6 项,无锡市“太湖杯”优质工程奖 3 项,江苏省建筑施工标准化星级工地 22 项,江苏省建筑施工“云观摩”工地和无锡市建设工程质量安全管理“云观摩”工地各 1 项。

2020—2021 年江阴市建筑创优工程一览表

表 18

奖项	工程名称	施工单位	参建、监理单位
国家优质工程	海澜集团营业用房建设(马儿岛艺术文化主题度假酒店)1 号楼	江苏省苏中建设集团股份有限公司	苏州金螳螂建筑装饰股份有限公司、江苏省工业设备安装集团有限公司、江苏鸿成工程项目管理有限公司
	澄星广场	江苏江中集团有限公司	南通安装集团股份有限公司、苏州中亿丰科技有限公司、江苏赛华建设监理有限公司
江苏省“扬子杯”优质工程	生活垃圾焚烧发电三期——主厂房	江阴建工集团有限公司	江苏苏安电力工程管理有限公司
	江阴市顾山护养院建设项目——护养院 A 区、B 区、C 区	江阴市第二建筑安装工程有限公司	江苏鸿成工程项目管理有限公司
	江阴市新华路隧道主体改造工程	江阴市市政建设工程有限公司	江苏外建工程管理有限公司

续表 18

奖项	工程名称	施工单位	参建、监理单位
江苏省“扬子杯”优质工程	华西文体中心项目	江苏先腾建设集团有限公司	江苏新东方工程管理咨询有限公司
	海澜集团营业用房建设(马儿岛艺术文化主题度假酒店)1号楼	江苏省苏中建设集团股份有限公司	苏州金螳螂建筑装饰股份有限公司、江苏省工业设备安装集团有限公司、江苏鸿成工程项目管理有限公司
	澄星广场	江苏江中集团有限公司	南通安装集团股份有限公司、苏州中亿丰科技有限公司、江苏赛华建设监理有限公司
无锡市“太湖杯”优质工程	商业用房建设项目(飞马商城项目)	江阴建工集团有限公司	江苏省工业设备安装集团有限公司、苏州海亿达建筑装饰有限公司、江苏鸿成工程项目管理有限公司
	澄地2018-C-4(A、B)地块商品房开发项目(B地块一期)9号楼	江阴建工集团有限公司	江苏启泰工程咨询有限公司
	澄地2009-C-80号地块商品房项目(一期)6~8号楼精装修工程	美洲豹装饰股份有限公司	南通正元工程项目管理有限公司

【建筑工程质量监管】 2021年,江阴市住房和城乡建设部门着力提升监管智能化、多元化水平,推进“智慧住建”平台建设,将信息技术、传感技术植入建筑、机械、场地出入口,整合实名制人脸识别、场内视频监控、扬尘在线监测、危大工程监测四大子系统,打造“智慧住建”监控平台,实现工程施工可视化远程智能监管,对不规范作业实施抓拍取证,并报警提醒,提醒后仍未整改的,依法查处。全年有170个在建工地接入“智慧住建”监控平台。突出工程质量通病防治和原材料、混凝土质量管理,抽测工地现场钢筋、电工套管、防水卷材、防水涂料、烧结砖、保温岩棉条、复合发泡水泥板、网格布等情况,力争消除隐患,实现标本兼治。开展质量巡查抽查1216个次,开具质量监督抽查整改通知书307份。突出安全风险大、事故多发重要环节管理,开展防高空坠落、高支模、建筑起重机械和脚手架等危大工程和临时用电专项整治,加密隐患排查次数,严控风险源、管控风险点。累计开展各类专项整治564个次,开具安全隐患整改通知书416份,发现安全隐患1861处,整改1805处,整改率97%;实施信用扣分152份;移交行政处罚案件94件,罚款金额(处罚告知)126.9万元。借力社会监管资源,落实《关于推行住宅工程质量潜在缺陷保险的实施意见(试行)》,全市有37项在建房地产项目实施质量缺陷保险。通过购买服务的方式委托第三方,对全市350台塔式起重机和250台施工升降机开展设备安全状况评估工作,及时消除安全隐患。

2021年建成的应天河三期风光带 (市住建局提供)

【建筑工程安全监管】 2021年,江阴市住房和城乡建设部门以规范化制度督促企业落实企业主体责任,努力确保全市建设工程安全生产。9月,建立工程安全隐患自检周报制度,增强工程建设各参建单位责任意识,推动在建工程项目常态化实施周报制度,形成施工单位自查自纠、监理单位复核整改、住建部门督查抽查三方联动的隐患排查整改闭环流程。整改施工现场各类问题隐患12033个。12月,建立工程综合督查制度,严格落实“双随机一公开”(随机抽取检查对象、随机选派执法检查人员、抽查情况和查处结果及时向社会公开)监督检查,对工程质量、安全文明施工、智慧工地建设、农民工工资支付保障等落实和监督人员现场监管履职情况按周期进行综合督查。是年,建立从业人员规范管理机制,推广建筑施工领域“筑锡”二维码管理;创新实行安全培训考核制度,全年培训建筑起重机械特种作业人员850名;督促企业加大对从业人员安全作业行为的督查考核,通过现金、实物等奖励措施来引导规范从业人员作业行为。

【建筑监管体系建设】 2021 年,江阴市住房和城乡建设部门着力构建政策支撑强、责任分工明、工作流程优的监管体系,大力推动监管全域覆盖、落细落实。9 月,针对市内既有建筑改造装饰装修、小型建设工程和零星作业尚未纳入工程安全监管范围的问题,出台《江阴市既有建筑改造和装饰装修工程建设管理实施细则》《江阴市小型建设工程和零星作业安全生产管理实施细则》,坚持"三管三必须"(管行业必须管安全、管业务必须管安全、管生产经营必须管安全)和"属地负责、行业指导、网格监管"的原则,联合市公安、自规、城管、应急、教育、卫生、文体广电旅游等相关部门进行监管指导,督促属地政府将既有建筑改造装饰装修、小型建设工程和零星作业纳入网格化管理体系,做到专人巡查,专人负责,发现问题联动整治,联合执法,确保安全监管横向到边、纵向到底。既有建筑改造和装饰装修工程方面,对依法纳入基本建设程序的,严格落实建设审批流程。对特殊类装饰装修工程和一般类装饰装修工程,创新采用"装修改造备案"和"装修承诺登记"制度。小型建设工程和零星作业实行安全生产告知登记制度。

建筑市场管理

【概况】 2021 年,江阴市住房和城乡建设部门以城乡环境综合整治为抓手,建立企业建筑工地施工扬尘治理管理体系,完善主管部门施工扬尘防治监管体系,有效遏制建筑工地施工扬尘对大气污染的影响。强化建筑市场质量安全监管,健全建筑企业信用管理体系,规范建筑市场行为。全年立案 212 件,发出处罚决定书 195 份,收缴罚款 785.12 万元。与生态环境部门共同出台《江阴市施工工地扬尘污染防治精准管控要求》,与建筑施工企业签订"建筑施工扬尘管控责任状",开展扬尘防治检查 1891 次,检查工地 1586 个,开具整改单 257 份,停工单 29 份,移送处罚 76 份,处罚金额 241.1 万元。公布建筑工地扬尘污染防治攻坚"红黑榜"八期。办理消防审验项目 406 项,其中消防设计审查 86 个,消防验收 89 个,消防验收备案 231 个。办理江阴建筑业企业年度信用手册 199 份,录入工程建设不良行为扣分单 235 份。加强建设工程的计价市场管理,对市属 12 个造价咨询企业进行信用评价,12 个企业获评江苏省造价咨询企业信用单位。

【建筑市场规范】 2021 年,江阴市住房和城乡建设部门严格企业资质初审,全年完成企业资质申报 336 个,其中建筑业企业 245 个,房地产开发企业 71 个,勘察设计企业 16 个,监理企业 4 个。加强工程标后监管,严查建设工程发包与承包行为、建设领域挂证行为、现场实名制管理,对累计扣分超过一定分值的企业,实施重点审查、重点监管、强制培训等信用惩戒。严格农民工工资支付管理,实行实名制考勤系统,全市安装实名制考勤系统的在建工程项目 148 项。实行企业资质差别化缴存农民工工资保证金,江阴市企业缴纳 267 个,共缴 8510 万元;退还 240 个,退还金额 7580 万元。外地进江阴市企业缴纳 755 个,共缴 4.51 亿元;退还 498 个,退还金额 2.89 亿元。实行银行代发工资制度,设立在建项目专用账户 148 个。构建支付长效机制,制定全市建设领域农民工工资支付长效管理专项方案,进一步保障农民工工资清欠保支。年内,调查处理较为严重的农民工上访讨薪事件 11 件,解决欠薪事件 1540 件,其中门卫信访 365 件,国务院"互联网 + 督查"平台 213 件,回复"12345"民生热线电话督办事件 612 件,电话咨询 350 次。

【工程建设监管】 2021 年,江阴市建筑工程监管执法大队紧紧围绕局年度目标任务和阶段工作重点,密切协同职能部门,突出安全生产和扬尘治理等方面专项整治,依法办案,严格执法,加大对建筑施工、勘察设计、房地产市场以及人防和消防等领域的执法力度。持续加强扬尘防控查处治理,对经手的扬尘案件尤其是上黑榜的工地加大跟踪督查频次。全面开展省、市执法平台应用,狠抓行政执法"三项制度"(行政执法公示制度、行政执法全过程记录工作制度、重大执法决定法制审核工作制度),细化常用行政处罚事项的裁量基准。大力推进行政执法规范化、信息化、智能化建设,10 月底,在省执法检查中执法工作受到高度肯定。深入开展"我为群众办实事"、普法送法等活动。加强横向沟通协调,与镇街综合执法局就赋权事项适时进行业务交流,做到信息共享;与局内部消防、住宅产业、房产监管等部门加强协作,对发现的相关违法信息合力查处,做好执法保障。完成安全生产三年行动方案各项目标任务,参与局各项安全、扬尘等专项检查。扎实推进城市更新,配合完成江阴市城市更新工作指挥部部署的相关任务。防范化解突出矛盾,推动重大矛盾纠纷源头处置。全年立案 212 件,发出处罚决定书 195 份,涉案金额 816.12 万元,到账罚款 785.12 万余元。其中扬尘类立案 79 件、发出处罚决定书 74 份,涉案金额 219.56 万元,到账罚款 189.81 万元;安全类立案 59 件,发出处罚决定书 41 份,涉案金额 72.6 万元,到账罚款 70.6 万元。较好地维护住房和城乡建设领域正常市场秩序,执法工作取得新成效。

【建筑工地施工扬尘专项治理】 2021 年度,江阴市住房和城乡建设部门与生态环境部门共同出台《江阴市施工工地扬尘污染防治精准管控要求》文件,全面实施建筑工地扬尘治理工作,要求做到严禁施工车辆带泥上路、严禁高空抛物、严禁现场搅拌混凝土和砂浆、严禁易扬物料露天放置、严禁土方裸露堆放"五个严禁",做到审批手续不全不开工、围挡不符合要求不开工、地面硬化不达标不开工、冲洗排放设备不到位不开工、保洁人员不到位不开工、不签订"市容环境卫生责任书"不开工"六不开工",以及施工现场围挡率、进出道路硬化率、工地物料覆盖率、场地洒水清扫保洁率、密闭运输率、出入车辆清洗率"六个

100%”,明确管控责任,与建筑施工企业签订“建筑施工扬尘管控责任状”。对4个环保国控点周边100余个工地的扬尘管控进行重点检查,每天安排两个科室进行专门督查和记录上报。开展扬尘防治检查1891次,检查工地1586个,开具整改单257份,停工单29份,移送处罚76份,处罚金额共计241.1万元。公布建筑工地扬尘污染防治攻坚“红黑榜”8期。

【建设工程消防验收】 2021年,江阴市住房和城乡建设部门根据住建部、省住建厅、无锡市住建局的相关规范要求,严把建设工程消防设计审查、验收关,对不合格项目逐一梳理,在处罚施工单位的同时同步调查设计、建设单位是否存在“不按消防技术标准强制性要求设计”“要求施工单位降低消防技术标准施工”等违法行为,通过“一家受处理,多家受教育”的方式强化行业监管、净化行业风气。遵循“政府多跑现场企业少跑政府”的原则,不断压降办理时间,探索“特事快办”,省市重大重点项目、重大民生项目等实行提前介入、同步跟踪、即查即改。通过源头把控、过程帮扶,实现施工过程即同步验收过程,提高工作效率,提升服务效能,红豆万花城商业综合体、南门印象街区等一批项目均按上述模式进行,极大地缩短上述工程的消防审验周期。全年办理消防审验项目406项,其中消防设计审查86项,消防验收89项,消防验收备案231项。

【建筑企业信用管理】 2021年,江阴市住房和城乡建设局大力推进建设领域诚信体系建设,规范建筑市场秩序,修订和完善政策制度体系,出台《关于印发〈江阴市住房城乡建设领域失信联合惩戒、重点关注对象名单管理暂行办法〉的通知》《关于印发〈江阴市住建领域信用修复管理办法(试行)〉的通知》《关于印发〈市住房和城乡建设局关于进一步做好江阴市建筑企业信用综合评价工作〉的通知》。继续实行“绿、蓝、黄、红”信用标识分级差异化管理,优化计分构成、扩大评价范围、加大惩戒力度,全年开展2次信用考评,有201个企业纳入考评对象,22个企业获绿色信用标识,35个企业获蓝色信用标识,139个企业获黄色信用标识,5个企业获红色信用标识。开展初始信用分申请审核,对初入江阴市开展业务的房建、市政企业进行信用情况审核,依据企业信用情况给予合适的初始信用分,是年,审核申请194份。组织处罚企业的信用修复工作,对建筑业企业满足修复条件的失信行为进行修复,年内受理信用修复案件57件,按程序同意修复49件,不同意修复8件。加大对严重失信行为的打击力度,累计对76个失信企业和8名失信人员在全市通报。加强市场、现场两场联动,信用综合评价结果同步推送市公共资源交易中心,作为工程招投标依据。在全市房屋建筑及市政项目招标过程中,与市政务办积极推行“诚信分与随机抽取”相结合确定中标候选人的新型招标模式。形成不同等级信用标识为区分的创新型招标入围方式,提升诚信经营企业中标概率,打击串标围标行为,进一步规范建筑市场秩序。全年办理江阴建筑业企业年度信用手册199份,录入工程建设不良行为扣分单235份。

【工程建设造价管理】 2021年,江阴市住房和城乡建设部门继续巩固和完善工程造价体系,加强建设工程的计价市场管理,对市属12个造价咨询企业进行信用评价,江阴市获12个江苏省造价咨询企业信用单位,其中,AAAAA级企业2个,AAAA级企业2个,AAA级企业8个,AA级企业1个。是年,完成1个工程造价咨询企业的暂乙级资质申报、1个甲级企业和2个乙级企业的资质延续申报,全市有造价咨询企业12个。核定现场安全文明施工措施费8项;完成造价师注册及续期注册18人次。同时,广泛采集、及时调研、采样整理、计算汇总网络发布人工工资指导价、建设工程材料信息指导价12期和园林苗木指导价2期,增补发苗木补价格信息6个品种,共2期。

【城建档案管理】 2021年,江阴市住房和城乡建设部门接收项目156项,单体工程达956个,面积超683万平方米;签订报送责任书120份;专项验收意见书133份;出具接收凭证156份;对接全省统一的工程建设项目审批和管理平台,进入工改系统完成项目审核91项;排架入库6600卷案卷。年末,馆藏档案达211922卷,卷内目录达731773条。全年完成新接收项目的扫描挂接9148卷,电子数据量达568G,馆藏档案数字化扫描图纸档案42649张,文书档案424335张。全年接待查借阅档案人员665人次,调阅档案14034卷次。是年12月,被无锡市档案局评为无锡市专门档案管理优秀单位。 (章　鸿)

■类目编辑　党　辉

房地产市场监管

【概况】 2021年，江阴市住房和城乡建设局继续做好企业服务，加强房产开发全过程监管，严格落实综合验收，严格预销售审批，做好商品住房价格备案管理，严厉打击违法违规开发销售行为，健全完善相关政策，开展群租房整治工作。是年，全市批准上市预销售楼盘83个，新建商品房上市面积283.81万平方米，比2020年下降25.23%；新建商品房成交267.68万平方米，比2020年下降9.72%，成交套数20107套，比2020年下降14.01%，成交金额337.5亿元，比2020年下降9.41%，成交均价12608.37元/平方米，比2020年增长0.35%。全市二手房成交148.15万平方米，比2020年下降13.29%，成交套数13041套，比2020年下降14.13%，成交金额113.87亿元，比2020年下降12.39%。全年审核房地产开发企业资质核准、延期、升级等38个，其中资质核准2个、办理延期36个。

【商品房预销售审批】 2021年，江阴市住房和城乡建设局出台《加强商品房预售许可审批及现房销售备案相关事项的通知》，升级江阴市预销售信息管理平台，对商品房预售审批、监管、处罚进行明确规定，落实部门职责，加快项目办理，做到流水化审批，使各环节之间无缝衔接，并按行政权力公开的要求不断完善优化，获得企业的好评。研究出台新的《江阴市预售资金监管办法》，就预售资金账户的设立和监管、入账管理、拨付和使用、责任追究等进行完善和明确，确保新办理预售证项目的重点监管资金充足，充分保障购房者权益。建立江阴市商品房预售监管平台，对预售监管账户金额进行实时监控，保障预售楼盘资金安全。

【房地产市场销售管理】 2021年，面对群众反映的房地产销售过程中的问题，江阴市住房和城乡建设局高度重视，积极应对，及时回复，全年完成"12345"民生热线中涉及房产销售的问题逾1000个。开展对各在售楼盘的现场检查，规范销售行为和销售现场公示内容，对检查不合格的楼盘立即要求整改，整改不到位一律不准销售。同时，江阴市住房和城乡建设部门与市市场监管局对接，开展对房地产中介机构门店的联合检查，有力维护市房地产市场秩序。

【群租房整治】 2021年，江阴市住房和城乡建设局依托江阴市租赁公共服务平台，完成全市租赁房屋备案9397户。为营造出租房屋安全稳定的环境，市住房和城乡建设部门配合公安等部门对全市各镇（街道）开展"逐栋、逐层、逐套、逐户"的拉网式排查，持续开展出租房屋安全隐患和住人车库整治回头看等行动，排查11余万户，暂扣液化气钢瓶1265个、飞线941根、蜂窝煤炉2个、"热得快"电热器1个，取缔回租车库8户，实施断电措施56户，按照"全面覆盖、不留盲区、不漏死角"的要求，围绕整治重点，坚持边排查、边整治，对排查发现的出租房屋违法违规等突出问题和风险隐患，采取切实有效措施，彻底解决问题、消除隐患。

房屋征收

【概况】 2021年，江阴市政府房屋征收办公室围绕市委、市政府印发的《"六攻坚六突破"三年实施行动方案（2020—2022）》要求和年初下达的2021年全市征收拆迁任务，以沿锡澄运河、北大街、南部高铁站周边等片区作为重点，制定完善各类征收政策，拟定调整相关征收计划，贯彻"惠民、依法、阳光、和谐"八字方针，依法拆迁、科学拆迁，全市房屋征收拆迁和安置房建设平稳推进、规范实施。全年全市征收拆迁完成512万平方米，其中主城区完成181万平方米；完成无锡市房屋征收攻坚拔点项目28项；建成安置房103万平方米，其中城区建成29万平方米；安置在外过渡被拆迁户1775户，其中城区安置在外过渡被拆迁户1219户。

【征收拆迁安置】 2021年，江阴市政府房屋征收办公室全面修订完善征收拆迁政策，制订完善《江阴市征收集体土地涉及住宅及其他建筑物构筑物补偿安置办法》《江阴市澄江街道征收集体土地涉及住宅及其他建筑物构筑物补偿安置实施细则》《关于调整江阴市市区国有土地上房屋征收与补偿相关费用标准的方案》《关于调整江阴市国有土地上住宅房屋征收补偿最低标准的方案》《关于明确江阴市市区(澄江街道范围)安置房照顾价结算办法的通知》5个文件。调整全市征收集体土地涉及房屋补偿安置政策,优化国有土地上房屋征收补偿安置标准。发布北大街区域及周边旧城改造(二期)(章家场菜场及周边、北大街菜场及周边)、人民西路南青山路北侧地块(西杏新村及周边)旧城改造、运河世家北侧地块旧城改造、西大街花园南侧地块旧城改造、教师二村及周边旧城改造、北大街区域及周边旧城改造(二期)(锡澄运河东、君山巷南、君山路西、澄江西路北)、原陶瓷厂周边旧城改造项目、人民西路南青山路北侧地块(西门新村及西杏二村)旧城改造8个国有土地上房屋征收决定。指导属地镇(街道)按照《江阴市征收集体土地涉及住宅及其他建筑物构筑物补偿安置办法》规定要求实施征收集体土地涉及房屋的补偿安置工作。在对全市城区商品房及二手房市场进行充分调研的基础上,公布城区27项安置房项目市场价(结算价格),保持安置房市场价(结算价格)相对稳定,保证城区征收拆迁安置工作平稳推进。推进主城区长江饭店地块、青果路机械厂地块、大卖场北侧3号地块安置房建设工作,城区在建安置房10.48万平方米。

【征收拆迁信访】 2021年,江阴市政府房屋征收办公室根据征收拆迁和信访政策法规要求,依法做好信访处理、矛盾调解工作。答复"12345"民生热线电话咨询114件,及时答复率100%。依法文明接待来访群众,接待群众来访58件次、104人次。依法处理各类书面来信5件,陪同市领导接访信访群众6起。收到并处理2件政府信息公开申请。司法诉讼工作中,全年处理征收拆迁行政诉讼案件12件,其中代表市政府处理征收拆迁行政诉讼案件3件,行政赔偿案件1件,征收办处理行政诉讼案件1件,行政赔偿案件2件,配合街道处理5件。有7件法院作出判决书,皆胜诉。司法保障工作中,国有土地上房屋征收项目中启动司法强制程序的有2户,省高院分别对涉及两户的征收补偿决定进行判决,市政府皆胜诉。集体土地房屋征收通过责令交地的方式实施司法强制执行工作,上半年配合市自规局对南沿江城际铁路(南闸段)作出责交令1件,为集体土地房屋拆迁提供有力的法律保障。深入推进扫黑除恶专项斗争工作,组织全市征收拆迁领域常态化开展扫黑除恶专项斗争工作,按时报送相关工作信息。根据省级及无锡市级相关工作要求,下发《关于常态化开展扫黑除恶专项斗争按时报送信息的通知》等文件,督促各镇(街道)、园区进一步加强征收拆迁领域扫黑除恶专项斗争的长效机制建设,推动拆迁项目的平稳有序推进。

住房保障与管理

【概况】 2021年,江阴市住房和城乡建设局进一步完善住房保障体系,优化住房保障政策,全年棚户区改造新开工994套,超额完成省下达任务,新开工指标完成率110.44%。实施房屋安全鉴定115户,出具鉴定报告11份,意见书27份。

【住房保障调整标准】 2021年4月,江阴市住房和城乡建设局与市民政局经公开征求社会意见,对住房保障标准进行调整。享受租赁住房补贴的住房困难家庭标准调整为:家庭人均月可支配收入在3008元(含)以下,且人均住房面积在18平方米(含)以下的城市低收入住房困难家庭。申请住房保障的城市中等偏下收入住房困难家庭标准调整为:家庭人均月可支配收入在4812元(含)以下的无住房家庭。是年,按照新标准保障新增住房保障家庭118户,其中,享受租赁住房补贴的住房困难家庭64户,享受廉租房实物配租的家庭4户,中低收入住房困难家庭16户,轮候家庭34户。

【保障房准入退出制度】 2021年,江阴市住房和城乡建设局持续加大保障房入住管理,按照"三审两公示"(所在社区初审、澄江街道和民政审核、各相关部门联合会审,街道审核公示,各相关部门联合会审公示)要求规范住房保障审核准入。至年末,累计住房保障2336户,其中租金补贴674户,实物配租1662户。完善退出机制,当年取消住房保障家庭157户,其中取消租金补贴32户,腾退公租房125户。全年经济适用住房上市计363户,累计上市780户。

【第四期经济适用住房申购审核】 2021年,江阴市经济适应住房实行常态化申购模式,根据《江阴市经济适用住房管理办法》规定,按照"三审两公示"要求,经济适用住房申购对象所属社区受理150户申购家庭,并根据《江阴市住房保障城市低收入及中等偏下收入家庭认定办法》规定分批次进行保障资格初审公示。83户家庭通过市民政和住建部门联合审核取得购房资格并向社会公示。

物业管理

【概况】 2021年,江阴市住房和城乡建设局围绕中心工作,发挥职能作用,加强与各职能部门以及辖区街道、社区的沟通联系,全市物业管理工作有序开展。制定《江阴市既有多层住宅加装电梯实施办法(试行)》《关于调整江阴市物业管理补贴办法的意见》《市区老旧小区物业管理全覆盖实施方案》等相关规定。全年办理前期物业服务合同备案45份,业委会成立备案31份,物业承接查验备案41份,外来企业临时备案8份,外来企业正式备案11份。参与房屋交易中心新建项目竣工交付使用综合验收,完成局微信公众号推送信息14次。完成市物业管理项目信息统计并上报无锡市住建局。会同澄江街道做好2020年度安置房转让情况梳理,并做好物业补贴发放工作。配合市公用事业局做好园林式居住区申报。开展业委会筹备组培训18次。答复"12345"民生热线咨询投诉84件。持续开展扫黑除恶斗争,完成月报表的报送。督促物业企业配合所在镇(街道)、社区落实住宅小区疫情防控、文明创建各项工作。对照城

2021 年 8 月底完成更新改造的天鹤七村老旧小区样板楼

（市住建局提供）

管委城市精细化管理要求，成立精细化考核小组，不定期对全市在管物业管理项目进行暗访，并指导各镇、街道物业管理部门开展辖区内的精细化检查活动，全年督查项目 413 项。

【党建引领物业管理】 2021 年，江阴市住房和城乡建设局鼓励物业企业成立企业党支部，充分发挥党支部的战斗堡垒作用，党建先行，党管行业，依托所属社区成立项目联合党支部，将物业管理纳入党建一体化管理。充分发挥基层党员模范带头作用，当好志愿者，义务服务小区。是年，全市成立物业企业党支部 18 个，物业项目党支部 4 个。组织物业企业参与省级、市级物业管理示范项目创建，开展宜居住区创建，将党建工作与物业服务工作融为一体，落实到项目上。扬子华都、南门首府创成省级宜居示范居住区。以社区党委领航主导，党建工作为纽带，推动社区、物业企业、业委会、业主党员多方联动的党建 + 物业体系，共同参与小区治理，努力营造“共建、共享、共治”的社会治理新格局。蟠龙华都、兴澄锦苑获评党建引领物业管理服务工作省级示范点。

【开展物业专项整治】 2021 年，江阴市住房和城乡建设局督促物业企业对所辖各高层建筑项目进行消防安全隐患排查，建立消防安全责任制度，签订消防维保合同，开展项目自查自纠并严格落实整改，做好消防安全摸排统计。配合市消防救援大队组织全市物业企业开展《中华人民共和国消防法》《高层民用建筑消防安全管理规定》等法规学习。按照疫情防控要求，对物业企业从业人员开展线上培训，并督促物业企业关注“江阴消防宣传”微信公众号，全员开展线上学习。根据市安全生产委员办公室《关于进一步深化安全生产三年专项整治工作的实施方案》，配合市公安局、消防救援大队开展电动自行车消防安全综合治理，规范电动自行车停放、充电等重点环节的联合监管，督促物业企业配合相关执法部门加大对占堵消防通道等违法行为的治理。依托物业协会力量，开展消防安全隐患排查，督促物业企业排查所辖项目存在的消防安全隐患，落实整改措施，保修期内报开发建设单位维修，保修期满后符合动用维修资金条件的按程序申请动用维修资金进行维修，督促物业企业认真履行设施设备的日常维保责任。

【物业管理】 2021 年，江阴市住房和城乡建设局收到市人大、政协建议提案 11 份。主动与市人大代表、政协委员沟通，宣传物业管理相关政策法规，汇报市物业管理基本情况、存在的问题以及下一步对策，取得市人大代表、政协委员对物业管理工作的理解和支持。配合市人大、政协做好重点提案办理，汇报办理情况，配合市政协办开展老旧小区加装电梯调研。先后赴新桥镇、云亭街道、利港街道、夏港街道、长泾镇、顾山镇、璜土镇等镇（街道）和高新区指导协调处理辖区内的矛盾纠纷。调查处理来电、来访，约谈相关物业服务企业和举报人了解相关情况，督促物业企业规范服务行为，提升服务质量。开展各类创建活动，提升物业服务行业的服务水平和服务质量，树立物业服务先进示范标杆，推动物业服务行业的规范发展。组织全市 11 项物业管理项目进行初步预检，确定 8 项项目参加年度示范项目创建并召开推进会部署做好迎检工作。其中 5 项项目通过无锡市考评验收小组现场验收，获评无锡市物业管理示范项目（平安小区）。

【物业管理行业培训考核】 2021 年，江阴市住房和城乡建设局按照新的业主大会指导意见，组织小区业委会筹备组开展业务培训，宣讲业委会的工作职责，通过培训有利于业主进一步明确自身的权利义务，有序推进小区物业管理工作。以文明城市创建为契机，下发《关于开展 2021 年度全市物业服务行业“双随机”检查的通知》，开展“双随机”检查活动，加强企业信用体系考核。指导各镇、街道物业管理部门持续开展辖区内的“双随机”检查活动。对“双随机”现场达标检查标准进一步细化，将消防设施设备运作、涉黑涉恶行为、打开生命通道，协助群租房治理等纳入“双随机”检查范围，通过检查，进一步推动物业管理全过程中各项制度和措施的有效落实，切实维护人民群众的合法权益，努力营造主体诚信、行为规范、监管有力、发展稳定的物业管理服务市场。

【疫情防控】 2021 年，江阴市住房和城乡建设局及时向物业企业传达上级下发的疫情防控通知，督促物业企业配合属地镇街、社区做好疫情防控工作，摸排外地返回江阴市

2021 年西园二村业主签约拿房 （市住建局提供）

人员具体情况。督促物业企业利用小区内部的宣传栏、电子显示屏、横幅、海报、微信业主群等各种渠道积极宣传疫情防控要求，加强对业主疫情防控意识。成立督查组现场督查各物业管理项目，督促企业加强门岗管理，严格询问进出人员具体情况，杜绝外来车辆及人员进出，配合所在社区做好在家隔离观察人员的日常生活所需物资配备工作。

（章　鸿）

住房公积金管理

【概况】 2021 年，江阴市新增住房公积金缴存单位 2256 个、缴存职工 43319 人，净增住房公积金缴存职工 12672 人；归集住房公积金（不含新职工住房补贴）39.8 亿元，比 2020 年增长 13.04%；提取住房公积金 57.48 万人次、29.67 亿元；发放住房公积金贷款 4684 笔、17.24 亿元；住房公积金使用率达 94.11%，进一步支持江阴市民基本住房改善，助推江阴企业规范运行、房地产市场稳健发展。

【住房公积金扩面工作】 2021 年，市住房公积金中心继续稳妥推进精准扩面，负责人带队深入璜土镇、华士镇、周庄镇，走进海澜集团等企业，开展住房公积金调研，分析研判企业运行、地方经济发展等情况，听取关于制度扩面、政策宣传、服务改进等方面的意见建议。在此基础上，深化与各镇（街道）的沟通合作，科学分解扩面指标、严格筛选扩面目标企业、精准开展宣传活动，根据企业受疫情、中美贸易摩擦影响程度和经营情况分类施策、一企一策推进扩面工作，做到实事求是、灵活稳妥、科学精准，持续扩大住房公积金制度助企惠民效果。

【支持基本住房民生】 2021 年，市住房公积金中心严格贯彻“房住不炒”的要求，重点支持江阴市职工刚性购房及改善型住房需求，做到“应提尽提、应贷尽贷”。在是年发放的贷款中，首次住房公积金贷款达到 2723 笔、9.33 亿元，占同期全市住房公积金放款总户数的 58.13%，放贷金额的 54.11%，有效支持基本住房民生。同时，中心大力支持购买中小户型住房的人群，购房面积在 144 平方米（含）以下的贷款家庭占 89.56%，始终坚持支持刚需购房群体的政策导向。

【业务办理快捷便民】 2021 年，住房公积金中心积极践行为民服务理念，全面革新服务效率、提升服务水平。升级网办业务，深化“智慧公积金”建设，宣传“无锡公积金”微信公众号新开通的“公积金异地转入申请”“出具公积金贷款结清证明”“自助下载公积金缴存流水”等业务，全年办理微信端个人业务 6.07 万笔，个人业务离柜率达 94.54%。延伸服务网点，强化与委托银行的合作，合理布局服务网点，推进业务下沉、服务延伸，方便职工就近办理公积金业务。是年，江阴市有银行延伸网点 8 个，下沉事项 7 项，受理前置审批 4270 笔，录入初审率达 100%。推进“跨省通办”及长三角“一网通办”工作，推动实现提前还清公积金贷款、出具贷款缴存使用证明等服务事项“跨省通办”，开展“长三角购房提取公积金”、跨地区信息协查工作等业务，减少职工“两地跑”“折返跑”，进一步推进部门联办、跨省通办、区域协办，充分落实利民为民、便民惠民服务理念。

（喻惠敏）

■类目编辑　党　辉

商贸流通服务业

综　述

【概况】　2021年，江阴市委、市政府贯彻国家关于“扩大内需、促进消费”决策部署，落实商务部《关于组织开展好2021年消费促进活动的通知》精神，培育壮大消费新动能，助力无锡市打造国际消费中心城市。根据江苏省和无锡市促消费相关工作要求，举办“2021吃吃白相相”江阴市消费季启动仪式，发布2021年度消费热力图。在五一、端午、中秋、国庆等节假日，组织全市各类大型综合体、商场、超市、电器卖场以及汽车4S店、饭店、酒店，开展联合促销、产品推介、品牌折扣、特色商品展销、家电以旧换新等各类促销活动；联合行业协会（商会）举办第9届“车行暨阳”购车节、618直播购物节等促消费活动，激发居民消费潜力。10月，为助力无锡创建国际消费中心城市，江阴市参加2021无锡太湖（金秋）购物节，并通过“教我如何不想她”展示馆展现江阴城市魅力与消费潮流。

2021年，江阴市服务业主要经济指标稳中有进。全市实现服务业增加值2158.7亿元，比2020年增长7.7%，占地区生产总值比重47.2%；完成服务业投入501.8亿元，比2020年增长10.4%，其中房地产投资328.29亿元，比2020年增长8.3%；实现规模以上服务业营业收入242.66亿元，比2020年增长25.2%，其中营利性服务业营业收入147.59亿元，比2020年增长31.78%；实现社会消费品零售总额704.84亿元，比2020年增长4.4%。全市30项服务业重点重大项目总投资409.49亿元，全年完成投资额56.96亿元，累计完成投资额109.82亿元，涉及现代物流、研发平台、创意文化、健康养老、科创园区、商务商贸、休闲旅游、教育8大类别，产业类型更趋多元化。其中，超50亿元项目3项，超10亿元项目14项。深国际工业供应链产业园、江阴梦东方文化创意产业园被列入2021年江苏省服务业重大项目，南理工工业互联网研究院被列入2021年江苏省重大项目。

2021年江阴市服务业重点重大项目投资完成情况一览表

表19　　　　　　　　　　　　　　　　　　　　　　　　　　　　　单位：万元

序号	项目类别	项目名称	计划总投资	当年完成投资额	累计完成投资额
1	科创园区	联东U谷江阴创新企业港	500000	8850	8850
2	健康养老	御霖智慧康养社区	—	—	—
3	科创园区	国际智造产业园	224000	—	—
4	研发平台	“互联网+”智慧燃气能源平台项目	50000	—	—
5	研发平台	无锡金诚工程技术公共服务平台项目	10000	2176	2176
6	研发平台	苏南生态环境综合研究服务中心项目	10000	—	—
7	科创园区	星河科创产业园	270000	48700	88700
8	创意文化	苏州外国语学校江阴校区	100000	10560.87	35560.87
9	科创园区	新建标准厂房及仓储项目（一期）	26800	15200	18700
10	健康养老	江阴恒大养生谷	500000	—	—

续表19

序号	项目类别	项目名称	计划总投资	当年完成投资额	累计完成投资额
11	现代物流	深国际工业供应链产业园项目	140000	71380	85880
12	科创园区	南理工工业互联网研究院项目	100000	23886	23886
13	研发平台	安姆科新材料包装大中华区研发中心项目	15000	1680	1680
14	商务商贸	龙工场·江阴跨境电商产业园	50000	—	—
15	现代物流	综保区基础设施及公共服务建设项目	62888.2	13092	13092
16	现代物流	乌克兰冷链物流加工项目	20000	980	980
17	休闲旅游	江阴红豆万花城综合开发项目	500000	56460	161527
18	现代物流	嘉盛LNG江阴储备调峰站项目	250000	151725	157325
19	健康养老	泰富临港医院项目	140000	30989	39219
20	现代物流	华润新国联天然气高压管网项目	40486	4281	40281
21	现代物流	泰州港靖江港区八圩作业区下六圩港港池码头工程项目	48525	6900	40466
22	创意文化	国乐岛项目	250000	1400	64000
23	商务商贸	江阴南门商业街区项目	110000	26500	106500
24	休闲旅游	江阴绿珠文华新建酒店	76200	18390	20420
25	科创园区	青阳科创园项目	25000	—	—
26	休闲旅游	江阴梦东方文化创意产业园	400000	70000	170309
27	休闲旅游	新桥镇文化体育中心	70000	—	—
28	教育	南京师范大学附属江阴实验学校(新桥实验学校)	52000	—	—
29	休闲旅游	民乐广场二期停车楼项目	25000	3800	5700
30	科创园区	江阴祝塘石墨烯产业园区基础设施改造项目	29000	13700	24000
合计			4094899.2	580649.87	1109251.87

【疫情防控】 2021年,江阴市商务局组织商贸流通企业落实“外防输入、内防反弹”新型冠状病毒肺炎疫情防控策略,做好常态化疫情防控工作。落实商场、超市、农贸市场、餐饮等重点场所科学佩戴口罩、测体温、查验健康码及通风消毒等疫情防控措施;组织发动商场、超市、农贸市场等行业从业人员接种新冠病毒疫苗;督促相关冷链食品及农贸市场从业人员定期接受核酸检测,落实“应检尽检”。

(章 艳 单文春)

批零贸易业

【概况】 2021年,江阴市商务局根据《关于做好2021年度部省商务发展专项资金项目申报工作的通知》,组织企业申报现代商贸流通体系建设,扩大商业消费项目,7项项目获省级商务发展资金128万元。中包精力供应链管理江阴有限公司被确认为国家第三批物流标准化试点单位,该公司加大对标准托盘循环共用体系建设项目投入,实施基于物联网和云计算的循环共用托盘追踪系统,提升供应链标准托盘使用率、物流效率、自动化作业水平,实现带托运输;江苏致和堂医药物流有限公司进行仓储设备升级改造,降低物流供应链运作成本,扭亏为盈,利润大幅提升;江苏鲜华物流有限公司被确认为国家第三批物流标准化试点单位,实行商品集中分拣、集中配送模式,降低配送成本15%~20%。以上3个公司获得省级商务发展资金98.18万元。江阴市苏之酥食品有限公司参加中国(江苏)老字号博览会和(淮安)国际食品博览会,新增启扬高速服务区“苏之酥”服务网点2个;江阴市滨江酿酒有限公司实施“杜圆坊”产品创新战略,开发“杜圆坊”黑杜酒、“杜圆坊”清爽型黄酒、“杜圆坊”澄韵3款新产品;江阴永丰源大酒店有限公司参加中国(江苏)老字号博览会暨老字号创新发展高峰论坛,举办第十六届汤包美食节,推广“久仰”老字号。“苏之酥”“杜圆坊”“久仰”3个老字号企业获省级商务发展资金15.05万元。是年,全市实现社会消费品零售总额704.8亿元,比2020年增长4.4%,贸易总额12528.56亿元,比2020年增长27.35%。

2021 年江阴市各镇(街道)、开发区商品贸易情况一览表

表 20

单位	限额以上批零企业			
	零售额(万元)	比 2020 年增减(%)	销售额(万元)	比 2020 年增减(%)
江阴高新区(含青阳园区)	152608.7	40.8	7104870.3	44.9
其中:青阳园区	5102.5	71.6	62977.3	242.8
临港经济开发区	339349.1	18.9	28675515.9	36.4
靖江园区	58721.5	5.3	4011173.5	57.8
澄江街道	1057059.1	3.3	10634887.6	35.8
南闸街道	13683.9	33.8	1471587.4	34.6
云亭街道	85609.6	-27.1	1931863.9	34.1
月城镇	18547.4	3.2	1204821.3	26.6
青阳镇(含青阳园区)	34056.4	30.9	742769.9	48.1
徐霞客镇	31320.6	23.1	2769800.2	24.4
华士镇	138507.1	33.5	1907999.8	39.5
周庄镇	207690	13.6	2825802.2	13.5
新桥镇	240310.6	26.1	8117726.6	24.8
长泾镇	17779.1	19.9	292521.6	12.8
顾山镇	26052.1	37	558867.2	41.8
祝塘镇	46062.7	15.6	404017.3	26.2
全市	2462255.4	10.9	72591247.4	34.9

2021 年江阴市限额以上批零贸易企业零售商品分类销售额一览表

表 21

商品分类	零售额(万元)	比 2020 年增减(%)
粮油食品类	226136.9	31.7
饮料类	18669.4	20.4
烟酒类	44249.6	14.7
服装鞋帽针纺织类	367168.2	60.8
化妆品类	45432.6	59.2
金银珠宝类	34119.7	79.1
日用品类	36776.7	31.5
五金、电科类	1446.9	-39.8
体育、娱乐用品类	487.3	-27.2
书报杂志类	299.3	-33.5
电子和音像制品类	76.9	-70.3
家电和音像器材类	24236.2	1
中西药品类	122976.9	-24.3

续表 21

商品分类	零售额(万元)	比 2020 年增减(%)
文化办公用品类	14747.4	0.1
家具类	2649.1	-20
通信器材类	20720.9	-23.7
石油及制品类	380373.5	21.5
建筑及装潢材料类	1830.5	79.2
汽车类	963405.8	-5.1
棉麻类	0.5	-89.8
机电产品及设备类	3568.3	381.1
其他	1055.8	397.2
合计	2310430.3	10

(章 艳)

电子商务

【概况】 2021 年,江阴市国家电子商务进农村综合示范建设工作稳步推进,全年完成网络销售额 189.43 亿元,比 2020 年增长 8.5%;其中农产品网络销售额 2.25 亿元,比 2020 年增长 8.2%。全市有省级电子商务示范基地 3 个、省级示范企业 6 个,省首批电子商务众创空间 1 个,江苏省乡镇电子商务特色产业园 1 个、省级农村电商示范镇 1 个、省级农村电商示范村 2 个、省级跨境电子商务产业园 3 个、省级数字商务企业 2 个、无锡市示范企业 15 个及示范园区 2 个。

【国家电子商务进农村综合示范建设】 2021 年,江阴市通过打造市电商公共服务中心、10 个镇级电商公共服务中心及 120 个村级电商服务站,打通市、镇、村三级电商公共服务体系链,实现全市电商服务全覆盖;"国家电商进农村万人培训"项目开展线下培训 62 期,培训 5386 人;升级江阴市快递物流体系,在临港经济开发区建设统仓共配中心,申通、圆通、韵达快递所属申港街道派件全部纳入该共配中心,实现日均处理快递件超 8000 件;"最江阴"直播商城传澄电商平台联合全市近 200 个企业线上直播带货,累计销售额超 800 万元;整合线上线下营销推广活动,在淘宝设立"超级原产地"、江阴特色品牌馆,推广江阴品牌。

【电商活动多元化】 2021 年 4 月,江阴市商务局组织 12 个企业参加中国国际电子商务博览会,设立江阴馆,推介江阴品牌;与焦点商学院、银行、海关、税务、外汇等部门合作,开展跨境电商培训,培训 400 人次。举办江阴电商大讲堂——新经济时代电子商务法律风险防范讲座,200 人参加;组织 30 名学员、企业家赴浙江省杭州市开展直播电商游学活动;举办"挑战海澜主播百万年薪——江阴市首届电商直播带货主播大赛",200 余人报名参加;组织电商企业参加 2021 年世界互联网大会"互联网之光"博览会,赴浙江省嘉兴市参观濮院轻纺城直播基地;组织江阴市农产品企业参加 2021 全国农商互联暨乡村振兴产销对接大会,拓展农产品营销渠道。

【跨境电商新业态】 2021 年,江阴市"三区一仓"(江阴综合保税区、澄江跨境电商产业园、云蝠跨境电商产业园区、云蝠跨境公共海外仓)新增入驻企业 200 余个,完成进出口总额 6.9 亿美元。江阴综合保税区打造一站式跨境业态联动示范园区,推进龙工场江阴跨境电商产业园、易达通等头部企业、服务平台落地运营,在全省首创跨境进口"新零售"模式;澄江跨境电商产业园通过二期改造,深化"园建+党建"机制,开展"校企合作、产教融合"研讨,加速企业发展;云蝠跨境电商产业园区引进优秀电子商务综合服务平台、企业和人才,构建苏南地区跨境电商人才高地、创新创业实践基地;云蝠跨境公共海外仓扩容升级,仓储面积增加到 4 万平方米,帮助企业节省运费 570 万元,海外物流仓储费用减少近 550 万元。

(刘 波)

供销合作经济

【概况】 2021 年,江阴市供销合作总社以习近平总书记对供销合作社工作的重要指示批示精神为指导,紧扣"实施乡村振兴战略"和"全系统高质量发展"主线,深化改革,推进组织创新、经营创新、服务创新,为农服务提质增效,党的建设全面加强。完善治理机制,制订基层社"三会"(支部党员大会、支部委员会、党小组会)制度工作方案。在云亭街道、华士镇 2 个基层供销社开展试点,召开社员代表大会。印发《关于开展江阴市供销合作社系统工程建设项目服务评价"回头看"的通知》,下发《工程建设项目服务评价表》,对工程建设在招标、投标、开标、评标、中标等各个环节进行"回头看"。是年,市供销社被评为江苏省供销系统"二十强县级供销合作社",获无锡市供销合作社系统综合业绩考评第一名。

【基层组织改造提升】 2021 年,江阴市供销社指导专业合作社提档升级,组织 29 个基层社和 2 个直属公司按期完成全国基层供销合作社“一社一卡”管理系统信息填报,指导 15 个社会组织、企业年检。云亭基层社完成“三体两强”(具有自主经营实体、农民社员主体、合作经济组织联合体,综合实力强、为农服务能力强的综合性合作经济组织)项目资金使用自评;江阴市蔡村水景百花奇草专业合作社经申报获评全国供销合作社系统示范社;要塞基层社和峭岐基层社通过省级基层社改造提升评审验收;长泾基层社创建标杆社。全年参领办农民专业合作社 3 个,一、二、三产业融合发展综合体 2 个,改造升级 3 个农村综合服务社。

【产销对接网络】 2021 年,江阴市供销社加快推进为农服务体系建设,开展综合服务,参与大田托管和土地流转,新建市级雪峰现代农业综合服务中心,农业社会化服务面积 3800 公顷。组织实施农药招标,全年农药集中配送销售额 2515 万元,农药废弃包装物回收 639 万件,总计 70.82 吨,农户回收补贴 84.8 万元。做好化肥库存工作,各类化肥库存保持在 2000 吨左右,基本满足全市农业需求。做强中国供销海外购苏南运营中心,推进农产品“线上线下”实体店建设;旗舰店对接国内优质农产品及海外产品,有全国近 7000 种优质农副产品及周边 16 个国家超 4000 种海外商品。组织江阴特色农产品参加进博会。澄记优品海外购电商平台上架 10 大类 28 小类 1250 余种商品,注册会员 6607 人,日均页面访问量 600 余次;开设张家港连锁加盟店 2 个、长山社区特色超市 1 个;与淮安市金湖县供销社合资成立农产品展示展销中心。

【社有资产监管】 2021 年,江阴市供销社规范社有资产管理,整合利用社有资产、资金,培育项目,做强企业经济,加强安全生产。通过社有资产信息化管理平台,细化掌握各类资产使用管理情况。推动基层社旧危房改造,全年投资超 200 万元,改造面积超 4000 平方米。控股企业江阴市澄记肉食股份有限公司配合市政府做好生猪保供稳价工作,通过点对点、周边省份相互调动等措施,确保江阴市场猪肉正常供应,全年累计屠宰生猪约 12 万头,日均屠宰量近 400 头;冷冻储备猪肉 200 吨,保障江阴市民需求。加强安全生产监管,抓好关键岗位和重点环节监督,及时掌握动态,确保安全守法生产;全年开展安全检查 118 次,整治安全隐患 82 条,开展安全培训 21 次。 (陆锡良)

粮油购销

【概况】 2021 年,江阴市发改委切实履行依法管粮职能,开展专项整治,抓好两季收购,做好储备轮换,调整成品粮油储备,完善仓储设施维修,启动白屈港储备库中心库建设,加强监管检查,深化国有粮食企业改革,服务全市粮食安全保供。做好成品粮油储备和辖区内军粮供应保障,不断完善粮食应急供应点体系建设,完成储备粮扩储任务,加强对全市 9.921 万吨原粮储备、1.16 万吨成品粮储备和 0.12 万吨食用油储备日常管理。完成地方储备粮储备保管与轮换任务,适时轮换推陈出新,至年末,轮出储备粮 6.61 万吨,其中小麦 2.976 万吨,稻谷 3.63 万吨。全年收购储备粮 5.17 万吨,其中收购市内小麦 0.94 万吨,外购小麦 2.04 万吨,外购水稻 2.19 万吨。另收购市内 2021 年产临储粮水稻 0.62 万吨,收购价格 2.7 元/公斤。年内,13 个企业通过江苏省粮食流通信用 A 级评价,全市有粮油应急供应网点 39 个。

2021 年江阴市主要粮油零售价格一览表

表 22　　　　单位:元/公斤

月份	二级粳米	特二面粉	四级菜油	一级大豆油
1	4.14	3.30	4.75	8.89
2	4.20	3.31	4.60	8.80
3	4.17	3.26	5.86	10.56
4	4.15	3.15	5.44	10.24
5	4.18	3.13	12.66	10.64
6	4.17	3.12	12.61	10.60
7	4.17	3.10	12.66	10.73
8	4.17	3.04	12.67	10.83
9	4.17	3.19	12.67	10.86
10	4.17	3.25	12.64	10.95
11	4.14	3.41	12.49	10.69
12	4.17	3.41	12.18	10.26

说明:价格为当月每周价格平均数

【粮食收购轮换】 2021年，江阴市发改委积极应对市场形势变化，科学制定全市夏、秋两季粮食收购政策，确保收购秩序井然，农民余粮应收尽收。夏季收购小麦0.94万吨，收购价格2.46元/公斤（三等）；秋粮收购期间，受地储粮入库谷外糙米指标限制，江阴产稻谷无符合地储粮入库指标，全市启动临时收储方案，收购粳稻0.62万吨，收购价格2.7元/公斤（三等），比周边地区高0.1元/公斤，维护农民利益。全年完成2.021万吨原粮扩储任务，采用网上招标采购形式，轮入地储粮稻谷2.02万吨，确保地储粮轮换入库任务按时完成。

【粮油应急保供】 2021年，江阴市完成1.157万吨成品粮（大米和小麦粉）和0.119万吨成品油（食用植物油脂）储备；做好辖区内军粮供应保障，改造成品库，调整成品粮品种数量，减少小麦粉储备数量，0.26万吨成品大米由动态储备改为由储备库静态储备，食用植物油脂全部调整为静态储备，其中0.099万吨散装静态储备，0.02万吨包装静态储备。

【粮油质量监管】 2021年，江阴市发改委开展粮食库存检查、粮食质量安全专项检查等各类监督检查14次，会同市市场监督管理局开展联合检查2次，与张家港市、常熟市开展跨区域联合监督检查1次。对全市夏、秋两季地方储备粮出入库质量，对粮食中有机磷农药残留、重金属、真菌毒素等食品安全指标、食品常规质量指标和储存品质指标开展检测；对库存粮食3月、9月储存品质进行质量监测。全年完成地方储备粮出入库检测、库存粮食质量检测、粮食质量调查、品质测报和原粮卫生监测等质量检测775批次。江阴市地方储备粮出入库检测率100%，全市未发生因粮油质量引起的食品安全事故。

【专项执法整治】 2021年，江阴市按照各级部门部署，开展粮食流通“亮剑2021”专项执法（监督检查）行动，开展粮食购销领域腐败问题专项整治，10月11日至11月15日，市发改委党组接受省委和无锡市委巡视巡察，结合专项整治、库存检查“回头看”，开展自查自纠和问题整改。采用跨区域、多部门联合监督检查方式，加强对秋粮收购环节监督检查，开出行政提示单2份，严肃查处损害群众利益和国家利益的违法违规行为。

（耿海建　齐　新）

烟草专卖

【概况】 2021年，江阴市烟草专卖局（无锡市烟草公司江阴分公司）围绕行业“推动高质量发展、推进高效能治理、造就高素质队伍”三大战略目标，坚持稳中求进，统筹疫情防控和生产经营，市场状态持续巩固，发展质效稳健提升。全年销售卷烟6.67万箱，比2020年增长2.57%；实现销售收入32.4亿元，比2020年增长12.55%；上缴税金1.21亿元，比2020年下降3.35%（无锡市烟草系统增值税分配方式由原来县级分公司按销售收入4%进行预缴，改为按实际销售额比例分配）。是年，无锡市烟草公司江阴分公司被江阴市委、市政府评为江阴市重点骨干企业、百强明星企业、上缴税金超亿元企业。澄西基层服务站获“江苏省质量信得过班组”称号，追梦QC小组获“优秀质量管理小组”称号；客户经理李新一获江苏省烟草系统首届“最美苏烟人”称号。周庄基层服务站被评为江阴市青年文明号。

【现代卷烟零售终端】 2021年，无锡市烟草公司江阴分公司发挥“金丝利·通”“金丝利·家”“金丝利”微信公众号三大平台功能，聚焦“保持良好状态、稳定卷烟价格、保障客户盈利、提高客户满意度”四个维度，赋能零售客户经营能力，激发零售终端新活力。组织开展零售客户信用体系建设试点工作，建立以信用为基础，贯穿零售客户卷烟经营全过程的新型服务机制，引导零售客户守法经营、规范经营、诚信经营，规范卷烟市场秩序。至年末，全市累计建成“金丝利”零售加盟终端25个，上线运行“金丝利·通”门店314个，“金丝利·家”活跃度保持在93%左右。“金丝利”零售学院客户参与度98.19%，通过初级认证零售客户6284户，占江阴市零售客户总数的72.9%。全市A级以上烟草守信零售客户7578户，占江阴市零售客户总数的87.9%，其中AAA级烟草守信零售客户98户。

【零售许可证管理】 2021年，江阴市烟草专卖局深化“放管服”*改革，贯彻落实《无锡市烟草零售点合理布局管理规定》，严把烟草专卖零售许可证新办证入口关，依法依规强化烟草专卖零售许可证后续监管，开展违法违规户、代订户、非正常经营户、长期停业户、休眠户等清理工作。全年受理许可证2328件，其中新办892件、变更90件、延期278件、停供165件，复供42件，注销861件，全市零售客户数量总体保持稳定。贯彻落实《中华人民共和国未成年人保护法》，推进校园周边零售客户清理清退，清理中小学、幼儿园周边零售客户19户。

【市场监管】 2021年，江阴市烟草专卖局主动协调公安部门分析研讨案件，与江阴海关缉私分局座谈交流，联合市邮政管理局起草《打击非法寄递烟草制品协作机制》并举行签约仪式。组织开展“百日会战”“利剑7号”“利剑8号”及“护航”专项行动，构建案件查处率与市场净化率双抓共进新格局。开展卷烟零售客户信用监管试点工作，通过信用评价创新市场监管方式，重点监管失信类零售客户。加大电子烟市场监管力度，全面开展电子烟市场主体实地核查工作，完成1个批发企业、98个零售企业电子烟生产经营信息核查。全年查处涉烟案件724件，破获符合国标网络案件2件，查处无锡市首例向未成年人销售烟（含电子烟）案件；查获非法卷烟2915万支；涉案卷烟案值3212万元；依法取缔违法违规大户25户，拘留5人、逮捕4人、判刑7人，上缴罚没款369.68万元。查获案件数、查获卷烟数和案值三项核心指标持续保持江苏省烟草系统70个县级烟草专卖局第一方阵。

（张　炜）

盐业专营

【概况】 2021年,江阴市盐业有限公司贯彻中共十九届六中全会精神,围绕江苏省盐业集团有限公司、江苏苏盐井神股份有限公司总体部署,深化内部改革,强化经营管理,硬化执行落实,主要经济指标超预期完成。推进强基工程,保持食盐供应主渠道地位;加强客户经理对终端客户掌控力;加大小型商超维护与投入,推进中型商超标准店建设,开展市场收复行动;调整准盐品种结构,提升吨均盐价;加强社区电商平台沟通;开展品牌宣传,应对市场竞争,食盐销售稳中有升。全年实现营业收入3633.16万元,比2020年增长5.01%,完成利润77.89万元,比2020年下降60.25%。

【盐政稽查交接】 2021年,江阴市盐业有限公司根据江苏省、无锡市关于全面落实盐业管理体制改革政事企到位工作要求,对公司4名盐政协管人员进行转岗安置,6月底完成交接。

【调整品种结构】 2021年,江阴市盐业有限公司应对新型冠状病毒肺炎疫情影响,采取相应配套措施,不断调整产品销售结构。全年公司品种盐销售3865吨,占小包装食盐的41.92%;小包装食盐销量9221.47吨,完成计划的96.56%,基本达到保总量目标任务。

【非盐商品营销】 2021年,江阴市盐业有限公司非盐销售继续对接餐饮、团膳、集伙等消费终端,不断培育市场。全年味精销售256.89万元,白糖销售72.93万元;盐化商品销售303.59万元;非盐商品共计销售639.49万元,完成年度计划的53.29%。全年渠道非盐毛利额27.3万元。 (张　慰)

住宿餐饮业

【概况】 2021年,江阴市商务局依据市新型冠状病毒肺炎疫情防控应急指挥部《关于做好2021年春节期间新冠肺炎疫情防控工作的通告》,按照"控制餐饮店人员密度,超过50人的聚餐要向属地疫情防控应急指挥部备案,并做好疫情防控方案"要求,联合市文体广电和旅游局、卫生健康委、市场监督管理局拟定《宴会聚餐备案工作方案》,要求从事餐饮服务的企业单位,在接待超过50人宴会聚餐时提前备案(包含不在餐饮场所举办的,但由市民聘请厨师加工制作的自办宴会),压紧压实宴会聚餐主办者和承办酒店疫情防控责任,精准落实防控措施,维护餐饮行业健康有序发展。各餐饮单位严格按照无锡市商务局、卫生健康委、市场监督管理局下发的《关于印发餐饮服务新冠肺炎疫情常态化防控实施方案的通知》,制定疫情防控方案,加强日常订餐、接待信息登记台账工作。10月,江阴市烹饪协会、餐饮业商会党支部成立。至年末,全市住宿与餐饮业完成营业收入87.22亿元,比2020年增长9.7%。

【餐饮项目与课题】 2021年,江阴市烹饪协会、餐饮业商会与江阴国际大酒店有限公司向江阴市科学技术协会共同申报企会合作项目"品宣"包子,通过审核并结项;与江阴中等专业学校联合申报的省级课改课题《"食尚江阴"工程背景下中职烹饪专业现代学徒制试点实践研究》,完成对16名学徒制学生的跟踪和资料总结整理,通过专家验收。

【餐饮培训与技能大赛】 2021年4月,江阴市烹饪协会、餐饮业商会在华西美食营养培训中心举办养殖河豚烹制技艺高级研修班,对河豚烹调特种厨师证实施年检,向市市场监督管理局报备"江阴市养殖(控毒)河豚安全烹饪(销售)示范单位"77个;7月,组织会员单位参加"澄商学堂"《应对大变局、融入新发展——疫情下宏观经济与政策分析》专题培训;4—9月,先后在江阴天水雅居澄禧酒店、江阴国际大酒店、江阴中等专业学校举办2021年"名厨大师大讲堂"活动;10月,在月城镇举办第四届职工技能大赛暨中式厨艺比赛;11月,在江阴国际大酒店举办江阴市第十一届职业技能大赛暨中式烹调技能比赛;12月,会同市人社局、江阴中等专业学校,首次开展中式烹调师高级技师(技师)岗位技能提升培训,邀请扬州大学旅游烹饪学院副教授唐建华、章海风为学员授课。

居民服务业

【概况】 2021年,江阴市家庭服务行业协会按照江苏省家庭服务业协会工作部署,通过省家政行业信息化公共服务平台采集家政企业和家政服务员诚信信息,完成人证合一,一人一码一证一档案等诚信信息采集;按照市人社局《关于实施康养职业技能项目制培训计划的通知》要求,会同中船澄西高级技工学校,组织重点单位进行宣传发动,成立5个培训点,免费培训家政人员319人。2—4月,无锡鼎灏企业管理服务有限公司、江阴市社区服务求助中心有限公司、江阴市乐茵儿童用品有限公司、江阴市利民劳务综合服务有限公司、江阴市惠邻家政服务有限公司、江阴澄南宝康母婴服务部、江阴市伟邦职业培训学校、二三四五六综合服务江阴有限公司、无锡大澄小事生活服务有限公司、江阴市友爱家政服务有限公司、江阴市康业家政服务有限公司、江阴市可妈优品商贸有限公司12个服务企业1768人登录注册商务部诚信平台,获省家庭服务业协会3次奖补,共70720元;7月,开展慈善捐赠活动,获赠物资总价值132793元。至年末,全市规模以上居民服务、修理和其他服务业营业收入1.81亿元,比2020年增长21.1%。

【技能大赛】 2021年5月30日,江阴市家庭服务行业协会联合江阴市功成职业培训学校,在中船澄西高级技工学校举办"建党百周年、共筑中国梦"——2021年度江阴市现代服务业技能大赛暨保育员行业比赛,参赛人数621人;10月,第四届江苏省家政服务行业职业技能大赛总决赛无锡赛区江阴选拔赛在江阴市天成职业培训学校举行,江阴市城区爱理居室内设计工作室(慧舍整理)、江阴中青家政服务有限公司、江阴青阳宝怡母婴护理服务部等服务企业21人参加选拔,13人入围进入省决赛;是月,第四届江苏省家政服务行业家政职业技能大赛总决赛在泰州技师学院举行,江阴市代表队选手获第二、三、四名;11月,江阴市第十一届职业技能大赛在天安数码城举办,养老护理员29人、育婴员25人参加比赛;12月,在无锡市首届“锡惠嫂”家庭服务职业技能大赛中,江阴市代表队获家政服务组一等奖、二等奖各1人,三等奖2人,家庭照护组二等奖1人,三等奖2人。 (章 艳)

【老龄健康服务】 2021年,江阴市老龄工作围绕老年友善医疗机构创建、安康关爱行动、“老年节”敬老系列活动、老年人智能技术专项普及培训、创建全国示范性老年友好型社区、打造老年关爱中心和为老服务品牌、老年文体特色团队活动等内容开展。完善老年健康服务体系,全市37个医疗机构老年友善医疗机构建成率63%,三级医疗机构建成率100%,其中江阴颐乐居爱心护理院为优秀等级;全市有医养结合机构17个,老年友善医疗机构创建率71.2%,养老机构医疗服务覆盖率100%。开展老年人安康关爱行动,参保2021年中国人寿江阴支公司老年人意外伤害保险160383人,参保率49%,总保费951.5万元,总赔款685.8万元,赔付率72.1%。年内,在江阴市老年大学开设智能技术专项普及培训班,针对日常生活场景安排授课内容,包括微信聊天、手机支付、健康扫码、预约挂号、滴滴出行等,全年完成培训11371人次;祝塘镇永平村联合中国移动江阴分公司开展智能技术专项普及培训班,通过PPT、视频、宣传单页等形式,展示主流数字化工具,结合“如何预防电信诈骗”等相关内容展开讨论。10月27日,在江苏省首届“老年达人”运用智能技术大赛无锡地区选拔赛中,由金乃茵、刘捷、谢均能3名选手组成的江阴代表队获理论比赛一等奖、团体比赛三等奖。是年,新桥镇康定社区被评为全国首批示范性老年友好型社区;澄江街道立新社区、周庄镇山泉村创成无锡市老年关爱中心,城东街道寿山社区“五长公益,情暖夕阳”、申港街道创新村“和孝创新”创成无锡市为老服务品牌;市老龄办、中医院申报的“八段锦对于门诊2型老年糖尿病患者踝肱指数及生活质量的影响研究”被评为无锡市老龄科研重点课题。

【老年节活动】 2021年10月14日,江阴市老龄工作委员会在黄田港公园举行江阴市庆祝全国第九个老年节暨“中国人寿杯”喜迎重阳节健步看江阴活动。市卫生健康委党委书记、主任谈海平致辞并宣布活动启动。来自各镇(街道)、机关、企事业单位以及涉老单位300余名老年人代表从黄田港公园向东出发,途经韭菜港公园、鲥鱼港公园,抵达船厂公园,展现江阴老年人精神面貌。10月19日,“乐享智慧老年生活”江阴市庆祝全国第九个老年节文艺演出暨敬老先进表彰颁奖大会在市公共文化艺术发展中心艺术剧场举行。市委常委、副市长杨晓妮参加活动并致辞。演出节目精彩纷呈,展示老年人积极向上精神面貌,向全社会倡导尊老、敬老、爱老、助老风尚。现场表彰江阴市十佳老年健身达人、“最美退管之星”先进集体、先进工作者、江阴市最佳老年友善医疗机构。

(潘 燕)

邮政·快递

【概况】 2021年,江阴市邮政快递行业统筹疫情防控和改革发展,各项工作稳步推进。深化“邮快合作”,成立全市首个末端共配中心。规范快递专用电动三轮车管理,推进“智慧车牌”安装。受无锡市邮政管理局委托,首次行使邮政行政执法权,年内查处案件6件,处罚金额2万余元。会同相关部门打造131个“小蜜蜂驿站”,构建8分钟服务网络,依托阵地开展“春送岗位、夏送清凉、秋送助学、冬送温暖”等活动,惠及1000余名从业人员。组建江阴市快递行业党支部,推进“暨阳红—盟红江阴”基层党建三年行动,成立江阴市快递物流党建实训基地,打造快递行业“驿路先锋”党建品牌示范点。至年末,江阴市有快递品牌17个,分支机构24个,江阴公司12个,备案网点480个,邮政支局28个,村邮站125个。全年快递业务量完成2.76亿件,比2020年增长29.34%;快递业务收入14.34亿元,比2020年增长2.56%。中国邮政集团有限公司江苏省江阴市分公司(以下简称“市邮政公司”)实现总收入6.2亿元,比2020年增长2.79%,其中,非寄递业务实现收入3.8亿元,寄递业务实现收入2.4亿元。

2021年10月14日,江阴市老龄工作委员会在黄田港公园举行庆祝全国第九个老年节暨“中国人寿杯”喜迎重阳节健步看江阴活动

(市卫生健康委员会提供)

2021 年江阴市注册快递企业业务情况一览表

表 23

序号	企业名称	企业品牌	完成业务量(万件)	比 2020 年增减(%)	快递业务收入(万元)	比 2020 年增减(%)
1	中国邮政集团有限公司江苏省江阴市分公司	EMS	5194	72.54	14575	9.73
2	江阴市申通快递服务有限公司	申通快递	1192.49	30	3575.91	25
3	江阴市神鹿航空物流服务有限公司	OCS-SINOPANS	0.38	46	110	69
4	江阴市鑫达快件服务有限公司	联邦快递	47008	0.19	207.73	-1.39
5	江苏申通国际货运有限公司	申通快递	45228.73	15	10765	20
6	江阴市全通速递有限公司	圆通速递	1723.7	73.69	6663.68	50.2
7	江苏瑞德快递有限公司	申通快递	18062.6	-100	43989	5
8	江阴市仲快仓储物流有限公司	中通速递	1754.5	1	13763.63	-60
9	江阴卡迪夫供应链有限公司	极兔速递	707	—	1103	—
10	江阴市韵仕达货运有限公司	韵达	2732	30.4	9854.92	17.28
11	中外运—敦豪国际航空快件有限公司江阴分公司	中外运敦豪	14.97	7.2	5600	9
12	江苏德邦物流有限公司江阴云亭分公司	德邦快递	141.78	32.5	5158	34.2

【全市首个末端共配中心成立】 2021 年,江阴邮政管理局优化配送资源,降低配送成本,提高配送时效,对全市快递企业开展调研,探索建立市、镇(街道)、村三级快递统一配送体系;会同市商务局争取电子商务进农村示范县项目政策资金 100 万元;协调推进江阴城镇公交联合申通、圆通、韵达等快递企业组建共配供应链公司。7 月 1 日,江阴首个末端共配中心(申港)投入运营。中心位于港城大道 1 号,面积 1900 平方米,业务覆盖申港街道、夏港街道和利港街道西石桥社区,日均处理快递量超 6000 票。中心有效整合快递企业资源,降低物流成本,提升配送效率,打通快递物流“最后一公里”。

【快递车安装“智慧车牌”】 为加强快件包裹配送管理,提高快递电动三轮车出行安全性,2021 年 9 月 1 日,江阴邮政管理局与市公安局在江阴邮政同城投递部开展快递电动三轮车“智慧车牌”安装活动。“智慧车牌”不受天气影响精准定位,通过警用设备可扫码查询车辆信息,读取实时数据,通过数据分析为管理部门、快递企业等提供定制化服务,实现对快递电动三轮车高效管理。安装需实名认证,与投递员个人信息绑定,一个内置芯片对应一个二维码,配合路面感知设备,及时记录闯红灯、未戴头盔、逆行等违反交通规则行为,增强驾驶员安全驾驶责任感。至年末,江阴邮政、顺丰速递、飞达共配中心等部门的 700 余辆快递电动三轮车完成“智慧车牌”安装。

【“邮票上的党史”巡展活动】 2021 年 9 月 16 日,由江阴市委宣传部与市邮政分公司联合举办的“百年党史寻初心,方寸之间忆辉煌——邮票上的党史”巡展活动在江阴市新时代文明实践中心启动。该次邮展以庆祝建党 100 周年为主题,现场展出邮集 50 框,分四个篇章展示 100 年来在中国共产党领导下中国经济、政治、文化、体育等各领域取得的成就。启动仪式后,通过邮票载体,开展党史学习进社区、进企业、进校园、进军营、进机关的“五进”活动。

【首个交邮合作站点建成】 2021 年 11 月 18 日,在江阴邮政管理局、市交通运输局、邮政公司、城镇公交公司共同推动下,江阴市首个交邮合作站点——顾山快递运营中心在顾山镇客运站建成,顾山邮政揽投班整体进驻客运站。改造后的顾山快递运营中心,同时具备农村物流、邮政快递经营服务等功能,日处理邮件 2000 余件,实现交通运输、邮政快递资源共享,提升农村寄递服务能力。

【首单海外仓整柜发运】 2021 年 7 月 28 日,江阴邮政作为江阴综合保税区海运项目运营商,采用 CIF(成本+保险费+运费)贸易方式,首次发运“1210”(全称“保税跨境贸易电子商务”,俗称“保税备货模式”)出口海外仓模式集装箱整柜,货值 1.83 万美元,邮费 10.51 万元,标志着江阴市在全省邮政系统率先创新跨境电商“1210”出口模式。全年共计报关 163 单,外贸出口额 1197.94 万美元。

【“百企风采”纪念邮册】 2021 年 6 月 25 日,江阴市举行“百企风采”纪念邮册首发仪式。该纪念邮册是江阴市邮政公司与市企业家协会、总工会、工商联、文联等部门共同开发,以 2021 年江阴市工信局公布的工业百强和部分百佳企业为依据,以企业风貌图片为背景,以纪念邮票为特景,通过邮文化属性,展现江阴企业发展历程以及江阴企业家家国情怀,记录地方经济社会发展。

是全省乃至全国邮政系统涉及企业数量最多、内容最丰富的定制型精品邮册，具有高度收藏价值和观赏价值。 （朱怡洁）

物流业

【概况】 2021年，江阴市依托市域境内高速公路道口、长江港口等交通资源优势，以临港经济开发区、江阴综合保税区、长江港口综合物流园、靖江园区等为载体，引进、培育、服务物流企业，发展冷链物流、加工配送、分拨采购等现代物流产业，加大商贸流通行业政策扶持力度，优化物流企业经营服务环境，初步形成现代物流业发展新格局。市交通运输局编制《关于江阴市加快推进农村物流发展的实施意见》，指导全市农村物流发展；以创建江苏省农村物流达标县为契机，打造"交邮融合，统仓共配"农村物流服务品牌，推动交通、邮政、快递融合发展，探索末端快递统仓共配运营模式。加强镇、村级电商服务站点运营指导和服务，帮助站点完善设施配套、业务拓展、物流配送等，建成镇级电商服务中心10个、村级电商服务站120个。发挥扶持政策激励作用，发布《关于组织2020年度江阴市服务业发展专项资金项目申报的通知》，支持纳入规模以上统计物流企业探索创新，组织符合条件物流企业申报项目补助，激励企业转型升级。发展网络货运平台，推进互联网技术与物流行业深度融合，根据《江阴市物流运输企业政策奖励实施办法》，鼓励发展无车（船）承运网络货运平台，通过管理和组织模式创新，集约整合物流资源，推动物流行业转型升级。市商务局对接市财政局、交通运输局和税务局，将江苏鼎晟运通管理有限公司纳入网络货运平台白名单，支持物流平台企业优化发展。至年末，全市有江苏华溢物流有限公司、指北针供应链管理有限公司、江苏易船货科技有限公司、江苏鼎晟运通管理有限公司等7个企业获网络货运平台资质。全市30项服务业重点项目中，深国际工业供应链产业园、综保区基础设施及公共服务建设、乌克兰冷链物流加工、嘉盛LNG江阴储备调峰站、华润新国联天然气高压管网、泰州港靖江港区八圩作业区下六圩港港池码头工程6项项目涉及物流领域，总投资额52.2亿元，完成投资额33.68亿元。是年，江阴市金顾山物流基地入选江苏省重点物流基地；江苏航吉国际货运代理有限公司、江苏思远国际物流有限公司、江苏申通国际货运有限公司入选江苏省重点物流企业；江苏海华嘉豪物流有限公司入选中国物流采购联合会发布的AAAA级物流企业；江阴中远海运物流有限公司、中国江阴外轮代理有限公司分别通过AAA、AA级物流企业复核；邦杜城市配送中心、大康华仓储冷链配送中心、牧野鲜生配送中心3个公共配送中心列入无锡市绿色货运配送示范城市创建重点项目。江阴长江港口综合物流园获"全省物流行业先进集体"称号，江苏海华嘉豪物流有限公司总经理殷军海、江苏江阴港港口集团股份有限公司副总裁刘小龙获"全省物流行业先进个人"称号。

【货运物流结构优化】 2021年，江阴市制定《道路普货运输安全生产专项整治行动方案》，通过专项整治行动，引导、鼓励道路运输企业实行规模化、集约化经营。优化调整货运运力结构，培育发展1个国内沿海普货海运企业；鼓励发展专业化货运和网络货运；调整运输结构，发展多式联运，鼓励将运输方式从公路运输向公铁联运、公水联运、水水联运、集装箱多式联运转移，降低运输成本，提高运输效率。坚持生态环保理念，引导企业加快淘汰国三及以下排放标准营运柴油中重型货车，淘汰高排放、高能耗老旧运输车辆。至年末，全市有道路普货运输企业1768个，运输车辆12937辆（挂车2960辆），总吨位97335吨，道路危货运输企业34个，危货运输车辆1131辆（挂车454辆），总吨位16033吨；水路货运企业18个，各类营运船舶64艘，总吨位313222吨，其中水路普货运输企业11个，营运船舶47艘，水路危货运输企业2个，营运船舶9艘。

【长江港口综合物流园区】 江阴长江港口综合物流园区成立于2003年3月，园区规划面积274.87万平方米，其中核心区162.6万平方米、发展区112.27万平方米，拥有社会公共码头2座，物流仓储面积180万平方米，商务楼面积13万平方米。2021年，园区港口物流业经济在国际国内疫情反复冲击下，积极应对，业务发展提质增效。引进物流企业公共服务平台——物流汇，通过专业服务能力，提升园区对中小微物流企业服务水平，吸引中小微物流企业加入平台，入驻园区，使平台成为园区集聚物流企业主要渠道。全年该平台新集聚物流企业40个，累计集聚中小微物流企业392个，实现开票收入超17亿元，占园区物流业总收入近25%。全年园区新招引商贸物流等各类企业近400个，完成开票销售2428.67亿元，比2020年增长30.8%，其中物流业务总额70.58亿元，比2020年增长28.14%；完成税收10.83亿元，比2020年增长44.62%，其中物流业务税收1.97亿元，比2020年增长3.14%；完成集装箱吞吐量60.5万标箱，比2020年增长19.55%；完成海关进出口货值13.92亿美元，比2020年增长64.36%；完成报关单量21784票，比2020年增长4.6%，海关监管货值25.57亿美元，比2020年增长71%。

【保税物流业务】 2021年，江阴综合保税区复制推广自贸试验区改革创新经验，推进区港联动建设，开展货物状态分类监管、无车辆进出区、保税展示交易、先入区后报关和批次进出、集中申报等业务。跨境进口商品实现江阴港到综保区保税联运，先理货后报关入区，在全省首创结合保税仓直播销售及进口商品O2O（线上线下）展示、体验和销售为一体的新零售业态。5月，江阴综合保税区被省自贸办确定为江苏自贸试验区联动创新发展区；9月18日，首个O2O新零售线下体验店在江阴华联商厦落地运营；11月，江阴综合保税区被评为江苏省级跨境电商示范产业园。年内，综保区15万平方米仓库开展仓储物流等业务，江阴康瑞卫智达科技有限责任公司一期、乐晶食品科技（江阴）有限公司项目投产；盛婠冷链物流、进口食品预制新兴产业项目入库。全年园区完成进出口总额5.21亿美元,比2020年增长84%;开票销售451.33亿元,比2020年增长35.27%;入库税金1.63亿元,比2020年增长20.98%。

【通关提速】 2021年,位于江阴综合保税区内的江阴中远海运物流有限公司完成首票“无车辆运输进出区”监管模式“保税一日游”业务。从货物申报到海关放行,企业仅用不到半小时。该模式针对在一线进出境和二线进出区业务中体型巨大或数量微小的特殊货物,企业可不使用车辆运输,可采用大件货物区外监管、微小货物手提方式进出区。

【江阴港吞吐量创新高】 2021年,江阴港吞吐量突破3亿吨大关,增速创历年新高,成为省内继苏州港、泰州港之后吞吐量第三的港口。全年完成货物吞吐量3.38亿吨,比2020年增长31.74%;外贸吞吐量6658.36万吨,比2020年增长2.84%;集装箱吞吐量完成605086标箱,比2020年增长19.56%。金属矿石、煤炭及制品、矿建材料、钢铁、化工产品五大主要货种保持不变,分别占吞吐总量的35.01%、32.25%、17.13%、6.77%和3.51%。

【智慧物流建设】 2021年,江阴综合保税区优化升级“掌上物流”系统,将有感卡口升级为无感卡口,车牌识别、地磅称重、信息比对和电子抬杆业务流程一次性完成,保证车辆以正常速度平稳通行进出卡口,实现货物自动验放、车辆快速分流,卡口通道设置信息提醒,通过卡口存证和后续智慧监管实行全天24小时卡口通行,最大限度提高货车快进快出通行效率。该系统于12月底改造完成并投入使用。聚焦海力士补税业务需求,升级RPA(机器人流程自动化)技术应用,自动回填客户SAP系统(企业资源管理软件系统),为其降低成本。日常管理依托网络存储信息技术,搭建船务电子档案、电子调度日志等共享平台,推进无纸化管理,减少约80%打印量,实现线上高效协同办公。江阴中远海运物流有限公司以数字化为引领,加速信息建设,上线云链2.0系统及非班轮船代理系统,实现信息共享,规范仓储和船代业务操作。

【省级重点物流基地和物流企业】 2021年12月,江苏省发改委发布《关于认定江阴市金顾山物流基地等8家基地为江苏省省级重点物流基地的通知》《关于认定南京市中集凯通物流发展有限公司等24家企业为省级重点物流企业的通知》,江阴市金顾山物流基地入选省级重点物流基地,江苏航吉国际货运代理有限公司、江苏思远国际物流有限公司、江苏申通国际货运有限公司入选省级重点物流企业。江阴市金顾山物流基地成立于2006年,开创“打包需求,集成服务”模式,依托互联网、大数据、云计算等新一代信息技术,搭建一站式数字化集成服务平台,服务入驻企业1600余个。江苏航吉国际货运代理有限公司是交通部批准具有无船承运业务经营资格及经贸部批准设立的一级货运代理企业,集海运、空运、陆运、铁路和拼箱业务为一体,提供全方位综合物流服务。江苏思远国际物流有限公司是商务部批准成立、交通部批准可进行国内货物运输和具有国际无船承运经营资格(NVOCC)的一级货运代理企业,在上海、广州、青岛、江阴设立自有仓储面积3万平方米,航线覆盖全国沿海、沿长江珠江各大城市及全球主要港口。江苏申通国际货运有限公司是申通快递品牌子公司,2017年正式运营,日均操作量600万件,拥有全网干线运输车辆650余辆,探索完善终端末端网络、中转运输网络和信息技术网络“三位一体”运行体系,实现数据全程自动化。 (韩纬华)

旅游业

【概况】 2021年,江阴市旅游工作依托文旅融合和全域旅游背景,发挥资源优势,以“旅游+”为先导,丰富旅游业态,调整旅游产业结构,推动全市旅游业提质发展。年内,编制完成《江阴市“十四五”旅游发展规划》。发展乡村旅游,破题民宿制度,为狮涧久田、丰硕、朝阳山庄3个民宿颁发许可证。打造乡村旅游品牌,组织举办顾山红豆文化节、狮山湖油菜花节、满庭芳玫瑰主题花园节、华西行红色旅游文化节、璜土胡子小镇乡村艺术节、长泾月饼节等旅游节庆活动。顾山镇红豆村被评为江苏省乡村旅游重点村,江阴兴澄特种钢铁有限公司成为江阴首个省级工业旅游区。深挖红色旅游资源,开发红色旅游线路,打造“要塞风云”红色旅游沉浸式体验项目。举办第十六届中国徐霞客国际旅游节开幕式及“重走霞客路”行走大赛、“新百年·新百景”霞客杯短视频挑战赛等系列活动20余项。推进智能售卖企业、文创产品研发团队、文旅场馆资源整合,在全市华联一家超市17个连锁店、AAAA级景区核心区域黄山湖公园、中山公园设置文创产品销售专柜,推出“吃得开,白相相”特产礼盒。编制江阴旅游攻略手册,开展跟着霞客去旅行、文旅市集等文旅推介活动。深化区域交流合作,整合全市重点景区(点)加入“苏锡常畅游卡”工程,与新疆霍城县、陕西延川县开展旅游双向推介。打造“霞客故里 美丽江阴”文旅品牌,通过中国(无锡)国际文化艺术产业博览交易会、2021深圳“无锡文化旅游周”,重点推介江阴市文化旅游特色资源。“体育+旅游”模式效应放大,承办江苏省体育产业大会暨体育旅游融合发展论坛,江阴市被命名为首批省级体育消费城市试点单位;海澜飞马水城被评为2021年国家体育旅游示范基地、2021中国体育旅游精品项目。全年接待国内旅游979.22万人次,旅游总收入318.3亿元。

【霍城县(长三角)旅游推介会】 2021年4月21日,“惠远古城,芳香霍城”2021年霍城县(长三角)旅游推介暨文旅招商会在江阴市举办。新疆伊犁哈萨克自治州霍城县和江阴市有关领导及两地文旅企业代表等参加此次活动。会上,霍城县委常委、常务副县长贺军及江阴市常务副市长赵强分别致辞,霍城县文旅局就霍城县旅游资源及相关旅游项目作宣传推介。江阴市相关文旅企业与霍城县文旅局、文旅企业分别签订两地文化旅游合作框架协议，就扩大宣传推介交流、促进招商投资合作、游客资源互动共享等方面达成合作协议。

【第十六届中国徐霞客国际旅游节系列活动】 2021年5月24日，第十六届中国徐霞客国际旅游节在海澜飞马水城开幕。该届旅游节以“文化引领、体旅融合”为重点，开幕式同步举办2021江苏体育产业大会暨体育旅游融合发展论坛，国家体育总局体育经济司副司长、一级巡视员彭维勇，江苏省体育局局长陈少军，市领导许峰、孙小虎、徐冬青、程政、张韶峰出席开幕式，相关学者专家、文体旅产业基地及企业代表等700余人参加活动。开幕式现场，省体育局、文化和旅游厅签署深化体旅融合发展战略合作协议，开创“体育＋旅游”新格局。开幕式后，开展“跟着霞客去旅行”文旅市集、“重走霞客路”行走大赛、“新百年·新百景”霞客杯短视频挑战赛、霞映天下——“徐霞客的诗与远方”民间收藏展、江阴红色旅游经典线路发布暨“行走的文旅课堂”研学活动等20余项文化、体育和旅游活动。

【“重走霞客路”行走大赛】 2021年5月24日，“重走霞客路”行走大赛在徐霞客故居启程，浙江省宁海县(《徐霞客游记》开篇地)、广西壮族自治区上林县(徐霞客最眷念地方)、云南省云县(徐霞客万里遐征转身地)、云南省丽江木府(木徐友谊见证地)在线同步启动。该次比赛采用线上模式，推出一款集运动、旅游、益智于一体古风游历类游戏小程序“霞客行”，与“微信运动”步数相关联，将线下行走与线上虚拟游览经历结合。比赛历时半年，吸引超60万人参与，行程约4000千米，总步数约88万步，产生100名超级旅游达人。

【霞客杯短视频挑战赛】 2021年7月2日，市文体广电和旅游局与抖音短视频平台联合发起“新百年·新百景”霞客杯短视频挑战赛，利用流量、技术、抖音达人等资源向全国网友展现江阴文旅资源，打造以徐霞客为核心的城市形象，吸引网友和市民游客打卡。赛事启动后受到多方关注，专题页面总播放量超1050万次，“云游江阴”宣传片播放量214.5万次，获点赞数超4万次。至9月30日赛事截稿，收到围绕江阴吃、住、行、游、购、娱主题参赛作品100余件。经组委会结合专家评审，综合网友点赞、传播效果等多个纬度，评出特等奖1人、一等奖2人、二等奖5人、三等奖8人、优秀奖10人。

【红豆村获评省乡村旅游重点村】 2021年6月9日，第十二届江苏省乡村旅游节在南京市浦口区启动。省文化和旅游厅、发改委共同组织遴选2021年度36个省级乡村旅游重点村，江阴市顾山镇红豆村入选。启动仪式上，对36个新晋省级乡村旅游重点村进行授牌。 （唐 燕）

重点市场

【概况】 2021年，在新型冠状病毒肺炎疫情反复和经济形势复杂多变情况下，煤炭、钢材等大宗商品价格高涨，江阴长江港口综合物流园区交易中心、江苏华东石化物资交易市场、江阴市贯庄金属材料市场有限公司、江阴综合保税区交易市场、江阴沿江石化市场有限公司、江苏长阳金属材料市场有限公司、江阴景澄物流配送交易市场7个专业市场开票销售均突破百亿元，其中江阴长江港口综合物流园区交易中心开票销售突破千亿元。是年，7个百亿元市场完成市场成交额4261.39亿元，比2020年增长27.3%；实现开票销售收入3776.36亿元，比2020年增长27.76%；上缴税金15.05亿元，比2020年增长26.3%。

2021年江阴市百亿元市场主要经济指标一览表

表24

名称	成交额（万元）	比2020年增减(%)	开票销售（万元）	比2020年增减(%)	上缴税金（万元）	比2020年增减(%)
江阴长江港口物流园区交易中心	15507139	55.90	13784124	55.90	63311	27.77
江苏华东石化物资交易市场	8431615	2.60	7461606	2.60	15955	16.72
江阴市贯庄金属材料市场有限公司	6113620	16.42	5410284	16.42	13020	66.31
江阴综合保税区交易市场	5100029	31.87	4513300	35.37	16269	30.27
江阴沿江石化市场有限公司	2925800	-3.06	2580336	-2.75	15580	52.69
江苏长阳金属材料市场有限公司	2752532	47.69	2435869	47.69	19631	-4.30
江阴景澄物流配送交易市场	1783186	36.10	1578041	36.10	6755	37.10
合计	42613921	27.30	37763559	27.76	150521	26.30

【江阴长江港口物流园区交易中心】 该中心位于滨江西路2号，拥有各类商务、交易服务配套用房8万平方米，入驻企业4435个，是一个以金属材料、煤炭能源、纺织机电等产品交易为主，兼具港口货物装卸、仓储、水陆运输等功能的融物流、商贸为一体的大型综合交易市场。2021年，市场抓住煤炭、钢材等大宗商品价格高涨契机，发挥江苏中电豪信电子科技有限公司、雪松控股集团有限公司等大宗商品交易平台功

能,市场交易额实现新突破。是年,市场新入驻企业281个,引进江苏大强金属材料有限公司、江苏越财供应链有限公司等10余个重点商贸企业,其中年销售超亿元9个。市场“物流汇”平台继续发挥中小微物流企业集聚功能,集聚中小微物流企业超400个,全年实现物流业务收入17.28亿元。全年市场完成开票销售收入1378.41亿元,上缴税金6.33亿元。

【江苏华东石化物资交易市场】 该市场位于滨江西路2号,拥有各类商务、交易服务配套用户2万平方米,入驻客户945个,是一个以石油化工产品为主的大型专业交易市场。2021年,市场加大招商引资力度,先后引进江苏益旬新材料科技有限公司、江苏凯斯润能源有限公司、江苏弘成贸易有限公司等重点石化贸易企业。市场内江阴市金桥化工有限公司为中国服务业企业500强、中国民营企业500强、江苏省民营企业200强企业。是年,市场新入驻企业69个,完成开票销售收入746.16亿元,上缴税金1.6亿元。

【江阴市贯庄金属材料市场】 该市场位于江阴市果园路9号,始建于2000年,占地面积15.87公顷,是一个融钢铁贸易、物流仓储、商务服务于一体的综合性大型专业市场,入驻钢贸企业400余个,市场成交额逐年递增,先后被评为中国商品市场百强、无锡市优秀市场、入库税金超千万元企业、热心公益慈善先进单位,入围“中国民营企业500强”“中国服务业企业500强”“江苏省民营企业100强”。2021年,市场响应无锡市商品市场优化升级专项行动,优化完善江阴长三角钢铁集团(卓能物资)电商平台,整合数据,形成数据门户,实现大数据应用和共享。是年,市场完成开票销售收入541.03亿元,上缴税金1.3亿元。

【江阴综合保税区交易市场】 该市场位于江阴市海港路18号,规划总面积3.6平方千米。2021年,江阴综合保税区建设高能级开放平台,围绕精拓电子芯片封测项目、会有新能源技术研发项目等打造加工制造中心,推进项目落地并投产;继续做大葡萄酒区域分拨中心,新引进艾尔姆风电设备部件分拨中心、辉采奢侈品运营总部项目等打造物流分拨中心;以跨境电商为抓手打造销售服务中心,签约别样进出口跨境电商平台项目、江苏佳利达集团外贸综合服务平台项目等,获评江苏省级跨境电子商务产业园。是年,市场完成开票销售收入451.33亿元,入库税金超1.6亿元,进出口总额超5.5亿美元。

【江阴沿江石化市场】 该市场位于璜土镇石化新材料产业园,成立于2006年,入驻企业754个,主要涉及石油化工、金属材料、纺织材料、新能源科技等领域。2021年,市场依托辖区内生产型企业,发展产业链上下端贸易招商,推进各类优质企业入驻,引进泰沣禾源(江阴)能源化工有限公司、江阴鲁源化工有限公司、江阴杰强电子科技有限公司、无锡雅粟新材料科技有限公司等优质企业24个。是年,市场完成开票销售收入258亿元,上缴税金1.56亿元。

【江苏长阳金属材料市场有限公司】 该市场位于江阴—靖江工业园区沿江高等级公路21号,是一个融仓储、金属加工、物流配送、贸易经营于一体的综合性大型物流配送交易市场,入驻经营客户200余个,年销售钢材300万吨。2021年,市场调整战略决策,改善现有营销模式,利用电子商务开展产品销售与市场开拓,开源节流提高效率,合理调配各种资源节能降耗。加大技术改造和招商力度,提供优质服务,完善各项配套设施,借助互联网优势,更新优化市场网站,制作微信小程序等,进行线上线下推广。做好疫情防控各项管理工作,加强安全检查,对市场所有行车进行检查整改,确保安全生产。是年,市场完成开票销售收入243.59亿元,上缴税金1.96亿元。

【江阴景澄物流配送交易市场】 该市场位于澄江东路3号,隶属玖隆钢铁物流有限公司,总投资1.6亿元,占地面积13.4万平方米,是一个融仓储、金属加工、物流配送、贸易经营于一体的综合性大型商贸流通产业园,注册金属材料、化工贸易、五金机电、物流运输、纺织等贸易流通类企业460个。2021年,市场加强对园区安全、环保、文明卫生和6S(指整理、整顿、清扫、清洁、素养、安全,因英文均以“S”开头,简称6S)定置等综合管理;宣传落实国家防疫防控政策,强化安全教育,确保全年无重大安全事故发生;推进公司码头基础升级,优化仓储吊装设施机械化,拓展物流方式,提高工作效率。是年,市场完成开票销售收入158亿元,上缴税金6755万元,仓储出入库超100万吨。

【江南农副产品批发市场】 该市场位于锡澄路88号,是一个集副食、粮油、蔬菜、水果、水产、冷冻制品等为一体的大型综合性农副产品批发市场。2021年,市场在淡水鱼区成立电子结算系统,实现商品可追溯。是年,市场完成交易额近50亿元。

(陆晓晓)

■类目编辑 徐文辉

金融业

综 述

【概况】 2021年，江阴市金融系统不断加大对实体经济信贷支持，全市各项贷款呈现较快增长，企业融资成本进一步降低，对地方经济发展提供较强金融支撑。至年末，全市银行业金融机构本外币各项存款余额4685.92亿元，比年初增加291.49亿元；各项贷款余额3828.05亿元，比年初增加389.01亿元。全市制造业人民币贷款余额1241.46亿元，占人民币贷款比重35.19%，在无锡地区名列前茅。强化对普惠小微等重点领域的支持，全年江阴市普惠口径小微贷款余额435.01亿元，占全市人民币贷款余额比重11.49%，比2020年增加99.91亿元，高于全市人民币贷款增速18.97个百分点。全市保险机构保费收入累计86.65亿元，比2020年增长4.07%；赔付支出累计17.19亿元，比2020年增长0.5%。证券交易开户总数424573户，年度交易额12819.5亿元。全市18个小贷公司贷款余额14.54亿元。全市8个典当公司贷款余额1.17亿元。全市担保机构担保余额22.76亿元，平均放大倍数3.38。

【澄信金融】 2021年，江阴市政府通过搭建银行和企业之间沟通平台，增进互信，构建长期稳定的政银企合作关系。年内，组织政银企对接交流活动10余场，新增信贷投放20亿元，对接优质中小企业200余个，平均每个企业信贷支持超千万元。同时，优化澄企联中小企业转贷资金平台，推动平台与10余个驻江阴银行合作。澄企联中小企业转贷资金因其建立健全多元化可持续的城镇化投融资机制，缓解中小企业融资难、融资贵的问题，全年转贷59.5亿元、惠及企业超千个，入选国家新型城镇化试点示范典型案例。年内，鼓励江苏银行江阴支行等机构推出“人才贷”，累计投放信贷5276万元，为全市人才企业注入联盟动力；支持江阴农商银行做大“物联网动产贷”，全年累计放款9.76亿元，服务46个企业；9个驻江阴银行为全市64个科创企业实现知识产权质押融资5.92亿元。

（顾 青）

银 行

【概况】 2021年，江阴市各银行机构坚持以习近平新时代中国特色社会主义思想为指引，贯彻落实党中央、国务院和上级行工作要求，以党史学习教育为抓手，进一步筑牢政治使命、强化履职担当，不折不扣执行“六稳”*“六保”*工作要求，切实加强金融服务实体经济能力，着力提高金融管理服务水平，防范化解金融风险，各项工作取得较好成效。年末，全市各项存款余额4685.92亿元，比2020年增长6.63%，其中非金融企业存款余额2115.78亿元，比2020年增加118.79亿元。各项贷款余额3828.05亿元，比2020年增长11.31%，其中非金融企业及机关团体贷款余额3048.39亿元，比2020年增加230.96亿元；住户贷款余额778.72亿元，比2020年增加157.13亿元，存贷款维持平稳增长态势。全市不良贷款余额比2020年有所减少，不良贷款余额70.76亿元、不良贷款率1.85%。

2021年江阴市银行机构存款情况一览表

表25

单位	人民币存款		外币存款	
	年末余额（亿元）	比2020年增减（%）	年末余额（亿美元）	比2020年增减（%）
人民银行江阴市支行	—	—	—	—
农发银行江阴市支行	21.73	18.63	0.00	—

续表 25

单位	人民币存款		外币存款	
	年末余额(亿元)	比 2020 年增减(%)	年末余额(亿美元)	比 2020 年增减(%)
工商银行江阴支行	281.04	8.85	0.38	-1.48
农业银行江阴分行	642.42	9.32	2.92	36.45
中国银行江阴支行	303.35	11.04	4.62	39.60
建设银行江阴支行	323.28	5.53	3.40	233.67
交通银行江阴分行	195.33	0.18	0.80	-20.07
浦发银行江阴支行	368.62	-7.90	1.67	-23.00
招商银行江阴支行	96.44	-1.03	0.54	59.94
中信银行江阴支行	110.43	1.02	0.79	236.53
华夏银行江阴支行	87.20	22.49	0.73	48.19
兴业银行江阴支行	81.51	10.64	0.07	50.61
北京银行江阴支行	19.41	164.08	0.00	-72.39
南京银行江阴支行	174.27	8.99	0.08	-14.18
光大银行江阴支行	66.71	-22.10	0.03	-94.40
民生银行江阴支行	54.83	-3.84	2.03	50.71
恒丰银行江阴支行	36.71	8.03	0.06	287.34
浙商银行江阴支行	22.10	-28.27	0.00	-66.67
渤海银行江阴支行	10.19	—	0.00	—
广发银行江阴支行	71.20	11.56	0.00	-32.56
平安银行江阴支行	59.44	18.50	0.00	-28.72
南洋银行江阴支行	11.90	16.78	0.04	-47.22
宁波银行江阴支行	81.90	-9.30	1.47	42.25
江苏银行江阴支行	160.31	0.88	0.35	-70.10
苏州银行江阴支行	17.17	97.58	0.00	—
江阴农村商业银行	967.04	11.67	1.61	58.58
常熟农商银行江阴支行	8.54	55.84	0.00	—
张家港农商银行江阴支行	15.85	51.10	0.00	—
无锡农商银行江阴支行	37.25	-17.44	0.00	—
江阴浦发村镇银行	10.88	-22.62	0.00	
汇丰银行江阴市支行	8.66	-16.25	0.01	-89.00
邮储银行江阴市支行	165.25	15.56	0.00	-35.29

说明:因外币存款单位为亿美元,且小数点仅保留两位,部分银行外币存款余额不显示(北京银行江阴支行外币存款余额 45 万美元;浙商银行江阴支行外币存款余额 1 万美元;渤海银行江阴支行外币存款余额 5 万美元;广发银行江阴支行外币存款余额 29 万美元;平安银行江阴支行外币存款余额 67 万美元;苏州银行江阴支行外币存款余额 1 万美元;邮储银行江阴市支行外币存款余额 11 万美元)

2021 年江阴市银行机构贷款情况一览表

表 26

单位	人民币贷款		外币贷款	
	年末余额(亿元)	比 2020 年增减(%)	年末余额(亿美元)	比 2020 年增减(%)
人民银行江阴市支行	—	—	—	—
农发银行江阴市支行	88.48	10.15	0.00	—
工商银行江阴支行	329.25	2.74	0.20	52.92
农业银行江阴分行	430.64	12.95	0.37	-53.45
中国银行江阴支行	240.98	15.41	0.80	629.45
建设银行江阴支行	357.62	23.06	1.90	185.87
交通银行江阴分行	201.30	-10.17	0.67	697.26
浦发银行江阴支行	231.00	-1.36	0.78	169.43
招商银行江阴支行	76.62	23.01	0.07	—
中信银行江阴支行	135.49	31.89	0.20	—
华夏银行江阴支行	86.80	23.42	0.12	-16.43
兴业银行江阴支行	68.47	-2.39	0.15	-66.71
北京银行江阴支行	26.35	472.83	0.00	—
南京银行江阴支行	122.01	15.79	0.13	—
光大银行江阴支行	102.26	22.67	0.20	11.11
民生银行江阴支行	45.24	-14.17	0.00	—
恒丰银行江阴支行	30.00	-16.67	0.00	-100.00
浙商银行江阴支行	12.61	-7.69	0.00	—
渤海银行江阴支行	22.49	—	0.00	—
广发银行江阴支行	50.93	-1.81	0.00	-100.00
平安银行江阴支行	49.16	14.35	0.00	—
南洋银行江阴支行	16.74	-3.57	0.00	-14.29
宁波银行江阴支行	68.79	17.39	0.64	334.60
江苏银行江阴支行	150.32	8.45	0.02	-84.27
苏州银行江阴支行	22.43	4.08	0.03	—
江阴农村商业银行	599.22	8.31	0.24	13.05
常熟农商银行江阴支行	24.37	44.97	0.00	—
张家港农商银行江阴支行	12.10	39.88	0.00	—
无锡农商银行江阴支行	73.23	5.81	0.00	—
江阴浦发村镇银行	15.82	-1.43	0.00	—
汇丰银行江阴市支行	0.25	—	0.09	315.71
邮储银行江阴市支行	65.23	48.18	0.00	—

说明:因外币贷款单位为亿美元,且小数点仅保留两位,部分银行外币贷款余额不显示(南洋银行江阴支行外币贷款余额 6 万美元)

【中国人民银行江阴市支行】 2021年,支行有职工42人,内设办公室、纪检监察室、金融服务一部、金融服务二部、金融管理部、外汇管理部6个部室。全年贯彻执行稳健货币政策,落实金融逆周期调控要求,努力防范化解金融风险,提升金融服务水平,助力实体经济平稳健康发展。

把握货币政策规律性。充分发挥窗口指导作用,促进辖区信贷总量合理适度增长。通过行长联席会、专题座谈会、专题调研等形式,引导银行机构领会稳健货币政策灵活精准、合理适度的导向要求,积极向上争取信贷规模,加大信贷资金投放;引导金融机构在投放时合理配置信贷资源,坚持直达实体,重点向制造业、"三农"*、普惠小微、绿色企业等领域倾斜,增强金融支持重点行业、重点企业的精准性和有效性。加大再贷款投放力度,支持小微企业发展,利用支农支小再贷款定向调控、精准滴灌特点,发挥"结构+价格"双引导作用,改善"三农"、小微和民营企业的融资难题,提高重点主体的融资获得性。全年发放各类再贷款40.9亿元,其中支农再贷款23.9亿元,支小再贷款17亿元,再贷款余额居历史最高水平,惠及小微企业、农户等各类市场主体超800户。全市普惠小微企业贷款余额435.01亿元,比2020年增加99.91亿元,增长29.81%,远高于各项贷款增速。发布《全市银行业金融机构信贷投放主要情况通报》,要求全市银行机构将再贷款再贴现政策向供应链产业链、绿色发展、科技创新与制造业、乡村振兴等四大重点领域倾斜。全年向辖内2个法人金融机构发放普惠小微企业延期还本激励资金6524.39万元,支持其为普惠小微企业办理65.24亿元贷款延期还本;为2个法人金融机构办理普惠小微企业信用贷款支持计划额5.19亿元,支持其发放普惠小微企业信用贷款12.97亿元。

增强风险监测针对性。提升金融稳定驾驭能力,推进辖区金融生态环境建设,以确保不发生区域性系统性金融风险为目标,抓住"监测、分析、预警、报告、处置"等金融风险防控关键环节,在金融风险监测预警协同机制、推动洗钱入罪、防控账户风险等方面下功夫。制定并下发《关于征求〈江阴市银行机构金融风险监测预警机制(征求意见稿)〉意见的通知》,征求全市银行机构意见,针对江阴市大企业集团信贷风险高发的情况,研究设定主要风险监测指标,尝试建立大企业集团信贷风险监测指标体系,有9个大企业集团被纳入监测试点。构建洗钱犯罪宣判工作长效机制,年内推动3件洗钱案件起诉,1件宣判。健全人民银行江阴市支行、市公安局、江阴各商业银行三方联动机制,持续推进"断卡"行动,筑牢账户风险管理防线。强化外汇履职,严厉打击违法违规行为,维护外汇市场健康秩序,全年查处外汇违规案件131件,收缴罚没款161.4万元。

提升金融服务有效性。改进服务理念手段,塑造良好基层央行履职形象。推动金融知识宣传教育,组织开展"3·15"金融消费者权益日活动、6月"普及金融知识守住'钱袋子'"活动、9月"金融知识普及月"活动、12月"宪法宣传周"活动,提高消费者风险防范意识;通过江阴市政府网站做好业务工作动态、政策解读、工作成效等政务公开工作;按照程序要求做好相关投诉及舆情工作,全年受理社会公众通过"12345"民生热线*转办件700余件。制定《2021年江阴市移动支付引领县建设工作方案》,推进移动支付场景建设,拓展菜场、药房、商圈市场、公共交通、农村普惠金融服务点等移动支付特色场景,让群众充分享受"互联网+"的支付便利,辖内云闪付APP(应用程序)新注册用户数量113441户。指导江阴农商银行建设的银发服务"先锋驿站"智能服务点,以"适老化"为定位,为老年客群提供以"金融+健康+生活"服务为主的特色服务点,建有农村普惠金融服务点40个,其中智能点4个、综合点19个、支付点17个,交易笔数7.54万笔,交易金额10794.68万元。组建无锡辖区首个社会化硬币集中处理中心,为公众提供便利的硬币流通环境和优质的现金服务,处理中心自8月16日运行以来,累计社会化清分硬币389.02万枚,总计301.56万元;建成由商行、商超、医院、公交等硬币供需方组成的循环体系,自循环流转硬币155.52万元。推进货物贸易外汇收支便利化试点业务增量扩面,提升贸易自由化便利化水平,引导银行和企业守法自律,支持江阴外向型经济高质量发展。全市新增3个试点银行和8个试点企业,4个试点银行为全市11个企业办理贸易外汇收支便利化试点业务1427笔,金额53905万美元。推进区块链贸易融资试点业务,区块链出口应收账款贸易融资3.79亿美元,是2020年同期的2.1倍,首推区块链信保融资试点业务,是年信保融资额357万美元。 (朱艺叶)

【中国银行保险监督管理委员会无锡监管分局江阴监管组】 2021年,中国银行保险监督管理委员会无锡监管分局江阴监管组(以下简称无锡银保监分局江阴监管组),有员工3人。是年,无锡银保监分局江阴监管组召开分局党史学习教育动员部署会议,制定党史学习教育工作方案,启用分局"复兴壹号"智慧党建平台APP,打造党史学习教育"智慧课堂"。结合分局"领雁工程"党建品牌提升活动,围绕金融消费者权益保护、金融助老、普惠金融等领域确定11项"书记项目",在此基础上形成分局普惠金融"惠贷码""沉睡存款"唤醒工程、"消保亮剑"畅通金融消费者维权等"我为群众办实事"重点民生项目清单6项。其中"我为群众办实事"项目受到群众欢迎。发挥保险在疫情防控中的作用,落地全省首单进口冷链人员安全保险,缓释疫情境外输入压力;构建预防疫苗接种异常反应的风险保障网,推广疫苗保险。会同市金融办、人民银行江阴市支行联合出台中小微企业融资精准帮扶机制,打造"银企对接品牌"。以政银企"三合一"形式,联合江阴市委、市政府举办"普惠金融下基层"活动。支持上海银行在江阴设立支行,引导银行金融机构合理调整营业网点布局,提高对江阴县域经济的金融支持力度,推进江阴地方经济和金融事业的发展。

依托“融·媒+”党建联盟推动行业党建工作提升。制订党建联盟2021年度工作要点和活动计划，推进党建联盟成员单位基层党组织服务社会、服务基层，树牢无锡“融·媒+”党建联盟品牌。开设“无锡金小融”视频公众号，在《无锡日报》“融·媒+”专版宣传报道小微金融服务、乡村振兴等重点工作，以党建促业务提升。举办“永远跟党走、奋进新征程”无锡金融系统庆祝中国共产党成立100周年文艺会演，直播观看47.8万人次。

抓牢风险排查。召开全员警示教育大会，组织员工学习严重违纪违法案件的通报和拒绝“微腐败”先进事迹等，观看警示教育片，强化正反两方面典型案例教育。开展包头农商银行严重信用风险事件背后系列监管腐败案件专题警示教育，筑牢抵制“围猎”的“防火墙”。开展廉政风险排查，组织梳理岗位职责权力清单，绘制权力运行流程图，排查廉政风险点，制定常态化防控措施，编制《廉政风险防控手册》，推动责任意识和风险意识融入日常工作。

推动大额风险化解。全年召开各类风险协调会10次，赴相关银行总行、省行沟通协调4次。指导制定《倪家巷集团—华宏集团担保风险隔离方案》，组建华宏集团64亿元银团；助推模塑集团44.74亿元存量贷款联合授信和4.74亿元平移贷款联合授信工作；协调化解西城集团34亿元二期银团组建过程中的矛盾困难，确保企业正常生产。推动华西集团84.78亿元联合授信，助力混改。针对资不抵债，失去救助条件的企业，推动依法处置。

稳妥化解单体机构风险。及时处理华西财务破产挤兑传闻，有效管控声誉风险。指导江阴农商银行依法处置宣汉诚民村镇银行与恒丰银行常熟支行票据纠纷案件，由江苏省高级法院作出终审判决，宣汉诚民村镇银行不承担支付恒丰银行常熟支行8979万元垫款。

全力推动金融服务乡村振兴。优先支持县域发展，推动镇（街道）、行政村实现银行保险基础服务“全覆盖”。推广乡村振兴试点示范工作，璜土镇被纳入省级试点乡镇，引导银行业金融机构结合地方特色，创新金融产品。

开展“内控合规管理建设年”活动。对2017年以来监管检查和机构自查发现问题进行“大起底”，推动问题根源性整改和乱象深层次治理。建立督导问题台账，按序时进度督导机构，对违规性质较严重的机构立案查处。召开辖内股份制银行监管座谈会，针对省内股份制银行第三方金融资产质押风险事件及保存比、票贷比超标情况，明确指标按月监测、月月压降监管要求。

标本兼治信用风险管控。自主设计补充监测表，持续推进不良贷款处置序时进度。通过现场走访、监管约谈等多种方式，督促重点机构深入排查、加快处置。通过信用风险防控专刊推动机构互鉴互学风险管控成功经验。确定“两项课题”，立足实际深入研判。组织江阴辖区银行机构全面分析当地信用风险积聚成因并形成专题报告，提升信用风险研判能力。民营企业信用风险管控课题。借用传统中医“望、闻、问、切”诊法对银行机构贷前贷中贷后流程提出具体建议，助力提升信贷管理精细化水平。

持续强化保险监管。推进“车综改”，针对营运车辆投保难问题进行快查快处，对涉及相关保险公司进行查处，并在行业内进行通报，有效遏制拒保或变相拒保营运车辆交强险行为。指导机构协助公安机关破获车险诈骗团伙11个，涉案金额238.5万元，相关典型案例被央视新闻频道“法治在线”栏目专题报道。

维护地方金融生态环境。配合江阴市政府做好互联网金融专项整治及打击非法集资的调查工作，派员参加政府多部门的扫街扫楼联合检查活动。参加金融办投资理财类公司设立、变更会商讨论。做好来电来访投诉客户的接待工作，开展信访件的核查取证工作，及时回复投诉人。全年累计处理金融消费者投诉事件20件，切实保护金融消费者的合法权利。

推进银行业做好安全保卫。按照国家银保监会与公安部要求精神，会同江阴市公安局对辖内银行业金融机构进行第七次安全评估及“135”工程（银行金融机构按照省公安银保监联合下发文件要求，分1年3年5年不同时段标准分期达标）达标验收大检查，对存在的问题督促其整改，确保银行运行安全无事故。发布银行业金融机构第七次安全评估结果，辖内银行均为优秀等级。及时转发上级文件，主动督促，推动银行业开展防范新型电信网络诈骗活动，收到良好成效。全年全市银行业金融机构堵截电信网络诈骗案件17件，涉案金额100.26万元。

2021年年末，全市银行业金融机构32个，比2020年增加1个，银行网点284个，比2020年减少1个，从业人员5343人，比2020年增加9人，在编人员5160人，比2020年增加16人；存款总额4685.92亿元，比2020年增加291.49亿元，增长6.63%；贷款总额3828.05亿元，比2020年增加389.01亿元，增长11.31%；不良贷款余额70.76亿元，比2020年减少18亿元，不良贷款率为1.85%，比2020年下降0.73个百分点；全年实现账面利润18.14亿元。（金仁明）

【中国农业发展银行江阴市支行】 2021年，支行在编员工23人，内设客户部、综合部2个部门。支行以党的建设为统领，坚持稳中求进工作总基调，坚持“学史力行”，发挥政策性金融“当先导、补短板、逆周期”作用，各项工作有序推进。是年，获评省分行党建、绩效“双优标杆行”和省分行先进基层党组织。无不良贷款，无违规违纪案件发生，实现安全生产无事故。

履行收储资金供应职能。至年末，累计发放收购贷款2.58亿元，其中支持夏粮收购资金0.8亿元，收购小麦2.98万吨；支持秋粮收购资金1.65亿元，收购稻谷5.1万吨。支持成品粮轮换资金0.04亿元，轮入大米2600吨；支持成品油轮换资金0.09亿元，轮入豆油200吨，菜籽油990吨。

支持农村土地复垦项目。至年末，审批项目2项，金额17.2亿元，发放贷款6.42亿元，助力江阴农村土地复垦工程，为江阴产业发展空间优化发挥积极作用。

支持城市更新项目建设。支持南部高铁新城（区域2）城市更新项目，该项目总投资16.28亿元，贷款金额12.2亿元。用时两个月完成项目贷款审批，成为高铁片区6项城市更新项目中首项获批项目，至年末投放2.4亿元。同时该项目也是全省农发行系统首笔用于改善人居环境、推进乡村振兴的城市更新项目贷款。

支持人居环境项目建设。至年末，投放改善农村人居环境贷款10.1亿元，其中支持周庄老街及集镇区道路改造项目3.8亿元；累计支持农村环境综合整治建设项目3.3亿元（其中2020年支持2.8亿元，2021年支持0.5亿元）；支持秦望山产业园建设项目2亿元；支持新长江集团封闭堆场建设项目1亿元。

助力实体企业发展。支持地方实体经济企业，年初提前谋划制订贷款计划，做好评级授信相关工作，为客户资金需求尽心尽责做好服务。全年投放实体经济企业贷款17.96亿元。

2021年年末，支行各项贷款余额88.48亿元，比2020年增长10.15%；贷款日均余额84.94亿元，比2020年增长22.32%。各项存款余额21.73亿元，比2020年增长18.63%；存款日均余额22.3亿元，比2020年增长5.9%。FTP利润（商业银行内部资金定向转移带来的利润）0.72亿元。（郁聪慧）

【中国工商银行股份有限公司江阴支行】 2021年，支行有在编员工374人。内设综合管理部、个人金融业务部、公司金融业务部、机构与结算业务部、信贷管理部5个部。下辖1个营业室和24个二级支行、1个储蓄所。是年，支行坚持把党的政治建设摆在首位，按照总行党委“三比三看三提高”（与市场同比，看自己的优势和差距，提高市场战斗力；与兄弟单位比，看自己在集团中的位置，提高对集团的贡献度；与自己比，看自己的进步率，提高经营业绩的成长性的工作要求）凝心聚力，固本强基，围绕市委、市政府“南征北战、东西互搏”*三年行动要求，全行上下同心同力、同向同行，融入新发展格局，统筹推进常态化疫情防控和高质量经营质效，助力地方经济发展。年内，获评江阴市重点骨干企业、江阴市服务地方先进单位，被人民银行江阴市支行评为A类银行业金融机构。

深耕实体经济。面对新冠肺炎疫情的考验和胶着的经济形势，支行响应市委“南征北战、东西互搏”战略、工业园区升级改造、“345”现代产业体系*构建、城市更新、产业绿色转型战略要求，坚持改革与发展并重，稳增长与控风险并举，稳步提升信贷经营能力，助力构建良好金融生态环境，切实服务地方经济建设。全年支行投放制造业各项贷款比2020年增加9.19亿元，累计投放制造业贷款165.06亿元，完成项目贷款审批12项，审批金额71.82亿元，实现投放32.98亿元。

夯实普惠金融。围绕实体经济发展需求，坚持走“数字普惠”发展之路，支行以“经营快贷、网贷通和数字供应链”产品为主导，以“e抵快贷、烟草贷、商户贷、兴农贷”等产品为推动，至2021年末，“e抵快贷”累计投放37.33亿元，提升金融服务实体经济能力。发挥在资金、科技、产品等方面的综合优势，以“服务实体经济、支持小微企业”为目标，夯实普惠业务发展基础。全年法人经营快贷投放余额3872万元、小企业贷款投放余额9.07亿元，支持高新技术企业65个，投放金额20.93亿元。加大中小企业无还本续贷支持力度，支行落实上级行工作部署，支持受疫情影响还款困难的小微企业、个体工商户及小微企业主，对该类中小企业融资实施无还本续贷操作，满足其贷款连续使用需求，累计为9个中小企业及个体工商户办理续贷1480万元。

助力乡村振兴。根据上级行、监管部门工作部署，支行因地制宜，结合江阴市农业农村局重点打造“产业结构优、质量效益高、经营主体强、技术装备精、路径模式新”的发展思路，深入推进农业供给侧结构性改革，在服务“三农”*中展现大行担当，在助力乡村振兴中发挥头雁作用，主动融入地方经济发展，强化政银企农多方合作，倾斜信贷资源，加大金融服务创新，对接璜土镇葡萄园，通过对相关数据的采集、信息的核实，为符合条件的商户提供信用贷款的经营快贷泛交易链场景融资服务方案，年内向上级行申请报批家庭农场种植户50户，计3000万元的融资授信。

提升服务品质。支行践行金融为民、金融利民、金融惠民、金融安民经营理念，持续深化特色金融知识宣教品牌建设，进一步提升消费者金融素养。开展适老化金融服务工作，将“我为群众办实事”与“金暖银发”惠老工程相结合，重视老年人金融消费过程中的高频事项，解决老年人在金融消费领域遇到的困难，营造“能用、想用、敢用”的老年人金融服务环境，成立党员志愿者小组，为老年人进行特事特办上门服务业务。落实人民银行江阴市支行工作部署，结合社会环境、热点问题对广大群众普及宣传金融知识，开展“消费者权益日”主题活动、“防范非法集资月”宣传活动、“反诈伴您行、重阳送安心”工行驿站主题关爱活动以及“金暖银发进社区、网络安全为人民”等宣传活动，突出金融关怀，为群众办好实事，传递银行金融温暖。

深化党建共联。支行立足江阴民营企业和小微企业特点和发展实情，联动各镇（街道）政府部门、协会商会，持续开展走进园区、走进乡镇活动，挖掘小微金融服务需求，发挥金融支持地方、赋能产业、助力消费、服务民生的作用，把金融元素与中小企业党建有机结合，全年发放各类普惠贷款25.08亿元，发放“红色先锋贷”1000万元，切实解决部分中小企业融资难、融资贵问题。

2021年年末，支行本外币各项贷款余额330.52亿元；本外币各项存款余额283.45亿元。（潘　衡）

【中国农业银行股份有限公司江阴分行】 2021年，分行有在岗职工672人。内设公司金融部、个人金融部等7个部门，以及大客户团队、分期团队等6大团队，下辖营业部、周庄、新桥、要塞等37个营业网点，有自助银行44个，存取款一体机115台，智能超级柜台32台。是年，分

2021 年 9 月 22 日，农业银行江阴分行组织 20 余名工作人员进校园，为学生提供金融服务，并开展“金融知识普及月”宣传活动。图为活动现场

（张予希 摄）

行贯彻中国共产党十九届六中全会精神，把握经济金融新常态，实施治行兴行新理念，迎难而上、主动作为。年内，分行获评无锡市“三八”红旗集体、内保先进集体，被江阴市委、市政府授予“百强明星企业”“服务地方先进单位”“江阴重点骨干企业”等荣誉称号。

助力产业。分行聚焦全市建设现代化滨江花园城市总目标和“南征北战、东西互搏”总战略，参与全市多项重大项目建设，争取最大政策倾斜，全年累计投放项目贷款 14.4 亿元。围绕现代产业新高地建设，主动服务新一代信息技术、集成电路、新材料、生物医药等战略性新兴产业，实施“审查审批、信贷计划、行业限额、经济资本、利率优惠”五个优先，加大支持力度，全年新增企业贷款 31 亿元，其中发放绿色金融贷款 17 亿元。针对全市专精特新“小巨人”企业*，出台专精特新等科创类企业信贷政策，实行减费让利，支持科创型企业发展。

助力小微。贯彻市委、市政府和监管部门大力支持小微企业的部署，在用好用足“科创贷”“金农贷”等拳头产品基础上，创新推出“惠农 e 贷”“纳税 e 贷”“首户 e 贷”等一系列线上新产品，年末联合省分行再次推出“小微贷”，精准对接客户需求，助力小微企业茁壮成长。发展供应链融资业务，发放全市首笔“e 账通”业务，全年为多个重点企业发放下游企业供应链融资贷款，实现普惠贷款增量 12.3 亿元。同时，做实做优帮扶支持、纾困解难工作，区分情况，做到“应延尽延”“应贷尽贷”，年内对暂时有困难的民营企业创新开展无锡农行首笔无本续贷业务，切实帮助民营企业走出困境。

助力“三农”。聚焦农业农村，服务乡村振兴战略，支持农业调结构、强产业。加大对“米袋子”“菜篮子”等重要农产品生产供给支持力度，以批量模式建立“一项目一方案一授权”农业类项目 20 项，年内授信 1.2 亿元，覆盖种植、养殖、农产品经营等主要特色农业产业集群。推进“万人进千村”活动，组织网点主动对接村委、农业协会，发挥老书记、老村长、致富带头人等“关键人”作用，精准对接新型农业经营主体、农村个体工商户等需求，走进 193 个行政村，对接 5.8 万户农户，完成建档 9628 户。年内实现农户贷款余额 10.8 亿元，比 2020 年增加 2.4 亿元。其中线上自动审批纯信用产品“惠农 e 贷”新增 1.8 亿元，为农民带去实实在在的金融服务。

助力生活。全力打造客户体验一流的智慧银行，全面推进“智慧校园”建设，提高学校信息化、智能化水平，畅通家校沟通，全年上线使用学校 22 所，助力江阴教育事业高质量推进。为江阴市企业、小区免费安装充电桩，年末超 50 个，使用近 2 万人次。践行社会责任，组织开展“3·15”消费者权益日公益宣传，慰问抗疫志愿者、无偿献血等多项公益活动；与地方企事业单位、镇村、学校和医院共建签约 84 个，深化银政、银企关系；多措并举提升适老化服务水平，陆桥支行被评为江苏银行业文明规范服务适老网点。深入开展“我为群众办实事”实践活动，把党史学习教育与金融知识宣传结合起来，全年走进村、社区、老年活动室开展金融防诈骗宣传 40 余场，提高广大农民群众、老年群众的风险意识和金融知识水平。

2021 年年末，分行本外币各项存款余额 661 亿元，比 2020 年增加 59.4 亿元；本外币各项贷款余额 433 亿元，比 2020 年增加 46.5 亿元。

（夏桢阳）

【中国银行股份有限公司江阴分行】 2021 年，分行有职工 431 人。内设综合管理部、信息科技部、风险内控部、公司金融部、个人数字金融部、普惠金融事业部、交易银行部、纪委办公室、营业部 9 个部门。至年末，分行下辖 17 个乡镇网点、5 个城区网点。是年，全行上下落实上级行决策部署，应对区域经济和疫情冲击双重挑战，坚定信心、负重前行，全体干部员工励精图治、奋力拼搏，全行各项工作围绕“着眼长远、着眼地方、着眼全局、着眼员工”有序推进。

践行高质量发展要求。2021 年，分行国际结算业务在无锡市市场份额占 4.8%，比 2020 年增长 0.32%，连续两年提升，发挥中行传统优势业务。分行制造业贷款余额 119.19 亿元，比 2020 年增加 21.24 亿元。民营企业贷款余额 110.75 亿元，比 2020 年增加 12.46 亿元。普惠贷款余额 31.3 亿元（含个人普惠和公司普惠），比 2020 年增加 10.89 亿元。落实国家支持小微普惠企业发展的政策导向，普惠贷款年均增长率为 50%。

支持重大项目建设。为完善基础设施和公共服务资源配置、提高居民居住条件、支持县域经济发展,分行紧跟市委、市政府“南征北战、东西互搏”战略,主动对接城市更新项目。2021年,分行先后参与城市更新项目6项,累计获批5项46.43亿元,投放12.71亿元,为推动城市高质量发展、加快建设“强富美高”*新江阴做出贡献。

担当社会责任。分行与7个企业签订廉洁共建协议,通过各自公开自律承诺,建立监督联动机制,共同推进党风廉政建设工作。与共建单位开展联学活动、共上党课,深化银政、银企联系。连续8年举办“暖冬圆梦”公益活动,累计资助金额32万余元。

2021年年末,分行本外币各项存款余额333.44亿元,比2020年增加25.61亿元;本外币各项贷款余额246.1亿元,比2020年增加36.57亿元。实现营业收入7.81亿元,拨备前利润6.03亿元,利税总额6040万元。（袁　晔）

【中国建设银行股份有限公司江阴支行】 2021年,支行有职工415人。内设办公室、财务会计部、公司业务部、风控合规部、个人金融部、国际业务部、住房金融业务部、普惠金融事业部、信用卡中心9个部门以及大中型客户服务团队、乡村振兴服务团队、金融科技团队3个业务经营团队,下辖26个二级支行。是年,支行紧紧围绕市委、市政府各项中心工作,以服务地方经济为己任,主动作为,扛起国有大行责任担当。始终坚持与市政府同心同向,不断献计献策,在倪家巷、华宏、澄星等大集团的风险化解中创新思路,勇于担当,战斗在化解金融风险的第一线,为维护区域金融生态稳定做出积极贡献。年内各项业务取得新成效,综合实力迈上新台阶,获评人民银行江阴市支行政策执行A类行、金融统计A档行、服务地方先进单位、江阴市重点骨干企业等,在江阴金融监管局综合评价中名列前茅。

全力支持江阴城市建设。致力于做建设最美江阴的建设银行,持续发挥在基建领域的特色和优势,深度参与并全力支持江阴城市建设。主动融入市政府“南征北战、东西互搏”战略*,发挥自身优势不断为霞客湾科学城建设提供金融支持。探索并量身打造“城市更新贷”金融产品。抢先获批江阴市城市更新项目,在方案组合、审批效率上不断优化提升。2021年,审批通过城市更新项目6项。大力支持江阴市园区转型升级。响应国家和市委、市政府推进经济开发区创新提升工作意见,进一步助力产业结构优化。

积极服务实体经济发展。不断加大对实体经济高质量发展的支持力度,为地方经济发展提供有力支撑。2021年,累计在先进制造业、战略新兴产业、优质科创企业及绿色信贷等领域净新增贷款26亿元。其中支持绿色贷款增加7.6亿元。

普惠金融支持小微企业。认真贯彻党中央、国务院决策部署,服务地方小微企业,通过金融科技手段开发大数据信贷产品,解决“融资难”“融资贵”问题。年末普惠贷款余额43亿元,比2020年增加13亿元,累计服务小微企业超5000个,增量、增幅均居同业前列。

金融科技赋能民生事业。始终坚持科技创新,用金融科技的力量解决民生痛点问题。与市住建局签订战略合作协议,开发数字房产项目,成功上线住房交易资金监管系统,住房维修资金系统等,实现交易资金的安全和便捷,联合江阴天力燃气有限公司进行物联网表改造,方便老百姓线上燃气缴费;将原“江阴教育”APP缴费功能迁移至“最江阴”APP平台,方便家长手机缴费;参与支持市政府“一分‘澄’心,让爱‘延’续”公益活动,为留守儿童送去新春温暖。

2021年年末,支行本外币各项存款时点余额346.1亿元,比2020年增加33.6亿元。本外币各项贷款时点余额370.4亿元,新增位列全市第一。（李怡慧）

【交通银行股份有限公司江阴分行】 2021年,江阴分行有在编员工195人。内设公司业务部、国际部、个人金融部、风险管理部、营运管理部、综合管理部、内控合规部、普惠金融部8个部门。下设6个支行、1个营业部、1个普惠型网点。是年,分行主动融入地方发展大局,结合江阴“南征北战、东西互搏”三年行动计划,对接城市更新、乡村振兴、外汇管理、普惠金融等重点项目,服务新兴产业、创新项目,支持基础设施建设,不断寻求业务突破口,在新的业务发展机遇中优化资产结构。年内,成功落地无锡分行系统内首笔“城市更新贷款”,绿色金融和科技金融方面客户和投放双增长。成功接入“全链通”系统,成为交行优质户的重要来源。推广随借随还贷款(普惠e贷),强化线上小微金融服务能力,另外通过加强场景引流,加强内外部、线上线下信息整合,多维度开展线上业务场景定制,拓展客户渠道,更好地支持、服务普惠小微客户。根据市外汇局加强跨境人民币业务创新与推广要求,分行对接江阴农商银行和企业CIPS标准收发器项目成功落地,为江阴区域同业和企业双首单。围绕总行、分行数字化转型的要求,通过场景化系统的搭建带动批量获客和低成本存款的沉淀;在江阴同业内率先完成非税收缴电子化升级;开展农村集体经营性建设用地营销,成为江阴首批对接网上交易系统的5个银行之一。

共建文明城市。年内,分行坚持以党建为引领,扎实开展党史学习教育。组织开展以“百年风华正茂、巾帼红心向党”为主题的徒步活动,激发女职工开拓创新、建功立业的热情;结合“我为群众办实事”实践活动要求,与市财政局等10个党建共建单位一起参加社区睦邻党建共建活动,主动为社会群众排忧解难,树立良好社会形象;以高质量发展为目标,以“我为群众办实事”为导向,与江阴出入境边防检查站签约“党建共建”,共同探索构建党建工作新格局;组织党员、青年团员开展文明交通劝导志愿者服务活动,增强社会责任感。

2021年年末,江阴分行本外币各项存款余额200.43亿元,其中对公存款余额157.66亿元,居民储蓄存款余额42.77亿元。各项贷款余额205.57亿元,其中公司类贷款余额185.67亿元,个人贷款余额19.9亿元。（肖　军）

【上海浦东发展银行股份有限公司江阴支行】 2021年，支行有职工242人。内设办公室（综合管理部）、公司业务部、交易银行部（普惠金融部）、零售业务部、风险管理部（法律合规部）、运营管理部6个管理部室以及市场业务一部、市场业务二部、市场业务三部、市场业务四部、个贷经营中心、私人银行中心、财富中心、信用卡部8个营销团队。下辖1个营业部和朝阳路、虹桥路、人民路、开发区、澄东、澄西、周庄小微、云亭小微8个支行。是年，支行坚决贯彻各级政府、监管机构部署，围绕总行全面建设具有国际竞争力的一流股份制商业银行的战略目标，落实分行党代会“拓客户、强队伍、调结构、控风险”的工作思路，坚持服务实体经济，扎实履行社会责任，有效应对复杂多变的客观形势。

经营质量保持稳定。负债经营顶住压力，抢抓土地拍卖机遇，营销土地拍卖款项5笔，金额24亿元；紧盯上市公司业务动态，落地3.6亿元股票募集资金；丰富业务模式，通过债券承销、政策性银行业务代理、基金托管等形式，带动日均存款5亿元。大类资产增量显著，表外融资比2020年净增12亿元，其中完成股票质押融资7.5亿元；独立承销债务融资工具2单、金额12.5亿元，另外新注册债券项目2单，承销量和注册量比2020年均呈现增长。重点业务稳步推进，实现全量代发88.4亿元，新增代发119户；新落地借用买方信用的应收账款池融资业务，拓展上游供应商客户7户，新增投放2.78亿元。

业务创新亮点纷呈。推动各类首单落地，完成支行首笔6亿元PPP项目贷款业务；完成南京分行金融市场首单黄金租借借入衍生交易；完成南京分行首单企业类招投标“e存管”、首笔跨境金融单笔用信流程优化等业务。本外币一体化实践有序开展，与上海自贸区分行联动，为江阴外贸企业办理“内存自贸贷”业务，创新“自贸人民币贷款+掉期锁汇”业务模式，累计发放流动资金贷款1600万美元；签约南京分行首单自贸版跨境双向人民币资金池，推动支行自贸联动经营再上新台阶。全量经营取得突破，以资管业务为突破，实现南京分行特供理财3亿元对接股质业务，打通资产管理与财富管理的通道。

风险合规管控有力。全年累计打包核销不良资产8.7亿元，信用风险得到有效释放。担任部分企业风险银团主要角色，主动作为、积极协调，推动银团合拢，得到江阴市政府、无锡银保监分局江阴监管组的肯定。压实合规基础管理，顺应严监管形势及“内控合规管理建设年”要求，压实合规基础管理，对2018年后内外部检查问题“回头看”，并及时完成整改；狠抓疫情防控，有效强化疫情防控期间员工行为管理。

普惠金融贯彻有力。普惠小微贷款“应延尽延”，延期率97%，在无锡市同业中排名首位；“两增”（即单户授信总额1000万元以下的小微企业贷款同比增速不低于各项贷款同比增速，贷款户数不低于上年同期水平）贷款新增3亿元，超额完成计划任务；普惠小微线上信用贷款“银税贷”累计投放7300万元；“普惠贷”“知信银”等新型担保模式贷款纷纷落地。提升消保服务水平，紧扣民生关切，把金融消费者权益保护作为“为群众办实事”的根本落脚点，利用市融媒体中心平台，向全市推出4期《财经三剑客》专题节目，针对热点经济金融问题举办学术讲座，开展金融知识普及活动；各网点拾金不昧、堵截电信诈骗的先进事迹接连涌现。支行营业部被评为2021年银行业营业网点文明规范服务千佳示范单位、无锡银行业文明规范服务适老网点。

2021年年末，支行一般性存款余额348亿元，比2020年减少5亿元，同业市场占比7.5%；各项贷款余额238.1亿元，比2020年增加2.1亿元，同业市场占比6.2%。

（谢思远）

【江苏银行股份有限公司江阴支行】 2021年，支行有职工103人。内设营业部、公司业务部、零售业务部、小微业务部、综合管理部、安全保卫部6个科室，下设朝阳路、科技、周庄、临港4个经营性支行。是年，支行根据总行、分行要求，把服务实体经济作为首要任务，深入推进经营转型。年内，支行被评为江阴市服务地方先进单位、江阴市重点骨干企业、江阴市文明单位、江阴市单位治安保卫工作先进集体、江阴市银行业金融机构执行人民银行政策情况考核A类银行、江阴市金融统计考核评比A类行。

党建引领作用充分发挥。支行以习近平新时代中国特色社会主义思想为指导，坚持党建引领不动摇，带领党员干部、青年团员参加党史学习教育线上线下学习及各类知识竞赛活动，不断推动党史学习教育走深走心走实。持续激发干部队伍活力，聚焦优秀年轻人才，不断优化干部队伍结构。加大廉政风险防控，持续改进工作作风，党风廉政建设常抓不懈。

参与市政重大项目。支行坚决贯彻全市经济发展思路，响应市委、市政府“南征北战、东西互搏”三年行动计划，围绕重点领域、重点企业、重点项目加大信贷投放。年内，支行发放各类贷款136.72亿元，促进江阴地方经济发展。

做真做实普惠金融。支行充分发挥江苏银行中小企业信贷政策优势，线上线下协同发力，不断扩大客户覆盖面，普惠贷款总量及客户数量增长显著，普惠贷款规模位居总行辖内县域支行首位。是年前三季度中，支行连续三次被总行评为普惠金融营销竞赛“明星支行”。至年末，支行普惠口径贷款户数1000户，比2020年净增326户，普惠贷款余额16.73亿元，比2020年增加4.19亿元。

提升金融服务品质。支行秉承以客户为中心的服务宗旨，在推进网点环境管理与服务转型的同时，不断延伸金融服务范围，通过持续开展党员进社区活动，开展宣传活动300余次，为社会公众普及电信诈骗、反洗钱等金融知识，有效提升公众金融知识水平和风险识别能力。

2021年年末，支行各项存款余额162.54亿元，比2020年减少4.01亿元，下降2.4%；各项贷款余额150.45亿元，比2020年增加10.95亿元，增长7.85%；全年完成国际结

算业务量24.99亿美元;累计办理银票贴现54.01亿元。 (石 蕾)

【江苏江阴农村商业银行股份有限公司】 2021年,江阴农商银行有在职员工1807人。内设办公室、公司金融部、零售金融部、普惠金融部、小微金融部、信贷管理部、计划财务部、稽核审计部等29个部室。江阴市内下辖1个营业部、25个支行、49个分理处;江阴辖外设立常州、无锡、苏州3个分行,盱眙等8个异地支行,以及海口苏南等5个村镇银行。是年,该行以"市场拓展更高效、内部运作更协调、经营效益再提增、品牌价值再提升"为工作主线,抢先机、快转型、重创新,用实干、实绩和实效推动各项业务稳健可持续发展。年内,上榜全球银行1000强、中国服务业企业500强;获评年度最佳农商银行、中国地方金融"十佳"科技创新银行等。

深化党建引领。深入开展党史学习教育,推进"两在两同"建新功行动*,切实将党建共建的政治优势转化为助推普惠金融事业发展的"红色动能"。通过搭建市、镇、村党建"三级共建"架构,形成"党建+网格"互动机制,推动整村、整企乃至整城授信工作落地见效。年内与全市241个基层党组织开展结对共建,通过银村合作预授信金额195亿元;通过"金融+"中小企业党建联盟,为186个优秀基层党组织企业发放"红色先锋贷"10.5亿元,客户走访工作进一步落细落实。

践行普惠初心。作为地方法人机构,充分发挥"总部银行"优势,发行10亿元小微企业金融专项债,补充信贷资金,用于支持地方小型微型企业发展壮大;申获再贷款39.9亿元,惠及719个涉农、小微企业,开展转贷款31亿元,落实资金保障,增强信贷投放能力;推动稳企业保就业"两项政策工具"落地见效,年内新增普惠型小微企业信用贷款30.1亿元,新增占比53.7%;实施阶段性延期偿还的普惠型小微企业贷款本金118.2亿元,延期率87.5%。

服务地方经济。聚焦"两新一重"(新型基础设施建设,新型城镇化建设,交通、水利等重大工程建设),通过银团方式参与城市更新改造,授信8亿余元;聚焦"工改项目",行领导率队专程赴广东佛山顺德等地调研考察,为工业园区升级改造做好金融顾问,同时以"智慧、绿色、创新"的理念,配套研发信贷产品;聚焦"绿色金融",配合江阴循环经济示范园区的布局建设,提供绿色项目融资,授信6.8亿元;聚焦"科创江阴",推广"科创贷""知识产权质押贷款"等新产品,有科技型企业贷款332个,余额57.1亿元。

力推创新转型。合作创新服务模式,与市各部委办局紧密合作,年内成功落地全省首笔对公不动产线上抵押登记业务、全省首项"澄事e站"项目等,提升业务便利性和普惠性;推进数字化零售转型,围绕"医、食、住、行、政"五个方面,在做强做优场景金融、决战决胜手机银行、实抓快抓线上贷款上"三向发力",全年新增收单商户1.9万户,新增手机银行有效户12.6万户,"江小鱼"线上贷款余额突破6亿元。

履行社会责任。在服务百姓生活,助力地方经济发展的同时,带头履行金融扶贫责任,在全市金融系统中领捐120万元,支持全国县域首个"乡村振兴、共富基金";与经济相对薄弱村开展党建共建结对帮扶,发放企业类精准扶贫贷款32.93亿元。开展"我为群众办实事"实践活动,举办"我爱江阴、一路同行"普惠金融进万家"夜市银行"活动和"金融知识万里行""打击非法集资、防范电信诈骗""金暖银发守初心"宣传活动,推进金融知识普及教育;建立"金芙蓉·澄心驿站"和"小蜜蜂驿站",为群众提供更加广泛、便捷的延伸服务。

2021年年末,该行资产总额1530.99亿元,比2020年增长7.24%;各项存款总额1144.59亿元,比2020年增长11.04%;各项贷款总额914.71亿元,比2020年增长14.01%。江阴辖内缴纳税费2.9亿元。 (吴芝琼)

【华夏银行股份有限公司江阴支行】 2021年,支行有员工52人。内设营业部、公司客户部、个人客户部、小微企业客户部、贸易金融部、风险管理部6个部室,下辖周庄、新桥、临港3个支行。是年,面对复杂的地方金融形势,支行响应和支持江阴市政府、市工信局、人民银行江阴市支行等机构的决策部署,支持地方经济发展,调整经营思路,力求突破困局,储备授信客户、抢抓贷款投放、积极吸收存款,加强人员管理,统筹疫情防控和经营发展,各项工作取得显著成效。支行协同同业参与债委会、银团,落实政府要求,协调各方诉求,妥善处理风险事项,为江阴市金融生态环境的稳定做出贡献。常态化开展宣传教育活动,践行社会责任。开展防范电信网络诈骗、防范非法集资、反假币宣传、征信宣传等活动,成功堵截多起通信网络诈骗。开展医护人员慰问活动,组织人员走访周边药店及医院,送去爱心礼品。帮扶镇村贫困户,动员无偿献血,积极履行社会责任。目标储备和投放一批政府平台、央企、上市公司、大型民企和房地产项目,助力地方经济建设。响应市政府号召,参与各类金融创新服务活动,成为首批"红色先锋贷"合作银行。坚持把制造业作为贷款支持重点行业,加大对制造业贷款的投放力度,制造业贷款余额19.79亿元。进一步巩固国际业务特色支行地位,在稳步发展进口开证,结售汇等传统老产品的同时,加大"国内证+福费廷"业务等产品的营销,贸易融资产品等业务,寻找新的利润增长点。

降低小微企业融资成本。全年支行投放小微企业贷款49.77亿元,比2020年增加13.61亿元,增长37.63%,缓解小微企业融资难的困境。创新普惠金融产品和服务,运用自主研发的支付融资系统在线发放贷款,可循环使用、随借随还,可与平台客户系统对接,提供资金结算、现金管理、在线融资等金融服务。

个人贷款业务。年内,支行加大平台项目储备,强化专业性,开发一手按揭平台、二手房中介平台等,个贷业务规模快速增长,规模占比提升,个人住房贷款余额4.24亿元,比2020年增加0.66亿元。

2021年年末,支行本外币各项

存款余额91.87亿元，比2020年增加17.45亿元，增长23.46%；本外币贷款余额87.54亿元，比2020年增加16.30亿元，增长22.88%。实现利润1.55亿元。（高慧敏）

【江阴浦发村镇银行】 2021年，该行有正式职员44人。内设综合管理部、资金财务部（含运管）、风险管理部、授信审查部、业务管理部、微贷中心、营业部、零售业务组8个部门，下辖周庄支行1个网点。是年，该行坚持"小而美"目标导向，坚持支农支小市场定位，坚持小额分散经营原则，紧密围绕"稳经营、补短板、增效益、提品质"的经营主线，深化客户经营，加强内控管理，严守风险底线，应对区域经济和疫情防控的双重挑战，各项工作取得较好成效。是年，被评为全国支农支小优秀村镇银行。

聚焦普惠金融。该行坚决贯彻市委、市政府和监管部门大力支持小微企业的工作部署，年末普惠型小微企业贷款余额13.36亿元，完成"两增"指标。有效运用两项政策工具，累计办理无还本续贷7.71亿元，年末延期率82.73%，同时加大信用贷款投放力度，累计发放信用贷款1.52亿元，占年度新发放贷款的13.4%。对普惠型小微企业实行政策倾斜，逐年降低贷款利率，2021年持续下降0.47个百分点。

夯实风险管理。"控新降旧"双管齐下，资产质量整体可控，捍卫全行经营成果。组织开展个人住房、第三方企业存单质押业务等专项排查，进一步夯实风险前瞻处置的基础。不断加强信贷准入管理，进一步明确信贷准入要求，提升授信业务的信用风险管控水平。快速推进不良处置，强化现金清收，全年累计现金回收不良贷款3400余万元，并实现公司成立后最高单笔1500万元的现金清偿纪录，累计打包核销资产超2500万元，完成"双降"指标。

践行社会责任。响应国家"大众创业、万众创新"号召，与江阴市人社局、融资担保公司联动，新投放创业贷款户63户、投放资金1197万元，其中首贷户超12%，为初次创业人群提供资金支持，有效提升金融服务水平。推进"服务企业、服务群众、服务基层"活动，从"党建＋金融"模式入手，创新推出"红色先锋贷"特色信贷产品，率先向符合条件的企业发放利率优惠的免抵押贷款，解决部分中小企业融资难、融资贵问题。至12月，完成实际投放2170万元，惠及企业10余个。深入推进"金暖银发"惠老工程，推行网点适老化改造，便利老年人群办理业务，开展"惠老爱老"主题活动，走进社区高龄党员家庭探访慰问，为其纾困解难。常态化开展防范电信网络诈骗、防范非法集资、存款保险、征信宣传等活动，提高消费者金融风险防范能力。

强化党建赋能。该行围绕庆祝中国共产党建党100周年，推动党史学习教育出实效，推动党建与工作深度融合。开展"周三学习日"活动，坚持学习常态化、书记党课制度化。策划"学史践初心、聚力共奋进""重温革命经典、赓续红色精神"等主题活动，传承红色精神，增强团队凝聚力。鼓励员工参加浦发银行"永远跟党走、迈向新征程"职工歌咏大赛，参加浦发银行第二届长三角地区足球邀请赛，丰富职工业余生活。

2021年年末，江阴浦发村镇银行资产总额16.80亿元，各项存款余额10.88亿元，各项贷款余额15.82亿元，实现营业收入5792.55万元。（吴梦萦）

【中国邮政储蓄银行股份有限公司江阴市支行】 2021年，支行有员工122人。内设综合管理部、风险合规部、零售金融部、公司金融部4个部门，下辖7个二级支行、28个代理营业所。是年，全行上下统筹推进疫情防控和经营管理，立足江阴经济社会发展实际，加强业务创新和服务创优，深化转型，经营效益稳中向好，得到市政府主管部门的认可和上级行的肯定，年内支行获评江阴市重点骨干企业。

全力支持实体经济，以实际行动助力江阴高质量发展跃上新高度。先后与辖内多个优质企业开展深入合作，合作范围涵盖公司信贷、贸易融资、债券投资等，通过多样化的金融产品实现投贷联动、资产负债联动。践行普惠金融战略，累计发放小微企业贷款（含小微企业主贷款）23.53亿元，其中线上发放贷款15亿元。始终坚持"三农"业务的战略地位不动摇，涉农贷款年净增7.8亿元，不断加大对新型涉农经营主体的金融扶持力度，助力农村金融改革。

重视风险内控及文化建设。年内，开展制度教育、案例警示等活动。全年平安运行，未发生重大风险隐患和重大资金案件。资产质量管控扎实有效，不良贷款率0.23%。抓和谐企业文化建设，持续推进"职工之家"创建，组织开展无偿献血贡献战"疫"力量、趣味运动会等系列活动。

2021年年末，支行各项存款余额165.26亿元；本外币各项贷款余额65.23亿元，比2020年增长48.18%，增幅位列全市金融机构第三。

（瞿佳红）

保　险

【概况】 2021年，江阴市保险行业贯彻落实国家、江苏省、无锡市各级政府的决策部署，主动融入服务实体经济、支持乡村振兴战略之中，立足本土、深耕细作、锐意创新，聚焦重点领域，把握政策机遇，应对市场挑战，以更完善的保障体系、更高效的金融服务为江阴高质量发展贡献保险力量。至年末，江阴市保险行业实现产险、寿险保费收入86.65亿元，比2020年增长4.07%，赔付支出累计17.19亿元，比2020年增长0.5%。其中产险保费收入24.99亿元，比2020年增长3.09%，赔付支出累计14.07亿元，比2020年下降1.63%；寿险保费收入61.66亿元，比2020年增长4.47%，赔付支出累计3.12亿元，比2020年增长11.36%。

2021 年驻江阴市各财产保险公司业务情况一览表

表 27

公司名称	保费收入（万元）	比 2020 年增减（%）	赔款（万元）	比 2020 年增减（%）	赔付率（%）
人保产险江阴支公司	83033.50	0.53	46913.80	-20.99	56.50
太保产险江阴支公司	68219.62	4.47	38031.00	5.80	55.75
平安产险江阴中心支公司	65702.84	5.92	38594.12	25.66	58.74
天安产险江阴支公司	1102.36	-12.04	933.27	30.27	84.66
大地产险江阴支公司	1059.97	6.45	499.00	0	47.08
华安产险江阴支公司	3267.81	103.72	641.10	-16.32	19.62
安邦产险江阴支公司	558.10	-2.53	285.00	5.37	51.07
阳光产险江阴支公司	1751.36	-32.90	879.72	-26.82	50.23
太平产险江阴支公司	5407.84	-3.16	3437.79	20.78	63.57
国寿产险江阴支公司	12370.20	4.86	6644.22	2.15	53.71
国任产险江阴支公司	1190.65	-21.55	726.30	-26.19	61.00
紫金产险江阴支公司	2874.46	-3.83	1055.30	-38.37	36.71
渤海产险江阴支公司	282.52	-24.78	86.86	-66.89	30.75
英大产险江阴支公司	1409.71	21.45	804.20	35.46	57.05
安盛天平产险江阴支公司	1494.80	-16.07	1205.13	2.82	80.62

2021 年驻江阴市各寿险保险公司业务情况一览表

表 28

公司名称	保费收入（万元）	比 2020 年增减（%）	赔（给）付			
			赔款（万元）	比 2020 年增减（%）	其他各类给付（万元）	比 2020 年增减（%）
中国人寿江阴支公司	239701.59	10.90	11444.17	-16.07	22116.89	1.97
太保人寿江阴支公司	125221.79	6.17	6230.71	-16.15	18126.11	-16.23
平安人寿江阴支公司	80696	7.11	5883	21.69	6169	29.72
泰康人寿江阴支公司	1579.74	42.10	139.50	116.85	0	0
同方全球人寿江阴支公司	6127.76	18.32	429.50	39.03	109.7	-55.36
新华人寿江阴支公司	4894.87	-43.71	199.28	192.71	1571.75	-19.56
友邦人寿江阴支公司	21571.76	23.20	1373.32	29.21	321.64	-3.81
中意人寿江阴支公司	71658.13	13.91	5175.59	0	2033.07	0
人民人寿江阴支公司	1611.15	72.46	36.11	2792.22	238.53	231.22
国联人寿江阴支公司	32533.93	61.86	265.91	-55.04%	288.66	-69.62

（顾　青）

【中国人民财产保险股份有限公司江阴支公司】 2021 年，江阴支公司深入贯彻江阴市委、市政府和上级公司部署要求，立足保险本源，树立新发展理念，抓实风险防控，加强队伍建设，全力支持江阴地方经济建设发展。是年，支公司注重把学党史、悟思想、办实事、开新局与公司经营管理工作实际相结合，学以致用，发扬“马上就办、真抓实干”的工作作风，强化过程管控，全面落实各项经营指标。推进基层党建共建活动，不断拓宽和丰富基层党建工作平台载体，深化与社会各界的交流合作，探索党建业务融合发展新模式，有力提升基层党建活力。开展整风肃纪专项治理，定期组织警示教育，深刻汲取反面教训，不断强化党性修养，打牢思想根基。深入践行“做有温度的人民保险”的宗旨，组建“温暖银发心”服务小分队，深入社区积极开展防范金融诈骗、防范非法集资等活动，有效提高老年人的保险认知和自我保护能力。持续强化理赔服务质量，全年支公司承担风险额1.57万亿元，处理各类事故案件24700件，支付赔款超2.67亿元。

助力实体经济发展。围绕助推实体经济发展，支公司充分发挥保险服务和保障功能，深度参与环境保护，协助政府部门扩大环境污染责任保险的覆盖面，建立环境风险监控机制，全年为647个企业提供责任限额近3.45亿元的环污险。落实安全生产责任，协助政府开展安全生产标准建设，服务企业建立安全生产长效机制，强化企业安全生产自我约束能力，全年为建工类、危化类、交通类428个企业提供21.68亿元保额的安全生产责任保险，致力化解安全生产风险。持续提升科技保险供给能力，进一步扩大科技保险覆盖面，为全市138个科技企业提供责任限额1.54亿元的知识产权保险风险保障，助力创新政策落地。

聚焦乡村振兴战略。支公司始终秉承“人民保险、服务人民”的初心使命，以服务“三农”为根本出发点，持续加大资源投入，全面做好政策性农险宣传、承保、理赔相关工作，稳步扩大农业保险覆盖面和提高渗透度。年内，支公司在6个单位中成功入围中选，以绝对高分优势75%份额首席中标江阴市政策性农业保险机构遴选项目，保险期限三年。实时关注政府政策要求，精准对接强化落地，推动实现小麦保险扩面和增额；内塘螃蟹和淡水鱼保险在维持2020年政府全额补贴疫情政策的基础上进一步扩面，实现“应保尽保”；加大农业保险产品创新力度，新开发鲥鱼保险，进一步提升地方农业保障水平。年内，支公司承保农业保险25个险种，参保农户69619人次，累计承担风险保障6.5亿元；全年处理案件1720件，累计赔款金额756.8万元，赔款惠及农户3528户。

2021年9月28日，中国人寿江阴支公司新办公大楼启用。图为启用仪式现场 （中国人寿江阴支公司提供）

2021年年末，支公司完成保费收入83033.5万元，其中车险完成保费收入60598万元，非车险完成保费收入20409万元，农险完成保费收入2027万元，市场份额保持第一，持续引领江阴财险市场。

（卞 莉）

【中国人寿保险股份有限公司江阴支公司】 2021年，江阴支公司围绕建设“强富美高”*超一流中心支公司的目标，扎实推进四大片区“南征北战、东西互搏”战略*，坚定发展信心、积极求变求新。坚持改革创新，贯彻新发展理念，构建新发展格局，推进高质量发展。9月28日，公司新办公楼建成使用，地址位于毗陵东路71号。支公司把生产单元作为关键发力点，推进职场津贴回归生产，提升津贴使用含金量。坚持积极稳健的队伍政策，在资源紧张的情况下，优先保障队伍专项支持，对专项方案进行投前评估、实时追踪，花钱要问效，提升投入产出效率。全年实现总保费收入24亿元，在市场竞争中，进一步提升竞争优势，市场份额占有率为40%。年末，支公司保费规模持续保持系统县支公司第一名，连续19年蝉联第一。

江阴国寿支持江阴发展。2021年，支公司承保老人险、女性安康保险、义务兵父母意外险等政保业务近1700万元，全年累计纳税2530万元，为江阴地方经济发展和民生建设做出应有的贡献。全年各类养老金及年金给付2.15亿元，理赔1.2亿元，服务江阴客户70万户，承保全市2150个企业，承担意外风险保额超683亿元，医疗风险保额超40亿元，各项数据均居行业首位。

连续19年蝉联第一。全年实现保费收入24亿元，超省内宿迁市分公司，连续第19年位列国寿全国系统县级支公司第一名。2021年，支公司实现新单保费收入5亿元，占据江阴50%的市场份额。经营指标考核在无锡市位列第一，创最好成绩；总保费、首年标保、队伍规模在无锡市全辖贡献度稳居第一；渠道核心指标、专项指标特别是综合金融优势显著，保持系统领先优势；服务国家战略和实体经济考核均获满分，位列全辖第一。 （刘 燕）

证 券

【概况】 2021年，江阴市主要有证券公司26个，全年开户数424573户，托管市值1335.04亿元，年度交易额12819.5亿元，营业收入29035.44万元，上缴税金879.01万元。

2021 年驻江阴市主要证券营业部经营情况一览表

表 29

单位	开户数（户）	托管市值（亿元）	交易额（亿元）	营业收入（万元）	上缴税金（万元）
华泰证券江阴分公司	130928	686.29	6698.75	12984.49	105.03
国联证券江阴分公司	50394	91.30	1188.34	3980.71	23.50
东北证券江阴营业部	48757	98.90	1104.58	3694.76	19.47
南京证券江阴营业部	26182	96.12	429.43	1914.98	163.52
光大证券江阴营业部	6671	26.81	285.66	652.00	0.40
东吴证券江阴营业部	3445	11.79	146.35	407.65	2.78
海通证券江阴营业部	22587	15.92	284.34	367.14	27.81
中信证券江阴营业部	7852	16.13	200.01	281.46	285.47
中泰证券江阴营业部	6314	9.28	63.86	294.86	18.17
银泰证券江阴营业部	752	0.57	17.81	75.06	0.00
西部证券江阴营业部	2730	3.59	87.06	292.68	0.52
东海证券江阴营业部	2335	6.21	64.29	130.57	0.60
银河证券江阴营业部	23329	30.90	449.20	735.21	51.79
国元证券江阴营业部	4960	18.41	66.63	92.50	9.69
国信证券江阴营业部	8693	2.78	39.96	182.19	2.99
长城证券江阴营业部	3772	9.88	157.64	324.62	20.53
招商证券江阴营业部	27747	28.71	99.89	251.65	1.21
长江证券江阴营业部	8542	25.15	65.71	146.78	26.15
中天证券江阴营业部	250	0.10	2.42	11.32	8.08
东方证券江阴营业部	2576	3.26	188.02	427.35	4.00
中信建投证券江阴营业部	3195	12.72	782.01	993.88	5.94
东方财富证券江阴营业部	818	1.23	49.85	94.95	0.35
申万宏源证券江阴营业部	2109	76.05	39.48	107.83	79.52
天风证券江阴营业部	14000	8.99	50.84	79.08	1.97
国泰君安证券江阴营业部	10388	7.73	149.62	415.30	19.38
广发证券江阴营业部	5247	46.22	107.75	316.69	0.13

（顾　青）

■类目编辑　纪晓华

港口　口岸

口岸管理

【概况】 2021年，面对复杂多变的宏观经济形势和常态化口岸疫情防控要求，江阴口岸在市委、市政府的关心指导以及海事、海关、边检、引航等口岸部门的大力支持下，做好新冠疫情"外防输入"工作，长江经济带、长三角一体化等发展机遇，尽职尽责，勇于担责，口岸营商环境进一步优化，港口发展水平进一步提升。2021年，江阴港完成货物吞吐量3.38亿吨，比2020年增长31.74%；外贸吞吐量6658.36万吨，比2020年增长2.84%；集装箱吞吐量完成605086标箱，比2020年增长19.56%，其中外贸箱量完成2.2万标箱。吞吐量增速创历年新高，成为江苏省继苏州港、泰州港之后吞吐量第三的港口。进出口货值174.3亿美元，比2020年增长28.6%，征收关税111.71亿元，比2020年增长5.27%，进出口货物平均通关时间分别为72.59小时和5小时，比2017年压缩70.97%和52.2%。受疫情以及引航执行全员专班化管理的影响，口岸进出国际航行船舶4152艘次，比2020年下降17.27%。

【口岸疫情防控】 2021年，江阴口岸严格落实国家、省、无锡市疫情防控指挥部的文件要求，抓好疫情的"外防输入"。8月6日，市涉外协调小组口岸工作组专班集中办公并实体化运作，按照责任全落实、措施全覆盖、空间全隔断、流程全规范、督查全时段、服务全方位的工作思路，细化口岸疫情防控各个环节，推行"一船一档"规范化管理。全年处置"阿利安"轮、"塔鲁斯"轮、"贝西克塔斯"轮、"志成江阴"轮、"费雷拉"轮和"罗伊"轮6艘涉疫船舶，检测出阳性船员15名，帮助2名外籍阳性船员下船救治。按照"应换尽换、应换快换"原则，全年完成1158名船员换班，其中上船出境658人，离船入境500人（中国籍485人、外国籍15人）；协调船员就医110人次，国际航行船舶船员权益得到进一步保障。

【口岸开放】 2021年6月29日，江苏省政府同意无锡（江阴）港申夏港区五号码头2期工程3号泊位对外开放。10月23日，无锡（江阴）港长山港区江阴兴澄储运有限公司万吨级码头2号泊位对外开放，江阴口岸开放泊位增至42个，其中万吨级泊位40个。

【口岸信息化建设】 2021年，作为江阴电子口岸二期工程提档升级的重点项目，"江阴跨境贸易便利化综合服务平台"于11月初完成政府采购并开工建设。该项目包括口岸外贸综合管理平台、关贸一体综合管理系统、通关数据辅助系统、原产地证智慧审签系统、口岸通关便利化服务平台、口岸大数据应用中心等6个功能模块，在优化口岸营商环境、降本增效促进外贸稳增长、提升政府指挥决策能力、数字驱动口岸高质量发展等多方面发挥重要作用。江阴出入境边防检查站"滤网"工程项目于12月初完成公开招投标程序，该项目通过在长江江苏段沿江岸线部署雷达、光电、智能监控等信息化设备，针对边检业务需求制定相关算法，对长江往来船舶进行全方位全时段全自动监管，实现对船舶各类行为的实时分析、主动预警、事后追溯等功能，将有力促进数字化、智能化边检警务建设。

【口岸降本减费】 2021年，江阴口岸按照国家部委要求，对口岸集装箱进出口作业时限进行了规定及公示；推进查验无问题费用改革，降低企业通关成本，全年累计减免费用18万元，惠及企业80余个。

（郝　冰）

【江阴港货物吞吐量突破3亿吨】 2021年，江阴港累计完成货物吞吐量3.38亿吨，继苏州港、泰州港之后成为江苏省第三，比2020年增长31.74%，增速创历年新高。主要货种保持稳定，金属矿石、煤炭及制品、矿建材料、钢铁、化工产品等分别占吞吐总量的35.01%、32.25%、17.13%、6.77%和3.51%。外贸吞吐量保持稳定，全年完成6658.36万吨，比2020年增长2.84%。发展超大型外贸矿石船舶直达装卸业务，年内接卸开普型船494艘，比2020年增长6.24%。得益于服务效率提升、与长江、内河驳点业务对接深化等因素，江阴港集装箱吞吐量稳步上升，全年完成60.51万标箱，比2020年上升19.56%。

2021年江阴港分货类吞吐量一览表

表30

单位:万吨

货物分类	吞吐量	其中		其中		占全港(%)	比2020年增减(%)
		进港	出港	外贸	内贸		
煤炭及制品	10885.99	6363.58	4522.41	110.82	10775.17	32.25	27.91
石油、天然气及制品	760.9	495.51	265.39	334.31	426.59	2.25	2.33
金属矿石	11818.32	6346.99	5471.33	5079.21	6739.11	35.01	14.89
钢铁	2284.43	1435.26	849.17	340.26	1944.17	6.77	9.88
矿建材料	5781.5	2805.72	2975.78	0.19	5781.31	17.13	203.83
水泥	140.75	73.24	67.51	0	140.75	0.42	—
木材	5.04	4.02	1.02	0	5.04	0.01	89.47
非金属矿石	25.05	18.88	6.17	0	25.05	0.07	249.86
化肥及农药	54.26	23.86	30.40	0.05	54.21	0.16	1.34
粮食	310.57	267.54	43.03	216.77	93.80	0.92	83.34
机械、设备、电器	18.41	0.64	17.77	6.6	11.81	0.05	-44.45
化工原料及制品	1186.01	972.36	213.65	553.97	632.04	3.51	-12.44
有色金属	4.34	0.44	3.9	0.03	4.31	0.01	-7.07
轻工、医药产品	56.24	46.66	9.58	0.4	55.84	0.17	16.61
农、林、牧、渔业产品	26.51	0.69	25.82	0.13	26.38	0.08	32.88
其他	398.85	206.73	192.12	15.62	383.23	1.18	-2.15
合计	33757.17	19062.12	14695.05	6658.36	27098.81	100	31.74

(朱怡洁)

海　事

【概况】 2021年,江阴海事局在江阴市委、市政府的坚强领导和大力支持下,围绕水上安全监管、长江生态保护和港口高质量发展三条主线,不断优化提升长江产业质态、港口功能业态,稳步推动各项工作高质量开展,全力打造江阴长江生态安全示范区,高标准助力现代化的滨江花园城市建设。全年服务保障41.61万艘次船舶、4.18亿吨货物安全进出江阴港,比2020年分别增长3.6%和9.44%,其中国际航行船舶4199艘次、外贸货物6360.8万吨,安全保障522艘开普型船舶进出江阴港,助力江阴港口船载货物运输量首次突破4亿吨。助力江阴港货物吞吐量在全国港口排名第12,在内河港口排名第3。全年安全渡运人员187.47万人次、车辆138.65万辆、货物1578.18万吨;全年安检船舶905艘次、滞留船舶22艘次;全年接收船舶生活污水7.64万艘次、2.32万立方米,船舶生活垃圾9.31万艘次、388.7吨,均创历史新高;全年辖区3.98万艘次船舶使用岸电972万千瓦时,居江苏沿江港口首位。成功救助遇险船舶160艘次,救助遇险人员781人次,人命救助成功率100%。是年,辖区安全形势稳中向好,全年未发生一般等级以上水上交通事故,未有人员死亡失踪,水上安全形势保持历史最佳。

【船舶安全管理】 2021年,江阴海事局全面完成"一年小灶",集中攻坚"三年大灶"(在"一年初见成效"的基础上,推动实现"两年深化巩固、三年形成经验"),获得国务院安全督导组肯定,被评为无锡市安全生产专项整治行动先进集体。构建形成以水上交通管理中心、快反中心、快反单元三级架构运行全要素水上"大交管",实现对江阴辖区6股船流精准管控,交通运输部海事局局长曹德胜为新夏港河口快反中心揭牌,交通运输部海事局副局长李宏印现场指导中心工作并给予高度肯定。全力开展"5+1"突出违法行为专项整治(内河船员配员不足专项整治、内河船船名标识不规范专项整治、水上无线电管理秩序专项整治、内河船涉海运输专项治理、"三无"船整治和夜航管理秩序),建立"三无"船(无船名船号、无船籍港、无船舶证书船)和浮吊、涉海运输船舶整治长效治理机制,先后完成6项重点违法行为动态"清零",

辖区安全形势持续稳定。牵头开发并在江苏辖区全面推广海事违法远程处理平台，累计办结行政处罚案件7188件，为当事人节省各类成本超500万元。严格船舶登记、船检监督和航运公司管理，上线运行船籍港船舶远程检查中心，首次实现对登记船舶远程检查和现场核查100%全覆盖。严格落实"一渡一策"（一条渡线一套安全管理措施，措施的内容应至少包括：渡运水域基本情况、安全风险点、流量与密度控制、航路选择、航行与避让规则、特殊情况航行安全、装卸作业和应急处置等），实施渡船密度控制，推动渡运单位按标准着色标识渡船，进一步降低渡运安全风险。完成庆祝中国共产党成立100周年大会、中共十九届六中全会、第二届联合国全球可持续交通大会等重要时段水上安全管控工作。完善辖区应急救助力量分布，建立片区单位搜救力量调派机制，引入应急救助浮吊，实施应急力量动态报告，开展水上搜救技能培训，有效提升水上应急处置能力。

【船舶防污染管理】 2021年，江阴海事局强化辖区港内作业船污染物监管，完成辖区全部207艘港作船防污染核查，实现生活污水排外阀铅封率100%。常态化运行"124"专办（"一零两全四免费"专项办公室，靠港和锚泊船舶污染物零排放、全接收，在航船舶污染物排放全达标；内河船舶免费生活垃圾接收、免费生活污水接收、免费水上交通、免费锚泊），持续保持"一零两全"扫盲打假高压态势。推广船舶岸电使用在保障公平公正的前提下，作出普惠性安排的同时体现激励和引导原则，以内河干散货船2021年以来岸电使用累计电量达到300千瓦时为岸电使用达标要求，对达到岸电使用要求的船舶，予以优先靠泊、锚泊、过闸，优先推荐港口货主选择承运，优先安排场地卸货，优先生活设施采购，海事、交通、水利、海事部门以法定最低抽查比例和频次进行检查，对于轻微违章且未造成较大影响的船舶，施以教育纠正为主等八条优惠措施，推动辖区122个泊位全部安装岸电设施，224套岸电设备全部接入"船E行"平台，助力"华元"系列船舶安装使用国内首套岸电并网系统。上线运行危化品船舶船岸安全检查小程序，持续深化高质量选船机制，全年开展第三方选船313艘次，居江苏辖区第二，淘汰低标准船舶33艘，有效提升现场检查效率。持续深化第三方机构选船机制，实现辖区全覆盖。推动江阴港洗舱站运行，累计服务船舶洗舱和接收洗舱水41艘次。

【服务地方经济发展】 2021年，江阴海事局聚焦江阴市"北战"战略三年行动，推动江阴市政府和江苏海事局签订合作备忘录。发挥海事专业优势，配合完成第三过江通道桥区水域划定，并取得交通运输部航道通航条件审核意见，服务凤城—梅里500千伏线路长江大跨越工程建设，完成长江江阴段锚地规划布局调整，并推进工程建设。配合完成港区岸线功能局部调整，推动长江村港池规范升级，指导申夏港区五号码头3号泊位和兴澄特钢2号泊位对外开放，指导辖区LNG（液化天然气）码头完成航道通航条件影响评价，全面助推港口能级提升。开辟绿色通道，开展开普型船舶专题研究，运行江阴长山港区港航调度中心，实现重要物资船舶"直进直靠""直离直出"，全力保通保畅，聚焦大宗铁矿、煤炭、粮食等重点物资运输，有效解决80万吨粮食滞港问题，保障超200万吨焦煤快速转运。发布疫情常态化防控方案，联合商务、交通等单位成立涉外疫情防控工作专班。严格执行水路口岸涉外疫情防控熔断机制，对5个单位实施熔断，妥善处置6次涉外疫情和16名核酸检测阳性船员，帮助116名伤病船员下船就医。会同地方政府、口岸查验单位积极解决船员换班困难，保障959名船员安全换班，推动辖区水路口岸重点人员疫苗接种，接种率接近100%。从严从实做好内部疫情防控，及时调整优化防控工作模式，实现内部"零感染"。

【水上文明创建】 2021年，江阴海事局坚持文明创建与典型培树相结合，切实发挥示范引领作用。扎实做好江苏省文明单位迎检工作，得到检查组充分肯定，获评2019—2021年度江苏省文明单位。开展"'全澄有爱'志愿服务活动日"文明劝导、无偿献血、"慈善一日捐"等活动，切实发挥文明单位作用，展示良好社会形象。持续做好"水上安全知识进校园"志愿服务项目，获评2020年度江阴市最佳志愿服务项目。江阴海事局志愿者服务队获评2020年度江阴市最佳志愿服务组织。江阴海事局新时代文明实践第一船志愿服务站获评2020年度无锡市学雷锋志愿服务标准化示范站。开展交通运输部海事局"我为群众办实事"快手直播活动，向全社会传递江阴海事声音、讲述江阴海事故事，文化品牌深入人心。做好百名优秀共产党员先进事迹展播，切实发挥典型带动作用。

（毕　叶）

海　关

【概况】 2021年，江阴海关以习近平新时代中国特色社会主义思想为指导，全面贯彻中共十九大和十九届历次全会精神，依法履行海关职能，服务地方外贸发展。全年累计监管进出口货物5610.54万吨、货值174.33亿美元；验放报关单4.68万票；入库税收再创新高，收入累计入库111.71亿元，比2020年增长5.27%。其中增值税103.42亿元，关税7.4亿元，消费税0.89亿元。立案侦办刑事案件8件，案值2220万元，涉税1370万元；立案调查行政违法案件81件，案值2.6亿元，涉税5482.6万元；罚没入库1708万元。

【组建防疫工作专班】 2021年，江阴海关主动融入口岸疫情防控工作机制，前移疫情防控关口，坚持船舶航线分析和"人、物、环境"同防，依托监控指挥中心实施"视频＋图像＋数据"远程监控。首创入境入港船舶风险综合研判机制和"人船分离"的入境船舶修理模式，改进"带疫卸货"模式。组建工作专班16批次64人次，实施"14＋7＋7"封闭管理，全年累计监管进出境国际航行船舶4133艘次，检疫换班船员1048人次，检出核酸检测阳性病例15例。

【跨境贸易便利化政策】 2021年,江阴海关出台25条跨境贸易便利化措施,以最佳海关方案支持地方集成电路、风电新能源、跨境贸易等重点项目建设。推进全业务领域一体化改革,在人工分析紧急布控领域已经取得实质性成果。开展长三角一体化布控协同查验,累计实施“口岸外观查验+目的地综合处置”联动模式查验30余次,涉及货值4100万元。首批参与长三角区域属地纳税人管理试点,申报错误率下降近90%。对符合作业条件的货物开展进口货物“船边直提”和出口货物“抵港直装”,快速货物提离,压缩在港时间。开展属地查检改革试点,完成属地查检业务456票,查验时效由2~3天压缩至4小时。推出整报分送、分送集报、区港联动、两步申报、多元化税收担保等多种申报模式,企业可以根据自身需求个性化组合。

【口岸检验检疫工作】 2021年,江阴海关开展国门有害生物监测,检出实蝇等检疫性有害生物18种(属),1234种(属)次,其中查获的25只非洲异翅长蠹成虫和幼虫,是海关机构改革后江阴口岸木质包装检疫性有害生物的首次截获。完成舞毒蛾、检疫性实蝇监测布点、诱剂更换、虫样收集鉴定工作。实施出入境人员传染病监测1694人次,检出梅毒、病毒性肝炎、肺结核等传染病阳性病例9例。

【口岸打私工作】 2021年,江阴海关全力开展“蓝天行动”“国门利剑”等专项行动,侦破以江阴某公司为班底的水客带货走私案件,查扣现货高档服装、箱包等约400件,受央视等主流媒体密集报道。向地方公安机关移交象牙制品案、买卖和非法持有枪支弹药案倍受市领导和全社会高度关注。推行智慧缉私模式,平均办案周期从130天压缩至79天。

【企业集团加工贸易监管改革试点工作】 2021年,江阴海关帮助盛合晶微有限公司、长电科技集团有限公司2个集成电路企业获得企业集团加工贸易改革试点资质,并助其开展跨关区试点,解决跨地区货物仓储、物流时间成本高、保证金重等实际问题,全年开展外发加工、保税货物自主存放、集中内销等改革业务900余次,减免保证金3275.5万元,节省报关物流费用150余万元。

【江阴综保区高质量发展】 2021年,江阴海关支持8项可复制政策落地,其中新增一般纳税人资格试点企业7个,高级认证培育企业2个;累计指导6个企业成功备案海外仓,备案面积共计3.6万平方米;支持整报分送、无车辆运输进出区和优化区间流转,成功解决8个橘汁冷冻储存罐区外监管需求。是年,江阴综保区一线进出境货物31.37亿元,二线进出区货值167.01亿元,累计征收税款9404.21万元;区内注册企业92个,比2020年增长91.67%。

【RCEP实施准备工作】 2021年,江阴海关组建“澄关普法讲师团”,借助“海关服务进台企”“江阴外贸大讲堂”等活动,围绕企业问题清零、RCEP(《区域全面经济伙伴关系协定》)实施准备等向商务条线及300余个重点进出口企业宣讲政策,全年签发各类原产地证书2.9万份,比2020年增长7.1%,助力享惠9795万余美元。

【口岸开放工作】 2021年,江阴海关现场指导港口集团五号码头3号泊位和兴澄码头2号泊位及其陆地区域建设规划;持续推动进口药品指定口岸运行和肉类指定监管场地建设;深入推进“区港联动”,叠加发挥区港优势。聚焦供船燃油,保障船用燃油国产替代安全供应,累计出入库船用燃料油112.7万吨,货值6亿美元,替代原70%左右的进口市场份额,业务量在全国同类出口监管仓中位居前列。

【压载水检测技术支撑生物安全法落地】 2021年,江阴海关自主研发10项压载水检测新方法,其中浮游生物活体检测方法全国首次获CNAS(中国合格评定国家认可委员会)非标扩项认可,并推广至广东、福建、浙江等地口岸检测机构;成功研发压载水高保真及快速取样设备,获实用新型专利4项、软件著作权3项,申报压载水中活体病原菌检测行业标准1项;参与制定压载水检测技术指南(试行),并成为全国首批试点的三个单位之一。

(韩冬冬)

边防检查

【概况】 2021年,中华人民共和国江阴出入境边防检查站(以下简称“江阴边检站”)以习近平新时代中国特色社会主义思想为指导,深入学习贯彻中共十九大、十九届历次全会和全国公安厅局长工作会议、全国移民管理工作会议精神,在江苏边检总站党委和江阴市委、市政府的坚强领导下,始终以捍卫国家政治安全、维护口岸稳定、服务经济发展为中心任务,积极应对考验,在大疫中迎大考、在变局中创新局,全力以赴战疫情、护稳定、促发展,多方面工作取得重大突破和重要成绩,为打造“澄心办、办澄事”江阴营商环境贡献边检力量。全年动用警力1万余人次,检查出入境船舶2398艘次,出入境员工51310人次,检查出入港船舶1719艘次,出入港员工35342人次,巡视检查各类船舶10113艘次,办理各类边检许可证件21008份,检查上下外轮人员38520人次。核查重点船舶轨迹709艘次,重点国家船员2606人次,发现政治性有害宣传品7部,查处行政案件8件9人次。为41名受伤船员提供边检便利,获赠感谢信和锦旗23封(面)。常态化开展桌面推演、“红蓝对抗”,联合口岸单位开展涉疫演练3场次,严格落实“人、物、环境”同防,制定《江阴边检站疫情时期勤务运行模式方案》,完善一线涉疫边检执勤场所标准化设置,将勤务专班民警换班隔离地点纳入全市统筹,加强专班管理,织牢疫情“防护网”。完善制定出台《江阴边检站疫情防护指引》《江阴边检站严防水路疫情输入六项措施》,完成6艘涉疫船舶的边检勤务,阻止10名中国籍船员、4名叙利亚籍船员非法登陆,稳妥处置5艘国际航行船舶船员换班引发的重大警情,精准掌握91名外籍船员登陆就医活动轨迹,配合闭环转运2名新冠肺炎无症状感染者,实现江阴口岸“零扩散、零外溢”。是年,江阴边检站主动融入江阴“南征北战、东西互搏”战略，推出服务“北战”战略“五快”（手续“快办”、证件“快检”、病疾“快救”、咨询“快答”、协作“快捷”）举措，实现外籍船舶在国内港口口岸间移泊，不再办理出入港边检手续，凡是签发的上下外轮许可、搭靠外轮许可，在长三角区域内各港口口岸通用。完成中金、兴澄码头等2个泊位的省级验收工作。连续5年开展“深化边检服务、促进企业发展”大走访活动，召开政策宣讲会、代理座谈会和码头边检协管员培训会等18次，主动收集、回复港航企业、港口从业人员及出入境人员的意见建议60余条。完成全国全省“两会”、中国共产党成立100周年、中共十九届六中全会等重大边防安全保卫任务。开展党史和党纪政纪警纪“三纪”学习教育活动，集中开展廉政专题授课3次、观看警示教育片11场次，在苏南片区“三纪”知识竞赛中荣获第一名。是年，该站加强民警教育管理工作案例被国家移民管理局评为“百家思想政治工作”优秀案例，民警陆琦美术作品《清泉石上流》荣获国家移民管理系统“庆祝建党100周年”主题创造二等奖，1个执勤队获得总站安保维稳工作嘉奖，1个基层党支部获评全省边检机关“四强”党支部，1个单位被江阴市表彰为“三八红旗集体”，1名民警被表彰为“江阴市三八红旗手”，2名民警获评总站维稳工作成绩突出个人，3名民警获评全省边检机关成绩突出党员民警，4名民警被江苏省出入境边防检查总站立个人三等功。

【首个人民警察节】 2021年1月10日，江阴边检站举办首个中国人民警察节座谈会，全体民警结合个人从警经历畅谈感悟体会；开展“向警旗敬礼、向警旗宣誓”庆祝活动，组织全体民警重温入警誓词，牢记习近平总书记重要训词精神；举办“礼赞国门·最美卫士”健身悦跑活动，展示移民管理警察队伍的良好形象和全警实战大练兵成效；举行2021年全警实战大练兵开训仪式，按照“干什么练什么、缺什么补什么”和“仗怎么打，兵就怎么练”的要求，进行基础体能、警务实战技能、常见警情和突发事件处置等方面内容演练，有力促进民警职业素养、专业水平、实战本领和队伍整体战斗力的提升。

【中国共产党成立100周年边防安全保卫】 2021年7月1日是中国共产党成立100周年纪念日，江阴边检站按照“突出重点、整体联动、常态长效”的工作原则，进一步细化措施、明确分工，加强联动协作、严密管控措施，积极营造政治昌明、和谐有序、通关高效的口岸环境。自1月起至4月底，按照上级要求，迅速建立建党100周年边防安全保卫指挥机构，细化口岸管控措施，通过召开党委会、全警大会等形式传达学习上级有关政策规定和各级领导指示精神，制定站级工作方案及配套工作预案，明确工作任务、目标、步骤、措施和要求，建立评估研判风险机制，全面启动口岸风险评估预警机制，队伍进入安保状态。在安保临战阶段（5月至6月初），召开专题会议，进一步鼓舞士气、激励斗志，开展专项督导检查和网上督察，全时段开展风险隐患排查整改工作，全面加强口岸查控、内部安全管理，确保口岸、队伍“双稳定”。落实24小时值班值守制度，组建应急小队，常态化开展训练、演练，配齐配全警用装具，推进执行风险评估、协作配合、区域联动等工作机制，强化进出口岸船舶、人员排查力度，与周边兄弟单位建立信息共享机制，时刻掌握口岸动态。在实战阶段（6月初至6月中旬），开展应急处突实战对抗演练，针对建立闯关、暴恐袭击、群体事件等各类突发事件风险评估、协作配合、区域联动、综合保障等安保工作机制。查实多条涉嫌组织他人偷渡出境从事涉赌、电诈活动线索，与江阴市公安局沿江8个派出所建立口岸警情联动协作机制，及时掌握口岸及周边安全风险隐患。在决战阶段（6月中旬至7月初），队伍进入全面战备状态，管控措施全面升至最高级别，应急分队24小时待命，全力确保口岸安全稳定。整个安保期间，研究制定口岸管控5项举措、决战决胜4项措施、战时指挥6项机制等系列安保工作技战法，为以后遂行大型安保任务积累宝贵经验。其间，全站出动警力6200余人次，检查入出境船舶1313艘次，入出境人员28825人次，检查重点国家船舶406艘次，重点国家船员1624人次，查处违法违规案件6件7人次。

【转改民警落户工作】 集体转制落户工作是深入推进跨军地改革的重要内容，关系全体民警切身利益，关系队伍安全稳定。江阴边检站党委高度重视，始终把落户工作作为重要政治任务来抓，先后多次召开会议专题部署，统一思想认识。2020年，成立工作领导小组、实体化运行落户工作专班，明确责任分工。2021年1月7日，历经3个月，完成117名随单位就地落户民警落户工作，随迁配偶、子女落户江阴人员信息通过江阴市退役军人事务局审核完毕，助力移民管理队伍改革发展。

【获评国家移民管理局“我为群众办实事”优秀案例】 2021年，为巩固深化党史学习教育成果，充分展现全国移民管理机构在开展“我为群众办实事”实践活动中取得的实际成效，江阴边检站“聚焦重点企业急难愁盼，有力支持纾困解难”案例从全国近200个参选案例中脱颖而出，被评为优秀案例。该站立足边检机关职能作用，延伸细化43项任务清单，大力支持外贸企业发展，特别是针对以中船澄西船舶修造有限公司为代表的重点港口企业面临染疫风险增加、外贸订单减少、企业负担加重等困难，集全警之力纾困撑企，妥善开展涉疫船舶入港维修边检勤务，协助闭环转运新冠肺炎无症状感染者，开辟外籍船员在江阴口岸直接出境通道，累计帮助企业避损、增营数亿元，用行动和实效在服务和示范上彰显作为，积极探索有利于移民管理机构服务和融入新发展格局的有效路径。 （刘海波）

长江引航

【概况】 2021年，长江引航中心认真贯彻落实江阴市委、市政府和上级主管部门的决策部署，结合长江引航工作环境特征、引航职业特性、服务辖区特点，全力以赴抗疫情、保安全、保畅通，浓墨重彩书写长江引航答卷。是年，长江引航中心共引领中外籍船舶61431艘次（含移泊10726艘次）、里程762万千米、净吨6.75亿吨。其中引领国际航线船舶41669艘次（含移泊8157艘次），国内航线船舶19762艘次（含移泊2569艘次）。引领江阴港中外籍船舶6880艘次（含移泊740艘次）、里程93.5万千米、净吨1.05亿吨。长江引航中心"抗疫专班"获评2020年感动交通十大年度人物。长江引航中心江阴引航站党支部获评2021年交通运输部系统先进基层党组织；姚泽炎获评中国交通运输精神谱系先进典型，王荣达获评交通运输部系统优秀共产党员、交通运输部第一届"最美港航人"，金校获评交通运输部系统优秀党务工作者，肖志勇、王昱获评江苏省技术能手，陈学思获评无锡市优秀共产党员。

【水上运输疫情防控】 2021年，长江引航中心全程坚守水上运输外防输入第一线，全力防疫情、保稳定、保安全、保运输，迎难而上，负重奋进，在境外疫情水上输入防控主战场和服务保障长江航运高质量发展中展现引航担当。抓实内部防范，健全防控领导小组机制，根据国内外疫情变化和要求，因时因势调整优化防控措施，2次修订印发引领国际航行船舶防控疫情输入风险工作方案，织密织牢防控网。配合属地防疫督查，常态化开展防疫措施落实和纪律执行检查，立行立改。抓严风险管控，8月18日，根据防控要求调整专班模式由分级分类为全员专班，累计调派专班引航员5.96万人次，引领来自疫情高风险国家和地区船舶3.19万艘次。成功处置染疫船舶得到地方政府高度评价。全年妥善处置应急响应45次（其中被引船舶船员核酸或抗体阳性的重大风险响应36次），引航员集中隔离206人次。抓好综合保障，会同专家编写专班引航员疫情防控操作细则和防疫工作手册，开展防疫专题培训，提升防护技能。成立关心关爱工作组和爱心服务队，做好一线引航员情绪疏导。协调卫健等部门上门检测、专场接种，及时完成专班引航员加强针全覆盖。12月28日，在口岸高风险岗位闭环管理人员例行核酸检测中，长江引航中心南京引航站两名引航员分别在南京、江阴被检测出阳性。情况发生后，长江引航中心迅速启动战时机制，从快从速平急转换，积极应对，强化细化疫情防控，关心关爱职工队伍，倾心倾力保供保畅，全力以赴做好"一防三保"（防疫情、保稳定、保安全、保运输）工作。

2021年7月10日，世界最大、亚洲首座海上换流站引航出江

（长江引航中心提供）

【引航安全】 2021年，长江引航中心认真贯彻落实习近平总书记关于安全生产系列指示讲话精神，以安全引航为主线，以建立健全全员安全生产责任制为抓手，以有效运行安全管理体系为载体，着力提升引航本质安全水平，引航安全形势保持稳定。通过开展安全共建共治、党史学习教育联学等活动加强与海事部门交流，与航道部门研讨通航安全及效率提升举措，加强与引航同行及船长交流，推进构建水上交通安全风险防控和隐患排查共同体。强化责任落实，逐层级签订安全生产责任状，压实全员安全责任；修订完善引航安全管理体系，积极与服务对象交流督促落实安全生产主体责任；开展集中攻坚三年行动，落实风险"常态研判、动态管控"和隐患"每季排查、动态清零"制度。强化重点管控，扎实开展安全生产月、汛期百日安全、"三防一禁"（防碰撞、防触礁搁浅、防群死群伤，禁止违章航行）及防风险、除隐患、保安全、迎建党百年等专项活动。举办安全大讲堂，开展安全大交流大检查，及时调整全员专班安全管理措施，强化迎建党百年、第二届联合国全球可持续交通大会等重点时期引航安全工作。强化教育培训，组织开展《长江江苏段船舶定线制规定（2021年）》《中华人民共和国安全生产法》《中华人民共和国长江保护法》等法律法规宣贯，强化每日安全学习和案例警示教育，充分利用专班隔离期组织线上活动，提升全员法制思维和敬畏意识。是年，应对恶劣天气影响98天，应急处置"露西亚"轮、"大隋"轮船等船舶失控险情119次，有效避免重大财产损失和长江水域污染，为长江航运平安绿色发展筑牢安全屏障。

【双循环战略要道运输保障】 2021年，长江引航中心聚焦公共服务职能，着力提升引航服务能力和水平，攻坚克难，全力保障港口物流供应链安全稳定。累计调派专班引航员5.96万人次，引领来自疫情高风险国家和地区船舶3.19万艘次。南京机场疫情后，严格落实"14+7+7"

(14天集中隔离+7天居家隔离+7天健康观察)要求,及时优化生产程序,同步匹配上海港引航力量,力保物流供应链畅通。坚决扛起政治责任,迅速落实上级指示精神,通过推进内贸引航员引领中国香港籍船舶、充实江苏段外贸引航队伍、持证管理人员进专班、加快引航员考培进度等举措,深度挖潜提升服务力量,有效缓解疫情导致的长江口压船压港现象。开辟绿色通道,全年优先保障电煤船、成品油船、粮食船舶5900余艘次,优先安排集装箱船舶4400余艘次。走访港航企业摸底需求,为产业链保供保畅、特色品种经营保驾护航,助力"中国制造"走向世界。

【服务港口高质量发展】 2021年,长江引航中心为江阴港引领10万吨级以上船舶531艘次,比2020年增长6.6%,节约物流成本约20亿元;引领开普型船1535艘次,载运5825万吨铁矿砂,比2020年分别增长13.5%、4.34%,切实提升江阴港口经济和实体企业竞争力。落实江苏省政府《关于同意江阴兴澄储运有限公司万吨级2号泊位等5个泊位对外开放的批复》要求,针对码头附近水深条件较差、上端靠近火车轮渡、下端紧接危化品码头、地处福南福中两水道交汇口等困难,专题研究,协同海事、商务、港口等部门量身定制方案,保障新开放港口码头顺利运行。全年引领93艘次船舶、载货1041万吨进出兴澄储运,外贸1005万吨,比2020年增长36.7%,引领开普型船27艘,比2020年增长42%,为企业节省物流成本5400余万元。精准对接需求,为三房巷化工集团有限公司、双良集团有限公司、中粮(江阴)粮油仓储有限公司、江阴港港口集团股份有限公司等与民生密切相关的龙头企业开辟"绿色通道",全年引领载有125万吨粮食、790万吨电煤、331万吨燃料油、1062万吨化工原料船舶进入江阴港。加强危化品船舶引航安全管理,全年保障4430艘次危化品船舶安全进出江阴港,在污染防治攻坚战中展现引航作为。

(黄　伟)

船舶检验

【概况】 2021年,中国船级社江阴办事处(以下简称"江阴办事处")认真贯彻落实中国船级社(以下简称"CCS")系统工作会、安全质量工作会各项要求,开展职业健康安全教育和安全生产月活动,提升服务质量水平,确保检验安全质量;为江阴港口的航运、船舶制造业服务,努力保护江阴港口水上的人命和财产安全,保护相关水域及环境,全年江阴办事处未发生人员安全事故和安全质量责任事故。年内,完成各类船舶检验658艘次,其中入级营运检验船舶176艘次,国内营运检验船舶403艘次,入级建造和国内建造船舶32艘,船舶审核47艘次,各类船用产品检验3727个工作控制号,各类检验总收入5827余万元。

【700箱级LNG罐箱运输双燃料甲板货船交付】 2022年1月6日,由中国船级社(CCS)负责检验的全球最大首制700箱级LNG(液化天然气)罐式集装箱甲板运输船"TIGER LONGKOU"轮交付。该轮总长192米,型宽37.6米,型深13.5米,设计吃水8.2米,甲板LNG罐箱载运量695 FEU(40英尺集装箱),设计航速16节,航程可达5000海里。该轮设计新颖,配置甲板下C型LNG燃料罐,主/辅机采用双燃料(液化天然气+轻柴油)的设计,满足Tier Ⅲ排放(第三阶段排放)要求,环保性能好;成套体系化安全监测系统对LNG液罐的泄漏、船体保护、BOG逸散控制(闪蒸汽逸散控制)等进行全程监控,保证运输环节的安全可靠;采用标准45英尺罐箱的设计,适合公路、铁路、水运多式联运,实现多种运输模式之间无中间环节切换,在提高运输效率的同时,对国家所倡导的分布式能源供给发展起到促进作用。为全力做好客户服务和技术保障,负责该船现场建造检验的CCS江阴办事处不断创新服务模式,制定个性化服务方案。其间,江阴办事处协同CCS总部、武汉审图中心和武汉规范研究所,以现场项目组为基站,形成对船东船厂的最小对接单元,提供一站式服务。项目组组建技术支持小组,与船东保持密切技术交流,为船东船厂答疑解惑,助力船东船厂解决技术难题。并提供编写报验须知、开展专题培训、分段车间质量提升、重点产品控制等特色服务,协助船厂提升质量管控。在该船气试试验项目中,验船师对船舶燃气推进供应系统(FGSS)的控制和安保系统进行细致的检验,对必要的阀泵动作逻辑进行单独试验,确保船舶在LNG模式下安全可靠运行。在各方的密切协作和共同努力下,该船提前交付。

(戴　怡)

乡村振兴

综　述

【**概况**】　2021 年，江阴市实现村级收入 28.9 亿元，村均收入达 1131.6 万元，3 个村收入超亿元，57 个村收入超千万元。设立 2 亿元“乡村振兴·共富基金”，助力第 11 轮集体经济相对薄弱村振兴发展，完成村级“两项清理”（村级集体资金违规出借和资产出租问题清理）专项整治。推进农村土地承包管理，“村社分离”改革案例入选江苏农村改革 10 周年经验经典案例。改善农村人居环境，开展农村人居环境长效综合管护的行政村比例 90% 以上，农村人居环境整治成效被省政府点名激励并奖励 1000 万元。城乡统一规划，水、电及公共基础设施一体化发展。是年，江阴市入选全国乡村治理体系和治理能力现代化建设试验区；市扶贫办获评全省脱贫攻坚暨对口帮扶支援合作先进集体。

【**江阴市乡村振兴局挂牌成立**】　2021 年 6 月 9 日，江阴市乡村振兴局挂牌成立，并举办挂牌仪式。根据无锡市委编办批复，江阴市农业农村局挂江阴市乡村振兴局牌子，不再保留江阴市政府扶贫工作办公室牌子。市乡村振兴局职能是推进乡村振兴、率先基本实现农业农村现代化，促进农业高质高效、乡村宜居宜业、农民富裕富足。该局的成立，标志市“三农”* 工作重心由脱贫攻坚向乡村振兴的历史性转移，迎来巩固拓展脱贫攻坚成果和乡村振兴工作全面推进、发展新阶段。

【**位列全省乡村振兴考核第一等次**】　2021 年，江阴市深化农业供给侧结构性改革，聚焦短板弱项、突出顶层设计、创新改革驱动，全力推进乡村振兴工作。围绕产业更高端、高质、高效，推动农业现代化；聚焦创新、创优，推动治理现代化；以城镇更美好、宜居又宜业为目标，推动农村现代化建设；以人民更幸福，生活富裕富足为根本，推动农民现代化步伐。年末，由江苏省委农村工作领导小组对各市县推进乡村振兴战略实绩考核，并通报 2021 年度全省推进乡村振兴战略实绩考核结果，江阴市位列县（市、涉农区）综合排名第一等次；夏港街道长江村党委获评省乡村振兴先进集体。

【**农村居民人均可支配收入位居全省榜首**】　2021 年，江阴市各镇（街道）积极贯彻落实市委、市政府各项决策部署，围绕“十四五”发展蓝图，扎实推进“南征北战、东西互搏”* 战略，高质量发展稳步推进，巩固疫情防控和社会经济发展成果，在复杂形势中主动作为，持续扩大富民增收渠道。是年，江阴市农村居民人均可支配收入 42519 元，比 2020 年增长 10.7%。农村居民人均可支配收入不仅突破 4 万元大关，还连续 22 年位居全省县（市）级榜首。（俞　希）

农村综合改革

【**概况**】　2021 年，江阴市深入推进农村综合改革。开展农村承包地确权登记颁证“回头看”，稳妥解决农村土地承包工作中群众反映问题；推进“村社分离”改革试点，以点带面，高质量完成省第三轮农村改革试验区任务；优化农村集体“三资”* 监管体系；开展农村产权线上交易；加快推进农村宅基地改革试点，率先在无锡市开发完成农村宅基地线上审批平台。

【**农村承包地确权“回头看”**】　2021 年，江阴市持续推进农村土地承包管理，开展农村承包地确权（登记颁证）“回头看”，编制 319 条土地确权证书注销农户信息清单，按期完成省农业农村厅关于农村承包地确权登记颁证“回头看”数据汇交工作。继续深入贯彻 2013 年《江苏省政府征地补偿和被征地农民社会保障办法》，即征即保工作纵深推进。全市 14 个镇（街道）开展即征即保工作，共核减人员 708 人、确权面积 20.33 公顷。做好农村土地承包信访工作，全年受理群众反映问题 29 个，参与现场纠纷调解会 13 场。其中，江阴市“12345”公共服务热线信访问题 8 个，信访投诉问题 20 个，市长信箱投诉问题 1 个，均按时答复或处理。是年，据对全市家庭承包经营耕地及流转情况调查，家庭承包经营的耕地面积 2.13 万公顷，涉及农户 13.72 万户；家庭承包耕地流转面积 1.75 万公顷，涉及农户 9.17 万户，签订流转合同 5.04 万份。

（王　伟）

【**完成省第三轮农村改革试验区“村社分离”改革任务**】　2021 年，江阴市纵深推进“村社分离”改革试点工作，按照改革试点方案，通过机构职能、人员选举、财务核算、议事决策、资产管理“五分开”改革路径，以点带面，形成“1+6”政策体系，“1”即出台1个改革试点意见，“6”即配套制定操作办法、村民委员会履责清单、人员分离、财务分离等6份指导性文件，实现“村社分离”改革市域全覆盖，获得省级专项资金550万元。年内，通过省农村改革试验区评估，高质量完成省第三轮农村改革试验区任务；“村社分离”改革案例成功入选江苏农村改革10周年经验经典案例。

【创新农村集体“三资”监管体系】 2021年，江阴市持续优化农村集体“三资”监管体系，制定出台《关于加强农村集体资产租赁管理的指导意见》《江阴市农村集体资金投资和出借管理办法》《关于全面推广农村产权线上交易的实施意见》。年内，完成江阴市农村集体“三资”智慧监管平台建设，实现市、镇（街道）、村三级联动，业务闭环运行，实时智慧监管；完成“户户通”更新升级平台，开发运行“户户通”手机端，实现与无锡市级平台互联互通。是年，“户户通”经验做法在无锡市推广，《农民日报》也用专版进行介绍。

【开展农村产权线上交易】 2021年，江阴市加强农村产权交易规范性建设，开展农村产权线上交易。8月初，市行政审批局联合市农业农村局出台《江阴市全面推广农村产权线上交易的实施意见》，通过对农村产权线上交易规则的不断优化，推动农村产权交易行为更加公开、透明、规范。是月下旬，江阴高新区金童停车场项目在江苏省农村产权交易平台（三期）进行线上开标。经过半小时竞价，江阴市和顺运输有限公司最终竞标成功，标志着江阴首笔农村产权线上交易顺利完成。自此，全市农村产权交易正式进入“线上不见面”的新时代。是年，农村产权交易3977宗，成交总金额4.66亿元，溢价增收110.5万元，连续三个季度获评“农村产权交易季度之星（县市区）”。（许　嘉）

【探索农村宅基地改革试点】 2021年，江阴市探索推进农村宅基地改革试点工作。3月，由江阴市农村住房建设工作推进领导小组办公室和市自然资源和规划局、住房和城乡建设局、农业农村局联合出台《关于规范江阴市农村住房建设试点村审批流程的实施方案（试行）》，对纳入农村住房建设试点的镇（街道）村，按照“试点先行”的要求，规范农房建设审批程序，推进开展农村“房地一体”宅基地不动产登记；农村居民一户一宅，农村宅基地面积每户不超过135平方米，建筑面积不超过250平方米，属于建新拆旧的，必须交还原有宅基地后，才能办理农房验收，申请“房地一体”不动产登记；实施农户申请、村级审查、镇（街道）审批、施工放线、安全施工、竣工验收、确权发证7项具体操作流程，确保农房建设审批工作合法有效。明确农村宅基地申请审批由镇（街道）办理，不动产登记由市自然资源和规划局办理。年内，为加快推进农村宅基地改革试点工作，江阴市率先在无锡市开发完成农村宅基地线上审批平台，促进宅基地审批工作稳慎推进。（章　鸿）

村级集体经济

【概况】 2021年，江阴市结合工业园区升级改造工作，引导镇（街道）村以市场为导向，遵循利益共享原则，腾挪土地空间，提高土地使用效率，增加单位面积产出，通过联合发展平台等方式实现村级集体经济组织抱团发展、联合发展。江阴高新区整治园区内闲置土地，组建联合社，种植四季观赏花卉，打造“花海”项目，股份合作联社共同投资建设金童停车场；南闸街道与村联合出资建设标准厂房，对外发包收取定额回报，发展壮大集体经济促进共同富裕。是年，全市实现村级收入28.9亿元，村均收入1131.6万元；农村居民人均可支配收入42519元，比2020年增长10.7%，连续22年位居全省县（市）级榜首；全市256个村（社区）股份经济合作社分红3.7亿元。

【探索村级集体经济多元发展路径】 2021年，江阴市围绕全面振兴乡村、促进农民共同富裕的目标，多措并举，着力培植集体经济发展新动能。年初，出台《江阴市农村集体经营性建设用地入市净收益管理办法（试行）》，鼓励村集体经济组织将符合条件的村集体经营性建设用地入市交易，全市首幅集体经营性建设用地使用权挂牌出让的地块于3月成功交易，面积为45721平方米。年内，贯彻无锡市委提出的集体经济“千万计划”，加快镇村联合发展平台建设，各镇（街道）村联合发展平台全部组建到位；深入开展“万企联万村，共走振兴路”行动，联建覆盖率达100%。（许　嘉）

【成立全国县域首个“乡村振兴·共富基金”】 2021年，江阴市委组织部联合市农业农村局、市慈善总会，成立全国县域首个“乡村振兴·共富基金”，总规模超2亿元。积极探索“党建引领、基金引导、项目领跑”模式，以项目化运作、“造血式”帮扶模式，推动“一村一品”富民工程。成立共富基金管理委员会，联合市自然资源和规划局、住建局、行政审批局及第三方机构，组建专家评审团，开展“乡村振兴·共富基金”项目评审，从项目的申报条件、前期手续的规范性、带动发展的导向性、投资回报的优质性4大类11个方面进行评审打分。共富基金投放项目重点集中在相对薄弱村产业发展项目上，先后帮助薄弱村启动产业发展类项目16项，总投资超1.3亿元，其中，首批共富基金投放补助资金4086万元。（陈丽莉）

【相对薄弱村振兴发展】 2021年，江阴市委、市政府研究出台《关于扶持集体经济相对薄弱村发展助力乡村振兴的实施意见》，由市财政安排2000万元专项资金和市委组织部、市农业农村局联合市慈善总会发起成立“乡村振兴·共富基金”，对全市列入无锡市级帮扶的24个相对薄弱村实施深度帮扶，助力相对薄弱村振兴发展。11个相对薄弱村申报的产业发展项目全部通过无锡市评审并获得奖补940万元，江阴市级配套奖补920万元。是年，市扶贫工作办公室获评全省脱贫攻坚暨对口帮扶支援合作先进集体。

【村级公益事业建设“一事一议”项目】 2021年，江阴市按照“一事一议”思路，继续发挥财政奖补资金作用。围绕群众需求最迫切、反映最强烈、利益最直接的路、水、村容村貌等问题,坚持村民民主决策,通过村级集体投入,建设公益事业项目。全年落实财政奖补资金 1017 万元,惠及 12 个相对薄弱村、28 个一般行政村及 17.75 万农户,有效缓解村级建设资金压力。 (谢晓红)

美丽宜居乡村建设

【概况】 2021 年,江阴市深入贯彻习近平总书记关于改善农村人居环境的重要指示,认真落实中央、省、无锡市农村工作会议精神和有关决策部署,纵深推进“一推三治五化”(一推:推进农村住房和美丽乡村建设提档升级;三治:农村垃圾、污水、河塘治理提标扩面;五化:厕所净化、道路优化、路灯亮化、村庄绿化、管理长效化)专项行动,深化“红黑榜”效果运用,健全完善“六有”(有标准、有制度、有队伍、有经费、有农民主体作用、有督查)长效管护机制,抓整治打基础、抓示范促提升、抓考核见长效,推动全市农村人居环境持续改善。年内,市农业农村局完成 45 个重要节点村庄环境整治提升工作,确保有效开展农村人居环境长效综合管护的行政村比例 90% 以上,行政村“一约三制”(一约:村规民约;三制:门前三包责任制、管理积分制、志愿服务机制)实施率 80% 以上;市住房和城乡建设局按照“产业兴旺、生态宜居、乡风文明、治理有效、生活富裕”的总体要求,持续推进农村住房建设和特色田园乡村建设,开展“美丽 +”系列创建活动,建成 8 个无锡市特色田园乡村,5 个村列入江苏省传统村落名录,有省级绿美乡村示范村 10 个。进一步改善农村居住条件,41 个村庄实施农房更新改善,提高农民的幸福感和满足感。是年,南闸街道狮山湖、璜土镇胡子小镇等成为网红打卡地,逐步呈现“四季有花、随处见景”的美丽新农村景象。

【农村人居环境整治提升】 2021 年,江阴市纵深推进农村人居环境整治提升,研究出台《关于深入推进农村人居环境整治提升健全完善长效管护机制的实施意见》,进一步拓展全域整治成果、落实长效管护机制、推动整治常态长效。市委、市政府分管领导组织召开现场督查推进会 4 次;组织市级巡查考核自然村 2014 村次,编发《江阴市农村人居环境整治提升专报》6 期,公布农村人居环境行政村红黑榜 3 期;命名农村人居环境整治提升示范村 18 个;落实农村人居环境专项资金 5000 万元。实现行政村生活垃圾分类设施全覆盖,自然村生活污水治理覆盖率 85% 以上,镇(街道)、村道路优良中等全覆盖;建成国家级卫生镇 14 个、省级绿美村庄 10 个、无锡市特色田园乡村 8 个,美丽宜居乡村建成率达 100%。是年,江阴市农村人居环境整治成效获省政府激励并获奖励 1000 万元,列 2020 年度农村人居环境整治工作省级评估第一等次;13 个村列入无锡市级“红榜”,顾山镇和青阳镇街西村、长泾镇南涸村被评为无锡市第三批农村人居环境整治典型范例。 (谢晓红)

【“多规合一”实用性村庄规划编制】 2021 年,江阴市自然资源和规划局以国土空间总体规划编制为统领,指导镇村编制镇级国土空间规划,完成“多规合一”《江阴市镇村布局规划(2021 版)》编制,为城乡融合发展和乡村建设发展提供强有力的规划支撑。将全市现状自然村庄与意向选址新建的农村住房建设试点村庄划分为“集聚提升类”“特色保护类”“城郊融合类”“搬迁撤并类”和“其他一般村庄”五类,明确各类村庄布局,统筹各类基础设施和公共服务设施配置。是年,指导完成 11 个“多规合一”实用性村庄规划编制,构建美丽乡村蓝图。

(卫志友)

【特色乡村建设】 2021 年,江阴市住房和城乡建设局进一步扩大特色田园乡村试点建设,提升示范效应,建成省级特色田园乡村 5 个;无锡市特色田园乡村 8 个,累计建成无锡市特色田园乡村 18 个。组织申报江苏省传统村落,新增 5 个村列入江苏省传统村落名录,全市累计有 9 个村被列入江苏省传统村落名录。长泾镇被列入美丽宜居小城镇建设试点,同时被列入 2021 年度省级重点及特色镇发展项目,获得省级重点及特色镇发展补助资金 2000 万元,用于支持重点镇老镇区功能提升和新镇区项目建设。是年,全市 10 个建制镇建成区面积 8458 公顷,常住人口 43.5 万人;村庄建设用地面积 10792 公顷,常住人口 63.8 万人。

【农房改造】 2021 年,江阴市在农村住房建设试点工作基础上,尊重农民安居需求和农房建设实际,积极探索符合江阴实际的农村住房建设路径,由市农房办牵头出台《关于规范江阴市农村住房建设试点村审批流程的实施方案(试行)》,进一步加强和改进农村住房审批管理。年

美丽乡村——云亭街道毗山村 (市乡村振兴局提供)

内，自2020年确定的全市规划发展村庄的41个试点村，建设工作有序开展。至年末，41个村庄实施的农房更新改善累计竣工2351户。

（章 鸿）

【制定农村公共基础设施管护政策】 2021年，江阴市制定《江阴市农村公共基础设施管护体制改革试点工作方案》《江阴市农村公共基础设施管护清单》《江阴市农村公共基础设施长效管护办法（试行）》等制度文件，出台《江阴市深化农村公路管理养护体制改革实施方案》《关于深入推进农村人居环境整治提升健全完善长效管护机制的实施意见》等配套制度文件，形成完善农村公共基础设施管护工作的政策体系。年内，市政府门户网站、发改委微信公众号等媒体，对上述政策进行解读和宣传，强化农村公共基础设施管护工作的责任意识。（邢 军）

城乡融合发展

【概况】 2021年，江阴市在推进农村人居环境整治提升的同时，深化城乡一体化融合发展，巩固2003年起城乡治安联动、2004年起城乡环境同步改善、2005年起的城乡统筹规划、2006年起村村通长江自来水、2007年起村村通公交的成果，继续完善农村公共基础设施建设。年内，江阴市被列入无锡市公共基础设施城乡一体化管护体制改革试点后，积极贯彻国家、省和无锡市发改、财政部门关于深化农村公共基础设施管护体制改革工作要求，全力推动农村基础设施管护试点，着力构建与城市一体的权属清晰、权责明确、管护到位、机制健全的农村公共基础设施管护体系，全面提升农村公共服务和社会管理水平。是年，全市农村长江自来水覆盖率100%，日供水能力56万立方米，供水管道长1136千米；绿地面积1951公顷；城镇公交全部实现刷码乘车，居民可用银联、微信、支付宝等多种支付方式在任何站点乘车；开展集体经营性建设用地挂牌出让尝试；推动城市与农村电商服务体系有效对接。

【设立公共基础设施统筹管护资金】 2021年，江阴市把加强农村公共基础设施管护作为实施乡村振兴、促进城乡融合、建设美丽江阴的重要支撑，促进城市与农村公共基础设施管护工作同研究、同部署、同推进。年内，成立市农村公共基础设施管护领导小组，加强对该项工作的组织领导，并多次召开领导小组会议，强化工作推进力度；充分发挥管护资金效用，将5197万元财政资金纳入公共基础设施管护资金盘子，统筹管护资金使用，防止城市因公共基础设施管护资金充裕而反复重建、农村因公共基础设施管护资金匮乏而无法维护现象，为农村公共基础设施管护提供资金保障。

（邢 军）

【农村集体经营性建设用地入市省级试点】 2020年6月，江阴市自然资源和规划局制定《江阴市农村集体经营性建设用地入市试点实施方案》并获江阴市政府批准。11月，江苏省自然资源厅批准江阴市成为江苏省集体经营性建设用地试点地区。2021年3月，江阴市首幅农村集体经营性建设用地成功入市成交，该地块位于华士镇张家港河以西、幸福大桥南侧，地块面积4.57公顷，规划用途为工业用地，出让年限为50年，成交金额2597万元。进一步盘活农村土地资产，拓宽乡村振兴资金来源。10月，市自然资源和规划局为华西钢铁有限公司颁发江阴市首本集体经营性建设用地入市不动产权证书，标志着集体经营性建设用地入市省级试点结束。在试点基础上，江阴市同步出台《江阴市农村集体经营性建设用地入市管理办法（试行）》1个主文件和《江阴市农村集体经营性建设用地入市净收益管理办法（试行）》《江阴市农村集体经营性建设用地入市土地增值收益调节金征收和使用管理办法（试行）》2个配套文件，为全面实施农村集体经营性建设用地入市、建立全市“同地同权同价”的建设用地市场创造条件，助推城乡融合发展和乡村振兴战略实施。（卫志友）

【农村电商与城市对接】 2021年5月，商务部、财政部、国家乡村振兴局联合印发《关于开展2021年电子商务进农村综合示范工作的通知》后，江阴市以此为契机，深入推进电子商务进农村，以提升农村电商应用水平为重点，健全农村电商公共服务体系，推动城市与农村生产与消费的有效对接，打通农产品进城和工业品下乡双向渠道。年内，成立江阴电子商务创新实验室，面向广大农村企业精准定位产品研发、定价及营销方案；在镇（街道）精心创设电商公共服务中心，在行政村创设电商服务站。推动县域商业体系转型升级，完善城乡物流配送体系，培育新型农村市场主体。是年，江阴市入选全省“互联网+”农产品出村进城工程试点县，全市建成10个镇（街道）级电商公共服务中心、120个电商服务站，促进农民收入和农村消费双提升，推进乡村振兴。

（陈 光）

乡村治理

【概况】 2021年，江阴市作为全国乡村治理体系建设首批试点单位，按照中央、省、无锡市乡村振兴战略总体部署，以提升乡村治理体系和治理能力现代化为目标，深入推进党建引领下的多元共治模式，为走中国特色社会主义乡村善治之路探索打造江阴样板。年内，统筹开展“听党话、感党恩、跟党走”系列宣讲活动，镇（街道）村联动，组建50人宣讲队伍，举办宣讲活动累计200余次，受益群众超万人。强化乡村振兴智力支撑，组建“组织督导团”“企业家问诊团”“第一书记智囊团”，通过听取汇报、现场观摩、座谈交流等形式，深入农村摸排，形成“需求、资源、项目”三张清单，精准开展供需对接。“福村宝”村级医疗互助项目获国家脱贫攻坚奖，覆盖全市行政村的96.3%，平均减轻困难群众住院医疗负担26.35%；对村级集体资金违规出借和资产出租问题进行专项清理整治；推进土地整治工作，实施城乡建设用地增减挂钩项目。是年，璜土镇璜土村、顾山镇红豆村获评第二批全国乡村治理示范村；“户户通”平台“让‘小微权力’晒在阳光下”入选首批全省乡村治理典型案例;33个村获评无锡市乡村治理先进村。

【全国乡村治理体系建设试点】 2021年,江阴市以提升乡村治理体系和治理能力现代化为目标,持续推进以党建引领下的多元共治模式,为走中国特色社会主义乡村善治之路探索打造江阴样板。纵深推进全国乡村治理体系建设试点工作,被农业农村部批准成为2021年以项目制拓展农村改革试验任务单位,成为全国5个承担"乡村治理体系和治理能力现代化建设"任务的县市之一。推进乡村治理"积分制"管理方式,涌现出璜土村新型农村治理模式、山泉村"民主促民生"模式、璜塘村"三治融合"(自治、法治、德治)模式等先进典型。是年,璜土镇璜土村、顾山镇红豆村被评为第二批全国乡村治理示范村。（刘梦娇）

【基层党建】 2021年,江阴市坚持党建引领乡村振兴,以党建联盟为载体,通过结盟赋能支援、资金项目支持、人才智力支撑,探索一条县域乡村振兴、共同富裕新路径。实施"盟红江阴"结盟行动,动员全市各级党支部采用政村结盟、村企结盟、村村结盟等方式,探索强村带弱村、强村联强村、弱村抱团发展、强企带弱村四大模式,推动政府部门、国企、银行、骨干非公有制企业与村党组织结成党建联盟。统筹联盟内部资金、技术、人才、市场等优势,与农村资产、资源精准结合,发挥党建联盟在壮大村级经济、改善人居环境、发展特色产业等重大任务中优势互补、联合发展作用。凝聚联盟党员合力,深入实施农村党员联户、企业党员联农、机关党员联群"党员三联"工程,发动党员在共富共治中听民声、察民意、解民忧,树立新时代党员为民服务的先锋形象。

【村(社区)干部队伍建设】 2021年,江阴市探索村(社区)干部优选优育优用,通过抓牢源头储备、夯实能力基础、完善管理机制,推动雁阵争鸣促乡村振兴。实施"5150青苗计划",计划用5年时间,每年充实150名左右江阴籍大学生、机关优秀编外人员到村(社区)"两委"和工作者岗位。启动首批百名村(社区)工作者社会化招聘,吸引1884人报名。建立"苗圃计划"培育基地,组织2100余名村(社区)干部参加能力提升班、专题读书班、业务培训班。启动"澄就未来·墩苗"行动,从村(社区)选派年轻干部到市级机关部门,开展为期一年的项目化锻炼。推行"澄张虞"毗邻党建,通过联合办班、互派互挂等形式,选派村(社区)干部赴周边市县接受培养锻炼。建立"编制周转池",会同编办向镇(街道)定向投放120名周转编制,用于优秀村(社区)书记选任,年末,选任63名村(社区)书记进编。（陈丽莉）

【村级"两项清理"专项整治】 2021年,江阴市对村级集体资金违规出借和资产出租问题进行专项清理整治(以下简称"两项清理")。4月,市召开村级"两项清理"专项整治工作暨农经工作推进会议,全面贯彻落实2021年农村工作会议精神,深入推进"两项清理"专项整治工作,进一步统一思想,明确目标任务,加快组织推进,为全面推进乡村振兴、农业农村高质量发展提供有力保障。市审计局与市司法局组成联合指导组,对镇(街道)、园区开展村级"两项清理"专项整治巡回指导,督促镇(街道)建立资产资源出租及监管责任追究等长效管理机制。各镇(街道)根据《市级巡回指导手册》聚焦整改过程中的疑点难点,按时完成村级"两项清理"专项整治整改目标。至年末,整改问题3266个,收回资金5.88亿元。（许嘉）

【推进土地整治】 2021年,江阴市自然资源和规划局大力推进土地整治工作,改善农村生产、生活条件和生态环境,促进农业规模经营、人口集中居住、产业集中发展。梳理坑塘水面、拆除村控区范围内废弃建(构)筑物等,纳入耕地占补平衡项目和城乡建设用地增减挂钩复垦项目管理,有效增加耕地面积,促进了乡村振兴。围绕重点区域解决田间道路及灌溉与排水工程等目标,通过政府引导、企业领头的方式引导农民改变种植模式,改善辖区内耕作条件,提高耕地质量,使其适应现代化、高效农业的生产要求。是年,完成城乡建设用地增减挂钩项目面积112.6公顷和占补平衡项目面积7.41公顷。（卫志友）

【农村疫情防控】 2021年,江阴市在农村地区和农业领域扎实推进疫情防控工作,及时指导督促镇(街道)、村(社区)落实"五有一网格"(有疫情防控指南、有防控管理制度和责任人、有适量防护物资储备、有属地医疗卫生力量指导支持、有隔离场所和转运安排准备等措施,实施网格化管理,组织开展重点人群的信息登记、摸排和日常健康监测等工作)防控体系,"严细慎实"筑牢农村疫情防控安全线。市农防办出台《关于完善农村疫情防控快速响应机制的通知》,制定农村防疫三级责任体系清单,落实市领导包镇(街道)、镇(街道)干部包村(社区)、村(社区)干部包组到户的三级网格分包体系。年内派出工作组累计抽查102个村、75个农业经营主体,解决问题11个。市农业农村局对口帮带新桥镇,以点带面提升基层应急防控能力。高度重视上级部门交办的问题,严肃认真剖析原因,详细制定整改措施,严格落实立行立改。（陈光）

【文明乡风建设】 2021年,江阴市以文化惠民推动农村居民素质提升,全市共建成省级村(社区)综合性文化服务中心240个、文化广场271个、文化信息资源共享工程基层服务点258个、农家书屋235个,村(社区)综合性文化服务中心建成率、群众文体活动场地达标率均达100%。创新打造"理响江阴"宣讲品牌,通过"理响江阴"讲堂、道德讲堂、网络讲堂等方式,组织"百姓名嘴"宣讲3000余场次。（刘梦娇）

■类目编辑 王萍芳

城市建设与管理

城市建设

【概况】 2021年,江阴市住房和城乡建设局聚焦现代化滨江花园城市建设目标,突出长江生态安全示范区、城市快速化交通体系、城市品质提升等建设重点,深化统筹协调,注重手续办理,加快拆迁清障,严格施工管理,扎实推进项目建设。临江路桥、应天河风光带、黄山路改造、锡澄运河公园二期南段、洗消中心、沿江危化品应急救援基地实训大楼等13项项目竣工。

【应天河南侧规划道路二期改建工程竣工】 该项目位于江阴市澄江街道应天河南侧,道路整体呈东西走向,西起梅园路,东至花山路,道路全长1049米,道路红线宽度为20米,双幅路型式,设置9米机动车道、2米分隔带、4米非机动车道、1米人行道和4米南侧绿化带,沿线下穿梅园路和花山路,与虹桥南路平交,下穿工农河设置箱涵一座。道路同时包含梅园路东西两侧辅道,东西两侧辅道北起应天河南侧道路,南至梅园路,东侧辅道道路全长206.63米,西侧辅道道路全长203.81米,道路均为单幅路型式,宽度为7.5米的机非混行车道。排水工程分为雨水和污水,雨水分别排入应天河和工农河。东西两侧辅道主要收集道路路面雨水,东侧辅道雨水接入应天河南侧规划道路雨水系统中,西侧辅道雨水接入梅园路雨水系统中。污水由东向西接入已建梅园路污水系统。道路等级为城市支路。该工程总投资为4339万元,由江阴新城建设工程有限公司负责施工,江苏外建建设咨询监理有限公司负责监理,江阴市城乡规划设计院负责设计,于2020年8月开工,2021年6月通过竣工验收。

【应天河整治工程三期竣工】 该项目位于江阴市城区应天河南岸,西起梅园路,东至花山路。主要包括绿化种植、园路铺设、滨水平台驳岸砌筑、公厕砌筑、给水及排水管铺设等。工程内容包括绿化、景观、土建、排水及安装等。其中绿化面积25000平方米,景观面积5200平方米。公厕为单层框架结构,建筑面积48.1平方米,层高3.6米。该工程由江阴市滨江园林建设有限公司负责施工,江苏飞扬建设咨询管理有限公司负责监理,江阴市城乡规划设计院负责设计,于2020年9月开工,2021年11月通过竣工验收。

【临江路桥竣工】 该项目位于锡澄运河入江口,走向为西南往东北方向,起点与通江路平交后,向东北方向跨锡澄运河,最终与君山路平交,为直线桥,桥梁全长163米,桥型为三跨变高连续钢桁架桥,跨径布置为(40+75+40)米,桥面全宽28米。主梁为等高度连续钢箱梁,采用Q345qD钢材,总长156.5米,用钢量为3306吨。钢箱梁采用工厂分节段制造、工地现场焊接节段缝的形式,全桥共9个节段,桥门架的

2021年建成通车的临江路桥　　（党　辉摄）

跨径为 17 米，采用桁架的结构形式。设计车速为 40 千米/小时，双向四车道，设计使用年限 100 年。该工程由江阴中建城市发展有限公司负责建设，东南大学建筑设计研究院有限公司负责设计，江阴市交通规划勘察设计院有限公司负责监理，中国建筑股份有限公司负责施工，江阴市科博建筑设计有限公司负责勘察。该工程开工日期为 2019 年 1 月，竣工日期为 2021 年 12 月。

【芙蓉大道快速化改造绿化配套项目竣工】 该项目位于芙蓉大道，西起海港大道，东至寿山立交。建设项目主要包括：道路中、侧分带及两侧原有绿带、交通渠化、交通节点绿化、沿线景观小品等配套设施提升改造，全线长 19.5 千米，改造提升面积达 115 万平方米。两侧全线以保留乔木作背景林，前景点植色叶开花植物，大面积铺设草坪，侧分带以紫薇作为主景，中分带以樱花作为主景，增加彩色效果。在道路交叉口、导流岛布置景观和花境植物，突出城市园艺特色。高架下采用耐阴植物，进行垂直绿化，并运用玻璃轻石和彩色覆盖物等新材料，坚持可持续生态发展理念。该项目于 2021 年 4 月开工建设，11 月完工。

【锡澄运河公园二期南段竣工】 锡澄运河公园作为江阴市长江生态 T 台的重要组成部分，是江苏省住建厅美丽宜居城市建设试点项目，其中二期南段工程被列为江阴市 2021 年为民办实事项目。该项目位于杏春桥至西门桥东西两岸，总投资约 6000 万元，总面积 8.8 万平方米。西岸以打造原生态走廊为目标，大量采用海绵城市元素丰富生态链，东岸旨在打造多样形式、主题的片区公园，为周边居民营造风格不同的游憩绿地。该项目于 2021 年 4 月完工，12 月底建成开放。

【黄山路景观提升改造及道路品质提升工程竣工】 该项目北接滨江黄山，南联高速江阴出口，道路总长约 3.4 千米，改造总面积约 6.27 万平方米，项目总投资额 4000 万元，包括高压线入地、管线迁改、新建港湾式公交站台、人行道更新、侧平石更新、土方、景石、景墙、部分围墙重建、绿化地整理、绿化苗木种植与养护等。改造的总措施，对机非隔离带采用“黄石 + 花境”组团进行园艺化提升；对重要节点植入休憩空间，增加精致小景以进行精致化提升；将树穴改为隔离带，翻新人行道面层，有效解决树穴起拱及乱停车占道问题，提升人行道通行舒适感；更新隔离栏，以箱式草花配置结合，设计四季草花方案，实现四季有花可观的道路景观；新建港湾式公交站台，提升黄山路的交通出行效率。该项目于 2021 年 8 月开工，11 月完工。

【江苏（江阴）沿江危险化学品应急救援基地实训楼】 该项目位于滨江路南侧、规划双良路西侧（原利港中学校内），建筑面积 4324.27 平方米。建筑整体外墙色调为仿大理石真石漆，设置一栋单体建筑。该建筑作为应急救援基地的配套办公和实训用房，智能化监控和设备齐全，训练区、会议室设有先进的多媒体设施等，是应急指挥中心建设“防救训”集成“三位一体”综合平台的重要组成部分。该工程由江苏中锐华东建筑设计研究院有限公司负责设计，江阴南方建设集团有限公司负责施工，江苏大同建设项目管理有限公司负责监理，于 2020 年 10 月开工，2021 年 8 月竣工。（章　鸿）

城市管理

【概况】 2021 年，江阴市城市综合管理局坚持以习近平新时代中国特色社会主义思想为指导，全面贯彻中央、江苏省、无锡市和江阴市委、市政府决策部署，立足新发展阶段，践行新发展理念，全面落实城市精细化管理要求，建立健全综合执法“1 + N + 17”（1 个市综合行政执法局 + N 个赋权部门 + 17 个镇（街道）综合执法局）运行模式，全面推动城市综合管理高质量发展。是年，获“全国巾帼文明岗”“无锡市抗击新冠肺炎疫情先进集体”“无锡市建设节约型公共机构工作先进单位”等荣誉称号。

【优化城市环境秩序】 2021 年，江阴市城市综合管理局结合新一轮全国文明城市创建和国家卫生城市复审的部署要求，持续开展城市管理热难点问题攻坚。以主次干道沿线市容秩序，综合体、商业街区周边环境为“小切口”开展“小专项”整治，以“小切口”推动“大变化”。全市开展各类整治 6388 余次，清理垃圾 6800 余吨，清理乱张贴、乱涂写、乱牵挂“三乱”12.6 万余处，查处摊点 3.5 万余次，规范门店 3 万余次，查处违停 4.5 万次，查处清理违法户外广告设施和店招店牌 3.6 万平方米。主城区新建成 5 个停车场，全市新增停车泊位 1528 个；市委党校、澄江街道政务服务中心停车场实施错时共享停车，新增对外开放泊位 248 个。加强违法建设治理，拟定《江阴市工业园区升级改造“双查处”联合执法行动方案》《联合执法工作指引》《违法建设快查快处工作指引》等联合执法工作文件，加大违建拆除力度，全市拆除违法建设 5398 次，计 73.58 万平方米。

【推进城市精细化管理】 2021 年，江阴市城市综合管理局以城市精细化管理工作为主线，牵头召开城管委办专题会议 24 次，推动会商停车秩序、餐饮油烟治理等城市管理热难点问题 8 个，积极开展无违建小区、户外广告和店招标牌设施设置示范社区、“三乱”专业化保洁达标社区等示范项目建设，在全市 18 个片区试点物业化管理，在 23 个路段试点开展微路长制，完成主要道路包装出新 15 条、背街小巷重点综合治理 29 条，联合市文明办开展背街小巷、主次干道、居民小区市容环境秩序“红黑榜”实地测评，累计完成 4 期。

【深化综合执法改革】 2021 年，江阴市城市综合管理局根据全市综合行政执法改革专项行动实施方案要求，积极发挥牵头协调作用，优统筹、建机制、抓队伍，推动出台《关于完善市级赋权部门与镇街综合执法协作配合工作机制的意见》《江阴市各镇（街道）综合执法工作督查考核办法（试行）》以及市委深改委文件《关于进一步强化镇街（开发区）综合行政执法工作效能的实施办法》等，全市联动“一盘棋”，编发通报 11 期，开设“综合执法大讲堂”8 期，组织专题培训班2期，市综合执法平台受理各类事件18.8万件，按期处置18.4万件，按期处置率为98.08%，受理各类案卷9353件。

【牵头开展餐饮油烟治理工作】 2021年，为全面贯彻落实江阴市委、市政府深入打好污染防治攻坚战的总体部署和“一年一个样、三年一扫光”的目标要求，市城市综合管理局牵头开展全市餐饮油烟专项治理，切实改善生态环境质量。8月，启动实施江阴市餐饮油烟在线监管平台项目，对重点管控区域（省控大气子站周边3000米范围）内面积100平方米以上以及居民反应强烈区域内的餐饮服务单位，在安装高效油烟净化设施的基础上，统一安装配备油烟在线监控，全年安装1000套在线监测设备。10月，牵头开展秋冬季餐饮企业油烟排放情况专项执法检查工作，累计出动检查人员150余人次，开展集中执法检查26次，检查门店250余个，督促相关镇（街道）整改完成各类餐饮问题160余个。督促各镇街（开发区）推进餐饮油烟污染治理工作，根据实际情况制定整改计划，明确整改举措。4—12月，各镇街（开发区）累计检查重点管控区餐饮服务业单位12628个、重点管控区外餐饮服务业单位6936个、油烟监测687个，规范整改单位1007个。

【“12345”城市管理民生热线受理】 2021年，“12345”民生热线电话接到有效诉求364232件，电话系统为市民服务71.5万余次，群众对诉求件的办理满意率为98.5%。完成对36万余件热线诉求的梳理，汇总形成18批次“微幸福”民生工程“攻坚类”建议工单294件，经市政府办确定，有251件被列入市重点督办事项，以点带面解决一批群众反映的急难愁盼问题。联合相关职能部门举办15期“12345”民生热线网上直播活动。通过“政风热线”电台直播节目办理相关诉求423件。通过每月2期的江阴电视台“作风面对面”节目跟踪报道、曝光83个民生问题，解决78个，问题解决率达到93.98%。“12345”民生热线电话系统分类更为细致，实现“个人”诉求与“企业”诉求的区分，为厘清企业需求、提升营商环境打下良好基础。为应对突发情况，创新设立云呼叫平台，设置服务云席，在热线话务量激增的情况下有效提升话务接通率。对全市政务服务便民热线进行归并优化，完成16条便民热线的归并优化工作。

【组建“一网统管”平台党建联盟】 2021年，江阴市市域治理现代化指挥中心党支部联合市委组织部、市委编办、市工信局、市公安局、市应急局等22个单位党组织成立“一网统管”平台党建联盟，整合各支部党建资源，推动党的建设与“一网统管”平台建设同频共振，共同推动解决“一网统管”平台建设推进过程中的痛点和难点，确保项目建设快速有效推进。在精细化调研基础上，合理规划设计方案。

【提升网格化服务管理水平】 2021年，江阴市智慧城市综合管理平台（网格化管理平台）流转办理各类事件224732件，结案归档208570件，99.73%的上报事件在镇（街道）及村（社区）层面得以化解，0.27%的上报事件经市级平台流转至相关部门处置，有效解决一大批与群众生产生活息息相关的民生问题，做到“小事不出村，大事不出镇，矛盾不上交”。以“资源整合、内部挖潜”为原则，全面推进专职网格员队伍建设，1123个综合网格均配备专职网格员。开发“全民反诈”“网格治税”“消防安全”“许可查询”专项模块并实体化运行，有效提升实际操作层面的工作效率。（陆军浩）

人防管理

【概况】 2021年，江阴市住房和城乡建设局（人防办）坚持以提升战备能力为引领，聚焦实战化标准，严格落实按纲施训要求，努力提升防空备战能力；大力开展人防指挥中心战备能力建设，灾备中心管理水平和服务能力全面提升；持续推进人防工程建设，加强人防领域安全生产排查整治，有序实施全市人防工程信息化建设，努力提升社会应急防护能力；人防各项工作有序推进，运行状态良好，全年目标任务圆满完成。

【人防指挥中心战备能力建设】 2021年，江阴市住房和城乡建设局（人防办）坚持做好基本指挥所、基层指挥所以及各通信要素机房的日常维护巡检工作，定期组织安全检查，严格执行节假日安全值班制度，及时排查各类突发应急事件10余件。按照人防训练大纲和“按纲施训”的要求，组织人防通信保障专项训练300个课时，有效增强人防通信保障能力。人防警报系统建设不断增强，完成人防警报控制系统升级改造，年内组织3轮全市防空警报系统巡检，组织全市防空警报点安全专项整修工作。完成9月18日全省防空警报统一试鸣，试鸣成功率达100%；年内完成重要经济目标防护等各级各类演习演练任务5次；完成上级人防组织的机动指挥所跨区支援实战化训练任务。

【灾备中心管理水平和服务能力建设】 2021年，江阴市住房和城乡建设局（人防办）坚持灾备中心日常安全监控制度，及时解决运行中出现的问题，全年解决系统故障等问题19个。严格按照3级计算机系统安全等级保护标准，组织开展年度等级保护测评工作。组织开展年度技术整改和网络安全攻防演练工作，全年灾备系统运行平稳，数据灾备安全可靠，累计完成3次应急数据恢复工作。完成灾备中心年度专项服务工作，对36个灾备用户单位进行灾备客户端升级、灾备数据验证测试、现场培训和灾备策略科学性评估。

【防空备战能力建设】 2021年，江阴市住房和城乡建设局（人防办）以提升战备能力为引领，强化打仗思想，聚焦实战化标准，抓重点，补短板，转方式，组织按纲训练工作，组织人防机关编组人员进行实弹射击训练，组织人防指挥中心赴宜兴市、太仓市进行机动拉练；指导江苏利港电力有限公司开展综合防护演练；参加无锡市组织的机动指挥通信系统实战化训练，以及苏、锡、常三地人防机动指挥通信跨区支援训练。严密组织“9·18”防空警报鸣响，警报鸣响率100%。组织人防志愿者参与抗击新冠肺炎疫情工作，出动人员800余人次、车辆100余次,对10余个社区100多个居民小区及10余所学校100余个公共场所及相关机构等处进行全方位防疫消杀,充分发挥急时应急的能力,为全市的防控工作做出贡献。

【人防工程建设】 2021年,江阴市住房和城乡建设局(人防办)完成人防工程建设项目行政指导18项,质量监督59项,竣工验收备案30项,下发新建民用建筑修建防空地下室行政许可证88份,核发人防工程平时使用证项目31项,超额完成上级下达的目标任务。根据江苏省、无锡市文件要求,完成《江阴市"十四五"人民防空发展规划》内容。继续推进人防领域安全生产排查整治,确保全市人防安全生产工作零事故。加快落实人防工程维护管理、人防工程标识标牌更新和人防工程维修资金单独列账工作,确保建有所管,全市有70%的人防工程完成标识更新,30项人防工程项目开设人防工程维修资金账户。进一步提升全市人防工程建设管理高质量发展,完成3个自建人防工程的立项工作。实施1个人防工程行政处罚。有序实施全市人防工程信息化建设,完成2个在建、2个在用人防工程接入"智慧工地"管理平台。

(章 鸿)

公用事业

【概况】 2021年,江阴市公用事业局以习近平新时代中国特色社会主义思想为指导,全面贯彻中共十九大和十九届历次全会精神,为全市高质量发展大局发挥应有作用。基本建成环卫运营管理中心、大件垃圾处理项目,东外环路污水主管扩建工程主体完工,实施花山渗滤液厂提标改造,完成滨江污水处理二厂、西利污水处理厂主体工程建设。建成八字桥公园、方言园、霞印园,开工建设绣圃园等3个口袋公园。全年焚烧处理生活垃圾73.3万吨,无害化处理率100%。资源化利用建筑垃圾20.5万吨、全年处置有机垃圾6.9万吨。新增省级生活垃圾分类达标小区50个,建成"三定一督"(定时开放、定点投放、定人督导)分类小区32个,建成区生活垃圾分类设施覆盖率达到88.78%、小区垃圾分类设施覆盖率达100%。全年安全供水2.83亿吨,水质综合合格率100%。20个城镇污水处理厂处理污水1.64亿吨,无害化处置污泥11.66万吨。完成城区664千米市政排水管网测绘信息采集,建成市政排水管网GIS(城市排水管网数字化管理和专业化分析软件)系统。实施30个村庄生活污水治理,治理覆盖率达86%。新建燃气管线119千米、新增居民用户2.9万户。餐饮户燃气泄漏报警器安装率达100%,安全供应天然气9.2亿立方米、液化气3.2万吨,汽车加气累计售气1408万立方米。全年累计处理各类预警信息7813条,接收并办结"12345"民生热线9009件。完成10799盏路灯节能改造及5090套单灯控制器安装,完成10个镇街城乡照明一体化合作协议签订。累计巡查市政路桥隧道16.12万千米,排查修复路面、道板等16364平方米,侧石、盲道等39633米,桥梁栏杆、隧道出新11千米,更换隧道照明设施1174件,完成城区道路开挖修复154件。完成老小区绿化补植约5万平方米,控高修剪24个小区,节庆布置盆花12万盆、立体布景15个。完成江阴北等8个高速出入口、72条道路和12个重要节点的绿化整治提升,累计整治面积约330万平方米,补植绿化面积约189万平方米。创成省级生态园林城市,建成园林废弃物处置利用示范点,生产有机覆盖物544吨。坚持发挥党建引领作用,严格落实全面从严治党要求,班子成员赴联系支部上党课5场,党委中心组学习20次。加强意识形态舆论引导,累计办理人大建议、政协提案34件。

(周爱华)

【安全生产】 2021年,江阴市公用事业局党委围绕安全生产三年专项整治行动,研究部署安全生产工作,局安委会牵头召开各类安全会议16次,各行业安全专项小组召开安全会议71次,各行业领域累计签订安全生产责任书68份,开展应急演练42次,组织安全生产检查107次,参加检查人数296人次,发现隐患问题1465个,完成隐患整改1465个。开展燃气经营企业检查,排查燃气企业208个(次),排查隐患253个,排查覆盖率、隐患整改率100%。开展企业自建LNG(液化天然气)设施专项整治,共检查在用LNG(液化天然气)企业32个(次),排查整改隐患87处。开展四轮餐饮场所使用瓶装燃气安全督查,抽查企业582个,排查并整改隐患357处。加强监管中心平台建设,全年处置各类

2021年7月,市公用事业局举办"垃圾分类进校园"活动

(市公用事业局提供)

报警信息及异常情况 7613 条。

（潘博文）

【东外环路污水主管扩建工程建设】 2021 年，工程累计完成沉井 18 座、开挖井 3 座，完成牵引管 400 毫米管径管道 822 米、630 毫米管径管道 66.5 米；顶管 800 毫米管径管道 374 米，1000 毫米管径管道 1340 米；开挖管 116 米。（赵 恺）

【城镇污水处理】 2021 年，江阴市新建污水主管网 21.79 千米，完成 87 千米以上污水管网排查检测。完成滨江污水处理二厂（4 万吨/日）、西利污水处理厂（5 万吨/日）主体工程建设。完成 30 个村庄生活污水治理，全市生活污水治理村庄覆盖率达到 86%。城区排水管网养护 2620.46 千米，实施城区市政排水管网“四位一体”（测绘、检测、排查、设计）排查检测与修复项目，建成排水管网 GIS 信息系统，对纳入市级统一管养的 132 套农村污水处理设施进行专业运维，全年平均合格率达到 85%。20 个污水处理厂全年累计处理污水 1.64 亿吨。完成城区排水执法检查回头看，检查排水户 715 户，完成城区公共排水户接管改造工程（一期）。全年验收新、改、扩建项目 36 项。对城区排水管网、城镇污水处理厂、纳入统一管养的农村生活污水处理设施运行情况进行监管考核。制定印发《江阴市 2021 年城区污水处理提质增效达标区建设工作方案》，完成 8 个提质增效达标区建设。组织对城管执法中队、各镇街建设管理部门业务培训，完成达标区内小区内部排水管网排查及排水执法检查回头看，实施老旧小区排水改造及城区排水主管网排查检测，完成城区排水主管网信息化系统建设。

（严 璇 叶 炜 李晓丹）

【供水设施建设】 2021 年，江阴市安全供水 2.83 亿立方米，日均供水 77.66 万立方米，水质合格率 100%。稳步推进供水设施建设，完成长泾镇泾南路 500 毫米管径管道、新桥西环路 600 毫米管径管道等 31 个工程的竣工验收，青阳振阳路 500 毫米管径管道、月城秦望路 500 毫米管径管道等 69 个工程竣工通水，累计敷设 100 毫米管径管道以上管道 67.59 千米。完成澄南供水增压站主体工程建设及 4 个镇（街道）76 个自然村共计 7870 户居民的供水管网及户表改造任务。江南水务股份有限公司成功收购璜塘、长山和申港水厂资产，水厂整合实现新突破。持续做好节水日常工作，积极创建节水型载体，成功创建省节水型单位1 个。（崔红发）

【照明管理】 2021 年，江阴市完成 52 项照明项目设计方案审查，34 项照明项目单项验收，完成 8 个道路、小区 733 盏路灯移交接管工作；配合滨江路快速化、地铁 S1 线、第二过江通道等项目建设拆除、迁移路灯 24 盏；完成 10799 盏路灯节能改造及 5090 套单灯控制器安装。全年维修路灯 4753 盏，亮化 1099 盏，实施主次干道、老旧小区、背街小巷路灯补装民生工程，在滨江路、黄龙新村等地方补装 291 盏路灯，路灯光源亮灯率 99.5%、亮化光源亮灯率 98.47%，设施完好率 99.85%，各项指标均高于行业标准。推进照明城乡一体化工作，指导公用事业集团完成与高新区、青阳镇等 10 个镇（街、园区）的照明城乡一体化合作签约，建成高新区、青阳园区照明监控平台，完成高新区、青阳园区路灯节能改造及配电箱智能化改造。

（仲涛涛）

【监管中心平台】 2021 年，江阴市公用事业管理局监管平台全年运行正常，按时生成各类报告。拥有在线视频监控点位 408 个，全年处置各类预警信息 7813 条（环卫 2432 条，水务 4209 条，燃气 1172 条）、农村分散式生活污水处理与有机垃圾就地式处理视频项目故障 82 个。办结“12345”热线电话 9009 件，无锡市污染防治综合监管平台线索件 195 件。（吴晨宇）

【燃气安全管理】 2021 年，江阴市新建燃气管线 119 千米、新增居民用户 2.9 万户。天然气管网总长 3026.86 千米，其中高压管网 288.8 千米，中压管网 1285.59 千米，低压管网 1452.47 千米；全市发展天然气居民用户 390585 户，工业用户 1223 户，公福用户 7198 户。是年，管道天然气销售量 9.2 亿立方米，其中居民用户销售量 15720 万立方米，工业用户销售量 65611 万立方米，公福用户销售量 11067 万立方米。建有液化石油气储配站 10 座，液化石油气供应站 27 个，全年销售液化石油气 3.2 万吨。建有天然气汽车加气站 10 座，全年销售液化天然气和压缩天然气 1408 万立方米。燃气安全生产专委会开展燃气经营企业检查、企业自建 LNG 设施检查，排查企业 232 个次，整改隐患 310 处。抽查餐饮场所 582 个，排查隐患 357 处，联合属地查处“黑气点”5 处。

（朱 伟）

【市政路桥管养】 2021 年，江阴市持续实行道路网格化、精细化管理，逐条明确市政道路二级责任人，强化巡查考核，到边到角、不留死角，对发现的隐患问题即查即改，全面提升道路养护管理质量，确保市民的安全畅通出行。全年累计巡查市政路桥隧道 16.12 万千米，城区沥青混凝土路面修补 8443 平方米、人行道板修复 7921 平方米，侧平石修复 18895 米、灌缝 19400 米、盲道修补 1388 米。为及时发现并预防市政道路安全隐患，按照轻重缓急，对文化路、南街、立新路等 12 条城区管养范围内市政道路进行地下隐患的检测，对大桥路新华路口、立新路等道路进行应急维修，面积约 2400 平方米。完成城区道路开挖修复 154 条，验收新建小区道路 38 个，组织召开管线协调会 63 个。完成五星桥匝道路面破损应急抢修，对先锋桥、英桥等 25 座桥梁新增护栏，对中山桥栏杆更换及对雅盛桥桥头人行道沉降的抢修工作，根据 2020 年桥梁结构定期检测结果，完成杨市桥南侧板梁火损开裂、露筋等病害的加固维修，完成雅盛桥支座顶升加固维修，完成杏春桥主拱及钢箱梁除锈油漆，并对西门桥桥下挡墙坍塌进行抢修，完成梅园桥、澄杨路人行天桥等 18 座桥梁结构定期检测，开展澄江西路隧道消防应急演练。

【市政道路改造】 2021 年，江阴市市政管理部门按照城区道路改造提升，完成南街道路改造工程，对人行道板提升改造 3500 平方米，南街路沥青路面改造 3000 平方米；完成城市市政设施提升，对文富路、延陵路

图为市政桥梁检测现场　　（市公用事业局提供）

等道路实施侧平石、人行道板及沥青路面提升改造，完成侧石维修23016米，平石维修9923米，人行道板维修4164平方米，路面维修615平方米。　（王　佳）

电力供应

【概况】 2021年，国网江阴市供电公司认真贯彻江阴市委、市政府和上级公司决策部署，攻坚克难、砥砺奋进，狠抓战略落地，全力服务全市经济社会发展和“碳达峰、碳中和”目标，成功应对迎峰度夏、疫情突发、供电紧张等严峻考验，各项工作取得新成绩。全市全社会用电量292.91亿千瓦时，比2020年增长6.9%；公司完成售电量264.15亿千瓦时，比2020年增长8.8%；调度最高用电负荷458.89万千瓦，连续6年创历史新高，比2020年增长4.83%。截至2021年底，江阴地区有35千伏及以上变电站96座、变电容量1808万千伏安，35千伏及以上输电线路2701.6千米，10(20)千伏配电线路7071.9千米。是年，公司荣获“国网江苏省电力有限公司管理提升标杆企业”“国网江苏省电力有限公司安全生产先进集体”等称号。电力供应平稳有序。落实迎峰度夏各项措施，成功经受住暴雨台风、高温高负荷考验。积极应对9月、10月电力供需突出矛盾，配合政府实行“轮休＋紧急避峰＋保底响应”三级调控，创新开展乡镇级负荷监控，守牢民生用电底线。完成建党百年、航天器发射测控等60余项重要保电任务。建成全国首个输电线路无人机全自主巡检示范区，构建“立体巡检＋集中监控＋网格处置”的输电运维新模式，同时联合政府治理完成电力通道隐患34处，220千伏及以上线路实现零跳闸。加强供电可靠性管理，全年用户平均停电时间比2020年减少21.88%。融入全市防疫大局，主动为核酸采样和检测点提供快速接电和保电服务。电网建设加快推进。完成江阴市“十四五”电网设施布局专项规划。与江阴市“南征”指挥部办公室签订霞客湾科学城能源互联网建设战略合作协议，完成霞客湾地区500千伏线路迁改初步方案设计。强化政企协同，白鹤滩水电入苏工程江阴段完成拆迁和政处工作，500千伏长江大跨越工程南岸塔组塔施工顺利推进。投运220千伏华能燃机送出及110千伏祝塘综合能源站、花园变、卧龙变等10项项目。向上级公司争取资金，全年投入2.49亿元建设改造配农网，完成标准化网格改造项目62项、老旧小区电力设施改造项目38项。打造新桥零计划停电示范区。完成南沿江铁路工程线路迁改、110千伏定波水利枢纽变电站、西城钢厂变电站增容等重点用户工程。公司承建工程第四次获江苏省优质工程“扬子杯”奖。营商环境持续优化。实施打造全省最优县域电力营商环境标杆三年行动，配合政府出台配电建设工程600米免审批、电力接入工程政企共担管理机制实施办法等政策，提高低压业扩容量开放标准至200千瓦，全面推行居民刷脸办电，在江阴国家高新技术产业开发区青阳园区推广“开门接电”（将配电网超前延伸至客户用电项目地块红线附近）模式，实现供电营销系统与市工改系统数据互联互通。密切跟踪全市42项重大项目进展，受理报装申请22项，完成接电8项。推广线上服务，在全省县级地区率先实现网上缴费与市民卡支付挂钩。在国网系统县级供电公司中率先通过甲类4级不停电作业认证，全年开展不停电作业3051次。江阴市锡能实业有限公司荣获江阴市市长质量奖。改革红利不断释放。主动服务7676户用户参与电力市场化交易，完成市场化交易电量160.38亿千瓦时，减少用户电费支出4.13亿元。落实国家燃煤发电上网电价市场化改革要求，启动代理购电业务工作。高效推动江阴国家高新技术产业开发区增量配电试点项目落地，江阴德晟配售电有限公司正式揭牌并顺利取得电力业务许可证和电力交易许可证，配套110千伏园区变建成投产。绿色发展支撑有力。编制发布公司“碳达峰、碳中和”工作实施方案。持续做好分布式光伏发电并网服务，累计完成光伏并网发电项目3440项，并网容量677.48兆瓦。完成全电厨房改造等电能替代项目234项，替代电量7.6亿千瓦时，相当于减少散烧煤42万吨、减排二氧化碳76.2万吨。编制江阴市“十四五”电动汽车充换电设施布局规划并通过专家评审，投运西外环路充电站扩建工程及电动汽车体验中心。公司运营充电桩完成充电量767.5万千瓦时，比2020年增长91.55%。推广完成乡村电气化工程139个，投运青禾农场智慧化提升示范项目,建成徐霞客电气化示范镇。党的建设全面加强。高标准开展党史学习教育,组织线上线下党史宣讲、红色基地实景党课、红色文化论坛等活动33场次,实施"我为群众办实事"项目21项。建成融媒体工作站,并被授予"国网江苏省电力有限公司融媒体工作站示范点"称号。在全国率先通过社会责任管理体系国家标准认证。作品《一盏煤油灯》荣获第九届全国品牌故事大赛征文比赛一等奖。

【签订霞客湾科学城能源互联网建设战略合作协议】 2021年5月19日,江阴市举行霞客湾科学城规划建设启动暨首批重点重大项目集中签约仪式。签约仪式上,国网江阴市供电公司与江阴市"南征"指挥部办公室签订霞客湾科学城能源互联网建设战略合作协议,旨在落实国家"碳达峰、碳中和"工作要求,全力推动构建清洁低碳、安全高效的能源体系,充分提高土地使用效率,有效推进霞客湾科学城建设。双方将通过电力基础设施、充换电设施、电能替代及综合能源服务等项目建设,提升区域内电气化水平、清洁能源消纳水平,满足各类用户综合用能需求,改变以煤炭、石油天然气等化石能源为主导的能源供应格局;同时通过归并高压线路走廊,腾让土地资源,满足霞客湾科学城建设用地需求。

【电网负荷连续六年创历史新高】 2021年入夏后,江阴地区气温持续走高,同时受经济稳健复苏影响,江阴整体电力需求逐步回升,电网负荷节节攀升。7月13日21时10分,江阴电网调度负荷达到440.56万千瓦,超过2020年的最高值437.75万千瓦和2021年1月的历史最高值438.96万千瓦,创出历史新高;7月14日,江阴电网调度负荷一日内五创新高,于21时18分达到450.09万千瓦;7月15日,江阴电网调度负荷再创新高,于15时36分达到458.89万千瓦,比2020年增长4.83%,连续6年创历史新高。国网江阴市供电公司高度重视夏季电力供需平衡,根据对地区发展形势及负荷状况的分析,配合政府制定有序用电方案,强化需求侧管理,为江阴经济社会发展提供可靠电力保障。在入夏前,供电公司还大力推进电网升级改造,投运110千伏祝塘变、花园变、卧龙变,完成110千伏贯庄变扩建工程,有效提高电网供电能力;加强对电网的特巡特检,开展设备带电检测和红外测温,并采用无人机巡视、户内智能行走机器人、不停电作业等先进技术,及时发现并消除各类隐患,提升地区电网供电的安全性和可靠性;积极采取主动防御措施,强化应急联动处置,于6月下旬开展电网迎峰度夏防汛防台反事故演习,提高面对电网突发事件时的快速反应、综合协调和应急处置能力。

【全力保障电力供应】 2021年9月、10月,受电煤供应紧张、火电发电能力严重受限、区外来电减少等多重因素叠加影响,电力供需形势严峻。国网江阴市供电公司坚持政府主导、政企协同、依法合规,以"全员参与、确保安全、绩效导向、有序轮休"为指导原则,配合政府优化有序用电方案,实行"轮休+紧急避峰+保底响应"三级调控,有效提高调控精准性;成立电力保供指挥中心,会同江阴市发展改革委开展现场办公,创新实施以乡镇为单位的分区负荷监控。最终,公司配合政府精准实施27天有序用电,最大化减少对企业影响,有力保障居民、公共服务和重要用户用电,做到"限电不拉闸、限电不限民用"。

【通过全国社会责任管理体系认证】 《社会责任管理体系要求及使用指南》(GB/T 39604—2020)于2020年12月发布,是国内唯一可用于企业社会责任管理体系认证的标准。国网江阴市供电公司自2021年参与社会责任管理体系认证后,通过优化社会责任管理体系,开展社会责任管理体系监测、测量、分析与评价工作,社会责任绩效进一步提升,通过通标标准技术服务有限公司(SGS)的认证审核。2021年11月18日,国网江阴市供电公司举办社会责任管理体系认证颁证仪式,获得《社会责任管理体系要求及使用指南》(GB/T 39604—2020)全国首张认证证书。

【建成全国首个输电线路无人机全自主巡检示范区】 国网江阴市供电公司加快推动数字化转型发展,构建"立体巡检+集中监控"的输电运维新模式,于2021年8月上旬建成投运全国首个输电线路无人机全自主巡检示范区。示范区布点7个固定机场,覆盖35千伏至500千伏线路162条(总长约680千米)、杆塔2867基。各机库覆盖半径约6千米,可与周边至少两个机场互动,实现任务互通及快速响应。示范区还配有2台"无人机航母"通信指挥车,每辆车搭载4架遥控无人机,与固定机场互为补充。电力巡检无人机依据"航线规划—自主飞行—飞行监控—数据整理"的全流程管理模式,按设定路线开展精细化巡检作业,通过搭载的高清摄像头,多角度、近距离地巡检输电线路走廊、杆塔本体。无人机根据收到的不同指令,可在固定机场内实现图片和视频拍摄、红外测温、高音喇叭播放安全警示、扫描设备与周边物体的空间距离等功能,并通过自主充换电,满足不同场景下的任务需求。固定机场的建立,有效解决输电巡检班组存在的结构性缺员问题,实现现场巡检工作少人化甚至无人化,工作人员能腾出更多精力去从事现场应急处置、检修消缺等更为重要、更具价值的工作,每年可节约人工巡检成本200万元。该数字化智慧巡检新模式提升输电线路巡检效率,可及时发现并处理缺陷隐患,保障安全可靠供电。

【国家燃煤发电上网电价市场化改革】 2021年10月,江苏省发展改革委发布《关于进一步做好深化燃煤发电上网电价市场化改革工作的通知》,明确有序放开全部燃煤发电电量上网电价、扩大市场交易电价上下浮动范围等一系列重大调整,提出电网企业代理购电的工作要求。国网江阴市供电公司迅速行动、协同配合,全面研究并吃透政策,制定工作方案,开展2022年代理购电合同签订工作;对一线工作人员进行宣贯培训,提高员工综合业务素质;对全市674户代理购电特别电价用户逐一上门送达告知书;对全市1977户非市场化高压用户,通过寄送挂号信的方式进行告知,并通过回执、电话等多种方式进行确认;通过全市供电营业厅的电子屏、展板、易拉宝等发布公告,并通过"最江阴"公众号等媒体发布代理购电权威解读,让更多江阴市民了解政策,争取各方支持配合,积极引导工商业用户进入市场。

【增量配电改革试点】 2021年5月19日,江阴德晟配售电有限公司正式揭牌,进入实体化运营阶段,标志着江阴市增量配电试点项目正式落地。江阴德晟配售电有限公司由国网江苏省电力有限公司、海澜电力有限公司、江阴市新国联集团有限公司三方组建,承担江阴国家高新技术产业开发区增量配电试点区域内的配电投资建设运营、市场化售电、综合能源服务等业务。江阴德晟配售电有限公司积极对接国家能源局江苏监管办公室和江苏电力交易中心有限公司,取得电力业务许可证和电力交易许可证,成为拥有配电网运营权和可开展市场化电量交易的售电公司。12月28日,试点区域内110千伏园区变建成投产,标志着江阴市增量配电改革迈出实质性步伐。该工程优化完善了试点区域的供电网架,将为区域内经济社会发展提供充足动力。

【南沿江城际铁路架空线路改入地电缆工程】 2021年9月28日,35千伏庄花线57~58号线路迁改工程完工,标志着国网江阴市供电公司完成南沿江城际铁路36项10千伏、3项35千伏、10项110千伏架空线路迁改入地电缆任务。在南沿江城际铁路建设过程中,供电公司承接南沿江城际铁路沿线架空输电线路迁改入地电缆工程。铁路沿线架空线路电缆化改造,既能保证铁路沿线的建设施工安全,又能减少输电线路可能受到的外力破坏,保障电网安全可靠运行。线路迁改工程施工期间,供电公司始终精心组织,统筹施工,积极协调处理好各项施工问题,紧抓现场全过程管控,安全且保质保量完成施工任务,为南沿江城际铁路建设的顺利推进做出积极贡献。

【甲类4级不停电作业认证】 2021年12月23日,国网江阴市供电公司收到来自中电赛普检验认证(北京)有限公司关于10千伏配网不停电作业服务的认证证书,成为国家电网有限公司系统内首个通过甲类4级不停电作业服务认证的县级供电公司。该次认证对国网江阴市供电公司不停电作业的服务特性、服务能力及服务管理三个方面进行考察评估,最终确认该公司不停电作业持证20人、绝缘斗臂车4辆、全过程管理能力良好,达到甲类4级作业规模和B级服务能力。国网江阴市供电公司坚持"不停电就是最好的服务",以提升供电可靠性为出发点,优质高效地开展江阴市域内的各项配农网线路检修改造、抢修消缺等不停电作业;全面应用带电作业机器人、移动储能电源车等新装备,持续拓展不停电作业的广度与深度。是年,国网江阴市供电公司累计完成各类不停电作业3051次,比2020年增长84.02%,减少停电时户数(停电小时数与停电用户数的乘积)26.76万时户,极大地提高供电可靠性。

【电力服务项目提升工程】 2021年12月底,国网江阴市供电公司投运西外环路充电站扩建工程以及电动汽车体验中心,完成城区营业厅功能提升和搬迁。西外环路充电站拥有28台直流充电桩,年充电量可达180万千瓦时,是无锡地区最大的县域充电站。充电站内新建电动汽车体验中心,包含无锡市政府新能源汽车监测平台、新型水基灭火器演示、电动汽车体验、充电休息等多个功能元素,逐步打造集教育、培训、体验、联网通办于一体的电动汽车产业基地。城区营业厅是江阴地区唯一的B级营业厅,此次改造新建24小时自助服务区,全面实现刷脸办电、政务数据共享和电子证照互通功能,进一步优化电力营商环境,提升优质服务水平和客户体验。

【海上测控任务电力保障】 2021年,国网江阴市供电公司高度重视,将每一次卫星发射测控保电工作定为特级保电任务,按照海上测控安全供电工作要求,加强领导,精心组织,层层落实保电工作责任,确保保电工作万无一失。每次接到保电任务,公司立即与重要用电客户协商,制定详尽的保电方案和应急预案。对于与重要用电同线路和同母线的客户进行重要用电时段告知,要求客户在重要任务期间加强安全用电管理。用电检查人员对相关变电站及下级配电设施防渗漏、防雷电等情况进行重点检查,协助基地完成柴油发电机、UPS(不间断电源)投切试验。提前对相关线路和变电所进行巡视检查和消缺,合理调整停电计划,保证任务期间电网封网运行。保电期间,相关变电所由无人值班改为有人值班,用电检查人员到基地现场参与值守,公司领导带领相关部门负责人在公司值班室加强值班,按照"设备零故障、客户零闪动、工作零差错、服务零投诉"保电要求最大限度提高电力保障的可靠性。是年,国网江阴市供电公司完成海上测控保电任务32次。

(周宇峰)

■类目编辑 党 辉

生态环境

综　述

【**概况**】　2021年，江阴市积极响应习近平总书记“共抓大保护、不搞大开发”号令，落实江苏省委、无锡市委“深入打好污染防治攻坚战”总要求，以建设长江生态安全示范区为引领，开展“一年一个样、三年一扫光”治污攻坚专项行动，全市治水、治气、治土工程快速增长，常态化执行“蜗牛警示牌”“水气红黑榜”“污防最严惩戒”责任制，全域化实行“测管治一体化”“排污许可证分级分类分色积分式管理”机制，生态环境保护工作取得新进展。全年完成治气工程7294项、治水工程355项、治土工程296项，其中大气工程比2020年增加10倍，治水、治土工程均比2020年增加5倍以上。完成长泾镇纺织产业等5个产业集群综合整治。实施重点行业VOCs（挥发性有机物）综合治理项目97项，安装FID（火焰离子化检测仪）在线监测设备650套，治理工业窑炉81台。完成城镇污水管网铺设、雨污分流、工业污染防治、港口码头防污、农业农村污染防治、河道整治等12个方面各类治水重点工程。年内，江阴城区$PM_{2.5}$（细颗粒物）平均浓度33.4微克/立方米，比2020年下降10%，全市各板块首次全部达到国家空气质量二级标准。空气质量优良天数比率79.2%，比2020年提高1.3个百分点，改善幅度超过全省和无锡市平均水平。国省考断面在数量翻倍、达标难度增大（从9个增至18个）的情况下，水质优Ⅲ比例从2020年的88.9%提升到100%，长江三个集中式饮用水源地达标率100%，入江支流全部达到或优于Ⅲ类，水气环境质量改善幅度高于全省、无锡市平均水平且好于周边地区。是年，江阴市获评省生态文明建设示范市，实现省级生态文明示范镇（街道）全市域覆盖。

【**江阴生态环境局机构改革**】　2021年3月，无锡市生态环境局下发《关于无锡市江阴生态环境局部门核定编制和领导职数分配的通知》，核定江阴生态环境局部门编制和领导职数。5月，完成定人定岗，设置办公室、综合业务科（自然生态保护科）、监督稽查科、法规宣教科、监测与信息科、水生态环境科、大气环境科、土壤固废科、排放管理科、执法调查科（安全生产监督科）12个内设机构。无锡市江阴生态环境综合行政执法局在镇（街道）设置派出高新区执法分局、临港开发区执法分局、临港化工园区执法分局、澄江执法分局、青阳执法分局、华士执法分局、周庄执法分局、长泾执法分局8个执法分局，其中：临港开发区执法分局和临港化工园区执法分局为一套班子、两块牌子。6月，按照深化事业单位改革相关部署要求，无锡市江阴生态环境监测站成为无锡市生态环境局所属公益一类事业单位，副科级建置，经费渠道为全额拨款，挂无锡市江阴生态环境安全应急中心牌子，9月，完成定人定岗，设置办公室、业务管理科、质量管理科、监测一科、监测二科、监测三科、监测四科、分析一科、分析二科、应急安全与事故调查室10个内设机构（股级）。

【**弘扬生态理念**】　2021年1月15日，江阴市第十七届人民代表大会第五次会议通过《关于扎实推进美丽江阴建设的决议》中，将每年8月15日设立为“江阴生态文明日”。是年，江阴生态环境局坚持以习近平生态文明思想为指导，以决胜决战污染防治攻坚战为主要方向，开展形式多样生态环境保护宣传活动，通过“线上、线下”互动、传统媒体与新媒体传播融合方式，开展“生态文明宣贯活动”“公众看生态”“生态集市”等系列活动，动员全市各界和广大民众参与生态文明建设。同步推出“环保宣传阵地展播”专栏，以线上展播模式带领公众“云参观”，深入了解江阴生态文明建设成果，传达生态文明理念。发挥《江阴日报》、江阴电台等媒体传播力，全力打造新媒体“双微”（微博、微信）平台，将“江阴生态环境”微信公众号建成全市环保形象窗口。全年在省级以上媒体发布稿件16篇（次）；微信发布536篇，其中原创252篇，总阅读量21.8万次；微博推文1073篇，总阅读量222.5万次，获266个转赞评。开展“环境月”“江阴生态文明日”系列活动，召开宣传活动新闻发布会，发布2020年度环境状况公报；围绕“人与自然和谐共生”主题，结合江阴长江大保护与污染防治攻坚实际，举办“环境月”启动仪式。长江大保护展示馆建成无锡市一级生态文明教育实践基地，光大水务（江阴）有限公司、光大环保能源（江阴）有限公司、窑港口湿地公园、江阴狮山湖生态农业专业合作社4个单位建成无锡市二级生态文明教育实践基地。以生态文化产品为支撑点,开展“文化走基层,服务进万家”活动,海澜飞马水城入选国家体育旅游示范基地;兴澄特钢工业文化旅游区获评2021年江苏省工业旅游区,顾山镇红豆村入选2021年江苏省乡村旅游重点村名录;为“狮涧久田”等3个民宿颁发许可证。

【环保审批管理】 2021年,江阴生态环境局推行环评简政放权,通过强化事中事后监管,减流程、减内容、减费用,进一步下放审批权限,在江阴高新区自主审批基础上,将市级审批下放至临港经济开发区及各镇(街道)园区。实施环评分类管理,推动项目少批、不批。实施重大产业项目专项环评审批,通过实施项目豁免、简化环评内容、试点降级审批“三步曲”,简化项目编制审批手续,实现极速审批。运用“一张网”办理平台,进行“不见面”审批。创新开展“打捆审批”,探索实施园区内同类企业打捆审批,提升审批效率。对部分重点项目实施“告知承诺制”审批,实现当日收件、当日办理、当天到位。

自2018年起,江阴市将窑港口及周边区域进行清退和复绿,建设窑港口长江湿地保护小区鸟类栖息地。图为2021年5月,恢复后的鸟类栖息地和觅食地

(江阴生态环境局提供)

长江生态安全示范区建设

【概况】 2021年1月1日,全面启动长江流域重点水域“十年禁渔”工作。江阴市牢固树立“绿水青山就是金山银山”的“两山”理念,落实江阴市人大常委会《关于高质量建设长江生态安全示范区的决议》,按照“一年一个样、三年一扫光”总目标,加强长江江阴段生态治理制度体系建设和生态安全管控,深入打好污染防治攻坚战,推进产业链高质量发展和山水林田湖草系统治理,构筑长江生态屏障,持续推进长江生态安全示范区建设。

【长江江阴段生态治理制度体系】 2021年,江阴市为建设长江生态安全示范区,加强治理制度体系建设,推行企业排污许可证分级分色积分式信任码管理,推进长江大保护“测管治”一体化,实施生态环境保护综合行政执法改革,建设用电工况监控系统,通过“七健全一提升”(健全领导责任体系、健全企业主体责任体系、健全全民行动体系、健全监管体系、健全市场体系、健全信用体系、健全法规政策体系,提升生态环境治理能力)等措施,加快生态环境治理体系和治理能力现代化建设,当好全省最严格制度、最严密法治保护生态环境的领跑者。5月25日,《江阴市自然资源领域生态产品价值实现机制试点实施方案》获自然资源部批复,江阴市成为推进生态产品价值实现机制试点地区之一。出台《江阴市生态环境保护责任清单》,实施“蜗牛警示牌”措施,公布治气、治水红黑榜,出台《关于对污染防治攻坚不力的责任单位实施严格惩戒措施的有关办法》,定期“揭丑亮短”,以“最严标准、最严措施、最严监管、最严问责”要求,落实专班工作制度。实施四大类(原生态产品价值、衍生态产品价值、融生态产品价值、转生态产品价值)24项项目和滨江公园体系构建、湿地空间保护和修复、入江河道生态整治、水源地保护和建设、废弃矿山生态修复、水产养殖6大示范工程,构建生态产品价值实现理论研究体系,形成凸显沿江特色、适合发达地区可借鉴、可复制的价值实现路径和配套政策措施,为“两山”理论转化提供江阴实践和江阴样本。

【长江江阴段生态安全管控】 2021年,江阴市为保护长江江阴段生态环境安全,开展“首季争优”“春夏攻坚”等专项行动,进一步强化臭氧防控,出台《江阴市2021年大气污染防治工作36条》,制定全省标准最高、要求最严的施工工地、道路扬尘、餐饮油烟等3项管控措施。加强国省考断面精细化管理,实施国省考断面监测数据日公布制度,每日通报断面达标情况,及时预警异常数据。持续开展美丽河湖行动,进行新一轮河道环境综合整治,设立“民间河长”。全面落实危险废物全生命周期监管和安全专项整治,建设环太湖城乡有机废弃物处理利用示范区,开展中小微企业危废收处试点工作。强化土壤污染源头管控,更新土壤污染重点监管单位名录,开展土壤和地下水自行监测、隐患排查等工作。提档升级全市垃圾分类工作,加强对长江码头(港口)等重点涉外区域垃圾、废水监督管理。进一步规范医疗废物收集、转运、处置工作,坚决守牢疫情防控生态环境安全底线。建设国家秸秆综合利用试点县,重点建设秸秆收储利用项目4项。

【推进产业绿色发展】 2021年,江阴市出台《江阴市推进产业链高质量发展工作方案》,推动企业融入国内国际双循环新发展格局,加快构建“345”现代产业体系*。落实能耗“双控”(能源消费强度和总量双控)任务,出台能耗“双控”工作实施方案,排摸梳理“散乱污”企业750个,均完成整治。从严审批“两高”(高污染、高耗能)产业项目,持续推进减煤工作任务,建成重点节能与循环经济项目20项，全年压降非公煤炭消费60万吨标煤，获批全国整县屋顶分布式光伏开发试点。加快化解"化工围江"难题，引导和支持企业开展绿色工厂、绿色设计产品、绿色设计示范企业、绿色供应链管理企业等绿色制造示范创建工作。调整优化工业园区四至范围，形成《江阴市工业园区四至范围空间规划方案》。持续开展政策调研，出台专项政策文件17份。是年，新增国家级工业产品绿色设计示范企业1个、国家级绿色供应链管理企业1个，江阴兴澄特种钢铁有限公司、江苏雪豹日化有限公司的产品获评国家级绿色设计产品；新增江苏省绿色工厂3个。

【构筑生态屏障】 2021年，江阴市持续优化"三区三线"（城镇空间、农业空间、生态空间三种类型空间，分别对应划定城镇开发边界、永久基本农田保护红线、生态保护红线三条控制线）划定成果，深化完善国土空间总体规划初步方案，严守21.34平方千米国家级生态红线和108.1平方千米省级生态管控空间。建设桃花港长江湿地保护小区，开展"绿盾"自然保护地监督检查专项行动，确保生态红线和生态管控空间区域面积不减少、功能不降低、性质不改变。重点部署长江沿线1000米重点区域，持续优化沿江生产生活生态空间，港口规划岸线继续保持在16.85千米。落实河湖水域岸线监管，建立常态化河湖巡查工作机制。加强生物多样性保护，完成黄山、定山等主要山体动植物野外调查工作，普查长江、锡澄运河等大小水域水生生物资源，查有维管植物745种、陆生脊椎动物139种、昆虫220种、水生生物208种。开展长江禁捕巡查15483次；查处涉渔虚假宣传事件14件、非法垂钓事件79件、非法捕捞事件20件；查处涉渔违法案件113件，其中非法捕捞水产品刑事案件12件，采取强制措施24人，制止、劝退非法垂钓1466人次。

污染防治攻坚战

【概况】 2021年，江阴市把打好污染防治攻坚战作为推动生态环境高质量发展走在前列、建设现代化滨江花园城市重大举措，开展重点工程项目建设、水气环境质量提升、突出环境问题整治等，全面有序落实污染防治攻坚战各项目标任务。全市水气环境质量持续提升，江阴城区$PM_{2.5}$平均浓度33.4微克/立方米，空气质量达到国家二级空气质量标准，空气质量优良天数比率79.2%，地表水国省考断面水质优Ⅲ比例100%，"美丽江阴"生态之美逐步显现。

【大气污染防治】 2021年，江阴市大气污染防治工作联席会议办公室制定《江阴市2021年大气污染防治工作"36条"》《江阴市大气污染防治工作联席会议成员单位职责》，江阴生态环境局与市城管局、住建局、交通运输局、公用事业局等部门联合制定全省标准最高、要求最严的施工工地扬尘管控、道路扬尘管控、餐饮油烟管控3项管控强化要求，持续开展大气"六参数"（二氧化硫、二氧化氮、一氧化碳、臭氧、PM_{10}、$PM_{2.5}$）走航监测、颗粒物雷达扫描、红外VOCs扫描、卫星遥感、无人机监测等，实施精准治理。全力推动夏季VOCs、秋冬季细颗粒物专项管控，加强机动车尾气执法监管，与市公安、交通部门联合开展路检路查，成立2个专门班子，增加检测频次，全年累计检测柴油货车2740辆、处罚超标129辆，检测非道路移动机械车辆375辆、处罚超标29辆，提高高排放车辆淘汰补贴，淘汰高排放车辆5682辆。强化FID安装，全年安装650套，占无锡市完成总数的76.6%。是年，全市空气质量优良天数比率79.2%，比2020年提高1.3个百分点，江阴城区$PM_{2.5}$平均浓度33.4微克/立方米，比2020年下降10%。

【水污染防治】 2021年，江阴市完成《江阴市"十四五"水生态环境保护规划》《江阴市"十四五"太湖综合治理规划》编制，探索水污染物平衡核算管理工作，组织落实并完成金潼桥、泗河桥等5个预警断面"一断面一策"达标方案。开展国省考河道两侧支浜综合整治、汛期水质保障等专项行动，排查全市涉磷企业。实施重点治水工程建设，建成污水收集管网20千米，新增滨江、西利2个污水处理厂，日处理能力9万吨；生态化改造养殖池塘106.67公顷，验收内河码头，达标67个，测绘及改造72个企业"雨污管网"。全年整治不达标支浜66条，有22条消除劣Ⅴ类。380个排涝泵站制订"一闸一策"整治方案，建成分布式污水处理设施33套，新增日污水处理能力1100万吨。是年，国省考断面水质优Ⅲ比例为100%。

【土壤污染防治】 2021年，江阴市加强土壤污染风险管控和修复，制订土壤污染防治年度计划，梳理防治修复土壤重点项目共5大类296项，比2020年增加5倍。持续开展土壤和地下水污染源头预防工作，加强建设用地土壤污染风险管控、修复和部门联动管理，确保地块安全利用。稳步推进地下水污染状况调查评估和分区划定工作，持续强化地下水污染防治。开展清废、危废处置单位危化品使用专项治理、退出化工企业、废包装桶企业环境整治等专项行动，基本完成一般固废填埋项目的基本建设，一般固废收运体系在有关镇（街道）试点运行，餐厨垃圾、建筑垃圾综合利用处理设施在秦望山产业园建成。至年末，完成防治修复土壤重点项目64项。

【完善污染防治攻坚战制度】 2021年，江阴市进一步强化深入打好污染防治攻坚战"三年一扫光"决心和信心，完善"河长制""断面长制"和"点位长制"，建立工作目标责任制和考核制度，建立专班工作机制，精准排查整改各类水气土污染问题。全面实施《关于对污染防治攻坚不力的责任单位实施严格惩戒措施的有关办法》，综合运用经济、组织等手段强化考核结果运用落实攻坚责任。重点关注不达标地区、大气高值点位、不稳定达标和超标断面，严格落实大气、水达标攻坚专班，按照"揭榜挂帅"要求，围绕承担任务，找准攻坚突破口，持续改善生态环境质量指标，全面加强生态环境治理体系和治理能力现代化建设。是年，江阴市获评省生态文明建设示范市，实现省级生态文明示范镇（街道）全市域覆盖。

【生态"测管治"一体化平台建设】 2021年，江阴生态环境局进一步加强生态环境信息化建设,完善全市“天空地”一体化生态环境监测网络,在原“天网工程”基础上,持续建设加密站点,新增固定式水站26个,氮、磷单参数微站10个及可移动式浮船站5个,围绕城区4个省控站点布设大气自动微站60个,至此,全市累计水站108个、气站89个、$PM_{2.5}$单参数简易站250个、噪声站17个,全年产生自动监测数据225万个。持续升级“测管治”一体化平台,大数据指挥中心进入建设阶段,重污染天气管控系统、环境质量在线系统、入河排污口信息管理系统、社会化检测机构管理系统、污染源在线监测系统管理端APP均进入开发阶段。（姚 洵）

生态环境优化

【概况】 2021年,江阴市公用事业局紧扣“2021年创成江苏省生态园林城市、2023年创成国家生态园林城市”总目标,全力创建生态园林城市,推进园林绿化信息化系统建设,启动环太湖城乡园林废弃物利用示范区建设,提升城市绿化景观,实施市管道路绿化及环境整治提升工程。是年,建成八字桥公园、方言园、霞印园,开工建设绣圃园等3个口袋公园;老小区绿化补植约5万平方米,控高修剪24个小区,节庆布置盆花12万盆、立体布景15个;完成江阴北等8个高速出入口、72条道路和12个重要节点的绿化整治提升;完成省级生态园林城市创建达标工作,建成园林废弃物处置利用示范点,生产有机覆盖物544吨。（周爱华）

【省级生态园林城市创成】 2021年,江阴市公用事业局全力推进生态园林城市创建工作,编制《江阴市城市绿线划定规划》《江阴市城市绿地系统更新规划》,制定《江阴市永久绿地管理保护办法》,启动《江阴市行道树树种规划》《江阴市城市绿地系统规划(2022—2035)》编制。完成步行街—青果路—南街—虹桥路花卉应用特色街区项目建设,新建及提升澄江路、人民路、毗陵路等15条主次干道垂直绿化等项目。12月6—7日,省专家考核组考核江阴创建江苏省生态园林城市工作,先后到方言园、大桥绿道、长江大保护展览馆、天华文化中心、光大水务澄西污水处理厂等地,实地考核生态园林城市建设情况后,一致认为江阴市创建省生态园林城市工作达到考核标准。

【园林绿化管护】 2021年,江阴市园林绿化管理部门完成《2021年江阴市绿化苗木信息指导价(上半年、下半年)》编制工作,推进园林绿化信息化系统建设,利用公众号等平台科普行业动态、植物科普、生态宣传、家庭园艺、病虫害防治、三新(新材料、新技术、新工艺)应用等。举办修剪技术骨干培训班、园林大讲堂等活动,累计500余人次参加。对全市3276.89万平方米绿地加强考核力度,保障绿化效果,有7项工程项目、6项养护项目获评无锡市优质工程。实施五星路等3条道路绿化提升改造,修剪整形行道树1.5万株,整治朝阳路、澄江路等树穴997个。实施花园五村等老旧小区绿化补植约5万平方米,控高修剪小区24个。维护园容园貌、设施设备和游园秩序,修补公园路面5583平方米、护栏3098米,保养公园坐凳803张、木栈道木地面2845平方米,修缮建筑88处,维修更换各类室外灯具626盏、体育设施37处,节假日花卉环境布置盆花12万余盆、立体布景15个。开展城区绿地病虫害监测,发布植保信息,全市生物防治4422株法桐柳树,投放花绒寄甲120万头,飞絮防治杨柳树7684株,悬挂植物铭牌3194块。启动环太湖城乡园林废弃物利用示范区建设,建成江阴市园林废弃物处置利用示范点,生产有机覆盖物544吨。完成绿化管理“110”联动处理事件56件,绿化行政审批踏勘230次。

【城市绿化景观提升】 2021年,江阴市园林绿化管理部门以“彩化、文化、园艺化、效益化”为目标,多维度、多层次提升城市绿化景观,实施市管道路绿化及环境整治提升工程,完成江阴北等8个高速公路出入口、72条道路及大桥公园桥下空间等12个重要节点的绿化整治提升,整治面积约330万平方米,补植绿化面积约189万平方米,完成黄田港大草坪改造、兴国园仿古建筑修缮、百花园改造等项目。

【“江小澄”口袋公园】 2021年,江阴市园林绿化管理部门紧密结合城市更新,深层挖掘利用城市“微空间”,加快新建或改建公共活动空间,见缝插绿,见空建园,拆墙透绿,融入江阴历史人文元素,培育“江小澄”口袋公园品牌。年内,建成方言园、霞印园,开工建设绣圃园等3个口袋公园,方言园被评为无锡市十大精品游园。（王 佳）

生态基础设施建设

【概况】 2021年,江阴市公用事业局不断开展环境卫生专项整治行动,提升城乡环境面貌,持续推进垃圾分类管理和大气污染防治工作,实行生活垃圾“三定一督”(定时定点投放、定人督导)工作模式,组织开展垃圾分类方法进机关、进社区、进学校、进企业、进镇(街道)系列宣传活动,基本建成环卫运营管理中心。全年焚烧处理生活垃圾73.3万吨,无害化处理率100%。资源化利用建筑垃圾20.5万吨,处置有机垃圾6.9万吨。新增省级生活垃圾分类达标小区50个,建成“三定一督”分类小区32个,建成区生活垃圾分类设施覆盖率88.78%、小区垃圾分类设施覆盖率100%。（周爱华）

【江阴市环卫运营管理中心建设】 该中心于2020年9月22日开工建设,地处梅园路东、兴澄河北庄桥北,占地面积约2万平方米,主体站房、综合楼、机修车间、生活楼等建筑面积8000多平方米。2021年,综合楼、生活楼、机修车间、门卫、主体站房等主体工程相继完工并通过初验。（赵 恺）

【环境卫生精细化管理】 2021年,江阴市环境卫生管理中心力保全市生活垃圾收运系统高效规范运转,全年无害化处理生活垃圾73.3万吨,日均处理2007吨,生活垃圾无害化处理率和全量焚烧率均为100%;督促各环卫所开展环境卫生专项整治行动,城乡环境面貌明显提升;推进大气污染防治,持续洒水抑尘、机械化清扫等;推进农村“厕所革命”,新(改)建农村公厕52个;市餐厨废弃物集中处置PPP项目(一期)80吨/天正式投运,有机垃圾处理规模252吨/天,全年处置有机垃圾6.9万吨;市建筑垃圾资源化利用项目规范运行,逐步建立覆盖全市建筑垃圾收运体系,全年资源化利用建筑垃圾20.5万吨;市环卫运营管理中心项目基本建成;启动市花山渗滤液厂提标改造工程;城市道路机械化作业率90%,城区背街小巷机械化作业率70%。

【垃圾分类】 2021年,江阴市建成区生活垃圾分类设施覆盖率88.78%;全市行政村实现垃圾分类设施全覆盖;推行生活垃圾“三定一督”工作模式,全市建成“三定一督”试点小区32个;新增省级达标小区50个;新增垃圾分类单位50个;指导新桥镇开展垃圾分类省级试点镇创建工作,并通过省住建厅专家组现场评估;指导江阴高新区城东街道开展无锡市垃圾分类示范镇街创建工作;组织开展垃圾分类进机关、进社区、进学校、进企业、进乡镇系列宣传活动,指导市民正确掌握垃圾分类方法,全年开展各类宣传活动500余场次。（宋明新）

生态环境执法

【概况】 2021年,江阴市持续开展执法大练兵,提升执法队伍对环境污染问题精准查处能力。完成各级环保督察信访交办问题的整改销号,为第二轮中央环保督察做好准备。开展“以案促改”突出问题清理,举一反三排查问题637个,有效化解重点难点信访问题。完善生态领域安全工作机制,排查整治各类环境安全隐患,完成年度环境监测计划,快速查处江阴市宁远化纤有限公司等群众反映强烈的污染问题,进一步筑牢生态安全屏障。是年,江阴生态环境局获评全国打击危险废物环境违法犯罪行为活动表现突出集体。

【环境信访】 2021年,江阴市信访投诉重点为大气污染和噪声污染,为确保查清、查实,实施精准调查,江阴生态环境局实行“三员联动”(机关党员、执法监督员、线索信息员合力调处),采用执法手段和跟踪销号模式,全力解决信访难题,重点信访问题原则上立案。是年,受理各类环境信访件2147件,其中省级以上60件,比2020年下降36.2%;重点信访问题立案241件。

【危险废物安全专项整治】 2021年,江阴市依托“绿岛”项目和秦望山产业园,提升固危废集中处置能力,通过市级层面顶层设计,统一部署,统一标准,创新建立小微危废集中收处工作机制。在集中收集经营许可证范围内(除HW01医疗废物、HW15爆炸性废物之外),具备全品类收集能力,实现小微企业“一站式”收集处理处置。江阴生态环境局印发《关于开展危险废物规范化考核达标工作的通知》《2021年度危险废物规范化环境管理工作方案》,对全市290个重点单位开展规范化考核评分。深入开展清废行动和退出化工企业、废包装桶企业环境整治等专项行动。深化危险废物处置专项整治,核查重点单位290个,梳理排查环境隐患325处,整改办结319处,67处安全隐患均移送相关职能部门。提升固危废处置利用能力,锦绣江南4万吨/年危废填埋项目、2万吨/年危废焚烧项目、1000吨/年蒸煮处置医疗废物项目均建成投用。

【环境执法监管】 2021年,江阴生态环境局继续开展环境执法大比武,进一步强化日常执法和司法联动,结合24小时值班制度进行每日夜查。建立“蜗牛警示日”工作制度,每周六定为“蜗牛警示活动日”,全体中层干部围绕蜗牛警示问题,分组开展重点督查检查。全年出动环境执法检查22147人次,检查企业8518个次,查处环境违法案件938件;下达行政处罚决定书609份,罚款金额8218.16万元;落实新环保法处置案件89件,其中实施查封扣押案件58件、限产停产案件9件、移送环境污染犯罪案件9件、行政拘留案件7件、按日计罚案件2件。

【环境监测】 2021年,江阴生态环境局按照年度环境监测工作计划,完成饮用水、“十四五”考核重点断面地表水、降尘、降水、交通噪声、区域噪声、功能区噪声等环境质量监测任务。全年专项监测农村、化工园区等环境质量和634个重点污染源、19个固体废物;监测50个长江经济带入河排污口废水,412套农村生活污水处理设施进(出)水,30个重点监管企业挥发性有机物,12个重点监管企业周边土壤和地下水环境等污染源,以及城区26条黑臭河道、重点河道支流、339个排涝泵站出水、1026

2021年12月,江阴生态环境局临港分局执法人员现场检查企业环评审批手续 （江阴生态环境局提供）

条河道等水质。国省考断面及其周边支流支浜新建水质站点26个投入使用,基本建成单参数水站16个。城区大气考核点周边布设60个大气微站,投入使用。全市累计有监测水站108个、气站89个、$PM_{2.5}$单参数简易站250个、噪声站17个,产生自动监测数据225万个。固定式机动车尾气遥感监测设备,全年监测车辆180万余辆,捕捉超标车辆2400余辆。激光雷达走航车,全年走航200余次,现场走航发现污染线索413条。完成信访监测任务154个,应急监测及应急演练任务13个。

【环境安全防范】 2021年,江阴生态环境局开展全市化工企业环境安全隐患排查整治工作,对64个关闭退出化工企业进行"回头看"专项核查,发现9个企业有隐患9处,即查即改。开展重点环境风险企业环境安全达标建设和"八查八改"(一查改企业环境应急管理机构与人员,二查改企业突发环境事件风险等级识别情况,三查改企业突发环境事件隐患排查治理情况,四查改企业监测预警机制建设情况,五查改企业环境风险防控措施,六查改企业环境应急预案备案工作,七查改企业环境应急演练工作,八查改企业环境应急保障体系建设情况)专家现场核查专项行动,健全环境风险防范工作长效机制。开展区域突发环境事件评估,提高全市环境风险防控能力。围绕公共安全体系建设,编制生态安全专项实施方案。做好安全生产专项行动综合协调工作,开展安全生产专项检查。强化无锡安全生产监管平台隐患调处,录入无锡安全生产监管平台隐患问题211个,现场复查整改130个,办结率61.6%。 (姚 洵)

水资源管理

【概况】 2021年,江阴市水资源及节约用水管理工作以落实最严格水资源管理制度为抓手,围绕建立水资源刚性约束制度,进一步夯实水资源管理基础,深入开展节水型社会建设,大力推进水生态突出问题治理和水资源保护,各项工作取得新进展。是年,完成各类省市级节水型建设任务15个,征收水资源费6354.02万元。在无锡市2020年度实行最严格水资源管理制度考核中获评优秀等次;"十三五"规划期间实行最严格水资源管理制度工作,获无锡市最严格水资源管理考核和节约用水工作联席会议通报表扬。

【最严格水资源管理】 2021年,江阴市强化水资源消耗总量和强度双控制度,全市用水总量控制在13.67亿立方米,万元地区生产总值用水量降至31.79立方米,万元工业增加值用水量降至10.45立方米,农田灌溉水有效利用系数提升到0.6735,全面完成用水总量和效率控制目标。严格水资源论证和取水许可管理,规范开展水资源论证12次,新核发取水许可证12本,注销20本,延续2本,按时完成337本纸质存量取水许可证电子证照转换发放工作。严格地下水管理和保护,地下水年度开采量持续降低,控制在40.79万立方米,持续推进"水到井封",封填地下水井6眼,全市地下水水位持续回升。

【节水型社会建设】 2021年,江阴市为实施国家节水行动方案,全面提高水资源集约节约利用水平,编制《江阴市"十四五"节水型社会建设规划》。推进节水技术创新与示范项目引领,市水利局印发《关于下达2021年度江阴市节水型社会建设目标任务的通知》,内容涵盖省市级节水型企业、学校、小区建设等任务14个,落实载体创建补贴及相关财税激励政策。严格计划用水管理,实行计划用水下达、调整和用水直报制度,全市326个自备水取用水户计划率100%。深化用水直报制度改革,江阴市所有取水许可企业均纳入直报系统名录库,按期完成基层定报表、年报表填报工作。

【水资源规范化建设】 2021年,江阴市水利局实施取水口规范化建设,按照"三规范二精准一清晰"(工程建设规范、取水行为规范、档案台账规范,取水计量精准、监控传输精准,标志标识清晰)要求,按时完成江苏利港电力有限公司(江阴利港发电股份有限公司)取水设施规范化管理建设任务,形成可复制可推广经验,以点带面提升全市水资源管理规范化水平。开展水源地标准化建设,按《集中式饮用水水源地管理与保护规范》及《江苏省集中式饮用水源地长效管理与保护评估指南(试行)》要求,对肖山集中式饮用水源地实施标准化建设,顺利通过省水利厅现场验收。

【水法宣传】 2021年3月22日是第二十九届"世界水日",22—28日是第三十四届"中国水周"。其间,江阴市水利局围绕"珍惜水、爱护水""深入贯彻新发展理念,推进水资源集约安全利用"宣传主题,紧扣节水型社会建设、河长制管理、美丽河湖行动、地下水管理等工作,开展"走进长江、走进学校、走进社区、走进乡镇、走进企业"活动。利用利港街道"红色领航 当好北战先锋"启动仪式节点,在西石桥长江水源地开展节水宣传志愿服务活动;与市农林水利执法大队、江阴海事局等相关部门联合巡江,沿线专题宣传《中华人民共和国长江保护法》。联合江阴市第三实验小学,组织全校师生以"奏响绿色旋律 珍爱生命之水"为主题,举办"国旗下的讲话"、小水滴诗文吟诵会、节水小书签制作等宣传活动。与江阴高新区山源社区、双牌社区等联合开展节水科普宣传,为群众提供节水用水现场咨询服务,向群众发放节水宣传手册、环保袋等5000余份。与顾山镇政府联合举办大型节水主题文艺会演。派专人为火电、纺织、钢铁等高耗水行业企业送节水政策、节水技术,激发企业节水主动性,凝聚节水共识。依托"水利江阴"微信公众号、江阴电台《空中热线》栏目,与广大市民进行线上节水用水交流互动,举办年度水法知识有奖竞赛。

(王广美)

■类目编辑 成苏萍

水利建设

综　述

【概况】 2021年，江阴市水利工作贯彻习近平总书记“节水优先、空间均衡、系统治理、两手发力”的十六字治水方针，围绕“坚实水安全、优质水资源、健康水生态、先进水管理、高效水服务”战略目标，全力推进水利高质量发展，年度各项工作取得新成效。水利基础设施持续加强，全年实施重点水利工程（含续建）12项，实际完成水利工程建设投资6.96亿元，投资完成率129%，疏浚整治河道22条，清淤109万立方米。定波水利枢纽工程正式投入使用，沿江动力排涝能力新增120立方米/秒；全面完成锡澄运河河道整治Ⅰ标段工程、工农河北排涝站工程、冯泾河整治工程、长寿河新增整治工程和年度内镇村河道轮浚及生态河道建设工程；全面启动白屈港、老桃花港整治等省级重点工程；新桃花港江边枢纽实现水利部要求的年内开工，完成年度计划投资建设任务目标；其他各项工程按时间节点稳步推进。河长制管理提质增效，全年市、镇（街道）、村三级河长巡河7.5万余次，推动完成上级各条线交办、通报任务4项，向下交办督办问题事项83项，办结率均为100%。开展新一轮河道环境综合整治水质达标攻坚行动，69条综合整治河道于12月单月水质优Ⅲ的比例达79.1%。深化全域美丽河湖建设，全年建成21条（其中无锡市级10条）美丽示范河湖，整改无锡市无人机巡查交办和江阴市自查河湖突出问题1494个。最严格水资源管理制度有效落实，全市用水总量控制在13.67亿立方米、万元地区生产总值用水量降至31.79立方米，完成省、无锡市级节水型载体创建任务15个，市“十三五”水资源管理工作获无锡市通报表扬。农村水利建设全面增强，维修养护农田灌排泵站31座，建成农村生态河道141条（段）、308.53千米，覆盖率提升至49.93%，创新引入水土保持方案承诺制，办理水土保持审批事项109件。河湖监督管理持续强化，常态化规范化推进河湖“清四乱”（清理乱占、乱采、乱堆、乱建等突出问题）工作，依法整治岸线违规行为214处。精细化水利工程运行，沿江闸站全年引水17.56亿立方米、排水8.82亿立方米，保障全市防汛、工农业生产和生态补水需求。年内，防汛防台工作应对有力，有效保障全市人民群众安全度汛和经济社会稳定有序；查处非法采砂；深入推进水利行业安全生产专项整治，确保水利系统安全生产无事故。是年，江阴市水利局被评为全省防汛抗洪工作先进集体。

【建立江阴市长江河道采砂管理联席会议制度】 2021年，江阴市建立长江河道采砂管理联席会议制度，由市政府分管副市长任总召集人，市政府办公室副主任、市水利局局长任召集人。成员单位包括：市公安局、交通运输局、水利局、农业农村局、检察院、法院、江阴海事局、长江航运公安局苏州分局江阴派出所。联席会议每半年召开一次全体会议，建立日常巡查制度、会商协调制度和联合执法制度。是年，组织各类联合巡江行动38次，查处非法采砂运砂案1件，拆解非法采砂船2艘。

【事业单位改革试点】 2021年，江阴市水利系统根据市事业单位改革方案，稳定有序开展事业单位改革试点工作。5月，通过“考试＋考核”方式，选拔产生27名农机人员划转至各镇（街道），同时农机职责调整至各镇（街道）行使，进一步理顺水利基层管理体制机制，完成机构改革后续工作。6月，组织实施基层事业单位改革，将22个事业单位优化整合为4个，分别是农村水利服务中心，为副科级差额拨款单位；江堤闸站管理中心、河湖治理和水资源管理中心、防汛防旱服务中心3个中心为正股级全额拨款单位。随后制定三定方案、单位章程、权责清单，完成领导任职、党组织设置调整、岗位设置以及党员关系转接等工作，及时做好相关单位法人注销、设立等事项。通过改革，事业单位精简81.81%，编制精简16.22%，基层单位领导正副股职数减少15个，形成协同高效、职能明确、管理有序的运行机制。至年末，深化事业单位改革试点任务全面完成。

水利工程

【概况】 2021年，江阴市按照加快构建区域现代水网要求，以提升水利工程建设质量为核心,不断健全水利市场监管机制,着力提升建设管理水平,建成一批打基础、利长远、惠民生、促发展的重点水利工程。是年,全市实施重点水利工程(含续建)12 项,实际完成水利工程建设投资 6.96 亿元,投资完成率 129%,疏浚整治河道 22 条。

【长寿河河道环境整治工程】 长寿河河道环境整治工程位于江阴市周庄镇,北起应天河,南至长山大道,河段长 6790 米,概算批复投资 2011.72 万元。主要建设内容为对长寿河进行整治,加上长寿河支河共计清淤长度 8559 米,护岸整治长度 1680 米。该工程由市重点水利工程建设管理处和江阴澄通工程管理有限公司作为项目法人负责实施,无锡市水利设计研究院有限公司设计,江阴市水利工程公司施工,江苏国源项目管理咨询有限公司监理,于 2020 年 11 月 25 日开工,2021 年 4 月 4 日完工。工程结合岸线整治,实施后有效改善了长寿河的水环境及沿岸生态环境,为河道充分发挥防洪除涝、航运、水资源调度等功能提供有力保障。

【长寿河综合整治工程新增砼挡墙工程】 长寿河综合整治工程新增砼挡墙工程位于江阴市周庄镇云顾路桥北侧,主河段 425 米,楼下浜长度 104 米,概算批复投资 599.29 万元。该工程由市重点水利工程建设管理处作为项目法人负责实施,无锡市水利设计研究院有限公司设计,江阴市水利工程公司施工,无锡市泓利工程监理有限公司监理,于 2021 年 4 月 25 日开工,6 月 27 日完工。工程实施后,有效改善河道水环境,增强河道防洪排涝、水资源调度等功能。

【锡澄运河整治工程江边枢纽项目】 锡澄运河整治工程江边枢纽(定波水利枢纽)是锡澄运河(黄昌河—长江段)整治工程的一部分,为灾后水利薄弱环节重点区域排涝能力建设项目,位于江阴市澄江街道锡澄运河与长江交汇口处,概算批复投资 43486 万元。工程由江阴市水利局组建锡澄运河(黄昌河—长江段)整治工程建设处作为项目法人负责实施,江苏省工程勘测研究院有限责任公司勘测,江苏省太湖水利规划设计研究院有限公司设计,上海东华工程咨询有限公司监理。主要建设内容包括节制闸和双向泵站各一座。节制闸设计流量 385 立方米/秒,总净宽 48 米,共 5 孔;泵站设计流量 120 立方米/秒,采用 4 台套竖井贯流泵(双向),单机设计流量 30 立方米/秒,配套总装机容量 7200 千瓦。工程于 2019 年 9 月 17 日开工,2020 年 6 月 17 日通过水下工程验收,2021 年 6 月 17—19 日完成泵站机组启动试运行、10 月 12 日通过泵站机组启动验收、10 月 13 日完成土建施工及设备采购安装合同工程完工验收、12 月 27 日完成管理区内房屋土建与装饰和市政工程及水保景观工程合同工程完工验收。此工程实施后,提高区域洪水北排长江的能力,并兼顾区域供水和改善水环境。结合其他工程的实施,使区域防洪标准提高到能抵御 50 年一遇洪灾,为武澄锡虞地区防洪除涝发挥重要作用。

2021 年 6 月,位于江阴市锡澄运河与长江交汇处的定波水利枢纽工程收尾
(市水利局提供)

【工农河北排涝站工程】 工农河北排涝站工程位于江阴市澄江街道工农河与应天河交汇处,概算批复投资 939.6 万元。主要建设内容为新建排涝闸站一座(包括单孔净宽 3 米节制闸和设计流量 6 立方米/秒泵站,装机 3 台套,单机设计排涝流量 2 立方米/秒)、配套变电及管理用房 123.77 平方米、室外场地道路以及施工影响线内应天河风光带景观绿化、拆除旧桥梁等。工程由江阴市防汛防旱服务中心作为项目法人负责实施,南通和信勘测设计院有限公司设计,江阴市水利工程公司施工,无锡市泓利工程监理有限公司监理。工程于 2021 年 4 月 15 日开工,11 月 7 日基本完工。工程实施后,进一步增强区域防洪排涝能力,改善河道生态环境,保障工农河圩区防洪安全。

河湖管理

【概况】 2021 年,江阴市围绕群众日益增长的优美水生态环境需求,深入开展河湖治理攻坚行动。全年建成美丽示范河湖 21 条,其中无锡市级 10 条;新一轮 69 条综合整治河道 12 月单月水质优Ⅲ比例达 79.1%;建成总长 308.53 千米的农村生态河道 141 条(段),覆盖率提升至 49.93%。全市河容岸貌持续扮靓出新,水环境持续改善。深入推进河湖“清四乱”常态化规范化管理,加强河湖日常巡查管护,全年集中清理打捞水葫芦 3.12 万吨、河湖水面垃圾杂物 1.5 万吨,依法整治岸线违规行为 214 处。严格长江河道采砂管理,建立江阴市长江河道采砂管理联席会议制度,组织联合巡江行动 38 次,查处非法采砂运砂案 1 件,拆解非法采砂船 2 艘。是年,出台《江阴市市级河湖保护规划》,组织开展镇级河道划界及河道保护规划编制工作,为河湖系统治理、保护提供科学依据。分批对划界河道及水利工程(9 条省骨干河道、4个闸）共计456个界桩进行全面检查和更新维护。对市、镇（街道）、村河道组织开展长效管护考核24次，河道管理秩序平稳可控。

【河长制管理】 2021年，江阴市河长制管理工作持续走深走实。全年完成26条重点河道市级河长调整，市、镇（街道）、村三级河长巡河7.5万余次，推动完成上级各条线交办、通报任务4项，向下交办督办问题事项83项，办结率均为100%。完成市、镇（街道）、村三级河长制公示牌更新。与常州天宁区建立联合河长制，区域联合单位4个，协同共治成体系。是年，出台《新一轮河道环境综合整治水质达标攻坚行动实施方案》，启动实施95项河道整治工程，投资10.2亿元，69条综合整治河道12月单月水质优Ⅲ比例达79.1%，水环境质量持续明显改善。

徐霞客镇鑫城湖 （市水利局提供）

【美丽河湖建设】 2021年，江阴市持续深化美丽河湖行动，印发《江阴市深化美丽河湖专项整治三年行动计划（2021—2023）》，将整治范围扩大到对全市河湖（包括家塘）进行全覆盖整治，解决了整治标准、责任划分、投资比例等一批瓶颈问题。突出问题整改工作，全面完成无锡市美丽河湖办通报的18条“黑榜”河道的整改，全部办结无锡市无人机两次巡查交办江阴市的946个问题整改，督促整改江阴市级巡查通报的548个河湖典型问题。聚力样板示范，全面完成10条无锡市级、11条江阴市级美丽示范河湖建设任务，打造锡澄运河样板段、应天河风光带等一批亮点工程，实现城乡河湖环境和百姓幸福感的双丰收。 （王广美）

2021年，应天河被打造成为集滨水休闲、风貌保护、高尚居住等多元功能的滨江花园城市重要绿化廊道 （市水利局提供）

■类目编辑 王萍芳

交通运输

综　述

【概况】 2021年，江阴市交通运输局紧扣“南征北战、东西互搏”发展战略，加快推进交通基础设施建设，拓展运输服务功能，提升行业管理效能，各项工作有序推进。江阴高铁综合枢纽站开工建设，南沿江城际铁路江阴段、无锡至江阴城际轨道交通、江阴第二过江通道、长山大道快速化改造等工程建设加快推进，盐泰锡常宜铁路、沿江高速江阴段改扩建前期工作稳步推进。滨江路城区段快速化改造开工建设。江阴锚地、长江水上综合执法码头建设提速。运输保障实现新提升，培育客运样板企业1个，许可网约车平台公司3个，新增锡澄毗邻公交线路4条，出行服务更加便捷。加快物流集散运转，省级农村物流达标县创建通过验收。深化机制改革，省内率先探索实施“局队合一”新模式。推进普货运输企业安全治理模式变革，引导行业规范化、集约化发展。完成内河码头清理整治，新增及升级改造17套公路运输车辆动态称重系统，综合治理能力有效增强。深化党史学习教育，开展“逐梦交通党旗红·先行有我致百年”交通运输行业庆祝建党一百周年主题活动，举办“干部论坛”执法专场、“青年论坛”党史知识竞赛等，为入党50周年老党员颁发纪念章。至年末，江阴市交通系统完成政府投资57.3亿元。江阴市境内公路总里程2409.38千米。其中，高速公路72.7千米，一级公路401.39千米、二级公路739.58千米、三级公路370.62千米、四级公路825.1千米。长江汽渡2个。有航道43条，总里程394.55千米，包括可通航航道33条，里程353.29千米，不可通航航道10条（均为等外级航道），里程41.26千米。其中三级航道（锡澄运河）里程25.39千米；四级航道（锡十一圩线）里程8.33千米；五级航道（申张线29.98千米、锡十一圩线1.37千米、老锡澄运河11.26千米）里程42.61千米；六级航道（锡十一圩线2.17千米、澄虞线2.35千米）里程4.52千米；七级航道（白屈港23.49千米、新沟河5.1千米、北塘河7.7千米）里程36.29千米；等外级航道里程277.41千米。通航船闸1座。铁路里程江阴段44.46千米。城乡万人拥有公交车6.16标台，行政村公交覆盖率100%，自然村公交通达率93.2%。全年完成旅客运输量4542.39万人；货物运输量6346万吨，其中公路货运量5154万吨，水路货运量1192万吨。铁路发送货物18.79万吨，货运周转量24430.64万吨千米。江阴港全年完成集装箱吞吐量60.51万标箱，比2020年增长19.56%；货物吞吐量完成3.38亿吨，升至全国内河港第三，比2020年增长31.74%。年内，市交通运输局被评为江苏省交通建设有功集体、江苏省交通运输行业精神文明建设先进集体、江阴市“人民满意机关”。

铁　路

【概况】 2021年，江阴市轨道交通建设快速推进，南沿江城际铁路江阴段基本完成架梁工作，通信、电力、给排水和燃气等管线迁改全部完成，站后“四电”（通信、信号、电力、牵引供电）工程有序推进，南沿江项目全线唯一江阴铺轨基地启用存轨。江阴高铁综合枢纽站站房开工建设。盐泰锡常宜铁路江阴站至惠山站段可研报告获批复。无锡至江阴城际轨道交通工程（锡澄轨道S1线）地下5个车站全部开工，地下区间8台盾构全部完成始发，高架段4个车站基础结构全部完成并进行主体结构施工，高架区间相关工程加快推进，汽车客运站、江阴外滩站完成主体结构封顶。

【南沿江城际铁路江阴段】 2021年1月4日，南沿江城际铁路江阴制梁场箱梁架设跨出江阴，开始向常州境内架设。3月18日，跨东横河连续梁顺利合龙，打通向张家港方向架梁通道。3月22日，江阴站站房及相关工程初步设计获批复。5月15日，江阴段3条500千伏超高压线路迁改工程通过验收并恢复供电，完成迁改任务。6月22日，全线最大跨度（主跨135米）连续梁之一的跨芙蓉大道连续梁合龙。6月29日，全线唯一铺轨基地——江阴铺轨基地正式启动存轨工作。9月4日，跨白屈港连续梁合龙，南沿江城际铁路项目七标往江阴站方向架梁

2021 年 6 月 29 日，南沿江城际铁路江阴铺轨基地正式启动存轨工作

（夏忠兴 摄）

通道全部打通。9 月 19 日，跨锡澄运河连续梁（主跨 135 米）合龙，标志着江阴段 27 联连续梁全部合龙。11 月 4 日，南沿江城际铁路上跨既有新长铁路封锁架梁施工完成。12 月 2 日，新长铁路江阴站新信号楼正式启用，标志着原新长铁路江阴站设备设施全部完成搬迁，为江阴高铁综合枢纽站建设快速推进提供保障。12 月 18 日，南沿江城际铁路江阴段桩基施工全部完成。12 月 31 日，中铁十二局江阴制梁场最后一孔箱梁预制完成，江阴各标段箱梁预制任务完成。

【无锡至江阴城际轨道交通工程】 2021 年 1 月 21 日，无锡至江阴城际轨道交通工程（以下简称“锡澄轨道 S1 线”）汽车客运站主体结构首段底板浇筑。2 月 8 日，锡澄轨道 S1 线新虹桥拆复建工程完成，恢复通车。3 月 24 日，江阴南站至青阳站区间完成全线首座桥梁盖梁浇筑，正式进入桥梁上部结构施工阶段。4 月 29 日，首节节段预制梁生产完成。5 月 6 日，江阴南站至青阳站区间完成全线首孔简支箱梁浇筑。5 月 28 日，江阴南站完成全线首个框架柱浇筑，进入主体结构施工阶段。6 月 26 日，江阴外滩站至中山公园站区间右线盾构完成全线首发。6 月 30 日，徐霞客站南侧节段拼装梁完成全线首架。8 月 19 日，锡澄轨道 S1 线中间风井地下连续墙围护结构完成施工。9 月 5 日，汽车客运站顺利完成车站主体结构封顶。12 月 28 日，锡澄轨道 S1 线面积最大车站——江阴外滩站主体结构封顶；是日，汽车客运站至江阴高铁站区间右线盾构始发。至此，锡澄轨道 S1 线全线 8 台盾构机全部完成始发，进入盾构掘进阶段。

公　路

【概况】 2021 年，江阴市公路建设持续推进。年内，江阴第二过江通道南引线进行隧道接收井地下连续墙施工，“匠心一号”16 米级超大直径盾构机始发，隧道建设进入掘进施工阶段。第三过江通道工程项目可行性研究报告通过专家评审，前期工作有序推进。沿江高速改扩建工程获核准批复。滨江路快速化改造（城区段）工程开工建设，长山大道快速化改造项目隧道及桥梁工程加快推进。助力乡村振兴，范钱路东延、新华路东延工程开工建设，贵宾路、迎瑞路、科技大道、新郁路、陶新北路 5 条农村公路被评为无锡市美丽农村路，新华路被评为江苏“平安放心路”样板路。年内，开展高速公路出入口和普通国省道沿线绿化及环境整治提升专项行动，推进危桥改造、市道大中修等交通安全隐患整治，加强公路养护，路域环境不断优化。

【长山大道快速化改造】 长山大道快速化改造工程北起东定路，南至黄台桥，全长 6.1 千米，采用隧道、高架与主辅路相结合方式，道路等级为一级公路兼城市快速路，高架、隧道均采用双向六车道，设计时速 80 千米/小时。隧道连续下穿南沿江城际铁路、芙蓉大道、迎瑞北路、敔山北路及敔山南路后接地面主辅路；高架桥起点位于澄杨路北侧，跨越新澄杨路后落地。项目总投资 26 亿元，总工期 36 个月。2021 年 1 月 6 日，长山大道快速化改造工程开工。4 月 18 日，云亭高架段首件预制箱梁完成浇筑。5 月，220 千伏滨季线迁改工程竣工，为长山大道快速化改造工程施工提供便利条件。8 月 1 日，敔山湖隧道第一块主体结构顶板混凝土完成浇筑，敔山湖隧道主体结构进入封顶施工阶段。11 月 15 日，敔山湾立交桥第一联现浇箱梁完成浇筑。12 月 7 日，云亭高架桥首联钢箱梁吊装并完成 A 节段架设。长山大道快速化改造工程作为江阴综合枢纽站配套快速交通环线，建成后对推动江阴更高质量发展及沿江城市群区域一体化发展具有重要意义。

【滨江路快速化改造工程】 滨江路快速化改造工程（城区段），改造范围自夏东路至东外环路，长度约 8.3 千米，总体采用高架改造方案，主线双向 6 车道，城区段设 8 对出入口，其中 6 对上下匝道。全线分 3 个施工标段，总投资 41.9 亿元，项目工期 30 个月。2021 年 4 月 20 日，滨江路快速化改造工程（城区段）通过工程可行性审查。5 月 19 日，通过初步设计评审。8 月 26 日，滨江路快速化改造工程（城区段）举行合同签约仪式暨开工动员会。10 月 27 日，实施第一阶段交通导改。12 月 1 日，首根钻孔灌注桩开钻，工程进入施工阶段。该工程是全市“北战”重大工程之一，对提升道路服务水平、完善城市快速路网体系、构筑现代化综合交通运输体系具有重要意义。

【新华路获评“平安放心路”样板路】 江阴市新华路为县道，路线跨新桥镇和华士镇，起点旧庄路路口，终点华陆线，全长 12.24 千米，路面情况较好，出入口安全设施完善，指路标志信息完整，地名控制信息设置合理，是一条文明交通示范路。2021 年 12 月，在江苏省交通运输厅公路事业发展中心组织的 2021 年度品牌提升成效评选中，经过路线申报、市级审查、专家评审及省级复核,新华路被推选为2021年度江苏“平安放心路”样板路。

【公路应急演练】 2021年12月10日,2021年度江苏公路省市联合应急演练在江阴市域内229省道凤凰山隧道举行。演练由江苏省交通运输厅公路事业发展中心、无锡市交通运输局、无锡市应急管理局、江阴市政府主办,无锡市公路事业发展中心承办,常州市公路事业发展中心、无锡市交通运输综合行政执法监督局、江阴市应急管理局、江阴生态环境局、江阴市公路事业发展中心、江阴市交通运输综合行政执法大队、江阴市公安局交通警察大队、江阴市消防救援大队、江阴市人民医院等相关单位参与。演练模拟一辆危化品运输车辆在隧道内因碰撞引起泄漏起火、车辆碰撞人员受伤被困、隧道交通堵塞及人员滞留等场景,通过先期处置、启动响应、应急救援、后期处置、结束响应5个演练环节,完成预测预警、接警与核实、交通管制及车辆疏导、车辆碰撞人员被困应急处置、危化品运输车辆应急处置、人员疏散与救援6个演练科目。该次演练利用信息化系统建立集中指挥平台,实现省、市、县公路三级联动以及和应急、生态环境、公安、消防、卫生等部门协调配合,有效提升公路管理部门应急救援水平及跨部门联合处置突发事件的能力。

公共交通

【概况】 2021年,江阴市公共交通运输服务持续优化,更新14辆新能源公交车,新增2条镇村公交线路,优化调整公交线路54条。新增无锡与江阴青阳、徐霞客、长泾、顾山4个乡镇间4条毗邻公交线路,完成锡澄城际轨道S1线工程建设影响公交线路调整组织工作。持续推进公交信息化建设,城镇公交实现银联、微信、支付宝等移动支付乘车。至年末,全市累计拥有公交车1087辆,其中新能源和清洁能源车874辆,占比80.4%;公交电子站牌总数456个,主城区站覆盖率85%;公共自行车系统规模有网点386个、锁止器10150个、自行车7600辆,主城区公共自行车服务半径200~300米。完成88辆出租车报废更新手续。新增网络预约出租车419辆,切实为市民提供快捷、便利、温馨的出行服务。

【新增4条毗邻公交】 2021年1月28日,锡澄一体化公交先行暨锡澄协同发展区(堰桥—青阳)毗邻公交线路开通仪式在青阳镇政府举行。无锡与江阴青阳、徐霞客、长泾、顾山4个乡镇间4条公交线路,即无锡公交656路(政和大道—青阳镇政府)、无锡公交657路(政和大道—徐霞客公园)、江阴公交318路支线(长泾客运站—锡山东港镇)、江阴公交325路支线(顾山客运站—东港山联村)同时开通,实现无锡与江阴之间公交无缝对接、零距离换乘。

【培育1个无锡市道路旅客运输样板企业】 2021年,江阴市交通运输局试点培育江苏汇聚旅游客运有限公司为道路旅客运输样板企业,推动企业加强安全生产信息化建设,引入车辆主动安防控制系统,形成“车载设备+云控平台+专业管理与服务”三位一体企业安全管理信息化平台,建立以“一机制、两清单、三告示”为核心的双重预防体系,加强信息预警、动态管控、行前例检,实现安全生产关口前移、精准管控、源头治理、科学预防,打造道路交通安全管理“无锡标准”“无锡样板”“无锡经验”。

【定制公交快速发展】 为让传统公共交通适应新时代发展需求和群众个性化出行需求,2021年,江阴市2个公交公司与江苏省南菁高级中学等5所学校、政府机关、企业集团合作,发展定制公交业务,新增22条定制公交。至年末,开设51条定制公交专线,服务范围覆盖全市区域。定制公交专线的运行为市民出行提供更加安全、便捷的个性化、多元化公交出行服务。

水　运

【概况】 2021年,江阴市航道建设养护有序推进。中康桥改建工程完工通车,江阴长江水上综合执法码头工程加快推进,华西纺织大桥改建工程启动。年内,完成申港河口段航道年度维护性疏浚、锡澄运河待闸区护岸修理、锡澄运河水上服务区北节点绿化维护等航道日常养护。船舶污染物接收、转运、处置规范运行,沿江和内河港口企业累计接收船舶生活垃圾680.6吨、船舶生活污水30234.7立方米、含油污水4988.9立方米、洗舱水1389.47立方米,长江干线船舶水污染联合监管与服务信息系统(船E行)沿江港口企业注册率100%。沿江新建大容量岸电4套,江阴苏南国际集装箱码头有限公司等6个港口企业完成小容量智能岸电升级改造46套,3个港口企业获评江苏省星级绿色港口。至年末,江阴船闸累计通过船舶19.63万艘,比2020年减少9.7%;船舶通过量8147万总吨,比2020年减少5.1%。全年完成过闸费征收7106.59万元,比2020年减少5.1%;按政策优惠及减免过闸费1776.6万元。

【华西中康桥通车】 中康桥位于江阴市华西村,上跨江苏省干线航道申张线(江阴—张家港)航道,是连接周边企业、码头、货场的交通要道。中康桥改建项目被纳入江苏省交通重点工程申张线(江阴—张家港)航道整治工程。项目于2019年5月开工。2021年6月28日,中康桥新桥通车。新建的中康桥道路全长894.85米,设计等级为二级公路,桥梁荷载等级为公路Ⅱ级,满足三级航道通航标准,通航净空60×7米。该桥建成通车,提升申张线航道通行能力,缓解周边水陆交通压力,方便百姓出行。

【华西纺织大桥改建工程启动】 申张线(江阴—张家港)华西纺织大桥改建工程项目是申张线(江阴—张家港)航道整治工程重要组成部分。工程计划于老桥东侧20米处建设新桥。新纺织大桥桥梁全长251.28米,宽15.3米,路线长度584.78米。2021年12月10日,申张线(江阴—张家港)华西纺织大桥改建工程签约仪式在江阴市港航事业发展中心举行。年内,项目征地拆迁和管线迁改工作有序推进。

【江阴港货物吞吐量突破3亿吨】 2021年,江阴港累计完成货物吞吐量3.38亿吨,继苏州港、泰州港之后位列江苏省第三,比2020年增长31.74%,增速创历年新高。主要货种保持稳定,金属矿石、煤炭及制品、矿建材料、钢铁、化工产品等分别占吞吐总量的35.01%、32.25%、17.13%、6.77%和3.51%。外贸吞吐量保持稳定,全年完成6658.36万吨,比2020年增长2.84%。发展超大型外贸矿石船舶直达装卸业务,全年接卸开普船494艘,比2020年增长6.24%;集装箱吞吐量稳步上升,全年完成60.51万标箱,比2020年增长19.56%。

交通行政执法与监管

【概况】 2021年,江阴市交通运输局加快推进法治交通建设,行政管理效能不断提升。常态化推进疫情防控,督促客运、公交、出租、码头、船舶等落实防控措施。连续开展安全生产“百日行动”“春雷行动”“雷霆行动”“护盾行动”等专项行动,持续加强道路运输、公路设施、港口水运、工程建设等重点领域安全监管。做好江阴超限检测站24小时“肩并肩”执法,依托4个超限超载检测点,加强货运源头及重点路段联合流动执法,查获超限超载车辆1466辆,其中“百吨王”7辆,监督卸驳载货物1.35万吨。严厉打击非法营运、非法驾培经营等道路运输违法行为,累计查处各类违法违章案件4258件。开展内河码头清理整治工作,累计清理165个,规范提升133个。推进高速公路出入口和普通国省道绿化及环境整治提升行动,加快中重型营运货车淘汰进度,淘汰中重型营运货车3334辆。加强交通工程和港口码头扬尘治理管控,开展汽车维修行业VOCs(挥发性有机物)专项整治,对辖区汽修企业进行综合体检,助力大气污染防治。

【公路运输车辆动态称重系统】 2021年1月25日,江阴市公路运输车辆动态称重系统项目开工建设。结合全市路网现状,分别在江阴市346国道、122省道等10处普通国省干线市际入口、302县道等3处县道市际入口,以及229省道海港大道和122省道江阴大道段2处重要节点,新建15处公路运输车辆动态称重系统。该系统可同步识别车牌、轴数、车辆限重、车货总重等数据,对路过车辆进行车头、车侧、车尾多角度抓拍,并拍摄15秒短视频,有效固定违法证据。8月20日,第一批公路运输车辆动态称重检测系统启用;12月25日,第二批公路运输车辆动态称重检测系统启用。两批共启用8套系统。该系统的启用,能够更加精准、有力、全面打击超限超载违法行为,提升全市科技治超智能化、现代化水平。

【港口码头清理整治完成】 自2019年12月起,江阴市设立港口码头清理整治工作领导小组办公室,开展全市港口码头清理整治工作。2020年1月22日,江阴市召开港口码头清理整治工作会议,按照“政府主导、属地负责、依法合规、分类处置”原则,摸排梳理298个内河码头,其中列入清理类165个,规范提升类133个。通过上门宣传、加强巡航频次、发放停止作业告知书、对拟靠泊待清理码头船舶不得报港、控制过闸船舶、对部分待清理码头水域封航打桩等,依法清理取缔对生态安全、航运安全等造成严重影响,既不符合相关规划又未取得相关部门批准的非法码头;研究出台《江阴市港口码头清理整治工作操作指南》《江阴市港口码头清理整治验收标准》等文件,为码头整改整治提供具体标准和指引。市交通运输局加强与环保、水利、审批等部门沟通联动,逐个走访镇(街道),开展现场办公,加快港口码头在安全、环保、经营管理各方面规范提升。2021年11月,列入取缔类165个非法码头全部清理到位;列入规范提升类133个港口码头全部通过江阴市级验收。是年12月,江阴市内河港口码头环保问题整改及非法码头整治工作通过无锡市级验收,清理整治工作完成,全市内河码头规范化管理水平全面提升。

【运输企业安全治理模式变革】 为改变道路普货运输行业安全基础薄弱、安全风险隐患较大、规模化发展缓慢等现状,2021年,江阴市交通运输局全力推动道路普货运输企业行业安全治理变革,制定《江阴市道路普货运输安全生产专项整治行动方案》,开展“双随机”检查、集中执法和抽查,对安全体系差、整改不到位企业依法依规实施行政处罚。引导、鼓励小规模运输企业与规模企业合作经营,引导自货自用等道路货物运输企业退出道路运输市场。至年末,通过引导、归并、退出等注销普货运输企业1513个,剩余有车道路普货运输企业1648个,比2020年下降46%,行业安全水平有效提升。

【规范殡葬服务业客运市场】 2021年,江阴市交通运输局会同民政、城管等执法部门开展全市殡葬服务非法营运专项整治,全面摸清从事殡葬服务客车底数,联合加强警示约谈,严厉查处非法营运殡葬车。9月25日起,江阴市殡葬服务需通过微信小程序“江阴白事通”平台预约客运车辆,使用经市交通运输部门核定、具备营运资质、平台公布的75辆江阴号牌道路客运车辆,持市公安、民政、交通运输部门联合审批盖章的通行证进入殡仪馆。加强联合检查执法,形成常态长效工作机制,对涉嫌非法营运客车车主和驾驶员,公安点对点联系,坚决打击非法营运行为。通过试点整治,杜绝殡葬服务非法营运行为。 (朱怡洁)

■类目编辑 徐文辉

经济事务管理

发展计划管理

【概况】 2021年,江阴市发改委贯彻市委、市政府统一部署,认真履行经济部门职能,践行高质量发展理念,有序推进经济社会发展、重大项目建设、绿色低碳发展、营商环境优化等重点工作,有力保障全市经济社会稳中有进。加强宏观调控,深入规划编制,新增内设机构政策研发科,持续完善江阴市“十四五”规划纲要和专项规划体系。推动区域一体化、对口支援协作工作落实,加强现代化建设试点推进。服务重大项目建设,充分发挥投资动能,保障项目推进有力。持续优化营商环境,“澄策之窗”上线运行,推动涉企政策精准落地,江阴7条支持民营企业改革发展典型做法获国家发改委发文推广,打响了“澄心办·办澄事”营商环境品牌。强化保民生意识,推动民生实事落地,促进共同富裕。

【国民经济和社会发展目标管理】 2021年,江阴市发改委围绕高质量发展需求,牵头制订国民经济和社会发展年度计划,细化目标任务分解,协调推进高质量考核。全市地区生产总值增长8.1%;一般公共预算收入增长5.5%;规模以上工业增加值增长8.1%;规模以上服务业营业收入增长25.5%;固定资产投资增长4.8%;社会消费品零售总额增长4.4%;进出口总额增长21.9%;实际使用外资(上报数)9.71亿美元;城镇居民人均可支配收入和农村居民人均可支配收入分别比2020年增长8.6%和10.7%;城镇登记失业率控制在3%以内;万元地区生产总值能耗削减和主要污染物化学需氧量、二氧化硫、氨氮及氮氧化物削减完成上级下达的目标任务;空气质量优良天数比率达79.2%。工业经济稳中有进,10个企业入选“中国企业500强”,15个企业入选“中国制造业企业500强”,荣获中国工业百强县(市)“五连冠”。服务业发展稳中提质,10个企业入选“中国服务业企业500强”,双良节能系统股份有限公司入围国家首批两业融合企业试点,别样海外购等多个重点跨境头部企业注册落地。农业现代化步伐加快,完成农田连片整治720公顷、高标准农田建设560公顷,建成省级绿色优质农产品基地12个,建设“百企建百园”项目10项,创成国家农作物病虫害绿色防控示范县。启动工业园区升级改造三年行动,完成2万余个工业企业上图入库,盘活腾退提升土地1266.67公顷。产融结合稳步推进,新增上市企业3个,“江阴板块”实现股权融资105.62亿元,金融机构本外币各项贷款余额3828.05亿元。创新驱动成效明显,新增产学研项目95项,完成技术合同成交额83亿元,主导、参与完成45项国家、行业标准制(修)订。长电科技有限公司获国家科学技术进步一等奖,江苏方程电力科技有限公司、江阴中煤矿山设备有限公司获省科学技术奖二等奖,兴澄特种钢铁有限公司、远景能源有限公司获省科技创新发展奖。载体建设持续加快,净增高新技术企业62个,新增国家级专精特新“小巨人”企业6个,入库国家科技型中小企业1198个。新建无锡市级以上院士工作站4个、工程技术研究中心64个,新认定江阴市工程技术研究中心178个。创新人才加快集聚,新增高层次人才720名、高技能人才1.4万名,入选省“双创计划”人才6名。入选国家高端外国专家引智项目3项、无锡“太湖人才计划”创新创业领军团队6个。

【高质量发展考核】 2021年度,江阴市发改委根据工作职责,对接无锡市的市(县)区高质量发展考核相关业务。参与无锡市高质量考核方案的拟制,主动配合无锡市考核办的定期监测,深入分析上级反馈的季度监测数据、年度考核结果,督促各指标责任部门对标找差、扬长补短。根据省和无锡市高质量发展考核导向,结合江阴市委、市政府年度重要战略部署,在充分吸取部门、镇(街道)板块意见基础上,制订江阴市镇(街道)高质量发展考核方案。牵头相关职能部门,定期对镇(街道)高质量发展情况进行监测评价,尤其是在年内创造性地开展“东西互搏”核心指标对标比拼,激发镇(街道)干部干事创业激情。年末,配合承接无锡市考核办对江阴市的高质量发展考核,牵头相关部门完成考核工作。

【经济运行分析调研】 2021年,江阴市发改委起草《全市经济运行分析联席会议制度》,牵头各相关经济部门，根据全市经济出现的新情况、新问题，全面加强经济运行的分析研判，分析经济运行中可能出现的新动向。按照月跟踪、季预测等方式，对全市经济运行情况进行跟踪分析，形成经济分析报告，提出稳定经济发展的对策建议。是年，牵头召开4次全市经济运行分析联席会议，编写9份经济运行监测报告，及时掌握经济发展动态、预警经济风险、预测运行态势，确保全市经济保持平稳增长。

【固定资产投资管理】 2021年，江阴市发改委科学制定《2021年度政府投资项目计划》。全年排定政府投资项目103项，总投资522.9亿元，年内完成投资90.2亿元。狠抓有效投资，合理分解目标任务。将投资目标分解到各镇、街道、园区，既压担子又重服务，赴各镇、街道、园区进行调研与专项辅导15次，了解板块投入、项目推进等情况，协调解决项目审批中存在的问题30余个，推动固定资产投资落地。认真做好投资形势分析。每季度召开一次、关键节点每月召开一次投资形势分析会，协调处理相关问题，开展部门联合督查，加大项目推进工作力度。全年召开9次投资形势分析会，协调解决各类问题32个。全年固定资产投资完成923.32亿元，增长4.8%。加强事中事后监管，利用江苏省投资项目在线审批监管平台对2019年以前备案项目的开竣工情况进行审查，梳理存在的问题并通告企业即知即改。是年，该平台抽查项目25次，抽查项目3000余项。现场检20次，检查项目200余项。

【重大项目建设管理】 2021年，江阴市加强对排定的全市重点重大项目计划和市领导挂钩联系重大项目计划推进力度。全市3项省级重大项目总投资额71.5亿元，年内完成投资额8亿元；79项无锡重大项目总投资额960.1亿元，年内完成投资额244.1亿元；205项江阴重点重大项目总投资额1418.6亿元，年内完成投资额358.8亿元。中芯长电3D芯片集成加工项目、联动天翼锂电池项目和临港经济开发区的远景动力锂电池项目等6项投资额在50亿元以上项目，总投资额322.5亿元，年内完成投资额44.2亿元。2020年以后，江阴市招引的10亿元以上重大产业项目中，签约项目备案率90.7%，备案项目开工率48.7%，投资完成率19%，竣工投产率21.1%，年新增产值16.6亿元，年增税收2.31亿元，增加就业人数1950人。市发改委积极对上争取，组织申报中央、省级各类专项资金项目，全年拨付省级资金300万元。审核2021年度江阴重大产业项目专项2项，核定补助资金总额893万元，审核验收2020年度江阴重大专项项目3项，拨付预算内江阴市专项资金298万元，拨付无锡市专项资金784万元。协调做好化工项目部门联审，有关科室按《江阴市化工项目备案暂行管理办法》要求，配合市化工园区整治，对江阴赛胜新材料有限公司、江苏利士德化工有限公司、江苏江阴石油分公司等企业的9项项目进行联合会审。

【减煤攻坚战】 2021年，江阴市全力打赢减煤攻坚战，扣除10万机组以上统调电厂煤炭消费量，全市其他类型煤炭消费423.11万吨，比2020年的499.12吨减少76.01万吨，超额完成无锡市下达的年度减煤目标任务。市发改委加快推进热电企业关停整合工作，完成江苏阳光璜塘热电有限公司关停整合，并顺利通过省发改委组织的关停核查。推进能源结构调整和优化，大力推进新能源和清洁能源应用，不断提高能源利用效率。组织申报整县屋顶分布式光伏试点，并获国家批复。是年，全市分布式光伏并网共计新增154户，装机容量共计新增77.21兆瓦。其中，工商业分布式118户，装机容量76.77兆瓦；居民分布式36户，装机容量0.44兆瓦。华西钢铁资源综合利用发电工程建成投运，江阴燃机热电有限公司2×6F级燃机热电联产工程建成。

【营商环境优化】 2021年，江阴市围绕打造“最优营商环境县市”的目标，持续深化“放管服”*改革，不断提升政务服务水平、优化资源要素保障、加强法治诚信建设，全力打响“澄心办·办澄事”营商环境品牌。加强顶层路径设计，编制印发《2021年江阴市深化“放管服”改革优化营商环境工作要点》《江阴市“十四五”营商环境发展规划》，明确任务目标和责任分工，深入开展调研分析，对全市各部门、板块营商环境工作推进情况展开3轮调研，发放问卷3000余份，组织调研座谈50余次，先后走访企业70余个，收集各类问题线索100余条，形成调研报告3份，系统梳理营商环境建设存在的痛点、堵点和难点问题。推动政策精准落地，开发“澄策之窗”企业政策综合服务平台，为企业提供高效精准的政策咨询、解读和匹配服务，实现“企业找政策”到“政策找企业”的转变。主动对上争取，梳理上报34项支持民营企业改革发展典型做法，其中7项被国家发改委发文推广。是年，江阴市成为全国首批推广经验8个城市中仅有的县级市。 （胡 园）

财 政

【概况】 2021年，江阴市各级财政部门面对持续疫情防控和各种严峻形势，坚持以习近平新时代中国特色社会主义思想为指导，贯彻落实市委、市政府决策部署，牢固树立“财为政服务”理念，统筹疫情防控和经济社会发展，全面保障财政平稳运行，扎实做好“六稳”*“六保”*工作，夯实民生保障基础，深化财税体制改革，有效应对各种风险挑战，较好完成全年目标任务，“十四五”开局良好，取得财政高质量发展新成效。

【多措并举组织收入】 2021年，江阴市财政系统针对经济下行压力加大、减税降费、能耗“双控”政策等多重因素影响，加大与税务部门协调配合力度，密切跟踪财政收入运行走势，抓好关键节点的收入进度，扎实做好收入组织工作。全年全市一般公共预算收入完成273.94亿元，比2020年增长5.5%，其中税收收入完成226.7亿元，比2020年增长5%；税收占比为82.76%，超额完成市人代会确定的收入目标，总量位列无锡市各板块第一。强化收入形势调研,围绕年度目标任务,研究主要经济指标、行业运行情况、财税政策调整等重大因素对财政收入的影响,准确把握预算执行的走势和特点,科学组织全市财税收入。全力推进税收协同共治,定期召开财税联席会,完善建筑业综合治税工作方案,梳理分析留抵退税政策执行情况;联合相关部门在废钢税源回流、建筑业预缴管理、交通运输业税收、限售股减持、环保税清理等方面挖潜增收,确保应收尽收;充分挖掘非税收入潜力,规范残疾人就业保障金征收,调整公办幼儿园保育费管理模式;多渠道盘活国有资金、资产和资源,全力保障财税收入的平稳。

【服务发展大局】 2021年,江阴市财政系统围绕市委、市政府"南征北战、东西互搏"*战略部署,全面贯彻新发展理念,综合运用财政政策、财政资金、国有资金组合拳,全力保障各重点领域重大项目支出。支持工业园区升级改造,积极统筹市级财政资金、国有资金,成立江阴市工业园区升级改造有限公司,作为市级实行工业园区升级改造主体。出台《江阴市工业园区升级改造有限公司操作办法》,明确公司运行机制,提供财政金融支持。支持城市更新行动,积极对接金融机构,统筹推进存量住房改造提升和城镇老旧小区改造等工作,累计10项市级城市更新项目批贷完成,总投资269亿元,完成授信批复192亿元。支持产业转型升级,全市投入企业技术改造、科创能力建设、中小企业发展等各类扶持资金13亿元,扶持产业强市项目超1500项,补助企业930个,从人才引育、科技创新、产业升级、服务业发展等多维度支持现代产业转型升级发展。年内,江阴市成立市政府投资母基金,采取"母子基金"方式运作,设立人才科创天使基金等四只子基金,撬动更多社会资本参与投资和支持实体经济发展。同时,支持基础设施建设,积极争取政府债券资金、上级资金,合理运用预算资金,加快南沿江高铁、锡澄轨道交通S1线、江阴靖江长江隧道、滨江路快速化改造、长山大道快速化改造等城市基础设施建设。

【夯实民生保障基础】 2021年,江阴市持续强化财政投入保障和政策落实,不断增进民生福祉。支持疫情防控工作,累计拨付资金近2亿元用于全市核酸检测、新冠疫苗接种、疫情防控体系建设,助力新冠肺炎疫情防控常态化管理。支持稳定和扩大就业,安排资金2.44亿元,用于支持促进就业创业、职业技能提升行动等。支持做好基本民生保障,投入67.5亿元用于保障企业退休人员基本养老待遇,城乡居民基本养老保险待遇、被征地农民养老补助金、居民最低生活保障标准分别提高到每人每月423元、1015元和1060元;落实困难群众临时生活补贴、临时救助等支出1698万元,惠及群众近1.3万人;城乡居民基本医疗财政补助标准稳步提高,全年安排4.38亿元。支持各项社会事业发展,研究制定教育经费政策,完善教育经费保障机制,保障义务教育"双减"(减轻学生作业负担和校外培训负担)工作落实。支持加强医疗服务能力建设,推动健康江阴建设取得新成效。累计安排涉农资金近3亿元,用于加快实现农业农村现代化,全面推进乡村振兴。切实保障安全生产领域资金需求,支持自然灾害综合风险普查,支持安全发展示范城市创建工作。

【化解债务风险】 2021年,江阴市持续做好"稳存量、控增量、防变量、降成本"工作,积极防范化解政府性债务风险。市财政系统上下共同努力化解债务,成效明显,全年完成省化解债务任务的144.68%,实现债务率、债务成本、债务总量三项下降,有效降低债务风险;确保存量转通,积极与金融机构沟通衔接,强化联动协同,按照"高息转低息、短期转长期、表外转表内"的原则,做好债务结构调优、利率调低;使用互助偿债风险金7.97亿元,指导镇(街道)到期贷款周转应急,有效预防债务风险;加强综合监管,以地方政府隐性债务综合监管系统为抓手,对融资平台的债务基础信息、数据动态变化、化解债务目标完成情况实施全过程、穿透式监管,对历史化解债务数据进行排查,加强比对分析,夯实化解债务成果;加强化解债务督导,深入平台、园区、镇(街道),督促靠实安排化解债务资金;关注经营性债务增长情况,针对可能存在的苗头性问题,及时约谈主要领导,并要求限期整改,确保不发生新的违法违规融资行为。是年,市财政系统积极对上争取,聚焦重点领域、重点项目,梳理充实专项债券储备库,向上申请地方政府债券,争取新增债券资金25.8亿元,为全市经济社会事业发展提供资金保障。

【财税体制改革】 2021年,江阴市贯彻省、无锡市决策部署,全面深化各项财政改革,进一步激发财政发展活力。酝酿新一轮体制改革方案,制定市与镇(街道)、园区在基本公共服务领域共同财政事权和支出责任划分改革的方案,确定市以下基本公共服务领域共同财政事权范围,制定市基本公共服务保障基础标准,规范市与镇(街道)、园区支出责任分担方式,为制定新一轮体制调整方案夯实基础。建立预算追加联合会审机制,全面贯彻落实政府带头过紧日子的各项规定,出台《关于贯彻落实政府过紧日子要求,严格规范预算追加的实施意见》,强化预算刚性约束,规范预算追加调整,确保年度预算收支平衡。深入推进预算绩效管理,对照"三全"(全方位、全过程、全覆盖)预算绩效管理体系,借助预算一体化平台,将绩效目标无缝嵌入部门预算编制各环节并开展绩效自评价,实现项目绩效管理全覆盖。开展27项重点项目绩效评价,涉及资金超5亿元。开展预算绩效论证,将关口前移,压减预算金额超1亿元。深化非税电子票据改革,全市32个公办医疗机构、3个民非医疗机构、261个行政事业单位全面推行使用非税电子票据,真正实现让数据"多跑路"、群众"少跑腿"。其中,医疗收费电子票据全面启用,缴费人可线上随时查询打印电子票据,实现非税电子票据全覆盖。深化"放管服"*改革,严格执行公平竞争审查制度,严禁在招标文件中以不合理条款对供应商实行差别化待遇,清理通过入围方式设置的各类备选库、名录库、资格库。落实全流程电子化、扶持中小微企业等一系列措施，依法保障各类市场主体平等参与政府采购活动的权利，不断优化政府采购领域营商环境。进一步优化业务办理流程，严格落实首问负责制、限时办结制，代理记账许可办结时间由法定的25天压缩至4天。提升财政依法规范管理水平，深化法治财政标准化建设，加强规范性文件管理，严格落实合法性审查制度、集体讨论决定制度等，加强阵地建设，建成法治财政文化公园，创新形式开展财政普法宣传。

【加快国企改革步伐】 2021年，江阴市深入推进国企改革三年行动（2020年起），优化布局调整、建立健全市场化机制，不断增强国有经济竞争力、影响力。优化国资布局，整合市属企业国有资产和城市资源，将9个市属企业重组整合为4个集团公司，推动国有资本向重要行业和关键领域集中、向具有核心竞争力的优势企业集中。成立金融投资公司、基金管理公司，吸引金融资本参与和服务优势产业。通过直接投资、引进社会资本发起设立基金90亿元，参与拟上市企业股权投资、上市公司并购重组、处置不良资产等资本经营业务。创新国企管理制度，全面构建党委会、董事会、监事会，建立外部董事选聘和管理制度，坚持党管干部与董事会依法选聘经理层相结合，通过“揭榜挂帅”选聘4个集团公司总经理。实行“一企一策”差异化考核，将企业工资总额预算与利润总额等业绩考核目标挂钩，引导企业以完成高质量发展目标带动职工工资合理有序增长。转变监管职能，围绕管好资本布局、规范资本运作、提高资本回报、维护资本安全等重点，厘清各治理主体权责边界，国资监管实行清单化，完善国企在线监管平台建设。强化企业参股管理，从项目遴选、投资决策、投后管理方面加强监管，完成混合所有制企业8个，募集国有和民营资本38亿元。强化企业采购管理，通过集中采购降本增效，企业采购预算金额2.61亿元，中标金额1.95亿元，采购节约率25.28%。

2021年江阴市一般公共预算收入情况一览表

表31 单位：万元

项目	财政收入						
	合计			税务		财政	
	完成实绩	比2020年增长(%)	2020年	完成实绩	比2020年增长(%)	完成实绩	比2020年增长(%)
市本级	502547	11.56	450489	138284	13.18	364263	10.95
江阴高新区	422600	6.91	395278	402419	7.22	20181	1.16
临港经济开发区	486496	1.00	481667	462991	1.24	23505	-3.50
靖江园区	84855	7.80	78716	82414	8.60	2441	-13.65
镇(街道)合计	1242930	4.41	1190450	1180920	4.65	62010	-0.06
全市合计	2739428	5.50	2596600	2267028	5.00	472400	7.98

2021年江阴市财政预算执行情况一览表

表32 单位：万元

项目	2021年度预算数(调整)	2021年度完成情况		2020年完成	与2020年相比	
		完成数	完成调整预算%		增减额	增减%
一、一般公共预算支出合计	2655410	2688007	101.23	2378609	309398	13.01
（一）一般公共服务支出	175537	193671	110.33	177387	16284	9.18
（二）公共安全支出	128113	134383	104.89	123140	11243	9.13
（三）教育支出	420521	439253	104.45	402161	37092	9.22
（四）科学技术支出	82955	94489	113.90	88973	5516	6.20
（五）文化旅游体育与传媒支出	58012	25056	43.19	58035	-32979	-56.83
（六）社会保障和就业支出	353250	376541	106.59	363550	12991	3.57
（七）卫生健康支出	133902	164270	122.68	140385	23885	17.01
（八）节能环保支出	97063	93163	95.98	92770	393	0.42
（九）城乡社区支出	638801	575762	90.13	494971	80791	16.32

续表 32

项目	2021 年度预算数(调整)	2021 年度完成情况		2020 年完成	与 2020 年相比	
		完成数	完成调整预算%		增减额	增减%
(十)农林水支出	85682	102771	119.94	93770	9001	9.60
(十一)交通运输支出	89521	91108	101.77	43824	47284	107.90
(十二)资源勘探工业信息等支出	106012	112817	106.42	49848	62969	126.32
(十三)商业服务业等支出	16742	17978	107.38	16302	1676	10.28
(十四)自然资源海洋气象等支出	23200	15678	67.58	22217	-6539	-29.43
(十五)住房保障支出	149315	194341	130.16	155772	38569	24.76
(十六)粮油物资储备支出	1702	2873	168.80	1694	1179	69.60
(十七)灾害防治及应急管理支出	32832	21857	66.57	22370	-513	-2.29
(十八)其他各项支出	32100	3040	9.47	3072	-32	-1.04
(十九)债务付息支出	30000	28815	96.05	28238	577	2.04
(二十)债务发行费用支出	150	141	94.00	130	11	8.46
二、政府性基金预算支出	2796793	1935151	69.19	2477263	-542112	-21.88
三、国有资本经营预算支出	13300	12880	96.84	9538	3342	35.04
四、社会保险基金预算支出	289866	290913	100.36	1434927	-1144014	-79.73

(王羽婷)

税务

【概况】 2021 年,江阴市税务部门以落实减税降费与组织税费收入为主,主动作为,税收主业提质增效,圆满完成年度各项目标任务,税收工作取得"十四五"规划良好开局。全年累计完成各项收入 577.9 亿元,其中税收收入 427 亿元、社保费收入 136.5 亿元、非税收入 14.4 亿元;完成一般预算税收收入 226.7 亿元。加强政治能力建设,健全完善"三重一大"(重大事项决策、重要干部任免、重大项目投资决策,大额资金使用)决策机制,梳理规范 87 类业务和 102 类行政审议事项,党委议事决策视频在全省税务系统主要领导加强政治能力建设研讨班上交流展示。深入开展基层示范点创建,形成 19 个品牌矩阵,党支部规范化建设的梯队效应逐步显现。扎实开展党史学习教育,打造"江阴税务历史展",党委班子领学促学,市局党委开展"第一议题"学习 12 次、理论学习中心组学习 13 次,党委班子成员讲授党课 20 次,举办党史学习教育辅导 5 场,党员干部初心使命意识有效强化。形成基层常态化工作调研和现场指导制度,研究细化 9 大类 79 条便民利民惠民措施并落地落实。净化政治生态,深入推进纪律作风问题专项整治,构建一体化综合监督体系,排查各类监察项目疑点问题 125 个并整改落实到位。创新税收执法管理服务监督评议工作制度,实现纳税人、缴费人上门必评、税务干部下户必评。深化机制体系建设,全面完成 95 项机制建设任务,常用制度、规定扩充至 2114 条,工作指引增加至 866 项,基层治理体系不断完善。启动"青穗向阳"成长培养计划,形成常态化青年课题攻关机制,制度性人员调整和职级晋升稳步推进,人员结构得到优化。是年,江阴市税务部门获得"江苏省文明单位""江苏省五四红旗团委"等荣誉称号。

【组织税费收入】 2021 年,江阴市税务部门坚持组织收入原则和收入质量红线,圆满完成预算确定的收入任务。制定 26 项征管举措,按照"任务推送—措施布置—分局落实—成效考评"4 个环节,形成工作任务清单和跟踪督办事项,累计取得成效收入 33 亿元。推进废钢回收行业税源本地化,取得收入 8.41 亿元,比 2020 年增长 60.66%。跨境税源主动管理,国际税收合计入库 7.43 亿元、比 2020 年增长 17.81%。打造房地产行业管理先行区,建立"数据集成 + 专业网格 + 精准分析 + 闭环管理"的管理机制,取得成效收入 1.6 亿元。清缴欠税合计 1.45 亿元,欠税余额变动率远低于无锡市平均值。规范非税征管机制,残保金征收突破 1 亿元。落实好各类帮助企业纾困解难的税费优惠政策,全年新增减税降费 27.37 亿元;办理煤电以及中小微企业专项缓缴 9.28 亿元;办理增值税留抵退税 11.74 亿元,其中增量留抵退税 11.25 亿元;办理出口退税 67.58 亿元。减税降费和税源增长的良性循环进一步巩固。

【深化税收征管改革】 2021 年,江阴市税务部门贯彻落实中共中央办公厅、国务院办公厅《关于进一步深化税收征管改革的意见》,制发江阴落实方案,形成 50 项改革举措、170

2021年,市税务局开展"春雨润苗"行动,走进企业开展政策宣传辅导。图为税务干部走进阳光集团 (市税务局提供)

条细化任务,深化改革取得初步成效。抓精确执法,严格规范税务执法行为,对16类37项执法事项进行事前、事中、事后执法公示,对4类371项事项开展全过程记录。修改完善重大事项集体审议办法,落实两级集体审议机制,完成市局审议事项331项、分局审议事项1068项,税收执法更加公平公正。抓精细服务,全面融入本级政务服务体系,所有办税服务延伸点进驻政务服务中心,新增璜土延伸点,实现江阴全域"十五分钟办税圈"。制定前后台衔接办法,通过在办税厅设置后台人员、运用线上约谈系统等方式,减少税费服务流程跨机构流转,实现"前台受理、内部流转、限时办结、窗口出件"快速流转,实体办税时长平均缩短70%。抓精准监管,梳理各层级、各部门监管职能定位、岗位职责和运行流程,初步构建精准监管新体系基本框架。修订完善《江阴市房产税困难性减免操作意见》《江阴市股权转让所得个人所得税管理指引》等规范文件。结合征管质量监控指标,按季发布《税源与征管状况监控分析情况通报》,及时整改问题数据。终止与全市15个镇(街道)的委托代征协议,促进原代征站后台人员融入地方网格化管理,进一步加强基层税源监管,下发任务数量位居无锡市第一。抓精诚共治,推动江阴市政府出台《江阴市建筑项目综合治税工作方案(试行)》,全年建筑业预缴累计入库4.29亿元,比2020年增长15.32%,全市建筑项目协同共治水平迈上新台阶。制定《江阴市税务局推进税收协同共治工作的实施意见》,累计与15个镇(街道、园区)、18个部门签订合作备忘录,区域网格化与条线项目化的共治格局逐步形成。完善司法拍卖涉税协作机制,全年办理司法拍卖业务571件,组织收入1.71亿元;办理破产涉税流程案件75件,债权申报金额1.61亿元。协同市财政、住建、交通、水利、共用事业等部门,完成首次市政扬尘环境保护税的征收。

【优化税收营商环境】 2021年,江阴市税务部门深入推进"放管服"和办税缴费便利化改革,开展便民办税春风行动,全力纾解堵点难点问题。统筹全市服务资源,构建以一分局主导、延伸点补充,日常税费服务事项同城通办的税费服务体系,形成流程规范统一、任务分级整合、政策公开透明的一体化运行机制。建立涵盖"自助办税+移动办税+微办税+智能办税+线上办税"五位一体的非接触办税渠道,全年提供非接触服务720万次,邮寄发票11.12万户次、1043.79万份,非接触办理率98.62%。全面推进社保业务"一厅联办",试行社保业务"一窗式办理",开通微信缴费渠道。联合市行政审批局设立"全链通"新办企业套餐办理,税务环节行政审批从0.5天压缩至0.5小时。推出税务营商专员定向辅导、征纳互动"云辅导"等服务举措,推送各类信息24.16万条,开展"IPO税援团"活动19次、"春雨润苗"(为小微企业送政策、优体验、助成长)活动22次、对外开展云直播培训17场次,宣传辅导惠及3.16万名纳税人,实现"人找政策"与"政策找人"双向互动。保障纳税人、缴费人权利,建立税务规范性文件权益性审核机制、税费服务体验机制、纳税人维权诉求快速反应机制,办理各类涉税案件1211件,各类工单反馈率100%、准期办结率100%。强化涉税信用数据增值应用,为信用良好的纳税人提供"银税互动"服务2000余笔共17亿元。优化特服号功能,选派专业工程师远程帮助纳税人缴费人解决操作系统问题。是年,"新办套餐"智能审批、轻微违法行为"首违不罚"两项举措入选国家发改委发布的支持民营企业改革发展典型做法。

【防范税收风险】 2021年,江阴市税务部门牢固树立法治思维,依托数据治税、重点监管和严厉打击等手段,进一步提升风险防范水平。研究制定管理类、遵从类风险一体化防控和监管运行机制工作意见,持续优化防控格局,开发39项重点业务项目的管控流程,全年税收执法督察核查疑点5204个、整改问题319个。完善本地化风险指标模型和风险疑点数据库,分类分级实施递进应对,全年完成应对任务9471户次,取得风险应对入库绩效额15.29亿元,加收滞纳金1亿元。建立三级法制审核机制,组建市局、股室、分局法制审核团队,参与各类审核54次。不断提高以数治税水平,采集政府部门涉税信息173万条,先后开展财政补贴、建筑业预缴、违章建筑清理等涉税风险的分析和提示提醒推送,取得第三方数据和互联网数据应用成效额5.46亿元。承担江苏省税务局智慧江苏税务区县版试点工作,开展功能数据验证和指标需求完善。加强重点领域监管,确定21项重点防控事项清单,遵从类取得入库成效额 7.69 亿元,管理类发现 254 户次的问题并落实整改。做好发票日常管理,推广增值税电子专用发票,修订发票代开指引,加强发票代开风险防控,严防发票虚开,保持虚开企业源头为“零”。做好行业性风险排查,强化行业税收管理秩序,成品油专项整治采取发票降版、降量等管控措施,对废钢回收行业实施全过程监管,按月分析“产废—用废”生产经营全过程,防范成为“洗票过票”洼地风险。完善业务抽查等监管手段,持续规范网络货运平台风险监控。扎实做好个人所得税领域监管,制定并实施《江阴市税务局股权转让所得个人所得税管理指引(试行)》,率先实行自然人股权转让税收前置管理制度。压实土地增值税风险监管,完善《江阴市房地产开发项目土地增值税管理指引(试行)》《江阴市存量房交易税收服务与管理指引(试行)》,规范土地增值税审核流程,全力推进并完成 55 项清算项目,处理大批遗留项目和疑难项目。配合江阴市工业园区升级改造,明确涉税土地地价评估依据,落实国有工业用地二级市场地价评估指导价,规范市场交易税收管理,一定程度遏制以股权转让之名转让土地使用权的变相转让行为。

(姚琛雁　胡雨晨)

审　计

【概况】 2021 年,江阴市审计局积极构建“集中统一、全面覆盖、权威高效”的审计监督体系,主动融入全市高质量发展大局,依法全面履行审计监督职责,有效发挥国家财产“看门人”、高质量发展“护航员”、清廉建设“守护者”作用。全年完成审计 68 项,实施政府投资项目和拆迁项目持续跟踪审计 182 项,审计资金 192 亿元,为政府增收节支和挽回损失 3.24 亿元,移送违法违纪案件线索 5 条;向社会公开审计结果和审计信息 102 项,编写《审计要情》22 期,各类报告、要情获市领导批示 27 篇次;同级审工作报告和整改报告获市人大常委会的充分肯定和高度评价。是年,按照“学史明理、学史增信、学史崇德、学史力行”目标要求,把党史学习教育贯穿全年审计监督工作全过程各环节,开展党组中心组学习、主题宣讲、专题党课、现场教学,举行“我为群众办实事”实践活动、“光荣在党 50 年”纪念章颁发仪式、“微幸福”民生工程以及党建联盟、“暨阳红”志愿服务等一系列活动,实现党史学习教育成果和审计监督成效的融合互动、相互促进、同向提升。

【预算执行审计】 2021 年,江阴市审计局围绕提高财政资金绩效和落实过“紧日子”要求,开展市本级、云亭街道、南闸街道预算执行和财政收支情况审计,融合开展政府债券发行使用情况和战略性新兴产业发展专项资金两个专题审计。审计工作紧扣财税管理改革和预算执行全过程,坚持问题导向,重点审查预算收支执行情况,分析预算追加调整对预算执行的影响。运用“数据分析 + 现场核查”审计模式,对 60 个市级一级预算单位开展“全覆盖”审计监督,对 11 个部门单位进行重点核查,分析影响资金长期闲置的因素,重点揭示资金分配周期长、使用效率低下等问题。2020 年度同级审报告反映的 299 个问题,整改销号率达 95%,整改涉及金额 52.46 亿元,回笼财政资金和社保基金 5418.29 万元,促进资金拨付 3.19 亿元,盘活存量资金 1.06 亿元,安置房建设项目补开税务发票额 14.02 亿元,促使相关单位由点及面开展专项检查和督查项目 7 项,促进健全完善制度 20 项。

【政策跟踪审计】 2021 年,江阴市审计局对政府债务和隐性债务风险防范进行跟踪审计,动态掌握政府债务和隐性债务情况,重点关注政府债券使用绩效、政府隐性债务化解政策措施落实和年度计划完成情况、政府隐性债务增减变动情况,揭示违规举债和违规担保等问题,推动债务化解工作做真做实、积极稳妥。完成江阴市对口支援新疆发展资金和项目跟踪审计,促进援疆任务按时保质保量完成,以保障援疆资金和项目安全为目标,重点关注援疆政策措施贯彻落实、项目建设管理、援疆资金使用绩效以及以往年度跟踪审计结果整改等情况。重点审计 2020 年度援建项目 34 项,计划总投资 2.04 亿元,其中援疆资金 1.69 亿元,查出 4 个问题,提出审计建议 3 条。完成长江流域禁捕退捕政策落实跟踪审计,涉及 2017—2020 年退捕渔民 96 户,渔船退捕 96 条,其中重点对 2019—2020 年 54 户退捕渔民进行核查,对渔民社会保障进行全过程跟踪审计,核实直接补助资金和用于渔民养老保障的补贴资金 1151 万元,揭示 5 项需关注和整改的事项,提出审计建议 3 条,进一步推动长江禁捕退捕工作顺利完成,退捕渔民各项权益得到保障。

【经济责任审计】 2021 年,江阴市审计局根据市委组织部委托,先后完成利港街道、土地储备中心、教师发展中心、长泾镇、公用事业产业发

2022 年 1 月 4 日,市审计局工作人员在江苏中农都农副产品综合交易项目审计现场与相关单位人员沟通交流,为项目推进做充分的准备(市审计局提供)

展有限公司、市委党校、应急管理局、青阳镇、科技局9名领导干部的经济责任审计,审计聚焦权力运行和责任落实,重点关注领导干部贯彻执行党和国家经济方针政策、重大决策部署和发展规划等情况,盯紧重点环节和重点领域,加强对公共资金使用、公共资源交易、公共资产运营、公共工程建设的审计,以及对改善民生、生态文明建设和领导干部廉洁情况的审计。审计揭示175个问题,提出重点关注事项15项,提出审计建议38条,有效促进行政权力规范运行。同时,坚持实事求是,把容错纠错融入审计全过程,认真落实"三个区分开来"*要求,加强领导干部经济责任审计与政策跟踪、财政审计、专项审计的统筹融合,多方位敲好警示钟,促进领导干部履职尽责、担当作为。

【资源环保审计】 2021年,江阴市审计局完成城区黑臭水体整治和农村生活污水治理PPP项目绩效情况专项审计调查,《审计要情》获市领导批示6篇次。完成长泾镇领导干部自然资源资产审计,重点审计土地、水资源等自然资源和相关生态环境保护事项,重点关注领导干部贯彻执行中央生态文明建设方针政策和重大决策部署、"两高"(高耗能、高排放)项目审批监管等情况,审计涉及长泾镇国土分局及市综合执法局、建设局、经济发展和改革局4个部门,延伸审计市环境监测站、长泾水利农机管理服务站、长泾医院有限公司及市长泾综合污水处理有限公司等15个单位,对重要事项进行了必要的延伸和追溯。审计发现18个问题,提出重点关注事项2项,提出审计建议3条,有效推动领导干部贯彻落实绿色发展理念,认真履行自然资源资产和生态环境保护责任。

【民生项目资金审计】 2021年,江阴市审计局坚持把解决群众"急难愁盼"问题作为审计重点,将审计的触角延伸到教育、就业、社会保障、医疗卫生、保障性住房、生态环境保护等多个方面。组织开展常州市金坛区中小学教育经费管理使用情况专项审计调查,审计发现5个方面12个问题,查出管理不规范资金2077.61万元,违纪违规资金1509.85万元,出具移送处理书1份,提出审计建议3条,进一步推动健全教育投入机制,提高教育经费管理和使用绩效。结合利港街道领导干部经济责任审计,完成7个村(社区)的经济运行及"三资"*管理情况专项审计调查,揭示5个方面27类79个问题,促进调整优化村级经济结构,促进村(居)民增收,规范村(社区)权力运行。完成城市停车管理情况专项审计调查,揭示城市停车在体制机制、管理和实际运营中存在的22个问题,提出审计建议5条,促进相关单位完善制度,提高城市停车管理水平,切实解决群众停车难题。完成宜兴市社会保险基金审计,发现19个问题,涉及金额1316万元,提出审计建议6条,助力推动建成覆盖全民、城乡统筹、保障适度、权责清晰、可持续的多层次社会保障体系。

【政府投资和拆迁审计】 2021年,江阴市审计局完成临江路西延伸段改建工程、大桥路东侧地块前期工程、沿江十公里废弃矿山治理项目审计等16项公共投资审计项目,完成政府投资额审计30.32亿元,核减2.71亿元。完成市本级政府投资项目建设管理情况专项审计调查,涉及住建局、卫健委等8个单位,发现51个问题,提出审计建议17条。土地收储、市级重点建设项目前期征收(拆迁)跟踪审计出具审核意见710份,涉及拆迁民房6223户、企业及非住宅930个(户),拆迁面积312万平方米,送审金额73.53亿元,审定金额73亿元,节约财政资金5242万元;实施拆迁决算审计项目7项,涉及拆迁民房684户,企业及非住宅3个(户),拆迁面积1812万平方米,送审拆迁补偿金额97545万元,审定金额97491万元,核减54万元。

【审计队伍素质提升】 2021年,江阴市审计局坚持"以审计精神立身、以创新规范立业、以自身建设立信"原则,努力建设一支信念坚定、业务精通、作风务实、清正廉洁的高素质专业化审计干部队伍。突出思想淬炼,促进干部勇担当、快成长。把握好审计机关既是行政机关,更是政治机关的定位,把讲政治贯穿到审计工作各方面与全过程,全年完成上级临时交办任务36项,全力服务党委政府工作大局。突出专业训练,助力干部快入门、早成手。全年4人参加市年轻干部和中层干部培训班,22人参加全省审计机关大数据审计技能竞赛。持续推进审计实务导师制,发挥"传帮带"作用,促进年轻审计人员快速成长。积极参加省审计厅青年论坛、专题研讨等活动,撰写审计科研论文10余篇。突出实践锻炼,先后选派审计骨干14人参加纪委专案、巡视巡察工作,1人参与上级审计机关"以审代培"项目,9人参与异地交叉审计,有5名"90后"审计人员在项目中担任主审,不断拓宽审计视野,全面接触审计各环节工作,切实在实践中练出真功夫。 (陈敏敏)

统 计

【概况】 2021年,江阴市统计系统围绕市委、市政府"依托长江经济带、面向太湖科创湾、深度融入长三角、聚焦奋进十四五"战略部署,立足职能,找准定位,从严从实全面加强党的建设,提升围绕中心监测预警能力,持续优质高效做好普查调查,圆满完成"一套表"单位入库,不断推进统计法治建设,大力夯实统计基层基础,为建设现代化滨江花园城市贡献统计智慧和力量。

【地区生产总值统一核算改革】 2021年,江阴市统计局定期会同发改、工信、商务等部门召开经济运行分析和核算联席会议,加强核算分析研究,及时收集核算基础指标,对季度数据进行预测,按月对全市和各板块季度地区生产总值数据情况进行测算并简要分析。加大统计数据与工信、税务、住建等部门条线数据的比对和深度整合,每月形成税务大数据比对简报。是年,新建地区生产总值统一核算平台,借助平台从技术手段上解决漏报、误报等问题,提升统计数据质量;加载地区生产总值年度核算模块,探索、研究年度数据测算并取得初步成果。

【统计监测】 2021年,江阴市统计局密切跟踪监测全市主要经济指标发展动态,按月完成各板块重点指标汇总,突出事中监测,在关键时间节点增加日报频次,及时分析经济运行中出现的难点和亟待解决的问题,有的放矢提出针对性建议。牵头做好省高质量发展评价考核,积极对上争取,尽可能摸清指标排名情况并撰写专题汇报。继续做好特色小镇统计监测,梳理新制度的变化特征和新要求,对新桥镇进行业务指导,按时完成省级特色小镇数据填报、审核和验收工作,为特色小镇的创建提供有力支撑。推进现代化建设进程统计监测,主动对接无锡调研,对现代化监测进行摸底,系统总结江阴市试点工作开展的详细情况。围绕社会主义现代化、共同富裕、居民收支、碳达峰、消费市场等重点、热点事项,深入开展统计分析和专题研究,完成统计分析88篇、调研课题5篇,得到市领导批示13条次。紧跟国家、省、无锡市经济形势发展变化,及时研判全市经济运行态势,针对经济发展中出现的新问题、新趋势,从统计视角提出对策建议,全年完成统计信息稿215篇,其中工作信息稿144篇,经济信息稿71篇,多篇信息分析稿被上级统计部门和市委办、政府办录用。是年,市统计局被评为全市党政信息工作先进集体一等奖。

【普查调查工作】 2021年,江阴市统计局及时审核、评估、汇总第七次全国人口普查数据,通过市统计局网站、《江阴日报》、江阴电视台和“江阴发布”“最江阴”“江阴统计”微信公众号等渠道同时发布《江阴市第七次全国人口普查公报》,印发《江阴市第七次全国人口普查数据简编》,为市“十四五”规划提供人口数据支撑。组织撰写课题2篇、专题分析3篇、技术论文2篇。组织各级优秀评选工作,评出省级先进集体5个、先进个人275人;无锡市先进集体12个,先进个人425人;江阴市先进集体42个、先进个人473人。江阴市人普办被评为省级先进集体。实施1‰人口变动抽样调查。在调查小区张贴宣传资料,悬挂宣传横幅,营造良好的社会环境。对选调的近150名指导员和调查员开展两轮专题业务培训。以11月1日零时为标准时点,有序组织实施调查,完成17个镇(街道)、园区64个村(居)380个调查小区2916户的调查工作。做好4112个联网直报单位的年定报统计工作,采取集中培训、网上授课等方式强化业务培训,开展统计分析、统计法治等方面的培训,提高基层统计人员的法律意识和综合能力。全面开展规模农业单位、经济作物面积和产量、蔬菜瓜果生产情况、劳动力情况、企业创新情况、“四下”(规模以下工业单位、资质外建筑业单位、限额以下批发零售及住宿餐饮单位、规模以下服务业单位和个体户)单位抽样等调查工作。

【单位入库工作】 2021年,江阴市统计局全力以赴做好单位入库工作。认真研读国家、省、无锡市相关文件,研究制定地方实施方案,不断细化流程,优化工作方法,推进各阶段工作落实落细。仔细摸排规模以上单位情况,联合工信、商务等部门制定2021年规模以上单位入库目标任务。召开大型培训会议,精讲入库工作方案要求,发放“准规上企业名单”供各板块及专业参考。由局主要领导牵头,联合各相关部门分管负责人赴各板块一线指导工作,强调“先进库、后有数”的统计原则,全力督促各板块积极配合,通力做好入库工作。创新开发地区生产总值监测平台滚动筛选全市达标未入库企业明细,并以此为基础,要求各级统计人员对工业、批零住餐业、服务业等相关企业进行核查比对,建立企业明细,做好入库跟踪和备注,为规模以上单位入库工作做好铺垫。及时关注全市入库最新进展情况数据,做到日日汇总,定期通报,编发相关汇总情况通报19次,并及时反馈给各板块,提醒督促规模以上单位入库工作进度。省第一批年度审批工作结束时,全市规模以上单位净增198个,远低于目标值(净增750个),且只有3个板块达到目标。市统计局迅速分析原因,提出改进方案,形成统计专报上报市主要领导,建议将规模以上单位入库工作纳入专项督查和综合考核。市委、市政府领导高度重视,先后作出批示明确下阶段工作方向和要求,市考核办将此项入库工作列入年终考核,由市委办牵头,将规模以上单位入库工作纳入专项督查,并启动通报制度。同时,市统计局从提升入库流程角度等方面,进一步规范审核材料、强调入库标准、加快审核速度,做好各项关键指标的比对,对退库多或者达标较慢的相关板块及时做好个别提醒工作,进一步完善入库数据质量、提高审核通过率。强化对各重点板块的走访指导,在全市形成入库工作合力,规模以上单位入库工作成效明显提升。年末,新增入库单位约占无锡市的四成,15个板块均完成或超额完成目标。

【统计法治建设】 2021年,江阴市统计局深入推进统计法治建设。将统计法治学习纳入全年统计工作要点、统计培训教育工作计划以及统计业务培训计划,在企业年定报培训、镇(街道、园区)统计人员培训、1‰人口变动抽样调查“两员”培训等现场,加入“半小时学法”环节。拓展学习宣传范围,结合行政指导、基层走访等方式,深入板块、企业进行统计法治宣传。紧扣“4·15”全民国家安全教育日、民法典宣传月、“中国统计开放日”、12月法制宣传月等节点,举办有奖竞答、现场普法等内容丰富的活动,同时继续运用“互联网+”宣传模式,通过市统计局官网、“江阴统计”微信公众号开展法治宣传,举办统计法律法规知识有奖问答等活动。增加数据核查频次,坚持“核查和指导”相结合的工作方式,通过到企业现场查看统计台账、原始记录等资料,对发现的问题进行纠正和指导,确保统计数据应统尽统,不重不漏。提高“双随机”检查数量,在4月、7月两批省级委托统计执法检查24个工业企业和24项固定资产投资项目的基础上,按照各板块统计执法检查“三年全覆盖”的要求,对靖江园区、青阳镇、徐霞客镇、长泾镇和顾山镇共154个企业开展执法检查。实践和完善部门间联合检查工作机制,联合市税务局对3个汽车零售企业进行“双随机、一公开”(随机抽取检查对象，随机选派执法检查人员，抽查情况及查处结果及时向社会公开）执法检查。全年执法检查企业205个，比2020年增加52个。执法检查工作严格按照执法检查规定开展工作，规范制作各环节执法文书，依法履行检查通知、现场检查各环节程序。积极推进统计政务诚信建设，扩展统计从业人员信用承诺、统计信用档案签订范围，实现全局、镇（街道、园区）、各村（居）、“四上企业”（规模以上工业企业、资质等级建筑业企业、限额以上批零住餐企业、国家重点服务业企业）统计人员全覆盖。探索建立统计信用“红名单”制度，首次开展全市统计信用“红名单”企业认定试点工作，有2个企业被认定为全省统计信用“红名单”企业。开展失信企业信用修复，系统学习信用修复指南及相关政策法规，梳理信用修复流程，当好企业的指导员，对1个一般失信企业进行数据质量检查，帮助企业进行信用修复，解除融资、商业竞争限制。

【统计基层基础建设】 2021年，江阴市统计局大力加强统计基层基础建设。向每个村（社区）补贴统计工作专项经费1万元，由市统计局和各镇、街道、园区各承担5000元。面向基层和一线企业统计人员评选联网直报单位先进个人，年内通报表扬522人，发放专项经费38.9万元。开展“庆百年、走百企、解百题”主题活动，走访调研100个以上重点企业（村），实地了解企业情况和基层统计工作现状。加强统计行政指导，把行政指导贯穿于行政管理、行政执法工作全过程，全年完成29个企业的行政指导工作。加强部门统计建设，健全部门统计机构，向市委编办提交《关于在有关单位内设机构挂“统计科”牌子的请示》，商请在市发改委、科技局、工信局、农业农村局等承担常规统计调查任务的部门依法设立统计机构，负责该部门统计工作职能。此外，继续健全部门统计一套表采集系统平台，进一步统一部门统计业务流程，整合部门数据资源，提升政府统计工作整体效能。（张　帆）

自然资源规划管理

【概况】 2021年，江阴市自然资源规划部门认真落实自然资源核心职责，统筹做好疫情防控和保障发展工作，较好完成“优空间、护资源、促发展”各项工作，实现自然资源规划工作全面起势、重点突破。聚力“空间谋篇”，用地布局持续优化。基本完成国土空间总体规划，初步形成全市国土空间开发保护“一张图”。高标准完成霞客湾科学城、绮山湖科创谷等重点区域规划设计，提升了城市品质。完成江阴市镇村布局规划，指导完成11个“多规合一”实用性村庄规划编制，助力美丽乡村建设。完成江阴市综合性交通规划，拉开城市骨架。聚力“应保尽保”，要素支撑持续发挥。成立“学史力行、攻坚克难”保障领导小组，报省审批项目面积157.63公顷，供应土地面积450.93公顷，全市206项市级以上重大项目按时序实现应保尽保。出台《2021年江阴市盘活存量土地工作实施意见》，盘活存量土地面积564.93公顷，消化批而未供土地面积254.8公顷，处置供而未用土地面积59.13公顷，为江阴发展腾出用地空间。出让经营性土地面积134.19公顷、出让金160.65亿元，为城市发展集聚资金。聚力“深耕细作”，资源保护持续深入。完成重大基础设施项目占用永久基本农田补划面积58.33公顷，做好永久基本农田核实整改，完成土地整治面积120公顷，启动青阳园区国土空间全域综合整治，保障了粮食安全。深化林长制省级试点，完成成片造林面积76.87公顷，创建10个省级绿美乡村示范村，建成桃花港湿地保护小区面积215.67公顷，全面完成沿江10千米废弃矿山治理修复面积109公顷，改善了生态环境。聚力“改革创新”，持续激发发展活力。全力承接好国家、省、无锡市改革试点，扎实推进生态产品价值实现机制国家试点，完成集体经营性用地入市省级试点，初步完成“20+10+X”工业园区布局和政策研发。深化不动产“2440”（开办企业在2个工作日内完成，不动产登记在4个工作日内完成，工业建设项目施工许可在40个工作日内完成）改革，上线“线上苏小登”平台，联合江阴农商行推出“线上抵押直通车”，不动产62项登记业务中，除5项涉及公告外，9项实现即办件，48项提速至2个工作日办结，擦亮了“澄心办·办澄事”营商品牌。聚力“安全和谐”，风险防范能力持续增强。严格落实安全生产责任，编制《江阴市2021年地质灾害防治方案》，健全市、镇（街道）、村三级群测群防网格，完成《江阴市“十四五”地质灾害防治规划》，全面排查地质灾害隐患点41处并落实防范措施和应急预案，筑牢地质灾害防线。建立覆盖全市护林防火责任体系，制定《江阴市“十四五”森林防火规划》，推广试用“互联网+森林防火督查系统”和“防火码”，不断提升防火水平。持续开展城市地下管网隐患排查，全年发现隐患242处，隐患整改到位率100%。聚力“强基固本”，管理能力持续提升。聚焦重大项目组建党建联盟，党支部结盟率100%。牵头实施2项“揭榜挂帅联盟攻坚”行动项目，全力推进要素保障和存量挖潜。深入践行“两在两同”建新功行动，大力开展“我为群众办实事”活动，完成年度民生实事45项。完成应天河、张家港河（江阴段）、青祝河3条河流自然资源统一确权登记工作，推动自然资源一体化保护与修复。完成《江阴市“十四五”基础测绘规划》，设立“多测合一”窗口，提供一站式测绘服务。是年，完成集体土地所有权登记成果更新，累计完成征地报批更新3238宗，撤组批复更新2319宗，村名调整更新3641宗，征地切割及其他导致图形更新4163宗。

【霞客湾科学城战略规划与概念性城市设计】 2021年2月26日，江阴市自然资源和规划局委托中国城市规划学会面向国内外公开开展霞客湾科学城战略规划与概念性城市设计国际方案征集，正式启动霞客湾科学城规划编制工作，7月11日评选出优胜方案。霞客湾科学城位于锡澄协同发展区的中部区域，总体发展定位是打造长三角重要产业技术创新园、江湖流域保育安全的生态园、锡澄休闲度假游憩的后花园、江阴南部绿色宜居的新城区。总体空间格局是“一心(锡澄生态绿心)两廊(锡澄江湖生态廊道和澄南郊野生态廊道)、一核(由青阳商业中心、半岛科创中心、马镇文旅中心组合形成的科学城综合服务核心)、两轴(综合服务发展轴和先进制造升级轴)、三片(青阳片区、科创岛片区、马镇片区三个核心服务片区)、七簇团(有机生长的七个创新产业组团)”。规划的推进实施,将助力霞客湾科学城打造成一座智慧互联之城、绿色生态之城、青春时尚之城、未来科技之城。在此基础上,江阴市自然资源和规划局深化研究霞客湾科学城科教孵化中心城市设计及马镇国际文旅中心城市更新设计,是年12月形成阶段成果。

【绮山湖科创谷城市设计】 2021年5月,江阴市自然资源和规划局基于提前为霞客湾科学城蓄人才、抢资源、积累建设经验理念,有效承接霞客湾科学城带来的高端科创资源,启动编制绮山湖科创谷城市设计。绮山湖科创谷选址于江阴市主城南部绮山、花山地区,紧邻江阴高铁站,核心科创空间6平方千米,产城融合协调区28平方千米,将借助锡澄S1线、南沿江高铁、高速公路快捷接入区域创新网络,同时整合江阴高新区、临港经济开发区创新资源,纵向连通北部滨江生态城、中部高铁新城和南部霞客湾科学城,构筑南北协同创新发展轴,尽快补足江阴市科创短板,更好营造江阴市产业创新生态圈。绮山湖科创谷作为霞客湾科学城的先导区、高铁新城的核心区、产城融合的引领区,将依托现状山水环境资源,强化技术创新、产业培育、人才集聚、生态宜居等功能,聚力打造引领发展、辐射周边的“绮秀山水间、科创新天地”。10月,该规划设计通过专家论证会评审。

【综合交通规划】 2020年5月,江阴市自然资源和规划局为了完善江阴市综合交通体系,优化城市交通路网结构,启动编制《基于轨道交通下的江阴市综合交通规划》。该规划广泛搜集资料,开展部门交流座谈和全市居民出行OD调查(交通起止点调查),赴周边城市调研对接,注重与在编的国土空间总体性规划紧密衔接,对轨道交通、过江通道、快速路体系、客货运体系、港口集疏运等进行研究。2021年9月,该规划形成与国土空间规划紧密联系、协调一致,且包含区域及对外交通、市域交通及中心城区等各层次交通专项规划成果。该规划的推进实施,将有助于江阴打造长三角沿江门户枢纽,引导重塑城市空间结构,优化市域交通路网,改善城市动静态交通环境。是年12月,该规划通过专家论证会评审。

【“十四五”基础测绘规划】 2021年5月,江阴市自然资源和规划局启动《江阴市“十四五”基础测绘规划》编制工作。该规划在地域空间上覆盖江阴市域,开展基础测绘发展现状与需求调研,充分征求意见和建议,与国家、省相关法律法规和规划有效衔接。在规范编制程序基础上,该规划紧密结合江阴市经济社会发展需求,总结“十三五”规划时期基础测绘发展成就,分析存在的问题和面临的形势,确定“十四五”规划时期发展重点和主要任务。目标是到2025年,进一步升级完善测绘基准体系,形成高精度、高频次的基础测绘数据资源体系,新型基础测绘建设取得积极进展,基础测绘服务保障水平不断提升。7月,该规划通过南京工业大学教授李明峰等组成专家组的专家评审会。9月,该规划通过江阴市人民政府报批,由江阴市自然资源和规划局发布实施,将有效支撑自然资源精细化管理和经济社会高质量发展。

【“十四五”森林防火规划】 2020年12月,江阴市自然资源和规划局(江阴市林业局)为了加强森林防火工作,保护森林资源,委托南京国图信息产业有限公司启动《江阴市森林防火规划(2021—2025年)》的编制工作。该规划涵盖全市有森林防火任务的区域,规划目标是建设完善的森林火灾预防、扑救、保障三大体系,加快建立信息采集、信息处理、决策支持、应急处置系统,实现预警响应规范化、火灾扑救科学化、队伍建设专业化、基础工作信息化,将人力灭火和机械化灭火、以水灭火和风力灭火、传统防火和科学防火有机结合,森林防火长效机制基本形成,森林火灾防控能力显著提高,确保辖区内不发生重特大森林火灾及人员伤亡事故。2021年12月,该规划完成编制。规划的推进实施,将在生态效益、社会效益、经济效益方面取得明显效果,有助于江阴实现森林防灭火治理体系和治理能力现代化。

【沿江20个废弃矿山采矿场治理】 早在2019年5月,江阴市自然资源和规划局全面贯彻习近平总书记在深入推动长江经济带发展座谈会上的重要讲话精神,消除地质灾害隐患、改善生态环境,委托江苏省地质调查研究院编制《江阴市长江沿线国土空间生态修复工程实施方案》,全面启动沿江(10千米范围内)20个废弃露天矿山采矿场生态修复工作。至2021年6月,历时2年余,累计投入13087万元,按照“一矿一策”治理方式完成废弃矿山治理修复项目。12月,该项目完成省级总验收,修复历史遗留废弃露天采矿场20个,实际生态修复面积93.33公顷;消除矿山地质灾害隐患点9处;修复边坡数量19个,边坡治理体量222.48万立方米;土地复垦面积60.98公顷;恢复破损山体植被边坡面积36.87公顷,废弃地面积48.12公顷,大幅提升矿山生态保护功能,有效改善长江沿岸自然生态环境和自然景观。

【林长制省级试点】 2020年3月,江苏省林业局下发《关于推进林长制试点工作的通知》文件,明确江阴市作为全省8个试点地区之一。12月,江阴市委、市政府印发《关于在全市全面推行林长制的实施意见》《江阴市林长制工作方案》,建立市、镇(街道)、村三级林长制组织体系,完善部门联动、资金保障、社会监督、网格管理和考核奖惩等工作机制,全面部署开展林长制试点工作。2021年试点工作深入开展,至12月,全市实现森林等资源“三增、三保、三防”(三增:增森林覆盖率、增森林蓄积量、增自然湿地保护率;三保:保林地面积稳定、保重点生态公益林面积稳定、保湿地面积稳定;三防:防控森林火灾、防治林业有害生物、防范破坏森林资源行为)目标,完成成片造林494.3公顷,将公益林生态补偿标准由每公顷2250元提升至每公顷3000元,湿地保护小区补偿标准由每个50万元提升至每个80万元,省级湿地公园补偿标准由每个100万元提升至每个150万元,创建6个国家森林乡村、15个省级绿美村庄和璜土桃花港湿地保护小区,为加快推进"生态江阴、绿色江阴、美丽江阴"建设提供生态支撑和基础保障。

【事业单位机构改革】 2021年6月22日,江阴市自然资源和规划局根据江阴市委编制办《关于印发江阴市自然资源和规划局所属事业单位职能配置、内设机构和人员编制规定的通知》要求,启动所属事业单位机构改革工作。组建江阴市自然资源和规划局城东管理所,正科级建制,内设高新区、澄江、周庄、云亭、南闸管理服务科等机构;组建江阴市自然资源和规划局临港管理所,正科级建制;组建江阴市自然资源和规划局徐霞客管理所,正科级建制,内设徐霞客、青阳、祝塘、月城管理服务科等机构;组建江阴市自然资源和规划局华士管理所,正科级建制,内设华士、长泾、顾山、新桥管理服务科等机构。组建江阴市自然资源规划监察大队,副科级建制,挂"江阴市森林植物检疫站"牌子。组建江阴市自然资源规划综合服务中心,副科级建制,挂"江阴市国土空间规划编制研究中心"牌子。重新组建江阴市林场,正股级建制。重新核定江阴市土地储备中心、不动产登记中心、林业指导站的事业编制。10月,完成事业单位整合撤并、人员调整等工作。 (卫志友)

市场监督管理

【概况】 2021年,江阴市市场监督管理局围绕市委、市政府的"南征北战、东西互搏"*的战略部署和"产业更高端、创新更澎湃、城市更美好、人民更幸福"总目标,锚定质量、标准、知识产权"三大战略",守住食品、药品、特种设备、产品质量"四大安全",优化企业营商、百姓消费、市场竞争"三大环境"。庆祝建党100周年,深化党史学习教育,开展中心组学习25次,强化市场监管与党建工作互促互融。把学习党史与化解矛盾、推动工作相结合,针对民生问题的堵点、痛点、难点,成立5支"我为群众办实事"服务队,形成16项为民办实事项目,其中2项入选第二批市级实施项目。成立知识产权、质量基础一站式服务、食品检测进基层等5个基层党建联盟组织和以青年骨干为成员的青年突击队,开展9期集中业务培训。坚持作风纪律建设常态长效,培养敢干事、善做事、能扛事的工作作风,全力打造一支高素质专业化的干部队伍。是年,市场监管领域各项工作实现新提升。

【质量强市建设】 2021年,江阴市出台《2021年江阴市质量提升行动工作实施方案》,确定4大类16项重点工作,大力推进质量强市建设。市市场监督管理局采取集中辅导和单点对接等形式,指导、帮助企业积极申报各类奖项,新增1个无锡市市长质量奖企业,13个企业成为省第二批"江苏精品"重点培育企业,7个企业获得江苏省AA级质量信用。围绕质量宣传、质量提升、质量服务和质量监管四大主题,组织开展质量月专题活动。开展"江阴质量故事"征文活动,传播"忠义暨阳,质优致远"城市质量精神,以展示全市企业质量风采方式扩大江阴市质量工作影响力、创新力、竞争力。打造质量人才高地,开展3期首席质量官培训,受训人数达700人。不断深化卓越绩效管理,组织开展江阴市卓越绩效阳光集团基地对接青阳企业研学实践活动,充分发挥示范基地企业的示范引领作用,持续搭建好企业交流平台,11个企业董事长参加活动。以新发展理念为指引,融合要素资源,加强数据联通,打造集计量、标准、认证认可、检验检测、质量管理、知识产权等质量要素的"一站式"共享服务平台,为企业、特别是中小企业提供全链条、全方位、全过程质量基础设施综合服务。是年,"一站式"服务活动组织各类技能培训、标准宣贯及政策解读等18场次,培训人员1万余人次,解决生产过程中的技术问题20余个,减免企业检测费用210万元。

【标准化推进】 2021年,江阴市企业完成2项国际标准、45项国家和行业标准的制(修)订,全市企业主导的国际标准累计19项,保持全省同级县市领先,国际标准"话语权"持续扩大。市市场监督管理局基层分局综合管理标准化试点工作获国

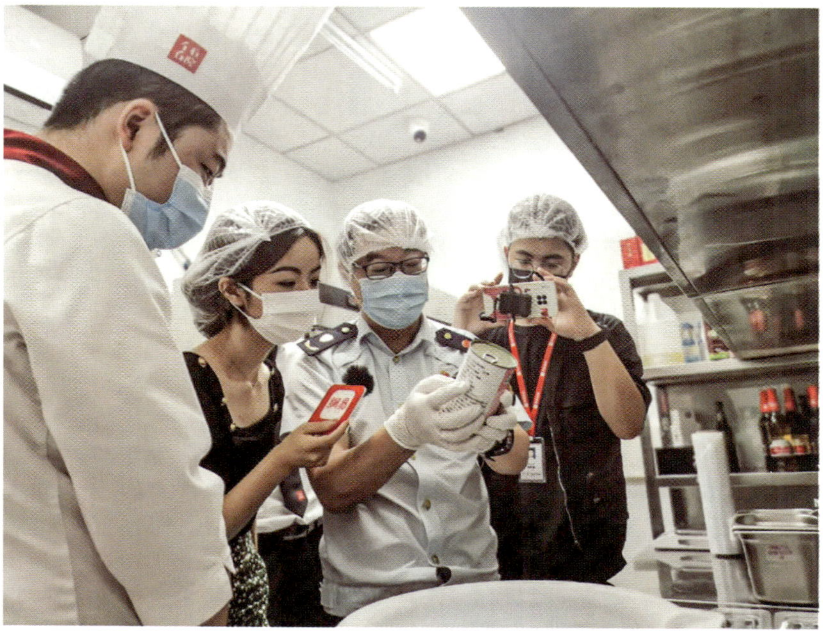

2021年9月8日,市市场监管局举办"食安先锋 你点我检"食品安全执法检查现场直播活动 (市市场监管局提供)

家总局副局长、国标委主任批示，相继被多个国家级主流媒体采访报道。全国首批、省内首个国家技术标准创新基地获得建成批文。组织申报标准化试点项目及地方标准项目，获批2个省级技术标准创新基地、2项省级标准化试点项目、3项省级地方标准，总数创历史新高。开展“献礼百年勇担当，优化服务促发展”大走访活动，围绕“惠企、利企、便企”三大关键词，入户走访企业478个，召开集中座谈会13场，与镇(街道)建立更牢固的连接纽带，提高企业参与标准化工作的积极性。强化考核激励，将标准化工作参与度纳入对镇、街道、园区高质量考核，凝聚强大发展合力。全力推进国家级社会联动救助基本公共服务标准化专项试点项目，不断完善社会救助标准体系，新增14项自编标准，修改37项标准，通过省级预评估。深化标准化在改革工作中的应用，提供的应用案例被列入江阴市向省委改革办上报的两个典型案例之一。

【优化营商环境】 2021年，江阴市市场监督管理局发布《江阴市市场监督管理局进一步优化营商环境行动方案(2.0)》，升级优化33条硬措施，多维度、立体化、全方位推动营商环境持续优化。加强商业秘密保护，建成15个保护示范点、3个维权联系点。取消新开零售药店筹建审批，筹建验收两步并一步，提升审批效率。探索实行直营连锁企业食品经营许可“评审承诺制”改革，审批手续流程平均精简75%，审批时间由8个工作日变为立等可取，为企业“减负”，让服务“升温”。推进外资登记网络超前预审服务，全年依托互联网邮箱收取预审咨询1530件，企业发起网络预审的申请件占总办件的96%，大幅减少交通、时间、人力成本。助企融资，办理出质股权数额1.51亿美元，为外资企业融资101.68亿元，帮助企业拓宽融资渠道。主动向无锡市市场监管局成功争取到外商投资企业股份公司的登记注册初审权限，开展预受理和直通达服务。继续实施包容审慎柔性执法，在严守法律、安全底线的前提下，采取预警提示、政策辅导、行政建议、警示告诫、规劝提醒、走访约谈等措施，作出不予处罚决定案件257件、减轻处罚案件209件，从轻处罚案件137件，以务实的举措为企业纾难解困，为创业者提供成长空间。

【规范市场秩序】 2021年，江阴市市场监督管理局夯实公平贸易和确保群众身体健康的基础。强化计量监管，完成479台眼镜制配计量器具、1179台加油机、4122台集贸市场的计价秤、3万余件疫情防控计量器具免费检定工作。持续加大重点领域的广告监管力度，做好广告监测平台的线索接转和处置。维护公平竞争秩序，坚持问题导向，以教育培训、医疗服务、房地产销售、停车收费等行业领域为重点，加大价格和反不正当竞争监管力度。开展“清源”行动，防范化解市场经营领域风险矛盾。依托“江苏省网络交易监管系统”，提升网络监测的覆盖面和精准度，加强配合联动及“线上线下”一体化监管，调优监管模式、改进监管手段。强化电商培训，开展“送法入企”活动，年内为230余人次开展培训服务，发放500余份《电商从业须知》宣传资料，提高全市电子商务经营者法律意识、引导诚信经营。以文明城市创建为契机，进一步引导农贸市场经营户提高文明服务、守法经营的意识，全年评选出星级文明诚信经营户2232户。保持高压态势，严格执行市疫情防控指挥部关于暂停活禽交易的决定和禁止市场进行任何形式的野生动物交易，严厉查处非法经营野生动物的行为。

【信用体系建设】 2021年，江阴市市场监督管理局在疫情防控情况下用心做好市场信用体系建设。通过电话提醒、微信宣传、实地走访等形式，加大年报提醒力度，年报率达93.8%，创历史新高。依托全市“双随机、一公开”(随机抽取检查对象，随机选派执法检查人员，抽查情况及查处结果及时向社会公开)监管联席会议，组织全市55个部门使用江苏省市场监管平台。牵头抓总，推动各单位对表落实、对标找差，许可、处罚、检查结果、联合惩戒四类信息的归集部门比例100%，归集其中两类信息部门比例83%，行政处罚公示率93%。健全机制，编制部门联合抽查事项清单，对26个重要领域制定联合抽查计划，减少多头执法，减轻企业负担。扩大覆盖面，“双随机、一公开”监管联席会议成员单位由2020年的17个增补至32个，100%开展双随机抽查，100%完成检查工作并公示结果，开展部门联合抽查的领域比2020年翻一番。鼓励企业主动自新，规范开展信用修复，对信息传递中遇到的各类问题做到细致分析、积极协调，全年为44个企业修复信用，比2020年增加两倍以上。组织对列入异常满两年、未满三年的1173个企业进行短信和电话提醒，督促办理注销或者补报年报，减少严重违法失信企业数量。

【综合执法改革】 2021年，江阴市市场监督管理局统筹推进综合执法改革，把综合执法的战场打造成培养高素质执法干部的练兵场，结合办案实际，出台案件办理指导意见，有效解决多头执法、流程不统一等执法问题。全面推行行政强制措施音视频全过程记录，探索行政执法监督新模式。以民生保障为重点，紧盯民生领域损害群众利益突出问题，深入开展案件查办“铁拳”行动。坚持重大行政处罚案件集体审理制度，召开案审会12次，审理案件799件。年内，围绕进口冷链食品、校外培训机构、液化气瓶充装乱象等民生领域重点突出问题开展专项执法行动11次，开启“大兵团”执法模式，做到精准重拳出击，全年查办案件1892件，罚没款3181万余元，其中2件消费者权益保护类案件、2件反法类案件、1件广告类案件入选省局十大典型案例，执法大队被国家版权局评为全国查处重大侵权盗版案件有功单位。强化进口冷链食品监管执法，与市公安局、江阴海关缉私分局等部门协同作战，查办江阴市“9·5”走私冻品案，并在涉案物资销毁处置中，采用高效率、分批次、无害化方式处置走私冻品1027吨，该案获批市场监管总局挂牌督办案件。

【消费维权】 2021年，江阴市市场监督管理局优化全市消费环境，开展放心消费创建活动。推广农贸市场智慧化改造项目，整合证照管理、农残检测公示、进货查验公示及统一计量管理，提升农贸市场的管理层次，全市建成6个智慧农贸市场。推进“长江禁渔”专项行动，持续加大对餐饮服务、商场超市、农贸市场等经营单位的监督检查，斩断非法利益链中市场销售的关键一环。以放心消费创建活动为契机，在全市建设46个消费维权服务站，推荐上报11个无锡市放心消费创建先进示范单位、1个省级放心消费创建先进示范单位。全年受理投诉举报事件21489件，均按时办结。市消保委接待到访和咨询39451人次，受理解决消费者投诉事件13180件，其中重大投诉430件、群体投诉56件，为消费者挽回直接经济损失912万元。编印《消费之友》专刊，宣传《中华人民共和国消费者权益保护法》等法律法规，提高消费者自觉运用法律武器保护自身合法权益的能力。采取广场宣传、公众号传递、融媒体播发等多种方式开展“3·15”系列宣传活动，发放材料1万余份，举办直播与消费者互动，接受咨询、投诉，分析疫情防控期间消费维权问题。重视发挥企业监督站的维权作用，对监督站开展工作检查和指导，推动一般投诉在基层投诉站、监督站迅速化解，降低消费者的维权成本，提高消费纠纷的解决效率。加强家装行业专家组队伍建设，增加专家组成员至22人，涵盖家装行业各领域，推动专家组在质量认定、参与调解投诉、开展家装公益讲堂等公益服务方面发挥积极作用。

（李　洁）

国有资产经营管理

【江阴市新国联集团有限公司】 2021年，江阴市新国联集团有限公司（以下简称“集团公司”）把握“稳中求进”工作总基调，上下凝心聚力，攻坚克难，较好完成全年目标任务。年内，集团公司继续响应国企改革三年行动（2020年起），按照市委进一步优化国有资本布局、发展壮大国有经济的决定，重组新国联集团有限公司，将秦望山产业园投资发展有限公司、高新技术创业投资有限公司等整体划入新国联集团有限公司，部分子公司划入经营范围相近的其他国企。攻坚推进项目建设，江阴热电6F燃机项目土建和安装工程完成；江阴高新区增量配电试点项目园区110千伏变电所投运；秦望山产业园园区“两横两纵”路网骨架基本成型，基础设施有效完善；江阴锦绣江南环境发展有限公司工业废弃物综合利用项目各生产线全面投运；江阴翔澄环保科技公司建筑装修废弃物资源化利用项目建成投运；江阴光大环保能源有限公司餐厨废弃物集中处置项目正式运营。投资入股阳光卫生医疗科技江阴有限公司、江苏耀坤液压股份有限公司、江阴康瑞新材料有限公司、江苏秋林特能装备有限公司4个企业；12月，证监会同意江阴采纳科技有限公司首次公开发行股票注册，股权投资板块收获第一个上市公司。集团公司成功获得私募投资基金管理人牌照，并成为市政府50亿元母基金管理人；在江阴发展大会上签约霞客新兴产业发展基金、城市发展基金、中金国联产业升级基金等5个基金，总规模263亿元。累计投入近70亿元配合政府部门做好相关重点企业纾困工作，全年融资余额49.79亿元，担保余额43亿元，为维护地方金融稳定、化解金融区域风险履行国资担当，贡献国资力量。全年实现营业收入112.69亿元，利润总额7.88亿元，入库税金3.4亿元。年末，集团公司总资产310亿元，净资产125.64亿元。

（陈　炜）

【江阴城市发展集团有限公司】 2021年11月26日，江阴市委、市政府批准组建市属国资企业江阴城市发展集团有限公司（以下简称“集团公司”），根据《江阴市市属国有企业改革重组实施意见》整合江阴交通产业集团有限公司、江阴城建产业发展有限公司和规划设计院3个市属一级国资公司，以打造“集投、融、建、管、养为一体的全产业链、全生命周期运营服务商”为发展目标，主要经营城市公共交通、公路管理与养护、建设工程设计、建设工程施工、建设工程监理、建设工程勘察、建设工程质量检测、港口经营、房地产开发经营、城市绿化管理、市政设施管理、规划设计管理、国内贸易代理等业务。年内，集团公司所属各企业积极应对国内新冠肺炎疫情持续多点暴发、经济形势复杂严峻、体制机制不断变化、项目建设调整变动等诸多风险挑战，开拓创新、担当作为，坚决扛起企业发

2021年4月，市市场监管局青年干部突击队读书会活动在“理响江阴”学习驿站拉开帷幕

（市市场监管局提供）

展和国资改革重任，高质量发展迈出坚实步伐，为江阴城市建设发展贡献应有力量。科技创新成果丰硕，江阴电子口岸有限公司申请获得2项国家实用新型专利证书，顺利入选2021年第二批认定报备高新技术企业；江阴检测中心成功申请6项国家实用新型专利证书，获得省住建厅的资质延续批准，取得新的资质及备案证书，同时顺利通过GB/T19001—2016质量管理体系认证和省市场监督管理局"检验检测机构资质认定(CMA)"扩项评审。工程建设势头良好，市交通工程建设有限公司与央企、无锡市企合作承接滨江路快速化改造工程三个标段，合同金额约5亿元；范钱路东延建设工程、锡澄运河公园二期(南段)园林绿化工程、杏春站改造、国乐岛建设等项目先后于年内施工；2020年的市道大中修工程项目顺利完工；建设水利项目共计25项，完成15项。房产开发聚焦政府安置房、保障房建设，专设房产开发中心，重点布局安置房和商业地产两大项目，南闸街道和夏港街道安置房项目、北大街历史街区、敔山湾文旅用地、敔山湾仁恒合作项目等开发建设工作稳步推进，南门商业街区将整体开街。公共服务提质增效，市公交公司全年优化调整公交线路30条，定制公交专线11条，投放14辆纯电动公交车；市暨阳运输有限公司有效应对各类灾害天气，全年出动人员1866人次，机械车辆382辆次；澄安服务中心大力拓展汽修业务，服务延伸至社区群众家门口；市风樯网络科技有限公司加强公交信息化保障，"全澄通"APP内容和功能不断丰富，便民服务场景不断增多，保障市民安全出行。疫情防控彰显担当，全年安排38辆车共194趟接送居民集中接种新冠疫苗，承接江阴至无锡的核酸样本运送任务698辆次，抽调12名驾驶员至市疫情防控转运专班；组织志愿者队伍24小时随时待命，奔赴高速出入口等防控前线；青年员工主动投身"江阴市防疫青年突击队"，协助核酸检测工作。集团公司组建后完成组织架构搭建，逐步确立发展格局；重要子企业开展总经理"揭榜挂帅"(以成果来兑现经费投入)；财务实施集中管理，完工百分比有效推进；广迅公司股权收购顺利完成，各类资质不断丰富完善；与江苏省交通工程集团有限公司达成战略合作，公路一级资质平移有序推进；注册成立澄路建设公司，服务城区快速化道路工程。是年，集团公司"戎耀之家"先后获评无锡市优秀"戎耀之家"、江苏省优秀"戎耀之家"；集团公司党委获评2021年度无锡市先进基层党组织；国乐岛项目获得2021年度省特色风貌塑造奖；风景园林公司被省风景园林协会评为2021年度先进集体；水利工程公司某工程获得一项2021年度无锡市水利优质工程荣誉；南门商业街A地块样板段区室外工程被评为2021年度无锡市园林优质工程。经过重组整合，集团公司资产总额破百亿大关，净资产达85亿元，年度完成全口径营业收入14.08亿元，税收1.13亿元，入库税金在年度江阴市重点骨干企业评定中获服务业排名第21名。

(陈甜甜)

【江阴公用事业集团有限公司】2021年，江阴市委、市政府批准组建市属国资企业江阴公用事业集团有限公司(以下简称"集团公司")，主要从事检验检测、资产租赁、照明、停车、绿化管理、物业管理等业务。年内，主营业务创新发展，新增社会公用计量标准、检验检测项目、计量校准项目298项；承担省级新兴产业标准化试点项目咨询服务1项；制定具有江阴特色的食品团体标准2项。建成江阴市质量基础设施"一站式"服务平台，实现质量服务"一网通办、一站全办"。江阴长江大保护馆荣获"无锡市一级生态文明教育实践基地"和"无锡市国家生态科普储备基地"称号。新建澄江街道小石湾、澄江街道徐家村等4个停车场，新接收市委老干部局、长山医院等停车场6个，新增停车泊位858个。取得城市照明专业承包三级资质，第三期照明设施节能改造项目完工，改造光源10799个，与江阴高新区、顾山镇、云亭街道等10个镇(街道、园区)签订城乡照明一体化协议，完成首个5G通信基站杆体建设。科研实力显著增强，澄信检测公司被认定为国家中小企业公共服务示范平台、2021年度省生产性服务业优秀服务机构、2021年度生产性服务业资源库入库机构。集团公司主持制定的1项行业标准、参与制定的1项国家标准和1项行业标准获批发布；参与制定的2项团体标准获批发布；申报1项国家标准获国标委批准立项；主持的1项省科技项目"原棉含杂率快速测试方法研究"通过验收；主持的1项科技项目"莱赛尔纤维混纺产品定量检测技术的研发"通过省市场监督管理局立项；22项实用新型专利获得授权。国企改革扎实推进，试点"揭榜挂帅"(以成果来兑现经费投入)体制，对集团公司经理层、重要子公司经营班子实行聘任化、市场化、契约化管理。完成2个国家级和1个省级质检中心平台的资质整合，国家纺织产品质量检验检测中心(江阴)依托母体变更到位。集团公司管理持续优化，出台20项规章制度，完善绩效考核方案，修订质量管理体系文件，按制度办事的工作格局基本形成。建立疫情防控领导小组，出台疫情防控应急预案，组织疫情防控应急演练，协助完成"火眼"实验室建设及运行工作，拉密拉实疫情防控网络。全年安全生产形势平稳有序，未发生一般及以上事故，完成"零"事故的年度安全生产目标。是年，集团公司完成营业收入19.58亿元；利润总额4.43亿元；入库税金2.07亿元，超额完成市财政局(国资办)下达的目标任务。

(任彬斌)

【江苏江南水务股份有限公司】2021年，江苏江南水务股份有限公司(以下简称"公司")围绕年度目标任务，坚持党建引领、民生为重、科技领先、兼顾效益的企业宗旨，恪守"一次就把事情做好"的企业精神，全公司同心同力同向行，共勉共进共担当，完成第七届董事会换届，全年完成供水量2.83亿立方米，售水量2.57亿立方米，水质综合合格率100%。高标准新建改建供水主管网，长泾镇泾南路DN500、新桥镇西环路DN600等31个工程竣工验收；青阳镇振阳路DN500、月城镇秦望路DN500等69个工程竣工通水；敷设DN100以上管道67.59千米。年内，累计巡查管网19678.99千米，巡检市政消火栓39301个，整改隐患112处；高标准建设、改造二次供水设施，完成25个新建小区共56套二次供水设备的综合验收、4个老旧小区二次供水设施的改造，共有402个小区、794套设施纳入统一运管范围；水质检测中心完成中国合格评定国家认可委员会（CNAS）现场评审。肖山、澄西水厂复制应用小湾水厂安全生产可视化经验，完成安全风险管控和隐患排查治理双重预防机制建设。重点工作成效显著，霞客湾科学城第一项公用基础设施项目澄南供水增压站开工建设；完成4个镇（街道）76个自然村共8323户居民的农网改造；智能终端在南闸街道13个排水泵站投入使用，自主研发的移动式泥水分离设备进入调试、升级改造阶段。公司全年获得实用新型专利9件，“给排水设施物联网智控系统”研发团队荣获2021年“科创江苏”创新创业大赛信息技术领域三等奖和2021年“科创无锡”“创响无锡”创新创业无锡市级优秀奖。二次供水管控平台在线监测数据短信报警功能上线运行，新增远传水表小区39个、涉及水表22038只，集抄管理全市447个小区共287307只远传水表；对永安四村、紫馨苑等11个小区实施远传水表线路及水表箱改造。完成城区排水管网资产经营权转让，全年养护雨污水管网3862.7千米，清疏检查井90075座、雨水箅62417座，疏通管道55.9千米，更换雨污水井盖248个、雨水箅394个；建成主城区、南闸街道8套分布式污水处理设施，共计处理能力4400吨/日，丰收河分布式污水处理点被江阴生态环境局推荐为全市唯一示范点。水厂整合实现新突破，收购璜塘、长山水厂资产。开发上线新版用水报装系统，推行“信用报装模式”，用户签订用水信用承诺书后即可“容缺办理”和“先通水后付费”，全年完成用水报装项目162项，平均办结时间2.46个工作日。

（徐晓珂）

【江阴市产业发展中心有限公司】 2021年2月，江阴市产业发展中心有限公司（以下简称“公司”）成立，为市属一级国资公司，承担市级层面招商引资职能，实行市场化运作，企业化管理，是全市招商体制改革的重大成果。公司设有新能源、新一代信息技术、高端装备、大健康4个产业链招商组，上海、北京、深圳3个国内招商联络处以及日本、韩国、德国、以色列4个国外招商联络处。年内，公司主要任务是夯实基础，锻炼队伍，为项目攻坚奠定坚实基础；按照锻造一支专业化、国际化、高素质的“重大项目攻坚队”的目标，强化使命教育，加强业务培训，形成“比学赶超”氛围，初步形成队伍战斗力。是年，举办招商活动多场，在市商务局指导下分别在上海、北京举办专题产业合作恳谈会，在北京、上海、深圳等地举办各类不同主题小型招商推介会、乡贤活动等8场；制作发布中、英、日、韩、德文的江阴投资指南、驻外招商联络处手册、招商地图。至年末，招商业务稳步推进，招商成果初步显现，全年累计获取项目信息154条，投资额1079亿元，洽谈推进项目52项，签约项目9项，其中制造业项目4项，总投资23亿元；研发平台项目3项，总投资10亿元；电商产业项目2项，总投资1.15亿美元。（毛国伟）

【国有资本控股集团】 2021年，国有资本控股集团（原江阴暨阳体育产业发展有限公司，以下简称“公司”）在市财政局、文体广电和旅游局和社会各界关心支持下，以推动全民健身运动为主线，以场馆日常运营管理为抓手，以经济效益和社会效益双丰收为目标，紧扣体育惠民、产业发展、队伍建设三大方向，凝心聚力，创新理念，紧跟形势，乘势而上，充分利用和发挥好体育场馆作用，为市体育事业快速发展做好各项基础保障工作。先后成功承办中国足球协会超级联赛、全国象棋女子甲级联赛江阴体彩预选、江苏省青少年游泳锦标赛暨县组游泳比赛等省级以上大型赛事3项26场次；组织举办游泳、乒乓球、羽毛球、篮球、足球、网球、老年节体育健身展演等全市性群众体育赛事19项188场次，并承办江阴市第八届全民运动会开幕式以及部分八运会比赛项目共16项71场次；组织举办或协办青年志愿者游泳救生技能、游泳救生员及教练员国家职业资格、江阴市队羽毛球、花园小学羽毛球、太极拳等公益性培训4项399场次；参加疫情防控志愿服务11次33人次；组织消防应急救援培训、演练20次；公司支部开展结对扶贫及志愿服务活动4次。全年累计获得国家体育总局和省体育局以及市级配套低收费或免费开放场馆专项补助资金共计530万元，省级以上赛事活动补贴资金314.4万元；出资120万元建成投运无锡市首个“长者运动健康之家”；投入50万元完成室外篮球场地胶改造、体育场外围防护木修复、全民健身馆乒乓球场地改造等三项“微幸福”民生工程；斥资600余万元先后用于体育场草坪及内环道路面翻新、照明路灯及污水管道维修、游泳馆自动投药设备及部分更衣柜更换、室外网球场遮雨顶棚安装等改善运营环境和维护安全开放的工程项目。是年，公司完成营业收入4200余万元，实现利润总额约780万元；累计培训各类体育学员3691人，累计接待观众及各类健身休闲市民85万余人次。被江苏省体育局选为国家公共体育场馆开放使用综合试点场馆之一；被无锡市全民健身工作指导委员会评为2017—2020年度无锡市群众体育先进集体。（朱博文）

■类目编辑　王萍芳

科学技术

综 述

【概况】 2021年,江阴市实施创新驱动核心战略和产业强市首要战略,将科技创新作为赢得未来新竞争的硬核支撑和引擎,围绕打造具有全国影响力的先进制造业科创中心的目标,高标准建设全国首批创新型县(市),助力“科创江阴”建设。年内,全社会R&D(研究与开发)支出占地区生产总值比重为3.02%。全市高新技术产业产值占规模以上工业产值比重为38.8%。发布《江阴市“十四五”科技创新发展规划》《霞客湾科学城科技创新战略研究报告》。举办江阴市第三十一届科技节·人才创新周、“霞客杯”中国江阴第四届科技创新创业大赛。指导企业承担实施无锡市级以上各类科技项目185项,其中无锡市级以上各类科技计划项目24项,无锡市级以上各类创新载体1个,无锡市级以上各类研发机构68个,无锡市级以上人才项目50项,无锡市级以上各类荣誉、奖项42项。1882个企业获评无锡市级以上各类科技型企业。

【第三十一届科技节·人才创新周】 2021年10—11月,江阴市举办第三十一届科技节·人才创新周,主要包括科技主题打卡日、“霞客之光”科技展、“霞客杯”创新创业大赛、创新论坛等18场活动。10月19日,江阴市委、市政府在江阴大剧院举行2021无锡太湖人才峰会江阴分会——江阴市第31届科技节·人才创新周暨江阴高新区“国批”十周年庆祝大会。邀请两院院士(中国科学院院士和中国工程院院士),高校院所领导、专家;科技部、省科技厅、无锡市有关领导;历届科技镇长团代表;苏南国家自主创新示范区的高新区领导等嘉宾出席;全体市委常委,市人大、政协主要领导,市政府全体领导,市有关部门、镇(街道、园区)负责人以及全市高新技术企业、科技型中小企业代表,创新创业领军人才代表等近千人参加。江阴市委书记许峰致开幕词;科技部火炬高技术产业开发中心副主任盛延林发表讲话。活动分为3个篇章,在第一篇章“‘国批’十年 劈波斩浪”中,江阴市委副书记、江阴高新区党工委副书记、管委会副主任陈兴华作高新区“国批”十周年建设发展报告;为江阴高新区“国批”十年特别贡献企业奖、江阴高新区“国批”十年突出贡献个人奖颁奖;江阴高新区异地孵化器全球创新联盟与深化“一区多园”合作共建项目分别启动。第二篇章“澎湃之城 笑迎风浪”中,为江苏省“双创计划”"双创人才项目、无锡市创新创业领军人才项目、无锡市“太湖人才计划”领军人才团队颁奖;市委书记许峰为4名院士颁发江阴市科学顾问聘书;欧洲科学院外籍院士金国新讲话。第三篇章“霞客之光 乘风破浪”中,对江阴“霞客之光”创新攻关计划进行发榜、揭榜;发布《江阴市科创载体创新发展三年行动计划》;相关人才项目、平台项目进行现场签约、揭牌;发布江阴人才科创天使基金;江苏省科技厅副厅长蒋洪为首届江苏省科技创新发展奖优秀企业和江苏省科学技术奖获奖企业颁发配套奖励。 (王依琳)

【“霞客杯”中国江阴第四届科技创新创业大赛】 2021年7月1日至10月14日,江阴市举办“霞客杯”中国江阴第四届科技创新创业大赛,吸引国内外涉及电子信息、互联网、先进制造、新材料、生物医药、新能源及节能环保等行业的227个创业企业及项目团队报名参赛。在上海市、合肥市、武汉市设立分赛区,并设立线上国际赛,通过“线上+线下”项目征集、宣传推介、辅导优化、路演竞赛、创投对接等一体化服务,从长三角、珠三角以及海外地区征集一批创新创业项目,集聚高层次人才资源。大赛产生28项获奖项目,签约落地16项项目。(温京涛)

科技管理和服务

【概况】 2021年,江阴市科技局深入贯彻落实国家、省、无锡市各项科技创新政策、措施,抓好市委、市政府《关于大力推进产业强市建设构建现代产业体系的若干政策意见》等创新政策的落地落实。规范科技中介服务机构管理,促进科技服务业健康发展。支持企业申报科技计划项目,争取上级各类科技人才资金10798.97万元。 (李志坚)

【承担科技计划项目185项】 2021年,江阴市获批实施国家、省、无锡市级各类科技、人才项目185项。获批无锡市级以上各类科技计划项目24项，分别为省科技成果转化专项资金项目4项、“百城百园”行动项目1项、省碳达峰碳中和科技创新专项资金（产业前瞻与关键核心技术攻关）1项、省政策引导类计划（国际科技合作）专项资金1项，省重点研发计划（现代农业）专项资金农业科技社会化服务后补助1项，苏南国家自主创新示范区建设专项资金1项，省产学研合作项目15项。获批省级备案众创空间1个。获批无锡市级以上各类研发机构68个，分别为省院士工作站2个，省工程技术研究中心15个；无锡市院士工作站2个，无锡市工程技术研究中心49个。获评无锡市级以上各类荣誉、奖项42项，分别为国家科技进步奖1项、国家级科技企业孵化器绩效评价项目3项、省科学技术奖3项、省科技创新发展奖2项、国家火炬统计工作先进单位1项、省工程技术研究中心绩效评优项目15项、省科技企业孵化器绩效评价（优良）单位4个，省企业重点实验室绩效评估1项，省科技公共服务平台绩效评估1项；无锡市科技企业孵化器和众创空间绩效评优9项，无锡友谊奖2项。获批无锡市级以上人才项目50项，分别为国家外国专家项目3项、省“科技副总”17名，省政策引导类计划（引进外国专家人才专项）2项，省外国专家工作室1个；无锡市“太湖人才计划”创新创业人才、团队项目27项。

2021年江阴市获江苏省以上科技计划项目一览表

表33

类　别	项　目　名　称	参　与　单　位
国家科学技术进步奖一等奖	高密度高可靠电子封装关键技术及成套工艺	江苏长电科技股份有限公司
火炬统计工作先进单位	2020年度火炬统计工作先进单位	江阴高新区
国家级科技企业孵化器绩效评价	江阴百桥国际生物科技孵化园有限公司	江阴百桥国际生物科技孵化园有限公司
	江阴高新技术创业中心	江阴高新技术创业园管理委员会
	江苏江阴软件和文化创意产业发展有限公司	江苏江阴软件和文化创意产业发展有限公司
国家外国专家项目	5G PA产品封装技术研发	江苏长电科技股份有限公司
	质子导电陶瓷材料的研发	江阴挪能材料科技有限公司
	1类广谱抗肿瘤多肽新药PL－AC筛选与合成	江苏普莱医药生物技术有限公司
省科技成果转化专项资金项目	基于多成分精准质控的高品质中药配方颗粒研发及产业化	江阴天江药业有限公司
	重大装备用高端轴承钢生产关键技术研发及产业化	江阴兴澄特种钢铁有限公司
	极大规模集成电路用高端蚀刻液的研发及产业化	江阴润玛电子材料股份有限公司
	超大型海上直驱式永磁风电机组高精度转子房研发及产业化	江苏振江新能源装备股份有限公司
“百城百园”行动项目	海澜智云工业互联网平台	海澜智云科技有限公司
省碳达峰碳中和科技创新专项资金	中深层地热能无动力取热及智慧化供热关键技术的研发	双良节能系统股份有限公司
省政策引导类计划（国际科技合作）	硅用大尺寸高纯石英坩埚的合作研发	江阴龙源石英制品有限公司
省政策引导类计划	引进外国专家人才专项	江苏法尔胜新型管业有限公司
	引进外国专家人才专项	江苏普莱医药生物技术有限公司
省重点研发计划	江阴主要农作物产业分店	江苏华西都市农业科技发展有限公司
苏南国家自主创新示范区建设专项资金	苏南国家自主创新示范区建设专项资金	江阴高新区

续表 33

类　　别	项　目　名　称	参　与　单　位
省科学技术奖	区域分布式能源柔性互联运行控制关键技术及应用（二等奖）	江苏方程电力科技有限公司
	岩浆构造热演化区煤层瓦斯动力灾害防治理论与关键技术（二等奖）	江苏中煤矿山设备有限公司
	废弃锂离子电池全组分高效资源化理论与关键技术（三等奖）	江苏华宏科技股份有限公司
省产学研合作项目	果蔬贮运用自发气调防雾抗菌活性包装薄膜的研发	江阴市德惠热收缩包装材料有限公司
	基于虚拟同步机技术的储能变流器研发	江苏方程电力科技有限公司
	典型中国婴幼儿肠道益生菌菌库构建及其功能性研究	江苏佰澳达生物科技有限公司
	低温低硫高水分烟气除尘及脱硝 SCR 技术研究	江苏亿金环保科技有限公司
	高标准农田与宅基地复垦耕地快速培肥技术研发与示范	中向旭曜科技有限公司
	高速自动旋光切割模组机电系统研究	江阴丽晶电子科技有限公司
	具有自复位能力的弹簧粘滞流体阻尼器的开发	江苏工邦振控科技有限公司
	固熔炉燃烧控制系统优化设计	江阴市南方不锈钢管有限公司
	BS-G-300 全自动血型分析仪模块化设计	江苏贝索生物工程有限公司
	环保型工程塑料改性稀释预混载体泄压粉体收集装置及设备监测系统技术开发	江苏纳微杰粉体科技有限公司
	蚀刻框架材料缺陷光检机高精度运动平台运动精度分析和优化研究	江阴新基电子设备有限公司
	海上大型风电基础新型结构振动分析与优化设计关键技术研发	江阴双马重工装备有限公司
	核酸提取纯化磁珠制备工艺技术开发	江苏盖姆纳米材料科技有限公司
	发电船大型汽机房行车关键技术研发	江阴市安海船舶设备有限公司
	电解水制氢催化电极研究	江苏安凯特科技股份有限公司
省“科技副总”	省“科技副总”	江苏佰澳达生物科技有限公司
	省“科技副总”	江苏亿金环保科技有限公司
	省“科技副总”	江苏双良环境科技有限公司
	省“科技副总”	中向旭曜科技有限公司
	省“科技副总”	江阴丽晶电子科技有限公司
	省“科技副总”	江苏工邦振控科技有限公司
	省“科技副总”	江阴市南方不锈钢管有限公司
	省“科技副总”	江苏贝索生物工程有限公司
	省“科技副总”	江苏纳微杰粉体科技有限公司
	省“科技副总”	江阴市全盛自动化仪表有限公司
	省“科技副总”	江阴新基电子设备有限公司
	省“科技副总”	江阴双马重工装备有限公司
	省“科技副总”	江苏盖姆纳米材料科技有限公司
	省“科技副总”	江苏胜达科技有限公司
	省“科技副总”	江阴市安海船舶设备有限公司
	省“科技副总”	江苏安凯特科技股份有限公司
	省“科技副总”	江阴联众环保工程有限公司

续表33

类　别	项　目　名　称	参　与　单　位
省外国专家工作室	省外国专家工作室	远景动力技术(江苏)有限公司
省科技企业孵化器绩效评价	江阴百桥国际生物科技孵化园有限公司(A类)	江阴百桥国际生物科技孵化园有限公司
	江阴高新技术创业中心(B类)	江阴高新技术创业园管理委员会
	江阴天安数码城科技创业服务中心(B类)	江阴天安数码城置业有限公司
	江苏江阴软件和文化创意产业发展有限公司(B类)	江苏江阴软件和文化创意产业发展有限公司
省工程技术研究中心绩效考评优秀项目	江苏省特钢工程技术研究中心	江阴兴澄特种钢铁有限公司
	江苏省毛衫织造工程技术研究中心	江阴芗菲纺织科技有限公司
	江苏省(康瑞)特种金属材料工程技术研究中心	江阴康瑞成型技术科技有限公司
	江苏省新型路面材料工程技术研究中心	江苏宝利国际投资股份有限公司
	江苏省多功能共挤薄膜材料工程技术研究中心	升辉新材料股份有限公司
	江苏省金属涂层材料工程技术研究中心	江阴市大阪涂料有限公司
	江苏省机动车掣动总成推拉索工程技术研究中心	江阴泰阳成索业有限公司
	江苏省PBT切片及特种纤维新材料工程技术研究中心	江苏和时利新材料股份有限公司
	江苏省环保生物助剂工程技术研究中心	江苏向阳科技有限公司
	江苏省超高纯湿电子化学品工程技术研究中心	江阴江化微电子材料股份有限公司
	江苏省大跨径桥梁耐久型缆索工程技术研究中心	江苏法尔胜缆索有限公司
	江苏省(延利)天然植物纤维复合材料工程技术研究中心	江阴延利汽车饰件股份有限公司
	江苏省气相氯化合成工程技术研究中心	江苏苏利精细化工股份有限公司
	江苏省高性能轮胎骨架材料工程技术研究中心	江苏胜达科技有限公司
	江苏省光纤预制棒及制造装备工程技术研究中心	江苏法尔胜光子有限公司
省工程技术研究中心	江苏省土壤环境调查与治理工程技术研究中心	江阴秋毫检测有限公司
	江苏省船舶尾气洗涤装置工程技术研究中心	江阴市博汇机械成套设备有限公司
	江苏省金属装饰墙板工程技术研究中心	江苏大东新材料科技有限公司
	江苏省车灯精密模具工程技术研究中心	江苏星科精密模具有限公司
	江苏省小模数齿轮刀具工程技术研究中心	江阴塞特精密工具有限公司
	江苏省电化学储能工程技术研究中心	江苏海基新能源股份有限公司
	江苏省新型橡胶制品工程技术研究中心	江苏科强新材料股份有限公司
	江苏省汽车涡轮增压器壳体部件工程技术研究中心	江阴机械制造有限公司
	江苏省柔性电加热器工程技术研究中心	江阴市辉龙电热电器有限公司
	江苏省精密液压油缸及关键零部件工程技术研究中心	江阴市洪腾机械有限公司
	江苏省高精密锻件制造工程技术研究中心	江阴市万里锻件有限公司
	江苏省(富朗特)新型机械装备工程技术研究中心	江苏富朗特工程机械有限公司
	江苏省汽车燃料喷射系统信息机械工程技术研究中心	江阴林格科技有限公司
	江苏省高分子材料挤出设备工程技术研究中心	江苏新达科技有限公司
	江苏省新能源汽车热管理管路系统工程技术研究中心	江阴标榜汽车部件股份有限公司

续表 33

类　别	项　目　名　称	参　与　单　位
省企业重点实验室绩效评估	江苏省高性能金属线材制品关键技术重点实验室	法尔胜泓昇集团有限公司、江苏法尔胜技术开发中心有限公司、江苏法尔胜材料分析测试有限公司
省科技公共服务平台绩效评估	江苏江阴金属材料检测与服务平台	法尔胜泓昇集团有限公司
省级院士工作站	中交公路长大桥建设国家工程研究中心有限公司	江苏法尔胜缆索有限公司
省级院士工作站	清华大学公共安全研究院	圣华盾防护科技股份有限公司
省级众创空间	“军创之家”众创空间	江阴市军创智澄技术研究有限公司
省科技创新发展奖	江苏省科技创新发展奖优秀企业	江阴兴澄特种钢铁有限公司
	江苏省科技创新发展奖优秀企业	远景能源科技有限公司

（夏建军）

产学研合作

【概况】 2021 年，江阴市推动企业、行业、联盟、协会、高校等相关资源深度融合，推进具有江阴特色的政产学研协同创新体系建设。围绕全市主导产业，鼓励企业对接国内外高校院所开展技术合作，分专题、分领域组织实施专题产学研对接行动。是年，全市实施重点产学研合作项目 95 项，获批省级企业院士工作站 2 个，无锡市级企业院士工作站 2 个，新建江阴市市级企业院士工作站 3 个，新增省级工程技术研究中心 15 个、无锡市级工程技术研究中心 49 个、江阴市级工程技术研究中心 178 个。

【启动“霞客之光”创新攻关计划】 2021 年，江阴市为进一步攻克产业发展的关键核心技术与“卡脖子”技术难题，加快推动科技成果转化与产业化，助推霞客湾科学城、绮山湖科创谷建设，首次启动实施“霞客之光”创新攻关计划。该计划以深度挖掘企业技术需求为切入点，开展技术需求诊断，定期发布技术需求榜单，鼓励院所、高校、企业、创新平台组成联合体，揭榜攻关。首期榜单围绕全市“345”产业主攻方向，聚焦双碳、电子信息、节能环保、生物医药、先进制造、新材料等领域，发布 122 项技术需求，其中 15 项被揭榜并经评审后获立项，支持金额总计 3330 万元。

【重点产学研合作项目 95 项】 2021 年，江阴市依托科技镇长团、中科(江阴)创新园、各高校技术转移中心江阴分中心等组织和机构，围绕江阴市产业发展的重大需求和关键共性技术问题，支持重点骨干企业与国内外各类创新主体和创新力量紧密合作，采取引进来和走出去等形式，先后开展产学研对接活动 60 余场次；组织江阴市金属材料领域的 16 个企业赴上海交通大学开展企业家“双新双优”(营造江阴市企业“搏击新蓝海、重塑新优势”的“双新”创业氛围，全面激发企业主动转型升级、创新发展，拥抱新业态、新模式的“双新”发展活力，打造一支“素质优、能力优”的“双优”企业家队伍)素质提升培训；组织开展江阴化工、新材料领域产学研专场对接会 1 场；举办 2021 长三角(江阴)科技创新合作论坛。年内，先后对接江南大学、清华大学、清控科创、中科院自动化所、中科院信息研究院、沈阳金属所、国家技术转移中心东部中心、华北电力大学、哈尔滨工业大学、南方科技大学等高端创新资源，达成产学研合作项目 95 项，获省产学研合作项目立项 15 项，127 项项目获江阴市产学研后补助立项，39 项项目获江阴市技术吸纳方奖补立项，4 个企业 6 项项目获江阴市技术转移机构奖补立项，拨付 2021 年度江阴市技术转移奖补资金 1093.4 万元，立项数量与奖补金额比 2020 年大幅增长。

【企业院士工作站建设】 2021 年，江阴市继续推进“院士集聚计划”，以企业创新需求为导向、企业研发机构为依托、产学研合作项目为纽带，引导省内外院士及其创新团队向企业集聚，为企业服务，攻克产业核心关键技术，促进科技成果产业化，培养企业创新人才队伍，为增强企业自主创新能力和市场竞争力提供支撑。是年，新建江阴市级企业院士工作站 3 个，分别是江苏法尔胜缆索有限公司(中国工程院院士张喜刚)、江阴市江扬标准紧固件制造有限公司(欧洲科学院外籍院士金国新)、江苏大隆凯科技有限公司(俄罗斯自然科学院院士叶列梅耶夫·亚历山大·帕夫洛维奇)。至此，全市累计引进 61 名国内外院士与市内企业合作建站。

【企业研发机构建设】 2021 年，江阴市聚焦培育企业创新能力，把企业研发机构建设作为提升自主创新能力的战略抓手。法尔胜泓昇集团承担的高性能金属线材制品关键技术重点实验室在省绩效评估中被评为优良；法尔胜泓昇集团承担的江苏江阴金属材料检测与服务平台在省绩效评估中被评为良好。新增省级工程技术研究中心 15 个；无锡市级工程技术研究中心 49 个；江阴市级工程技术研究中心 178 个。组织对全市 48 个省级工程技术研究中心开展绩效评估，其中获评优秀 15 个。至年末，全市累计建有国家级工程技术研究中心 2 个；江苏省级工程技术研究中心188个；无锡市级工程技术研究中心408个；江阴市级厂办研究所及工程技术研究中心1463个。（王黎君　周京利）

知识产权保护

【概况】 2021年，江阴市市场监督管理局紧扣高质量发展目标任务，围绕江阴产业发展“六攻坚六突破”*战略和市委、市政府对知识产权工作的总体要求，进一步完善体制机制，推进知识产权创造、运用、保护、管理、服务工作，营造尊重知识价值的营商环境。全年专利授权11494件。新增无锡市专利银奖1项、优秀奖2项。查处商标侵权、假冒专利等各类知识产权违法案件71件，专利侵权纠纷行政裁决案件10件。是年，江阴市连续第二年获得全省知识产权工作真抓实干成效明显地区督查激励。

【知识产权管理体制机制建设】 2021年，江阴市围绕国家知识产权示范城市建设和知识产权强省、强市建设要求，全面对接《知识产权强国建设纲要（2021—2035）》《“十四五”国家知识产权保护和运用规划》《江苏省“十四五”知识产权发展规划》，编制出台《“江阴市十四五”知识产权保护与发展规划》，将知识产权高质量考核纳入全市镇（街道、园区）高质量考核体系。

【知识产权营商环境】 2021年，江阴市知识产权行政执法体系建设不断增强，在镇（街道、园区）分局建立知识产权保护专员。建立知识产权行政执法跨部门协调联动机制，推进知识产权快速协同保护机制建设，市人民检察院成立知识产权司法保护工作领导小组，在知识产权服务业集聚区挂牌成立江阴检察知识产权保护中心，市法院在31个企业建立知识产权司法保护联系点。查处商标侵权、假冒专利等各类知识产权违法案件71件，专利侵权纠纷行政裁决案件10件。江阴新时代机电设备安装有限公司侵犯“施耐德”注册商标专用权案获评江苏省2020年知识产权保护“十大涉外典型案例”。知识产权维权援助（江苏）中心江阴分中心为超过50个企业提供知识产权侵权纠纷维权、应诉、产品侵权规避设计等方面的维权援助服务，为2个企业提供展会知识产权维权全程跟踪服务，调处知识产权纠纷4起。指导企业开展知识产权战略分析和预警研究，帮助企业应对知识产权纠纷，获批无锡市知识产权预警项目2项。江阴市全顺汽车澄杨路汽车城被江苏省知识产权局确立为江苏省“正版正货”示范街区，江阴万达广场、大江商贸城被无锡市市场监管局确定为“正版正货”示范街区培育街区。

【知识产权服务产业】 2021年，江阴市专利授权11494件，其中发明专利授权769件，比2020年增长31.23%。有效发明专利拥有量5051件，增长13.99%，有效注册商标61314件，集成电路布图设计登记30件，累计拥有驰名商标56件。江苏长电科技股份有限公司、法尔胜泓昇集团有限公司、江阴兴澄特种钢铁有限公司先后获批省、无锡市高价值专利培育计划项目。在第十三届无锡市专利奖评选中，江阴市专利获银奖1项、优秀奖2项。大力培育知识产权优势企业，形成具有鲜明江阴特色的知识产权优势企业群，有国家知识产权示范企业3个，国家知识产权优势企业19个，推进330个企业贯彻实施《企业知识产权管理规范》，216个企业通过第三方认证或省绩效评价。知识产权公共服务供给能力进一步增强。建有国家知识产权局区域专利信息服务（南京）中心江阴分中心、中国知识产权维权援助（江苏）中心江阴分中心，江阴市智能制造、特钢产业知识产权运营公共服务平台，知识产权服务业集聚区集聚知识产权服务机构10个，构建从创造、保护、管理、专利信息到运营的全链条服务体系。推进银企对接，方便企业通过知识产权质押获得金融支持。全年知识产权质押融资额达到5.92亿元，实现130余件发明专利在江阴市运营转化，为1500个企业提供知识产权托管服务。有1115件高校科研机构专利以许可、转让和共同申请方式落户企业，累计159个企业投保知识产权保险。围绕江阴高新区青阳园区电线电缆产业开展专利导航试点工作，发布《青阳镇电线电缆产业专利导航分析报告》，助推产业转型升级。

【知识产权文化培育】 2021年，江阴市聚焦知识产权示范城市建设，利用“4·26”世界知识产权日、中国专利周、“3·15”国际消费者权益日、扬子江县域知识产权论坛、知识产权知识竞赛、专利检索技能大赛等活动，加强知识产权文化宣传，开展知识产权满意度调查。开展知识产权进学校、进村、进社区活动，形成社会公众了解知识产权、认同知识产权价值和尊重知识产权、诚信守法的社会风尚。（李　洁）

科技创新载体

【概况】 2021年，江阴市聚焦薄弱短板，推进载体平台建设。以集聚科技型人才、孵化创新型企业为导向，提高创新型企业、科技成果、科技项目的产出效率，提升科技企业孵化载体的运行质效。全市获批省级以上科技创新载体1个，省级众创空间1个。江阴（北京）创新中心揭牌，武汉大学长三角科技创新中心建成投用。（王依琳）

【新型研发机构建设】 2021年，江阴市突出体制机制创新，强化政策引导保障，通过发展新型研发机构，强化产业技术供给，促进科技成果转移转化，推动科技创新和经济高质量发展。主动对接高校院所及江苏省产业技术研究院，推进新型研发机构建设。是年，市科技局出台《江阴市新型研发机构管理办法（试行）》，武汉大学长三角科技创新中心正式建成投用，长三角太阳能光伏技术创新中心完成战略合作协议签订，启动前期建设筹备工作。

【技术转移机构建设】 2021年，江阴市科技局先后与南京农业大学、南昌大学和常熟理工学院签订合作协议，成立南京农业大学技术转移中心江阴分中心、南昌大学技术转移中心江阴分中心、常熟理工学院技术转移中心江阴分中心，充分发挥高校和科研院所人才培养优势，推动高校和科研院所科技成果转化为现实生产力，为江阴市经济社会发展提供科技和智力支持。（王黎君　周京利）

【众创空间】 2021年，两江创客空间、雏鹰梦工场、无锡互联创客空间，被省科技厅推荐申报2021年度国家备案众创空间。“军创之家”众创空间被确定为省级备案众创空间。至年末，全市有众创空间32个，其中，国家级众创空间9个、省级众创空间7个。 （温京涛）

科技创新型企业

【概况】 2021年，江阴市强化企业创新主体地位，培育以创新型领军企业为引领、高新技术企业为重点、科技型中小企业为主体的“雁阵型”企业集群。全年被列入江苏省科技企业上市培育计划项目5项，获评省民营科技企业159个、省农业科技型企业1个，高新技术企业227个，江阴市高新技术企业培育库入库企业622个；通过无锡市评价遴选“雏鹰企业”*16个、“瞪羚企业”*21个、“准独角兽企业”*1个，无锡市“准独角兽企业”*培育库入库7个、“瞪羚企业”培育库入库102个、“雏鹰企业”培育库入库132个，科技型中小企业评价入库企业1198个。

【高新技术企业】 2021年，江苏雪豹日化有限公司、江苏赫伽力智能科技有限公司等227个企业被科技部火炬中心认定为高新技术企业，通过率54.3%，在全省名列前茅。全年净增高新技术企业55个，累计高新技术企业数达711个。江苏先行无人机科技有限公司、江苏双良冷却系统有限公司等622个企业入选江阴市高新技术企业培育库。

（李海春）

2021年江阴市新认定高新技术企业一览表

表34

序号	企业名称	所在园区、街道、镇
1	江苏宝利路面材料技术有限公司	江阴高新区
2	江苏龙山管件有限公司	江阴高新区
3	江苏微新码软件有限公司	江阴高新区
4	江苏微之润智能技术有限公司	江阴高新区
5	江阴航源航空科技有限公司	江阴高新区
6	江阴全玉节能环保真空设备制造有限公司	江阴高新区
7	江阴山源科技有限公司	江阴高新区
8	江阴新日冶金装备有限公司	江阴高新区
9	江阴兴澄合金材料有限公司	江阴高新区
10	无锡华控赛思节能技术有限公司	江阴高新区
11	无锡金诚工程技术服务有限公司	江阴高新区
12	无锡棱光智慧物联技术有限公司	江阴高新区
13	江阴东为资源再生技术有限公司	江阴高新区
14	江阴高瓴智能科技有限公司	江阴高新区
15	江阴丽晶电子科技有限公司	江阴高新区
16	江阴星光文化传媒有限公司	江阴高新区
17	无锡格策电气有限公司	江阴高新区
18	江苏紫米软件技术有限公司	江阴高新区
19	无锡琛华复合材料有限公司	江阴高新区
20	德维嘉汽车电子系统(无锡)有限公司	临港经济开发区
21	江苏双良环境科技有限公司	临港经济开发区
22	江苏中通管业有限公司	临港经济开发区
23	江阴华理防腐涂料有限公司	临港经济开发区
24	江阴市邦吉机械有限公司	临港经济开发区
25	江阴市东鹏净化设备有限公司	临港经济开发区

续表34

序号	企业名称	所在园区、街道、镇
26	江阴市双平机械有限公司	临港经济开发区
27	江阴优燃科技有限公司	临港经济开发区
28	江阴振博机械有限公司	临港经济开发区
29	江苏中科瀚星数据科技有限公司	临港经济开发区
30	江阴电子口岸有限公司	临港经济开发区
31	江阴市瑞鸿电子有限公司	临港经济开发区
32	江阴市上弘机械设备有限公司	临港经济开发区
33	江阴市拓进电机有限公司	临港经济开发区
34	无锡市合研液压设备有限公司	临港经济开发区
35	无锡索贝克精密机械有限公司	临港经济开发区
36	江苏赫伽力智能科技有限公司	临港经济开发区
37	江苏宏达仪表科技有限公司	临港经济开发区
38	江苏顺发重工科技有限公司	临港经济开发区
39	江阴和港机械有限公司	临港经济开发区
40	江阴市科诚技术有限公司	临港经济开发区
41	江阴耀先环境设备有限公司	临港经济开发区
42	江阴怡源设备安装有限公司	临港经济开发区
43	江阴市亿鑫隆机械科技有限公司	临港经济开发区
44	无锡软研软件科技有限公司	临港经济开发区
45	江阴市飞扬器械有限公司	临港经济开发区
46	江苏亿科博建筑科技有限公司	临港经济开发区
47	江苏盛佳精密机械有限公司	靖江工业园区
48	江阴奔翔生物科技有限公司	澄江街道
49	江阴福盛自动化仪表有限公司	澄江街道
50	江苏宏晟模具钢材料科技有限公司	南闸街道
51	江阴市恒通电器有限公司	南闸街道
52	江阴犇源精密零部件制造有限公司	南闸街道
53	江阴市成宇电器有限公司	南闸街道
54	江苏新置密封件科技有限公司	南闸街道
55	江阴市振南机械有限公司	南闸街道
56	江阴凯达机电制造有限公司	云亭街道
57	江阴立一电子科技有限公司	云亭街道
58	江阴市驰鑫机械制造有限公司	云亭街道
59	江阴超润高分子材料有限公司	云亭街道
60	江苏环信机械工程有限公司	月城镇
61	江苏鑫城包装科技有限公司	月城镇

续表 34

序号	企业名称	所在园区、街道、镇
62	江阴耐波特船用设备有限公司	月城镇
63	无锡琼琚机械科技有限公司	月城镇
64	江阴鼎言密封件有限公司	月城镇
65	江阴市锦南玻璃技术有限公司	月城镇
66	无锡熠卿锋金属科技有限公司	青阳镇
67	江阴市源达电工材料有限公司	青阳镇
68	江阴云智医疗无纺布制品有限公司	青阳镇
69	无锡菲勒高性能材料有限公司	徐霞客镇
70	江苏海威塑业科技有限公司	徐霞客镇
71	江苏绍通设备制造有限公司	徐霞客镇
72	江苏雪豹日化有限公司	徐霞客镇
73	江阴华江导索有限公司	徐霞客镇
74	江阴戎辉机械设备制造有限公司	徐霞客镇
75	江阴市超惠特建设环保机械有限公司	徐霞客镇
76	江阴市威腾铝箔合成材料有限公司	徐霞客镇
77	无锡市科晶环保塑胶科技有限公司	徐霞客镇
78	江阴普菲特电梯部件有限公司	徐霞客镇
79	江阴朗邦印务科技有限公司	华士镇
80	江阴市昌雄金属科技有限公司	华士镇
81	江苏国嘉导体技术科技有限公司	周庄镇
82	江阴亿达机械制造有限公司	周庄镇
83	江阴中威电子有限公司	周庄镇
84	江苏江顺精密科技集团股份有限公司	周庄镇
85	江阴市富华包装材料有限公司	周庄镇
86	江阴市通源纺机有限公司	周庄镇
87	江阴瑞特泰科包装设备有限公司	周庄镇
88	江阴市中和节能科技有限公司	周庄镇
89	江苏鼎顺医疗用品有限公司	周庄镇
90	顶格电力设备江阴有限公司	长泾镇
91	江苏金塔新能源科技有限公司	长泾镇
92	江阴市荣泰车业部件有限公司	长泾镇
93	无锡共成金属有限公司	长泾镇
94	江阴市强盛车辆附件有限公司	长泾镇
95	无锡万盛电子有限公司	长泾镇
96	江苏工匠服饰科技有限公司	顾山镇
97	江苏坤达电器装饰有限公司	顾山镇

续表34

序号	企业名称	所在园区、街道、镇
98	江阴市源硕金属科技有限公司	顾山镇
99	江阴市州禾电子科技有限公司	顾山镇
100	江阴市鑫富精密机械有限公司	顾山镇
101	江阴同澄机械有限公司	顾山镇
102	江苏品创纺织科技有限公司	祝塘镇
103	江阴瑰宝橡塑机械有限公司	祝塘镇
104	江阴海丰电梯导轨有限公司	祝塘镇

2021年江阴市重新认定高新技术企业一览表

表35

序号	企业名称	所在园区、街道、镇
1	江苏大隆凯科技有限公司	江阴高新区
2	江苏帕斯玛环境科技有限公司	江阴高新区
3	江阴长电先进封装有限公司	江阴高新区
4	江阴齿轮箱制造有限公司	江阴高新区
5	江阴华西节能技术有限公司	江阴高新区
6	江阴金童石化装备有限公司	江阴高新区
7	江阴精力模具工程有限公司	江阴高新区
8	江阴市全盛自动化仪表有限公司	江阴高新区
9	江阴天江药业有限公司	江阴高新区
10	神宇通信科技股份公司	江阴高新区
11	江苏鼎力重工集团有限公司	江阴高新区
12	江苏鸿利智能科技股份有限公司	江阴高新区
13	江苏雷博科学仪器有限公司	江阴高新区
14	江苏利核仪控技术有限公司	江阴高新区
15	江阴德力激光设备有限公司	江阴高新区
16	江阴丰力生化工程装备有限公司	江阴高新区
17	江阴精力环保机械有限公司	江阴高新区
18	江阴市均达电气自动化有限公司	江阴高新区
19	江阴市开元纺织机械制造有限公司	江阴高新区
20	江阴新基电子设备有限公司	江阴高新区
21	江阴中南重工有限公司	江阴高新区
22	江苏四环生物制药有限公司	江阴高新区
23	江阴市光科光电精密设备有限公司	江阴高新区
24	江苏海德半导体有限公司	临港经济开发区
25	江苏中煤矿山设备有限公司	临港经济开发区
26	江阴德玛斯特钻具有限公司	临港经济开发区

续表35

序号	企业名称	所在园区、街道、镇
27	江阴复睿金属科技有限公司	临港经济开发区
28	江阴市精成数控有限公司	临港经济开发区
29	江阴市科源机械有限公司	临港经济开发区
30	江阴市绿松机械有限公司	临港经济开发区
31	江阴市瑞鑫锻造有限公司	临港经济开发区
32	江阴市三良橡塑新材料有限公司	临港经济开发区
33	江阴中玮动力机械有限公司	临港经济开发区
34	中船澄西船舶修造有限公司	临港经济开发区
35	建滔电子材料(江阴)有限公司	临港经济开发区
36	江苏爱可信电气股份有限公司	临港经济开发区
37	江苏法尔胜材料分析测试有限公司	临港经济开发区
38	江苏力沃新能源科技股份有限公司	临港经济开发区
39	江苏耀坤液压股份有限公司	临港经济开发区
40	江阴百士特控制显示设备有限公司	临港经济开发区
41	江阴邦特科技有限公司	临港经济开发区
42	江阴技源药业有限公司	临港经济开发区
43	江阴加华新材料资源有限公司	临港经济开发区
44	江阴尚驰机械设备有限公司	临港经济开发区
45	江阴市文斌机械制造有限公司	临港经济开发区
46	江阴泰阳成索业有限公司	临港经济开发区
47	江阴中绿化纤工艺技术有限公司	临港经济开发区
48	博路威机械江苏有限公司	临港经济开发区
49	江苏攀登能源科技有限公司	临港经济开发区
50	江阴圣世杰机械制造有限公司	临港经济开发区
51	江阴市高拓精密模具有限公司	临港经济开发区
52	江苏振江新能源装备股份有限公司	临港经济开发区
53	江苏朗锐茂达铸造有限公司	临港经济开发区
54	江阴爱科森博顿聚合体有限公司	临港经济开发区
55	江苏双江能源科技股份有限公司	靖江工业园区
56	江苏海鹏特种车辆有限公司	靖江工业园区
57	江苏格尔顿传动有限公司	靖江工业园区
58	江阴众和电力仪表有限公司	澄江街道
59	江阴市江南氟塑有限公司	澄江街道
60	江阴市富仁高科股份有限公司	澄江街道
61	江苏安科瑞电器制造有限公司	南闸街道
62	江苏新光镭射包装材料股份有限公司	南闸街道

续表35

序号	企业名称	所在园区、街道、镇
63	江阴市利澄机械制造有限公司	南闸街道
64	江阴市赛英电子股份有限公司	南闸街道
65	江阴圆方机械制造有限公司	南闸街道
66	江苏锦明工业机器人自动化有限公司	南闸街道
67	江阴市惠尔信精密装备股份有限公司	南闸街道
68	江阴市节流装置厂有限公司	南闸街道
69	江苏海特服饰股份有限公司	云亭街道
70	江苏云峰科技股份有限公司	云亭街道
71	江阴市科安传动机械有限公司	云亭街道
72	柳工无锡路面机械有限公司	云亭街道
73	江苏旌凯中科超导高技术有限公司	月城镇
74	江阴创博机械制造有限公司	月城镇
75	江阴弘远新能源科技有限公司	月城镇
76	江阴机械制造有限公司	月城镇
77	江阴市神州测控设备有限公司	月城镇
78	江阴协统汽车附件有限公司	月城镇
79	江苏安凯特科技股份有限公司	月城镇
80	江阴长源机械制造有限公司	青阳镇
81	江苏广信感光新材料股份有限公司	青阳镇
82	江阴市宏扬汽车制冷设备有限公司	青阳镇
83	江阴市志翔电子科技有限公司	青阳镇
84	江阴市鑫海公路机械材料有限公司	徐霞客镇
85	无锡圣马科技有限公司	徐霞客镇
86	无锡新佳盛压铸机制造有限公司	徐霞客镇
87	江苏国瓷泓源光电科技有限公司	徐霞客镇
88	江阴市得灵机械有限公司	徐霞客镇
89	江苏标榜装饰新材料股份有限公司	华士镇
90	江苏东鋆光伏科技有限公司	华士镇
91	江阴标榜汽车部件股份有限公司	华士镇
92	江阴健发特种纺织品有限公司	华士镇
93	江阴科利达电子有限公司	华士镇
94	江阴市创新气门嘴有限公司	华士镇
95	江阴市达菲玛汽配科技有限公司	华士镇
96	江苏向阳科技有限公司	华士镇
97	江苏瀚阳新材料科技有限公司	华士镇
98	江阴振宏重型锻造有限公司	华士镇

续表35

序号	企业名称	所在园区、街道、镇
99	江苏奥派交通装备股份有限公司	周庄镇
100	江阴海达橡塑股份有限公司	周庄镇
101	江阴济化新材料有限公司	周庄镇
102	江阴江化微电子材料股份有限公司	周庄镇
103	江阴市龙山合成材料有限公司	周庄镇
104	江阴延利汽车饰件股份有限公司	周庄镇
105	江阴润玛电子材料股份有限公司	周庄镇
106	江阴市傅博纺织有限公司	周庄镇
107	江顺精密机械装备科技江阴有限公司	周庄镇
108	江阴方圆环锻法兰有限公司	周庄镇
109	江阴市凯华机械制造有限公司	新桥镇
110	江苏尼美达科技有限公司	新桥镇
111	江阴建禾钢品有限公司	新桥镇
112	江阴龙阳纺织有限公司	新桥镇
113	江阴市康乾车业有限公司	长泾镇
114	江阴通利光电科技有限公司	长泾镇
115	江阴华新电器科技股份有限公司	顾山镇
116	江阴旺达电子有限公司	顾山镇
117	无锡锡钻地质装备有限公司	顾山镇
118	圣华盾防护科技股份有限公司	顾山镇
119	江阴如一科技发展有限公司	祝塘镇
120	无锡鹰贝精密液压有限公司	祝塘镇
121	无锡必克液压股份有限公司	祝塘镇
122	江阴市鹏鹞联业生物科技有限公司	祝塘镇
123	优彩环保资源科技股份有限公司	祝塘镇

(李海春　温京涛)

【新增省级农业科技型企业1个】 2021年,江阴市深入实施创新驱动发展战略和乡村振兴战略,提升农业企业科技创新能力,以科技创新驱动乡村振兴发展。是年,江苏佰澳达生物科技有限公司被江苏省科技厅认定为2021年度江苏省农业科技型企业。至年末,全市累计拥有省级农业科技型企业13个。

【科技金融】 2021年,江苏省科技企业融资路演服务中心江阴分中心获评2020年省级"优秀路演分中心"。7个企业获评江苏省"2021年度最具成长性高科技企业"。是年,"澄科贷"由江阴市中小微企业信贷风险补偿资金池贷款模式转为政府性融资担保贷款模式,由江阴市新国联集团有限公司承接具体业务。全年19批57个科技型中小微企业申报"锡科贷"。组织开展科技企业金融路演10场,累计向科技企业发放科技贷款逾5亿元,发放科技保险费补贴311.35万元。市科技局与市委组织部共同设立江阴市人才科创天使基金。　(周　婧)

科技人才工作

【概况】 2021年,江阴市全面落实"暨阳英才计划"*2.0升级版政策,吸引创新创业人才加速集聚。新引进科技人才项目99项,入选无锡

“太湖人才计划”创业领军人才项目18项、创新领军人才项目3项、创新创业领军团队6个。新引进外国高端人才21名，获批省“科技副总”项目17项。兑付科技人才项目补贴5700余万元。

【海内外高层次人才引育】 2021年，江阴市打响“霞客之光”大品牌，组织第四届创新创业大赛，依托国际人才市场举办“智汇澄”品牌系列活动58场，提升创新资源凝聚力和科技人才项目落地率。举办深圳博士创业联盟高新技术项目对接洽谈会、长三角高新技术项目对接洽谈会、海内外高层次人才创新创业大赛、上海名校成果发布会江阴专场等活动，8项项目落户江阴创新创业。举办“智汇澄”长三角项目江阴（杭州）恳谈会暨“太湖杯”国际精英创新创业大赛杭州赛，现场签约项目约20项。

【科技人才项目申报】 2021年，江阴市组织申报6项国家外专引智项目，入选3项。申报省政策引导类计划项目（引进国外技术、管理人才专项项目）4项，入选2项。申报江苏“外专百人计划”项目7项。申报省国际科技合作项目3项，入选1项；推荐申报2021年无锡市友谊奖3人，2位外国专家入选。入选省外国专家工作室1个，评选江阴市外国专家工作室1个。

【科技人才服务】 2021年，江阴市推出外国人来华工作许可不见面审批，最大限度简化办事流程。是年，办理外国人来华许可相关业务383件，其中新办外国人工作许可证129张，办理延期154张，其中境内办理41张，涉及外国专业人才45名。举办江阴市“澄心留才 迎春纳福”海内外高层次人才联谊会。来自美国、日本、韩国、英国以及国内近40名海内外高层次人才参加活动。组织对留江阴市过年的高层次人才走访慰问活动。 （陶郁科）

科技成果

【概况】 2021年，江阴市加大科技投入力度，浓厚科技创新氛围，促进科技创新与实体经济深度融合，发挥创新驱动发展作用，优秀科技成果不断涌现。江阴市企业获国家科学技术进步奖一等奖1项，江苏省科学技术进步奖二等奖2项、三等奖1项。

【1项项目获国家科学技术进步奖一等奖】 2021年11月3日，在北京人民大会堂举行的2020年度国家科学技术奖励大会上，长电科技股份有限公司参与的“高密度高可靠电子封装关键技术及成套工艺”项目获2020年度国家科学技术进步奖一等奖。集成电路是国家战略科技力量，集成电路封装测试技术研发与应用受到国家高度重视。长电科技作为该项目的主要参与者，充分发挥行业龙头作用，运用自身技术创新和研发能力，与高校、研究机构和产业链伙伴合作，在关键领域做出突出贡献。

【2项项目获江苏省科学技术奖二等奖】 2021年，江苏方程电力科技有限公司与中国电力科学研究院有限公司南京分院、国网江苏省电力有限公司、东南大学等合作完成的“区域分布式能源柔性互联运行控制关键技术及应用”项目获江苏省科学技术奖二等奖。该项目属于新能源领域，主要围绕构建“柔接入、强抗扰、高效率、易互联”区域分布式能源柔性互联系统，在高效柔性互联设备拓扑优化、弱电网情况下系统抗干扰、多时间尺度滚动优化调度、“互联网+”多能源信息融合和管控等方面进行系统创新与突破。项目成果经中国工程院院士余贻鑫、李立涅等领衔的专家委员会鉴定，整体处于国际先进水平，核心技术达到国际领先水平。项目获授权国家专利89项，其中，发明专利65项；获软件著作权36项；牵头编制标准6项，其中，国标4项、团标2项；发表SCI/EI（科学引文索引/工程索引）学术论文105篇，其中，SCI论文32篇。项目产品在全国20余个省（市、自治区）得到推广应用，为国内区域能源互联网、微电网建设发展提供有力技术支撑，带动行业产业装备升级和科技进步，保障区域分布式能源高效运行以及海岛、边疆地区的可靠供电。江苏中煤矿山设备有限公司与中国矿业大学合作完成的“岩浆构造热演化区煤层瓦斯动力灾害防治理论与关键技术”项目获江苏省科学技术进步奖二等奖。该项目属于采矿业领域，主要揭示由岩浆侵入对煤层瓦斯圈、厚硬岩浆岩结构失稳等地质因素引发灾变的控制机制，建立岩浆侵入区高瓦斯煤层一体化瓦斯抽采和动力灾害综合防治关键技术体系，提出适用于岩浆岩侵入复杂地层突出煤层瓦斯抽采效果评价指标体系等，研发出定向快速钻进的煤矿用履带式全液压定向钻机。项目组通过对生产关键技术多年的协同创新研究取得多项自主创新成果。项目获授权国家发明专利30项，获计算机软件著作权5项，在国内外影响力期刊发表高质量论文100余篇（其中SCI 73篇，EI 15篇），出版学术专著4部。项目推广应用产品涉及煤矿用深孔钻车、煤矿用履带式全液压定向钻机等煤矿安全装备领域，长期供货国内各大矿区，提高灾害防治和资源利用率，保障矿区安全高效生产，填补国内空白。

【1项项目获江苏省科学技术奖三等奖】 2021年，江苏华宏科技股份有限公司与中国矿业大学合作完成的“废弃锂离子电池全组分高效资源化理论与关键技术”项目获江苏省科学技术奖三等奖。该项目属于资源循环利用领域，符合“循环发展引领行动”国家战略。项目围绕废弃锂离子电池资源化这一社会发展关键问题开展创新性研究，开发并形成废弃锂离子电池全组分高效资源化关键技术与成套装备，为解决废弃锂离子电池这一新型城市矿产资源提供重要理论与技术支撑。研究成果获得专利68项；出版专著3部；发表高水平论文65篇。研发成果在深圳市恒创睿能、惠州市恒创睿能等10余个企业得到推广应用，取得显著的社会、经济和环境效益，其中，惠州市恒创睿能环保科技有限公司是全国废弃锂离子电池回收白名单企业。国内外同行对“废弃锂离子电池全组分高效资源化理论与关键技术”给予高度评价。

（王黎君 周京利）

■类目编辑 朱其涛

教　育

综　述

【概况】 2021年，全市教育系统全面贯彻党的教育方针，抓紧抓实党史学习教育，落实立德树人根本任务，持续深化教育改革，扎实推进素质教育，统筹疫情防控和教育事业发展。编制实施《江阴市"十四五"教育事业发展规划》，提出构建江阴特质"大格局教育"发展目标。实施教育建设工程项目和校舍安全工程，华东师范大学江阴实验学校签约落户敔山湾。持续推进基础教育集团化办学，新组建教育集团9个，全市义务教育集团化办学覆盖率35%。加快全市高品质学校和优质特色学校建设，推进江苏省南菁高级中学（以下简称"南菁高中"）创建首批省高品质示范高中，市第二中学成功晋级省四星级高中。加大职业教育优化整合力度，增强职业教育办学能力，江苏省江阴中等专业学校（以下简称"江阴中专校"）完成临港校区整体并入。高等院校深化科研创新服务工作，推动与地方政府部门、企业政产学研合作。规范民办教育，治理整顿校外培训机构。开展校园安全生产专项整治行动，建设智慧技防校园。加快教育信息化建设，南菁高中实验学校建成省智慧校园示范校，18所学校获评省智慧校园，全市累计省级智慧校园80所。南菁高中、南菁高中实验学校、市第一中学获评省文明校园，南菁高中被推荐为全国文明校园。强化教育督导功能，针对教育系统热点难点开展专项督导。深入推进师德师风建设，培养德能双修高水平教师，启动"全市共读一本书，争做立德树人好教师"主题阅读系列活动，评出师德教育品牌10个、师德工程建设先进学校20所、师德标兵35人、师德先进141人。全市114所学校198个站点12551名教师义工常年开展教师志愿服务，"彩虹课堂"获评省"十佳志愿服务项目"，《中国教育报》以《温馨"彩虹课堂"陪伴课外时光》为题，在主版报道"彩虹课堂"经验做法。壮大教师队伍，招录新教师473人，其中"双一流"高校和世界排名前200位高校毕业生73人，引进高端柔性人才22人。完成80名乡村教师定向培养计划。寇永升等8人获评省第十六批特级教师，刘生权等11人获评正高级职称，58人获评无锡市学科带头人。持续深入推进义务教育阶段教师"县管校聘"改革，加强教育干部队伍建设，实施校长队伍"789工程"（有序提拔一批"70后"校长，遴选一批"80后"校级领导干部，培养一批"90后"中层干部）和名校（园）长"领头雁工程"，培养一批特级教师、正高级教师和名校（园）长、名教师。开展教师技能、班主任基本功等专项竞赛，徐洁等14人次在省级学科比赛中获一等奖，45人次获无锡市级学科比赛一等奖。华士高中张彪、江阴实验中学颜璐获省班主任基本功大赛一等奖（无锡共4人），3人获无锡市班主任基本功大赛特等奖。南菁高中实验学校李弘获评全国自制教具能手。加快培育全面发展高素养学生，推动"以劳树德、以劳增智、以劳强体、以劳育美、以劳创新"劳动教育实践工作，深入推进"八礼四仪"（"八礼"指仪表之礼、仪式之礼、言谈之礼、待人之礼、行走之礼、观赏之礼、游览之礼、餐饮之礼，"四仪"指7岁入学仪式、10岁成长仪式、14岁青春仪式、18岁成人仪式）教育，有180名学生获评省追梦好少年，400名学生获评无锡市追梦好少年。是年，江阴市获评全国儿童青少年近视防控试点县（市、区），被教育部质量监测中心评选为2021年国家义务教育质量监测实施县级优秀组织单位，学生资助工作连续第五年获省优秀表彰。至年末，全市有各级各类学校286所，其中幼儿园（办学点）169所（个）、小学46所、九年一贯制学校8所、初中29所、普通高中12所、中等职业学校3所、普通高等学校2所（含南京理工大学江阴校区，以下简称"南理工江阴校区"）、特殊教育中心校1所、联办体育学校1所、成人教育中心校15所（不含成人培训机构）；在校学生245061人；公办教职工17031人（不含南理工江阴校区），其中公办专任教师13845人；正高级职称教师39人、高级职称教师3574人、中级职称教师8005人；省特级教师29人；省人民教育家培养工程培养对象2人，省"苏教名家"培养工程培养对象2人，省"333"工程培养对象和博士15人；无锡市教育名家培养工程培养对象5人，无锡市名校长（教师）8人，无锡市级骨干教师1157人。　　（吴建新）

【教育系统党组织建设】 2021年，江阴市委教育工委紧扣"2021内

2021年12月15日，江阴市政府、华东师范大学签署联合办学协议，共同建设华东师范大学江阴实验学校，推动江阴基础教育高质量发展

（市教育局提供）

涵·作风建设年”总体目标，扎实推进党史学习教育和“四史”（党史、新中国史、改革开放史、社会主义发展史）专题教育，举办“赞百年风华谱奋进新篇”庆祝建党百年主题活动暨“七一”表彰大会、“民心向党众志成澄”全市民办学校党建协作联盟庆祝建党百年主题活动，进一步打造“一校一品”党建文化品牌。调整升级《江阴市教育系统廉洁文化进校园实施方案》，召开全市教育系统警示教育大会，组织“5·10”思廉月警示教育系列活动，开展公职人员挂证取酬专项治理、中小学有偿补课和教师违规收受礼品礼金问题专项整治。是年，市特殊教育中心校“特教先锋在行动送教共圆师生梦”入选省党建文化品牌示范项目，江阴初中、北漍中心幼儿园、徐霞客实小的3项党建品牌入选无锡市示范项目；155人获评无锡市、江阴市教育系统优秀共产党员、优秀党务工作者，58个党组织获评先进基层党组织。（汤永锋）

【教育经费投入】 2021年，江阴市教育经费总支出66.11亿元，其中一般公共教育经费43.93亿元，占一般公共预算支出的16.34%。全市义务教育阶段公用经费拨款总额19530.99万元。继续实行家庭经济困难学生减免和补助政策，对学前教育阶段特别困难幼儿免除保教费，对义务教育阶段特别困难学生减免午餐费，对高中阶段特别困难学生减免学费及住宿费，新市民学生经费由财政保障。全年资助困难学生7453人次，发放资助815.635万元，发放生源地大学生助学贷款62笔计69.56万元。（谭　华　沈军辉）

【学校基本建设】 2021年，全市有16项教育项目被列入市级政府投资计划，总投资18.7亿元，全年完成投资约7亿元。有6项教育项目被列入城市更新计划。江南大学江阴校区被列为霞客湾科学城科教孵化中心重点项目，教育项目总投资40.86亿元，年内，举行开工奠基仪式，启动一期项目建设。江苏省江阴高级中学（以下简称“江阴高中”）教学楼、江阴中专校改扩建二期、先锋幼儿园、市第二中学体育馆等项目开工建设，澄西高中新建项目获批施工。敔山湾实验学校教学楼竣工投用，完成华士高中等8所学校校舍安全工程加固改造。人民东路小学、毗陵路小学、敔山湾第二幼儿园等项目主体封顶，推进南菁高中实验学校改扩建、青阳中学宿舍楼改造等在建项目。开展市特殊教育中心校异地新建、五星幼儿园建设等项目前期研究工作。

（李迟丰）

【学生德育工作】 2021年，全市学校围绕庆祝中国共产党建党100周年主题，广泛开展党史学习系列专题教育活动和爱国主义、社会主义核心价值观教育。组织开展“童心向党”“少年工匠心向党，青春奋进新时代”“寻访红色足迹”等近30项不同类型不同层次活动，推进青少年“学史爱党，铸魂育人”主题教育。开展青少年劳动教育，《江阴劳动教育实践探索》文章在教育部教材局调研活动中交流。南菁高中实验学校周煜获评新时代江苏好少年，利港实验小学黄翌宸获评无锡市十佳小公民，徐霞客实验小学毛雨哲、周庄实验小学沈予唯获评无锡市优秀小公民。教师周莉萍获无锡市五一劳动奖章，章强等6人获评无锡市中小学德育工作带头人。有153篇德育论文获无锡市级奖项，672篇获江阴市级奖项。市实验小学“‘臻美’旅行：儿童敦品砺行的美育实践”通过江苏省第三批品格提升工程结项考核并获评精品项目，澄西中学“赓续红色基因的新时代奋斗者行动”被立项为省第五批品格提升工程。南菁高中《以德育课程体系建构打造学校品牌德育》入选省中小学“一校一案”典型案例（无锡共3个）。江阴高中获评省思政育人特色学校，花园实验小学获评省节水型学校。印发《江阴市中小学心理健康教育专项工作方案》，46名教师在心理健康说课、会课比赛中获一等奖。全市学校全部建立家长学校，征集优秀家庭教育案例1354篇、微课视频155个、读书心得812篇。（鞠　斌）

【校园安全】 2021年，江阴市教育局加强中小学（幼儿园）疫情防控工作指导，推进常态化疫情防控，做好学生每日健康监测、统计和各级各类健康平台信息上报工作，开展专项督查，规范细致做好全系统疫苗接种工作。开展安全生产专项整治行动、学校实验室危险化学品使用安全专项治理行动、校园消防安全攻坚行动、校外培训机构安全隐患大排查大整治、校车安全整治以及安全发展示范城市创建等，组织实施校车、食品、危化品等15个批次集中安全检查，在无锡市安全生产监管平台录入隐患信息225条，整改率100%。成立市、镇（街道）两级

学校学生纠纷调解处置中心 18 个，成功化解较大校园纠纷事件 4 件。完成 89 个校区“智慧技防校园”建设。（史建青　陈宝俊）

【教育科研成果】 2021 年 3 月，江阴市教育局启动“全市共读一本书，争做立德树人好教师”主题阅读系列活动。为进一步聚焦中小学教学变革，推进“课题进课堂”项目实践，改善课堂教学生态，切实发挥教科研干预和引领作用，南菁高中实验学校、云亭实验小学先后承办无锡市“课题进课堂”展示活动，5 月，市“课题进课堂”实践经验在江苏省教育科学规划精品课题推进会上交流与推介。6 月 11 日，举办“做中国立德树人好教师阅读论坛”，第七届国家督学、《做中国立德树人好教师》作者成尚荣到现场作主题演讲。市教师发展中心、南菁高中、澄江中心小学、市实验幼儿园等校教师的有关教科研方式转型系列的文章发表于《江苏教育(管理版)》。是年，晨光实验小学梁昌辉团队获评教育部第六届全国教育科学研究优秀成果奖三等奖；江阴中专校、南菁高中科研成果分别获评江苏省教育研究成果奖二、三等奖；市教师发展中心等 6 个单位获评无锡市教科研工作先进集体，朱秋红等 15 名教师获评无锡市教科研工作先进个人。（许建国）

【教育工会】 2021 年，江阴市教育工会组织开展建党百年系列活动，举办万名教师演诵活动，新桥中心小学李骞演唱的《党旗飘飘》获全省教职工“唱党歌　颂党恩”歌手大赛一等奖；江阴中专校原创作品《红色誓言》获无锡市教育妇工委、无锡市教育工会组织的“巾帼心向党 · 奋斗新征程”万名教师喜迎中国共产党成立 100 周年诗文演诵活动一等奖。在年度教师技能大赛中，辅延中心幼儿园沈凯雅获省基本功大赛一等奖；南菁高中陈彬洁、澄江中心小学陆晓磊、晨光实验小学许秋娴获评无锡市一等奖。“彩虹课堂”文明实践志愿服务项目被省文明办推荐为 2021 年全国学雷锋志愿服务“四个 100”(100 个最美志愿者、100 个最佳志愿服务组织、100 个最佳志愿服务项目、100 个最美志愿服务社区)先进典型；长泾实验幼儿园、顾山实验小学、峭岐中学入选省“五好乡村教工之家”(组织基础好、提素建功好、维权服务好、阵地建设好、职工评价好)；祝塘中心小学“炎黄”教师志愿服务队获评无锡市“巾帼文明岗”；南菁高中杨培明工作室入围无锡市创新劳模工作室；青阳实验小学金涵为全市教育系统捐献骨髓第一人，获评第八届“德耀江阴 · 江阴十佳好人”。市教育工会组织撰写的《积极发挥工会教育职能，扎实推进教职工思想政治工作》文章发表于《江苏教工》杂志。是年，全市 78 所民办校(园)全部建立工会组织。（张建菁）

【教育督导】 2021 年，江阴市教育督导部门充分发挥教育督导功能，整改突出问题，强化闭环管理，接受无锡市实地考评江阴教育履职情况，推动整改省市督政问题 13 个。全年对 18 所中小学和 15 所幼儿园进行综合督导和办园行为督导；专项督导 48 所中小学体育工作和 97 所中小学(含中职)、44 所公办幼儿园师德师风建设长效机制贯彻落实情况，下发督导报告 189 份；专项督导 104 所中小学“五项管理”(作业管理、睡眠管理、手机管理、读物管理、体质健康管理)和“双减”(有效减轻义务教育阶段学生过重作业负担和校外培训负担)工作；专项督导 4 所职业类院校开展校企合作落实情况，推进职业教育产教融合。完成《2020 年度江阴市教育现代化监测满意度问卷调查报告》，该报告显示社会对学校满意度为 95.14%，学校对政府教育管理和服务满意度为 91.04%，教师和学生对学校人才培养模式满意度为 96.36%，义务教育学生课业负担满意度为 91.36%，中小学生对教师师德满意度为 99%，中小学生对学校课程的满意度为 96.43%。江阴市 2020 年度教育现代化建设监测综合得分为 95.08 分，是 2015 年以来最高分值。（杨卫忠）

基础教育

【概况】 2021 年，江阴市持续推进基础教育集团化办学，新组建教育集团 9 个，其中“一体型”教育集团 5 个、“加盟型”教育集团 4 个，全市义务教育集团化办学覆盖率 35%，比 2020 年增长 10%。在义务教育优质均衡发展县(市、区)年度监测中，全市达标指标数 30 个(自评)，达标率 93.75%。省义务教育标准化建设监测达标率 100%。不断提升学校内涵发展水平，晨光实验小学“言语实践：‘立言’与‘立人’共生的 12 年实践”、市教师发展中心“为理解而设计：小学数学教学变革的区域探索”、南菁高中“教学审美化：普通高中课堂转型的三十年探索”项目获 2021 年省基础教育类教学成果奖一等奖。江阴高中“‘物理 +’跨界课程基地”、礼延实验学校“‘慧玩’创意工坊初中信息技术学科示范中心”、南闸实验学校“‘五防’健康课程基地建设”、璜土实验小学“田间课堂：劳动砺品的校本课程实践”4 项项目被确定为省中小学课程基地和学校文化建设项目。城中实验小学教育集团“促进小学生数学理解力的问题教学样态研究”、临港实验学校“促进学生学科关键能力发展的深度教学探索”、礼延实验学校“未来课堂：礼延新学子学习空间建构”3 项项目被确定为无锡市基础教育前瞻性教学改革项目。暨阳中学“‘暨阳阅读馆’初中语文学科发展示范中心”、敔山湾实验学校“初中数学探究课程基地”、文林中心小学“守候乡土记忆的乡村小学新博雅书院建设”3 项项目被确定为无锡市级课程基地和学校文化建设项目。是年，市第二中学晋级为省四星级高中。（史建青）

【学前教育】 2021 年年末，全市有幼儿园(办班点)169 所(个)，学前教育资源配置率 0.94。在园幼儿 47357 人，其中新市民子女 14093 人，在省、无锡市优质园就读幼儿占比 81.81%。是年，全市新增幼儿园 19 所，新增普惠学位 3902 个。云亭中心幼儿园东区分园、周庄实验幼儿园倪家巷分园创建为省优质幼儿园，周庄东区实验幼儿园、周庄金湾实验幼儿园、江阴市小朴幼儿园、长泾艾贝尔幼儿园、祝塘镇亲亲幼儿园创建为无锡市优质幼儿园。（冯竹君）

【小学教育】 2021年年末，全市有公办小学45所，民办小学1所，在校学生107417人，其中新市民学生42856人，小学入学率、巩固率、毕业率均保持100%。是年，全市义务教育学校全面实施“双减”政策，全面提供延时服务，开设“学科类”“素养类”两大类课程近500门，提供课后服务率100%。 （苏岱昌）

【中学教育】 2021年年末，全市有普通中学51所，其中公办普通高中12所（四星级高中9所、三星级高中3所），初中39所（含九年一贯制学校8所、体育中学1所和特殊教育中心校1所）。在校初中生44273人（含新市民学生17702人），高中生21848人（含新市民学生6363人）。初中生入学率、巩固率、毕业率分别为100%、98.9%、99.7%。是年，全市中考在无锡市排名提升2个名次，高分段比例位居无锡前列。有7247人参加省学业水平合格性（六门学科）考试，有3345人参加省学业水平合格性（语数外）考试。有6654人参加高考，本一进线2749人，进线率55.59%；600分以上192人，理科最高分677分，列全省理科第7名；5人进清华大学、北京大学录取分数线，2人通过“强基计划”被清华大学录取（无锡市4人）。 （史建青　沈　杰）

【特殊教育】 2021年年末，全市各类学校（幼儿园）在校残疾儿童少年583人，其中特教中心校在籍学生294人（含送教上门113人），随班就读286人（学前阶段43人，小学阶段155人，中学阶段88人）。江阴市户籍义务教育阶段适龄残疾儿童少年入学率100%。 （冯竹君　居张洪）

【体艺科技教育成果】 2021年，江阴市教育部门组织实施体育艺术中考、中小学体育艺术工作综合评比、中小学生体质健康监测，全市学生体质健康合格率94.48%，体育技能合格率小学74.46%、初中65.09%，艺术技能合格率均为90%以上。在省第七届中小学生艺术展演中，市第一中学诗朗诵《永不忘却的81192》获中学甲组特等奖、优秀创作奖，峭岐中学课本剧《丰碑》获中学甲组特等奖、优秀创作奖，市少年宫舞蹈《髫口小戏娃》获小学乙组特等奖、优秀创作奖，利港实验小学原创小锡剧《思思拒礼》获小学甲组一等奖、优秀创作奖。在无锡市中小学生艺术展演中，市第一中学、峭岐中学、市少年宫分别获得朗诵类、戏剧类、舞蹈类一等奖。在无锡市第四十届中小学生“百灵鸟”艺术展演舞蹈专场比赛中，市第二中学、祝塘中心小学获优秀创作奖，市第二中学获最佳表演奖，市教育局获优秀组织奖。在无锡市第十三届运动会比赛中，江阴市学校田径代表队获高中组、初中组总分第一名，江阴中专校获团体总分第二名，江阴职业技术学院获团体总分第三名。 （刘学东　孔喜林）

【传统文化进校园】 2021年，江阴市教育局持续推进锡剧、二胡、武术、书法等传统文化进校园活动，举行锡剧进校园专场演出，学校小锡班、二胡班艺术展演和年度考核，三年期二胡班学生考级，中小学音乐教师锡剧技艺培训和市第十九届少儿书画现场比赛等活动，组织千余名学生参加市第八届全民运动会中小学生武术比赛。5月13日，组织2450名二胡班学员在新桥镇海澜美术馆广场参加“庆祝建党100周年江阴市学校二胡班千人演奏会”，共同演奏《没有共产党就没有新中国》等曲目。晨光实验小学、澄江中心小学参加无锡市庆祝建党百年歌会。南闸中心小学（锡剧）被评为第三批全国中小学中华优秀传统文化传承学校。 （史建青　刘学东）

【全国青少年校园足球试点工作】 2021年，江阴市青少年校园足球试点工作取得新进展，在2021年“省长杯”卡尔美江苏省青少年校园足球联赛中，市第一中学、第二中学、第一初中分获高中男子组、高中女子组、初中男子组第一名。在无锡市第十三届运动会青少年部足球比赛暨2021年无锡市青少年校园足球冠军赛中，市第一中学获高中男子组第一名，市第二中学获高中女子组、初中女子组第一名，利港中学获初中男子组第一名，利港实验小学获小学男子甲组第一名，江阴中专校获中职组第一名。要塞中心幼儿园、澄江中心幼儿园、春申中心幼儿园、辅延中心幼儿园、周庄实验幼儿园华宏分园被评为2021年度全国足球特色幼儿园，临港实验幼儿园、长泾实验幼儿园被评为2021年度全国足球特色幼儿园示范园试点项目立项学校。（刘学东　孔喜林）

【青少年劳动教育】 2021年，江阴市为培养具有良好劳动素养、幸福生活本领的新时代青少年，推动“以劳树德、以劳增智、以劳强体、以劳育美、以劳创新”劳动教育实践工作，市教育局制定《关于全面加强中小学劳动教育的实施方案》《江阴市中小学劳动教育考评细则》《江阴市中小学劳动教育特色学校创建标准》，明确市级层面学生劳动任务清单，健全学校劳动教育评价考核长效机制，建成劳动教育实践基地34

2021年11月19日，山观实验小学与寿山社区联合开展“稻花香里说丰年”稻田课堂实践活动，开展劳动教育，体验劳动乐趣 （市教育局提供）

个。全市中小学校组织开展“学党史、敬劳模”等教育,培育学生崇尚劳动、尊重劳动、致敬劳模优良品格。4 月 23 日,教育部教材局专程调研江阴市青少年劳动教育工作,给予高度评价,《江阴劳动教育实践探索》一文在调研活动中交流。
(鞠 斌)

中等职业教育

【概况】 2021 年,江阴市中等职业教育围绕高品质学校建设目标,加强学校基本建设和师资队伍培养,全面开展现代学徒制试点,职业教育办学能力不断增强。江阴中专校临港校区整体并入江阴中专校。市中等职业教育拥有计算机应用与软件技术、数控技术 2 个国家级紧缺型人才培训基地;省职业学校现代化专业群 3 个、无锡市现代化品牌专业 4 个、无锡市职业教育精品课程 17 个;有省现代化实训基地 3 个、无锡市校企合作示范组合 12 个、无锡市现代学徒制示范项目 3 项;校外实训基地 224 个。是年,全市职业学校招生 3711 人,对外培训 3.1 万人次。毕业学生 2827 人,一次性就业率 99%,专业对口就业率 85%。有 376 人参加省普通高校对口单独招生考试,录取率 100%,其中本科进线 272 人,进线率 72.3%,比 2020 年提高 4.44 个百分点。江阴中专校、华姿中专校继续与江阴职业技术学院等高职院校开展分段培养试点,分段培养专业 13 个,招生 390 人。在无锡市职业教育质量提升攀登计划 2021 年度重点项目评选中,江阴中专校《经济法基础课程思政教学改革的实践与探索》被评为典型案例。江阴中专校《规划职业生涯,圆梦精彩人生》、华姿中专校《养德守法育新人》被评为思政教育示范课堂,江阴中专校《计算机应用项目化教程》、华姿中专校《液压与气压传动》被评为职业教育新型教材,华姿中专校黄亚萍工作室被评为技能职教名师工坊,华姿中专校获评无锡市现代农业职业体验示范中心,江阴中专校被评为就业创业工作成效突出学校。全市 33 名师生分获江苏省职业学校技能大赛一等奖 5 个、二等奖 8 个、三等奖 20 个;在无锡市职业院校技能大赛中,获一等奖 2 个、二等奖 17 个、三等奖 42 个。

【职业学校布局调整】 江阴市为深入推进中等职业学校布局调整与资源整合,加快高品质学校建设,江阴中专校临港校区于 2020 年暑期停止招生,2021 年秋季学期整体并入江阴中专校。至年末,全市有中等职业学校 3 所,专任教师 934 人,其中高级及以上职业资格证书教师 423 人、“双师型”(拥有教师 + 中级以上技术职务)素质教师 400 人,在校学生 12744 人。

【普职融通】 2021 年,江阴市全面启动普职融通(中等职业教育与普通高中教育合作,双方共同设计课程、互派师资,实行学分互认、学籍互转的一种人才培养模式)试点工作,志愿考生第一年学籍录入祝塘中学,高一年级结束后集中办理转学手续,进入江阴中专校高新区校区对口单招相应专业,继续完成高中阶段教育并参加省普通高校对口单独招生考试。是年,首批计划招生 50 人,实际招生 49 人。

【现代职教体系建设】 2021 年,江阴市深化现代职业教育体系,设立“3 + 3”(中等职业教育学习 3 年,进入高等职业教育学习 3 年)分段培养专业 13 个,招生 390 人。各中职学校与江阴职业技术学院开展合作,在暑期招生中开设现代学徒制试点班 25 个,招生 1420 人。
(张建宏)

社会教育

【概况】 2021 年,江阴市社会教育以提高全民综合素质为导向,搭建社区教育平台,开展多层次、多形式教育培训活动。年内,“江阴终身学习网”注册学员 25.64 万人,访问学习量 200 万人次;提供教育课程 2907 门、各类视频课程 44946 门、学习文档 217 份,答复各类咨询问题 2047 个,在省社会教育服务指导中心发布的 2021 年度统计公告中,以高分获得优秀表彰。

【社区教育成果】 2021 年,澄江街道成人教育中心校的江阴菁存阁文化艺术工作室获省级第三批社区教育“名师工作室”立项,江阴高新区成人教育中心校教师金雅芬入选 2021 年度省级社区教育领军人才培养名单,月城镇梨园学习体验基地通过省社会教育学习体验基地创建立项。在 2021 年度省社区(老年)教育优秀数字化课程资源评选中,全市共 6 所学校获奖,其中临港成人教育中心校《非遗文化宣传课程》获一等奖。
(沈菊萍)

【民办教育】 2021 年,江阴市教育局严格贯彻国家、省、无锡市“双减”要求,成立市级联席会议机制,压减学科类校外培训机构数量,学科类校外培训机构 112 个分类登记(注销)信息统一刊登在《江阴日报》。至年末,全市有民办学校和社会培训机构 224 个。
(顾金锋)

普通高等教育

【概况】 2021 年,江阴市内有南京理工大学江阴校区(以下简称“南理工江阴校区”)和江阴职业技术学院 2 所高校。南理工江阴校区面向全国招收研究生 1288 人、全日制本科生 420 人、国际教育学生 500 余人。校区有学生 4200 余人,组织学生参加全国大学生先进成图技术与产品信息建模创新大赛、江苏省首届大学生先进成图技术与产品信息建模创新大赛等赛事 23 项,获省级以上奖项 62 项。江阴职业技术学院录取全日制高职新生 1499 人,录取成人学历教育新生 2723 人,2021 届全日制应届毕业生 1297 人,年终毕业去向落实率 97.4%,留江阴就业比例 35.2%;组织学生参加各类技能赛项 31 项,获奖 96 项。

【南理工江阴校区教育教学】 2021 年,南理工江阴校区立足江阴及周边区域产业特点和基础,结合学校优势、学科特色以及“双一流”建设需要,重点布局网络空间安全、智能制造、新能源、新材料、医工结合等相关学科方向,组建运行网络空间安全学院、智能制造学院、新能源学院、中法工程师学院 4 个学院,开设机械工程、材料科学与工程、网络空间安全、信息管理与信息系统、新能源科学与工程、智能制造工程、数据科学与大数据技术7个特色本科专业,开设本科生课程110门、研究生课程316门。是年,工程训练中心一期项目投运,正式启用力学、数学、物理、电工电子等20个专业实验室与实验中心。以“本科教学改革与建设工程”项目建设为抓手,获批立项“燃料电池汽车系统及原理”(跨学科交叉融合课程)、“工业互联网微专业建设与实践”(微专业建设)和“联邦学习攻防安全技术实践”(项目引导式实践教学改革)校级重点项目3项,一般项目33项,涵盖重点专业、一流课程、精品教材、实践教学、教师教学发展等建设领域。学校教务办与项目团队签订“立项协议书”,明确建设周期、结项要求与资助经费等责任义务,严格把关经费执行,组织中期检查,加强全程管理,力促项目建设提档升级。组织申报“大数据背景下理工院校信息管理与信息系统专业建设探索与实践”项目,获教育部首批“新文科研究与改革实践”立项;组织立项并获批1门“新生研讨课”——《工业互联网改变智造世界》。

【南理工江阴校区师资队伍建设】 2021年,南理工江阴校区开展招才引才工作,与江阴市政府联合举办海外高层次青年学者论坛(日本站),邀请100余名海外学者参加线上会议,联合建立新加坡、日本2个海外人才工作站,建立海外人才信息库。举办首届“为理筑梦、澄就未来”百名博士江阴行活动,邀请120余名有意到校区工作的优秀青年学者赴江阴参观考察。参加国内优秀博士专场招聘会,多渠道发布招聘公告,全年组织参加国内线下招聘会60余场。是年,校区新进专任教师50余人,其中国家级人才4人、“双创博士”(创新创业)标准人才27人,博士化率100%。年末,有各类教师360余人,其中副高以上职称教师占比超60%,博士化率96%。

【南理工江阴校区政产学研合作】 2021年,南理工江阴校区通过平台共建、科技成果转化、项目联合申报等形式,推动与地方政府部门、企业政产学研合作,与市内10余个企业达成项目公关和平台共建合作意向。举办澄江青年学者学术论坛,邀请国内知名学者到江阴校区开展学术报告。举办第二届数字创新和管理高峰论坛,邀请一批专家学者到江阴交流考察。校地协同谋划长三角(江阴)数字创新港建设被列入2021年度江苏省重大建设项目,纳入省政协重点督办提案。

【江阴职业技术学院专业群建设】 2021年,江阴职业技术学院设有机电工程系、基础部、马克思主义学院等7系2部2院,有专业30余个,其中电气自动化技术和现代纺织技术专业为教育部、财政部重点支持建设专业,服装设计与工艺专业为《高等职业教育创新发展行动计划(2015—2018年)》项目骨干专业。机械制造与自动化技术专业群、软件与服务外包专业群为省重点建设专业群,服装设计与工艺专业群为省高水平专业群。电气自动化技术、计算机网络技术、服装设计与工艺专业为省高等职业教育高水平骨干专业,现代纺织技术专业为省特色专业,数控技术、机电一体化技术专业分别为省成人高等教育重点专业、特色专业。是年,学院统筹建设9个专业群,“电子信息工程技术”获评无锡市高水平专业,智能制造自动化技术教学团队入选省优秀教学团队,省在线开放课程《面料设计与项目实践》上线中国大学MOOC(大规模开放在线课程)平台。参与省高等教育教学改革研究课题,获批重点课题2项,结项3项。在无锡市职业教育质量提升攀登计划2021年度重点项目中,获批“思政教育示范”项目1项、“金课”1门、“新型教材”2本、“职业体验示范中心”2个,有1名教师获评“技能大师”,4名在校学生获评“技能雏鹰”。学院“1+X”(学历证书+若干职业技能等级证书)证书制度试点项目累计11项,成功申报备案现代职业教育体系建设专业16个。

【江阴职业技术学院师德师风建设】 2021年,江阴职业技术学院开展党史学习教育,优化人才治理,推进教师思想政治和师德师风建设,提升师资队伍水平。是年,入选省“青蓝工程”中青年学术带头人1人、优秀青年骨干教师2人、苏南高校优秀体育教师1人;获评全国石油和化工教育“青年教学名师”1人、省优秀共青团干部1人、省教育系统关心下一代工作先进个人1人、省大学生心理热线优秀志愿者1人,2名企业外聘教师被评为江苏省高职院校类产业教授;健身气功队代表江苏省参加第十四届全国运动会,获第五名。发表论文366篇,其中SCI论文3篇、EI论文9篇,核心期刊论文17篇;授权专利15项,其中发明专利1项、实用新型专利13项、外观设计1项;授权软件著作权3项。立项省高校哲学社会科学项目等27项,立项无锡市科协和江阴市科协项目18项。年末,有在编教职工488人,其中专任教师340人,博士研究生10人,正高级职称21人,“双师型”素质教师占比73.5%。

【江阴职业技术学院科研创新服务】 2021年,江阴职业技术学院深化科研创新服务工作,6月,举办“江阴装备制造业产教融合与高质量发展高峰论坛”。与市商务局、电子商务公共服务中心合作,成立市电子商务校企合作服务中心。与海澜集团有限公司共同成立海澜产业学院,推进产教融合组织创新。与江苏江顺精密科技集团股份有限公司、江阴机械制造有限公司、江苏远望神州软件有限公司、江苏崇德电子有限公司、江苏大同建设项目管理有限公司、江阴金马印刷有限公司等开展协同育人,为地方企业培养适用人才。加深企业技术服务和成果转化,立项横向课题20项,到账资金63.7万元。牵头负责并完成江阴市第三批为民办实事项目“开展中小微企业技能培训”。开设电气自动化高级技师研修班,主办江阴市社区教育能力提升培训,承办江阴市康养职业技能培训等。全年累计开展社会培训1728人、10035人次、45912个学时。(张龙龙　任　沁)

教师队伍

【概况】 2021年,江阴市教育系统公办学校在职员工17031人(不含南理工江阴校区),其中公办教职工13893人、合同民办107人、市统招幼教编外用工979人、临时代课(含返聘教师)2052 人。公办学校在编专任教师 13845 人,其中幼教 1015 人、小学 5138 人、初中 3892 人、普通高中 2221 人、职业高中 978 人、成教 119 人、大学 482 人。全市幼教、小学专任教师本科率分别为 93.0% 和 90.72%,初中、高中、中等职业学校专任教师研究生以上学历分别为 6.42%、26.52%、10.43%。年内,新增正高级职称教师 11 人,省特级教师 8 人,无锡市学科(含德育)带头人 58 人。引进"暨阳英才"计划 B 类人才 1 人、C 类人才 2 人、高端柔性人才 22 人。至年末,全市有正高级职称教师 39 人、高级职称教师 3574 人、中级职称教师 8005 人;省特级教师 29 人;省名师工作室 3 个、无锡市名师工作室 11 个、江阴市名师工作室 58 个。

【"县管校聘"改革】 2021 年,江阴市教育局持续深入推进义务教育阶段教师"县管校聘"改革,进一步完善试点校"适岗竞聘"程序,健全竞争择优、能上能下、能进能出用人机制。新增石庄中学、璜土中学、利港中学、月城中学、桐岐中学、陆桥中学、河塘中学、顾山中学 8 所镇中学试点改革,试点校从 12 所增至 20 所。继续推行超编学校刚性单向交流机制,21 所超编学校 39 名教师在全市范围内单向交流。

【师范生定向培养】 2021 年,江阴市完成乡村教师定向培养计划 80 人,其中小学 50 人(文科 30 人、理科 20 人)、学前 10 人(文理科各 5 人)、初中 20 人(语文 5 人、数学 8 人、物理学 5 人、地理科学 2 人)。填报师范生的文、理科录取分数线均超省本一控制线,其中文科录取最高分为 591 分,理科录取最高分为 582 分。

【教师招聘】 2021 年,江阴市教育局面向社会公开招聘事业编制教师 473 人,其中 A 类岗位(普通中小学教师)351 人、B 类岗位(职业类学校教师)14 人、C 类岗位(幼教编外定向招录)50 人,乡村定向师范生 30 人、免费男幼师 10 人、高端紧缺人才 8 人、南菁高中提前招录优秀高校毕业生 10 人。全年招录幼教编外用工 40 人。

2021 年 9 月 25 日,江阴市教育系统"澄远·教育援疆十百千计划"援疆教师离开江阴,启程奔赴新疆霍城,开展新一轮援疆支教工作 (市教育局提供)

【教师职称评审】 2021 年,江阴市中小学、幼儿园中级职称申报 329 人,其中中小学二级教师 212 人(含乡村教师直接认定 4 人)、幼儿园二级教师 117 人(含乡村教师直接认定 4 人)。中小学中级职称通过 156 人,通过率 73.58%;幼儿园中级职称通过 93 人,通过率 79.49%。中小学、幼儿园高级职称申报 406 人,其中中小学一级教师 369 人、幼儿园一级教师 37 人。中小学高级职称通过 151 人,通过率 40.92%;幼儿园高级职称通过 8 人,通过率 21.62%。

【教师交流】 2021 年,江阴市教育局深化城乡学校结对交流工作,探索超编学校单向交流机制,将交流经历作为教师职称(职务)评聘、学术、荣誉评审等必要条件。全年义务教育学校中有 686 人参加常规交流,占全市符合交流条件总人数的 19.36%,参与交流教师中名优骨干教师 259 人,占全市参与交流教师总数的 37.76%。

【支教工作】 2021 年,江阴市教育局选派 53 名教师赴新疆、山西、陕西等省(区)支教交流,其中新疆维吾尔自治区霍城县 23 人、陕西省延川县 7 人、山西省吕梁市离石区 23 人。选派 4 名教育教学专家进行为期 3 个月的柔性援疆支教讲学。山西省方山县选派 16 名新招录研究生学历教师到江阴学校顶岗培训。

【名师培养】 2021 年,江阴市城中中心幼儿园获评江苏省教育系统先进集体,黄亚萍、夏涵冰获评江苏省教育系统先进个人(优秀教师)。戴加成、马维林、叶先进、寇永升、梁昌辉、彭加山、谢建民、费洁 8 名教师获评江苏省第十六批特级教师,高海华等 52 名教师获评无锡市第九批中小学学科带头人,王艳等 6 名教师获评无锡市第五批中小学德育工作带头人。

【教育系统干部队伍建设】 2021 年,江阴市委教育工委调整干部 254 人,其中校级领导 110 人、局机关及直属事业单位领导 46 人、直属学校中层干部 98 人。更新完善校级领导后备人才库 231 人、40 周岁以下的中层正职后备人才库 228 人、30 周岁以下的青年后备人才库 216 人。举办"75 后"中层干部培训班、"80 后"青年干部培训班和"90 后"年轻干部能力提升培训班,累计培训 137 人。

【"暨阳英才"计划】 2021 年,江阴市教育局引进高端人才 3 人,南菁高中等 5 所学校引进高端柔性人才 22 人。与市人才办公室联合下发《关于开展 2021 年江阴市"暨阳英才"子女入学申请工作的通知》文件,进一步规范人才子女入学政策,解决落实人才子女入学、配偶入职等问题。 (汤永锋)

■类目编辑 成苏萍

综 述

【概况】 2021年，江阴市文化部门以中共十九大精神为指导，进一步深入学习贯彻习近平总书记关于文化建设的重要论述和重要指示精神，牢牢把握高质量发展要求，统筹疫情防控和事业发展，有力推动各项工作取得新成效。年内，完成市图书馆江阴人著作馆、中厅的布置，以及市博物馆自然标本馆升级改造工程。新增艺风书房3个、艺风微书房4个、"三味书咖"阅读联盟1个。开通覆盖全市的"滴答借书"手机网借服务、"澄艺快递"全民艺术普及配送服务。举办市民文化节、"文化走基层 服务进万家"等文化惠民活动3500余场，服务群众超1250万人次。围绕中共建党百年，策划举办万人广场舞展演、千人二胡演奏会等市级重点文化活动20余项，承办江苏省庆祝中国共产党成立100周年优秀舞台作品展演、"百年百场"优秀群众文艺作品巡演等省、市级演出7场，"百年百场"优秀群众美术书法摄影作品展等省、市级展览3场。以江阴百年党史为题材，创作歌曲13首、小戏小品5个、红色故事20篇、清风故事6篇、红色歌舞剧6部。结合市委"南征北战、东西互搏"战略*，创作《奋进的霞客湾》《霞映天下放光彩》等歌曲。长篇散文《庆历四年秋》获2019—2020年度太湖文学奖，小戏《冰封的传奇》获第五届江苏省文华奖优秀节目奖，小锡剧《一碗馄饨》、评弹表演唱《漂亮MM找上门》入选江苏省庆祝中国共产党成立100周年优秀舞台艺术作品展演。市图书馆、文化馆、博物馆入选2021年度江苏省"最美公共文化空间"打造对象，长青艺术团、文定社区夕阳之约艺术团、阳光女子乐坊3个群文团队入选2021年度江苏省"优秀群众文化团队"培育对象，月城镇连续第六次获评"中国民间文化艺术之乡"。完成黄山炮台旧址修缮及环境整治重点工程和江阴蚕种场修缮方案编制。推动文物活化利用，推出"阅读古建筑"项目，曹颖甫故居打造成中医便民服务点，在江苏学政衙署仪门旧址设置"艺风书房"。深入实施"'非遗'记忆工程"，评选第六批江阴市级"非遗"代表性项目15项、代表性传承人27个，举办第三届"非遗"进校园成果展、周庄民俗文化节、江阴文旅市集等"非遗"展示活动30余次。优化产业发展环境，出台文化产业专项资金管理实施细则，全市6项项目获203万元市级文化产业资金。发挥文旅产业资源优势，赴深圳市举办文旅产业合作恳谈会，进一步强化与珠三角区域城市的交流合作。

【月城镇连续第六次获评"中国民间文化艺术之乡"】 2021年11月3日，文化和旅游部公布2021—2023年度"中国民间文化艺术之乡"名单，月城镇连续六次摘得这一国家级荣誉。中国民间文化艺术之乡是指经文化和旅游部命名，具有某一特色鲜明、群众喜闻乐见并广泛参与的民间文化艺术，并在全国产生较大影响的特定区域，主要指乡镇（街道），也包括部分县（县级市、区）。月城历史悠久，是典型的江南水乡小镇，独特的水乡环境孕育独特的水乡文化。锡剧在月城镇具有悠久的历史、独特的魅力和深厚的群众基础，2002年成立月城民间锡剧团。2011年起，月城镇在中心小学开设小锡班，在幼儿园设立少儿戏曲基地，并以"少儿戏曲基地"和"小锡班"的特色教育为载体，着力培养优秀的小戏创作和表演人才。2021年，月城镇进一步做优"水韵文化"和"小戏文化"，做强秦望雅集特色文化，打响"中国民间文化艺术之乡"品牌。

【纪念刘半农诞辰130周年座谈会】 2021年5月27日，"传承爱国情怀 弘扬江阴精神"——纪念刘半农诞辰130周年座谈会召开。会议由市文体广电和旅游局主办、市刘半农研究会承办，市领导徐冬青、程政参加会议。会上，市政协主席、刘半农研究会名誉会长徐冬青致辞。市委宣传部部长程政向刘半农的侄子刘育熙、朱穆之的女儿朱竹颁发聘书，并向与会嘉宾代表赠送《澄怀之音》等书籍。市文联党组书记唐晓峰、主席钱晴向与会嘉宾代表赠送纪念品。来自全国各地的专家学者及"刘氏三杰"的后人代表，以刘半农为代表的"刘氏三杰"所遗留的宝贵文化遗产为出发点，从不同的视角和领域，畅谈交流各自的观点。

文化设施

【概况】 2021年，江阴市文化部门积极推动公共文化资源整合共享，不断优化公共文化服务体系，有效提升公共文化服务效能。年内，完成市图书馆江阴人著作馆、中厅的布置，市博物馆自然标本馆升级改造工程。新增艺风书房3个、“三味书咖”阅读联盟1个，完成“艺风微书房”进驻4个商业综合体。推进城乡公共文化服务体系一体化建设，启用新桥镇文化服务中心，建成开放顾山镇共享文体中心、图书馆徐霞客分馆二馆、澄江街道黄田港社区综合性文化服务中心。市图书馆、文化馆、博物馆3个文化场馆入选江苏省“最美公共文化空间”打造对象。

【艺风书房24小时自助图书馆开放】 2021年8月，位于江苏学政衙署仪门旧址的艺风书房24小时自助图书馆改造后正式开放。该馆通过对具有历史意义的文保场所进行保护利用，并加以创意性改造，将其打造成为集图书外借、阅览、文化活动、志愿服务为一体的新型公共文化空间。馆内总面积190平方米，可容纳图书2000册，采用RFID(摄频识别)技术，结合门禁系统，通过远程监控、智能灯光和空调控制系统，配备自助办证机、自助借阅机、电子书借阅机等设备，实现24小时免费开放。该馆与图书馆总分馆系统通借通还，为附近居民提供方便快捷的图书自助服务。同时面向不同群体，开展经典诵读、阅读分享、大师课、阅读沙龙、手工艺作坊等体验式、互动式的公共阅读活动。

【顾山镇共享文体中心建成开放】 2021年9月，位于顾山镇英才西街的顾山镇共享文体中心建成开放。该中心占地面积3633平方米，建筑面积8674平方米，共3层，有图书馆、小剧场、书画创作室、排练厅、乒乓室、室内篮球场、羽毛球场等功能室，是集思想政治引领、优秀文化传承、文明风尚培育、惠民利民服务于一体的综合性为民服务阵地。依托这个平台，顾山镇开展各类文体惠民、志愿服务活动，丰富群众生活、弘扬文明风尚，以新时代文明实践的丰硕成果，提升群众的获得感、幸福感。

【3个文化场馆入选江苏省“最美公共文化空间”打造对象】 2021年8月19日，江苏省文化和旅游厅公布2021年度江苏省“最美公共文化空间”首批203个打造对象，江阴市图书馆、文化馆、博物馆3个文化场馆入选。“最美公共文化空间”是以城乡公共空间为载体，围绕公益文化服务供给，融合地域特色、“主客”共享和新型文化业态，实施以空间美化、功能优化、服务优质和运管优异为重点内容的设计与打造，不断拓宽公共文化服务阵地和场景，形成更具人文关怀、审美品位、文化内涵和社会影响力的公共文化空间，助力提升现代公共文化服务水平。

2021年8月，位于江苏学政衙署仪门旧址的艺风书房24小时自助图书馆，经改造后正式开放　（市文体广电和旅游局提供）

公共文化

【概况】 2021年，江阴市坚持政府主导、财政支撑、机制创新、一体发展，提升公共文化服务水平。年内，开通覆盖全市的“滴答借书”手机网借服务、“澄艺快递”全民艺术普及配送服务。组织开展“文化走基层 服务进万家”主题惠民活动，送演出送电影3500余场，为全市农家书屋配送图书2.35万册。全面推进“书香江阴”建设，举办第二十五届“书香江阴”读书节和市民文化节系列活动。围绕庆祝中国共产党成立100周年主题，组织举办“名家名段颂党恩”戏曲名家演唱会、“百年风华 我心向党”江阴市庆祝中国共产党成立100周年歌咏文艺演出等市级重点文化活动20余项，承办江苏省庆祝中国共产党成立100周年优秀舞台作品展演、“百年百场”优秀群众文艺作品巡演等省、市级演出7场，“百年百场”优秀群众美术书法摄影作品展等省、市级展览3场。

【为群众办实事文艺项目启动】 2021年4月11日，江阴市文商融合创新实践行动暨“滴答借书”“澄艺快递”——为群众办实事文艺项目启动仪式在南门印象商业中心一楼大厅举行。市领导程政、张韶峰出席活动。“滴答借书”是市图书馆依托“艺风微书房”服务体系建设推出的手机网借服务，通过“手机+物流”的服务形式，让读者足不出户，送书到家。“澄艺快递”是依托“江阴公共文化云”，通过资源自建、购买服务、社会筹集等方式，建立包含文艺演出、讲座导赏、展览展示、艺术普及等类别文化产品的资源库，采取“菜单式”点选和“订单式”配送形式，将公共文化服务送到基层，构建具有江阴特色的公共文化服务供给模式。

【第二十五届“书香江阴”读书节】 2021年4月17日，江阴市第二十五届“书香江阴”读书节在天华文化中心开幕。市领导包鸣、程政、吴国忠、陈兴初出席开幕式。开幕式以诵读与分享的形式回顾中国共产党百年征程，呈现江阴市连续24年举办读书节的丰硕成果。活动现场举办十佳书香机关、十佳书香校园、十佳书香企业、十佳书香家庭、十佳公益阅读推广人表彰仪式。这届读书节秉承“爱读书 爱生活 爱江阴”主题，以“我心向党 共读经典”为主题，举办各类读书活动202项，其中市级活动82项，镇(街道、园区)活动120项。

【全市学校二胡班欢庆中共建党百年千人演奏会】 2021年5月13日，江阴市学校二胡班欢庆中共建党百年千人演奏会在海澜美术馆广场举行。市领导程政、吴国忠、张韶峰、陈兴初参加活动。2450名学生以一曲《没有共产党就没有新中国》拉开演奏会的序幕，《社会主义好》《歌唱祖国》《中国少年先锋队队歌》《茉莉花》等曲目相继登场。这次演奏会邀请宋飞、周维、邓建栋、马向华、林感5位艺术家，到现场演奏《洪湖人民的心愿》《南泥湾》《花乡风情》《葡萄熟了》《江南春色》《赛马》等优秀曲目，激发听众强烈的情感共振和精神共鸣。自2011年起，江阴市开始推动二胡进校园活动，全市有18所小学开办二胡班，累计培养上万名二胡学员。

2021年5月28日，名家名段颂党恩——江阴市庆祝中共建党100周年戏曲名家演唱会在江阴大剧院举行。图为演员们表演《红旗颂》

（市文体广电和旅游局提供）

【庆祝中共建党百年戏曲名家演唱会】 2021年5月28日，由市委宣传部、市文体广电和旅游局主办，市文化馆承办，市戏曲票友协会协办的名家名段颂党恩——江阴市庆祝中共建党100周年戏曲名家演唱会在江阴大剧院举行。市领导程政、张韶峰等参加活动。演唱会在《红旗颂》中拉开序幕，锡剧《红色的种子·南湖来》《刘胡兰·临别再望众乡亲》、昆剧《梅兰芳·当年梅郎》选段、京剧《智取威虎山·迎来春色换人间》、黄梅戏《江姐·春蚕到死丝不断》、扬剧《夫妻哨·我夫妻守海岛》、越歌《唱支山歌给党听》等节目相继登场，为现场群众奉献一场“文化大餐”。

2021年5月13日，江阴市学校二胡班欢庆中共建党百年千人演奏会在海澜美术馆广场举行

（市文体广电和旅游局提供）

【江苏省庆祝中共成立100周年优秀舞台艺术作品展演】 2021年6月14日，由江苏省委宣传部、省文化和旅游厅联合主办的江苏省庆祝中国共产党成立100周年优秀舞台艺术作品展演小型节目专场（首站）在江阴市举行。江苏省演艺集团、镇江市艺术创作研究中心、苏州市艺术学校、南京市杂技团、南京航空航天大学等院团上演交响乐、小扬剧、舞蹈、杂技等节目。江苏省文旅厅二级巡视员官天涛，无锡市文化广电和旅游局副局长刘烈，江阴市领导程政、张韶峰观看演出。这次全省展演有50部大型剧目、1部特邀剧目和20个小型节目参与。江阴市锡剧团的小锡剧《一碗馄饨》和江阴市评弹团的评弹表演唱《漂亮MM找上门》入选小型节目参演。

【庆祝中共成立100周年原创作品音乐会】 2021年6月19日，由市委宣传部、市文体广电和旅游局、市教育局和市文联等单位联合举办的“旋律在党旗上飘扬”——庆祝中国共产党成立100周年原创作品音乐会在市文化馆艺术剧场举行。市领导程政、陈兴初出席。这次演出的18首曲目均由江阴音乐人创作、演绎,会集全市120余名声乐器乐的优秀人才。作品主题鲜明,呈现形式多样。

【庆祝中共成立100周年歌咏文艺演出】 2021年6月26日,“百年风华 我心向党”——江阴市庆祝中国共产党成立100周年歌咏文艺演出在江阴大剧院举行。市委书记许峰在演出开幕式上致辞,市长包鸣主持开幕式,市人大常委会主任孙小虎等市领导和数千名各界群众代表观看演出。演出在童声合唱《在灿烂阳光下》中拉开序幕,演员们演绎《南湖的船,党的摇篮》《我们走在大路上》《在希望的田野上》《江阴之歌》《奋进的霞客湾》等歌曲。演出中还穿插上演群舞《星火燎原》、情景舞蹈《社会主义好》、音乐剧《老书记》片段《改天换地》等节目。

【江苏省“百年百场”优秀群众文艺作品巡演进月城】 2021年7月17日,江苏省庆祝中国共产党成立100周年“百年百场”优秀群众文艺作品巡演走进江阴市月城镇。这次巡演由江苏省文化和旅游厅主办,江苏省文化馆承办,无锡市文化广电和旅游局、江阴市文体广电和旅游局和月城镇政府协办。市领导程政、许晨、陈兴初和有关部门领导出席活动。月城镇人大代表、政协委员和群众代表观看演出。节目紧扣建党百年主题,由江苏省近年来获得全国“群星奖”、江苏省“五星工程奖”和为这次主题教育活动新创作的群众文艺作品组成,通过群众喜闻乐见的歌曲、舞蹈、小戏、曲艺等艺术形式,展示党的光辉历程。

【紫金文化艺术节舞台艺术新创剧目会演】 2021年9月,2021年度紫金文化艺术节舞台艺术新创剧目会演分别在无锡、淮安、连云港及江阴等部分县(市、区)举行。首站2部精品剧目——舞剧《歌唱祖国》和现代锡剧《蝶恋花·沈琬》分别于17日、20日在江阴大剧院上演。舞剧《歌唱祖国》以音乐家王莘创作的《歌唱祖国》这首家喻户晓的爱国歌曲的心路历程为题材,通过舞蹈表达家国情怀;锡剧《蝶恋花·沈琬》以沈安娜和华明之的故事为原型,以歌舞的艺术形式向隐蔽战线的英雄们致敬。

【江苏省优秀群众美术书法摄影作品巡展进新桥】 2021年9月10—17日,由江苏省文化和旅游厅主办,省文化馆承办的江苏省庆祝中国共产党成立100周年“百年百场”优秀群众美术书法摄影作品无锡巡展在江阴市新桥镇文化中心展出。这次展出的80余幅作品均为省内优秀文艺作品,包含“江苏省五星工程奖”获奖作品。巡展作品主题鲜明、内容丰富、形式多样、手法新颖,从不同角度讴歌中国共产党的光辉历程和丰功伟绩,表达人民群众对党的无限热爱。

【江阴市民文化节】 2021年10月13日,由市委宣传部、市文体广电和旅游局主办的“聚焦‘十四五’启航新征程”——2021年江阴市民文化节开幕式在市公共文化艺术中心举行。市委宣传部部长程政、副市长许晨、市政协副主席陈兴初出席。该届市民文化节围绕“聚焦‘十四五’启航新征程”这一主题,坚持以人民为中心的发展思想,通过市、镇、村三级联动,策划举办群星舞台、文化讲堂、艺术展览、镇和街道联动4个板块,举办上千场文化艺术活动。

【无锡市群文书画摄影作品巡展进江阴】 2021年10月20—30日,由无锡市文化广电和旅游局主办,无锡市文化馆、江阴市文体广电和旅游局承办,江阴市公共文化艺术发展中心协办的“忆峥嵘岁月 绘美好生活”庆祝建党100周年无锡市群文书画摄影作品展巡展在江阴市展览馆开展。这次参展作品在无锡市范围征集选拔,遴选出书法作品34幅、美术作品39幅、摄影作品35幅,展现无锡群众文艺界书画摄影的整体水平和风貌。 (唐　燕)

文学艺术

【概况】 2021年,市委、市政府引导文艺工作者坚持以人民为中心的创作导向,围绕庆祝中共建党百年主线开展文艺创作活动。市文联注重以主题策划、创作引导为抓手,营造良好文艺生态,激发广大文艺爱好者致力于精品创作的积极性和创造性,推出一批在全省具有影响、体现江阴人精神风貌的精品力作。是年,征集庆祝中国共产党成立100周年文艺作品超1000件。创作“共画长江好”江阴文艺家写生采风作品500余件。作家协会出版《碗与钵》《拥山河入怀》《北窗札记》《江南俚语》《唐朝大变局之安史乱》等文学著作。散文《绍兴十二年》在“新世纪文学20年20家/部”评选活动中,入选“非虚构作品20部”专家榜和读者榜。全年编发《雪浪湖》期刊4期,刊登原创文学作品90余篇。民间文艺家协会创作的故事及播讲,在国家级、省级刊物发表32篇,9件作品在省级以上的评选中入展、获奖,出版历史集《大宋葛氏》,通草堆画《春韵》《雄鹰展翅》获江苏省工艺美术精品博览会(艺博杯)银奖,纸艺《幸福花猫》入展江苏省第六届民间文艺奖·优秀民间工艺美术展。戏剧曲艺家协会创作的剧本《教我如何不想她》《吴王剑》分别入选江苏省戏剧剧本大纲征集和新剧本征选,锡剧《冰封的传奇》获第五届江苏省文华奖“优秀节目奖”,锡剧《一只古董碗》获第五届江苏省文华奖·编剧奖,评弹《英雄黄继光》获首届中国大运河曲艺文化艺术节·优秀节目奖。音乐舞蹈家协会创作多个音乐舞蹈作品参加江苏省庆祝中共建党“百年百场”优秀群众文艺作品巡演、无锡市精品节目巡演、第三届江阴发展大会暨2021年经贸洽谈会专场文艺演出等省、市大型演出活动,市弘音琵琶室内乐团获第二届“敦煌杯”中国民族室内乐暨重奏比赛非职业中学组金奖,歌曲演唱《中国红》获江苏省总工会全省职工歌手大赛优秀奖。美术家协会全年举办各类美术学术活动、展览等25次,3件作品入选国家级展览,10件入选省级展览,油画《江苏最美奋斗者吴仁宝》入展“百年江苏”大型美术创作工程,中国画《中共江阴一大会议》、油画《王选激光照排》入展“百年风华”无锡重大题材美术创作工程。书法家协会16件作品在省级以上展览中入展、获奖,行草《鲁迅“为了忘却的纪念”》在中国文联举办的“伟业”书法大展中入展,并由国家图书馆收藏，行草《古贤题画诗数首》获第五届江苏省文华奖·书法奖。摄影家协会协助12个单位举办庆祝中国共产党成立100周年主题摄影展，52件作品在省级以上展览中入展，8件作品在国家级刊物发表。作品《画意江南》在中国第十八届国际摄影艺术展中入展，作品《无惧雷霆》在第二十八届全国摄影艺术展览中入展。影视家协会创作的原创广播剧《"东进"风云》被全国广播联盟多个电台转播，19件作品获省级奖项，短视频《梦行山野》在全国县级融媒体中心优秀作品赛中获二等奖。

2021年9月26日，获第五届江苏省文华奖"优秀节目奖"的江阴锡剧《冰封的传奇》在常州现代传媒中心金色大厅展演　（市文体广电和旅游局提供）

【《庆历四年秋》获太湖文学奖】 2021年4月，2019—2020年度太湖文学奖评选活动启动，经过初评和终评两轮评选，江阴市作家夏坚勇的长篇散文《庆历四年秋》获2019—2020年度太湖文学奖。该作品以庆历新政为背景，着眼于描摹庆历年间的世态人情和生活肌理。该作品延续夏坚勇鲜明的个人创作特色，有很高的艺术水准和艺术感染力，曾获第二届"孙犁散文奖"双年奖、首届东吴文学奖·散文奖。

【锡剧《冰封的传奇》获第五届江苏省文华奖"优秀节目奖"】 2021年秋，江苏省文化和旅游厅公布第五届江苏省文华奖评选结果，江阴市锡剧评弹传承中心作品《冰封的传奇》获评第五届江苏省文华奖"优秀节目奖"。锡剧《冰封的传奇》是根据中国工农红军过雪山时的故事《军需处长》创作的，讲述红军行军途中一位军需处长把自己的棉衣让给卫生员小红，自己被严寒冻死的感人故事。

【江阴市文学艺术奖(陶白文学艺术奖)评选】 2021年12月，江阴市经个人申报、专家初审、评审委员会终评和评审结果公示等程序，2021年度江阴市文学艺术奖(陶白文学艺术奖)评奖结果公布，39人获奖。江阴市文学艺术奖(陶白文学艺术奖)是江阴市政府1990年设立的全市文学艺术类的最高政府奖项，此次获奖作品涵盖文学、戏剧、影视、音乐、舞蹈、美术、书法、摄影等艺术门类，总体上代表2018—2020年江阴市文学艺术的水平。

（唐　燕　陈　佳）

2021年江阴市文学著作出版和文学作品发表情况表

表36

类别	作品名称	作者	体裁	出版社或发表刊物
文学著作	《碗和钵》	庞　培	散文集	广西师范大学出版社
	《拥山河入怀》	陆文勤	散文集	上海文艺出版社
	《北窗札记》	薛栋成	散文集	团结出版社
	《故园情》	毛德彦等	散文集	广陵书社
	《江南俚语》	张　翔	诗集	上海文艺出版社
	《唐朝大变局之安史乱》	陈　炜	历史小说	现代出版社
文学作品	《承天门之灾》	夏坚勇	长篇散文	《钟山》
	《疯子进乾》	邬丽雅	小说	《海燕》
	《起风》	庞　培	诗歌	《诗刊》
	《房间》	庞　培	诗歌	《诗刊》
	《黄河口》	庞　培	散文	《山东文学》
	《黄史塘的副业》	陆文勤	散文	《太湖》
	《江南夏日瓜果》	陆文勤	散文	《江南晚报》

续表 36

类别	作品名称	作者	体裁	出版社或发表刊物
文学作品	《夏港三安》	王荣方	散文	《江南晚报》
	《我写蔡友洪》	王荣芳	散文	《文学报》
	《河对岸的天空》	卞文达	小说	《中国校园文学》
	《醒来的童贞》	卞文达	散文	《雨花》
	《江阴的腔调》	陶　青	散文	《莽原》《新华日报》
	《母亲的米酒》	陶　青	散文	《人民日报·海外版》《翠苑》
	《天华故乡光明行》	陶　青	散文	《人民日报·海外版》
	《寻找李小峰》	陶　青	散文	《太湖》
	《江南的梅放》	陶　青	散文	《青岛文学》
	《徐霞客与黄道周》	陶　青	散文	《江南晚报》
	《落木帖》	金雪松	组诗	《芒种》
	《庭院》	金雪松	组诗	《诗刊》
	《重返的尝试》	金雪松	组诗	《山东文学》
	《静夜思》	金雪松	组诗	《朔方》
	《迷路》	金雪松	组诗	《扬子江诗刊》
	《弯月记》	金雪松	组诗	《草原》
	《从武·从税·从文》	周华军	散文	《税收文学》
	《须毛河上的枪声》	周华军	散文	《税收文学》
	《丝巾的风情》	刘艳萍	散文	《格调》
	《父亲,我想您》	孙海燕	散文	《作家报》
	《别把深爱藏起来》	吴正毅	文学评论	《中国新闻出版广电报》
	《让爱的力量帮助孩子成长》	吴正毅	文学评论	《出版商务周报》
	《唯有爱能穿越时光》	吴正毅	文学评论	《读友少年文学》
	《少年心与青春梦》	吴正毅	文学评论	《读友少年文学》
	《让内向的孩子也能拥有爱和勇气》	吴正毅	散文	《读友少年文学》
	《左右为难的选择》	吴正毅	散文	《读友少年文学》
	《对亲情的无声呼唤》	吴正毅	文学评论	《读友少年文学》
	《纯净的童真世界》	吴正毅	文学评论	《读友少年文学》
	《心清草木自成香》	吴正毅	文学评论	《读友少年文学》
	《唤醒大山的希望》	吴正毅	文学评论	《读友少年文学》
	《老家听风竹,遥忆旧时味》	余　月	散文	《江苏作家》
	《枕水人家》	吴长海	散文	《山西老年》
	《写给新年的祝福》	吴长海	散文	《中国水运报》
	《小河慢慢流》	吴长海	散文	《郑州晚报》
	《社会学界的巨擘》	吴长海	散文	《民主》

续表36

类别	作品名称	作者	体裁	出版社或发表刊物
文学作品	《话说申港》	吴长海	散文	《江南晚报》
	《大年三十的晚上》(外一首)	金　彪	诗歌	《辽河》
	《锁阳城遗址》	金　彪	诗歌	《北方作家》
	《紫山村一日》	金　彪	诗歌	《彭城晚报》
	《长安公园,斜卧唐诗边上的心灵臻境》	金　彪	诗歌	《秦川》
	《阿拉尔笔记》	金　彪	组诗	《江南诗》
	《桃子的谱系》	张　翔	诗歌	《散文诗世界》
	《雨中游鼋头渚》(外一首)	张　翔	诗歌	《扬子江诗刊》
	《江南俚语》	张　翔	诗集	《上海文艺出版社》
	《蹒跚的雪》	李建华	诗歌	《青春汉风》
	《掠过枯萎的事物》	李建华	诗歌	《散文诗世界》
	《诗意的随意》	李建华	诗歌	《中国诗歌报》
	《小巷》	李建华	诗歌	《楚天声屏报》
	《生命的绝唱》	单　旭	报告文学	《中国报告文学》
	《农时记忆》	刘建东	散文	《水城文学》
	《霞迎天下客》	翟学华	散文	《中国自然资源报》
	《山里,嗨起来的原生态》	周国平	诗歌	《诗风》
	《挂念》	周国平	诗歌	《神州诗歌报》
	《春讯》等	周国平	诗歌	《青年文学家》
	《思念的潮》	周国平	诗歌	《作家天地》
	《我的内心有朵盛开的花》等	周国平	诗歌	《南北作家》
	《桃花是村庄的乳名》等	周国平	诗歌	《九天文学》
	《五月》等	周国平	诗歌	《南北作家》
	《写给父亲》等	周国平	诗歌	《小雪》
	《桥》等	周国平	诗歌	《归来文学》
	《影与光》	周国平	诗歌	《长江诗歌报》
	《无花果》等	周国平	诗歌	《北海文学》
	《鸿雁》等	周国平	诗歌	《现代作家》
	《与一棵庄稼交谈》等	周国平	诗歌	《西南当代作家》
	《湖荡幻景》等	周国平	诗歌	《白孔雀诗选》
	《映山红燎原的火种》等	周国平	诗歌	《中国金融文学》
	《秋天的草垛》等	周国平	诗歌	《西北文艺》
	《白露》等	周国平	诗歌	《现代诗美学》
	《麦子熟了》	周国平	诗歌	《神州诗歌报》
	《夜晚的灯光映照着雪花》等	周国平	诗歌	《小雪》
	《圈套》等	周国平	诗歌	《苏州文学》
	《成长是青春的力量》	周国平	诗歌	《当代江苏金融文学优秀作品集》
	《收获属于你》	陈伟峰	散文	《今日中国》
	《说秋》	郭禹彤	散文	《作文与考试》

2021 年江阴市文学作品参赛情况表

表 37

作品名称	作　者	体　裁	参赛名称	获奖情况
《绍兴十二年》	夏坚勇	散文	“新世纪文学 20 年 20 家/部”评选活动	入选“非虚构作品 20 部”专家榜和读者榜
《樱花词》	金　彪	诗歌	首届“汉江杯”全国诗歌征文比赛	优秀奖
《海棠花海,盛世新站的最美诗画册》	金　彪	组诗	合肥海棠花海首届诗词大赛	优秀奖
《在润德菲尔庄园,遇见李白》	金　彪	诗歌	李白主题诗大赛	二等奖
《长安公园,斜卧唐诗边上的心灵臻境》	金　彪	组诗	第三届“绿宝杯”全国征文大赛	入围奖
《阳光下的郫都》	金　彪	组诗	“与党同心·幸福美好生活”主题文学创作全国征文大赛	二等奖
《清白泉,润泽一大片人间的清澈词》	金　彪	诗歌	“清白泉杯”第三届全国清廉诗歌散文大赛	优秀奖
《喂,我亲爱的故乡》	金　彪	诗歌	首届“光中杯”全球华文新诗赛	最受读者喜爱诗歌奖
《南湖颂歌》	金　彪	组诗	“颂歌献给党”全国诗歌大赛	三等奖
《南湖,红船起航的壮阔诗意》	金　彪	组诗	“红色百年·宛东湖杯”全国诗词大赛	优秀奖
《八里湖新区,大美九江的诗意画册》	金　彪	组诗	第四届九派诗会全国征文大赛	优秀奖
《莞香,莞香》	金　彪	组诗	2021 年中国(东莞)森林诗歌节“莞香杯”第四届东莞市诗歌大赛	入围奖
《永州诗札》	金　彪	组诗	首届“潇湘杯”全国诗歌大赛	优秀奖
《在宋韵千菊园,与一朵汴菊大摆筵席》(外二首)	金　彪	诗歌	第五届“宋韵千菊杯”全国百人百诗大赛	优秀奖
《延安,我心中最美的城》	金　彪	诗歌	首届“黄龙府杯”全国农民诗歌大赛	优秀奖
《父亲的感恩书》	李建华	诗歌	“我心向党”庆祝中国共产党成立 100 周年全国诗歌大赛	优秀作品奖
《风中茉莉香》	郭禹彤	散文	“凤凰新华杯”首届“夏天的语文”全国优秀作品征集赛	一等奖
《说秋》	郭禹彤	散文	杂志铺第六届“未来作家杯”全国作文大赛	优秀作品奖
《芦荡火种澄西版》	刘建东	散文	无锡市建党 100 周年红色故事征文比赛	金奖
《谭震林绝计两运物资》	刘建东	散文	苏州市庆祝建党 100 周年红色故事征文比赛	优秀奖
《连翘茶香叙友情》	刘建东	散文	山西临汾连翘茶征文比赛	二等奖
《西江月》	刘建东	词	“西江月杯”滆湖填词大赛	优秀奖

2021 年江阴市民间文艺作品参赛(参展)情况表

表 38

作品名称	作　者	门　类	参赛(参展)名称	获奖情况
《邱少云》	讲演:谢小熠,指导老师:宋春娣	故事讲演	中国故事节·少儿红色故事演讲会	“中国小故事员”称号
《幸福的花猫》	顾晓萍	盘纸	江苏省文艺大奖·第六届民间文艺奖·优秀民间工艺美术作品终评	入围奖
《后顾之忧》	卞光绪	故事创作	2021 年浦东“曹路杯”故事大赛	入围奖
《雄鹰展翅》	陈　丽	通草堆画	江苏省“艺博杯”工艺美术精品博览会	银奖

续表38

作品名称	作　者	门　类	参赛(参展)名称	获奖情况
《春韵》	李琳琳	通草堆画	江苏省"艺博杯"工艺美术精品博览会	银奖
《百年和合》	顾振信	青铜器	江苏省"艺博杯"工艺美术精品博览会	铜奖
《四羊方尊》	顾振信	青铜器	上海宝龙美术馆"春天呐喊"艺术节	入展
《春和景明》	陈惠平	麦秆画	江苏省休闲旅游农业精品展	入展
《静守》	陈　丽	通草堆画	江苏省休闲旅游农业精品展	入展

2021年江阴市民间文艺作品出版(发表、播讲)情况表

表39

作品名称	作者	门类	发布载体	主办单位
《百年红豆开了花》	徐凤清	故事创作	《民间文学》	中国民间文艺家协会
《快乐自己找》	徐凤清	故事创作	《民间文学》	中国民间文艺家协会
《快乐的种菜人》	徐凤清	故事创作	《故事会》	上海文艺出版社
《抱抱我》	徐凤清	故事创作	《故事会》	上海文艺出版社
《拾麦穗》	徐凤清	故事创作	《故事会》	上海文艺出版社
《不远万里 法佑牧民——民建会员聂寅伟内蒙古法律援助纪实》	梅玉珍	纪实故事	《人民日报》	人民日报社
《大宋葛氏》	陈岳林	历史集	江苏凤凰文艺出版社出版	江苏凤凰文艺出版社
《丢了一个爹,捡了一个娘》等	徐凤清	故事创作	《乡土·野马渡》	江苏省文学艺术界联合会
《一口奶》	徐凤清	故事创作	《传奇传记文学》	安徽省文学艺术界联合会
《野生河豚》	徐凤清	故事创作	《民间故事选刊》	河北省文学艺术界联合会
《深山老屋》	徐凤清	故事创作	《民间故事选刊》	河北省文学艺术界联合会
《二百元一只长江野生河豚免费吃》	徐凤清	故事创作	《山海经》	浙江省文学艺术界联合会
《朱元璋赐名周市爊鸭》	刘建东	故事创作	《山海经》	浙江省文学艺术界联合会
《不肯下山的老人》《出山一条路》	徐凤清	故事创作	《上海故事》	上海市群艺馆
《不腐的腐竹》等	蔡红霞	故事播讲	野马渡有声故事	江苏省民间文艺家协会新故事专业委员会
《一夜退鬼子》等	赵爱萍	故事播讲	野马渡有声故事	江苏省民间文艺家协会新故事专业委员会

2021年江阴市戏剧曲艺作品参赛(参演)情况表

表40

作品名称	作者	门类	参赛(参演)名称	主办单位	获奖情况
《元宰入阁》	赵爱萍、赵雪莲	评弹	第八届中国苏州评弹艺术节	中国曲艺家协会、江苏省文学艺术界联合会	展演
《要塞起义·接受任务》	陈　忱、仲宇蕾	短篇弹词	第八届中国苏州评弹艺术节	中国曲艺家协会、江苏省文学艺术界联合会	参演奖创演奖
《一张江防图》	陈　忱、仲宇蕾	评弹	第八届中国苏州评弹艺术节	中国曲艺家协会、江苏省文学艺术界联合会	展演
《英雄黄继光》	季建新	评弹	第八届中国苏州评弹艺术节	中国曲艺家协会、江苏省文学艺术界联合会	展演
《英雄黄继光》	季建新	评弹	首届中国大运河曲艺文化艺术节	江苏省民间文艺家协会、淮安市文化广电和旅游局等	优秀节目奖

续表40

作品名称	作者	门类	参赛(参演)名称	主办单位	获奖情况
《冰封的传奇》	江阴市锡剧评弹传承艺术中心	锡剧	第五届江苏省文华奖	江苏省文化和旅游厅	优秀节目奖
《一只古董碗》	蔡晓英	锡剧	第五届江苏省文华奖	江苏省文化和旅游厅	编剧奖
《丰碑》	编导:蔡晓英,指导:李玉红	课本剧	江苏省第七届中小学生艺术展演	江苏省教育厅	特等奖
《中奖之后》	导演:蔡红霞,创作、表演:计丽静等	小品	第五届江苏省曲艺、喜剧小品邀请赛	江苏省文化馆、淮安市文化广电和旅游局	二等奖
《思思拒礼》	编剧:高玉红,指导:周顺娣、顾彩虹	校园小锡剧	江苏省第七届中小学生艺术展演	江苏省教育厅	一等奖
《以锡剧之美 传文化之脉》	朱华琴、冯敏、陈秋华、蒋一禾	创新优秀案例	江苏省第七届中小学生艺术展演	江苏省教育厅	一等奖

2021年江阴市音乐舞蹈作品参赛(参演)情况表

表41

作品名称	作者	门　类	参赛(参演)名称	主办单位	获奖情况
《早春》	张红英、朱梦丹	器乐表演	第二届"敦煌杯"中国民族室内乐重奏比赛	中国乐器协会、北京华夏璇音艺术传播中心	非职业中学组金奖、优秀指导教师奖
《冰封的传奇》	音乐设计:赵志坚	小戏	第五届江苏省文华奖	江苏省文化和旅游厅	优秀剧目奖
《永不忘却的81192》	编导:徐磊 指导:徐磊、周燕萍、王若旖	诗朗诵	江苏省第七届中小学生艺术展演	江苏省教育厅	特等奖
《鼻口小戏娃》	创作:杜国军 指导:朱华琴、王捷、曹怡	少儿舞蹈	江苏省第七届中小学生艺术展演	江苏省教育厅	特等奖
《中国红》	施梦雅	声乐	庆祝中国共产党成立100周年江苏省职工歌手大赛决赛	江苏省总工会	优秀奖

2021年江阴市美术作品参赛(参展)情况表

表42

作品名称	作者	门　类	参赛(参展)名称	主办单位	获奖情况
《江水如蓝》	夏　静	油画	首届"倪云林"全国美术作品展(中国画、油画)	中国美术家协会	入会资格奖
《和音》	夏　静	油画	"时代之光"第五届中国油画展	中国美术家协会	入会资格奖
《梅园》《江尾海头》	夏　静	油画	"水韵江苏 文艺之旅"写生展	江苏省文化和旅游厅	入展
《林中》《河畔》	夏　静	油画	"水韵江南"江苏省名家写生作品展	江苏省油画学会	入展
《待》《春江行》等	夏　静	油画	江苏省艺术基金2021年度"水样油华"油画传播交流推广资助项目巡展	江苏省艺术基金会	入展
《南街故事之二》	陈　亮	中国画	首届"倪云林"全国美术作品展(中国画、油画)	中国美术家协会	入会资格奖
《江苏最美奋斗者——吴仁宝》	王　俭	油画	庆祝中国共产党成立100周年"百年江苏"美术作品展	江苏省委宣传部	入展
《天宫畅想》	陈　爽	油画	江苏省第三届青年油画展	江苏省文学艺术界联合会	入展
《夏天的风》	孙　盈	水彩画	江苏省青年美术家协会"青春梦享"新人展	江苏省青年美术家协会	新人奖
《兴国园之欣欣向荣》	庄海波	油画	江苏省青年美术家协会"青春梦享"新人展	江苏省青年美术家协会	新人奖

续表 42

作品名称	作者	门　类	参赛(参展)名称	主办单位	获奖情况
《白梅》	黄艳博	色粉画	“青春盛绘”庆祝中国共产党成立 100 周年艺术作品展	江苏省青年美术家协会	入展
《大山情深》	钱晓伟	中国画	“青春盛绘”庆祝中国共产党成立 100 周年艺术作品展	江苏省青年美术家协会	入展
《盛世清韵》	张宇杰	中国画	江苏省青年美术家协会“青春梦享”新人展	江苏省青年美术家协会	入展

2021 年江阴市书法作品参展及书法论文发表情况表

表 43

作品名称	作者	展览/发表刊物名称	主办单位	获奖情况
《古雅醇厚 悲惋凄凉——吴宽楷书“徐元献墓志铭”析读》	汪小玲	《书法报》	湖北省文学艺术界联合会、书法报社	发表
《蔡襄〈入春帖〉〈南归帖〉受信人考——兼论蔡襄与葛宥的交游》	武宝民	《中国书画》	经济日报社	发表
行草《鲁迅“为了忘却的纪念”》	许　达	伟业:庆祝中国共产党成立 100 周年书法大展	中国文学艺术界联合会、中国书法家协会等	参展
行草《胡锦涛“在中共十六届中央政治局第三十三次集体学习时的讲话”节选》	许　达	“红色墨韵”——江苏省书法名家主题作品邀请展	中国书法家协会、江苏省文学艺术界联合会等	参展
篆书《袁崇焕诗五首》	孙鹤鹏	江苏省首届篆隶书法作品展	江苏省书法家协会等	优秀奖
隶书《左传选文》	汪小玲	首届江苏省“瘗鹤铭·书法篆刻展”	江苏省书法家协会等	入展
隶书《蹇叔哭师》	汪小玲	江苏省首届篆隶书法作品展	江苏省书法家协会等	入展
篆书《寒山子诗》	蒋君慧	江苏省首届篆隶书法作品展	江苏省书法家协会等	入展
篆书《诗经·假乐》	武宝民	江苏省首届篆隶书法作品展	江苏省书法家协会等	入展
行书刻字	唐　嫣	江苏省第七届刻字艺术展	江苏省书法家协会、无锡市文学艺术界联合会等	入展
草书《贺建党 100 周年诗一首》	俞　玲	第二届“品质泰州”全国书法精品展	江苏省书法家协会等	入展
行书《山谷题跋》	茅心如	首届江苏省“瘗鹤铭·书法篆刻展”	江苏省书法家协会、镇江市文学艺术界联合会等	入展
篆书《许浑诗二首》	颜德明	首届江苏省“瘗鹤铭·书法篆刻展”	江苏省书法家协会、镇江市文学艺术界联合会等	入展
篆书《广平少陵联》	李忠其	江苏省首届篆隶书法作品展	江苏省书法家协会等	入展
篆书《墨子·兼爱》	单江平	江苏省首届篆隶书法作品展	江苏省书法家协会等	入展
行草《董其昌〈画禅室随笔〉数则》	徐兴国	墨香百年——江苏省行草书作品展	江苏省书法家协会、徐州市文学艺术界联合会等	入展
行书《倪瓒山水题跋》	赵　坚	墨香百年——江苏省行草书作品展	江苏省书法家协会、徐州市文学艺术界联合会等	入展
楷书《苏东坡“中庸论”》	孙荣君	扬州书法双年展	江苏省书法家协会、扬州市文学艺术界联合会等	入展

2021 年江阴市摄影作品参展情况表

表 44

作品名称	作者	参展名称	主办单位
《画意江南》	顾　强	中国第 18 届国际摄影艺术展览	中国摄影家协会
《如画秀里》	顾　强	“网聚全景”全国摄影大展	中国摄影报社

续表 44

作品名称	作者	参展名称	主办单位
《窑工》	顾　强	“醉美陶都　乐游宜兴”全国摄影作品展	中国摄影报社
《无惧雷霆》	刘斯亮	第28届全国摄影艺术展览	中国摄影家协会
《早春三月》	陆卫宇	“品味歙县　自在乡村”全国摄影大展	中国摄影杂志社
《昆曲造型》	陆卫宇	“昆曲探源”全国摄影大展	中国摄影报社
《渔山岛星空》	庄东威	“千年渔乡　半岛象山”全国摄影大展	大众摄影杂志社
《阳山夕照》	庄东威	“浓情蜜意　现代桃源”全国摄影作品展	中国摄影报社
《长江岸边芦花香》	庄东威	“昆仑圣殿格尔木”中国长江沿线生态摄影大展	中国摄影报社
《晒秋》	庄东威	第四届“中国原生态最美山乡——安徽石台”全国摄影大展	大众摄影杂志社
《美丽许村》	黄亮安	大黄山生命共同体全国摄影大赛(展)	中国摄影报社
《夜色下的荡口物流园》	黄亮安	第三届摄影小镇鹅湖全国摄影大展	大众摄影杂志社
《休闲好去处》	黄亮安	“浓情蜜意　现代桃源”全国摄影作品展	中国摄影报社
《烟花满天》	黄亮安	“醉美陶都　乐游宜兴”全国摄影作品展	中国摄影报社
《浏河船闸》	黄亮安	“郑和杯”大美浏河全国摄影作品展	中国文联摄影艺术中心
《鼋头渚烟花美》	黄亮安	“印象太湖　诗情江南”全国摄影大展	江苏省摄影家协会
《筑梦高铁》	黄亮安	“聚焦新城市中心　邂逅美丽西太湖”摄影展	江苏省摄影家协会
《美丽乡村》	庞澄勋	“浓情蜜意　现代桃源”全国摄影作品展	中国摄影报社
《溪水潺潺》	庞澄勋	第四届“中国原生态最美山乡——安徽石台”全国摄影大展	大众摄影杂志社
《旅游胜地》	庞澄勋	“印象太湖　诗情江南”全国摄影大展	江苏省摄影家协会
《霞映云湖》	陈凌虹	“醉美陶都　乐游宜兴”全国摄影作品展	中国摄影报社
《定妆》	陈凌虹	“昆曲探源”全国摄影大展	中国摄影报社
《荷花满映西太湖》	陈凌虹	“聚焦新城市中心　邂逅美丽西太湖”摄影展	江苏省摄影家协会
《水上乐园》	陈凌虹	“聚焦新城市中心　邂逅美丽西太湖”摄影展	江苏省摄影家协会
《食品城创业者》(组照)	卢小海	金彭杯“中国生机·大众创业·万众创新”全国摄影大展	中国文联摄影艺术中心
《绘》	卢小海	“我遇见最美的光”——第六届医务人员摄影大展	大众摄影杂志社
《石台墙绘》(组照)	卢小海	第四届“中国原生态最美山乡——安徽石台”全国摄影大展	大众摄影杂志社
《闲暇时光》	陆梅青	“水晶晶南浔”全国摄影大展	中国摄影报社
《流连忘返》	陆梅青	“千年古银杏　杏福八都岕”小浦镇全国摄影展	中国摄影杂志社
《美丽家园》	陈亚娣	第三届摄影小镇鹅湖全国摄影大展	大众摄影杂志社
《乡村不夜城》	陈亚娣	“浓情蜜意　现代桃源”全国摄影作品展	中国摄影报社
《鹅湖漂来稻谷香》	褚澄刚	第三届摄影小镇鹅湖全国摄影大展	大众摄影杂志社
《洋河酒窖》	褚澄刚	“美丽江苏”摄影大赛(展)	江苏省摄影家协会
《俯瞰桃源山庄》	周　云	“浓情蜜意　现代桃源”全国摄影作品展	中国摄影报社
《悠闲时光》	周　云	“印象太湖　诗情江南”全国摄影大展	江苏省摄影家协会
《贴心服务到农家》	唐佩岚	“浓情蜜意　现代桃源”全国摄影作品展	中国摄影报社
《欢天喜地过中秋》(组照)	唐佩岚	“印象太湖　诗情江南”全国摄影大展	江苏省摄影家协会
《南浔之夜》	张　胜	“水晶晶南浔”全国摄影大展	中国摄影报社
《卫士》	许清泉	“华夏胜地　神奇神木”全国摄影大展	大众摄影杂志社

续表 44

作品名称	作者	参展名称	主办单位
《美丽的家园》	郭　松	第三届摄影小镇鹩湖全国摄影大展	大众摄影杂志社
《围猎》	姚凌燕	第三届摄影小镇鹩湖全国摄影大展	大众摄影杂志社
《塔川秋色》组照	陆　波	2021 网聚全景黟县全国摄影大展	中国摄影报社
《乐在其中》	钱　铭	“浓情蜜意　现代桃源”全国摄影作品展	中国摄影报社
《电力使阳山更清洁》	邵勤霞	“浓情蜜意　现代桃源”全国摄影作品展	中国摄影报社
《丰收时节》	杨梦麟	“浓情蜜意　现代桃源”全国摄影作品展	中国摄影报社
《美丽黄山湖》	于建新	“美丽江苏”摄影大赛(展)	江苏省摄影家协会
《幸福家园》	于建新	“大美昭阳　幸福家园”摄影大赛(展)	江苏省摄影家协会
《江阴过江通道》	于建新	“交建杯”江苏交通视觉巡展	江苏省摄影家协会
《悠然富硒生态园》	于建新	“绿色晶桥　康养小镇”摄影展	江苏省摄影家协会
《乡村新貌》	薛　莉	“美丽江苏”摄影大赛(展)	江苏省摄影家协会
《风光渔新能源》	杨仕忠	“美丽江苏”摄影大赛(展)	江苏省摄影家协会
《夜幕下的西太湖》	邵勤霞	“印象太湖　诗情江南”全国摄影大展	江苏省摄影家协会

2021 年江阴市电影电视作品参赛(展)情况表

表 45

作品名称	作者	类别	参赛(展)名称	获奖情况	主办单位
《梦行山野》	杨　科、陶航飞	短视频	全国县级融媒体中心优秀作品双月赛	二等奖	中宣部“学习强国”平台、中宣部宣传舆情研究中心
《梦行山野》	杨　科、陶航飞	短视频	江苏省优秀广播电视节目电视社教节目	三等奖	江苏省广播电视局、江苏省广播电视学会
《村里的跑腿小分队》	杨　科、陶航飞	短视频	江苏省报业协会“抗疫”短视频大赛	一等奖	江苏省报业协会
《痴心渔人》	杨　科、陶航飞	短视频	第三届江苏女性融媒体创意大赛全国邀请赛	二等奖	江苏省妇女联合会
《百年正青春》	杨　科、陶航飞、吴国良	短视频	系列短视频赛	广播电视创新创优节目奖	江苏省广播电视局
《我用“连环策”卫护“母亲河”》	施　震、王振峰、陶航飞、郁智咏	短视频	电视彩虹对外电视节目赛	二等奖	江苏省广播电视局、江苏省广播电视学会
《“东进”风云》	施　震、奚雯霞、王　艳、高延新、俞邈志、杨　莹	广播剧	广播剧单本剧赛	广播电视创新创优节目奖	江苏省广播电视局
《家书》《倒悬之境》	王　晗	电影短片	“光年杯”第十届北京国际网络电影展	入展	北京国际网络电影展组委会
《倒悬之境》	王　晗	电影短片	东欧国际电影节奖	荣誉奖	东欧电影节组委会
《倒悬之境》	王　晗	电影短片	第四届环球影展	入展	第四届环球影展组委会
《倒悬之境》	王　晗	电影短片	布宜诺斯艾利斯国际电影节奖	入围	布宜诺斯艾利斯国际电影节组委会
《倒悬之境》	王　晗	电影短片	布里斯托国际电影节奖	入围	布里斯托国际电影节组委会
《倒悬之境》	王　晗	电影短片	塞尔维亚国际青年电影节奖	入围	塞尔维亚国际青年电影节组委会

续表 45

作品名称	作者	类别	参赛(展)名称	获奖情况	主办单位
《倒悬之境》	王　晗	电影短片	纽约世界独立电影奖	入围	纽约世界独立电影奖组委会
《十分钟听名著》	葛建伟	动漫作品	江苏省大学生网络文化节和高校网络教育优秀作品大赛	二等奖	中共江苏省教育工委、江苏省教育厅
《江尾海头上的渡江精神》	周　箭	动画作品	江苏省第四届社会主义核心价值观优秀动画短片大赛	一等奖	江苏省广播电视局、江苏省教育厅、江苏省影视动漫协会等
《英雄渡江第一船》	周　箭	动画作品	江苏省高校大学生网络优秀教育微课视频作品大赛	一等奖	江苏省教育党工委、江苏省教育厅
《复工吧,张哥》	周　箭、蔡亚春	动画作品	第一届“税眼看发展”全国短视频大赛	最佳音乐作品奖	国家税务总局、中国税务报社等

(陈　佳)

文化产业

【概况】 2021 年,江阴市文化部门坚持以新发展理念为引领,拓展文化产业发展领域,攻克文化产业发展难点,解决发展难题,推动文化产业结构优化升级。年内,印发《江阴市文化产业发展扶持专项资金管理实施细则》,全市 6 项项目获 203 万元市级文化产业资金。发挥文旅产业资源优势,赴深圳市举办文旅产业合作恳谈会,进一步强化与珠三角区域城市交流合作。全年新增 500 万元规上企业 5 个,500 万元以上项目 64 项,其中亿元以上项目 5 项。

【江阴(深圳)文旅产业合作恳谈会】 2021 年 4 月 26 日,江阴(深圳)文旅产业合作恳谈会在深圳市举行,江阴市副市长张韶峰以及在深各大文旅企业、研究院、相关机构的客商嘉宾等人出席。会上,江阴市、深圳市两地的有关部门领导和企业家进行现场推介。江阴高新区、临港经济开发区相关部门负责人介绍两大园区的发展情况和招商政策,加拿大 WLF 国际投资有限公司、上下产业服务(深圳)有限公司、同路创意集团、江苏三九互娱网络科技有限公司等客商嘉宾,介绍与江阴合作往来的经验体会和对未来合作的期待展望。这次活动为江阴、深圳双方搭建具有重要意义的沟通交流平台,助推江阴市文旅产业高质量发展。(唐　燕)

【融媒体经营】 2021 年,江阴市融媒体中心(传媒集团)进一步打造“新闻 + 政务服务商务”的产业生态环境,不断开拓创新,促使各经营板块的经营收入稳步增长。传媒集团充分发挥和利用平台优势、人才优势和内容优势,深入开拓广告资源,将融媒品牌影响力转化为市场竞争力,从单一的传播广告商转化为融媒综合服务提供商。举办最江阴直播商城、久石让音乐交响会、长泾中秋节和有声照片展等系列大型活动,实现口碑和经营双丰收。“为你悦读”“全民朗读”12 小时慢直播,开全国县级融媒体产品先河。举办“霞客之光,澎湃之城”科技嘉年华,彰显江阴融媒体的创新实力。制作《大江之阴》《教我如何不想她》系列城市宣传片,保持高水准,使品牌影响力进一步深入人心。传媒教育经过“双减”* 整顿,培训、活动和内容创新三方齐头并进。大数据公司深度参与打造“一网通办、一网统管、一码通行”的新型智慧城市格局,承接全市各类信息化开发项目近 40 项。应急培训技术服务公司全年完成 2.1 万人次的培训服务。全市户外广告资源开发建设有序推进。文创布展项目提速发力,城市记忆馆建成投运,为江阴科技节、外贸产品直销节成功布展。江阴市党群活动中心、三房巷党群活动中心、苏龙企业展厅、秦望山产业园展厅、江阴高铁枢纽站内部装饰等一大批展厅建设项目持续推进。(张　菁)

2021 年,市融媒体中心承建的江阴城市记忆馆建成投运

(市融媒体中心提供)

群众文化

【概况】 2021 年,市文化部门坚持以改革创新精神推动群众文化事业

繁荣发展。年内组织开展全民诗歌朗诵大赛、阅读知识现场大赛、“芙蓉花奖”群众文艺会演、群文优秀节目巡演、少儿书画现场比赛等。农村文艺活动空前活跃，月城镇继续获评“中国民间文化艺术之乡”。群众文艺社团经过整顿、改选推陈出新，发展到30余个。长青艺术团、文定社区夕阳之约艺术团、阳光女子乐坊3个群众文化团队入选2021年度江苏省优秀群众文化团队培育对象。

【第十届全民诗歌朗诵大赛】 2021年5—6月，由市文体广电和旅游局主办、市图书馆承办的“百年风华·相约经典”——江阴市第十届全民诗歌朗诵大赛隆重举行。5月，大赛组委会陆续收到全市广大市民读者和诗歌爱好者近600件朗诵作品，经评选，最终有42件作品入选，进入初赛。6月5日，在天华文化中心艺术剧场举行总决赛。经评审，王晓磊朗诵的《岳阳楼记》、汪全政朗诵的《人民万岁》、张赣生朗诵的《祖国是什么》和张梓涵等朗诵的《战疫中的青春》（原创）、季沐岩朗诵的《国歌的诞生》（原创）、蒋华柯等朗诵的《新时期的长征路》、陈彦臻等朗诵的《81192》（原创），分别获得成人组和青少年组一等奖。

【庆祝中共建党100周年万人广场舞展演】 2021年5月29日，由市委宣传部、市文明办、市文体广电和旅游局主办的“红色炫影·舞动江阴”——江阴市庆祝中共建党100周年万人广场舞展演活动，在江阴黄山湖公园举行。这次活动将广场舞展演与艺文体验、“非遗”展示相结合，融入黄山湖公园自然景色，打造沉浸式演艺、互动式项目、行进式夜游的全新体验模式。主会场分为“百鼓争鸣新时代”“赏心乐事谁家院”“烟雨江南旗袍秀”“水上舞台展示场”4个部分，全部节目均由群众文艺团队表演。还在各镇（街道）的广场上设立各具特色的分会场，与主会场活动遥相呼应，全市城乡参与广场舞的展演者达万人。

【第八届阅读知识现场大赛】 2021年4月，“书香飘扬·全澄接力”——江阴市第八届阅读知识现场大赛启动。随后，全市51所小学组织初赛，推选出183名选手。经过复赛，来自6所学校的18名选手进入决赛。6月11日，决赛在市图书馆举行，江阴市实验小学获一等奖，江阴市敔山湾实验学校和江阴市辅延中心小学同获二等奖，江阴市要塞实验小学、江阴市城西中心小学、江阴市花园实验小学同获三等奖。

【“芙蓉花奖”评选和优秀节目巡演】 2021年9月，每年一届的江阴市“芙蓉花奖”评奖活动有序开展。该奖是市委、市政府为繁荣群众文艺创作，促进社会文化事业的繁荣与发展设立的政府奖。这届“芙蓉花奖”收到300余件群众文艺作品，从中评选出一等奖20个、二等奖32个、三等奖52个。是年，首次开启会演、比赛和评选的新模式，把比赛场地从艺术剧场分别搬至南闸街道紫金广场、华士镇龙希广场两处。首次设立“最佳人气奖”，由各镇（街道）的市民代表组成大众评委团，结合网络投票产生。10—11月，参加“芙蓉花奖”评选的优秀群众文艺团队还把获得“芙蓉花奖”的优秀节目分别送到澄江街道、云亭街道、徐霞客镇、顾山镇进行巡演，受到广大群众好评。

【文艺演出进农村】 2021年10月30—31日，由无锡市文化广电和旅游局主办，无锡市文化馆、无锡市锡剧院承办的为群众办实事——2021年文艺演出进农村活动在江阴市南闸街道观西村、顾山镇红豆村和申港街道申兴村开展。演出以“情韵江南”为主题，有舞蹈、锡剧、笛子独奏、杂技、琵琶独奏、魔术等节目轮番上演，为村民送上文化盛宴。

【阅读马拉松大赛】 2021年11月14日，由市文体广电和旅游局主办，市公共文化艺术发展中心承办，高新区社会事业局教卫文体科、各镇（街道）教育文体科协办的“全澄共读”——江阴市第二届阅读马拉松大赛正式开赛。这次大赛在全市设立18个赛点，325名读者参加。比赛历时6个多小时，产生18名赛点冠军。市图书馆赛点的吴知樾获得这届阅读马拉松大赛的总冠军。

【第十九届少儿书画现场比赛】 2021年11月20日，由市委宣传部、市文体广电和旅游局、市教育局、市文联联合主办，市公共文化艺术发展中心承办，市书法家协会协办的“童心向党·翰墨飘香”江阴市第十九届少儿书画现场比赛结束。经专家评选，大赛产生儿童组一等奖4名，二等奖8名，三等奖12名，优秀奖15名；少年组一等奖6名，二等奖12名，三等奖18名，优秀奖22名；优秀指导老师16名；优秀组织奖4名。（唐　燕）

【长青艺术团成立30周年汇报演出】 2021年11月12日，江阴市长青艺术团在文化馆艺术剧场举行成立30周年汇报演出。50余名演员

2021年11月12日，江阴市长青艺术团的演员们在纪念该团成立30周年的汇报演出后，向广大观众亮相致谢（市长青艺术团提供）

先后登台,表演“风雨路上齐感恩”“三世芳华,经典传颂”“同心同愿,再创辉煌”3 个篇章 10 余个节目。最后,全体演职人员合唱《我和我的祖国》,将汇报演出推向高潮。该团于 1991 年 10 月由市人大常委会退休干部裴寿衡联合一批从越剧、锡剧、京剧团转业或退休的演员和文艺爱好者,在市老龄委、文化馆等部门的大力支持下成立。30 年来,该团以传承经典传统剧目和现代剧目为特色,致力于作品内容时代化、表演形式多样化,经过盛文仙、吴小君等三代人精心传承,积极参加省、市举办的文化走基层活动,坚持每年到镇、村(社区)和敬老院慰问演出,多次被评为江阴市、无锡市“优秀群众文化团队”。该团在江苏省首届中老年文艺会演中获奖,被评为江苏省首届“百千万”工程优秀群文团队。2021 年,该团入选江苏省优秀群文团队培育对象。 (陶晓蓉)

企业文化

【概况】 2021 年,江阴市城乡广大职工群众在建设美丽新江阴征程中,在为经济发展做贡献的同时,高度重视企业文化建设,积极开展读书活动,努力学习劳模工匠精神,在城乡企业中形成健康向上的发展氛围。市总工会编著出版《匠心筑梦——江阴工匠风采录》,并开展送书到企业活动,进一步推动职工读好书、议好书、用好书的热潮,使江阴工匠“爱、专、精、严”的精神实质进一步深入人心。市职工学校把思想政治课堂送进企业,引导职工将个人梦想与企业梦想、民族和国家梦想相融合。在贯穿全年的防疫抗疫中,城乡企业的健康文化持续深化。法尔胜泓昇集团有限公司继成立足球、羽毛球等体育团队后,新建篮球俱乐部,更加丰富职工的业余文化生活。在是年举行的江阴市第八届全民运动会上,城乡企业职工代表队的运动员表现出色。部分职工运动员还在无锡市运动会上夺得奖牌。

【《匠心筑梦——江阴工匠风采录》出版】 2021 年,在“五一”国际劳动节之际,市总工会编著的《匠心筑梦——江阴工匠风采录》由中国工人出版社出版发行。该书通过展现 38 名江阴各行业的工匠,在平凡岗位上默默奉献、不断创新、追求卓越的精神面貌和生动事迹,反映“劳动光荣、技能宝贵、创造伟大”的社会风尚,鼓舞和激励更多的一线职工立初心、怀匠心、铸匠魂、守匠情、践匠行,书写更加精彩的人生。这部书出版后,市总工会分片区、多路径开展送书到基层活动,让该书和江阴工匠的拼搏精神走进城镇村社,走进广大企业,走进职工心里。

【江阴职工乒乓球队在无锡市运会职工部比赛中摘金夺银】 2021 年 5 月 20—21 日,江阴市总工会组织职工乒乓球队参加无锡市第十三届运动会职工部乒乓球赛。这次比赛分为男子和女子的团体、单打、双打。江阴代表队派出 5 男 5 女共 10 名选手参赛。经过激烈角逐,代表江阴市出征的队员获得 2 枚金牌和 1 枚银牌。

【“致敬百年、奋斗最美”征文竞赛】 2021 年 3 月起,市总工会在全市组织开展“致敬百年、奋斗最美”主题征文竞赛活动。广大职工围绕主题,联系自身,讲述职工群众在读书启智、积极奋进、岗位建功、追梦小康中的奋斗故事,讲述职工群众在思想观念、生产生活上的可喜变化,用身边的故事反映江阴在全面建设小康社会中取得的辉煌成就和职工群众努力奋斗的精神风貌。5 月,收到征文稿件 130 余篇。经竞赛评委会认真评选,长泾镇总工会会员张家豪撰写的《我家的初心印记——一家三代党员的小故事》等 5 篇征文获一等奖。

【纪念市企事业报刊联谊会成立 30 周年】 2021 年 4 月 10 日,江阴市企事业报刊联谊会举行成立 30 周年纪念大会。联谊会会长、《长电科技报》主编、江苏长电科技股份有限公司党委副书记沈阳总结联谊会成立 30 来,办报、办刊人员紧紧围绕市委、市政府的战略部署,紧密联系各自单位的实际情况,并利用报刊联谊会这个平台交流经验、取长补短,把各自负责的报刊办出特色,在舆论宣传上唱响主旋律、打好主动仗,推动所在单位的工作持续、快速、健康发展的情况,还对以后的工作提出了新计划、新要求。会员们回顾入会初衷,畅谈发展感想和建会 30 年来各自的感受。会后,制作名为《远航》的 30 年回顾专题片。

(聂小琴)

【“唱出长电好声音”歌咏晚会】 2021 年 4 月 30 日晚上,江苏长电科技股份有限公司举办“唱出长电好声音”歌咏晚会。245 名职工演员登上舞台表演,370 余名职工代表观看表演。晚会分“峥嵘岁月”“奋斗之路”“改革开放”“百年荣光”4 个篇章,演员们咏唱《唱支山歌给党听》

2021 年 4 月 30 日晚,江苏长电科技股份有限公司举行歌咏晚会

(江苏长电科技股份有限公司提供)

《咱们工人有力量》《春天的故事》《走进新时代》等经典歌曲，尾声用一首《没有共产党就没有新中国》将晚会推向高潮。（陆静艳）

【《中国特殊钢》出版】 2021年，由中信泰富特钢集团董事长钱刚担任主编的《中国特殊钢》一书由冶金工业出版社出版。这部129万字的著作以“讲好中国特钢发展史、讲好特钢人故事、传播好中国特钢声音”为宗旨，重点阐述江阴兴澄特钢工人发扬艰苦创业、勇于创新、顽强拼搏、不断创优的“兴澄人精神”，开创中国特钢事业高质量发展的生动故事。（何冬玫）

【农行江阴分行开展系列文化活动】 2021年，农业银行江阴分行抓住中共建党100周年等重要时间节点，开展系列文化宣传教育活动。收集整理图文资料，创建“党史教育馆”，于“七一”之前开馆，组织全行员工分批参观。分布在各镇（街道）的支行，根据分行“党史教育馆”收集的资料，开展“党史进乡村”文化宣传活动，向青年一代宣讲中共党史知识。分行于上半年组织全行青年员工参加“党旗引领我成长”征文比赛，并于6月下旬举行“红色故事”演讲比赛，全市各支行派选手参赛。年内分行党委主办的《江阴农行报》发动员工开展以“党的光辉照我心”为主题的学习党史征文活动，全行员工踊跃投稿，《江阴农行报》上择优刊登8篇获奖作品。分行和各支行还开辟“农行文化墙”，作为文化宣传阵地，展示农行的文化文采。年内设计制作农行文化墙200余面。（肖秋云）

【法尔胜篮球俱乐部成立】 2021年8月21日，法尔胜篮球俱乐部成立。法尔胜泓昇集团有限公司党委和工会的领导、特聘篮球教练及球员代表参加成立大会。法尔胜篮球俱乐部是在集团公司工会的直接领导下，为集团公司爱好篮球运动的职工提供服务的组织，是该公司继足球、羽毛球、拔河等团队成立后的又一个弘扬企业文化的载体，旨在提高公司篮球运动的整体水平，加强与兄弟单位、客户单位的友好交流，丰富职工业余文化生活，培养“拼搏、团结、永争一流”的精神。

（周建忠）

文化交流

【概况】 2021年，江阴市文化部门进一步完善和深化对外文化交流活动新路径，采取“走出去”和“请进来”相结合的方式，开展对外文化交流合作，全面推动文化大发展、大繁荣。市博物馆选送藏品赴成都市参加中国传统医药文化特展。江阴锡剧团应邀参加上海花博会专场演出。市文体广电和旅游局与新疆维吾尔自治区伊犁哈萨克自治州霍城县文旅局联合创排的情景剧《大爱援疆人》，在霍城县首演成功。举办江阴—睢宁结对共建20周年书画联展。年内，先后赴广东省深圳市、新疆维吾尔自治区霍城县、陕西省延川县进行文旅推介活动。

【江阴锡剧团暨阳国乐社赴沪演奏江南丝竹】 2021年5月21日至7月2日，第十届中国花卉博览会在上海市崇明区东平森林公园举行。其间，江阴市锡剧团暨阳国乐社作为唯一指定民乐团队，应第十届中国花卉博览会组委会和上海市崇明区文化和旅游局邀请，赴上海市参加“建党百年迎华诞，丝竹雅韵庆花博”——“长三角”江南丝竹专场音乐会演出。该社表演刘天华谱曲的《光明行》《良宵》等经典丝竹名作，赢得了观众喜爱。

【情景剧《大爱援疆人》首演成功】 2021年6月12日，由江阴市文体广电和旅游局联合新疆霍城县文旅局创作编排的情景剧《大爱援疆人》，首场演出在新疆霍城县取得圆满成功。霍城县委副书记、组织部部长樊兴山，县委副书记、江阴援霍工作组组长顾文浩，县委常委、副县长、江阴援霍工作组副组长朱晓峰，副县长李雅琴和江阴市援疆干部等观看首场演出。该剧通过对江阴市援疆干部的所见、所闻、所思、所感进行挖掘、创作，将江阴援助霍城以来可歌可泣的感人故事搬上舞台，让大家更好地了解可亲可敬的援疆干部的优秀事迹，充分展现江阴援霍工作组“不忘初心，牢记使命，奋发有为”的精神风貌。

【江阴文物参加中国传统医药文化特展】 2021年9月17日，“发现中医之美——中国传统医药文化特展”在成都博物馆开展。这次特展有故宫博物院、中国社会科学院考古研究所等30余个相关单位的300余件文物典藏参展，是国内首次将历代中医药文物荟萃一堂的特展。其中有江阴市博物馆从馆藏文物中选送的6件明代医疗器械亮相展览。江阴市博物馆馆长翁雪花应邀参加展览开幕式。

【江阴与睢宁结对共建20周年书画联展】 2021年12月27日，江阴与睢宁结对共建20周年书画联展在江阴市天华文化中心展览馆开展。这次书画展由江阴市委、市政府，睢宁县委、县政府联合主办。联展精选两地书画家创作的76幅作品，充分展示江阴和睢宁书画艺术的蓬勃景象，多角度反映两地和谐发展的时代气息，助力两地合作共建进一步深化。

文化遗产保护

【概况】 2021年，江阴市坚持“保护先行、利用相辅”的工作思路，推进文化遗产保护工作，让文化遗产“活起来”，更好地彰显地域文化特色。年内，完成黄山炮台旧址修缮及环境整治重点工程和江阴蚕种场修缮方案编制，适园、双桥、惠济桥、万源布厂、学政衙署仪门、兴国寺塔6处文保单位修缮工程通过验收。加强文物安全巡查，常态化落实文物安全检查月报制度，在节假日和重要时间节点组织开展安全大检查。10处不可移动革命文物入选《江苏省革命文物名录（第一批）》。推动落实考古前置工作，完成12处地块考古勘探。创新文物活化利用模式，推出“阅读古建筑”项目，将曹颖甫故居打造成中医便民服务点，在江苏学政衙署仪门旧址打造“艺风书房”。完成中共江阴一大会址纪念馆、新四军六师驻地旧址纪念馆扩建和改造，打造群众家门口的红色教育基地。启动要塞司令部展览陈列提升工程，打造《要塞风云》红色文化沉浸式体验项目。深入挖掘名人文化资源，举办纪念刘半农诞辰130周年系列活动，宣传江阴地域文化。继续实施“非遗”记忆工程,评选第六批江阴市级“非遗”代表性项目15项、代表性传承人27位,命名第四批江阴市级“非遗”传承示范点20个、第二批江阴市级“非遗”传承示范学校8所,举办“百年·百人·百艺”暨第三届“非遗”进校园成果展、山泉村民俗文化节、江阴文旅市集等“非遗”展示活动30余次。

【文物维护修缮】 2021年,市文体广电和旅游局克服多重困难,不断加大文物修缮保护力度。年内,相继完成适园、双桥、惠济桥、万源布厂、学政衙署仪门、兴国寺塔6处文保单位修缮工程。推进徐霞客故居安防提升、高城墩遗址门岗改造、文庙供水管网改造和重点文保单位的日常保养工程。完成黄山炮台旧址修缮及环境整治重点工程和江阴蚕种场修缮方案编制。

【曹颖甫故居建立“中医便民服务点”】 2021年,市文体广电和旅游局推动文物资源活化利用,与市中医院开展战略合作,将修缮后的曹颖甫故居无偿提供给中医院使用,力求在故居保护、中医药文化宣传、中医经方研究、龙砂特色门诊等方面达成合作共赢。市中医院接手后,将曹颖甫故居建成曹颖甫医馆,是年秋末开业,发挥中医药流派传承优势,宣传和推广“龙砂特色医学”和“澄江针灸学派”等非物质文化遗产成果,并定期邀请江阴市名中医、非物质文化遗产代表性传承人等入驻其中,开展中医调理、专科咨询等特色服务,使曹颖甫故居成为服务百姓的中医便民服务点。

【山泉村民俗文化节】 2021年3月30—31日,山泉村民俗文化节在周庄镇山泉村举行。这次民俗文化节是近年来全市规模最大、持续时间最长的一次非物质文化遗产展示。“致和堂膏滋药”“黑杜酒”“华士冰油”“面塑”“麦秆画”“珠绣”等多项非物质文化遗产,在山泉村搭台展示,吸引了江阴和周边的无锡、张家港、常熟等地的上万名群众前去参观欣赏和购买收藏。

【10处不可移动革命文物入选《江苏省革命文物名录(第一批)》】 2021年4月22日,江苏省文化和旅游厅、江苏省文物局公布《江苏省革命文物名录(第一批)》,其中不可移动文物447处,可移动文物8759件(套)。江阴市有原国民党江阴要塞司令部旧址、黄山炮台旧址、渡江战役烈士陵墓、朱杏南故居、陈毅演讲处、桐岐万安桥、奚佐尧烈士墓、中共江阴县第一次代表大会会址、吴焜烈士埋葬处纪念碑和周水平烈士墓10处不可移动革命文物入选。其中,全国重点文物保护单位2处,市县级文物保护单位8处。

【第三届“非遗”进校园成果展】 2021年6月1日,“百年·百人·百艺”暨江阴市第三届“非遗”进校园成果展在江阴市城西中心小学举行。这次活动由市文体广电和旅游局、教育局、妇联等单位联合主办,市领导孙小虎和市人大办、政府办、教育局、文体广电和旅游局、团市委、澄江街道等单位负责人参加。活动中,展出100余件江阴“非遗”作品。各学校组织学生到现场参观和体验。(唐 燕)

【中医药文化进校园】 2021年12月21日是中国传统二十四节气中的冬至日,市中医院“杏林传承、本草飘香”科普队的中药师走进长山中学,与学校老师紧密合作,与该校初一年级的学生们一起,举行“非遗”进校园活动。这是市中医院科普队第31次走进校园普及中医药文化。市中医院的主管中药师通过民间冬至吃饺子习俗与古代医圣张仲景发明“祛寒娇耳汤”的关联,讲述张仲景的生平和贡献,介绍他的经典巨著《伤寒杂病论》对中医药学的影响。中医师引领同学们寻找隐藏在文学典故、成语故事和谜语里的中医药知识,激发同学们对学习中医药知识的兴趣。在安排学生动手制作冬至美食——荠菜馅水饺时,中医师介绍生姜和荠菜等食材的保健功效,让同学们在包饺子时领悟“药食同源”的中医养生智慧。年内,“杏林传承、本草飘香”中医药进校园科普项目获评江阴市“十佳科技志愿服务项目”。(吴国英)

融媒体

【概况】 2021年,市融媒体中心(以下简称“中心”)坚持正确舆论导向,持续推进融合创新,不断提升品牌优势,推动内容生产、平台建设、产业经营、人才融合迈向新高地,奋力打造全国一流、江阴特色的生态级融媒体中心。中心拥有《江阴日报》、江阴人民广播电台、江阴电视台、江阴网、“最江阴”APP以及“最江阴”“江阴发布”等13个10万+微信公众号矩阵,形成报、台、网、微、端、屏“六位一体”的现代传播体系。产业经营跨界融合,参与全市信息化项目和智慧城市建设,在大数据运营、应急培训、影视制作、政务服务、文化创意、户外广告等领域形成媒体产业链。媒体融合成果获得上级高度认可。江苏省政府新闻办公室在新闻发布会上表扬“最江阴”APP“媒体+服务”的经验。年内,中心获评国家级、省、市级荣誉20项。融合改革成果多次在“学习强国”平台首页推荐。

【主题宣传】 2021年,中心紧紧围绕市委、市政府中心工作,不遗余力做好主题宣传,为江阴市高质量发展营造良好氛围。聚焦党史学习教育、庆祝中共建党百年、“十四五”开局、“南征北战、东西互搏”、江阴发展大会等重大主题,在各平台陆续推出“办好开门一件事 绘好开局一张图”“同心奔小康”“大干60天 誓夺全年红”“话乡情 共江阴”等专题、专栏20余个,全年刊播新闻报道7000余篇,全面展现江阴经济社会发展成就。与上级电视、电台等媒体主动对接,广播、电视全年向中央和省级主流媒体发稿400余篇,发稿数量和质量继续领跑全省县市。中央电视台用稿36条,江苏省台用稿200余条,其中央视《新闻联播》用稿6条,《江苏新时空》用稿39条,《江苏新闻联播》用稿50余条。“学习强国”无锡以上平台(无锡市、江苏省、全国)录用1664篇,用稿量列无锡市第一。全媒体志愿服务专栏《一帮到底》纾民忧、解民困、聚民意,强化媒体社会治理功能,解决民生问题108个,2万余人受益。该专栏入选2021年江阴市“我为群众办实事”第一批项目,先后接受无锡市委和江苏省委党史学习教育督导组的观摩指导,并获得省、市领导的高度赞扬。

【党史学习教育宣传】 2021年,中心运用报、台、网、微、端、屏“六位一体”的全媒体平台,全方位发力,讲好党史故事、宣传党史精神,在全市营造学党史、强信念、跟党走的良好氛围。围绕党史知识、红色地标、先进典型事迹、党的创新理论、共产党人精神谱系等,用短视频等受众喜闻乐见的形式讲好党史故事、宣传党史精神。制作推出广播剧、微纪录片等特色融媒产品,开展全媒体推送、开设网上互动话题、开展网络互动活动。策划开展“辉煌百年路 奋进新征‘澄’”大型全媒体新闻行动,开设“奋斗百年路 启航新征程”“我为群众办实事”“主播带你学党史”等专栏,“‘三转一提’”主题学习活动——‘四千四万’精神大讨论”“学党史、悟思想、办实事、开新局——领导干部学习笔谈”“百年华诞”等专版,深入报道各级各部门开展党史学习教育的特色和亮点。一批有特色、有分量、有影响的融媒产品依次推出,红色广播剧《东进风云》、系列微纪录片《穿越百年只为与你相遇》、系列短视频《百年正青春》以及《剪影百年 红色剪纸“绘”初心》等,以新视角、新发现讲述革命先辈的红色故事、新时代青年的奋斗风采。累计推出宣传报道4000余篇,累计发表理论文章100余篇;“江阴发布”“最江阴”推文160余条,“学习进行时”专栏推文4100余篇;“江阴融媒新闻”“江阴时刻”等视频号发布相关短视频50余篇;江阴网党史学习教育专栏推出报道450余篇。

【融合创新】 2021年,中心采取音视共融的方式,打造广播新形象。策应市委提出的“创新更澎湃”城市精神,将广播呼号调整为“澎湃907”,节目样态全面改版升级。打造大时段直播、全天候互动、多维度覆盖的全新传播形态,构筑特色线性节目与新媒体矩阵交相辉映的新格局;所有栏目及主持人按照“开号、建群、互动”的要求,全力挺进移动端主战场,开设“澎湃907”官方抖音、快手及视频号,形成广播移动端新媒体矩阵,做强做优音视频内容和移动端互动。其中早高峰《快乐出发》“讲讲江阴话”版块,成为江阴广播“现象级”节目,收听率及份额比2020年有较大提升。全新上线的数字报,在保留原有功能和数据的基础上,网页版结合庆祝中共建党100周年推出全新界面,手机版增加语音读报、自定义分享等功能。以“细读江阴”数字报海报为切入移动端的发力点,优化页面、丰富功能,融入视频、音频播放等功能,实现可根据各自喜好自主选择分享内容的“定制型”海报,既保留纸媒特色,又体现融合优势。打造自主可控的城市级生活服务平台——“最江阴”APP,按照“刚需、高频、痛点”的应用要求,先后上线“一件事”功能、青年人才补贴申领、校园缴费、微波测雨、电子医保凭证等云端民生服务功能;为助力全市疫情防控,开发“新冠肺炎核酸筛查信息系统”“核酸检测服务地图”“通信大数据行程卡”功能,“最江阴”APP下载量突破120万次,高峰期日活跃度高达15万人次。建设视频号矩阵,“江阴时刻”“江阴融媒新闻”“江阴映像”等10多个视频号成为内容输出的第一落脚点,实现移动端布局“定位更清晰、品质再提升”。“江阴时刻”在时政类资讯短视频上持续探索,其中《江阴明白!》单篇播放量超243万次、点赞数超9万次。在微信公众号方面,中心自有及代维的10万+微信公众号增至13个。其中,“最江阴”微信号粉丝数71万人,“江阴发布”粉丝数44万人,WCI指数分别位列全国县级媒体微信号排行榜和全国县级政务微信号排行榜第一。探索抖音平台,“最江阴评论部”粉丝数超500万人,在全国县级融媒体短视频传播力榜单中排名江苏省第一,多个作品在全网形成较大影响。

【媒体队伍建设】 2021年,市融媒体中心以国企深化改革为契机,进一步完善内控制度,为加强内部管理、提高业务效率、有效防控廉政风险和行政风险提供制度保障。干部员工管理实行“严格选拔、灵活任用、有序退出”的方式,把优秀的干部选派到一线部门率队,把优秀的骨干人才放到艰苦岗位锻炼,形成良性竞争和激励机制。以培养拥有前沿传媒理念的先导型人才、熟练掌握新媒体技术的创新型人才、一专多能的复合型人才为目标,通过内部培训、外派培训相结合的方式,分层分类开展学习培训。探索网络课堂学习培训和内部培训等轻量化培训方式,组织举办年轻干部(业务骨干)素质提升班、“技术实验室”等培训活动20余场。探索组建内训讲师队伍,有效提升融媒业务水平。实施优选人才库计划,选拔一批领军人才、技能英才、青年优才,建立人才培养长效机制,推动人才可持续发展。

【宣传成果】 2021年,市融媒体中心获中宣部国家新闻出版署颁发的“中国报业深度融合发展创新案例奖”,成为全国唯一获得此奖的县市级媒体。中心入选国家网信办“互联网新闻信息稿源单位名单”,是江苏省唯一入选的县市级媒体。中心特有的“江阴融媒移动端内容矩阵建设”获江苏省委宣传部(省新闻出版局)第三届江苏省新闻出版政府奖,也是全省唯一获奖的县市级媒体。“最江阴评论”获评江苏省网络视听新媒体“十佳”栏目节目,中心还是全省唯一获奖的县市级媒体。是年,中心获江苏省委宣传部颁发的江苏省县级融媒体中心建设优秀案例奖、“三省一市”(江苏省、浙江省、安徽省和上海市)广播电视局联合颁发的“长三角”广播电视媒体融合先导单位奖等国家级、省市级荣誉近20项。中心还连续4次获评“学习强国”学习平台主办的2021年全国县级融媒优秀作品双月赛奖,获奖作品数量位居全省第一。年内,中心发布的新闻作品获省级奖项19项次,地市级奖项88项次。 (张 菁)

■类目编辑 李缉宁

卫生健康

综　述

【概况】　2021年，江阴市卫生健康系统认真贯彻落实市委、市政府决策部署，继续将疫情防控作为头等大事，发扬连续作战的顽强作风，一刻不松劲地全力奋战，全方位全周期维护人民健康和生命安全，在统筹推进疫情防控和经济社会发展大局中完成全年各项目标任务。全市有医疗卫生机构663个，其中医院、卫生院54个，社区卫生服务中心12个；编制床位8294张，实际开放床位9683张；卫生技术人员12433人。全市卫生健康支出16.43亿元，占全市财政支出的6.1%。全市医疗服务总诊疗1078.7万人次，比2020年上升6.9%；收治住院28.3万人次，上升6.8%。是年，江阴市以高分通过国家卫生城市复审，荣获“国家卫生城市（区）”“首批全国健康城市建设样板市”“第三批国家慢性病综合防控示范区”称号；市卫生健康委、市卫生监督所被国家机关事务管理局等评为节约型机关；江阴市文林卫生院在“优质服务基层行”中表现突出、成绩显著。

【省医疗卫生行业综合监管督察】2021年12月3日，为推动各地进一步落实党中央、国务院和省委、省政府关于抓紧抓实抓细常态化疫情防控工作的决策部署，改革完善医疗卫生行业综合监管制度，江苏省医疗卫生行业综合监管督察组在江阴市开展实地督察，江阴市副市长杨晓妮陪同。市相关部门负责人介绍江阴医疗卫生行业近年发展方向、举措以及成效，递交《江阴市医疗卫生行业综合监管工作汇报》纸质材料。督察组重点就江阴市深入学习贯彻中共十九届五中全会和习近平总书记关于新冠肺炎疫情防控重要讲话和指示批示精神、《国务院办公厅关于改革完善医疗卫生行业综合监管制度的指导意见》以及省政府办公厅印发的《江苏省改革完善医疗卫生行业综合监管实施方案》具体要求的落实情况，如何防范化解重大疫情和突发公共卫生风险、全面推动建立医疗卫生行业综合监管制度、切实维护人民健康等相关举措进行督察。同时督察组采取个别访谈、查阅资料、现场核查等方式，全面了解江阴市医疗卫生行业综合监管及疫情防控工作落实情况。

【省尘肺病康复站建管现场推进会】2020年，江阴市云亭街道和月城镇两个社区卫生服务中心被确立为国家尘肺病康复站试点。经过一年的建设，2021年10—11月，两个康复站高标准通过江阴初审、无锡审核和省级复核。为推广江阴市尘肺病康复站建设的成功做法，12月9日，省卫生健康委在江阴市云亭街道召开江苏省尘肺病康复站建设运行管理现场推进会。来自无锡、徐州、常州、苏州、淮安、盐城、镇江等7个相关设区市卫生健康委职业健康处及康复站主要负责人50余人参加会议。省、无锡市卫生健康委相关领导袁家牛、赵雯、陈亚生、陈恩品和江阴市卫生健康委、云亭街道党工委负责人出席推进会。与会人员首先听取云亭街道尘肺病康复站建设概况的汇报，袁家牛、陈恩品共同为“国家尘肺病康复站试点建设无锡示范单位”揭牌。随后与会人员分两组现场参观云亭康复站整体布局、科室设置、人员配备、设备配置、运行管理等情况，观摩针对尘肺病患者开展的基础诊疗和中医特色治疗。与会人员对云亭社区卫生服务中心“西医治疗＋康复训练＋中医保健”的联合康复治疗工作模式表示肯定。推进会交流了康复站建设运行管理模式，总结了2021年度基层医疗机构对国家尘肺病康复站项目建设工作的落实情况。江阴市将以现场推进会为契机，在提高尘肺病患者康复治疗服务水平的同时，推动康复站成为尘肺病患者救治救助的重要抓手，保障尘肺病患者享受高质量的康复治疗。

【新冠肺炎疫情常态化防控】　2021年，江阴市卫生健康委贯彻落实江苏省、无锡市疫情防控工作领导小组的疫情防控精神，严格按照市委、市政府部署的突发疫情防控工作要求，有序高效开展日常和突发疫情防控各项工作。各医疗卫生单位组建以党员为骨干的核酸采样突击队，配合属地政府，通过搭建临时采样点、开展上门采样等形式，高效提供核酸采样服务。市疾控中心强化应急处置，印发《江阴市疾病预防控制中心新冠疫情防控平急转换方案》，建立疫情防控领导小组，下设8个应急专业组，提高精准防控能力，实现平急转换。科学开展疫情分析

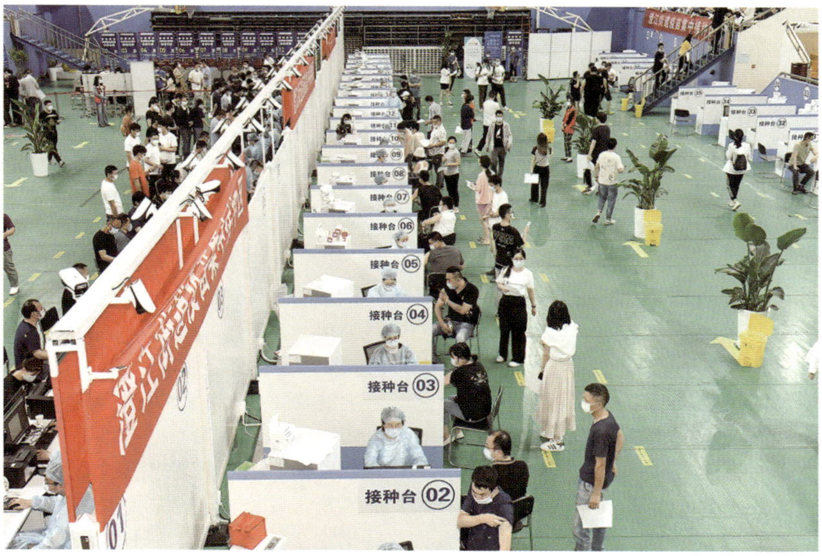

2021年4月1日，江阴市首个新冠病毒疫苗集中接种点在江阴市体育馆正式投用。图为接种点一角 （杨 荣摄）

研判，全年累计完成周风险评估52份、疫情简报12份、专题疫情分析报告45份、监测分析报告12份、预警预测分析报告2份，及时上报相关单位。做好新冠肺炎疫情流调和风险人员排查，全年累计开展流调942次，出动流调人员1285人次，累计排查密切接触者147人次，密切接触者的密切接触者751人次，一般接触者1218人次。做好冬春季农村地区新冠环境监测工作，累计监测608个单位，环境样品9906份，从业人员2225人。做好进口货物（冷链食品除外）检测工作，累计检测进口货物（非冷链）单位58个，货物及包装2373件，环境样品1958个。做好集中隔离医学观察场所环境监测工作，涉及36个集中隔离医学场所，累计标本2.48万份，结果均为阴性。8月，江阴首个核酸检测"火眼"实验室建成，该实验室采用流水线检测过程，24小时不间断工作，日检验通量3万管。落实新冠病毒疫苗全民接种工作，累计接种181.90万人、415.97万剂次，全市常住人口第一剂覆盖率102.22%，全程接种率97.71%；12～17岁人群累计接种10.38万人、19.94万剂次，首剂接种率134.83%，全程接种率124.04%；3～11岁人群累计接种14.11万人、25.17万剂次，首剂接种率90.16%，全程接种率70.72%；全市60岁以上老年人累计接种24.03万人，接种覆盖率69.10%；加强免疫接种59.50万人，加强免疫实时接种率67.76%。江阴市新冠病毒疫苗接种完成情况在无锡市总体靠前，其中首针接种率在无锡市位列第一，全程接种率位列第二，12～17岁人群接种率在无锡市位列第三。完成全市范围内新冠疫苗配送工作，累计出动350余次、700余人次，配送总里程数约3.5万千米，累计完成新冠疫苗配送400余万剂次，涉及全市29个新冠疫苗接种点。开展新冠肺炎疫情防控技术指导和知识培训，对学校、引航中心、码头、企业等进行新冠肺炎防控知识培训30余场次；开展卫生系统新冠肺炎防控知识全员培训4次，视频网络培训覆盖卫生专业人员5624人次；组织疾控全员新冠肺炎防控培训10余次，应急处置队伍培训演练1次。开展公共场所的现场消杀指导30余次，重大会议考试保障90余次；强化学生因病缺课监测，开展学校疫情防控技术指导并做好高考、中考等各类考试活动保障，全面夯实常态防线。市卫生健康委还先后派出两批医务工作者计60人赶赴南京、扬州支援疫情防控工作。

【完善公立医院投入机制】 2021年，江阴市卫生健康委贯彻落实国务院办公厅《关于推动公立医院高质量发展的意见》，进一步完善全市对公立医院的投入机制，计划从2022年起在专项预算中，增加对公立医院的投入8100万元，财政拨款收入对公立医院支出的补偿水平由3%提高至5%以上。根据公立医院的在编在职人数，在原2009年确定标准（1万元/人/年、三院为1.8万元/人/年）的基础上增加1.5万元/人/年，即对市三院按3.3万元/人/年补助，对其他公立医院按2.5万元/人/年补助。对公立医院承担的离退休人员费用给予补贴，按承担的离休人数给予3万元/人/年的补助，按承担的退休人数给予0.6万元/人/年的补助。设立"科教兴卫"专项资金，实行总盘子控制。每年安排1500万元"科教兴卫"专项资金，在整合原有中医师承发展专项资金、医联体发展专项资金的基础上净增1300万元。在原有药品价格综合改革补助的基础上增加耗材价格综合改革补助，对公立医院实行耗材零差率销售后减少的合理耗材收入，参照药品零差率政策财政补助比例，由市财政补助20%。

【出生"一件事"集成服务上线】 2021年，江阴市卫生健康委坚持以人民为中心的发展思想，为方便群众办事，解决出生相关事项多环节、多处跑、多次跑等问题，会同市公安局、人社局、医保局、行政审批局，将上述多个服务事项整合为群众眼中一窗受理、一套材料、一次申请、一网通办、一站办结的"一件事"。通过整合部门资源、再造审批流程、同步共享数据、延伸服务触角等改革措施，形成线上多渠道全程网办、线下多触点一窗受理的线上线下一体化服务新模式，全力打造"澄心办·办澄事"服务品牌。3月1日，出生"一件事"集成服务在江苏政务服务和"最江阴"APP上线试运行，并邀请部分群众进行体验，8日正式上线推广，为广大新生儿父母提供便捷服务。至年底，通过逐步引入电子证照、持续优化事项流程，办理材料进一步减少，办事便捷度进一步提高，"一件事"平台完成1195件线上办理申请，取得较好的社会效益。

【市卫生健康事业发展中心成立】 2021年，按照江阴市委、市政府关于印发《江阴市深化事业单位改革试点实施方案》的通知，组建市卫生健康事业发展中心。6月11日,该中心正式成立,市委编办副主任邓秀琴宣读市委机构编制委员会文件,市卫生健康委党委书记、主任谈海平与市卫生健康事业发展中心负责人李春英共同揭牌。新组建的市卫生健康事业发展中心整合原市健康促进中心、市社区卫生管理中心职能,并划转市红十字备灾救灾和救护指导中心工作人员3人,为市卫生健康委所属公益一类事业单位,相当于副科级建制,内设机构有综合、健康促进、教育培训、学术工作、统计服务、基层卫生管理、居民健康指导、老龄健康管理等科室,经费渠道为财政全额拨款。

【"十大事件"及"十大人物"评选】 2021年,江阴市卫生健康委为庆祝中国共产党建党100周年,组织开展建党百年江阴卫生健康"十大事件""十大人物"推选活动。6月28日,市卫生健康委举办"共庆百年建党 争当两个卫士"庆祝中国共产党成立100周年活动,活动现场发布评选结果。"十大事件"为:1949年江阴县卫生行政工作起步、1979年全市6人入选首届江苏省名中医、1981年江阴消灭血吸虫病、1994年江阴市成功创建为江苏省首批国家卫生城市、2000年探索实施乡镇卫生院产权制度改革、2001年打造新农合"江阴模式"、2003年抗击"非典"促使疾控体系重大变革、2017年市人民医院获评江苏省首批县级三级甲等医院、2019年江阴市被确定为国家首批紧密型县域医共体建设试点县、2020年取得新冠肺炎疫情防控阶段性胜利;"十大人物"为孙泽民、苏月坡、叶秉仁、夏奕钧、周慕丹、徐嘉谟、王生泉、杨惠光、张建国、江阴市援鄂医疗队。

【卫生健康大学堂】 2021年7月9日,江阴市卫生健康委根据年度基层党建"书记项目"工作计划,举办"卫生健康大学堂",特邀江苏省中医药发展研究中心书记兼主任,省中医药学会、省中西医结合学会副会长兼秘书长黄亚博主任作专题讲座。市卫健委机关全体中层以上干部、各医疗卫生单位主要领导、中医分管领导、中医科负责人参加学习。讲座围绕"紧跟时代步伐,传承创新发展"主题,讲述中华人民共和国成立后中医药事业在党中央的关心下,从振兴起来到强大起来的发展史,指出要遵循中医药发展规律,传承精华,守正创新,同时坚持中西医并重,解读新形势下中医药特色发展的相关政策、法律法规以及实施意见。讲座内容丰富、见解深刻,为新时代江阴市中医药传承,创新发展提供指导性意见。

【启用医疗收费电子票据】 2021年,江阴市根据国家、江苏省关于全面推行医疗收费电子票据管理改革工作部署,结合江阴医疗收费电子票据信息管理工作实际,于1月1日正式启用电子版江苏省医疗门诊/住院收费票据。首批医疗收费电子票据试点单位为市人民医院、市中医院,其他医疗机构根据信息系统建设情况逐步推进。两院正式启用医疗收费电子票据,标志着江阴医疗机构进入"票据无纸化"时代。实行医疗收费电子票据,实现信息实时共享,便于财政部门对医疗票据收费项目实时监控;有利于提高医院管理方式,改善内部服务流程,减轻收费窗口的压力,提高医院财务工作效率;促进医院收费项目公开透明,防范虚假医疗收费票据,便于收集个人所得税大病医疗专项附加抵扣数据。从自助预约就诊、线上缴费、自助打印电子票据,减少患者排队等待时间,提高了患者就诊满意度。

【"我为群众办实事"活动】 2021年4月10日,江阴市卫生健康委在澄江街道革新社区永安二村,举行"共庆百年建党 争当两个卫士""我为群众办实事"活动启动仪式。活动现场发布2021年市卫生健康10项惠民举措,包括"巩固疫情防控成果""改善群众就医体验""实施中医药惠民行动"等。现场成立12支特色志愿服务队,发布13项志愿服务重点项目,涵盖"名医进企""健康义诊""中医保健""心理健康""健康促进"等方面。启动仪式后,现场举办"我为群众办实事"特色志愿服务活动,提供健康义诊、中医保健、疫苗接种、妇幼保健、家庭医生签约咨询服务。

【"5·12"国际护士节表彰大会】 2021年5月12日,江阴市卫生健康委举办庆祝"5·12"国际护士节表彰大会暨"颂歌献给党"歌唱比赛,对广大护理工作者中涌现出的先进集体和优秀个人进行表彰。现场有15支队伍登台演唱,展示新时代医护人员积极向上的精神面貌。经过激烈的角逐,市人民医院荣获一等奖,市疾控中心、中医院荣获二等奖,市妇幼保健院、四院、五院荣获三等奖。

【推进安全生产】 2021年,江阴市卫生健康委围绕贯彻省、无锡市关于安全生产工作的决策部署,坚持问题导向,深入开展隐患排查整治,严格落实安全责任,完善管理制度,强化安全措施,夯实安全基础,始终将安全生产工作纳入重要议事日程和工作规划。先后召开9次党委会、12次行政办公会,4次专委会集体研究和讨论全系统安全生产工作进展情况,及时研究解决安全生产工作中的突出问题,扎实推进各阶段目标任务,夯实安全生产管理基础。锚定"排查见底、整治彻底"目标,推进隐患排查整治工作,针对医疗卫生行业特点和不同类别单位个性化情况,组织市属医院专家、社会专业机构和领导小组成员单位等多轮检查督导,对全市637个市级发证医疗机构(含民营机构)进行拉网式排查整治,实现督导检查全覆盖。通过标准化"体检"推进基层单位安全管理,二级以上医疗机构消防、用电、食堂安全标准化管理达标率均为80%以上。通过交互式"巡诊"有效破解重点难点问题,委领导带队、专委会参与检查医疗机构104个次,发现安全隐患242处,全部整改闭环。各镇街园区组织开展属地医疗卫生单位监督检查672个次,覆盖率100%。各医疗卫生单位出动8308人次自查,外聘104位专家检查,隐患整改率100%,隐患整改资金229.36万元。 (潘 燕)

爱国卫生

【概况】 2021年,江阴市以落实健康中国行动、推进"健康江阴"建设为统领,以"共建共享、全民健康"为主题,深入开展新时期爱国卫生运动。是年,江阴市高分通过复审,获国家卫生城市"十连冠"殊荣,被全国爱卫办表彰为"全国健康城市建设样板市";华士、周庄、顾山、长泾、新桥、璜土6镇通过"国家卫生镇"复审,璜土镇小湖村等37个行政村通过省卫生村复审;长泾镇获评省级健康镇,南闸街道观西村等14个村(社区)获评省级健康村(社区)。江阴市血站等10个单位获评无锡市级"健康单位"。年内,评选健康家庭258户;健康素养水平提升至32.35%,成人吸烟率降低至20.72%。

【"爱国卫生月"活动】 2021年4月,江阴市爱卫委以"四个一"行动为重点,深入开展第33个"爱国卫生月"活动。通过有奖问答、发放倡议书、播放宣传视频和宣传标语、健康五进(进机关、进学校、进企业、进社区、进镇村)等方式,全方位多层次开展科普宣传。组织开展"疫苗接种我先行""垃圾分类""绿色家园齐守护"等主题活动,形成全民参与爱国卫生运动的良好社会氛围。积极开展病媒生物防制工作,坚持以环境治理为主、药物消杀为辅的综合防制策略,在全市范围统一组织"除四害"活动,完成病媒生物防制示范化小区目标任务18个,在接受复审的国家卫生镇(街道)、村布设灭蝇笼9000个,在城区所有公厕布设灭蝇灯150个。

【健康教育和促进活动】 2021年,江阴市卫生健康委持续深化"健康江阴"建设,深化爱国卫生工作内涵,有序推进健康教育与健康促进活动,利用"健康直通车""健康五进"讲座、"三减三健"(减盐、减油、减糖,健康口腔、健康体重、健康骨骼)公益咨询、健康主题日活动等多种形式,为居民提供科学健身指导,向居民灌输科学健身理念,推动全民健康生活方式的形成。是年,"健康五进"系列巡讲组织志愿服务队赴机关、社区、企业、学校开展61场健康教育讲座、3场义诊活动,惠及群众近6500人次。多角度、全方位开展健康教育宣传。"江阴卫生健康"公众号推出57期152篇健康科普文章。在无锡地区率先启动江苏省视频联播平台试点建设,至年末,全市有235个公立医疗机构的联播平台全部建成投运,每天不间断循环播放26类卫生健康宣传视频,每年受教逾5万人次。推出2期健康类网络直播节目《健康直通车》,专家现场为居民讲解健康知识,传递最新健康资讯,倡导健康生活理念。编印赠阅《江阴健康》等健康教育资料28种30万余份,向市民发放各类健康宣传资料229万余份;《江阴日报》"健康你我她"专栏推出健康知识科普文章32篇;与中国移动江阴分公司合作,发送"健康贴士"手机短信33条33万人次。举办学术交流112场,培训学员超1.2万人次。利用公交车播放"三减三健""艾滋病防治"等公益广告,开展市级肿瘤科普等线上线下主题宣传活动16次,受益人群9507人次。

【疫情防控卫生消毒】 2021年,江阴市爱国卫生工作与疫情防控工作相融合,结合新冠肺炎防控、重点疾病防治、季节性防病特点和居民关注的重点健康问题等,采用报、台、网、微、屏"五位一体"全方位推进,制作新冠肺炎防控等公益视频,开展各类健康宣传。全市充分发挥爱国卫生运动的组织动员优势,持续全面做好环境卫生整治和精准消毒工作,组织全市公共场所预防性消毒培训,涉及扬州地区人员集中隔离酒店应急消杀培训,对涉扬集中隔离酒店开展化粪池消毒及对涉扬酒店进行终末消毒;部署及规范对农贸市场、超市、社区等重点场所预防性消毒工作,切实筑牢疫情防控基础。

【爱国卫生组织建设】 2021年年初,江阴市爱卫办制定下发《2021年江阴市爱国卫生工作意见》,明确各镇、街道卫生创建、健康促进、病媒生物防治等各项工作具体目标任务,细化各项工作内容,压实属地责任。制定《2021年各镇(街道)爱国卫生工作考核细则》,将爱国卫生工作组织体系建设纳入重要考核内容,明确各项爱国卫生工作标准要求,并纳入"社会文明程度指数"高质量发展指标。大力推进医疗卫生单位开展爱国卫生工作,在全社会发挥示范引领作用,将爱国卫生运动有机融入卫生创建、文明创建、健康创建、农村人居环境改善提升等工作中。 (周 萍)

健康促进

【概况】 2021年,江阴市卫生健康委围绕建设"健康江阴"总目标,帮助广大群众树立正确的健康理念,养成健康的生活方式,不断优化"江阴健康"品牌服务建设,推进健康教育和健康促进工作,擦亮"江阴健康"服务品牌。年内,累计征订、编印、发放各类健康资料30余万份。其中,编辑出版《江阴健康》赠刊2期,免费赠阅1.2万份;编印发放世界无烟日宣传画1000张、折页3万张、小册子1.5万本;编印发放新冠疫苗接种、核酸检测、防控指南等折页8万张、宣传画2.5万张;编印发放老年人健康手册0.98万份,下发省、市级健康教育资料2万余份到各镇(街道)、村(社区)和基层医疗机构;制作更换朝阳公园宣传展板48块。发送移动健康短信33条33万人次,其中疫情防控健康短信14条14万人次。健康江阴微信服务号全年推送80篇健康科普文章,关注人数122.6万人。8月3日,江阴卫生健康微信订阅号上线,推送61期165篇健康科普文章,关注人数5800人次。《江阴日报》"健康你我她"专栏刊登科普文章32篇。江阴电台《快乐出发》健康栏目播出健康科普稿件52期104次。制作新冠肺炎防控、新冠疫苗接种、无烟日和基本公共卫生服务项目等宣传视频,在电视台《江阴新闻》前15秒播放。举办2期《健康直通车》,传递最新健康资讯,倡导健康生活理念。积极开展"健康五进"系列巡讲活动,志愿服务团队31人分批次分赴6个机关、21所学校、7个企业、27个社区,开展61场健康教育讲座和3场义诊活动,总受益群众近6500人次。多部门联合开展"三八"送健康、"心光同行·粉红家园"肿瘤科普巡讲、世界防治结核病日宣传、全国肿瘤防治宣传周、文化科技卫生"三下乡"、全国科普日、艾滋病宣传等活动19场,丰富健康教育内涵。以"承诺戒烟 共享无烟环境"为主题,开展第34个世界无烟日宣传活动。开展第五季健康江苏“我为控烟发声”及食品安全周线上活动,参与人数6756人次。在全市各公立医院、卫生院、社区卫生服务中心继续推行“健康江阴”视频联播平台试点建设。235个单位健康联播平台顺利开展运行,26类1099个宣传视频含45种新冠疫苗接种专题视频,每天循环播放,让群众在最短的时间内,以最好的效果,更直观地了解到权威、新鲜的健康知识。

【健康素养调查与烟草流行监测】 2021年,江阴市卫生健康委按无锡市级统一要求,组织各社区卫生服务中心(卫生院)、健康创建单位以及中小学校,采用江苏省居民健康素养自测评估系统,完成10.59万人次城乡居民健康素养调查工作,居民健康知识知晓率为81.95%,行为正确率为86.92%。组织开展2021年全市居民健康素养与烟草流行监测,全面掌握江阴城乡居民健康素养水平及烟草流行变化趋势。通过集中培训、线上培训、现场培训和指导,专业人员随访入户现场质控,调查问卷后台录音质控等手段,确保调查质量和进度。最终数据库汇总分析显示,全市居民健康素养水平为32.35%,吸烟率为20.72%。

【家庭医生签约服务】 2021年,江阴市卫生健康委按照江苏省、无锡市关于家庭医生签约服务项目新的部署、要求,推进家庭医生签约服务重点工作。通过拟定全市家庭医生签约服务项目工作计划和绩效考核方案,优化项目实施流程,建立签约服务团队管理签约居民健康档案模式,规范全市签约服务团队的构建和公示,推进机构外家庭医生工作室建设和运行,推动基层机构开展签约服务模式创新。至年底,全市新增签约人数15.33万人,签约率9.3%,续签人数8.30万人,续签率55.9%。

【探索居民电子健康档案管理模式】 2021年,江阴市卫生健康委创新居民健康档案管理模式,落实由家庭医生服务团队管理签约的居民电子健康档案工作,实现档案规范化建设、管理应用与签约服务同步开展。凡与家庭医生签约的居民,家庭医生服务团队均为其建立完整的电子健康档案,并承担维护、管理等工作,在诊疗服务过程中,向居民规范开放居民电子健康档案。至年末,全市累计建立居民电子健康档案154.38万份,建档率93%;新建电子健康档案4.61万份,新建档案任务完成率108%;健康档案使用率50%,健康档案信息核查率53%。

(李燕芳)

2021年7月6日,江阴市卫生健康事业发展中心工作人员现场指导长泾镇机构外家庭医生工作室工作 (卢 娟摄)

生育管理

【概况】 2021年,江阴市卫生健康委贯彻落实中共中央国务院《关于优化生育政策促进人口长期均衡发展的决定》和新修订的江苏省人口计生条例,依法实施三孩生育政策,取消社会抚养费征收,清理和废止相关处罚,历年184件社会抚养费征收未处理案件,均向法院申请结案。将入户、入学、入职等与个人生育情况全面脱钩。年内,全市人口出生9241人,人口出生率5.06‰,出生人口性别比105。其中,一孩4909人,二孩3867人,三孩及以上465人;全年办理常住人口生育服务登记数为7815人(其中一孩4228人、二孩3272人、三孩及以上315人)。结婚“一件事”平台上线,生育服务登记网上预约办理受理审核388件。作为国家监测点的县(市),问卷录入婚姻状况、生育意愿及家庭健康等调查内容,完成5个样本点200个调查对象的200份调查问卷。

【计生奖励扶助】 2021年,江阴市落实计划生育各项奖励扶助政策,切实保障计划生育家庭合法权益。审核农村计划生育家庭奖励对象28490人,发放农扶金2696万元;审核计划生育家庭特别扶助对象2786人,发放特别扶助金2199万元,为全市2595名计划生育特扶对象,办理2021年度住院护工服务保险,合计50.6万元。疫情防控期间发放一次性生活补助49户计2.45万元,发放计划生育公益金531户计138.8万元,向336人发放计生并发症扶助金计80.5万元。审核企业持独生子女父母光荣证退休人员一次性奖励对象13947人,发放奖励金5021万元,其中,对外地户籍在江阴企业持证退休的66人进行登记和资格审录工作。

【婴幼儿照护服务】 2021年,江阴市卫生健康委制定出台《江阴市3岁以下婴幼儿照护服务实施方案》,建立3岁以下婴幼儿照护联席会议制度,新增政府专项资金,每千人拥有3岁以下婴幼儿托位数指标纳入对镇(街道)、开发区高质量发展考核。是年无锡市下达江阴每千常住人口托位数指标为2.45个,列入市政府高质量发展考核目标。全市109个托育机构(含开设托班幼儿园)可提供3岁以下婴幼儿托位数5542个,每千常住人口托位数为3.087个。根据《托育机构登记和备案办法》和备案流程,至年末,有22个机构依法完成备案。继续推动普惠性示范性托育机构,经推荐和参加无锡市评审,2个机构被评为省级普惠托育机构(其中1个澄江街道晓艺托儿所同时被评为无锡市级示范托育机构),1个机构被评为无锡市级普惠托育机构。省级示范托育机构"江阴传媒教育儿童之家"为江阴市融媒体中心(国有企业)旗下的专业教育品牌,积极履行国有企业社会责任,为全市婴幼儿家庭提供专业化、普惠性的教育服务,树立起江阴托育服务行业婴幼儿照护服务特色品牌。市卫生健康委联合市人社和财政,举办全市托育机构育婴员(保育员)职业技能培训班,210名学员参加,完成线上线下80课时的学习、实操和考核。同时,妇幼保健院对14个托育机构进行卫生保健合格评审,2次线上卫生保健指导培训。

【"连心家园"阵地建设】 2021年,江阴市计生协会推进镇(街道)"连心家园"阵地建设,全市有14个镇(街道)建有"连心家园"阵地,云亭街道"连心家园"阵地,被评为省"暖心家园"优秀项目点,祝塘镇"连心家园"被评为无锡优秀项目点。组织各镇(街道)计生协会开展"听党话·跟党走·颂党恩"服务计生特殊家庭活动;走访慰问26户计生特困家庭,发放每户1000元慰问金和防疫包;组织参与省年度家庭健康主题推进活动,基层计生协会参与"孕妈萌宝小鸟餐"优秀案例征集和中国计生协会组织的"党史知识竞答",根据保险规定和近两年计生特殊困难家庭住院护工保险理赔情况,完成新一轮住院护工保险招投标工作。

【计生协会员活动日】 2021年5月下旬,江阴市在中国计生协成立41周年之际,迎接计生协第23个"5·29会员活动日"的到来,全市各级计生协会广泛开展"爱党、爱国、爱家乡——畅享健康新生活"主题宣传服务活动。从市镇延伸到乡村,从家庭扩展到社会,广大计生工作者、协会会员和志愿者充分发挥计生协宣传服务职能,通过健康大讲堂、微党课、广场宣传义诊、上门走访慰问以及名医进企业、进学校等形式,开展内容丰富、主题鲜明的服务群众活动,倡导科学、文明、进步的婚育观念和健康生活方式,广泛宣传家庭保健知识和养生常识。会员和志愿者们带着真心和真情走近群众、服务群众,宣传党的好政策,传递党和政府的关怀和温暖,用实际行动庆祝中国共产党建党100周年,讴歌新时代,点赞新中国。

2021年5月29日,申港街道计生协会志愿者走进学校开展主题宣传活动

(徐玉红 摄)

【三孩生育服务】 2021年,江阴市贯彻落实中共中央、国务院《关于优化生育政策促进人口长期均衡发展的决定》精神,实施好三孩生育政策,落实完善生育登记服务制度。根据江苏省卫生健康委员会《关于做好三孩生育登记服务工作的通知》,9月3日起,受理三孩生育登记。该登记受理对象为2021年5月31日(含)之后生育第三个子女的初婚夫妻。办理人需携带夫妻双方身份证(原件)、夫妻双方结婚证(原件)、夫妻双方户口本(原件),至夫妻一方户籍所在地或现居住地村(社区)"一站式"服务阵地、便民服务窗口,领取填写"无锡市生育服务登记表"或"无锡市流动人口生育服务登记表",由村(社区)当场办理三孩生育服务登记。办理流动人口生育服务登记时,办理人须提供居住证或居住证明。窗口现场办理三孩生育登记,只接受初婚夫妻,再婚夫妻按现行省条例进行审批。三孩生育登记完成后,相关信息实时推送至医保部门,方便群众及时享受生育保险待遇。 (缪海蓉)

卫生人才队伍建设

【概况】 2021年,江阴市卫生健康委将人才工作作为年度重点工作,不断强化人才招聘和培养力度,努力打造一支高素质的卫生人才队伍。全系统有工作人员9325人,其中卫生专业技术人员8262人,占总人数的88.60%,其中具有卫生类高

级专业技术职称1954人;中级专业技术职称4348人,占卫生专业技术人员的76.3%;具有博士研究生学历的工作人员30人,硕士研究生学历的工作人员757人,大学本科学历工作人员3741人,占卫生专业技术人员的54.79%。

【卫生人才招录】 2021年,江阴市卫生健康委本着“提高层次、优化结构、完善梯队、宁缺毋滥”的原则,根据全市基层卫生医疗单位岗位情况,结合工作需要,分层分类组织专技人才招聘工作。针对部分特别紧缺的专业,采取挂网长期招聘。年内,招聘事业编制卫技人员167人,其中硕士研究生学历的71人,本科学历的93人,大专学历的3人,合同制卫技人员187人。新增培养农村订单定向医学生9人。

【卫生人才引进培养】 2021年,江阴市卫生健康委以“暨阳英才计划”“太湖人才计划”为统领,不断加强高素质专业化人才队伍建设。完成市人民医院心内科博士研究生缪长青“暨阳英才”卫生健康拔尖人才认定工作。成功入选“太湖人才计划”优秀医学专家团队2个,实现零突破。积极组织高层次人才申报“省333高层次人才”工程、“省双创计划”、市突出贡献中青年专家等人才项目,全市有“省333”第三层次培养对象4人,省双创博士1人,无锡市突出贡献中青年专家1人。落实住院医师规范化培训,全市各级各类医疗机构新增规培人员93人。全年举办继续教育项目、学术交流活动112场,培训学员1.2万余人次,其中国家级继教项目1项、省级继教项目10项、无锡市继教项目24项、省医学会基层巡讲项目1项。是年,在新冠肺炎疫情常态化防控下,积极探索学术交流新模式,采用线上、线上线下相结合会议、设立主会场分会场等模式开展学术交流活动53场。同时,组织选派7名基层医务人员参加国家卫健委组织的“基层卫生人才能力提升培训项目”;举办“江阴市乡村医生能力提升培训班”,遴选40名基层骨干人才在省基层卫生人员实训基地(新桥卫生院)开展理论和实践培训,通过系列培训,提升全市的医疗水平和服务能力。 (沈宇芳)

【四人入选无锡首届“双百”拔尖人才】 2020年8月27日,无锡市卫生健康委《关于公布无锡市首届“双百”中青年医疗卫生拔尖人才的通知》,确定首届“双百”中青年医疗卫生拔尖人才名单,江阴市人民医院放疗科王坚、消化内科王芳军、骨科朱云荣、胸心外科虞桂平4名医师入选。该评选工作根据无锡市委、市政府《关于印发〈无锡市卫生健康“三名”战略实施意见〉的通知》及配套文件《无锡市首届“双百”中青年医疗卫生拔尖人才培养计划(2020—2022年)》要求,历经公开申报、单位推荐、资格审查、专家评审、社会公示等程序。

【高恒入选无锡有突出贡献中青年专家】 2020年12月,无锡市委、市政府公布2020年无锡市有突出贡献中青年专家名单。江阴市各行业有8名专家入选,其中市人民医院院长高恒作为“专业技术人才”入选。高恒,市人民医院院长、神经外科学科带头人、主任医师、医学博士、硕士生导师,曾留学澳大利亚、德国,并于美国梅奥完成博士后研究,先后入选江苏省“135”重点医学人才、省“333工程”高层次人才、省首届“卫生拔尖人才”名单,任省神经外科质量控制委员会副主任委员、省医学会神经外科分会功能组组长等,承担多项国家及省市级科研项目,多次荣获江苏省新技术引进奖。在颅内肿瘤、颅内动脉瘤、神经功能性疾病、脊髓肿瘤的手术和救治领域取得突出成绩,推动神经外科手术向微创化发展,挽救无数生命;同时率领神经外科团队成功创建成国家级高级脑卒中中心、省级临床重点专科。担任领导干部后,全力推动医院业务向全方位、多层次、立体化布局深化发展,成功组织创建国家级住院医生规范化培训基地,成为为数不多的县级国培基地;多次牵头组织中澳神经外科青年论坛、省继续教育学习班、无锡市神经外科年会等学术论坛及继续教育项目,积极与国内外神经外科同道进行学术交流;筹备组建细胞实验室和中心实验室,为全院的科研发展提供基础及平台。 (宣 轲)

【两个“太湖人才计划”优秀医专团队】 2021年8月27日,无锡市人才办发文,确认江阴市人民医院柔性引进神经外科陈罡团队、消化内科汤琪云团队为2021年度无锡市“太湖人才计划”优秀医学专家团队,这是市人民医院在人才引培工作方面取得的又一大成效。“太湖人才计划”是无锡市人才引培的标志性工程。市人民医院神经外科是江苏省临床重点专科,是东南大学、徐州医科大学、南通大学等院校硕士研究生临床培养学科,建有解剖实验室和神经干细胞研究所,在周边地区具有较大影响的神经外科疾病诊疗、教学及科研临床专科,先后获省科技进步奖3项、省医学新技术引进奖10项、无锡市科技进步奖3项、无锡市新技术引进奖5项、江阴市科技进步奖8项。柔性引进团队带头人陈罡是苏州大学附属第一医院副院长,主任医师、博士生导师。合作期内通过团队的共同努力,进一步提高江阴市人民医院神经外科内镜手术、显微外科手术、立体定向手术等相关技术,提升学科疑难病的救治能力。消化内科也是省临床重点专科,是东南大学、南通大学及徐州医科大学硕士、博士研究生培养点。专科下属三个病区及内镜中心,先后主持2项国家自然科学基金及3项省自然科学基金科研项目,荣获省医学新技术引进二等奖7项、省市级科研成果奖5项,是无锡市“科教强卫工程”医学创新团队。柔性引进团队带头人汤琪云是江苏省人民医院老年消化科主任。合作期内通过团队的共同努力,在老年消化道肿瘤的早诊早治、内镜治疗、纳米载药技术等方面取得更大进展,提升江阴市内镜微创诊疗技术水平,让更多消化道疾病患者在本地得到精准治疗。

(曹嘉婧 张家昇)

卫生监督

【概况】 2021年,江阴市卫生监督部门依法把好卫生许可关,审核发放、注册、变更各类许可证、资格证6459件,其中不见面审批4969件,

2021年12月21日，江阴市卫生监督所卫生监督员对放射诊疗机构放射诊疗防护工作进行核查 （何建林 摄）

办理比例为76.93%。围绕各级各类目标任务，全面部署各条线专项检查40次，抽检各类样品528份，出动卫生监督员6343人次，执法车辆2266辆次，立案查处违法案件89件，罚没款182.18万元。全年完成国家、江苏省、无锡市“双随机”监督抽查任务730个单位，立案查处3个单位，完结率100%。完成执法全过程记录行政检查数1843条，采集音视频资料2505条，执法全过程记录行政处罚67条；完成行政处罚公示67件，实施重大行政处罚决定法制审核6件，申请法院强制执行案件1件。检查各级各类有证医疗机构660个，开展医疗服务依法执业、消毒质量控制、打击非法行医、非法应用人类辅助生殖技术等违法犯罪行为、血透机构监督、中医医疗机构监督、预防接种等专项整治。对30个医疗机构开展信用联合审查，2个医疗机构因受市卫生健康委行政处罚而在两年内被限制医保准入。对全市40个医疗机构消毒质量进行监测，采样405份，合格率97.03%。协助卫生健康委完成诊所、门诊部等290个医疗机构的校验工作。开展春秋两季学校卫生和传染病防控专项检查，检查各级各类学校117所。抽检学校饮用水样品15份，合格率80%。组织开展消毒产品监督检查、消毒产品生产企业日常监督及分类监督综合评价试点工作，对15个消毒产品生产企业评定结果与等级；对6个消毒产品生产企业、2个消毒产品经营单位立案查处，合计罚款3.8万元。开展餐饮具集中消毒单位监督检查，全年抽检样品60份，合格率100%；对1个拟移址及1个新开餐饮具集中消毒单位选址及布局开展预防性卫生监督设计审查。开展爱国卫生监督，检查83个医疗机构控烟情况，达标率100%。开展集中式供水单位、二次供水单位、现制现售饮用水设备专项监督检查，监督检查集中式供水单位3个，二次供水单位37个，现制现售饮用水设备9台；现场抽检出厂水、饮用水样26份，合格率100%。开展涉水产品生产企业卫生许可现场审查及监督检查工作，检查涉水产品生产企业81个，有效卫生许可批件182个，抽检涉水产品样品14份，合格率100%。开展职业（放射）卫生监管工作，对全市14个机构进行整改复查。开展全市放射诊疗机构放射防护专项监督，对9个单位的违法违规行为立案处理，罚没款10万元。开展职业健康、公共场所赋权事项的抽查督查、法律法规宣传、业务培训、案件线索移送等相关工作。完成46名镇（街道）卫生监督协管员业务培训和工作考核。利用媒体、网络对外宣传95篇次。受理各种投诉举报案件98件，回复结报率100%。

【打击非法行医行为】 2021年，江阴市卫生监督所继续通过监测哨点、联合整治、复查反馈等形式打击非法行医行为，全年出动卫生监督员306人次，监督车辆75辆次，开展日常巡查与实施精准打击相结合，通过全面梳理历年受过行政处罚的无证行医单位或个人名单，逐一排查、实施精准打击，复查回访153户次。充分发挥乡镇“网格员”及卫生监督协管员的哨点作用，严格落实无证行医举报奖励机制，奖励无证行医举报人16人次计1.6万元。组织宣传卫生法律法规6次，拍摄《无证之所》微视频加大无证行医危害宣传力度，增强群众对无证行医危害的认识。强化多部门执法联动，形成打击无证行医的巨大合力。全年立案查处无证行医案31件，没收违法药品器械132箱（袋），没收牙床14张，罚没款150.03万元，向公安机关移送非法行医涉嫌犯罪案件2件2人。

【医疗机构示范单位创建】 2021年，江阴市卫生监督所开展医疗机构示范单位创建工作，全市诊所、门诊部等医疗机构参与示范单位创建工作，以充分发挥医疗机构示范单位的引领、带动和辐射作用，引领提升全市诊所、门诊部管理整体水平。市卫生监督所组织对申报创建示范单位的12个民营门诊部、诊所等医疗机构进行现场验收评估。各医疗机构在医疗房屋面积、科室设置、功能布局上均符合相应设置标准，科室、功能区标识清楚、规范，医疗服务卫生监督公示栏设置位置和公示内容规范齐全，医疗机构管理制度完善，传染病预检分诊、消毒隔离制度、医院污水处理和医疗废弃物处置落实到位。但部分门诊部及诊所在执行环节仍然存在问题，医疗废弃物处置人员健康体检内容不规范，消毒检测合同签约未落实，医疗污水处理后自检工作需进一步加强等。年内，有10个诊所、门诊部通过验收合格。对验收中存在问题的单位，市卫生监督所加强指导，督促不符合创建标准和要求的单位进行整改,总结创建活动中存在的问题、经验做法,以点带面,使示范单位创建工作在更大范围、更深层次开展及推广,切实发挥医疗机构示范单位的引领、带动、辐射作用,不断提高全市医疗行业医疗安全水平,确保群众就医安全。

【卫生健康赋权】 2021年,江阴市卫生监督所开展职业健康、公共场所卫生赋权事项抽查督查,专门制定职业卫生赋权事项监管项目化管理方案,积极做好职业健康赋权事项的抽查督查、法律法规宣传、业务培训、双随机督查、案件线索移送、月度考核等相关工作。全年移送职业健康案件线索12条,开展现场业务指导51次,收到镇(街道)职业健康处罚36件(其中警告21件),罚没款金额33.8万元。开展公共场所赋权事项监督抽查,随机抽查161个公共场所单位,检查情况及时抄送各镇(街道),督促其跟踪整改和加强后期管理;移送公共场所违法线索4条;组织集中培训3次,现场业务指导88次,赋权事项承接能力得到进一步提升。

【新冠肺炎疫情防控监管】 2021年,江阴市卫生监督所持续开展新型冠状病毒肺炎疫情防控工作,抽调人员长期参加疫情防控指挥部工作,抽调人员参加口岸专班、联合检查督查等疫情防控工作。组织开展疫情防控监督检查知识培训,提升卫生监督执法人员疫情防控卫生监督能力。全面落实疫情防控应急值守,严格落实24小时值班和领导带班制度;疫情紧张时期,全面取消职工休假,所有人员保持24小时待命状态。全年累计出动卫生监督员2500人次,对医疗机构、发热门诊、集中隔离点、核酸检测机构、新冠肺炎疫苗接种点、托育机构、学校、公共场所等单位开展疫情防控检查督查,并采用"互联网+监管"新模式,利用信息化手段加强对医疗机构疫情防控措施落实情况的动态监管,及时发现并依法查处在疫情防控中存在违法违规问题的单位。年内,立案查处疫情防控违法违规医疗机构5个,责令暂停营业单位23个。

(任燕萍)

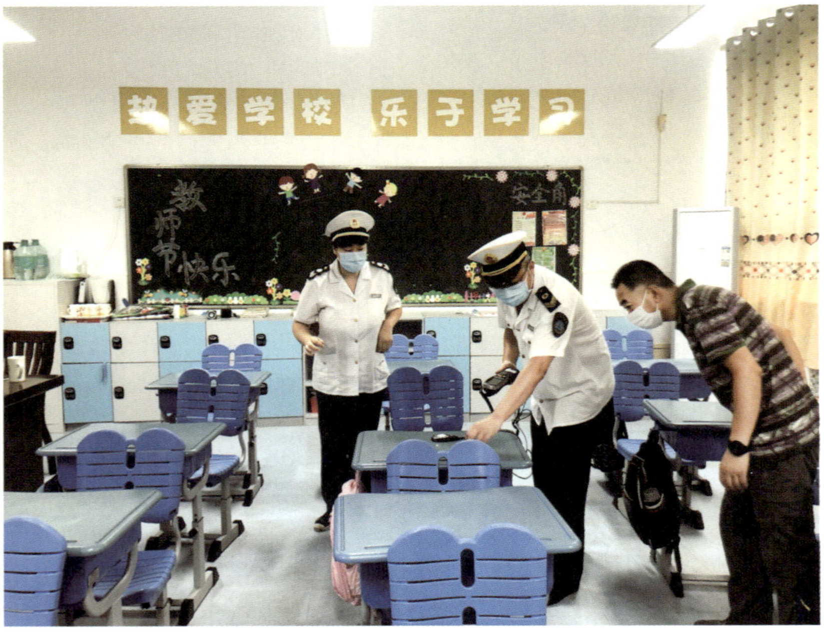

2021年9月7日,江阴市卫生监督所开展"学校卫监行动"工作。图为监督员在学校测量课桌面照度 (周 菁 摄)

疾病预防控制

【概况】 2021年,江阴市人均期望寿命82.49岁。全年累计报告乙类传染病10种1091例,累计报告发病率为61.31/10万,比2020年同期下降11.16%,总体呈平稳态势。传染病网络报告率、及时率和完整率均为100%。累计报告死亡病例7例。全年未报告传染病突发公共卫生事件。全年完成高血压、糖尿病患者健康管理17万人和5.3万人,规范管理率77.65%和77.55%,血压控制率61.38%,血糖控制率56.48%,以上指标均超过上级下达的行政指标。开展慢性病发病监测和死因监测,累计报卡新发慢五病29066例、死亡9893例,各项工作指标均达到上级要求。开展全市居民大肠癌筛查项目,完成初筛评估6万人,粪便隐血检测3.8万人,肠镜检查4451例,确诊早期肠癌患者36例,肠镜检查异常比例超1/3。开展江苏省新增国家心血管病高危人群筛查项目,对辖区内5000例35岁以上人群开展心血管病早期筛查,对1250例高危人群进行综合随访干预。开展老年人肿瘤标志物免费筛查项目,首批试点3个街道累计3.1万人参与免费筛查,筛查参与率77.50%。全年新建省级慢性病患者自我管理小组18个,参与人数271人;新建市级自我管理小组180个,参与人数2959人,社区覆盖率100%。稳步推进"社区—志愿者—患者"一体化管理,开展健康生活方式指导员培训233人次,全市累计有健康生活方式指导员885名。市疾控中心承担19项国家级监测项目,6项省级监测项目。在研课题6项,其中无锡市卫生健康委员会课题1项,江阴市卫生健康委员会课题5项;正式发表论文11篇,其中SCI期刊2篇,中文核心2篇、统计源期刊5篇。市疾控中心顺利通过CNAS实验室国家认可复评审,质量管理体系进一步完善,卫生检验检测能力进一步提升。是年,江阴市顺利通过国家慢性病综合防控示范区复评审,继续保持国家级示范区荣誉。

【国家实验室认可复评审】 江阴市疾控中心质量管理体系始建于1995年,并于同年顺利通过江苏省市场监督管理局资质认定。为进一步强化中心质量管理能力和实验室检验检测能力,市疾控中心于2006年8月通过中国合格评定国家认可委员会(CNAS)的实验室认可评审。按照CNAS评审要求,2021年12月18—19日,市疾控中心接受CNAS

2021 年 12 月 18—19 日，江阴市疾控中心实验室顺利通过 CNAS 实验室认可复评审考核。图为评审现场（李　玲摄）

实验室认可复评审并顺利通过考核。获认可的技术能力涉及食品、食品相关产品、水质及涉水产品、化妆品、工作场所、公共卫生、学校卫生、消毒与一次性医疗卫生用品、生物样品、放射防护等 19 个领域 312 项，符合相关技术要求并予以确认。CNAS 实验室认可复评审，有助于提升市疾控中心实验室的质量管理能力，确保中心实验室检测工作安全、高效、高质量开展，为突发疫情检验检测提供技术支撑。

【国家新冠核酸检测室间质评】 2021 年，江阴市疾控中心根据江苏省卫生健康委员会《关于切实做好疾控机构新冠病毒核酸检测质量管理工作的通知》相关要求，参加国家卫生健康委临床检验中心组织的 2021 年度新型冠状病毒核酸检测（接收集中隔离点样本检测机构）7 月室间质量评价活动，结果准确，考核合格。市疾控中心高度重视核酸检测质量控制，严格执行新冠病毒实验活动管理要求，切实加强实验室生物安全规范管理和核酸检测人员培训工作，检测能力得到充分验证，为常态化疫情防控提供技术保障。

【保障营养与食品安全】 2021 年，江阴市疾控中心积极开展食品安全风险监测，保障居民合理营养，全年累计监测 107 份样品，任务完成率 100%；全年累计监测食源性疾病病例 2028 例，任务完成率 100%；累计处置食源性疾病暴发事件 8 件。开展居民合理膳食指南指导，各镇（街道）覆盖率 100%，行政村（居委）覆盖率 100%，建成营养餐厅 1 个。全面开展各类环境卫生监测，开展农村居民室内健康危害因素监测，完成医院、商场、车站、农贸市场等 7 项国家级室内环境监测项目。开展不吸烟女性肺癌危害因素监测，全年完成病例与对照 31 例。开展公共场所微小气候监测，涉及 37 个单位，监测样品 99 份，监测项次数 895 个。全年监测公共场所公共用品 453 份，检测项次 1176 个。全面完成并及时上报江苏省农村生活饮用水枯水期卫生监测数据，生活饮用水监测覆盖率 100%，任务完成率 100%，各水期样品合格率和项次合格率均为 100%。对全市中小学校开展因病缺课监测及学生伤害监测，学生健康监测系统平台登记在册的应报学校数，全部实现监测数据的网络直报，中小学校因病缺课监测工作覆盖率 100%，日报告率 99.71%；学生伤害监测，工作覆盖率 100%，日报告率 95.08%，非零上报率 33.02%。开展幼儿园、中小学生近视筛查工作，完成幼儿园、小学、中学各 2 所和 1 所高中的 1901 人的近视筛查。

【农村环境和进口货物（非冷链食品）新冠病毒核酸监测】 2021 年，江阴市疾控中心为做好新冠肺炎疫情防控常态化管理，严格落实“外防输入、内防反弹”和“人物同防”工作要求，中心根据上级文件精神召开培训会议，布置农村环境卫生和进口货物（非冷链食品）新冠病毒核酸监测工作。由各镇（街道）卫生院、社区卫生服务中心等基层医疗机构负责采样，按照中心为主、行政村全覆盖的原则，开展样本的采集和送检。全年 17 个镇（街道）及所属行政村采集农村地区环境样品 9906 份，其中，有村卫生室和个体诊所 2566 份，村民活动室 1445 份，公共卫生间 1261 份，农贸市场 1072 份，公共浴室 673 份，养老机构 400 份，棋牌室 112 份，休闲娱乐室 414 份等。采集进口货物（非冷链食品）与包装 2373 份，环境样本 1958 份，进口货物接触从业人员 241 人。

【开展传染病多病同防】 2021 年，江阴市疾控中心继续加大艾滋病的检测筛查力度，全年检测各类人群 40.5 万人次，总人群筛查率 22.7%，VCT 门诊免费咨询检测 1376 人次。HIV 快检自助服务机 24 小时向需要人群成本价提供艾滋病快检试剂 1100 余份。启动麻风病家庭医生签约服务项目，存活麻风病人 89 人中，实际签约 85 人，签约率 95.5%，通过家庭医生签约方式，保障该群体基本医疗卫生及康复服务需求。全面启用结核病信息化系统，统筹推进在市卫生健康委领导下，疾控中心、定点医院、基层医疗机构分工明确、协调配合的“三位一体”服务模式，实现三者间信息互享，实现患者从推介筛查、报告转诊、治疗，到随访管理等工作全程无缝衔接和实时动态管理。开展螺情监测工作，防外输入、防内残存钉螺复现。完成调查面积 121 万平方米，未发现活钉螺，完成血吸虫病查病 3280 人，任务完成率 106.67%，未发现阳性患者。发热病人疟疾血检 3112 例，未发现阳性病例。参与无锡市血寄防健康科普短视频评比，获个人三等奖和团体优秀组织奖。加强疫苗管理，启用疫苗管理信息新系统和接种确认系统，每日监控疫苗有效期，按月盘点储存疫苗，持续做好新冠肺炎疫情防控期间预防接种工作，全年完成流感疫苗接种31016剂次，在无锡市位列第一。

【职业健康监管】 2021年，江阴市疾控中心继续开展职业病诊断，全年诊断职业病21人，尘肺病例占62%。开展放射卫生检测，对10个医院机构进行CT机房和普通X射线机房检测。开展职业健康指标常规监测，监测病种包括除职业性放射性疾病外的所有法定职业病（共9大类121种），监测对象为上岗前、在岗期间、离岗时职业健康检查及事故应急时健康检查的劳动者，累计收集重点职业病核心数据11.16万条。对11个小微企业进行尘肺病主动监测。开展工作场所职业病危害因素监测，抽取有代表性的生产企业25个，涉及9个行业，涵盖大中小微规模企业，针对各类职业病危害因素，委托省疾病预防控制中心完成现场监测和数据上报。推进健康企业创建，向无锡市卫健委推荐7个企业参与省健康企业创建工作。

【启动大肠癌筛查项目】 2021年，江阴市疾控中心坚持以保障人民群众健康为中心，根据《"健康江阴2030"规划纲要》加强对癌症等重大慢性病的早筛早诊工作，结合"我为群众办实事"实践活动，在全市50～74岁常住居民中开展大肠癌免费筛查项目。6月3日，召开全市大肠癌筛查项目启动暨培训会议，切实为百姓健康办实事、办好事、办身边事。项目分为初筛和精筛两部分：初筛包括大肠癌患病风险评估和大便隐血试验，由各社区卫生服务中心负责；精筛由市人民医院、中医院医疗集团统筹实施，对初筛发现的高危人群进行肠镜检查、病理诊断等工作；市疾控中心负责监督和指导项目的运行。是年，全市有10个综合医院开展肠镜检查，18个基层医疗机构开展大便隐血检查，193个社区卫生服务站开展风险评估，全年累计完成6万人的风险评估、3.8万人的粪便隐血试验及4451人的肠镜检查，检查异常者比例超过三分之一，最终诊断大肠癌早期患者36人。通过项目实施，2021年全市肿瘤诊断早期比例达33.5%，提前达到《江阴市慢性病防治中长期规划（2019—2025年）》中"常见恶性肿瘤诊断早期比例＞28%"的指标要求。

【麻风病人家庭医生签约】 2021年，江阴市疾控中心为深化麻风病防治一体化策略，逐步建立起政府部门领导，社会参与，以麻风病人医疗救助、残疾护理、康复及社会关怀等为服务内容的麻风病防治与社会关爱新机制，依托家庭医生签约服务政策，将麻风病人纳入签约服务对象，开展麻风病人家庭医生签约服务项目。7月14日，召开全市麻风病人家庭医生签约服务项目启动仪式暨麻风病人家庭医生签约服务专业技能培训班。全市有存活麻风病人89人，大部分为老、弱、病、残的孤寡老人，实际签约85人，签约率为95.5%。通过家庭医生签约的方式，关心、关爱麻风病患者，解决他们就医歧视、困难问题，免费提供体检服务和畸残护理等卫生服务，切实惠及麻风病人。 （缪 英）

【首个新冠病毒疫苗集中接种点】 2021年，江阴市为加快形成人群免疫屏障，3月23日起，全面启动新冠病毒疫苗全民免费接种工作。经过紧张施工，江阴市首个新冠病毒疫苗集中接种点于4月1日正式投用。该集中接种点设在澄江中路19号市体育馆内。设置健康申报、候诊、询问登记、接种、留观、疑似预防接种异常反应处置、冷链区等7个区域，设40个询问登记台、40个疫苗接种台，全天可接待人流量8000～10000人次，每日上午8点至下午19:30提供接种服务，以推进全市新冠疫苗接种扩面提速。首日接种1000余人次。

【"火眼"实验室交付】 2021年8月3日，江阴"火眼"实验室紧急开工建设。5日，完成设备安装和调试工作，同时在江阴国际会展中心举行江阴"火眼"实验室安装完成交付仪式。仪式现场，市发改委、市卫生健康委、江阴国际会展中心、华大智造科技有限公司四方负责人签署交付协议。市委常委、常务副市长赵强出席交付仪式。"火眼"实验室投用，大幅提升了全市核酸检测速度，日检验通量可达3万管，加上原有的检测能力，江阴日检验通量可达10万管，按照"十混一"的混采比例，每天可以检测超百万人。

【启用智能防疫门禁系统】 2021年2月9日，江阴市首台智能防疫门禁系统在市第五人民医院门诊大厅安装。该系统通过读取身份证信息或者扫取苏康码，获取人员健康信息，反馈查询结果。利用红外技术，

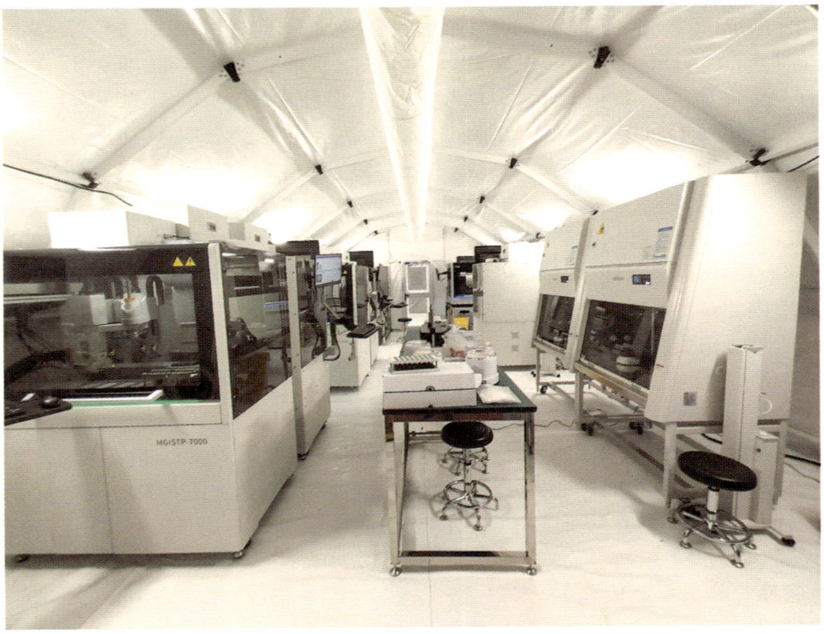

2021年8月5日，"火眼"实验室交付现场内部图景一角 （杨 荣 摄）

对视频范围内人员进行测温，反馈测温结果。人员通过验证周期短，满足快速验证通行诉求，保障通行效率。后台通过表格、图标等方式呈现出入人员统计数据，支持按时段检索、人员快速查找等功能。该系统的启用，极大减轻院方工作人员压力，提高工作效率，最大限度降低防控风险，更高程度确保就医群众安全。

【可移动核酸采样工作站投用】 2021年12月20日，江阴市首批5个可移动核酸采样工作站完成安装调试并投用，医护人员核酸采样工作环境得到改善，同时也全面提升全市核酸检测能力。该工作站采取全封闭设计，配备正压新风系统，打开后内部气压高于外部，可以有效防止外部气流流入。受内外压差影响，两对固定的长臂手套都向外鼓起。医护人员将双手通过采样窗口上的两个小口，放入密闭的长臂手套中，就可以隔着玻璃开展核酸采样工作，消毒、取拭子、装管等操作都通过这对手套完成。该工作站的投用，使工作人员和受检者完全隔离，全程无接触，避免交叉感染。首批5个工作站，分别设置在高新区、澄江街道、夏港街道、徐霞客镇和周庄镇。

【核酸检测基地运行演练】 2021年12月16日，江阴市卫生健康委为进一步加强新冠病毒核酸检测能力，全面保障大规模人群新冠病毒核酸检测工作开展，举行核酸检测基地运行演练。该演练是对前期检测人员设备上机操作、流程演练、协同配合等实操培训的有效检验，用实际运行去检验仪器、设备、试剂、耗材的精准匹配，以确保全市核酸检测基地日检验通量3万管，检测能力按“十混一”的混检方式计算，每天可检测30万人次。

【微信小程序“接种日志”】 2021年，江阴市第三人民医院门（急）诊发现在日常狂犬病暴露预防处置后疫苗接种（五针法）过程中，许多市民在首针接种后，对再次接种时间出现“记不清”“忘记了”等情况，延误或遗漏注射，存在隐患。为了方便群众、助力健康的目的，市三院积极为群众办实事，在犬伤门诊开通微信小程序“接种日志”，市民可在首针接种时用微信扫一扫小程序，填写个人信息及接种疫苗信息，小程序会生成“接种日志”，在后续接种前一天微信或短信会自动发送通知及提醒，方便高效。作为全市唯一一个狂犬病暴露预防二级定点处置机构，市三院24小时开放犬伤门（急）诊，提供狂犬病相关预防处置咨询、伤口专业冲洗处置、狂犬疫苗接种、破伤风疫苗接种等一站式服务。（潘　燕）

妇幼保健

【概况】 2021年，江阴市妇幼健康工作紧紧围绕江苏省、无锡市妇幼健康工作要点，以妇女儿童健康服务为宗旨，聚焦母婴健康安全保障基本点，严格控制孕产妇和婴儿死亡率，推进妇幼健康服务体系进一步建设，重点加强新生儿出生缺陷综合防治，提升全市妇幼公共卫生的整体服务水平。年内，市卫生健康委对全市爱婴医院进行复核督导，加强爱婴医院的日常监管，将提高母乳喂养率作为爱婴医院质量管理的重要内容之一，切实落实促进早产儿母乳喂养的各项措施。是年，全市分娩总人数9253人，活产数9221例，未发生孕产妇死亡，新生儿死亡率0.42‰，婴儿死亡率0.84‰，5岁以下儿童死亡率1.58‰，严重出生缺陷发生率0.54‰。孕产妇健康管理率99.16%，儿童健康管理率100%。为9295人提供免费婚孕前健康检查，婚检率96.6%。全年妇幼公共卫生服务项目经费2067.36万元，全额拨付各项目单位确保基本及重大妇幼公共卫生服务项目的实施。11月，市申港社区卫生服务中心、江阴临港医院通过无锡市级评审完成妇幼健康规范化门诊创建。（唐妍彦）

【无锡市级儿童早期发展基地】 2021年10月，无锡市卫生健康委发布第二批市级儿童早期发展示范基地名单，江阴市妇幼保健院被确定为江阴市唯一的市级儿童早期发展基地。市妇幼保健院坚持将儿童早期发展基地培育活动作为推进全市儿童早期发展工作的重要抓手，提供孕母营养及心理，儿童生长发育监测、营养、心理、儿童康复、行为发育等连续生命周期的服务；提供家庭养育指导、亲子活动及个性化促进干预指导；推进辖区内儿童早期发展适宜技术的培训和业务指导；同时建立的多学科合作，利用新媒体开展线上孕妇学校、父母课堂等科普知识，线下深入校园、幼儿园、社区等举办义诊和健康讲座，为全市妇幼健康服务提供保障。（苏秋霜）

【提升“两癌筛查”项目质量】 2021年，江阴市加强妇幼健康工作，针对宫颈癌筛查的具体工作，将往年首筛TCT改为HPV，提高宫颈癌筛查的敏感性，筛查的HPV阳性率10%以上，筛查出的阳性患者统一转诊至市妇幼保健院，其中HPV16、18型阳性患者直接进行阴道镜评估及活检，非HPV16、18型先行TCT检查，如有异常再做阴道镜评估及活检，全年转诊患者检查TCT 2473人，免费阴道镜及病理活检711人。乳腺癌筛查可疑阳性病例，分别转入初筛单位所属医疗集团的乳腺筛查接诊点，超声筛查0、3级行钼靶检查，4、5级活检病理，有效提高乳腺癌的筛出率和早诊率。全年累计上报无锡宫颈癌检查41690例，乳腺癌检查41474例，超额完成年度“两癌”筛查任务，确诊乳腺癌19例、宫颈癌13例、宫颈CINI98例、宫颈CINII47例、宫颈CINIII31例。

【妇幼健康服务技能赛】 2021年7月9日，江阴市妇幼健康服务技能竞赛在市急救中心举行初赛，市卫生健康委成立竞赛组委会，负责竞赛的组织领导，市妇幼保健院负责活动的筹备和协调工作。初赛理论考试采用现场手机答题的形式，从各级助产机构的70人中筛选出20人，进入7月24日的操作复赛。决出竞赛团体优胜奖、个人单项奖，并推荐4人代表江阴市参加无锡市级决赛。有1人获得产前筛查组个人一等奖，其余3人分获产科、护理科、新生儿科临床组个人二等奖，市卫生健康委获得团体二等奖，其中市妇幼保健院医生王习习代表无锡市参加省级比赛获得团体一等奖、

2021 年 7 月 24 日，江阴市妇幼健康服务技能竞赛操作复赛在江阴市人民医院技能培训中心举行　　（陶　玮　摄）

产前筛查组个人二等奖。

【“两禁止”专项治理】 2021 年，江阴市卫生健康委持续开展“两禁止”*专项治理工作，加大对全市各医疗机构“两禁止”专项治理长效监管机制的检查力度。4 月 12—23 日，市妇幼保健院联合市卫生监督所，对全市各医疗机构开展“两禁止”工作季度督导，就存在问题进行现场指导并督促整改落实。1—5 月，完成全市医学需要终止妊娠鉴定申请审核 7 例，均符合医学需要终止妊娠的申请条件及流程。5 月起，根据《江苏省关于加强产前诊断（筛查）技术管理的通知》要求更新流程，进一步规范全市妊娠 14 周以上医学需要和非医学需要人工终止妊娠工作流程，妊娠 14 周以上医学需要人工终止妊娠的胎儿因素，统一由无锡市产前诊断机构（无锡市妇幼保健院）完成鉴定。至年末，配合无锡市完成“无锡市医学需要终止妊娠鉴定申请”55 例。（唐妍彦）

【江阴妇幼健康新桥服务联盟成立】 2021 年 5 月 9 日，江阴市新桥镇妇女联合会和市妇幼保健院在新桥文化中心举行“健康妇幼　真情守护——江阴妇幼健康新桥服务联盟”揭牌仪式。镇党委副书记赵叶勤和江阴市妇幼保健院党总支书记惠黎出席活动并致辞。新桥镇妇联主席徐海红、江南大学附属医院妇产科主任余进进、市妇幼健康专家团队和妇女代表近 150 人出席揭牌仪式。仪式后，江南大学附属医院妇产科主任余进进开展“女性常见疾病的预防”健康讲座，义诊医疗专家团队为在场所有的妇女提供妇科常见病、更年期保健、盆底功能、孕期保健、儿童生长发育等多方面的健康咨询，宣传“防胜于治”的健康理念，并为有需要的妇女提供妇科超声检查。服务联盟的成立，密切双方沟通合作，在新桥镇常态化开展健康讲座、现场义诊等多形式的健康服务活动，为该镇妇女儿童撑起健康“保护伞”。

【规范助产技术服务机构胎盘处置】 2021 年，江阴市卫生健康委根据江苏省卫生健康委《关于开展助产技术服务机构胎盘处置情况专项排查的紧急通知》的工作要求，全市快速响应，部署 22 个助产机构，在 3 月 25 日前完成自查工作，3 月 25—26 日两天，由市妇幼保健院联合市卫生监督所派出专家组和卫生监督员，对全市助产机构胎盘处置管理工作进行全面监督执法检查，针对发现的问题，现场给予指导，并下达卫生监督意见书，要求存在问题的医疗机构及时落实整改，消除隐患，严防产妇分娩后的胎盘流失、买卖和传染性疾病传播等不良后果的发生。

【世界早产儿日活动】 2021 年 11 月 7 日，江阴市卫生健康委组织全市各医疗卫生单位，以“母乳喂养，助力健康”为主题开展世界早产儿日主题活动，关注早产儿的生存与发展。全市各医疗单位围绕主题多措并举，多渠道、多角度开展健康教育活动。活动期间，加强人员培训，举办专题讲座、线上和线下的孕妇学校课，在微信公众号发布宣传信息，线下发放宣传资料，营造早产儿母乳喂养良好的宣传气氛，促进早产儿母乳喂养。全市各医疗单位参加宣传活动医务人员有 157 人次，举办医务人员培训班 9 次，培训 399 人次举办健康知识讲座 15 次，受众 358 人次，发放宣传折页 1307 张、处方 360 张，参与活动人数 1092 人。（苏秋霜）

【送医进企】 2021 年 3 月 6 日，江阴市卫生健康委为庆祝“三八”国际妇女节，贯彻落实“共庆百年建党，争当两个卫士”及市妇联“巾帼心向党、奋斗新征程”的要求，携手市妇女联合会举办“天使有爱，关爱女性健康”送医进企义诊活动走进新桥镇海澜集团。来自市人民医院、中医院、三院、卫生监督所、疾控中心、妇幼保健院、健康促进中心的女医疗专家 24 人，为企业女职工提供妇科、甲状腺乳腺外科、内分泌科、呼吸内科义诊，并提供皮肤美容、B 超检测、孕产保健、更年期保健、心理健康、健康保健等服务。该活动受到海澜女职工的热烈欢迎，有 800 余人前去求诊。（潘　燕）

医政管理

【概况】 2021 年，江阴市卫生健康委紧紧围绕疫情常态化防控、分级诊疗制度建设、医疗服务体系建设、医疗服务综合监管、医疗行风和平安建设等重点工作，坚持不懈补短板、提水平、抓质量。落实改善医疗服务行动计划，下发《关于加快紧密型县域医共体建设推进分级诊疗工作的通知》，进一步落实基层首诊、完善双向转诊、推进家庭医生签约、做实下乡支农工作、推进基层专家工作室（联合病房、慢性病联合门诊）等重点工作，建立名医（名中医）工作室 13 个，医生工作室 49 个，护士工作室5个;设立慢病联合门诊5个、联合病区4个。文林、顾山卫生院和青阳医院分别被省卫生健康委确认为省级社区医院和省级农村区域医疗中心;有94个村卫生室达到服务能力基本标准,其中周庄镇山泉村和月城镇水韵村卫生室均创成省甲级村卫生室。申港社区、城中社区卫生服务中心以及西大街社区卫生服务站、周庄镇长乐村卫生室完成硬件设施提档升级。全市26个医疗机构参加"优质服务基层行"活动,覆盖率100%,完成无锡市2021年基层重点工作任务。至年末,全市家庭医生签约新增人数80351人,有效签约率94%,履约完成率82.7%;签约居民知晓率达到91.8%,签约居民满意度达到95.2%,医护人员满意度达到94.4%。以平安医院创建为抓手,落实构建和谐医患关系的各项措施,市三院被评为无锡市平安示范医院,临港医院被评为无锡市平安医院。完善由医调会、医责险服务中心、评议专家组组成的"一站式"医患纠纷调处服务机制,妥善解决医疗纠纷,全年接待来访362批次1321人次,受理纠纷事件175件,协议调解141件,无重大伤医案件发生。组织专家结合疫情防控督查,对全市医疗机构(包括民营医疗机构)集中开展医疗质量检查420个(次),针对问题约谈19个医疗机构,各级各类医疗机构的医疗质量和安全意识得到提高。结合无锡市卫生健康委员会医疗机构限制临床应用技术申报系统启用,进一步明确需要备案的限制临床应用技术目录、备案程序以及管理要求,全市47个医疗机构完成76项限制临床应用技术备案公示;针对医疗美容机构开展美容项目备案核准工作,完成12个医疗美容机构的现场核查工作。开展全市医疗机构合理用药复核工作,组织对61个诊所、医务室进行抗菌药物临床应用培训和现场评估,44个通过验收核准开展抗菌药物静脉输液,促进全市药品合理、安全、合法使用。 (冯　辉)

【市人民医院蝉联中国医院竞争力排行榜】 2021年4月16—17日,中国医院竞争力大会在厦门举行,大会发布2020届中国医院竞争力排行榜,在全国6000余个县级医院中,江阴市人民医院以825.59分的成绩,位列榜单第三位,位列江苏省县(市)级医院排名第一位,连续多年位居全国县(市)级医院综合竞争力前三名。大会还发布2020中国智慧医院HIC100强排行榜,市人民医院位列第54位。大会对进入县级100强医院的16个专科进行排名,市人民医院神经外科、消化内科、肿瘤内科位列相应专科第1名,心血管内科、骨科、内分泌科位列相应专科第2名,普通外科位列专科第3名,呼吸内科、重症医学科、妇科、产科位列专科第4名,神经内科位列专科第5名,儿科、肾脏内科位列专科第6名,泌尿外科位列专科第9名,血液科位列专科第11名。市人民医院党委书记张华受邀参加大会并作题为《引领·协同·共享　深化紧密型县域医共体建设》的报告,总会计师刘伟作为县级医院代表接受媒体专访。 (张　祥)

【获国家科技重大专项课题临床研究卓越奖】 2020年8月,江阴市人民医院烧伤整形科参与抗菌肽PL-5喷雾剂治疗创面感染的有效性和安全性的多中心、随机、开放性、阳性对照的Ⅱb期临床试验项目,该项目为国家"十二五""十三五"重大新药创制项目,该创新药物由江苏普莱医药生物技术有限公司自主研发,被科技部、卫计委联合推荐为重点加速审批国家一类新药。2021年8月19日,抗菌肽PL-5喷雾剂治疗继发性创面感染Ⅲ期临床试验全国研究者会议召开,对抗菌肽PL-5喷雾剂Ⅱb期临床研究中表现优异的研究团队进行表彰,江阴市人民医院因在该项重大专项课题临床研究中贡献突出,荣获2021江苏普莱药业国家科技重大专项课题临床研究卓越奖。全国有29个三甲医院参加该研究项目,市人民医院烧伤整形外科专业组在主任赵耀华带领下齐心协力,取得入组病例数排名第三位的好成绩,整体试验质量在申办方稽查中获得好评。

(窦文琴　赵耀华)

【葛雨钢获国家自然科学基金】 2021年8月17日,国家自然科学基金委员会发布《关于2021年国家自然科学基金集中接收申请项目评审结果的通告》,江阴市人民医院普外科——乳房甲状腺外科葛雨钢申报的《NUSAP1/ZEB1功能复合体转录调控RAD51影响胃癌细胞放射敏感性的机制研究》(项目批准号:82102989),获2021年度国家自然科学基金青年项目资助,为市人民医院获批的第8项国家自然科学基金。胃癌是常见的消化道恶性肿瘤,胃癌的治疗以手术切除为主,放射治疗可有效降低胃癌术后的复发率,改善部分患者的生存质量。探索作用于胃癌放射治疗的关键靶点具有十分重要的意义。该国家自然科学基金项目的申报成功,是对青年获医者的肯定,也是对市人民医院普外科科研团队的肯定。

(王奔放)

【市人民医院创3个省级临床重点专科】 2021年1月4日,江苏省卫生健康委办公室下发《关于公布2020年省级临床重点专科评审与复核结果的通知》,江阴市人民医院神经外科、消化内科、肿瘤内科3个专科,经专家初审、现场测评、分数汇总、审查核实等环节,新确认为省级临床重点专科,同时,神经内科通过省级临床重点专科(建设单位)复核。市人民医院省级临床重点专科有骨科、心血管内科、神经外科、消化内科、肿瘤科、中西医结合肿瘤科、神经内科(建设单位)7个。

【新增两个无锡市级临床重点专科】 2021年12月7日,江阴市人民医院麻醉科、老年病专业(建设单位)被无锡市卫生健康委确认为无锡市级临床重点专科。重点专科建设是医院高质量发展的核心关键,是提升医院核心竞争力的根本途径,是衡量医院管理和技术水平的重要标志。市人民医院近年来积极推进重点专科建设,并取得较快的发展和显著的成效。至2021年年末,市人民医院无锡市临床重点专科有呼吸内科、普通外科、胸外科、医学影像科、麻醉科、老年病专业(建设单位)等6个。 (刘　洋)

【江阴助力延川完成首例无痛胃镜检查】 胃镜检查逐步成为经济发达地区的常规健康检查项目,但在陕西省延川全县范围内,胃镜诊治技术仍不成熟,一直没能顺利开展。延川县居民做胃镜检查要去延安甚至西安,路途远、交通不便利、费用高。2021 年 10 月,江阴援延医疗队 6 名医疗专家奔赴陕西省延川县,对口支援延川县人民医院、延川县中医院和延川县第二人民医院。江阴援延医疗队了解情况后,同延川县人民医院麻醉科联系,双方资源共享,通力合作推进无痛胃镜检查技术。11 月底,在延川县人民医院麻醉科的配合下,成功开展多例无痛胃镜检查。经过江阴援延医疗队的持续努力,培养出一支延川无痛内镜团队。

【市人民医院成功施行左心耳封堵术】 2021 年 1—3 月,江阴市人民医院心血管内科成功为两名脑梗死多次发作的心房颤动患者施行左心耳封堵术,标志着江阴在心房颤动并发症微创治疗方面取得重大突破。吴某(女,72 岁),多年前开始反复出现心悸,心电图提示心房颤动。2020 年 12 月,吴某突发脑梗,在市人民医院正规治疗后好转出院,2021 年 1 月再发脑梗,医院心血管内科专家综合分析病情,认为吴某脑梗死反复发作的原因与心房颤动有关,而且正规抗凝药物治疗效果不佳,脑中风再发作的风险高。心血管内科团队为吴某施行左心耳封堵术,术后第 2 天就下床活动,一周后康复出院,随访未再出现脑梗症状。刘某(68 岁),有心房颤动病史 1 年,分别于 2020 年 11 月和 2021 年 1 月两次脑栓塞。3 月,市人民医院心血管内科团队经过周密准备后,为刘某施行左心耳封堵术,术后无脑栓塞症状。左心耳封堵术的成功实施是市人民医院心血管内科防治房颤并发症领域的新突破,有效降低房颤病人卒中风险,为创建中国房颤中心迈出坚实的一步。

(李　健)

【硬质气管镜下 Y 型支架置入术】 2021 年 10 月 14 日,江阴市人民医院呼吸与危重症医学科成功完成首例硬质气管镜下 Y 型支架置入术,为部某(47 岁)食管癌术后患者进行支气管瘘的封堵。该病员既往有食管癌手术史,并有食管气管瘘,因进食后剧烈呛咳,到市人民医院呼吸与危重症医学科就诊。经支气管镜检查发现,患者原先的气道覆膜支架的下端出现新的食管气管瘘口,患病治疗较为复杂、棘手,科主任刘澄英带领呼吸介入团队慎重商讨决定,为其施行硬质气管镜下 Y 型支架置入术。手术历时 90 分钟,成功完成支架置入术。硬质气管镜和普通支气管镜区别于不可随意弯曲,对操作者的熟练程度有非常高的要求;同时对麻醉师也是一种考验,麻醉全过程中患者的气道肌肉必须始终处于松弛的状态。该手术不仅是通过硬质气管镜下操作,而且还穿过第一次放置的覆膜支架通道,再将 Y 型支架稳稳置于隆突部,极大地增加手术的难度。

(曹　磊　刘澄英)

【"FNS"股骨颈骨折治疗新技术】 2021 年 6 月 15 日,江阴市人民医院骨三科医护团队收治因不慎摔倒,伤及右髋部,疼痛难忍无法起身活动的钱某(女,52 岁)。骨三科顾家烨及殷小军团队经影像学检查提示为右股骨颈骨折,结合多年的临床经验,经团队商讨决定,为患者实施新型内固定系统——股骨颈动力交叉钉系统(FNS),医护团队全程应用加速康复外科(ERAS)理念助患者快速康复。17 日,殷小军带领其团队为患者实施该微创手术,耗时 32 分钟,患者全程保持清醒状态,手术切口仅 4 厘米。术后在护理人员的精心护理下,第二天能自行在床上活动,第三天能扶着助行器下床活动,钱某髋关节功能恢复良好,顺利出院。市人民医院骨三科医护团队成功应用 FNS 微创技术治疗股骨颈骨折,充分运用 ERAS 理念促进早期康复,使患者手术损伤更小、内固定可靠、下床活动早、减少并发症、缩短住院及康复时间。该项技术的推广应用,使更多患者获得更早的康复和更好的生活质量。

(顾芸雅)

【开展首例体外血脂分离技术】 2021 年 7 月 27 日,江阴市人民医院血液净化中心成功开展首例体外血脂分离技术。周某(41 岁),体重 100 千克,因慢性肾炎、肾功能不全入住肾内科治疗。周某因不控制饮食,患有高血压、高血脂、脂肪肝。抽血化验时发现,血液静止片刻后本应黄色清亮的血浆上层,变成厚厚的黄白色奶油状物质。实验室数据显示其血液严重脂血,呈高凝状态,不仅易诱发胰腺炎,还极易形成血栓,祸及心脑血管,甚至危及生命。肾内科诊疗团队分析认为,周某慢性肾炎最大问题是其顽固性高血脂状态导致。主任胡宏决定为她实施体外血脂分离技术——双重滤过血浆置换"抽脂"疗法。该疗法为双重滤过血浆置换技术的一种,即把经血浆分离器分离后的血浆,通过血浆成分分离器,将患者血液中低密度脂蛋白为代表的多种危及心脑血管病因子清除后再送回体内,从而达到治疗疾病的目的。该技术是特殊的血脂清除疗法,具有操作便捷、创伤性小、治疗时间短(全程仅需 2 ~ 3 个小时)、效率高等优点。双重血浆置换新技术,在治疗免疫性相关肾脏疾病、神经系统疾病、自身免疫性疾病和风湿性疾病等取得良好的效果,同时也减少传统血浆置换技术所需补充的大量外源性血浆、血液感染和过敏等风险,安全性高,且在一定程度上节省费用,给患者带来福音。

(顾美红)

【推进"优质服务基层行"】 2021 年,江阴市卫生健康委在推进"优质服务基层行"活动中,强化顶层设计,精准分类施策。成立活动组织架构、摸排基层机构现状、制定活动创建目标、强化活动政策支持,根据各镇(街道)基层卫生服务现状,分类推进、精准施策,补全服务体系、人员队伍、资源配置、功能任务、科室设置、管理制度六个方面的短板弱项;建立目标管理、活动培训、专家指导、整改协作、巡查点评、年度考核六项制度,规范推进全市"优质服务基层行"活动。年内,通过"六补六建",全市基层医疗卫生机构"优质服务基层行"活动推进顺利,新增推荐达标 9 个、基本达标 6 个;累计推荐达标比率为 38.5%,基本达标比率为 69.2%。

(孟国忠)

【规范发热门诊建设管理】 2021 年,江阴市卫生健康委在新冠肺炎疫情常态化防控期间,充分考虑全市人口、地域、交通、群众就医习惯和医疗资源现状,采取网格化方式规划布局全市发热门诊区域设置，确保每个片区均设有发热门诊，方便发热患者就近就医。通过加大配套政策和资金支持力度，统筹协调做好辖区内发热门诊改造工作，保障发热门诊建设和设备配置。及时组织专家组对照“江苏省医疗机构发热门诊现场排查表”进行现场指导和验收，确保改造完成的发热门诊符合国家和省规范标准要求。各医疗机构将发热门诊纳入总体建设规划，按照标准规范进行新建或升级改造，年内全市完成9个发热门诊规范化建设，并通过省、无锡市现场验收。发热门诊在传染病监测预警和哨点方面发挥重要作用，全市年内发热门诊接诊有发热和(或)呼吸道症状、无法排除新冠病毒感染患者和苏康码异常人员、重点人群等近2万人次。（邹　玲）

【市睡眠心理中心启动】 2021年10月9日，世界精神卫生日主题活动暨江阴市睡眠心理中心启动仪式在市三院举行，市卫生健康委党委书记、主任谈海平，夏港街道主任徐韶润参加启动仪式。仪式上市三院介绍青少年(儿童)心理健康现状及情绪问题，医护人员及患者演出情景剧《青少年心理危机干预》、诗朗诵《盛世中国》及大合唱《感恩的心》。活动旨在帮助青少年(儿童)掌握心理健康相关知识，提升心理调适能力；帮助家长树立科学的教育理念，帮助孩子正确认识、处理碰到的情绪问题；号召各级政府部门、学校、医疗卫生机构、社区、社会组织等多方力量加强合作，共同创造更有利于青少年(儿童)心理健康的外部环境。市三院睡眠心理中心定位为全市全病种睡眠医学中心，为各类睡眠障碍患者提供包括药物治疗、物理治疗、心理治疗等全方位的“一站式”诊疗服务。睡眠心理中心设有睡眠专科门诊、睡眠监测中心、睡眠专科病房、VIP病房，同时在门诊部建有心理治疗室、睡眠治疗室、物理治疗室、康复活动室等。

【腰背痛诊疗科技合作项目签约】 2021年10月22日，江阴临港医院举行成人腰背痛的诊疗新进展暨医疗科技合作项目签约仪式，该院与重玄医疗科技签订科研项目合作协议，双方依托教育部脊柱脊髓损伤再生修复重点实验室(同济大学)、上海交通大学数字医学教育部工程研究中心，围绕脊柱疾病的人工智能辅助诊疗等方面开展科研与技术合作，提升骨科综合实力，从而更好地为辖区及周边地区群众提供优质诊疗服务。（潘　燕）

中医药工作

【概况】 2021年，江阴市卫生健康委中医药工作全面贯彻落实中共中央国务院《关于促进中医药传承创新发展的意见》、国务院办公厅《关于加快中医药特色发展若干政策措施》和省委、省政府《关于促进中医药传承创新发展的实施意见》，贯彻实施《中华人民共和国中医药法》《江苏省中医药条例》，健全中医药服务体系建设，优化中医药人才培养机制，持续提升中医药服务能力，促进中医药文化惠民，传承精华，守正创新，推动中医药强市建设。加强中医医院内涵建设，推进市中医院异地新建工程，组织专家开展中医肝胆医院等级评审工作，规范中医医院绩效考核管理。推进中医师承教育，完善并公布《江阴市名老中医专家学术经验和技术专长继承工作实施方案》(修订版)，成功创建陈正平江苏省名老中医药专家传承工作室，建设第二期13个江阴市名老中医传承工作室，举办名老中医传承工作室学术论坛7期，黄煌经方大讲堂1期；制定印发《2021年江阴市中医药进万家工程实施方案》，以市中医院和市人民医院为龙头引领，项目化推进4个基层中医特色专科和7个基层名老中医传承工作站建设，提升基层中医药服务能力，加大中医药惠民力度。统筹推进全市中医药适宜技术的推广应用，各项目依托单位通过开展继教班、送技术下乡等各种方式完善培训推广和日常指导工作，确保参训人员熟练掌握和运用技术；以中医馆服务能力等级建设评价为抓手，推进中医馆建设完善功能和提质增效，建设三星级中医馆10个、四星级中医馆3个，推荐五星级中医馆4个。多措并举推进中医药健康文化建设行动，通过举办市中医药文化节、经方惠民大讲堂、“抗疫有岐黄、传承自少年”“杏林传承、本草飘香”中医药进校园、名医进企等活动，持续推进中医药“六进”(进社区、进农村、进校园、进家庭、进机关、进企业)活动。成立市龙砂医学传承研究院、设立曹颖甫医馆便民服务点；成立江阴市中医惠侨联盟，设立江阴市中医惠侨基地。发挥中医疫病防治特色，确保中医药全程参与疫情防控。市中医院皮肤科、妇科、中西医结合肿瘤科、肝病科通过2021年度江苏省级中医重点专科复核，省级中医药科技项目入围2项，无锡市中医药科技项目入围4项，中医药科研项目建设内涵得到不断提升。

【市中医院成为国家、省两个分中心】 2021年11月20日，江阴市中医院挂牌成为科技部重点研发计划中医药现代化研究江阴分中心、江苏省中医高血压病临床医学创新中心江阴分中心(筹)。两个中心的挂牌，对于提升市中医院的临床科研综合实力，提高中医院心血管科的专科和学科建设水平，推动高血压病的中医药诊治能力提升，具有十分重要的意义。同时，市中医院以挂牌为契机，充分利用江苏省中医院的有利资源，珍惜机遇，虚心求教，苦练内功，把医院的科研能力和高血压防治水平提高到一个新的层次，让相应的科研成果惠及更多群众。同日，2021年中华中医药学会基层高血压防治专家指导委员会学术年会暨《国家基层高血压防治管理指南(2020)》培训班在市中医院设立分会场。会上，专家紧扣“规范基层血压管理、优化中医诊疗策略”的主题，全面对《国家基层高血压防治管理指南(2020)》解读，讲授社区高血压防治的难点和对策、非药物方法干预高血压的研究进展、高血压相关肾损害中医诊疗策略等课题。

【市中医院蝉联全国县级中医医院第二名】 2021年4月16—17日，艾力彼医院管理研究中心举办的2021中国医院竞争力大会在福建省厦门市召开，大会发布2020届中国医院竞争力排行榜，江阴市中医院蝉联全国县级中医医院第二名，位列全国县级医院百强排行榜46位，市中医院儿科荣获2020年中国中医医院最佳专科优秀区县临床专科。艾力彼医院管理研究中心一年一度发布的医院竞争力排行，被视为中国医疗事业发展的权威与风向标。它是从医院综合实力、医疗技术水平、学术学科发展、品牌影响力、医疗服务能力等各方面，在全国中医院进行综合性竞争排名，其排行榜的科学性、公正性、权威性得到卫生健康行业主管部门以及国内各级医疗机构的一致肯定。

【首批胸痛救治单元】 2021年3月2日，国家胸痛中心总部委托无锡市胸痛专科联盟，对江阴市中医院医疗集团帮扶建设的市中医肝胆医院、青阳医院两个医院，进行胸痛救治单元现场核查并通过，授予两医院“胸痛救治单元”称号，成为无锡地区的首批胸痛救治单元。随着江阴市医联体建设步伐的加速，市中医院医疗集团将继续推进胸痛救治单元建设，搭建形成“基层首诊、双向转诊、急慢分治、上下联动”的医联体分级诊疗框架，完善区域协同救治体系，不断提升胸痛患者的救治能力。

【中医药助力疫情防控】 2021年，江阴市响应江苏省、无锡市关于进一步加强集中隔离点中医药应用组织保障工作的要求，及时制定江阴市《关于进一步加强集中隔离点中医药应用组织保障工作的通知》，明确全市中医药保障单位、市中医医疗保障组成员及各隔离点责任中医师。8月16日举办江阴市中医药参与新冠肺炎疫情防控培训会议，通过腾讯视频会议形式，对《新型冠状病毒感染的肺炎疫病中医药预防方案》、集中隔离点中药工作及全市集中隔离点中医药配送安全生产相关工作等进行详细的解读与培训，保障隔离点中医药应用工作顺利开展，确保中医药全程参与疫情防控。至年末，为全市各集中隔离点提供中药预防药方10706份，发放防疫香囊4324个。

【中医药文化节】 2021年10月30日，江阴市卫生健康委、中医药学会、融媒体中心和中医院医疗集团联合在八字桥公园开展“健康你我他、中医惠万家”——江阴市中医药文化节系列活动。江苏省卫生健康委副主任、省中医药管理局局长朱岷，国医大师禤国维，江阴市委常委、副市长杨晓妮，江苏省卫生健康委、无锡市卫生健康委、无锡市中医医院、无锡市龙砂研究院、江阴市卫生健康委和市中医院医疗集团等领导，以及市中医院医疗集团各成员单位200余名医护人员参加活动。开幕式上，播放《杏林润暨阳》中医药文化宣传片，市中医院医疗集团中西医技能训练中心、曹颖甫医馆、市“龙砂医学”传承研究院和国医大师禤国维江阴工作室分别揭牌。

【中医药进万家工程】 2021年，江阴市卫生健康委制定并下发《2021年江阴市中医药进万家工程实施方案》，具体包含基层中医特色专科、名中医工作室基层工作站建设及星级中医馆、中医药宣传能手评审、龙砂医学流派科研创新等项目，以促进区域内中医药技术水平及诊疗服务能力的整体提升。全市依托市人民医院、中医院两大医疗集团，提升18个中心中医馆的中医药服务能力；建设4个基层中医特色专科与7个基层名中医工作室。年内，举办中医药健康咨询义诊33场次，科普讲座40场次，中医药特色体验活动15场；为65岁及以上老年人提供中医药特色治未病服务16.74万人次；家庭医生签约中医药健康服务受益1.2万人次。

【中医药适宜技术推广】 2021年，江阴市依托市中医院、市人民医院两大医疗集团，统筹推进全市中医药适宜技术的推广应用。各项目依托单位于年初上报项目推广方案，通过开展继教班、送技术下乡等各种方式完善培训推广和日常指导工作，确保参训人员熟练掌握和运用技术。在全市推广“开天门联合耳穴埋籽治疗失眠”“中医定向透药疗法治疗妇女痛经”等中医适宜技术，培训407人，受益人数3485人；中医定向透药疗法、穴位贴敷治疗、中药涂擦治疗、拔罐治疗、普通针刺、耳针、穴位注射、灸法、微针针刺、督灸等中医适宜技术项目均超1000人以上(非服务人次)。全市18个社区卫生服务中心(乡镇卫生院)均能够开展6类以上中医非药物疗法，全市各社区卫生服务站和村卫生室均能够提供中医药服务。

【“黄煌经方”大讲堂】 2021年5月20日，江阴市卫生健康委员会、总工会主办，市文化馆、中医药学会、中医院医疗集团承办的经方惠民——“黄煌经方”大讲堂在市文化馆开讲。市卫生健康委、市总工会、市中医院医疗集团相关领导及全市中医经方爱好者200人参加活动。南京中医药大学教授黄煌以“从远古走来的经方”为题，讲述经方的由来与历史沿革，引经方实例为证，展历代经方名家风采，对经方的特征、应用理念等做精辟分析，还鼓励医务人员认真研读仲景学说，学其精髓，不忘初心，传承创新。他还为中医爱好者们介绍“茶杯中的经方”“厨房里的经方”“药柜里的经方”等常用方，让市民在家即可使用经方防病治病。

【曹颖甫故居中医便民服务点开诊】 2021年9月6日，江阴市中医院医疗集团本着中医便民、中医惠民的宗旨，以曹颖甫故居为基地，开设中医便民服务点，以传承精华、守正创新，发挥中医药流派传承优势，宣传推广“龙砂医学”特色和“澄江针灸学派”品牌成果。故居服务点定期邀请市名中医、非物质文化遗产代表性传承人、青年中医、基层名中医入驻。市民只需带好市民卡前往曹颖甫故居服务点，无须挂号即可进行健康咨询、中医调理、专科特色咨询等。服务点每个月公布专家坐诊时间表，市民可以按需就诊，根据医生开具的处方，患者可自行前往医院、药房等处配药。市中医院集团聚集优势中医资源，将服务点打造成江阴老百姓认可的名中医平台，充分发挥中医药“治未病”的传统优势，开展对神经系统、消化系统、呼吸系统相关慢性病的养生调理，为老百姓提供更优质、便捷、高效的中医药特色服务。

【中医药文化进校园】 2021年9月13日，江阴市卫生健康委、市教育局在北大街小学联合开展以“抗疫有岐黄，传承自少年”为主题的中医药文化进校园活动。活动特邀“龙砂流派”传承人、安徽中医药学院教授顾植山为学生授课。北大街小学有着深厚的国医启蒙基础。活动首先组织参观学校百草园、君永百药园、历代中医名人榜,观看学校展出的中医药文化优秀作品,并听取学校关于“国医启蒙,益智修能”的工作汇报。顾植山为学生授课,介绍中医药文化的核心概念。授课现场还以腾讯视频的形式进行直播。

【市中医惠侨联盟启动】 2021 年 11 月 10 日,江阴市中医惠侨联盟启动暨江阴市中医惠侨基地揭牌仪式在“龙砂医学”传承研究院举行。无锡市委统战部常务副部长、侨办主任金卓青,江阴市委常委、统战部部长、组织部部长宋新春,市委统战部常务副部长周琛,市卫生健康委员会党委书记、主任谈海平等出席活动,市归侨侨眷、留学生代表参加活动。江阴市中医惠侨联盟由市委统战部、市卫生健康委、市人民医院医疗集团、市中医院医疗集团、天江药业有限公司 5 个单位联合成立。借助联盟活动的品牌化运作、项目化实施、精细化管理,丰富“中医惠侨”活动内涵,推进中医药“走出去”,进一步提升江阴地方医学的文化影响力。市委统战部集结海内外侨胞、留学人员及对华友好力量,积极搭建海内外中医药健康养生文化交流平台,旨在通过江阴市中医惠侨基地传播中医药文化,拓宽江阴中医药发展的国际交流新路径。仪式上,金卓青与宋新春共同为江阴市中医惠侨基地揭牌,无锡市委统战部侨务事务处处长胡峥嵘、江阴市侨联副主席苏曦泓为归侨侨眷代表发放养生防疫礼包。

2021 年 9 月 13 日,“抗疫有岐黄,传承自少年”中医药文化进校园活动。图为安徽中医药学院教授顾植山在北大街小学授课现场 (杨 荣 摄)

【中医外治消化系统肿瘤学习班】 2021 年 12 月 11—12 日,江苏省中医药学会主办,江阴市中医药学会和市中医肝胆医院联合承办的中医外治治疗消化系统肿瘤新进展学习班举行。该培训班旨在使医务人员进一步了解、掌握消化系统常见恶性肿瘤的规范化诊治,尤其是中医外治、中西结合、微创治疗技术等,拓宽中医外治疗法在肿瘤诊疗的新思路,提高和明确中医外治疗法在肿瘤诊疗的地位和优势。来自省、市 30 余个医疗单位,计 160 余人通过线上、线下两种方式参加培训。

(许晓华)

■类目编辑 赵修平

体　育

综　述

【概况】　2021 年,江阴市体育工作始终坚持“以人民为中心”的发展理念,以创新求突破,全面落实全民健身战略,着力提升竞技体育实力,积极推进体育产业发展,努力开创新时代全市体育事业发展新局面。年内,新建、更新室外公共体育设施 175 套(副),新增体育公园 2 个、健身步道 16 千米,青阳镇凝秀湖公园、南闸街道丁果湖山水湿地公园获评江苏省最美乡村体育公园,申港街道春申公园入选无锡市十佳健身公园。举办各类群体赛事活动 856 场次,受益群众超 25 万人次。市文体广电和旅游局、棋类协会获评 2017—2020 年度全国群众体育先进单位,李克雨获评 2017—2020 年度全国群众体育先进个人。举办市第八届全民运动会,完成青少年部、成人部 6 组 25 大项 53 项次竞赛。承办中国足球超级联赛第一阶段和第二阶段 30 场次比赛、全国象棋女子甲级联赛预选赛和第一阶段比赛、“中国杯”信鸽联赛(江阴站),长三角龙舟邀请赛等 13 项次省级及以上体育赛事。全年组队参加省级以上体育竞赛 25 项次,在第十四届全运会上勇夺 3 金 2 银 1 铜。海澜国际马术俱乐部选手助力中国国家马术队首次获奥运会三项赛参赛资格并获团体第九名,为亚洲最佳名次。江阴市运动员获“省长杯”男、女足冠军、省 U15—16 组足球锦标赛女子冠军等省级及以上金牌 53 枚。推进“人人学会游泳”惠民工程,全年培训学生 3044 人。“体育 + 旅游”模式获上级肯定,承办省体育产业大会暨体育旅游融合发展论坛,完成体旅产业联合会更名换届,江阴市被确定为首批省级体育消费城市试点单位。海澜飞马水城获评 2021 年国家体育旅游示范基地、2021 中国体育旅游精品项目。体彩全年完成销售 8 亿元,销售总量位列全省县(市、区)第一,募集体彩公益金 5482 万元。

【省体育产业大会在江阴市举行】2021 年 5 月 24 日,2021 年江苏体育产业大会暨体育旅游融合发展论坛在江阴市举办。国家体育总局、江苏省体育局、省文化和旅游厅、省内各市县(市、区)体育部门、体育产业载体、企业以及高校智库等近 700 人参会。大会以“办实事、促融合、走前列”为主题,对江苏省体育局服务体育企业“十个一”行动实施情况进行了集中展示。会上,省体育局、省文化和旅游厅联合发布《江苏省深化体旅融合发展行动计划》及一批重点工作任务清单,发布了 74 个体育产业政企沟通联系点名单、省体育产业发展专项资金直报平台政策、省体育系统 2021 年度政府采购清单以及建设银行江苏体育企业金融服务政策,为江苏新获评的 3 个国家体育产业基地授牌。江苏海澜集团分享了体旅融合创新发展经验。会上还举行第十六届中国徐霞客国际旅游节开幕式,启动“重走霞客路”线上行走大赛。

【两公园获评省最美乡村体育公园】2021 年 12 月 7 日,“魅力江苏 最美体育”2021 江苏省最美跑步线路、最美乡村健身公园(广场)颁奖仪式暨江苏省第二届网络全民健身运动会闭幕式在江苏大剧院举行。活动现场揭晓 2021 年全省 24 条最美跑步线路、5 条网络人气跑步线路和 35 个最美乡村健身公园(广场)。江阴凝秀湖公园、丁果湖山水湿地公园入选最美乡村健身公园(广场)。凝秀湖公园位于青阳镇府前路,于 2009 年建成启用,占地面积超 24 公顷。公园以水为轴心,以绿地景观为背景,既有自然的韵味,又有文化的熏染。公园正大门设有莲花广场,公园内设有人文、演艺、亲水和运动四个广场。公园东侧建有体育馆、室外篮球场,西侧设有多种运动器材。丁果湖山水湿地公园位于南闸街道泗河村,于 2017 年建设落成,占地面积 33.33 公顷,是一座集山水林田湖为一体的公园。公园以丁果湖和凤凰山为主要景点,分为滨湖游园区、湿地保护区、山林徒步区三个功能区。公园湖水面积 8.5 公顷,湿地栈道区面积 6.72 公顷,山林徒步区面积 10 公顷。该公园集健身、文化、生态、历史于一体,设有户外乒乓球桌、石锁场、百姓舞台、自行车道、健身步道、健身路径及丁果湖文化广场。

群众体育

【概况】　2021 年,江阴市体育工作全面贯彻落实全民健身国家战略,着力构建便民惠民利民的群众体育服务体系,推动群众体育工作蓬勃发展。年内,提档升级“10 分钟体育健身圈”,新增体育公园2个,健身步道16千米,配送设置健身路径130套、篮球架41副、乒乓球台40张,建成无锡地区首个长者运动健康之家。充实体育社团及服务网络建设,拥有市级单项体育协会58个,市级体育健身俱乐部62个,市太极拳协会获评5A级社会组织。开展全民健身系列大课堂,全市社会体育指导员总数6408人,实现每万人拥有社会体育指导员36人;完成3000人国民体质测试任务。全年举办各类群体赛事活动856场次,受益群众超25万人次;全市大型体育场馆全面落实免费或低收费开放政策,年接待健身市民超120万人次。市文体广电和旅游局、市棋类协会荣获2017—2020年度全国群众体育先进单位,李克雨获评2017—2020年度全国群众体育先进个人。

【江苏省第二届传统武术大赛】 2021年5月22—23日,江苏省第二届传统武术大赛暨海澜飞马水城首届武术文化节在江阴市海澜飞马水城举办。该比赛由省体育局武术运动管理中心、省武术运动协会、无锡市体育局主办,江阴市文体广电和旅游局、新桥镇政府、无锡市武术协会、海澜飞马水城承办,来自江苏省13个设区市武术协会、武术之乡以及其他社会组织的19支代表队300名运动员、300名教练员参加比赛活动。市领导包鸣、程政、张韶峰、顾文瑜参加开幕式。大赛分个人、集体两大项目。参赛运动员经过激烈的角逐,315人获个人一等奖,5个单位获集体一等奖,6个单位获集体前六名,8个单位获武德风尚奖。

【省百万人广场健身舞江阴分会场活动】 2021年10月16日,“颂歌献给党 永远跟党走 幸福舞起来”江苏省百万人广场健身舞江阴分会场活动在江阴体育中心举行。该活动由省体育局、文明办、妇女联合会、体育总会、广播电视总台、体育产业集团有限公司联合主办。江阴市作为活动的分会场之一,近千名广场舞爱好者参加体育中心“体育让生活更美好”主题活动,以此开展“永远跟党走”群众性主题宣传教育活动,促进全民健身运动的深入开展,推动全民健康事业更进一步。

【首个长者运动健康之家投运】 2021年10月23日,江阴市首个,也是无锡地区首个长者运动健康之家投运仪式,在江阴体育中心全民健身馆举行。市人大常委会主任、市老年体协会长孙小虎,副市长许晨出席活动。长者运动健康之家主要面向全市年满50周岁及以上的女性及年满60周岁及以上的男性市民,开设健康检测、器械运动、综合干预、团体课程、知识讲座和文娱社交等服务项目,是江阴市建立体育和卫生健康、民政等部门协同,带动全社会共同参与运动促进健康模式的积极探索。

【第二届广场舞网络比赛】 2021年12月19日,江阴市第二届广场舞网络比赛落幕,该大赛由市文体广电和旅游局、市体育总会主办,全市17个镇(街道)近100支广场舞团队参加,考虑到疫情防控等因素,决出15支队伍参加最终线上评比。经过专业评选,祝塘镇芳草地舞蹈队获技术分评比特等奖,澄江街道芙蓉花艺术团获一等奖,月城镇沿山村快乐舞蹈队、江阴小红花艺术团获二等奖,云亭街道定山姐妹队、江阴夕阳之约艺术团、祝塘镇花样年华队获三等奖。江阴夕阳之约艺术团、江阴小红花艺术团获最佳人气奖,澄江街道芙蓉木兰队、华士镇文化中心特色舞蹈队、南闸街道紫金舞蹈队获最美舞者奖。

【第五届全澄欢乐跑】 为落实全民健身国家战略,推进“健康江阴”建设,2020年11月8日,江阴市第五届“全澄欢乐跑”走进江阴高新区,首跑6.8千米长跑活动在江苏省南菁高级中学操场鸣枪开跑。至2021年10月,全市各镇(街道)均按计划开展此项活动,市第五届全澄欢乐跑活动完美收官。活动期间,各镇(街道)一手抓疫情防控,一手抓推进全民健身,以科学的方法、严密的措施组织该项活动,全市人民争先参与,充分展示了江阴市民良好的精神风貌。

2021年5月22—23日,江苏省第二届传统武术大赛暨海澜飞马水城首届武术文化节在江阴市海澜飞马水城举办 (市文体广电和旅游局提供)

竞技体育

【概况】 2021年,江阴市竞技体育工作坚持强优固本,充分发挥自身优势,呈现出稳步提升的良好态势。年内,成功举办市第八届全民运动会,完成2部6组25大项53项次竞赛。先后承办中国足球超级联赛第一阶段和第二阶段30场次比赛、全国象棋女子甲级联赛预选赛和第一阶段比赛、“中国杯”信鸽联赛(江阴站)、长三角龙舟邀请赛等13项次省级及以上体育赛事。全年组队参加省级以上体育竞赛25项次,在第十四届全运会上勇夺3金2银1铜,海澜马术队首进东京奥运会获团体第九和亚洲最佳名次,江阴运动员获“省长杯”男、女足球冠军、省U15—16组足球锦标赛女子冠军等省级及以上金牌53枚。深入推进体教融合,组织开展体育传统特色项目学校评定,促成无锡市队校办皮划艇队入户江阴市月城镇,完成江阴羽毛球队市队协会办建设。“人人学会游泳”惠民工程全年培训学生3044人。

【3支队伍获“省长杯”冠军】 2021年5月12日,2021“省长杯”卡尔美江苏省青少年校园足球联赛暨全国青少年校园足球夏令营选拔赛在常州工学院正式开赛。省教育厅、体育局主办,为省内校园足球最高水平联赛,该届“省长杯”赛事体系全面升级,举行包括高中男、女组,初中男、女组,小学男、女甲组以及小学男、女乙组在内,计20个组别的分区赛及总决赛,来自全省的200余支代表队、超过4000名校园足球运动员参赛。6月3日,江阴二中女足获高中女子组冠军。6月5—12日,江阴市第一初级中学男足以全胜战绩获初中男子组冠军,朱乐获评最佳球员,赵宇锐获评最佳射手,陈广海获评最佳教练。6月26日,江阴一中获得高中组男子冠军,蒋浩军获金球奖,刘浩伟获最佳球员,周梁获评最佳教练。

【全国象棋业余棋王赛江苏赛区总决赛】 2021年12月4日,“泰州海陵杯”2021第六届全国象棋业余棋王赛——“乐在棋中”江苏赛区总决赛在江阴市拉开序幕。该比赛由中国象棋协会、江苏省体育总会指导,由江苏棋院、省棋类运动协会主办,江阴市文体广电和旅游局承办,市体育事业发展服务中心、市棋类协会、江阴棋院共同协办。“乐在棋中”江苏省业余棋王赛是一项全民健身系列赛事,连续两年在江阴市举办。该比赛历时近9个月,在全省13个设区市举办分级比赛,产生各级棋王492位,赛事组织深入基层街道、乡镇、社区、学校等。经过县(区)、市层层选拔,最终全省13个设区市的180余名民间“棋王”在江阴市参加全省总决赛。比赛覆盖各类人群、各年龄段,参赛组别包括老年组、公开组、少年组、儿童组、会长组5个大项、8个小项,决出省级棋王8名,代表江苏省参加“泰州海陵杯”2021第六届全国象棋业余棋王赛。

【省青少年游泳锦标赛暨县组游泳赛】 2021年6月28—29日,“洲克·泳者之星”2021年“中国体育彩票”江苏省青少年游泳锦标赛暨县组游泳比赛在江阴市体育中心游泳馆举行,江苏省体育局、省教育厅、省文明办、共青团江苏省委、省妇女联合会、省发展体育基金会联合主办。此为江苏省首次设立县组游泳比赛,历时2天,男女各计10项项目,来自省内22个县(市、区)代表队109名小运动员在自由泳、蛙泳、蝶泳、仰泳等比赛项目中展开角逐。最终,常熟市代表队以总分154分获第一名,宜兴市代表队以总分123分获第二名,江阴市代表队以总分105分获第三名。武进区代表队、张家港市代表队、昆山市代表队、新沂市代表队、吴江区代表队位列第四至第八名。

【省青少年马术锦标赛】 2021年7月2—4日,江苏省青少年马术锦标赛在江苏省马术队集训基地——江阴海澜飞马水城举行。在为期3天的比赛中,来自南京、苏州、无锡、泰州、常州、南通和徐州7个城市超100匹赛马、300余对组合参加场地障碍、盛装舞步和三项赛3个大项、多个级别的比赛争夺。该次为三项赛首次在全国各省(市)青少年马术锦标赛中进行设项。

【省滑翔伞俱乐部联赛】 2021年10月17日,“南闸杯”2021年江苏省滑翔伞俱乐部联赛,在国家级航空飞行营地——江阴花山滑翔伞基地拉开帷幕。原中国航空运动协会副主席、江苏省航空运动协会会长孙文德,江阴市副市长许晨出席开幕式,省体育局、省体育总会、无锡市体育局、江阴市文体广电和旅游局、南闸街道等相关领导参加活动。此次比赛项目为定点着陆,设3个竞赛组别,来自省内6个航空俱乐部及全省各地40余名滑翔伞运动员和爱好者参加角逐。江阴市连续4年举办该项赛事,以响应“魅力江苏 最美体育”系列全省业余俱乐部联赛工作。

【市第八届全民运动会】 2021年10月25日,江阴市第八届全民运动会在体育中心隆重开幕。无锡市委常委、江阴市委书记许峰宣布市八运会开幕,市长包鸣致开幕词,孙小虎、徐冬青等市领导和部分老领导出席开幕式,东京奥运会、第十四届全运会江阴市获奖代表,群众体育先进代表,以及入场式方队观摩代表等一起观看文体展示。市全民运动会是江阴最高规格的综合性体育活动,比赛分青少年部和成人部两个类目6组,设25个大项目、53个项次竞赛。运动会历时8个月。12月13日,举行闭幕式暨群众体育先进颁奖大会,会上颁发群众体育先进个人奖、优秀社会指导员奖、先进集体奖、优秀健身团队奖以及市第八届全民运动会优秀组织奖、各部(组)团体总分第一名奖、各部(组)金牌总数第一名奖、体育道德风尚奖、开幕式十佳方队奖、开幕式优秀表演奖等。

2021年江阴市承办省级及以上比赛一览表

表46

<table>
<tr><th>项目</th><th>时间</th><th>参赛队(个)</th><th>人数(人)</th><th>地点</th></tr>
<tr><td>中国足球超级联赛</td><td>2021年4月至2022年1月</td><td>8</td><td>500</td><td>江阴体育中心主体育场</td></tr>
<tr><td>中国女子象棋甲级联赛预选赛</td><td>5月25—30日</td><td>12</td><td>100</td><td rowspan="2">江阴市鸿昇苑酒店</td></tr>
<tr><td>中国女子象棋甲级联赛</td><td>6月1—5日</td><td>12</td><td>100</td></tr>
<tr><td>“鹏萌”长三角马术联赛飞马水城分站赛</td><td>7月6—8日</td><td>26</td><td>400</td><td rowspan="3">江阴市新桥镇海澜飞马水城</td></tr>
<tr><td>江苏省青少年马术锦标赛</td><td>7月2—4日</td><td>7</td><td>150</td></tr>
<tr><td>江苏省第二届传统武术大赛</td><td>5月22—23日</td><td>19</td><td>300</td></tr>
</table>

续表46

项目	时间	参赛队(个)	人数(人)	地点
长三角龙舟邀请赛	6月14日	16	350	江阴市月城镇
江苏省青少年游泳锦标赛暨县组游泳比赛	6月28—29日	22	109	江阴体育中心游泳馆
江苏省象棋乡镇比赛	7月17—18日	40	100	江阴市南闸街道泗河丁果湖
江苏省滑翔伞俱乐部联赛	10月17日	6	44	江阴市花山滑翔伞基地
江苏省国际跳棋锦标赛	10月23—24日	22	350	江阴市新爵国际酒店
第六届全国象棋业余棋王赛江苏赛区总决赛	11月5—7日	13	180	
江苏省“小太阳”杯棋类比赛	12月	36	600	

2021年江阴市参加国家级及以上比赛成绩一览表

表47

运动员	赛事名称	时间	地点	项目组别	名次
许紫春	全国女子拳击锦标赛	4月3—7日	重庆	女子拳击	一
陈　佳	全国女子垒球锦标赛	4月	四川攀枝花	女子垒球	一
	全国女子垒球冠军赛	6月	贵州兴义		
	第十四届全运会垒球比赛	9月	陕西西安		
程　鸣	全国象棋团体锦标赛	6月8—13日	山东青岛	团体	六
徐　超					
孙逸阳					
李青昱					
周艳兵	全国田径锦标赛	6月24—28日	重庆	女子400米	三
				女子4×100米接力	二
陆伟一	第十四届全国学生运动会	7月14—17日	山东青岛	男子组100米	一
朱崇韬				男子4×400米	
				男子4×100米接力	二
				男子200米	七
黄　娜				女子200米	五
				女子400米	四
				女子4×100米接力	一
言缵昭	第十四届全运会象棋比赛	7月25日	安徽合肥	业余团体组	七
姚神彧					
项阳红					
马艳玲	全国u16组柔道锦标赛	8月4—6日	河南商丘	女子柔道	三
郝　运	第十四届全运会游泳比赛	9月25—27日	陕西西安	男子100米蝶泳	五
				男子4×200米自由泳接力	
				男子4×200米混合泳接力	六
				男子4×100米混合泳接力	
				男子4×100米自由泳接力	八
孔祥辰				男子4×200米混合泳接力	六

续表47

运动员	赛事名称	时间	地点	项目组别	名次
汪　丽	第十四届全运会田径比赛	9月	陕西西安	女子100米栏	六
周艳兵				女子4×100米接力	二
				女子4×400米接力	五
陆伟一				男子4×100米接力	二
				男子4×200米接力	四
许紫春	第十四届全运会	9月8—16日	陕西榆林	女子拳击	三
包英凤		9月	陕西西安	马术三项赛个人	一
孙华东				马术三项赛团体	六
胡日查					
卢俊宏				马术三项赛个人	
李裕昂				盛装舞步	
吴　丹		9月19—27日	浙江绍兴	群众组女子足球	一
姚　芳					
薛芯兰					
张　丹					
曹　红					
居梦佳					
巫婷婷					
吴　薇					
唐梦洁					
袁婷婷					
朱笑影					
顾亚华					
李心怡					
肖倩倩					
缪安妮					
王婧闻					
李　帆					
徐　卓					
谭赵羽					
王　祎					
徐　烨	第二届全国“智圣杯”智力运动国际跳棋比赛	10月16日	浙江杭州	公开组	一
张羽琳					三
曾子辰					五
李　丹	全国少年垒球锦标赛	10月21—27日	江苏仪征	女子组	二
程　鸣	全国象棋快棋锦标赛	10月17日	安徽亳州	个人	二
	世界象棋网络棋王赛	12月9—12日	线上		二

体育产业

【概况】 2021年，江阴市坚持突出重点，统筹兼顾，稳步推进江阴体育产业高质量发展。年内承办省体育产业大会暨体育旅游融合发展论坛，完成体旅产业联合会更名换届。江阴市"体育+旅游"模式获上级肯定，被首批确定为省级体育消费城市试点单位。"体育+旅游"叠加效应不断放大，海澜飞马水城获评2021年国家体育旅游示范基地、2021中国体育旅游精品项目。全年完成体彩销售8亿元，募集体彩公益金5482万元，销售总量位列全省县（市、区）第一。江阴体育中心全年完成营业收入4200万余元，累计接待观众及各类健身休闲市民超85万人次。

【海澜飞马水城获评国家体旅示范基地】 2021年，国家体育总局办公厅、文化和旅游部办公厅发布国家体育旅游示范基地的公告，包括北京奥林匹克公园在内的47个单位在列，江阴海澜飞马水城成功入选。海澜飞马水城位于新桥镇区南部，占地66.66公顷，由江苏海澜集团投资30亿元打造，是集训练、表演、赛事、马文化展示为一体的体育旅游综合体，曾荣获"长三角地区最佳旅游目的地""中国最具特色马文化主题旅游景区"等称号，被国家体育总局评选为"中国体育旅游十佳精品景区""中国体育旅游精品项目"，年接待游客量超300万人次。

【市体旅产业联合会第二届会员代表大会】 2021年7月30日，江阴市体育和旅游产业联合会第二届会员代表大会在江阴国家软件园召开。江阴市副市长许晨、无锡旅游协会会长王洁平出席会议。会上，原体育产业联合会升级成立市体育和旅游产业联合会，审议通过《江阴市体育和旅游产业联合会》章程，选举产生市体育和旅游产业联合会第二届理事会成员和监事。市体旅产业联合会与多个单位开展深入合作，搭建多渠道市场营销和信息化采集平台，促进全市体旅产业提速增效。

【江阴体育中心营运】 2021年，江阴体育中心充分发挥全民健身主阵地功能与作用，江阴暨阳体育产业发展有限公司以场馆日常运营管理为抓手，以经济效益和社会效益双丰收为目标，紧扣体育惠民、产业发展、队伍建设三大方向，全力做好各项基础保障工作。年内先后承办中国足球超级联赛、全国象棋女子甲级联赛预选赛、江苏省青少年游泳锦标赛暨县组游泳比赛等省级以上大型赛事3项26场次。组织举办游泳、乒乓球、羽毛球、篮球、足球、网球、老年节体育健身展演等全市性群众体育赛事19项188场次；承办江阴市第八届全民运动会开幕式及16项71场次竞赛；举办、协办青年志愿者游泳救生技能、游泳救生员及教练员国家职业资格、江阴市队羽毛球、太极拳等公益性培训4项399场次；组织消防应急救援培训、演练20次；组织33人次参加疫情防控志愿服务。中心党支部开展结对扶贫及志愿服务活动4次。全年获市级及以上配套免费或低收费开放场馆专项补助资金计530万元，省级以上赛事活动补贴资金314.4万元；出资120万元建成投运无锡市首个长者运动健康之家；投入经费约50万元完成室外篮球场地胶改造、体育场外围防护木修复、全民健身馆乒乓球场地改造等3项"微幸福"民生工程；斥资600余万元先后用于体育场草坪及内环道路面翻新、照明路灯及污水管道维修、游泳馆自动投药设备及部分更衣柜更换、室外网球场遮雨顶棚安装等改善运营环境和维护安全开放的工程项目。全年完成营业收入4200万余元，实现利润总额约780万元；累计培训各类体育学员3691人，累计接待观众及各类健身休闲市民超过85万人次。被无锡市全民健身工作指导委员会评为2017—2020年度无锡市群众体育先进集体。 （唐　燕）

■类目编辑　赵修平

人口管理

【概况】 2021年，江阴市公安局持续深化“放管服”改革，与市行政审批局、卫健委等部门密切配合，以不见面审批为目标，以最多跑一次为原则，通过部门联动、整合事项、流程再造、信息共享，积极完成公民出生、结婚、离婚、就业、死亡等10个个人生命周期“一件事”便民服务新模式，确保群众一次集成办理，推动政务服务提质增效。落实长三角一体化户籍改革制度，实现长三角区域跨省户口和省内户口“一站式”迁移及户籍类证明出具“线上办理”。至年末，全市户籍人口1269587人，总户数397404户，其中男性625283人、女性644304人；外来暂住人口912736人，其中务工681521人、建筑37691人、投资经商25059人、服务业18543人、其他人员149922人。

【户籍管理】 2021年，江阴市公安局聚焦民情民意，切实优化公安便民利民举措。打造“一件事”改革，与市行政审批局、卫健委、民政局等部门密切配合，细化部门责任，简化申请，再造审批流程，通过数据联动，强化部门互联互通，推动“一件事”改革落地。年内，出生“一件事”、结婚离婚“一件事”、退役军人“一件事”、就业和人才引进“一件事”事项均正式上线，收到申请1293件，成功受理1209件，办结1209件。落实“长三角”一体化，依托公安部人口信息系统，整合江苏、浙江、安徽和上海三省一市公安机关人口数据资源，进一步简化手续，消除堵点，方便群众，先后实现长三角区域跨省户口和省内户口“一站式”迁移及户籍类证明出具“线上办理”，办理户口网上迁移2131件，出具长三角户籍证明48份，做到让数据多跑路、群众少跑腿。提升群众满意度，全面推行预约办理、限时办结、延时办结、临时身份证当场办理、开辟绿色通道急事特办等服务承诺，明确全市各户籍窗口周一至周六正常办理各项业务，周日受理群众急办和预约事项，满足广大上班族和特殊人群对户籍业务的服务需求。年内，通过预约办理户口1213本，办理临时身份证12958张，通过绿色通道办理身份证452张，上门办理身份证85张。启动派出所综合窗口建设，在派出所户籍窗口户政业务办理的基础上，增加综合受理治安、车驾管、出入境等业务内容，把户政、车驾管、交通违法、出入境等36大项170小项高频服务事项下放至派出所，方便群众“就近办、一次办”，实现一窗办理。年内，要塞派出所、祝塘派出所、申港派出所、徐霞客派出所、三房巷派出所、新桥派出所、华士派出所、月城派出所8个试点派出所的综合窗口全部投入运行。（朱　斌　胡　娟）

居民收入与消费

【概况】 2021年，国家统计局江阴调查队城乡一体化住户抽样调查资料显示，全市居民收入持续增长，生活水平继续提升。全体居民人均可支配收入67555元，比2020年增长9.2%。其中城镇居民人均可支配收入78415元，比2020年增长8.6%；农村居民人均可支配收入42519元，比2020年增长10.7%。居民生活消费支出较快增长，城镇居民人均生活消费支出40543元，比2020年增长18.1%；农村居民人均生活消费支出27443元，比2020年增长23.2%。

【食品消费】 2021年，江阴市城镇居民人均食品消费支出10984元，农村居民人均食品消费支出8091元，分别比2020年增长15.0%和21.2%。居民家庭食品消费支出占家庭生活消费支出的比重（即“恩格尔系数”），城镇与农村分别为27.1%和29.5%，分别比2020年回落0.7和0.5个百分点。

【衣着消费】 2021年，江阴市城镇居民人均衣着消费支出3427元，农村居民人均衣着消费支出1770元，分别比2020年增长22.1%和11.8%。

【生活用品及服务消费】 2021年，江阴市城镇居民人均生活用品及服务消费支出2130元，比2020年增长14.5%；农村居民人均生活用品及服务消费支出1558元，比2020年增长17.9%。每百户城镇居民家庭主要耐用物品年末拥有量：电冰箱114台、洗衣机124台、彩色电视机224台、空调机292台；每百户农村居民家庭主要耐用物品年末拥有量：电冰箱108台、洗衣机120台、彩色电视机197台、空调机258台。

【居住消费】 2021年，江阴市城镇居民人均居住消费支出6349元，比2020年增长17.7%；农村居民人均居住消费支出4130元，比2020年增长20.2%。居住条件进一步改善，城镇居民人均住房面积为66.2平方米，农村居民人均住房面积为61.7平方米。

【交通通信消费】 2021年，江阴市城镇居民人均交通通信消费支出7579元，农村居民人均交通通信消费支出4729元，分别比2020年增长25%和39.1%。至年末，每百户城镇居民家庭拥有私家车88辆、移动电话286部、计算机74台；每百户农村居民家庭拥有私家车70辆、移动电话293部、计算机69台。

【医疗保健消费】 2021年，江阴市城镇居民人均医疗保健消费支出1611元，比2020年增长8.9%；农村居民人均医疗保健消费支出1203元，比2020年增长17.8%。

【文教娱乐消费】 2021年，江阴市城镇居民人均文教娱乐消费支出6616元，农村居民人均文教娱乐消费支出4623元，分别比2020年增长15.7%和20.2%，占全年生活消费支出比重分别为16.3%和16.8%。

（刘 潇）

社会保障

【概况】 2021年，江阴市城乡居民养老保险基础养老金、被征地农民养老年龄段人员养老补助金标准分别调高至423元、1015元。连续第17次提高企业退休人员养老金，增资后人均月养老金达2343元。做好社保补征缴政策调整和阶段性工伤保险降费间的业务衔接，全民参保登记率达100%。年末，基本养老、工伤、失业保险参保人数分别达65.5万人、55.3万人、55.3万人。

【深入实施全民参保计划】 2021年，江阴市人社局健全全民参保登记常态化工作机制和精准扩面长效机制，持续提高社保参保缴费率，扩面参保新增4万人、净增1.85万人。稳步提升各类保障待遇，建立居保待遇动态调整机制。不断健全社保基金风险防控体系，开展警示教育，建立社保核查监管常态化机制，争取工伤保险省级储备金6107万元，全面实施《江阴市补充工伤保险试行办法》，确保基金运行安全。

【江苏省人社一体化信息系统上线运行】 2021年5月11日，江苏省人社一体化信息系统在全市上线运行，该系统有3600个功能模块、340项人社业务事项。江阴市作为全省第二批试点上线的8个城市之一，人社“一窗通办”业务拓展至218项，80%以上的业务实现即办，限时办结事项在原定时限的基础上提速80%以上。社保开户、企业招用员工、高校毕业生求职登记等人社相关业务的办理实现“足不出户”，参保市民和用人单位通过电脑、手机等登录江苏智慧人社APP或江苏人社网上办事大厅，可24小时线上申报、办理。

【深入打造15分钟人社服务圈】 2021年，江阴市人社局围绕服务便民，下沉镇（街道）71项业务事项、村（社区）37项业务事项，统一经办步骤，再造办理流程，纵深推进“最多跑一次”改革，全力打造村（社区）步行15分钟“人社服务圈”，群众参保、待遇查询、申领等事项，在“家门口”就能解决。依托各镇（街道）、村（社区）、大型企业“澄事之窗”24小时自助服务终端，将个人社保月缴费、大学生档案查询等20项高频人社事项纳入其中，支持24小时自助服务。

（李秀永）

民政事务

【概况】 2021年，江阴市民政局统筹做好疫情防控与民政业务，有序推进各项民生工作。常态化做好养老、婚姻登记、流浪救助、殡葬服务等民政领域疫情防控。持续完善社会救助体系，规范运行各类救助政策。优化养老设施供给，提升养老服务质量。完成全市村（居）委会换届选举工作，开展社区治理创新实践、社区营造公益创新项目，加强和创新基层社会治理。完善社会组织联动监管机制，有序实施社会组织等级评估和专项检查等工作。规范做好婚姻登记、地名命名、救助管理、残疾人两项补贴等专项事务，深化巩固殡葬专项整治成果，提高社会基本服务水平。加强福利彩票销售管理，全年福利彩票销售2.44亿元。

【社会救助体系】 2021年，江阴市民政局健全完善以基本生活救助、专项社会救助、急难救助为主体，社会力量参与为补充，城乡统筹、政策衔接、分类分层的温情社会救助体系。开展社会联动救助国家基本公共服务标准化专项试点工作，发布并实施社会联动救助标准75项，提炼出《社会联动工作规范》并成功申报为江苏省省级地方标准。试点项目通过江苏省市场监督管理局组织的考核预评估。持续深化“智慧救助”平台建设，完善死亡比对、综合查询等模块的数据接入，申请救助“一证一书”功能开发上线。融合健全全市17个镇（街道）政务中心社会救助政策宣传、综窗受理救助申请等一站式功能。结合阳光扶贫、低保专项治理、民生专项资金清理整治等专项活动，加强对各类救助程序和资金发放的监管。开展低收入人口认定工作，构建分层分类社会救助体系，完成重点家庭全面摸排工作。精准帮扶各类困难特定群体，城乡低保标准上调至每人每月1060元，城乡特困供养生活标准上调至每人每月1600元；全年发放最低生活保障金3032.83万元，特困人员供养金1952.38万元，临时生活补贴1896.95万元，临时生活救助金153.75万元，11.9万人次残疾人生活补贴8835.01万元，10.9万人次重残护理补贴1570.53万元，保障困境儿童982人820.08万元。进一步放大村级医疗互助“福村宝”（指江阴市首创的“福村宝”村级医疗慈善互助项目）模式效应，平均减轻困难群众医疗负担38.89%。

【养老服务】 2021年，江阴市民政局围绕打造“澄颐享”养老服务品牌，持续构建居家社区机构相协调、医养康养相结合的养老服务体系，推进养老服务提质增效。至年末，全市有养老机构24个，完成公建民营14个，民营化率91.7%；有养老床位14710张，千名老年人拥有床位45张；全市设有护理型床位5387

张,占机构总床位的63.3%;标准化居家养老服务中心(站)166个。优化居家养老援助服务项目,完成全市4万余名高龄老人身体能力和需求评估,接受服务的老人达到19.6%,高龄老人接受服务100%。推进第三批困难老年人家庭适老化改造,修订《江阴市困难老年人适老化改造实施方案》,受益老年人家庭650户。探索家庭照护床位建设,制定出台《江阴市家庭养老照护床位实施建议》,结合适老化改造和长护险政策,建设家庭照护床位200张。实施"澄颐享"银龄暖餐为民办实事项目,制定出台《江阴市推进养老服务助餐水平实施意见》,开发助餐服务信息系统,争取慈善资金捐赠助餐车38辆,全市各镇(街道)均完成助餐中心的建设和启动,受益老人5200余人。实施农村养老服务"双提升"工程(指提升县级供养服务设施专业照护能力,提升农村区域性养老综合服务能力),完成1个特困对象集中供养机构、3个农村区域性养老服务中心建设。强化养老服务人才队伍建设,实施"康养计划",完成485名护理员职业技能培训。常态化做好养老机构安全生产和疫情防控工作,定期开展指导和检查,排查风险隐患。成立社工、安全等多个专委会。

【儿童福利】 2021年,江阴市民政局加强儿童福利和未成年人保护队伍建设,探索适度普惠儿童福利政策创新,不断完善未成年人保护机制。市政府办公室制定下发《关于调整江阴市未成年人保护委员会成员的通知》,建立未成年人保护工作委员会,争创全国未成年人保护示范市。落实困境儿童基本生活供养标准,机构、散居孤儿标准分别调整为每人每月2870元和每人每月2460元。全年保障困境儿童982人,发放困境儿童基本生活费820.08万元。打造儿童关爱之家运营品牌,制定出台《江阴市儿童关爱之家建设运营实施方案》,市级儿童关爱之家实现全覆盖。实施"托举朝阳"三年行动计划,成立"托举朝阳"社团联盟,引入社会组织22个,培育儿童社会组织6个。开展困境儿童精准排查,制定下发《江阴市困境儿童精准排查和保障工作的通知》,有效排查困境儿童2402人,确认困境儿童总量984人,完成困境儿童风险评估及四色分类。加强队伍建设,全市有儿童督导员34人、儿童主任277人,儿童关爱保护网络基本形成。落实家庭收养评估工作,保障收养儿童权益,全年完成收养家庭评估16户,办理儿童收养登记10件,解除收养关系2件。

【区划地名及界线】 2021年,江阴市民政局贯彻落实《江苏省地名管理条例》和《无锡市地名管理条例》,规范地名日常管理和审批,全年命名地名64个。加强对路名牌的日常检查和管理维护,及时对歪斜、破损、锈蚀的路名牌进行修复,对缺失情况进行查漏补缺。开展区划地名图编制更新工作,编制出版《江阴市政区图》和各镇、街道《区划地名图》。出版《江阴二十四城七十二墩》,举办出版发行座谈会。结合庆祝建党100周年,开展"红色地名"推荐工作,江阴要塞、华西村2个红色地名入选江苏省首批100条重点红色地名名录,完成红色地名短视频制作及红色地名故事撰写。

【村、社区治理】 2021年,江阴市民政局健全并完善基层党组织领导、政府负责、多方参与、共同治理的现代化社区发展治理模式,持续推进城乡社区治理现代化水平。完成全市191个村、83个社区的村(居)委会换届选举工作,指导各村(社区)同步选出村(居)民代表、村(居)民小组长、村(居)务监督委员会以及相关内设组织,确保村(居)民的知情权、参与权、表达权和监督权。指导相关部门严格执行村(居)民委员会盖章证明事项清单、村(居)民委员会依法履行职责事项清单、村(居)民委员会依法协助工作事项清单、不应由基层群众性自治组织出具证明事项清单(第一批)"四份清单",引导依法履职,推动村(社区)"减负增效"。开展2021年度村规民约、居民公约联合指导督查,全面考核验收全市17个镇(街道)274个村(社区)的村规民约、居民公约修订完善情况。开展村(社区)主任、村务监督委员会主任履职培训。组织"善治家园"社区治理创新实践项目征集评选活动,14个镇(街道)的54项项目参与申报,最终25项项目入围,经过优化提升,年底评出一等奖3项、二等奖9项、三等奖13项。

【婚姻登记】 2021年,江阴市民政局办理结婚登记6034对,离婚登记1757对,补领婚姻登记证1246本,登记率和登记合格率均为100%。稳步推进跨区域婚姻登记业务,跨区登记166对。牵头推进结婚"一件事"、离婚"一件事"政务服务改革,集成结婚登记、生育登记、户口

2021年9月26日,市民政局举行《江阴二十四城七十二墩》出版发行座谈会
(市民政局提供)

迁移、户口信息变更等事项,使用网络联办,让百姓少跑路。倡导文明婚俗,组织“局长为您来颁证”“情满全澄、爱在红豆”集体婚礼等活动。落实“婚姻冷静期”制度,做好婚姻家庭辅导,服务离婚家庭943个,劝返203对,劝返率21.53%。

【流浪乞讨人员救助管理】 2021年,江阴市民政局坚持应助尽助,加大街面巡查力度,开展“寒冬送温暖”和“夏季送清凉”救助行动,做到“发现一例,救助一例”,全年救助流浪乞讨人员95人次。开展“大爱寻亲,温暖回家”主题救助寻亲服务,协调公安部门,通过DNA(脱氧核糖核酸)比对、人像识别等方式甄别临时遇困滞留人员身份,在全国救助寻亲网、“头条寻人”等平台发布寻亲信息5条,成功寻亲4人。做好“长期滞留人员”安置后期工作,全面运行新“救助管理”系统。开展“6·19”救助站开放日活动,扩大救助管理工作影响力。通过“流浪乞讨服务管理质量大提升行动”省级督查。

【殡葬服务】 2021年,江阴市民政局贯彻落实《江苏省殡葬管理条例》,持续加强殡葬规范管理。推进全市殡葬设施改造提升,调研镇(街道)纪念设施现状,制定出台《江阴市殡葬设施提升改造实施方案》,推进花山地域殡葬设施一体化改造提升工程,指导镇(街道)改善殡葬设施短板。调整“凭医学死亡证明或火化证明”购买经营性公墓政策,定期开展村级墓区违规建设和经营排查,巩固深化殡葬专项整治成果。推广身后“一件事”集成服务,推进白事通平台与身后“一件事”业务融合,优化殡仪服务供给。倡导文明祭扫新风,通过网上祭扫、集体代祭扫、错峰预约现场祭扫等方式,多元提供清明、十月朝等祭扫服务,服务群众91.3万人次。完成江阴市花山公墓停车场建设项目、江阴市长泾殡仪馆改造提升项目,启用江阴市级守灵服务项目。落实殡葬惠民,全年免除基本丧葬费885.3万元。

【残障人士补贴发放】 2021年,江阴市民政局围绕残疾人“两项补贴”(困难残疾人生活补贴和重度残疾人护理补贴)精准发放率严格执行相关政策,全年发放困难残疾人生活补贴8835.01万元,惠及对象11.9万人次,重度残疾人护理补贴1570.53万元,惠及对象10.9万人次。在江苏省、无锡市高质量考核中均为优等名次。

【江阴市慈善总会】 2021年,江阴市慈善总会加强慈善资金募集管理和使用,完善义工管理制度,促进慈善事业健康发展,全年募集慈善资金1.23亿元,支出救助资金6009.26万元,救助困难对象1.2万人次,注册义工总人数22569人。持续拓宽募资渠道,做好一日捐、冠名基金、定向捐赠等传统慈善资金募集工作。至年末,募集“慈善一日捐”1120.48万元,企业冠名基金1522.15万元,定向捐赠2024.45万元,河南省水灾捐款282.55万元,“乡村振兴·共富基金”7285.1万元,接收捐赠物资2.55万元。规范开展各类慈善公益项目,开展“暖冬大行动”活动,累计帮助998名困难群众;组织“你的心愿,我来点亮”微心愿认领活动,帮助264名困境儿童圆梦微心愿;开展“助学千人”及贫困大学新生慈善救助,救助困难学生703人;指导镇(街道)慈善会组织206名学生开展阳光夏令营活动,丰富困难家庭学生的暑期生活;开展慈善临时救助工作,发放救助资金107.76万元。结合腾讯“99公益日”活动,上线“双癌家庭关怀项目”,项目筹款计划完成率100%。组织实施2021年“善客”志愿服务项目29项,做好“善客”项目第二批社工专员选拔活动前期准备工作。加强社工人才队伍建设,组织全国社会工作职业水平考试1150名报考人员的前期培训。组织推荐社工参加江苏省社会工作领军人才选拔及最美社工评选活动,申报2020年度江苏省优秀社会工作案例。推进南京理工大学社会工作实习基地建设,强化人才交流合作,成功申报江苏省研究生工作站。全市17个镇(街道)慈善工作站实现全覆盖。申报社会组织等级评估,江阴市慈善总会获评5A级社会组织。

【社会组织】 2021年,江阴市民政局持续完善社会组织监督管理机制,引导社会组织健康发展,全年新增登记社会组织97个,注销63个。至年末,全市有社会组织1455个,其中社会团体384个、民办非企业单位1065个、基金会23个(含江苏省民政厅登记15个,无锡市民政局登记2个),全市每万人(常住人口)登记社会组织数达8.17个,全市备案社会组织1861个。制定下发《关于开展社会组织负责人任职前公示和法定代表人述职工作的通知》,推行实施社会组织负责人任职前公示制度和法定代表人述职制度。下发《关于进一步做好行业协会商会脱钩改革工作的通知》,部署开展全市行业协会商会与行政机关脱钩改革全面总结和“回头看”工作。开展打击整治非法社会组织专项行动,查处非法社会组织5个,其中:取缔3个、劝散1个、引导登记1个。开展“僵尸型”社会组织专项整治行动,注销社会组织45个,完成整改3个。稳步推进年度检查,通过“企信通”平台发送催检短信至未参检社会组织法人手机,提醒社会组织按期完成年检申报工作,年检率81%。督促年检整改,以EMS(邮政快递)的形式对2019年未年检、年检不合格社会组织发出书面整改通知110份。开展社会组织等级评估工作,举办等级评估培训,在资格审查、实地考察的基础上,对18个申报3A级以上的社会组织开展专家现场评审。是年,全市有2个社会组织被江苏省民政厅评为5A级社会组织,6个社会组织被评为4A级社会组织。结合年检开展社会组织现场抽查,抽查社会组织45个。开展2019—2020年度社会组织工作先进集体和先进个人推荐评选工作网络评议活动,对社会组织先进典型事迹进行推广宣传,展示社会组织的工作成效和良好形象,营造社会组织良好发展环境。成立中共江阴市社会组织综合委员会,召开全市社会组织“学先锋、讲党史、跟党走”党史学习教育专题会议,对社会组织开展党史学习教育,推动社会组织党建工作。实地检查民政主管的其他社会组织安全生产工作,筑牢安全底线。

(夏文洁)

退役军人事务

【概况】 2021年,江阴市围绕“让军人成为全社会尊崇的职业”“让退役军人成为全社会尊重的人”目标定位,以法治化、信息化、规范化为支撑,以强基础、抓落实、保稳定、树品牌为工作主线,做好退役军人服务保障工作。年内,紧跟军改形势,积极实施退役军人“阳光安置”(指退役军人安置工作公开化、透明化);双拥创建工作持续推进,迎接新一轮“江苏省双拥模范城”创建交叉互评;全面落实退役军人教育培训制度,多渠道畅通退役军人就业创业途径,普遍开展退役士兵适应性培训,线上线下举办各类招聘会5次,推送招聘信息18期,上年度退役士兵(除复学人员外)就业率达100%;全面落实优抚对象优待政策,加大退役军人走访慰问力度,持续完善退役军人事务一体化平台建设,不断提升退役军人服务保障精细化、精准化水平。是年,江阴市自主择业军转干部窦正满获评全国“最美退役军人”,江阴市天华纱业有限公司董事长周爱明获江苏省“最美拥军人物”提名奖,江阴城市发展集团有限公司获评江苏省优秀“戎耀之家”,夏港街道“迷彩兵锋”退役军人志愿服务队获评江苏省百支优秀退役军人志愿服务队;江阴市雷马技能培训有限公司入选江苏省退役军人教育培训实习实训示范基地,江阴市天华国防教育馆获评江苏省“双拥示范基地”;江阴市退役军人在江苏省“戎耀今生”创业创新大赛中获一等奖1项,在“创响无锡”全民创业大赛中获一等奖1项、三等奖1项。

【军人退役“一件事”服务平台上线】 2021年6月28日,江阴市军人退役“一件事”服务平台经测试正式上线运行,为全市退役军人提供退役“一站式”服务。服务平台覆盖全市10个市级部门、20个政务服务网点、24个基层派出所、17个镇(街道)服务站、36个金融服务网点,将退役军人报到落户、关系转接、社保接续、待遇兑现等16项事项整合为“一件事”。通过服务平台,数据互通互享、实时推送、及时审核、限时办结,有效解决退役报到事项多、材料杂、用时久、流程繁等问题,跑动次数从12次减少至1次,办事环节从16个精简为4个,申请材料从34份减少至9份,全流程办理时间压缩80%以上。年内,线上办理业务,基本实现“足不出户、一网办通”。

【退役军人就业创业联盟成立】 2021年8月26日,江阴市退役军人就业创业联盟揭牌成立。联盟整合社会各类就业创业优质资源,常态化开发并提供适合退役军人的就业岗位,组织开展江阴市退役军人就业招聘活动,参与国家、省、无锡市各类退役军人线上线下招聘活动。联盟配合开展退役军人适应性培训、学历教育、职业技能培训、创业培训和个性化培训等工作,不断提高退役军人职业素养和职业技能。

【退役军人就业创业服务平台运行】 2021年8月26日,退役军人就业创业服务平台正式运行,成为无锡市首个县级平台。该平台设置招聘活动组织、个人求职登记、企业招聘发布、综合大数据管理等四大功能,涵盖企业库、岗位库、个人信息库和综合数据库四大信息库,旨在为全市各类企业招聘和退役军人、军属稳定就业打造“培训+就业”“求职+招聘”“线上+线下”的全方位就业创业服务体系。服务平台链接覆盖全市城乡118台“澄事之窗”线下服务终端,向退役军人求职者动态实时发布江阴市企业岗位招聘信息,初步做到就业供需需求精准对接和岗位精准推送。

【移交安置】 2021年,江阴市退役军人事务局落实安置政策要求,扩大“积分选岗”方式适用范围,推动安置“公开透明、廉洁高效”。规范自主择业军转干部管理服务工作,集中走访慰问企业军转干部,发放节日慰问金,定期开展健康体检、座谈交流、主题党日活动,按时缴纳医疗、工伤、生育保险,缴纳社保费,发放医疗救助金,对特别困难的企业军转干部发放救助金。及时落实转业士官待岗期间生活补贴和社保待遇,组织开展转业士官主题党日及志愿服务活动,召开安置政策宣讲座谈会,确保待岗期间离队不离党、组织生活不断档。市、镇两级发放退役士兵一次性经济补助金;发放转业士官待岗生活补贴、补缴待岗社保。

【优待抚恤】 2021年,江阴市退役军人事务局全面实施“一人一档”,为享受定补的优抚对象100%建立服务台账;建立重点人员、困难人员一本账,持续开展常态化联系退役军人和“大走访”等活动,春节前夕,赴扬州市五台山医院和江阴市第三人民医院走访慰问长期住院治疗的残疾军人,“七一”前后开展庆祝中国共产党成立100周年走访慰问活动;落实抚恤补助待遇。全年新增优抚对象77人,为30个伤残人员换发新证,组织27个重点优抚对象短期疗养,对优抚对象进行年度核查确认工作;严肃开展民生领域资金清查工作;为符合条件的退役士兵进行社会保险接续。

【拥军褒扬】 2021年,江阴市退役军人事务局协调经费为驻地部队整修营区战备通道、建设综合训练场、更换训练器材,大力支持部队战斗力建设。为新入伍的义务兵家庭赠送人身意外保险,上门为立功受奖军人家庭送喜报,开展“光荣牌”悬挂情况专项督查,送发春联、年画等,争创“省双拥模范城”九连冠。全力做好烈士褒扬工作,开展“9·30”烈士公祭、清明祭英烈活动,邀请伤残退役军人代表开展“忆峥嵘岁月 颂百年风华”主题活动;联合市检察院建立烈士纪念设施管理保护机制,推动各镇(街道)对所属烈士纪念设施进行修缮维护、提档升级。

【军休服务】 2021年,江阴市退役军人事务局认真贯彻新修订的《军队离休退休干部服务管理办法》,围绕“六个老有”*,依法依规全面落实军休干部“两个待遇”(指政治待遇和生活待遇)和无军籍职工各项待遇。年内接收军休人员14人,走访382人次,发放慰问经费18万元,为34名军休干部颁发“光荣在党50年”纪念章。开展各类文体活动,丰富军休干部文化生活;组织参加无锡市军休系统书画赛、钓鱼比赛,取得优异成绩。

【烈士纪念】 2021年,江阴市革命烈士纪念馆紧扣"褒扬先烈,教育后人"的宗旨,推进基础建设、信息化升级、活动接待等重点工作。推进渡江战役纪念馆政府专项资金决算审计和拨付工作,申请政府专项维修基金20余万元,对纪念碑和园内围栏进行维修改造、对园内残疾人车道附属设施以及宣传公益广告牌进行增设和重置。整理各类烈士信息900余条,补充扫描录入烈士资料5万余份,完成945位烈士的电子建档工作。重新升级烈士祭扫电子系统,实现网络全覆盖,使用纪念馆语音导览系统。在新媒体平台发布红色主播(小主播)系列、"追寻红色足迹,传承红色基因"系列、纪念馆里的红色故事系列、红色记忆系列、学中共党史系列等建党百年系列报道。全年接待参观人员4401批39632人次;烈士家属38批114人次,全年接待服务零投诉。

(沈　洁)

退休职工管理

【概况】 2021年,江阴市退休职工管理服务工作紧紧围绕"六个老有"*总体目标,组织开展企业退休人员社会化管理服务,全力确保退管工作收获新成果。全年接收企业退休职工档案1.4万份,开展网上异地资格认证156人次,纸质异地资格认证58人次。为退休人员提供工龄复审、独生子女补贴、入伍退伍资料、房产过户、户口迁移等查、借阅档案1500人次,复印档案资料8000页;全市各镇(街道)春节慰问退休职工1494人,发放慰问金149.92万元;高温慰问1993人,发放慰问金19.93万元;生日慰问6000人;死亡慰问650人;合计发放慰问金84.7万元。

【文体活动】 2021年,江阴市人社局打造"人社情暖暨阳红"品牌,为退休人员开展春、秋两季健康讲座20场,组织送春联、送祝福、送慰问、送赛事等活动,全面扩大退休人员参与面和影响力。4月21—22日,在江阴市全民健身馆举办江阴市第八届全民运动会老年组乒乓球比赛暨江阴市第十一届退休人员"人社杯"乒乓球赛,全市21支队伍近200人参加。28—29日,在老干部活动中心举办江阴市第八届运动会老年组象棋赛暨江阴市第十一届退休人员"人社杯"象棋比赛,全市17支队伍70人参加。7月,组织开展"礼赞百年心向党、人社情暖暨阳红"退休人员征文、摄影作品征集活动,收到征文作品130份,摄影作品245份。10月,组织开展"金秋送暖重阳乐、越韵飞扬人社情"双牌社区戏曲会演、全国第九个"老年节"暨敬老先进表彰颁奖"敬老月"等系列活动;组织开展江阴市百对退休金婚老人参加"金婚伉俪留美影、人社情暖暨阳红"金婚照拍摄活动。12月3日,在江阴市璜土镇璜土村举办"越韵飞扬惠民生、人社情暖暨阳红"企业退休人员越剧专场,200余名退休人员观看演出。

(贠　琦)

文明创建

【概况】 2021年,江阴市文明创建工作坚持以习近平新时代中国特色社会主义思想为指导,全面贯彻全国、江苏省和无锡市宣传思想工作会议和文明办主任会议精神,瞄准争创全国文明典范城市目标,以培育和践行社会主义核心价值观为根本,聚焦培养时代新人、弘扬时代新风,着力推进新时代文明实践中心建设、实施公民道德建设工程、加强未成年人思想道德建设、推进道德风尚高地建设、深化群众性精神文明创建活动、推动市民素质和社会文明程度达到新高度,为江阴市勇当新时代县域高质量发展排头兵、社会主义现代化建设先行军、区域一体化发展领跑者凝聚强大精神力量。

【全国文明城市建设常态长效】 2021年,江阴市全面启动争创全国文明典范城市工作,完善由市委书记、市长担任"双组长"的市创建领导小组,健全各级创建领导机构,设立创建专项资金,定期召开创建推进会,组织市领导赴挂钩网格推进创建工作,压实40个创建网格责任,实体化运作创建工作专班。健全完善联席会议、督查考核、社会参与、城乡联动、"红黑榜"发布等制度,市创建领导小组召开联席会、协调会12次,市四套班子主要领导带头督查创建工作,全体市领导深入挂钩网格督查创建工作123人次,组织季度社会文明程度指数测评4次,发布"红黑榜"13期、问题通报26期,通报整改问题1.5万余个,有效提高创建工作水平。坚持把创建工作作为提升治理效能的重要抓手,发挥"网格化+大数据+铁脚板"社会治理机制,结合"美丽江阴·美家美户"系列创建活动,持续开展"十大专项行动"*"七大专项整治"*,举办"养宠不扰民""车辆不乱停""烟头不落地、江阴更美丽""争当城市啄木鸟、争做文明新使者""百日无违章"挑战赛等活动,推动城乡基础设施更加完善,交通、市场等公共秩序更加规范,老旧小区、城中村、背街小巷更加整洁。

【深化拓展新时代文明实践中心建设】 2021年,江阴市召开新时代文明实践工作推进会;优化"1+19+25+267+N"志愿服务队伍体系,完善1个总队、19个实践所支队、25个特色支队、267个村(社区)队、N个志愿服务团队的新时代文明实践志愿服务网络。至年末,全市有各类志愿服务团队1435个,志愿者37万人。依托市融媒体中心,在"最江阴"APP增设"江阴市新时代文明实践云平台"栏目,打造集宣传展示、活动登记、心愿征集、礼遇帮扶等功能为一体的新时代文明实践信息化平台,进一步优化志愿服务"点派接评"(指群众点单、精准派单、主动接单、群众评单)模式。以"学雷锋、学炎黄、见行动"为全年志愿服务总主题,菜单式开展传统文化、迎新送暖、学习雷锋、卫生健康、舞动青春等12大项主题活动。推动文明实践志愿服务与"我为群众办实事"实践活动有机融合,深化"全澄有爱"志愿服务日活动,组织开展"美丽江阴、志愿全澄"主题活动,实施重点项目12期2100余项,吸引志愿者超25万人次,受益群众超60万人次。用好"理响江阴"学习驿站,结合党史学习教育开展新时代文明实践活动300余场次,服务群众超3万人次。开展“澄”就微心愿主题志愿服务活动,征集实现微心愿1200余个。

【公民思想道德素质提升】 2021年,江阴市深入落实《江阴市贯彻落实〈新时代爱国主义教育实施纲要〉及〈新时代公民道德建设实施纲要〉三年行动》,统筹布设社会主义核心价值观公益广告,持续深化江阴市文明“八不”行为规范*,积极弘扬培育时代新风。发挥先进典型示范引领作用,持续开展“全澄行动、寻找好人”线索征集活动,推进时代楷模、最美人物、身边好人等典型选树宣传,新增“中国好人”2人,“全国最美人物”1人,“江苏好人”3人,“无锡最美人物”8人,“无锡好人”6人。春节期间累计走访36位道德模范、身边好人、最美人物,发放慰问金9.4万元。

【第八届“德耀江阴·十佳江阴好人”】 2021年,江阴市通过多渠道、多形式、多角度的深入评选,选出具有代表性和影响力的“十佳江阴好人”,分别是抚慰心灵的铿锵玫瑰龚彬、续航希望的春雨甘霖金涵、勇救孩童的“超人”奶奶陈杏妹、智勇双全的正义“的哥”颜广欣、路不拾遗的马路天使张国敏、童叟无欺的匠心传人顾静亚、与马共舞的逆袭骑手孙华东、冲锋在前的白衣战士刘晓骏、爱暖人心的至孝儿媳张春艳、不离不弃的榻前孝子朱平忠。“多一克温暖”团队、江阴澄益视觉公益摄影团队获“江阴好人”团队奖。2022年1月21日,第八届“德耀江阴·十佳江阴好人”颁奖典礼举行,表彰获奖好人和团队,通过视频短片、访谈交流等不同环节的组合,讲述“十佳江阴好人”的故事。活动现场,全国道德模范提名奖、“中国好人”等荣誉获得者为“十佳江阴好人”和“十佳江阴好人提名奖”获得者颁奖。华西村、江苏红柳床单集团公司等10个爱心单位为“江阴好人”送上“福袋”。江阴市领导包鸣、计军、邵文松、程政参加颁奖典礼。

【群众性精神文明创建】 2021年,江阴市实施乡风文明提升工程,加强对市级以上文明村镇的日常调研和评估指导,加大对省级以上文明村镇检查力度。广泛开展江苏省文明村镇、文明单位、文明社区、文明家庭、文明校园评选工作,全市累计获评江苏省文明乡镇10个、江苏省文明村28个、江苏省文明社区6个、江苏省文明单位43个、江苏省文明校园3个。其中,年内新增江苏省文明镇1个:徐霞客镇;江苏省文明村6个:云亭街道云新村、申港街道申港村、璜土镇篁村村、月城镇沿山村、周庄镇三房巷村和长泾镇南澗村;江苏省文明社区1个:澄江街道天鹤社区;江苏省文明单位5个:江阴兴澄钢铁特种钢铁股份有限公司、江苏长电科技股份有限公司、江阴市澄江街道办事处、江阴市卫生健康委员会、江阴临港医院有限公司;江苏省文明校园1个:江阴市第一中学。大力倡导移风易俗,弘扬时代新风,开展移风易俗典型案例征集,澄江街道先锋社区先锋领航“5微”服务(指“微服务、微幸福、微商城、微课堂、微包干”主题服务活动)推进移风易俗等3个案例获评无锡市典型案例。开展“文明江阴你我同行”公益广告征集,与文明城市创建、新时代文明实践中心建设紧密结合,做好各类公益广告刊播。深化“我们的节日”主题活动,推动传统文化深入基层、深入群众。选手王晓东获江苏省第三届红色故事宣讲大赛优秀讲解员奖和网络人气奖。

【未成年人思想道德建设】 2021年,江阴市围绕立德树人根本任务,持续深化“扣好人生第一粒扣子”主题教育,部署开展“童心向党”“请党放心 强国有我”和青少年“四史”学习教育等主题教育实践活动。举办“童声里的中国”少儿歌谣创作比赛、“童真里的色彩”儿童画创作比赛等“童”字系列活动,征集作品1800余件,荣获无锡市少儿歌谣大赛一等奖6个。持续开展全市“八礼四仪”*示范观摩活动,举办“颂建党百年,做时代新人”江阴市“童心向党——党史学习进校园”暨十岁成长仪式示范观摩和“长风破浪英雄引航,远望未来青春放歌”江阴市青春仪式示范观摩等“八礼四仪”示范观摩活动。开展第三届“新时代好少年”推荐评选和学习宣传活动,评选江阴市“新时代好少年标兵”10人,“新时代好少年”90人,其中9人获评无锡市“新时代好少年”,2人获评无锡市“新时代好少年标兵”,1人获评江苏省新时代好少年。举办第八届未成年人心理健康服务月,开展“芙蓉花开”心理健康讲堂、团体辅导、家长沙龙、公益咨询等,助力未成年人健康成长。

诚信建设

【概况】 2021年,江阴市信用建设持续把握“信治”发展机遇,围绕“打造全国县域信用体系,建设江阴样本”的总目标和重点任务,坚持先行先试,着力在机制优化、系统升级、监管提质、示范创优、文化宣推等方面下功夫、为深化“放管服”*改革、优化营商环境、高质量发展提供有力支撑。在2021年全国城市综合信用指数监测排名中,江阴市稳居全国前五,江苏省第一。

【社会信用信息体系建设】 2021年,江阴市制定下发《2021年江阴市社会信用体系建设工作意见》《2021年江阴市镇街园区部门社会信用体系建设工作考核办法》《江阴市关于全面建立信用承诺机制的实施意见》《江阴市深化重点领域信用监管,打造“行业+信用”县域治理样本的实施方案》等信用文件政策,加强对平台建设、信息归集、信用应用、分级分类监管、政务诚信等重点内容顶层设计。完善全市信用监管服务一体化平台系统,增设信用状态标识、信用协同监管、“信易+”应用管理、农村信用治理等功能模块,与市大数据平台、市社保公积金管理平台、市燃气管理服务平台等系统交换全市社保参保信息、公积金缴纳信息、个人天然气使用信息等信用监管数据5亿余条。“诚信江阴”网站全年发布双公示信息11.4万条、信用承诺信息48.5万条、行业信用评价信息20万余条。建立守信激励和失信惩戒信息共享常态化机制,将核查使用信用信息嵌入行政管理、公共服务和社会治理各领域,全年开展行政事项信用核查27889企(人)次,对符合条件的信用市场主体，在行政审批便利化服务、优先享受政策扶持、参与公共资源交易等活动中依法依规给予加分等激励措施。对失信主体依法联合限制，全年公开曝光失信被执行人、行业严重失信“黑名单”企业454个。拓展“信易+”场景应用，启动信用公司、金融机构合作共建企业信易贷平台，加大对中小企业信贷支持，全市各金融机构累计发放信用贷款856.11亿元。开展行政审批信易+“容缺受理”服务，深化第三方信用等级评价应用，在财政资金管理、项目招投标、镇村示范评选等领域出具第三方信用报告310份。稳步推进“信易租”“信易游”“信易行”等惠民便企场景应用。

【诚信示范创建宣传推广】 2021年，江阴市以宣传作为信用建设重要抓手，强化信用政策、信用知识和信用文化宣传，营造浓厚氛围。深入推进诚信建设万里行进机关、进社区、进商圈、进校园、进企业“五进”活动，江阴市工信局、应急管理局、市场监管局等部门和江阴高新区、澄江街道、青阳镇、华士镇、长泾镇等镇（街道、园区）举办个人信用积分应用推介、食品药品安全管理、防范金融诈骗等涉诚信宣传活动近30场次，发放宣传资料2万余份。“诚信江阴”网站发布信用宣传信息774篇，其中168篇宣传案例被推送至“信用中国”“信用江苏”和“信用无锡”网站。加强基层政务诚信品牌建设。组织开展诚信示范镇（街道、园区）、村（社区）、户评选活动，评选出江阴市诚信示范园区2个，诚信示范镇（街道）11个，诚信示范村（社区）38个，诚信示范户252个。年内，新增2个省级信用示范企业、10个无锡信用示范管理企业，151个省级信用贯标企业。全市累计有97个企业获评江苏省、无锡市信用管理示范企业，796个企业通过江苏省信用企业管理贯标。政务诚信宣传主题片《以诚为本 以信立业 铸炼信用治理“江阴品牌”》被“信用中国”网站采录播放，《“大数据思维下的县域信用治理创新”“强化基层信用建设，推动信用工作‘沉底到边’”》等调研分析报告被国家城市信用监测报告和《群众》刊物录用。以“诚信江阴”网、“江阴发改委”微信公众号、“江阴发布”微信公众号、江阴电视台、《江阴日报》为载体，发布江阴信用建设法规政策及文件解读20余篇，刊登信用建设及动态简讯1157篇，宣传江阴市政务诚信工作成果和诚信建设导向。

社会志愿服务

【概况】 2021年，江阴市志愿服务工作充分结合新时代文明实践中心（所、站、点）建设和新时代文明实践工作需求，始终坚持把服务社会放在首位，建立和完善志愿服务站运行制度，健全资金投入、运营管理、开展活动的有效机制；强化基础公共服务阵地资源整合和功能融合，搭建新时代文明实践志愿服务活动的主阵地、主战场，让群众走得进，能互动。

【学雷锋志愿服务站建设】 2021年，江阴市坚持将学雷锋志愿服务站建设与新时代文明实践中心（所、站、点）建设相结合。坚持以全市域为整体，以市、镇（街道）、村（社区）三级为单元一体化推进。全市19个新时代文明实践所、267个新时代文明实践站实现学雷锋志愿服务站（岗）全覆盖。坚持规定与自选相结合，组织党员群众开展各类文明实践活动；创新开发“新时代文明实践云平台”，优化“点单派单相结合、线上线下相结合”的工作模式，实现“点、派、接、评”的新时代文明实践菜单式工作流程，针对基层群众关注焦点和实际需要，有针对性地制定服务清单，以“菜单”形式进行发布，组织引导志愿者采取开设讲堂、恳谈交流、心理疏导、公益帮扶、上门拜访等灵活多样的形式，开展全覆盖、分众化、菜单式的文明实践活动，推动群众需求与文明实践志愿服务的精准对接。

【志愿服务品牌建设】 2021年，江阴市以“学雷锋、学炎黄、见行动”为主题，坚持“一月一重点”，开展传统文化、迎新送暖、学习雷锋、卫生健康、舞动青春等12项重点志愿活动。组织“邻里守望、情暖万家”志愿服务社区行12站活动，受益群众近1.2万人。开展“澄”就微心愿主题志愿服务活动，征集并实现微心愿1200余个。组织开展“迎新送暖”志愿活动，走访慰问困难群众500余户。开展“文明春运行 温暖回家路”主题志愿服务活动，服务旅客近1.8万人。继续推进实施全市新时代文明实践志愿服务保障计划，定制新时代文明实践志愿活动意外保险，覆盖全市所有新时代文明实践志愿活动，保障额度达210亿元。25个“益”路有你礼遇志愿典型爱心联盟成员单位，为志愿服务典型提供“衣食住行乐”等方面30余项优先、优惠、优待礼遇。

（林豆豆）

■类目编辑 朱其涛

公共安全

自然灾害防治

·气象预报预警·

【概况】 2021年，江阴市气象局贯彻习近平总书记关于气象工作重要指示精神，认真落实气象灾害防御职责，完善部门间统筹规划、共建共享和预报预警联动机制，努力做到监测精密、预报精准、服务精细，充分发挥气象防灾减灾第一道防线作用。开展气象灾害综合风险普查，将气象灾害防御融入基层网格化社会治理体系，提高重大灾害性天气和突发事件预警信息发布能力及精细化服务水平，深入社区、学校开展科普宣传，为公共安全、社会安全等提供气象保障。全年24小时晴雨预报准确率86.85%，最高气温预报准确率83.29%，最低气温预报准确率90.14%。全年各类突发气象灾害预警信号无漏发、错发现象，预警信号发布准确率100%，平均时效性2~3个小时。是年，市气象局政务微博"江阴气象"被评为2020年度无锡政务新媒体微博影响力十佳。

【气象服务】 2021年，江阴市气象局在春运、汛期、农业生产时节（春耕春播、夏收夏种、秋收秋种）、节假日（元旦、春节、清明、五一、端午、中秋、国庆）、重大社会活动（"两会"、高考、中考、疫情防控、中超联赛江阴赛区比赛、建党100周年庆祝活动）等发布各类专题天气服务信息。全年制作发布重要天气报告53期，天气旬报36期，春运专题气象服务材料40期，农业专题气象服务材料40期（其中农业气象服务12期、春耕春播气象服务4期、夏收夏种气象服务11期，秋收秋种气象服务13期），护林防火专题气象服务材料10期，市人大、政协"两会"专题气象服务材料5期，疫情防控气象保障专报48期，气象灾情快报18期，沿江航道气象服务专报12期。全年发送灾害性天气预警信号80次，开具气象资料证明98份；及时收集更新气象灾害预警信息接收库，完善气象服务对象信息库，提高预警信息发布实效性；通过电台、电视台、报纸、"96121"声讯电话、"江阴气象"网站、"江阴气象"微博微信、"直通式为农气象服务"QQ群、气象信息员钉钉群等多种渠道向社会公众及时提供最新的天气实况、预报、预警等气象服务，为市民生产生活以及出行活动提供重要参考。

【重大气象灾害应急响应】 2021年，江阴市气象局继续与市应急管理局、水利局等相关部门紧密合作，联合市自然资源和规划局发布地质灾害气象风险提醒信息4次，联合市农业农村局发布农业气象灾害提醒信息6次；启动内部（气象系统）应急响应3次，启动外部（江阴市气象灾害防御领导小组）应急响应2次。年内，市域梅雨呈非典型性特点，入梅偏早、出梅正常、梅雨量较常年偏少；降水呈过程性、间歇性，雨量分布不均。市气象局在梅雨汛期以及台风"烟花""灿都"影响期间，严格执行24小时值班值守制度，随时保持与气象灾害防御领导小组成员单位的沟通协调，分析研判天气趋势并及时发布梅雨汛期天气专报，精准发布暴雨、雷暴、大风3类预警信号，提醒相关部门和公众提前做好防范应对措施。

【防雷减灾】 2021年，江阴市气象局开展行政权力事项业务标准化清单常态化维护，进一步压缩行政许可承诺时限，"为群众办实事"落地见效。全年气象行政审批完成防雷装置设计审核14件，防雷装置竣工验收11件，升放无人驾驶自由气球或者系留气球活动许可18件。履行防雷安全监管职能，对239个易燃易爆重点场所企业和3个防雷检测中介机构实施行政检查，对2个旅游景点开展双随机抽查，出具责令整改通知书20份，督促企业完成隐患整改闭环。累计开展升放气球巡查15次，制止2次违规升放气球行为，对1次违法升放气球行为进行行政处罚，坚决防范遏制安全生产事故发生。

【气象科普】 2021年，江阴市气象台接受新闻媒体采访14次。利用"3·23"世界气象日、科普宣传周、"5·12"防灾减灾日等时间节点开展"线上+线下"宣传活动；气象日接待参观者3批，进幼儿园、中小学宣讲3次；参加社区广场宣传活动5次、江苏省安全应急科普环省行1次；举办基层网格员气象知识培训1次。通过多途径气象科普宣传，普及气象防灾减灾知识，提升基层及公众防灾意识和能力。

（曹卫卫　马恒俊）

·防汛抗旱·

【概况】 2021年，江阴市汛期为5月1日至9月30日，全市总降水量918.1毫米，比常年同期多14%，属于正常。其中，5月偏多26.8%，6月明显偏少79.2%，7月明显偏多63.1%，8月偏多40.6%，9月偏多48.2%。6月13日入梅，7月11日出梅，入梅偏早，出梅正常。入梅以后呈现非典型的特点，降水呈过程性、间歇性，雨量分布不均。梅雨期长28天，梅雨量140.3毫米，比常年梅雨量少43.6%。汛期青阳内河水位有11天超警戒，7月28日内河水位到达最高峰4.86米，超警戒水位0.86米。汛期长江出现7天超警戒的潮位，7月26日出现年内市汛期最高潮位6.69米，超警戒水位0.79米。市防汛抗旱指挥部针对汛情，周密部署、积极防控、科学调度、沉稳应对，及时启动和调整防汛防台风应急响应8次，充分发挥水利工程效益，在满足生活、生产、生态用水需求的同时，最大限度发挥江河调蓄水功能，并充分利用潮位差及动力排水67518万立方米，有效应对局部洪涝，未造成人员伤亡和明显经济损失，维护了全市经济社会发展秩序和人民群众生命财产安全，完成防汛防台风各项任务。

【抵御短时强降雨】 2021年，江阴市在汛期的短时强对流、雷暴天气较多。据江阴市气象台报，7月27日8时至28日8时，市内普降暴雨到大暴雨，城区24小时雨量87.6毫米，23个自动气象站中有12个站点超过100毫米，雨量最大在新桥站达134.3毫米。8月11日，部分地区出现短时强降雨，周庄站最大小时雨强45.8毫米。8月24日20时至25日8时，市内普降暴雨局部大暴雨，全市23个站有18个站雨量超过50毫米，5个站雨量超过100毫米，峭岐站最大小时雨强71.8毫米。9月1日下午，市内出现局部地区强对流天气，澄江街道皮弄林家村最大小时雨强72.9毫米，城区最大小时雨强45毫米。由于降雨范围集中，雨势普遍较强，降雨期间部分道路、小区出现短时期积水现象。针对雨情、汛情，市防汛抗旱指挥部积极应对，科学指挥，统一调度，最大限度降低灾害影响。

【防御台风】 2021年，汛期对江阴市有影响的台风有2次，即2106号台风“烟花”和2114号台风“灿都”。7月24—29日，受台风“烟花”影响出现较明显风雨天气，全市极大风7~8级，江阴站过程雨量182.3毫米，最大过程雨量236.1毫米（新桥站）。9月13—14日，受台风“灿都”影响，普降中到大雨，全市极大风7级，江阴站过程雨量13毫米，最大过程雨量36.7毫米（云亭站）。面对台风的袭击，市防汛抗旱指挥部坚持人民生命至上原则，牢固树立风险意识和底线思维，率各级防汛指挥机构靠前指挥，要求各成员单位协同配合，合力防御应对。特别是在台风“烟花”影响期间，科学研判，果断决策，要求所有在建工地全部停工，组织工地工棚居住人员和农业大棚居住人员进行安全转移，转移安置避险人员34489人，保证了人民生命财产安全和社会生产生活秩序稳定。

2021年江阴市汛期降雨量一览表

表48

站名	汛期总雨量（毫米）	雨日（天）	汛期最大日雨量（毫米）
肖山	782.60	64	101.80（7月27日）
青阳	860.00	62	99.00（8月24日）
定波	931.00	70	107.80（7月27日）
气象台	918.10	73	88.80（9月1日）

2021年江阴市汛期水位特征值一览表

表49

江河名	站名	最高水位（米）	日期	最低水位（米）	日期
长江（江阴段）	肖山	6.69	7月26日	2.16	5月8日
锡澄运河	青阳	4.86	7月28日	3.38	7月25日

（王广美）

·防震减灾·

【概况】 2021年，江阴市防震减灾工作围绕“突出重点，守牢安全”思路稳步推进，加强《建设工程抗震管理条例》贯彻宣传；强化建设工程抗震设防管理；广泛开展防震减灾科普宣传；全面有效地保护地震观测环境和监测设施。

【地震灾害防御】 2021年，江阴市根据省、无锡市相关通知精神要求，做好地震安全性评价工作。针对

2020 年 5 月以后市域辖区内项目，认真开展自查工作。域内的房屋建筑和城市基础设施等较重大工程，可以直接根据地震安全性评价结果进行抗震设防。是年，完成自查工作，根据通知要求将相关表格、总结材料进行汇总上报。

【防震减灾科普宣传】 2021 年，江阴市地震办在城区步行街开展“5·12”主题现场宣传活动，通过发放宣传资料、现场讲解等方式，营造全社会积极参与防震减灾的良好氛围。利用市住建局“众智澄城”APP 平台进行防震减灾科普宣传。借力物业管理平台，充分发挥物业直接面对广大业主宣传优势，通过观看防震减灾视频、张贴宣传画报、屏显宣传标语、分发宣传资料等形式，多层联动开展宣传活动。组织讲解人员走进花园中心幼儿园、澄江中心幼儿园课堂，讲解《地震来了，怎么办》，为幼儿进行生动的科普宣传。

【地震监测】 2021 年，江阴市地震办加强地震监测台站建设和维护。维护白石山、周庄卧龙湖地震台和君山强震台，保障正常运行；MDCB 电磁波地震前兆监测台运行良好，数据交换及时准确；解决江阴基本站供电问题，确保江阴基本站设备安装调试工作按计划完成；协调白石山区域综合环境整治对台站影响事宜。年内，根据临港经济开发区关于白石山区域综合环境整治的工作推进安排，协调对接无锡市地震局地震监测台站的专家与环境整治各方进行沟通，提出解决台站影响的方案和条件，形成一致的解决方案。是年，完成各台站安全巡查 17 台次。

【完善防震减灾体系】 2021 年，江阴市地震办关注并指导应急避难场所建设。根据目标任务及应急避难场所设计规范要求，经与有关单位多次商讨推敲，新选址两处同步建设应急避难场所。同时，对已经建成的应急避难场所进行功能提升改造，进一步提高城市韧性能力建设水平。年末，各项建设工作稳步推动，部分工程通过竣工验收。

【城市抗震防灾规划联动执行】 2021 年，江阴市地震办根据《关于开展政府重大行政决策执行情况督查工作通知》，要求市防震减灾工作联席会议各成员单位分别从防灾、抗震、避震、救灾方面，加强抗震防灾能力建设等。各成员单位结合部门职能及《江阴市城市抗震防灾规划(2017—2030 年)》要求，坚持以防为主、防抗救相结合，构建以工程抗震设防常态化建设和应急基础设施保障的城市抗震防灾联动执行机制。年末，对规划执行情况进行总结上报。

【全国第一次自然灾害普查】 2021 年，江阴市开展全国第一次自然灾害普查工作。市地震办主动对接，积极协调，稳步推进全市房屋承灾体调查和地震灾害风险普查工作。组织人员到徐州市铜山区、泰州市兴化市等市县(区)试点单位学习取经；与第三方对接，听取单位经验介绍，了解此次普查任务的重点与难点；完成确定技术服务支撑单位的招投工作；组织召开江阴市第一次全国自然灾害综合风险普查(房屋建筑承灾体普查)工作推进会。是年，各技术服务支撑单位基本完成普查外业工作。 (章　鸿)

·地质灾害防治·

【概况】 2021 年，江阴市自然资源和规划局针对江阴市是全省地质灾害重点防治县的情况，强化地质灾害防治工作。3 月，根据无锡市年内最新 1∶50000 低山丘陵区详查数据图，全面排查江阴市地质灾害易发区域，确定地质灾害隐患点 41 处，均竖立警示标志，并向单位和个人发放地质灾害隐患明白卡、避险卡，确保隐患信息、预防措施告知到位。6 月，编发《江阴市 2021 年地质灾害防治方案》，明确年内地质灾害防治任务与措施，落实所有隐患点的监测人及镇村责任人，建立健全市、镇(街道)、村三级群测群防网格，保障了人民群众的生命财产安全。

【江阴市“十四五”地质灾害防治规划】 2021 年 3 月，江阴市自然资源和规划局为科学部署“十四五”期间地质灾害防治工作，有效减轻地质灾害风险，不断提升地质灾害综合防治水平，保障人民生命财产安全，组织编制《江阴市“十四五”地质灾害防治规划》。该规划科学研判“十四五”期间江阴地质灾害防治面临的严峻形势，根据江阴市地质环境条件、地质灾害分布现状、易发程度等，结合江阴市国民经济和社会发展的有关规划，划分地质灾害易发区、重点防治区和一般防治区。同时，贯彻以防为主、避让与治理相结合、全面规划、综合治理的方针，结合地质灾害风险调查、监测预警、综合治理、能力建设等四大体系，明确地质灾害防治任务和保证措施。10 月，该规划通过专家论证。该规划将经江阴市政府同意后印发实施。

(卫志友)

【首次地质灾害综合应急演练】 2021 年 11 月 12 日，江阴市自然资源和规划局联合市应急管理局、消防救援大队、120 急救中心、蓝天救援队和云亭街道等部门在云亭街道定山村宕口举行江阴市首次地质灾害综合应急演练。该次演练模拟因连续数天的暴雨导致云亭街道绮山一处山体发生崩塌，碎石掉落导致 2 名人员受伤，1 辆过路汽车被砸变形且侧翻被困，亟待救援的场景，由此展开地质灾害综合应急演练。在现场的综合协调组、应急救援组、灾害监测组、警戒治安组、医疗救护组和转移安置组 6 个工作组密切协作下，整个演练过程组织严密、措施有力、操作有序、贴近实战，以接近实战的形式真实还原地质灾害应急救援过程中先期处置、监测预警、自救互救、紧急疏散、破拆救援、现场清理、医疗救治等多项环节的协调性。在模拟“险情发生—组织抢险救灾—解救受困群众—解除应急响应警报”全过程中，检验了江阴地质灾害应急救援队伍和处置体系建设成效，提高了地质灾害应急救援各部门间的高效协同和基层应急救援队伍的应急处突能力，对提升江阴市地质灾害应急救援能力具有现实指导意义。 (卫志友　唐小雯)

农产品质量安全

【概况】 2021 年，江阴市践行“生态环保、安全优质”的绿色发展理念，深入贯彻“稳增量、优结构、强主体、增效益”的要求，坚持技术、制度、组织创新，统筹推进品种培优、品质提升、品牌打造和标准化生产，增强农业质量效益和竞争力，推动绿色农业产业提档升级。加快转变农业生产方式，推行全产业链绿色生产技术，加大绿色防控技术试验示范，着力拓展生产循环农业多元路径，大力推进"两品一标"（绿色食品、有机农产品、农产品地理标志）农产品建设。至年末，全市拥有绿色食品74种、有机农产品3种；全市累计建有绿色优质农产品生产基地1.43万公顷，其中国家级绿色食品原料（水稻）标准化生产基地1个，面积0.33万公顷；省级绿色优质农产品基地13个，面积0.96万公顷；绿色食品生产基地0.13万公顷。

【入选全国绿色食品原料（水稻）标准化生产基地】 2021年，江阴市遵照绿色食品生产标准，生产过程中遵循自然规律和生态学原理，协调种植业和养殖业的平衡，限量使用限定的化学合成生产资料，产品质量符合绿色食品产品标准。加强产地环境建设，符合绿色食品有关技术条件。12月15日，农业农村部中国绿色食品发展中心公布《关于发布第二十六批全国绿色食品原料标准化生产基地创建单位的通知》，以江阴市人民政府为建设单位的江阴市全国绿色食品原料（水稻）标准化生产基地成功入选。

【织密农产品质量安全监管网络】 2021年，江阴市坚持"产出来"和"管出来"相结合，严格按标生产，严格许可审查，严格证后监管，织密农产品质量安全监管网络。年内，全市共有1707个经营主体录入江苏省农产品质量安全追溯管理平台，实现生产过程可控；溯源产品数达1037种，质量安全可溯；累计打印溯源标签65885张，完成督查巡查3953次，检测样品29578批次，合格率99%以上。全年完成地产农产品定量检测2137批次，千人抽检率达到1.63批次，合格率99%以上。

（焦　钰）

【完成农药减量目标】 2021年，江阴市根据省、无锡市专项行动要求和目标，采取多项措施控制病虫害发生。规范和提升农作物病虫测报技术，提高病虫草害预测预报准确率；推进专业化统防统治和绿色防控示范区建设；加强科学用药宣传培训；推进农药集中配送等，确保有效控制重大病虫危害，减少农药用量，保障重要农产品有效供给。是年，实现农药减量使用目标，据测算，全年全市农用农药使用量为229.6吨，比2020年的230.9吨下降0.56%。

（夏秋霞）

【化肥减量增效工作】 2021年，江阴市在提升耕地质量同时，加强化肥减量增效工作，成效显著。测土配方施肥技术的推广覆盖率达95.6%，有机肥替代化肥比例达23%，推广应用配方专用肥4102吨、商品有机肥3959吨、有机无机复混肥1706吨、缓控释肥250吨。是年，全市化肥施用量比2020年削减0.7%，受污染耕地安全利用率100%。

（冯耀栋）

【农资安全监管】 2021年，江阴市重点抓好农业危化品安全生产隐患排查整治，保障农产品质量安全。开展农业危险化学品专项治理、农资打假专项治理行动，全年检查农药、肥料生产企业、农资经营单位130个次，抽检农药样品数44个，排查发现安全隐患问题33个，全部整改落实。组织开展"放心农资下乡进村"活动，向农民宣传农业法律法规，普及识假辨假知识，指导农民从正规途径购买农资、科学规范使用农资，帮助农民提高识别侵权假冒农资产品的能力。是年，累计接待咨询人数300余人、悬挂宣传横幅15条、发放宣传资料1400余份。

（曹文东）

食品药品安全

【概况】 2021年，江阴市市场监督管理局认真贯彻执行食品药品安全监管"四个最严"（建立最严谨的标准、实施最严格的监管、实行最严厉的处罚、坚持最严肃的问责）要求，按照市委、市政府决策部署，强化源头严防、过程严管、后果严惩、问题严治，坚决守牢食品药品安全底线，着力解决突出问题，创新监管方式，加强执法力度，食品药品安全治理能力持续提升，全年食品药品安全形势持续稳定。

【食品安全民生实事】 2021年，江阴市市场监督管理局以创新理念和监管手段为突破口，着力打造"我为群众办实事·食品安全你点我检"项目，采用网民投票、话题讨论、"互联网+大数据"统计等方式，选取"网红餐厅""网红食品"进行抽查、抽检，使监督检查更具"精准度""靶向性"。推文《多款网红蛋糕大检查》阅读量7.8万余人次，位列当期全国市场监管系统"公众号文章排名榜单"第一。开展食品安全执法检查现场直播活动，以不打码、不中

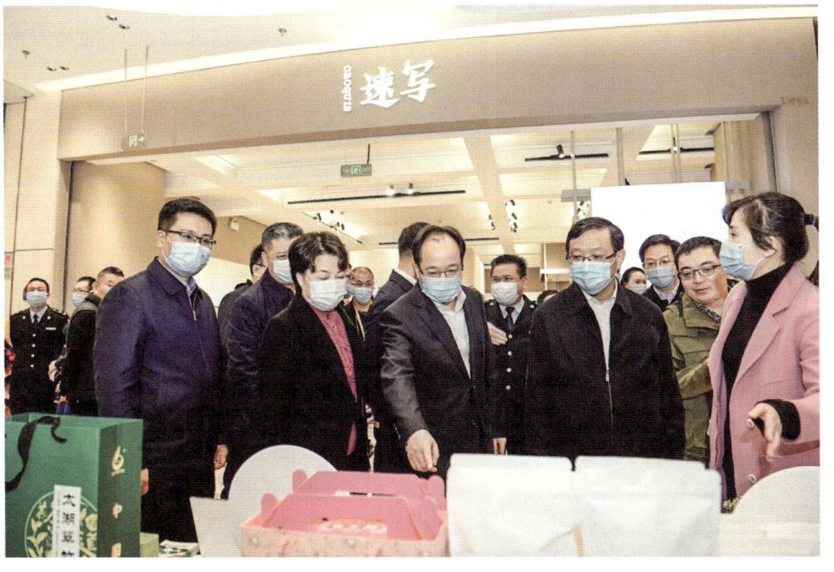

2021年12月4日，无锡市食品小作坊提档升级工作现场推进会暨无锡市"名特优"小作坊食品品鉴会在江阴召开　　（市市场监管局提供）

断的形式直击食品安全监管全过程,广泛普及食品安全知识,实际观看量超27万人次。密切关注舆论焦点,针对全国多地媒体曝光的“蜜雪冰城”“华莱士”“胖哥俩肉蟹煲”等事件,开展全市范围“连锁门店”拉网排查;邀请市人大代表、政协委员等参与“人气餐厅”实地督查,倒逼商家提升管理水平。聚焦网络订餐等高风险地带,推行外卖“食安封签”,保障外卖餐饮食品配送安全。

【食品小作坊整治】 2021年,江阴市市场监督管理局在推动食品小作坊落实主体责任、严厉打击“一非两超”(非法添加,超范围超限量使用食品添加剂)等违法行为的基础上,以评比促进监管,以培优推动提升,深入开展食品小作坊“整治提优”工程。全市食品小作坊建档率100%,登记办证率98.5%以上,获评省级、无锡市级“名特优”食品小作坊分别为8个、11个。全市建成食品小作坊集中加工区5个,举办首届无锡市食品小作坊提档升级工作现场推进会暨无锡市“名特优”小作坊食品品鉴会,食品小作坊集中加工区建设江阴模式被无锡市食安办发文在无锡市推广。结合江阴食品小作坊实际情况和监管需要,调整《江阴市食品小作坊允许申报登记目录》和《江阴市食品小作坊“负面目录”》,增加大米、冷加工糕点、方便菜肴、速冻食品、调味酱料等适合食品小作坊实际需求的产品种类。是年,制定《江阴市食品小作坊集中加工区原料、产品检验实施方案》,为食品小作坊集中加工区原料、产品检验的实施提供依据和标准,有利于食品小作坊加工区更好地实施原料和产品检验,保障食品小作坊集中加工区产品安全。

【食品安全专职监管】 2021年,江阴市全覆盖保障校园周边食品安全,完善食品安全目标责任制和校级领导陪餐制,逐条落实学校食品安全主体责任清单。市市场监管、教育、卫健等部门定期开展联合检查和督查指导,出动执法人员1108人次,检查各类学校和幼托机构食堂267个,校园周边食品经营单位621个,校园内食品经营单位9个。大力推行校园食品安全“智慧餐饮”监管,实现学校“五常”(常组织、常整顿、常清洁、常规范和常自律)管理和食堂“互联网+明厨亮灶”全覆盖。在中高考期间,做到提前介入、谋划部署、风险排查、全程管控,对各餐饮保障点及周边进行检查,并在考试期间全程驻点保障,保证考试顺利进行。严格冷链物防把好关口,成立市疫情防范高风险冷链食品“物防”专班并实行实体化工作,切实做到常态化疫情防控不松懈。全面推广使用“江苏冷链”系统,实现进口冷链食品“来源可溯、去向可追”,实时查询食品源头数据,迅速锁定食品流通渠道和方向。完成江阴市进口冷链食品集中监管仓的升级改造和从业人员闭环管理,对进入江阴市储存、加工、销售的进口冷链食品实施“核酸全检测、外包装全消毒、来源全追溯”管理,开具出库证明1353份,出库货物7017批次7992吨,均完成全面消杀及核酸采样,病毒核酸检测阴性率100%。年内,江阴市食品安全检测中心加强食品危害因子识别,新增药物残留、分子生物、微生物等类别共117项参数的新工作验证,顺利通过实验室资质认定(CMA)扩项评审,进一步提升检验检测能力。

【食品安全社会共管】 2021年,江阴市市场监督管理局拓宽宣教渠道,结合食品安全宣传周、“3·15”消费者权益日、公众开放日、食品安全“六进”(进学校、进社区、进企业、进农村、进机关、进家庭)、食品安全夏令营等活动,开展全方位宣传引导,营造良好的食品安全宣传氛围。全年新增食品安全科普站71个,让食品安全知识走进千家万户,做到入耳、入脑、入心。搭建社会监督平台,组建食品安全行风监督员和食品安全志愿者两支队伍,动员社会各界参与食品安全社会监督工作,开创社会监管新模式。完善投诉举报机制,落实举报奖惩制度。年内,在成立江阴市食品安全行业协会的基础上,联合9个与食品安全密切相关的社会组织,组建“食安联盟”“食安党建联盟”,坚持党建引领,强化行业自律,共同促进食品安全健康发展。市食品安全行业协会组织高等院校教授、资深专家召开评审会,对《刀鱼馄饨馅》《刀鱼馄饨馅制作技术规范》开展团体标准评定工作,为江阴传统特色产品实现本质安全注入新的内涵和活力。

【药械监管】 2021年,江阴市市场监督管理局明确“监管区域无盲区、品种无遗漏、环节无断层”的工作思路,紧盯药械化经营使用领域,严防严控安全风险。针对不良反应、药物滥用监测报告数量少及报告质量低的现状,充分发挥协调职能,增强与市卫健委、公安局等部门的协作,加强沟通和协调,上报ADR(药品不良反应)报告1367例、MDR(医疗器械不良事件)报告631例、药物滥用监测19例。首次开展儿童化妆品“你点我检”系列活动,检验项目涵盖重金属、糖皮质激素、细菌指标、防腐剂等群众关心关注的化妆品禁限用安全指标。以医疗器械质量安全风险隐患排查为主线,抓实无菌植入类医疗器械、青少年近视矫正眼视光医疗器械、面部射频美容仪等产品的排查治理工作。坚持一手抓监管,一手抓防控,严格按照“一店一码”要求,督促零售药店做好特殊药品、发烧感冒药品及处方药销售登记并做到及时上传。对新冠病毒检测试剂经营使用单位、持证经营“五大类产品”(新冠病毒检测试剂、医用口罩、医用防护服、呼吸机、红外体温计)的出口企业实施全覆盖监督检查,重点强化对“五大类产品”购进渠道、进货查验记录、销售记录及储运条件等方面的严查严管。是年,对新冠疫苗配送、接种单位完成三轮全覆盖检查,保障全市新冠病毒疫苗质量安全、流向可控。

【食品药品执法】 2021年,江阴市市场监督管理局严厉打击食品安全违法行为,查办食品案件1333件,罚没款978万余元。强化进口冷链食品监管执法,与市公安局、江阴海关缉私分局等部门协同作战,查办市“9·5”走私冻品案。在涉案物资销毁处置工作中,采用高效率、分批次、无害化方式处置走私冻品1027吨,该案获批国家市场监督管理总局挂牌督办案件。开展长江禁渔专项检查,织密执法网络、汇聚执法合力、健全长效机制,保持“宣传声势不断、执法力度不减、禁售节奏不停、督查问效不松、监管盲区不留”的“五不”态势，多次组织执法人员夜查水产经营户，为全面落实“长江十年禁渔”要求保驾护航。在“小湖市场刀鱼事件”的处置中，第一时间反应，迅速查明真相，得到省政府督查组的充分肯定。开展粮食收购执法检查，重点检查粮食收购质量、执行收购价格等情况，并对粮食收购中出现的问题进行指导，确保夏粮收购市场平稳有序。加大药械经营主体检查力度，开展新冠病毒核酸检测诊断试剂、口腔诊所专项检查，深入排查系统性、区域性隐患。

（李　洁）

公共卫生安全

【概况】 2021 年，江阴市着力做好公共卫生安全事项。全力做好疫苗接种保障，免疫规划各类疫苗接种率均在 95% 以上，无接种差错事故发生。及时发现和快速有效处置各类传染病疫情，未发生法定传染病漏报现象，网络直报率、及时率、卡片完整率、疫点措施落实率均为 100%。组织卫生应急培训和演练等，全面提升卫生应急人员素质和基层单位处置初始疫情能力，有效应对各类突发事件。开展食品安全风险、各类环境卫生、公共场所公共用品、生活饮用水等监测，监测工作覆盖率达 100%。

【推进免疫工作】 2021 年，江阴市多措并举推进新冠病毒疫苗接种工作。细化工作目标，及时制定各类人群新冠病毒疫苗接种工作实施方案，多次召开全市新冠病毒疫苗接种工作动员部署会议，务实、高效推进新冠疫苗各阶段接种工作。做好疫苗接种的人员配备和设施设备保障，加强疫苗接种全过程管控，守牢接种安全底线。强化接种工作人员培训，确保素质过硬、技术过关。加强督导，严格执行接种服务规范，按照“三查七对一验证”（三查：查接种卡和接种证，查儿童的健康状况和禁忌症，查疫苗和注射器的外观及有效期；七对：核对儿童姓名、年龄、接种的程序、接种的计量、疫苗的有效期、注射的部位、注射的方法；一验证：检验疫苗的有效期和名称）的原则规范扫码接种，确保接种安全，发现问题及时整改。通过精准发动、充分宣传、加强科普、科学指导，打消群众顾虑，提高接种积极性。及时公布接种点相关信息，为群众接种疫苗提供便利。加强疫苗管理，使用疫苗管理系统、冷链监测系统和成人接种系统，每日监控冰箱温度，疫苗有效期，确保疫苗安全有效，确保新冠疫情防控期间预防接种工作持续高效。改进接种门诊标准化建设，在全市 28 个标准化门诊的基础上推进示范化门诊建设，进一步提升服务能力，改善服务环境，提高群众服务体验和获得感。全年接种免疫规划疫苗、非免疫规划疫苗 55 万余人次，免疫规划疫苗接种率全部在 95% 以上，无接种差错事故发生。

【各类传染病防控】 2021 年，江阴市传染病防控部门强化传染病预警监测和风险评估，及时发现聚集性传染病疫情的苗头倾向，及时发现和快速有效处置各类传染病疫情。全市报告乙类传染病病例 10 种 1091 例、发病率 61.31/10 万；报告丙类传染病病例 4 种 2708 例、发病率 152.18/10 万，较 2020 年的 2686 例上升 0.82%。累计报告聚集性疫情 15 件（手足口病聚集性疫情 10 件、诺如病毒感染聚集性疫情 2 件、流感暴发疫情 3 件），比 2020 年的聚集性疫情 13 件上升 15.38%。完成国家伤寒 + 副伤寒、手足口病监测点任务，完成腹泻病监测任务和无锡市霍乱、流感监测任务。规范开展疫情报告管理工作，未发生法定传染病漏报现象，网络直报率为 100%，及时率为 100%，卡片完整率为 100%，卡片综合指数 100 分，疫点措施落实率 100%，均达工作目标。继续加大艾滋病的检测筛查力度，全年检测各类人群 40.5 万人次，总人群筛查率 22.7%，VCT 门诊（艾滋病自愿咨询检测门诊）免费咨询检测 1376 人次。全市肺结核发病人数和发病率稳步下降，是年全市登记肺结核患者 403 例，比 2020 年的 467 例下降 13.7%，开展患者追踪与规范化管理，追踪及转诊到位率 99.38%，患者成功治疗率 92.9%。

【突发公共卫生事件处置】 2021 年，江阴市进一步健全卫生应急组织体系，组织卫生应急培训和演练等，全面提升卫生应急人员的素质，规范应对各类突发事件。全年无新型冠状病毒肺炎疫情、新型冠状病毒肺炎聚集性疫情、水痘暴发疫情等突发公共卫生事件报告。面对高发的学校、幼托机构水痘、手足口病、诺如病毒感染、流感等疫情，采取多项措施积极应对，对全市各医疗卫生单位疫情（包括伤寒、手足口、水痘、流感等）管理人员开展培训，提高基层单位处置初始疫情能力；在疾病流行前开展全市托幼机构、小学拉网式预防性指导 5 次，累计 1249 次，尽可能降低暴发流行的风险；在流行期间与教育部门每日互通信息，发现疫情苗头尽早介入处理；积极推进手足口病 EV71 型疫苗、流感疫苗和水痘疫苗，最大限度减少病例的发生，保障易感儿童的健康。是年，通过严格落实措施控制疫情，没有发生大面积暴发；全年流感疫苗接种在无锡市位列第一；全年全市未报告重症手足口病。

【公共卫生监测】 2021 年，江阴市公共卫生监管部门认真做好各类涉及公共卫生安全项目的监测工作。开展食品安全风险监测，全年累计监测 107 件样品，任务完成率 100%。全年累计监测食源性疾病病例 2028 例，任务完成率 100%；累计处置食源性疾病暴发事件 8 件。全面开展各类环境卫生监测，对农村居民室内健康危害因素进行监测，完成医院、商场、车站、农贸市场等 7 项国家室内环境监测项目。开展不吸烟女性肺癌危害因素监测，全年完成病例与对照 31 例。开展公共场所微小气候监测，涉及 37 个单位，监测样品 99 件，监测项次数量 895 个。全年监测公共场所公共用品 453 件，检测项次数量 1176 个。全面完成并及时上报省农村生活饮用水枯水期卫生监测数据；开展生活饮用水监测，监测覆盖率 100%，任务完成率 100%。对全市的中小学校开展学生伤害监测工作，监测工作覆盖率 100%，日报告率 95.08%。建设营养餐厅 1 个。

（缪　英）

应急管理

【概况】 2021年,江阴市应急管理局深入学习贯彻习近平总书记关于安全生产、应急管理和防灾减灾救灾工作的重要论述,认真落实江阴市委、市政府决策部署,坚持生命至上,科学统筹发展与安全的关系,狠抓应急管理各项重点工作落实。年内,出台党政领导年度履职清单,完善安委会成员单位责任分工;深入开展安全生产专项整治,清单化监管企业、场所5.1万个(处),整治隐患事项5.7万项;策应工业园区升级改造三年大会战,治理违法违规"厂中厂"563个;落实企业主体责任,实施工业企业安全生产风险报告,举办"百团进百万企业千万员工"学习宣讲302场次。以"四梁+八柱+地基"的安全生产总体规划和26个分领域专项规划为指引,争创省级安全发展示范城市并取得良好效果;立足"全灾种、大应急",加强专业救援能力建设,建成应急专业救援队伍"澄应联盟",全年修编应急预案20件,实现重大危险源企业应急预案"一企一案一策"数字化。沿江危化品应急救援基地五套化工模拟实训装置及实训中心建成投用,成功承办长三角危化品重大生产安全事故联合应急演练。局党组升格成局党委,围绕"一支纪律部队、一所干部学校、一个温馨家庭"目标,实施"作风建设年、制度规范年、能力提升年"行动。是年,市应急管理局获评全国应急管理系统先进集体、全国应急管理新闻宣传暨学报用报先进单位、江苏省2021年度应急管理普法宣传优秀组织单位,以及无锡市2021年度危化品和烟花爆竹安全监管工作先进集体、工贸安全监管和工业企业安全生产风险报告工作先进集体、防灾减灾抗灾救灾先进集体、安全生产执法工作先进集体。

【争创省级安全发展示范城市】 2021年,江阴市在公共安全体系规划"1+26"(一个总体规划和26个专项规划)架构的统领下,有机结合"三年大灶"(按照全国统一部署,开展安全生产专项整治三年行动)、工业企业安全生产风险报告、危险化学品使用专项治理等工作,启动首批省级安全发展示范城市创建工作。2月8日,召开全市性创建工作动员部署大会,市委、市政府主要领导亲自部署,明确工作方向和举措。成立由市政府主要领导任组长、分管领导任副组长的高规格创建工作领导小组。市委常委会、市政府常务会专题听取创建工作进展情况。结合全市实际制定创建实施方案,精准细化448小项内容。第一时间成立市级创建专班,注重统筹协调,先后60余次召开安全发展示范城市推进会、调度会和协调会。开发创建资料提交、审核、反馈信息化平台,推行创建工作"一日一报"和"红黄蓝绿"四色动态滚动通报制度。聘请第三方专家团队,定期开展专题培训、集中答疑、台账审核、逐项指导,梳理汇总涉及江阴市58类现场点位检查标准,以点带面推进现场点位打造。组织开展创建主题宣传片集中发布仪式,打造江阴特色景观小品,创新开展"安全发展我要说"主题"金点子"征集、"我身边的安全故事"主题征文、"小视角大安全"主题作品征集的创建"三征集"活动,每月举办一期网上竞答等各类主题活动,累计参与人数13万人次;项目化推进"防灾减灾示范社区""安全村(社区)""安全学校"等系列建设。10月,完成省级现场评议工作,安全基础和文化氛围等方面得到评议组专家认可和肯定。

【安全专项整治】 2021年,江阴市深入实施安全生产专项整治,坚持机制不变、力度不减、标准不降,围绕"三年大灶"目标任务,聚焦危化品、城镇燃气、冶金、建设工程、道路运输等重点行业,紧盯重要时段、重要企业、重要岗位,加强分析研判,全面推进"三年大灶"167项重点任务,清单化监管企业、场所5.1万个(处),整治隐患事项5.7万项(其中,重大隐患事项106项),责令停产整顿企业233个。组织开展营运性车辆、农村桥梁、既有建筑等专项排查治理,推动解决突出安全问题。梳理危化品使用企业13356个,整治隐患事项9082项,立案查处企业193个,责令停产停业整顿企业32个,关闭取缔企业2个,基本形成全市使用危化品企业和单位"一图一表"。全市14354个工业企业完成首次安全生产风险报告,规模以上、规模以下企业填报率100%,较大以上风险报告(个数)占比达99.3%。建立危化品企业事故隐患月度自查自改和隐患排查治理双循环制度,编制工业园区企业安全管理技术指南、工贸行业危险作业全流程安全管理指引手册。组建铝加工、安全生产技术服务机构等行业协会。在无锡市率先出台安全生产"红黄"警示管理办法、安全生产领域失信生产经营单位及其有关人员失信的约束意见。64个化工生产企业完成"五位一体"(集重大危险源监控信息、可燃有毒气体检测报警信息、企业安全风险分区信息、生产人员在岗在位信息和企业生产全流程管理信息于一体)信息化平台建设,46个深井铸造和粉尘涉爆企业完成风险监控预警系统建设。

【优化监管执法方式】 2021年,江阴市应急管理局优化监管方式,不断提升执法效能。年内,制定《江阴市安全生产领域违法行为和事故隐患举报奖励实施办法(试行)》《企业现场安全管理十项基本措施》及《安全检查、技术服务必查事项》,明确执法检查重点事项。完善"互联网+监管""执法+专家"机制,优化监管执法扁平化模式,广泛宣传新的《中华人民共和国安全生产法》(2021年9月1日起正式实施),开展百日专项执法行动。对吊装作业、危险场所动火作业、高处作业、有限空间作业、安装拆除、检维修等开展深度执法检查。建立工伤事故分析和移送制度,出台《江阴市工伤事故预防联动机制》,增加工伤事故高发企业检查频次,压紧压实企业主体责任,全年检查发生工伤事故企业598个,整治隐患4057处。加强市、镇两级安全生产执法工作信息共享和工作联动,充分利用第三方技术服务力量,有效实施违法行为和问题线索双向移送机制,形成多方齐抓共管局面,倒逼企业提升本质安全水平。全年全市应急管理系统共事前立案1156件(其中5万元以上案件310件),处罚款4155.68万元,分别比2020年增长18.32%、22.24%,全年无行政复议和行政诉讼案件。对某企业因未公示较大以上安全风险在全省实施首例处罚。是年,市应急管理局获评无锡市应急系统安全生产执法工作先进集体,获无锡市安全生产行政处罚案卷评查一等奖。

【安全宣传】 2021年,江阴市应急管理局开展“百团进百万企业千万员工”活动,累计宣讲302场,覆盖企业3852个,覆盖职工4.5万人;举办“安全生产月”活动启动仪式;在省级以上各类平台发布各类专稿、报道82篇,江阴各媒体刊发各类信息195条;开展各类活动网络直播,累计受众101.6万人次;在江阴应急管理官方微信公众号持续推送安全生产专项整治行动专栏“利剑出鞘”内容,对78个企业违法违规行为予以集中曝光,制作事故警示教育片3部;在天华文化广场组织2场集中科普宣传活动,制作各类科普读物12种,累计发放18.3万册;在全市社区科普终端、科普长廊加载新的《中华人民共和国安全生产法》等内容;组织讲师团开展安全公益宣讲,开展安全学校试点工作;通过短信平台累计向重点人群发送风险提示等信息超200万条;开展“安全吹哨人”全市第二届安全文化“五个一”(融媒体类作品、微视频类作品、图书类作品、摄影类作品、剧本类作品各一组)征集活动,组织创作情景剧《安全至上》、微电影《生命安全大于天》等安全文化作品,组织全市安全文化专题巡演7场。通过系列宣传活动,在全社会营造关注安全的浓厚氛围。年内,承办江苏省安全应急科普环省行2021年首场活动;指导打造“五进”(进企业、进农村、进社区、进学校、进家庭)点位85个;组织开展全市第二届青年自救互救运动会。是年,市应急管理局被评为全国应急管理新闻宣传暨学报用报先进单位,创作的“江小安护平安”表情包获全省青年创意融媒体作品二等奖,微电影《生命安全大于天》被评为全国应急管理新媒体优秀视频作品,获无锡市优秀法治文化作品二等奖。

【提升应急救援能力】 2021年,江阴市应急指挥中心加强信息化建设,整合接入相关职能板块关键指标数据及监控视频,严格落实“三三制”(全单位人员三分之一在岗在位、三分之一就地备勤、三分之一轮休)值班制度,加强重点节假日、灾害天气等时段值班值守力量。统筹蓝天救援队等社会力量,初步形成江阴应急联盟专业救援队伍“澄应联盟”,成立首批4支危险货物道路运输突发公共事件应急救援企业联动队伍,危化品应急救援队项目可行性研究报告上报江苏省应急管理厅,全年成功处置危化品车辆道路运输突发事故4次。年内,由市应急指挥中心牵头,联合各板块综合执法局、消防中队、行业专家等,对全市16个涉及危化品重大危险源企业开展现场摸排,实现重大危险源企业“一企一案一策”数字化建档,为精准施救提供数据支撑。是年,沿江危化品应急救援基地五套化工模拟实训装置、实训中心及市镇两级视频点调系统建成投用。

【应急演练】 2021年,江阴市应急管理局组织参加中粮麦芽突发液氨泄漏事故应急救援“云演练”、江阴市地质灾害综合演练、森林防灭火应急扑救竞赛演练、江苏焱鑫科技股份有限公司特种设备事故应急演练、江阴电网2021年迎峰度夏防汛防台风事故演练等市级综合应急演练7次。11月12日,市应急管理局与市自然资源和规划局、消防救援大队、云亭街道办事处等部门联合开展全市首次地质灾害综合演练。同月,承办2021年长三角危险化学品重大生产安全事故联合应急演练,采取“实时演练、远程指挥、市县连线、应急指挥中心集体观摩、网络直播”的方式组织实施,提升长三角区域突发事件应急处置能力。是年,全市各部门及镇(街道)按照年度演练计划,组织各项专项演练50余次。

【防灾减灾救灾工作】 2021年2月,江阴市成立减灾委员会,负责统筹指导和综合协调全市防灾减灾救灾工作,加强各部门减灾工作联动;组建全市灾害信息员队伍,实现每个村(社区)至少配置1名灾害信息员,组织基层灾害信息员培训,提高灾害信息员信息收集报送能力;持续推进自救互救项目点建设,全年全市完成全民自救互救工程(第五期)建设项目点10个,并按计划组织项目点人员进行培训。年内,市应急管理局结合市实际情况,按照合理布局、规模适度、就近高效的原则,制定救灾物资(实物)储备需求清单,救灾储备物资全部落实到位并纳入首批市级救灾物资(实物)储备计划,全面提升市救灾工作水平;开展第一次全国自然灾害综合风险

2021年11月23日,江阴市承办2021年长三角危险化学品重大生产安全事故联合演练,来自江苏省、浙江省、安徽省、上海市的应急管理与救援人员忙而有序开展各项演练科目 (市应急管理局提供)

普查,落实普查办职责,督促各牵头部门按时完成本系统普查任务,完成减灾能力调查和承载体调查工作,做好对普查人员培训工作和对镇(街道)指导工作,高质量完成好上述风险普查任务。是年,有效应对处置强对流天气、台风、暴雨5次。

(唐小雯)

特种物品与设备安全

【概况】 2021年,江阴市推动公共安全监管向纵深发展,加大对剧毒、易制爆、易制毒三类危险化学品监管,做好辐射污染安全管控和白蚁的防治工作,抓好全市特种设备安全生产,防范安全事故。年内,江阴市公安局按照公安部和江苏省公安厅部署,结合打击整治枪爆违法犯罪专项行动、安全生产专项整治、禁毒"净边2021"专项行动等工作,将三类危险化学品统一纳入安全监管重点工作中,层层分解任务、落实责任,创新管理模式,构建全覆盖、全方位、全流程管理体系,有效预防危险化学品流失、被盗等事件或案件发生;市住建局完成全市190项新建房屋白蚁预防项目处理,做好市内1800余个蚁情监测站点的维护和观察工作;江阴生态环境局确保放射源安全控制;市市场监督管理局强化特种设备安全隐患排查治理,建立企业隐患自查、村(社区)网格员隐患排查、市场监管部门监督检查的三级隐患排查治理机制。是年,市内特种物品与设备安全运行。

【危险化学品使用安全专项治理】 2021年,江阴市在对剧毒、易制爆、易制毒三类危险化学品监管上注重实效,结合辖区实际,制定《江阴市剧毒易制爆易制毒企业危险化学品使用安全专项治理行动实施方案》。市公安局加强组织部署,多次召开动员部署会、重点工作推进会,持续强化大局意识、忧患意识、风险意识,将"隐患就是事故"的理念贯穿于危险化学品日常安全管控工作中。同时,市公安局党委牵头成立领导小组,细化责任、量化措施,实现专班实体化运行,推进相关部门同步开展专项行动,确保各项管控措施落实到位。针对三类危险化学品安全管理涉及环节多、牵涉部门多等实际,牢固树立"一盘棋"思想,落实部门联动。依托市安委办危险化学品使用安全专项治理联席会议制度,联合市交通、应急、环保、工信、教育等职能部门协同配合,共同开展安全检查、隐患整治专项行动,最大限度汇聚工作合力,推动三类危险化学品各个环节或领域安全监管工作落实到位。推动督导工作,市公安局治安部门会同各辖区派出所深入三类危险化学品涉及单位,全要素、全流程检查指导危险化学品管控工作,协调解决问题,确保安全监管责任和主体责任到位。定期组织派出所民警对危险化学品经营、使用单位负责人和从业人员开展教育培训,通报问题隐患和违规企业查处情况,提高安全管理意识。

【清理危险化学品隐患】 2021年,江阴市坚持"三查并举"(清查列管单位、清查从业人员、清查异常管控数据),清理危险化学品隐患。在清查列管单位中,针对江阴地区企业多的特点,治安部门通过大数据系统逐一比对三类危险化学品使用单位信息,并会同主管部门深入学校、医疗机构、科研单位和化工园区等重点单位实地核查,从中发现列管视线外的单位。年内,新排查企业3635个次,新列管易制爆危险化学品使用单位36个、易制毒化学品使用单位23个。全面清查从业人员,将全市三类危险化学品从业人员与涉毒人员、全国违法犯罪人员等数据库进行碰撞比对、研判分析,挖掘具有风险隐患的从业人员,精准落实关注和调离等管理措施。全年碰撞比对涉危从业人员5000余人,督促企业采取措施调整岗位30人。做好异常管控数据清查,对危险化学品日常购销、运输、领用等数据进行比对,强化数据分析研判,实时掌握从业单位资质、备案、流向业务数据,发现数据异常及时实地核查。全年核查预警信息1537条,督促企业规范采集流向信息70943条,更新资质信息307条,行政处罚违规单位8个。

【危险化学品防范达标建设】 2021年,江阴市推动剧毒、易制爆、易制毒三类危险化学品检查整改,长效常治。围绕三类危险化学品从业单位人防、物防、技防、制度防等治安防范情况开展针对性检查,列出问题清单,明确处理措施,指导从业单位对照标准开展整改。对属于其他部门安全监管范畴的及时通报。年内,检查涉危单位9211个次,发现并督促整改治安隐患620余处。推动防范达标建设,组织开展治安防范评估验收,分类分级核查,逐个逐项过堂,建立健全档案,及时准确掌握从业单位治安防范状况。同时,对照国家《易制毒化学品管理条例》及《剧毒化学品放射源存放场所治安防范要求》《易制爆危险化学品储存场所治安防范要求》等公共安全行业标准,督促从业单位认真开展储存场所治安防范第三方安全评价,完成单位治安防范达标建设任务。在危险化学品治安防范达标建设中,严查违法违规行为。全年依法办理涉及三类危险化学品行政案件71件,行政处罚从业单位71个次,罚款金额19.5万余元;督促从业单位(剧毒易制爆危险化学品储存量50公斤以上的)完成储存场所治安防范状况安全评价271个次。

(朱斌 胡娟)

【核与辐射安全管控】 2021年,江阴市加强辐射污染安全管控。开展辐射安全生产大检查行动,对市级管控涉源单位、废旧金属熔炼企业、伴生放射性矿开发利用单位检查率100%,市级管控射线装置检查率50%以上;组织开展Ⅱ类γ射线移动探伤单位辐射安全生产检查。建立闲置源季度排查制度,风险放射源应收尽收,对年内全市送贮13个放射源使用单位33枚废旧放射源加强管控。完成辐射事故应急预案修编,开展辐射事故应急演练。是年,累计检查辐射企业299个次,出动人员538人次。其中,检查涉源化工企业8个,四类、五类放射源单位67个,伴生矿利用单位1个,外来移动探伤单位1个,废旧金属熔炼单位8个,三类射线装置单位112个;检查率均为100%。(姚洵)

【白蚁防灭治】 2021年,江阴市高质量超计划完成白蚁防治公共服务,减少白蚁危害对老百姓美好生活的影响。农村集体建设项目继续开展白蚁预防工作，全年完成全市190项新建房屋白蚁预防项目处理，做好市内1800余个蚁情监测站点的维护和观察工作，并及时通过公共媒体和微信平台发布白蚁高峰期预警，同时结合宣传提高市民的白蚁防治意识。对全市26个公园开展林地白蚁综合治理，有效控制白蚁对园林分化的危害。注重白蚁预防工程回访复查，回访945项新建房屋白蚁预防工程，对指定街区虹桥二村的121户居民进行白蚁调查，对其中存在白蚁危害现象的工程及时进行治理，有效保障房屋的使用安全。继续开展土白蚁研究，采用白蚁电子监控装置，改变群众提着药水桶喷药治理白蚁的旧印象。是年，安装500余个白蚁电子监控装置，提升全市白蚁防治工作的科技含量和灭治效率。（章　鸿）

【特种设备安全】 2021年，江阴市市场监督管理局推进特种设备安全责任网上告知承诺，推行特种设备安全责任公示制度，压实企业特种设备安全生产主体责任。强化特种设备安全隐患排查治理，建立企业隐患自查、村（社区）网格员隐患排查、市场监管部门监督检查的三级隐患排查治理机制。对高风险特种设备实施重点监管，以政府购买服务的形式委托专业第三方机构开展“体检式”检查。联合相关部门建立全链条可追溯的气瓶管理体系，制定气瓶全过程监管“图谱”。运用无锡市大型游乐设施安全监管系统实现对大型游乐设施和客运索道综合管理情况的全面掌握。全市完成智慧叉车签约数量11083台，完成安装8041台，有效杜绝叉车超期使用、人员无证上岗等监管顽疾。全面巩固以民生安全为重心的特种设备安全应急救援体系，对全市电梯应急救援网格进行细分，由原先的6个扩充至12个，不断缩短应急救援到场时间。开展电梯“96333”应急救援能力提升行动，组织开展电梯“96333”应急救援演练，强化电梯救援单位的应急处置能力。通过电视、广播、广告、微信公众号等形式或平台加强对电梯“96333”应急救援的宣传，进一步提升民众对电梯“96333”的认知度和关注度。组织特种设备相关企业开展安全应急演练，以练为战提高特种设备相关企业的应急处置能力与水平。

（李　洁）

火灾事故与防范

【概况】 2021年，江阴市消防救援大队接警出动6054次，出动车辆11315辆次，出动人员65311次。其中，火警2639次，抢险救援1215次，社会救助1994次，虚假警206次；解救被困群众199人，保护财产价值2.1亿元。全年按照最新“全口径”火灾标准统计，发生各类火灾2639次，死3人（民宅）、伤4人，造成直接财产损失1210.99万元，火灾数与损失数分别比2020年上升14.09%、25.05%，亡人数持平，伤人数下降42.86%。其中，非轻微火灾117次，死3人，伤4人，直接财产损失793.18万元，非轻微火灾数、伤人数分别比2020年下降26.88%、42.86%，亡人数持平，损失数上升36.74%。是年，未发生较大以上火灾事故，继2001年以后连续21年未发生有较大人员伤亡的火灾事故。

【灾情分析】 2021年，江阴市发生火灾事故2639次，从火灾发生区域看，澄江街道辖区火灾总数位居首位，发生371次火灾事故，占火灾总数的14.06%；周庄镇辖区发生火灾270次，占火灾总数的10.23%；徐霞客镇辖区发生火灾254次，占火灾总数的9.62%；华士镇辖区发生火灾221次，占火灾总数的8.37%；青阳镇辖区发生火灾158次，占火灾总数的5.99%；利港街道辖区发生火灾148次，占火灾总数的5.61%；江阴高新区辖区发生火灾141次，占火灾总数的5.34%；璜土镇辖区发生火灾125次，占火灾总数的4.74%；祝塘镇辖区发生火灾125次，占火灾总数的4.74%；长泾镇辖区发生火灾112次，占火灾总数的4.24%；云亭街道辖区发生火灾107次，占火灾总数的4.05%；夏港街道、顾山镇辖区均发生火灾102次，各占火灾总数的3.87%；南闸街道辖区发生火灾97次，占火灾总数的3.68%；月城镇辖区发生火灾87次，占火灾总数的3.3%；新桥镇辖区发生火灾82次，占火灾总数的3.11%；其他区域火灾8次，占火灾总数的0.3%。

从起火场所情况看，住宅火灾601次，亡3人，伤4人，直接财产损失161.26万元，分别占总数的22.77%、100%、100%和13.32%；工贸企业火灾292次，直接财产损失496.84万元，分别占总数的11.06%和41.03%。此外，交通工具类火灾211次、商业场所火灾111次、其他类型火灾共1424次，分别占总数的8%、4.21%、53.96%。

从火灾发生原因看，遗留火种引发火灾1583次，占总数的59.98%；电气火灾326次，占总数的12.35%；自燃火灾289次，占总数的10.95%；生活用火不慎引发火灾269次，占总数的10.19%；生产作业类火灾115次，占总数的4.36%；静电火灾23次，占总数的0.87%；吸烟引发火灾11次，占总数的0.42%；放火9次，占总数的0.34%；燃放烟花爆竹和其他类火灾各5次，各占总数的0.19%；玩火引发火灾3次，占总数的0.11%；不排除原因火灾1次，占总数的0.04%。

从火灾发生时段看，火灾高发时段为18时至20时，发生火灾404次，占总数的15.31%；16时至18时，发生火灾397次，占总数的15.04%；14时至16时，发生火灾364次，占总数的13.79%；12时至14时，发生火灾341次，占总数的12.92%；10时至12时，发生火灾249次，占总数的9.44%；20时至22时，发生火灾248次，占总数的9.4%；8时至10时，发生火灾199次，占总数的7.54%；22时至24时，发生火灾143次，占总数的5.42%；6时至8时，发生火灾103次，占总数的3.9%；0时至2时，发生火灾77次，占总数的2.92%；2时至4时，发生火灾58次，占总数的2.2%；4时至6时，发生火灾56次，占总数的2.12%。

【火灾防范】 2021年，江阴市消防救援大队认真落实“全面发展年”决策部署，主动融入国家和地方高质

2021 年 9 月 18 日,江阴市消防救援大队队员在申港芙蓉大道转海港大道匝道处抢险救援 (市消防救援大队提供)

量发展战略大局,全面提升防范与化解重大安全风险、应对处置各类灾害事故的能力,全力为建党 100 周年营造良好的消防安全环境。严格对照界定标准,按照“应列尽列”原则,调整确定重点单位 980 个(其中二级重点单位 623 个、三级重点单位 357 个)、火灾高危单位 26 个。召开重点单位例会 4 次,推进重点单位“1234 + N”(一完善、二确定、三规范、四落实和 N 推进)标准化创建,推动重点单位全面落实消防主体责任,指导 142 个重点单位完成消防安全评估。开展打通“生命通道”和高层建筑、电动车、大型商业综合体、医疗建筑,以及沿街商铺和“三合一”场所(住宿与生产、储存、经营合用场所)专项整治。开展密室逃脱类场所、粮油储备库、高层建筑、消防技术服务机构等专项检查,对 94 个农贸、专业市场开展“地毯式”检查。对 19 个疫情隔离场所(含 3 个援扬隔离点)、244 个核酸检测点开展检查,并派员驻点巡查执勤。全年检查单位 5334 个次,督改火灾隐患或违法行为 13493 处;下发行政处罚决定书 636 份,责令“三停”(停止施工、停止使用、停产停业)单位 107 个;下发临时查封决定书 134 份,罚款 442.28 万元;督改销案重大火灾隐患单位 2 个。调查火灾事故 1940 次,受理一般程序火灾事故 65 次、简易程序火灾事故 25 次,直接现场认定处理轻微火灾 1850 次。推进“防消联勤”“防消合一”工作,出动 14800 车次 73904 人次,对 14800 个单位进行防火巡查和消防宣传,指导 9782 个单位注册应用“慧消防”小程序。推广应用社会单位消防安全服务云 APP,累计注册单位 1442 个、注册个人用户 4457 人。推广安装简易喷淋 179 套、简易报警 2342 个、电动车智能充电装置 1571 套、电气火灾监控 181 套等消防安全感知设备。与江阴市融媒体中心合作,挂牌成立全省首个县级消防全媒体工作站,开展“防灾减灾日”“安全生产月”等集中宣传 35 次,消防宣传车流动宣传 187 次,“小火亡人”警示教育 85 次。举办总书记训词精神三周年纪念活动暨“119”消防宣传月启动仪式,开展沉浸式消防体验和灭火救援演练等多种线上线下宣传活动 120 余次,发送消防提示短信 37.8 万余条。建成 1 个消防主题公园、1 个消防主题广场(周庄中翔广场)和 19 个微型消防体验室(点),打造 4 条公交消防宣传专线。组建江阴市消防志愿队,招募志愿者 14461 人,组织志愿者培训 37 次,开展“关爱孤寡老人敲门行动”等志愿者活动 39 次。在户外大屏、楼宇电视等媒介播放标语视频等 1.54 万次,在 9223 部单元电梯内设置固定消防宣传栏,在江阴主流媒体平台推送消防资讯 508 条。通过“村村响”应急广播播放普通话和江阴方言两个版本消防提示音频。联合市教育局开展学校消防宣传教育专项活动。在“江阴消防宣传”微信公众号推出“消防知识小课堂”等“云课堂”,录制《高层民用建筑消防安全管理规定》等宣传视频,点播量 2 万余次,公众号新增浏览人数 1.3 万余人。开展“百名消防指挥长消防安全宣讲”活动 4 次,组织单位消防责任人、单位消防管理人、消防控制室人员、微型消防站站长、基层网格员、行业部门主管人员、公安派出所民警七类重点人群进行消防业务培训 77 场次,累计培训 7400 余人。开展消防水源普查,检查保养消火栓 5589 个,发现问题消火栓 389 个,及时通知相关单位检修。出动人员 1485 人次、车辆 285 辆,对辖区山林进行道路水源熟悉、取水点检查 274 次。针对夏季降雨特点,及时研判防汛抗洪形势,组建抗洪抢险专业队,出动车辆 12 辆、人员 64 人次,及时处置洪涝灾害警情 12 次。是年,市消防教育馆获评全省首批应急消防科普教育基地,全年接待参观人员 4000 余人次;开展“863”(八必看、六必测、三必练)熟悉 133 次、实战演练 771 次,节假日前置陈兵 474 次,修订预案 596 份。

(郁璐娴)

【森林防灭火】 2021 年,江阴市不断建立健全森林防灭火责任体系,深入组织宣传教育,扎实开展隐患排查,着力提升森林防灭火能力。建立市、镇(街道)、村(社区)、林区经营单位及涉林企业四级责任体系,健全联合防控机制,定期组织市应急管理局、自然资源和规划局、教育局、民政局等部门开展会商研判、检查督导,针对春节、清明、中秋、国庆等森林防灭火重点时期,进一步压紧压实各级各部门责任,消除森林火灾安全隐患。9 月 29 日,举办 2021 年度江阴市森林防灭火应急扑救竞赛演练。市应急管理局开展“森林防灭火宣传月”“全国防灾减灾日宣传周”“森林防火知识进校园”等宣传活动，组织全市扑救队伍参加“全国森林防灭火业务大讲堂”。通过对森林防灭火半专业队伍的现代化装备、实战化训练、常态化演练，提高森林防灭火一线应急扑救能力。是年，保持森林防灭火平稳态势。 （唐小雯）

域内安全技防

【概况】 2021年，江阴市结合全国社会治安防控体系建设示范城市创建、庆祝建党100周年安保维稳，以打造智能感知、精准巡防、基础管控三大体系，健全各项工作机制为重点，加快完善立体化、智能化社会治安防控体系，不断提升社会治安动态管控水平，全年违法犯罪警情比2020年下降15.2%。

【升级智能感知网络】 2021年，江阴市聚焦智能化网络全域覆盖。织密沿江技防网，围绕长江禁捕退捕，加快沿江智能化前端感知设备补盲，增设全结构化摄像机8套、透雾摄像机11套、电围设备4套，以及AR鹰眼、热成像多光谱重载云台、激光透雾重载云台各1套，沿江38个企业600余路监控全部联网共享。建成“江盾”平台并上线试运行，实现沿江区域盗沙、排污、捕捞等违法行为全天候监管。建强智慧微单元，治安监控社会化服务升级项目完成7200项，建成150个智慧公交站台单元，完成20个智慧技防示范单元建设接入、10个老旧小区技防改造、84所智慧技防校园建设和48个高级版智慧技防小区建设。做实数据大融合，升级政务视频专网、公安视频专网、公安内网视频汇聚平台，完成23595个自建视频监控、27100个社会面接入监控、5850个抓拍点位的户籍化治理。

【打造精准巡防体系】 2021年，江阴市加强巡防站点建设与改革。规范警务工作站运作，针对城南、城中、城东3个警务站覆盖主城区等特点，全面推行接处警“3+7+30”（30秒接警反应、7分钟到达现场、30分钟处置完毕）模式，打造巡防处警专业队，提升街面治安控制力。深化巡处一体化改革，在警务工作站“1+3”（一总站、三分站统筹运作）模式基础上，年内重点推进警务站民警、巡特警、交警、派出所民警“四警联动”，每日抽调四方面警种警力开展值班备勤、巡逻防范、应急处突和全量接处警工作。“四警联动”运行后，警情接处到场时间由7分钟缩短至5分钟，接警耗时平均缩短30%。加强公安检查站建设。根据上级统一规划，结合江阴市治安实际，推进高速公路江阴南、小湖2个公安检查站和高速公路江阴北、江阴、长山、华士、华西、霞客大道、长安大道7个查缉堵控点建设，按照“机器换人”的思路，布建25个具有自动化多维采集功能的智能卡口。

【动态基础管控】 2021年，江阴市注重联勤联防发挥的重要作用。推进“平安前哨”工程，按照“大数据+网格化+铁脚板”形式，推进“平安前哨”工作站建设，建成示范版工作站47个、基础版工作站186个。通过社区警务与网格事务一体运作，提升矛盾化解、要素管控、风险防范的能力。深化“智慧治安”建设，初步完成江阴“智慧治安”实战平台、慧企平台和警务端、慧企端移动应用功能，全市注册民警辅警1541人、从业人员5.02万余人，采集1.3万余个维护单位基础信息，对21673个次单位开展治安检查，整改299个单位隐患，形成场所或行业“检查—整改—验收”工作闭环。严密网络综合防控，会同网信办牵头各方力量，组建2400余人的网络队伍，组织网络安全宣传，提升网络社会综合治理能力。

（朱斌 胡娟）

场所安保

【概况】 2021年，江阴市公安局治安大队作为保安监管部门，不断优化监督管理与服务，促进保安行业加强自律，为企业发展营造良好的市场环境。严格监督落实持证上岗，对江阴市域内保安企业和自行招用保安单位的保安从业人员开展全面上岗普查摸底，弄清全市保安员数量，解决保安员无证上岗问题，特别是加强对中小学、幼儿园、医院、娱乐服务场所等重点场所的监管力度。严禁未参加保安员资格考试培训、未取得保安员证的人员从事保安服务工作或上岗执勤；要求武装守护押运人员必须同时持有持枪证。严厉查处违规违法经营，对未经许可的保安企业和未经备案的自行招用保安单位擅自从事保安服务、保安培训的，坚决依法查处；对保安服务许可申请人提供虚假证明材料、无正当理由不开展经营活动的，依法撤销行政许可；对招用不符合法定条件的人员担任保安员的，依法予以处罚；对以非法挂靠、劳动派遣、加盟等形式变相从事保安服务的企业，坚决予以取缔；存在涉黑涉恶等严重违法犯罪行为的，依法打击。严格规范保安着装，要求保安从业单位严格规范着装，不得采购、配发不符合规定的保安服装和标识，不得配发警服、仿警服，不得佩带“特勤”或“特别勤务”等标志标识。年末，全市保安队伍有4600余人，服务单位920余个。

【江阴市保安服务有限公司】 2021年，江阴市保安服务有限公司（以下简称“公司”）应对新型冠状病毒肺炎疫情形势依然严峻、入汛后市内多地遭遇强降雨等各种情况，维护社会治安稳定，保一方平安。以打造多元化产业链为目标，聚焦党建、队伍、能力、作风、廉洁五大建设，固根基、补短板、强弱项，确保保安队伍稳定，安全圆满完成各项工作指标。

公司完善规章制度，加强制度落实。在原有各项规章制度的基础上，结合队伍管理和业务发展需求，重新梳理、细化、修订完善规章制度，进一步细化工作考核标准，规范管理程序和业务流程，建立一套目标引领型和绩效激励型营运机制。推行绩效考评体系建设，对全体职工从政治思想、安全管理、教育训练、日常工作等各个方面逐项考核打分，并与绩效工资挂钩，做到奖勤罚懒、奖优罚劣，形成用制度管人、管事、管作风的长效机制，充分调动广大职工的工作积极性和主动性。实施激励机制和绩效考评机制后，形成不同层次的薪酬待遇，促进队伍实现自我管理与监督管理相结合，实现人人参与、分工负责、相互监督的良好氛围。同时，完善工会组织架构，严格按照国企工会工作要求，依托职工代表大会制度，民主选举工会委员会委员和职工董事、监事等，依法参与公司经营治理和监督，保障工会职能内嵌到公司经营治理的各个环节。

强化队伍建设，不断优化管理。公司严格落实各项疫情防控措施，抓好常态化疫情防控，守牢守住安全底线，确保保安队伍以最健康、最饱满的状态投入平安江阴建设。按照“坚定信心、同舟共济、科学防治、精准施策”的疫情防控工作总要求，以及“外防输入、内防反弹”目标，1900余名保安尽职尽责，落实防控部署，强化防控措施，确保队伍“零感染”。严格落实门卫制度，对进入公司人员做好信息登记、查验苏康码、检测体温、检查佩戴口罩等防控措施；严格执行管理人员、服务人员每日体温检测的内控制度；严格遵守疫情防控工作纪律，落实外出办事的防护工作和报备制度，落实请销假制度；抓好全员疫苗接种工作，接种率100%。全年完成道路设卡检疫、江阴新爵隔离点看护、核酸检测守护、疫苗接种巡查等疫情防控点临时勤务358场次，出动保安员3442人次。以教育培训为抓手，助推保安高质量发展。年内，1900余名保安坚守在一线岗位，继续保持防控高压态势，助力企业复工复产及受聘客户单位的疫情防控安全。公司根据保安工作的特点，加强队伍实战技能提升。保安员入职必须经过岗前培训，考核合格后才能派到岗位，到岗后还要进行在岗培训，由队内安排的小教员，利用间隙时间进行理论和实践相结合的培训，使新来的保安员尽快掌握岗位所需知识；公司把岗位练兵作为加强保安队伍建设的重要举措和系统工程，每年开展练兵活动，并制订教育培训管理措施，为推进培训工作提供制度保障。深化实战练兵，组织2000余人开展春秋季练兵活动，确保培训实效。组织200余人参加企业党建、消防业务、安全检查等专业培训。

构建保障体系，按照应保尽保、应缴尽缴原则，依法为全体职工缴纳社保及五险，统一为职工购买人身意外伤害险，强化风险保障。关爱职工健康，完善体检、大病医疗、年休假补助等保障制度。完善帮扶机制，建立职工爱心帮扶基金，全年开展队伍慰问20余次。

选树典型，不断提高企业形象。公司在抓管理、保安全、增效益的基础上，加强企业文化建设，树立正确导向和企业认同感。加强先进宣传力度，通过网站、微信公众号等媒体，发布公司动态和职工先进事迹，先后选树成功堵截电信诈骗的保安员马亚娟、丁慧英，见义勇为先进保安员严兵、郭国华、徐长兵，江苏省先进保安员唐海波等先进典型，进一步增强社会各界对江阴保安的认知度。

发展多元化业务，提升综合实力。公司针对保安行业进入门槛低、竞争日益激烈、依靠传统安保服务无法满足社会需求、单一业务模式易被市场淘汰的状况，树立“一业为主，多元发展”的经营理念，实施创新战略，推动保安行业转型升级。继续开拓符合江阴需求、适应客户需要的主营业务，形成独具特色的产业格局。同时，针对出现的“社区网格化管理”“监居场所看护”等新的社会需要与管理需求，创新发展新的保安驻勤业务；做好为社会经济发展、提升城市活力的临勤业务。年内，公司建成50余人的特种看护保安队伍、100余人的江阴首支应急救援队伍，得到公安机关的充分肯定。多元化经营不仅分散了企业的经营风险，提升了企业核心竞争力，还可以满足客户多层次需求，促使江阴保安行业经营业绩稳步发展，社会效益明显提升。

是年，公司保安员抓获违法犯罪嫌疑人6名；阻截5件电信诈骗案件发生；涌现拾金不昧事件100余件；救人、救灾8次；排除安全隐患1000余处；收到锦旗10余面，表扬信、感谢信100余封。

2021年江阴市(场所)保安服务有限公司一览表

表50

公司名称	成立时间	公司地址	从业人数	服务单位
江阴市保安服务有限公司	1992年7月	江阴市人民东路715弄7号	1986人	565个
江阴市飞鹰保安服务有限公司	2005年3月29日	江阴市大桥路96－100号	400余人	80余个
江阴市金鹏保安服务有限公司	2010年6月28日	江阴市新园路6号澄商汇A幢8楼	450余人	60余个
江阴市雄鹰保安服务有限公司	2010年8月13日	江阴市杨岸路101号	400余人	30余个
江阴市春风保安服务有限公司	2012年3月28日	江阴市周庄镇宏苑路7号	300余人	50余个
江阴市飞龙保安服务有限公司	2012年10月28日	江阴市澄杨路11号	800余人	100余个
江阴市特种押运保安服务有限公司	2009年12月6日	江阴市梅园大街395号	300余人	35个
江苏金远保安服务有限公司	2020年1月14日	江阴市长山大道55号天安数码城61－309	10人	3个

（李小良）

信息安全

【概况】 2021年，江阴市围绕建设网络强国、维护国家网络主权和网络安全的总目标，依据《中华人民共和国网络安全法》等法律法规，在全市大力开展网络安全综合整治，检测排查网络安全漏洞隐患、风险和突出问题，并督促整改。不断提升重点行业、重要部门的网络安全防护意识和综合防护水平，加强市内企事业单位应对网络安全事件能力，全面提升网络安全保障能力和防护水平。（陆清华）

【网络安全宣传培训】 2021年，江阴市委网信办、市公安局网安大队等相关部门积极开展“网络安全宣讲进单位”活动，采用线上线下结合的形式，宣讲《中华人民共和国网络安全法》及市内网络安全实际案例，其中开展线下宣讲活动42次，共计有100余个单位240余人次分批接受网络安全教育，进一步提升全市网络运营者的网络安全法律意识；邀请网络安全专家开展企业网络安全专题培训，培训对象包括政府机关单位信息安全负责人和企业网络安全负责人。年内，江阴市信息化协会也积极服务全市数字经济发展大局，响应市政府关于加快推动数字经济高质量发展的部署要求，促进数字经济与实体经济融合发展，先后举办学术交流活动6场，其中沙龙活动4场，科普活动2次，加强行业内合作与交流，为会员单位提供沟通学习平台。协会为帮助企业增强网络安全防范意识，提高信息安全防护能力，在市委党校组织开展企业网络安全专题培训，全市50余个重点企业安全负责人参训。培训专家结合真实案例，讲解网络安全等级保护、相关制度等，剖析网络安全形势、网络安全事件发生的原因和造成的危害。重点介绍网络安全管理工作中常见的安全隐患及风险，并就日常网络使用过程中遇到的问题和难题、如何规避网络安全风险、防范信息泄露风险等内容进行重点讲解和剖析，帮助学员增强网络安全防护意识，掌握一定的网络安全防护及网络安全事件的应急处理方法，为筑牢各单位网络安全防线奠定基础。至年末，130余个市内骨干企业均参加过培训，网络安全重视度得到提高。

（陆清华 蔡梦娜）

【落实网络安全等级保护制度】 2021年，江阴市进一步完善网络安全等级保护制度，促进工作机制落地。年内，全市等级保护系统有二级145个、三级42个，涉及106个单位。市公安局通过制定和实施《江阴市公安局网络安全等级保护制度实施方案》，督促党政机关和涉及制造业、金融、民生等重点行业的重要信息系统进一步严格落实网络安全等级保护制度，采用敲黑板、划重点的方式重点对“存在重大网络安全隐患、未按照规定落实等级保护制度、等级保护制度整改不到位”三类问题进行整治，全年下发网络安全通报224期，约谈单位96个，对16个单位下发行政处罚通知并要求整改，关停网站27个。（陆清华）

【开展工业企业信息安全评估】 2021年3月，江阴市工业和信息化局积极贯彻落实国家、省行业主管部门关于工业企业信息安全相关工作要求，组织江苏省电子信息产品质量监督检验研究院专家对部分重点工业企业信息安全防护能力，以及安全事件应急处置能力进行检查评估，帮助企业提升信息安全防护水平。至年底，市内有江阴兴澄特种钢铁有限公司、江阴市惠尔信精密装备股份有限公司2个企业获评省工业信息安全防护星级企业。（费 希）

【开展网络安全事件处置应急演练】 2021年，江阴市为更好推进江阴网络安全责任制落细落实，进一步建立健全市网络安全应急工作机制，于12月9日，市委宣传部、市委网信办和市公安局联合举办江阴市网络安全事件处置应急演练。模拟学校、医院发生某件网络安全事件时，各有关部门监测、研判、上报、处置分析网络安全事件的全过程，展现了“反应灵敏、协调有序、运转高效”的网络安全事件应急处置机制与流程。（盛英豪）

■类目编辑 王萍芳

街道·镇概况

澄江街道

【概况】 澄江街道地处江阴市中心城区，是江阴市委、市政府所在地及全市政治、经济、文化中心，孕育“刘氏三杰”（刘半农、刘天华、刘北茂）、教育家吴研因、爱国高僧巨赞、中国中药化学研究先驱赵承嘏、“中国机器人之父”蒋新松等一批人。区域面积65平方千米，下辖31个社区居委会和6个行政村。2021年年末，有户籍人口280975人，其中男性136190人、女性144785人；有少数民族28个1054人，其中蒙古族76人、回族182人、藏族8人、维吾尔族2人、苗族107人、彝族16人、壮族93人、布依族12人、朝鲜族42人、满族260人、侗族29人、瑶族27人、白族7人、土家族127人、哈尼族1人、黎族11人、佤族4人、畲族11人、拉祜族1人、水族2人、土族4人、达斡尔族2人、仫佬族4人、羌族11人、仡佬族1人、锡伯族6人、俄罗斯族6人、鄂温克族2人。有外来暂住人口92519人，其中男性53312人、女性39207人。

政治建设 广泛开展中共十九届五中、六中全会精神宣讲，开展庆祝中国共产党建党百年系列活动和党史学习教育，全面启动全国文明典范城市创建工作。压实意识形态工作责任，加强意识形态领域分析研判和风险防控。干部队伍建设有力推进，完成村（社区）“两委”*换届选举工作，村（社区）党组织书记、村（社区）委会主任实现一肩挑，13人被评为2021年度无锡市“五有五强”（立身有魂、政治素养强，建功有我、担当作为强，创新有道、发展本领强，心中有民、治理能力强，行为有规、作风纪律强）型村（社区）书记。实施“青苗计划”*“苗圃计划”*，加大年轻干部培养锻炼力度。全年选拔任用机关中层干部18人，组织开展中层副股岗位竞争上岗。基层组织建设突破推进，全面开展“暨阳红—盟红江阴*·澄江先锋”基层党建三年行动，构建完善“党建引领＋”基层党建工作模式，组建各类党建联盟126个，实现党建工作与社会经济发展同频共振、同向发力。新成立“两新”*组织党组织11个、功能性党组织4个。党风廉政建设纵深推进，严格落实“两个责任”*，不断提高主体责任落实的针对性和有效性。坚决执行中央八项规定*、省市“十项规定”*。开展“三转一提”*行动，推进家庭家教家风建设。强化监督执纪问责力度，全年诫勉谈话7人，提醒谈话21人；立案53件，党纪处分37人。街道疫情防控严格执行“外防输入、内防反弹”总策略和“动态清零”总方针，疫情防控的颗粒度和黏合度有效提升。加强重点场所、重点人员的排查和管控，全年集中隔离948人，严格居家观察、居家健康监测2373人。加大常规和应急状态下核酸检测力度，全年核酸检测13万余人次。合理布局核酸检测采样点，开展3轮核酸检测实战演练，应急工作机制不断完善，联动协作能力有效提升。组织开展大规模集中新冠疫苗接种，全年接种80余万剂次，全程接种率99%。

经济建设 实现地区生产总值658.87亿元，完成一般公共预算收入31.33亿元，规模以上工业产值153.03亿元，规模以上服务业营业收入39.38亿元，全社会固定资产投资额122.48亿元，限额以上单位零售额105.71亿元，限额以上批发业销售额946.7亿元，进出口总额8.82亿美元。总体指标呈现稳中有进良好态势。着力打造以南门商业街区、北门国乐岛为代表的文化休闲、游娱购一体的生活性服务业，总投资11亿元的南门商业街区项目完成招商，整体建成投运；总投资25亿元的北门国乐岛项目完成桩基施工；总投资3.18亿元的方程荟文创项目和总投资超10亿元的佳兆业广场项目启动实施。同时，华润江湾城、中海阅澄江等房地产项目有力支撑投资，助推城市发展建设。开展专题招商活动，新签约引进产业项目6项。

社会建设 征集“揭榜挂帅”技术需求15个，实施产学研项目5项。全年认定高新技术企业5个，申报高新技术企业入库30个，“雏鹰企业”*入库6个，“瞪羚企业”*入库2个，科技型中小企业入库评价45个，无锡“太湖人才计划”入选1人，“暨阳英才计划”*创业人才入库培育3人。“澄之光”科创孵化基地挂牌运营，百步国际贸易首次入围中国服务业500强，澄江跨境电商产业园获评江苏省电子商务示范基地和江苏省跨境电子商务产业园。完

成第二批智慧技防校园改造和首批教室照明改造，完成要塞中心幼儿园和第三实验幼儿园(文定园)、北大街小学食堂加固工程，完成城中实验小学人民东路校区等新建学校施教区调整。优化公共卫生环境，通过国家卫生城市复审。持续推进家庭医生签约工作，新增家庭医生签约1.68万余人。完成城中社区卫生服务中心异地改造，街道食品小作坊集中加工区建成交付使用。开展群众性文体活动，10个团队获评市优秀群众文艺团队。街道获评2017—2020年度无锡市群众体育先进集体，获江阴市八运会乡镇组金牌总数和团体总分第一名。推进天鹤社区城市更新样板工程，完成芙蓉新村、蒲桥公寓等10个老旧小区以及人民中路45弄、香叶路177弄等20条背街小巷升级改造。严格执行建设项目环评审批制度，完成项目预审9项。全面完成273项大气污染治理攻坚任务，城区餐饮门店油烟净化装置实现全覆盖。开展“美丽河湖”建设，加大团结河、绮山中心河消黑除劣以及兴澄河河道综合整治力度，投资800万元新建3套分布式污水处理设施，3个国省考断面均达年度水质目标。全年新增绿化面积6.67公顷。推进村级清理废品、清扫卫生“两清”整改和“三资”*监管，农村产权交易中心成功交易项目583项，成交金额5958万元。重新组建的6个执法中队按照赋权清单要求，实行全能型执法，全年查处案件3197件，处罚金额558万元。构建“网格+N”融合机制，街道公安、市场监管、公用事业等各部门派人加入巡查员队伍，物业管理人员和志愿者等各类群体融入信息员队伍，全年街道指挥中心平台受理、流转网格员上报事件32293件，办结32276件，网格员全年出勤率、有效里程、走访任务完成情况均为100%。办好街道十件民生实事，全年民生支出10.77亿元，比2020年增长11%。本地劳动力新增就业6400人，困难家庭大学生就业率100%。新增社保扩面1.2万余人，发放被征地农民保障金5000余万元。发放最低生活保障金460余万元、各类优抚人员定期补贴2280余万元。街道儿童关爱之家通过验收，升级为省级儿童关爱之家。开展“慈善一日捐”活动，募集资金150万元。深化“放管服”改革，建立健全商事主体事中事后联动监管制度，取消前置审批门槛。全面推进政务服务“一窗式受理”改革，赋权事项59大项153子项全部纳入综合窗口。为民服务中心全年办理事项7.44万件，提前办结率99.99%。半天时间完成新开办企业审批流程538个，新增市场主体企业2533个、个体户企业6789个。建成24小时自助政务服务大厅，完成37个村(社区)便民服务事项综窗受理改革，成功构建市、街道、村(社区)三级政务服务网络。

2021年9月10日，澄江街道召开文明城市创建暨国家卫生城市复审工作推进会 (澄江街道党政办提供)

2021年澄江街道主要经济社会指标一览表

表51

指　标	单　位	数　量	比2020年增减(%)	指　标	单　位	数　量	比2020年增减(%)
地区生产总值	亿元	658.87	6.40	规模以上工业利润总额	亿元	5.74	-22.77
其中:第一产业	亿元	0.79	-3.20	限额以上单位零售额	亿元	105.71	3.30
第二产业	亿元	231.31	0.60	固定资产投资总额	亿元	122.48	8
第三产业	亿元	426.77	9.70	其中:工业投资	亿元	0.91	56
一般公共预算收入	亿元	31.33	0.52	进出口总额	亿美元	8.82	4.38
农林牧渔业总产值	亿元	1.26	-14.29	其中:出口额	亿美元	7.77	9.91
粮食产量	万吨	0.03	-61.83	到位注册外资	万美元	2448	-34.37
工商业开票销售总收入	亿元	2074.77	5.50	居民人均可支配收入	元	71421	9.20
其中:工业开票销售收入	亿元	—	—	中小学校在校学生数	人	27355	3.77
服务业开票销售收入	亿元	—	—				

说明:澄江街道辖区内中学均为市属学校，故只统计小学在校学生数

2021年澄江街道开票销售收入前10名企业一览表

表52

名次	企业名称	销售收入(亿元)	法人代表	名次	企业名称	销售收入(亿元)	法人代表
1	江阴市贯庄金属材料市场有限公司	411.41	王国安	6	江阴宝柏包装有限公司	15.44	王　清
2	江苏红柳床单有限公司	46.76	黄建钧	7	江阴市安基橡胶工业有限公司	14.35	刘燕明
3	江苏富仁集团有限公司	33.73	袁仁伟	8	江阴八佰伴商业管理有限公司	11.41	储　健
4	江阴澄星实业集团有限公司	31.24	李岐霞	9	江苏海鹏投资集团有限公司	11.27	胡鹏飞
5	江苏大众医药集团	20.03	刘柏生	10	江阴宝诚汽车销售服务有限公司	8.90	刘林贵

2021年澄江街道各村(社区)基本情况一览表

表53

村(社区)名称	户数(户)	人口(人)	村(社区)党支部(党总支、党委)书记	村(社区)主任	村(社区)开票销售收入(亿元)
绮山社区	1250	3338	—	—	3.65
立新社区	3457	9224	沈　刚	沈　刚	—
板桥社区	1629	4393	李联峰	李联峰	—
花山社区	1755	5084	陆惠军	陆惠军	1.05
运河社区(筹)	288	638	夏惠文	—	5.80
革新社区	2543	7038	范春燕	范春燕	1.33
先锋社区	3263	8395	顾建刚	顾建刚	5.27
澄南社区	3610	9217	徐中兴	徐中兴	2.87
梅园社区	1454	3765	薛玲芝	薛玲芝	—
塔南社区	3185	8033	夏　菁	夏　菁	—
文富社区	3210	8393	蒋　敏	蒋　敏	16.87
西郊社区	1727	4848	匡小萍	匡小萍	—
贯庄社区	4270	12131	徐建卫	徐建卫	2.02
新华社区	4562	12578	巫　敏	巫　敏	3.21
天鹤社区	3088	8065	赵丽君	赵丽君	—
蒲桥社区	3506	9210	陆惠明	陆惠明	2.70
文定社区	4156	10990	张　静	张　静	—
环城东路社区	2927	8392	吕桂芬	吕桂芬	—
城中社区	4893	14160	吴娅荣	吴娅荣	—
西大街社区	1933	4857	顾亚华	顾亚华	—
芙蓉社区	2704	6858	承　育	承　育	—
要塞社区	3231	8958	丁士福	丁士福	3.34
花园社区	5080	14138	吴胜男	吴胜男	—
澄康路社区	5486	16570	周怡科	周怡科	—
澄江路社区	5368	15997	吴　海	吴　海	—
君山社区	3222	9040	王利民	王利民	—

续表53

村(社区)名称	户数(户)	人口(人)	村(社区)党支部(党总支、党委)书记	村(社区)主任	村(社区)开票销售收入(亿元)
北大街社区	2699	6492	赵　蕾	赵　蕾	—
浮桥社区	3018	8392	吴　敏	吴　敏	2.10
黄田港社区	2769	7196	毛锦洁	毛锦洁	—
黄山社区	5912	16208	汪金子	汪金子	1.77
江锋社区(含江锋村)	2498	6104	顾庆丰	—	—
皮弄村	1010	2962	钱海祥	钱海祥	4.96
谢园村	311	811	张　敏	张　敏	0.85
花北村	353	825	徐国强	徐国强	1.34
通运村	631	2087	林　勤	林　勤	5.10
红光村	855	3272	沈建明	沈建明	0.59
璜塘上村	710	2316	陆怡安	陆怡安	2.88

【澄江街道拆迁安置】 2021年，澄江街道完成征收拆迁面积181.23万平方米，全部完成锡澄运河西侧(毗陵路—芙蓉大道)旧城改造、高铁北广场区域、暨阳山庄地块、贯庄钢材市场旧城改造(一期)、大桥南路快速化改造等14项项目，累计腾地140.14公顷，有力保障南沿江高铁江阴段、锡澄S1线、新澄杨路、锡澄运河公园一期、二期等重点重大项目建设和市级经营性土地出让。完成沿江区域、通渡路西侧、江阴大卖场北侧、梅园路西侧安置房地块、新铁金属周边等48项项目1827户2373套安置分房和结算工作，安置面积26.44万平方米。

【"平安澄江"建设】 2021年，澄江街道推进工业企业安全生产风险报告制度，1124个企业按时完成填报，完成率100%。持续开展燃气安全隐患整治行动，1221个堂食餐饮店报警仪全部安装到位。加大老旧小区消防设施投入，为58个老旧小区配备微型消防站。开展打通"第二生命通道"专项行动，落实"五个一律"(电动车一律不得在室内充电、停放；电线线路一律不得私拉乱接；危房一律不得用于出租住人；出租房屋卧室内一律不得使用明火；未配备消防及逃生器材或存在阻碍逃生设施的房屋一律不得用于出租)底线要求，畅通逃生通道、配齐救生器材、强化宣传演练。开展群租房控增去存行动，排查群租房587户，有效分流356户。开展车库出租住人专项整治，关停、分流出租住人车库3000余间。全面推进全民反诈工作，广泛开展反诈宣传"六进"(进社区、进农村、进网点、进单位、进学校、进场所)活动。建成街道社会矛盾纠纷调处服务中心，全年受理并成功调解各类民事纠纷事件2791件，无"民转刑""民转非"事件发生。定期举行法律援助工作研讨会，受理法律援助案件103件。

【澄江街道社区治理】 2021年，澄江街道完成天悦家园、馨云雅居等9个住宅小区共4864户66.81万平方米验收移交，增加社区办公用房面积1019平方米，居民活动场所1557平方米。开展"院落自治""楼栋自治"等微自治活动，新增5个社区居民自治站点。完成澄康路社区、黄田港社区办公用房提升改造并投入使用。自治、红色、法治、德治、安全、健康、绿色、智慧"1+7"居民小区建设全面推进，颐安雅苑、南门首府等5个小区成立首届业委会；长江国际花园、新华三村等13个小区完成业主委员会换届。推进既有住宅加装电梯工作，文定四村34幢、36幢东单元进入施工阶段。完善背街小巷和老旧小区保洁工作机制，推进"小巷保洁"市场化运作。年内，辖内兴澄锦苑小区获评党建引领物业管理服务工作省级示范点。

(苏襄中)

南闸街道

【概况】 南闸，因闸得名。宋天禧年间建黄田闸和蔡泾闸，黄田闸位于江阴以北，又称北闸，蔡泾闸位于黄田闸之南，明万历年间，改称南闸。该街道地处江阴市南郊，东接云亭街道，东南与徐霞客镇相接，南与月城镇隔河相望，西邻常州市郑陆镇，西北与申港街道相接，东北紧挨中心城区澄江街道。区域面积45平方千米，下辖10个行政村和3个社区居委会。2021年年末，有户籍人口47969人，其中男性24215人、女性23754人；有少数民族18个232人，其中蒙古族10人、苗族38人、回族16人、土家族67人、满族11人、朝鲜族3人、壮族34人、维吾尔族3人、侗族16人、彝族7人、布依族9人、藏族2人、白族3人、羌族7人、瑶族1人、哈尼族3人、景颇族1人、傈僳族1人。有外来暂住人口32810人，其中男性19885人、女性12925人。

政治建设　以庆祝中国共产党建党100周年为主线，深化党的科学理论武装，党工委中心组组织理论学习15次，汇编党史学习教育笔谈5册，开展党史专题读书会400余场。举行“讴歌百年荣光、共绘美丽南闸”群众性文艺晚会,推出以联企解繁难、联村(社区)解疑难、联户解困难的“三联三解”“我为群众办实事”等系列专题项目,营造“学党史,悟思想,办实事,开新局”的向上氛围。做强“南书房”阅读品牌,举办“重温党史经典、共迎百年华诞”南闸街道红色经典阅读推广启动仪式、“百年风华忆初心、书声悦动南花园”全民阅读主题活动暨《南闸志》发布等系列活动,持续推动“书香南闸”。强化党建引领,建设“暨阳红·红动南闸”党建品牌矩阵,不断丰富“红动南闸”党建品牌内涵。深化党员联户“1+10+N”*制度,打造“十分钟党建指导圈”推动经济薄弱村党建联盟,抱团发展产业经济,4个经济薄弱村脱贫解困。成立“景秀天澄”文旅体农党建联盟,募集“乡村振兴·共富基金”800余万元。深化党风廉政建设“一岗双责”*,压实“两个责任”*。围绕疫情防控、“南征北战、东西互搏”战略*等重大决策部署落实情况实施纪律监督,发出整改通知单10份、纪律检查建议书6份,约谈4人,形成督查专报6期,督促整改具体问题百余条。开展村(社区)“三务”公开*、村干部收入报酬专项督查。全年受理信访举报4件,办理案件15件;党内警告1人,党内严重警告1人,开除党籍1人。发挥“有事好商量”协商议事机制效用,全年街村两级开展“有事好商量”协商议事26场次,建成狮涧久田政协书房,在委员企业江阴市金三角冠珠陶瓷批发部建成政协书房。完善街道新阶层人士信息,在江苏统一战线大数据云平台(苏统云)录入新阶层代表人士56人,开展新阶层人士综合评价,完成新联会会员信息采集。划分6大选区、199个投票站,依法选举产生新一届市人大代表17人,选出街道第二届选民代表80人。推进党建带群建,群团组织同向发力,江阴联通实业有限公司工会获评工资集体协商无锡三星级企业和市劳动保护合格工会;团工委、妇联完成街村两级换届,选出新一届班子成员。扎牢常态化疫情防控网,实施曙光村上村疫情管控应急处置。推进新冠疫苗接种,完成首针接种63599人,接种率96%;完成加强针21961人,接种率84.56%。

经济建设 全年完成一般公共预算收入4.67亿元,比2020年增长11.2%。地区生产总值81.28亿元,比2020年增长8.2%。固定资产投资13.21亿元,比2020年增长30.3%,其中工业投资完成4.5亿元,比2020年增长18.3%。完成规模以上工业产值129.39亿元,比2020年增长20.4%。完成限额以上单位零售额1.37亿元,比2020年增长33.8%;限额以上单位销售额145.9亿元,比2020年增长34.7%。工商业开票销售总收入460.53亿元,比2020年增长34.87%,其中工业开票销售收入170.21亿元,比2020年增长28.78%;服务业开票销售收入完成283.08亿元,比2020年增长39.16%。完成进出口总额1.58亿美元。招商引资成效明显,伊藤忠丸红晓达金属合资项目落地;南闸医院平战一体扩能项目、投资超10亿元项目惠尔信智能成型工厂及研发中心签约;金沣海盛能源装备精密加工项目实现拿地即开工;南农高科兽用药生物制品技改项目基本竣工。实施工业园区升级改造三年行动,完成盘活存量土地面积18.68公顷,腾退低效用地面积19.52公顷,非公拆迁面积14.38公顷。

社会建设 积极培育规模以上企业,新增高新技术企业6个,新增江阴市高企入库数20个,科技型中小企业41个,“雏鹰企业”*4个,“瞪羚企业”*5个。高新技术产业产值占规模以上工业产值比重45.5%。优化教育资源配置,更加注重师德师风建设,成立江阴市南闸街道教育发展基金会,募集基金746万元。文化活动丰富多彩,开展各类文化惠民演出121场,承办江阴市第八届“芙蓉花奖”音乐专场比赛。丁果湖山水湿地公园获评江苏省最美乡村健身公园。社会保障不断完善,全年提供就业岗位2200个,解决本地劳动力就业2580人,扶持自主创业230人,新增城保扩面1100人。困难家庭大学毕业生就业率100%。完善社会救助体系,累计发放各类救助补助金1400余万元。打造残疾人电商直播间,搭建电商助残扶残平台,开设专题培训班,形成培训、选拔、孵化就业一条龙残疾人就业服务体系。南闸街道“残疾人之家”获评无锡市康复特色类“残疾人之家”。创新“红橙黄绿青蓝紫”七彩服务行动,打通残疾人康复服务最后一公里。江阴市第一张民宿业特种行业许可证落地南闸狮涧久田。推动社会治理新模式,全年网格化和“12345”民生热线*流转办结各类事件6329件。深化法治南闸建设,做好人民调解,街道各级调委会调处矛盾纠纷事件382件,成功率100%。扎实推动平安建设,全年办结信访件116件,化解重复信访积案5件。落实安全生产专项整治“三年大灶”*,全年持续开展隐患排查行动,突出抓好工贸企业、城镇燃气、危化品、道路交通、建筑施工、消防安全等重点领域,整改隐患问题3127处、处罚金额88.8万元。落实各级安全生产督导问题,无锡市、江阴市两级安全督导88个问题全部整改完毕。首次完成485个企业风险填报。改造提升规模以上企业安全生产,82个规模以上企业进行逐一现场检查,企业生产现场管理明显提档升级。坚决以安全示范村(社区)创建为契机,打造安全城市创建示范点。重拳出击整治群租房,排查出租房(群租房)6941户,发现、整改隐患3266处。城市功能日益完善,实施开来路、开南路等道路改造工程,完成南闸中心小学外立面及安全连廊、2000吨应急点源污水处理等设施建设。推进拆迁安置工作,完成南沿江城际铁路、锡澄S1线、锡澄运河整治等重点工程南闸段的拆迁,全年拆除面积19.61万平方米,白玉二村安置房完成分房。提升城市精细化管理水平,开展市容秩序、无证摊、户外广告整治50余次,依法拆除违法广告8处。美丽乡村建设实现新突破,试点开展乡村治理积分制管理,人居环境持续优化,观西村自然村陶湾村获评江苏省第四批传统村落,创成无锡市特色田园乡村。坚持生态优先、绿色发展,落实网格化巡查,开展重点企业重点区域巡查1000余次。深化“散乱污”企业整治，严防关停企业死灰复燃。狠抓扬尘污染治理，提高大气环境质量。全年 $PM_{2.5}$ 平均浓度34.07微克/立方米，比2020年下降10.73%。空气质量优良率78%，首次达到国家二级空气质量标准。实施水环境提升增效工程，围绕截污、清淤、活水三方面，综合治理丰收河、向阳河等7条黑臭河道。推进河长制各项工作，落实"美丽河湖三年行动"*，开展新一轮河道综合整治，完成无锡市、江阴市两级问题整改60余个，泗河村边沟河建成"美丽河湖"示范河道。加强农村生态河道整治，13.6千米镇级河道通过省级验收，生态河道覆盖率76%。加大码头综合治理和"三无"船舶*清理，打造水清岸绿的岸线风景。全年完成高标准农田建设24.67公顷、连片整治16.67公顷，成片造林1.34公顷、更新造林3.34公顷。

2021年南闸街道主要经济社会指标一览表

表54

指　　标	单　位	数　量	比2020年增减(%)	指　　标	单　位	数　量	比2020年增减(%)
地区生产总值	亿元	81.28	8.20	规模以上工业利润总额	亿元	4.04	18.20
其中：第一产业	亿元	2.40	-0.10	限额以上单位零售额	亿元	1.37	33.80
第二产业	亿元	36.92	8.90	固定资产投资总额	亿元	13.21	30.30
第三产业	亿元	41.96	8.20	其中：工业投资	亿元	4.50	18.30
一般公共预算收入	亿元	4.67	11.20	进出口总额	亿美元	1.58	-5.30
农林牧渔业总产值	亿元	3.34	-0.30	其中：出口额	亿美元	1.47	-2.90
粮食产量	万吨	0.41	40.47	到位注册外资	万美元	12	-20
工商业开票销售总收入	亿元	460.53	34.87	居民人均可支配收入	元	58076	9.40
其中：工业开票销售收入	亿元	170.21	28.78	中小学校在校学生数	人	4934	1.94
服务业开票销售收入	亿元	283.08	39.16				

2021年南闸街道开票销售收入前10名企业一览表

表55

名次	企　业　名　称	销售收入(亿元)	法人代表	名次	企　业　名　称	销售收入(亿元)	法人代表
1	江阴市双宇线缆有限公司	28.82	符明君	6	江阴市圣曼不锈钢线棒品有限公司	4.33	施爱英
2	江苏安科瑞电器制造有限公司	6.56	周　中	7	江苏宏晟模具钢材料科技有限公司	4.16	偶洪元
3	江阴南工锻造有限公司	5.71	高　欣	8	江苏日新印染机械有限公司	3.85	姜东日
4	江阴市晓达金属制品制造股份有限公司	5.23	何嘉勇	9	江阴市东泽铝业科技有限公司	3.81	孙宇东
5	江阴市恒通电器有限公司	4.42	吴　祎	10	江阴市惠尔信精密装备股份有限公司	3.28	徐惠民

2021年南闸街道各村(社区)基本情况一览表

表56

村(社区)名称	户数(户)	人口(人)	村(社区)党支部(党总支、党委)书记	村(社区)主任	村(社区)开票销售收入(亿元)
花果村	953	3454	顾志刚	顾志刚	0.17
谢南村	842	2705	谢兴福	谢兴福	8.04
紫金社区	645	1886	张　微	张　微	—
施元社区	542	1647	徐国刚	徐国刚	—
曙光村	1063	3843	金顺才	金顺才	2.76

续表 56

村(社区)名称	户数（户）	人口（人）	村(社区)党支部（党总支、党委）书记	村(社区)主任	村(社区)开票销售收入（亿元）
涂镇村	869	3028	袁达成	袁达成	10.52
南新社区	1412	3977	何　刚	何　刚	1.22
蔡泾村	1839	6094	薛建忠	薛建忠	5.73
龙运村	1735	5632	蒋中平	蒋中平	3.77
南闸村	1062	3534	王　梁	王　梁	1.86
观山村	889	3060	吴克平	吴克平	60.13
泗河村	1221	4157	曹国洪	曹国洪	0.58
观西村	1490	4952	徐　锋	徐　锋	3.24

【中共南闸街道工作委员会党代表会议召开】 2021年7月10日，南闸街道根据中共江阴市委《关于中国共产党江阴市第十四次代表大会代表选举工作的通知》要求，召开党工委党代表会议，选举产生街道出席江阴市第十四次党代会代表。来自街道各基层党组织的100名党员代表参加会议。根据会议“选举办法”和计票结果，选举产生中共江阴市第十四次代表大会代表7人，完成选举任务。

【“景秀天澄”文旅体农党建联盟成立】 2021年12月10日，江阴市南闸街道与常州市天宁区郑陆镇成立“景秀天澄”文旅体农党建联盟，并发布区域旅游线路。江阴市委常委、组织部部长、统战部部长宋新春，常州市天宁区委常委、常务副区长方力，江阴市副市长许晨等领导，以及党建联盟和联盟理事会成员单位代表参加活动。“景秀天澄”文旅体农党建联盟的成立标志两地的文旅体农产业合作更加深入，也标志两地文化旅游的交流将更加紧密，南闸街道、郑陆镇两方将以“资源共享、文化共融、品牌共创、人才共育、各方共赢”为目标，不断增强区域文旅影响力和辐射力，提升区域百姓的幸福感和获得感。

【南闸街道教育发展基金会成立】 2021年9月19日，“桑梓情深、牵手未来”江阴市南闸街道教育发展基金成立大会召开，为南闸教育发展搭建平台。该教育发展基金主要用于扶贫帮困，资助困难学童；树立榜样，奖励优秀学生；尊师重教，奖励优秀教师；促进南闸街道教育事业优质均衡高质量发展。至年末，该教育发展基金募集资金743.1万元，后续将继续接收社会捐赠。

【市首张民宿业许可证落地】 2021年2月20日，南闸街道狮山湖的狮涧久田民宿，通过相关审核程序，拿到江阴市第一张民宿业特种行业许可证，标志南闸民宿经营有了合法“身份证”，正式步入规范化管理轨道。狮涧久田民宿共分3层，拥有12间客房。原址是一座村委旧房，通过设计打造成为一个拥有书吧、咖吧、茶室、餐厅等多功能的民宿空间。运行期间，其独特的设计和贴心的服务吸引许多包括无锡、上海等周边地区的游客前来参观打卡。推动民宿发展，是南闸街道发展生态旅游，打造美丽宜居南花园的重要举措。

【《南闸志》出版发行】 2021年11月25日，南闸街道举办全民阅读主题活动暨《南闸志》发布仪式。该志由广陵书社出版，上限至可溯之年，下限至2015年12月31日，“大事记”则延伸至2020年12月。全志按主题分为23编87章298节。江阴市委常委、宣传部部长程政，市委办公室副主任、市档案史志馆馆长张伟，市政协学习文史委主任张浩伟，市文联党组书记唐晓峰，南闸街道党工委书记李志浩，南闸街道办事处主任费天雄，市委宣传部部务委员曹琰，市文体广电旅游局党委委员、总工程师宫昌俊共同发布《南闸志》。（蔡小菲）

云亭街道

【概况】 云亭街道地处江阴市城区东南部副城中心，距江阴市区6千米，是国家重点文物单位——佘城遗址所在地，绮山森林公园大部分面积在其境内。东邻周庄镇，南邻徐霞客镇，西与澄江街道、南闸街道相接，北与城东街道毗连。长山大道、云顾公路贯穿南北，澄鹿公路、江阴大道横亘东南。区域面积40.17平方千米，耕地面积1107公顷，下辖6个行政村和5个社区居委会。2021年年末，有户籍人口56088人，其中男性27308人、女性28780人；有少数民族21个314人，其中蒙古族5人、回族25人、维吾尔族2人、苗族128人、彝族46人、壮族9人、布依族14人、朝鲜族1人、满族4人、侗族11人、瑶族1人、白族4人、土家族48人、哈尼族3人、黎族1人、畲族1人、水族1人、土族1人、东乡族1人、羌族7人、仡佬族1人。有外来暂住人口39691人，其中男性23672人、女性16019人。

政治建设 坚持把学习宣传贯彻习近平新时代中国特色社会主义思想作为首要政治任务，宣传贯彻中共十九大和十九届历次全会精神、习近平总书记重要讲话指示精神。围绕“三转一提”主题活动、党

史学习教育、“南征北战、东西互搏”战略*等专题，街道党工委统筹制订学习计划，开展中心组学习18次，实景教学2次，专题读书研讨班1次。把政治标准放在首位，用好绩效考核“指挥棒”，考核村（社区）书记在政治素质、担当作为、发展和服务本领、治理能力、作风纪律等方面的表现和实绩，形成优秀、称职“两份名单”，优秀名单中的3位书记入选省“千名领先”村（社区）书记。举行云亭街道“七一”表彰暨党内关爱基金发放仪式，选树表彰40个先进典型，为465名生活困难党员、老党员发放党内关爱基金45.2万元，向231名老党员颁发“光荣在党50年”纪念章。贯彻落实民主集中制，重大问题决策、重要干部任免、重大项目投资决策、大额资金使用重大事项决策“三重一大”事项全部经集体研究决定。主动接受街道人大工委法律监督、工作监督，25件选民代表建议全部按期回复，办结率88%，代表满意率100%。推行行政执法“三项制度”（公示制度、全过程记录制度、重大执法决定法制审核制度），推进政府机构、职能、权限、程序、责任法定化。强化监督执纪，针对民生资金等重点领域开展专项监督检查。执行基层减负各项要求，集中整治形式主义、官僚主义等“四风”*问题，发文数量、会议数量和规模进一步压缩压降。推行规范性文件合法性审核机制，提升制规质效。编制并出台《云亭街道重大行政决策程序规定》，拟制《2021年度云亭街道重大行政决策事项目录》，并依照规定开展合法性审查工作。开展公共法律服务“五进”（进网格、进园区、进项目、进村、进家庭）活动13场，提供法律咨询700余人，发放普法资料5000余份。深化“法援惠民生”工程，开展服务“三农”*助振兴、扶残助残奔小康等系列活动，不断拓展法律援助覆盖范围，亮化法律援助特色品牌。建设覆盖城乡、便捷高效、均等普惠的现代公共法律服务体系。冬训工作期间，街道及村（社区）组织党课辅导、专题报告、业务培训等各类学习20余场次；组织理论宣讲进农村、进社区、进学校、进企业50余次，累计培训党员5200余人次。成立党史学习教育领导小组，明确相应分管领导和工作职责，指导基层党组织全面动员部署党史学习教育。发挥人民调解“第一道防线”作用，深化“矛盾不上交”三年行动，加大对涉疫矛盾、涉企纠纷等事件排查调处，把着眼点放到前置防线、前端控制、前期处置上，开展预防性法律制度建设，把非诉纠纷解决机制挺在前面，及时化解各种存量风险，有效防范增量风险，切实维护社会和谐稳定。全街道化解矛盾纠纷766件，其中重大纠纷39件，调解成功率100%。做好村（社区）换届后人民调解委员会的建设，确保街道、村（社区）社会矛盾纠纷调处服务中心（室）规范化建设全面完成。以党工委中心组学习会、党风廉政宣教月为平台，通过观看警示教育片、集体廉政谈话、警示教育讲座、廉政微视频展播，多方面多途径加强学习，形成“学廉、思廉、践廉”良好氛围。以零容忍态度惩治腐败，严查发生在党员干部中失职渎职、徇私枉法、腐化堕落案件。办结2020年度立案审查案件4件；立案查办违纪案件10件，办结5件。全年对13名党员干部提醒谈话、4名党员诫勉谈话；办理信访件3件，结案1件，转立案办理2件。加强对落实中央“八项规定”*精神的常态化监督，紧扣元旦、春节、五一等重要节点，监督检查单位11个，严明纪律规矩，防止“四风”*问题反弹回潮。聚焦民生热点，对“政风热线”人民群众关心关注的21个热点问题进行跟踪督办，确保件件有落实。组织开展疫情防控工作督查，督促存在的96个问题立行立改，发出督查通报38期。落实上级部署，执行值班制度。开展公务用车自查自纠、挂证取酬专项治理、民生专项资金清理工作，紧盯“庸懒散浮拖”等问题，从严执纪问责。规范公务用车和办公用房管理，加强预算绩效管理和审计监督，一般性支出及“三公”经费*支出继续下降。解决好群众各类问题。征集发布“我为群众办实事”项目清单5批36项，落实“22212”工作制度*。通过联席会议、党委中心组学习研讨等形式分析研判意识形态领域情况。全年6个行政村和新敔山社区村账启用新“三资”*记账软件，指导各村（社区）使用“三资”系统中产权交易、物资采购、小额工程、预决算等新模块，继续实施街道和第三方事务所共同监审，严肃财经纪律。推进农村集体产权制度改革，完成6个行政村和新敔山社区集体经济股份合作社登记赋码及账套分离。深化农村村级集体资金违规出借、资产出租问题“两项清理”专项整治工作，催缴收回违规出租资金及欠缴租金502.1万元，房产抵偿223.73万元。规范农村集体“三资”管理，整改完成问题57个，整改到位资金1072万元。落实疫情常态化防控，完成180项应急能力建设，设置集中隔离点2个，辖区重点人群核酸应检尽检5万人次，新冠疫苗全程接种率109.17%，有序开展3~11岁儿童和12岁以上学生疫苗接种工作，公办学校学生接种率80%以上。

经济建设　全年完成工商开票销售总收入510.7亿元，比2020年增长21.7%。一般公共预算收入12.36亿元，比2020年增长34.21%。限额以上单位零售额8.56亿元，限额以上批发业销售额185.32亿元，比2020年增长40.2%。到位注册外资100万美元，实现进出口总额4.41亿美元。实现工业总产值310.68亿元，比2020年增长2%，其中规模以上工业产值178.85亿元，新增主板上市企业1个，上市企业累计5个。全年完成工程项目招投标50项，其中进入市交易中心招投标项目1项，街道公开招投标项目49项，招投标控制价5365万元，中标价4945万元，节约资金420万元，节约率7.82%。根据江阴市《关于大力推进产业强市建设构建现代产业体系的若干政策意见》修订完善云亭街道配套政策，兑现2020年度产业强市街道配套政策补助资金675万元，助推企业转型升级和高质量发展。推荐江苏海特服饰有限公司、江苏大圣博环保科技股份有限公司、江苏贝特自动门技术有限公司等6个企业申报2021年江阴市专精特新科技“小巨人”企业*；辅导6个无锡市企业技术中心企业做好年度运行情况评价工作;推荐江阴远闻纺织有限公司申报省智能车间;协助江苏海特服饰有限公司、江苏大圣博环保科技股份有限公司、江苏上丰纺织有限公司申报省级四星级上云企业,江苏长龄液压股份有限公司成功申报省级技改资金补贴;辅导江苏长龄液压股份有限公司、江苏科茂新材料科技有限公司等企业申报上市企业申报奖励资金。开展工业企业资源利用绩效评价,推进工业集中区升级改造,累计盘活存量土地39.27公顷,腾退低效用地28.18公顷,完成非工业用地拆迁面积20.1公顷。完成固定资产投资总额65.16亿元,比2020年增长26.3%,其中工业投资19.34亿元,比2020年增长7%,市级以上重大项目投资完成率376.8%。有在建项目13项,总投资37.05亿元;拟开工项目6项,总投资21.15亿元;意向项目3项,总投资34.8亿元。全社会研发投入占地区生产总值比重3.5%,完成高新技术产业产值62.27亿元,高新技术产值占规模以上产值比重为34.8%。鼓励企业结对高校、科研院所开展联合技术攻关,加强产学研协同创新,深化院校产学研合作,全年完成技术合同成交额0.8亿元,累计填报研发费用3.9亿元,规模以上工业企业中有研发活动企业数占比65%。全力支持民营科技企业牵头重大科技项目,培育壮大创新主体和载体,引导企业加快新技术应用和新产品投入,全年发放科技创新奖励补助资金155万元。有70余个企业与高校建立稳定的产学研合作关系,实施重点产学研合作项目25项。鼓励企业与高校院所联合培养创新人才,注重云亭人才的培育和提高,连续7年与江苏大学共建卓越工程师联合培养基地,为65名大学生提供实习、实训平台。鼓励成长型科技企业申请“澄科贷”“锡科贷”,累计使用科技贷款1.4亿元。推进高标准农田建设,以旱涝保收、高产稳产为目标,开工农田连片整治建设26.67公顷。稳定粮食生产,水稻种植面积230.13公顷,产量2157吨。压紧压实生猪稳产保供属地责任,全年生猪存栏量4190头。提升价值链,围绕“华伯猪肉”“双胞牛肉”等特色农产品,打造具有云亭地域特色的农产品品牌,推广“健康牧业+加工业”“精品园艺+休闲旅游业”等新模式,引领发展农事体验、休闲娱乐、怡养康健等带富效应明显的新型业态。培育壮大新型农业经营主体,新建市级示范家庭农场6个。

社会建设　加大省知识产权和江阴市知识产权政策的宣传落实力度,调动企业专利申报积极性,全年新增各类专利386件,其中发明专利授权36件。以科技创新引领经济发展,全年新增各类专利386件,招引各类人才1004人。分层梯队扶持,推动企业“小升高”“小升规”,培育科技“小巨人”企业,加快实现“裂变式”发展,加快“雏鹰企业”*“瞪羚企业”*“准独角兽企业”*培育,全年新申报高新技术企业14个,江阴市高新技术企业入库培育46个,国家科技型中小企业评价入库81个,无锡市“雏鹰企业”培育入库7个,“瞪羚企业”培育入库6个,“独角兽企业”培育入库1个。新增高新技术企业4个,高新技术企业培育申报入库51个。江苏长龄液压股份有限公司获批工业和信息化部第三批专精特新“小巨人”企业*,江苏科强新材料股份有限公司上榜江苏省企业社会责任建设典范榜,江阴华溢物流有限公司被评为江阴市电子商务示范企业。推进教育优质均衡发展,全年教育投入15168.64万元。中考再创佳绩,47位学生被南菁高中、江阴高中录取,其中12位学生通过自主招生、竞争指标被南菁高中、江阴高中录取。落实“双减”*要求,小学、初中全面开展延时服务。加强卫生计生管理,实施家庭医生个性化签约服务,重点人群签约率85%以上。养老服务提质增效,居家养老服务中心、助餐中心实现全覆盖。年内开展文化下乡活动229余场,举办各类培训、讲座、展览210次。新增体育公园1个、健身步道2千米。加大投入,夯实设施建设,建造门球场,打造羽毛球场、广场舞场地,增设二代健身器材,满足广大群众的健身需求。完善各村(社区)体育设施,配备体育指导员,鼓励群众积极健身,指导群众科学健身。以中心工作和庆祝中国共产党建党100周年作为全年新闻宣传主线,加强与市级新闻媒体的联系沟通,年内被中央、省、无锡市等各级媒体录用稿件422余篇。指导花山村深化书画特色村庄建设,协助办好“听黄河涛声”徐慧君中国美术馆个展。发挥文联和群众文艺协会的桥梁纽带作用,扩大文化传承覆盖面。“共建美丽江阴、美家美户”成就美好生活主题活动启动仪式暨2020年最美院子颁奖活动在花山村薛家村举行,花山村薛家村薛艳芳家庭“云甸轩”获评江阴市最美院子。全年实现民房签约1351户,企业及非住宅签约54个,完成征收拆迁量50.77万平方米,安置在外过渡户69户、74套。新建美宸雅苑西侧配套道路工程,完成沈巷路东延、建设路(百川—新小学段)、环西路(环镇南路—云新路段)、孟家桥改建工程,黄思巷路南延、红光桥改造、山水路新建二期等工程有序推进。完成陶家巷、云南路、工业集中区A区污水管道新建及压力管工程,实施云东幼儿园南侧污水泵站新建工程。深化城市精细化管理和优美环境合格区建设,完成敔山湾区域的移交前期准备工作,全年清理“三乱”(乱张贴、乱写画、乱悬挂)1.5万余处,拆除违法广告260平方米、查扣“小飞龙”车300辆,拆除各类违法建筑设施41个,计23094平方米。美丽乡村提色添彩。深入推进农村人居环境整治提升五年行动,完成农村生活污水治理PPP项目41项,配合村庄生活污水治理PPP项目验收工作,23条镇村河道全部实现第三方托管,建成孙俞家村、小徐家村美丽乡村示范带。实施毗山村多规合一村域规划。推进朱家宕农房建设,开工90户,竣工50户。践行绿色发展理念,执行环境影响评价制度,加强工业污染源监管,关停整治“散乱污”企业77个,关停“三高两低”企业*1个。完成两批次100项治气重点工程、19个重点企业挥发性有机物综合治理,全年$PM_{2.5}$平均浓度32.14微克/立方米,空气质量优良天数比率86%。建成美丽示范河湖2条,实施河道清淤2870米。深化绮山水源地周边环境综合整治，加快周边区域土地连片整治，拆除关停“散乱污”企业低效用地厂房24.3万平方米。完成定山村东宕口、轧石场宕口、团结宕宕口国土空间生态修复，新增造林面积2.39公顷，建成区林木覆盖率30.14%。加强巡查检查严禁垃圾焚烧，发现和制止垃圾焚烧点位87处；累计巡查工地490次，查处问题72个，停工整改工地6处；完成江阴市内河港口码头清理整治攻坚行动任务，清理码头4个、整治提升7个；检查220个餐饮企事业单位的油烟处理设施，督促整改170个。组织开展白屈港沿线1千米范围内企业、码头、村庄、小区摸排，形成汇水区域台账。完成白屈港、应天河沿线的191个排口摸排溯源；完成金井河、三号河2条消除劣河道五类综合整治工作；完成金井河闸站、云亭雨水站、沈家浜北闸站汇水区域内“雨污分流”改造；完成烧香浜清淤工程，对辖区211个企业进行涉磷调查及填报。落实保就业各项政策，全年新增就业岗位3200余个，扶持自主创业276人。社保扩面新增参保1538人，城乡居民基本养老保险待遇、居民最低生活保障、特困人员供养待遇等稳步提高。统筹做好社会救助、社会福利工作，发放原社办企业员工各类待遇944.68万元，为3452名历次被征地农民发放保障款1686.78万元，完成新增65名村民的被征地保障手续，发放各类补助帮扶金13.82万元，救助困难群众628人次。响应“乡村振兴·共富基金”募集活动，累计募集捐款1021万元。深化“综合窗口”“全科社工”改革，完成11个村（社区）“澄事之窗”自助服务终端建设，政务中心承办行政审批、公共服务事项38142项，“营业执照0.5天”企业开办达标率100%。全年“微幸福”民生工程办结民生微实事16件。社会大局和谐稳定。深化网格化管理，全年上报各类事项3878件，办结率98.96%。深化平安云亭建设，完成派出所综合指挥室和迎瑞社区警务室建设，通信网络诈骗、非法金融活动等违法犯罪行为得到有力遏制，新增技防监控探头35个，违法犯罪警情比2020年下降12.75%。依法处理各类涉法涉诉信访案件，累计化解信访积案11件、矛盾纠纷事件803件，接待来访咨询、调解人员254批681余人次。依托综治中心基础建设，整合司法、综治、信访、禁毒、法律服务五个职能部门，完善区域功能建设、整合办公用房，提升办公设施，深化司法元素，打造“最多跑一地，服务零距离”服务大厅。继续加大“12348”江阴法网线上平台和手机端平台的推广。深化“法企对接”机制，鼓励律所与商会结对，扩大民营企业法律顾问覆盖面，推动企业“法治体检”常态化，开展“法企同行、风险防控”专项活动，开展大型送法进企业2场，普法惠工友600余人，发放普法资料2000余份。实施安全生产专项整治“三年大灶”*，累计检查企业（场所）8785个次，排查整改隐患3146处，下发责令限期整改指令130份、实施现场停产措施处置18次，立案处罚企业56个，罚款159万余元，649个企业完成首次安全生产风险报告。开展500余个中小微企业的安全托管，全面构建安全风险分级管控和隐患排查治理双重预防机制，对860余个企业建立“一企一档”安全状况基础信息库。全力配合安全发展示范城市创建，毗山村、云新村、云亭社区和云东社区被评为全市安全村（社区）。

2021年云亭街道主要经济社会指标一览表

表57

指　标	单　位	数　量	比2020年增减（%）	指　标	单　位	数　量	比2020年增减（%）
地区生产总值	亿元	170.02	4.50	规模以上工业利润总额	亿元	10.60	0.91
其中：第一产业	亿元	1.74	1.00	限额以上单位零售额	亿元	8.56	-27.10
第二产业	亿元	84.89	2.70	固定资产投资总额	亿元	65.16	26.30
第三产业	亿元	83.39	6.40	其中：工业投资	亿元	19.34	7.0
一般公共预算收入	亿元	12.36	34.21	进出口总额	亿美元	4.41	38.30
农林牧渔业总产值	亿元	2.29	1.80	其中：出口额	亿美元	3.93	39.80
粮食产量	万吨	0.37	9.60	到位注册外资	万美元	100	8.70
工商业开票销售总收入	亿元	510.70	21.70	居民人均可支配收入	元	66229	9.00
其中：工业开票销售收入	亿元	237.86	15.20	中小学校在校学生数	人	5363	5.30
服务业开票销售收入	亿元	272.08	30.60				

2021 年云亭街道开票销售收入前 10 名企业一览表

表 58

名次	企业名称	销售收入(亿元)	法人代表	名次	企业名称	销售收入(亿元)	法人代表
1	江苏宝利国际投资股份有限公司	20.52	周文彬	6	江苏长龄液压股份有限公司	10.47	夏继发
2	江苏吉鑫风能科技股份有限公司	18.02	包振华	7	江苏和时利新材料股份有限公司	9.78	瞿建华
3	江苏百川高科新材料股份有限公司	13.09	郑铁江	8	江苏科茂新材料科技有限公司	8.92	陈　东
4	江阴绮星水泥有限公司	11.56	刘德旗	9	江阴市万祥铝业有限公司	8.13	高张度
5	江苏康瑞新材料科技股份有限公司	10.92	朱　卫	10	江阴宇瑞新颖炉料有限公司	6.83	朱宇洪

2021 年云亭街道各村(社区)基本情况一览表

表 59

村(社区)名称	户数(户)	人口(人)	村(社区)党支部(党总支、党委)书记	村(社区)主任	村(社区)开票销售收入(亿元)
云亭村	1739	6085	李金虎	李金虎	31.91
花山村	1786	6250	朱雪春	朱雪春	18.48
毗山村	3196	11185	沈建钧	沈建钧	24.93
定山村	2606	9122	朱华忠	朱华忠	17.97
佘城村	1724	6035	谭金中	谭金中	6.97
云新村	1378	4823	曹经纬	曹经纬	9.46
新敔山社区	3212	11242	钱锡江	钱锡江	—
云亭社区	2517	8810	刘敏虎	刘敏虎	—
金云社区	4300	15050	卜晓东	卜晓东	—
迎瑞社区	1003	3512	陈　强	陈　强	—
云东社区	1349	4720	吴建锋	吴建锋	—

【蔡村水景百花奇草合作社获评全国示范合作社】 蔡村水景百花奇草专业合作社成立于2009 年 12 月，坐落在有着 3000 多年的历史文化底蕴的云亭街道佘城村，是一个现代化的综合性农业专业合作社。是集蔬果花卉种植、水产品养殖、农业生产资料供给、农作物生产技术指导、农产品销售于一体的新型经济合作组织，采取“种植 + 营销”的经营模式，以服务农民、致富农村为目标。合作社总面积 16.8 公顷，其中花草苗圃 3.34 公顷、连体大棚 6.67 公顷，主要种植贝贝南瓜、草莓、火龙果、樱桃小番茄、甜瓜、红美人柑橘等。有技术人员 2 人，其中高级农艺师 1 人、农艺师 1 人。常年聘用员工 20 余人，与扬州大学等高等院校和农业技术部门建立产学研合作，引进新品种新技术，为社员提供技术咨询和销售服务，各种农作物产品远销全国各地，实现年销售额 300 余万元，利润 50 余万元，带动全村 100 余户农户增收致富。该合作社的成立是适合当前经济的需要，也是引领发展农户种植，带动农民增收、实现共同富裕的有效途径。2021 年 8 月，经中华全国供销合作总社认定，该合作社被评为 2020 年度供销合作社系统农民专业合作社示范社。

【云亭中心幼儿园东区获评省优质幼儿园】 云亭中心幼儿园东区分园位于云亭街道黄思巷北路 197 号，于2018 年 9 月投入使用，占地面积 10889 平方米，建筑面积 8985.5 平方米，规划 15 个班级配套设施。近 3 年内先后获评云亭街道先进教育集体、江阴市“暨阳红色先锋”五星级堡垒党支部、江阴市模范教工之家。各班均有功能齐全、宽敞明亮的独立活动室、寝室、卫生间；并配有一体机、办公电脑等现代化保教设备。幼儿园创设宽松、自由、多元、开放的教育环境，园内设有美工室、生活馆、录播室等 10 余个专用活动室；户外设有建构区、野战区、车类区等游戏区，各区都有充足的游戏材料和活动空间，满足幼儿生活、学习和游戏的需求。幼儿园教工素养稳步提升，骨干教师队伍逐年壮大。有江阴市级各类新秀能手 7 人，市级骨干教师占比 30%；多名教师获评市级以上荣誉；教师论文发表、获奖多篇。云亭中心幼儿园东区分园努力践行“让每一个孩子体验成长的快乐”的办园宗旨，在实践中发展、在发展中创新、在创新中升华，不断提高办园品质，推进幼儿园的可持续发展。2021 年 11 月，江

云亭中心幼儿园东区外景 （云亭街道党政办提供）

苏省教育厅发文，该幼儿园通过江苏省优质幼儿园评估，被确认为省优质幼儿园。

【云亭街道完成市人大代表换届选举】 2021年12月8日，在江阴市镇两级人大代表换届选举投票日，根据人大换届选举工作安排，云亭街道严格落实、组织选民完成市人大换届选举工作。街道人大换届选举委领导小组全体成员、选举办公室成员、各村（社区）书记、条线单位负责人及骨干企业、党群工作负责人参加会议。选举过程中，街道各选区通过设立选举大会、投票站、流动票箱等方式，严格按照法定程序，规范有序组织选民积极参加投票选举。街道此次人大换届选举，登记选民4.6万余人，划分选区7个，设立中心会场7个，通过差额选举的方式依法选出新一届市人大代表30人。

【"长龄液压"在上交所A股主板上市】 江苏长龄液压股份有限公司是一个拥有自主知识产权，集研发、生产、销售于一体的专业工程机械用液压关键零部件高新技术企业。公司成立于2006年12月，是国内工程机械液压零部件的主要生产基地。2020年，该企业根据省工信厅《关于组织开展千企升级企业入库和2020年度省级专精特新"小巨人"企业'申报推荐以及2017年度省级专精特新"小巨人"企业申报复核工作的通知》做好专精特新"小巨人"企业申报工作，经属地审核推荐、专家评审和网上公示等程序，获评2020年度江苏省专精特新产品和"小巨人"企业。2021年3月22日，江苏长龄液压股份有限公司股票"长龄液压"在上海证券交易所A股主板上市。这是云亭街道第五个上市企业，成为"江阴板块"第55位成员。 （李国娟）

夏港街道

【概况】 夏港街道位于江阴市城区西郊，东邻主城区，南邻南闸街道，西至申港街道，北枕长江。区域总面积34.76平方千米，其中长江水域面积5.73平方千米，下辖10个行政村（社区）和2个城市社区。2021年年末，有户籍人口40286人，其中男性19715人、女性20571人；有少数民族16个124人，其中布依族2人、朝鲜族6人、侗族8人、回族9人、黎族1人、满族33人、蒙古族9人、苗族7人、羌族2人、水族1人、土家族12人、锡伯族1人、彝族5人、仡佬族4人、壮族23人、瑶族1人。有外来暂住人口52131人，其中男性32101人、女性20030人。

政治建设 全面加强党的建设，严格落实意识形态工作责任制，持续深化理论武装，不断扩大"学习强国"平台影响力，开展中心组理论学习21次。开展党史学习教育，党工委中心组专题学习9次，街道党政领导参加所在支部党史学习教育专题组织生活会，到各村（社区）宣讲专题党课20多场次。邀请南京理工大学江阴校区教授、江阴市委党校老师、市委宣讲团成员在街道、村（社区）进行专题宣讲8场次，利用"万安颂""巾帼好声音""小红砖"等16支特色宣讲队伍开展面向不同群体的280余场党史宣讲，直接受众2.6万余人，间接受众4.5万余人；在全市范围内率先举办"线上+线下"相结合的"我心永向党"党史知识竞赛；升级打造初心、忠心、爱心、孝心、恒心"五心"红色教育路线，吸引超1.7万人次打卡学习；举办"倾听历史回响、奋进伟大时代"庆祝中国共产党成立100周年暨"百姓名嘴"风采展示活动，开展为民办实事行动，解决群众急难愁盼问题383余个。推进党建项目，发布"五心党建地图"，组建"五心领航"党建联盟39个，实施揭榜挂帅项目29项，实施老夏港河综合整治，完成白石山区域清场工作。做好巡察整改，6类19项40个具体问题全部整改到位。加强监督执纪，查办违纪案件21件，完成农村村级集体资金违规出错、资产出租问题"两项清理"、民生资金清理专项行动，政治生态更加清正。完善信访矛盾领导包案机制，妥善处置白石山、泓临新居等历史遗留问题。成立"平安夏港反诈联盟"，长江村、夏东社区获评全市"熟人社区"示范点，夏东社区、苏港路社区获评省级民主法治示范村，常态化做好扫黑除恶、禁种铲毒、治安整治等工作。"一企一档"数字安全隐患排查治理系统投入使用，整改生产安全、城市安全等隐患问题2000余个，立案查处31件。街道贯彻落实疫情防控要求，构筑地毯式联防联控网络，加强重点人群、重点场所、重点单位的精准防控，实现辖区人员"零确诊、零感染"。组织企业100%完成复工复产，广大企业和社会各界捐款捐物。发动全民接种疫苗，累计三针接种数超17万剂，细化完善全员核酸检测方案，组织辖区300多名志愿者参与夏东社区的全员核酸检测演练，检测人员8000余人。全面做好"12·28"夏东社区和夏港社区的实战处置，防控能力显著提升。

经济建设 主要指标在经济下行的严峻形势下稳中有进，全年完成一般公共预算收入10.86亿元，总量和增幅均位居临港经济开发区“一镇三街”第一。规模以上工业产值339亿元，比2020年增长29%。固定资产投资总额50.71亿元，比2020年增长8.8%。限额以上销售额410亿元，比2020年增长55.7%。限额以上单位零售额26亿元，比2020年增长16.9%。江苏新长江实业集团有限公司、江苏西城三联控股集团有限公司入围中国企业500强；街道开票销售超1300亿元，跨入“千亿镇街”行列；江苏新长江实业集团有限公司跨入“千亿集团”行列。全年签约备案项目11项，总投资近150亿元；竣工投产项目11项，总投资15亿元；开工在建项目27项，总投资87亿元；在批项目15项，总投资70亿元；意向项目20项，总投资140亿元，实际到账外资6022万美元。

社会建设　完成高新技术产业产值33亿元，比2020年增长31%；申报高新技术企业22个，累计32个；“瞪羚企业”培育入库4个，累计19个，“雏鹰企业”培育入库9个，累计20个；完成技改项目15项，江阴邦特科技有限公司、江阴市精成数控有限公司、江阴矽捷电子有限公司获评无锡市智能车间，江阴捷豹针织制衣有限公司获评无锡市智能工厂。申报工信部“启明计划”3人，新增无锡市“太湖人才计划”、江阴市“暨阳英才计划”创新领军人才等高层次人才30余人，新增高技能人才500余人，青年人才超千人，中船澄西船舶修造有限公司发明专利拥有量位居临港经济开发区第一。新成立矽捷电子企业科协，街道科协获评全市“十佳基层科协组织”。推进三大科创园建设，新建平台面积2.2万平方米，出台科创载体新增临港留存税收50%奖励政策。制定《夏港街道城市更新工作实施方案》，加快土地商业开发等6类7个地块的实施进程，老镇区改造完成初步方案设计。金江小区、夏东小区完成改造，毗陵路西段建成通车，夏港爱国主义国防教育基地全面升级，CBD区域环境综合整治工程有序推进，民生实事落地落实。全年完成盘活存量用地10.39公顷，腾退低效用地43.43公顷，非工业用地拆迁面积14.67公顷。完成江阴市第二过江通道、49号地块、夏东苑四期等拆迁项目超10万平方米，完成拆迁量的120.6%，分批次完成649套。组建物业管理科，研究制定物业“红黑榜”制度。拆除新老违建88处、违法用地2个。建成农村人居环境提升示范村2个，夏南村前李庄村入选江阴市示范村行列，长江村上榜无锡市美丽乡村示范村。全面完成农村生活污水改造工程，新建4座二类公厕。完成大气治理任务212项，关停兴港纸业有限公司等高值排放企业5个，整治“散乱污”点位34处，安装FID(火焰离子化检测仪)在线监测13个，淘汰煤气发生炉25台，苏龙热电煤场全封闭工程启动建设。完成老夏港河、街后河清淤整治工程，排查老夏港河沿线排口601个，整改问题排口33个，实施老夏港河沿线排口截流工程7个，企业规范化接管9个，建设排水达标区4个，安装一体化集成式污水处理设备1套。常态长效做好“长江禁捕”；造林绿化面积8公顷。全年新增就业1200余人，实名援助就业困难23人，扶持自主创业288人，家庭医生新增签约6000余人，临港大病互助基金参保率100%，困难群众服务保障覆盖率100%。夏港中学综合楼、街道为民服务中心建成投运，8项民生实事完成。推进政务服务改革，民生“一件事”专窗全面运行，全年办理业务3.5万余件。全年上报网格入格事件9000余件，受理“12345”民生热线电话诉求4000余件。持续提升综合执法效能，立案查处案件300余件，处置投诉案件1000余件，按期处置率均为100%。

2021年夏港街道主要经济社会指标一览表

表60

指　标	单　位	数　量	比2020年增减(%)	指　标	单　位	数　量	比2020年增减(%)
地区生产总值	亿元	260.84	9.30	规模以上工业利润总额	亿元	15.35	-8.33
其中:第一产业	亿元	—	—	限额以上单位零售额	亿元	26	16.90
第二产业	亿元	—	—	固定资产投资总额	亿元	50.71	8.80
第三产业	亿元	—	—	其中:工业投资	亿元	15.23	—
一般公共预算收入	亿元	10.86	12.70	进出口总额	亿美元	10.46	4.52
农林牧渔业总产值	亿元	—	—	其中:出口额	亿美元	9.69	8.31
粮食产量	万吨	—	—	到位注册外资	万美元	6022	—
工商业开票销售总收入	亿元	1301	61.60	居民人均可支配收入	元	—	—
其中:工业开票销售收入	亿元	774	60.24	中小学校在校学生数	人	—	—
服务业开票销售收入	亿元	527	63.66				

2021年夏港街道开票销售收入前10名企业一览表

表61

名次	企业名称	销售收入（亿元）	法人代表	名次	企业名称	销售收入（亿元）	法人代表
1	江苏新长江实业集团有限公司	508.57	李洪耀	6	江阴宗承钢铁有限公司	21.11	余宗勋
2	江苏西城三联控股集团有限公司	403.61	孟珍娣	7	江阴市海岸投资有限公司	7.65	陶雪华
3	中船澄西船舶修造有限公司	67.18	陆子友	8	江阴邦特科技有限公司	7.48	徐耀琪
4	江阴天力燃气有限公司	30.77	张伟志	9	江阴利之星汽车维修服务有限公司	7.01	Dr. Conrad, Till Henrik
5	江阴苏龙热电有限公司	30.29	严倪芳	10	江阴市精成数控有限公司	5.71	刘荣增

2021年夏港街道各村(社区)基本情况一览表

表62

村(社区)名称	户数（户）	人口（人）	村(社区)党支部（党总支、党委）书记	村(社区)主任	村(社区)开票销售收入（亿元）
长江村	836	6818	李洪耀	范兴龙	611.98
普惠社区	2707	9290	王俊华	王俊华	2.19
夏东社区	4001	13809	夏建峰	夏建峰	3.68
夏港社区	4571	15391	夏宏武	夏宏武	16.75
普惠苑社区	5177	15535	蔡国明	蔡国明	0.07
苏港路社区	4026	12599	吴海芳	吴海芳	3.70
三元村	511	4122	徐晓芸	徐晓芸	88.98
李沟头村	135	1800	张　平	张　平	5.00
三联村	1425	3925	恽裕兴	恽裕兴	447.7
景贤村	353	2786	蒋惠军	蒋惠军	10.1
夏南村	2719	10678	黄惠忠	黄惠忠	1.63
葫桥村	1188	6128	李君成	李君成	3.43

【长江村获评省乡村振兴先进集体】 夏港街道长江村地处江阴市西城郊接合部，总面积6.5平方千米，居住面积1.5平方千米，拥有19个村民小组、818户3400人。从1972年创办两座小砖窑起家，经过50年的发展，建起销售规模超千亿元、税收超10亿元、净资产超300亿元的村级经济实体——中国500强企业江苏新长江集团。2021年，长江村推进乡村振兴战略，紧紧围绕乡村振兴战略“二十字”总体要求，理清思路、因地制宜、扬长避短、大胆探索，凸显长江特色。是年获评江苏省乡村振兴先进集体。

【夏港街道完成市人大代表选举】 2021年12月8日是江阴市人民代表大会代表选举投票日，夏港街道坚决贯彻落实中共中央部署和省委、市委工作要求，积极践行全过程人民民主，依法有序开展换届选举各项工作，严明换届纪律要求，充分保障人民群众的选举权和被选举权。该次夏港街道人大代表换届选举，登记选民36456人，划分6个选区，召开6场选举筹备大会，设置投票站点67个，依法选举产生新一届市级人大代表17人。

【夏港街道“五心领航”党建联盟】 2021年，夏港街道实施“五心领航”党建品牌培育工程，按照“一支部一品牌、一领域一特色、一街道一矩阵”3个层级，构筑“1+4+X”区域化党建组织架构，推动辖区不同类型党组织联结为党建共同体，制定《关于开展“暨阳红—盟红江阴”基层党建三年行动的实施方案》等文件及配套运行机制。组成“幸福长江”党建联盟等39个联盟，围绕“共富共治”“共治共享”“益企同行”“服务大局”4个方面实施，有力有序推动街道各项重点工作，充分发挥党建联盟作用，实现“党建共建、事务共商、难题共解、资源共用、成果共享”的党建格局，不断提升党建引领基层治理成效。

【夏港街道盘活存量用地】 2021年,夏港街道完成盘活存量用地10.39公顷,腾退低效用地43.43公顷,拆迁非工业用地14.67公顷,其中夏东社区3个企业完成清点清障,形成面积7.34公顷连片用地,夏东社区四期安置房项目和人才公寓项目重新启动,49号地块2个企业全部拆平,近12公顷空间得到释放。加快江阴第二过江通道项目征拆工作,签约拆除红线范围内的所有农户。 (夏亚蓉)

申港街道

【概况】 申港街道位于江阴市城区西部,东与夏港街道紧邻,西与利港街道相连,南与南闸街道和常州市相邻,北枕长江5.5千米岸线。区域面积38.8平方千米,下辖10个行政村和3个社区居委会。2021年年末,辖区有户籍总人口46884人,其中男性23474人、女性23410人;有少数民族19个265人,其中壮族154人、布依族6人、朝鲜族6人、傣族3人、侗族3人、哈尼族4人、回族15人、黎族3人、满族10人、蒙古族3人、苗族9人、羌族5人、畲族2人、水族3人、土家族15人、维吾尔族1人、乌孜别克族1人、瑶族9人、彝族13人。有外来暂住人口27129人,其中男性17280人、女性9849人。

政治建设 扎实开展党史学习教育,组织2500余人次集中收听收看庆祝中国共产党成立100周年大会,颁发“光荣在党50年”纪念章196枚。组织1583人次参观党史学习教育点21个,讲授专题党课90余场,理论宣讲300余场。开展“礼赞百年荣光·筑梦美丽申港”庆祝建党100周年表彰暨红色故事宣讲会等主题活动11场,梳理办结人居环境整治、公共设施维修、街容街貌提升等群众急难愁盼问题100余个。深入学习宣传中共十九届五中、六中全会精神和习近平总书记视察江苏重要讲话指示精神,多方式、多载体组织开展党工委中心组理论学习20次,理论宣讲进农村、进社区、进学校、进企业等活动300余场次,拍摄播放《和孝创新党群同心》等冬训微课视频11部,培训党员9000余人次,意识形态工作责任制持续压实。完成8个村(社区)下属36个党支部换届选举,组织新任村(社区)书记、主任参加无锡“乡村振兴大学堂”“小巷‘治’慧大讲堂”培训,开展优秀年轻干部双向挂职交流和专题培训。培育“风光申港”党建品牌,组建“风光荟·暖蜂”等11个党建联盟,建成10个“小蜜蜂驿站”,“迈江南”被中华全国总工会确认为2021年最美户外劳动者服务站点,申达集团有限公司党委被列入“两新”组织*5A雁阵计划培育对象。持续深入开展“三转一提”*专题学习教育和“作风效能攻坚年”活动,全面实施街道机关科室绩效考核。配合市委巡察,做好反馈意见整改落实。基本完成村级“两项清理”,整改问题151个,收回应收款项3738.42万元。全年党纪立案21件,开展约谈50余次、提醒谈话12次、诫勉谈话11次,风清气正的干事环境持续向好。紧抓常态化疫情防控,不断完善工作机制,协调联动和应急反应能力有效提升。全年完成新冠疫苗全程接种64016人、接种总剂次131264次,常住人口接种率99.23%、全程接种率71.78%。闭环管控人员1473人,累计核酸检测31300余人次。

经济建设 全年完成工商开票销售收入887.89亿元,入库税金22.1亿元,一般公共预算收入10.37亿元,规模以上工业产值475.6亿元,固定资产投资总额45.86亿元。完成到账外资15026万美元、自营进出口总额9.06亿美元,其中自营出口额8.2亿美元,高新技术产业产值占规模以上工业产值比重为81.24%。全年完成签约项目14项,项目总投资约200亿元。6项超10亿元在建项目进展顺利,完成申桦高端密封件项目厂房、仓库和恒润轴承项目主体建设,完成富力小镇等4个地块连片开发和福星路等2个地块土地征收,启动复睿智能制造等2项项目地块清障和土地出让。远景动力电池一期和智能传动项目正式投产,新能源产业产值占比70.9%,智慧能源千亿产业集群加快形成。迈厨供应链管理有限公司获评江苏省农业龙头企业,申港三鲜养殖有限公司获评省级现代农业(特色水产)产业技术体系推广示范基地。新增江阴市级示范家庭农场7个,“申港河”稻米获“无锡好米”金奖。申西村26.67公顷高标准农田建成并通过验收。申泰路西侧绿化景观工程竣工投用,10个企业拆迁完成签约,于门桥改造工程拆迁实现清零。尚驰机械太阳能回转器等3项项目完成改造。盘活存量土地83.6公顷,腾退低效用地24.67公顷。长三角(江阴)数字创新港一期建成投运,安姆科亚太区研发总部平台落地,规模以上科技型企业研发机构建有率95%。全年完成研发投入15.6亿元,规模以上工业企业中有研发活动企业数占80%。对接清华大学、东南大学等高校,达成产学研合作项目8项,获批无锡市、江阴市级工程技术研究中心17个。培育入库省科技型中小企业56个、高新技术企业30个、“雏鹰企业”*和“瞪羚企业”*15个,申报民营科技企业8个。“江苏华兰”在深交所创业板正式挂牌上市,实现申港街道成立后上市公司零的突破。

社会建设 落实企业家英才培养计划,建立科技人才信息库,拥有高技能人才598人、副高以上人才102人。申报启明计划2人、省“双创人才”*和“太湖人才”计划各1人,获评省“科技副总”*1人。临港实验学校完成小学和初中部分设办学,申港社区卫生服务中心完成装修并投用,《申港街道志》编修工作全面启动。完成申港路拓宽和亚港路改造,完成2034盏钠灯改造和1268个光源修复,完成季子祠整体修缮,红豆万花城商业综合体开业。推进污水管网建设和主管泵站提升,完成申新二号河排口改造、申港路申新路分流改造、消防中队及周边管网新建。年均$PM_{2.5}$浓度为33.98微克/立方米,比2020年下降13.7%,优良天数比例为79.7%。完成134项大气污染防治工程项目、24项涉水工程重点项目建设和10个裸土未覆盖问题整改,整治“散乱污”企业20个,江苏江阴港港口集团股份有限公司获评2021年“亚太绿色港口”。完成申裕路、人民南

路黑色化摊铺，完成南理工江阴校区周边等环境热点难点整治45处，依法拆除违法建设47处，计22712平方米，整改销号违法用地6宗1.27公顷。建成户外广告和店招标牌设施设置示范社区、“三乱”（乱张贴、乱写画、乱悬挂）专业化保洁达标社区、城市管理物业化片区各1个。推进申港河无锡市“美丽河湖”示范河道创建，完成8条重点河道、3个重要节点村综合整治及22个自然村生活污水管网接管。新（改）建公厕7座、清淤河塘沟渠及排水沟73条，补增村庄绿化面积10680平方米，申兴村获评无锡市特色田园乡村，谢家湾村获评江苏省绿美村庄、女家湾村获评江阴市重要节点整治示范村。横塘村新农村建设二期稳步推进，朱家湾三村、锦湖苑二村安置房产权完成初始登记，朱家湾一村、二村完成交档，锦湖苑四村开始初始登记，街道获评省第七次人口普查先进集体。推进街道、村两级“全科窗口”和“一件事”改革，受理各类审批事项35790余件，办结率100%，申兴村建成市村级“全科窗口”改革示范点。聚焦聚力居民文明素质提升和文明村（社区）创建，申港村通过2019—2021年度江苏省级文明村评审。全年完成城镇新就业人数1300人、实名援助就业困难人员275人、扶持自主创业461人、新增创业担保贷款14批次。调处矛盾纠纷事件476件，追讨农民工工资1000余万元。完成街道、村两级品牌工作室建设，投用“成方元+”等3个品牌工作室，建成申兴村“平安前哨”工作站。开展街道安全生产专项整治三年行动，排查企事业单位、沿街商铺、群租房、农房、道路桥梁等各类场所近2万个（处）次，完成无锡、江阴督导问题和近5000处问题隐患整改。集中整治沿街门店“三合一”（住宿与生产、仓储、经营一种或一种以上使用功能违章混合设置在同一空间内的建筑）场所消防安全160余个，拆除各类铁栅栏200余扇，推进高层小区消防安全大排查、大整治。申港社区、锦湖苑社区建成省级安全发展示范城市示范社区陈列点位。

2021年申港街道主要经济社会指标一览表

表63

指　标	单位	数量	比2020年增减(%)	指　标	单位	数量	比2020年增减(%)
地区生产总值	亿元	212.41	1.30	规模以上工业利润总额	亿元	29.16	-24.10
其中：第一产业	亿元	1.27	-22.60	限额以上单位零售额	亿元	0.34	11.50
第二产业	亿元	142.22	4.60	固定资产投资总额	亿元	45.86	-15.89
第三产业	亿元	68.92	5.50	其中：工业投资	亿元	31.13	-35.13
一般公共预算收入	亿元	10.37	-23.01	进出口总额	亿美元	9.06	91.85
农林牧渔业总产值	亿元	1.70	8.42	其中：出口额	亿美元	8.20	93.27
粮食产量	万公斤	273.20	7.56	到位注册外资	万美元	15026	-31.50
工商业开票销售总收入	亿元	887.89	-7.93	居民人均可支配收入	元	53938	11.56
其中：工业开票销售收入	亿元	549.32	-12.13	中小学校在校学生数	人	3744	2.77
服务业开票销售收入	亿元	337.51	-0.24				

2021年申港街道开票销售收入前10名企业一览表

表64

名次	企业名称	销售收入(亿元)	法人代表	名次	企业名称	销售收入(亿元)	法人代表
1	远景能源有限公司	381.49	张　雷	6	江阴长江投资集团有限公司	19.31	任锦华
2	新华发集团有限公司	82.45	孙志华	7	江苏江阴港港口集团股份有限公司	18.21	华　江
3	中建材浚鑫科技有限公司	47.49	孙建安	8	江阴华新钢缆有限公司	9.64	廖志诚
4	江苏长达国际物流有限公司	35.82	范建丰	9	江苏华兰药用新材料股份有限公司	8.44	华国平
5	江苏中基复合材料有限公司	20.66	杜继兴	10	江苏界达特异新材料股份有限公司	7.43	薛建良

2021 年申港街道各村(社区)基本情况一览表

表 65

村(社区)名称	户数(户)	人口(人)	村(社区)党支部(党总支、党委)书记	村(社区)主任	村(社区)开票销售收入(亿元)
创新村	771	2865	郑华叶	郑华叶	413.39
于门村	663	2257	李秋珍	吴植林	142.92
滨江村	687	2525	宋桃英	宋桃英	122.31
江南社区	1167	3547	李建军	李建军	—
东刘村	762	2452	吴海侠	吴海侠	56.92
申西村	1124	3869	毛剑峰	毛剑峰	56.31
申兴村	1846	6632	薛栋亭	薛栋亭	21.20
申南村	1684	6136	何惠忠	何惠忠	20.00
申浦村	824	2868	盛　开	盛　开	20.85
申港村	748	2425	殷振迅	殷振迅	12.10
申港社区	1749	6153	黄　磊	黄　磊	—
横塘村	998	3522	黄明华	黄明华	10.21
锦湖苑社区	425	1633	殷　梁	殷　梁	—

【港口集团获评“亚太绿色港口”】 江苏江阴港港口集团股份有限公司是省沿江地区重要港口和对外贸易口岸单位,是苏南地区多种运输方式相衔接的重要枢纽,是国家 4A 级物流企业、省重点物流企业、长江港航诚信企业、五星级江苏港口。近年来,江阴港口集团顺势而为,乘势重建,从不知名的小港发展成为集“装卸、仓储、代理、港作”于一体的集团化企业,年外贸货物吞吐量和接卸开普船艘次居长江沿线港口首位,成为江海联运的重要港口和进口大宗物资海进江的重要中转基地。响应国家建设生态长江号召,立足自身发展实际,以“节能减排、低碳环保、绿色港口”的理念大力推进生态港口建设,把绿色循环低碳理念融入企业生产经营的各个环节,在港口建设和运营中累计投入上亿元,培育发掘并积极实施多个节能减排项目,被长江港航物流联盟指定为绿色航运专委会主任单位,先后获“全国交通运输行业企业节能减排贡献奖”“交通运输企业低碳节能环保示范企业”“江苏省交通运输节能减排先进集体”“无锡市十二五节能工作先进集体”等多项荣誉,2018 年通过交通运输部考核验收成为第一批绿色循环低碳港口。2021 年末获评“亚太绿色港口”。

【申港街道蝉联国家卫生镇】 2019 年以来,申港街道创建国家卫生镇专项经费投入约 50 万元,出动 7500 人次,清理垃圾 3750 吨,清理卫生死角 135 处,整改环境卫生脏乱差问题 68 个。整治“散乱污”场所 86 处,其中关停取缔 53 处;完成升级改造并完善环保相关手续的餐饮业 170 个;完成全国排污许可证登记企业 102 个;开展污染天气联合控制 75 次,有力促进生态环境建设。检查餐饮单位约 1400 个,并定期对食品从业人员进行健康检查和卫生知识培训,开展面向广大群众的食品安全法律法规、食品卫生等宣传活动,营造良好的食品安全氛围。2021 年 1 月 26 日,申港街道通过复审,蝉联国家卫生镇。

【申港企业获评省农业产业基地】 江阴市申港三鲜养殖有限公司位于申港镇创新村,是以研究和开发长江名贵水产品河豚、鲥鱼、刀鱼为主的民办科技型股份制企业,公司自 1999 年秋创建以来,科研开发成果硕果累累,养殖规模逐年扩大,发展成为中国规模较大、品种较全的长江三鲜繁育与养殖研究生产基地。公司拥有长江三鲜养殖面积 20 公顷,建成河豚越冬温室 1.5 万平方米,鲥鱼养殖温室 1.8 万平方米,刀鱼养殖池 6000 平方米,总投资超 1800 万元。公司自 2000 年、2002 年先后攻克长江暗纹东方豚野生亲本及家化亲本的人工繁殖课题,探索出一条从河豚苗种繁育到商品鱼养成直接加工烹饪的产业链,年繁育河豚苗 200 万尾,年产巴鱼 20 万尾、优质商品河豚 3 万公斤,产品远销北京、上海、浙江杭州等城市。在野生长江鲥鱼绝迹以后,2003 年公司又成功从美国引种和长江鲥鱼很相近的美洲鲥鱼受精卵进行孵化与养殖,培育出的商品鲥鱼深受市场欢迎,产品供不应求;2004 年起,公司又瞄准越来越少的长江刀鱼进行繁育与养殖探索,承担江苏省科技攻关项目“长江刀鲚人工养殖与繁殖技术研验”。2021 年 11 月 14 日,公司获评省级现代农业(特色水产)产业技术体系推广示范基地。

【申兴村获无锡市“特色田园乡村”称号】 2019 年以来,申港街道申兴村全面启动美丽乡村建设,取得显著成效，陆续被授予“国家森林乡村”“江苏省水美乡村”和“江苏省人居环境整治示范村”等荣誉称号。2021年，申兴村全村上下连续作战、攻坚克难，围绕培育特色产业，提高农民收入，建设活力乡村；改善生态环境，完善设施配套，建设宜居乡村；塑造特色风貌，彰显特色文化，建设特色乡村；加强乡村治理，培育文明乡风，建设和谐乡村。创新工作机制，确保工作成效，打造特色产业、特色生态、特色文化，不断增强群众的获得感、幸福感、安全感，受到辖区村民的一致好评。2021年12月21日，申兴村获评2021年度第四批无锡市特色田园乡村荣誉称号。

【申港街道完成市级人大代表换届选举】 2021年10月8日，申港街道召开2021年市级人大代表换届选举工作会议，对下一阶段开展的市级人大代表换届选举工作进行部署。申港街道设置7个选区，56个选民小组，登记选民44782人，12月2—5日，街道人大工委组织召开7场选民代表见面会。8日，正式开始市级人大代表换届选举投票工作。9日，完成全部7个选区的投票工作，参加投票选举选民44585人，选举产生市级人大代表16人。

【申港街道完成村（社区）换届选举】 2021年1月9—31日，申港街道围绕“换出好班子、选出好班长、形成好思路、建立好机制、巩固好局面”的工作目标，完成所有13个村（社区）党组织和村（居）委会换届选举工作。通过此次换届，22名人员首次进入“两委”班子，其中9名是“90后”年轻干部，全街道村干部的年龄结构有所改善，大专以上文化人数占比91.8%。换届选举使优秀人才进村级党组织和村（居）委会班子，班子整体功能和工作合力明显得到增强，年龄、学历、性别等结构得到全面优化。

【首届“季子杯”诚信书法展举行】 2021年4月20日，“百年同舟、华彩丹青”——申港街道首届“季子杯”诚信书法展在江阴立澄艺术馆开展。该诚信书法展收到书法作品430件，其中中国书法家协会会员作品31件、省书法家协会会员作品152件、无锡市级以上作者作品355件，外籍作者作品75件。该次书法展精选近百件作品集中展出，这些作品真、草、篆、隶、行五体兼备、形式多样。所创作内容为有关诚信的名言警句、诗词联赋，主题鲜明，气韵生动，雅俗共赏，充分展示各级书法创作者、爱好者的艺术创作水平。该展为众多书法爱好者提供相互学习、交流互动的平台，也为深入推进申港街道精神文明建设和促进市文化艺术的合作交流注入全新活力。

【申港中学独立建制投运】 申港中学始建于1950年，1998年移址于崇文路新建。2009年和申港中心小学合并为九年一贯制学校——江阴市临港实验学校。2021年8月，申港中学独立建制，校址搬迁至申新路99号原南华职业中专校区内。申港中学校园占地面积8公顷，建筑面积1.2万平方米。学校有26个教学班，学生1013人，教职工128人，其中高级教师40人，专任教师学历合格率100%。学校有无锡市、江阴市级名优骨干教师36人，占比28.3%。该校坚持办人民满意教育和构建和谐校园的总目标，以新课程改革为契机，以教师队伍建设为抓手，不断深化改革、优化管理，提高教育教学质量，努力把学校建设成为“理念先进、装备现代、师资优良、管理科学、质量一流”的高品质学校。

【《申港街道志》编修工作启动】 为系统记载申港的历史，特别是改革开放以来的经济、社会发展成就，2021年4月，申港街道党工委、办事处研究决定，启动《申港街道志》的编纂工作，成立《申港街道志》编纂工作领导小组，由街道党工委书记、办事处主任任组长，全体班子成员为组员，领导小组下设办公室和《申港街道志》编辑委员会，办公室主任由街道党工委委员江龙平担任，聘请王荣方担任主编，黄浩然担任副主编，何仁义、承洁两人担任编辑，制订《〈申港街道志〉编纂工作方案》，并于9月8日召开《申港街道志》编修工作推进会。《申港街道志》初步设置18卷101章374节，计划4年完成编写出版。是月15日，街道专题召开编修工作业务培训会，对90余名专职编修人员进行业务培训，并于是月29日和12月22日分别召开《申港街道志》文学卷专题座谈推进会和各村（社区）编修工作推进会，有序推进各项工作落实。至年末，完成《大事记》、卷一《建置区划》、卷四《农业》、卷十六《方言·习俗·传说》的初稿编写，以及卷十二《教育》、卷十八《行政村·社区》的部分内容编写。

【澄西食品小作坊集中加工区揭牌】 为加快推进小作坊集中加工区建设工作，提升全市食品小作坊集中加工区规模化水平，指导建立生产规范、管理严格的食品小作坊集中加工区，降低小作坊生产加工食品安全风险隐患，保障人民群众“舌尖上”的安全，2021年9月30日，江阴市食品小作坊集中加工区建设现场推进会暨澄西食品小作坊集中加工区成立揭牌仪式在申港街道举行。该集中加工区占地面积0.5公顷，建筑面积1万平方米，总投资3800万元，地理位置优越，位于临港经济开发区申港街道于门村，可辐射周边各镇（街道），一期45户全部入驻。该加工区配备先进、规范化的加工设施以及食品检测实验室，同时配套建设油烟处理、天然气智能检测等安全、环保设施，并对入驻小作坊加工过程实行24小时监管，打造“阳光车间”。

【零碳开发区建设启动】 2021年10月9日，临港经济开发区与远景能源有限公司举行“共建零碳示范工程、探索零碳开发区建设”战略合作协议签约暨零碳开发区建设启动仪式。双方将携手打造省级开发区能碳双控管理平台，全面开展零碳示范工程建设，构建能碳双控管理体系标准，形成“平台+系统解决方案+零碳示范工程”的综合模式，争创全国开发区经济社会发展全面绿色转型的示范样板。

【“江苏华兰”创业板上市】 江苏华兰药用新材料股份有限公司成立于1992年，原名为江阴兰陵瓶塞有限公司，总部位于江阴临港经济开发区申港街道镇澄路1488号。经过几十年的发展，公司成为亚太地区科技领先、质量可靠、实力强、规模大、品种齐全的专业生产直接接触药物包装材料的现代化国家级高新技术企业。公司注册资本为1.1

亿元,总资产逾8亿元。2021年11月1日,江苏华兰药用新材料股份有限公司在深圳证券交易所创业板上市,成为2021年进军资本市场的第3个江阴企业,成为"江阴板块"第56位成员、"临港板块"第13位成员,是申港街道成立后首个上市公司,并创下江阴在境内上市公司首发募资金额的新高。

【共青团申港街道第二次代表大会召开】 2021年11月19日,共青团江阴市申港街道第二次代表大会召开。此次大会是在"两个一百年"历史交汇的关键节点,在"十四五"发展开局之际召开的一次青春盛会。街道团工委副书记柳娜代表共青团江阴市申港街道工作委员会作题为《不忘初心跟党走、青春建功新时代,为奋力当好高质量发展领跑者贡献青春力量》的工作报告。大会的主题是高举中国特色社会主义伟大旗帜,以习近平新时代中国特色社会主义思想为指导,学习宣传中共十九大和十九届历次全会精神,全面落实习近平总书记关于青年工作的重要思想和视察江苏重要讲话指示精神,深入贯彻团市委工作部署,认真落实共青团改革要求,以"三镇一园一带"建设为路径,团结带领全街道广大团员青年不忘初心跟党走,青春建功新时代,为奋力当好高质量发展领跑者贡献青春力量。大会审议并通过共青团江阴市申港街道工作委员会工作报告,选举产生新的共青团江阴市申港街道工作委员会,完成各项议程。

(吴 林)

利港街道

【概况】 利港街道位于江阴市西部,东与申港街道、西与璜土镇相接,南邻常州市,北靠长江,区域面积59.42平方千米,下辖9个行政村和7个社区居委会。2021年年末,辖区总人口80495人,有户籍人口56940人,其中男性28405人、女性28535人;有少数民族20个230人;其中白族2人、布朗族1人、布依族1人、朝鲜族3人、侗族8人、哈尼族5人、回族6人、傈僳族2人、满族10人、蒙古族4人、苗族17人、畲族1人、水族1人、土家族15人、佤族3人、维吾尔族2人、锡伯族2人、瑶族1人、彝族14人、壮族132人。有外来暂住人口23555人,其中男性14961人、女性8594人。

政治建设 实施"红色领航、争当北战先锋"书记项目,启动"北战先锋、盟动利港"党建联盟行动。双良集团有限公司党委被无锡市委组织部评为"两新"组织*"雁阵计划"5A级党组织。村(社区)"两委"*平稳换届,村(社区)书记、主任"一肩挑"实现全覆盖。深入推进党史学习教育,深化"三转一提"*专题学习活动,开展"我为群众办实事"实践活动,围绕180余项民生实事项目清单办实事、做好事,把党史学习的成效转化为推动工作的实效。高标准对接江阴市委第三巡察组工作,巡察反馈问题整改基本完成。全年查办各类违纪线索23条,党纪立案23件,办结11件,累计开除党籍2人,警告处分6人,立案免处3人。

经济建设 全年完成一般公共预算收入9.22亿元。完成规模以上工业总产值378亿元,比2020年增长27.7%。完成固定资产投资总额47.74亿元。完成到位注册外资14142万美元。双良集团有限公司、江苏利电能源集团税收超亿元,14个企业税收超千万元,超千万元企业数比2020年增长21%。全年签约超10亿元项目4项,超亿元项目7项,中向旭曜土壤调理剂、信越光棒二期、泓潮科技、双良绿色智能制造等10项项目竣工;中新智地深国际高端制造供应链、海伦石化PTA成品仓储、中绿智能设备等一批重大产业项目开工建设。双良集团有限公司上榜2021中国企业500强并入围2021年中国民营企业发明专利500个榜单和研发投入500个榜单,其《电站空冷技术》课题获中国电力科学技术进步奖。江苏振江新能源装备股份有限公司上榜全国第三批专精特新"小巨人"企业*。双良氨纶股份有限公司、江苏怡达化学股份有限公司主导行标制定,江阴加华新材料资源有限公司参与国标修订。人才引育取得实效,新增高层次人才45人,留学回国人员11人。中向旭曜"张佳宝院士工作站"获评无锡市院士工作站并揭牌实体化运作。江苏苏利精细化工获评江苏省博士后创新实践基地。江苏怡达化学股份有限公司获评江苏省优秀研究生工作站。出台《街道工业园区升级改造三年行动方案》,实施"工改工""工改农""工改商"试点,盘活存量土地42.27公顷,腾退低效用地53.87公顷,非工用地拆迁4.87公顷,超额完成上级下达的目标任务。

社会建设 全年认定高新技术企业13个,累计高新技术企业数量39个,全年研发投入8.46亿元,规模以上工业企业中有研发活动企业数占比超过76%。利港社区卫生服务中心工程主体竣工。澄西中学异地新建工程开工。完成教育园区外墙改造工程。金夕延年利港护理院80个护理床位完成改造。创建江阴市首个儿童友好社区。完成贵宾路辅道、西石桥北街、人民路改造等一批城建工程。化工园区地块全面拆净,黄丹东二过江通道拆迁签约率超97%,拆除历年遗留拆迁户8户。安置房专项清查完成率超98%。农村生活污水治理全面完成。兴港龙圩、陈墅五寨沟上榜全市农村人居环境整治红榜,朝阳河名列"美丽河湖"红榜,北郭庄夏家头自然村获评2021年江阴市农村人居环境整治提升示范村。加强精细管理,利康东路及龙港路危化品车辆违章停放现象全面消除。利港集镇区沿街店铺餐厨垃圾收运一体化率超90%。累计拆除影响公共安全的"铁栅栏"120处。全年拆除违建178处、超2.74万平方米,保证新增违建"零增长"。生态环境持续改善。完成236个机械制造及有机化工行业集群排查治理、3个重点行业企业挥发性有机物综合治理、33个重点行业深度减排项目。完成22个内河黄砂码头清理整治。关停"散乱污"企业31个。利港$PM_{2.5}$年平均浓度比2020年下降18.6%,下降幅度位列全市第三。完成港城大道3.3千米污水主管网铺设和光大西利污水处理厂一期工程基础建设。完成大寨河、窑港河、芦埠港河河道综合治理和黄丹港河、立新河、大圩河劣V类河道消劣整治,利港河卫东桥省考断

面平均水质稳定保持Ⅱ类，芦埠港桥断面全年平均水质达到Ⅲ类，比2020年提升一个水质类别，窑港口生态湿地保护区成功创建无锡市二级生态文明教育实践基地。完成22项“微幸福”工程。困难群众服务保障总体覆盖率98%。完成城保扩面1056人，居保续保率98.5%。累计提供就业岗位2032个，本地户籍高校毕业生就业率93%，保持“双零”家庭（城镇“零就业”家庭和农村“零转移就业”家庭）动态清零。国画作品《护渔》、音乐作品《我愿守护你》分别获市“芙蓉花奖”相应品类一等奖。完成6574户农房、5226栋既有建筑安全排查，D级危房全部处置完成。执法检查企业316个次，排查整改各类隐患3801处，立案处罚案件52件，处罚金额超150万元。强化信访化解，实现村（社区）社会矛盾纠纷调处服务室全覆盖，党政领导干部全年接待群众来访超600人次，成功调解疑难复杂事件31件。

2021年利港街道主要经济社会指标一览表

表66

指　标	单　位	数　量	比2020年增减(%)	指　标	单　位	数　量	比2020年增减(%)
地区生产总值	亿元	—	—	规模以上工业利润总额	亿元	14.86	-36.50
其中：第一产业	亿元	—	—	限额以上单位零售额	亿元	2.43	21.50
第二产业	亿元	—	—	固定资产投资总额	亿元	47.74	6.28
第三产业	亿元	—	—	其中：工业投资	亿元	44.26	15.99
一般公共预算收入	亿元	9.22	-2.84	进出口总额	亿美元	22.72	105.93
农林牧渔业总产值	亿元	6.72	1.36	其中：出口额	亿美元	9.88	99.76
粮食产量	万吨	1.22	13.91	到位注册外资	万美元	14142	62.33
工商业开票销售总收入	亿元	—	—	居民人均可支配收入	元	—	—
其中：工业开票销售收入	亿元	—	—	中小学校在校学生数	人	4232	-2.23
服务业开票销售收入	亿元	—	—				

2021年利港街道开票销售收入前10名企业一览表

表67

名次	企 业 名 称	销售收入(亿元)	法人代表	名次	企 业 名 称	销售收入(亿元)	法人代表
1	双良集团有限公司	258.29	缪双大	6	江苏怡达化学股份有限公司	8.03	刘　准
2	江苏利电能源集团	119.30	孙　峰	7	江苏耀坤液压股份有限公司	7.26	谢文庆
3	江苏海伦石化有限公司	111.72	何世辉	8	江阴市华骏机械有限公司	7.05	高建华
4	江苏振江新能源装备股份有限公司	30.24	胡　震	9	江阴加华新材料资源有限公司	4.56	JEFFREY ROBERT HOGAN(吉夫·火根)
5	江苏苏利精细化工股份有限公司	8.21	缪全凤	10	江阴市鸿萌橡塑制品有限公司	3.94	吴红清

2021年利港街道各村(社区)基本情况一览表

表68

村(社区)名称	户数(户)	人口(人)	村(社区)党支部(党总支、党委)书记	村(社区)主任	村(社区)开票销售收入(亿元)
黄丹村	1189	4587	朱建良	朱建良	1.88
西安社区	615	2216	魏国瑜	魏国瑜	3.15

续表 68

村(社区)名称	户数 (户)	人口 (人)	村(社区)党支部 (党总支、党委)书记	村(社区)主任	村(社区)开票销售收入 (亿元)
兴利社区	685	2570	赵勇洪	赵勇洪	117.41
芦埠港社区	1351	4450	蒋国伟	蒋国伟	125.63
陈墅村	844	3095	江建洪	江建洪	95.20
利港村	1808	6009	姚建军	姚建军	91.14
兴港社区	888	2674	缪　云	缪　云	204.36
巨轮村	1130	4093	曹建锋	曹建锋	11.93
西奚墅村	810	3110	陈华中	陈华中	14.78
北郭庄村	1402	4659	孙佩俊	孙佩俊	3.00
江市村	1161	3974	汤春明	汤春明	43.15
苍山村	1082	3429	康晓春	康晓春	4.79
西石桥社区	1486	4597	牟学军	牟学军	5.85
后梅社区	804	2531	盛南华	盛南华	7.46
维常村	812	2766	钟　渊	钟　渊	1.95
东支社区	668	2326	薛　强	薛　强	10.30

【双良集团入选中国民营企业500强】 2021年,全国工商联发布2021中国民营企业500强、制造业500强、服务业100强榜单。是年,民营企业500强入围门槛营业收入235.01亿元,比2020年增加32.97亿元;制造业民营企业500强入围门槛营业收入100.51亿元,比2020年增加11.33亿元;服务业民营企业100强入围门槛营业收入322.76亿元,比2020年增加33.25亿元。2021中国民营企业500强中,双良集团排名254;2021中国民营企业制造业500强中,双良集团排名143。

【"双良混沌"获国际大奖】 2021年,德国红点设计奖揭晓评选结果,双良集团旗下无锡混沌能源有限公司(简称"双良混沌")能源数字化管理平台,凭借业界前沿的设计实力与先进的产品理念,经过层层严格筛选,得到国际认可,成功获得红点设计奖。红点设计奖集权威性、专业性和影响力于一体,是国际公认的全球工业设计顶级奖项。"双良混沌"成立两年多来,依托专业化人才团队持续打造数字化技术自主研发平台,推动产品、系统、运维智能化升级,助推双良产业智能化发展与数字技术提升,开展与外部实体经济的业务合作,为不同行业领域的企业数字化转型贡献专业技术。通过产品不断地开发与应用,公司在能源数字化管控技术方面积累丰富的经验,数字化转型逐渐凸显成效。

【振江新能源获评专精特新"小巨人"企业】 江苏振江新能源装备股份有限公司成立于2004年3月,主营风电设备核心零部件的研发、设计、加工与销售,是国内专业从事新能源发电设备核心部件的领先企业。该公司是国家高新技术企业,建有省工程技术研究中心、省级企业技术中心,2020年被评为省示范智能车间、省四星级上云企业、省科技"小巨人"企业,并通过省"两化融合"贯标体系认证、知识产权贯标管理体系认证。公司与全球8大风电厂商开展合作,形成集研发、制造、总装、物流、海上运维、紧固件、光伏光热为一体的新能源生态产业链布局。通过与全球知名客户战略合作,有效关联上游钢铁企业和下游风电整机制造及运营商,释放上游企业库存压力,推动供给侧改革,大幅度降低下游风电整机制造及运营商的发电成本和维护成本,提升中国风电产业竞争力。2021年,该企业上榜工业和信息化部第三批专精特新"小巨人"企业名单。

【2种产品获国家绿色食品A级认证】 江阴市天正水产养殖有限公司位于利港街道生态湿地保护区"窑港湿地保护区"南侧,拥有天然的优质水源。企业引用长江水养殖鮰鱼,与野生鮰鱼相似的生存环境带给"潭辰牌"鮰鱼独特的口感。江阴市后梅猕猴桃专业合作社位于后梅社区,2014年成功注册"三杰牌"商标。2015年,通过无公害认证。2021年5月,天正水产养殖有限公司"潭辰牌"鮰鱼和后梅猕猴桃专业

合作社“三杰牌”猕猴桃，获国家绿色食品A级产品认证。

【2个农业主体获省级荣誉】 2021年9月15日，江阴市紫薇盆景园艺主题创意园上榜全省乡村休闲旅游农业“一园两基地”（主题创意园、农耕实践基地和康美基地）推介名单。该主题创意园位于利港街道北郭庄村，地处无锡市与常州市的交界区，庄园总占地面积33.34公顷。园内以紫薇花为主，种有紫薇树10万余株。是月28日，江阴市正汉农业科技发展有限公司上榜省园艺作物标准园名单。该公司坐落在芙蓉大道西段509号，占地面积14.54公顷，拥有5.34公顷高效智能环控温室及6.67公顷的花卉苗木直销平台，是一个集花卉苗木研究扩繁、生产销售、农业观光、园林绿化工程设计施工于一体的田园综合体农业企业。

【鸿萌橡塑入选省级企业技术中心】 江阴市鸿萌橡塑制品有限公司成立于2004年10月，主要从事医疗器械耗材领域，具体为橡胶、硅胶件医疗耗材及高端塑料件。主导产品包括：采血针护套、输液器橡胶注射件、采血管胶塞、医用精密垫片等，均为自主研发。经过十几年精耕细作，公司在该细分领域处于主导地位，旗下主导产品采血管胶塞、输液器橡胶注射件分别占据国内市场份额的50%和49%。公司始终以高品质产品引领市场发展，产品远销欧洲、美洲、东南亚等地区的国家，包括俄罗斯、意大利、土耳其、阿根廷、韩国等国家，年产各类产品总量约100亿只，处于行业领先位置。2021年，该企业入选省级企业技术中心。

【窑港口长江生态湿地建成无锡市二级生态文明教育实践基地】 2021年，利港街道窑港口长江生态湿地保护区被评为无锡市二级生态文明教育实践基地。利港街道贯彻落实“共抓大保护、不搞大开发”要求，围绕“北战”战略三年目标任务，深入践行长江生态保护提升行动。利港长江岸线近12千米，其中芦苇岸线近7千米。湿地生态面积近100公顷，其中窑港口水源地湿地面积46.67公顷，是保障供应无锡市、常州市、江阴市3个区域城市饮用水的重要取水口保护区。窑港口天然湿地芦苇、菖蒲等绿色植物生长茂盛，白鹭、蟛蜞、鱼虾等动植物物种丰富，吸引大雁、白鹭等鸟类前往安家，成为长江岸边独特的湿地景观。利港街道通过湿地保护区建设，保障长江水源地水质安全，逐步对沿江湿地进行修复保护，成立窑港口长江生态湿地司法修复基地，发挥生态保护、美化环境、科学研究、科普教育等综合功能，打造长江生态安全示范区的“试验田”和“样板间”。

【中新智地“揭榜挂帅”项目建设】 2021年，中新智地“揭榜挂帅”项目开工建设，是《中华人民共和国土地法》正式实施后江阴报批的第一项试点项目。该项目位于港城大道以北，贵宾路以西，刘墅路以南，总投资50亿元，新征用地33.34公顷（一期征地26公顷），总建筑面积40万平方米，建设以高端装备制造、智能机器人、新能源为主导产业的智能制造产业园。利港街道成立项目专班，将项目审批工作和土地招拍挂工作并联操作，确保项目顺利开工建设。是年，总投资3000万美元的瑞典蒙特亚太制造基地项目，总投资3.2亿元的坤奕移动式高盐高有机废水环境控制系统及环保膜组件项目签约入驻。

窑港口长江生态湿地　　（利港街道党政办提供）

【利港街道新增12个企业入选培育库】 2021年，利港街道紧扣科技创新，全面梳理项目库、企业库，加大对企业宣传力度，开辟绿色通道，通过培育创新主体、整合创新资源、优化创新载体等途径加快“雏鹰企业”“瞪羚企业”“准独角兽”企业3类企业的培育工作，打造“雏鹰企业”—“瞪羚企业”—“准独角兽”企业的高成长性创新型企业培育梯队。是年，江苏耀坤液压股份有限公司入选“准独角兽”企业*培育库名单，江阴市科源机械有限公司、江阴市华天工程机械有限公司、江阴市鸿萌橡塑制品有限公司、江阴市绿松机械有限公司、苏利制药科技江阴有限公司、江阴市巨匠铁艺工程有限公司、江苏丽天石化码头有限公司7个企业入选“瞪羚企业”*培育库名单，江苏威仕盾环保科技有限公司、江阴远景铸造机械有限公司、无锡新圣邦环境科技有限公司、江阴市鑫弘橡胶制品有限公司4个企业入选“雏鹰企业”*培育库名单。

【利港街道5项重大项目签约】 2021年，在江阴发展大会暨经贸洽谈会上，利港街道签约项目5项，总投资30.5亿元。包括清能氢能源项目总投资15亿元，规划用地约13.33公顷，在江阴打造氢能产业基地，年产20000台车（船）用氢能源燃料电池动力系统；中绿智能制造项目总投资5亿元，主要生产锂电池电芯前中段设备等，目标定位国内动力电池设备总体解决方案的集成供应商；诺肯环境设备及研发总部项目总投资5亿元，新征土地2.34公顷建设生产基地，生产高盐高有机无忧零排放系统，ST+膜组件、DTG膜组件、蒸发器、特种分离膜等产品；双良绿色智能智造服务项目总投资5000万美元，利用企业自有土地,建设1.6万平方米载体,购买全自动焊接设备、大型行车、智能工厂管理系统、屋顶太阳能发电系统及各类环保设备,打造绿色智能工厂;元泰丰生物科技总部经济项目总投资2亿元,拟在临港设立总部经济公司,管理公司在包头建设的土壤改良剂生产项目,产能为30万吨。

【长三角危险化学品生产安全事故应急演练举办】 2021年11月23日,江苏省、浙江省、安徽省、上海市应急管理厅(局)主办,无锡市、江阴市政府承办的2021年长三角危险化学品重大生产安全事故联合应急演练在利港街道江阴沿江危化品应急救援基地举行。省应急管理厅总工程师苏斌,江阴市市长包鸣,常务副市长赵强在现场观摩或参加演练。该次演练以实景实战演练为基准,设置企业、江阴市政府、无锡市政府、江苏省应急管理厅四级响应过程。面对突发事故,江阴市第一时间成立现场指挥部,指挥各有关单位按照“一企一案一策”和“点对点”救援机制,各司其职,立即投入战斗。无锡市启动三级响应,组建综合协调、处置救援、警戒疏散、交通管制、综合保障、医疗救护、环境监测7个组展开工作。随着事态升级,江苏省应急管理厅迅速启动长三角应急协同机制,通过长三角三省一市联动处置,事故最终得到成功处置,充分展示江苏省、浙江省、安徽省、上海市跨区域应急响应机制。利港街道综合执法局做好直升机安全起降的保障工作,利港医院参加该次演练。

【中向旭曜“张佳宝院士工作站”揭牌】 2021年5月13日,“张佳宝院士工作站”成立揭牌暨战略合作协议签约仪式在利港街道中向旭曜科技有限公司举行。中国工程院院士张佳宝,无锡市委常委、江阴市委书记许峰,中向旭曜集团董事长朱锐,农业农村部耕地质量监测保护中心主任谢建华,中科院南京土壤研究所所长沈仁芳,江阴市委常委、临港经济开发区管委会主任计军,自然资源部国土整治中心工程技术研究所所长鞠正山、中信泰富集团副总裁李亚军、利港街道党工委书记陈奕等近100名领导和专家出席仪式。临港经济开发区管委会副主任江城主持仪式。“张佳宝院士工作站”位于临港开发区中向旭曜科技有限公司中心位置,建筑面积约2.17万平方米。中向旭曜为工作站配置科技人员20余人,专业横跨土壤、园艺、矿产品加工、植保、植物营养等多个领域。院士团队配备3名核心成员,同时安排10余名博士、硕士常驻工作。院士工作站落成后,科研团队将针对耕地质量提升、矿区生态恢复、生态环境修复等领域,持续研发新产品、新技术、新模式、新规程,可形成专利超50件。

【利港街道工会户外劳动者服务站点获省级荣誉】 2021年,利港街道工会户外劳动者服务站点获评江苏省最美工会户外劳动者服务站点。该服务站点位于镇澄路2330号,由街道党工委、办事处对原老办公楼进行改造而成,为环卫、交警、城管等室外工作人员创造“夏有清凉,冬有温暖”的休息环境。服务站在室外配置电动车集中停放充电区,室内配置空调、饮水机、冰箱、微波炉、桌椅、应急药箱、报纸杂志等,确保“渴了能喝水,热了能乘凉,冷了能取暖,累了能休息,伤了能急救”,将服务站建设成为户外劳动者服务的“温馨港湾”。

【两村上榜无锡农村人居环境整治“红榜”】 五寨沟自然村位于陈墅村西南方,江苏双良集团公司东侧,属陈墅村村民委员会11组、12组村民小组,自然村有住户53户,常住人口214人。五寨沟村落规划合理,村容村貌整洁有序,农户庭院干净,河塘沟渠有效治理,环境卫生、污染控制、资源保护与利用、可持续发展等指标达到国家级生态村创建标准,群众对生态环境满意率95%以上。龙圩自然村隶属利港街道兴港社区,因龙王庙而得名,面积不足2万平方米,位于利港河西侧,与兴利村、利港村相邻。村内绿树成荫,房屋错落有致,全村有住户36户,常住人口134人。该村坚持以党建为引领,持续推进“古韵龙圩”建设。在紧密结合环境治理实际情况的基础上,以新时代文明实践站建设为抓手,整合社区资源,围绕“一河塘、一公园、一民俗”等工作,扎实推进建设进度,提升整治质量。2021年,利港街道陈墅村五寨沟、兴港社区龙圩上榜无锡市农村人居环境整治通报“红榜”。

【利港街道朝阳河获评“红榜河道”】 2021年,利港街道不断探索美丽河湖长效管护办法,通过每月巡河考评、督促村级河长履职,进一步建立健全河湖长效管理机制,推动河湖环境再焕“新颜”。8月,朝阳河修复工程正式启动,街道投资100余万元,先后进行河道清淤、护栏更换、生态挡墙修复等工程,河道清淤1.3万立方米、淤泥固化0.2万立方米,修复生态挡墙90米、木桩护岸543米。通过修复,有效提升朝阳河沿岸的环境品质,更让沿河村庄享受到“生态红利”。年末,朝阳河因河道环境优美、管理规范且河面无水葫芦和水草入选市“红榜河道”名单。

【“如意家园”主体工程封顶】 2021年,利港街道新农村建设项目“如意家园”主体工程封顶。该建设项目(一期)位于大寨河北侧、陈墅花苑南侧、龙港路东侧,占地面积2.6公顷,约2.61万平方米,由63户独栋别墅和双拼别墅组成。该项目注重生态环境保护和节约能源资源,高标准、严要求,努力把新农村工程建设成为利港街道的样板工程和精品工程。

【创建江阴首个儿童友好社区】 2021年9月26日,利港街道举行“学党史百年接力、守初心你我‘童’行——儿童友好社区”启用仪式。江阴市妇联主席王馥,临港经济开发区党群部部长时军文,利港街道党工委书记陈奕,市关工委副主任叶雪琴,市妇联副主席曹玲洁,利港街道宣传委员丁小红、组织(统战)委员周炜及基层妇联主席、党员代表、妇女儿童代表参加活动。儿童友好社区依托利港新时代文明实践站,全面构建“室内活动室+户外活动空间+路径空间”的社区儿童友好空间体系;配置儿童绘本馆、儿童综合活动室、图书馆等功能室,满足社区儿童认知需求、活动需求、学习需求。利港街道以利港村新时代文明实践站为儿童友好服务中心，推动村社区建成20个儿童服务站点，组织开展服务于辖区儿童、家庭的各类线上线下拓展活动，并以此为契机创新以儿童为核心的社会治理新模式，形成儿童及家庭的服务地图。

【利港街道民促会成立】 2021年11月17日，江阴市民族团结促进会利港分会成立大会在陈墅村召开，江阴市委统战部副部长、市民宗局局长邹宇伟，市民宗局副局长李放，临港经济开发区党群工作部副部长包旗胜，市民促会会长罗锡娅，街道党工委宣传委员丁小红，组织委员周炜出席会议。邹宇伟和包旗胜共同为市民促会利港分会揭牌。李放和丁小红共同为利港街道红石榴家园揭牌。罗锡娅为选举产生的市民促会利港分会第一届会长、副会长、秘书长等7人颁发聘书。

（王　康）

璜土镇

【概况】 璜土镇历史悠久，是5000余年前良渚文化的发祥地之一。该镇是江阴市西大门，与常州市天宁区、新北区两区相邻，东临江阴市利港街道，北枕长江。璜土镇先后获评国家卫生镇、全国环境优美镇、全国亿万农民健身活动先进乡镇、全国综合实力千强镇和江苏省文明镇、健康镇，辖区璜土村获评全国文明村等荣誉。璜土环境优美，是全国优质葡萄生产基地，享有“江苏葡萄第一镇”称号。区域面积64.49平方千米，耕地面积2800余公顷。下辖12个行政村（其中璜土村、石庄村2村村居合一）和华湖社区。2021年年末，全镇有居民总户数17504户，户籍人口56172人，其中男性27987人、女性28185人；有少数民族18个202人，其中壮族80人、土家族36人、苗族17人、侗族16人、满族11人、回族10人、蒙古族9人、朝鲜族6人、彝族5人、布依族3人、仡佬族2人，藏族1人、哈尼族1人、傈僳族1人、仫佬族1人、水族1人、土族1人、瑶族1人。有外来暂住人口52123人，其中男性29906人、女性22217人。

政治建设　坚持把政治建设放在首位，深入开展党史学习教育，干部政治素养和能力水平提高。党委中心学习组全年组织学习19次，中共十九届五中、六中全会和江苏省、无锡市、江阴市党代会精神等内容。邀请专家组织专题讲座8次，受教育3000余人；完成各类调研报告21篇；集中廉政教育2次，召开党风廉政专题会，签订38份廉政责任书，落实党风廉政主体责任、领导责任、监督责任、群众路线责任和存在问题整改责任。开展“5·10”思廉日主题活动，重大节日向相关人员发送警示短信息1580余条。以党支部为单位认真组织好每月一次党员集中学习，基层党组织书记上党课330节次，年度发展新党员74人。完善镇村道德讲堂25所，道德宣讲68次，受教育6850余人。完成镇党委换届，12个行政村59个基层党支部完成换届工作。开展“红燕领航·盟红璜土”基层党建三年行动，按照“1+N”同心圆高质量党建集群模式，打造工业园区提升改造、创新驱动、乡村振兴等14个党建联盟。联合常州市青龙、龙虎塘、春江3个街道组建“龙澄领航”锡常区域一体化党建联盟，举办锡常区域一体化党建集群启动暨璜土镇党建品牌发布仪式。年度复办人大代表建议39件，政协委员提案5件，结办率100%。严格执行党政领导带班接待群众来访制度，细致排查分析、化解矛盾纠纷。全年受理信访200批1200人次，结办率95%，结办上级转复件102件。抓实抓牢新型冠状病毒引起的肺炎疫情联防联控，累计完成核酸检测5万余人次，举行核酸检测压力测试和疫情应急处置演练7次；推进全民疫苗接种工作，接种率92%以上。

经济建设　全年完成地区生产总值171.66亿元，比2020年增长7%。一般公共财政预算收入9.98亿元，比2020年增长6.5%，实现连续六年正增长。进出口总额14.96亿美元，比2020年增长20.75%。年度引进总投资204.5亿元，超亿元项目16项，其中超10亿元项目7项，超50亿项目1项。建成璜土镇首个院士工作站，2个省级工程中心，江苏坤奕环境技术股份有限公司入库无锡市“准独角兽”企业*。制订年工改计划和38个园区低效企业腾退改造计划。年内盘活存量土地25.9公顷，腾退低效用地28公顷，非工业用地6.71公顷，分别超额完成年目标任务的114.38%、105.34%、100.7%。创建江阴市首个家庭农场大联盟服务中心，新增省级示范家庭农场2个，无锡市“十佳”示范家庭农场1个，江阴市示范家庭农场9个。推进中央农业产业强镇项目——智慧葡萄园和无锡市农业农村现代化先导镇建设。璜土

2021年8月27日，璜土镇的家庭农场内，工作人员利用传送带将葡萄装箱

（沈思远 摄）

村钱家头、篁村村三沟上、小湖村潘家头和高栗村横沟底4个自然村获评江阴市农村人居环境整治提升示范村;北湖西村北湖西和利城村后区里2个自然村成功建成无锡市特色田园乡村,小湖村潘家头获评江苏省绿美村庄。完成璜土村西贯庄28户农房改建试点。推进农村承包土地"三权分置"改革,农业农村发展活力不断增强。

社会建设　2021年璜土镇发挥城镇带动辐射作用,启动融城苑安置房B2地块开工建设;完成璜土实验小学小湖校区建设和璜土实验幼儿园、璜土中学、石庄中学校舍提升改造工程;实施道路扩建改造、河道护栏安装、停车泊位改造等20余项基础设施民生工程;新建、改建农村生态公厕14座;完成村庄生活污水治理项目154项,村庄治理工程覆盖率97.6%。完成华润天然气管网等重大工程项目的清障,拆迁签约6300平方米,应拆尽拆4.1万平方米。加大小湖地区开发力度,利用顺飞精细化工有限公司闲置土地,引入联东U谷,规划建设澄常融合科技园。全年完成献血385人次,开展健康知识讲座18场次,受教育1250多人次,开展各类健身体育活动13场次,新增健身体育场地3200余平方米。持续加大民生投入,财政民生支出占比保持在75%以上,全年发放低保、残疾人、特困户补贴和尊老金等民生保障资金1773万元;居民人均可支配收入52950元;新增城镇就业1448人;全镇应届毕业生返程就业率98%;新增社保扩面1940人,农合医保参保率100%。建成投用璜土实验小学小湖校区新教学楼,实现校区现代化教育资源高位均衡;举办首届教育发展基金颁奖大会,向176位优秀师生发放奖金66万元。"乡村振兴·共富基金"平台签约28个企业,募集基金1168万元。推进深化文明城市创建活动,篁村村获评江苏省健康村和江苏省文明村。新增中国好人及江苏好人1人、无锡最美人物1人、江阴"十佳"好人1人。强化社会治安防控体系建设,新增技防监控布点65处。全年发生案件367件,比2020年下降20%,侦破案件165件,侦破率44.8%。严厉打击涉黑涉恶、非法集资、网络诈骗等犯罪活动。继续加大安全生产监管力度,做到零容忍、全覆盖、严执法、重实效,建设平安璜土。社会治理继续推进。全年完成璜石路、启港路、达江路等石庄河沿线污水支管接管工程4.26千米。深入推进"河长制",创建17条总长29.28千米生态河道。创新推进空气质量村级"点位长"工作责任制,$PM_{2.5}$平均浓度为34.6微克/立方米,达国家空气Ⅱ类标准降幅17.22%,全年空气优良天数比率80.5%,创全镇有监测数据以来最好纪录。全年开展安全执法检查企业169次,累计排查隐患1868处,整改率100%。关停"厂中厂"企业35个、"散乱污"企业55个。年内办理各类行政许可1947件,查处各类行政处罚案件1470件,处罚金253.49万元。办理劳动争议纠纷案件681件,其中工资纠纷597件,追讨工资783万元;调处工伤事件51件,工伤赔偿416万元。完成璜土综治中心和12个行政村调处中心规范化建设,启动"领导、群众面对面"接访制和领导包案党建品牌及政协"有事好商量"工作室。省级民主法治示范村创建率52%,璜土村获评全国民主法治示范村,打造小湖新村、花港苑小区2个智慧社区示范点。

2021年璜土镇主要经济指标一览表

表69

指　　标	单　位	数　量	比2020年增减(%)	指　　标	单　位	数　量	比2020年增减(%)
地区生产总值	亿元	171.66	7	规模以上工业利润总额	亿元	18.64	39.75
其中:第一产业	亿元	4.73	7.30	限额以上单位零售额	亿元	5.17	31.50
第二产业	亿元	98.51	7.60	固定资产投资总额	亿元	54.60	13.40
第三产业	亿元	68.42	4.10	其中:工业投资	亿元	37.96	2.60
一般公共预算收入	亿元	9.98	6.50	进出口总额	亿美元	14.96	20.75
林牧渔业总产值	亿元	4.35	20.37	其中:出口额	亿美元	0.75	47.69
粮食产量	万吨	1.02	2.45	到位注册外资	万美元	1800	40.2
工商业开票销售总收入	亿元	731.01	-9.43	居民人均可支配收入	元	52950	1.40
其中:工业开票销售收入	亿元	524.29	-13.43	中小学生在校学生数	人	5341	0
服务业开票销售收入	亿元	278.57	-2.49				

2021年璜土镇开票销售收入前10名企业一览表

表70

名次	企业名称	销售收入（亿元）	法人代表	名次	企业名称	销售收入（亿元）	法人代表
1	江阴市川化工有限公司	58.10	何晓东	6	建滔电子材料有限公司	20.30	李俊杰
2	阿尔法（江阴）沥青有限公司	43.12	周剑峰	7	江苏大江金属材料有限公司	19.47	郁协明
3	中联重料建筑机械（江苏）有限责任公司	25.21	詹纯新	8	摩拓乐液压机械（江阴）有限公司	19.15	赵范济（CHO BU DEI）
4	江苏嘉盛新材料有限公司	22.19	韩　冰	9	江阴市金桥贸易有限公司	15.94	吴海彬
5	江阴市红源金属材料有限公司	21.19	浦全富	10	建滔（江阴）复合材料有限公司	14.38	李俊杰

2021年璜土镇各村（社区）基本情况一览表

表71

村（社区）名称	户数（户）	人口（人）	村（社区）党支部（党总支、党委）书记	村（社区）主任	村（社区）开票销售收入（亿元）
利城村	1126	3666	周肖军	周肖军	0.78
北湖西村	866	2828	刘建维	刘建维	0.82
高果村	1531	5083	许建明	许建明	3.62
璜土村（社区）	1522	4705	钱俊贤	钱俊贤	7.58
小湖村	2259	6887	周国伟	周国伟	26.60
篁村村	1917	6042	高旭伟	高旭伟	0.38
常泽桥村	1118	3589	张建清	张建清	0.80
汇南村	1027	3246	丁　成	丁　成	0.89
芦墩村	1008	3442	周　雷	周　雷	2.16
石庄村（社区）	1107	3396	彭　辉	彭　辉	0.56
花港苑村	2826	9676	彭文锋	彭文锋	107.97
启港苑村	884	2910	刘小东	刘小东	0.28
华湖社区	321	702	曹　洁	曹　洁	—

【锡常区域一体化党建联盟集群启动】 2021年，璜土镇贯彻落实“暨阳红—盟红江阴”基层党建三年行动工作部署，增强各级党组织和广大党员的组织力、战斗力、服务力和攻坚力，全面打响璜土镇党建品牌，着力营造“党建强引领、盟聚新动力”的浓厚氛围，谱写锡常一体化先导区建设新篇章。12月22日，举行锡常区域一体化党建联盟集群启动暨璜土镇党建品牌发布仪式。璜土镇与常州市天宁区青龙街道、新北区龙虎塘街道、新北区春江街道共同启动“龙澄领航”锡常区域一体化党建联盟集群。江阴市委组织部、统战部、党校以及江阴临港经济开发区有关领导出席活动。

【璜土镇“红燕领航·良渚先锋”党建联盟】 2021年8月30日，璜土镇在璜土村养心楼举行传承历史文脉、讲好璜土故事——璜土镇“红燕领航·良渚先锋”党建联盟支部共建暨“良渚讲坛”项目启动仪式。璜土镇部分党政领导、党建联盟单位及各村（社区）副书记、青年干部、统战条线代表约60人参加活动。“良渚讲坛”社科普项目旨在把璜土的历史文脉融入教育课堂，乡村振兴、文明实践、发展脉络，融入社科普项目的实践路径，通过不断创新“良渚讲坛”载体、丰富形式,将其打造成党建引领群建的好品牌、良渚文明传播的好载体、能力素质提升的好课堂,凝聚党群合力共建美丽新璜土。

【璜土项目入榜市“北战”重大项目】 2021年6月21日,江阴市“北战”重大项目——嘉盛LNG(液化天然气)清洁能源项目开工仪式在临港经济开发区璜土镇园区举行。江阴市委、市政府以及江苏嘉盛燃气有限公司有关领导出席活动。嘉盛LNG清洁能源项目是江阴化工码头绿色转型的重点项目,由江苏嘉盛燃气有限公司投资建设,总投资50亿元,利用16.67公顷存量土地,围绕长江流域LNG产业战略规划和江阴临港千亿元级清洁能源产业集群发展规划,重点建设36万立方米LNG储罐,以及改造LNG接收码头、建造LNG物流船舶和车辆,全力打造长江流域LNG集散中心。该项目分两期进行。

【璜土镇启动“璞玉计划”】 2021年,璜土镇为做好青年干部培养,启动“璞玉计划”。6月17日,“琢玉北战、成器互搏”璜土镇“璞玉计划”年轻干部培训班开班仪式在璜土村村委三楼会议室举行。镇党委主要领导出席开班仪式。7月16日,召开“璞玉计划”第一批年轻干部“墩苗”挂职座谈会,回顾总结“璞玉计划”实施情况,对第一批年轻干部挂职进行部署安排。镇党委、纪委、组织科、各村(社区)书记、挂职部门导师以及全体挂职干部参加会议。11月2日,开展“良渚讲坛”第三期写作能力提升沙龙暨“青年讲师团”全市行璜土专场活动,邀请江阴市委组织部、统战部及市“青年讲师团”成员到场授课。璜土镇组织镇村两级组工干部、统战干部、团组织负责人,“璞玉班”全体年轻干部参加。

【“书香璜土·全民阅读”活动】 为深入开展党史学习教育,带动全镇各条线各单位围绕建党百年主题,纵深推进“书香璜土·全民阅读”活动,2021年5月20日,璜土镇“阅读百年史·启航新征程”2021年“百年阅读”项目在璜土村文化大舞台启动。活动现场,璜土镇“VR+5G党史学习工作站”揭幕,分别为璜土镇10位“红色宣讲员”、10位“璞玉阅读推广人”发放聘书,为璜土镇“21天阅读打卡人”颁发证书。无锡市委党史学习教育第一巡回指导组、江阴市委宣传部,江阴市总工会、团市委、妇联、文联、文体广电旅游局以及江阴临港经济开发区有关领导参加活动。璜土镇部分党政领导和部门负责人、各村(社区)党组织书记、党史学习教育联络员、璞玉阅读推广人、红色宣讲员和群众代表参加活动。

【“百年峥嵘颂·赞歌献给党”革命歌曲大赛】 2021年6月19日,璜土镇总工会、教育文体科在镇体育中心共同举办“百年峥嵘颂·赞歌献给党”喜迎建党100周年革命歌曲大赛活动。这是璜土镇党史学习教育领导小组组织开展的系列活动之一。璜土镇党委、镇总工会、教育文体科有关领导以及政协委员代表等出席该次活动,镇机关、各村(社区)、学校及部分企业共18支代表队近500人参加活动。最终利城村代表队荣获一等奖,璜土村和璜土机关代表队荣获二等奖,石庄幼儿园、璜土幼儿园和花港苑村代表队荣获三等奖,其他代表队分别荣获优秀组织奖和优胜奖。

【璜土镇产业工人队伍建设改革联盟成立】 2021年,璜土镇为让“思想引领类、技术创新类、乡村振兴类”三类基地助力“产改”落地,见效创新实践与产改示范实践基地有机融合,推动“以劳强体、以劳树德、以劳创新”,推动开展“思想引领、科技攻关、素质提升”等创新实践活动,镇党委、政府聚焦产业工人“思想引领、建功立业、素质提升、地位提高、队伍壮大”等重点,结合乡村振兴战略,成立产业工人队伍建设改革联盟。6月23日,举行“永远跟党走、阔步新征程”璜土镇庆祝建党100周年暨产业工人队伍建设改革联盟成立仪式。江阴市委组织部、市总工会、市党史学习教育第六巡回指导组、临港经济开发区有关领导出席。镇部分党政领导以及相关企事业单位负责人,各村(社区)、企业工会主席和职工群众代表参加活动。

【璜土镇首届教育基金颁奖】 2019年以来,璜土镇党委、政府始终把教育工作作为中心工作来抓,以办人民满意的教育为出发点,以提高全镇人民的素质为目标,以为国家建设培育人才为己任,抢抓机遇、积极作为、开拓创新,全镇教育事业得到长足发展,教育体系日益完善,教育发展特色鲜明,教育管理规范到位,教育成果转化显著。2020年8月,璜土镇启动教育发展基金项目。12月,璜土镇教育发展基金成立,募集基金1800万元。2021年9月30日,璜土镇举行首届教育基金颁奖仪式,176名先进教师、优秀学生和3个集体(项目)获表彰。江阴市委、市政府有关领导,临港经济开发区领导,市教育局主要领导参加活动。镇全体党政领导、机关部门负责人、村(社区)主要领导、事业单位负责人和受表彰的教师、学生代表以及教育基金会理事、会员代表参加颁奖仪式。 (詹绍辉 曹 云)

月城镇

【概况】 月城镇是中国民间文化艺术之乡,位于江阴市西南,东与徐霞客镇毗邻,南连青阳镇,西接常州市经济开发区,北以秦望山为界与南闸街道相接;沿江高速公路、锡澄公路、锡澄运河、海港大道、江阴大道、南沿江高铁(在建)、新长铁路、盐泰锡常宜高铁(规划)贯通全镇。区域面积38.54平方千米,耕地面积1951公顷,下辖8个行政村和2个社区居委会。2021年年末,有户籍人口42370人,其中男性20998人、女性21372人;有少数民族16个251人,其中白族4人、傣族1人、侗族17人、彝族3人、布依族9人、土族1人、满族5人、回族9人、黎族3人、蒙古族3人、苗族84人、羌族1人、水族4人、土家族91人、瑶族6人、壮族10人。有外来暂住人口11877人,其中男性7164人、女性4713人。

政治建设 深入开展党史学习教育,认真学习贯彻中共十九届五中、六中全会精神,持续压实意识形态工作责任制。召开中国共产党月城镇第十五次代表大会,完成镇、村

两级党组织换届；召开月城镇第二十届人民代表大会第一次会议，选出新一届人大主席和政府领导班子，市镇两级人大代表完成换届选举。实施“月印初心—盟红月城”基层党建三年行动，完成党建联盟29个，戴庄村“‘芹’动‘三农’”党建联盟案例获《人民日报》报道。全面推动党员联户工作，镇、村166名干部联系全镇12241户群众，实现全覆盖。打造党建主题公园等党建阵地12个，组织开展党建主题活动18场次。持续开展“智汇一家”党群议事135次，水韵社区获评无锡市党建引领社区治理品牌社区。设立月城镇党内关爱基金，募集捐款200余万元。党风廉政责任制持续巩固，常态化运用“四种形态”*问责78人。常态化疫情防控全面落实，新建标准化检验科和核酸检测实验室，疫苗全程接种率102.5%。

经济建设　经济运行稳中有进，实现地区生产总值74.37亿元，比2020年增长6.1%。完成一般公共预算收入4.2亿元，比2020年增长13.6%。完成固定资产投资11.57亿元，比2020年增长14.29%。完成规模以上工业增加值27.5亿元，比2020年增长14.2%。完成进出口总额2.36亿美元，比2020年增长35.85%。成立月城包装行业协会，月城商会完成换届。全年签约13项总投资38亿元的重大产业项目，其中10亿元项目1项。江苏必得科技股份有限公司、江苏秋林特能装备股份有限公司、江阴春兴合金有限公司、江苏利锦莱德固废综合利用有限公司、江苏中农都农副产品批发市场管理有限公司等在建产业项目进展顺利。工业园区的升级改造有序推进，20公顷交通装备主题产业园被列入市级“揭榜挂帅”先行先试项目。全年盘活存量土地14.54公顷，腾退低效用地21.8公顷，完成非工业用地拆迁5.87公顷，总量超额完成市级下达任务。建成高标准农田40公顷，新增江阴市级以上示范家庭农场10个。江阴艾格瑞农牧科技有限公司生猪养殖项目建成投产。发展动能更加强劲，研发投入占地区生产总值比重超3%，净增规模以上入库企业27个，总量123个。江苏必得科技股份有限公司上市并获评国家级专精特新科技“小巨人”企业，江阴机械制造有限公司获评省级工程技术中心，江苏环信机械工程有限公司、江阴耐波特船用设备有限公司获评无锡工程技术中心，江苏安凯特科技股份有限公司获评省级博士后创新实践基地。

社会建设　新增高新技术企业6个，总量28个。新增无锡市“雏鹰企业”*1个、“瞪羚企业”*1个。新增省“双创人才”*1人、“太湖人才计划”2人。全面启动国土空间规划、镇村布局规划编制，确定城镇开发边界及工业园区四至范围。工业园区完成控制性详细规划及城市设计。文汇路北段建成通车，花北路、月翔路完成改建，月东路等主干道两侧景观绿化完成改造提升，新设停车位165个。海港大道戚月线路口渠化、12条南沿江下穿道路加快建设。12个内河码头通过市级规范提升验收。全年完成拆迁农房198户、企业45个，面积11.09万平方米；拆违33处，面积1.87万平方米。开展文明创建“七大专项整治”*，下塘村曾家绛、双泾村张家村建成江阴市农村人居环境整治提升示范村。落实能耗“双控”任务，完成工业窑炉治理7台，关停化工生产企业6个，取缔“散乱污”企业17个。完成治气重点项目191项，全镇$PM_{2.5}$平均浓度降至34.2微克/立方米，空气优良比率82.2%。集镇建成区3平方千米5个排水达标区，污水管网完成“四位一体”（疏通、检测、测绘、整改设计）排查。工业园区月东路南侧、文化小区景观河南侧、水芸苑一期、锡澄路东侧花塘区块完成雨污分流改造。新建污水管网5.85千米，提升泵站2座。深入推进“美丽河湖三年行动”*，水韵新河、水芸新河、黄港河完成改造提升，12条生态河道通过省级复核，建成美丽示范河湖3条、美丽河塘13个。完成18项土壤污染防治项目。制定党政领导干部年度重点工作任务清单，镇安委办实体化运转，企业安全生产主体责任不断压实。深入实施安全生产专项整治“三年大灶”*，推进2项专题、9项专项、105项重点任务，排查整治隐患2869处，立案处罚35件次，比2020年增长34.6%。关停违法违规“厂中厂”企业21个。全面推广“安全管家”服务，新增签约企业171个，服务企业2003个次，整改隐患7861处。危险化学品行业、冶金行业安全责任险和农机安全监管实现全覆盖。成立食品安全行业协会，食品案件处置率100%。农村居民人均可支配收入提高至58675元。全年提供就业岗位1132个，扶持自主创业211人。城保参保新增1100人，住房公积金缴存新增1103人。全镇中小学教学仪器设备配备全部达省级标准。投入800万元为中医肝胆医院添置一台1.5T核磁共振成像设备。居家养老服务中心和“优抚之家”“博

2021年10月23日，江阴月城包装行业协会成立大会（月城镇党政办提供）

爱家园”“残疾人之家”建成投用,敬老院、龙舟基地完成改造。为“乡村振兴·共富基金”累计筹资超900万元。稳步推进平安月城、法治月城建设,“一感两率”(安全感、知晓率、满意率)测评结果位居全市前列,社会治理创新工作“诚心帮·民情帮帮团”培育工程入选“善治无锡”典型案例,积极响应省政府民生实事项目“法律明白人”培育工程入选年度法治江阴建设惠民实事工程优胜项目。

2021年月城镇主要经济社会指标一览表

表72

指标	单位	数量	比2020年增减(%)	指标	单位	数量	比2020年增减(%)
地区生产总值	亿元	74.37	6.10	规模以上工业利润总额	亿元	6.84	3.80
其中:第一产业	亿元	2.90	5	限额以上单位零售额	亿元	1.85	3.20
第二产业	亿元	36.69	7.40	固定资产投资总额	亿元	11.57	14.29
第三产业	亿元	34.78	4.90	其中:工业投资	亿元	8.96	5.73
一般公共预算收入	亿元	4.20	13.60	进出口总额	亿美元	2.36	35.85
农林牧渔业总产值	亿元	4.25	8.89	其中:出口额	亿美元	1.71	35.79
粮食产量	万吨	0.52	13.60	到位注册外资	万美元	100	100
工商业开票销售总收入	亿元	344.31	35.49	居民人均可支配收入	元	58675	9
其中:工业开票销售收入	亿元	189.32	32.60	中小学校在校学生数	人	2747	0.50
服务业开票销售收入	亿元	154.99	39.20				

2021年月城镇开票销售收入前10名企业一览表

表73

名次	企业名称	销售收入(亿元)	法人代表	名次	企业名称	销售收入(亿元)	法人代表
1	江阴华润制钢有限公司(集团)	66.06	张亚彬	6	江阴市华盛印刷有限公司(集团)	6.58	严树珊
2	江阴创瑞电力装备有限公司(集团)	25.37	朱洪涛	7	江苏省宏晟重工集团有限公司(集团)	6.52	偶洪元
3	江苏秋林特能装备股份有限公司(集团)	9.90	钱秋林	8	江苏金峰月城水泥有限公司	5.99	吴新意
4	江阴协统汽车附件有限公司(集团)	7.16	钱德洪	9	江阴机械制造有限公司	5.53	陈　龙
5	世泰仕塑料有限公司	6.71	Andreas Gerhard Becker	10	江阴天奋科技有限公司	5.15	陈　铭

2021年月城镇各村(社区)基本情况一览表

表74

村(社区)名称	户数(户)	人口(人)	村(社区)党支部(党总支、党委)书记	村(社区)主任	村(社区)开票销售收入(亿元)
戴庄村	1610	4215	邹建刚	邹建刚	13.77
月城村	1408	4980	殷建伟	殷建伟	8.67
秦皇村	815	2950	葛建清	葛建清	1.65
沿山村	1162	4163	顾栋华	顾栋华	85.90
卧龙村	1126	4195	吴国华	吴国华	3.87
双泾村	2562	8944	钱　芳	钱　芳	28.19
下塘村	819	2781	薛金方	薛金方	5.60
黄桥村	1742	6022	翟　民	翟　民	6.37
月城社区	756	2178	司建荣	司建荣	—
水韵社区	700	2411	刘登峰	刘登峰	—

【水韵社区"援法议事"获评省首批范例】 2021年8月,江苏省委通报表彰首批全省城乡基层援法议事范例,月城镇水韵社区"水韵尚法映民意、援法议事润民心"援法议事特色品牌上榜。水韵社区"援法议事"阵地群由"水韵尚法"公园"民意征集亭"和"启民心·聚民意"援法议事长廊、水芙苑"援法议事亭"组成。"援法议事"活动开展以来,先后解决公共设施建设、环境整治、河道清淤、民生服务等一批民生实际问题,成果转化明显,实现基层社会治理由"干部说了算"向"依法协商办"的转变,让社区居民有了发声的平台,一些棘手问题通过法律途径议出满意结果,让居民群众有了更多获得感和满意度,激发了居民群众参与社区治理的积极性。

【月城镇第十九届人代会第八次、第九次会议召开】 2021年1月18—19日,月城镇第十九届人民代表大会第八次会议在镇政府第二会议室召开。大会应到代表70人,实到代表64人。会议听取和审议月城镇政府工作报告和镇人大主席团工作报告,审议和批准2020年财政预算执行情况和2021年财政预算草案的报告,通报月城镇第十九届人民代表大会第七次会议代表建议和2020年度民生实事的办理情况,票决产生2021年度镇民生实事项目。会上依法选举查建标为月城镇人大主席,选举黄珂为月城镇政府副镇长。6月25日,月城镇第十九届人民代表大会第九次会议在镇政府第二会议室召开。大会应到代表71人,实到代表65人。大会听取和审议月城镇政府2021年上半年度工作报告、月城镇政府2020年度环境状况和环境保护工作情况的报告;审议和批准2020年度财政决算和2021年上半年财政预算执行情况的报告;审议月城镇第十九届人民代表大会第八次会议代表建议办理情况报告。会上依法选举盛达为镇长,选举王江新、陈启迪为副镇长。

【"必得科技"上市】 江苏必得科技股份有限公司成立于2002年,是一个专业从事轨道交通车辆配件产品研发、生产及销售为一体的高新技术企业,先后被认定为江苏省高新技术企业、江苏省专精特新"小巨人"企业。2021年3月1日,江苏必得科技股份有限公司股票"必得科技"(代码605298)在上海证券交易所主板成功上市,成为"江阴板块"第54位成员。该企业是继2020年10月江阴弘远新能源科技有限公司在香港联交所上市后月城镇的第二个上市公司。

【月城镇金秋经贸合作洽谈会召开】 2021年10月29日,月城镇发展大会暨金秋经贸合作洽谈会在双泾生态园举行。经洽会上,市领导和镇相关领导、月城商会会长见证签约,月城包装行业协会和苏州工艺美院智慧包装产学研项目、江苏鑫城印刷集团有限公司和江南大学智慧包装产学研合作项目、江阴市北海救生设备有限公司和哈尔滨工程大学水面无人艇产学研合作项目完成产学研签约。

【月城镇"诚心帮·民情帮帮团"成立】 2021年10月16日,月城镇"诚心帮·民情帮帮团"成立,江阴市委相关领导,镇有关领导、各村(社区)负责人,帮帮团共建单位代表以及镇民情帮帮团成员代表等参加成立大会。"诚心帮·民情帮帮团"培育工程是镇党委、政府着力推动的一项社会治理创新工作,旨在通过培育由民情观察员、人民陪访员、法治监督员、纠纷调解员4支队伍组成的"诚心帮·民情帮帮团",夯实群众有序有效参与基层社会治理的基础,推动基层社会治理创新。自培育工程实施以来,始终坚持高标准定位、高起点部署、高质量推进。至年末,队伍基本组建完毕,有成员200人,培育工程初见成效。

【月城镇妇女第十七次代表大会召开】 2021年12月17日,月城镇妇女第十七次代表大会召开。大会应到妇女代表89人,实到妇女代表87人。大会设置预备会议、开幕式、主席团会议、小组讨论、选举大会、闭幕式等流程。大会审议通过镇妇女联合会第十六届委员会工作报告,选举产生镇妇联第十七届执委和出席江阴市妇女第十四次代表大会的代表。黄晓珏当选为月城镇妇联主席,陈茜、严云梅、陆月华、黄红莲、刘银芳当选为副主席。

【市第八届全运会龙舟大赛开赛】 2021年6月14日,"东西互搏、奋楫争先"江阴市第八届全民运动会龙舟大赛暨"美澄杯""我们的节日·端午"长三角地区邀请赛在月城镇中国龙舟休闲体育基地开赛。该次大赛由江阴市政府主办,市委宣传部、市农业农村局、市文体广电和旅游局、中共月城镇委员会和月城镇政府承办。有来自江阴市和长三角地区的16支龙舟队、350余名运动健儿参赛。经过近2个小时的激烈较量,最终月城镇队、青阳镇队、澄江街道队、南闸街道队分别获江阴市第八届全民运动会龙舟大赛前四名。浙江大凯建龙南塘队、月城双泾队、江苏艇进赛艇俱乐部队、张家港启航俱乐部队分获"美澄杯""我们的节日·端午"长三角地区邀请赛前四名。

【江阴月城包装行业协会成立】 2021年10月23日,江阴月城包装行业协会第一次会员大会在镇政府第二会议室召开,大会应到会员86人,实到会员71人。会议通报协会筹备工作报告,宣读《关于同意成立江阴月城包装行业协会的批复》,审议通过《江阴月城包装行业协会章程(草案)》《江阴月城包装行业协会会费标准及管理办法(草案)》和《江阴月城包装行业协会第一届理事会(理事、监事)选举办法(草案)》。实到会员71人,举手表决选举产生江阴月城包装行业协会第一届理事会理事和监事。严明当选为包装行业协会会长,严伟明、杨振峰、唐国华、翟民当选为副会长,秘书长由翟民兼任。 (张 梦)

青阳镇

【概况】 青阳镇位于江阴市南端,东与徐霞客镇接壤,南与无锡市惠山区堰桥街道、前洲街道相邻,西与常州武进区横山桥镇隔河相望,北与月城镇毗邻。中心镇区距江阴市区18千米,区域面积67.56平方千米,下辖15个行政村和4个社区居委会。2021年年末,有户籍人口69697人,其中男性34500人、女性35197人;有少数民族13个618人,其中土家族244人、苗族237人、侗族 56 人、回族 27 人、满族 16 人、壮族 10 人、彝族 9 人、布依族 6 人、瑶族 5 人、黎族 5 人、仡佬族 1 人、藏族 1 人、维吾尔族 1 人。有外来暂住人口 32704 人,其中男性 19267 人、女性 13437 人。

政治建设　持续深化"不忘初心、牢记使命"主题教育,扎实开展党史学习教育,切实做到学史明理、学史增信、学史崇德、学史力行。强化干部队伍学习培训,以"青苗计划"*行动耀党徽书记项目为抓手,组织中青年干部开展理论学习和专业培训,拓宽上挂下派路径,推动机关干部、村(社区)干部交流互动。推进廉政风险防控标准化建设,开展村级"勤廉指数"测评,推进廉洁文化进机关、进社区、进家庭、进学校、进企业、进农村"六进"工作,强化审计监督,严肃查处违规违纪行为,营造风清气正的政务环境。完成镇党委换届工作,明确下一个五年工作总目标、总战略、总路径。以"3 型 9 式微课堂"为抓手,开展党史学习教育,组织庆祝中国共产党成立 100 周年系列活动。把握意识形态工作领导权,用好红色资源,营造清朗网络空间。实施"盟红青阳 · 党建领航"基层党建三年行动计划,有效助推乡村振兴、社会治理、产业强镇、项目招引等中心工作。募集"乡村振兴 · 共富基金"超 300 万元。持续深化"三转一提"*主题活动,纵深推进正风肃纪反腐,从严落实中央"八项规定"*,巩固巡视反馈意见整改落实成效,查办违纪案件 30 件。强化常态化疫情防控,设置集中隔离点 2 个,完成核酸检测 8 万余人次,新冠疫苗全程接种率 91%。

经济建设　全年完成地区生产总值 96.34 亿元,比 2020 年增长 14.9%。一般公共预算收入 5.35 亿元,比 2020 年增长 8.5%。规模以上工业总产值 143.8 亿元,比 2020 年增长 21.4%。进出口总额 2.61 亿美元,比 2020 年增长 13.4%。全社会固定资产投资 31.27 亿元,比 2020 年增长 9.5%。瞄准工业园区升级改造目标,完成 3.8 平方千米镇级工业园产业、空间、公共配套规划及园区数字化管理集成设计。启动"村级工业区(点)三年腾退行动",完成 8 个村级工业区(点)腾退工作,签约 277 个企业,拆除厂房面积 21.9 万平方米,盘活存量用地 20.4 公顷,腾退低效用地 22.27 公顷,拆迁非工业用地 11.07 公顷。全年新增高新技术企业 7 个、市级以上工程技术研究中心 8 个、专精特新科技"小巨人"企业 1 个,申报省星级上云企业 3 个、无锡市智能车间 1 个、生产性服务型制造示范企业 1 个。申报技术改造项目 3 项,关停化工生产企业 2 个,淘汰落后产能设备 6 套,产业转型基础进一步夯实。新认定省科技型中小企业 30 个,有江阴市友邦家居用品有限公司、无锡华澄线缆有限公司等"瞪羚企业"*5 个,云智医疗、联友塑业等"雏鹰企业"*4 个,全社会申报研发投入资金 3.46 亿元。与武汉大学、中北大学、江苏科技大学签订框架合作协议,签约科技人才项目 12 项,签约产学研项目 4 项。全社会研发投入占地区生产总值比重 1.91%,规模以上工业企业开展研发活动占比 31.1%,完成技术合同交易额 4000 余万元,申报国家、省、无锡市等各级各类科技创新项目 161 项,大中型工业企业和规模以上高企研发机构有效建有率均为 100%。以打造"霞客湾科学城科创载体集聚地"为目标,持续整合优化区域创新资源,出台 12 条"产业强镇"举措,加大财政资金引导、科技政策激励和产学研结合支持力度,武汉大学长三角科创中心、霞客湾科学城科教孵化中心、江南大学江阴校区等科创载体、科研院校相继落户。启动青阳科创园 5.5 万平方米科创载体建设,鼓励规模以上高新技术企业与高校院所合作,共同承担国家、省重大科技项目,推动企业工程技术研究中心、企业重点实验室等平台向省级、国家级攀升。

社会建设　大力实施"旌阳英才"计划,新增专业技术人才 185 人、海外留学人才 7 人,引进高层次人才 15 人,新申报无锡市优秀乡土人才 2 人、无锡市乡土人才大师工作室 1 个、江苏省"双创"博士 1 人。素质教育持续深化,青阳初级中学获评全国青少年校园足球特色学校,青阳实验小学获评全国青少年人工智能活动特色单位。基础设施建设力度不断加大,青阳金桥实验学校按期交付,青阳实验小学危房改造如期竣工,青阳初中风雨操场主体工程即将完工。文化市场健康发展,各类文体比赛屡获佳绩,取得市八运会全市综合排名第二的历史最好成绩。配合江阴市镇村布局规划和锡澄协同区总体规划编制,参与霞客湾科学城规划建设,完成新一轮镇村布局规划修编。协调推进锡澄轨道交通 S1 线、锡澄路快速化改造青阳段、S229 等锡澄一体化重大基础设施建设。推进青阳中心污水处理厂、金桥实验学校等民生工程建设,按时完成公园路、农贸路、北环路辅道等交通工程改建,建成张塘浜南北两岸 5 千米"亲水廊道"。探索城市管理物业化模式,开展市容秩序综合整治,强化道路沿线停车管理,新增公共停车位 260 个,拆除违法建设 87 处,完成桐岐农贸市场改造提升。巩固农村人居环境整治提升专项行动成果,推动农村生活垃圾清运市场化运营,打造 17 个特色示范村、2 个无锡市美丽乡村、1 个无锡市特色田园乡村。高分通过全国文明城市复查,悟空村、新安村获评江苏省文明村。落实蓝天、碧水、净土保卫战具体措施,推进大气污染防治,实施挥发性有机物治理,精细管控工地扬尘,$PM_{2.5}$浓度比 2020 年下降 17.29%。实施水污染防治,建成青阳镇工业集中区污水零直排区,综合整治火车浜、南沿河、张塘浜、杨庄浜和革新河等 5 条劣 V 类河道,国考泗河桥断面全年水质稳定达到Ⅲ类水标准。全面推进中央、省、市各级环保督察问题整改,持续开展酸洗、橡塑集群行业整治,累计关停"散乱污"企业 189 个,提标改造锅炉 20 台。以"村企联建"项目为依托,实施"一村一品"战略,支持建义村挂牌成立江阴市金管家农业发展有限公司,发展粮食、水果、蔬菜等特色优势农产品生产,推动农产品品牌化建设。规范集体经济组织,全面实行理事会、监事会、股东代表大会"三会"制度,对涉及集体利益的重大经济事项实行民主会商。创新实施"组账村管”,出台《青阳镇“组账村管”工作实施方案》,将集体经济组织“三资”纳入村委监管。就业和社会保障体系趋于完善,卫生医疗服务有序发展,社区养老服务体系初步建成,智慧养老服务模式探索推进,集镇区“15 分钟社区生活服务圈”基本成形。落实领导包案责任制,高标准履行“三个必须”(不管涉及哪一级,案件都必须查清;不管涉案人员是谁,犯错都必须处理;只要违规,不管是否发案都必须追究),全面压实责任,实体化运作镇安委办和8个安全生产专委会,聚焦25个重点行业领域管理。完成“三年大灶”*衔接转化,开展各项安全生产专项整治行动,开展工业企业风险报告工作,参与安全示范城市建设,提升应急管理、安全生产和防灾减灾救灾能力,全镇安全生产形势总体平稳。探索社区管理新模式,推行社区管理“三位一体”(社区居委会、业主委员会、物业公司三方建立联合工作机制,共同处理小区管理服务事宜)工作法,建立“楼道长工作室”。成立社会组织培育中心,加强社区工作者管理。开展“法治青阳”和“平安青阳”建设,深化社会治安综合治理,推进“技防 + 管理”两个全覆盖。拓宽法治宣传阵地,加大法治文艺作品创作,实现法治文化与百姓零距离。落实领导接访包案制,进一步畅通群众信访渠道,开展大调解工作,做到“小事不出村、大事不出镇”,获评无锡市和谐劳动关系示范乡镇。推进“放管服”、商事制度等改革,承接3000万元以下注册资金新登记法人事项,受理各类政务服务类事项54503件,推行村(社区)“全科社工”服务模式,推广个人“一件事”集成套餐服务事项。实行领导领办制度,加大督查考核力度,推进21项重点项目按时序建设。开展“联村挂企”活动,及时走访包干企业,帮助中小企业搭建银企对接和公共服务平台,协调解决融资、供电、用工等问题,推动企业健康持续发展。大力推进“不见面审批”,加快“审批与监管全链通1.0系统平台”建设,优化智慧商事办理流程,实现“全程电子化0.5天”开办企业,创新限额以下招投标不见面交易,完成18项项目的不见面开标。延伸政务服务,54项公共服务事项下放至村(社区),开展帮办代办服务,让群众办事办证不出村。主动接受人大法律监督、工作监督,接受专项视察检查7次,办理人大代表意见、建议17件,办结率、满意率均为100%。

2021年青阳镇主要经济社会指标一览表

表75

指　　标	单　位	数　量	比2020年增减(%)	指　　标	单　位	数　量	比2020年增减(%)
地区生产总值	亿元	96.34	14.90	规模以上工业利润总额	亿元	4.38	-9.10
其中:第一产业	亿元	4.04	23.50	限额以上单位零售额	亿元	3.40	30.90
第二产业	亿元	61.37	15.30	固定资产投资总额	亿元	31.27	9.50
第三产业	亿元	30.93	13.20	其中:工业投资	亿元	11.70	-8.30
一般公共预算收入	亿元	5.35	8.50	进出口总额	亿美元	2.61	13.40
农林牧渔业总产值	亿元	5.42	-0.90	其中:出口额	亿美元	2.30	15.90
粮食产量	万吨	1.27	12.40	到位注册外资	万美元	1125	125
工商业开票销售总收入	亿元	356.85	31.50	居民人均可支配收入	元	55629	11.70
其中:工业开票销售收入	亿元	243.17	33.10	中小学校在校学生数	人	6131	0.90
服务业开票销售收入	亿元	113.68	28.20				

2021年青阳镇开票销售收入前10名企业一览表

表76

名次	企　业　名　称	销售收入(亿元)	法人代表	名次	企　业　名　称	销售收入(亿元)	法人代表
1	江阴市澄润石油化工有限公司	33.26	李宗军	6	江阴市梁辉房地产开发有限公司	5.27	韩丹平
2	江阴市方强铜业有限公司	19.69	王美林	7	江阴恒和房地产开发有限公司	3.49	陈荣团
3	无锡市金涛铜业有限公司	17.64	金　唐	8	江苏钢钢好供应链管理有限公司	3.43	刘位杰
4	江阴鑫顺泰钢铁供应链有限公司	9.64	臧二伟	9	创安盈通能源(无锡)有限公司	3.38	赵亚军
5	江阴市金洲铜业有限公司	6.80	王茂龙	10	江阴市扬名塑业有限公司	3.25	叶　松

2021 年青阳镇各村(社区)基本情况一览表

表 77

村(社区)名称	户数(户)	人口(人)	村(社区)党支部(党总支、党委)书记	村(社区)主任	村(社区)开票销售收入(亿元)
塘头桥村	4097	1160	陈林芳	陈林芳	8.88
邓阳村	2828	736	王建峰	王建峰	6.53
芦塘村	4982	1336	薛　俊	薛　俊	14.12
悟空村	5544	1505	吴上飞	吴上飞	20.10
普照村	5076	1360	张陆军	张陆军	5.40
赵宕村	4234	1175	李立新	李立新	6.22
桐岐村	3670	1070	马兴洪	马兴洪	5.45
新安村	3534	1010	吴伟祥	吴伟祥	4.58
树家村	5428	1402	江　海	江　海	5.67
泗河口村	4257	1117	曹文江	曹文江	12.78
街西村	1761	574	郑　云	郑　云	4.67
青联村	2887	873	沈国清	沈国清	36.76
小桥村	4789	1307	闵海华	闵海华	19.58
建义村	3351	952	张国清	张国清	60.19
里旺里村	5218	1451	朱伟清	朱伟清	28.27
毓秀社区	352	126	王　勇	王　勇	—
迎秀社区	3793	1596	何　萍	何　萍	—
旌阳社区	2782	1114	沈海峰	沈海峰	—
旌秀社区	1114	450	姜　桦	姜　桦	—

【中共青阳镇第十五次代表大会】 2021 年 5 月 25—26 日，中共青阳镇第十五次代表大会召开，来自全镇各基层党组织的 175 名党代表和 14 名列席代表出席会议。会议听取和审议关于中共青阳镇第十四届党委工作报告、纪委工作报告以及全镇党费收缴、使用和管理情况的报告等。会议严格按照选举程序，选举产生中共青阳镇第十五届委员会、中共青阳镇纪律检查委员会以及出席市第十四次党代会的代表，以不记名投票、等额选举的方式，依法选举邱振海为中共青阳镇第十五届委员会书记，冯亮、冯健为副书记，李昱峰、任卫洪、密森、黄叶军、陈怡、朱丽霞为委员。

【霞客湾科学城科教孵化中心开工】 2021 年 12 月 25 日，举行霞客湾科学城科教孵化中心开工暨江南大学江阴合作办学启动仪式，为江阴市全面推进“南征北战”战略、打响“科创江阴”品牌注入澎湃动能。无锡市委书记杜小刚宣布霞客湾科学城科教孵化中心开工。江南大学党委书记朱庆葆，中国工程院院士、江南大学校长陈卫，无锡市委常委、江阴市委书记许峰，无锡市副市长高亚光，江阴市领导包鸣、孙小虎、徐冬青等参加活动。该科教孵化中心是霞客湾科学城“一岛、两心、四坊”空间布局中的“两心”之一，将以江南大学江阴合作办学项目为创新源头，充分依托原有产业基础，积极营造一流的创新生态、产业生态、自然生态，也将更好地实现高校科技成果转化，实现科研资源整合，推动高新技术产业发展，以科技创新引领全市高质量发展。该项目位于霞客湾科学城北侧，由青阳 TOD、江南大学江阴合作办学项目、开放式科创载体、科创公园、人才社区、品质基础教育配套组成，一期占地面积 1.13 平方千米，投资约 43.9 亿元。作为科教孵化中心子项目，江南大学江阴合作办学项目将重点围绕机械装备、电子信息、纺织、新能源等产业，建立智能工程、新能源工程、时尚创意等方向的新兴产业学院，开展各类人才的培养。合作办学项目分为两阶段，第一阶段以研究生及卓越工程师培养计划的高年级学生为主，第二阶段为培养具有国际视野和专业特长的高水平人才，第一阶段规模不少于 3000 人，最终校区总规模约 7000 人。

【青阳镇妇联换届选举】 2021 年 12 月 17 日，青阳镇妇女第十五次代表大会召开。镇党委书记邱振海，市妇联副主席佘晓萍，镇党委副书记刘永刚，镇党委组织委员黄叶军，镇党委宣传委员陈怡，镇党委统战委员、镇总工会主席朱丽霞出席会议，镇群团组织负责人、女企业家协会会员等参加会议。参加会议的妇女代表107人，会议选举产生青阳镇第十五届妇联执委30人，镇党委宣传委员陈怡当选妇联主席。

（沈炅琰）

徐霞客镇

【概况】 徐霞客镇是明代杰出地理学家、旅行家、探险家徐霞客的故乡，是国家卫生镇、全国环境优美乡镇、全国特色景观旅游名镇和全国经济发达镇行政管理体制改革试点镇。该镇位于江阴市南部，东与祝塘镇、周庄镇相接，南和无锡市惠山区堰桥隔界河相望，西同青阳镇、月城镇毗邻，北连南闸街道、云亭街道。区域面积110.17平方千米，下辖21个行政村。2021年年末，有户籍人口32283户106743人，其中男性53093人、女性53650人；户籍人口中有少数民族23个1035人，其中侗族174人、苗族341人、土家族339人、壮族77人、仡佬族12人、白族4人、满族7人、蒙古族3人、羌族7人、回族18人、黎族6人、畲族1人、土族1人、锡伯族2人、瑶族3人、彝族11人、布依族15人、藏族5人、朝鲜族4人、傣族2人、仫佬族1人、达斡尔族1人、哈尼族1人。有外来暂住人口51972人，其中男性31537人、女性20435人。

政治建设　举办庆祝中国共产党成立100周年“一十百千万”（建成江阴第一位党员奚佐尧陈列馆，建成10个党史红色教育基地、举行庆祝中国共产党成立百年“七一”纪念大会、举办“千人唱红歌”比赛、开展万人学党史学习教育活动）系列主题活动，制定《党史学习教育实施方案》，开展各类学习宣讲270余场次、交流研讨36场、红色阵地参观见学45次，受众6万余人次；建成镇党群服务中心，奚佐尧、黄建伟烈士纪念馆等党史红色教育基地10个；推出党史学习教育稿件400余篇，被主流媒体录用200余篇。全年开展党委中心组专题学习16次，打造“霞韵新声”理论宣讲品牌，实施对象化、分众化、互动化宣讲。注册使用“学习强国”平台的学员占党员总数比超100%，参与度70%以上；制定“我为群众办实事”项目清单，开展“我为群众办实事”实践活动347次。全年在省级以上媒体刊播报道180余篇。挖掘“徐霞客好人”7人，1人获评无锡市“最美人物”。完成21个行政村党组织以及下辖126个党支部换届，选出358名党支部“两委”成员。召开中共徐霞客镇第四次代表大会；选举出席中共江阴市第十四次代表大会代表16人。向643名“光荣在党50年”老党员发放奖章或慰问金。启动“红映霞客—聚力南征”基层党建三年行动，打造党建联盟28个；全年发展党员110人，提拔市管干部5人、中层干部19人，储备“苗圃计划”优秀村干部人才库64人，为全镇21名村书记评星定级，完成各级家庭走访111人次。镇纪委全年立案33件，运用“四种形态”*处理108人次，清理不合格党员11人，开展农村“三资”*两项清理工作，转立案5人；全面推行“双随机、一公开”监督*党风廉政监督模式，对21批次单位进行督查，发现问题16个，转立案4个。按照“五有八平台”（有活动方案、有活动场所、有活动内容、有活动制度、有活动台账，教育培训平台、聚才引智平台、联谊交友平台、创业服务平台、建言献策平台、实践锻炼平台、服务社会平台、风采展示平台）标准，组织开展基地建设创建达标活动，以“星级评定”推动新阶层工作平台载体的标准化、规范化。推荐优秀新阶层代表人士13人担任人大代表、政协委员等职务。创建“侨之家”、侨界志愿服务队。全年非公企业、社会组织建团18个。1月，各行政村妇联完成换届。常态化疫情防控走向深入，应急处置能力提升至4小时12万人次。新冠疫苗首针接种率97.64%，二针接种率93.68%。累计居家管控1345人，集中隔离257人。

经济建设　全年完成地区生产总值168.69亿元，比2020年增长11.6%。完成一般公共预算收入8.98亿元，比2020年增长12.8%。完成全社会固定资产投资32.36亿元，比2020年增长11.8%，完成进出口总额5.23亿美元，到账注册外资676万美元。完成全社会工商业开票销售总收入667.1亿元，比2020年增长28.9%。全年完成农林牧渔业总产值9.22亿元，粮食产量2.19万吨。完成农业投资8200万元，有3项超千万元项目被列为江苏省农业农村重大项目。粮食播种面积2926.73公顷，其中水稻播种面积1415.71公顷。启动建设高标准农田166.7公顷，完成农田连片整治66.7公顷，池塘生态化改造41.35公顷。申报绿色优质农产品205.97公顷，成功创建江苏省优良

2021年6月29日，徐霞客镇举办“唱响百年梦想　闪耀七彩霞光”庆祝中国共产党成立100周年表彰暨歌咏比赛（徐霞客镇党政办提供）

食味稻米产业化强镇“味稻小镇”。创建江苏省、无锡市级“全程机械化+综合农事”服务中心1个,建成无锡市唯一的省级稻麦生产综合示范基地,并被评为省级现代农业综合示范基地,4月,获批无锡市首批农业农村现代化先导镇建设试点镇,新建江阴市级示范家庭农场8个、农民专业合作社示范社26个,治理9个非规模养殖场,拆除简易大棚及看护房20.14公顷,清理合作社40个。出栏生猪1.33万头,存栏5728头。全年农业政策性保险总保费540万元,涉农惠各类农补资金2160万元。开展月度河道考核12次,河道巡查160余人次;投资1320万元用于湖庄排涝站拆建、白屈港综合整治、冯泾河徐霞客段清淤工程、新璜河和任九房浜美丽河湖等项目。全镇主要农作物耕种收综合机械化率96.5%,秸秆综合利用率95%以上。全年完成工业总产值321.4亿元;完成规模以上工业增加值43.3亿元,比2020年增长22%。全年工业投资10.75亿元,其中高技术制造业投资占工业投资比重为28.1%。工业开票销售收入380.18亿元;全年完成工改盘活存量土地12.61公顷,腾退低效用地33.55公顷。完成全国人口抽样调查。备案投资项目98项,总投资70.14亿元,亿元以上项目13项;创建江阴市诚信村2个。开展全镇村集体资金违规出借和资产出租问题专项清理整治,发现问题279个,涉及金额4271.9万元,整改到位2200.78万元;完成户户通手机端用户绑定24858人。按照《集体经济组织章程》,完成21个行政村的股份经济合作社理事会、监事会改选。完成19个村股份经济合作社与村委会财务事务分离工作并通过江阴市验收。完成农村集体资产线上产权交易项目670项,金额6463.7万元。全年服务业投入20.76亿元,比2020年增长9%;完成限额以上单位零售额3.13亿元,比2020年增长23.1%,完成规模以上服务业营业收入3.9亿元,比2020年增长24.7%,在召开的经贸恳谈会上签约10项项目,总投资23.5亿元。全年居民人均可支配收入59289元,比2020年增长9.5%。全年关停“三高两低”*企业1个;淘汰“两高”(高耗能、高污染)行业3个,完成节能改造项目3项;落实自愿性清洁生产企业2个。对188个亩均税收1万元以下的企业及29个综合评价为D类的企业进行分类清理。实施入河排口排查整治,排查排口347个,溯源33个,整改问题排口14个。完成FID(废气)在线监测安装100台,工业燃气窑炉提标改造13台,重点行业挥发性有机废气综合治理13项,餐饮油烟治理4项,储罐项目3项,重点行业深度减排50项。空气质量优良率提升至80.3%,省考断面水质优Ⅲ比例100%;分类实施大气污染防治工程,完成353个,完成率100%;完成减煤量超4万吨标准煤,对77个重点涉气企业实施停限产。小微危废企业智能化集中收集处置工作签约265个;完成对中央、省环保督查78件交办件“回头看”工作。“12369”信访总量下降7.4%,受理“12369”信访130件,其中省部级信访件4件,污染防治综合监管平台受理信访422件。环境影响评价报告预审项目55项,拒批项目28项。

社会建设　全年全社会研发投入5.92亿元;高新技术产业产值占规模以上产值比重39.5%;获批江苏省工程技术研究中心4个、江阴市级以上工程技术研究中心27个;认定高新技术企业15个、培育入库38个,获评无锡市“雏鹰企业”“瞪羚企业”各2个;实施“霞客之光”产业自主创新攻关计划项目4项,签订产学研技术合作项目12项,获批江苏省重点产研合作项目1项;成功申报省级信用管理贯标企业10个、省“两化融合”(信息化和工业化融合)贯标试点企业2个、省级工业互联网标杆工厂1个、省星级上云企业3个、省级信用管理无锡市级示范企业1个;认定江苏省民营科技企业13个。无锡市专精特新科技“小巨人”企业3个、企业技术中心6个;全年入选江苏省“科技副总”1人、无锡“太湖人才计划”创业领军人才1人,江阴“暨阳英才计划”创新领军人才1人,柔性引进教授博士15人。全年城镇新增就业3490人,援助就业困难人员523人,扶持自主创业416人,公益性岗位新安置就业困难14人,办理一次性创业补贴29人次,新增创业担保贷款12批次,应届返江阴大学生就业率95%;引进大专以上学历人才526人,初、高级技能人才取证530人。全镇新增城保扩面2101人,城乡居民基本养老保险续保4024人,续保率98%。新申请社保补贴459人次。书面审查入库用人单位850个,培育诚信企业3个;劳动保障监察举报投诉案件结案率100%,劳动人事争议案件调解成功率99.2%。全年调解各类劳资纠纷事件374件,解决职工工资及赔偿金1368.7万元。无城保农村退休老干部生活补助标准100%提高。全年徐霞客镇行政审批局办件量251561件,统筹推进“一件事”改革行动、“不见面”审批、便民服务“延伸办”和代办服务队,建立职业代理人红黑名单制度。完成对村级综合窗口事项的新一轮梳理工作,共99项,编制成《村级综窗标准化指导手册》。选择2个行政村作试点,实现民生档案查询“村里办”。全年完成全流程电子化审批428件。全年公共资源交易项目206项,成交1.23亿元,资金节约率21%。施行《徐霞客镇工程建设项目招标投标管理办法(试行)》。上线运行首个“不见面”开标项目——马镇拆迁户临时过渡用房二期工程。全年投入建设资金4.97亿元,新开工建设安置房759套,全面启动霞客苑B地块安置房建设;完成马镇市民广场、峭岐市民广场、党群服务中心、市民文化中心等改造工程;完成全镇学校设施改造、消防改造等项目25项。完成马镇至璜塘污水主管网建设10.84千米、4个自然村污水治理工程。完成供水管网及一户一表改造235户;开工建设纬二路(经五路—霞客路)段。全年完成民房拆迁签约503户,非住宅拆迁签约66户,总签约面积30.3万平方米。完成土地复垦验收9.47公顷。冯溪家苑五期安置房抽签分房164套。新建徐霞客镇科普体验馆。建成2个“病媒生物防治示范化小区”,创建2个省级“健康社区”,建成“健康主题公园”1个。新建4座二类公厕。全年献血4000

余人次,40人捐献造血干细胞;全年招录公办教师14人,新增民办普惠性民办幼儿园1所。成立徐霞客镇教育基金会,8月,徐霞客中学橄榄球队获江苏省少儿体适能锦标赛触式橄榄球亚军。全年公办校(园)公共设施安全管理费用投入197.4万元。2项社区教育非遗项目作品在市级获奖。围绕中国共产党成立100周年这一主题,从5月开展"红色印记进百村"送戏送电影活动,全年送戏200余场次,送电影294场,送评弹、送演出进村35场,送图书进农家书屋2100册;徐霞客镇选送的征文、软笔书法均获江苏省"我的书屋我的梦"农村少年儿童阅读实践活动中学组三等奖,在江阴市第八届"芙蓉花奖"评选中,镇音乐作品、舞台剧等获9项奖项。新须毛村农家书屋获江阴市示范农家书屋称号。出版发行《胜水桥诗钞》第六辑;发掘非遗传承人1人;完成峭岐实验小学非物质文化遗产传承示范学校的申报。全年处理专职网格员上报事件25448件;专职网格员打卡合格率99.9%,里程合格率99.9%。处理上报事件25448件,交部门办理2270批次,结案率100%;处置网格化管理平台推送数字城管66件,交6部门办理65批次;受理"12345"民生热线4264件,反馈4253件。查纠各类城市管理违章行为8000余件,处罚432件,罚款44万余元;开展隐患排查整治916个次,整改隐患3594处,整改率95.7%;立案处罚50件次,处罚金额194.96万元。镇村联动拆除各类违法建设138件,面积5万余平方米,立案查处企业违建15件;拆除各类广告和店招标牌设施71个3400平方米;清理乱张贴、乱涂写、破旧横幅3000余处;城警联动扑捉流浪犬90余只。检查403个餐饮燃气用户,完成67个企业食堂灶具"气改电",安装燃气报警仪350套,完成2477户天然气瓶改管,验收并通气的小区群租房整治备案673户、停租13户、取缔4户。成立工业企业安全生产风险报告工作专班,完成首次风险报告1421个,较大以上风险报告率97.1%。常态化推进农村人居环境整治,完成2处人居环境整治提升重要节点村。动员参与专项行动1.1万人次,清理农村各类垃圾5.1万立方米,粉刷墙面4.3万平方米;清理房前屋后乱堆放5618处,修复破损路面2.4万平方米,村庄补绿5170平方米,清理平整绿化带8万余平方米,外运土方5000余立方米。新建路灯144盏,更新48处照明设施。做好无锡市、江阴市第三方暗访和镇村自查发现问题整改工作,发现问题6600条,完成整改6247条。全年发放各类补助补贴2754.42万元,募集徐霞客镇教育基金2570万元,筹集共富基金270.3万元;璜塘、马镇纪念堂新增1908个寄存格位,养老服务覆盖率101.62%。新增11个健身场地,新增群众健身场地5000平方米。镇代表队获第十四届全国运动会群众展演健身气功决赛三等奖。完成镇综治中心改造升级,实行信访、综治、司法等部门常驻,拆迁、人社、住建、公用事业、综合执法等部门轮驻机制,获评全国依法治理创建活动先进单位。全年接待各类群众来访138批396人次,受理上级交办信访事项66件,创立"老陆工作室",实现无锡市级以上非访零人次;各级各类人民调解组织矛盾纠纷排查280余次,接待群众1075批次,受理纠纷事件总数1588件,调解总数1588件,调处成功率100%,调解总金额1500余万元;对全镇339个技防点进行高清化升级改造,新增监控点位18个。录入办公自动化平台数据库矛盾纠纷事件478件,完成7项项目稳评。解除社区矫正37人。在册吸毒人员监管率100%。

2021年徐霞客镇主要经济社会指标一览表

表78

指　标	单　位	数　量	比2020年增减(%)	指　标	单　位	数　量	比2020年增减(%)
地区生产总值	亿元	168.69	11.60	规模以上工业利润总额	亿元	8.13	-2.50
其中:第一产业	亿元	6.40	-0.30	限额以上单位零售额	亿元	3.13	23.00
第二产业	亿元	108.69	14.90	固定资产投资总额	亿元	32.36	11.80
第三产业	亿元	53.60	7.00	其中:工业投资	亿元	10.75	19.40
一般公共预算收入	亿元	8.98	12.80	进出口总额	亿美元	5.23	18.90
农林牧渔业总产值	亿元	9.22	0.70	其中:出口额	亿美元	4.11	20.70
粮食产量	万吨	2.19	10.85	到位注册外资	万美元	676	826
工商业开票销售总收入	亿元	667.10	28.90	居民人均可支配收入	元	59289	9.50
其中:工业开票销售收入	亿元	380.18	29.90	中小学校在校学生数	人	8942	-0.01
服务业开票销售收入	亿元	286.92	27.70				

2021年徐霞客镇开票销售收入前10名企业一览表

表79

名次	企业名称	销售收入(亿元)	法人代表	名次	企业名称	销售收入(亿元)	法人代表
1	江苏嘉奕和铜业科技发展有限公司	97.36	缪桂娣	6	江阴市霞客彩纤有限公司	14.84	冯淑君
2	江阴市双东金属材料有限公司	57.01	黄雪锋	7	江苏无染彩实业发展有限公司	11.92	黄　雅
3	江苏马安社经贸发展有限公司	25.11	许　丽	8	江阴市艾格赛伦精密机械制造有限公司	8.35	曾　盛
4	江阴祥顺金属贸易有限公司	18.19	曾超林	9	江阴市向阳特种化纤有限公司	7.15	李国良
5	阿法拉伐(江阴)设备制造有限公司	16.63	PER MIKAEL TYDEN	10	江阴翔瑞金属贸易有限公司	6.73	何斌贤

2021年徐霞客镇各村(社区)基本情况一览表

表80

村(社区)名称	户数(户)	人口(人)	村(社区)党支部(党总支、党委)书记	村(社区)主任	村(社区)开票销售收入(亿元)
金凤村	1563	5423	张国兴	张国兴	37.66
任九房村	1456	4170	任巍峰	任巍峰	162.82
方园村	2171	7227	王　健	王　健	48.08
新须毛村	949	3401	张亚良	张亚良	22.13
璜东村	1012	3644	严　刚	严　刚	69.05
上东村	1696	5984	张同昌	张同昌	5.66
璜塘村	1228	3667	张银初	张银初	45.33
北渚村	2030	6507	徐　虎	徐　虎	35.41
徐霞客村	1224	3966	沈贤斌	沈贤斌	42.69
马镇村	1089	3787	俞立华	俞立华	10.92
湖塘村	1029	3370	范燕月	范燕月	4.07
红星村	1385	4814	顾建彬	顾建彬	15.75
阳庄村	1237	4373	金　平	金　平	5.35
皋岸村	1801	5979	孔维章	孔维章	16.76
东宏村	1766	5959	蒋洪青	蒋洪青	30.16
黎明村	1409	4732	封晓忠	封晓忠	42.02
峭岐村	2150	5691	陈加平	陈加平	44.61
钓岐村	1559	5081	林文兴	林文兴	11.22
宏岐村	1753	6003	吴余清	吴余清	4.05
新街村	981	3498	胡建国	胡建国	3.83
南苑村	2769	9382	吴国荣	吴国荣	8.86

【无锡首个线上党史馆建成】 2021年8月5日，无锡首个线上党史馆徐霞客镇电视党史馆开播。该党史馆平台利用江苏有线4K机顶盒的互动功能，以红色为主色调，融入党旗、党徽等元素进行设计，结合“学党史、悟思想、办实事、开新局”“学史明理、学史增信、学史崇德、学史力行”等主题。设置6个板块：“党史百科”“党史百年”“红色霞光”“党员风采”“视频直播”“霞客动态”。党史馆以图文和视频相结合的形式，将厚重的党史浓缩于直观、精炼的文字与影像之中。打开机顶盒就能随时收看或回看关于徐霞客镇发布的所有党建信息、新闻动态，学习党史知识。该馆的建成解决了农村老党员学习渠道少、日益边缘化的问题，为疫情防控期间居家学习党史知识开辟新路径。

【徐霞客镇村“两委”换届完成】 2021年1月9日，徐霞客镇21个村完成党组织换届选举工作。23日，完成村委换届。该次村党组织换届选举产生新一届村党组织委员会委员123人，其中书记21人、副书记41人。换届后，新一届党组织班子的整体年龄结构和学历层次均得到优化，班子成员平均年龄44.6岁，其中35周岁以下25人；大专以上学历占85.4%。村委换届选举产生新一届村委会成员117人，其中主任21人、副主任39人、委员57人，中共党员比例占95.7%。村“两委”换届期间，换届工作领导小组成员、换届工作“双联直挂”责任制包村领导、包村干部全面下沉指导并监督。

【徐霞客镇第四届人代会第九次、第十次会议召开】 2021年1月9—10日，徐霞客镇第四届人民代表大会第九次会议召开。此次会议选举袁飞为镇长、胡品洪为镇人大主席、张涛和王伟利为副镇长。会议听取和审议镇党委副书记张浩伟所作的《人大主席团工作报告》。听取和审议副镇长陈中华所作的《政府工作报告》。表决通过《代表议案建议意见审查报告》和《财政预决算审查报告》。人大代表提交建议和意见5件。6月17—18日，召开徐霞客镇第四届人民代表大会第十次会议。会议听取和审议镇长袁飞所作的《徐霞客镇政府上半年经济和社会发展情况的工作报告》。听取和审议副镇长周锋所作的《2020年以来徐霞客镇环境状况和环境保护目标完成情况的工作报告》。会议依法选举张宏斌、陆恺为副镇长。表决通过《代表议案建议意见审查报告》《财政预决算审查报告》。人大代表向大会提交建议和意见3件。

【中共徐霞客镇第四次代表大会召开】 2021年5月28日，中国共产党徐霞客镇第四次代表大会开幕。来自全镇各行各业、各条战线的党代表和受邀列席人员参加会议。徐霞客镇党委书记陈剑雄代表中共徐霞客镇第三届委员会向大会作题为《沉心聚力、奋楫争先、全力开创徐霞客镇高质量发展新局面》的党委工作报告。大会选举产生中共徐霞客镇第四届委员会、中共徐霞客镇纪律检查委员会以及出席市第十四次党代会的代表；审议并通过关于徐霞客镇第三届党委工作报告、纪委工作报告以及全镇党费收缴、使用和管理情况的报告等。会后召开中共徐霞客镇第四届委员会第一次全体会议。第一次全体会议选举产生新一届领导班子：中共徐霞客镇第四届委员会书记陈剑雄，副书记袁飞、李啸天、朱勇，委员顾贤、潘丹、李彩琴、缪琼、赵晓薇、陈鑫。中共徐霞客镇纪律检查委员会书记顾贤，委员李琦、张仪、朱志燕、周莉娟、王高钟、张志方。29日，中共徐霞客镇第四次代表大会闭幕。

【徐霞客镇党群服务中心启用】 徐霞客镇党群服务中心暨新时代文明实践所是徐霞客镇党委全力打造的集理论宣讲、教育服务、文化服务、科普服务、健康服务、法律服务六大功能于一体的综合性为民服务阵地。该阵地坐落于徐霞客镇凤凰东路68号，建筑面积2700平方米。2021年5月，镇政府投入400万元进行改造，9月正式启用。中心共分3层。底楼设咨询区、议事区、综合阅读区、服务区4个区域。二楼是活动阵地，三楼设有红色阵地“霞客党建湾”，并设有“霞客大讲堂”。至年末，中心举办近100场活动，接待各级领导和群众4000多人次。

【徐霞客镇综治中心落成】 2021年8月，徐霞客镇按省级标准营建的新综治中心正式投入使用。新建综治中心办公面积逾1000平方米，共3层，涵盖服务大厅、领导接访室、信访调解室、社区矫正室、劳动仲裁庭、心理咨询室等多个功能区域。以“集中办公、一窗受理、全程服务”运行模式，整合综治、信访、司法等部门资源，联合市公安、法庭、民政、人社、退役军人服务站等多个部门，提供矛盾调解、法律援助、劳动仲裁、诉讼服务、信访调处等“五位一体”服务，实现“一个中心、一窗受理、一级统筹、一抓到底”的基层社会治理新模式。

【首项“不见面”开标项目运行】 2021年10月15日，徐霞客镇作为江阴市首批“不见面”开标试点镇，成功上线运行首项“不见面”开标项目——马镇被拆迁户临时过渡用房二期工程，标志着徐霞客镇限额以下工程建设项目开启“不见面”时代，为推进全镇工程招标工作迈上新台阶打下坚实基础。开标全程运用“不见面”直播的方式，完成在线查看投标人名单、签到状态及保证金缴纳情况、远程解密投标文件、线上唱标、在线互动进行质疑、答疑等操作。相较于传统的线下开标模式，“不见面”开标对招投标，在节约交易活动成本、促进市场充分竞争、促进交易公开透明、疫情防控管理等方面都有非常重要的意义。

【奚佐尧烈士纪念馆建成】 2021年7月1日，奚佐尧烈士纪念馆在北渚村正式揭牌。徐霞客镇党委副书记李啸天、组织委员缪琼出席揭牌仪式，共同为奚佐尧烈士纪念馆启用揭牌。奚佐尧烈士纪念馆总面积300平方米，馆内分3个模块：西面为党建展示区，主要展示党的建设成就、党风廉政教育、红色历史文化等；中间为奚佐尧烈士人物事迹展示区，主要展示烈士奚佐尧一生的光辉事迹以及相关的历史事件介绍；东面为北渚村村志展示区，主要展示北渚村村情村貌、所获荣誉、大事记等。

（卢淑琴）

华士镇

【概况】 华士,原名华墅、华市,又称龙砂,素为江南名镇,有5000年的考证史,3200年的记载史。宋元时,华士地区已成为江南棉花交易集散中心,有“日出万匹、衣披天下”之美誉。华士钟灵毓秀,曾有“小小华墅赛苏州”之誉。华士人文荟萃,南宋至清末,出进士50人、举人62人。华士名医辈出,有“大江南北延医者,都于华墅”之说。华士镇位于江阴市东部,东与张家港市相接,沿江高速公路、340省道横贯该镇,地理位置优越,水陆交通便捷,是华西新市村的所在镇。区域面积74.58平方千米,耕地面积2335公顷,下辖27个行政村和2个社区居委会。2021年年末,有常住人口91321人,其中男性45281人、女性46040人;有少数民族22个302人,其中土家族56人、苗族50人、布依族45人、侗族31人、回族26人、壮族15人、满族21人、彝族13人、蒙古族6人、白族8人、仫佬族3人、仡佬族5人、朝鲜族4人、羌族4人、瑶族6人、水族1人、黎族2人、达斡尔族1人、德昂族1人、拉祜族1人、畲族2人、傈僳族1人。有外来暂住人口92779人,其中男性52380人、女性40399人。

政治建设　坚持以习近平新时代中国特色社会主义思想武装头脑、指导实践、推动工作,政府系统自身建设得到有力加强、服务效能实现全面提升。致力于夯实基础,构建依法行政长效机制。严格落实党政主要负责人第一责任人制度,形成一级抓一级、层层抓落实的组织领导体系。构建新型综合执法体制,根据“合法合理、权责一致、高效便民”的原则,建立“条块结合、以块为主”的综合执法体制。严格贯彻落实党风廉政建设“两个责任”*,认真履行“一岗双责”*,综合运用廉政谈话、廉政党课、警示教育等方式,实现反腐倡廉教育常态化。持续加强村级“三资”*管理和“三务”*公开,综合运用监督执纪“四种形态”*,防止“四风”*问题反弹回潮。机关作风切实改进。落实中央八项规定*精神,严查各类隐形变异“四风”问题,健全“三转一提”*、基层减负长效机制,落实“两在两同”建新功行动*。深入开展党史学习教育,扎实推进“我为群众办实事”实践活动,征集并发布“我为群众办事”实践项目379项。

经济建设　全年完成地区生产总值269.22亿元,比2020年增长9.38%。规模以上工业产值641.2亿元,比2020年增长11.5%。固定资产投资30.2亿元,其中工业投资25.61亿元,比2020年增长6.9%。限额以上单位零售额13.85亿元,比2020年增长35.65%。限额以上单位批发销售额177.95亿元,比2020年增长40.1%。工商业开票销售收入1012.98亿元,比2020年增长4.59%。以“一件事”改革、“拿地即开工”等为重点,深化“放管服”改革,持续优化营商环境、发力项目招引,全年签约重大招商项目10项,总投资超60亿元。其中总投资40亿元的尊阳集成电路封测产业基地落地,总投资10亿元的大梦想城项目在市发展大会上签约。新办外资企业3个,协议注册外资4182万美元。参加宁波城市土地招商展、杭州科技项目招商,拜访中南高科产业集团有限公司、无锡感知科技有限公司等企业,为项目招引做足准备。推动华西宝立入股龙希大酒店和新湾新设项目落地。持续推动企业上市工作,江阴采纳科技有限公司、江阴标榜汽车部件股份有限公司通过交易所上市审核。帮助企业完善管理运营,全年获批江苏省信用管理贯标企业9个,江苏省信用示范企业1个,江苏省工程技术研究中心1个,江苏省企业技术中心2个,江苏省三星级上云企业1个、四星级上云企业8个。标榜汽车部件被遴选为无锡市“准独角兽”企业*。完成华西现代农业产业示范园建设,建成红苗村89.6公顷高标准农田。全镇小麦总产2395吨、水稻总产5190吨,亩均产量均实现上涨。524.54公顷水稻被列入中央农作物绿色高质高效行动项目,粮食生产提质增效。

社会建设　中康桥新桥建成通车,完成环西路二期安置房4~6号楼主体施工,开工建设东华路污水管道、八字尖等8个村庄农村生活污水治理、砂山东坡治理、部分小区二次供水设施改造等民生工程,全面推进华西四村、勤丰村、龙河村农房翻建,推进环南路三期安置房、新丰街出新、曙新村农房翻建等项目,完成曙新村、陆南村“多规合一”实用性村庄规划编制。全年清运垃圾47248立方米,整理杂物乱堆放11956处,清理河塘沟渠、排水沟1560处,拆除畜禽棚舍过季蔬果棚架2134个,拆除修缮破旧房屋343间,修复破损路面61418平方米,粉刷、美化墙面129653平方米,新设置路灯866盏,补绿、增绿31440平方米。推进人居环境整治提升行动,陆桥村上头巷、陆丰村东陆家基进入“红榜村”。专项治理持续深化。抓好工业污染源治理,全力削减挥发性有机物,完成工业窑炉提标改造5台,重点企业FID在线监测90个,重点企业深度减排198个;对镇区主干道及重要区段实行洒水降尘,开展建筑工地、混凝土搅拌站等重点场所专项整治,全面实施秸秆禁烧。空气质量优良率81.4%,主要污染物$PM_{2.5}$均值比2020年下降18.36%。开展入河排水口排查溯源、整治封堵,深化开展黑臭水体综合整治,加快推进污水主管网建设工程,水环境质量持续改善。开展危废固废安全专项整治142次,对12个问题企业进行跟踪检查,全面落实环境保护目标责任制。常态化开展各类环保检查,督促企业负责人紧盯问题抓整改,落实责任不放松。高效推进污染防治综合监管平台运行,整改完成自查自报问题325个。推进“散乱污”企业整治,全年关停“散乱污”企业37个。以河湖长制为抓手,持续推动生态美丽河湖建设,实施陆泾浜—刘家簖水系沟通工程、苗头浜—新塘浜河道清淤及护岸整治工程,开工建设上青坝—苗泾河综合整治工程、红苗浜—额塘浜水系沟通工程,制订同心浜整治方案、窑灯浜—顾三房桥浜水系沟通工程计划。

2021年华士镇主要经济社会指标一览表

表81

指　　标	单　位	数　量	比2020年增减(%)	指　　标	单　位	数　量	比2020年增减(%)
地区生产总值	亿元	269.22	9.38	规模以上工业利润总额	亿元	21.86	25.63
其中:第一产业	亿元	2.14	-8.94	限额以上单位零售额	亿元	13.85	35.65
第二产业	亿元	179.04	8.74	固定资产投资总额	亿元	30.20	-4
第三产业	亿元	88.03	11.25	其中:工业投资	亿元	25.61	6.90
一般公共预算收入	亿元	11.16	-5.50	进出口总额	亿美元	7.64	-8
农林牧渔业总产值	亿元	3.03	4.20	其中:出口额	亿美元	6.91	-4.03
粮食产量	万吨	0.79	16.20	到位注册外资	万美元	803	1538.77
工商业开票销售总收入	亿元	1012.98	4.59	居民人均可支配收入	元	67339	9.10
其中:工业开票销售收入	亿元	807.47	15.37	中小学校在校学生数	人	11545	-0.63
服务业开票销售收入	亿元	205.51	-23.20				

2021年华士镇开票销售收入前10名企业一览表

表82

名次	企业名称	销售收入(亿元)	法人代表	名次	企业名称	销售收入(亿元)	法人代表
1	江阴华西钢铁有限公司	61.93	朱俊中	6	江阴市华士金属材料制品有限公司	27.54	朱大锋
2	江阴市天阳金属制品有限公司	55.07	李梦婷	7	江苏华西村股份有限公司特种化纤厂	21.45	李满良
3	江阴华西制铁有限公司	46.99	杨永昌	8	江阴博威合金材料有限公司	18.97	王红娟
4	江阴博丰钢铁有限公司	31.57	吴岳庆	9	江阴雷奇沃国际贸易有限公司	18.51	孟莉莉
5	江阴市华西高速线材有限公司	27.86	杨永昌	10	江苏华西村股份有限公司	18.02	吴协恩

2021年华士镇各村(社区)基本情况一览表

表83

村(社区)名称	户数(户)	人口(人)	村(社区)党支部(党总支、党委)书记	村(社区)主任	村(社区)开票销售收入(亿元)
华西村	1808	5464	吴协恩	吴协恩	287.93
华西一村	1930	8109	薛奔弟	薛奔弟	3.60
华西二村	2104	6774	朱文明	朱文明	4.16
华西三村	1530	4324	刘进杰	刘进杰	6.19
华西四村	752	2350	谢士兴	谢士兴	0.29
华西五村	1176	4500	朱惠洪	朱惠洪	13.51
华西六村	910	2948	周建国	周建国	1.85
华西七村	718	2654	吴　挺	吴　挺	1.08
华西八村	970	3400	季海庆	季海庆	1.03
华西九村	585	2268	吴惠兴	吴惠兴	11.29
华西十村	1245	4520	唐玉兴	唐玉兴	3.03

续表 83

村(社区)名称	户数(户)	人口(人)	村(社区)党支部(党总支、党委)书记	村(社区)主任	村(社区)开票销售收入(亿元)
华西十一村	1872	5780	龚丽红	龚丽红	3.09
华西十二村	1053	3880	王　超	王　超	11.22
华西十三村	1448	4820	费仁德	费仁德	7.04
向阳村	1030	6280	李　华	李　华	28.82
华士村	1510	5620	徐华江	徐华江	7.16
龙砂村	951	2950	汪少清	汪少清	40.07
曙新村	1303	4386	赵正洪	赵正洪	94.38
龙河村	1156	4185	陶玉良	陶玉良	23.32
华益村	1768	5140	孙　科	孙　科	4.27
华中村	2085	5562	黄惠荣	黄惠荣	11.98
勤丰村	2102	7174	赵卫东	赵卫东	33.34
红苗村	2471	7277	王　勤	王　勤	18.57
陆新村	1879	6821	夏　斌	夏　斌	8.30
陆丰村	3312	9932	周新刚	周新刚	25.32
陆桥村	1406	5005	张忠敏	张忠敏	5.07
陆南村	1550	6067	费　澄	费　澄	5.92

【华士镇通过国家卫生镇复审】 2021年,华士镇对照国家卫生乡镇创建标准,推进创建国家卫生乡镇各项工作。在环境卫生、公共场所、生活用水卫生、食品安全、传染病防治等方面,加强统筹协调,整改薄弱环节;坚持定期不定期检查督导,做到创建工作常态化;进一步提高管理水平,改善镇容镇貌,优化人居环境,增强居民健康意识。通过全方位、多举措巩固提升卫生镇创建成果,不断提升人民群众幸福感、获得感和安全感,2022年1月26日,在全国爱卫会印发的《关于2021年度国家卫生城镇复审结果的通报》中,华士镇经复审通过,被全国爱卫会重新确认为国家卫生乡镇。

【陆丰村创建成省健康村】 2020年,华士镇陆丰村在新农村建设的道路上不断开拓创新,勇于探索,以省级健康村创建为契机,以"健康"元素为主线,通过细化健康管理、提升健康环境、强化健康服务、打造健康社会、营造健康文化、完善健康网络等举措,进一步推进健康教育与健康促进工作,2021年1月创建成江苏省健康村。

【华西新市村入选省首批100个红色地名】 江苏华西村始建于1961年,因位于华士镇西面,故名华西村。20世纪60年代以来,华西村站在农村改革的最前列,通过老书记吴仁宝的带领,华西人于70年代造田,80年代造厂,90年代造城,实现从农业样板村到农村工业化、农村城镇化,到农村现代化的一次次跨越。华西村也从一个名不见经传的贫困小村发展成为一个享誉海内外的天下第一村。华西村60年来走过的道路,既是一条强村富民的建设之路,更是一条"听党话、跟党走"的红色之路。2021年中国共产党建党100周年之际,入选江苏省首批100个红色地名。

【华西现代农业产业示范园完成升级】 江苏省级华西现代农业产业示范园分三期建设,总投资近2亿元,2021年年末完成建设升级。该项目的完工极大地提升了镇农业产业发展水平,使稻米种植、加工、仓储和销售,现代渔业、现代园艺、电商中心等项目均处于省内领先地位,形成农业与互联网产业、加工业、旅游业融合发展,构建农村一、二、三产业深度融合的现代农业产业体系,丰富乡村旅游业态和产品,做大做强休闲农业产业集群。

(赵洪高)

周庄镇

【概况】 周庄镇是具有6000多年历史的文明古镇,地理位置优越,经济发达,人口众多。该镇西距江阴市区17千米,沿江高速公路、云顾公路穿镇而过,省道澄鹿公路、芙蓉大道东西横亘,世纪大道及国家3级航道张家港河纵贯南北,苏南沿江高铁穿镇北而过;东与华士镇毗连,南与祝塘镇、徐霞客镇为邻,西与云亭街道、城东街道相接,北以东横河为界与张家港市相望。该镇宋、元时期就有"江南布码头"盛誉。至2021年年末,有工业企业2000余个,拥有三房巷集团有限公司、江苏华宏实业集团有限公司、江阴江东集团公司、江阴模塑集团有限公司、江阴海达橡塑股份有限公司等一批企业,其中涤纶化纤、纺织、装饰型材、汽车零部件、橡塑制品、轨道交通、新能源太阳能配件等为优势产业。区域面积75.96平方千米,耕地面积2358公顷,下辖15个行政村和1个社区居民委员会。至年末,该镇有户籍人口104553人,其中男性52190人、女性52363人;有少数民族21个455人,其中蒙古族7人、苗族92人、回族37人、土家族131人、满族17人、朝鲜族5人、壮族20人、侗族43人、彝族17人、畲族1人、黎族1人、布依族55人、傣族4人、白族6人、羌族2人、瑶族4人、土族3人、仡佬族7人、达斡尔族1人、毛南族1人、佤族1人。有外来暂住人口100354人,其中男性57703人、女性42651人。

政治建设 利用镇乐群理论宣讲团等平台开展主题宣讲、文化活动等200余场。精品节目百姓名嘴《吹响"南征北战、东西互搏"的冲锋号》演出近20场次。投资1300余万元改扩建中共江阴一大会址纪念馆,累计接待省内外各界人士3万余人。完成45项"我为群众办实事"项目。推进党建"盟红江阴—乐群红领航"三年行动,重点成立"揭榜挂帅""雁阵示范群"党建共同体、产业强镇"鹰计划"、同心战"疫"等党建联盟30个。"乡村振兴·共富基金"募集资金1700万元,第一年认捐到账600万元。获评五星级堡垒党支部2个,在职党员到居住地"三报到三服务"(向村、社区党组织报到,向网格党支部报到,向居民群众报到,开展常态化、菜单化、特色化服务)报到率80%,党员联户"1+10+N"制度*覆盖率100%。完成镇党委换届工作。完成村(社区)"两委"*换届工作,"五有五强"型村(社区)党组织书记比例93.75%。山泉村党委获评全国先进基层党组织。推进"三转一提"*主题活动,开展"两项清理"专项监督和民生专项资金清理整治。全年立案查处案件30件,提醒谈话6人,诫勉谈话9人。

经济建设 全年实现地区生产总值387.91亿元,比2020年增长6%。完成工商业开票销售收入1631.8亿元,比2020年增长6%。一般公共预算收入16.33亿元,比2020年增长8.7%。规模以上工业产值660.5亿元,比2020年增长16.5%。进出口总额20.54亿美元,比2020年增长11.2%。限额以上单位零售额20.77亿元,比2020年增长13.6%。全社会固定资产投资25.32亿元,其中工业投入18.66亿元。无锡市重大项目三房巷薄膜光电基膜新材料项目竣工投产,江阴燃机热电联产(9F)等一批重大项目稳步推进。三房巷集团有限公司、江苏华宏实业集团有限公司2个企业入选中国企业500强,三房巷集团有限公司、江苏华宏实业集团有限公司、江阴江东集团公司和江阴模塑集团有限公司4个企业入选中国制造业企业500强,江阴江东集团公司首次入选中国民营企业500强。申报绿色有机农产品66.67公顷,建成东林村高标准农田33.34公顷,雪峰农业合作社被认定为国家农民合作社示范社。全社会研发投入占地区生产总值比重3.05%,战略性新兴产业产值占比53%,位列全市各镇(街道)第一位。江阴江化微电子材料股份有限公司获评国家级专精特新"小巨人"企业,江苏华宏科技股份有限公司获江苏省科学技术奖,江阴海达橡塑股份有限公司作为江阴唯一企业获无锡市市长质量奖。工改工作稳步推进,全面摸清家底,盘活、腾退低效用地78.07公顷,三房巷集团有限公司"工改工"、山泉村绿色生态智创园项目先行先试。

社会建设 新增省星级上云企业5个、无锡市级技术中心3个、智能车间1个、高新技术企业9个。镇行政审批局在全市率先实现商事登记业务的综合办理,累计受理各类审批、服务、咨询事项12万余件。镇农村产权交易服务中心为江阴唯一入围全省镇级百强的农村产权交易服务中心。镇网格化管理平台接收处置民生类和矛盾调处类等事件13678件、指派事件8967件。编制《周庄镇国土空间规划》,完成庙墩路等5条道路的改建。新建泽苑等小游园2个,改造砂山路等3个小微绿地。完成拆迁面积17.3万平方米。募集"一河两岸"(改造张家港河两岸风貌,形成历史文化、休闲娱乐的镇区中心文化带)历史文化街区保护项目地方政府专项债券一期4000万元。持续推进农村人居环境整治,金湾村、倪家巷村考核成绩名列全市前列。强化户外广告、农贸市场、餐饮油烟、渣土运输等市容突出问题整治,拆除各类违法建设2万平方米。通过国家卫生镇复审。完成13个重点行业企业以及1个企业集群的挥发性有机物综合治理。$PM_{2.5}$浓度比2020年下降14.6%,空气优良天数比率80.8%。国省考断面水质达到或好于Ⅲ类水体的比例为100%。完成新老清溪河、马家浜的清淤和长寿河及支浜陈头横浜的水环境整治、宗言村农村河道整治、倪家巷村段白蛇港水环境整治三期、苗塘港生态河道等工程。完成龙东路等3条道路沿线管网建设和生活污水接管。累计完成1010个危废问题的整改。安装油烟净化装置60个。生活垃圾无害化处理率100%。全镇省级信访总数下降55.6%。新增就业3550人,新增城保4700人,城乡居民基本养老保险参保率96%,医保参保率100%。发放各类民政慰问、救助、补助资金1800余万元。农村居民人均可支配收入72657元。推进学校教室智慧化和照明亮化改造,全面落实师德师风建设长效机制。举办周庄镇第三届全民运动会,在全市第八届全民运动会中取得总分第三的成绩。镇乐群艺术团文化惠民巡演实现16个村(社区)全覆盖。科学防控新冠肺炎疫情,新冠疫苗全程接种率98.5%。家庭医生签约重点人群覆盖率100%。各行业领域共检查企业单位35966个次,发现隐患6253处,整改隐患5609处,责令停产停业71个。压实企业安全生产主体责任,培训各类安全管理人员3560人,完成工业企业安全生产风险报告1870个、高危企业安全生产责任保险56个,普查登记危化品使用单位683个。持续开展瓶装燃气用户安全隐患排查整改,排查隐患数10430户次,整改4611户次,安装自闭阀3929户。实施30项应急救援示范点项目,创建50个安全文化示范企业。常态化开展食品安全检查、食品从业人员安全培训。开展拉网式全面排查道路隐患、公路危险路段和交通安全设施情况,投入300余万元对60处交通隐患点开展整改。阳光信访信息系统收到各级交、转办信访件比2020年下降33%。

2021年周庄镇主要经济社会指标一览表

表84

指标	单位	数量	比2020年增减(%)	指标	单位	数量	比2020年增减(%)
地区生产总值	亿元	387.91	6.00	规模以上工业利润总额	亿元	39.02	2.20
其中:第一产业	亿元	2.26	1.10	限额以上单位零售额	亿元	20.77	13.60
第二产业	亿元	273.89	6.90	固定资产投资总额	亿元	25.32	-45.90
第三产业	亿元	111.76	4.20	其中:工业投资	亿元	18.66	-28.20
一般公共预算收入	亿元	16.33	8.70	进出口总额	亿美元	20.54	11.20
农林牧渔业总产值	亿元	3.14	0.80	其中:出口额	亿美元	15.18	20.60
粮食产量	万吨	1.06	17.40	到位注册外资	万美元	322	-56.70
工商业开票销售总收入	亿元	1631.80	6.00	居民人均可支配收入	元	72657	9.20
其中:工业开票销售收入	亿元	1279.0	4.60	中小学校在校学生数	人	15810	1.70
服务业开票销售收入	亿元	352.8	11.40				

2021年周庄镇开票销售收入前10名企业一览表

表85

名次	企业名称	销售收入(亿元)	法人代表	名次	企业名称	销售收入(亿元)	法人代表
1	三房巷集团有限公司	578.70	卞平刚	6	江阴热电有限公司	22.10	薛　健
2	江苏华宏实业集团有限公司	183.60	胡士勇	7	江阴鑫裕装潢材料有限公司	21.50	王永芳
3	江阴长乐泓鑫科技产业集团有限公司	48.80	黄冬生	8	江阴海虹新能源科技有限公司	20.30	陈良东
4	江阴模塑集团有限公司	40.40	曹克波	9	江阴海达橡塑股份有限公司	19.30	钱振宇
5	江阴电工合金股份有限公司	27.00	陈力皎	10	江阴方圆环锻法兰有限公司	16.40	赵元忠

2021年周庄镇各村(社区)基本情况一览表

表86

村(社区)名称	户数(户)	人口(人)	村(社区)党支部(党总支、党委)书记	村(社区)主任	村(社区)开票销售收入(亿元)
周庄村	3745	13315	赵　峰	赵　峰	135.40
金湾村	1319	5303	周国民	周国民	37.97
三房巷村	2831	10307	孙　庆	孙　庆	593.16
鸡龙山村	725	2789	赵浩良	赵浩良	31.28
山泉村	838	3309	李全兴	李全兴	44.81
华宏村	2207	8518	胡士勇	胡士勇	222.95
陶城村	1971	7062	袁晓华	袁晓华	31.25
东林村	1198	4140	刘金龙	刘金龙	21.51
稷山村	829	3068	吴忠平	吴忠平	4.50

续表 86

村(社区)名称	户数(户)	人口(人)	村(社区)党支部(党总支、党委)书记	村(社区)主任	村(社区)开票销售收入(亿元)
宗言村	2140	8164	殷良忠	殷良忠	82.50
倪家巷村	1418	5854	杨忠庆	杨忠庆	28.92
周西村	973	3742	葛珠良	葛珠良	79.76
长乐村	1133	4077	李浩庆	李浩庆	69.17
长寿村	2929	10192	蔡永兴	蔡永兴	68.87
长南村	2443	8457	孙长福	孙长福	29.61
北新社区	2791	6256	周　奇	周　奇	—

【山泉村获评全国先进基层党组织】 近年来,周庄镇山泉村党委通过“党建+优良党风引领”“党建+务实作风建设”“党建+有序村风培育”“党建+积善家风传承”“党建+厚德民风塑造”等举措,让党的旗帜高高飘扬,为乡村振兴提供坚强组织保证。在此基础上,山泉村大力实施党风、作风、村风、家风、民风“五风”工程,党员义工队、干部服务队、村民志愿者活跃在全村各个角落,老年书场、道德讲堂等阵地精准发力传递正能量、引领新风尚。顺应群众对美好生活的向往,山泉村对于事关村民生产生活的每一项决策、每一件工作,都坚持问需于民、问计于民,坚持公平、公正、公开。而在信任村民、依靠村民的同时,山泉村更坚持用新时代新农民标准引导村民、提升村民,让村民的整体素质、文明修养、能力水平持续提升。同时,山泉村党委书记李全兴更是当好领头雁,带领全村走好乡村振兴之路。2009 年,企业家李全兴选择回村当一名专职村书记。上任之初,他便明确“建好一个新农村、不负一分债”“打造一个努力为村民谋幸福的团队”“建立一套完善机制”的“三个一”工作目标,形成激发山泉村走好乡村振兴路的活力源泉。2021 年 6 月,周庄镇山泉村获评全国先进基层党组织。

【江化微入选国家级专精特新“小巨人”企业】 2021 年 7 月,江阴江化微电子材料股份有限公司入选工业和信息化部公示的第三批专精特新“小巨人”企业。专精特新“小巨人”企业是专注于细分市场、创新能力强、市场占有率高、掌握关键核心技术、质量效益优的“排头兵”企业。获专精特新“小巨人”认定还可获得财政专项资金、税收优惠等“一揽子”政策扶持。至此,周庄镇有 1 个国家级专精特新“小巨人”企业、4 个省级专精特新“小巨人”企业。

【公益项目入选省志愿服务双“十佳”】 “周庄妈妈　爱在路上”公益项目成立于 2012 年,旨在为各类弱势妇女儿童提供经济援助和关爱服务,成员涵盖基层妇女干部、女企业家、机关干部、一线岗位女职工、党员义工、人大代表等社会多个层面,49 名女企业家为团队中坚骨干力量。成立以来,始终秉承爱心不分区域、爱心不论大小、爱心没有距离的原则,着眼帮扶贫困学校、贫困孩子、困境妇女、困境儿童等,用实际行动诠释人间大爱,用真情付出传递爱的接力。爱心足迹遍布广西河池、湖北恩施、四川甘孜州、贵州铜仁、云南腾冲、陕西延安延川、河南林州、新疆霍城等地,通过捐资助学、扶贫帮困、结对共建、走访慰问等献出爱心。2021 年 12 月,“周庄妈妈　爱在路上”荣获江苏省巾帼志愿服务十大优秀项目、省巾帼志愿服务“十佳”微电影双“十佳”荣誉。

【华宏科技获省科学技术奖】 江苏华宏科技股份有限公司,是专业制造再生资源加工设备的“火炬”计划重点高新技术企业。2011 年 12 月 20 日,在深交所成功挂牌上市,拥有 9 个全资及控股子公司,涉及再生资源装备及运营、电梯零部件、稀土废料综合利用等板块。公司高度重视并坚持大力推行对技术创新和研发、标准化生产、营销体系的建设及投入,技术体系建有“三站三中心”:国家级博士后工作站、院士工作站、企业研究生工作站、江苏省液压工程技术研究中心、江苏省认定企业技术中心及江苏省废弃金属绿色回收再利用技术工程中心。参与 2 项国家标准、主持和参与 7 项行业标准的制定和修订,持续开展新产品研发及工艺技术改进工作,针对客户需求及产业发展趋势,进行自主创新和研究项目储备。公司拥有国家专利 150 余件,其中发明专利 40 余件;承担江苏省科技成果转化项目“报废汽车拆解回收成套装备及其关键技术研究”,是国家绿色制造系统解决方案提供商,其中“废旧汽车高效资源化拆解回收关键技术及自动化成套装备”项目获 2019 年度江苏省科学技术奖三等奖。2021 年 12 月,华宏科技作为完成第一单位的“废弃锂离子电池全组分高效资源化理论与关键技术”项目获 2021 年度江苏省科学技术奖三等奖。

【海达橡塑获无锡市市长质量奖】 江阴海达橡塑股份有限公司始终将“成为关键橡塑部件研发与制造的引领者”作为工作宗旨,主要围绕密封、减振两大基本功能从事关键橡塑部件的研发、生产和销售,为客户提供减振、密封系统解决方案。经过 50 年的发展,公司形成一套完善体系,把“优质高效、精益求精、科技创新、诚信服务”作为公司质量方针,把“测量、分析与改进”工作机制纳入公司日常运营管理体系并持续实施,严格把控采购、研发、制造、检验、包装、运输、售后等所有环节,开展3期精益生产咨询项目,并与信息数字化项目结合,全面推行以顾客为中心的精益数字化质量管理模式,并持续改进,致力于升级全公司上下质量管理水平,努力提高核心竞争力,使得公司在日益激烈的市场竞争及严峻的实体经济环境中,保有行业领先地位。2021年6月,江阴海达橡塑股份有限公司获2020年度无锡市市长质量奖,是周庄首个获该荣誉的企业。无锡市市长质量奖每年评选一次,是无锡市政府设立的最高质量荣誉奖,主要授予全市范围内质量管理模式先进、成效卓越、体现标杆引领作用的各类组织,自2006年设立以来每年名额不超过3个。

【中共江阴一大会址纪念馆改扩建开放】 2021年6月,中共江阴一大会址纪念馆历时半年的修缮扩建提升后,以崭新面貌向社会重新开放。该改扩建项目投资1300余万元,改造后的展陈面积比之前扩大一倍以上,完整再现1928年中共江阴一大召开的生动场景。展陈将场景和展览内容有机融合,使观众能够更加清楚地了解中共江阴一大召开的全过程。至2021年年末,该馆累计接待省内外各界人士3万余人。

【周庄镇第三届全民运动会举办】 2021年6月,周庄镇第三届全民运动会开幕。该届运动会的主题是爱运动、爱健康、爱生活、爱周庄,旨在号召全镇人民关注运动与健康。该次运动会有参赛队伍25支,设置33项竞技类体育项目,11月完成全部赛程,有1110人参赛,设置团队奖与个人奖共239项,获奖792人,发放奖金28.3万元。

(渠立岗　符李敏)

2021年6月29日,周庄镇举办第三届全民运动会　(周庄镇党政办提供)

新桥镇

【概况】 新桥镇明代属江阴县白鹿乡,清代属马嘶镇,民国时属马嘶乡。中华人民共和国成立后隶属多变,1961年形成现有区域。该镇位于江阴东大门,东北与张家港市毗邻,东南与顾山镇连接,西与华士镇相接,西南与长泾镇隔泰清河相望。西距江阴市政府驻地25千米,镇政府驻新郁中路128号。境内有沿江高速服务区兼出口一个。区域面积19.6平方千米,下辖9个行政村和5个社区居委会。2021年年末,有户籍人口7528户25773人,其中男性12546人、女性13227人;有少数民族12个76人,其中蒙古族2人、苗族13人、回族12人、土家族4人、满族1人、朝鲜族2人、壮族7人、侗族13人、彝族4人、布依族8人、羌族3人、仫佬族7人。外来暂住人口33888人,其中男性18564人、女性15324人。

政治建设　高举习近平新时代中国特色社会主义思想伟大旗帜,全面贯彻中共十九大和十九届历次全会精神,全面落实市委、市政府"南征北战、东西互搏"*总战略,充分发挥党员干部领头雁和企业家压舱石作用,团结带领全镇人民攻坚克难、负重奋进,"十四五"发展顺利开局,现代化建设扎实起步。庆祝中国共产党成立100周年,推进党史学习教育,践行同人民想在一起、干在一起,风雨同舟、同甘共苦,在现代化新征程上建新功的"两在两同"建新功行动*。完成镇党委换届、村(社区)"两委"*换届和市镇两级人大代表换届选举等工作。塑造"红色阵地""红色文化""红色关爱""红色先锋""红色动力"的"五红"党建品牌,建成党建联盟35个、党建示范基地15个、"红色车间"10个。海澜集团有限公司党委获评江苏省、无锡市先进基层党组织。阳光集团有限公司陈丽芬荣获第八届江苏省诚实守信道德模范提名奖。深入开展民生专项资金清理和村级资产"两项清理",严肃处理违规违纪党员,持续巩固风清气正的发展环境。防控网络持续织密,全年核酸检测51161人次、集中隔离257人,疫苗全程接种率106%。设立112个疫情防控核酸检测点,应急工作机制不断完善,协调联动能力显著提升。

经济建设　全年实现地区生产总值252.2亿元,比2020年增长13.8%。完成进出口总额4.5亿美元,比2020年增长23.7%。完成一般公共预算收入12.9亿元。规模以上工业产值409.7亿元,比2020年增长22.2%。完成限额以上批发零售额789亿元、限额以上单位零售额24亿元,分别比2020年增长25%和26.1%。完成固定资产投资总额64.5亿元,比2020年增长13.8%。海澜集团有限公司、江苏阳光集团有限公司蝉联中国企业500强。海澜集团有限公司入选福布斯全球最佳雇主榜单。江苏阳光集团有限公司入选工信部绿色供应链管理企业,工业互联网标识解析二级节点正式上线。海澜智云科技平台入选2021年全国新一代信息技术与制造业融合发展试点示范。签约重大产业项目15项、科技人才项目3项。联诚精密机械智能化项目、新易达环宇汽车零部件等项目加快建设投产。新引进高层次人才42人,进站博士后2人,“太湖人才计划”支持对象2人。海澜集团有限公司、江苏阳光集团有限公司入库税金分别超亿元;江苏焱鑫科技集团有限公司、江阴市强力化纤有限公司、江阴鑫联金属制品有限公司、海澜智云科技有限公司、江苏精亚集团有限公司、江苏省振新实业有限公司入库税金分别超2000万元;江阴德邦裤业有限公司、江苏宝力重工科技有限公司、江阴新桥建工有限公司、江阴高隆服装有限公司、江阴市新星房地产有限公司、江阴得胜服装有限公司入库税金分别超1000万元。转型升级持续推进,出台“十四五”产业强镇实施办法。启动工业园区升级改造,盘活存量土地32.74公顷,腾退低效用地13.94公顷,圩里码头改造被列为江阴市“揭榜挂帅”项目。江苏焱鑫科技集团有限公司参与国家重点研发计划项目。

社会建设 全年全镇新增高新技术企业1个、科技型中小企业20个、省重点工业互联网平台2个、“两化融合”(信息化和工业化融合)贯标试点企业4个。教育、医疗、卫生、养老等社会事业全面进步,新增1所民办普惠幼儿园,提升学校、卫生院设施设备水平。全年签约家庭医生4300人,公共体检群众5425人,为5532名妇女投保安康险。康定社区获评全国示范性老年友好型社区。全市首张小餐饮备案的信息公示卡在新桥镇发放。新桥镇高分通过国家卫生镇复审。海澜国际马术俱乐部组成中国马术三项赛队在东京奥运会取得团体第九的亚洲最好成绩。包英凤在全运会马术三项赛中夺得个人赛冠军。竣工交付水景花苑二期安置房16幢492套、郁桥村庄桥农房27套,规划改造农村住房37套,升级改造大振路、新民路、庄园路和新郁中路。拆除旧房6万平方米。新增道路停车位650个。完成泾水新村天然气安装。加快推进环卫所新建工程。农村人居环境考核成绩在全市名列前茅,郁桥村成功创建无锡市特色田园乡村,新桥镇入选农村生活垃圾分类省级试点。新桥“时裳小镇”入选全国特色小镇50强。环境质量不断改善。全年$PM_{2.5}$平均浓度30.51微克/立方米,空气优良天数比率87.1%,均位列全市第一。实施新华路污水管道新建、郁桥菜场控源截污、新杨路污水管改建、雷下浜雨水口和蕾下花园室外雨污水改造工程。开展“美丽河湖三年行动”建设,整治河湖岸线8.6千米,清淤土方总量2万立方米,高标准通过生态河道验收7.5千米,合规处置淤泥3900吨。完成能源能耗总量和强度“双控”任务。开展规模以上企业“环保健康体检”,推进涉排企业、餐饮油烟和渣土扬尘深度治理,关停取缔“散乱污”企业7个,消除环保隐患135处,生态基础更加巩固。全社会文明程度指数测评在全市名列前茅,入选江苏省文明乡镇,创成省“扫黄打非”进基层示范点。全镇企业为市“乡村振兴·共富基金”和镇公共文化空间建设贡献力量。海澜集团有限公司成立国家体育总局武术研究院太极拳分院。全镇文艺作品获第八届江阴市“芙蓉花奖”一等奖4个。全年举办各类文化艺术培训活动120场次、文化惠民演出150余场次,开展各类志愿服务超2万人次。全镇农村劳动力充分就业率稳定在97%以上,社保扩面2262人,全年发放各类保障资金5761万元,居民人均可支配收入增长9.3%。以提升“一感两率”(安全感、知晓率、满意率)为抓手,打造“离你最近、和你最亲”网格服务品牌。实施“企业开办0.5天”办结制、个体工商户执照办理和工程项目招投标全程电子化等举措。聚焦安全生产“三年大灶”*整治行动,全年执法检查209个次,整改企业隐患1474处、建筑工地隐患37处、居民燃气使用隐患67处、建筑物隐患73处。扎实开展“八五”普法,畅通民意表达渠道,积极化解矛盾纠纷。全面把控各类风险隐患,切实维护和保障社会和谐稳定。

2021年新桥镇主要经济社会指标一览表

表87

指标	单位	数量	比2020年增减(%)	指标	单位	数量	比2020年增减(%)
地区生产总值	亿元	252.20	13.80	规模以上工业利润总额	亿元	35.40	55.30
其中:第一产业	亿元	1.10	0.70	限额以上单位零售额	亿元	24.00	26.10
第二产业	亿元	177.40	17.00	固定资产投资总额	亿元	64.50	13.80
第三产业	亿元	73.70	6.90	其中:工业投资	亿元	24.70	34.90
一般公共预算收入	亿元	12.90	-11.70	进出口总额	亿美元	4.50	23.70
农林牧渔业总产值	亿元	1.40	1.70	其中:出口额	亿美元	3.20	45.20
粮食产量	万吨	0.07	-1.30	到位注册外资	万美元	3000	20
工商业开票销售总收入	亿元	1879.80	1.30	居民人均可支配收入	元	74485	9.30
其中:工业开票销售收入	亿元	714.10	-14.80	中小学校在校学生数	人	5117	2.91
服务业开票销售收入	亿元	1165.70	14.60				

2021 年新桥镇开票销售收入前 10 名企业一览表

表 88

名次	企业名称	销售收入（亿元）	法人代表	名次	企业名称	销售收入（亿元）	法人代表
1	江阴海澜之家供应链管理有限公司	126.20	许庆华	6	江阴源顺毛纺有限公司	83.00	陶明锋
2	江阴海澜之家新桥销售有限公司	102.00	许庆华	7	江阴三毛销售有限公司	82.10	薛惠忠
3	江阴克瑞特服饰有限公司	98.20	庄　晨	8	江阴第三精毛纺有限公司	76.40	许永兴
4	江阴海汇服装有限公司	93.80	薛惠忠	9	江阴晟德纱业有限公司	69.40	仇志英
5	海澜集团有限公司	89.50	周立宸	10	江苏阳光集团有限公司	64.50	郁琴芬

2021 年新桥镇各村（社区）基本情况一览表

表 89

村（社区）名称	户数（户）	人口（人）	村（社区）党支部（党总支、党委）书记	村（社区）主任	村（社区）开票销售收入（亿元）
郁桥村	800	2701	钱　刚	钱　刚	9.10
圩里村	897	3117	刘建东	刘建东	2.30
黄河村	783	2727	谢福祥	谢福祥	10.60
雷下村	540	1848	许柏新	许柏新	2.20
新桥村	975	3416	张建锋	张建锋	10.20
六保村	350	1229	薛丽娜	薛丽娜	22.30
马嘶村	871	2338	陶永明	陶永明	20.20
苏墅村	656	2338	陶雪丰	陶雪丰	16.90
苏圩村	478	1663	陶妙锋	陶妙锋	24.10
绿园社区	94	233	叶永毅	叶永毅	—
康定社区	125	337	尤惠清	尤惠清	—
黄河社区	12	25	石　烨	石　烨	—
新桥社区	339	959	张海明	张海明	—
何巷社区	608	2041	陈建国	陈建国	10.0

【新桥"时裳小镇"入选全国特色小镇50强】 2021 年，国家发改委规划司城乡融合发展处委托编制《中国特色小镇 2021 年发展指数报告》，报告编制团队基于强大的数据库、专家库和调研基地，对中国特色小镇建设状况进行持续深入的跟踪调研与分析，在建立覆盖特色小镇发展基本内核指标的基础上，获取相关网络舆情数据，建立"宜业""宜居""宜游"三大模块 19 个指标数据体系，结合业内专家的会诊意见，全面系统地分析中国特色小镇整体发展水平和质量。9 月，对外发布全国特色小镇 50 强名单，新桥"时裳小镇"名列其中。

【阳光集团两车间入省示范智能车间】 2021 年 12 月 14 日，江苏阳光集团智能纺织车间和服装智能车间双双进入省工信厅江苏省示范智能车间拟授牌名单。同时，企业通过省工信厅江苏省星级上云企业评定，被认定为江苏省"两化融合"管理体系贯标试点企业，"基于大数据驱动的定制服装智能流水线平衡优化与仿真设计"项目通过无锡市科学技术协会评定。江苏阳光集团以创新为驱动，建立以博士后科研工作站、国家级技术中心、国家毛纺新材料工程技术研究中心、江苏省工业设计中心为主要支撑的"一站三中心"技术创新体系，充分激发科技人才的创新创造活力，全力打造智能化创新型企业，加快设备技改和智能化步伐，通过云技术、智能化管理系统软件等实现生产效率提升，应用数字化技术，自动采集纺机、织机数据，自动发送工艺数据，自动监控纺机、织机生产状态，自动分析效率、质量，进一步提升织造水平。

【“海澜智云”获信息技术与制造业融合发展试点】 海澜智云科技有限公司成立于2015年，主要提供基于工业互联网平台的绿色智能制造技术服务，重点为流程型、高耗能工业企业提供数字化智慧工厂、智慧能源、智慧系统节能、智慧安全环保等一站式解决方案，帮助用户实现提质增效、降本降耗、安全生产、工艺优化、智能绿色制造。先后获评江苏省工业互联网发展示范企业（平台类）、江苏省智能制造领军服务机构、江苏省工业互联网发展示范企业5星级上云企业。2021年，工业和信息化部办公厅组织开展2021年新一代信息技术与制造业融合发展试点示范申报工作，经企业自主申报、地方推荐、专家评审等环节，形成2021年新一代信息技术与制造业融合发展试点示范名单，“海澜智云”入选特色专业型工业互联网平台方向。

【南京师范大学附属江阴实验学校签约】 2021年4月19日，南京师范大学附属江阴实验学校签约仪式在江阴市举行。该实验学校由南京师范大学、江阴市政府、新桥镇政府三方合作共建，性质为公办，是一所12年一贯制学校，由幼儿园、小学部和初中部组成。该实验学校位于新桥镇北翼商住片区，东邻张家港市暨阳湖城市圈，占地面积11.34公顷，总建筑面积约6万平方米，总投资4.5亿元，办学规模为幼儿园（8轨24班）、小学（8轨48班）和初中（8轨24班）。此次校地携手、合作办学，是惠及新桥镇乃至江阴全市的优质民生工程。南京师范大学党委书记胡敏强、江阴市市长包鸣出席签约仪式，市委常委、宣传部部长程政主持签约仪式，副市长张国兴、新桥镇党委书记顾文瑜等参加签约仪式。

【新桥镇红十字应急救援队成立】 2021年5月6日，新桥镇举行红十字应急救援队成立仪式，镇长季勇为新桥镇红十字应急救援队、海澜分队、阳光分队3支队伍授旗。为进一步弘扬“人道、博爱、奉献”的红十字精神，在服务“南征北战、东西互搏”主战场中作出新桥镇红十字会贡献，新桥镇整合全镇国家四级应急救援员资源，成立新桥镇红十字应急救援队，主动承担起应急救护、防疫志愿、活动保障、生命安全科普等任务，打造一支红十字事业高质量发展志愿服务的有生力量。

【新桥镇首个政企综合服务大发展联盟成立】 2021年11月20日，新桥镇举行“红线连党建、共谋发展路”政企综合服务大发展联盟成立大会暨揭牌仪式。江阴鑫联金属制品有限公司总经理、江苏联诚精密合金科技有限公司总经理于万旭，江阴鑫宝利金属制品有限公司总经理、支部书记刘惠明分别介绍企业发展及党组织建设情况；市市场监管局综合服务中心（私个协会）负责人、支部书记张晓红介绍综合服务中心组建情况及中心职能。3个单位支部书记就党建联盟签订合作协议，共同为党建联盟揭牌。成立后，3个单位进一步充分利用党建联盟平台，切实增强党建引领事业发展、服务发展的保障能力，为企业发展保驾护航。

【新桥镇首项不见面项目开标】 2021年11月29日，新桥镇行政审批局首个不见面开标项目——新桥环卫所自来水及污水管道接入工程开标。工作人员仅用8分钟，就在远程“不见面开标”系统中完成全部开标任务。至此，新桥镇投资建设工程全面进入全流程不见面开标时代。“不见面开标”以“惠企、便民、降费、提效”为目标，以“互联网+公共资源交易”为实施路径。参加投标的企业只要按照招标的要求递交投标文件，不需要到现场，在招标人、招标代理、监督办、交易中心工作人员全数在场的情况下，投标人只需通过电脑登录工程建设不见面招标系统开标大厅，就可在线实时参与开标过程，自行解密投标文件、查看整个开标流程，大大节约企业投标成本。“不见面开标”系统综合运用“互联网直播+”多线程导入技术，实时在线直播开标解密全过程，更加阳光、公开、透明，开标环节全过程记录、全流程可溯，真正实现投标人、招标人和评标专家彼此间的物理空间隔离，杜绝影响公正性接触的可能。同时该系统实现投标人与招标项目负责人的网上咨询互动，开标场景全程可视化呈现，达到身临现场开标的效果。

【江阴农商银行新桥支行窗口设立】 2021年9月12日，江阴农村商业银行新桥支行窗口正式进驻新桥镇行政审批局，在中心一楼大厅开设专窗，为办事企业、群众提供“流程更优、环节更少、时间更短、服务更好”的银行相关业务服务。该窗口可为单位和群众提供对公预约开户指导、收单业务预登记、社保卡激活挂失、市民卡激活、电子银行签约、贷款业务咨询办理等全方位、多功能、便捷便利的服务，全力实现就近能办、少跑快办。

【新桥镇公共文化空间启用】 2021年10月1日，新桥镇举办“共建共享、向善向上”——新桥镇公共文化空间启用仪式。该公共文化空间共三层，包含青少年阅读文化空间、青少年志愿文化空间、儿童友好文化空间以及志愿者之家、小剧场、图书馆等多个功能区域，是居民阅读交流、沙龙聚会、文化休闲的理想场所。海澜集团有限公司、江苏阳光集团有限公司和新桥镇新联会分别与中国少年儿童基金会、七彩语文杂志社以及东方娃娃杂志社在公共文化空间联合打造文化品牌项目，满足群众高品质文化需求。市委常委、宣传部部长程政、市关工委主任孙福康，省全民阅读促进会副会长兼秘书长、省书香全民阅读基金会理事长王建萍，省全民阅读促进会副秘书长、省书香全民阅读基金会副理事长左玉梅，市机关职能部门负责人及新桥镇全体班子领导、爱心企业负责人、村（社区）书记、师生代表等200余人参加启用仪式。

（聂秀英）

长泾镇

【概况】 长泾镇北依长江，南临太湖，古名“东舜城”，是吴文化的发祥地之一，也是中国著名电影表演艺术家上官云珠和著名化学家、催化学科奠基人之一张大煜的故乡；地处江阴市东南，界于沪宁高速公路与沿江高速公路之间，东与顾山镇毗邻,南与无锡市锡山区接壤,西与祝塘镇交界,北连华士镇、新桥镇2镇。区域面积54平方千米,耕地面积2298公顷,下辖12个行政村。2021年年末,该镇有户籍人口55977人,其中男性27298人、女性28679人;有少数民族16个159人,其中回族8人、苗族28人、布依族35人、壮族19人、侗族11人、朝鲜族1人、土家族31人、彝族5人、羌族2人、仡佬族3人、蒙古族2人、毛南族1人、藏族2人、满族7人、哈尼族1人、畲族3人。有外来暂住人口36904人,其中男性20446人、女性16458人。

政治建设　扎实推进党史学习教育,聚焦同人民想在一起、干在一起,风雨同舟、同甘共苦,在现代化新征程上建新功的"两在两同"建新功行动*,实施在一线征集需求、在一线汇聚力量、在一线锤炼本领、在一线解决问题、在一线检验成效"五个一线"工作法,100项"我为群众办实事"项目完成率95%。严格落实意识形态工作责任制,开展党委理论学习中心组专题学习16次,举办"东舜大学堂"3期,举行中国共产党党史、新中国史、改革开放史、社会主义发展史"四史"宣讲500余场次。创新开办"七个一"互动体验红培课程,受众6万余人。中共长泾镇第十四届委员会换届选举完成,选举产生新一届镇党委委员、镇纪委委员和出席中共江阴市第十四次代表大会代表。持续推进党支部标准化规范化星级化工作,评定五星级堡垒党支部8个、四星级支部41个、三星级支部98个,星级化比例93.6%。蒲市村获评5A级雁阵计划达标单位。提炼总结"东舜先锋"镇级党建品牌,实施"暨阳红—盟红长泾"基层党建三年行动,组建首批党建联盟23个,"塘长制"镇级书记项目获评无锡市三等奖。全力推进蒲市村红色美丽村庄建设试点,发布《新四军在长泾》100个红色故事。完成市、镇党代表、人大代表及镇党委班子、团委、妇联、村党组织换届,村书记、主任"一肩挑"比例100%。发挥党建联盟作用,449个企业参与"乡村振兴·共富基金",募捐意向金额912.9万元。严格落实党风廉政建设"第一责任人"职责,强化反腐倡廉教育常态化,组织新提拔干部谈心谈话和廉政知识考试,开展"5·10"思廉月活动,举办1期廉政专题讲座。从严从紧抓好疫情防控,重点人群核酸应检尽检1.9万余人次,新冠疫苗一般人群全程接种率103.6%,3~11岁全程接种率80.12%。

经济建设　明确"1+2+2"(以新型包装及功能性新材料为主导产业,以新型针纺织品和高档服装、精密机械零部件为战略性新兴产业,以健康文旅、智能制造为未来产业)产业发展定位,实现地区生产总值84.17亿元,比2020年增8.4%,完成一般公共预算收入4.07亿元。完成工商业开票销售收入247.2亿元,比2020年增长18.7%。新增规模以上工业企业20个,实现规模以上工业产值134.18亿元,比2020年增长15.8%。高新技术产业产值占规模以上工业产值比重39%。完成服务业开票销售64.07亿元,比2020年增长31.4%。新增规模以上批发零售企业7个、重点服务业企业1个,完成规模以上服务业营业收入1.5亿元,限额以上单位零售额、限额以上单位销售额分别比2020年增长19.9%和13%。完成"三资"投农*8800万元,实现农业总产值3.5亿元。建设高标准农田49.34公顷,规模经营比例86%,农产品电商销售额比2020年增长30%。调整优化工业园区四至范围,完成1609个工业地块上图入库。落实《长泾镇关于集体土地租赁管理的指导意见》,深化工业企业资源利用绩效评价,全年盘活存量土地20.99公顷、腾退低效用地22.93公顷。推进征收拆迁,6.83万平方米无锡攻坚拔点项目通过验收,4.33公顷非工业用地拆迁完成。召开长泾发展恳谈会,全年签约重大项目9项、总投资32.21亿元,完成新开工招商项目4项、总投资17.6亿元,重大项目备案6项、总投资18.71亿元。骏驰复合材料、沿方科技二期、培迪新材料、恒宇电子新材料等项目投产,明康柔性覆铜板、苏达汇安新材料等一批项目有序推进,全年完成固定资产投资总额20.18亿元,比2020年增长11.95%。深化"一窗式""一件事"行政审批服务改革,为民服务中心窗口全年办理各类业务19890件。对外开放力度不断加大,实现到位注册外资190万美元,完成进出口总额3.81亿美元。

社会建设　大力实施创新驱动战略,文明人造草坪有限公司获评无锡市专精特新"小巨人"企业,全年新增高新技术企业6个,研发投入、技术合同成交额占地区生产总值比重分别为3%和2.68%。新增"太湖人才计划"创新创业人才1人。河塘中心小学落成投用,成立苏青奖教基金和季梅英奖学金,两所初中与南菁实验学校结对合作办学不断深化。举办庆祝中国共产党成立100周年文艺演出等活动100余场次。打造新四军六师驻地纪念馆等文旅阵地,长泾老街通过AAA景区复审,举办首届"舜风顺水·美丽长泾"全国摄影作品展和文化旅游推广活动。加快修编国土空间规划、工业园区产业发展规划,完成虹桥路中段及南段、兴园路东段绿化景观改造,启动兴园路西段道路综合改造。完成长泾农贸市场立面改造和河塘菜场改造。美丽宜居小城镇建设有序推进,19个村庄整治成效明显。深入打好污染防治攻坚战,关停"散乱污"企业26个、化工企业2个,$PM_{2.5}$浓度、空气优良天数比率达到市目标任务。有序推进美丽河湖行动,完成红旗中心河、长文河示范河湖建设,4条考核断面水质均达到优Ⅲ类。新增成片造林8公顷。全年新增城保扩面2208人,扶持自主创业240人。社区卫生服务中心基本建成。全年安全生产执法检查各类企业258个(次),整改各类隐患2502处,工业企业风险报告网上申报率100%。深入推进"八五"普法,化解各类矛盾纠纷事件891件,调解各类劳资纠纷事件363件,群众安全感、网格工作满意率位列全市第一。

2021年长泾镇主要经济社会指标一览表

表90

指　　标	单　位	数　量	比2020年增减(%)	指　　标	单　位	数　量	比2020年增减(%)
地区生产总值	亿元	84.17	8.40	规模以上工业利润总额	亿元	8.89	22.27
其中:第一产业	亿元	2.47	-0.30	限额以上单位零售额	亿元	1.78	19.90
第二产业	亿元	49.98	6.10	固定资产投资总额	亿元	20.18	11.95
第三产业	亿元	31.72	13.00	其中:工业投资	亿元	11.04	13.60
一般公共预算收入	亿元	4.07	-1	进出口总额	亿美元	3.81	27.70
农林牧渔业总产值	亿元	3.56	-0.65	其中:出口额	亿美元	3.17	22.08
粮食产量	万吨	1.60	3.80	到位注册外资	万美元	190	-86.94
工商业开票销售总收入	亿元	247.20	18.70	居民人均可支配收入	元	58914	9.10
其中:工业开票销售收入	亿元	178.80	14.20	中小学校在校学生数	人	7923	0.80
服务业开票销售收入	亿元	64.07	31.40				

2021年长泾镇开票销售收入前10名企业一览表

表91

名次	企　业　名　称	销售收入(亿元)	法人代表	名次	企　业　名　称	销售收入(亿元)	法人代表
1	江阴通利光电科技有限公司	29.72	周永南	6	江阴市康源印染有限公司	4.38	夏国庆
2	江苏苏青水处理工程集团有限公司	9.68	蒋惠平	7	江阴兴吴呢绒科技有限公司	3.49	吴栋标
3	江苏升辉投资集团有限公司	9.25	宋建新	8	无锡共成交通器材有限公司	3.38	李文义
4	江阴市明康电子科技有限公司	6.71	颜明康	9	江阴比图特种纸板有限公司	3.30	仰朝晖
5	江阴和创服饰有限公司	5.72	赵志刚	10	江苏文明人造草坪有限公司	3.21	宋文明

2021年长泾镇各村(社区)基本情况一览表

表92

村(社区)名称	户数(户)	人口(人)	村(社区)党支部(党总支、党委)书记	村(社区)主任	村(社区)开票销售收入(亿元)
泾南村	1561	5147	吴　刚	吴　刚	12.91
和平村	848	3001	吴文勇	吴文勇	7.98
泾东村	1982	5971	夏正峰	夏正峰	12.71
习礼村	1137	4037	陈伟南	陈伟南	3.81
长东村	1064	3922	吴栋标	吴栋标	19.53
南涸村	1890	6478	李明法	李明法	23.91
花园村	1404	4723	宋建新	宋建新	69.70
刘桥村	1414	4920	刘　达	刘　达	8.04
蔡桥村	627	2271	蒋海滨	蒋海滨	6.16
河塘村	1540	5346	王永芳	王永芳	24.44
蒲市村	1523	5615	浦益锋	浦益锋	6.29
王家村	1395	4665	顾明香	顾明香	6.74

【蒲市村被列为全国“红色美丽村庄”建设试点村】 2020年9月30日,中组部、财政部联合发文《关于开展推动红色村组织振兴建设“红色美丽村庄”试点工作的通知》。2021年3月8日,江苏省委组织部、省财政厅发布《关于开展推动红色村组织振兴建设“红色美丽村庄”试点工作的通知》,长泾镇蒲市村被确定为江苏省13个全国“红色美丽村庄”建设试点村之一。为支持蒲市村建设,省委组织部选派1名驻村第一书记全程支持试点项目,江阴市委组织部投放“共富基金”支援建设,并协调蒲市村与23个政企党组织组建“红色美丽村庄建设党建联盟”。蒲市村红色美丽村庄试点建设周期为三年(2021—2023年),重点打造“一心、一核、两轴、四区”,总投资超亿元。

【长泾实验幼儿园入围全国特色幼儿园】 长泾实验幼儿园把足球作为课程游戏化项目建设的重要抓手,把足球项目融入“大玩家”户外游戏的研究,深化“玩转足球、快乐成长”的足球教育理念、“以球育人、寓教于乐”的培育目标和“参与、健康、快乐、和谐”的文化内涵,把足球文化渗透至各班,形成足球班本文化。2021年1月24日,全国青少年校园足球工作领导小组办公室发布《关于公布第一批全国足球特色幼儿园示范园的通知》,长泾实验幼儿园榜上有名,成为江阴唯一入选幼儿园。

【长泾镇美丽宜居小城镇建设入围省试点】 长泾镇着力提升南部新镇区宜居环境,打造虹桥路、东舜路“T”字形文化旅游生活路线,提升东舜湖片区风貌。改建游客接待中心,提升长泾老街公共服务质量。加强河塘集镇区基础服务设施建设,实施长泾社区卫生服务中心改扩建项目、校园暑期改建项目、智慧小区改造计划,完善镇区便民服务设施,探索智慧化小区管理,着力打造文化悠久、环境优美的美丽宜居小城镇。2021年9月10日,江苏省美丽宜居城市建设工作领导小组办公室发布《关于公布江苏省美丽宜居城市建设第二批试点名单的通知》,长泾镇美丽宜居小城镇建设项目被确定为综合类试点项目。

【通利科技入围省专精特新“小巨人”企业】 江阴通利光电科技有限公司主要从事精密涂布功能性新材料和高分子薄膜材料的研发、生产、销售,公司配备先进的精密涂布、复合、流延、吹膜等生产线,围绕物联网、智能城市、消费电子、柔性显示、汽车、智能家电、机器人、医疗健康、节能环保等产业领域,开发生产各种功能性新材料。公司拥有多项“发明专利”“国家重点新产品”“科学技术成果”“软件著作权”等,多种产品被评为江苏省高新技术产品和国家“火炬”计划。2015年12月公司被评为江苏省高新技术企业,2018年被评为江苏省最具发展潜力科技人才创业企业。2021年1月20日,江苏省工业和信息化厅发布《关于公布2020年度江苏省专精特新“小巨人”和2017年度复核通过认定企业名单的通知》,江阴通利光电科技有限公司入围。

【长泾镇第十九届人大代表换届选举完成】 长泾镇第十九届人民代表大会代表总名额为89人,共分配到34个选区进行选举,于2021年9月底启动选举,12月8日完成镇第十九届人大代表换届选举投票工作。新一届人大代表中,有工人、农民代表54人,占代表总数的60.67%;专业技术人员代表12人,占代表总数的13.48%;党政领导干部代表15人,占代表总数的16.85%;妇女代表36人,占代表总数的40.45%;非中共党员代表30人,占代表总数的33.71%;本科、大专及其以上文化程度的代表66人,占代表总数的74.16%。40岁以下的代表34人,占代表总数的38.2%;41岁至55岁的中青年代表50人,占代表总数的56.18%;56岁以上的代表5人,占代表总数的5.62%。连任代表26人,占代表总数的29.21%。

【长泾镇与南菁实验学校开展结对合作办学】 2021年5月18日,长泾镇政府、南菁实验学校结对合作办学签约仪式在长泾镇举行。南菁实验学校校长费玉新、长泾镇镇长余江签订结对合作办学协议书。8月22日,挂职交流正式启动。长泾二中、河塘中学两所初中派出5位教师到南菁实验学校进修,南菁实验学校派名师到长泾二中、河塘中学进行相关学科的专业指导。11月12日,南菁实验学校、长泾二中、河塘中学三校举行党建联盟签约仪式,推动合作办学向更广领域、更深层次递进。

【河塘中心小学新校区启用】 2021年9月29日,河塘中心小学新校区正式启用。该学校位于长泾镇范钱路282号,占地面积3公顷,总建筑面积17660平方米。学校规划设计体现人本化、智慧化、特色化、现代

2021年9月29日,长泾镇举行河塘中心小学新校落成庆典 (费 立 摄)

化理念,总规模6轨36班,总投资近亿元。校园内教学区、活动区、办公区、生活区分布合理,整体相连,既避免相互干扰又整体协调,为师生营造了绿色、和谐、人文、智慧的教育和学习环境。 (费 倩)

顾山镇

【概况】 顾山,新石器时期末就有先民聚居,禹治震泽称龟山,春秋时期是吴楚通衢,南梁时定名顾山,宋元时成集设镇至今。顾山镇位于江阴市东南边缘,距江阴市区41千米,东南以顾山山为界,和常熟市尚湖镇、锡山区东港镇相接;西紧连长泾镇;北隔新沙河,与张家港市杨舍镇毗邻。省道云顾公路、暨南大道横越东西,通锡高速、锡张公路纵贯南北,并直达沪宁高速公路、常合(沿江)高速公路两道口。申张航道、十一圩航道在境域内相交畅流。境内有千年红豆树、古犀带桥、香山寺等名胜古迹,在历史上以人杰地灵、物产丰富、文化底蕴深厚而闻名,有"晋梁文化地""金顾山"之美称。区域东西长12.6千米,南北宽10.4千米,总面积49.51平方千米,耕地面积1863公顷,下辖12个行政村和3个社区居委会。2021年年末,有户籍人口55080人,其中男性26754人、女性28326人;有少数民族17个210人,其中蒙古族1人、回族10人、藏族1人、苗族33人、彝族13人、壮族25人、布依族62人、朝鲜族3人、满族6人、侗族1人、瑶族3人、白族2人、土家族44人、水族2人、羌族1人、仡佬族2人、达斡尔族1人。有外来暂住人口50827人,其中男性28415人、女性22412人。

政治建设 落实全面从严治党,加强高质量发展坚强保障。落实意识形态工作责任制,深化理论中心组学习、"三会一课"*等学习制度,推进党史学习教育工作,开展"唱支山歌给党听"快闪短视频大赛、"看百年征程、讲初心故事"红色故事分享会等庆祝建党100周年系列活动,筑牢思想政治根基。创新成立"澄张虞"一体化党建协作区,构建"三联三共"(组织联建、文明联创、难题联解,人才共育、社会共治、产业共融)机制,推进"十指联心""美丽无疆"等十大联盟项目,形成三地全程全域协作发展新模式。开展"暨阳红—盟红江阴"基层党建三年行动,推动8个党小组、78个党支部分别组建党建联盟。强化党建阵地建设和品牌打造,建成江苏众网"众享数字党建馆",打造"小蜜蜂驿站"6个。开展"凝聚百万人心、赓续百年薪火"新时代文明实践活动,通过百场讲习进万家、百对帮扶惠万人、百场会演凝万心、百项志愿联万众等活动,持续推动新时代文明实践走深走实走心,累计开展文明实践志愿服务项目265项,新时代文明实践特色品牌有力彰显。选优配强干部队伍,完成村(社区)两委、镇党委换届。组织村(社区)书记、机关干部等对象开展不同专题培训,干部能力素养不断提升。选拔机关15名优秀年轻干部担任驻村"第一书记",5名村(社区)干部赴常熟市尚湖镇挂职交流,年轻干部本领不断增强。按照党员发展步骤,严把"入党关",做好培养、考察、培训和审核工作,发展新党员89人。面对疫情防控形势,动员各基层党组织和党员主动扛实扛牢防控责任,组建5支党员突击队、20个机关及村(社区)党员抗疫先锋行动队,发动100多名党员志愿者坚守一线参与防控,完成核酸检测演练任务。全面落实党风廉政建设"两个责任"*,全年查处各类违纪案件32件,下达处分决定书20份,开展廉政谈心谈话25人次。围绕镇党委重大战略任务,镇人大制订专项监督工作计划,成立5个重点工作专项监督组和6项民生实事项目专项监督组,全面强化人大监督职能,推动各项工作高效落实。发挥统一战线优势,助力经济高质量发展,引导企业积极投身"光彩事业",捐资助学、扶贫帮困、支援抗疫、村企联建涉及金额2569万元。筑牢疫情防控防线,重点人群核酸应检尽检9812人次,新冠疫苗全程接种率93.5%。

经济建设 扎实推进"产业强镇五年行动计划",新旧动能转换加快,经济质效持续提升。完成地区生产总值117.79亿元,比2020年增长13.9%。完成一般公共预算收入6.42亿元,比2020年增长5.25%。完成工商业开票销售收入401亿元,比2020年增长21.57%。完成工业总产值290.1亿元,比2020年增长27.4%。完成进出口总额5.76亿美元,比2020年增长24.57%,其中自营出口5.36亿美元,比2020年增长23.77%。完成全社会固定资产投资37.28亿元,比2020年增长18.76%,其中工业投资22.74亿元,比2020年增长20.3%。总投资8000万元的佳禾包装、总投资5000万元的润新印刷等5项项目竣工投产。总投资13.5亿元的澄阳旭禾、凯通科技等10项在建项目加快建设。加快企业上市步伐,无锡利邦厨具有限公司成功取得纳斯达克股票交易代码并向美国SEC公开申报招股书,云蝠集团公司、江阴华新精密科技股份有限公司、江苏东尚住宅工业有限公司等7个企业被列入市级培育上市后备企业名单。完成服务业开票销售138亿元、限额以上单位零售额2.61亿元,分别比2020年增长21.43%和37%。平台经济、电子商务发展壮大,云蝠跨境电商产业园入驻企业170余个,全年进出口总额0.85亿美元。众网互联网产业园入驻企业1695个,实现开票销售23.51亿元、入库税金1.07亿元,分别比2020年增长22.7%和25%。2021年完成农业投资4850万元,新增新型农业经营主体2个。完成高标准农田建设70.74公顷,完成新申报绿色农产品7个,面积163.2公顷,获绿色认证产品2种,面积142.67公顷。新增造林面积0.9公顷。满庭芳文旅产业发展有限公司被认定为无锡市级农业产业龙头企业。"金顾山"水蜜桃在省级优质果品评比中再获金奖,神宇果品、紫荆合作社果品获得省级金奖。

社会建设 创新驱动更加深化,完成全社会研发投入3.76亿元,实施产学研项目4项。全年获批高新技术企业10个、省民营科技企业9个,新入库"雏鹰企业"*8个、"瞪羚企业"*9个。高新技术产业产值36.46亿元,占规模以上工业产值17.5%。圣华盾院士工作站获评省级院士工作站。获评无锡市“太湖人才计划”创业领军人才1人、无锡市“太湖人才计划”乡土人才大师工作室1个、江阴市“暨阳英才计划”创业领军人才1人。推动工业园区升级改造,优化土地资源利用。全年完成退二还一签约企业81个,拆除企业建筑面积62857平方米,复垦面积9.01公顷。完成退二进三土地收储6.47公顷。刘万市、小湾里民房拆迁签约33户,完成非工业用地拆迁面积2.6公顷。共享文体中心建成投用,完成北涸友谊路改造、周水平烈士纪念馆改造工程,东陈巷路、顾山一级消防救援站建设工程加快推进。启动胥湖小镇核心区建设,涉及核心区域企业、民房拆迁征收快速推进,完成国民西路延伸段道路、胥湖中心公园设计和施工招投标。深化文明城市建设,通过国家卫生镇复审考核。开展“星级村庄”评选,创新“数字化”积分管理,提升人居环境管护质效,人居环境每季度考核均位居全市前三,顾山镇被列为无锡市第三批农村人居环境整治典型范例。加快淘汰落后产能,关停“散乱污”企业33个。完成大气污染防治工程项目196项,完成安装废气设施用电工况设备的重点企业83个。推进“美丽河湖三年行动”计划,加强河道管护,北大塘登上无锡市美丽河湖测评红榜,先进经验做法被无锡市级媒体宣传报道。优化就业创业环境,全年解决本地劳动力就业1600人,扶持自主创业383人。新增城保扩面2174人,城乡居民基本养老保险待遇、居民最低生活保障等稳步提高。做好养老、扶贫和助残等工作,全年发放各类帮扶救助资金1025万元。扶持推动哈贝谷幼儿园创成市级普惠性民办幼儿园,完成顾山中心幼儿园改扩建、万水幼儿园校舍加固、赤岸幼儿园改建工程。全年开展文化下乡活动198场。建立“澄张虞”旅游战略联盟,成立全国村歌文化产业孵化总部。举办第五届红豆文化旅游节、第五届金顾山水蜜桃节。出台《顾山镇民宿发展奖励实施办法》,引导激励民宿发展,丰硕造物民宿获江阴市民宿业第二张特种行业许可证。多元化解矛盾纠纷,全年调处各类信访矛盾事件798件,提供公共法律服务241人次,矛盾纠纷调处成功率98.7%。完成社会矛盾纠纷调处服务中心和20个智慧技防小区改造建设,建成“平安前哨”工作站15个。落实“八五”普法,推进“精准普法”活动,打造顾山社区“援法议事”特色品牌。

2021年顾山镇主要经济社会指标一览表

表93

指标	单位	数量	比2020年增减(%)	指标	单位	数量	比2020年增减(%)
地区生产总值	亿元	117.79	13.90	规模以上工业利润总额	亿元	12.06	67.74
其中:第一产业	亿元	3.06	1.40	限额以上单位零售额	亿元	2.61	37.00
第二产业	亿元	73.68	18.00	固定资产投资总额	亿元	37.28	18.76
第三产业	亿元	41.05	8.40	其中:工业投资	亿元	22.74	20.30
一般公共预算收入	亿元	6.42	5.25	进出口总额	亿美元	5.76	24.57
农林牧渔业总产值	亿元	4.04	0.68	其中:出口额	亿美元	5.36	23.77
粮食产量	万吨	0.83	16.85	到位注册外资	万美元	42	-72
工商业开票销售总收入	亿元	401	21.57	居民人均可支配收入	元	61657	9.60
其中:工业开票销售收入	亿元	257	21.48	中小学校在校学生数	人	6297	3.84
服务业开票销售收入	亿元	138	21.43				

2021年顾山镇开票销售收入前10名企业一览表

表94

名次	企业名称	销售收入(亿元)	法人代表	名次	企业名称	销售收入(亿元)	法人代表
1	江苏云蝠服饰股份有限公司	34.33	郭健	6	江阴爱居兔服装有限公司	12.95	赵方伟
2	江苏众网互联网有限公司	23.51	吴锦明	7	江阴裕华铝业有限公司	9.11	徐丹
3	沐祥集团有限公司	16.05	郭博	8	江阴华新精密科技股份有限公司	8.11	郭正平
4	江阴富裕铝业有限公司	15.25	刘富镭	9	江阴鑫日升板业有限公司	5.15	王少根
5	江阴市源盛铝业有限公司	13.52	王爱东	10	江苏通达家居用品有限公司	5.15	陈泱光

2021 年顾山镇各村(社区)基本情况一览表

表 95

村(社区)名称	户数(户)	人口(人)	村(社区)党支部(党总支、党委)书记	村(社区)主任	村(社区)开票销售收入(亿元)
新龚村	1935	7133	郭正平	郭正平	45.05
南曹庄村	1123	4264	吴志鹏	吴志鹏	30.14
红豆村	1736	6129	吴敏东	吴敏东	20.53
顾北村	730	2564	王爱东	王爱东	51.88
解放村	789	2734	许敏达	许敏达	13.32
赤岸村	1285	4345	沈耀峰	沈耀峰	10.06
鉴青村	650	2086	陈金星	陈金星	7.74
万兴村	965	3047	王洪兴	王洪兴	6.18
李家桥村	776	2885	刘利荣	刘利荣	9.70
润南村	926	3168	徐健荣	徐健荣	7.87
东岐村	1087	3803	吴红一	吴红一	10.33
润东村	883	3059	杨　亮	杨　亮	24.67
顾山社区	1983	5435	孙祖涛	孙祖涛	29.14
北润社区	1415	4172	徐　波	徐　波	10.57
金桃社区	82	190	朱敏华	朱敏华	—

【圣华盾防护服生产车间获评全国纺织工业先进集体】 圣华盾防护科技股份有限公司成立于 2008 年,是一个专精于安全作业防护装备研发、生产、销售、服务的高新技术企业。圣华盾防护服生产车间拥有研发、中试基地 4500 平方米,内设专业的测试中心和实验中心,拥有先进的仪器设备 500 余套和特种功能性防护服生产人员 400 余人。在新冠肺炎疫情防控期间,加班加点奋战 6 个月,为各疫情防控阻击条线提供一次性防护服 200 余万套。同时,作为工信部首批应急物资保供单位,其生产的各类防疫物资为部队、公安、海关、方舱医院、航空公司、铁路部门以及无锡地方保供。2021 年 11 月 25 日,人力资源和社会保障部、中国纺织工业联合会下发文件,圣华盾防护科技股份有限公司防护服生产车间获评全国纺织工业先进集体。

【红豆村被认定为第二批全国乡村治理示范村】 红豆村地处顾山镇东首,紧邻常熟市尚湖镇、锡山区东港镇、张家港市凤凰镇,是江阴市的东大门。红豆村围绕乡村振兴战略,坚持规划先行理念,完成《红豆村村域总体规划(2006—2025)》《红豆村现代农业发展规划(2008—2017)》。后又制定《顾山红豆乡村旅游发展规划》《江阴市顾山镇红豆树下村特色田园乡村建设试点规划》。该村注重空间生态、基础设施、公共服务和特色产业的有机融合,注重自然生态、传统文化保护,推进“墙体出新、河道整治、村道修建、绿化亮化、旧屋修复、休闲场所建设”等各项工程,打造“水田宅”一体、宜居宜游的乡村。红豆村先后获“全国一村一品示范村”“中国美丽休闲乡村”“江苏省特色田园乡村”等称号。2021 年 6 月 9 日,在第十二届江苏省乡村旅游节开幕式上,红豆村入选由省文化和旅游厅联合省发改委遴选出的省乡村旅游重点村名录。10 月 29 日,由中央农村工作领导小组办公室、农业农村部、中央宣传部等单位联合下发《关于公布第二批全国乡村治理示范村镇名单的通知》文件,红豆村被认定为第二批全国乡村治理示范村。

【金顾山物流入选省级重点物流基地】 江阴市金顾山物流基地成立于 2006 年。基地规划占地面积 6.89 万平方米,实际运营面积 6.35 万平方米。总投入 2.5 亿元,完成投资 2.2 亿元。依托互联网、大数据、云计算等新一代信息技术,搭建一站式数字化集成服务平台 5.0,服务入驻企业 1600 余个。开创“打包需求、集成服务”模式,为中小微物流企业提供创新的互联网企业云服务及物流行业创业资源,填补中小型物流企业信息系统云平台专业服务空白。策应国家数字经济战略,与全国著名互联网企业腾讯公司合作,创立无锡市唯一的腾讯短视频营运中心。新建全国物流行业首个大数据加密中心一期完工投用。基地先后荣获“国家级众创空间”“国家物流标准化试点企业”“江苏省互联网平台经济‘百千万’工程”“江苏省电子商务示范企业”等荣誉。2021 年 7 月 9 日,江苏省发展改革委员会发布文件,认定江阴市金顾山物流基地入选省级重点物流基地。

【江苏云蝠跨境电子商务产业园获省级认定】 江苏云蝠跨境电子商务产业园(一期)项目坐落于顾山镇顾北工业园,占地面积6.76万平方米,建筑面积9.94万平方米,一期项目总投资2亿元。2019年8月6日开园。产业园充分发挥云蝠集团洛杉矶公共海外仓优势,主营纺织服装产业跨境电子商务,重点打造"两园一中心"(跨境电子商务产业园、跨境电商众创空间,云蝠服饰智能制造中心)。通过引进一批优秀电子商务综合服务平台和企业、引育一批优秀电子商务人才,致力打造省级跨境电商试验园,构建苏南地区跨境电商人才高地、创新创业实践基地。至2021年11月完成纳税4970万元,出口1.12亿美元。12月3日,江苏省商务厅发布2021年度江苏省跨境电子商务产业园名单,江苏云蝠跨境电子商务产业园榜上有名。该产业园12月底入驻企业320个。

【"澄张虞"一体化党建协作区正式启动】 2021年11月13日,在顾山镇共享文体中心,江阴市顾山镇、张家港市凤凰镇和常熟市尚湖镇联合举行"澄张虞"一体化党建协作区启动暨项目发布仪式。江阴市委常委、组织部部长、统战部部长宋新春,江阴市委常委、常务副市长赵强,江阴市委常委、副市长杨晓妮,张家港市委组织部副部长周颖,常熟市委组织部副部长周春阳,江阴市委组织部副部长周麒,江阴市顾山镇党委书记王文平,张家港市凤凰镇党委书记王卫民,常熟市尚湖镇党委书记倪嘉臻,江阴市顾山镇党委副书记、镇长王力伟,常熟市尚湖镇党委副书记、镇长金晓共同为"澄张虞"一体化党建协作区推杆启动。顾山镇(江阴市)、尚湖镇(常熟市)、凤凰镇(张家港市)在长三角一体化发展上升为国家发展战略的背景下,响应"争当融入长三角一体化排头兵"号召,探索"跨县域党建一体化"建设,寻找以党建协作引领实现跨界治理、协同发展、共建共享、共惠于民的新路子。发挥先行先试主动性,凝聚"毗邻党建"共识,率先开展"顾山镇、尚湖镇、凤凰镇"党建协作区建设,全力打造党建协作联动发展模式下的长三角一体化"澄张虞"县域发展示范区。启动仪式上,江阴市顾山镇党委书记王文平、张家港市凤凰镇党委书记王卫民、常熟市尚湖镇党委书记倪嘉臻共同签订一体化党建协作区共建协议,并发布"澄张虞"一体化党建协作区十大项目。

【顾山镇共享文体中心启用】 2021年9月28日,顾山镇举行"文化点亮生活 运动开启未来"共享文体中心启用仪式。无锡市委宣传部副部长、文明办主任商明,江阴市委宣传部副部长余益平,市文体广电和旅游局副局长张健、总工程师宫昌俊,顾山镇党委书记王文平、镇长王力伟、人大主席俞新钢为顾山镇共享文体中心启用剪彩。该中心位于顾山镇英才西街118号,占地面积0.36公顷,建筑面积8674平方米,共分3层,包含图书馆、小剧场、书画创作室、排练厅、乒乓室、室内篮球场、羽毛球场等。其中图书馆馆内面积1080平方米,分为文化墙区、休闲阅览区、综合借阅区、文学借阅区、侃侃书屋、儿童借阅区等六大功能区;小剧场主要以文艺演出、播放公益电影为主。共享文体中心是集思想政治引领、优秀文化传承、文明风尚培育、惠民利民服务等多功能于一体的综合性为民服务阵地。仪式之后,还举行共享文体中心启用后顾山镇第一场全民健身活动。

【顾山镇打好污染防治攻坚战】 2021年,顾山镇认真贯彻落实上级深入打好污染防治攻坚战决策部署,各项重点工作扎实推进。抓好大气环境治理改善工作,全年$PM_{2.5}$平均浓度和空气优良天数比例在江阴市考核中均位列第三。全年196项大气污染防治项目全部完成,加强大气排放跟踪监测,完成FID在线监测设备联网33个。推进"美丽河湖三年行动"计划和河道环境综合整治,国省考断面优Ⅲ比例100%。创新编制顾山镇国省考断面达标攻坚工作周报,获市局领导亲自批示推广。全年完成16项水污染防治工程项目,完成率100%。首次使用无人船开展暗管排查专项行动,排查长度近10千米。开展危废专项整治行动,完成辖区125个企业年度危废管理计划审核申报及自查自纠工作,推进小微危废智能化集中收集处置工作,签约企业93个。开展中央(省)环保督察交办问题"回头看"核查整改工作,涉及45个问题全部完成并上报。年末,顾山镇被评为2021年度无锡市打好污染防治攻坚战宣传工作先进集体。 (陈金良)

祝塘镇

【概况】 祝塘镇是徐霞客的祖居地,为江阴"四大古镇"之一。位于江阴市东南,南北分别与无锡市区、江阴市区相距20千米,云顾、祝陆、祝璜、祝文公路在镇区交会,暨南大道和长山大道分别在镇域内过境4.9千米和3.3千米,锡华大河贯穿全境,是澄东南地区重要的交通枢纽,拥有"江南名镇""江南外贸第一镇""中国针织服装名镇""国家卫生镇""全国环境优美镇""全国中小城市生态实验区""江苏省综合实力百强镇"等荣誉称号,是江苏省重点中心镇。区域面积59.59平方千米,耕地面积2826.7公顷,下辖12个行政村。2021年年末,有户籍人口59367人,其中男性29341人、女性30026人;有少数民族18个473人,其中白族3人、布依族48人、藏族1人、朝鲜族3人、侗族41人、回族10人、黎族2人、傈僳族2人、满族4人、蒙古族6人、苗族129人、羌族2人、土家族170人、土族2人、瑶族2人、彝族6人、仡佬族4人、壮族38人。有外来暂住人口84132人,其中男性44269人、女性39863人。

政治建设 始终坚持习近平新时代中国特色社会主义思想,深入学习贯彻中共十九大、十九届历次全会精神和习近平总书记对江苏工作重要指示精神,落实省、市第十四次党代会精神。组织庆祝中国共产党成立100周年系列活动,开展党史学习教育,召开党史学习教育动员会议,动员全镇上下兴起党史学习教育热潮。以形式多样、内容创新的"自选动作"推动党史学习教育走深走实,持续将学习成效转化为工作成效与发展动力，推动“我为群众办实事”实践活动提质增效。探索“云上梧塍红·在线展馆”新模式，突破时空限制，激发党史学习教育全新动力。因地制宜靓化红色阵地集群，升级河湘村大龚家“红色村庄”，设立6个“小蜜蜂驿站”，持续打造红色车间。创新搭建“小火炬”研习社，深化党员联户“1+10+N”制度*，强化党建带群建，培育打造党员中心户，推动党员中心户服务群众、服务发展的生动实践。开启“星火梧塍红——盟红祝塘”基层党建三年行动，建成17个党建联盟，覆盖全镇各领域91个基层党支部。“益企星阵”党建联盟推动新建3个“两新”组织*党支部，孵化文林和湘幼儿园、江阴天而然纺织科技有限公司、江苏圣澜服饰创意有限公司、江阴市荣飞针纺服饰有限公司4个党建阵地；“益企成才”党建联盟入选市级党建联盟项目。发布“星火梧塍红”党建品牌，打造出“和美石堰家圆韵”“风景艳阳”“红绣抒湘”“立美党建”等一批党建品牌，进一步扩容“金果子”党建品牌库，推进江苏贝德服装集团有限公司申创“雁阵计划”5A级党组织。完成12个村党组织以及114个下辖党支部换届。选举产生150名镇党代表，召开中国共产党祝塘镇第十四次代表大会，选举产生新一届镇党委委员9人、纪委委员6人，选举出席江阴市第十四次党代会代表10人。全年培训入党积极分子111人，发展党员108人。被认证为江阴市“两新”组织*党务工作者高级1人、中级2人，初级5人，市、镇两级73名党建工作者指导员结对联系439个“两新”组织。获评无锡市“先锋90后”、无锡市优秀党务工作者、江阴市优秀党务工作者、江阴市优秀共产党员各1人。摸排、核查、确认“光荣在党50年”党员365人，落实纪念章发放。上报江阴市党内关爱基金38人，确定祝塘镇“炎黄”党内关爱对象35人，上报无锡红色关爱老党员基金1人。深化实施年轻干部培养工程，继续加大年轻干部选拔和培养力度。全面落实意识形态工作责任制，深化新时代文明实践，强化党风廉政建设主体责任，全面从严治党向基层延伸有效落实，政治生态更加清正。全面加强常态化疫情防控力度，管控重点地区到江阴返江阴人员5400余人，新冠疫苗累计接种超27万剂次，完成首剂接种任务。11件人大代表建议全部按期办结，办理满意率均为100%。全年“12345”民生热线办理群众诉求3800余件。

经济建设　经济运行稳中有进。积极应对常态化疫情防控、工业原材料价格上涨等风险挑战，完成地区生产总值118.17亿元，比2020年增长8.6%。完成一般公共预算收入6.6亿元，比2020年增长0.4%。完成规模以上工业产值187.8亿元，比2020年增长19.09%。完成制造业投资16.55亿元，比2020年增长124.86%。完成进出口总额6.96亿美元，比2020年增长42.25%，其中自营出口额6.73亿美元，比2020年增长41.71%。持续推进农业高质量发展，全面完成市级粮食播种面积和生猪存栏任务，完成茂龙村40公顷高标准农田建设和66.67公顷农田连片整治，获评无锡市十大农产品品牌1个、无锡市十大农民工匠1人，申报无锡市示范家庭农场1个、江苏省示范家庭农场1个。新增500万元以上文化项目3项，商业综合体现代生活广场投运。重大项目建设再创佳绩，被列入无锡市级重大项目4项，总投资46.8亿元。招引智能制造、生物科技、智慧产业园等新兴产业优质项目，经贸洽谈会期间签约项目投资总额35.08亿元，创历年新高。高标准、高起点规划霞客湾科学城祝塘科创园，推进工业园区升级改造，完成2242个工业企业定位上图和地块信息核查，全年盘活存量土地5.56公顷、非工业用地存量土地5.88公顷，腾退低效用地13.36公顷，超额完成市下达的目标任务。

社会建设　科创动能加速形成，无锡市“雏鹰企业”*“瞪羚企业”*培育入库8个，科技中小型企业评价入库41个，每10亿元地区生产总值发明专利拥有量18.84件，入选无锡“太湖人才计划”2人，省“双创计划”创业领军人才1人，获批省职业技能等级认定机构4个，申报省三星级以上企业上云4个，新增省“两化融合”*管理体系贯标试点企业2个。市第五人民医院成功创建省糖尿病特色专科，文林卫生院创成江阴首批省级社区医院并通过“全国优质服务基层行”评审。文林中心小学教学楼新建、文林中学和祝塘实验幼儿园校舍安全改造交付使用，文林富昌幼儿园教学楼改扩建工程开工建设，学前教育资源配置率90%。利用新一轮国土空间总体规划编制契机，借势霞客湾，加速融入锡澄一体化，科学设计“一

2021年10月31日，“永远跟党走　奋进新征程”祝塘镇梧塍艺术团成立仪式暨首场惠民演出　（祝塘镇党政办提供）

湾一城"规划方案。实施城镇精细化管理,拆除各类违建2.97万余平方米、户外违规广告1831平方米。打造"党建示范路、文明典范路、红色一条街",完成镇北路停车场、世纪公园亮化、香草沟绿化工程。整治农村人居环境,系统开展"一推三治五化"*专项行动,清退低端农业大棚27.34公顷,完成养殖池塘生态化改造20公顷,完成河东湾排水达标区、4个自然村生活污水治理工程,以及永昌村18个自然村"一户一表"改造项目。打造美丽乡村,完成景阳村、石堰村村庄实用性规划编制,五福村荡南126户农房完成翻建,河湘村大龚家通过无锡市特色田园乡村验收,石堰村石堰西获评市农村人居环境整治提升示范村。完成172个大气污染防治工程,取缔"散乱污"企业、作坊40个,$PM_{2.5}$下降至34微克/立方米,空气质量优良天数比率高于全市平均值3.1个百分点。全面推进"河长制"和"美丽河湖三年行动",完成水污染防治工程,开展4条主要河道沿线及支浜污染源排查,清洁整治200公顷河塘,香草沟建成"美丽河湖"示范河道。125个小微企业实施危废集中收集处置,131个产废企业被纳入规范化管理。全年办结省市级信访线索问题219个,上报自查自报整改环境问题270个,完成21项环评项目预审。全年新增就业1238人,援助就业困难人员195人,扶持自主创业237人。全年发放低保、特困、残疾人两项补贴等资金1067万元,困境儿童困难特殊群体精准救助率100%。完成城保扩面1818人,启动"银龄助餐"项目,办理落实民生"微幸福"清单。开展惠民演出200余场,成立首个镇级艺术团梧塍艺术团,创成省级体育公园1个,镇村二级公共体育场地健身器材实现全覆盖。优化政务服务水平,完成公共资源"不见面交易"建设,办理审批和服务事项25527件,设立村级全科窗口23个。加强"三资"*管理,全面完成村社分离。

2021年祝塘镇主要经济社会指标一览表

表96

指　　标	单　位	数　量	比2020年增减(%)	指　　标	单　位	数　量	比2020年增减(%)
地区生产总值	亿元	118.17	8.60	规模以上工业利润总额	亿元	10.84	18
其中:第一产业	亿元	4.13	1.70	限额以上单位零售额	亿元	4.61	15.53
第二产业	亿元	87.07	9.80	固定资产投资总额	亿元	27.05	-10.52
第三产业	亿元	26.97	6.30	其中:工业投资	亿元	17.50	-14.92
一般公共预算收入	亿元	6.60	0.40	进出口总额	亿美元	6.96	42.25
农林牧渔业总产值	亿元	5.84	4.28	其中:出口额	亿美元	6.73	41.71
粮食产量	万吨	1.72	10.83	到位注册外资	万美元	350	186.89
工商业开票销售总收入	亿元	333.22	28.07	居民人均可支配收入	元	59595	9.30
其中:工业开票销售收入	亿元	269.64	25.68	中小学校在校学生数	人	8802	4.05
服务业开票销售收入	亿元	63.58	39.29				

2021年祝塘镇开票销售收入前10名企业一览表

表97

名次	企　业　名　称	销售收入(亿元)	法人代表	名次	企　业　名　称	销售收入(亿元)	法人代表
1	江阴市恒润环锻有限公司	18.15	承立新	6	无锡林科服饰有限公司	4.49	周和兴
2	优彩环保资源科技股份有限公司	16.96	戴泽新	7	无锡鹰贝精密液压有限公司	4.48	王　东
3	华能江阴燃机热电有限责任公司	16.07	唐建辉	8	江阴嘉澜服饰有限公司	4.44	朱　斌
4	江苏贝德服装集团有限公司	8.78	蒋忠伟	9	江阴澄东南热力有限责任公司	4.37	薛　健
5	江阴双马服饰有限公司	6.00	唐良君	10	无锡嘉纺纺织服装有限公司	3.61	赵　舵

2021 年祝塘镇各村(社区)基本情况一览表

表 98

村(社区)名称	户数(户)	人口(人)	村(社区)党支部(党总支、党委)书记	村(社区)主任	村(社区)开票销售收入(亿元)
建南村	1591	5917	王 良	王 良	64.46
金庄村	1919	7140	孔瑞用	孔瑞用	63.22
文林村	2043	6808	龚东良	龚东良	46.79
景阳村	1576	4903	沈岳虎	沈岳虎	37.41
河湘村	1244	4404	龚 军	龚 军	25.33
永平村	1374	5123	须晓华	须晓华	22.29
永昌村	1232	4885	王 华	王 华	22.00
北湾村	898	3063	王军伟	王军伟	19.31
富顺村	1569	5494	潘浩德	潘浩德	10.00
五福村	1401	4656	张星伟	张星伟	8.01
茂龙村	923	3460	陆 军	陆 军	7.16
石堰村	1022	3572	黄岳兵	黄岳兵	5.24

【祝塘镇蝉联国家卫生镇】 祝塘镇党委、政府始终坚持巩固卫生镇创建成果,全镇上下一心,各部门通力协作、全社会共同参与。打造多渠道多方式宣传阵地,加强组织领导,加强日常巡查,强化长效管理,基础设施建设得到快速发展,环境卫生质量得到显著改善,生态环境质量得到不断优化,城镇管理能力得到整体提升,居民健康素养得到明显提高。2021 年 1 月 6 日,全国爱卫会印发《关于 2020 年度国家卫生乡镇(县城)复审结果的通报》,祝塘镇榜上有名,再获国家级荣誉称号。

【文林卫生院获国家点名表扬】 2018 年 9 月,按照部署,文林卫生院紧紧围绕"以创促建、创建并举"原则,正式启动全面提升基层医院医疗服务能力的工作,逐条对照创建标准,不断补短板、强弱项,经过两年的不懈努力,于 2019 年通过"优质服务基层行(基础版)"评审。2020 年完成提档升级,获"优质服务基层行(推荐版)"国家级评审。2021 年 3 月 2 日,全国基层卫生健康工作会召开,国家卫生健康委、国家中医药局对在 2020 年"优质服务基层行"活动中表现突出、成效显著的机构给予通报表扬,文林卫生院作为江阴市唯一一个入选单位榜上有名,得到国家点名表扬。作为对基层卫生机构服务能力标准和评价体系的金标准,"优质服务基层行(推荐版)"的成功创建,标志着文林卫生院凭借出色的医疗服务能力获得国家认可,在加强基层医疗卫生服务体系建设,加快建设分级诊疗体系,在应对公共卫生事件和疫情防控等方面具备一定的能力。

【"优彩环保"上榜省民营企业创新 100 强】 优彩环保资源科技股份有限公司是国内再生化学纤维行业龙头企业和首批获得"绿色纤维"标志认证的 8 个企业之一,也是"国家再生有色纤维新材料研发生产基地"和"苏省 PET 和纳米材料复合型纤维工程技术研究中心"。建有中国工程院俞建勇院士工作站,先后与江苏大学、南京工程学院、东华大学建立产学研合作关系,连续多年被授予"江苏省高新技术企业""江苏省科技型企业"等荣誉称号,获得 ISO14001:2004 环境管理体系认证、ISO9001:2008 质量管理体系认证、OHSAS18001:2007 职业健康安全管理体系认证。公司"废旧聚酯高效再生及纤维制备产业化集成技术项目"荣获 2018 年度国家科学技术进步二等奖,拥有国家专利 120 件、高新技术产品认证 7 件,并参与制定多项行业标准,填补中国采用聚酯纺织品生产高品质有色涤纶短纤维的技术空白。2020 年 9 月 25 日,"优彩资源"在深圳证券交易所中小板成功上市。2021 年 9 月 20 日,2021 江苏民营企业百强发布会在南京举行,发布会上,省工商联发布 2021 江苏民营企业 200 强、2021 江苏民营企业制造业 100 强,省工商联、省科学技术发展战略研究院联合发布 2021 江苏民营企业创新 100 强。祝塘镇优彩环保资源科技股份有限公司光荣上榜 2021 年江苏民营企业创新 100 强。

【祝塘镇经贸合作洽谈会举办】 2021 年 10 月 31 日,祝塘镇举办 2021 年经贸合作洽谈会暨发展恳谈会。祝塘镇党政领导班子成员,各村书记(主任),签约客商代表,相关嘉宾,相关乡贤和政府发展顾问,驻镇单位、受邀相关单位负责人齐聚一堂,共叙乡情友谊、共商发展大计、共创美好未来。在会前,与会嘉宾参观河湘村大龚家和“炎黄”陈列馆。会后，与会领导和嘉宾共同欣赏文艺演出。在恳谈会的祝塘镇政府发展顾问聘用仪式上，中国轻工大国工匠、上海国学鞋楦设计有限公司董事长陈国学，青岛海尔超前创新中心总工程师、数字化家电国家实验室常务副主任俞国新，苏州高等幼儿师范学院原校长、研究员孔宝刚，原新华社副总编辑、新华社亚太总分社、香港分社社长兼总编辑薛永兴，上海市粮食和物资储备局副局长殷飞，江苏红土智能创业投资管理企业创始合伙人张凌被聘为祝塘镇政府发展顾问。恳谈会现场签约5项重点项目，总投资额35.08亿元。其中两项超10亿元项目，一项9000万美元外资项目。此次大会是政企增进相互了解、加强沟通交流的广阔平台，也是在更高层次、更广领域推动合作共赢的崭新起点。

【限额以下建设工程项目招投标】 2021年2月25日，祝塘镇公共资源交易中心开标室“祝塘镇茂龙村高标准农田建设项目”在镇公共资源交易中心完成电子化招投标工作。此次招标有26个单位参与投标。该项目建设内容包括新建三级沟渠、沿线配套田块放水闸门、机械过路管及控制窨井、新建钢筋砼管道及配套检查井、砼道路等，项目总投资142.5万元。此项目采用现场开标，并在招标文件评标办法中首次加入第三方信用评价，充分发挥信用制度在择优选择承包单位、保证工程质量安全等方面的重要作用。招标人代表与镇交易中心监督人员对开标过程进行全流程监督。祝塘镇推行公共资源交易电子化改革后，有58项建设工程项目实现电子化招标，限额以下项目线上交易率100%。其间，镇公共资源交易中心积极对接市主管部门，编制祝塘镇限额以下建设工程项目全流程电子化招标文件模板，既加快招标代理机构编制招标文件的进度，更是从根本上保证招标文件的公平公正性。

【贝德服装老挝项目签约】 2021年9月29日，贝德服装老挝项目签约仪式在江苏贝德服装集团有限公司举行。贝德服装（老挝）有限公司是由贝德集团在老挝万象赛色塔综合开发区投资的服装项目。该项目预计总投资1500万美元，计划建设40条生产流水线，年生产针织服装2000万件，将解决当地2000人就业。祝塘镇以贝德集团为代表的传统服装企业积极响应“一带一路”倡议，主动走出一条新的转型之路。贝德服装老挝项目的成功签约，标志着贝德集团国际化战略向前迈进一大步，同时也为江阴更大范围参与“一带一路”建设、扩大对外开放注入新的动能。

【祝塘镇完成村党组织换届选举】 根据《中国共产党章程》《中国共产党基层组织选举工作条例》和中央及省市有关规定，祝塘镇12个村党组织于2021年1月2—7日陆续召开换届选举党员大会，完成村党组织换届选举。这次村党组织换届，选举产生新一届村党组织委员会委员69人，其中书记12人、副书记22人。换届后，新一届党组织班子总体呈现出年轻化、高学历的特点，班子成员平均年龄41岁，其中35周岁以下22人，大专以上学历占比87%，班子结构得到进一步优化、功能得到进一步整合，为下一个五年的干事创业奠定良好基础。

【祝塘镇完成人大换届选举】 2021年9月以来，祝塘镇按照中央和省委部署以及无锡市委、江阴市委的总体安排，紧紧围绕镇党委部署，按照法定程序，充分发扬民主，严把登记关、提名关、选举关，组织全镇51898名选民参加选举投票，一次投票选举成功率100%。10月，依法选举产生江阴市第十八届人大代表24人，祝塘镇第十九届人大代表100人。至12月下旬，祝塘镇完成市镇两级人大换届选举工作。

【祝塘镇12个行政村换届选举完成】 2020年10月22日，祝塘镇严格换届程序，召开村“两委”换届部署大会、成立换届工作领导小组，制定换届选举工作计划安排表，推选村民选举委员会。12月11日开始选民登记，12月29日提名候选人。12个行政村有户籍人口59690人，该次登记参加选举的选民52501人，各村设置中心会场12个，投票站190个。2021年1月18日正式选举，各村遵照要求，明确纪律，所有选举工作人员签订换届纪律保证书，所有正式候选人签订换届纪律承诺书，确保第十二届村民委员会换届选举工作平稳有序、圆满成功。此次换届是村“两委”任期3年改为5年的首次换届，也是“两个大局”交织、“两个百年”交汇、“两个五年规划”交接的关键换届，具有特殊的历史使命和重大的现实意义。该次第十二届村民委员会换届选举，产生新一届村委会成员74人。

【祝塘镇《景阳志》出版】 2021年7月中旬，景阳村启动《景阳志》发放仪式。由祝塘镇文联副主席李中林主编的《景阳志》由凤凰出版社正式出版发行。该书为祝塘镇面世的第6部村志，也是首部由出版社出版发行的村志。全志53万余字，彩照72幅，设15章77节，上起事物发端，下限至2018年，主要记述景阳村辖区的建置沿革、生态环境、人口姓氏、工农水利、商贸服务、政党群团、文教体卫、人民生活、乡贤先辈、习俗方言、掌故艺文等方面的情况。《景阳志》的出版，为景阳人民留下一笔丰富的历史文化遗产，也是该镇文化建设领域的又一项丰硕成果。

（沈伟星）

■类目编辑　纪晓华

市级机构

中共江阴市委

书　　记　许　峰
副书记　包　鸣
　　　　袁秋中(至7月)
　　　　陈兴华(7月任)
常　　委　计　军(至7月)
　　　　吴　芳(女,至4月)
　　　　陈兴华
　　　　邵文松(至6月)
　　　　程　政
　　　　靳佳高
　　　　宋新春(6月任)
　　　　赵　强
　　　　黄　宇
　　　　杨晓妮(女,4月任)
　　　　郁秋皓(7月任)
　　　　张韶峰(7月任)
　　　　姜　锵(挂职)

江阴市人大常委会(党组)

主　　任　孙小虎
副主任　朱　敏
　　　　赵巧新
　　　　张光伟
　　　　吴国忠
党组书记　孙小虎(至7月)
　　　　计　军(7月任)
副书记　朱　敏
　　　　徐盛希(7月任)

江阴市人民政府(党组)

市　　长　包　鸣(1月任)
副市长　赵　强
　　　　杨晓妮(女,5月任)
　　　　姜　锵(挂职)
　　　　郁秋皓(至7月)
　　　　张国兴
　　　　张韶峰(至7月)
　　　　许　晨(女)
　　　　王庆春(至6月)
　　　　许迎春(挂职,至7月)
　　　　顾文浩(赴新疆工作,至8月)
　　　　顾文瑜(5月任)
　　　　许　昌(6月任)
　　　　杭　成(7月任)
　　　　翟　菁(7月任)
　　　　曹兴华(女,10月任)
　　　　尹志华(赴陕西工作,12月任)
　　　　朱晓峰(赴新疆工作,12月任)
党组书记　包　鸣
副书记　赵　强

政协江阴市委员会(党组)

主　　席　徐冬青
副主席　张英毅
　　　　喻伟力
　　　　陈兴初
　　　　张晓东
党组书记　徐冬青(至6月)
　　　　邵文松(6月任)
副书记　宋新春(兼,6月任)

中共江阴市纪律检查委员会

书　　记　靳佳高
副书记　朱佳虎(至6月)
　　　　陆　欣
　　　　徐岳明(6月任)
常　　委　冯　涛(赴睢宁工作,至7月)
　　　　高振华
　　　　刘　敏(女,至6月)
　　　　丁宏斌(至7月)
　　　　殷天锡(7月任,至11月)
　　　　周　巍(7月任)
　　　　刘兴涛(7月任)

江阴市监察委员

主　　任　靳佳高
副主任　朱佳虎(至6月)
　　　　陆　欣
　　　　徐岳明(6月任)
委　　员　高振华
　　　　丁宏斌(至8月)
　　　　周　巍(至8月)
　　　　殷天锡(至11月)
　　　　周逸岗(10月任)

吴　灏(女,10月任)

市委巡察工作办公室、市委巡察组

市委巡察工作办公室
主　　任　冯　涛(赴睢宁工作,至7月)
　　　　　高振华(11月任)
副 主 任　董克伟
　　　　　钱东昕
市委第一巡察组
组　　长　袁金英(女)
副 组 长　沙雪蓉(女,至4月)
　　　　　刘丽渊(女)
　　　　　李忠耘(4月任)
市委第二巡察组
组　　长　王　青(至11月)
副 组 长　沈国庆(至4月)
　　　　　王霁霞(女)
　　　　　石京东
　　　　　陈建国(4月任)
市委第三巡察组
组　　长　夏宏伟
副 组 长　李　亚(女)
　　　　　吴智勇
市委第四巡察组
组　　长　钱丽英(女,至4月)
　　　　　张海红(11月任)
副 组 长　黄永平
　　　　　李　伟

市纪委派驻纪检监察组

派驻第一纪检监察组
组　　长　倪涛峰
派驻第二纪检监察组
组　　长　吴燕萍(女)
派驻第三纪检监察组
组　　长　刘　莉(女)
派驻第四纪检监察组
组　　长　张新东
派驻第五纪检监察组
组　　长　张　磊
派驻第六纪检监察组
组　　长　陈建国(至4月)
　　　　　沈国庆(4月任)
派驻第七纪检监察组
组　　长　陆　慧
派驻第八纪检监察组
组　　长　李国忠(至4月)
　　　　　沙雪蓉(女,4月任)
派驻第九纪检监察组
组　　长　韩映红(女,至1月)

市委办公室

主　　任　郭　诚
副 主 任　张　伟
　　　　　石效民
　　　　　邓国平(兼)
　　　　　朱学民(女)
　　　　　林贤青(女)
　　　　　徐喜洪
　　　　　刁　衍(至7月)
　　　　　任山峰(9月任)
市委全面深化改革委员会办公室
副 主 任　刁　衍(兼,至7月)
市委研究室
主　　任　石效民(兼)
副 主 任　袁建明(至7月)
市委国家安全委员会办公室
副 主 任　袁建明(7月任)

市委组织部

部　　长　邵文松(至6月)
　　　　　宋新春(6月任)
常务副部长　谢映军
副 部 长　王建新(兼)
　　　　　马忠洪(赴新疆工作)
　　　　　冯明刚(11月改任兼职副部长)
　　　　　周　麒
　　　　　任　洁(女,11月任)
部务委员　任　洁(女,至11月)
　　　　　盛　达(至4月)
市考核工作委员会办公室
副 主 任　宗　泽
市委非公有制企业和社会组织工作委员会
书　　记　马忠洪(赴新疆工作)
市委市级机关工作委员会
副 书 记　沈晓锋
市公务员局
局　　长　冯明刚(至11月)
副 局 长　冯祥松

市委宣传部

部　　长　程　政
常务副部长　吴　燕(女)
副 部 长　姜　浩
　　　　　余益平(1月任)
部务委员　曹　琰(女)
文明办副主任　余益平(至1月)
　　　　　陈爱民(1月任)
市委网络安全和信息化委员会办公室
主　　任　吴　燕(女)
副 主 任　王　健(至11月)
　　　　　李　晔(11月任)

市委统战部

部　　长　袁秋中(至7月)
　　　　　宋新春(7月任)
常务副部长　汤建影(至4月)
　　　　　周　琛(4月任)
副 部 长　陈雪源(兼)
　　　　　周　琛(4月改任常务副部长)
　　　　　邹宇伟(4月任)
　　　　　吴家湘
　　　　　王　熹
部务委员　汪小琳(女)
　　　　　程　晔
市委台湾工作办公室
主　　任　吴家湘(兼)
副 主 任　周　东(至9月)
　　　　　陈剑雄
市民族宗教事务局
副 局 长　李　放

市委政法委员会

书　　记　吴　芳(女,至6月)
　　　　　郁秋皓(7月任)
常务副书记　徐　勇
副 书 记　王庆春(兼,至6月)
　　　　　许　昌(兼,7月任)
　　　　　沈　军(兼,至9月)
　　　　　王　青(兼,11月任)
　　　　　许　伟(无锡派挂)
　　　　　袁春霞(女)

市委机构编制委员会办公室

主　　任　张志浩(至9月)
　　　　　冯明刚(11月任)
副 主 任　张　华
　　　　　邓秀琴(女)
　　　　　张　勇
市事业单位登记管理局
副 局 长　赵蓓蓓(女)

市委老干部局
（市委离退休干部工委）

局　　长　王建新
副 局 长　薛　卫（至4月）
　　　　　孙　渊
　　　　　孙维亚（女，4月任）
市委离退休干部工委
书　　记　王建新
副 书 记　卞国忠

市人大常委会办公室

主　　任　梅海荣（至11月）
　　　　　华　江（11月任）
副 主 任　李华兴
　　　　　陆云峰

市人大常委会各工作委员会

内务司法工委
主　　任　徐　斌（至1月）
　　　　　李　兵（1月任）
副 主 任　李　兵（至1月）
　　　　　张　军（1月任）
财政经济工委
主　　任　黄立新（女，至1月）
　　　　　张海霞（女，1月任）
副 主 任　陈晓平
环境资源城乡建设工委
主　　任　徐志伟
副 主 任　缪宇强（至3月）
　　　　　李　煜（女，3月任）
教科文卫工委
主　　任　高小乒（女，至1月）
　　　　　周雯虹（女，1月任）
副 主 任　赵　东
人事代表联络工委
主　　任　熊　黠（女）
副 主 任　缪宇强（3月任）
农业农村工委
主　　任　陈　骏（至5月）
　　　　　徐立刚（5月任）
副 主 任　唐　微（女）

市人民政府办公室（党组）

主　　任　魏　锋（至1月）
　　　　　仇　丰（1月任）
副 主 任　刘晓军
　　　　　徐韶润
　　　　　池　永（至4月）
　　　　　刘益锋
　　　　　吴芸芸（女，至4月）
　　　　　徐慧南
　　　　　张光华（5月任）
　　　　　卢　宏（8月任）
党组书记　仇　丰
市人民政府外事办公室
副 主 任　吴芸芸（女，兼，至4月）

市发展和改革委员会（党组）

主　　任　陈卫东（至1月）
　　　　　魏　锋（1月任）
副 主 任　韩　俊
　　　　　张　虎（至11月）
　　　　　门开阳
　　　　　项　勇
　　　　　许瑞刚（11月任）
总工程师　许瑞刚（至11月）
　　　　　耿海建（11月任）
党组书记　魏　锋
副 书 记　韩　俊

市教育局（党委）

局　　长　徐前锋
副 局 长　吴　洁（女，2月任）
　　　　　邹凤翔（女）
　　　　　姚　斌
　　　　　陆振华
党委书记　徐前锋
副 书 记　吴　洁（女，2月任）
市委教育工作委员会
书　　记　徐前锋
副 书 记　吴　洁（女，2月任）
市人民政府教育督导室
主　　任　徐前锋
副 主 任　刘　开

市科学技术局（党组）

局　　长　周　琛（至1月）
　　　　　徐　飞（1月任）
副 局 长　浦　强
　　　　　汪运志（至4月）
　　　　　刘小微
　　　　　陈　佳（4月任）
党组书记　徐　飞
副 书 记　浦　强

市工业和信息化局（党委）

局　　长　王利峰（至1月）
　　　　　季　震（1月任）
副 局 长　肖朱东
　　　　　邬海江
　　　　　陆正宇
　　　　　刘建军
　　　　　俞卫东
　　　　　胡光远（至4月）
　　　　　谈海燕（女）
党委书记　季　震
副 书 记　肖朱东
　　　　　邬海江
市地方金融监督管理局
局　　长　胡光远（兼，至4月）
副 局 长　谈海燕（女，兼）

市公安局（党委）

局　　长　王庆春（至7月）
　　　　　许　昌（7月任）
副 局 长　卢　刚
　　　　　杨　勇
　　　　　陆林东（至8月）
　　　　　叶　青（至9月）
党委书记　王庆春（至6月）
　　　　　许　昌（6月任）
政　　委　严会东
副 书 记　严会东
　　　　　卢　刚
政治处主任　吴　佳（9月任）

市民政局（党委）

局　　长　顾洪伟
副 局 长　陈晓东
　　　　　许海英（女）
　　　　　吴春华（女）
党委书记　顾洪伟
副 书 记　陈晓东

市司法局（党组）

局　　长　万小溪（至1月）
　　　　　蒋万春（1月任）
副 局 长　陈卫宏（至2月）
　　　　　彭松波
　　　　　唐卫娟（女）
　　　　　梅士强
党组书记　蒋万春
市委全面依法治市委员会办公室
副 主 任　陈卫宏（兼，至1月）
　　　　　韩映红（女，1月任）

市财政局（党组）

局　　长　张少波（至5月）
　　　　　王　凯（5月任）
副 局 长　张海红（至11月）

陈　飞(11月任)
陈正华
王　辉
赵晓平
许　敏(女,11月任)
党组书记　张少波(至4月)
王　凯(4月任)
副书记　陈　飞(11月任)
市国有资产监督管理办公室
副主任　许　玲(女,7月任)

市人力资源和社会保障局(党委)

局　长　王光华
副局长　居　琳(女,5月任)
施晔新(女)
王力伟(至5月)
王寅炯(2月任)
党委书记　王光华

市自然资源和规划局(党委)

局　长　翟　菁(至7月)
张桂清(7月任)
副局长　张　斐
赵晓敏(女)
吴　勇(至5月)
唐文忆(至5月)
陈　江(女)
那中兴
张　旻
朱惠龙
陆　勇
党委书记　翟　菁(至7月)
张桂清(7月任)
副书记　张　斐
赵晓敏(女)
市林业局
局　长　翟　菁(兼,至7月)
张桂清(兼,7月任)

市住房和城乡建设局(党委)

局　长　严军明
副局长　陈　斌
俞　健(7月任)
洪朝晖(至4月)
计慧红(女,至11月)
陈君平(至4月)
邵　骥(至4月)
张　悦(女)
张　平(至4月)
陶卫凯
汪运志(4月任)
韩志平(4月任)
党委书记　严军明
副书记　陈　斌
俞　健(4月任)
市人民防空办公室
主　任　严军明(兼)
副主任　计慧红(女,兼,至11月)
俞　健(兼,11月任)

市公用事业管理局(党委)

局　长　陈国君(至5月)
张学春(5月任)
副局长　吴群力(至9月)
姚剑刚(9月任)
黄勇锋
沈天星
潘　江
于景峰(9月任,赴新疆工作)
党委书记　陈国君(至4月)
张学春(4月任)
副书记　吴群力(至9月)
姚剑刚(9月任)

市城市综合管理局(党委)

局　长　沈　军(至11月)
王　青(11月任)
副局长　姚剑刚(至9月)
吴　新(至4月)
陈　开
费学兵(4月任)
叶　青(9月任)
党委书记　沈　军(至9月)
王　青(11月任)
副书记　姚剑刚(至9月)
市综合执法局
副局长　虞大军(2月任)

市交通运输局(党委)

局　长　缪　慧
副局长　毛　亚(女)
傅士才(至5月)
邱明玉(至5月)
钟　卿
蒋　屹(女,5月任)
总工程师　傅士才(5月任)
党委书记　缪　慧
副书记　毛　亚(女)
钟　卿(11月任)

市水利局(党委)

局　长　傅建荣
副局长　席卫平(至4月)
陈转兰(女)
孙　健(4月任)
孙明丰
总工程师　范　斌
党委书记　傅建荣
副书记　席卫平(至4月)

市农业农村局(党委)

局　长　胡品洪(至1月)
万小溪(1月任)
副局长　张金龙(至4月)
舒建华
胡振芳
冉隆峰(4月任)
张雪峰
党委书记　万小溪
副书记　杨　峰
市委农村工作领导小组办公室
副主任　杨　峰

市商务局(党委)

局　长　查建标(至1月)
六　扬(女,1月任)
副局长　钱　彪
王　吉
时　平
党委书记　六　扬(女)
副书记　钱　彪
市口岸办公室
副主任　谭荣伟

市文体广电和旅游局(党委)

局　长　周晓虹(女,至11月)
钱　晴(女,11月任)
副局长　楚海芹(女)
张　健
吴有为(至4月)
李克雨(女)
王冠元(4月任)
总工程师　宫昌俊(2月任)
党委书记　周晓虹(女,至9月)
冯　涛(11月任)

市卫生健康委员会(党委)

主　　任　谈海平
副 主 任　范　荣
　　　　　顾敏华(女)
　　　　　蒋玉军
　　　　　顾李忠
　　　　　高　恒
党委书记　谈海平
副 书 记　范　荣

市退役军人事务局(党组)

局　　长　宦雪忠
副 局 长　洪向宇(女)
　　　　　刘仁富
党组书记　宦雪忠

市应急管理局(党组＊)(党委★)

局　　长　顾行行
副 局 长　孙　博(至11月)
　　　　　马　凯
　　　　　刘东来
　　　　　包凯凯
　　　　　沈　拳(11月任)
总工程师　朱晓君
党组书记　顾行行(至9月)
党委书记　顾行行(9月任)
市安全生产委员会办公室
副 主 任　徐　卓

市审计局(党组)

局　　长　许忠新(至12月)
　　　　　顾　敏(女,12月任)
副 局 长　顾国平(至2月)
　　　　　李　焱(女)
　　　　　潘银龙
　　　　　顾　敏(女,至12月)
党组书记　许忠新(至11月)
　　　　　梅海荣(11月任)

市行政审批局(党委)

局　　长　仇　丰(至1月)
　　　　　江国虔(1月任)
副 局 长　周正洪(至4月)
　　　　　刘忠明
　　　　　王旭东
　　　　　何　斌(2月任)
　　　　　陈文奇(4月任)
党委书记　江国虔
市政务服务管理办公室
副 主 任　周　勤(女)

市市场监督管理局(党委)

局　　长　陈俊虎(至1月)
　　　　　潘文伟(1月任)
副 局 长　易海红(女)
　　　　　潘文伟(至1月)
　　　　　黄新栋
　　　　　施丽娟(女)
　　　　　缪志东
　　　　　陈光亚(女)
党委书记　潘文伟
市知识产权局
副 局 长　陈光亚(女,兼,至8月)
　　　　　朱彩娟(女,8月任)

市统计局(党组)

局　　长　夏建辉
副 局 长　季克军
　　　　　倪秋萍(女)
总统计师　谢红伟
党组书记　夏建辉

市医疗保障局(党组)

局　　长　胡莹洁(女)
副 局 长　吴　敏(女,至4月)
　　　　　夏　晓
　　　　　夏　彬(4月任)
党组书记　胡莹洁(女)

市信访局

局　　长　邓国平
副 局 长　蔡忠逸
　　　　　苏晓华(女)

江阴高新技术产业开发区(党工委、纪工委)

党工委书记　许　峰
副 书 记　陈兴华(主持日常工作)
副 主 任　陈兴华
　　　　　陈涵杰(9月任)
　　　　　陶正贤
　　　　　赵志军
　　　　　杭　成(至7月)
纪工委书记　郁李达
人大常委会高新区工作委员会
主　　任　曹乐平(至1月)
　　　　　吴海英(女,1月任)
党政办公室
主　　任　徐岳明(至7月)
　　　　　朱新开(7月任)
副 主 任　陈海叶(女,至7月)
　　　　　周　翀(至4月)
　　　　　夏　凯(7月任)
党群工作部
部　　长　柳　蔚(女)
副 部 长　俞晓峰
　　　　　张　燕(女,至4月)
　　　　　缪海龙(至1月)
　　　　　常惠琴(女,4月任)
　　　　　金童童(女,1月任)
招商局
局　　长　陈勇奇
副 局 长　缪恒彬
　　　　　王　寅
　　　　　洪云锋
经济发展局
局　　长　张晓华
副 局 长　承晓华
　　　　　许　磊(女,至7月)
　　　　　李国建(2月任)
　　　　　顾　霞(女,7月任)
科学技术局
局　　长　徐　飞(至2月)
　　　　　夏天华(2月任)
副 局 长　秦　伟
　　　　　李　强(至7月)
　　　　　许　磊(女,7月任)
财政局
局　　长　周　铁
副 局 长　黄志峰
　　　　　陈　笑(女)
　　　　　袁洪杰
规划建设局
局　　长　林　琪
副 局 长　吕道锋(至4月)
　　　　　刘明波
　　　　　薛　莲(女)
社会事业局
局　　长　严伟荣(至4月)
　　　　　沈宏伟(4月任)
副 局 长　许　玲(女,至7月)
　　　　　李　强
　　　　　陈海叶(女,7月任)
　　　　　徐　兴(2月任)
行政审批局
局　　长　孙企华(至4月)
　　　　　周建峰(4月任)

副 局 长　周建峰(至4月)
　　　　　张　燕(女,4月任)
　　　　　陈栋辉
综合执法局
局　　长　沈　斌
副 局 长　王　峰
　　　　　葛玉中
　　　　　王红星
纪工委
副 书 记　吴艳阳(女,至4月)
　　　　　刘　敏(女,4月任)
监察局
局　　长　吴艳阳(女,兼,至4月)
　　　　　刘　敏(女,4月任)
副 局 长　陆　枫
　　　　　王　灿

城东街道党工委

党工委书记　李满刚
副 书 记　王　峰(7月任)
　　　　　周建峰(至4月)
人大工委
主　　任　刘平华(至5月)
　　　　　严伟荣(5月任,至11月)
办事处
主　　任　王　峰(8月任)
副 主 任　许　玲(女,至8月)
　　　　　陈海叶(女,8月任)
　　　　　金童童(女,2月任)
　　　　　邱振叶(女)

江阴高新技术创业园管委会

主　　任　夏天华(至2月)
　　　　　缪海龙(2月任)
副 主 任　顾　芳(女)
　　　　　薛红燕(女)
　　　　　阮　波
　　　　　严　芳(女)

江阴高新区青阳工业园区(党委、纪委)

党委书记　陈　炜
副 书 记　钱建清(赴睢宁挂职)
主　　任　葛燕峰
副 主 任　陈　斌
　　　　　陶　琦
　　　　　王　锋
纪委书记　金童童(女,至1月)

江阴临港经济开发区(党工委、纪工委)

主　　任　计　军(至9月)
党工委
副 书 记　计　军(至7月)
　　　　　张韶峰(7月任)
　　　　　尹志华(至11月)
　　　　　方枫云(至9月)
副 主 任　尹志华(至11月)
　　　　　严建定
　　　　　顾志强
　　　　　江　城
　　　　　陈卫东
纪工委
书　　记　方枫云(至9月)
　　　　　张志浩(9月任)
副 书 记　戴士良
人大常委会临港经济开发区工作委员会
主　　任　朱节文(至1月)
　　　　　邵红良(1月任)
党政办公室
主　　任　徐剑锋(至7月)
　　　　　殷天锡(11月任)
副 主 任　奚　涛
　　　　　龚　翼
党群工作部
部　　长　时军文
副 部 长　范春燕(女)
　　　　　包旗胜
监察局
局　　长　戴士良
副 局 长　许经纬(1月任)
财政局
局　　长　吕中立
副 局 长　侯骥菁(至5月)
　　　　　华　炯(女)
　　　　　陈　莹(女,8月任)
经济发展局
局　　长　许　伟
副 局 长　王生虎(赴新疆工作)
　　　　　王　剑
　　　　　赵　玺(1月任)
招商局
局　　长　邵红良(至1月)
　　　　　李　昀(1月任)
副 局 长　王　嵘
　　　　　韩林华(2月任)
规划建设局
局　　长　缪建伟(至11月)
　　　　　张文向(11月任)
副 局 长　黄　海
　　　　　陈　云
　　　　　殷屆荣
港口发展局
局　　长　陈海峰(至1月)
　　　　　高　升(1月任)
副 局 长　仰炯豪
　　　　　顾文俊
社会事业局
局　　长　周　青
副 局 长　刘光旭
行政审批局
局　　长　汤振伟(至5月)
　　　　　徐建栋(5月任)
副 局 长　沈　平
　　　　　薛　莲(女,11月任)
综合执法局
局　　长　吴　钢
副 局 长　俞　晖
江阴综合保税区管理局
局　　长　周晓虹(女,9月任)
副 局 长　徐建锋(主持工作,至5月)
　　　　　陈　华(女)
　　　　　何洪滨
　　　　　许铁军(8月任)

江阴临港经济开发区下属事业单位

金属新材料产业园管委会
党委书记　徐洪伟
副 书 记　周　英(女,至4月)
　　　　　李　奕(4月任)
主　　任　周　英(女,至5月)
　　　　　李　奕(5月任)
副 主 任　吴华峰(至9月)
　　　　　钱海英(女)
　　　　　张春梅(女)
新能源产业园管委会
党委书记　叶海舟(兼,至7月)
　　　　　陶郁峻(7月任)
副 书 记　李罗娜(女)
主　　任　李罗娜(女)
副 主 任　俞冠军
　　　　　李　倩(女)
　　　　　陈　华(女)
机械装备产业园管委会
党委书记　陈　奕(女,兼)
副 书 记　曹　鸣
主　　任　曹　鸣
副 主 任　朱昊辉
　　　　　徐坚雯(女)
　　　　　华科锋
石化新材料产业园管委会
党委书记　谢　挺
副 书 记　臧　新(4月任)
主　　任　李　昀(至1月)

　　　　臧　新(5月任)
副主任　赵雄伟
　　　　曹　波
　　　　沈　雷
长江港口综合物流园区管委会
主　任　徐建栋(至5月)
　　　　周　英(女,5月任)
副主任　韩林华(至2月)
　　　　张剑江
　　　　周　燕(女)
　　　　陈红玉(女,2月任)
江阴临港化工园区管理中心
主　任　钱　锋
副主任　王征途
　　　　丁　明(2月任)

靖江园区(党委、纪委)

书　记　杭　成(至7月)
　　　　翟　菁(7月任)
主　任　吴晓东
副书记　吴晓东
　　　　孙明江(至1月)
纪委书记　孙明江(至1月)
　　　　刘　铭(1月任)
副主任　徐宇锋
　　　　张文向(至11月)
　　　　于景峰(赴新疆工作,至9月)
　　　　沈　强(2月任)

市政协办公室

主　任　邹鹏辉
副主任　袁建明(至1月)
　　　　张　蓝(女,1月任)
　　　　任陈芳(女,3月任)
政协研究室
主　任　瞿江烨(女)

市政协专门委员会

学习文史委员会
主　任　张浩伟(7月任)
副主任　陈　健
提案委员会
主　任　郁志刚(至7月)
　　　　袁忠良(7月任)
副主任　顾　承(女,1月任)
经济科技委员会
主　任　薛德网
副主任　赵勇兵(1月任)
社会法制与海外联络委员会
主　任　吕　涛
副主任　钟　娟(女,1月任)
教文卫体委员会
主　任　缪剑波
副主任　缪志强(11月任)
城镇建设与环境保护委员会
主　任　张光明(1月任)
副主任　陆　雁(女,至3月)
　　　　仲　姣(3月任)

市法院(党组)

院　长　徐振华(至10月)
代理院长　陆晓燕(女,10月任)
副院长　夏明丰(至3月)
　　　　章见良(3月任)
　　　　王新达
　　　　陈忠宇(至8月)
　　　　朱行军
党组书记　徐振华(至9月)
　　　　陆晓燕(女,9月任)
副书记　夏明丰(2月任)
　　　　章见良(2月任)
政治处主任　陶晓东(至7月)
　　　　李示蔚(7月任)

市检察院(党组)

检察长　胡洪平(至6月)
代检察长　关开城(6月任)
副检察长　赵建新
　　　　朱彩娟(女,至8月)
　　　　诸梦莺(女)
　　　　陈忠宇(8月任)
　　　　曹青青(11月任)
党组书记　胡洪平(至6月)
　　　　关开城(6月任)
副书记　赵建新
政治处主任　缪红雄

市工商联(党组)

主　席　周　江(兼)
副主席　陈雪源
　　　　刘志伟(3月任)
　　　　金锡妹(女,至12月)
　　　　赵雁军(赴新疆工作)
　　　　胡正伟(12月任)
党组书记　陈雪源
副书记　刘志伟

市总工会(党组)

主　席　张　忠
副主席　胡荣华(赴新疆工作)
　　　　张红霞(女)
　　　　张　艳(女)
　　　　赵云飞
党组书记　张　忠

团市委

书　记　居　琳(女,至4月)
　　　　吴泽昱(女,4月任)
副书记　吴泽昱(至4月)
　　　　周佳能

市妇女联合会(党组)

主　席　王　馥(女)
副主席　佘晓萍(女)
　　　　曹玲洁(女)
党组书记　王　馥(女)

市科学技术协会(党组)

主　席　孔晓燕(女)
副主席　杨红波(女)
　　　　沈小狮
党组书记　孔晓燕(女)

市归侨侨眷联合会(党组)

主　席　曹建峰
副主席　苏曦泓
党组书记　曹建峰(至11月)
副书记　冯　健(11月任)

市文学艺术界联合会(党组)

党组书记　唐晓峰
主　席　钱　晴(女)
副主席　陈　亮

市残疾人联合会(党组)

主　席　杨晓妮(女,兼,10月任)
副主席　蒋万春(至1月)
　　　　潘少峰(1月任)
　　　　徐韶润(兼,至10月)
　　　　张光华(兼,10月任)
理事长　蒋万春(至2月)
　　　　潘少峰(2月任)
副理事长　朱新开(至10月)
　　　　刘敏芳(女)

吴芸芸(女,10 月任)
党组书记　潘少峰

市红十字会

会　　长　许　晨(女)
副 会 长　张少波(至 12 月)
　　　　　顾洪伟
　　　　　薛建国(至 12 月)
　　　　　刘益锋
　　　　　徐前锋
　　　　　谈海平
　　　　　王　凯(12 月任)
　　　　　檀春节

市哲学社会科学界联合会(党组)

主　　席　陈海峰(3 月任)
副 主 席　孙明江(3 月任)
党组书记　陈海峰

市法学会(★)

会　　长　吴　芳(女,兼,2月至7月)
　　　　　郁秋皓(兼,7 月任)
常务副会长　徐　勇(2 月任)
副 会 长　吕　涛(兼,2 月任)
　　　　　刘　锋(兼,2 月任)
　　　　　许　伟(兼,2 月任)
　　　　　李　兵(兼,2 月任)
　　　　　严会东(兼,2 月任)
　　　　　陈卫东(兼,2 月任)
　　　　　陈海峰(兼,2 月任)
　　　　　顾培植(兼,2 月任)
　　　　　蒋万春(兼,2 月任)
　　　　　陈卫宏(2 月任)

市委党校

校　　长　袁秋中(至 7 月)
　　　　　宋新春(7 月任)
副 校 长　刘　锋(主持日常工作,至 4 月)
　　　　　汤建影(主持日常工作,4 月任)
　　　　　杨　赟(女)
　　　　　吴　瑞(女)
　　　　　董李锋(4 月任)

市档案史志馆

馆　　长　张　伟
副 馆 长　郭　盛
　　　　　李孜渊
　　　　　陈宏兵
　　　　　邢　盈(女)
　　　　　徐　辉(女)

市融媒体中心

主　　任　王　敏(女)
总 编 辑　刘志刚
副 主 任　朱琳琳(女)
　　　　　陈　忠
　　　　　许　坚
　　　　　夏新炯
　　　　　徐富康

市供销合作总社(党委、纪委)

主　　任　朱富强
副 主 任　包云丹
　　　　　黄伟庆
党委书记　朱富强
副 书 记　包云丹
纪委书记　冯　亮(至 4 月)
　　　　　孔　琴(女,4 月任)

市土地储备中心(党组、纪检组)

主　　任　翟　菁(至 8 月)
　　　　　张桂清(8 月任)
副 主 任　季德鸿
党组书记　翟　菁
纪检组长　邱雅军(女,至 4 月)
　　　　　李　刚(4 月任)

市招商局(*)

局　　长　徐立刚(至 4 月)
副 局 长　杨军颜(至 4 月)
　　　　　刘　礼(女,至 4 月)

市城市重点建设项目管理中心(★)

主　　任　严军明(兼,8 月任)
副 主 任　许　恒(8 月任)
　　　　　费向荣(8 月任)
　　　　　江　强(8 月任)
　　　　　杨奔疾(8 月任)

市市域治理现代化指挥中心(★)

主　　任　刘益锋(兼,8 月任)
副 主 任　周　峰(8 月任)
　　　　　秦光华(8 月任)

市应急指挥中心(★)

主　　任　顾行行(兼,9 月任)
副 主 任　王子路(8 月任)

职业技术学院(党委、纪委)

院　　长　张庆堂
副 院 长　刘文君(至 9 月)
　　　　　吴懋刚
　　　　　单　旭(至 9 月)
　　　　　井新宇(9 月任)
　　　　　刘建龙(9 月任)
副 书 记　张庆堂
　　　　　沈春英(女)
纪委书记　张新华

南菁高级中学(党委)

校　　长　杨培明
副 校 长　戴加成
　　　　　马维林
　　　　　张敏军
　　　　　冯德强
党委书记　杨培明
副 书 记　刘正旭

江阴高级中学(党委)

校　　长　蒋志远
副 校 长　吕有为
　　　　　陈培东(至 9 月)
　　　　　陈　亚
　　　　　沈明强
党委书记　郁洪千
副 书 记　张国英(女)

江阴中等专业学校(党委)

校　　长　潘永惠
副 校 长　朱永林
　　　　　常　征
　　　　　张　寅
　　　　　尹志军
党委书记　潘永惠
副 书 记　朱永林

街道、镇级机构

澄江街道党工委、纪工委

党工委书记　叶韩清(至 4 月)
　　　　　　张晓新(4 月任)
副 书 记　刘建国

许曹军
卢　芳(女,1月任)
纪工委书记　金晨海
人大工委主任　毛　勇(至1月)
唐雪江(1月任)
办事处主任　刘建国
副主任　卢　芳(女,至1月)
周海兵
俞　健(至11月)
朱建江
周秋龙
李　奕(至4月)
王　维(女,2月任)
徐松岚(5月任)
叶　华(11月任)

南闸街道党工委、纪工委

党工委书记　李志浩
副书记　费天雄
蔡晓华
纪工委书记　张　琼(女)
人大工委主任　张　纲(11月任)
办事处主任　费天雄
副主任　张　纲(至11月)
杨迎彬
金　莉(女)
倪树峰
窦艳成(11月任)

云亭街道党工委、纪工委

党工委书记　张晓新(至4月)
沈彦锋(4月任)
副书记　李　宁
包　煜
纪工委书记　顾建萍(女)
人大工委主任　张建明(至11月)
邬闽澄(1月任)
办事处主任　李　宁
副主任　沈利兴
陈　芳(女)
李富国
薛卓强(2月任)

夏港街道党工委、纪工委

党工委书记　徐洪伟
副书记　沈彦锋(至4月)
徐韶润(4月任)
周　英(女,兼,至4月)
李　奕(兼,4月任)
计鹏宇
纪工委书记　王　洁(女)
人大工委主任　杨种峰
副主任　吴国平
办事处主任　沈彦锋(至5月)
徐韶润(5月任)
副主任　缪敏华
刘江军

申港街道党工委、纪工委

党工委书记　叶海舟(至7月)
陶郁峻(7月任)
副书记　陶郁峻(至7月)
刁　衍(7月任)
李罗娜(女,兼)
严建军
纪工委书记　范建华
人大工委主任　吴建兵(至11月)
缪建伟(11月任)
办事处主任　陶郁峻(至8月)
刁　衍(8月任)
副主任　孙惠峰(至4月)
吴有为(4月任)
钱恒剑

利港街道党工委、纪工委

党工委书记　陈　奕(女)
副书记　许铁军(至7月)
徐剑锋(7月任)
曹　鸣(兼)
吴玉兰(女,至4月)
沙晓军(4月任)
纪工委书记　王　涛
人大工委主任　王顺元(至11月)
吴　钢(11月任)
办事处主任　许铁军(至8月)
徐剑锋(8月任)
副主任　凌建华
沙晓军(至4月)
陆明洪(4月任)
贡　庆

璜土镇

党委书记　谢　挺
副书记　朱小卫
臧　新(兼)
孙惠峰(4月任)
纪委书记　许晓刚
人大主席　占纪平
镇长　朱小卫
副镇长　徐霞红(女)
黄　辉
胡建军

月城镇

党委书记　顾春宇(4月任)
副书记　顾春宇(至4月)
盛　达(4月任)
赵　华
纪委书记　吴剑毅
人大主席　杨　峰(至1月)
查建标(1月任)
镇长　顾春宇(至6月)
盛　达(6月任)
副镇长　孙　健(至6月)
徐小虎
朱晓君(至1月)
周韧逸
黄　珂(女,1月任)
王江新(6月任)
陈启迪(6月任)

青阳镇

党委书记　何忆芳(女,至4月)
邱振海(4月任)
副书记　邱振海(至4月)
冯　亮(4月任)
冯　健(至11月)
刘永刚(11月任)
纪委书记　李昱峰
人大主席　袁忠良(至7月)
华林其(7月任)
镇长　邱振海(至7月)
冯　亮(7月任)
副镇长　华林其(至7月)
张振军
赵　玺(至1月)
葛　艳(女)
叶志伟(至7月)
刘明钧(7月任)
李　霞(女,7月任)
石子朝(1月任)

徐霞客镇

党委书记　陈剑雄
副书记　袁　飞
张浩伟(至4月)
李啸天
朱　勇(4月任)
纪委书记　顾　贤
人大主席　陆峥嵘(至1月)

胡品洪(1月任)
镇　　长　徐洪伟(至1月)
袁　飞(1月任)
副镇长　包凯凯(至1月)
陈中华(至6月)
王　寅(至1月)
朱　勇(至6月)
葛伟栋
周　锋
张　涛(1月任)
张宏斌(6月任)
王伟利(1月任)
陆　恺(女,6月任)

华士镇

党委书记　陈　峰
副书记　邹宇伟(至4月)
胡光远(4月任)
程　云
胡　丹(女)
纪委书记　黄剑君
人大主席　张光明(至1月)
杨伟兵(1月任)
镇　　长　邹宇伟(至7月)
胡光远(7月任)
副镇长　王士龙
费学兵(至7月)
周　鑫
徐　平
刘延平(1月任)
樊广勤(7月任)

周庄镇

党委书记　吴　广
副书记　张学春(至4月)
汤振伟(4月任)
沈宏伟(至4月)
张建国
周　翀(4月任)
纪委书记　李　刚(至4月)
郭梦洁(女,4月任)
人大主席　何玉林(至7月)
陈国君(7月任)
镇　　长　张学春(至7月)
汤振伟(7月任)
副镇长　王春平(至1月)
朱军安
赵振宇
许剑锋
庞远超
张明德(1月任)

新桥镇

党委书记　顾文瑜(至4月)
何忆芳(女,4月任)
副书记　季　勇
赵叶勤(女)
纪委书记　刘　屹
人大主席　张国江(至7月)
朱佳虎(7月任)
镇　　长　季　勇
副镇长　陶培鸿
张　萍
冉隆峰(至7月)
赵叶勤(女,至1月)
陶　侃(7月任)
李志钰(7月任)
缪建红(7月任)

长泾镇

党委书记　薛建国
副书记　余　江
刘迅风
纪委书记　李刘洪
人大主席　季　峰(至1月)
孙仲英(1月任)
镇　　长　余　江
副镇长　刘国兴(至1月)
钱　浩
陶理江
刘迅风(至1月)
蔡　云(至7月)
张　明(1月任)
王苏雄(1月任)
夏　强(7月任)

顾山镇

党委书记　王文平
副书记　何志强(至4月)
王力伟(4月任)
王新龙(至11月)
徐　斌(11月任)
纪委书记　潘　峥
人大主席　俞新钢
镇　　长　何志强(至7月)
王力伟(7月任)
副镇长　王新龙(至1月)
徐　斌
瞿国丰
刘志伟(至1月)
吴　洁(女,至7月)
颜　虎
徐博文(1月任)
张盛荣(1月任)

祝塘镇

党委书记　王　凯(至4月)
何志强(4月任)
副书记　徐志军
严　枫(女)
纪委书记　薛　暄
人大主席　马　军
镇　　长　徐志军
副镇长　徐向东(至1月)
章瑞江
陈文奇(至7月)
王锡明
常惠琴(女,至7月)
杜栋梁(1月任)
陈　宇(7月任)
尤锦香(女,7月任)
(市委组织部)

驻江阴机构

国家税务总局江阴市税务局(党委、纪检组)

局　　长　万庆涛
副局长　张农高
陈增伟(至6月)
陆晓东
杨潮阳(至6月)
徐　益
朱　斌
王君明(6月任)
勇晓伟(6月任)
党委书记　万庆涛
副书记　张农高
纪检组长　陈洪庆
党委委员　倪　江

无锡市江阴生态环境局(党组)

局　　长　陈福良
副局长　张　荣
金丹菁(女)

李　煜(女,至3月)
张晓敏
徐　伟(至9月)
唐海刚
刘　华(9月任)
吕伟明(9月任)
党组书记　陈福良
副书记　张　荣

江阴市气象局

局　长　黄　葵
副局长　李玉照
曹卫卫(1月任)

无锡市住房公积金管理中心江阴市分中心

主　任　张建忠
副主任　沈桂祥
党支部书记　张建忠

国家统计局江阴调查队

队　长　江兆成
副队长　徐佳琰(女,3月任)
纪检组长　姜倬雅(女)

江阴邮政管理局

局　长　毛　亚(女)

江阴市烟草专卖局(无锡市烟草公司江阴分公司)(党组)

党组书记　万国锋
局长(经理)　万国锋
副经理　吴晓唯
副局长　陈　刚

中国邮政集团有限公司江苏省江阴市分公司(党委、纪委)

总经理　袁雪梅(女,至5月)
倪　鲲(5月任)
副总经理　沈　军(7月任)
黄晔炯
徐　颖(至7月)
王文红(女)
党委书记　袁雪梅(女,至5月)
王春南(5月任)
副书记　倪　鲲(5月任)
纪委书记　黄晔炯(至7月)
沈　军(7月任)

江阴市供电公司(党委、纪委)

党委书记　陈　喜
总经理(兼党委副书记)　张　峰
副总经理　沈才元
吴卫东
唐　军(3月任)
谢斌鑫
纪委书记　赵惠萍(女)

江阴市电信局(党委、纪委)

局　长　张　健
副局长　徐宏良
陈建东
秦冬华
帅长忠(4月任)
党委书记　张　健
纪委书记　徐宏良

江阴市盐业有限公司

经　理　王雨鸥
副经理　孙　敏

中国人民银行江阴市支行

行　长　刘文敏
副行长　勇晓东
修斌瑶(女,3月任)

中国银行保险监督管理委员会无锡监管分局江阴办事处

主　任　朱立新

中国工商银行股份有限公司江阴支行

行　长　朱皆康(至9月)
陈晓锋(9月任)
纪委书记　徐　园
副行长　孙爱进
张　璟
郁万慧(5月任)
张　振(12月任)

中国农业银行股份有限公司江阴分行

行　长　吴雅英(女)
纪委书记　钱孝忠
副行长　宋　健
李慧妍(女)
胡兴洪
严益群(女)
何俨伟

中国农业发展银行江阴市支行

行　长　董积微
副行长　朱晓华
邢华芳(女)

中国建设银行股份有限公司江阴支行

行　长　梁　柱
纪委书记　徐　锋
副行长　黄　明
沈全龙
王　芳(女)

中国银行股份有限公司江阴分行

行　长　沈毅锋
纪委书记　裴建民
副行长　王　晶
李伟刚
邱冬艳(女)
浦鹏飞
潘　勇

交通银行股份有限公司江阴分行

行　长　姜澄华
副行长　庞文洁(女)
顾阳洋(女)
行长助理　张　丽(女)

江苏江阴农村商业银行股份有限公司

董事长　孙　伟
行　长　宋　萍(女)
监事长　金　武
副行长　仲国良

王　峰
过晟宇
倪志娟(女)
王　凯
行长助理　袁　坤

上海浦东发展银行股份有限公司江阴支行

行　　长　李　明
陈　煜(12月任)
副 行 长　徐红英(女)
夏晓刚
吴燕群(女)

江苏银行股份有限公司江阴支行

行　　长　陈　虹(女,至11月)
杨　洁(女,12月任)
副 行 长　季海洪
顾喜明(11月任)
行长助理　顾喜明(至10月)
薛维凯(9月任)

中国邮政储蓄银行股份有限公司江苏省无锡市江阴市支行

行　　长　朱桉颖(女)
副 行 长　赵　辉
方霞娟(女)

中国人民财产保险股份有限公司江阴支公司

总 经 理　何尧军
副总经理　王　盛
朱　鹏(5月任)
李瑶瑶(女,6月任)
顾　军(至1月)
顾志锋

中国人寿保险股份有限公司江阴支公司

总 经 理　张　芳(女)
副总经理　陈苗华
吴　楠
总经理助理　刘　侃(2月任)

江阴海事局(党委)

局　　长　李宏兵
党委书记　李宏兵
政　　委　黄　鹂(女)
党委副书记　黄　鹂(女)
副 局 长　沈锁荣
祝忠武(至4月)
朱　波(4月任)
王长宁
李　磊(8月任,挂职)
纪委书记　黄　鹂(女)

江阴海关(党委)

关　　长　陈解平
党委书记　陈解平
副 关 长　姚　武
季健清
徐　迅
高　原
党委委员　陶　宏
肖国平
姚　武
季健清
徐　迅
高　原

南京海关第七派驻纪检组

组　　长　肖国平

江阴海关缉私分局

局　　长　陶　宏
政　　委　高　明

江阴出入境边防检查站(党委)

党委书记　吴　锋
副 书 记　王建波
站　　长　吴　锋
政　　委　王建波
副 站 长　程景涛(至3月)
冯士伟
边防检查处处长　徐智文(至3月)
政治处主任　李雨成
后勤保障处处长　周王龙(至3月)

中国船级社江阴办事处

主　　任　蔡　高
副 主 任　王宏斌
衡　霖

长江引航中心(党委、纪委)

主　　任　程学仁
党委书记　张铜宁
副 书 记　宋　维
纪委书记　宋　维
副 主 任　吴福康
王　新

(＊为机构撤销或更名,★为新成立机构或机构整合)

■类目编辑　徐文辉

人物

新任江阴市人大常委会主任、政协主席

计　军

1970年11月生，徐霞客镇人，中共党员，江苏省委党校研究生学历，1992年8月参加工作，1995年11月加入中国共产党。1988年9月，在江南大学机械工程系机制工艺与设备专业大学学习。1992年8月至1993年11月，任江阴市农机研究所技术员、助理工程师。1993年11月至1995年3月，任江阴市水利局党政办公室秘书、团委副书记。1995年3月至1996年3月，任江阴市团委城乡工作部部长。1996年3月至8月，任江阴市团委宣传部部长。1996年8月至1997年1月，任江阴市团委宣传部部长，兼组织部部长。1997年1月至1998年11月，任江阴市团委副书记，兼组织部部长、宣传部部长。1998年11月至1999年1月，任江阴市周庄镇党委副书记兼纪委书记。1999年1月至12月，任江阴市周庄镇党委副书记兼纪委书记、人大副主席。1999年12月至2000年1月，任江阴市长寿镇党委副书记、镇长提名人选。2000年1月至2001年6月，任江阴市长寿镇党委副书记、镇长。2001年6月至7月，任江阴市周庄镇党委副书记（长寿、周庄并镇，政府临时负责人）。2001年7月至2002年1月，任江阴市申港镇党委副书记、镇长提名人选。2002年1月至7月，任江阴市申港镇镇长、副书记。2002年7月至2005年7月援疆，任新疆维吾尔自治区伊犁哈萨克自治州霍城县发展改革局局长（其间，2002年9月至2005年7月在江苏省委党校政治经济学专业在职研究生学习）。2005年7月至2006年4月，任江阴经济开发区管委会主任助理。2006年4月至6月，任江阴市委常委。2006年6月至2007年11月，任江阴市委常委、市委办主任。2007年11月至12月，任江阴市委常委，江阴市人民政府党组成员。2007年12月至2016年7月，任江阴市委常委，江阴市人民政府副市长、党组成员。2016年7月至2017年2月，任江阴市委常委，江阴临港经济开发区党工委副书记、管委会主任、临港街道党工委书记。2017年2月至2021年7月，任江阴市委常委，江阴临港经济开发区党工委副书记、管委会主任。2021年7月至12月，任江阴市人大常委会党组书记（正处级）。2021年12月至2022年1月，任江阴市人大常委会主任提名人选、党组书记。2022年1月起，任江阴市人大常委会主任、党组书记。

（何思施）

邵文松

1968年10月生，江苏无锡人，中共党员，北京科技大学本科学历、学士学位。1987年12月加入中国共产党，1989年8月参加工作。1989年8月至1992年4月，任无锡钢厂钢研所技术员、助工。1992年4月至1994年12月，任无锡钢厂干部处干事。1994年12月至1996年12月，任无锡市委组织部办公室科员。1996年12月至2003年1月，任无锡市委组织部办公室副科级组织员。其间，1999年5月至2000年5月，挂任宜兴市屺亭镇党委副书记。2003年1月至2005年7月，任无锡市委组织部办公室副主任、研究室副主任（2004年5月明确正科级）。2005年7月至2007年12月，任无锡市委组织部干部监督处处长。2007年12月至2011年6月，任无锡市委组织部干部三处处长。2011年6月至7月，任无锡市崇安区委常委、组织部部长、市委组织部干部三处处长。2011年7月至2013年12月，任无锡市崇安区委常委、组织部部长、党（干）校校长。2013年12月至2018年10月，任无锡市滨湖区委常委、组织部部长。2018年10月至2021年6月，任江阴市委常委、组织部部长。2021年6月至12月，任江阴市政协党组书记。2021年12月至2022年1月，为江阴市政协主席提名人选。2022年1月起，任江阴市政协主席、党组书记。

（胡陶林）

江苏省级以上先进个人

许 峰

1967年10月生,江苏扬州人,中共党员,中央党校大学学历、硕士学位。2020年7月任江阴市委书记,2021年1月任无锡市委常委。自主持江阴全面工作后,始终扛起使命担当,矢志推动事业发展。2021年,江阴经济总体平稳增长,实现全国县域经济基本竞争力"十九连冠"、中国工业百强县"五连冠","十四五"发展顺利开局,现代化建设扎实起步。聚焦科创江阴建设。全面启动"霞客之光"产业自主创新攻关计划,精心规划"一湾一谷一区一港"建设,签约武汉大学长三角科技创新中心、长三角太阳能光伏技术创新中心等一批科创项目。全市入库国家科技型中小企业1198个,新增上市公司3个。加快产业转型升级。研究出台"345"产业集"群"强"链"三年行动计划,新增营收超千亿元企业1个。持续完善大招商格局,完成备案百亿元项目1项、50亿元项目2项。扎实推动工业园区升级改造,盘活腾退提升土地1266.67公顷。推动深化改革开放。主持召开深改委会议5次、研究改革议题11项,持续深化"放管服"改革,全力打造"澄心办·办澄事"营商环境品牌,江阴获评全国民营经济示范城市。统筹提升城乡品质。强力推进拆迁安置,启动城市更新单元23个,实施老旧小区改造11个,全年完成签约拆迁512万平方米,创历史新高。扎实推进农房建设试点、农村人居环境整治,新建省级绿美乡村示范村10个。持续改善生态环境。带头压实河长、断面长、林长工作责任,全年下发蜗牛警示单位16个,$PM_{2.5}$平均浓度下降10%,空气质量优良率达79.2%,国省考断面水质优Ⅲ比例首次达100%,能耗"双控"任务刚性落实,单位地区生产总值能耗下降3.35%。着力增进民生福祉。"乡村振兴·共富基金"总盘子达到2亿元,为民办十件实事顺利完成,全年城镇和农村居民人均可支配收入分别增长8.6%、10.7%。在全省2020年度高质量发展综合考核中,江阴排名从上年度的第19名跃升至第6名,许峰被评为江苏省优秀县委书记。2021年6月,许峰被中共中央组织部评为全国优秀县委书记。

(吴通扬)

金丹菁

女,1971年2月生,南闸街道人,民进会员,大学本科学历,江阴市人民政府副市长,民进江阴市委主委,无锡市政协十五届常委,江阴市第十八届人大代表。1992年7月南京大学化学系高分子专业毕业后参加工作。2003年6月加入中国民主促进会。曾任江阴市第十五届人大代表,无锡市第十四届、十五届人大代表,政协江阴市第十五届常委。担任江阴生态环境局副局长、市污染防治攻坚办公室专职副主任期间,发挥市污染防治攻坚办的统筹协调作用,联合市交通局开展内河码头污染整治、联合市公用事业局开展农村生活污水治理,联合市住建局开展建筑工地扬尘管控,实现环境质量逐年提升;制定出台镇(街道)月度考核办法和各部门全覆盖的高质量绩效考核办法,对工作不力的镇(街道)颁发蜗牛警示牌,以考核成绩压紧压实各地各部门的治污责任。2019年,当选民进江阴市第四届委员会主委,改革社情民意、信息工作办法,调动江阴民进会员参与信息、社情民意工作的积极性,多条社情民意、信息被全国政协、中央统战部、民进中央、省统战部等录用。民进江阴市委连续三年在全市统战系统及省民进信息工作考核中名列第一。2020年,金丹菁被江苏省打好污染防治攻坚战指挥部办公室评为"攻坚勇士"。2021年11月,被民进中央评为民进全国反映社情民意信息工作先进个人。(何 炬)

颜忠元

1972年8月生,江苏盐城人,中共党员,大学本科学历,江苏省江阴高级中学安监办主任,新疆霍城县江苏中学副校长(挂职)。2012—2013年,颜忠元第一次援疆,他和另外3名援疆教师负责的班级在2013年高考中取得霍城县江苏中学历史性突破。2020年援疆期间,他担任无锡江阴援疆支教团队领队和霍城县江苏中学副校长。他注重青年教师的成长,短时间内为受援学校带出一支业务精良的教师队伍。帮助受援学校完善学校管理制度,牵头组建由一名当地教师和多名援疆教师任教的"组团式"江阴班。牵头组织援疆教师捐赠抗疫物资近6万元,捐赠图书4000册;牵头组建3支"欢乐鼓"公益手鼓队;促成"健康饮水计划"公益项目落户霍城县江苏中学,让孩子们的饮水更方便、更健康、更安全;发动爱心人士对经济困难家庭学生开展"一对一""点对点"帮扶助学,并亲自帮扶两名学生。其带领的援疆教师团队促成助学和公益项目资金60余万元,有效推动援疆工作往深里走、往实里做。2021年2月25日,全国脱贫攻坚总结表彰大会在北京举行,颜忠元被中共中央、国务院表彰为全国脱贫攻坚先进个人。

(王建伟)

梅士强

1982年10月生,利港街道人,民进会员,大学学历,民进江阴市委副主委、市司法局副局长,市人大代表。梅士强围绕工作职责,积极建言献策、履职尽责,突出参政必知政、知政必谋政、谋政必落实。在市司法局分管普法依法治理、公共法律服务、人民参与和促进法治、法律援助、矛盾调解等业务的同时,被聘为省委统战部信息员、无锡市委信息员、无锡市委统战部智库成员。在民进江阴市委建立完善参政议政委员会及调研处的工作机制,制定参政议政考核制度、"四个一"(一支部一调研报告,一会员一模拟提案,一会员一社情民意,一会员一信息)奖励制度、信息培训制度、课题调研制度,省民进信息考核连续多年位列全省县区第一。启动

"1+3+N"（1个副主委带领3个信息骨干，培育N个优秀会员）信息提升工程，加强会内人大代表、政协委员联系支部的紧密度，对支部会员进行专业性指导，完善参政议政队伍梯队建设，在会内培养20余名参政议政行家里手。2021年，撰写意见建议30余篇，《进境船舶压舱水管理面临四大问题》被民进中央录用，10余篇被省政协、省委统战部、民进江苏省委录用。11月，梅士强被民进中央评为民进全国反映社情民意信息工作先进个人。　　（何　炬）

赵云飞

1977年12月生，华士镇人，中共党员，大学学历，政协江阴市第十六届委员，江阴市总工会副主席。作为坚守工会维权服务岗位20余年的工会干部，他始终坚持以职工需求为导向开展工会维权服务工作，推动全市广泛开展"尊法守法·携手筑梦"公益法律服务农民工、法律服务面对面等活动。注重工作载体创新，打造集信访、监督、援助、调解、普法于一体的"5+N"工会法律维权服务云平台，使工会法律维权工作项目全部在手机端呈现，让全市职工和企业通过手机即可获取云端劳动用工法律维权指导服务。关注企业用工管理，源头消除企业违法用工造成的职工侵权现象，组织开展工会"百人千企"法律监督服务志愿行动，每年为全市1000个企业提供免费"法律体检"。关心农民工权益保障，参与各类服务农民工公益法律活动，先后组织职工法律援助律师团律师为665名农民工提供免费法律援助。为市总工会荣获2016—2020年全国普法工作先进单位、全国工会职工法律援助示范单位和江苏省工会法律监督工作示范单位做出积极贡献。2021年12月，赵云飞被中华全国总工会、司法部、中华全国律师协会通报表扬为"尊法守法·携手筑梦"服务农民工公益法律服务行动成绩突出个人。　　（单滢滢）

程洪金

1978年12月生，青阳镇人，中共党员，大专学历，凯澄起重机械有限公司葫芦车间副主任，工程师。程洪金1999年进入凯澄公司，从普通操作工到车间副主任，他不断提升自身业务能力和职业素养。在车间工艺改进工作中善于学习、精益求精，每年带领车间工艺组人员进行技术改进10余项，不断提高产品质量与生产效率，降低工人劳动强度。他通过理论与实践相结合，熟练掌握数控车床、数控滚齿机等各类设备的应用，编制《数控刀具切削参数推荐表》，降低刀具消耗，提升加工效率；他参与自动化加工改进项目，成功实施机座机械手自动上下料加工、减速器箱体箱盖机械手自动上下料加工等项目；他和公司开发部人员合作，开展降本增效项目，每年为公司降本约50万元。2021年4月，程洪金被中华全国总工会授予全国五一劳动奖章。　　（马叶飞）

张　涛

1987年12月生，周庄镇人，中共党员，研究生学历，江阴市检察院第六检察部主任、一级检察官。张涛从事未成年人检察工作10余年来，始终坚持以人民为中心，热忱实干、勇于担当、公正司法，在全省率先研发未成年人保护随手拍平台、未检监督信息化平台，主导打造全省首个未成年人司法保护中心，首创推出5门防范性侵害教育课程，潜心构建未成年人权益综合全面保护格局，高质量地办理、指导办理各类案件1000余件，5个案（事）例入选高检院、省院典型案事例，先后获评全国未成年人检察业务标兵、江苏省优秀办案检察官。他致力少年司法理论向实践的转化，通过深化观护基地等举措，帮助300余名涉案未成年人回归社会。针对侵害未成年人案件的难点，建立以未成年被害人陈述为中心的审查模式，构建协同一体化、办案精准化、救助多元化的综合保护模式，有效惩治犯罪。推动成立未成年人司法保护中心，打造社会支持体系集成模式，建立全市未成年人权益保护的多部门联动体系，形成分级干预、强制家庭教育指导、强制报告等机制，为江阴未成年人检察事业发展做出突出贡献。2021年12月，张涛被最高人民检察院评为全国优秀办案检察官。　　（惠建福）

许振芳

1973年12月生，澄江街道人，农工党党员，研究生学历，农工党无锡经联会副会长，江苏万舜保险代理股份有限公司董事长。陕西省延川县是江阴市的协作帮扶结对县，许振芳带领万舜公司将延川作为落实精准扶贫、产业扶贫、消费扶贫的前哨阵地。利用江阴企业资源，牵头并联合江阴企业共同出资1.2亿元在延川县文安驿工业园成立延安斯派尔集成建筑科技公司，成为苏陕合作的典范企业。捐赠价值60万元的"智能公厕"给延川县文安驿镇，以实际行动助力健康中国建设和"厕所革命"。在江阴成立苏陕特色商品专营店，通过与无锡市银城物业管理有限公司合作，让延川县优质的农产品走进苏州、无锡、常州市场，帮助延川县脱贫百姓提高收入。累计销售延安苹果5万公斤以上，销售延安小米、红枣、杂粮等农产品上万公斤，销售金额超过300万元。2021年6月，许振芳被农工党中央评为农工党脱贫攻坚工作先进个人。　　（薛艳芳）

王玉泉

1958年11月生，澄江街道人，中共党员，大学本科学历。2014年年末，王玉泉从江阴市教育局副局长岗位上退岗后开始从事关工委工作，担任市教育局关工委主任。王玉泉带领一批老教师及有关部门的在职人员组成工作队伍，围绕"定准位、合好力，尽到责、做实事，讲奉献、求实效"的工作要求，按照"有序有效、达标创新"的工作原则，积极投身于关心教育下一代的工作中。王玉泉认真学习贯彻中共中央、国务院《关于进一步加强和改进未成年人思想道德建设的若干意见》以及各级关工委工作文件,正确把握教育系统关工委的工作方向。他制定市教育局关工委和退休教师协会实行两块牌子、一套班子的“两会合一”工作机制,着力打造市教育局关工委的工作特色;坚持务实工作,不断提升市教育局关工委的工作成效;注重激励工作伙伴,凝心聚力共同把工作做得更好。他带领市教育局关工委先后获江苏省教育系统2015年度关工委工作常态化建设巩固提高奖、2016年无锡市教育系统关工委“工作创新奖”等荣誉,2018年获评江苏省教育系统关工委优秀团队。2021年12月,王玉泉被教育部关心下一代工作委员会评为全国教育系统关心下一代工作先进个人。

(陈国胜)

曹伟洪

1966年12月生,申港街道人,中共党员,大专学历。2008年3月,从市公安局转任至申港司法所工作。2010年起,担任申港司法所所长和调解委员会主任。针对辖区重点单位多、流动人口多、弱势群体多、上访人员多、民间纠纷矛盾多的特性和压力,曹伟洪秉承“凡事都要有章可循”的原则,注重提高调解艺术,把情绪控制、调解技巧运用到调解过程中,总结出“热情受理,详尽调查;一杯热茶,笑脸相迎;专注聆听,准确研判;晓之以理,以理服人;划分过错,明确责任”的调解方法。他累计参与调处矛盾纠纷1200余件,调解成功率达100%,未发生民转刑案件,取得的成绩得到申港街道和上级司法行政部门的肯定。申港司法所先后被评为江苏省优秀司法所、无锡市五星级司法所、无锡市法制宣传教育先进单位、无锡市法治文化建设示范点、无锡市规范执法示范点、无锡市法治街道创建工作先进单位、江阴市2017—2018年度“十佳人民调解组织”,两次荣获无锡市司法局集体三等功。2020年,曹伟洪被评为江苏省优秀人民调解员,并被提名为江阴市首届政法信访战线“最美平安卫士”。2021年10月,被司法部评为全国司法所模范个人。

(王军峰)

窦正满

1960年12月生,江苏洪泽人,中共党员,博士研究生。1978年入伍,2004年退役后,创办江阴澄港拖轮船务有限公司。创业成功后,他关心帮扶自主择业战友,优先录取退役军人。作为无锡市自主择业军转干部中唯一的无锡市人大代表,他积极建言献策,反映自主择业军转干部和其他退役军人的诉求,传达政府相关政策精神,为维护退役军人权益发挥重要作用。他还担任江阴市关爱退役军人协会常务副会长兼秘书长,定期组织协会开展关爱退役军人相关工作,常态走访慰问革命功臣和部分困难退役军人。他奉献爱心、回馈社会,牵头成立洪泽县爱心助学基金会无锡分会,担任首任会长并结对资助多名贫困学生,常态资助养老机构,慰问孤寡老人,捐赠200余万元用于公益事业。2014年,获“全国模范军队转业干部”称号。2015年,被国务院军转办特聘为“全国自主择业军队转业干部就业创业导师”。2016年,江苏省人社厅授予其公司“江苏省自主择业军队转业干部就业创业示范基地”称号。2021年9月,窦正满被中宣部、退役军人事务部、中央军委政治工作部评为最美退役军人。

(沈　洁)

郑冰清

女,1995年12月生,申港街道人,中共党员,研究生学历,江阴市申港三鲜养殖有限公司总经理。2014年,郑冰清到南京农业大学无锡淡水渔业研究中心参与紫黑翼蚌的引种驯养研究项目。协助申港三鲜养殖公司建立紫黑翼蚌苗种繁育车间,成功进行紫黑翼蚌养殖,在此期间引进300尾淡水石首鱼和150只紫黑翼蚌,加快人工苗种的规模化繁育进程。2017年年初,正式培育出第一代幼蚌。还引进高秆水稻新品种发展“稻鱼共生”模式,套养沙塘鳢、河蟹、青虾,经济和生态效果显著。2019年5月,突破淡水石首鱼繁育技术,并注册专利。她密切关心长江生态,带领公司坚持向长江放养河豚鱼种苗达4.5亿尾,为恢复和保护长江生态及鱼类资源做出重大贡献。她在注重科技创新和提高公司效益的同时,坚持绿色生态养殖新理念,将循环经济、绿色发展贯穿其中,因势利导引领广大养殖户发展可持续高效生态绿色渔业,同时积极带动周围养殖户转型升级,促进可持续发展。2021年12月,被共青团中央、农业农村部评为全国乡村振兴青年先锋。(耿子钰)

孙丽芬

女,1975年3月生,澄江街道人,中共党员,大学本科学历,硕士学位,江阴生态环境行政综合执法局临港开发区执法分局副分局长,市污防攻坚办综合组组长。2020年,孙丽芬被抽调至生态环境部环境应急与事故调查中心挂职锻炼,参加“12369”环保举报管理相关工作。在挂职期间,自觉服从安排,严守工作纪律,工作勤奋敬业。做好环境信访投诉举报热线接听留言处理工作,保障举报渠道通畅,接听热线电话862个、处理留言761条;坚持标准意识,协助完善工作规范,严格抽查投诉举报办结件902件;坚持服务意识,提供各类环境污染举报线索59447条,督促地方整改问题。双休日和国家法定假日经常加班加点,坚守岗位,坚持供暖期每日严格筛查和报送“双替代”(电代煤、气代煤)举报线索,特殊时期每日严格筛查和报送医疗废水废弃物举报线索,圆满完成各项工作任务。2021年6月,被生态环境部环境应急与事故调查中心评为生态环境部环境信访投诉举报工作优秀个人。

(姚　洵)

朱　静

女,1985年11月生,南闸街道

人，中共党员，大学本科学历，江阴生态环境局环境管理高级工程师。2018年生态环境部根据《土壤污染防治行动计划》，启动开展全国重点行业企业用地土壤污染状况调查工作，旨在于2020年年底前掌握重点行业企业用地中的污染地块分布及其环境风险情况。朱静认真学习研究国家和省、市各项部署要求以及各类技术文件，对整个调查工作中的调查对象筛选确定、基础信息采集、风险筛查及其纠偏、初步采样调查、风险分级直至成果集成工作的各方面要求做到融会贯通，结合江阴实际情况编制调查工作方案。江阴作为经济发展排头兵的县级市，工业发达，调查工作任务量位居无锡市首位。朱静加班加点投入重点行业企业用地调查工作中，全程做好对上沟通衔接，对下做好相关镇（街道）、园区协调，完成768个重点行业企业的用地信息采集，完成采样调查地块57个，按时保质保量完成调查工作。2021年12月，被生态环境部评为重点行业企业用地土壤污染状况调查表现突出个人。（姚　洵）

吴栋标

1971年8月生，长泾镇人，中共党员，大学本科学历，江阴市长东村党委书记，长泾镇粗纺呢绒行业协会会长，江阴兴吴呢绒科技有限公司董事长。1999年起，吴栋标创办兴吴呢绒公司，从控制羊毛品质入手，配套纺纱、织造、染整部门，联合高校展开产学研合作，形成完整的一条龙生产体系。2013年，公司被评为国家粗毛纺产品开发基地。2016年，“兴吴呢绒”被国家工商行政管理总局认定为“中国驰名商标”。2017年11月，公司获“江苏省企业技术中心”称号。在创造良好的经济和社会效益后，吴栋标与长泾镇同行企业联合成立镇粗纺呢绒行业协会。他担任协会会长后，大力发展全镇粗纺呢绒特色产业，优化传统产业结构，引导低端产能退出，做好产业集聚，实现粗纺呢绒产业质的蜕变。2021年11月，吴栋标被人力资源和社会保障部、中国纺织工业联合会评为全国纺织工业劳动模范。（费　倩）

程春红

女，1977年4月生，华士镇人，中共党员，大学本科学历，华士镇社会事业局副局长，教育科科长。程春红多年来在工作中积极作为，用心用情，为民服务，大胆探索困境儿童关爱服务模式，引领华士镇困境儿童关爱保护工作高质量发展。2019年，在华士镇高标准建成全市首个镇级困境儿童“关爱之家”，集文化学习、培训教育、健身娱乐休闲于一体。牵头成立由民政、妇联、公安等11个政府部门组成的困境儿童保障工作领导小组，组建镇、村两级儿童社会保护督导员队伍。建立志愿者数据库，吸纳社会志愿者近1000名。经过不断探索、提炼、总结，最终形成“政府主导＋搭建平台＋引入社会组织＋志愿者参与”的华士模式，规范化、制度化运营。她整合政府部门资源，引导多方力量参与，开通华士微公益心理热线，成立“晓华姐姐爱心工作室”，进行“一对一”帮扶、“点对点”关爱，为有需要的儿童和家长提供线上陪伴。华士镇困境儿童“关爱之家”2019年被评为全国优秀儿童之家，2020年高分通过省民政厅建设运营考核，名列全省第一。2021年9月，程春红被农村留守儿童关爱保护和困境儿童保障工作部际联席会议办公室评为全国农村留守儿童关爱保护和困境儿童保障工作先进个人。

（赵洪高）

沈建龙

1965年10月生，澄江街道人，中共党员，大学本科学历，江阴市消费者权益保护委员会秘书长。沈建龙坚持不断地学习研究消费维权的相关法律法规和规定，熟练掌握和运用维权工作涉及的法律法规和相关处理规定，注重理论研究，先后有11篇文章被省级以上网站和媒体录用。善于总结经验，组织制定无锡地区第一部投诉处理地方标准。充分发挥基层消保委分会、投诉站、监督站的维权作用，提高消费纠纷处理效率；充分发挥相关行业专家作用，使消费者的疑难投诉案件得到妥善解决。发挥社会力量，推进消费维权社会共治，优化消费环境。组织各消保委分会、相关行业协会开展消费维权法律法规的宣传咨询活动，倡导文明餐饮消费，开展十大行业百佳“诚信单位”评选。组织编辑酒类饮品行业消费维权监督站工作宣传手册，健全家装行业专家组队伍建设，规范汽车市场经营行为。2020年，沈建龙受到江阴市政府嘉奖，被评为为民解难岗位标兵。2021年12月，被中国消费者协会评为2020—2021年度消费维权先进个人。（李　洁）

包虎平

1983年10月生，祝塘镇人，中共党员，大学本科学历，江苏方程电力科技有限公司研发部经理，高级工程师。包虎平作为省科技成果转化专项等重要项目的技术负责人，参与设计研发的项目获江苏省科技进步三等奖、国家电网科技进步二等奖。他带领团队攻坚克难，深入研究柔性交流输电控制技术，先后主持一系列新产品的设计研发，解决配电网中谐波治理、新能源发电、微电网运行控制等关键技术难题。其中“智能配网有源滤波装置”获无锡市科技进步二等奖，“清洁友好型风光储分布式发电微网系统”通过省科技成果鉴定，整体技术达国际先进水平。他主持研发的创新型产品对于提高电网供电可靠性、促进绿色低碳、可持续发展等方面起到积极的推动作用。2021年4月，包虎平被评为江苏省劳动模范。

余彦冬

1974年11月生，陕西城固人，中共党员，大学本科学历，江阴市洪腾机械有限公司技术部部长，高级工程师，全国冶金机电标准化技术委员会委员。他主持和参与国家、行业标准编制 16 项,获全国液压液力气动密封行业技术进步二等奖,个人获得国家专利授权 10 项,发表科技论文 4 篇。他发挥“领头雁”作用,带领技术团队开发各类液压产品 4000 余种,取得多项科研成果;成立劳模创新工作室,带领成员大胆进行技术创新,先后攻克多项技术难题,成功开发超高压水切割设备等,每年为企业创造经济效益 1.2 亿元。2021 年 4 月,余彦冬被评为江苏省劳动模范。

于 燕

女,1976 年 5 月生,黑龙江呼玛人,大学专科学历,江苏阳光集团有限公司服装研发中心主任,高级工程师。于燕 20 多年来从一名普通绘图员、设计师成长为服装设计技术领头人,在她的带领下,该研发中心成为企业全品类服装设计开发的核心团队,先后制定行业标准和军服标准 32 项,申请国家专利 86 项,为国庆阅兵开发制作的三军仪仗队礼宾服展示国威和军威,为集团争取荣誉,展现企业强大的技术研发和服装定制实力。近年来,她先后带领研发中心员工为全国银行、证券、铁路航空等系统 3000 余个单位设计开发职业服装,为公司创造 3 亿余元的经济效益。2021 年 4 月,于燕被评为江苏省劳动模范。

陈 亚

女,1974 年 12 月生,江苏张家港人,初中学历,江苏贝德服装集团有限公司车间主任。陈亚从事服装行业 30 年,从缝纫工做起,一步一个脚印,狠练基本功,凭着一份执着和拼劲,从成衣车间车工成长为车间主任。每到新的岗位,她始终坚持提升自身技能水平,多次在市镇组织的服装技能比赛中获得好成绩,曾获江阴市缝纫技能比赛第一名。成立劳模创新工作室后,她积极钻研服装制作理论知识,把理论应用到实践中去,并将自己多年的心得、经验传授给大家,带领工作室成员自主设计开发近 300 种新品,远销日本和欧美,为企业创造近千万元的经济效益。2021 年 4 月,陈亚被评为江苏省劳动模范。

孙 涛

1982 年 8 月生,江苏新沂人,中共党员,大学本科学历,中建材浚鑫科技有限公司生产总监,工程师。孙涛作为公司的技术和管理核心骨干,始终对自己高标准、严要求,倡导“共创、共担、共享、共赢”的团队理念,勇于担当、敢于作为。他深度整合优化公司资源,推动公司两区三地统筹协作,提升生产运行效率,加速推进生产线设备技术升级改造,通过 166 组件全面技术优化升级,既保留 EVA(乙烯—醋酸乙烯共聚物)材料的层压工艺便利性,又兼具聚烯烃材料的高阻隔和耐候性,降低成本的同时,保证组件的 PID(进程控制符)性能,达到降本增效的目的,日产能环比分别增长 4%、10%,为公司创收约 7500 万元,满足客户对质量要求的同时,助推公司技术水平达到行业领先水平,全面实现自动化、信息化、智能化。2021 年 4 月,孙涛被评为江苏省劳动模范。

宋建新

1969 年 10 月生,长泾镇人,中共党员,大学本科学历,升辉新材料股份有限公司董事长。作为中国肉类协会包装分会会长,宋建新主持制定国家标准、行业标准和团体标准 10 余项。他带领公司深耕新型薄膜材料领域,成为亚洲最大的肉类包装企业,入选国家火炬计划重点高新技术企业,被评为国家级专精特新“小巨人”企业,获全球包装界最高大奖“陶氏包装奖”。2018 年,筹建国际领先的新能源薄膜材料企业。2020 年公司实现销售 6.1 亿元,利税 7000 万元,解决就业岗位 500 余人。他成立“升辉慈善基金”“文辉教育发展基金”等进行扶贫帮困,促进地方和贫困地区教育发展,累计向社会和学校捐赠 3000 余万元。2021 年 4 月,宋建新被评为江苏省劳动模范。

毛洪财

1972 年 3 月生,吉林永吉人,大学本科学历,双良节能系统股份有限公司总工程师,高级工程师。毛洪财 1994 年从西安交通大学化工机械与设备专业毕业后,在双良公司工作,一直从事溴化锂吸收式制冷和热泵技术与装备技术研发和管理工作,获得专利上百项,其中发明专利 50 余项。作为国家重点研发计划课题负责人,他主持和参与多项国家标准的起草工作,并主持研发大型溴化锂吸收式制冷和热泵余热利用等数 10 种新产品,其主要性能指标均达到国际领先水平,获多项省部级科技进步奖。他主持研发的产品具有良好的市场推广和应用,年销售数亿元,在用产品年节能收益超百万吨标煤,产生极佳经济和社会效益。2021 年 4 月,毛洪财被评为江苏省劳动模范。

纪玉忠

1970 年 6 月生,江苏仪征人,中共党员,大学本科学历,江阴兴澄特种钢铁有限公司总经理助理,高级工程师。纪玉忠 1994 年进公司工作,历任轧钢工、作业长、厂长、部长、总经理助理,逐步成为兴澄特钢中坚管理骨干。他扎根一线攻坚克难,积极组织难题攻关,主持和参与的创新项目获国家科技进步二等奖、省科技进步一等奖、中信泰富特钢集团突出贡献奖等。在他的带领下,公司棒材产品质量稳步提升,连铸技术创新突破稳中提质,汽车用钢占领国际高端市场,产品广泛应用于宝马、奥迪、奔驰等高端汽车。他注重班组建设和人才培养,主管的棒材事业部、生产系统被誉为公司乃至特钢集团的人才“孵化基地”。2021 年 4 月,纪玉忠被评为江苏省劳动模范。

程雪峰

1977年11月生，周庄镇人，中共党员，大学本科学历，江阴市雪峰农业专业合作社理事长。程雪峰大学毕业后回乡创业，种植绿色稻米，陆续推广稻鸭、稻鱼种养新模式，打造出“苏米传奇”品牌长寿富硒米、生态米等农产品，获江苏好大米特等奖。他积极推广绿色高效高质生产技术，为周边农户全程提供农机服务和技能培训，带动农户节本增收；积极承担社会责任，建立省农科教基地、江阴市青少年实践基地和“米娃农学院”，组织中小学生开展环保主题、农场体验系列活动，让学生养成珍惜粮食、热爱劳动的传统美德；结对帮扶云南保山中学贫困学生，慰问环卫工人、残疾人、退伍老兵以及援鄂医护人员等。2021年4月，程雪峰被评为江苏省劳动模范。

叶　飞

1977年9月生，长泾镇人，中共党员，大专学历，江阴市南国花木专业合作社理事长，园艺师。2009年，叶飞与浙江大学、南京农业大学展开产学研合作，成立江阴市南国花木专业合作社，拥有2项国家级实用专利。他致富不忘回报家乡，首创“公司＋合作社＋花园中心＋示范基地＋农户”经营模式，先后在长泾镇南湎村参桥头、千家丈建立21.87公顷的示范基地，带动周边100余户农户开展花卉苗木的种植与生产，解决200余人的就业问题，人均增收3500元。2016年，公司被评为省乡村四星级旅游景点。2017年，被评为农业部四星级乡村旅游示范点，成为当地青少年学生的社会实践基地。2021年4月，叶飞被评为江苏省劳动模范。

沈洪杰

1974年7月生，青阳镇人，中共党员，大专学历，江阴市林度农机服务专业合作社理事长。沈洪杰创办的合作社以农机作业服务与粮食生产并重的经营模式，带领农民脱贫致富，曾被评为全国、江苏省、无锡市、江阴市农机合作社示范社。2016年，对10公顷低洼水田进行改造，实施稻鱼共作的复合生态农业模式，比普通水稻种植收益增30%。2017年，扩建一个200吨以上的烘干中心和一个满足333.33公顷种植需要的育插秧中心。2019年，技术创新投入秸秆综合利用项目，解决当地农村垃圾处理的瓶颈问题，同时也产生一定的经济效益。2020年，实施22.47公顷高标准农田建设项目，总投资196.1万元，对低端大棚整理拆除平整，机耕路硬化，解决当地100余名农民就业，实现农民增产增收。2021年4月，沈洪杰被评为江苏省劳动模范。

张　健

1976年10月生，月城镇人，中共党员，大专学历，江阴市阿洪果品专业合作社理事长。2007年，张健创办江阴市阿洪果品专业合作社，带领村民走上发家致富的小康之路。所创合作社有社员153人，基地130余公顷，辐射基地过万亩，基地效益超过一般经营户30%。2019年，阿洪果品专业合作社被评为全国农民专业合作社示范社。他每年组织5～8次培训，深入田边地头进行现场指导，传授栽培技术，累计培训1600余人次，同时聘请省内专家组建指导技术团队，引进一系列新品种、新技术和新模式，扶持农户调整产业种植结构，发展特色林果业，为当地“三农”事业做出较大贡献。2021年4月，张健被评为江苏省劳动模范。

袁　振

1982年4月生，夏港街道人，中共党员，中专学历，江阴市长达钢铁有限公司电气车间主任。袁振全面负责公司的电气自动化维护、保养、检修工作，根据实际工作编制电气设备作业指导书、保养检修章程等，不仅每年为公司节约数百万元的维修费，而且连续多年将电气故障热停工时间压缩至5分钟，有效降低能耗。同时在公司生产线技术换代过程中，他带头先后解决电气控制单元系统兼容问题、高线车间芯棒减速器损坏问题、螺纹钢尾部开花问题、打包机等自动设备的编程等一系列技术难题，有效提高公司产品的产量、成材率，创造直接经济效益数千万元，为企业顺利转型做出突出贡献。2021年4月，袁振被评为江苏省劳动模范。

任伟平

1969年5月生，璜土镇人，中共党员，高中学历，法尔胜泓昇集团有限公司灌锚工段长。任伟平在灌锚工段工作10余年，完成700余项桥梁项目的灌锚工作，为企业的发展壮大做出重要贡献。他积极参与桥梁缆索工艺规范和技术标准的编制工作，将常年工作积累的技术和经验整理成文，被企业编入工艺文件、技术要求中，提出的相关技术参数被列入行业标准；独创的“锥体水平切割法”被评为无锡市“十大操作法”；克服海外项目NS锚具的疑难杂症，在世界第四大悬索桥土耳其依兹米特大桥上改进灌锚工艺，解决吊杆索长度精度控制难点的问题，得到国外专家的一致认可。2021年4月，任伟平被评为江苏省劳动模范。

周国伟

1962年12月生，璜土镇人，中共党员，高中学历，江阴市璜土镇小湖村党总支部书记。周国伟担任村党总支部书记25年以来，带领村民进行人居环境整治，先后对40余条家河进行全方位治理，对村基础设施进行完善，全面进行“厕所革命”，小湖村先后获“江苏省卫生村”“江苏省生态村”“江苏省社会主义新农村建设先进村”“江苏省文明村”等称号。他着力解决群众最关心最现实的利益问题,在他的努力下,小湖村44个村民小组、3896名可保障人员全部被纳入征地农民保障系统;他大力推行“福村宝”项目,村民参保率高达96%,村委累计投入金额166万元,帮助村民减轻看病的压力,截至2020年年底,共补助3023笔,补助金额238万元。2021年4月,周国伟被评为江苏省劳动模范。

王利峰

1965年11月生,长泾镇人,中共党员,大学本科学历;江阴市工业和信息化局四级调研员。王利峰坚决贯彻江阴市委产业强市首要战略,当好产业强市“急先锋”。2015年以来,牵头制定和完善产业强市政策,累计兑付产业强市资金100余亿元,各项工业经济主要指标名列省市前茅;累计推动149项省市重点工业项目开工建设,滚动实施无锡市级“千企技改”项目1489项;获得中国工业大奖、国家制造业单项冠军等国家级奖项30项,江阴各类全国500强企业数量在同类城市中遥遥领先,为江阴实现“中国工业百强县”四连冠做出重要贡献。面对疫情,他牵头做好“六稳”“六保”工作、带头扛起打好疫情防控阻击战的政治责任,带领江阴市工信局获“无锡市抗击新冠肺炎疫情先进集体”称号。2021年4月,王利峰被评为江苏省先进工作者。

朱敏华

1973年11月生,青阳镇人,中共党员,大学本科学历,江阴市公安局刑警大队副中队长。朱敏华作风过硬,业务精湛,从警27年来,先后参与侦办黑社会性质犯罪组织案件16件,打掉3人3起以上恶势力团伙210余个,打击黑恶犯罪分子1500余名。在侦办一件盗窃电缆线团伙案件时,他因连续攻坚3个昼夜未合眼诱发预激综合征,经三天两夜的抢救才脱离险境。2019年以来,针对网络黑恶犯罪日益突出、受害群众面广量大的情况,他不断拓展办案思路,先后打掉3个网络套路贷犯罪团伙,累计为受害群众追回损失5000余万元,荣立二等功1次、三等功4次,获嘉奖10次。2021年4月,朱敏华被评为江苏省先进工作者。

张建春

1965年3月生,江苏如皋人,中共党员,大学本科学历,江阴市人民医院感染性疾病科副主任,主任医师。张建春从医33年,刻苦钻研、开拓创新,在医学领域中先后发表学术论文20余篇,获得江阴市科技成果四等奖1次。他坚持一切以病人为中心,成功抢救无数名危重症患者。在抗击非典、禽流感等各种突发传染病防控救治工作中他始终冲在一线,在疫情肆虐时身先士卒勇斗疫情。援鄂期间,他担任临时党支部委员、江阴医疗队队长,每天冒着感染风险坚持查房,与新冠肺炎患者近距离接触,协助无锡医疗队队长做好病房管理工作,指导抢救危重患者,圆满完成援鄂医疗任务。2021年4月,张建春被评为江苏省先进工作者。（马叶飞）

附:其他省委、省政府及以上表彰的先进个人

姓名	工作单位	荣誉称号	授予单位
关开城	市人民检察院	全国扫黑除恶专项斗争先进工作者	全国扫黑除恶专项斗争领导小组
黄剑	市人民法院	人民法院党建工作先进个人	最高人民法院
赵翔	市公安局刑事警察大队技术中队	公安部第十一批刑事技术青年人才	公安部
华军	市公安局刑事警察大队	全国公安机关扫黑除恶专项行动成绩突出个人	公安部
朱敏华	市公安局刑事警察大队	平安之星	中央政法委
孟艳	市国信市民卡有限公司	全国人社知识通	人力资源和社会保障部
花晓艳	市劳动人事争议仲裁院	全国人社知识通、最佳风采奖	人力资源和社会保障部
王荣达	长江引航中心	2021年交通运输部系统优秀共产党员	交通运输部办公厅
金校	长江引航中心	2021年交通运输部系统优秀党务工作者	交通运输部办公厅
陈杏妹	利港街道	中国好人	中央精神文明建设指导委员会办公室
钱俊贤	璜土镇	中国好人	中央精神文明建设指导委员会办公室
李克雨	市文体广电和旅游局	2017—2020年度全国群众体育先进个人	国家体育总局
林玉生	祝塘镇社会事业局	2018—2019年度全国无偿献血奉献奖铜奖	国家卫生健康委员会、中国红十字会总会、中央军委后勤保障部卫生局

赵　江	市农业综合行政执法大队渔政监督大队	"中国渔政亮剑 2021"系列专项执法行动成绩突出个人	农业农村部
高　阳	市农业技术推广中心农业机械技术推广站	全国技术能手	人力资源和社会保障部
高秋华	市江海非织造布有限公司	全国纺织工业劳动模范	人力资源和社会保障部、中国纺织工业联合会
周立宸	海澜集团有限公司	全国纺织工业劳动模范	人力资源和社会保障部、中国纺织工业联合会
周禹珺	江阴普顿塑胶有限公司	2020 年度民盟反映社情民意信息工作先进个人	民盟中央
薛　迅	江阴教师发展中心	民盟中央脱贫攻坚先进个人	民盟中央
刘嘉薏	市妇女联合会	民盟中央思想政治建设和宣传工作先进个人	民盟中央
罗勇彪	市科学技术协会	2020 年度中国科协全国科技工作者状况调查站点优秀信息员	中国科协创新战略研究院
邱克玉	市科学技术协会	2020 年度中国科协全国科技工作者状况调查站点优秀调查员	中国科协创新战略研究院
陈　波	市市场监管执法大队	2020 年度查处重大侵权盗版案件有功个人	国家版权局
王未艾	市市场监管执法大队	2020 年度查处重大侵权盗版案件有功个人	国家版权局
田　甜	市妇幼保健院	全国首届出生缺陷防治科普作品征集大赛文章类三等奖	国家卫生健康委委员会办公厅、中国出生缺陷干预救助基金会
李开章	市发改委	全省脱贫攻坚暨对口帮扶支援合作先进个人	江苏省委、省政府
徐卓文	市人民医院	全省脱贫攻坚暨对口帮扶支援合作先进个人	江苏省委、省政府
李洪耀	夏港街道长江村	江苏省优秀共产党员	江苏省委
费　洁	市教师发展中心	江苏省特级教师	江苏省政府
马维林	南菁高级中学	江苏省特级教师	江苏省政府
戴加成	南菁高级中学	江苏省特级教师	江苏省政府
寇永升	南菁高级中学	江苏省特级教师	江苏省政府
叶先进	南菁高级中学	江苏省特级教师	江苏省政府
谢建民	南菁高级中学实验学校	江苏省特级教师	江苏省政府
梁昌辉	晨光实验小学	江苏省特级教师	江苏省政府
彭加山	江阴中等专业学校	江苏省特级教师	江苏省政府

江苏省条线系统、无锡市、江阴市先进个人

【江苏省条线系统先进个人】

姓　名	工　作　单　位	荣　誉　称　号	授　予　单　位
2019—2020 年度：			
党　辉	市档案史志馆	全省信息及地情宣传工作优秀联络员	江苏省地方志办公室
程继红	市自然资源和规划局	全省自然资源信访工作成绩突出个人	江苏省自然资源厅
代　晶	国网江阴市供电公司	特高压工程及重点输变电工程建设先进个人	国网江苏省电力有限公司
方宜才	海澜美术馆	《江苏省社会科学普及促进条例》实施工作成绩显著个人	江苏省哲学社会科学界联合会

2020 年度：

党　辉	市档案史志馆	全省方志文化宣传工作先进个人	江苏省地方志办公室
李宗奇	市应急管理局	危险化学品安全生产先进个人	江苏省应急管理厅
闵建法	青阳镇政府	四季度全省信访系统“岗位之星”	江苏省政府信访局
田　杰	市司法局	信息工作先进个人	江苏省司法厅
储　恺	市农业农村局	全省渔业行政执法优秀案卷	江苏省农业农村厅
徐俊华	市农业农村局	全省渔业行政执法优秀案卷	江苏省农业农村厅
王美娟	要塞中心幼儿园	全省教科研工作先进个人	江苏省教育科学研究院
谢建民	南菁高级中学实验学校	全省教科研工作先进个人	江苏省教育科学研究院
李　松	江阴中等专业学校	全省教科研工作先进个人	江苏省教育科学研究院
刘敏芳	市残联	公益助残网络募捐工作“先进个人”	江苏省残疾人福利基金会
朱蓓蕾	市残联	公益助残网络募捐工作“先进个人”	江苏省残疾人福利基金会
陈剑英	周庄镇残联	公益助残网络募捐工作“先进个人”	江苏省残疾人福利基金会
蒋　炜	市交通运输综合执法大队	全省超限超载运输治理工作优秀个人	江苏省交通运输厅、省公安厅
邹根军	江阴出入境边防检查站	个人三等功	江苏出入境边防检查总站
祁旭栋	江阴出入境边防检查站	个人三等功	江苏出入境边防检查总站
王　维	江阴出入境边防检查站	个人三等功	江苏出入境边防检查总站
陆　琦	江阴出入境边防检查站	个人三等功	江苏出入境边防检查总站
陶　翔	中国农业发展银行江阴市支行	风险管理岗位标兵	中国农业发展银行江苏省分行
钱晓明	市锡能实业有限公司	先进工作者	江苏苏电产业管理有限公司
史毅鸣	市锡能实业有限公司	江苏省安装行业“五星建造师”	江苏省安装行业协会
谢斌鑫	国网江阴市供电公司	江苏省安装行业“金牌企业家”	江苏省安装行业协会
黄敏均	国网江阴市供电公司	“奋战新征程 建功新基建”劳动竞赛先进个人	国网江苏省电力有限公司、国网江苏省电力有限公司工会
何燕君	国网江阴市供电公司	多维报表与财务决算劳动竞赛先进个人	国网江苏省电力有限公司、国网江苏省电力有限公司工会
曹　磊	国网江阴市供电公司	配电网网格化及不停电作业管理提升劳动竞赛先进个人	国网江苏省电力有限公司、国网江苏省电力有限公司工会
张文雅	国网江阴市供电公司	物资、服务计划专业劳动竞赛先进个人	国网江苏省电力有限公司、国网江苏省电力有限公司工会
江兆成	国家统计局江阴调查队	年度考核优秀等次	国家统计局江苏调查总队
姜倬雅	国家统计局江阴调查队	年度考核优秀等次	国家统计局江苏调查总队
夏　蒙	国家统计局江阴调查队	年度考核优秀等次	国家统计局江苏调查总队
石良红	市公安局刑事警察大队	全省公安机关命案积案攻坚行动有功个人	江苏省公安厅
张华仁	市公安局交通警察大队	全省超限超载运输治理工作优秀个人	江苏省交通运输厅、省公安厅

2020—2021 年度：

沙智慧	天衡会计师事务所江阴分所	组织建设工作先进个人	民盟江苏省委

2021 年度：

孔　颖	市政府办	江苏省 2021 年度政府网站工作先进个人	江苏省政府办公厅

吴爱勇	市政府办	2021年度江苏省政务信息工作先进个人	江苏省政府办公厅
周建清	江苏安凯特科技股份有限公司	江苏省"双创人才"	江苏省委组织部、宣传部
罗小松	无锡全世全流体科技有限公司	江苏省"双创计划"创业人才	江苏省委组织部、省人才工作领导小组办公室
陈　鑫	徐霞客镇人武部	江苏省拟任职基层专武部长集训优秀学员	江苏省委组织部、省军区动员局、省军区政治工作局
朱　倩	华士镇政府	江苏省优秀共青团干部	共青团江苏省委
江　凡	月城镇政府	全省统战系统庆祝建党100周年青年党员演讲比赛活动一等奖	江苏省委统战部
黄亚萍	华姿中等专业学校	江苏省教育系统先进个人(优秀教师)	江苏省人力资源和社会保障厅、省教育厅
高东霞	祝塘中心小学	江苏省校外教育辅导站工作优秀辅导员	江苏省教育厅
唐卫娟	市司法局	第二届"新时代江苏司法为民好榜样"行政执法监督好榜样	江苏省司法厅
蒋　科	市司法局	全省法律援助工作先进个人	江苏省司法厅
查国龙	市司法局	江苏省优秀司法所长	江苏省司法厅
管　茜	市司法局	江苏司法行政"155"人才工程培养对象期满考核优秀等次	江苏省司法厅政治部
陶晓东	市人民法院	全省法院援藏援疆管理工作先进个人	江苏省高级人民法院
高　勇	市人民法院	全省法院党建工作先进个人	江苏省高级人民法院
杨　菁	市人民法院	全省法院审判管理工作先进个人	江苏省高级人民法院
方燕燕	市人民法院	全省扫黑除恶专项斗争先进个人	江苏省高级人民法院
周爱明	江苏天华纱业集团	"江苏最美拥军人物"提名	江苏省双拥工作领导小组
赵六宝	月城镇	江苏好人	江苏省精神文明建设指导委员会办公室
周　煜	南菁高级中学实验学校	新时代江苏好少年	江苏省精神文明建设指导委员会办公室
陈丽芬	江苏阳光集团	第八届江苏省道德模范提名奖	江苏省精神文明建设指导委员会
周　红	市关工委	全省关心下一代工作优秀个人	江苏省关心下一代工作委员会、省精神文明建设指导委员会办公室
钱阿兴	云亭街道关工委	全省关心下一代工作优秀个人	江苏省关心下一代工作委员会、省精神文明建设指导委员会办公室
张静华	夏港街道关工委	全省关心下一代工作优秀个人	江苏省关心下一代工作委员会、省精神文明建设指导委员会办公室
吴建元	顾山镇关工委	全省关心下一代工作优秀个人	江苏省关心下一代工作委员会、省精神文明建设指导委员会办公室
钱秋平	长泾镇关工委	全省关心下一代工作优秀个人	江苏省关心下一代工作委员会、省精神文明建设指导委员会办公室
蒋云南	江苏贝德服装集团有限公司关工委	全省关心下一代工作优秀个人	江苏省关心下一代工作委员会、省精神文明建设指导委员会办公室
周永才	市教育系统关工委	全省教育系统关心下一代工作先进工作者	江苏省教育系统关工委
殷军海	江苏海华嘉豪物流有限公司	全省物流行业先进个人	江苏省人力资源与社会保障厅、省发展和改革委员会、省物流产业促进会
刘小龙	江苏江阴港港口集团股份有限公司	全省物流行业先进个人	江苏省人力资源与社会保障厅、省发展和改革委员会、省物流产业促进会

王　涛	利港街道纪工委	全省纪检监察系统先进工作者	中共江苏省纪律检查委员会、省监察委员会、省人力资源和社会保障厅
王　昱	长江引航中心	江苏省技术能手	江苏省人力资源和社会保障厅
肖志勇	长江引航中心	江苏省技术能手	江苏省人力资源和社会保障厅
孟　艳	市国信市民卡有限公司	江苏省技术能手、人社知识通	江苏省人力资源和社会保障厅、省总工会
花晓艳	市劳动人事争议仲裁院	江苏省五一劳动奖章、五一创新能手、技术能手	江苏省人力资源和社会保障厅、省总工会
花晓艳	市劳动人事争议仲裁院	江苏省五一巾帼标兵、仲裁员业务标兵	江苏省人力资源和社会保障厅、省总工会、省劳动人事争议仲裁委员会
王习习	市妇幼保健院	江苏省妇幼健康服务技能竞赛产前筛查组二等奖	江苏省卫生健康委员会、省总工会
李霜洲	市税务局	江苏省按比例安排残疾人就业优秀个人	江苏省人民政府残疾人工作委员会
高斌杰	市税务局	五一劳动奖章	江苏省总工会
安世者	市职工服务中心	困难职工解困脱困工作优异成绩个人	江苏省总工会
单滢滢	市职工服务中心	江苏省金牌劳动关系协调员	江苏省协调劳动关系三方委员会
毛　亚	市交通运输局	优秀党务工作者	中共江苏省交通运输行业委员会
耿柯锣	九三学社江阴市委	全省思想宣传先进个人	九三学社江苏省委
周晓东	九三学社江阴市委	全省社会服务先进个人	九三学社江苏省委
梁　丹	九三学社江阴市委	全省组织建设先进个人	九三学社江苏省委
朱　澄	民进江阴市委	民进江苏省社会服务暨脱贫攻坚工作先进个人	民进江苏省委
吴　江	民进江阴市委	民进江苏省社会服务暨脱贫攻坚工作先进个人	民进江苏省委
高保君	民进江阴市委	民进江苏省“虚拟机关”建设工作先进个人	民进江苏省委
李蕾芳	民进江阴市委	民进江苏省“虚拟机关”建设工作先进个人	民进江苏省委
潘晓岚	民进江阴市委	民进江苏省“虚拟机关”建设工作先进个人	民进江苏省委
秦　英	民进江阴市委	民进江苏省“虚拟机关”建设工作先进个人	民进江苏省委
姜　伟	民进江阴市委	民进江苏省“虚拟机关”建设工作先进个人	民进江苏省委
孙丁峰	民进江阴市委	民进江苏省“虚拟机关”建设工作先进个人	民进江苏省委
蒋　屹	民进江阴市委	民进江苏省“会员之家”建设工作先进个人	民进江苏省委
孙军卫	民进江阴市委	民进江苏省“会员之家”建设工作先进个人	民进江苏省委
石陈云	民盟江阴市委	庆祝中国民主同盟成立80周年先进个人	民盟江苏省委
王　剑	江阴高级中学	庆祝中国民主同盟成立80周年先进个人	民盟江苏省委
冯德强	南菁高级中学	庆祝中国民主同盟成立80周年先进个人	民盟江苏省委
邹凤翔	市教育局	庆祝中国民主同盟成立80周年先进个人	民盟江苏省委

金荣蕾	市市场监督管理局	庆祝中国民主同盟成立80周年先进个人	民盟江苏省委
钱　晴	市文体广电和旅游局	庆祝中国民主同盟成立80周年先进个人	民盟江苏省委
薛花娟	江苏法尔胜路桥科技有限公司	庆祝中国民主同盟成立80周年先进个人	民盟江苏省委
周　斌	江阴出入境边防检查站	全省边检机关庆祝建党100周年安保维稳工作成绩突出个人	江苏出入境边防检查总站
蒋　静	江阴出入境边防检查站	全省边检机关庆祝建党100周年安保维稳工作成绩突出个人	江苏出入境边防检查总站
张可儿	江阴出入境边防检查站	全省边检机关成绩突出党员民警	中共江苏出入境边防检查总站委员会
倪　立	江阴出入境边防检查站	全省边检机关成绩突出党员民警	中共江苏出入境边防检查总站委员会
俞祚亮	江阴出入境边防检查站	全省边检机关成绩突出党员民警	中共江苏出入境边防检查总站委员会
杨　婧	江阴农商银行	优秀通讯员	新华日报社
黄　娜	市供销合作总社	全省供销合作社系统优秀信息员	江苏省供销合作总社
代　晶	国网江阴市供电公司	优秀共产党员	中共国网江苏省电力有限公司委员会
孙定一	国网江阴市供电公司	优秀党务工作者	中共国网江苏省电力有限公司委员会
陈鹏飞	市公安局刑事警察大队	全省打击整治枪爆违法犯罪专项行动成绩突出个人	江苏省公安厅
卞晓阳	市公安局刑事警察大队	全省公安百优刑警	江苏省公安厅
董家欣	市公安局巡特警大队	第三季度全省“巡防之星”	江苏省公安厅
段　强	市公安局巡特警大队	江苏百名政法先进典型	江苏省委政法委
赵长丰	市公安局水上派出所	长江江苏段水上过驳专项整治工作先进个人	江苏省长江水上过驳专项整治领导小组
刘　莉	市公安局监管大队	药物滥用监测优秀报告个人	江苏省药品监督管理局、省公安厅、省司法厅、省卫生健康委员会

附:江苏省第七次全国人口普查工作成绩显著个人(江苏省第七次全国人口普查领导小组办公室、省统计局表彰)

赵　强(市政府)
刘益锋(市政府办)
贡敏华(市委宣传部)
姚　斌(市教育局)
周　吉(市教育局)
朱俊峰(市公安局)
许仲洁(市公安局)
陈晓东(市民政局)
李琳艳(市民政局)
张海红(市财政局)
陈　斌(市城乡与住房建设局)
何欣鑫(市城乡与住房建设局)
顾敏华(市卫生健康委员会)
张华梅(市妇幼保健院)
夏建辉(市统计局)
谢红伟(市统计局)
黄云婷(市统计局)
张　帆(市统计局)
何　敏(市统计数据管理中心)
刘叶军(市统计数据管理中心)
程　旦(市统计数据管理中心)
薛宇锋(市综合抽样调查队)
郭铭辉(市综合抽样调查队)
李学婧(市综合抽样调查队)
顾晶晶(市综合抽样调查队)
金　淼(市综合抽样调查队)
浦小玲(高新区社会事业局)
徐　丽(高新区山观社区)
林　芳(高新区山观社区)
高凤英(高新区金山社区)
刘君平(高新区金山社区)
刘文海(高新区石牌社区)
方建华(高新区石牌社区)
曹丽萍(高新区双牌社区)
管小飞(高新区双牌社区)
黄利亚(高新区山源社区)
朱丹萍(高新区杨市社区)
彭益华(高新区锦隆社区)
黄丽君(高新区滨江社区)
陶　怡(高新区滨江社区)
陈　诚(高新区寿山社区)
周月萍(高新区金童社区)
华德丽(高新区金童社区)
李鹏鹏(高新区长山社区)
许　燕(高新区长山社区)
汤虎生(高新区蟠龙社区)
周　禧(高新区朝阳经济股份合作社)
张韶峰(临港经济开发区管委会)
李　航(临港开发区社会事业局)
夏勤燕(申港街道申西村)
吕敏霞(申港街道申浦村)
缪叶莲(申港街道滨江村)
张宁珊(申港街道创新村)
徐玉花(申港街道申港村)
陈鸿凯(申港街道申港村)
汤雪枫(申港街道申南村)
缪国华(申港街道申兴村)

朱　佩(利港街道)
黄玉秀(利港街道苍山村)
丁丽琴(利港街道陈墅村)
徐　瑶(利港街道西石桥社区)
蒋　媛(夏港街道三元村)
刘中宇(夏港街道三联村)
李　萍(夏港街道苏港路社区)
许　慧(璜土镇高栗村)
田琴亚(璜土镇利城村)
陈　霞(璜土镇高启港苑村)
吴　琦(澄江街道)
庄琪瑶(澄江街道北大街社区)
苏艳君(澄江街道文定社区)
李　馨(澄江街道芙蓉社区)
王　波(澄江街道澄康路社区)
吴迎兮(澄江街道花园社区)
徐晓萍(澄江街道要塞社区)
赵　曦(澄江街道新华社区)
朱晓敏(澄江街道立新社区)
刘　静(澄江街道城中社区)
许　单(澄江街道花山社区)
夏　程(澄江街道运河社区)
周毅红(澄江街道璜塘上村)
黄　超(澄江街道通运村)
张新艳(澄江街道贯庄社区)
韩鹏程(澄江街道板桥社区)
赵连芬(澄江街道革新社区)
夏艨阳(澄江街道浮桥社区)
谢春玲(澄江街道黄田港社区)
吴燕萍(澄江街道黄山社区)
陈红梅(南闸街道谢南村)
高卓超(南闸街道观西村)
任兴华(南闸街道涂镇村)
沈利兴(云亭街道)
缪海燕(云亭街道佘城村)
汤晓丰(云亭街道定山村)
梁　剑(月城镇沿山村)
刘素英(月城镇水韵社区)
翟伟新(月城镇黄桥村)
薛丽红(青阳镇邓阳村)
袁亚凤(青阳镇建义村)
曾润国(青阳镇塘头桥村)
姜　桦(青阳镇旌秀社区)
任佳妮(徐霞客镇经济发展和改革局)
林忠伟(徐霞客镇黎明村)
陈　耀(徐霞客镇红星村)
吴　京(徐霞客镇南苑村)
李琼花(徐霞客镇璜东村)
包晓丹(华士镇华西派出所)
周敏凤(华士镇华西三村)
汪静珠(华士镇华西八村)
费艳昕(华士镇华西十三村)

赵　敏(利港街道)
时　英(利港街道利港村)
谢文玉(利港街道西奚墅村)
钱　敏(夏港街道)
曹秋霞(夏港街道长江村)
郑　琼(夏港街道夏港社区)
曹　洁(璜土镇华湖社区)
祁　洁(璜土镇花港苑村)
洪智源(璜土镇篁村村)
刘建国(澄江街道)
吴娴芸(澄江街道)
赵　蕾(澄江街道北大街社区)
钱小惯(澄江街道环城东路社区)
戴　琪(澄江街道芙蓉社区)
窦宏娟(澄江街道澄江路社区)
黄晨烨(澄江街道花园社区)
周德宏(澄江街道澄南社区)
顾　恒(澄江街道新华社区)
高蕾蕾(澄江街道塔南社区)
陶　燕(澄江街道君山社区)
高　敏(澄江街道江锋社区)
夏丽洁(澄江街道谢园村)
刘　强(澄江街道皮弄村)
王文艳(澄江街道先锋社区)
黄海瑛(澄江街道贯庄社区)
孙丽莉(澄江街道蒲桥社区)
张　婷(澄江街道文富社区)
吴　虹(澄江街道浮桥社区)
王智燕(澄江街道梅园社区)
张芝兰(澄江街道黄山社区)
汤新杰(南闸街道南新社区)
朱晓丹(南闸街道蔡泾村)
袁霓红(南闸街道涂镇村)
蒋敏娟(云亭街道)
顾海燕(云亭街道毗山村)
卜平凡(云亭街道金云社区)
雷　娜(月城镇月城社区)
徐　婷(月城镇月城村)
冯颢钖(青阳镇旌阳社区)
谢鼎栋(青阳镇树家村)
冯　丽(青阳镇街西村)
胡燕新(青阳镇小桥村)
孙夏玉(青阳镇青联村)
唐必胤(徐霞客镇峭岐村)
王宇栋(徐霞客镇阳庄村)
卫家城(徐霞客镇金凤村)
施宇翔(徐霞客镇璜塘村)
张家增(徐霞客镇新须毛村)
赵　科(华士镇华西一村)
管春卫(华士镇华西五村)
卞春芳(华士镇华西九村)
季　苗(华士镇华士村)

沈杏芬(利港街道)
徐玉娟(利港街道江市村)
邢　霞(利港街道后梅社区)
徐晓芸(夏港街道三元村)
柳滨伟(夏港街道景贤村)
周怡洁(夏港街道普惠社区)
吴　珊(璜土镇小湖村)
赵应南(璜土镇石庄村)
徐　律(璜土镇璜土村)
朱建江(澄江街道)
乐　悠(澄江街道)
寇　敏(澄江街道文定社区)
胡　灵(澄江街道西大街社区)
刘　扬(澄江街道澄康路社区)
胡敏娟(澄江街道澄江路社区)
丁菊萍(澄江街道要塞社区)
潘敏晓(澄江街道天鹤社区)
黄　锋(澄江街道立新社区)
顾君玉(澄江街道城中社区)
陆惠军(澄江街道花山社区)
陈亚峰(澄江街道绮山社区)
刘　萍(澄江街道红光村)
杨晓莉(澄江街道花北村)
许雯佳(澄江街道贯庄社区)
李联峰(澄江街道板桥社区)
戴静芳(澄江街道蒲桥社区)
陶险崖(澄江街道西郊社区)
马　雁(澄江街道黄田港社区)
谢娅芳(澄江街道梅园社区)
王建国(南闸街道曙光村)
张　伦(南闸街道南新社区)
金磊军(南闸街道泗河村)
张　毅(南闸街道观山村)
朱旻怡(云亭街道)
钱　敏(云亭街道定山村)
焦　晔(月城镇)
唐凤珠(月城镇戴庄村)
钱红新(月城镇双泾村)
徐　荣(青阳镇悟空村)
夏伟峰(青阳镇里旺里村)
胡　洁(青阳镇毓秀社区)
陆　婷(青阳镇芦塘村)
周莉娟(徐霞客镇经济发展和改革局)
陈婷骅(徐霞客镇北渚村)
周　珏(徐霞客镇皋岸村)
陈梦婕(徐霞客镇宏岐村)
黄铭炀(徐霞客镇徐霞客村)
盛晓云(华士镇华士社区)
王　忠(华士镇华西二村)
曹晓飞(华士镇华西六村)
徐　蓉(华士镇华西十一村)
李三兴(华士镇向阳村)

张　磊（华士镇陆桥村）
高　烨（华士镇勤丰村）
汪叶静（华士镇龙砂村）
陆敏晓（周庄镇）
陈国洪（周庄镇倪家巷村）
庞科峰（周庄镇长寿村）
陆春晓（周庄镇华宏村）
黄　健（周庄镇鸡龙山村）
张薇薇（新桥镇）
陶　磊（新桥镇苏圩村）
徐燕玲（新桥镇新桥社区）
吕　聪（长泾镇）
许科锋（长泾镇泾南村）
王　健（长泾镇王家村）
王　玲（顾山镇）
顾　晓（顾山镇新龚村）
陆似花（顾山镇红豆村）
郁红亚（祝塘镇经济发展和改革局）
黄　丹（祝塘镇北湾村）
朱艺钧（祝塘镇五福村）
张伟君（祝塘镇景阳村）
戴丽华（华士镇陆新村）
陶　飞（华士镇华中村）
耿永富（周庄镇）
孔沁莹（周庄镇）
徐　丽（周庄镇金湾村）
叶梦迪（周庄镇周西村）
薛　遥（周庄镇三房巷村）
孔燕敏（周庄镇长乐村）
惠寅春（新桥镇）
周陶花（新桥镇马嘶村）
刘　燕（新桥镇黄河村）
朱品贤（长泾镇泾东村）
缪　苗（长泾镇长东村）
浦鹰皓（长泾镇蒲市村）
杨晓瑜（顾山镇顾山社区）
周　丹（顾山镇洄东村）
吴予扬（顾山镇东岐村）
邱珊珊（祝塘镇经济发展和改革局）
徐芳芳（祝塘镇河湘村）
黄金娟（祝塘镇金庄村）
陆晓峰（华士镇陆丰村）
唐晓斌（华士镇曙新村）
葛丽佳（周庄镇）
陈红霞（周庄镇稷山村）
李　益（周庄镇宗言村）
孔徐军（周庄镇长南村）
成燕如（周庄镇北新社区）
刘　崟（新桥镇）
邵文明（新桥镇绿园社区）
顾　艳（新桥镇何巷社区）
赵燕花（新桥镇新桥村）
陆春强（长泾镇南洄村）
张红民（长泾镇刘桥村）
徐利国（顾山镇）
金　玮（顾山镇北洄社区）
肖　英（顾山镇赤岸村）
朱宇凯（顾山镇金桃社区）
张　健（祝塘镇文林村）
包正英（祝塘镇石堰村）
顾雯君（祝塘镇建南村）

【无锡市先进个人】

一、全市抗击新冠肺炎疫情先进个人（无锡市委、市政府表彰）

曹励强（市人民医院）
周　玲（市人民医院）
江海强（市中医院）
汤庆锋（市城中社区卫生服务中心）
郁卫刚（市第四人民医院）
徐琴玉（青阳医院）
吴攀英（临港医院）
徐　兴（高新区社会事业局）
卜晓东（云亭街道金云社区）
单文珏（利港街道利港村）
刘益雄（市公安局青阳派出所）
黄玲琴（周庄镇行政审批局）
徐　昊（顾山镇经济社会服务中心）
赵红杰（市人民医院）
张　凌（市人民医院）
朱琳娜（市中医院）
刘晓骏（市疾病预防控制中心）
孙惠东（市第五人民医院）
王　芳（城南社区卫生服务中心）
顾李忠（市卫生健康委员会）
程　涛（澄江街道行政审批局）
吴从法（夏港街道政务服务中心）
吴锡军（璜土镇民政卫计科）
沈伟东（徐霞客镇社会事业局）
蔡承华（新桥镇康定社区）
辛庆鹏（祝塘镇行政审批局）
邹　铃（市人民医院）
张文洪（市中医院）
刘文清（市第三人民医院）
车　斌（市急救中心）
焦成鸣（市中医肝胆医院）
徐婷婷（城东社区卫生服务中心）
姚　平（市公安局）
张　微（南闸街道紫金社区）
潘　澄（申港街道民政卫计科）
杨锡江（月城镇经济社会服务中心）
周新刚（华士镇陆丰村）
陆协新（长泾镇社会事业局）

二、2018—2020年度无锡市劳动模范（无锡市委、市政府表彰）

崔　东（中芯长电半导体江阴有限公司）
华一敏（江苏华兰药用新材料股份有限公司）
沈云彪（江阴塞特精密工具有限公司）
陆　军（采纳科技股份有限公司）
陈太球（圣华盾防护科技股份有限公司）
冯术娟（法尔胜泓昇集团有限公司）
蒋　忠（江阴苏龙热电有限公司）
孙燕春（江苏江南水务股份有限公司）
居　鑫（中国邮政集团有限公司江苏省江阴市分公司）
邵传贵（江阴泰阳成索业有限公司）
朱　宁（江阴通利光电科技有限公司）
闫书芳（江阴长仪集团有限公司）
季骏超（江阴澄辉照明科技发展有限公司）
陈育新（江苏普莱医药生物技术有限公司）
谢文庆（江苏耀坤液压股份有限公司）
夏泽民（江苏长龄液压股份有限公司）
陈力皎（江阴电工合金股份有限公司）
陈　德（江阴兴澄特种钢铁有限公司）
卢　彬（江苏扬子江船业集团）
陶剑峰（国网江苏省电力有限公司江阴市供电分公司）
芮沈贤（江阴市公共交通有限公司）
陈　康（中建钢构江苏有限公司）
吕本度（江苏秋林特能装备股份有限公司）
周宜存（江阴华新电器科技股份有限公司）
余建虹（江特科技股份有限公司）
徐　钰（江阴市融媒体中心）

丁静燕(江苏长电科技股份有限公司)
谈龙英(海澜之家股份有限公司)
顾建军(江苏吉鑫风能科技股份有限公司)
黄岳兵(祝塘镇石堰村)
朱益新(江苏天华纱业集团)
孙　雷(江苏江阴农村商业银行股份有限公司)
金晓伟(中船澄西船舶修造有限公司)
郭　诚(市委办公室)
严军明(市住房和城乡建设局)
殷正福(市信访局)
包彩娥(市第一中学)
楚海芹(市文体广电和旅游局)
杜永卫(江苏雪豹日化有限公司)
许文波(江阴故乡情果业专业合作社)
陆建荣(江阴市观西建荣农机服务专业合作社)
徐铁钢(江阴林格科技有限公司)
徐步益(江阴热电有限公司)
杨素琴(中船澄西船舶修造有限公司)
刘　强(中国移动通信集团江苏有限公司江阴分公司)
任　洁(市委组织部)
丁宏斌(市纪委监委)
邓国炯(市人民医院)
施晔新(市人力资源和社会保障局)
陈洪庆(市税务局)

三、2020 年度无锡市有突出贡献的中青年专家(无锡市委、市政府表彰)

高　恒(市人民医院)

四、无锡市优秀共产党员(无锡市委表彰)

周云勤(中国邮政集团有限公司江阴市分公司)
夏德琴(周庄东区实验小学)
徐琴玉(青阳医院)
张　微(南闸街道紫金社区)
吴雅清(新国联集团有限公司)
王炳来(圣华盾防护科技股份有限公司)
吕桂芬(澄江街道环城东路社区)
濮亚娟(长泾实验小学)
陶　佳(市政务服务中心)
薛　松(璜土镇)
陈学思(长江引航中心江阴引航站)
张震伟(中船澄西船舶修造有限公司)

五、无锡市优秀党务工作者(无锡市委表彰)

吴　敏(澄江街道浮桥社区)
赵霞萍(江苏焱鑫科技集团)
杨鹭颖(江阴天江药业有限公司)
於燕华(澄西中学)
王军伟(祝塘镇北湾村)
孔晓燕(市科学技术协会)
沈建钧(云亭街道毗山村)
时军文(临港经济开发区)
朱霄凌(国网江阴市供电公司)
代　旭(江阴兴澄特种钢铁有限公司)

六、无锡市清点清障工作先进个人(无锡市政府表彰)

张晓新(云亭街道)

七、无锡市年度房屋征收工作先进个人(无锡市政府表彰)

李　荣(月城镇)　　吴余清(徐霞客镇宏岐村)

八、无锡市第三届青少年科技创新市长奖(无锡市政府表彰)

郑湘妮(华士实验中学)　　周　煜(城南中心小学)　　常建强(华士实验中学)

【江阴市先进个人】(江阴市委、市政府表彰)

一、2021 年度担当作为领跑者

周逸岗　林贤青　刘益锋　赵晓平　葛　艳　张　涛　陶培鸿　瞿国丰　陈　宇
徐　益

二、2021 年度优秀企业家

(一)工业、建筑业企业

钱　刚　周立宸　张　雷　李洪耀　任乐天　卞平刚　胡奇飞　吴协恩　缪文彬
赖伟珍　周　江　郑　力　陆晓明　恽　强　孙　峰　钟　研　赵文碧　胡士勇
严倪芳　承立新　华　锋　拉尔斯·法布里修斯　曹克波　钱振宇　郭　健　周爱明
袁　勇

(二)服务业企业

许庆华　陈　欣　许丽芳　罗元东　张　峰　孙　伟　顾　琼　郭　靖　徐志强

俞均彦　王新潮　华　江　朱永方　吴锦明　张伟志　刘　淼　刘　丰　万国锋
薛　健　朱建平　程建明　周　金　吴雅英　李明辉　秦伟华　陈晓锋　刘　鹤
陈　煜　黄奇评　许勇民　时　荧　梁　柱　丁仲麒　明　科　陶　园　张　耀
姜澄华　范建刚　朱禛峰　李　静　沈毅锋　王国安　周　杰

三、2021 年度优秀总经理

（一）市属

工业、建筑业：朱佳伟

服务业：杨　洁　徐　巍　周　嵩　徐豪兵　许林峰　沈卿芸　张　芳　陆洵渝

（二）高新区

工业、建筑业：刘　叶　戚继尧　冯东明　张　峰　唐瑞刚　孙　一　卫　凯　沈　斌　孙宝峰

服务业：何　锋　杨　民　卞连兴

（三）临港开发区

工业、建筑业：陆子友　胡　震　周剑峰　华国平　陈利民　唐少芳　高建华　奚英军　谢文庆　缪金凤　张国平　赵范济　任锦华　刘　准

服务业：袁耿生　张　勇　朱建刚　张　雪　汤燕雯　解　舟　赵建国

（四）靖江园区

工业、建筑业：方振亚

服务业：陈　宁　李　斌　蒋仁宇

（五）澄江街道

工业、建筑业：袁仁伟　黄　磊　王　清

服务业：储　健　郭顺华　方　芳　胡鹏飞　胡建新　杨露露　刘柏生　任元林　朱　江

（六）南闸街道

服务业：蒋晓峰　李正兴

（七）云亭街道

工业、建筑业：夏泽民　朱　卫　刘德旗

服务业：雷　刚

（八）月城镇

工业、建筑业：陈　龙　王坚群　严　明　王雪炎　朱跃强

（九）徐霞客镇

工业、建筑业：曾　荣

（十）华士镇

工业、建筑业：赵建明　喻　晓　李国良　孙政刚　赵卫东　费庆和　陆　军　陈顺勇　沈　炎　赵正洪

服务业：袁明光

（十一）周庄镇

工业、建筑业：薛　健　张理罡　陈力皎　郁　澜　殷福华

服务业：缪明宏　李卞兴

（十二）新桥镇

工业、建筑业：周国华　倪利锋　于万旭

服务业：陈　磊　徐国平

（十三）长泾镇

工业、建筑业：蒋惠平　周永南　宋建新

（十四）顾山镇

工业、建筑业：周　檬

（十五）祝塘镇：

工业、建筑业：戴泽新　王　东

四、2021 年度先进工作者

（一）高新区

杨　涛　李　洁　孔凡军　顾燕丰　吴　栋　沈国洪　黄　磊　母林全　张阳洋
沈振强　张兴华　汪　竹　李进仪　蒋文卫　黄炜冬　宦华健　方　勇　张春峰
徐　云　史央央　俞卫忠　何　超

(二)临港开发区

费玲雅　赵　颖　许　鹏　楚健健　周　英　周　青　朱小卫　周肖军　刘建维
黄齐虎　李　波　许晓春　朱东俭　谢军英　贾兰娣　顾文龙　邱　静　范兴龙
蔡闻一　赵晓波　张　磊　褚先志　钟福祥　吴丹花　耿　巍　董国芳　陈　强
刘　峰　刘建妹　黄明华　江　敏　刘小龙　张　飞　刘浩堂　张　虎　柏鹏鹏
刘伟忠　缪　云　孙佩俊　赵勇洪　薛　勇　赵忠山

(三)靖江园区

许　毅　刘兴华　刘学琰　徐凯明　黄长城　李洪斌　顾小建　吴　宏

(四)澄江街道

孟　熹　朱　芸　朱文嘉　薛　强　陈　萌　单伟琴　杜海良　朱　琬　赵丽君
丁士福　吴胜男　林　勤　周　瑶　陈敏进　王国平　张之豪

(五)南闸街道

周　成　沈云彪　吴满元　符明君　王晓龙　顾志刚　薛建忠　王　梁

(六)云亭街道

沈建钧　曹经纬　严　芳　徐　闯　朱海荣　曹　峰　吴　炯　缪文兴

(七)月城镇

钱德洪　严伟明　徐文新　钱秋林　刘登峰　钱　芳　是赛亚　田园丰

(八)青阳镇

吴上飞　张陆军　吴伟祥　闵海华　沈海峰　薛洪权　谭冬华　吴　庆　谢　龙
孟虹兆

(九)徐霞客镇

顾建彬　任巍峰　吴余清　王敏娟　邱伟明　许以菊　陈乙超　童　星　孔祥明
任晓明　沈　隽　张人尹

(十)华士镇

孙云南　李满良　龚丽红　赵正洪　周新刚　张忠敏　赵丽杰　崇惊春　贡进忠
樊广勤　方　芳　刘　忠

(十一)周庄镇

孙长福　黄冬升　葛征坪　戈士勇　吴奕宏　赵三宝　任方荣　卞路杰　王永芳
缪明宏　李卞兴　赵平宝

(十二)新桥镇

江　南　缪　锋　郁正达　吴洪勇　尤惠清　张海明　孙东育　花　凯

(十三)长泾镇

李明法　顾炎斌　李　强　何　敏　朱　斌　黄丽燕　高奖义　吴　烨
吴怡青　周　波

(十四)顾山镇

李一新　郭正平　杨　亮　郭　博　陈泱光　强正平　吴　健　沈耀峰
徐利国　郭新民

(十五)祝塘镇

赵　舵　蒋忠伟　包敢锋　陆　军　沈岳虎　薛政平　潘学红　潘红卫
张晓华　李　冰

(十六)工业直属企业

陆庆喜

(十七)服务业直属企业

徐少逸　孙江海　华王伟

■类目编辑　邢　盈

重要文件目录

2021年中共江阴市委重要文件目录

一、1月4日，江阴市委发《关于中共江阴市委十三届十一次全体（扩大）会议召开情况的报告》（澄委发〔2021〕1号）。

二、1月15日，江阴市委办公室发《关于深入推进“五强化、五确保”巩固拓展“不忘初心、牢记使命”主题教育成果的实施方案》（澄委办〔2021〕2号）。

三、1月20日，江阴市委发《关于制定江阴市国民经济和社会发展第十四个五年规划和二〇三五年远景目标的建议》（澄委发〔2021〕5号）。

四、2月5日，江阴市委办公室转发《中共无锡市委办公室印发〈中共无锡市委关于落实全面从严治党党委（党组）主体责任的实施意见〉的通知》（澄委办〔2021〕7号）。

五、2月8日，江阴市委转发《中共无锡市委关于深入贯彻执行〈中国共产党问责条例〉的通知》（澄委发〔2021〕10号）。

六、2月11日，江阴市委、市政府联合发《江阴市委市政府2021年重点工作》（澄委发〔2021〕13号）。

七、2月23日，江阴市委、市政府、睢宁县委、县政府联合发《关于推动江阴睢宁园区高质量发展的支持政策》（澄委发〔2021〕14号）。

八、2月25日，江阴市委发《关于批转〈江阴市人大常委会监督推进“南征北战、东西互搏”战略实施工作方案〉的通知》（澄委发〔2021〕15号）。

九、2月25日，江阴市委发《关于批转〈政协江阴市委员会“南征北战、东西互搏”战略推进专项民主监督实施方案〉的通知》（澄委发〔2021〕16号）。

十、2月25日，江阴市委办公室、市政府办公室联合发《江阴市“南征北战、东西互搏”战略协调推进工作机制》（澄委办〔2021〕15号）。

十一、3月3日，江阴市委办公室转发《江阴市关心下一代工作委员会2021年工作意见》（澄委办〔2021〕18号）。

十二、3月11日，江阴市委办公室、市政府办公室联合发《2021年全市农业农村工作要点》（澄委办〔2021〕22号）。

十三、3月11日，江阴市委办公室、市政府办公室联合发《关于扶持集体经济相对薄弱村发展助力乡村振兴的实施意见》（澄委办〔2021〕23号）。

十四、3月11日，江阴市委办公室转发《中共江阴市委宣传部2021年全市宣传思想文化工作要点》（澄委办〔2021〕24号）。

十五、3月17日，江阴市委办公室、市政府办公室联合发《江阴市委市政府2021年重点工作目标任务细化实施方案》（澄委办〔2021〕26号）。

十六、3月25日，江阴市委办公室发《中共江阴市委全面深化改革委员会2021年工作要点》（澄委办〔2021〕28号）。

十七、4月23日，江阴市委、市政府联合发《江阴市深化事业单位改革试点实施方案》（澄委发〔2021〕35号）。

十八、4月29日，江阴市委办公室、市政府办公室联合发《江阴市“345”产业集“群”强“链”三年行动计划》（澄委办〔2021〕39号）。

十九、4月30日，江阴市委、市政府联合发《江阴市2021年国民经济和社会发展重点管理目标责任分解》（澄委发〔2021〕44号）。

二十、4月30日，江阴市委、市政府联合发《关于大力推进产业强市建设构建现代产业体系的若干政策意见》（澄委发〔2021〕36号）。

二十一、5月6日，江阴市委发《关于实施“暨阳英才计划”升级版2.0打造人才引育新高地的实施意见》（澄委发〔2021〕39号）。

二十二、5月12日，江阴市委、市政府联合发《江阴市“南征”战略推进三年行动方案（2021—2023年）》（澄委发〔2021〕40号）。

二十三、5月12日，江阴市委、市政府联合发《江阴市“北战”战略推进三年行动方案（2021—2023年）》（澄委发〔2021〕41号）。

二十四、5月12日,江阴市委、市政府联合发《江阴市“东西互搏”战略推进三年行动方案(2021—2023年)》(澄委发〔2021〕42号)。

二十五、5月13日,江阴市委、市政府联合发《江阴市工业园区升级改造大会战三年行动实施方案》(澄委发〔2021〕43号)。

二十六、5月14日,江阴市委、市政府联合发《江阴市产业转型升级三年行动方案(2021—2023年)》(澄委发〔2021〕46号)。

二十七、5月24日,江阴市委、市政府联合发《江阴市全国文明城市长效建设三年行动计划(2021—2023年)》(澄委发〔2021〕48号)。

二十八、5月24日,江阴市委、市政府联合发《江阴市贯彻落实〈新时代爱国主义教育实施纲要〉三年行动方案》和《江阴市贯彻落实〈新时代公民道德建设实施纲要〉三年行动方案》(澄委发〔2021〕49号)。

二十九、6月3日,江阴市委、市政府联合发《2021年江阴市深化“放管服”改革优化营商环境工作要点》(澄委发〔2021〕53号)。

三十、6月16日,江阴市委办公室、市政府办公室联合发《关于规范市级议事协调机构成立调整撤销工作的实施办法》(澄委办〔2021〕50号)。

三十一、7月5日,江阴市委办公室、市政府办公室联合发《江阴市工业园区升级改造实施办法(试行)》(澄委办〔2021〕55号)。

三十二、7月20日,江阴市委办公室、市政府办公室联合发《江阴市自然资源领域生态产品价值实现机制试点实施方案》(澄委办〔2021〕59号)。

三十三、8月23日,江阴市委发《法治江阴建设规划(2021—2025年)》(澄委发〔2021〕64号)。

三十四、8月23日,江阴市委发《江阴市法治社会建设实施方案(2021—2025年)》(澄委发〔2021〕65号)。

三十五、8月23日,江阴市委办公室、市政府办公室联合发《关于推进生态环境治理体系和治理能力现代化的实施方案》(澄委办〔2021〕68号)。

三十六、8月23日,江阴市委办公室、市政府办公室联合发《江阴市生态环境保护责任清单》(澄委办〔2021〕69号)。

三十七、9月2日,江阴市委办公室发《关于全市各级干部深化“三转一提”行动的实施方案》(澄委办〔2021〕71号)。

三十八、9月2日,江阴市委办公室发《关于深入开展全市企业家英才培养计划十项行动的实施方案》(澄委办〔2021〕72号)。

三十九、9月6日,江阴市委发《关于加强新时代领导班子和干部队伍建设再创激情燃烧火红年代的实施意见》(澄委发〔2021〕66号)。

四十、9月6日,江阴市委发《关于开展“暨阳红——盟红江阴”基层党建三年行动的实施意见》(澄委发〔2021〕67号)。

四十一、9月14日,江阴市委办公室、市政府办公室联合发《江阴市深化社会主义现代化建设试点2021年度工作计划》(澄委办〔2021〕77号)。

四十二、9月23日,江阴市委办公室、市政府办公室联合发《关于深化新时代教育督导体制机制改革的实施方案》(澄委办〔2021〕78号)。

四十三、9月30日,江阴市委办公室发《江阴市共青团基层组织改革试点实施方案》(澄委办〔2021〕82号)。

四十四、10月23日,江阴市委办公室、市政府办公室、市纪委办公室联合发《关于建立健全“全面挺进主战场、联动监督促担当”工作机制的实施意见(试行)》(澄委办〔2021〕83号)。

四十五、11月15日,江阴市委办公室发《关于推行市级民生实事项目人大代表票决制的工作意见》(澄委办〔2021〕90号)。

四十六、11月17日,江阴市委办公室、市政府办公室联合发《关于开展“争第一创唯一季季评”活动的实施方案》(澄委办〔2021〕91号)。

四十七、11月23日,江阴市委办公室、市政府办公室联合发《关于进一步深化工业企业资源利用绩效评价工作的实施方案》(澄委办〔2021〕92号)。

四十八、12月3日,江阴市委办公室、市政府办公室联合发《江阴市市属国有企业领导人员管理办法》(澄委办〔2021〕95号)。

四十九、12月7日,江阴市委发《江阴市新时代干部现代化建设能力提升三年行动方案(2022—2024年)》(澄委发〔2021〕82号)。

五十、12月17日,江阴市委办公室、市政府办公室联合发《贯彻落实市第十四次党代会〈报告〉重点任务分解方案》(澄委办〔2021〕98号)。

五十一、12月17日,江阴市委办公室、市政府办公室联合发《江阴市贯彻落实省第十四次党代会〈报告〉重点任务分解方案》(澄委办〔2021〕99号)。

五十二、12月18日,江阴市委、市政府转发《市委宣传部、市司法局关于开展法制宣传教育的第八个五年规划(2021—2025年)》(澄委发〔2021〕87号)。

五十三、12月23日,江阴市委办公室、市政府办公室联合发《关于对污染防治攻坚不力的责任单位实施严格惩戒措施的有关办法》(澄委办〔2021〕100号)。

(市委办)

2021年江阴市人大常委会重要文件目录

一、1月5日,江阴市人大常委会发《关于调整市人大有关专门委员会、市人大常委会代表资格审查委员会组成人员的决定》(澄人发〔2021〕5号)。

二、3月4日,江阴市人大常委会发《关于2021年基层人大工作的指导意见》(澄人发〔2021〕11号)。

三、3月4日,江阴市人大常委会发《关于2021年市人大代表小组活动的意见》(澄人发〔2021〕12号)。

四、3月13日,江阴市人大常委会发《2021年工作要点》(澄人发〔2021〕13号)。

五、3月15日,江阴市人大常委会发《关于表彰2019—2020年度江阴市人大代表活动先进小组、代表活动积极分子及优秀联络员的决定》(澄人发〔2021〕17号)。

六、3月23日,江阴市人大常委会发《市人大常委会监督推进“南征北战、东西互搏”战略实施2021年工作计划的通知》(澄人发〔2021〕20号)。

七、6月30日,江阴市人大常委会发《关于批准江阴市2020年度市级财政决算的决议》(澄人发〔2021〕38号)。

八、9月18日,江阴市人大常委会发《关于全市市、镇两级人民代表大会换届选举工作有关问题的决定》(澄人发〔2021〕49号)。

九、9月18日,江阴市人大常委会发《关于江阴市第十八届人大代表名额分配的决定》(澄人发〔2021〕50号)。

十、9月18日,江阴市人大常委会发《关于任命江阴市选举委员会及其办公室组成人员的通知》(澄人发〔2021〕52号)。

十一、9月18日,江阴市人大常委会发《关于任命各镇选举委员会组成人员的通知》(澄人发〔2021〕53号)。

十二、12月14日,江阴市人大常委会发《关于批准2021年财政收支预算调整方案的决议》(澄人发〔2021〕73号)。

十三、12月14日,江阴市人大常委会发《关于批准2021年列入人大资金监督的政府投资项目计划调整方案的决议》(澄人发〔2021〕74号)。

十四、2月23日,江阴市人大常委会办公室发《关于市十七届人大五次会议重点督办代表建议的交办函》(澄人办发〔2021〕3号)。

十五、4月27日,江阴市人大常委会办公室关于印发《市人大常委会关于对我市贯彻实施〈中华人民共和国固体废物污染环境防治法〉情况进行联动检查方案》的通知(澄人办发〔2021〕6号)。

十六、4月27日,江阴市人大常委会办公室发《关于在全市各级人大代表中开展“我为群众办实事”实践活动的通知》(澄人办发〔2021〕7号)。

十七、5月24日,江阴市人大常委会办公室发《关于印发〈江阴市人大常委会2021年度“代表建议督办月”活动方案〉的通知》(澄人办发〔2021〕13号)。

十八、7月23日,江阴市人大常委会办公室发《关于印发〈江阴市人大常委会关于组织开展2021年度“市人大代表履职活动周”活动的实施意见〉的通知》(澄人办发〔2021〕18号)。

十九、8月9日,江阴市人大常委会办公室发《关于印发〈“8·15江阴生态日”人大代表主题实践活动方案〉的通知》(澄人办发〔2021〕19号)。

二十、8月13日,江阴市人大常委会办公室发《关于印发〈江阴市人大代表约见地方国家机关负责人暂行办法〉的通知》(澄人办发〔2021〕20号)。

二十一、9月29日,江阴市人大常委会办公室发《关于印发〈江阴市人大常委会规范性文件备案审查工作规定〉的通知》(澄人办发〔2021〕24号)。

二十二、10月13日,江阴市人大常委会办公室发《关于印发〈市人大常委会关于开展审计查出突出问题整改情况满意度测评工作的方案〉的通知》(澄人办发〔2021〕26号)。

(市人大办)

2021年江阴市政府重要文件目录

一、1月4日,江阴市政府办公室发《关于印发全市农用车(含拖拉机)专项整治工作方案的通知》(澄政办发〔2021〕2号)。

二、1月6日,江阴市政府办公室发《关于编纂2021版〈江阴年鉴〉的意见》(澄政办发〔2021〕3号)。

三、1月6日,江阴市政府办公室发《关于建立企业破产处置协调联动机制的通知》(澄政办发〔2021〕4号)。

四、2月1日,江阴市政府发《关于调整市政府领导分工的通知》(澄政发〔2021〕11号)。

五、2月2日,江阴市政府发《关于印发〈江阴市城区房屋征收(拆迁)安置工作指挥部调整方案〉的通知》(澄政发〔2021〕12号)。

六、2月2日,江阴市政府发《关于印发〈江阴市市级政府投资项目集中组织建设实施办法(试行)〉的通知》(澄政发〔2021〕13号)。

七、2月2日,江阴市政府发《关于调整全市“工业百强企业”和“创新型百佳中小企业”名单的通知》(澄政发〔2021〕14号)。

八、2月5日,江阴市政府发《关于废止、宣布失效部分规范性文件的决定》(澄政发〔2021〕15号)。

九、2月9日,江阴市政府发《关于印发〈江阴市突发事件总体应急预案〉的通知》(澄政发〔2021〕16号)。

十、2月9日,江阴市政府发《关于第十三届江阴市市长质量奖和江阴市质量管理优秀奖的通报》(澄政发〔2021〕17号)。

十一、2月9日,江阴市政府发《关于江阴市2021年度重大项目安排计划的通知》(澄政发〔2021〕18号)。

十二、2月9日,江阴市政府办公室发《关于江阴市安全生产行政执法工作的实施意见》(澄政办发〔2021〕1号)。

十三、2月9日,江阴市政府办公室发《关于印发全市经济运行分析联席会议制度的通知》(澄政办发〔2021〕12号)。

十四、2月10日,江阴市政府发《关于成立江阴市减灾委员会的通知》(澄政发〔2021〕19号)。

十五、2月26日,江阴市政府办公室发《关于困难精神残疾人住院救助政策的补充意见》(澄政办发〔2021〕10号)。

十六、2月28日,江阴市政府发《2020年法治政府建设工作报告》(澄政发〔2021〕23 号)。

十七、2 月 28 日,江阴市政府发《2020 年法治政府建设工作报告》(澄政发〔2021〕24 号)。

十八、2 月 28 日,江阴市政府发《2020 年法治政府建设工作报告》(澄政发〔2021〕25 号)。

十九、3 月 9 日,江阴市政府办公室发《关于印发江阴市农田连片整治三年行动方案(2021—2023)的通知》(澄政办发〔2021〕14 号)。

二十、3 月 9 日,江阴市政府办公室发《关于深入推进农村人居环境整治提升健全完善长效管护机制的实施意见》(澄政办发〔2021〕15 号)。

二十一、3 月 11 日,江阴市政府办公室发《关于印发〈江阴市公共安全体系“1 + 26”规划(2019—2025 年)〉的通知》(澄政办发〔2021〕17 号)。

二十二、3 月 11 日,江阴市政府办公室发《关于印发江阴市政府投资基金管理暂行办法的通知》(澄政办发〔2021〕18 号)。

二十三、3 月 11 日,江阴市政府办公室发《关于成立江阴市政府投资基金管理委员会的通知》(澄政办发〔2021〕19 号)。

二十四、3 月 15 日,江阴市政府办公室发《关于印发〈2021 年江阴市政府规范性文件立项计划〉的通知》(澄政办发〔2021〕21 号)。

二十五、3 月 24 日,江阴市政府发《关于回收国有土地使用权的决定》(澄政发〔2021〕29 号)。

二十六、3 月 24 日,江阴市政府发《关于印发〈无锡(江阴)港高质量发展战略规划(2020—2035 年)〉的通知》(澄政发〔2021〕30 号)。

二十七、3 月 30 日,江阴市政府办公室发《关于下达 2021 年住房公积金扩面任务的通知》(澄政办发〔2021〕23 号)。

二十八、4 月 7 日,江阴市政府发《关于收回国有土地使用权的决定》(澄政发〔2021〕33 号)。

二十九、4 月 7 日,江阴市政府办公室发《关于印发〈江阴市 2021 年度国有建设用地供应计划〉的通知》(澄政办发〔2021〕24 号)。

三十、4 月 22 日,江阴市政府办公室发《关于印发〈江阴市危险房屋解危治理暂行办法〉的通知》(澄政办发〔2021〕31 号)。

三十一、4 月 22 日,江阴市政府办公室发《关于扎实开展全市被撤并镇街市容环境整治提升工作的实施意见》(澄政办发〔2021〕32 号)。

三十二、4 月 22 日,江阴市政府办公室发《关于开展市政府重大行政决策和规范性文件后评估工作的通知》(澄政办发〔2021〕33 号)。

三十三、4 月 22 日,江阴市政府办公室发《关于印发江阴市新一轮河道环境综合整治水质达标攻坚行动实施方案的通知》(澄政办发〔2021〕35 号)。

三十四、4 月 27 日,江阴市政府办公室发《关于印发 2021 年江阴市国家卫生城市复审工作实施方案的通知》(澄政办发〔2021〕36 号)。

三十五、5 月 17 日,江阴市政府发《关于印发江阴市国民经济和社会发展第十四个五年规划和二〇三五年远景目标纲要的通知》(澄政发〔2021〕58 号)。

三十六、5 月 17 日,江阴市政府办公室发《关于工阴市政府重大行政决策事项目录的通知》(澄政办发〔2021〕40 号)。

三十七、5 月 18 日,江阴市政府办公室发《关于印发江阴市加快房地一体农村不动产登记发证工作实施方案的通知》(澄政办发〔2021〕41 号)。

三十八、5 月 20 日,江阴市政府发《关于公布第一批江阴市重点公园名录》(澄政发〔2021〕42 号)。

三十九、5 月 25 日,江阴市政府办公室发《关于印发全市政策研发联席会议制度的通知》(澄政办发〔2021〕44 号)。

四十、5 月 25 日,江阴市政府办公室发《关于印发〈江阴市质量基础设施“一站式”服务实施方案〉的通知》(澄政办发〔2021〕45 号)。

四十一、6 月 28 日,江阴市政府发《关于公布第六批市级非物质文件遗产代表性项目名目的通知》(澄政发〔2021〕52 号)。

四十二、6 月 28 日,江阴市政府发《关于印发〈江阴市政府投资管理办法〉的通知》(澄政发〔2021〕53 号)。

四十三、6 月 18 日,江阴市政府办公室发《关于印发基本公共服务领域市与镇街园区共同财政事权和支出责任划分改革方案的通知》(澄政办发〔2021〕49 号)。

四十四、6 月 26 日,江阴市政府办公室发《关于印发〈江阴市长江河道采砂管理联席会议制度〉的通知》(澄政办发〔2021〕51 号)。

四十五、7 月 9 日,江阴市政府办公室发《关于印发江阴市 2021 年政务公开工作要点及责任分工的通知》(澄政办发〔2021〕55 号)。

四十六、7 月 14 日,江阴市政府办公室发《关于印发〈江阴市道路路域养护、保洁和环境长效管理实施办法(试行)的通知〉》(澄政办发〔2021〕56 号)。

四十七、7 月 21 日,江阴市政府发《关于调整市领导分工的通知》(澄政发〔2021〕60 号)。

四十八、8 月 6 日,江阴市政府办公室发《关于印发〈江阴市全面推行证明事项告知承诺制工作方案〉的通知》(澄政办发〔2021〕63 号)。

四十九、8 月 6 日,江阴市政府办公室发《关于印发〈江阴市重大行政决策目录管理办法〉的通知》(澄政办发〔2021〕64 号)。

五十、8 月 15 日,江阴市政府发《关于印发〈江阴市“十四五”水利发展规划〉的通知》(澄政发〔2021〕65 号)。

五十一、8 月 25 日,江阴市政府办公室发《关于进一步加强违法建设治理的工作意见》(澄政办发〔2021〕65 号)。

五十二、8 月 31 日,江阴市政府发《关于印发〈江阴市澄江街道城市管理相对集中行政处罚权事项清单〉及〈其他职权调整事项清单〉的通知》(澄政发〔2021〕67 号)。

五十三、9 月 7 日,江阴市政府办公室发《关于江阴市加快推进农村物流发展的实施意见》(澄政办发〔2021〕67 号)。

五十四、9 月 17 日,江阴市政府办公室发《关于印发

〈江阴市既有建筑安全隐患排查整治工作方案的通知〉》（澄政办发〔2021〕68 号）。

五十五、10 月 9 日，江阴市政府发《关于曹兴华同志工作分工的通知》（澄政发〔2021〕80 号）。

五十六、10 月 11 日，江阴市政府办公室发《关于印发〈江阴市"十四五"教育事业发展规划〉的通知》（澄政办发〔2021〕69 号）。

五十七、10 月 12 日，江阴市政府办公室发《江阴高新区打造国内一流的创新型国际化园区三年行动计划实施方案（2021—2023）》《江阴临港经济开发区打造竞争力一流国际化开放园区三年行动方案（2021—2023）》《江阴—靖江工业园区加快建设高质量跨江融合发展试验区三年行动计划（2021—2023）》（澄政办发〔2021〕70 号）。

五十八、10 月 31 日，江阴市政府办公室发《关于进一步加强城市消防安全工作的意见》（澄政办发〔2021〕76 号）。

五十九、11 月 2 日，江阴市政府发《关于印发〈江阴市"十四五"科技创新发展规划〉的通知》（澄政发〔2021〕107 号）。

六十、11 月 4 日，江阴市政府办公室发《关于印发〈江阴市推进职业教育改革创新 打造高质量发展样板的实施方案〉》（澄政办发〔2021〕77 号）。

六十一、11 月 4 日，江阴市政府办公室发《关于印发〈江阴市"十四五"农业农村现代化规划的通知〉》（澄政办发〔2021〕78 号）。

六十二、11 月 22 日，江阴市政府办公室发《关于印发〈江阴市深化农村公路管理养护体制改革实施方案的通知〉》（澄政办发〔2021〕81 号）。

六十三、12 月 2 日，江阴市政府办公室发《关于印发〈市区老旧小区物业管理全覆盖实施方案〉的通知》（澄政办发〔2021〕84 号）。

六十四、12 月 8 日，江阴市政府办公室发《关于印发〈江阴市促进 3 岁以下婴幼儿照护服务发展实施方案〉的通知》（澄政办发〔2021〕83 号）。

六十五、12 月 10 日，江阴市政府办公室发《关于建立江阴市维护妇女儿童合法权益联席会议制度的通知》（澄政办发〔2021〕85 号）。

六十六、12 月 23 日，江阴市政府发《关于对国有土地上房屋实施征收的决定》（澄政发〔2021〕119 号）。

（市政府办）

先进集体

（以时间为序）

全国条线表彰的先进集体一览表

附表 1

时　间	单　位	荣　誉　称　号	授予机关（部门）
2021.1.6	南闸街道、申港街道、利港街道、夏港街道、徐霞客镇、祝塘镇	2020 年度国家卫生乡镇（县城）	全国爱国卫生运动委员会
2021.1.8	江阴市教育局	2020 年国家义务教育质量监测实施县级优秀组织单位	教育部基础教育质量监测中心
2021.1.24	江阴市长泾实验幼儿园	第一批全国足球特色幼儿园示范园	全国青少年校园足球工作领导小组办公室（教育部体育卫生与艺术教育司）
2021.2.2	江阴市文林卫生院	2020 年"优质服务基层行"表现突出、成效显著机构	国家卫生健康委员会办公厅、国家中医药管理局办公室
2021.2	江阴市渔政监督大队	"中国渔政亮剑 2020"系列专项执法行动工作成绩突出集体	农业农村部
2021.3.20	江阴市	国家级绿色防控示范县	全国农业技术推广服务中心
2021.3.29	江阴市	2016—2020 年度全国科普示范县（市、区）总结评估优秀名单	中国科学技术协会办公厅
2021.3	璜土镇璜土村	全国民主法治示范村	司法部、民政部
	璜土镇璜土村	全国乡村治理示范村	中央农村工作领导小组、国家农业农村局、宣传部、司法部、民政部、国家乡村振兴局
	云亭街道	国家卫生镇（2020—2022）	全国爱国卫生运动委员会

续附表1

时间	单位	荣誉称号	授予机关(部门)
2021.4.19	江阴贝瑞森生化技术有限公司研发室	全国五一巾帼标兵岗	中华全国总工会
2021.4	长江引航中心“抗疫专班”	2020年感动交通十大年度人物	交通运输部、中华全国总工会
	江阴市科学技术协会	全国科技工作者状况调查优秀站点	中国科协创新战略研究院
2021.5	民进江阴市委	民进全国社会服务暨脱贫攻坚工作优秀成果奖	民进中央
2021.6.24	长江引航中心江阴引航站党支部	2021年交通运输部系统先进基层党组织	交通运输部办公厅
2021.6	农工党江阴市委	农工党脱贫攻坚工作先进集体	农工党中央
2021.7.15	江阴市市场监管执法大队	2020年度查处重大侵权盗版案件有功单位	国家版权局
2021.7.24	临港经济开发区	国际化高质量发展环境建设标杆园区	环球时报社
2021.7.28	海澜之家集团股份有限公司	2021年度中国服装行业科技进步奖、服装行业技术创新示范企业	中国服装协会
2021.8.23	江阴市委办公室、江阴市委党校、江阴市人民检察院、江阴市人民法院、江阴市残疾人联合会、江阴市统计局、江阴市综合抽样调查队、江苏省统计局江阴调查局、江阴市自然资源和规划局、江阴市发展和改革委员会、江阴市卫生健康委员会、江阴市卫生监督所	节约型机关	国家机关事务管理局、中共中央直属机关事务管理局、国家发展和改革委员会、财政部
2021.8.27	江阴市总工会	全国工会财务会计工作先进单位	中华全国总工会
2021.9.1	江阴市	2021—2025年度第一批全国科普示范县(市、区)	中国科学技术协会
2021.9.15	江苏江阴供电公司周庄供电所	全国最美供电所	中国电力传媒集团有限公司
2021.9.25	海澜集团有限公司、三房巷集团有限公司、江苏新长江实业集团有限公司、江苏华西集团有限公司、远景能源有限公司、法尔胜泓昇集团有限公司、江苏扬子江船业集团、双良集团有限公司、江苏华宏实业集团有限公司、江苏阳光集团有限公司	2021中国企业500强	中国企业联合会、中国企业家协会
	海澜集团有限公司、三房巷集团有限公司、江苏新长江实业集团有限公司、江苏华西集团有限公司、远景能源有限公司、法尔胜泓昇集团有限公司、江苏扬子江船业集团、双良集团有限公司、江苏华宏实业集团有限公司、江苏阳光集团有限公司、江苏长电科技股份有限公司、江阴江东集团公司、江苏西城三联控股集团有限公司、江阴模塑集团有限公司、阿尔法(江阴)沥青有限公司	2021中国制造业企业500强	

续附表 1

时　间	单　位	荣　誉　称　号	授予机关(部门)
2021.9.25	江阴长三角钢铁集团有限公司、江阴市金桥化工有限公司、江苏大经供应链股份有限公司、江苏嘉奕和铜业科技发展有限公司、江阴市凯竹贸易有限公司、江苏百步国际贸易有限公司、江苏中电豪信电子科技有限公司、江阴达赛贸易有限公司、江阴市川江化工有限公司、江苏江阴农村商业银行股份有限公司	2021 中国服务业企业 500 强	中国企业联合会、中国企业家协会
2021.9	江阴市文体广电和旅游局	2017—2020 年度全国群众体育先进单位	国家体育总局
2021.10.18	江阴市应急管理局	全国应急管理新闻宣传暨学报用报先进单位	中国安全生产报社
2021.10	江阴市人民检察院	2021 年度全国检察宣传先进单位	最高人民检察院、检察日报社
2021.10	江阴市红十字会	2021 年度中国红十字会总会报刊宣传先进集体一等奖	中国红十字会总会办公室
2021.11.1	江阴市应急管理局	全国应急管理系统先进集体	人力资源和社会保障部、应急管理部
2021.11.1	临港化工园区	第四批智慧化工园区试点示范(创建)单位	中国石油和化学工业联合会
2021.11.3	月城镇	2021—2023 年度“中国民间文化艺术之乡”	文化和旅游部
2021.11.26	江阴海澜马文化主题旅游景区	2021 中国体育旅游十佳精品景区	国家体育总局体育文化发展中心
2021.11.30	江阴市人民法院	优秀直播法院	中国法院网
2021.11.30	江阴市阿洪果品专业合作社	全国巾帼现代农业科技示范基地	全国妇联办公厅
2021.11	璜土智慧葡萄园	全国农村创业园区(基地)	农业农村部办公厅
2021.11	国网江阴市供电公司	2021 年全国市场质量信用 AA 级用户满意企业	中国质量协会
2021.11	飞马水城	国家体育旅游示范基地	国家体育总局、文化和旅游部
2021.11	民盟江阴市委	民盟中央群言杂志社发行工作突出成绩奖	民盟中央
2021.11	民进江阴市委、民进江阴市南菁初级中学支部	民进全国反映社情民意信息工作先进集体	民进中央
2021.12.1	申港街道江南社区户外劳动者服务站点	2021 年最美工会户外劳动者服务站点	中华全国总工会办公厅
2021.12.7	江阴市妇联	2021 年全国妇联宣传舆论阵地建设先进榜	中国妇女报社(全国妇联网络信息传播中心)
2021.12.10	江苏阳光集团有限公司	绿色供应链管理企业	工业和信息化部节能与综合利用司
2021.12.14	江阴市科学技术协会	2021 年全国科普日活动优秀组织单位	中国科学技术协会办公厅
2021.12.19	江阴市委老干部局	全国老干部工作先进集体	中共中央组织部、人力资源和社会保障部
2021.12.22	江阴传媒集团有限公司	2021 年中国报业深度融合发展创新案例	国家新闻出版署
2021.12.22	江阴市文林中学	优秀口琴教学示范基地	中国大众音乐协会口琴专业委员会
2021.12.23	江阴市残疾人联合会	第五届全国残联专职委员知识竞赛组织奖	中国残联办公厅
2021.12.23	江阴市工商业联合会	2021 年调查点工作先进基层单位	中华全国工商业联合会
2021.12.27	江阴市工商业联合会	全国“五好”县级工商联	中华全国工商业联合会

续附表1

时　间	单　位	荣　誉　称　号	授予机关(部门)
2021.12.28	江阴市总工会	2016—2020年全国普法工作先进单位	中共中央宣传部、司法部、全国普及法律常识办公室
	徐霞客镇人民政府	2016—2020年全国依法治理创建活动先进单位	
2021.12.31	江阴市	2020年度健康城市建设样板市	全国爱国卫生运动委员会办公室
	江阴市	第三批国家慢性病综合防控示范区	国家卫生健康委员会办公厅
	江阴市融媒体中心	县级融媒体中心东西协作交流优秀参与单位	中国记协新媒体专业委员会
2021.12	江阴市总工会	互联网+工会维权服务优秀案例	中华全国总工会网络工作部、中央网信办网络社会工作局
	临港经济开发区管理委员会	2021年环卫行业典型案例征集示范案例	中国城市环境卫生协会
2021	徐霞客镇	国家卫生镇(2021—2023)	全国爱国卫生运动委员会

江苏省条线表彰的先进集体一览表

附表2

时　间	单　位	荣　誉　称　号	授予机关(部门)
2020.12	徐霞客镇璜塘离退休干部党支部	江苏省离退休干部“六有一提升”示范党支部	中共江苏省委老干部局、省委离退休干部工作委员会
	江阴市人民医院	江苏省母婴安全优质服务单位(2020年度)	江苏省卫生健康委员会
2021.1.4	江阴市应急管理局	2020年度危险化学品安全生产先进集体	江苏省应急管理厅
2021.1.14	江阴市科学技术协会	2020—2021年度江苏省全民科学素质大赛网络赛优秀组织单位	江苏省科学技术协会
2021.1.19	江阴市云亭中心幼儿园	2017—2019年体育特色学校	江苏省教育厅、省体育局
2021.1.22	江阴市政务服务大厅	最佳县级政务大厅	江苏省政务服务管理办公室
2021.1.26	国网江阴市供电公司	国网江苏省电力有限公司先进集体	国网江苏省电力有限公司
	国网江阴市供电公司输变电运检中心澄东变电运维班	国网江苏省电力有限公司工人先锋号	
2021.1.28	江阴市司法局	2020年度信息工作先进集体	江苏省司法厅
2021.1	国网江阴市供电公司调控运检联合QC小组	2020年江苏省优秀质量管理小组	江苏省质量管理协会、省总工会、省妇女联合会、省科学技术协会
	璜土镇	江苏省生态文明建设示范乡镇	江苏省生态环境厅
	江阴市要塞中心幼儿园、南菁高级中学实验学校	2020年度全省教科研工作先进集体	江苏省教育科学研究院
2021.2.1	江阴市供销合作总社	2020年度二十强县级供销合作总社	江苏省供销合作总社
	中国农业发展银行江阴市支行	2020年度优秀创新成果奖——管理创新类	中国农业发展银行江苏省分行
2021.2.2	江阴市司法局	2020年度高质量发展先进司法局	江苏省司法厅
	中国农业发展银行江阴市支行	不良及风险贷款处置突出贡献行	中国农业发展银行江苏省分行

续附表 2

时　间	单　位	荣　誉　称　号	授予机关(部门)
2021.2.5	中国农业发展银行江阴市支行	党建、绩效“双优标杆行”	中国农业发展银行江苏省分行
	国网江阴市供电公司发展建设部	2019—2020 年度特高压工程及重点输变电工程建设先进集体	国网江苏省电力有限公司
2021.2	江阴市委网信办	全省县级网评战略支撑点试点工作优秀组织	中共江苏省委网信办
2021.3.3	江阴市卫生健康委员会	2020 年老龄健康工作优秀案例	江苏省卫生健康委员会老龄健康处
2021.3.11	江阴市新桥卫生院呼吸内科	2021 年度城乡基层医疗卫生机构特色科室建设单位	江苏省卫生健康委员会基层卫生健康处
2021.3.18	江阴市自然资源和规划局	2019—2020 年全省自然资源信访工作成绩突出集体	江苏省自然资源厅
2021.3.25	江阴市司法局	2020 年度全省司法行政系统新闻宣传工作先进集体	江苏省司法厅
2021.3	江阴市人民政府办公室	2020 年度江苏省政府网站建设管理先进单位	江苏省人民政府办公厅
	江阴市少工委	2020 年度江苏新疆西藏青海少年儿童“手拉手”互助活动“优秀组织”称号	共青团江苏省委、省少工委、中国邮政集团公司江苏省分公司
2021.4.1	国家统计局江阴调查队	综合考核先进单位	国家统计局江苏调查总队
2021.4.21	江阴市残疾人联合会	2020 年公益助残网络募捐工作特别贡献奖	江苏省残疾人福利基金会
2021.4.30	江阴市税务局团委	五四红旗团委	共青团江苏省委
2021.5.12	江阴市	2020 年落实有关重大政策措施真抓实干成效明显地方	江苏省人民政府办公厅
2021.5.17	徐霞客镇代表队	第十四届全运会群众展演项目健身气功江苏省选拔赛农村乡镇组八段锦普及功法集体赛项目优胜奖、易筋经普及功法集体赛项目优胜奖、气舞集体赛项目优胜奖	江苏省社会体育管理中心
2021.5.21	江阴市	2020 年度江苏省废旧农膜回收工作先进县	江苏省农业农村厅办公室
2021.5.23	江阴市水利局	2020 年全省防汛抗洪工作先进集体	中共江苏省委、省人民政府
2021.5.27	江阴市	2020 年度江苏省自然资源节约集约利用模范县(市、区)	江苏省自然资源厅
2021.5	江阴市少工委	“寻访小康路 争做小先锋”第十六届江苏省少年儿童书信文化活动优秀组织奖	共青团江苏省委、省少工委、中国邮政集团有限公司江苏省分公司
	国网江阴市供电公司输变电运检中心团支部	国网江苏省电力有限公司 2019—2020 年度“五四红旗团支部”	共青团国网江苏省电力有限公司委员会
	江阴市农业技术推广中心	优秀组织奖	江苏省园艺学会
	民盟江阴市委	庆祝中国民主同盟成立 80 周年表彰模范集体	民盟江苏省委
	民盟江阴市高新区支部	庆祝中国民主同盟成立 80 周年表彰先进基层组织	
2021.6.18	香山书屋	2019—2020 年度《江苏省社会科学普及促进条例》实施工作成绩显著单位	江苏省哲学社会科学界联合会

续附表2

时间	单位	荣誉称号	授予机关(部门)
2021.6	江阴市委办公室	全省机关党建工作先进集体	中共江苏省委省级机关工作委员会、省人力资源和社会保障厅
	江阴市人武部	先进团级党委	江苏省军区党委
	海澜集团有限公司党委	江苏省先进基层党组织	中共江苏省委
	海澜智云科技有限公司	第六批江苏省服务型制造示范平台	江苏省工业和信息化厅
	江阴市特殊教育中心校党支部	第三批全省中小学校“一校一品”党建文化品牌项目	中共江苏省委教育工委
2021.7.2	江阴出入境边防检查站执勤三队党支部	全省边检机关“四强”党支部	中共江苏出入境边防检查总站委员会
2021.7.8	国网江阴市供电公司党委	国网江苏省电力有限公司红旗党委	中共国网江苏省电力有限公司委员会
	国网江阴市供电公司月城供电所党支部	国网江苏省电力有限公司电网先锋党支部	
2021.7.14	江阴交通产业集团有限公司	江苏省优秀“戎耀之家”	江苏省退役军人事务厅、省总工会
2021.7.26	江阴市交通运输局	江苏省交通建设有功集体	江苏省人力资源和社会保障厅、省交通运输厅
2021.7	江阴市农业农村局	优秀组织奖	2021年扬州世界园艺博览会江苏筹备工作领导小组办公室
	祝塘镇计划生育协会	全省计划生育协会工作成绩突出单位	江苏省计划生育协会
	民进江阴市委	民进江苏省“虚拟机关”建设工作先进地方组织	民进江苏省委
	民进江阴市委、民进江阴市南菁初级中学支部、民进江阴市机关支部、民进江阴市高新区支部、民进江阴市澄东支部	民进江苏省“会员之家”建设工作先进地方组织	
2021.8.3	江阴市融媒体中心	江苏省出版传媒融合发展创新案例(提名)	江苏省新闻出版局
2021.8.4	江阴天江药业有限公司、海澜之家集团股份有限公司、江阴兴澄特种钢铁有限公司	2021年江苏省两化融合管理体系(升级版)贯标试点企业	江苏省工业和信息化厅
2021.8.26	江阴市行政审批局、江阴市人力资源和社会保障局	2020年度省级节水型机关	江苏省水利厅、省机关事务管理局
2021.8.30	江阴市故乡情家庭农场、璜土邱汉伟家庭农场、祝塘益浩家庭农场、南闸本澄家庭农场、月城建莺家庭农场、南闸绿源家庭农场	省级示范家庭农场	江苏省农业农村厅办公室
2021.8	璜土智慧葡萄园	乡村休闲旅游农业“一园两基地”	江苏省农业农村厅办公室
2021.9.1	江阴市自然资源和规划局	江苏省自然资源系统“七五”普法工作先进集体	江苏省自然资源厅
2021.9.9	江阴出入境边防检查站执勤二队	集体三等功	江苏出入境边防检查总站
2021.9.17	江阴市融媒体中心	江苏省县级融媒体中心建设优秀案例	中共江苏省委宣传部

续附表2

时　间	单　位	荣　誉　称　号	授予机关(部门)
2021.9.23	海澜集团有限公司、三房巷集团有限公司、江苏新长江实业集团有限公司、远景能源有限公司、法尔胜泓昇集团有限公司、江苏扬子江船业集团、双良集团有限公司、江苏阳光集团有限公司、江阴长三角钢铁集团有限公司、江阴市金桥化工有限公司、江苏西城三联控股集团有限公司、江阴江东集团公司、江苏华宏实业集团有限公司、江苏大经集团有限公司、江阴模塑集团有限公司、阿尔法(江阴)沥青有限公司、江苏嘉奕和铜业科技发展有限公司、江苏利安达集团有限公司、江苏江阴农村商业银行股份有限公司	2021江苏民营企业200强	江苏省工商业联合会
	海澜集团有限公司、三房巷集团有限公司、江苏新长江实业集团有限公司、远景能源有限公司、法尔胜泓昇集团有限公司、江苏扬子江船业集团、双良集团有限公司、江苏阳光集团有限公司、江苏西城三联控股集团有限公司、江阴江东集团公司、江苏华宏实业集团有限公司、江阴模塑集团有限公司、阿尔法(江阴)沥青有限公司	2021江苏民营企业制造业100强	
2021.9.23	远景能源有限公司、法尔胜泓昇集团有限公司、江苏长电科技股份有限公司、江苏紫米电子技术有限公司、优彩环保资源科技股份有限公司	2021江苏民营企业创新100强	江苏省工商业联合会
2021.9	南闸街道	省基层党员冬训工作示范街道	中共江苏省委宣传部、组织部
2021.10.26	江阴综合保税区跨境电商产业园	省级跨境电子商务产业园	江苏省商务厅
2021.10.31	江阴市对口帮扶延安市延川县联络组	“三对”工作先进集体	中共江苏省委、省人民政府
	江阴市对口支援新疆霍城县前方工作组	江苏省脱贫攻坚暨对口帮扶支援合作先进集体	
2021.10	江阴市锡剧评弹艺术传承中心	第五届江苏省文华奖优秀节目奖	江苏省文化和旅游厅
	高新区关工委、周庄镇关工委、教育局关工委	全省关心下一代工作优秀集体	江苏省关心下一代工作委员会、省精神文明建设指导委员会办公室
	江阴市少工委	“小五年规划——我为高质量发展献一计”科学建议征集评选暨第九届江苏省少年科学院院士评聘活动“优秀组织奖”	共青团江苏省委、省科协、省少工委
2021.11.12	江阴市税务局第二税务分局风险应对二组	2021年度江苏省巾帼文明岗	江苏省妇女联合会
	江阴市青阳中心卫生院	第二批农村区域性医疗卫生中心基本建成单位	江苏省卫生健康委员会办公室
	江阴市顾山卫生院、江阴市文林卫生院	第四批“江苏省社区医院”	
2021.11.16	江阴市纪委监委机关	全省纪检监察系统先进集体	中共江苏省纪律检查委员会、省监察委员会、省人力资源和社会保障厅

续附表2

时　间	单　位	荣　誉　称　号	授予机关(部门)
2021.11.19	江阴市统计局、申港街道办事处、澄江街道办事处、徐霞客镇人民政府、顾山镇人民政府	江苏省第七次全国人口普查工作成绩显著集体	江苏省第七次全国人口普查领导小组办公室、省统计局
	江阴市交通运输局	2018—2020年度全省交通运输行业精神文明建设先进集体	江苏省交通运输厅
2021.11.22	江阴市融媒体中心	2021长三角广播电视媒体融合先导单位奖	江苏省广播电视局、上海市广播电视局、浙江省广播电视局、安徽省广播电视局
2021.11.25	临港经济开发区	江苏省工业互联网示范工程第三批“互联网+先进制造业”基地	江苏省工业和信息化厅
2021.11.29	江阴市总工会	全省工会法律援助十大典型案例	江苏省总工会
2021.11.30	新桥镇	2021年全省“扫黄打非”进基层示范点	江苏省“扫黄打非”工作领导小组办公室
	璜土镇璜土村	2021年全省“扫黄打非”进基层示范标兵	
2021.11	共青团江阴市委	2021年度全省团属报刊宣传工作先进典型	共青团江苏省委
2021.12.1	澄江街道黄山社区工会户外劳动者服务站点、青阳镇工会户外劳动者服务站点、人民东路电信营业厅工会户外劳动者服务站点、利港街道工会户外劳动者服务站点、新桥镇工会户外劳动者服务站点、申港街道于门村工会户外劳动者服务站点、周庄镇倪家巷新村工会户外劳动者服务站点	2021年度全省最美工会户外劳动者服务站点	江苏省总工会
	江苏航吉国际货运代理有限公司、江苏思远国际物流有限公司、江苏申通国际货运有限公司	江苏省重点物流企业	江苏省发展和改革委员会
	江阴市金顾山物流基地	江苏省重点物流基地	
2021.12.3	江阴市青少年国防教育基地	第二批江苏省双拥示范基地	江苏省双拥工作领导小组办公室
2021.12.7	江阴市科学技术局	江苏省科技宣传工作成效突出单位	江苏省科学技术厅
2021.12.8	夏港街道“迷彩兵锋”退役军人志愿服务队	2021年度江苏省百支优秀退役军人志愿服务队	江苏省退役军人事务厅
2021.12.9	江阴市文林卫生院内分泌科	2021年省基层特色科室	江苏省卫生健康委员会办公室
	江阴市新桥卫生院康定社区家庭医生工作室、江阴市周庄卫生院鸡龙山村家庭医生工作室	2021年度星级家庭医生工作室	
2021.12.13	新桥镇绿园社区工会联合会、江苏天华色纺有限公司工会委员会	2021年度全省基层工会服务职工优质项目二等奖	江苏省总工会
2021.12.21	江阴海智基地	2021年度省级优秀海智基地	江苏省科学技术协会
2021.12.22	国网江阴市供电公司	国网江苏省电力有限公司管理提升标杆企业	国网江苏省电力有限公司
2021.12.23	江阴市科学技术协会	2021年度实施“县级科协创新发展能力提升计划”优秀单位	江苏省科学技术协会
2021.12.25	江阴长江港口综合物流园	全省物流行业先进集体	江苏省人力资源和社会保障厅、省发展和改革委员会、省物流产业促进会
2021.12.27	江阴市新时代文明实践职工志愿服务支队	2021年度江苏省职工志愿服务先进集体(项目)	江苏省总工会

续附表2

时　间	单　位	荣　誉　称　号	授予机关(部门)
2021.12.28	江阴市融媒体中心	第三届江苏省新闻出版政府奖	江苏省新闻出版局
2021.12.29	徐霞客司法所	江苏省优秀司法所	江苏省司法厅
	江阴市人民法院刑事审判庭	全省法院扫黑除恶专项斗争先进集体	江苏省高级人民法院
2021.12.30	江阴市农业技术推广中心植物保护站	2021年全省植保植检工作(农药使用强度监测)先进单位	江苏省植物保护植物检疫站
2021.12.31	江阴市农业技术推广中心农业机械技术推广站	2021年度江苏省农机推广工作先进单位	江苏省农业机械推广站
	江阴市农业技术推广中心农业干部培训站	2021年度全省农民教育培训工作先进集体	江苏省农业农村厅农业广播电视学校
	国网江阴市供电公司	2021年度安全生产先进集体	国网江苏省电力有限公司安全生产委员会
	江阴市科学技术协会	2021年江苏省科技志愿服务工作优秀组织单位、科普中国信息传播工作优秀组织单位	江苏省科学技术协会
	江阴市人民医院、江阴市中医院、江阴市第三人民医院、江阴市夏港社区卫生服务中心、江阴临港医院、江阴市申港社区卫生服务中心、江阴市利港医院、江阴璜土医院、江阴市城东社区卫生服务中心、江阴市青阳医院、江阴市青阳卫生院、江阴市徐霞客医院、江阴市马镇卫生院、江阴市中医肝胆医院、江阴市月城卫生院、江阴市南闸医院、江阴市南闸社区卫生服务中心、江阴市峭岐医院、江阴市第四人民医院、江阴市周庄社区卫生服务中心、江阴市新桥卫生院、江阴市长泾医院、江阴市第五人民医院、江阴市文林卫生院、江阴元林康复医院、江阴颐乐居爱心护理院城东分院、江阴颐乐居爱心护理院城西分院、江阴利港金夕延年护理院、江阴英智澄江康复医院、江阴博丞护理院、江阴博医家康复医院、江阴龙泽医院、江阴乐澄和美护理院、江阴澄东护理院、江阴月城金夕延年护理院、江阴延龄护理院	2021年江苏省老年友善医疗机构	江苏省卫生健康委员会、省中医药管理局
	江阴颐乐居爱心护理院	2021年江苏省老年友善医疗机构优秀单位	
2021.12	江阴市公共文化艺术发展中心	2021年度全省公共图书馆业务竞赛团体三等奖	江苏省文化和旅游厅
	江阴市人力资源和社会保障局	2021年度全省人社窗口单位业务技能练兵比武活动二等奖	江苏省人力资源和社会保障厅、省总工会
	江阴市委党校	全省党校(行政学院)系统第十届优秀决策咨询奖二等奖	中共江苏省委党校、江苏行政学院
	江阴市妇联	第三届江苏女性融媒体创意大赛优秀组织奖	江苏省妇女联合会
	新桥镇妇联	“巾帼心向党 奋斗新征程”第三届江苏女性融媒体创意大赛全国邀请赛三等奖	江苏省委统战部、省委网信办、省妇联、中国妇女报社
	九三学社江阴市委	2021年度全省组织工作先进集体	九三学社江苏省委
	九三学社江阴市委综合支社	2021年度全省宣传工作先进集体	
	民进江阴市委	民进江苏省县级市(区)机关目标考评一等奖	民进江苏省委

无锡市级先进集体

一、无锡市委、市政府表彰的全市抗击新冠肺炎疫情先进集体(2021 年 1 月)

江阴市人民政府外事办公室
江阴市发展和改革委员会
江阴市教育局
江阴市工业和信息化局
江阴市人力资源和社会保障局
江阴市城市综合管理局
江阴市交通运输局
江阴市农业农村局
江阴市商务局
江阴市文体广电和旅游局
江阴市市场监督管理局
江阴市捐赠救助中心
江阴市人民医院
江阴市融媒体中心新媒体中心

二、无锡市政府表彰的市第三届青少年科技创新市长奖——创新教育摇篮奖(2021 年 1 月)

华士实验中学

三、无锡市委、市政府表彰的 2020 年度推进高质量发展先进镇(街道)(2021 年 3 月)

云亭街道　周庄镇

四、无锡市委表彰的无锡市先进基层党组织(2021 年 6 月)

海澜集团有限公司党委
江阴交通产业集团有限公司党委
江阴高新区蟠龙社区党委
江苏众网互联网有限公司党支部
江阴市长泾镇蒲市村党总支
江阴市工业和信息化局党委
江阴市交通工程建设管理中心党支部
国家税务总局江阴市税务局机关党委
江阴市纪委监委机关党委
江阴市公安局刑事警察大队技术党支部
江阴市公用事业管理局澄江环卫所党支部

江阴市级先进集体

一、2021 年度“四千四万”突出贡献先进集体

市发改委　市应急局　市市场监管局
澄江街道　新国联集团

二、镇街园区综合考核

(一)综合奖项(按行政区划排序)

1. 2021 年度综合考核优胜单位

高新区　临港开发区　青阳镇　徐霞客镇
新桥镇　顾山镇　祝塘镇

(二)专项奖项(按考核位次排序)

2. 2021 年度高质量发展考核优胜单位

一等奖:高新区　临港开发区　新桥镇
二等奖:顾山镇　徐霞客镇
三等奖:青阳镇　月城镇

3. 2021 年度“南征北战、东西互搏”战略推进优胜单位

一等奖:澄江街道　临港开发区　华士镇
二等奖:青阳镇　高新区　顾山镇

4. 2021 年度工业园区升级改造优胜单位

一等奖:月城镇　青阳镇
二等奖:高新区　顾山镇
三等奖:云亭街道　徐霞客镇

5. 2021 年度高质量发展考核经济核心竞争力优胜单位

一等奖:高新区　顾山镇
二等奖:新桥镇　徐霞客镇
三等奖:澄江街道　青阳镇

6. 2021 年度高质量发展考核财政收入优胜单位

一等奖:云亭街道
二等奖:高新区　临港开发区
三等奖:澄江街道　周庄镇　徐霞客镇

7. 2021 年度高质量发展考核产业投入优胜单位

一等奖:云亭街道　临港开发区
二等奖:新桥镇　顾山镇　高新区
三等奖:澄江街道　长泾镇

8. 2021 年度高质量发展考核招商引资优胜单位

一等奖:高新区　临港开发区　新桥镇
二等奖:顾山镇　华士镇
三等奖:徐霞客镇　澄江街道　祝塘镇

9. 2021 年度高质量发展考核对外贸易优胜单位

一等奖:临港开发区
二等奖:顾山镇　靖江园区　祝塘镇
三等奖:云亭街道　长泾镇　月城镇

10. 2021 年度高质量发展考核企业上市(挂牌)工作优胜单位

一等奖:临港开发区
二等奖:云亭街道　月城镇
三等奖:华士镇　周庄镇　长泾镇

11. 2021 年度高质量发展考核文明城市管理优胜单位

一等奖:澄江街道
二等奖:新桥镇　长泾镇
三等奖:周庄镇　云亭街道　月城镇

12. 2021 年度高质量发展考核生态文明优胜单位

一等奖:云亭街道
二等奖:新桥镇　祝塘镇
三等奖:徐霞客镇　顾山镇　利港街道
13. 2021 年度高质量发展考核科技与人才工作优胜单位
一等奖:高新区
二等奖:月城镇　澄江街道
三等奖:祝塘镇　顾山镇　徐霞客镇
14. 2021 年度高质量发展考核拆迁安置优胜单位
一等奖:澄江街道
二等奖:高新区　云亭街道
三等奖:青阳镇　徐霞客镇　顾山镇

三、先进集体

(一)机关部门和金融单位
1. 2021 年度人民满意机关(按机构序列排序)
市纪委监委机关(市委巡察办)
市委办公室(市档案史志馆)
市人大常委会办公室
市政府办公室　市政协办公室
市委组织部　市委宣传部(市社科联)
市委统战部　市委政法委(市法学会)
市委编办　市发改委
市教育局　市工信局
市公安局　市财政局
市人社局　市自然资源规划局
市农业农村局　市商务局
市卫生健康委　市市场监管局
市法院　市检察院
市总工会　市科协
2. 2021 年度服务地方先进单位
市税务局　江阴生态环境局
国家统计局江阴调查队　人民银行江阴市支行
江阴海关　市供电公司
建设银行江阴支行　农业银行江阴分行
浦发银行江阴支行　江苏银行江阴支行
江阴农商行　工商银行江阴支行
中国银行江阴分行　中国人寿江阴支公司
人保财险江阴支公司　华泰证券江阴营业部
(二)企业和社会组织
3. 2021 年度百强明星企业
(1)工业、建筑业
中信泰富特钢集团股份有限公司(高新区)
海澜集团有限公司(新桥镇)
远景能源有限公司(临港开发区)
江苏新长江实业集团有限公司(临港开发区、靖江园区)
江苏扬子江船业集团有限公司(靖江园区、澄江街道)
三房巷集团有限公司(周庄镇、临港开发区)
江阴天江药业有限公司(高新区)
江苏华西集团有限公司(华士镇)
双良集团有限公司(临港开发区)
瀚宇博德科技(江阴)有限公司(高新区)
法尔胜泓昇集团有限公司(高新区、临港开发区)
江苏长电科技股份有限公司(高新区)
江苏阳光集团有限公司(新桥镇)
江苏西城三联控股集团有限公司(临港开发区)
江苏利电能源集团(临港开发区)
建滔电子材料(江阴)有限公司(临港开发区)
江苏利安达集团有限公司(高新区)
江苏华宏实业集团有限公司(周庄镇)
江阴苏龙热电有限公司(临港开发区)
江阴市恒润重工股份有限公司(周庄镇、祝塘镇)
江苏江南水务股份有限公司(市属)
阿法拉伐(江阴)设备制造有限公司(徐霞客镇)
江阴模塑集团有限公司(周庄镇)
江阴海达橡塑股份有限公司(周庄镇)
江苏云蝠服饰股份有限公司(顾山镇)
江苏天华纱业集团(华士镇)
帝斯曼工程材料(江苏)有限公司(高新区)
中船澄西船舶修造有限公司(临港开发区)
江苏振江新能源装备股份有限公司(临港开发区)
阿尔法(江阴)沥青有限公司(临港开发区)
江苏华兰药用新材料股份有限公司(临港开发区)
江苏富仁集团有限公司(澄江街道)
江苏长龄液压股份有限公司(云亭街道)
江阴南泰家纺用品有限公司(临港开发区)
江阴热电有限公司(周庄镇)
江苏江顺精密科技集团股份有限公司(周庄镇)
江阴信邦电子有限公司(高新区)
江苏红柳床单有限公司(澄江街道)
中联重科建筑机械(江苏)有限责任公司(临港开发区)
江苏标榜装饰新材料股份有限公司(华士镇)
江阴福汇纺织有限公司(高新区)
优彩环保资源科技股份有限公司(祝塘镇)
江苏新顺微电子股份有限公司(高新区)
江阴宝柏包装有限公司(澄江街道)
江阴市华骏机械有限公司(临港开发区)
江阴电工合金股份有限公司(周庄镇)
威茨曼金属制品(江阴)有限公司(临港开发区)
江苏耀坤液压股份有限公司(临港开发区)
江阴市艾格赛伦精密机械制造有限公司(徐霞客镇)
江阴市华方新能源高科设备有限公司(周庄镇)
江苏苏青水处理工程集团有限公司(长泾镇)
江苏康妮投资有限公司(华士镇)
江苏苏利精细化工股份有限公司(临港开发区)
江苏向阳集团有限公司(华士镇)
江阴市檬佳非织布制品有限公司(顾山镇)
江阴金凤特种纺织品有限公司(华士镇)
江苏紫米电子技术有限公司(高新区)
申达集团有限公司(临港开发区)

江苏东鋆光伏科技有限公司(华士镇)
摩拓乐液压机械(江阴)有限公司(临港开发区)
江苏康瑞新材料科技股份有限公司(云亭街道)
江阴建工集团有限公司(市属)
江阴市强力化纤有限公司(新桥镇)
江阴鑫联金属制品有限公司(新桥镇)
中建钢构江苏有限公司(靖江园区)
江阴机械制造有限公司(月城镇)
江阴美纶纱业有限公司(华士镇)
江阴大地装备股份有限公司(高新区)
江苏必得科技股份有限公司(月城镇)
江阴江化微电子材料股份有限公司(周庄镇)
(2)服务业企业
江阴海澜之家供应链管理有限公司(新桥镇)
江阴瑞鸿通国际贸易有限公司(临港开发区)
见龙投资有限公司(高新区)
江阴澄东炉料有限公司(高新区)
国网江苏省电力有限公司江阴市供电分公司(市属)
江苏江阴农村商业银行股份有限公司(市属)
江苏新扬子商贸有限公司(靖江园区)
江阴景裕房地产开发有限公司(澄江街道)
江阴苏泰房地产有限公司(云亭街道)
江阴公用事业集团有限公司(市属)
江苏新潮创新投资集团有限公司(高新区)
江苏江阴港港口集团股份有限公司(临港开发区)
江阴市长江房地产开发有限公司(临港开发区、澄江街道)
江苏众网互联网有限公司(顾山镇)
江阴天力燃气有限公司(临港开发区)
江阴昌锋置业有限公司(澄江街道)
江阴市锡能实业有限公司(市属)
无锡市烟草公司江阴分公司(市属)
江阴市新国联集团有限公司(市属)
江阴兴润再生资源有限公司(月城镇)
江阴城市发展集团有限公司(市属)
天茂文化发展(江阴)有限公司(徐霞客镇)
中国农业银行股份有限公司江阴分行(市属)
江阴市梁辉房地产开发有限公司(青阳镇)
江阴陆洋房地产开发有限公司(高新区)
中国工商银行股份有限公司江阴支行(市属)
利安达能源科技(江苏)有限公司(高新区)
上海浦东发展银行股份有限公司江阴支行(市属)
江苏大经供应链股份有限公司(云亭街道)
中粮贸易江苏有限公司(高新区)
4.2021 年度营业收入首次超千亿企业
江苏新长江实业集团有限公司(临港开发区、靖江园区)
5.2021 年度上缴税金净增超亿元企业
江阴瑞鸿通国际贸易有限公司(临港开发区)
江苏长电科技股份有限公司(高新区)
江阴天江药业有限公司(高新区)
三房巷集团有限公司(周庄镇)
江苏新扬子商贸有限公司(靖江园区)
江阴苏泰房地产有限公司(云亭街道)
6.2021 年度上缴税金超亿元企业
(1)工业、建筑业企业
中信泰富特钢集团股份有限公司(高新区)
海澜集团有限公司(新桥镇)
远景能源有限公司(临港开发区)
江苏新长江实业集团有限公司(临港开发区、靖江园区)
江苏扬子江船业集团有限公司(靖江园区、澄江街道)
三房巷集团有限公司(周庄镇、临港开发区)
江阴天江药业有限公司(高新区)
江苏华西集团有限公司(华士镇)
双良集团有限公司(临港开发区)
瀚宇博德科技(江阴)有限公司(高新区)
法尔胜泓昇集团有限公司(高新区、临港开发区)
江苏长电科技股份有限公司(高新区)
江苏阳光集团有限公司(新桥镇)
江苏西城三联控股集团有限公司(临港开发区)
江苏利电能源集团(临港开发区)
建滔电子材料(江阴)有限公司(临港开发区)
江苏利安达集团有限公司(高新区)
江阴江东集团公司(周庄镇)
江苏华宏实业集团有限公司(周庄镇)
江阴苏龙热电有限公司(临港开发区)
江阴市恒润重工股份有限公司(周庄镇、祝塘镇)
江苏江南水务股份有限公司(市属)
阿法拉伐(江阴)设备制造有限公司(徐霞客镇)
江阴模塑集团有限公司(周庄镇)
江阴海达橡塑股份有限公司(周庄镇)
江苏云蝠服饰股份有限公司(顾山镇)
江苏天华纱业集团(华士镇)
帝斯曼工程材料(江苏)有限公司(高新区)
(2)服务业企业
江阴海澜之家供应链管理有限公司(新桥镇)
江阴瑞鸿通国际贸易有限公司(临港开发区)
见龙投资有限公司(高新区)
江阴澄东炉料有限公司(高新区)
国网江苏省电力有限公司江阴市供电分公司(市属)
江苏江阴农村商业银行股份有限公司(市属)
江苏新扬子商贸有限公司(靖江园区)
江阴景裕房地产开发有限公司(澄江街道)
江阴苏泰房地产有限公司(云亭街道)
江阴公用事业集团有限公司(市属)
江苏新潮创新投资集团有限公司(高新区)
江苏江阴港港口集团股份有限公司(临港开发区)
江阴市长江房地产开发有限公司(临港开发区、澄江街道)
江苏众网互联网有限公司(顾山镇)
江阴天力燃气有限公司(临港开发区)

江阴昌锋置业有限公司(澄江街道)
江阴市锡能实业有限公司(市属)
无锡市烟草公司江阴分公司(市属)
江阴市新国联集团有限公司(市属)
江阴兴润再生资源有限公司(月城镇)
江阴城市发展集团有限公司(市属)
7. 2021 年度先进专业市场
江阴长江港口物流园区交易中心(临港开发区)
江苏华东石化物资交易市场(临港开发区)
江阴市贯庄金属材料市场有限公司(澄江街道)
江阴综保区交易市场(临港开发区)
江阴沿江石化市场有限公司(临港开发区)
江苏长阳金属材料市场有限公司(靖江园区)
江阴景澄物流配送交易市场(高新区)
8. 2021 年度十佳科技创新型企业
江阴兴澄特种钢铁有限公司(高新区)
江苏长电科技股份有限公司(高新区)
盛合晶微半导体(江阴)有限公司(高新区)
江苏斯菲尔电气股份有限公司(高新区)
江苏风和医疗器材股份有限公司(高新区)
远景能源有限公司(临港开发区)
双良节能系统股份有限公司(临港开发区)
中建材浚鑫科技有限公司(临港开发区)
江苏新扬子造船有限公司(靖江园区)
江阴市富仁高科股份有限公司(澄江街道)
9. 2021 年度十佳节能减排先进企业
江阴兴澄特种钢铁有限公司(高新区)
江阴华西钢铁有限公司(华士镇)
江苏阳光集团有限公司(新桥镇)
江苏华宏实业集团有限公司(周庄镇)
江阴热电有限公司(周庄镇)
江阴邦特科技有限公司(临港开发区)
双良节能系统股份有限公司(临港开发区)
光大水务(江阴)有限公司(临港开发区)
建滔电子材料(江阴)有限公司(临港开发区)
江阴市惠尔信精密装备股份有限公司(南闸街道)
10. 2021 年度十佳诚信企业
中信泰富特钢集团股份有限公司(高新区)
海澜集团有限公司(新桥镇)
江苏新长江实业集团有限公司(临港开发区、靖江园区)
江阴天江药业有限公司(高新区)
双良集团有限公司(临港开发区)
江苏长电科技股份有限公司(高新区)
江苏阳光集团有限公司(新桥镇)
江阴市环宇驾培有限公司(临港开发区)
江阴天力燃气有限公司(临港开发区)
国网江苏省电力有限公司江阴市供电分公司(市属)
11. 2021 年度十佳热心慈善企业
三房巷集团有限公司(周庄镇)
江苏新长江实业集团有限公司(临港开发区、靖江园区)
江阴海达橡塑股份有限公司(周庄镇)
江苏新潮创新投资集团有限公司(高新区)
双良集团有限公司(临港开发区)
江阴兴澄特种钢铁有限公司(高新区)
海澜集团有限公司(新桥镇)
江苏吉麦隆商业管理有限公司(月城镇)
江苏江南水务股份有限公司(市属)
江阴江化微电子材料股份有限公司(周庄镇)
12. 2021 年度十佳外贸企业
江苏长电科技股份有限公司(高新区)
三房巷集团有限公司(周庄镇)
江阴兴澄特种钢铁有限公司(高新区)
江苏华西集团公司(华士镇)
法尔胜泓昇集团有限公司(高新区、临港开发区)
双良集团有限公司(临港开发区)
江苏华宏实业集团有限公司(周庄镇)
江苏红柳床单有限公司(澄江街道)
江苏振江新能源装备股份有限公司(临港开发区)
江苏升辉投资集团有限公司(长泾镇)
13. 2021 年度十佳外商投资企业
江苏新扬子造船有限公司(靖江园区)
远景能源有限公司(临港开发区)
瀚宇博德科技(江阴)有限公司(高新区)
贝卡尔特公司(高新区)
见龙投资有限公司(高新区)
建滔电子材料(江阴)有限公司(临港开发区)
帝斯曼工程材料(江苏)有限公司(高新区)
江阴信邦电子有限公司(高新区)
阿法拉伐(江阴)设备制造有限公司(徐霞客镇)
江阴宝柏包装有限公司(澄江街道)
14. 2021 年度十佳社会组织
江阴市女企业家协会
江阴见龙廖有章爱心基金会
江阴市老年人体育协会
江阴市建筑行业协会
江阴市沈鹏文化艺术促进会
江阴市足球协会
江阴市酒类饮品行业协会
江阴市婚姻家庭指导中心
江阴市暨阳义工爱心服务社
江阴市安徽商会
(三)社区
15. 2021 年度十佳和谐文明社区
蟠龙社区(高新区)　天鹤社区(澄江街道)
北大街社区(澄江街道)　花园社区(澄江街道)
先锋社区(澄江街道)　紫金社区(南闸街道)
锦湖苑社区(申港街道)　水韵社区(月城镇)
旌阳社区(青阳镇)　绿园社区(新桥镇)

经济社会发展统计资料

一、综合

2021年江阴市社会经济主要指标一览表

附表3

指标	单位	2021年	比2020年增减(%)	指标	单位	2021年	比2020年增减(%)
户籍人口	万人	126.96	0.2	金融业年末存款余额	亿元	4685.92	6.6
全社会从业人数	万人	103.90	-0.1	其中:住户存款	亿元	1766.45	11.2
地区生产总值	亿元	4580.33	8.1	金融业年末贷款余额	亿元	3828.05	11.3
全社会粮食总产量	吨	130490	6.1	保费收入	亿元	86.65	4.1
油料作物总产量	吨	1961	4.0	证券机构交易金额	亿元	12819.50	9.7
水产品总产量	吨	20069	-16.7	各类学校在校学生数	人	192491	3.3
生猪全年出栏数	万头	2.79	-46.9	各类学校专任教师数	人	16939	9.3
货物运输量	万吨	6346	8.2	各类卫生机构医疗床位数	张	9683	-1.1
旅客发送量	万人	4523.71	-31.3	卫生技术人员人数	人	12433	2.6
邮电业务总量	亿元	31.57	-71.3	其中:执业(助理)医师数	人	5251	0.4
全社会用电量	亿千瓦时	292.91	6.9	公共图书藏书量	万册	303.3	2.6
供水量(江南水务口径)	万立方米	28345	8.1	城镇非私营单位从业人员平均工资	元	116314	10.8
固定资产投资额	亿元	923.32	4.8	城镇私营单位从业人员平均工资(无锡全市)	元	72047	10.1
其中:第二产业投资	亿元	418.99	-1.1	城镇居民人均可支配收入	元	78415	8.6
社会消费品零售总额	亿元	704.84	4.4	农村居民人均可支配收入	元	42519	10.7
进出口总额	亿美元	233.20	21.9	城乡居民人均储蓄存款余额	元	99183	11.1
其中:出口额	亿美元	148.64	20.0	人均地区生产总值(按常住平均人口)	元	257177	11.2
一般公共预算收入	亿元	273.94	5.5	人均一般公共预算收入(按常住平均人口)	元	15381	5.4
一般公共预算支出	亿元	268.80	13.0	人均社会消费品零售额(按常住平均人口)	元	39575	4.3

2021年江阴市地区生产总值及构成一览表

附表4　　单位:亿元

指标	2021年	比2020年增减(%)(按2020年不变价)	指标	2021年	比2020年增减(%)(按2020年不变价)
地区生产总值	4580.33	8.1	批发和零售业	926.76	11.5
第一产业	38.30	2.0	住宿和餐饮业	50.73	4.9
第二产业	2383.33	8.5	金融业	281.01	3.2
工业	2184.55	9.1	房地产业	169.90	1.5
建筑业	199.03	2.6	农、林、牧、渔专业及辅助性活动	6.03	-0.3
第三产业	2158.70	7.7	金属制品、机械和设备修理业	0.25	22.7
交通运输、仓储和邮政业	110.09	5.5	其他服务业	613.93	6.9

2021年与2020年江阴市总户数和总人口数比较一览表

附表5

单位：万人

年份	户籍总户数（万户）	户籍总人口	按性别分		按农业、非农业分		人口密度（人/平方千米）
			男	女	农业人口	非农业人口	
2021	39.74	126.96	62.53	64.43	32.22	94.74	1286
2020	39.18	126.66	62.51	64.15	55.94	70.72	1283

2021年与2020年江阴市人口变动情况比较一览表

附表6

单位：人

年份	年户籍平均人口（万人）	自然变动						机械变动	
		出生人数	出生率（‰）	死亡人数	死亡率（‰）	自然增长人数	自然增长率（‰）	迁入人数	迁出人数
2021	126.81	6294	4.96	9933	7.82	-3639	-2.87	10913	3372
2020	126.54	8811	6.97	9565	7.57	-754	-0.59	10200	6950

2021年与2020年江阴市计划生育情况比较一览表

附表7

年份	生育率（‰）	一孩率（%）	二孩率（%）	平均期望寿命（岁）
2021	21.01	57.01	40.28	82.49
2020	22.52	56.97	40.92	82.40

二、农村和农业

2021年江阴市农村基本情况一览表

附表8

指标	单位	年末实有数	指标	单位	年末实有数
（一）农村组织情况			稻谷	千公顷	9.23
镇	个	10	豆类	千公顷	0.84
街道办事处	个	7	油料	千公顷	0.79
村民委员会	个	191	其他农作物	千公顷	13.50
居民委员会	个	82	其中：蔬菜及食用菌	千公顷	12.28
村居合一	个	1	（三）农业机械总动力	千瓦	277217
（二）农作物总播种面积	千公顷	33.31	1. 柴油机	千瓦	106137
粮食作物	千公顷	19.01	2. 汽油机	千瓦	23583
其中：小麦	千公顷	7.84	3. 电动机	千瓦	147497

2021年江阴市主要农副业产品产量一览表

附表9

产品名称	单位	产量	产品名称	单位	产量
粮食总产量	吨	130490	羊全年出栏	万头	0.03
其中：稻谷	吨	86470	家禽全年出栏	万羽	16.15
小麦	吨	36415	牛年末头数	万头	0.07

续附表9

产品名称	单位	产量	产品名称	单位	产量
豆类	吨	2735	猪肉	吨	2212
油料	吨	1961	羊肉	吨	4
茶叶	吨	2.4	牛奶	吨	2963
水果	吨	74355	禽蛋	吨	1194
奶牛	万头	0.07	淡水产品产量	吨	20069
生猪全年出栏	万头	2.79	其中:养殖产量	吨	20069

2021年江阴市农村集体经济收益分配一览表

附表10 单位:万元

指标	2021年	2020年	比2020年增减(%)	指标	2021年	2020年	比2020年增减(%)
一、总收入	256130	335494	-23.7	3.其他支出	92913	135432	-31.4
1.经营收入	146273	166492	-12.1	三、全年收益	84031	128199	-34.5
2.发包及上交收入	11706	14736	-20.6	四、年初未分配收益	27410	27896	-1.7
3.投资收益	5265	29093	-81.9	五、其他转入	87594	19809	342.2
4.补助收入	47616	80781	-41.1	六、可分配收益	199035	175904	13.1
5.其他收入	45270	44392	2.0	1.提取公积金、公益金	65223	109352	-40.4
二、总支出	172099	207295	-17.0	2.提取应付福利费	10159	17004	-40.3
1.经营支出	13733	16109	-14.7	3.农户分配	23418	19250	21.7
2.管理费用	65453	55754	17.4	4.其他分配	2563	2888	-11.3
其中:(1)干部报酬	23164	21033	10.1	七、年末未分配收益	97672	27410	256.3
(2)报刊费	1192	964	23.7				

三、工业和固定资产投资

2021年江阴市规模以上工业企业单位数及从业人员平均人数一览表

附表11

指标	工业企业单位数(个)		2021年从事工业生产活动平均人数(万人)
	2021年	比2020年增减(%)	
合计	2054	11.4	35.14
按轻重工业分			
其中:轻工业	880	8.4	14.57
重工业	1174	13.9	20.57
按规模类型分			
其中:大型企业	33	-17.5	7.72
中型企业	215	-3.2	10.03
小型企业	1740	13.0	17.30
微型企业	66	61.0	0.09

续附表11

指标	工业企业单位数(个)		2021年从事工业生产活动平均人数(万人)
	2021年	比2020年增减(%)	
按经济类型分			
1. 国有企业	1	—	0.11
2. 集体企业	13	0.0	0.23
3. 股份合作企业	—	—	—
4. 股份有限公司	1808	13.4	26.86
5. 外商和港澳台商投资企业	217	-1.8	7.76
6. 私营企业	1697	19.8	21.43

2021年江阴市规模以上工业生产主要产品产量一览表

附表12

产品名称	单位	产量	产品名称	单位	产量
初级形态塑料	吨	920454	光纤	千米	3655719
精对苯二甲酸(PTA)	吨	2104652	光缆	芯千米	827855
生铁	吨	8685091	集成电路	万块	1477216
粗钢	吨	10718232	电子元件	万只	2731
钢材	吨	11788054	印制电路板	平方米	6038510
铜材	吨	113010	光伏电池	千瓦	195366
铝材	吨	881903	纱	吨	437718
发电量	万千瓦时	3660794	布	万米	31036
热力	百万千焦	74010924	绒线	吨	4411
钢丝绳	吨	658775	呢绒	万米	6036
工业锅炉	蒸发量吨	455	服装	万件	39947
民用钢质船舶	载重吨	1723926	化学纤维	吨	3473402
发电机组	千瓦	10341833	塑料制品	吨	844514

2021年江阴市固定资产投资完成情况一览表

附表13　　单位:万元

指标	金额	指标	金额
全社会固定资产投资总额	9233224	其中:工业	4189943
其中:民间投资	7268185	3. 第三产业	5018040
(一)按产业分		(二)按报表种类分	
1. 第一产业	25241	1. 项目投资	5950289
2. 第二产业	4189943	2. 房地产开发投资	3282935

四、商贸、外经

2021年与2020年江阴市社会消费品零售总额分季度比较一览表

附表14　　单位:万元

指标	2021年	比2020年增减(%)	指标	2021年	比2020年增减(%)
1季度累计	1899542	38.3	1~3季度累计	5035056	6.2
1~2季度累计	3387054	13.0	1~4季度累计	7048351	4.4

2021年与2020年江阴市外向型经济综合指标比较一览表

附表15

指标	单位	2021年	2020年	比2020年增减(%)
(一)进出口总额	万美元	2332008	1913290	21.9
(二)出口总额	万美元	1486385	1238726	20.0
(三)进口总额	万美元	845623	674565	25.4
(四)新批外资项目	项	60	40	20
其中:超千万美元项目	项	26	14	12
(五)实际使用外资	万美元	97066(上报数)	92016	5.5
(六)服务外包业务合同总额	万美元	109450	75340	45.3
(七)服务外包业务执行总额	万美元	95955	66561	44.2
(八)服务外包离岸业务合同金额	万美元	92831	60111	54.4
(九)服务外包离岸业务执行金额	万美元	82521	53300	54.8
(十)新批境外投资项目	项	28	27	1

五、财政、金融

2021年江阴市财政、金融一览表

附表16　　单位:万元

指标	金额	指标	金额
(一)财政(预算内)		住房保障支出	194341
1.一般公共预算收入合计	2739428	粮油物资储备支出	2873
其中:税收收入	2267028	灾害防治及应急管理支出	21857
2.一般公共预算支出合计	2688007	其他各项支出	1812
其中:一般公共服务支出	193671	债务付息支出	28815
国防支出	1228	债务发行费用支出	141
公共安全支出	134383	(二)银行	
教育支出	439253	1.银行机构本外币存款余额	46859189
科学技术支出	94489	其中:住户存款	17664480
文化旅游体育与传媒支出	25056	非金融企业存款	21157763
社会保障和就业支出	376541	2.银行机构本外币贷款余额	38280543

续附表 16

指标	金额	指标	金额
卫生健康支出	164270	其中:短期贷款	15678540
节能环保支出	93163	中长期贷款	20011017
城乡社区支出	575762	3. 银行机构人民币存款余额	45480362
农林水支出	102771	其中:住户存款	17556629
交通运输支出	91108	非金融企业存款	19890292
资源勘探工业信息等支出	112817	4. 银行机构人民币贷款余额	37858050
商业、服务业等支出	17978	其中:短期贷款	15382859
自然资源海洋气象等支出	15678	中长期贷款	19893436

说明:2021 年美元汇率 1:6.3757

六、交通、邮电、电力、城建

2021 年与 2020 年江阴市交通、邮电情况比较一览表

附表 17

指标	单位	2021 年	2020 年	指标	单位	2021 年	2020 年
(一)交通				(二)邮电			
公路通车里程	千米	2336.67	2377.41	邮政局、所合计	个	32	32
公路桥梁	座	961	973	邮政业务总量	万元	51156	71329
内河航道通航里程	千米	353.29	353.29	特快专递	万件	5194	3010
旅客发送量	万人	4523.71	6584	集邮业务	万枚	32	120
旅客周转量	万人千米	35098.2	43428	邮政储蓄年平均余额	万元	1216073	1053626
公路货运量	万吨	5154	4647	邮政储蓄点	个	28	28
公路货运周转量	万吨千米	538809	493415	全市固定电话用户合计	万户	19.07	21.18
水路货运量	万吨	1192	1218	其中:住宅电话	万户	8.81	9.86
水路货运周转量	万吨千米	1803035	1583225	互联网用户	万户	75.58	72.87
港口货物吞吐量	万吨	33757	25624	移动电话用户	万户	221.67	217.45
港口集装箱运量	标箱	605086	506073	其中:4G 电话用户	万户	140.51	151.98
				5G 电话用户	万户	54.52	25.92

2021 年江阴市供电用电情况一览表

附表 18　　　　单位:万千瓦时

指标	2021 年	比 2020 年增减(%)	指标	2021 年	比 2020 年增减(%)
全社会用电量	2929083	6.9	金属制品业	307747	-12.4
1. 农林牧渔业	8045	17.3	通用及专用设备制造业	189929	15.2
其中:排灌	864	-8.5	3. 建筑业	15731	35.9
2. 工业	2487278	5.7	4. 交通运输、仓储和邮政业	24662	-3.2
其中:纺织业	457975	13.0	5. 住宿和餐饮业	16662	-8.7
化学原料及化学制品制造业	59156	-35.7	6. 其他行业	176887	17.5
黑色金属冶炼及压延加工业	518933	-1.9	7. 城乡居民生活用电	199818	9.7
非金属矿物制品业	40254	-4.3	其中:农村	153561	10.3

2021 年江阴市城市建设情况一览表

附表 19

指标	单位	数量	指标	单位	数量
城市面积	平方千米	198	天然气供气总量	万立方米	86550
城市建成区面积	平方千米	125	其中:家庭用	万立方米	3112
城市人口密度	人/平方千米	1958	家庭用气户数	户	139460
城市建成区绿地率	%	40.69	燃气普及率	%	100
城市建成区绿化覆盖率	%	43.99	污水处理率	%	98.65
城市自来水年供水总量	万立方米	7775	市政道路长度	千米	897.70
城市自来水年售水总量	万立方米	7415	市政道路面积	万平方米	1209
用水户数	户	151220	人均市政道路面积	平方米	31.18
人均日用水量(纯生活)	升/人、日	301	市政桥梁	座	99
用水普及率	%	100	防洪堤长度	千米	4
城市液化气供气总量	万吨	0.39	绿化覆盖面积(城区)	公顷	5505
其中:家庭用	万吨	0.12	绿地面积(城区)	公顷	5183
用气户数	户	17925	公园绿地面积	公顷	615

七、科、教、文、卫

2021 年江阴市各类科技机构、科技人员、科技项目情况一览表

附表 20

指标	单位	数量	指标	单位	数量
(一)科技团体、机构			3. 研究生工作站	个	93
1. 市级学会、协会	个	29	4. 新型研发机构	个	3
2. 科技服务中心	个	18	(三)科技型企业		
3. 企业科协	个	188	1. 高新技术企业	个	711
4. 镇(街道)、园区科协	个	18	2. 科技型中小企业	个	1198
(二)科技研发机构			3. 江阴市高新技术企业培育库企业	个	622
1. 工程技术研究中心	个	2061	(四)科技人员合计	人	188112
其中:国家级	个	2	1. 国家科技人员(在职)	人	167239
江苏省级	个	188	2. 乡镇科技人员	人	18825
无锡市级	个	408	(五)政工专业职称人员合计	人	2799
江阴市级	个	1463	(六)技术工人	人	470316
2. 院士工作站	个	61	(七)科技进步奖励总计	项	4

2021 学年江阴市各级各类学校基本情况一览表

附表 21

指标	学校数(所)	在校学生数(人)	专任教师(人)	指标	学校数(所)	在校学生数(人)	专任教师(人)
(一)幼儿园	118	47357	3233	初中	38	44273	3847
(二)小学	46	107417	6355	(五)中等专业学校	2	7320	926
(三)特殊教育	1	294	65	(六)普通高校	1	5870	340
(四)普通中学	50	66121	5935	(七)技工学校	2	5469	85
其中:高中	12	21848	2088	(八)成人教育	91	179881	817

2021年江阴市文化、广播、电视基本情况一览表

附表22

指标	单位	数量	指标	单位	数量
(一)影剧管理机构	个	1	(七)工人文化宫、少年宫	个	1
(二)电影放映单位	个	31	(八)市博物馆	个	1
票房收入	亿元	0.88	(九)公共图书馆图书总藏量	万册	303.3
(三)市锡剧团演出	场	133	(十)文物保护单位	个	97
观众人数	万人	9.0	国家级	个	8
演出收入	万元	206.2	省级	个	8
(四)市评弹团演出	场	435	市级	个	81
观众人数	万人	3.3	(十一)江阴报社	个	1
演出收入	万元	17.98	(十二)市电视台	个	1
(五)营业性舞厅、歌厅	个	117	(十三)市广播电台	个	1
(六)市图书馆、文化馆	个	2			

2021年江阴市卫生事业基本情况一览表

附表23

指　标	机构数(个)	床位数(张)	年末人员数(人)	卫生技术人员	执业(助理)医师	注册护士	管理人员
总计	663	9683	15424	12433	5251	5291	871
一、医院	39	6777	8416	6815	2548	3271	484
综合医院	17	3948	5234	4554	1728	2197	282
中医医院	2	748	1327	1189	490	528	101
专科医院	8	613	1003	745	258	327	50
口腔医院	1	15	45	36	12	17	2
眼科医院	1	65	146	76	32	39	3
妇产(科)医院	2	125	286	211	84	105	22
骨科医院	1	105	185	134	54	62	12
康复医院	3	303	341	288	76	104	11
护理院	12	1468	852	327	72	219	51
二、基层医疗卫生机构	614	2886	6346	5156	2520	1912	366
社区卫生服务中心(站)	84	1378	1713	1475	643	568	66
社区卫生服务中心	12	1378	1460	1255	544	528	64
社区卫生服务站	72	—	253	220	99	40	2
卫生院	15	1328	1921	1659	683	674	109
村卫生室	123	—	446	223	179	31	
门诊部	60	—	993	712	345	298	100
诊所、卫生所、医务室	332	180	1273	1087	670	341	91

续附表 23

指　标	机构数（个）	床位数（张）	年末人员数（人）	卫生技术人员	执业(助理)医师	注册护士	管理人员
三、专业公共卫生机构	7	20	581	413	180	93	18
疾病预防控制中心	1	—	148	125	78	12	3
口腔病防治院(所、站)	1	—	38	35	21	12	1
健康教育所(站、中心)	1	—	53	10	6	—	7
妇幼保健院(所、站)	1	20	126	103	54	29	3
急救中心(站)	1	—	96	36	17	16	4
采供血机构	1	—	63	48	4	24	—
卫生监督所(中心)	1	—	57	56	—	—	—
四、其他卫生机构	3	—	81	49	3	15	3
其他	3	—	81	49	3	15	3

2021 年江阴市体育事业情况一览表

附表 24

指标	单位	数量	指标	单位	数量
(一)体育场	个	33	(五)健身路径	套	2033
其中:31888 座体育场	个/平方米	1/157980	(六)篮球场	片	1380
(二)田径场	个	17	其中:灯光篮球场	片	855
(三)体育馆	个	15	(七)门球场	片	35
其中:3338 座体育馆	个/平方米	1/46666	(八)网球场	片	38
(四)跳水游泳馆(3014 座)	个/平方米	1/42300	(九)2000 平方米以上全民健身中心	个	21
游泳池馆	个	58			

八、人民生活

2021 年江阴市人民生活一览表

附表 25

指标	单位	数量	指标	单位	数量
(一)农村住户家庭基本情况			(二)城镇居民家庭基本情况		
1. 调查户数	户	60	1. 调查户数	户	140
2. 家庭常住人口	人	183	2. 家庭常住人口	人	439
3. 家庭就业人口	人	146	3. 家庭就业人口	人	347
4. 农村居民人均可支配收入	元	42519	4. 人均年可支配收入	元	78415
5. 农村居民人均生活消费支出	元	27443	5. 人均年生活消费支出	元	40543
6. 每百户耐用消费品拥有量			6. 每百户耐用消费品拥有量		
电冰箱	台	108	电冰箱	台	114
彩色电视机	台	197	彩色电视机	台	224

续附表25

指标	单位	数量	指标	单位	数量
洗衣机	台	120	洗衣机	台	124
微波炉	台	92	微波炉	台	99
照相机/摄像机	台	7	照相机/摄像机	台	15
淋浴热水器	台	113	淋浴热水器	台	117
电话机	部	18	电话机	部	21
移动电话	部	293	移动电话	部	286
空调器	台	258	空调器	台	292
家用计算机	台	69	家用计算机	台	74
助力车	辆	167	助力车	辆	141
摩托车	辆	9	摩托车	辆	8
家用汽车	辆	70	家用汽车	辆	88

九、经济发展排行榜

2021年江阴市开票销售收入前30名村(社区)一览表

附表26　　单位:万元

名次	单位名称	实绩	名次	单位名称	实绩
1	夏港街道长江村	9329970	16	周庄镇宗言村	824966
2	周庄镇三房巷村	5931678	17	周庄镇周西村	797589
3	夏港街道三联村	4477080	18	长泾镇花园村	697043
4	申港街道创新村	4133918	19	周庄镇长乐村	691651
5	华士镇华西新市村	3846740	20	徐霞客镇璜东村	690533
6	周庄镇华宏村	2240456	21	周庄镇长寿村	688689
7	璜土镇花港苑村	2049901	22	南闸街道观山村	664823
8	利港街道陈墅村	1972425	23	祝塘镇建南村	644565
9	徐霞客镇任九房村	1628193	24	璜土镇小湖村	639753
10	申港街道于门村	1429235	25	祝塘镇金庄村	632242
11	周庄镇周庄村	1354255	26	青阳镇建义村	601852
12	申港街道滨江村	1223111	27	顾山镇顾北村	599832
13	华士镇曙新村	1059836	28	申港街道东刘村	569174
14	顾山镇新龚村	968675	29	徐霞客镇方园村	480806
15	月城镇沿山村	859286	30	祝塘镇文林村	467851

2021年江阴市开票销售收入前50名工业企业一览表

附表27　　单位:万元

名次	单位名称	实绩	名次	单位名称	实绩
1	中信泰富特钢集团股份有限公司	17133734	26	江苏红柳床单有限公司	466460
2	海澜集团有限公司	16646777	27	江苏向阳集团有限公司	465272
3	江苏新长江实业集团有限公司	8909139	28	帝斯曼工程材料(江苏)有限公司	372478

续附表27

名次	单位名称	实绩	名次	单位名称	实绩
4	三房巷集团有限公司	7007692	29	江苏云蝠服饰股份有限公司	351978
5	远景能源有限公司	4242094	30	江苏富仁集团有限公司	350990
6	江苏西城三联控股集团有限公司	4065018	31	江苏无染彩实业发展有限公司	350314
7	江苏阳光集团有限公司	3934400	32	江阴市澄润石油化工有限公司	345121
8	江苏华西集团有限公司	3603670	33	中联重科建筑机械(江苏)有限责任公司	327754
9	双良集团有限公司	2655528	34	江苏双宇电工材料有限公司	327719
10	法尔胜泓昇集团有限公司	2271081	35	江苏振江新能源装备股份有限公司	315932
11	江苏华宏实业集团有限公司	2259640	36	江阴新仁铝业科技有限公司	304535
12	江苏长电科技股份有限公司	1992217	37	江苏嘉盛新材料有限公司	300793
13	江苏利电能源集团	1192967	38	江阴电工合金股份有限公司	280285
14	江阴苏龙热电有限公司	1189390	39	大明重工有限公司	277944
15	江阴江东集团公司	1149386	40	江阴市通利光电科技有限公司	267492
16	江苏扬子江船业集团有限公司	1139618	41	沐祥集团有限公司	260740
17	江阴市天达针纺织有限公司	689302	42	江阴创瑞电力装备有限公司	253800
18	中船澄西船舶修造有限公司	671798	43	江阴信邦电子有限公司	245734
19	江苏利安达集团有限公司	659807	44	江阴热电有限公司	243980
20	江苏蝙蝠塑料集团有限公司	629392	45	中石油江苏燃料沥青有限责任公司	239080
21	阿尔法(江阴)沥青有限公司	615919	46	江阴市恒润重工股份有限公司	232752
22	瀚宇博德科技(江阴)有限公司	599996	47	江苏天华纱业集团	231608
23	江阴天江药业有限公司	586077	48	江阴海达橡塑股份有限公司	219084
24	江阴模塑集团有限公司	579758	49	江苏焱鑫科技集团有限公司	217773
25	建滔电子材料(江阴)有限公司	555053	50	江苏宝利国际投资股份有限公司	217296

2021年江阴市入库税金前30名服务业企业一览表

附表28　　　　单位:万元

名次	单位名称	实绩	名次	单位名称	实绩
1	江阴海澜之家供应链管理有限公司	59097	16	江阴昌锋置业有限公司	12814
2	江阴瑞鸿通国际贸易有限公司	38218	17	江阴市锡能实业有限公司	11979
3	见龙投资有限公司	37941	18	无锡市烟草公司江阴分公司	11662
4	江阴澄东炉料有限公司	37486	19	江阴市新国联集团有限公司	11580
5	国网江苏省电力有限公司江阴市供电分公司	29911	20	江阴兴润再生资源有限公司	11094
6	江苏江阴农村商业银行股份有限公司	28275	21	江阴城市发展集团有限公司	10344
7	江苏新扬子商贸有限公司	26787	22	无锡绿珠文华房产开发有限公司	9612
8	江阴景裕房地产开发有限公司	21133	23	天茂文化发展(江阴)有限公司	9425
9	江阴苏泰房地产有限公司	21004	24	中国农业银行股份有限公司江阴分行	9155
10	江阴公用事业集团有限公司	20731	25	江阴市梁辉房地产开发有限公司	8965
11	江苏新潮创新投资集团有限公司	20119	26	江阴陆洋房地产开发有限公司	8916

续附表28

名次	单位名称	实绩	名次	单位名称	实绩
12	江苏江阴港港口集团股份有限公司	19899	27	中国工商银行股份有限公司江阴支行	8866
13	江阴市长江房地产开发有限公司	19758	28	利安达能源科技(江苏)有限公司	8148
14	江苏众网互联网有限公司	16067	29	上海浦东发展银行股份有限公司江阴支行	7930
15	江阴天力燃气有限公司	12829	30	江阴融恒置业有限公司	7392

2021年江阴市进出口前30名企业一览表

附表29

名次	单位名称	名次	单位名称
1	江苏长电科技股份有限公司	16	江苏佳利达国际物流有限公司
2	三房巷集团有限公司	17	江苏振江新能源装备股份有限公司
3	江阴兴澄特种钢铁有限公司	18	见龙投资有限公司
4	江苏天晨船舶进出口有限公司	19	江苏云蝠服饰股份有限公司
5	中船澄西船舶修造有限公司	20	江阴鑫顺通国际贸易有限公司
6	江苏华西集团公司	21	摩拓乐液压机械(江阴)有限公司
7	盛合晶微半导体(江阴)有限公司	22	江苏嘉盛新材料有限公司
8	远景能源有限公司	23	瀚宇博德科技(江阴)有限公司
9	法尔胜泓昇集团有限公司	24	江苏阳光集团有限公司
10	帝斯曼工程材料(江苏)有限公司	25	阿法拉伐(江阴)设备制造有限公司
11	双良集团有限公司	26	江苏中基复合材料有限公司
12	江苏红柳床单有限公司	27	江阴市晟源石化贸易有限公司
13	江阴信邦电子有限公司	28	江苏升辉投资集团有限公司
14	江阴市金桥化工有限公司	29	江阴南泰家纺用品有限公司
15	江阴福汇纺织有限公司	30	江苏华宏实业集团有限公司

（市统计局）

■类目编辑　朱其涛　惠　晨

索 引

该索引是以正文部分(不包括彩色插页)为主要内容的综合性主题索引。标目一般采用主题词、中心词,并按汉语拼音字母顺序排列。其右侧数字表示页码,字母 a 为左栏,b 为中栏,c 为右栏。

J

K

L

M

N

T

Y

Z

■类目编辑　惠　晨

生态江阴

SHENGTAIJIANGYIN

编者按：2021年，江阴全面吹响“南征北战、东西互搏”冲锋号，把“北战”作为“共抓大保护”的重要抓手，出台《江阴市推进长江经济带高质量发展当好长江大保护排头兵2021年重点工作》，建立实施各部门分工明确的生态环境保护责任清单，落实污染防治攻坚各项重点任务举措，压实生态环境保护“党政同责、一岗双责”，真正搏出生态环境高质量。依托长江经济带，面向太湖科创湾，深度融入长三角，聚焦奋进“十四五”，奋力书写现代化滨江花园城市建设新篇章。“生态兴则文明兴、生态衰则文明衰”，建设现代化滨江花园城市，生态绿色是最鲜明的底色。2021年1月13-15日，江阴市举行第十七届人民代表大会第五次会议，经全体代表表决，全票通过《关于扎实推进美丽江阴建设的决议》，将每年8月15日设定为“江阴生态文明日”（简称“江阴生态日”）。江阴生态日的确定，是江阴生态史上具有历史意义的创新之举，为江阴深入践行“绿水青山就是金山银山”理念提供制度遵循和保障。

① 八字桥公园外景（金晓峰 摄）

② 春色百花园（周湘基 摄）

③ 芙蓉湖公园之春（朱 华 摄）

① 大桥公园春色 （包秋英 摄）

② 大桥公园秋色 （郁兴东 摄）

③ 春色绿道 （黄佳琴 摄）

① 江阴港口新貌（黄 琳 摄）

② 芙蓉湖秋色（于建新 摄）

① 黄山湖公园旁林荫路
（朱霞静 摄）
② 兴国古塔晨曦（杨苏军 摄）
③ 黄田港公园（许清泉 摄）

① 黄山湖公园秋景 （尤永涛 摄）

② 黄山湖公园内的水杉林 （张予希 摄）

① 朝霞中的江阴大桥

（沈文华 摄）

② 江阴韭菜港公园晨曦

（沈文华 摄）

③ 夏日船厂公园 （丁家骏 摄）

① 江阴城区出现“水晶天” （沈思远 摄）

② 江阴绿道 （方建清 摄）

③ 江阴绮山森林公园 （唐佩岚 摄）

① 中山公园观鱼的市民 （徐加福 摄）

② 兴国公园晨练的市民 （张德海 摄）

③ 空中鸟瞰兴国塔 （张予希 摄）

① 蓝天下的黄田港公园 （沈思远 摄）

② 敔山湖公园落日 （刘海良 摄）

① 绿色敔山湾 （费耀耀 摄）

② 敔山湖公园水天一色 （丁家骏 摄）

① 秋满芙蓉湖公园 （陈凌虹 摄）
② 黄山湖水上舞台 （于建新 摄）
③ 华士镇主题公园 （范建华 摄）

① 秋日阳光下的芙蓉湖公园　　（张予希 摄）

② 长泾镇东舜湖公园　　（顾　强 摄）

① 敔山湖公园晨练的市民 （管 国 摄）
② 黄山湖公园晨练的市民 （杨 红 摄）
③ 黄田港公园晨雾 （方建清 摄）

① 航拍徐霞客镇西旸岐村

（宋锡华 摄）

② 华士镇向阳村农家公园

（刘 倩 摄）

③ 锡澄运河公园 （方建清 摄）

① 五星公园 （陈凌虹 摄）
② 锡澄运河公园 （丁家骏 摄）
③ 夏港河畔 （宋锡华 摄）

① 韭菜港公园专注画画的小朋友

（苏品华 摄）

② 芙蓉湖公园“樱”你而美

（曹文斌 摄）

③ 香山路掠影 （沈 颖 摄）

① 醉美黄山湖
（周　军 摄）
② 敔山湾公园
（唐佩岚 摄）

① 黄田港公园华灯初上

（于建新 摄）

② 临江路桥夜景

（沈思远 摄）

③ 临江路桥夜景

（丁家骏 摄）

① 锡澄高速体育中心段

（陈亚娣 摄）

② 应天河公园 （庄东威 摄）

③ 锡澄运河月城段滨河公园

（沈思远 摄）

① 运河公园里的市民

（尤永涛 摄）

② 黄山湖公园辛勤的园丁

（苏品华 摄）

③ 中山公园紫藤花开

（顾哲平 摄）

① 利港街道窑港口长江生态湿地保护区 （郭 松 摄）

② 璜土镇桃花港长江湿地保护区 （沈思远 摄）

① 璜土镇生态公园晨练市民 （褚澄刚 摄）

② 华士镇健康主题公园晨练市民 （范建华 摄）

① 冬日黄山湖 （陆 波 摄）

② 鹅鼻积雪 （陆 波 摄）

① 粉妆玉砌凝秀湖 （曹应平 摄）
② 雪后江阴绿道 （胡尚治 摄）
③ 仰圣园雪中情 （徐洪良 摄）

① 华西村塔群光影

（徐 琰 摄）

② 华西新村

（周湘基 摄）

① 钓台村晨曦 （唐佩岚 摄）
② 航拍山泉村 （庄东威 摄）
③ 天鹅湖公园 （尤永涛 摄）

① 郊野花园满庭芳 （於光愉 摄）

② 田园南闸 （周文静 摄）

③ 云亭街道花山村 （王勤红 摄）

④ 新桥镇美丽宜居新农村 （程 刚 摄）

① 南闸街道陶湾村
（丁家骏 摄）
② 七彩石塘湾公园
（黄谷盈 摄）
③ 青阳镇凝秀湖公园
（朱建荣 摄）

① 青阳镇杨庄浜滨水绿带景观工程（沈思远 摄）
② 双泾生态园的夏天（吴曼茹 摄）
③ 水清粼粼的山泉河（尤永涛 摄）

① 月城镇水乡采菱人（丁家骏 摄）
② 水韵月城民生公园（陈亚娣 摄）
③ 顾山镇红豆村（勇晓伟 摄）

① 璜土胡子小镇 （姚凌燕 摄）

② 南闸街道花果村丰收在望 （丁家骏 摄）

③ 乡村春色 （赵建娟 摄）

① 月城镇民生公园全景 （沈思远 摄）

② 卧龙湖公园 （周 军 摄）

① 周庄镇宗言村 （汪永周 摄）

② 周庄镇山泉村 （金晓峰 摄）

① 璜土镇璜土村东贯庄 （褚澄刚 摄）

② 顾山镇红豆村樟林白鹭飞 （黄惠刚 摄）

③ 新桥镇郁桥老街 （费耀耀 摄）

① 南闸街道灰罗圩村全景（黄谷盈 摄）

② 云亭街道花山村（曹文斌 摄）